Lehr- und Handbücher der Statistik

Herausgegeben von
Universitätsprofessor Dr. Rainer Schlittgen

Bisher erschienene Werke:

Böhning, Allgemeine Epidemiologie
Caspary · Wichmann, Lineare Modelle
Chatterjee · Price (Übers. Lorenzen), Praxis der Regressionsanalyse, 2. Auflage
Degen · Lorscheid, Statistik-Lehrbuch, 2. Auflage
Degen · Lorscheid, Statistik-Aufgabensammlung, 4. Auflage
Hartung, Modellkatalog Varianzanalyse
Harvey (Übers. Untiedt), Ökonometrische Analyse von Zeitreihen, 2. Auflage
Harvey (Übers. Untiedt), Zeitreihenmodelle, 2. Auflage
Heiler · Michels, Deskriptive und Explorative Datenanalyse
Kockelkorn, Lineare statistische Methoden
Miller (Übers. Schlittgen), Grundlagen der Angewandten Statistik
Naeve, Stochastik für Informatik
Oerthel · Tuschl, Statistische Datenanalyse mit dem Programmpaket SAS
Pflaumer · Heine · Hartung, Statistik für Wirtschaft- und Sozialwissenschaften: Deskriptive Statistik, 2. Auflage
Pflaumer · Heine · Hartung, Statistik für Wirtschafts- und Sozialwissenschaften: Induktive Statistik
Pokropp, Lineare Regression und Varianzanalyse
Rasch · Herrendörfer u.a., Verfahrensbibliothek, Band I und Band 2
Riedwyl · Ambühl, Statistische Auswertungen mit Regressionsprogrammen
Rinne, Wirtschafts- und Bevölkerungsstatistik, 2. Auflage
Rinne, Statistische Analyse multivariater Daten – Einführung
Rüger, Induktive Statistik, 3. Auflage
Rüger, Test- und Schätztheorie, Band I
Rüger, Test- und Schätztheorie, Band II: Statistische Tests
Schendera, Datenmanagement und Datenanalyse mit dem SAS-System
Schlittgen, Statistik, 10. Auflage
Schlittgen, Statistik-Trainer
Schlittgen, Statistische Inferenz
Schlittgen, GAUSS für statistische Berechnungen
Schlittgen, Angewandte Zeitreihenanalyse
Schlittgen · Streitberg, Zeitreihenanalyse, 9. Auflage
Schürger, Wahrscheinlichkeitstheorie
Tutz, Die Analyse kategorialer Daten

Fachgebiet Biometrie

Herausgegeben von Dr. Rolf Lorenz

Bisher erschienene Werke:

Bock, Bestimmung des Stichprobenumfangs
Brunner · Langer, Nichtparametrische Analyse longitudinaler Daten

Datenmanagement und Datenanalyse mit dem SAS-System

Vom Einsteiger zum Profi

Von
Dipl.-Psych.
Christian FG Schendera

R. Oldenbourg Verlag München Wien

Bibliografische Information Der Deutschen Bibliothek

Die Deutsche Bibliothek verzeichnet diese Publikation in der Deutschen Nationalbibliografie; detaillierte bibliografische Daten sind im Internet über <http://dnb.ddb.de> abrufbar

Rosenheimer Straße 145, D-81671 München
Telefon: (089) 45051-0
www.oldenbourg.de

Gedruckt auf säure- und chlorfreiem Papier
Gesamtherstellung: Books on Demand GmbH, Norderstedt

ISBN 3-486-27532-1
ISBN 978-3-486-27532-2

Vorwort und Danksagung

Dieses Buch entstand nicht in luftleerem Raum, sondern inmitten von Menschen. Bei ihnen möchte ich mich zuallererst bedanken.

Für die tatkräftige Unterstützung beim Abfassen dieses Buches bedanke ich mich bei Oliver Hiller (Dipl.Ing. (FH) für den Studiengang Biotechnologie, Berlin) und Peter Bonata (Stud.cand., Kaiserslautern).
Herrn Prof. Rainer Schlittgen (Universität Hamburg) als Herausgeber der Reihe, Lehr- und Handbücher der Statistik' und Herrn Weigert vom Oldenbourg Verlag danke ich ebenfalls für die jeweils großzügige Unterstützung.

Den Herren Professoren Klauß und Lamers (jeweils Pädagogische Hochschule Heidelberg), Dr. Stich (Institut für Seenforschung, Langenargen), Dr.med. Karl-Heinrich Adzersen (Heidelberger Brustkrebsstudie), Dipl.Biol. Michael Scheurig (Brutvogel-Monitoring Baden-Württemberg), und Herrn Felix Schulz (Projekt „Die Entwicklung der Delinquenz von Kindern, Jugendlichen und Heranwachsenden in Deutschland") danke ich jeweils für die Erlaubnis, Daten ihrer Projekte für dieses Buch verwenden zu dürfen.

Den Leserinnen und Lesern möchte ich danken, dass sie diesem Buch ihre werte Aufmerksamkeit schenken.

Den Dank an meine Freundinnen und Freunde möchte ich gar nicht erst in Worte zu fassen versuchen. Ohne euch gäbe es dieses Buch nicht, und ich wäre nichts ohne euch.

Dieses Buch entstand aus der jahrelangen Arbeit mit dem SAS System, und der dabei erlangten Überzeugung, dass SAS eines der besten und leistungsfähigsten der derzeit erhältlichen Systeme zur Analyse und Präsentation von Daten ist.
Ein Anliegen dieses Buches war auch, diverse Vorurteile SAS gegenüber auszuräumen. SAS sei benutzerunfreundlich. SAS sei kompliziert, heißt es. Es gebe kein „richtiges" Handbuch zu SAS. Mit SAS könne man keine vorzeigbaren Grafiken erstellen. Und vieles andere mehr.

Das Gegenteil ist richtig. SAS ermöglicht es oft erst, überhaupt mit kompliziertesten Datenstrukturen und -analysen umgehen zu können. Viele andere Programme sind weit weniger flexibel, oder rechnen sogar so falsch, dass Tester für die Arbeit mit ihnen aufgrund ihres schlechten Abschneidens in Benchmarktests schlichtweg abraten. Die Dokumentation des SAS Systems ist hervorragend, und z.T. mehrfach mit Preisen ausgezeichnet worden. Natürlich ist die Dokumentation auf Englisch, und dennoch haben Qualität und Umfang ihren vergleichsweise günstigen Preis.

SAS ist darüber hinaus auch nicht gleich SAS. SAS ist zwar ein System, aber nicht nur ein *einzelnes* Programm. Das SAS System bietet mehrere Anwendungen, und damit viele verschiedene Zugänge an, die mit animierten Hilfe-Assistenten (Enterprise Guide), Ergebnisinterpretationen (SAS/LAB), und auch völlig ohne Programmierkenntnisse (SAS/INSIGHT, JMP) auch dem statistiktraumatisiertesten Anfänger einen unkomplizierten Einstieg in Welt der Daten und Algorithmen zu ermöglichen. Die Leistungsvielfalt und Mächtigkeit des SAS Systems kann und sollte nur im Gesamtzusammenhang beurteilt werden.

Dieses Buch möchte auch Perspektiven für Data Analysten, Projekte und Unternehmen aufzeigen, wenn sie sich für das SAS System entscheiden. Die Entscheidung für das SAS System ist auch eine Frage des Offenseinwollens in die Zukunft, eine Entscheidung für die Ausbaufähigkeit und Kontinuität der eigenen Arbeit und Kompetenzen, auf die enormen Einsatz- und Ausbaumöglichkeiten der statistischen Module im Gesamtkonzept des SAS Systems zurückgreifen zu wollen.

Die Komplexität der Analyse von Daten sollte ebenfalls angemessen eingeschätzt werden. Vor den Gefahren methodischer Halbbildung kann nicht oft genug gewarnt werden (siehe Kromrey, 1999). Die Dunkelziffer suboptimaler, unvollständiger, oder eindeutig falsch publizierter Ergebnisse ist nicht zu unterschätzen. Viele Untersuchungen, die die Qualität der publizierten Studien untersuchen, bestätigen diese vorsichtigen kritischen Einschätzungen. Autoren wie z.B. Nuovo, Melnikow & Chang (2002), die kritisch Versuchsplanung und Design in medizinischen Veröffentlichungen untersuchten, sprechen gar von einem Großteil.

Je nach Daten und Analyse sind u.U. Kenntnisse vieler Disziplinen, Ansätze und Theorien nötig, u.a. der Objekt- und Wissenschaftstheorie, Mess- bzw. Testtheorie, Statistik, und der Informatik. Alle Rechenverfahren setzen z.B. statistische Voraussetzungen voraus, die die Daten erfüllen müssen, um überhaupt ausgewertet werden zu können. Verantwortlichen in den einzelnen Phasen des Forschungsprozesses kommt die Aufgabe zu, die Sicherstellung der statistischen Voraussetzungen der jeweiligen statistischen Verfahren zu gewährleisten. Kein Statistikprogramm, auch nicht SAS, kann diese Voraussetzungen überprüfen; dies können nur die jeweiligen Anwender. Eine sorgfältige Planung vor der Erhebung erspart viele Schwierigkeiten bei der Auswertung und Interpretation. Versäumnisse Dritter bei der Erhebung bzw. Kodierung der Daten kann ein Data Analyst weder verantworten, und nur in den seltensten Fällen „retten“. Forschung ist Einstellungssache. Gegenüber Qualität, Präzision und Verantwortung. Ergebnisse aus Wissenschaft und Forschung fließen in die Alltagsrealität zurück und bilden dort die Grundlage für zukünftiges Handeln und Entscheiden. Dieser immer mögliche Anwendungsrückbezug sollte für jeden Data Analysten Anlass genug sein, so kompetent methodisches Reflexionsbewusstsein anzuwenden, dass für die Qualität der Forschung in jedem Fall auch die wissenschaftliche und soziale Verantwortung übernommen werden kann. Nur professionell angewendete Statistikprogramme gewährleisten, dass Wissenschaft und Forschung ernst genommen werden. SAS stellt dazu das hochleistungsfähige SAS System für u.a. die Analyse und Präsentation von Daten zur Verfügung. Die Verantwortung für seine eigenen Fähigkeiten kann nur der jeweilige Anwender übernehmen.

Dieses Buch versucht, die Bürde des Einstiegs in die Welt des Managements und der Analyse von Daten ein bisschen leichter zu machen, und die Möglichkeiten des SAS Systems ansatzweise anzudeuten. Neben der gezielt erarbeiteten Didaktik vom mausgesteuerten Einstieg bis hin zur komplexen Syntaxprogrammierung ist hervorzuheben, dass zu fast allen Verfahren die wichtigsten konzeptionellen bzw. statistischen Voraussetzungen zusammengestellt wurden, die es idealerweise *vor* der Erhebung und Analyse von Daten zu beachten gilt. Die wichtigste Literatur ist im Literaturverzeichnis zusammengestellt. Ein in weit fortgeschrittener Vorbereitung befindliches SAS Buch für Profis (Schendera & Hiller, o.J.) wird u.a. viele andere statistische Verfahren (u.a. Varianzanalyse für gemischte Effekte, Mehrfachregression, Nichtlineare Regression) behandeln, und an zahlreichen Beispielen die SAS Makroprogrammierung, wie auch weitere SAS Anwendungen (u.a. das Output Delivery System) und Produkte u.a. auch aus SAS Version 9 vorstellen.

Dieses Buch wird zeigen können, warum Ihre Entscheidung für das SAS System eine gute Entscheidung war.

Ich habe mich bemüht, das Buch so aktuell wie möglich zu halten. Wie die Leserinnen und Leser selbst nachvollziehen werden können, unterliegt das SAS System einer derart dynamischen Weiterentwicklung, dass nicht ausgeschlossen werden kann, dass einige Informationen bei Drucklegung nicht mehr optimal aktuell sind. Weil sich das SAS System in Bezug auf Produkte, Lösungen und Qualität kontinuierlich weiterentwickelt, kann diese Einführung keinen Anspruch auf Aktualität und Vollständigkeit haben. Diese Zusammenstellung leistet allenfalls eine erste Übersicht und Orientierung im Bereich der statistischen und grafischen Datenanalyse und -präsentation mit der SAS Software (Stand: 06/2003), und hofft zumindest einen annähernden Einblick in das Leistungspotential und die offene Dynamik des SAS Systems vermitteln zu können. Sollten Leser feststellen, dass das Buch nicht mehr der Aktualität von SAS entspricht, so ist die Verantwortung beim Verfasser, und sicher nicht bei SAS zu suchen. Aus dem notwendigen Rückgriff auf die umfangreichen technischen Informationen über die SAS Software kann keinesfalls geschlossen werden, dass dieses Buch in irgendeiner Hinsicht von SAS autorisiert sei.

Heidelberg CFG Schendera

Übersicht und Aufbau des Buches

Dieses Buch ist in drei große Einheiten untergliedert: SAS als System, SAS per Maussteuerung (Einstieg), und SAS per Syntaxsteuerung.

Die erste Einheit stellt das SAS System vor, und zwar nicht nur als simples Analyseprogramm für die Datenverarbeitung und Statistik, sondern mit seinem gesamten Leistungspotential als Unternehmen und System. Aber selbst diese sicher eindrucksvolle Präsentation wird dem vollen Potenzial des SAS System nicht gerecht werden. Der interessierte Leser wird an diesem ersten Überblick erkennen können, welche Entwicklungsmöglichkeiten das SAS System bieten kann.

Die zweite Einheit stellt mehrere Module, Oberflächen und Anwendungen für den unkomplizierten mausgesteuerten Einstieg in SAS vor, u.a. SAS/ANALYST, SAS/ASSIST, ENTERPRISE GUIDE, und SAS/INSIGHT. Mit einfacher Maussteuerung können relativ unkompliziert bereits komplexe Berechnungen bzw. Datenpräsentationen erzeugt werden. Diese Einheit stellt vorwiegend die Benutzerführung dieser Module, Oberflächen und Anwendungen vor. Deskriptive Parameter und inferenzstatistische Verfahren werden in der Einheit zur Syntaxsteuerung erläutert. Nicht nur, um eine gewisse Redundanz zu vermeiden, sondern weil zu erwarten ist, dass der Leser mit der Zeit selbst auf die Vorteile der Syntaxsteuerung umsteigen wird, und im Laufe der Zeit die Vorteile dieser Darstellung nutzen wird.

Übersicht 1: Aufbau des Buches

Einheit	Stichwort	Kapitel
Das SAS System	Dr. Jim Goodnight	1
	Das System hinter dem SAS System	2
	Das SAS System	3
	SAS Produkte für die grafische und statistische Analyse von Daten	4
	SAS Prozeduren für die grafische und statistische Analyse von Daten	5
Der Einstieg: SAS per Maus	Analyst Application	6
	SAS/INSIGHT	7
	SAS/ASSIST	8
	Enterprise Guide	9
SAS per Syntax: SAS Base Language, SAS/QC, SAS/STAT, SAS/GRAPH	Daten-Management	10
	Deskriptive Statistik u.a. UNIVARIATE, MEANS, TABULATE	11
	Tabellenanalysen mit PROC FREQ	12
	Einführung in die Inferenzstatistik u.a. TTEST, NPAR1WAY	13
	Korrelation und Regression CORR, REG	14
	Varianzanalysen u.a. ANOVA, GLM, NESTED, NPAR1WAY	15
	Clusteranalyse CLUSTER, FASTCLUS	16
	Kovarianzanalyse GLM	17
	Faktorenanalyse FACTOR	18
	Pfadanalyse CALIS	19
	Überlebenszeitanalyse LIFETEST	20
	Hauptkomponentenanalyse PRINCOMP	21
	Prognose FORECAST	22
	Grafiken mit SAS u.a. SAS/GRAPH	23
Ausblick und mehr	„Mercury" SAS Version 9	24
	Verzeichnis der Übersichten	25
	Literatur	26
	Hinweise zu den Daten	27
	Kontakt zu SAS	28
	Ihre Meinung zu diesem Buch	29
	Stichwortverzeichnis	30
	Autor	31

Die dritte Einheit behandelt die Syntaxsteuerung von SAS, und teilt sich in vier Untereinheiten auf. Der erste Teil behandelt das Daten-Management, der zweite Teil die deskriptive Statistik, der dritte Teil ausgesuchte Verfahren der Inferenzstatistik, und der vierte Teil stellt die Programmierung von Grafiken mit dem SAS System vor. Die Kapitel zur Statistik enthalten jeweils Angaben über die wichtigsten Voraussetzung der Verfahren, Rechenbeispiele, erläuterter Code und Output. Das umfangreiche Kapitel zu SAS Grafiken beginnt zunächst bei der Vorstellung der gebräuchlichsten Grafiktypen, und steigert anschließend die Programmierung von SAS Grafiken von ganz einfachen Beispielen bis hin zu komplexen Grafiken mit Annotate und SAS Makros. Die Syntax wird ausführlich erläutert. Abschließend werden spezielle Themen wie z.B. Import/Export von SAS Grafiken und das SAS Output Delivery System angesprochen. Die letzte Einheit stellt u.a. einen Ausblick auf die SAS Version 9 („Mercury"), und einen Überblick über die Übersichten dieses Buches, die verwendete Literatur, und die Kontaktmöglichkeiten zu SAS bzw. zum Autor bereit.

Dieses Buch verwendet häufig englische Begriffe, z.B. bei Statistiken und bei der Bedienung des SAS Systems. Dies geschah in voller Absicht. Die Online und Druckdokumentation und damit auch die Terminologie von SAS ist fast ausnahmslos englisch, ebenfalls wie die meisten Menüoberflächen (Ausnahme: Enterprise Guide). Die Überlegung war einfach die: Wenn dieses Buch auch die Nomenklatur das SAS System vermittelt, dann können sich Leserinnen und Leser leichter in Dokumentation und Bedienung orientieren.

Inhaltsverzeichnis

I. Das SAS System

Übersicht

Diese Einführung in das SAS System beginnt zunächst mit der Geschichte von SAS, und des Mannes, der SAS im wahrsten Sinne ist: Dr. Jim Goodnight. Goodnights Erfahrungen, Konzeptionen und Wertvorstellungen prägen SAS als Unternehmen und System bis in die Gegenwart.
Das sich anschließende Kapitel wirft einen Blick hinter die Kulissen, und beleuchtet die Erfolgsfaktoren im Hintergrund des SAS Systems, u.a. die Bedeutung des Feedbacks der Anwender, das Konzept der MultiVendor Architecture, die mächtige Programmierumgebung, und die unzähligen Möglichkeiten des Daten-Inputs und der Datenhaltung.
Das dritte und letzte Kapitel in dieser Einführung zum SAS System stellt das Modell für eine Informationsstrategie von SAS vor, die sog. „Intelligence Layer", und wird verdeutlichen: SAS als System und Software verfügt über eine intelligente Konzeption, die sicherstellt, dass Adaptivität, Leistungsfähigkeit, Skalierbarkeit bis in den hohen Terabytebereich, und Offenheit über alle Betriebssysteme und Plattformen hinweg auch bei dynamischen Entwicklungen auf höchstem Standard gewährleistet sind. Die SAS Intelligence Architecture, die Grundlage der I-Layer, repräsentiert u.a. bewusste und konzeptgeleitete Integration, Aufbereitung, Analyse, und Verteilung von Informationen. Intelligente Datenanalyse (incl. Daten-Management) *ist* unabdingbare Grundlage und Voraussetzung für informationsbasierte Entscheidungen in allen Anwendungsbereichen und –ebenen.

Abschließend werden in ersten Übersichten SAS Lösungen, Anwendungen und Prozeduren für die grafische und statistische Exploration, Analyse, und Präsentation von Daten vorgestellt. Da sich das SAS System kontinuierlich weiterentwickelt, kann und wird diese Einführung keinen Anspruch auf Vollständigkeit haben. Wie bereits im Vorwort angesprochen, kann diese Zusammenstellung allenfalls eine erste Übersicht und Orientierung im Bereich der statistischen und grafischen Datenanalyse und -präsentation mit der SAS Software leisten (Stand: 06/2003), knüpft daran jedoch die Hoffnung, damit zumindest einen annähernden Einblick in das Leistungspotential und die offene Dynamik des SAS Systems vermitteln zu können.
Zum Begriff „SAS Institute" noch eine Anmerkung: Die offizielle Firmierung ist zwar SAS Institute, nach den aktuellen Branding-Richtlinien ist jedoch lediglich von SAS zu sprechen. Wenn es also um die Erwähnung des Unternehmens geht, wird heute von SAS und nicht mehr von SAS Institute gesprochen.

1. Die Anfänge von SAS und der Mensch im Mittelpunkt: Dr. Jim Goodnight

Business Leader des Jahrzehnts: Dr. Jim Goodnight

In seiner Ausgabe zum zehnjährigen Bestehen ernannte das „Business Leader“ Magazin den Präsidenten und Vorstandsvorsitzenden von SAS, Dr. Jim Goodnight, zum „Business Leader“ des Jahrzehnts. Dieser Artikel wurde im November 1999 von Laurie Zuckerman geschrieben und vom Verfasser übersetzt, aktualisiert und an die SAS Branding-Richtlinien angepasst. Der „Business Leader“ ist ein monatlich erscheinendes Magazin, das über die Wirtschaft in der Region des Research Triangle in Nord-Carolina berichtet.

Dr. Jim Goodnight gründete die weltweit größte private Softwarefirma, rettete eine Fluggesellschaft, eröffnete eine Schule und verfügt über beträchtliche Liegenschaften, aber in erster Linie ist er Technologe.

Auf die Bitte, sich an einen größeren Meilenstein in der 23-jährigen Geschichte von SAS zu erinnern, fällt dem Mitbegründer und Vorstandsvorsitzendem Goodnight nach einer Pause der Tag ein, an dem sie sich entschieden, Millionen von Codezeilen umzuschreiben, um eine MultiVendor-Architektur zu erschaffen – das bedeutet, dass die SAS Software von Maschine zu Maschine bewegt werden kann.

Nach weiteren denkwürdigen Erfolgen gefragt, hält Dr. Goodnight wieder inne, dieses Mal länger. Diese Art von Frage stimmt anscheinend nicht mit seiner Denkweise überein. „SAS ist über viele Jahre hinweg um ein bis zwei Mitarbeiter täglich gewachsen, und wir haben von Zeit zu Zeit ein Gebäude errichtet. Meiner Ansicht nach hat sich nicht wirklich etwas geändert, es ist nur eine konstante Entwicklung.“

Die meisten Firmeninhaber können von solch einer Entwicklung nur träumen. SAS, die weltweit größte Softwarefirma in Privatbesitz, verzeichnet einen ununterbrochenen zweistelligen Einnahmenanstieg, der 1998 870 Millionen US$ erreichte. Für dieses Jahr wird erwartet, die Milliarden-Dollar-Marke zu erreichen. Und jeden Tag wird die SAS Software von Fachleuten weltweit benutzt - von über drei Millionen Menschen in ungefähr 130 Ländern - um Billionen Informationen zu sammeln, zu sortieren und umzusetzen.

Die Firmenkultur von SAS, die immer wieder auf die Fortune 100-Liste der beliebtesten Arbeitgeber Amerikas gewählt wurde und von „Fast Company" als „Sanity Inc." bezeichnet wurde, ist legendär. Hier kommen die Angestellten nach einem harten Workout im ca. 10.500 Quadratmeter großen Fitnesscenter am nächsten Tag wieder, und finden ihre Trainingskleidung frisch gewaschen vor. Die Mitarbeiter schlendern über den Cary Campus, in dem letztes Jahr 34.000 Blumen gepflanzt, 1000 Zwiebeln gesetzt und über 400.000 Quadratmeter Rasen gemäht wurden. Hier gehen die Angestellten mit ihren Kindern zum Mittagessen, und der Arbeitstag endet für die meisten Mitarbeiter nicht später als um 17 Uhr.

Dieser Ort wird größtenteils von Dr. Goodnight erträumt, erschaffen und geleitet, einem Mann mit persönlichen Einblicken, wie man eine Umwelt erschafft, die andere Technologen inspiriert.

SAS Anfänge

Als Sohn eines Eisenwarenladenbesitzers in Wilmington (N.C.) stieg Goodnight bereits früh ins Geschäftsleben ein, indem er im Laden seines Vaters aushalf. Aber erst durch die Begegnung mit seinem ersten Computer fügte sich alles richtig zusammen. In seiner Studentenzeit auf dem North Carolina College besuchte Goodnight den einzigen Computerkurs, der damals von der Universität angeboten wurde. Seit dem ersten Tag war er „fasziniert" von der Tatsache, dass der Computer im Seminarraum, ein IBM 1620, eine Ausgabevorrichtung hatte, eine Schreibmaschine, die scheinbar alles von selbst schreiben konnte.

„Ich musste mehr darüber erfahren", erinnert er sich. „Über einen Monat lang habe ich mich überhaupt nicht zurechtgefunden, ich konnte einfach nicht verstehen, was da vor sich ging. Dann ging mir einfach ein Licht auf, es machte einfach Klick, und ich verstand alles." Gegen Ende des Semesters unterrichtete er den Kurs.

Im gleichen Sommer nahm er den Auftrag an, Programme für das Institut für Landwirtschaftsökonomie zu schreiben. Und er programmierte während seiner ganzen Studienzeit. Mitten in der Arbeit an seinem Magister begann ihn die Idee zu fesseln, dabei zu helfen, einen Mann auf den Mond zu schicken. Dank seiner Programmierfähigkeiten erhielt er eine Stelle in einer Firma, die elektronisches Zubehör für die Bodenstationen herstellte, mit denen die Apollo-Raumkapseln kommunizieren würden. Goodnight und seine Frau Anne zogen nach Florida.

Aber das Abenteuer war überhaupt nicht so, wie es sich Goodnight vorgestellt hatte. Er fühlte sich in seiner winzigen Kabine eingesperrt und schätzte es überhaupt nicht, dass er an seiner neuen Arbeitsstelle für eine Tasse Kaffee bezahlen musste. Es war laut, und schwer, sich zu konzentrieren. Seine Erfahrungen in diesem Arbeitsumfeld, in dem die Geschäftsgrundsätze und Praktiken den Arbeitenden keinerlei Wertschätzung erfahren ließen, waren die Grundlage für Goodnights Engagement, einen Arbeitsplatz zu schaffen, an dem die Angestellten fühlen, dass sie ihrer Firma etwas bedeuten.

Als sein Schwiegervater krank wurde, rief Goodnight seine alte Universität an und erkundigte sich, ob er sein Graduiertenstudium fortsetzen könne. „Sie sagten, sicher, komm einfach zurück“, erinnert er sich. Er ging in sein altes Büro, und sein Aktenschrank war nie geöffnet worden. Er stellte seinen Computer an, und da war auch dasselbe Programm, an dem er zuletzt gearbeitet hatte. „Es war, als ob ich nie weg gewesen wäre.“

Während er an seinem Ph.D. in Statistik arbeitete, tat er sich mit Jim Barr zusammen, der vor kurzem ebenfalls an die Universität zurückgekehrt war, nachdem er bei IBM an Großrechnern das Informationssystem des Pentagon entwickelt hatte. Sie vereinten ihr Wissen, um den Grundstein dessen zu legen, was einmal SAS (Statistical Analysis System) werden sollte. J. Barr erschuf den größten Teil der Systeme und J. Goodnight entwickelte die Prozeduren. Das Ziel: Ein Statistikprogramm zu schaffen, das etwas Nützliches aus den von vielen Seiten bei der Universität eingehenden landwirtschaftlichen Datenbergen machen könnte. 1968 lieferten sie SAS erstmals an eine Gruppe von Anwendern im Südwesten aus. Anfang 1972 wurden alle Geldmittel gestrichen, auf die sich die Universitäten zum Unterhalt ihrer Computerzentren verließen, erinnert sich Goodnight. Barr und Goodnight wandten sich an ihre Anwendergruppe mit der Bitte an jeden Einzelnen, 5000 US$ beizusteuern, damit das Projekt weiterlaufen konnte. Zur gleichen Zeit erweiterten sie ihren Zielmarkt für die statistische Analysesoftware, und begannen das SAS System an Pharma- und Versicherungsunternehmen zu leasen. Ihre erste Benutzerkonferenz hielten sie 1976 in Florida ab, und waren „verblüfft“ über die Anzahl der Teilnehmer und das große Interesse. „Wir begannen zu begreifen, dass SAS dabei war, sich zu einem erfolgreichen Softwareprodukt zu entwickeln, und dass es an der Zeit war, die Universität zu verlassen“, erinnert sich Goodnight.

Sie zogen auf die andere Straßenseite gegenüber der Universität, wo, wie sich Goodnight erinnert, „alle von der Universität weiter herüberkamen, wenn sie Hilfe brauchten.“ SAS schrieb vom ersten Tag an schwarze Zahlen. Und die vier Angestellten begannen die Extras zu genießen - montags gab es frisches Obst, mittwochs M&M's, freitags Frühstücksschnittchen - Profitbeteiligung und flexible Arbeitszeiten nicht zu vergessen. Bis 1978 hatte das SAS bereits über 600 Kunden angezogen.

Aus Liebe zum Code

Über 5500 Angestellte und 115 Niederlassungen später verbringt Dr. J. Goodnight noch immer etwa die Hälfte seiner Zeit damit, Programme zu schreiben und Entwicklungsteams zu leiten. Tatsächlich hat er immer noch die Kontrolle über bestimmte Abschnitte der Prozeduren, die er ursprünglich geschrieben hat. „Ich programmiere gerne", sagt er. „Es ist, als würde man den ganzen Tag lang an einem Puzzle arbeiten. Es ist interessant, faszinierend, es macht mir einfach Spaß. Ich habe eine Verwaltungsgruppe eingerichtet, die es versteht, dass ich gerne meine Zeit damit verbringe, und sie haben viel Verantwortung übernommen. Das hat es für mich natürlich einfacher gemacht".

Goodnight verbringt sehr wenig Zeit in Meetings. „Ich bin einfach kein Meeting-Typ", erklärt er. Man findet ihn in den Forschungs- und Entwicklungsabteilungen genauso oft wie in seinem Büro. Er wandert gerne in den Räumen umher und spricht mit den Leuten über ihre Arbeit. Goodnight pflegt ein genaues Wissen über die Menschen, Produkte und Fortschritte in seiner Organisation. Tatsächlich verlegt er oft sein Büro, um in der Nähe der Gruppe zu sein, deren Arbeit ihn am meisten interessiert. „Was ich am allerliebsten mache, ist, Leute zusammenzutrommeln und neue Projekte anzufangen", sagt er.

Den Elfenbeinturm niederreißen

Es hat seine Vorteile, an der vordersten Front zu sein. Bei Programmierern gibt es oft eine riesige Distanz zwischen dem Management und den Menschen, die die Arbeit tun. Aber wie die meisten Chefs, die auch selbst arbeiten und nicht nur darüber reden, versteht Goodnight die Probleme, mit denen sich seine Mitarbeiter herumschlagen. Er kennt die Herausforderung, Innovation und Qualität gegenüber dem Druck des Marktes zu gewährleisten. Und er weiß, dass müde Programmierer Fehler machen, teure Fehler, und so führte er eine flexible 35-Stundenwoche ein.

Er weiß auch, dass seine Arbeiter ein Umfeld brauchen, das sie inspiriert. „Der Prozess der Softwareentwicklung ist reine Kopfarbeit", sagt Goodnight. „Im Grunde erstellt man eine Serie von Nullen und Einsen, die dem Computer sagen, was er tun soll. Dies erfordert einfallsreiches Denken."

„Ich habe im ganzen Land Softwarefirmen besucht", sagt Patrick Porter, Industrieanalyst bei LM Porter Mackay. „Ich glaube nicht, dass ich jemals bei einer Firma gewesen war, die alles so gut unter einen Hut bringt wie SAS. Goodnights Werte durchdringen diesen Ort. Ich glaube nicht, dass er sich jemals hingesetzt und überlegt hat, wie die Art und Weise des Umgangs mit seinen Mitarbeitern seinen Umsatz beeinflussen wird. Ich denke, er glaubt einfach daran, dass man so mit Leuten umgehen sollte. Und es funktioniert - seine Mitarbeiter fühlen eine starke Loyalität gegenüber SAS."

In einer Zeit, in der Begabung und Talent in der Computerindustrie dauernd knapp sind, und es allgemein als kluger Schachzug betrachtet wird, oft den Job zu wechseln, um die Gehaltshöhe optimal zu halten, schwankt die Personalfluktuation von SAS um vier Prozent. Und das im Vergleich zu einem Durchschnitt in der Branche, der knapp unter zwanzig Prozent liegt.

„Normalerweise überlegt man sich nach ca. fünf Jahren, dass es Zeit wird, etwas anderes zu machen", sagt Keith Collins, Vizepräsident der Abteilung Forschung und Entwicklung, und ein Veteran bei SAS, der bereits seit 16 Jahren dabei ist. „Aber nach meinem fünften Jahr erkannte ich, dass ich viel zu viel Spaß hatte. Und wenn es Spaß machen kann, macht das einen riesigen Unterschied."

SAS Mitarbeiter sind nicht nur dafür berühmt, an ihrer Arbeit dranzubleiben, ihnen wird für ihr Talent und ihre Motivation auch Anerkennung entgegengebracht. Dies äußert sich in eigenen Büros, Pausenräumen, den besten Computern, Gesundheitsberatung vor Ort, einer Kindertagesstätte und vielen anderen Annehmlichkeiten, dank derer sich die Mitarbeiter voll und ganz auf ihre Arbeit konzentrieren können.

Daten sind die Goldgrube jedes Unternehmens

Und was ist das für eine Arbeit? Es läuft darauf hinaus, Wissen nutzbar zu machen. Überall sammeln Firmen enorme Datenmengen – über alles, vom Einkaufsverhalten der Kunden über die Fluktuationsraten von Angestellten und Bilanzen bis hin zu allen nur denkbaren geschäftlichen Transaktionen. Das Problem besteht darin, dass sie nicht immer wissen, was sie mit diesen Daten anfangen sollen. Und zu allem Übel ist dieser riesige Berg an Informationen oft in inkompatiblen Computersystemen abgespeichert, an die nur schwer heranzukommen ist.

Die SAS Software hilft Organisationen, ihren Daten Sinn zu geben. Sie entwickelt eine Entscheidungsplattform, eine Stelle, an die sich Menschen innerhalb einer Organisation wenden können, um auf Informationen zuzugreifen, um eine Situation zu verstehen und zuversichtlich eine informationsbasierte Entscheidung fällen zu können. Mit dem SAS System können Kunden ihre Daten integrieren und organisieren, und diese dann auf praktisch jeder Computerplattform ansehen und interpretieren. Sie können die Daten nutzen, um eine fast unendliche Anzahl von „was wäre, wenn"-Fragen zu beantworten.

Über 17.000 Kunden in aller Welt aus jedem größeren Industriezweig benutzen heute das SAS System. 98 Unternehmen auf der Fortune 100-Liste haben es installiert, mehr als 3.000 Universitätseinrichtungen, in annähernd jeder größeren Regierungsbehörde in den USA, und vielen supranationalen Institutionen einschl. der UN, der Europäischen Union und der NATO.

Das U.S. Census Bureau setzt die Software ein, um die Bevölkerung zu zählen und zu klassifizieren. Die Telekommunikationsfirma US West Communications nutzt sie, um zu gewährleisten, dass ihre Kunden jederzeit genau den Service erhalten, den sie wollen. Marks & Spencer, Europas einkommensstärkste Einzelhandelskette, verlässt sich für Informationen über neue Märkte auf SAS Software. Die Biotechnologiefirma Genentech Inc. verwendet SAS Software, um ihre klinischen Daten zu integrieren, organisieren und analysieren, um dadurch Informationen über die Sicherheit und Wirksamkeit ihrer Produkte zu erhalten. Deere and Co., ein Hersteller landwirtschaftlicher Geräte, bündelt Informationen über Einstellungen, Gehälter, Personal und andere Daten des Personalwesens in einem einzigen Data Warehouse, das ganz auf die Bedürfnisse der Human-Resources-Abteilung ausgerichtet ist.

Goodnight erläutert, wie sich die Produktphilosophie von SAS geändert hat: „Lange Zeit lieferten wir Werkzeuge für Menschen, um Systeme zu bauen, aber jetzt versuchen wir eher, vertikale Lösungen zu gestalten.“ Das bedeutet, dass die Software jetzt so konzipiert ist, dass sie an die spezifischen, täglich wechselnden Bedürfnisse verschiedener Organisationen innerhalb unterschiedlicher Wirtschaftszweige angepasst werden kann.

Heute ist das SAS System in ca. 50 Produkte integriert, darunter z.B. CFO Vision (Anm.: jetzt: ‚SAS Financial Management Solutions'), eine Lösung für das Finanzmanagement, das den Vorstand durch Businessinformation befähigt, rechtzeitig informierte Entscheidungen zu treffen, die unabdingbar für das Wachstum und den Wettbewerbsvorteil einer Organisation sind. Oder IT Service Vision' (Anm.: jetzt: ‚SAS IT Resource Management'), ein Produkt, das alle Dienstleistungsangebote eines Unternehmens anspricht, einschließlich Systemen, Netzwerken, Webservern und Telefonanlagen, um zu helfen, IT-Ziele mit Geschäftszielen zu verbinden. HR Vision (Anm.: jetzt ‚SAS Human Capital Management') ermöglicht es Human-Resources-Profis, proaktive Strategien für Unternehmensziele zu entwickeln, während die aufgabengeleiteten Routinen, die traditionell die Kernaktivität von HR waren, weiter ausgebaut werden.

Die Konkurrenz schläft nicht

SAS spielt in einer Liga mit vielen der besten und der bekanntesten Unternehmen, wie z.B. IBM, Oracle und Microsoft. „Es ist ein herausfordernder Bereich“, sagt Porter. „Es ist etwas Besonderes, ein Führer unter anderen Softwareeliten von Weltklasseformat zu sein.“

Goodnight rechnet damit, dass das Marktvolumen weiter anwachsen wird. Umfragen unter IT-Managern haben ergeben, dass mit dem Jahr 2000 die Y2K-Aufgaben enden werden, und dass als Toppriorität der Fokus auf Data Warehouses liegen wird. „Wir befinden uns in einer ausgezeichneten Position, um diesen Trend auszunutzen", sagt Goodnight. „Wir haben die beste Data Warehouse Software der Welt." SAS erhält sich seine Konkurrenzfähigkeit, indem es in der gesamten Softwareindustrie den höchsten Prozentsatz der Jahreseinnahmen wieder in Forschung und Entwicklung investiert - 31 Prozent im Jahr 1998.

In dieser Branche sei dies eine außergewöhnlich hohe Investition, sagt Collins. Und da SAS Anwender ihre Lizenz jedes Jahr erneuern müssen, „können wir nicht einfach unser Produkt verkaufen und sie dann sich selbst überlassen." Programmierer sind unablässig damit beschäftigt, die über 10 Millionen Codezeilen des SAS Systems umzuschreiben und zu verfeinern, um es neuen Betriebssystemen und neuer Hardware anzupassen. Hinzu kommen noch die wechselnden Bedürfnisse der Kunden.

Ebenso wird von Angestellten von SAS verlangt, die Ohren offen zu halten. Goodnight erwartet, dass jeder Vorschlag eines SAS Anwenders notiert wird. Einmal im Jahr werden diese Vorschläge sortiert, nach Vorrang geordnet und auf eine Abstimmungsliste gesetzt, die an die SAS Anwendergruppen verschickt wird. Die Umfrageergebnisse werden ausgewertet, und die Top 10 Vorschläge werden fast immer umgesetzt.

SAS pflegt ebenfalls enge Partnerschaften mit Kunden, um die nötigen Einblicke zu erhalten, um neue Ideen hervorzubringen und ein kundenorientiertes Produkt auf den Markt zu bringen.

Eine weiteres Forum für Kundenfeedback sind die von SAS unterstützten Konferenzen der Anwendergruppen. Anwender der SAS Software aus diversen Geschäftsbereichen treffen sich und tauschen Ideen mit SAS Programmierern und anderen SAS Softwareanwendern aus aller Welt aus. Auf diese Weise können Anwender die Entwicklungsprioritäten und Technologierichtung von SAS beeinflussen.

„Wir müssen die neuen Features oder die Software liefern, die unsere Anwender wollen, oder sie werden aufhören, die Verlängerungsgebühr zu bezahlen", sagt Goodnight. „Es ist das Geld aus diesen Lizenzen, das uns finanzielle Stabilität gibt. Über 80 Prozent unserer Einnahmen stammen aus Verlängerungsgebühren."

Kein Problem - über 98 Prozent aller SAS Kunden erneuern Jahr für Jahr.

Die Cary Academy

Goodnights Vision reicht weit über den Arbeitsplatz hinaus. Eines seiner jüngsten Projekte, die Cary Academy, ist als völlig neuartige Modellschule konzipiert – moderne Technologien werden in alle Facetten der Ausbildung integriert.

Die Idee für dieses Projekt entstand, als sich Goodnights Frau, Anne Goodnight, mit dem Englischlehrer ihres Sohnes wegen einer schlechten Note traf. Goodnight sagt, der Lehrer hätte geantwortet: „Sehen Sie, ich muss 130 Kinder am Tag unterrichten, man kann von mir nicht erwarten, mich um jedes einzelne Kind zu kümmern."

Die Goodnights waren von dieser Einstellung schockiert. Sie fanden, es müsse doch möglich sein, eine Umgebung zu schaffen, in der die Kinder im Mittelpunkt stehen. Die Goodnights taten sich mit SAS Mitgründer Jim Sall und seiner Frau zusammen und spendeten ca. 210.000 Quadratmeter Land an der Harrison Avenue, um ein privates Gymnasium zu gründen.
Anne Goodnight war viel unterwegs, um Schulen zu besuchen und Ideen zu sammeln, während Jim Goodnight den SAS Mitarbeiter John Boling bat, nachzuforschen, welche Software und welche Webinhalte für die Schule angemessen seien. Boling engagierte einige Teammitglieder und war die nächsten zwei Jahre in über 15.000 Webseiten, 1.000 CD-ROMs, und Tausende Stunden Videofilme vertieft.

Was er fand, war enttäuschend, besonders in den Bereichen Mathematik und Naturwissenschaft. „Uns wurde klar, dass die meisten Ressourcen auf dem heutigen Markt – besonders im Bereich digitaler Medien – bestenfalls als Unterhaltung bezeichnet werden können. Wenn man bei den Vertreibern nachfragt, erklären sie, dass sie ihre Produkte nicht speziell für den Unterricht entwerfen", sagt Boling.

Diese Erkenntnisse führten zur Gründung einer neuen Abteilung, SASinSchool. Zum Team dieser Abteilung gehören Lehrer, Multimediagraphikdesigner, Unterrichtsdesigner, Technologen und Computerprogrammierer. Alle sind engagiert, auf Computern basierende Courseware und Stundenplanressourcen für Schulen zu entwickeln. Die Cary Academy ist der erste Prüfstein.

Am 18. August 1997 öffnete die Cary Academy ihre Pforten für 248 eingeschriebene Schülerinnen und Schüler. Der Campus umfasst getrennte Gebäude für die Ober- und Mittelstufe, ein ca. 11.000 Quadratmeter großes Fine Arts Center mit zwei Malereiateliers, einem Tanzstudio und Band- und Orchesterproberäumen, sowie ein ca. 10.000 Quadratmeter großes state-of-the-art Medien- und Technologie-/Computerzentrum im Verwaltungsgebäude, ein ca. 4.500 Quadratmeter großes Aufenthaltscenter für die Schülerinnen und Schüler mit Mensa, ein Sport- und Fitnesscenter, Sportplätze für Fußball, Baseball, Softball und Lacrosse, Tennisplätze und ein Stadion mit einer Viertelmeilenbahn. Ein Theater mit 500 Plätzen ist in Arbeit.

„Die Lehrer sind begeistert. Die Eltern sind begeistert. Und am allerwichtigsten, die Studenten sind begeistert von der Schule“, sagt Goodnight. „Abends wollen sie gar nicht gehen. Der Erfolg ist phänomenal.“

Über moderne Technologien sind die Schüler, Lehrer und Eltern ständig in Kontakt. Alle Schüler, die Fakultät, die Mitarbeiter und die Eltern erhalten E-Mailadressen und haben Zugang sowohl zum Intranet der Schule (ihrer eigenen internen Webseite) als auch zum Internet. Somit können Lehrer auf Schülerinformationen zugreifen, z.B. um online Anwesenheitsprotokolle und Zensurenhefte zu erstellen und Hausaufgaben zu verschicken; Schüler können die Unterrichtsinhalte online nachlesen und Lehrern ihre Fragen e-mailen, und die Eltern können leicht die Fortschritte ihrer Kinder verfolgen. Die Cary Academy setzt die Technologie auch ein, um Stundenpläne zu individualisieren, um die Lernprozesse der Schüler zu optimieren. Alle Computer auf dem Campus haben Internetzugang, und den Schülern wird zugetraut, verantwortungsvoll mit dem uneingeschränkten Zugriff auf alle Ressourcen umzugehen.

„Inhalte sind wichtig, aber letzten Endes möchte man Schülern Fähigkeiten vermitteln“, sagt der Schulleiter der Cary Academy, Donald Berger. „Wenn man Inhalte zur Verfügung stellt, die die Schüler interessieren, werden sie im betreffenden Fach weit mehr in den Lernprozess involviert sein. Deshalb kommt es auf Individualisierung an... die Kinder bestimmen zu lassen, was sie lernen. Mit Computern ist das möglich.“

Midway Airlines

Sobald Goodnight ein Problem entdeckt, behebt er es, und zwar auf möglichst direktem Weg. Als er z.B. hörte, dass Midway Airlines in Schwierigkeiten war, zögerte er keinen Augenblick. Besonders als er erfuhr, dass eine Investmentgruppe die Fluglinie aufkaufen und das Zentrum an einen anderen Standort verlegen wollte. Flugs gründete er eine neue Investmentgruppe, die die Fluglinie für 22 Millionen US$ kaufte.

„Ich wusste, es wäre ein schwerer Schlag für unsere Region, ihre größere Fluglinie zu verlieren“, sagt Goodnight. „Ich erinnerte mich noch daran, wie American ihren Hauptsitz hier hatten, und wir sehr einfach überall hinkamen. Ich wollte unbedingt, dass das so bleibt. Also traten wir an.

Ein neuer Vorstandsvorsitzende wurde eingesetzt: Robert Ferguson, der, so Goodnight, bereits Continental Airlines vor dem Bankrott gerettet hatte. Dann ging die

Fluglinie an die Wall Street, wo durch ein anfänglich öffentliches Angebot öffentliche Investoren $75 Millionen einbrachten, von denen 42 Millionen US$ direkt an Midway gingen.

Von Mitte September an werden Midway Airlines und ihre Pendlerpartner 218 tägliche Abflüge zwischen Raleigh-Durham und 25 Zielen in 14 Staaten und dem Distrikt Columbia anbieten. Die Flugzeugflotte umfasst 15 neue CRJs und acht Fokker F100s, und mit einem Alterdurchschnitt von weniger als drei Jahren zählt sie zu den Jüngsten in der Branche. Darüber hinaus gab Midway kürzlich verbindliche Bestellungen für 17 Boeing 737-700 bekannt. Die erste Lieferung wird Dezember 1999 erfolgen.

Immobilien

Und als ob Software, Schulen, und Jets nicht genug seien, „macht" Goodnight auch in Immobilien. Den Bauunternehmer Tim Smith traf Goodnight zuerst in den frühen 80ern, als dieser SAS ca. 12.000 Quadratmeter für sein erstes Bürogebäude in Cary verkaufte. 1991 schaute Smith mit einem viel größeren Deal in Goodnights Büro vorbei: Dem Vorschlag, sich zusammenzutun und Preston zu kaufen, eine Golfgeländegemeinschaft, die an die Bundesregierung fiel, nachdem ihr früherer Besitzer, eine Spar- und Darlehenskasse, eingegangen war. Smith erklärte Goodnight und einigen anderen Mitgliedern der SAS Führungsetage, dass, wenn sie den Club und das Golfgelände kauften, er sich um den Rest kümmern würde. „Wir dachten, es wäre nett für SAS, einen eigenen Country Club zu haben, und er verlangte für den Club selbst nicht viel", erinnert sich Goodnight. „Aber dann fiel seine Sicherheit für den Rest des Deals ins Wasser, und wir machten ein ziemlich gutes Geschäft." Goodnight sagt, er sei „nicht sehr involviert" in seinen Immobilienbesitz. „Aber weil der Preston-Deal so gut lief, kommt Smith dauernd mit neuen Angeboten."

Management-Erfolge

Mit dem Erfolg kommt auch die Berühmtheit – wobei Goodnight sagt, dass er und seine Familie gut darauf verzichten könnten. Sie fühlen sich im Scheinwerferlicht nicht wohl. „Darum ging es mir nie", sagt er. „Es passierte einfach. Aber das gehört zu meinem Job, und ich muss mich damit abfinden."

Dieser Job hat durchaus positive Seiten. Abgesehen von den offensichtlichen enormen finanziellen Vorteilen sagt Goodnight, dass er große Befriedigung darin gefunden hat, etwas zu entwickeln, das den Menschen die Arbeit erleichtert. Erstaunlicherweise war alles, was Goodnight seit seinen frühen Tagen an der N.C. State getan hat, eine Erweiterung des ursprünglichen Data Mining und Warehousing Programms. Das SAS System mag von 300.000 Codezeilen auf über 10 Millionen gewachsen sein, aber seine Kernfunktion bleibt dieselbe. Von den Teilnehmern der ersten Anwendergruppe, die je 5.000 US$ beisteuerten, um das SAS System am Leben zu erhalten, bis zu den Millionen aktuellen SAS Anwendern in aller Welt – der ursprüngliche Zweck der Software hat sich nicht verändert: aus Chaos Wissen zu erschaffen.

Goodnight sagt, dass auch er sich seit den Tagen, als das SAS System nur ein Gedanke war, im Grunde nicht verändert hat. „Ich bin so ziemlich derselbe, der ich schon immer gewesen war. Heute bin ich gezwungen, mehr öffentliche Ansprachen zu halten, als mir lieb ist, aber das gehört eben zum Job.“

Goodnight mag eine bescheidene Ansicht von seiner Rolle als führender Geschäftsmann haben, aber die Tatsachen sprechen für sich. Er hat eine Weltklassefirma geschmiedet, die an der Spitze eines höchst konkurrierenden Industriezweigs steht.

Er schuf eine Arbeitsplatzumgebung auf der Basis von Vertrauen und Respekt, die Firmen in aller Welt heute imitieren. Er erkannte die Bedürfnisse seines Heimatorts und investierte in eine Schule und eine Fluglinie. Und bei all dem verlor er nie sich selbst inmitten des Ruhmes und des Vermögens. Er ist, was er immer war – im Herzen ein Programmierer. Aus diesen Gründen zeichnet das „Business Leader Magazine“ Dr. Jim Goodnight als „Business Leader des Jahrzehnts“ aus.

Nachtrag: Erst kürzlich wurde SAS zum sechsten Mal in Folge im US-amerikanischen „100 Best Companies to Work For“ unter die ersten 20 beliebtesten Arbeitgeber der USA gewählt. In der Studie „Deutschlands beste Arbeitgeber 2003“, die in Deutschland zum ersten Mal durchgeführt wurde, erreichte SAS den 23. Platz von insgesamt 123 untersuchten Unternehmen.

SAS beschäftigt gegenwärtig (Stand: 06/2003) weltweit über 9.000 Mitarbeiter. Der Jahresumsatz betrug weltweit 2002 über 1,18 Mrd. US$. SAS ist der größte unabhängige Softwarehersteller der Welt in Privatbesitz. Weit über 3.5 Millionen Anwender in 116 Ländern nutzen die SAS Software in über 40.000 Unternehmen und Organisationen. 90% aller Fortune 500 Unternehmen sind SAS Kunden. Von den 100 Topunternehmen der 2001 Forbes Super 100, einer jährlich aktualisierten Liste der 100 größten Unternehmen der USA, sind 97 SAS Kunden. Von den 100 größten deutschen Unternehmen setzen über 90 das SAS System ein.

Zu den Kunden von SAS zählen neben Universitäten (ca. 20%) und Regierungen (ca. 10%) vorrangig Kunden aus der Industrie (ca. 70%), darunter u.a. Unternehmen aus der Raum- und Luftfahrt, Banken und Versicherungen, Unternehmen aus den Bereichen Energie, Telekommunikation, Transport, und Tourismus, Werbe- und Medienunternehmen, Unternehmen aus den Bereichen Chemie, Erdöl, Metall und Stahl v.a.m.

2. Das System hinter dem SAS System

Während der rasanten Entwicklung des SAS Systems vom ursprünglich reinen Werkzeug für komplexe statistische Analysen hin zum umfassenden state of the art Data Warehousing und Business Intelligence System wurden zahlreiche Module und Produkte insbesondere für Grafiken, Menügestaltung, Tabellenkalkulation, Projektmanagement, Zeitreihenanalysen, Qualitätssicherung, Anbindung an Datenbanken und Rechnerleistungsanalysen entwickelt. Man kann die Adaptivität, Leistungsfähigkeit, und die Offenheit für eine zukünftige Entwicklungsdynamik von SAS als Software für ursprünglich reine statistische Analysen nur vor dem Hintergrund der Entwicklung von SAS hin zum Firmeninformationssystem angemessen einschätzen. Deshalb sollen auch entscheidende Stärken im SAS Hintergrund, und damit auch Grundlagen des Erfolgs von SAS als Software und System, näher beleuchtet werden, u.a. die Anwenderorientierung von SAS, das Konzept der MultiVendor Architecture (MVA), die mächtige Programmierumgebung, und die zahlreichen Möglichkeiten des Daten-Inputs und der Datenhaltung.

2.1. Anwenderorientierung

Zum langfristigen Erfolg der SAS Software hat neben der eigentlichen Technologie des SAS Systems und der großen Reinvestition in Forschung und Entwicklung (2001: 25%), auch die enge Vernetzung zwischen SAS und seinen Anwendern beigetragen: Angefangen von der kompetenten technischen Beratung durch den SAS Customer Support, die zahlreichen Kurse seitens SAS, die detaillierte SAS Dokumentation, die Leistungen der Professional Services, und auf der anderen Seite das konstruktive Feedback seitens der unterschiedlichsten Anwendergruppen, z.B. in Gestalt des „Software Ballot", bei dem z.B. jährlich über neu aufzunehmende oder zu ändernde Elemente des SAS Systems abgestimmt wird, wie auch der Informationsaustausch der SAS Anwender auf zahlreichen Veranstaltungen untereinander.

Die größten Veranstaltungen sind die seit 1975 jährlichen stattfindenden SAS User Groups International Conferences (SUGI) mit mehreren tausend Teilnehmern. Neben vielen regionalen Konferenzen sind an dieser Stelle besonders die SAS European Users Group Conferences (SEUGI) mit über 2000, und die Deutschsprachigen Internationalen SAS Benutzer Konferenzen (DISK), mit zuletzt etwa 600 Teilnehmern zu nennen. Nicht weniger wichtig sind die zahlreichen

Treffen von regionalen und branchengebundenen SAS Anwendergruppen. In Deutschland fand 1997 die 1. Konferenz der SAS Nutzer aus Forschung und Entwicklung (KSFE) mit über 250 Teilnehmern an der Humbolt-Universität in Berlin stattfand. Nach den Konferenzen in Berlin, Jena, Heidelberg, Gießen, Hohenheim, und Dortmund fand 2003 diese Konferenz an der Universität Potsdam bereits zum siebten Mal statt. 2004 wird die KFSE an der FH Schmalkalden stattfinden.

2.2. Das Konzept der MultiVendor Architecture

Eines der Hauptmerkmale des SAS Systems ist die Integration der Hardware, der Anwender, der Daten und der SAS Anwendungen.

Das SAS System war ursprünglich in PL/I und Assembler für IBM Großrechner geschrieben. Wegen dem in der Mitte der 80er Jahre einsetzenden Trend hin zu PCs wurde das SAS System komplett in die Sprache C zu übertragen. Mit einem Aufwand von über 1000 Programmierjahren, dabei wurden über 2 Millionen Zeilen Quellcode umgeschrieben und 1 Million neu entwickelt, war dies eines der weltweit größten und erfolgreichsten Softwareprojekte der Geschichte.

Um eine maximale Übertragbarkeit des SAS Systems bei einer minimalen Hardwareabhängigkeit zu gewährleisten, folgte man dabei einer völlig neuen Architektur des Gesamtsystems: der sog. Multivendor Architecture (MVA).

Die MVA kann man sich veranschaulichen als auf den Kopf gestellte Pyramide, wobei nur ein kleiner Teil der Spitze - weniger als ein Zehntel – hardwarenaher Code sind, der sog. Hostlayer. Nur der Hostlayer wird der jeweiligen Hardwareplattform angepasst. Der gesamte restliche Überbau der umgedrehten Pyramide bleibt in seinem Code identisch für alle Plattformen. Der Ablauf der Kernprogramme ist damit auf allen Plattformen gleich.

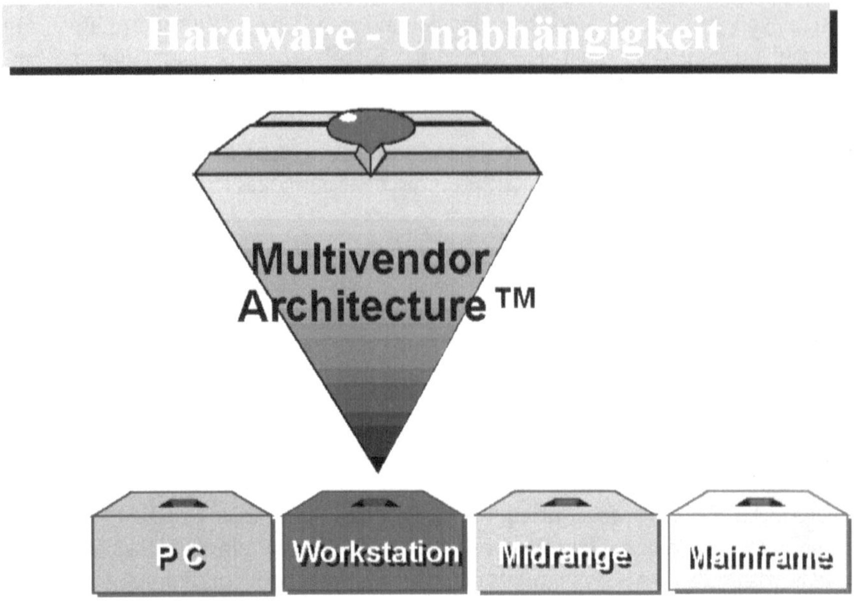

Abbildung: Copyright SAS.

Die Funktion der MVA ist auf der einen Seite, die Portabilität der Software zu gewährleisten, eine schnellstmögliche Überführung auf verschiedenste Plattformen zu sichern, und gleichzeitig auf allen diesen Plattformen eine völlig identische Funktionalität zu erreichen. Auf der anderen Seite werden Anwender immer derselben Bedienungsoberfläche mit derselben Funktionalität begegnen - „the same look and feel"- , egal, ob das SAS System auf MVS, UNIX, oder Windows aufgesetzt ist.

Über den Hostlayer für den nichtprozeduralen Teil von SAS Anwendungen kann darüber hinaus die Leistungsfähigkeit der jeweiligen Hardware voll ausgeschöpft werden. Das SAS System unterstützt die grafischen Nutzerschnittstellen von Microsoft (MS) Windows, IBM OS/2, DEC Windows, X Windows, und Motif. Für IBM-Mainframes entwickelte SAS eine eigene Fensteroberfläche, so dass auch hier dieselbe Funktionalität wie auf den anderen Plattformen gewährleistet ist. Alle gängigen Hardwareplattformen und Systemgrößen werden dabei unterstützt: Großrechner unter MVS, Open VMS, Workstations mit allen gängigen UNIX-Plattformen, und PCs unter Windows oder OS/2.

Das Konzept der MVA ergänzend werden einzelne Anwendungen speziell für Windows Plattformen entwickelt, z.B. der Enterprise Guide, und der Enterprise Reporter. Durch die Integration des SAS Systems bleibt gleichzeitig die Freiheit des Speicherorts der Daten über alle Hardwaregrenzen und Betriebssysteme hinweg. Dadurch ist auch weiterhin eine zentrale Administration der Daten gewährleistet.

Dieses Konzept der Hardwareunabhängigkeit hat in der Praxis mehrere Vorzüge: Durch die MV-Architektur des Systems ist im Prinzip die Integration aller Hardwareplattformen und Herstellerstandards, aller Datentypen und Datenbanken sowie der verschiedensten Benutzer und Anwendungsbereiche gewährleistet. Wann immer eine Hardware oder ein Betriebssystem eine gewisse Akzeptanz am Markt erreicht hat oder sich als besonders zukunftsträchtig entwickelt, kann die gesamte SAS Software an diese neuen Gegebenheiten in kurzer Zeit angepasst werden. Die Funktionalität und die gewohnte Oberfläche bleiben trotz technologischer Anpassung und Weiterentwicklung dieselbe. Zusammen mit der Multiple Engine Architecture bildet die MultiVendor Architecture die Grundlage für die hohe Flexibilität. Die MVA des SAS Systems einschl. ihrer ausgezeichneten Aufwärtskompatibilität bietet allen SAS Anwendern eine hohe Investitionssicherheit für die Zukunft bei ihren Softwareprojekten.

2.3. SAS als Programmierumgebung

SAS ist nicht nur ein System. SAS besitzt auch eine leistungsstarke Programmiersprache, die sog. SAS Base Language. Diese Programmiersprache und die dazugehörige Umgebung (sog. Data Step) sind leistungsstark und hochflexibel, und eine der Stärken des SAS Systems. Auf der SAS Base Language bauen viele Prozeduren auf (z.B. TTEST, MEANS, usw.), die wiederum in verschiedenen Modulen oder Oberflächen eingebunden sind. Man kann sich das SAS System als eine Art Baukastenprinzip vorstellen. Neben dem modular aufgebautem SAS System werden auch stand-alone Anwendungen und Solutions angeboten.

Eines der wesentlichen Merkmale der SAS Base Language als 4GL Programmiersprache („fourth generation programming language") ist die sog. Nonprozeduralität. Mit SAS Base Language muss dem Rechner nicht mehr detailliert mitgeteilt werden, *wie* ein Problem gelöst werden soll, sondern nur noch in Gestalt bereits vorbereiteter Befehle, *was* gelöst werden soll. In der SAS Base Language sind hunderte von Sprachelementen, mathematischen Funktionen und Grundprozeduren enthalten, die u.a. das Daten- und Speichermanagement und die Kommunikation zwischen den verschiedenen Modulen steuern. Die Vorteile von 4GL Sprachen in Form geringer Fehleranfälligkeit, guter Lesbarkeit und übersichtlicher Programmstruktur bilden zusammen die Grundlage für die effiziente Entwicklung komplexer Anwendungsprogramme. SQL („Structured Query Language") ist ebenfalls eine Programmiersprache der vierten Generation. Die zur SAS Base Language gehörige Programmierumgebung ist der sog. Data Step, während SQL als eigenständige Prozedur auch unabhängig vom Data Step eingesetzt werden kann.

Sobald die Daten direkt in einem SAS Datensatz vorliegen, kann der Anwender die Daten prinzipiell beliebig weiterverarbeiten. Unabhängig davon, ob der Zugriff syntax- oder mausgesteuert erfolgt, letztendlich stützt er sich immer auf SAS Base Language. Zwei unterschiedliche Arten des Datenzugriffs stehen zur Verfügung: Entweder als SAS Datei (sog. SAS data set, physisch im SAS System gespeichert), oder als sog. SAS Views. Die *Views* sind ein mächtiges Werkzeug, um unkompliziert auf Daten aus den verschiedensten Quellen (z.B. Daten einer Rohdatendatei, einer MVS-DB2 Tabelle, einer Oracle-Datei von HP-UX, und einer SAS Datei gleichzeitig) zugreifen zu können. Views werden wie Dateien verwendet mit dem Unterschied, dass bei Views nicht auf die Daten selbst, sondern nur auf Abbilder von Daten zugegriffen wird; hier wird keine physische Speicherung vorgenommen.

SAS Base Befehle werden in der Data Step-Umgebung an das SAS System übergeben, und veranlassen alle möglichen Operationen und Transformationen an Variablen oder Werten in SAS Dateien, z.B. Auswahl von Teilmengen von Beobachtungen (z.B. where) oder Variablen (z.B. keep) , und darüber hinaus die Transformation von Beobachtungen mit zahlreichen Rechenoperationen und Funktionen. – In den Klammern sind Befehlselemente der SAS Base Language für die jeweiligen Operationen angegeben. - Dem Anwender stehen nicht nur alle Möglichkeiten einer 4GL zur Verfügung, u.a. Blockbildung (do, end), iterative Verarbeitung in der Vertikalen (do-loop), iterative Verarbeitung in der Horizontalen (array, do-loop), und bedingte Schleifen (do while/until). Auf höheren Ebenen können mit ganzen SAS Dateien ebenfalls komplexe Operationen durchgeführt werden, z.B. Sortieren, Anlegen, Anfügen, Aktualisieren, Verketten, Mischen, Ändern und Aktualisieren (z.B. sort, set, update, append, merge, modify).

Den inneren Ablauf einer SAS Baase Language bzw. SQL Programmierung anschaulich zu beschreiben ist nicht einfach (siehe auch die zwei Beispiele weiter unten). Man kann es sich jedoch im wesentlichen so vorstellen, dass ein System die Anweisungen im Rechenprogramm von oben nach unten, und links nach rechts durchliest, und der Programmlogik entsprechend abarbeitet. Die SQL-Prozedur bietet im Vergleich zum Data Step weitere Möglichkeiten des Managements und der Analyse von Daten. Viele Analysen können mit SQL effektiv und elegant durchgeführt werden (siehe auch den Abschnitt zu SQL für einen kurzen Vergleich zwischen SQL und dem Data Step).

SAS Dateien sind Voraussetzung und Grundlage für die SAS Prozeduren (z.B. MEANS, TTEST, SUMMARY, PRINT). Jede SAS Datei kann über „data=" für eine der zahlreichen SAS Prozeduren angefordert werden. In den beiden folgenden Beispielen wird z.B. die Berechnung von Mittelwerten der Variable VARIABLE nach Gruppen (Klassifikationsvariable GRUPPE) umgesetzt. Beide Beispiel greifen jeweils auf den Ausgangsdatensatz DATEN zu. Beispiel 2 unterscheidet sich in zweierlei Hinsicht von Beispiel 1: PROC SUMMARY kann im Gegensatz zur Prozedur MEANS die ermittelten Ergebnisse nicht anzeigen, sondern muss diese in der Ausgabedatei („OUT“) für die Prozedur PRINT anlegen. Das statistische Resultat beider Prozeduren ist identisch.

Beispiel 1:

```
proc means data= DATEN ;
class GRUPPE ;
var VARIABLE ;
run ;
Beispiel  2:
proc summary data= DATEN ;
class GRUPPE ;
var VARIABLE ;
output out=OUT (keep=GRUPPE VARIABLE)
      mean=VARIABLE ;
run ;

proc print = OUT ;
run ;
```

Die Grundform jeder Prozedur kann auf vielfältige Weise variiert werden. Programme können wie diese Beispiele relativ einfach aufgebaut sein. Aber auch diese ersten einfachen Schritte können bis hin zur Arbeit mit SAS Makros, dem objektorientierten Programmieren mit SAS Makros, oder mit einer genuin objektorientierten Programmiersprache (SCL in SAS/AF) ausgebaut werden. Die Weiterentwicklung des SAS Systems strebt darüber hinaus die Erweiterung der SAS Base Language um die Leistungsvielfalt der Programmiersprache Java an.

2.4. Input: Eingabe, Einlesen, und Zugriff auf Daten unterschiedlichster Formate

Grundsätzlich kann man sagen: Daten können in beliebiger Struktur, Länge, und Größe in SAS eingelesen werden. Komplizierteste Datenstrukturen können eingelesen werden; dazu zählen u.a. variable Recordlängen, hierarchisch strukturierte Daten, und ihre beliebige Kombination. Für das Einlesen eines jeden Datentyp stellt SAS das entsprechende Werkzeug zur Verfügung. Manche Daten können in SAS sogar auf mehrere Arten importiert werden. Dieser Abschnitt stellt die direkte Dateneingabe bzw. das Einlesen von Rohdaten mit dem SAS/AF, SAS/FSP und dem Data Step dar. Der Import von Daten auf PC Plattformen bzw. Datenbanken mit Hilfe der u.a. SAS/ACCESS Software wird im nächsten Abschnitt vorgestellt.

Beim Vorgang des Dateneingebens können drei Methoden unterschieden werden:
- direkte Dateneingabe über Eingabemasken mit SAS/FSP Software
- direkte Eingabe über komplexe Eingabetechnologien mit SAS/AF Software
- Einlesen externer Dateien über den Data Step in Base SAS.

Für die direkte Dateneingabe über Eingabemasken bietet die SAS/FSP Software ein flexibles Hilfsmittel, um individuelle Eingabemasken zu gestalten, in denen mit eingebundenen SCL-Programmen gleichzeitig Datenprüfungen und Rechnungen jeder Art ablaufen können. Der größte Teil dieser Funktionalität ist auch in der SAS/ASSIST Software enthalten.

Die am häufigsten eingesetzten Operationen für die Eingabeprüfung sind direkt in SAS/FSP eingebaut, u.a. Toleranzgrenzen für die Eingabewerte, Voreintragungen, und Fehlerfarben. Außerdem kann der Datenschutz auf verschiedene Art gewährleistet werden. Die Anwendung der SAS/FSP Software erfolgt vor allem in großen Firmen und Institutionen, bei denen versierte SAS Anwender oder SAS Beratungsgruppen die Eingabemasken mit einfachem Aufruf dem Endanwender zur Verfügung stellen.

Die SAS/AF Software realisiert komplexe Eingabetechnologien für die direkte Dateneingabe innerhalb größerer Projekte, z.T. innerhalb von Firmeninformationssystemen. Mit der SAS/AF Software wird eine komplizierte Integration aller SAS Komponenten verwirklicht, z.B. der Zugriff auf verschiedene Rohdateien und Datenbanken gleichzeitig.

Beim Einlesen von externen Rohdateien kommt die Leistungsfähigkeit des Data Step voll zum Tragen und bildet oft einen wesentlichen Teil von komplexen Eingabetechnologien. Prinzipiell können mit dem Data Step beliebige Rohdaten mit kompliziertester Datenstrukturen in SAS Dateien überführt werden. Es stehen über 60 Standardformate für die Eingabe zur Verfügung: für alphanumerische, numerische und Datumswerte. Für kompliziertere Fälle können die Daten bitweise abgetastet und gegebenenfalls mit über 150 Funktionen transformiert werden. Gleichzeitig mit dem Einlesen können verschiedenste Operationen auf die Daten angewendet werden.

An mehrere Stellen dieses Buches sind einfache Beispiele zum listengesteuerten Einlesen von Daten mittels INPUT eingestreut. Das spalten- und formatgesteuerte Einlesen komplexer bzw. unregelmäßiger Datenstrukturen wird ausführlich in Schendera & Hiller (o.J.) behandelt.

Unter Datenzugriff wird im allgemeinen der Zugriff auf externe Datenbanken bzw. Datentabellen verstanden. Die SAS/ACCESS Software ist eine Familie von ca. 50 Modulen, mit denen auf die am meisten verbreiteten Datenbanken schnell und direkt zugegriffen werden kann. Es werden Datenbank-Tabellen über eine Windows-ähnliche Oberfläche per Drag and Drop direkt in SAS Anwendungen eingelesen, sowie Daten zwischen unterschiedlichen Datenbanken übertragen.

Dabei können individuelle Zugriffsrechte und Auswahlbedingungen für verschiedenste Zwecke und Nutzer definiert werden. Mit SAS sind Zugriffe auf folgende Mainframe-Datenbanken möglich:

- IBM MVS - DB2 und IMS-DL/I, ADABAS, CA-IDMS, DATACOMB/DB, IDMS/R, ORACLE, Teradata, PC Files.
- IBM CMS - SQL/DS, ORACLE, SYSTEM 2000, DB2, PC Files.

Beim Zugriff können die Sicherheitsmechanismen der Ursprungsdatenbanken mit einbezogen werden (z.B. Passwörter). Insgesamt erfolgt die Entwicklung bei den SAS/ACCESS-Schnittstellen sehr schnell. Im Einzelfall können aktuelle Informationen bei der SAS Hotline erfragt werden.

Auf allen gängigen UNIX-Systemen - AIX, HP-UX, SUN4, IRIX und Solaris - stehen transparente „Read/Write"-Verbindungen für ORACLE, Sybase, INGRES, INFORMIX, DB2/6000, Teradata, und ODBC for UNIX zur Verfügung. Je nach Datenbank- und SAS Version bestehen für andere Systeme teilweise „Read/Write"- oder „Read-Only"-Verbindungen.

Die dynamische Intelligent Access Engine unterstützt jeweils die datenbankspezifische SQL. Außerdem kann man aus der SAS Umgebung SQL-Anweisungen an die Datenbank übergeben (sog. „SQL-Pass-through"). Darüber hinaus können mit diesen Schnittstellen SAS Dateien in Datenbanktabellen übertragen, und somit neue Tabellen angelegt, oder bestehende Tabellen geändert werden.

Mit dem SAS Modul SAS/ACCESS TO SAP (R/2, R/3) kann direkt auf das Datenmodell von SAP oder SAP Dateien zugegriffen werden, unabhängig von der SAP Version und den eingesetzten SAP Modulen. Der Zugriff auf SAP BW ist ebenfalls implementiert. Für das ERP System von Baan ist ebenfalls ein SAS/ACCESS Modul vorhanden. Ebenso ist zu einer großen Zahl von Datenbanken eine Verbindung über ODBC möglich, z.B. zu MSACCESS. Diverse OLAP Server werden per OLE-DB angebunden.

Auf PCs werden u.a. MSEXCEL, der Sybase- und MS-SQL-Server, DB2/2, ORACLE sowie PC-Files vom Typ .dif, .dbf von dBase und .wk von Lotus unterstützt. Für den Import von Daten auf PC Plattformen steht als interaktive Arbeitsoberfläche der „Import Wizard" zur Verfügung. Der Teil Import von Rohdaten ist über das Kommando „EFI" (External File Interface) aufrufbar. Neu sind auch die Prozeduren PROC IMPORT bzw. PROC EXPORT.

Das SAS System kann im Prinzip auf beliebige Datenformate und Datenquellen zugreifen, und erlaubt über die Datenaufbereitung hinaus den Aufbau einer Informationsdatenbank bis hin zum professionellen Data Warehousing und Client-Server-Computing.

2.5. Datenhaltungen und Data Warehouses

In diesem Abschnitt sollen einige Aspekte des Data Warehousing kurz im Hinblick auf die Datenanalyse gestreift werden. Eine der am häufigsten gestellten Fragen ist: Wie groß kann ein Data Warehouse mit dem SAS System sein? Die Antwort lautet: Es gibt keine Grenze, außer der physikalischen Grenze des Rechners selbst. Derzeit liegen die größten mit dem SAS System in Deutschland betriebenen Data Warehouse Lösungen im Terabytebereich. Grundlegend gilt: Das SAS System ist offen und kann Daten aus verschiedensten Quellen zusammenführen und mit großer Geschwindigkeit verarbeiten. Die Größe eines SAS Data Warehouse ist in keinem Fall eingeschränkt.

Ein Kennzeichen „großer" Datenbanksysteme ist ihre Orientierung hin auf die einzelnen Transaktionen der Daten. Damit werden in hoher Geschwindigkeit kleine Datenportionen aus dem Eingabestrom verarbeitet. Typische Einsatzbereiche derartiger Datenbanken finden sich bei Banken und Versicherungen, wo viele einzelne Zahlungsvorgänge mit einem relativ geringen Datenvolumen in hoher Geschwindigkeit verarbeitet werden müssen. Beispiele in der Wissenschaft finden sich bei der automatischen Speicherung einer Vielzahl von Messwerten, z.B. in der Medizin oder Meteorologie, wobei überwiegend transaktionsorientierte Datenbanken eingesetzt werden. In derartigen Datenbanken können aber oft nur Auswertungen mit elementaren Rechenoperationen durchgeführt werden, z.B. Auszählungen oder Summenbildungen.

Komplexe Auswertungen, bei denen kompliziertere mathematische Verfahren eingesetzt werden oder bei denen mehrere Datenbestände miteinander verknüpft werden müssen, erfordern für eine gewisse Zeit die Beständigkeit des Datenbestandes, was aber der Transaktionsorientiertheit des Datenbanksystems widersprechen würde. Genau an dieser Stelle setzt das Datenmanagement des SAS Systems als Informationsdatenbank ein. Kennzeichen einer mit dem SAS System betriebenen Informationsdatenbank sind:

- hohe Flexibilität beim Einlesen von Rohdaten jeder Art
- direkter Zugriff auf die meisten Datenbanken im Mainframe-, Workstations- oder PC-Bereich
- Verbindung über alle Hardwareplattformen hinweg.

Die SAS Datenhaltung schleppt keinen unnötigen, operativ ausgerichteten DBMS (data base management system) Funktions-„Overhead“ mit. Der administrative Overhead ist wesentlich geringer als bei transaktionsorientierten operativen DBMS. Die SAS Informationsdatenhaltung ist daher bei Ladevorgängen in das Data Warehouse wesentlich schneller als vergleichbare operative DBMS.

Das SAS Data Warehouse ist ein sog. dispositives DV System. Es setzt auf u.U. mehreren operativen Systemen auf, liest die einzelnen Datenquellen ein (ETL), verarbeitet (u.a. validiert, filtert, gesäubert etc.). analysiert, bereitet die

Daten auf, gibt diese in Berichtform an Entscheider bzw. an das operative System in Form eines Kreislaufes wieder zurück.

Das Datenmodell des SAS Systems ist das grundlegende logische Konzept für die Arbeit mit den SAS Daten. Dieses Konzept ist unabhängig von den verschiedenen physikalischen Realisierungen der Datenspeicherung auf den unterschiedlichen Hardwareplattformen. Im hardware-nahen Teil der SAS Software (Hostlayer der MVA) werden die Möglichkeiten der unterschiedlichen Betriebssysteme zur Optimierung des Zugriffs und der Speicherverwaltung voll ausgeschöpft.

Das Konzept des SAS Datenmodells ist wichtig, weil es in jeder Anwendung des Systems eine Rolle spielt und einer der wesentlichen Faktoren für den langfristigen Erfolg des SAS Systems ist. Eine SAS „Datenbank" besteht aus Bibliotheken (Libraries). Elementarbestandteile der SAS Bibliotheken sind SAS Files unterschiedlicher Zweckbestimmung und Struktur. Dazu gehören SAS Dateien vom Typ DATA mit den eigentlichen Daten (Daten werden üblicherweise als Tabellen bzw. Matrizen mit Zeilen als „Beobachtungen" und Spalten als „Variablen" beschrieben). Weiter zählen Indizes, Views, Kataloge, Kartendateien etc. dazu. Kataloge sind spezielle Dateien, die Einträge (Entries) enthalten. Beispiele für Einträge sind SAS Component Language Programme, FRAME-Objekte oder Grafiken.

Das SAS System unterstützt die Umsetzung aller Modelle. Physische Datenmodelle im Bereich Data Warehousing können auf unterschiedlichen Prinzipien beruhen, z.B. Eigenschaften-Beziehungs-Modell, Snowflake-Schema, multidimensionale Speicherungen oder mehrschichtige Summentabellen.

Ausgangspunkt vieler Anwendungen sind jedoch Daten, die in SAS Dateien gespeichert sind. SAS Dateien können als Datenmatrix veranschaulicht werden. Die Zeilen dieser Matrizen werden als Beobachtungen, und die Spalten als Variablen bezeichnet. SAS Dateien enthalten einen Beschreibungsteil, der für bestimmte Rechnungen verwendet und auch zur Dokumentation ausgegeben werden kann.

2.6. Ausblick: Dynamische Evolution des SAS Systems

Die stärkste Ausweitung der Anwendung und Entwicklung des SAS Systems erfolgt derzeit im Bereich von unternehmensweiten Führungsinformationssystemen. Die Einsatzbereiche für Data Warehousing nehmen genauso zu wie die Anforderungen an Hardware und Software. Dies ist für den ursprünglichen Anwendungsbereich Datenanalyse in mehrerer Hinsicht von Bedeutung:

Die SAS Software und Solutions leisten wesentlich mehr als einfache buchhalterische Berechnungsarten, nämlich hochkomplexe Datenanalyse. Neben der klas-

sischen Datenanalyse und -verarbeitung wurden u.a. auch Lösungen, Anwendungen, und Prozeduren für unzählige Felder und Anwendungsbereiche innerhalb und außerhalb von Führungsinformationssystemen entwickelt, z.B. der Projekt- und Unternehmensplanung, Controlling, Arzneimittelforschung, Marktforschung, oder auch der Qualitätssicherung.
In Zukunft werden komplexe Verfahren für Projekte, Unternehmen und Organisationen immer wichtiger. Nicht nur, um im globalen Wettbewerb bestehen zu können; denn es gibt komplexe Prozesse, bei denen die Entscheidungsfindung nicht mehr nur mit einfachen Tabellen und Bilanzen erreicht werden kann. Zu komplexen Aufgaben aus dem Bereich der Planung optimaler Entscheidungen gehört z.B. die Planung komplexer Prozesse oder die Simulation verschiedener Szenarien, z.B. mit der SAS/OR Software bzw. der SAS/ETS Software. Die Leistungsfähigkeit von SAS als Industrieführer im Bereich Analytics setzt darüber hinaus einen Standard bzw. einen Unternehmensvorteil, an dem sich die Leistungsfähigkeit von Projekten, Unternehmen und Organisationen messen lassen kann.
Natürlich stehen beim Aufbau derartig umfassender Informationssysteme auch andere Fragen im Vordergrund als die reine Anwendung statistischer Methoden, nämlich neben der Datenbankkonzeption, Aspekte der Erfassung, Bereitstellung, und Präsentation von Daten. Mit dem verstärkten Ausbau von teilweise sehr großen Datenwarenhäusern gehen auch zunehmende Anforderungen an die effektive Auswertung und Verteilung dieser immer größer werdenden Informationsmengen einher. Die Anforderungen an ein Business Intelligence System sind in jeder Hierarchieebene unterschiedlich. Manager und Mitarbeiter auf allen Ebenen der Unternehmenshierarchie profitieren von gut aufbereiteten und aktuellen Informationen.

Die Konzeption des SAS Systems gewährleistet jedoch, dass mit allen SAS Verfahren und Modulen jederzeit auf gewünschte Daten, Berichte und Analysen unabhängig von Ort und Speichermedium über eine benutzerfreundliche Menüführung zugegriffen werden kann. SAS als System und Software verfügt über eine intelligente Konzeption, die sicherstellt, dass Adaptivität, Leistungsfähigkeit, Skalierbarkeit bis in den hohen Terabytebereich, und Offenheit über alle Betriebssysteme und Plattformen hinweg auch bei dynamischen Entwicklungen auf höchstem Standard gewährleistet sind.

Im folgenden Kapitel wird das Strategie-Modell von SAS („I-Layer") auch verdeutlichen: Professionelle Datenanalyse (incl. Daten-Management) *ist* unabdingbare Grundlage und Voraussetzung für informationsbasierte Entscheidungen in allen Anwendungsbereichen und -ebenen.

3. Viel mehr als nur Statistik: Das SAS System

Es ist nicht nur ein Missverständnis, sondern eine völlige Fehleinschätzung anzunehmen, dass SAS nur ein simples Statistikprogramm sei. „SAS“ ist nicht nur ein komplexes und sich ständig weiterentwickeltes System, sondern auch der weltweit führende Anbieter für Data Warehouse, Data Mining, und Business Intelligence.

Auf die Einführung in das neue Intelligence-Layer Modell des SAS Systems folgt eine Übersicht und Beschreibung einer Auswahl der zahlreichen SAS Module, Oberflächen, und Anwendungen für Einsteiger und Endanwender an, die im Kontext der Datenanalyse und –präsentation ohne Programmierkenntnisse bedienbar sind. Eine knappe Zusammenstellung der SAS Prozeduren soll abschließend einen ersten Eindruck vom statistisch-mathematischen Potential des SAS Systems für die professionelle Datenanalyse vermitteln.

3.1. Das SAS System

Die übliche Frage „Welche statistischen Prozeduren bietet das System?" beurteilt die Leistungsfähigkeit eines Programmsystems ausschließlich nach dem verfügbaren Umfang der enthaltenen statistischen Verfahren und Prozeduren. Diese Frage nach dem gegenwärtigen Funktionsumfangs eines Systems ist jedoch selten eine angemessene Abschätzung der langfristigen Leistungsfähigkeit eines Systems. Bei der Finanzierung von Software wird verständlicherweise eine möglichst mit wenig Aufwand verbundene Lösung angestrebt. Augenscheinlich kostengünstige Lösungen entpuppen sich oft aber als regelrechte Fehlinvestitionen, wenn sich anfangs begrenzte Projekte ausweiten, an Komplexität gewinnen, und neben der ursprünglichen Frage der Datenanalyse auch Aspekte der Ausbau- und Kommunikationsfähigkeit mit anderen Projekten, anderer Hardware oder anderen Struktureinheiten der eigenen Institution im Raum stehen. Wenn darüber hinaus noch die Möglichkeit der Einbindung in größere Informationssysteme zur Debatte steht, kommen Aspekte von Information Delivery Systemen zum Tragen. Hier wird man also im konkreten Fall sehr genau abwägen müssen, welchen Leistungsumfang man beim Programmsystem für die vorgesehenen Projekte benötigt.

Bei der Wahl des SAS Systems ist es sowohl für Data Analysten, Programmierer, wie auch Projekte und Unternehmen auch eine Frage des Offenseinwollens in die Zukunft, eine Entscheidung für die Ausbaufähigkeit und Kontinuität der eigenen Arbeit und Kompetenzen, auf die enormen Einsatzmöglichkeiten und Ausbaumöglichkeiten der statistischen Module im Gesamtkonzept des SAS Systems zurückgreifen zu wollen. Es wird spätestens in den Kapiteln zur Datenanalyse mit dem SAS System deutlich, dass man die Leistungsfähigkeit der SAS Software nur im Gesamtzusammenhang mit den vorgestellten Analyse-, Speicher- und Verteilungsfähigkeiten usw. beurteilen kann und sollte.

Das SAS System versteht sich als professionelles und hochleistungsfähiges Business Intelligence System, und wird im nächsten Kapitel ausführlich vorgestellt werden. Die folgenden Ausführungen basieren im wesentlichen auf aktuellen Produktinformationen von SAS, deren Umfang und Detailliertheit aus Platzgründen komprimiert wurde. Aufgrund der notwendigen Kürzung der Produktinfo sollte keinesfalls auf fehlende Features oder Standards des SAS Business Intelligence Systems geschlossen werden. Für detaillierte Informationen zu einzelnen Lösungen oder Produkten wenden sich interessierte Leserinnen und Leser bitte direkt an SAS. Kontaktinformationen sind am Ende des Buches zusammengestellt.

3.2. Das Intelligence Layer Modell

Information und Wissen sind die Grundlagen des Erfolgs von Unternehmen und Organisationen. SAS Produkte bilden die Grundlage für die Lösungen der jeweiligen Anforderungen an den Prozess der Informationsgenerierung und Wissensverteilung, vom Sammeln der Daten aus allen operativen Abläufen, der Schaffung einer konsistenten Informationsbasis, der Analyse dieser Daten mit modernen analytischen Methoden, und die rechtzeitige und zielgerechte Verteilung diese Wissens im gesamten Unternehmen bzw. der gesamten Organisation, um informationsgestützte Entscheidungen treffen und Erfolge sichern zu können. SAS entwickelte die sog. Intelligence Layer („I-Layer"), ein Modell für eine Informationsstrategie. Die Grundlage der I-Layer bildet dabei die SAS Intelligence Architecture, die Ebene der u.a. bewussten und konzeptgeleiteten Integration, Aufbereitung, Analyse, und Verteilung von Informationen u.a. in die nächsthöheren Layer der Anwendungsbereiche und Entscheidungsebenen.

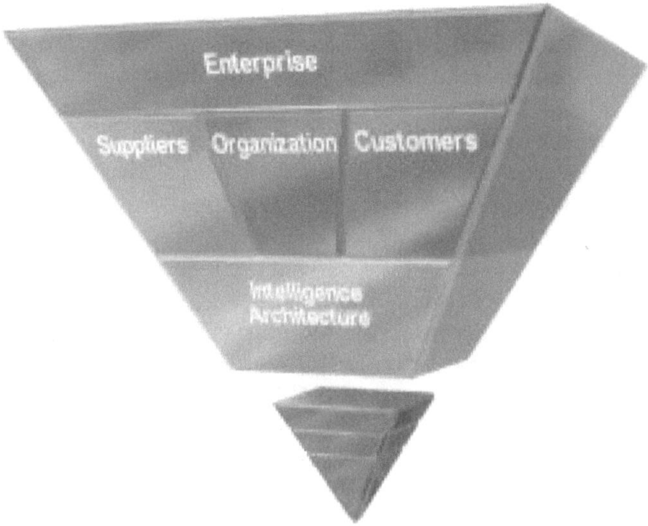

Abbildung: Copyright SAS.

Die folgenden Ausführungen werden diese Strategie-Pyramide des Intelligence Layer Modell von der obersten Ende (‚Enterprise Intelligence') bis zur letzten Ebene (Intelligence Architecture') unten vorstellen. Die Ebene dazwischen beschreibt die Intelligence Bereiche ‚Suppliers', ‚Organization', und ‚Customers'. Die Pyramidenspitze unten symbolisiert die sog. ‚Operational Foundation', die Infrastruktur, Datenhaltungen und Anwendungen des jeweiligen Kunden.

3.2.1. Ebene: Enterprise Intelligence

Implementierung einer Balanced Scorecard
SAS Lösung: SAS Strategic Performance Management

Auf der obersten Ebene des Business Intelligence Systems versetzt die Implementierung von Performance Management-Lösungen in die Lage, einen umfassenden Einblick in die Performance eines gesamten Unternehmens zu gewinnen. Mit Hilfe einer Balanced Scorecard zum Beispiel werden nicht nur klassische Finanzkennzahlen eines Unternehmens erzeugt, sondern auch nicht-monetäre Parameter, wie z.B. Mitarbeiter- und Kundenzufriedenheit.

Die Basis für eine erfolgreiche Umsetzung der Unternehmensstrategien in konkrete Messgrößen bildet das SAS Strategic Performance Management - die Lösung von SAS für Enterprise Performance Management -, und erlaubt, Unternehmensziele sukzessive in erforderliche operative Maßnahmen umzusetzen, und u.a. durch die Visualisierung strategischer Zusammenhänge mittels Ursache-/Wirkungsdiagrammen den Blick auf die Gesamtperformance eines Unternehmens zu erweitern. Jedes Unternehmen kann dabei seine eigene Scorecard-Methodologie frei definieren, nach festgelegten Regeln zu definierten Zeitpunkten automatisieren, und jederzeit anpassen oder erweitern. Ohne lange langwierige Einführungsphasen werden bereits im Aufbauprozess der Balanced Scorecard Strukturen erarbeitet und Zwischenergebnisse sofort dokumentiert. Über ein kontinuierliches Feedbacksystem lassen sich jederzeit prüfen, ob Zielsetzung und Zielerreichung übereinstimmen, und ggf. entsprechende Korrekturen vornehmen.

SAS Strategic Performance Management ist webbasiert. Die Informationen sind unternehmensweit verfügbar. Die Software zeichnet sich durch intuitive Navigation, transparente Benutzeroberfläche und einen übersichtlichen Aufbau, auf und ist im Prinzip selbsterklärend, und erhöht die Akzeptanz bei den Mitarbeitern. SAS Strategic Performance Management ist offen für zusätzliche Fragestellungen und optimal erweiterbar, z. B. durch weitere SAS Lösungen in den Bereichen CRM, HR oder Finanzen. SAS Strategic Performance Management erfüllt sämtliche funktionale Standards des „Balanced Scorecard Collaborative“ und ist von diesem zertifiziert. So bietet z.B. die SAS Software Möglichkeiten zur Kommunikation der Unternehmensstrategie, zur Ausrichtung der Organisation an die Strategie, und unterstützt den kontinuierlichen Feedbackprozess bezüglich der Strategieumsetzung.

Abbildung: Copyright SAS.

3.2.2. Ebene: Suppliers, Organization, Customers

Ebene: Supplier Intelligence
Zulieferer Management und Strategische Beschaffung
SAS Lösung: SAS Supplier Relationship Management

Die SAS Lösung SAS Supplier Relationship Management macht den gesamten bestehenden Beschaffungsprozess transparent, und analysiert und organisiert die gesamte Beschaffung im Unternehmen mit dem Ziel taktisch-profitorientierter optimaler Strategien, deren Erfolg sofort messbar ist. Auf Knopfdruck stehen unternehmensweit sämtliche Informationen über Lieferanten und Produkte, Mengen, Preisentwicklungen, Vertragskonditionen und Erfüllungsquoten, Lieferantenrisiken und -qualität zur Verfügung. Die SAS Lösung beantwortet u.a. folgende Fragen: Welche Produkte und Dienstleistungen wurden eingekauft? In welchen Mengen und zu welchen Preisen wurde gekauft? Wie hoch ist das Risiko bei einem Lieferanten? Und viele andere Fragen mehr. Komponenten von SAS Supplier Relationship Management sind im Einzelnen:

SRM Spend Analysis
Mit der SRM Spend Analysis stehen dem Entscheidungsträger per Mausklick sowohl aggregierte, wie auch detaillierte Informationen über die bezogenen Produkte und Dienstleistungen zur Verfügung, mit dem Ergebnis unternehmensweiter Transparenz von Lieferantenrisiken, -struktur und Konzernverflechtungen, sowie Darstellung von Abhängigkeitsraten.

Supplier Portfolio Optimizer
Der SAS Supplier Portfolio Optimizer entwickelt auf Basis der Bestell- und Lieferantendaten konkrete Kriterien zur Optimierung des Lieferantenportfolios und errechnet Einsparpotenziale bei einer Veränderung der Lieferantenbasis.

Supplier Performance Rating
Das SAS Supplier Performance Rating ist ein Steuerungsinstrument für die Bewertung von Zulieferern. Typische Fragen sind: Mit welchen Lieferanten werden die jährlichen Einkaufsziele erreicht? Welche Mengen und Produkte sollte man bei welchen Lieferanten einkaufen? Wo liegen die Potenziale und Risiken?

e-Intelligence auf Einkaufsdaten
Über die Data Mining-Technologie werden Daten aus Intranet oder Internet einfach und schnell integriert und zur detaillierten Analyse der Beschaffungswege miteinbezogen.

Balanced Scorecard für den Einkaufsprozess
Die Balanced Scorecard managt das Controlling der gesamten Beschaffung, und generiert und präsentiert quantitative und qualitative Kennzahlen und Informationen für das Management auf verschiedenen Ebenen eines Unternehmens bzw. einer Organisation.

Ebene: Organizational Intelligence
Unternehmensweites Finanz- und Qualitätsmanagement
SAS Lösungen: SAS Financial Management Solutions, Risk Management, Human Capital Management, IT Resource Management, und Vertriebs- und Marketing-Controlling

SAS bietet leistungsstarke Lösungen, um Informationen in allen wichtigen Sektoren eines Unternehmens bzw. einer Organisation zu integrieren, Wissen aus den verschiedenen Daten zu erstellen, um messbare und erfolgreiche Ziele zu generieren, um z.B. gleichzeitig die Ressourcen laufend zu optimieren und gleichzeitig die Bedürfnisse der Kunden und Shareholder zu befriedigen. Um all diese Ziele zu erreichen, bietet SAS u.a. Lösungen für das Financial Management, Risk Management, Human Capital Management, IT Resource Management, Vertriebs- und Marketing-Controlling, Enterprise Quality Management, und Forschung und Entwicklung. SAS Lösungen bzw. Komponenten für die Organizational Intelligence sind im Einzelnen:

SAS Financial Management Solutions
Die SAS Financial Management Solutions versetzen die Finanzabteilung in die Lage, ihre Unternehmensperformanz abzubilden, effektiv zu planen, zu analysieren und die entsprechenden Reporte zu generieren. Strategische Entscheidungen werden dank des gewonnenen Wissens einfacher zu treffen sein. Finanzielle Risiken werden identifiziert, analysiert und bewertet und können letztendlich kontrolliert und gesteuert werden. Herkömmliche finanzielle Pakete, interne Systeme und Kalkulationstabellen unterstützen nicht ausreichend die Planungs-, Management-, Berichts- und Analysennotwendigkeiten von sich dynamisch ändernden Organisationen. SAS Financial Management Solutions revolutionieren das Finanzmanagement eines Unternehmens, und ermöglicht dem Unternehmen bzw. der Organisation, effektiver, rentabler und gewinnbringender zu arbeiten:

Planen: Planen und Entwickeln mit einem globalen Finanztool, das eine strategische und funktionsfähige Finanzplanung zulässt.

Analysieren: Gewinnung schnellstmöglicher und neuester Informationen über die Stärken und Schwächen des Unternehmens, sowie Echtzeitinformationen, die das Unternehmen in die Lage versetzt, zeitgleich zu reagieren.

Report: Ermöglich die unterschiedlichsten Reportingstandards, immer größere Datenmengen, sowie kürzere Reportintervalle einzuhalten, darunter u.a. unternehmensweite Budgetierung und Planung, multidimensionale Sichtweise (Umsatz, Kosten, Produktlinien, Geographie...), Behördenreporting. Finanzaufstellungen nach bestimmten Gesetzesbestimmungen und Richtlinie wie (US-GAAP oder IAS), Optimierung der Unternehmensperformance, Financial Forecasting, Consolidation-Reporting und -Analysis uvam.

Komponenten der SAS Financial Management Solutions sind u.a. SAS Consolidation and Reporting und SAS Planning (SAS Consolidation and Reporting for Budgeting).

SAS Consolidation and Reporting
Analyse- und Berichtfähigkeiten einschl. der Möglichkeiten des Einbindens, Managens, und Automatisierens auch zunehmend größerer Datenmengen über z.B. OLAP (Online Analytical Processing) werden mit der Messung des Unternehmensergebnisses kombiniert, wie z.B. der Budgetierung und des Planungsprozesses, und erlauben interaktiv die Betrachtung der Unternehmensdaten aus verschiedenen Dimensionen, und somit auch das Business aus jeder möglichen Perspekti-

ve anzusehen, z.B. aus der Sicht der Kunden, des Marktes, der Währung oder irgendeine andere Kategorie.

SAS Planning (SAS Consolidation and Reporting for Budgeting)
SAS Planning ermöglicht, strategische Ziele und Leistungsmessungen zu verfolgen, und mit einer zuverlässigen Planung und Allokation von Geldmitteln die Ziele eines Unternehmens bzw. einer Organisation zu erreichen, u.a. über eine fristgerechte und genaue unternehmensweite Budgetierung und Planung von der Gesamtunternehmensebene bis zum operativen Geschäft, und durch das Einbinden von Vergangenheitswerten in den strategischen Plan.

SAS Risk Management - die SAS Lösung für Risiko-Management
SAS bietet für unterschiedliche Branchen individuelle Lösungen zur Erfassung, Analyse, Bewertung und Steuerung ihrer operativen, strategischen, sowie finanziellen Risiken. Die offene, modulare SAS Systemarchitektur ermöglicht ein flexibles und unternehmensweites Risiko-Management (u.a. Credit Risk, Market Risk, Market-to-Market, Current/Potential Exposure und Profit/Earnings at Risk) mit modernen Analysetechniken (u.a. Monte-Carlo Simulationen, Delta Normal, Sensitivity Analysis, Scenario Analysis, und P/L Curves & Surfaces).

SAS Human Capital Management
SAS hat einen innovativen Ansatz zum Management von Humankapital entwickelt. SAS Human Capital Management baut auf Daten aus traditionellen ERP Systemen, anderen firmeninternen Datenquellen, sowie externen Datenquellen auf, und kann problemlos in eine bestehende DV-Umgebung integriert werden. Mit SAS Human Capital Management können ohne jegliche IT-Fachkenntnisse in einer benutzerfreundlichen point-and-click Umgebung statistische state-of-the-art Analysen, Abfragen, HR-spezifische Kennzahlen, Reporte und multidimensionale Tabellen in Echtzeit erstellt werden.

SAS IT-Management Solutions
SAS IT-Management Solutions helfen mit ihrer systemübergreifenden Analyse- und Reportingfunktionalität, die gesamten IT-Leistungen zu evaluieren, die "Quality of Service" zu optimieren und die Kosten zu minimieren. Die IT-Management Solutions werden über ein IT-Management Portal für jeden Benutzertypus (IT-Controller, IT-Management, Systemadministrator, usw.) in einer aufgabenspezifischen Arbeitsumgebung zur Verfügung gestellt. Produkte bzw. Themen der SAS IT-Management Solutions sind u.a. Service Level Management (SLM), Performance Management, IT-Balanced Scorecard und Leistungsverrechnung.

Service Level Management (SLM)
Das Service Level Management (SLM) von SAS bettet Dienstleistungsprozesse in ein konsequentes Controlling- und Steuerungssystem ein und ermittelt dadurch Ursache und Wirkung innerhalb der Serviceprozesse. Technische Rohdaten wer-

den in aussagefähige Management-Daten für den Service Level Bereich umgewandelt, ermöglichen somit die Evaluierung die Einhaltung vordefinierter Service Levels, und wirkt somit auch als ein Frühwarnsystem, das ein rechtzeitiges Reagieren auf eine Limitüberschreitung ermöglicht. SLM etabliert die IT als Dienstleister im Unternehmen, der den Anwender als Kunden versteht, dem sie einen fundierten Service bereitstellt. Durch eine verbesserte unternehmensinterne Kommunikation wird die Servicequalität gesteigert, und damit auch die Wettbewerbsfähigkeit des Unternehmens bzw. der Organisation insgesamt gestärkt.

Performance Management
Performance Management erstellt aus unterschiedlichen IT-Rohdaten alle wichtigen Informationen für einen reibungslosen Ablauf in einem IT-Dienstleistungsbetrieb, und stellt in Form dieses Überblicks über das gesamte IT-System auf der Basis eines interaktiven und zeitnahen Reporting eine wichtige Grundlage für Investitions- und Kapazitätsplanungen zur Verfügung. Gängige Ursache- und Wirkungsdarstellung können interaktiv und automatisiert abgerufen werden, z.B. „Wie verhält sich das Netzwerk bei hohen Antwortzeiten im SAP/R3 System?“, wobei die Automatisierung in Überwachung und Berichterstattung ein herausragendes Einsparpotenzial in einem Unternehmen bzw. einer Organisation darstellt.

IT-Balanced Scorecard
Die IT-Balanced Scorecard betrachtet IT-Strukturen in ihrer Abhängigkeit von Geschäftsprozessen, und zeigt sowohl den Status als auch die erforderlichen Maßnahmen bei Engpässen auf. Die IT-Balanced Scorecard ermöglicht, wertvolle Informationen aus den operativen Systemen, zum Beispiel dem Systemmanagement, zu gewinnen. Die gewonnenen Daten werden durch ihr Inbezugsetzen mit anderen Einflussfaktoren und mit vorgegebenen Parametern zu bedeutenden Entscheidungshilfen in der unternehmenseigenen IT-Strategie. Im ständigen Abgleich der operativen Daten mit den Zielwerten ermöglichen Messgrößen gesicherte Zukunftsvisionen und neue Strategien durch vernetztes Wissen. Die IT-Balanced Scorecard von SAS schließt alle Bereiche und Funktionen in die Betrachtung eines Unternehmens bzw. Organisation ein, informiert z.B. gezielt über Status und Ausrichtung in den Bereichen Finanzen oder Prozesse und macht diese bis ins Detail steuerbar. Die IT-Balanced Scorecard unterstützt Ihr Unternehmen bei der Zieldefinition, indem es nicht nur Daten sammelt, sondern zusätzlich den gegenwärtigen Status Quo in Bezug auf das Erreichen der strategischen Ziele darstellt.

Leistungsverrechnung
Die Leistungsverrechnung von SAS erlaubt, auf einfache Weise komplexe und unterschiedliche (theoretisch unendlich viele) Verrechnungsmodelle umzusetzen, während sich gleichzeitig die Leistungsverrechnung an die sich ständig ändernde Organisationsstruktur oder Geschäftslage flexibel anzupassen vermag. Über eine automatisierte Berechnung aller anfallenden IT-Kosten und der Zuordnung der Belastungen zu den jeweiligen Verursachern gewährleistet die Leistungsverrech-

nung von SAS wichtige Informationen für zukünftige Investitionsentscheidungen, auch, indem sie z.B. mittels übersichtlicher und detaillierter Aufstellungen über die jeweiligen Positionen Kostenfallen im Unternehmen zu identifizieren und beheben erlaubt.

Vertriebs- und Marketing-Controlling
SAS bietet mit der systemübergreifenden Reporting- und Analysesoftware auch im Vertriebs- und Marketingbereich eine leistungsfähige Basis für die Evaluierung der wichtigsten Fragestellungen im Zusammenhang mit Effektivität, wie z.B. Deckungsbeitragsrechnung, Salesforecasting, Soll-Ist-Vergleich, Profitabilität von Vertriebs- bzw. Marketingaktivitäten, Steigerung von Kunden- bzw. Projektprofitabilität usw. Die Lösungen von SAS dienen hierbei als Controllinginstrumentarium, um den Erfolg von Sales- und Marketingmaßnahmen vorherzusagen, aber auch, um sie kritisch zu messen und zu überprüfen.

Ebene: Customer Intelligence
Optimales Marketing, optimale Kundenbeziehungen
SAS Lösungen: SAS Customer Relationship Solutions, SAS Marketing Automation, SAS e-CRM, SAS WebHound

Die SAS Customer Relationship Solutions von SAS ermöglichen es, Daten in zielgerichtete Kundeninformationen umzusetzen, intelligente Kundenstrategien zu entwickeln, diese umzusetzen und die Kundenprofitabilität zu erhöhen. Von der strategischen Planung einer Customer Relationship Management (CRM) Strategie, über Zielgruppendefinitionen, der kundenspezifischen Ansprache bis hin zur Evaluierung durchgeführter Aktionen. Die CRM-Lösungen von SAS bieten einem Unternehmen bzw. einer Organisation rasche und messbare wirtschaftliche Vorteile: Die Integration und Analyse aller zur Verfügung stehender Kundendaten verschafft ein umfassendes Wissen über das Verhalten und die Profitabilität der Kunden. Umsatzstärke und potenzielle Kündigungsabsicht sind rechtzeitig identifizierbar. Das richtige Angebot an die richtige Person zum richtigen Zeitpunkt über den richtigen Kanal gewährleisten einen schnellen Return on Investment. Über eine effektive Kundenakquise bleiben Ressourcen und Sympathien der richtigen Zielgruppe vorbehalten. Die Kombination umfangreicher Analysemethoden mit modernster Kampagnenmanagement-Technologie und der Automatisierung komplexer Multichannel-Kampagnen bilden die Grundlage für den Erfolg optimaler Marketingkampagnen.

SAS Customer Relationship Solutions
SAS bietet für einen umfassenden und geschlossenen CRM Kreislauf ein Lösungsportfolio für das optimale Gestalten von Kundenbeziehungen: SAS Response Optimierung, SAS Churn- und Stornovorhersage, SAS Cross Selling, SAS

Credit Scoring, SAS Bondaten- und Warenkorbanalyse, SAS Fraud Detection and Crime Analysis, SAS Web Mining, und SAS Standortanalysen.

SAS Marketing Automation
Die SAS Marketing Automation Lösung konsolidiert sämtliche Kundendaten aus unterschiedlichen Kommunikationskanälen und schafft eine einheitliche Kundensicht. Auf diese Basis werden die Phasen für die Planung und Durchführung erfolgreicher Marketing-Kampagnen aufgesetzt. Die SAS Marketing Automation Lösung vereint Data Warehouse- und Data Mining-Technologien mit einer high-end Kampagnenmanagement- und Reporting Software.

SAS e-CRM
Die SAS e-CRM Lösung ermöglicht effektives Web Mining und unternehmensweites Web Reporting zur Prognose des zukünftigen Kundenverhalten im e-Commerce durch automatisierbares Einlesen der Logfiles, den Aufbau eines Logdaten-Warehouses, und der Generierung von Berichten und Analysen mittels der SAS Webhound Software.

SAS WebHound
SAS Webhound sammelt und analysiert Daten von Website-Besuchern und bereitet diese zu aussagekräftigen Web-Reports auf. WebHound liefert schnell und unkompliziert genaue Informationen über die Effizienz eines Website-Designs, über das Navigationsverhalten von Besuchern und die Performance von Websites, unabhängig davon, wie groß der Web-Traffic auf einer Website ist.

3.2.3. Ebene: Intelligence Architecture

Technologische Basis für die SAS Lösungen unternehmensweite Enterprise Intelligence Solutions

Die Intelligence Architecture von SAS als weltweit führendem Anbieter einer integrierten Data-Warehouse-Lösung bildet die Basis für unternehmensweite Business Intelligence Anwendungen. Die Intelligence Architecture beinhaltet ein ausgereiftes technisches Framework zur Gewährleistung einer leistungsstarken IT Basis, und zeichnet sich besonders durch seine Offenheit, Skalierbarkeit und Integrationsfähigkeit aus. Die SAS Intelligence Architecture umfasst u.a. Intelligence Data Management, Web Application Development und Wireless Technologies, Information Delivery Portal, Enterprise Application Integration, Enterprise Clients, Analytical Applications, und Data Mining.

Die SAS Intelligence Value Chain repräsentiert das hinter der Intelligence Architecture stehende Konzept. Die SAS Intelligence Value Chain hebt die Bedeutung der einzelnen Schritte bzw. Komponenten hervor, und verdeutlicht und verstärkt ihre Stärken in ihrem Zusammenspiel. Die Zusammenführung in ein System optimiert die aktuelle Informationsumgebung, richtet die IT besser an den Unternehmenszielen aus, und ermöglicht unmittelbar Investitionen in Ergebnisse umzusetzen. Die SAS Intelligence Value Chain setzt sich aus fünf Kernkonzepten zusammen:

* *Plan*: In dieser Phase der SAS Intelligence Value Chain werden eine Reihe von bewährten und validierten Vorgehensweisen, Methodologien, und Sachverstand eingesetzt, um maßgeschneiderte Lösungen aufzustellen.
* *ETL*: SAS ETL ermöglicht die Extraktion, Transformation, und das Laden (ETL) aller bekannten Datenformate von disparaten, heterogenen Plattformen und bietet vorgefertigte hochleistungsfähige Fähigkeiten der Validierung und des Managements, der Analyse und Integration von Daten (siehe dazu unten mehr).
* Intelligent Storage: SAS Intelligent Storage stimmt Datenhaltungen vor allem auf die Erzeugung und Verteilung von Unternehmensinformationen ab. SAS bietet relationale, OLAP und parallele Datenhaltungsmöglichkeiten für analysebereite Informationen auch für bereits vorhandene Abfrage- und Reportingtools (siehe dazu unten mehr).
* Business Intelligence: SAS Business Intelligence stellt Wissensarbeitern ihren Bedürfnissen entsprechend Interfaces und Funktionalität zur Verfügung. Gleichzeitig ermöglicht SAS unabhängig von der Größe oder Verteilung des Unternehmens die IT Kontrolle über die Konsistenz und Zuverlässigkeit der Quelldaten.
* Analytic Intelligence: SAS Analytic Intelligence ist eine vielseitige verwendbare, integrierte Plattform für eine große Auswahl an vertiefenden Analysen. Die Fähigkeiten von SAS Analytic Intelligence umfassen u.a. prädiktive und deskriptive Modellierung, Vorhersage, Optimierung, Simulation, experimentelles Design und vieles mehr. SAS Analytic Intelligence setzt Daten und Infrastruktur in die Unterstützung einer effektiven Entscheidungsfindung um. Das offene Design der SAS Analytic Intelligence erlaubt auch die Integration in third-party Business Information Umgebungen.

Intelligence Data Management

Intelligence Data Management (IDM) adressiert mit seinen Komponenten den gesamten Data-Warehouse-Prozess und zeichnet sich besonders durch Offenheit, Skalierbarkeit und Integrationsfähigkeit aus. Intelligence Data Management (IDM) umfasst u.a. Extraktion, Transformation und Laden (ETL), SAS Data Quality Cleanse, High Performance Warehouse Storage und OLAP, Data Warehousing auf ERP, und SAS Open Metadata Architecture.

Extraktion, Transformation und Laden (ETL)

Das SAS Data Warehouse bietet mit der relationalen Datenhaltung, der multidimensionalen Datenbank (SAS/MDDB Server), und der parallelen SAS Datenhaltung (SPD Server) größtmögliche Flexibilität und Skalierbarkeit von Datenmengen bis in den Terabytebereich. Die SAS Lösungen für Business Intelligence, OLAP, Reporting, Analyse und Data Mining sind dabei vollkommen in das SAS

Data Warehouse integriert. Der Datenzugriff und das Daten-Management sind weltweit einzigartig. Das SAS Data Warehouse bietet Schnittstellen für über 50 Datenquellen und –formate, und zahlreiche hochleistungsfähige Funktionen für Data Cleansing, Management und Transformation. Neben den Schnittstellen zu ERP-, Datenbank- und Legacy-Systemen, ist von entscheidender Bedeutung die Fähigkeit, e-Business-Daten integrieren zu können. Die SAS/Warehouse Administrator Software ist der Schlüssel für das erfolgreiches Data Warehousing; sie erlaubt auf einfache und effiziente Weise die Implementierung und Administration auch komplexer Data Warehouse Architekturen, und steuert als zentrales Tool alle Data Warehouse-Prozesse und Business Intelligence-Anwendungen. Die SAS Rapid Warehousing Methodology gewährleistet durch eine optimale Erfolgskontrolle einen schnellen ROI bei Data Warehouse-Implementierungen. Existierende Anwendungen können problemlos erweitert und aktuellen Anforderungen angepasst werden.

SAS Data Quality Cleanse
SAS Data Quality Cleanse bietet Komponenten und Funktionen zur Unterstützung des Datenvalidierung-Prozesses und somit zur Sicherstellung der Übereinstimmung aller unternehmensweiten Daten als eine der wichtigsten Voraussetzung zum Aufbau von DV gestützten Lösungen, besonders in den Bereichen Customer Relationship Management und Supplier Relationship Management. Schlechte Datenqualität führt zu Fehlentscheidungen von Entscheidungsträgern aufgrund nicht verifizierter und in sich unstimmiger Daten.

High Performance Warehouse Storage und OLAP
Scalable Performance Data (SPD) Server ermöglichen es, eine hoch performante Datenhaltung für Data Warehouse Projekte mittels parallelisierten Datenzugriffs aufzubauen. Ein SAS SPDServer ist ein parallel und multi-threaded arbeitendes Datenhaltungstool mit voller multi-Prozessoruntersützung (u.a. für SUN, HP, AIX, und Win-NT Server). Ein SAS SPDServer als Backend kann u.a. in einem kurzen Zeitraum auch sehr große Datenmengen verarbeiten, und steigert die Performanz in allen SQL orientierten Data Warehouse Projekten. Die Integration in die SAS Produktpalette ist unkompliziert. Mit dem SAS System ist es möglich, multidimensionale Auswertungen sowohl auf der Basis relationaler (ROLAP), multidimensionaler (MOLAP), und hybrider Datenhaltungen (HOLAP) durchzuführen, wobei HOLAP die Vorteile des skalierbaren ROLAP und des performanten MOLAP vereint: Die Daten liegen bei HOLAP verteilt vor, d.h. auf verschiedenen Plattformen und dort in verschiedenen SAS Datenhaltungen und weiteren Datenbanken.

Data Warehousing auf ERP
SAS bietet Data-Warehousing-Lösungen für Enterprise Resource Planning (ERP) Systeme wie z.B. SAP, Baan und Peoplesoft. Für den Zugriff auf SAP stehen die SAS Komponenten SAS/ACCESS to SAP R/3 bzw. SAS/ACCESS to SAP BW,

und vorgefertigte Datenmodelle (sog. Business Cases) auf SAP R/3-Basis zur Verfügung. Die Business Cases sind im SAS/Warehouse Administrator abgelegt und dienen der Integration von SAP Daten bestimmter Themenbereiche in ein SAS Data Warehouse. Die Business Cases bauen auf den erforderlichen Datentabellen in SAP R/3 auf, und enthalten darüber hinaus die notwendigen Extraktionsroutinen, die Verarbeitungslogik und Beispielberichte zur Visualisierung der extrahierten Daten. SAS Knowledge Solutions for SAP R/3 stellt ein umfangreiches Produkt- und Service-Angebot für die Bereiche Financial Management, SAS Consolidation and Reporting, IT Service Management, Human Resources Analysis, Supplier Relation Management uvam. zur Verfügung.

SAS Open Metadata Architecture
Die SAS Open Metadata Architecture beinhaltet Lösungen für die Erzeugung, Verwaltung, Speicherung und Integration interner und externer Metadaten. Metadaten steuern und dokumentieren alle SAS Prozesse zur Informationsgenerierung und -verteilung. Dazu gehören zum Beispiel die Extraktion, das Transformieren und Laden von Daten aus operativen Systemen, die Durchführung von Analyse-Prozessen, die Benutzerautorisierung für Informationen und Anwendungen sowie die Verteilung von Wissen über das SAS Information Delivery Portal. Die SAS Open Metadata Architecture bietet die Möglichkeit, Metadaten fremder Applikationen zu übernehmen und zu integrieren.

Web Application Development und Wireless Technologies

AppDev Studio
AppDev Studio ist eine komplette Web-Entwicklungsplattform für Business Intelligence Anwendungen, dessen Funktionsspektrum von der Web-Anwendungsentwicklung und dem webbasierten OLAP-Reporting (via Java Interface), über die Unterstützung von Server Side Scripting bis hin zu Enterprise Application Integration (EAI) Standards (s.u.) reicht, wodurch sich auch leistungsstarke Decision Support- und Information Delivery-Lösungen einfach und kostengünstig maßschneidern lassen. Das AppDev Studio unterstützt Java2 und JFC/Swing, und ermöglicht u.a. die einfache und schnelle Erstellung von Java Applets/Applications, Server-Anwendungen (Java Servlets, JSP und EJB), und HTML/CGI-Thin-Clients. Mit Appdev Studio ist es möglich, Anwendungen auf einem Windows Client zu programmieren, und in jedes Betriebssystem zu portieren.

AppDev Studio ist die Programmierumgebung (IDE) der ersten Wahl für die Entwicklung von Information Delivery Anwendungen, u.a. den Leading Information Delivery Server. Auf der Grundlage der bekannten Stärken der SAS Software ist eine offene Architektur für die Entwicklung von Lösungen in allen Umgebungen möglich.

AppDev Studio erleichtert die Anwendungsentwicklung, z.B. über die Bereitstellung von Java Beans (Java Applets, Java Server Pages), die Möglichkeit, eigene Java Beans zu entwickeln, und eine vollständige Entwicklungsumgebung (webAF, s.u.) für Java-basierte Anwendungen auf dem J2EE Standard (SUN-zertifiziert). AppDev Studio enthält mit webAF eine leistungsstarke Java-Entwicklungsumgebung und mit webEIS einen mächtigen Berichtgenerator für Web- und Wireless Applikationen.

webAF
webAF Software ist eine Java-basierte Entwicklungsumgebung, die mittels eines Drag and Drop objektorientierten Interfaces (GUIs auf Industriestandard) die u.a. schnelle Entwicklung von Java Anwendungen, Applets, Webanwendungen, und Klassen ermöglicht. Die Entwicklungsumgebung der komponentenbasierten webAF Software ermöglicht aus Java Klassen heraus u.a. einen leichten Zugriff auf die SAS Software, SAS/AF Objekte, Tabellen und MDDBs, und SAS Rechnerleistung über Prozedurensteuerung.

webAF Software ermöglicht über das Web einen leichten Zugriff auf untenehmensweite Information, vom Data Warehousing bis zum Decision Support, einschl. aller größerer Datenbank- (Oracle, SYBASE, Informix, DB2) und Betriebssysteme (z.B. HP-UX, Solaris, AIX/6000, COMPAQ Tru64 UNIX, Windows 95/98/NT/2000, und OS/390). Alle mit der webAF Software entwickelten Objekte funktionieren auf jeder unterstützten Plattform. webAF Software ermöglicht es, mit Java Beans kompliante Proxies zu generieren, um sich mit entfernten SAS/AF Objekten zu verbinden. Die Kommunikation zwischen Java und SAS (SCL-Klassen) basiert auf CORBA oder RMI (Remote Method Invocation). Die integrierten Java Beans ermöglichen das schnelle Erstellen von Java-basierten Anwendungen zur Auswertung und Analyse eines SAS Data Warehouse. Der integrierte JSP Visual Builder ermöglicht die Erstellung von Server Side-Anwendungen und Server Side-Grafiken. Mit webAF können auch eigene Softwarekomponenten entwickelt und Java Beans anderer Hersteller integriert werden.

webEIS
Die webEIS Software ist ein Reporting-Tool, mit dem es möglich ist, auf OLAP (Online Analytical Processing) zuzugreifen. Die webEIS Software ermöglicht das schnelle und unkomplizierte Erzeugen interaktiver Java OLAP Dokumente. Diese Reports können als Java Applets oder Java Server Pages verpackt und über das Web verteilt werden, ohne dass dazu Javakenntnisse vorausgesetzt werden. webEIS Software ist somit die Brücke zwischen mächtigen Fähigkeiten für den Entscheidungssupport und einer benutzerfreundlichen Umgebung. Business Analysten können mit der webEIS Software ihre eigenen webbasierten Dokumente generieren. Über Datenzugriff (z.B. MDDBs) und Drill-Down mit einem Webbrowser können Daten eingesehen, Informationen visualisiert, und in verschiedenen Berichtformaten mitgeteilt werden. Entwickler können mit der webEIS Software maßgeschneiderte OLAP Viewer InformationBeans entwickeln, die das volle Potential der SAS Software ausschöpfen. Mit der Java-Komponente WebEIS können Anwender in kürzester Zeit Java Beans für das webbasierte OLAP erstel-

len. Die Unternehmensdaten können dabei in relationaler, multidimensionaler oder hybrider Form auf dem Server liegen.

Information Delivery Portal
Das SAS Information Delivery Portal ist eine webbasierte Anwendung, die dynamisch und proaktiv aktuelle Analysen, Berichte, Daten und andere Informationen unternehmensweit verteilt. Unternehmen bzw. Organisationen können Themenkanäle gemäß den eigenen Anforderungen (wie z.B. Kundeninformationen) einrichten, in denen Fachmitarbeiter ihre Ergebnisse publizieren. Benutzer wählen die für sie interessanten Channels und abonnieren personalisiert Berichte, News, und Präsentationen. Darüber hinaus kann das SAS Information Delivery Portal an Portale anderer Hersteller angebunden werden.

SAS Integration Technologies
SAS Integration Technologies machen es möglich, die Power der SAS Software innerhalb eines Anwendungsportfolios eines Unternehmens umzusetzen. Die Unterstützung unterschiedlicher Standards ermöglicht die Integration unterschiedlicher Anwendungen in einem unternehmensweiten Informationsnetzwerk. Je mehr Technologiestandards übernommen werden, umso größer ist der operative Vorteil in Gestalt erhöhter Interoperabilität, flexiblem Deployment, wiederverwendbarer Softwaresysteme, Kostenreduzierung und Nutzenmaximierung.

Zahlreiche Middleware Standards erweitern den Zugriff auf und die Demonstration von Entscheidungssupport, Business Intelligence, und Data Warehouse Architektur der SAS Software. Zu den Middleware Standards gehören u.a. sog. component platforms (CORBA/IIOP, COM/DCOM), messaging platforms (MQSeries, MSMQ), und enterprise directory platforms (LDAP, JNDI). Die Unterstützung von u.a. CORBA/IIOP und COM/DCOM ermöglicht den offenen Client-Zugriff auf SAS Daten- und Compute-Services. Die Unterstützung von Message-Middleware wie MQSeries und MSMQ ermöglicht die asynchrone Kommunikation zwischen verschiedenen Anwendungen innerhalb und außerhalb von SAS zur Informationsverteilung oder zur Implementierung von "Closed-Loop"-Lösungen. Die Unterstützung von Enterprise Network Directory Standards wie LDAP ermöglicht die zielgerichtete und personalisierte Informationsverteilung über Portale und Publish and Subscribe-Frameworks.

Die Infrastruktur von SAS Integration Technologies ermöglicht AppDev Studio den Zugriff auf IOM Server. IOM (Integrated Object Model) stellt verteilte Objektschnittstellen für herkömmliche SAS Features zur Verfügung, was den Entwickler die Lage versetzt, für u.a. Applets, stand-alone Anwendungen, Servlets, Java Server Pages, und sogar Enterprise Java Beans zu programmieren. Die SAS Integration Technologies Software unterstützt Industriestandards, wie z.B. CORBA und JDBC (Java Database Connectivity), als auch COM/DCOM-Bibliotheken. Mit COM/DCOM-Bibliotheken liegt eine API vor, mit der eine Schnittstelle für Programmiersprachen speziell im Windows-Bereich wie z.B. Visual Basic, C++, und .NET zur Verfügung gestellt wird.

Enterprise Clients - Reporting und Analyse
Die SAS Lösungen für Enterprise-Clients und Data Warehousing stellen Anwendern auch an unterschiedlichen Standorten innerhalb und außerhalb des Unternehmens aktuelle Berichte, Analysen und Anwendungen zur Verfügung.

SAS Enterprise Guide
Der SAS Enterprise Guide bietet eine grafische Schnittstelle für einfache und auch anspruchsvolle statistische und grafische Analysen einschl. professioneller Grafiken in PDF-, RTF- oder auch HTML-Ausgabe. Die SAS Publishing Technology ermöglicht die unternehmensweite Bereitstellung der Berichte und Analyseergebnisse.

SAS Enterprise Reporter
Der SAS Enterprise Reporter ermöglicht mittels einer intuitiv bedienbaren Oberfläche die Erstellung hochqualitativer Berichte. Der Enterprise Reporter bietet das „Look and Feel" von MS Office, läuft in jeder Client/Server-Umgebung und unterstützt sowohl multidimensionale als auch traditionelle Datenformate. Der Anwender wählt einfach sein Reportlayout aus. Die erforderlichen Daten werden automatisch aus der Metabase geladen.

AppDev Studio 2.0
Das AppDev Studio 2.0 ist eine komplette Entwicklungsplattform für Business Intelligence Anwendungen. Das AppDev Studio 2.0 ermöglicht die einfache und schnelle Erstellung von HTML/CGI-Thin-Clients, Java Thin-/Full-Clients, Server-Anwendungen (Java Servlets, JSP und EJB), ASP Anwendungen und herkömmlichen Full-Client-Anwendungen.

m-Clients
Durch die Unterstützung des WAP-Standards können mit m-Clients Anwendungen über Mobilgeräte wie z.B. Mobiltelefone oder Palmtops abgerufen und verteilt werden.

Analytical Applications und Data Mining
Der SAS Enterprise Miner ist eine voll integrierte Data Mining-Lösung und erlaubt mittels einer benutzerfreundlichen, grafischen Bedieneroberfläche auch einen komplexen Data Mining Prozess unkompliziert zu entwerfen und durchzuführen. Der SAS Enterprise Miner zeichnet sich durch moderne Data Mining-, Analyse und Visualisierungs-Methoden, sowie die vollständige Integration in das SAS Data Warehouse aus, und eignet sich besonders für den Einsatz von CRM-, SRM-, und weiterer Anwendungsbereiche, z.B. Response Optimierung, Stornovorhersage, Cross & Up Selling, Standortanalysen, Qualitätsmanagement, Forschung & Entwicklung, e-Intelligence, Web Mining uvam. Für CRM Anwendungsbereiche stehen die folgenden Knowledge Solutions zur Verfügung, z.B. Category Management, Credit Scoring, Customer Retention for Telco, Cross Sel-

ling (Finanzdienstleister), Category Management (Handel), Customer Retention (Finanzdienstleister), Database Marketing (Handel, Medien).

Der SAS Enterprise Miner und seine SEMMA-Methodologie wurden bislang mehrfach ausgezeichnet.

3.3. Weitere SAS Produkte und Anwendungen

Für die Gestaltung von Business Intelligence bzw. Data Warehouse Systemen stehen die im Folgenden kurz beschriebenen SAS Module zur Verfügung, die im Grunde auf dem klassischen Kern von SAS/BASE, SAS/STAT und SAS/GRAPH aufbauen.

Die *Base SAS Software* gehört als Kern zu allen Systemkonfigurationen. Mit diesem Kern steht die SAS Base Language als 4GL Programmiersprache zur Verfügung. Darin sind hunderte von Sprachelementen, mathematischen Funktionen und Grundprozeduren enthalten, die u.a. das Daten- und Speichermanagement und die Kommunikation zwischen den verschiedenen Modulen steuern. Alle anderen Module setzen auf der SAS/BASE Software auf und können einzeln genutzt werden. Die Weiterentwicklung des SAS Systems strebt die Erweiterung der SAS Base Language um die Leistungsvielfalt von Java an.

Die *SAS/AF* Software liefert eine komplette Umgebung für die Erstellung von Menüoberflächen. Die SAS Component Language (SCL) ist das Werkzeug für die individuelle Gestaltung solcher Anwendungen. SAS/AF ist wie Java oder C++ eine objektorientierte Programmiersprache. Mit der Entwicklung von Frame-Objekten können die Arbeiten noch weiter beschleunigt und rationalisiert werden, wobei komplette Menüabläufe in Form eines Objektes ansprechbar sind. Arbeitstechniken wie „Drag and Drop“ und die Darstellung explorerähnlicher Oberflächen erleichtern die Arbeit. Dadurch wird es Anwendern möglich, innerhalb des SAS Systems eigene komplexe Anwendungen zu entwickeln. Anwender können z.B. über Java-Anwendungen auch eigene SAS/AF Klassen ansprechen. Um dies zu ermöglichen, bietet SAS in AppDev Studio 2.0 die entsprechende Java-API.

Die *SAS/FSP* Software ist die Grundlage für interaktive Datenerfassungssysteme und die Gestaltung standardisierter Bildschirmmasken. Dabei werden Dateneingabe, Datenprüfung und Datentransformation gewährleistet.

SAS OLAP Server ist die multidimensionale Datenbank von SAS. Mit dem Modul SAS/EIS bietet diese Form der Datenhaltung den einfachen und schnellen Weg zur Erstellung von OLAP-Anwendungen. Der OLAP Server wird zudem über das

Intranet genutzt, z.B. über einen HTML-fähigen Browser. Die Anwender haben mit dem SAS System die Möglichkeit, multidimensionale Auswertung sowohl auf der Basis relationaler (ROLAP), multidimensionaler (MOLAP), und hybrider Datenhaltungen (HOLAP) durchzuführen.

SAS/EIS ist ein Anwendungsentwicklungstool für die Erstellung von Informationssystemen. In Verbindung mit dem SAS OLAP Server bietet diese Software spezielle Techniken, die bei der Auswertung von multidimensionalen Daten eine zentrale Rolle spielen. Standardberichte, Ampelanalysen (Trafficlighting), Ausnahmeberichte, Trendanalysen, dynamische Abfragen, Drill-Down-Technik, Echtzeitzugriff, Critical-Success-Factors und individuelle Präsentation sind Elemente dieser Software, mit denen anspruchsvolle und benutzerfreundliche Oberflächen realisiert werden können. Des Weiteren können Standardberichte zu wieder verwendbaren Bausteinen weiterentwickelt werden, die dann den speziellen Bedürfnissen der Endanwender und ihren Anforderungen angepasst sind.

Die *SAS/ACCESS to ...* Software Module in Kombination mit der SAS/CONNECT Software ermöglicht den Zugriff auf alle Datenformate und Datenbanken über die verschiedenen Hardwareplattformen und Betriebssysteme hinweg. Jedes Unternehmen, das verschiedene Rechnersysteme einsetzt, muss versuchen, diese verteilte Rechenleistung optimal zu nutzen. Auf Basis einfacher Übertragungsprotokolle (asynchrone Verbindung, 3270 Emulation) ist es möglich, SAS Programme auf einem PC zu testen und dann mit einem „remote submit" auf dem Host auszuführen zu lassen. Auch ist es möglich, Ergebnisse einer komplexen Analyse vom Host auf den PC zu übertragen und dort z.B. als Grafik auszugeben. Die geringe Übertragungsgeschwindigkeit der einfachen Protokolle setzt diesem Vorgehen natürliche Grenzen. Die SAS/CONNECT Software ermöglicht nun eine Kommunikation zwischen SAS Sitzungen auf unterschiedlichen Plattformen auf der Grundlage von Standardprotokollen - APPC (LU 6.2), DECnet, TCP/IP. Dabei werden fast automatisch die unterschiedlichen grafischen Benutzeroberflächen (GUI) berücksichtigt. Dies erleichtert die Arbeit von Anwendungsentwicklern beträchtlich.

Die *SAS/Warehouse Administrator Software* ist ein Produkt für Entwickler und Warehouse-Administratoren. Sie eignet sich besonders für die Definition der Inhalte, des Datenzugriffs, der Datentransformation, zur Zusammenfassung von Daten, des automatischen Datenflusses und der Datenspeicherung einzelner Data-Warehouse-Anwendungen. Der Data Warehouse Administrator koordiniert die zentralen Aspekte der Data-Warehouse-Verwaltung: Data Warehouses werden mit Hilfe der grafischen Benutzeroberfläche schnell aufgebaut und flexibel gewartet. Auch die Erstellung und Pflege von Data Marts - das sind fach- und abteilungsspezifische Informationsdatenbestände - werden durch den Warehouse Administrator einfacher und übersichtlicher. Die Software integriert neue Daten automatisch in das Data Warehouse, was Wartungskosten reduziert. Metadaten werden automatisch in die Anwendungen zum Auswerten der Daten integriert, was die Benutzung des Data Warehouses für Endanwender erleichtert und vereinfacht.

Aufwand und Kosten für ein Data Warehouse werden mit Hilfe der SAS/Warehouse Administrator Software deutlich reduziert.

Die *SAS/IntrNet Software* für Internet und Intranet. Internet und Intranet bieten vielfältige Chancen für Unternehmen. Im Internet können sich Unternehmen mit aktuellen Informationen und schnellem Service repräsentieren. Intranets ermöglichen die effiziente interne Verbreitung Unternehmenskommunikation. Die SAS/IntrNet Software stellt die Verbindung zwischen dem Data Warehouse und dem Web her. *Web Publishing*: Berichte und Grafiken können direkt in webtauglichen Formaten erzeugt und veröffentlicht werden. *Dynamische Data Services*: Aus interaktiven Web-Seiten können SQL-Abfragen auf SAS und andere Datenbanken erstellt und die Ergebnisse im Webbrowser betrachtet werden. *Dynamische Compute Services*: Aus interaktiven Web-Seiten können komplexe Auswertungsanwendungen angefordert werden, die über den Application Dispatcher an einen SAS Server zur Bearbeitung weitergeleitet werden. Die Ergebnisse werden im Webbrowser dargestellt. Integration von Java, MDDB-Report-Viewer, eine dynamische Webanwendung zur tabellarischen und grafischen Auswertung multidimensionaler Daten.

Zur *Verschlüsselung* der Daten bei der Übertragung bei webgestützten Business Intelligence Anwendungen werden moderne Verfahren eingesetzt. Dies sind z.Zt. RC2, RC4, DES und Triple DES.

Der *SAS SPDServer* ist ein parallel und multi-threaded arbeitendes Datenhaltungstool mit voller multi-Prozessoruntersützung (u.a. für SUN, HP, AIX, und Win-NT Server). Der SAS SPDServer als Backend steigert die Performanz in allen SQL orientierten Data Warehouse Projekten, und kann u.a. in einem kurzen Zeitraum auch sehr große Datenmengen verarbeiten.

3.4. Übersichten zur SAS Software: Wirtschaftsbereiche, Lösungen, Produkte und der benutzerfreundliche Einstieg in die Datenanalyse

Im Folgenden wird die SAS Software nach Wirtschaftsbereichen, nach vorgefertigten Lösungen (Solutions), Produkten, und abschließend nach einem benutzerfreundlichen Einstieg in die Welt der Datenanalyse vorgestellt.

SAS Software nach Wirtschaftsbereichen

SAS bietet für viele verschiedene Wirtschaftsbereiche maßgeschneiderte Software an, u.a. Automobilindustrie, Einzelhandel, Erziehung und Unterricht, Finanzdienstleistungen, Gesundheitswesen, Hochschulausbildung, Produktion, Medien und Public Relations, Öffentlicher Dienst (Regierungen, Behörden, und Universitäten), Pharmazie und Biomedizin, Telekommunikation, Transport & Verkehr, Versicherungen, und Vertrieb. Im Folgenden einige Beispiele:

Automobilindustrie
SAS Warranty Analysis
SAS Supplier Relationship Management
SAS Customer Relationship Management
SAS Strategic Performance Management
SAS Financial Management
SAS Process Intelligence
SAS Human Capital Management
SAS IT Management.

Einzelhandel
SAS Customer Relationship Management for Retail
SAS IntelliVisor for Retail
SAS Supplier Relationship Management
Oros Value Chain Analyzer
SAS Demand Intelligence for Retail
SAS Strategic Performance Management for Retail

Finanzdienstleistungen
SAS Customer Relationship Management for Banking
SAS Banking Intelligence Solutions
SAS Anti-Money Laundering

Pharmazie und Biomedizin
100% der Pharmaunternehmen der Fortune 500 wählen SAS.
SAS Scientific Discovery Solutions
SAS Drug Development
SAS Process Intelligence
SAS IntelliVisor for Pharma
SAS CRM for Pharma

Telekommunikation
SAS Customer Relationship Management for Telecommunications
SAS Telecommunications Intelligence Solutions

SAS Software nach Lösungen

SAS bietet die folgenden vorgefertigten Lösungen an:

Supply Chain Intelligence
SAS Demand Intelligence
SAS Value Chain Analytics
SAS Process Intelligence
SAS Supplier Relationship Management

Supplier Intelligence
SAS Supplier Relationship Management
SAS Value Chain Analytics

Organizational Intelligence
SAS Drug Development
Oros Activity-Based Management
SAS Financial Management Solutions
SAS Risk Management
SAS Human Capital Management
SAS Process Intelligence
SAS IT Management Solutions:
SAS IT Resource Management
SAS IT Charge Management
SAS IT Security Management

Customer Intelligence
SAS Customer Relationship Management Solutions:
SAS Marketing Automation
Customer Retention for Telco
Customizable CRM Solutions
Credit Scoring for Financial Services
IntelliVisor for Retail
IntelliVisor for Pharma
Interaction Management

Intelligence Architecture
Data Warehousing
Analytic Intelligence
Business Intelligence

SAS Software nach Produkten

Jedes der im Folgenden aufgeführten SAS Produkte ist auf die Aufgaben Zugriff, Management, Analyse, und Präsentation von Daten ausgerichtet.

Übersicht 2: SAS Software nach Produkten

AppDev Studio	SAS OnlineTutor
Base SAS	SAS/OR
CFO Vision [1]	SAS/QC
Data Quality—Cleanse	SAS/SECURE
Drug Development	SAS/SHARE
Enterprise Guide	SAS/SPECTRAVIEW
Enterprise Miner	SAS/STAT
Enterprise Reporter	SAS/TOOLKIT
HR Vision [2]	SAS/TUTOR
IT Charge Manager [3]	SAS Bridge for ESRI
IT Service Vision [4]	SAS Customer Relationship Management
Information Delivery Portal	SAS Financial Management Solutions
Integration Technologies	SAS High-Performance Forecasting
JMP	SAS Human Capital Management
Oros Activity-Based Management	SAS IntelliVisor
Oros Value Chain Analyzer	SAS IT Charge Management
PH Solutions	SAS IT Resource Management
Risk Dimensions [5]	SAS Learning Edition
SAS/ACCESS	SAS Process Intelligence
SAS/AF	SAS Risk Management
SAS/ASSIST	SAS Strategic Performance Management
SAS/C Compiler	SAS Supplier Relationship Management
SAS/CONNECT	SAS Supply Chain Intelligence
SAS/EIS	SAS Text Miner
SAS/ETS	SAS Universal ODBC Driver
SAS/FSP	SAS/Warehouse Administrator
SAS/GIS	Scalable Performance Data Server
SAS/GRAPH	Scientific Discovery
SAS/IML	StatView
SAS/IML Workshop	Strategic Vision [6]
SAS/INSIGHT	SYSTEM 2000
SAS/IntrNet	WebHound
SAS/MDDB Server	

SAS ändert gegenwärtig die Bezeichnungen vieler Produkte und Lösungen:

[1]CFO Vision heißt jetzt SAS Financial Management Solutions.

[2]HR Vision heißt jetzt SAS Human Capital Management.

[3]IT Charge Manager heißt jetzt SAS IT Charge Management.

[4]IT Service Vision heißt jetzt SAS IT Resource Management.

[5]Risk Dimensions heißt jetzt SAS Risk Management.

[6]Strategic Vision heißt jetzt SAS Strategic Performance Management.

Stand: 06/2003

SAS Software für den benutzerfreundlichen Einstieg in die Datenanalyse

Viele SAS Anwendungen und Oberflächen bieten durch eine komfortable Maus- bzw. Menüsteuerung einen benutzerfreundlichen Einstieg in die Welt der Datenanalyse. Dieses Buch stellt ausgewählte Module und Oberflächen vor, und führt in den späteren Kapiteln in die meisten der hier ausgewählten benutzerfreundlichen Anwendungen und Oberflächen ein. Mit der Zeit können Anwender auf die professionelle Programmierumgebung des SAS Systems umsteigen. Es ist ein Anliegen späterer Kapitel dieses Buches, diesen Umstieg so leicht wie möglich zu gestalten. Den benutzerfreundlichen Einstieg in die SAS - Welt der Datenanalyse liefern die folgenden *Anwendungen...*

- SAS Enterprise Guide - Windows Thin-Client Reporting und Analysen
- SAS Enterprise Miner - Data Mining mit der SEMMA-Technologie
- SAS/INSIGHT Software - Statistik-Visualisierungen über ein leistungsstarkes GUI (graphical user interface)
- SAS/LAB Software - mit Interpretationshilfen für Ursache-Wirkungsanalysen
- SAS/SPECTARVIEW Software - für Mustererkennung in großen Datenmengen

...und *Menüoberflächen*:

- SAS Analyst Application - zur statistischen und grafischen Analyse
- SAS/ASSIST Software, mit den häufigsten verwendeten Funktionen und als automatischer Programmgenerator
- SAS Research Analyst - als offene und individuell anpassbare Lösung für große Arbeitsgruppen.

Spezialanwendungen innerhalb der jeweiligen SAS Module bieten Anwendern einen unkomplizierten menügesteuerten Zugang zu wichtigen Anwendungsgebieten:

- SAS Analyst Application (in SAS/STAT)
- SAS Forecast Menu System (in SAS/ETS)
- SAS Market Research Applikation (in SAS/STAT)
- SAS QSIM für die Simulation von Bedienungssystemen (in SAS/OR)
- SAS Xprojman für Projektmanagement (in SAS/OR)

Weitere SAS Lösungen bauen auf mehreren der oben genannten SAS Prozeduren und Module auf:

- SAS Research Analyst (Base, GRAPH, FSP, STAT empfohlen: INSIGHT, EIS, AF)
- SAS PH-Clinical (Base, GRAPH, FSP, empfohlen: STAT, INSIGHT, QC)

Dies gilt auch für die von SAS Kunden entwickelten und gemeinsam angebotenen Speziallösungen:

- DOPE (D-optimal Planning and Experimentation) als System für optimale Versuchsplanung und Auswertung von Boehringer Mannheim (Base, GRAPH, FSP, STAT, QC, empfohlen: INSIGHT)

- Absatzplanungs- und Prognosesystem vom Wissenschaftszentrum der IBM in Heidelberg (Base, AF, IML)

Diese vorrangig thematisch geleitete Auswahl möchte keinesfalls den Eindruck vermitteln, dass alle anderen SAS Produkte weniger benutzerfreundlich sind.

3.5. Erweiterungen, Änderungen und Verbesserungen in Version 8: Eine Auswahl

Für die SAS Version 8 stellte SAS zahlreiche Änderungen und Verbesserungen vor. Im folgenden werden im wesentlichen Anwendungen, Oberflächen oder Prozeduren vorgestellt, die mit der statistischen Analyse von Daten zusammenhängen. Quelle: SAS Institute (1999): What's new in SAS Software for Version 8. Für weitere Information wird auf die SAS/STAT Version 8 Dokumentation und auf die Changes und Enhancements zu den Versionen SAS 8.1 und SAS 8.2 verwiesen. Einen ersten Ausblick auf ausgewählte Neuheiten in Version 9 („Mercury“) finden Sie im Kapitel 24.

Aufgrund der Dynamik der Weiterentwicklung des SAS Systems stehen manche Prozeduren und Techniken erst in bestimmten Versionen der SAS Software zur Verfügung, z.B. bei Techniken der GUI-Oberflächengestaltung auf Großrechnern im Vergleich zu PCs. Die Prozeduren der Datenanalyse sind mit SAS Version 8 auf PC, UNIX und den Host-Plattformen verfügbar.

Anwendungen

Output Delivery System (ODS)
Das Output Delivery System (ODS) dient der Formatierung der Datenausgabe aller SAS Prozeduren und gehört damit zu den bedeutendsten Entwicklungen der Version SAS 8. ODS bietet viele unterschiedliche Optionen des Reportings und der Darstellung von Analyseergebnissen in einem optisch ansprechenden Format. Das derzeitige ODS unterstützt Formate wie PostScript, PDF, RTF, HTML und XML. In SAS Version 8.1 entspricht die Ausgabe dem Format MSWORD 97, in den SAS Versionen 8.2 und 9 dem Format MSWORD 2000. Datenausgaben können mit einer Zeile Programmcode unkompliziert im Inter- oder Intranet publiziert werden. Die Ergebnisse sind z.B. Inhaltsverzeichnisse und damit verlinkte HTML-Seiten, mit Überschriften, Zeilenabständen und Farbgebung. Auch die Ausgabe nur eines Teils der Ergebnisse ist möglich. Die Ergebnisse können mit Templates

verbunden, als Dateien ausgegeben und für hochauflösende Drucker angepasst werden. Die Ausgabe einzelner Bestandteile der Ergebnisse einer Analyse lässt sich gezielt ansteuern.

SAS Integration Technologies
„SAS Integration Technologies" ist ein Softwareprodukt, die durch Industriestandard-Interfaces die Integration des SAS Systems auch in sehr komplexe Unternehmensanwendungen unterstützt. Die unterstützten Standards und Produkte schließen u.a. ein:

- Distributed Object Systems: COM (Component Object Model), CORBA (Common Object Request Broker Architecture).
- Asynchronous Message Queuing: IBM MQSeries, Microsoft MSMQ, Geneva Message Queuing Interface, SAS Common Messaging Interface.
- Enterprise Directory Access: Lightweight Directory Access Protocol (LDAP).

Analyst Application
Die „Analyst Application" ist fester Bestandteil der Menüoberfläche. Für die Version SAS 6.12 musste diese Oberfläche zusätzlich heruntergeladen und nachträglich installiert werden.

Windows Oberfläche

Neue Fenster:
Results Fenster – mit Verzeichnisbaum der Sitzungsaktivitäten (u.a. Ergebnisse, Grafiken und Code)
SAS Explorer-Fenster - mit Drag and Drop Funktionen
Fensterleiste – mit ähnlich der Taskleiste von Windows ab Windows 95
Enhanced Editor: syntaxsensibler Programmeditor

SAS Base Language: Variablen- und Datenmanagement

Lange Namen für Dateien und Variablen (32 Zeichen, Sonderzeichen)
Audit Trail: Ein Audit Trail kann protokollieren, wer wann welche Änderungen an einem SAS Datensatz vorgenommen hat.
Zugriff auf permanente SAS Datensätze ohne LIBREF
Gezielte Komprimierung von Daten, und besserer Zugriff auf komprimierte Daten.

Neue Prozeduren

PROC DBCSTAB
Die Prozedur DBCSTAB erzeugt Umwandeltabellen für von SAS unterstützte Doppelbyte-Zeichensätze, z.B. für Japanisch, Koreanisch und Chinesisch.

PROC EXPORT
Die Prozedur EXPORT liest Daten von einem SAS Datensatz und schreibt diese in eine externe Datenquelle.

PROC IMPORT
Die Prozedur IMPORT liest Daten von einer externen Datenquelle und schreibt diese in einen SAS Datensatz.
Über PROC IMPORT und PROC EXPORT ist z.B. ein direkter Zugriff ohne Konvertierung auf Datenformate wie z.B. MSEXCEL und MSACCESS möglich.

PROC REGISTRY
Die Prozedur REGISTRY wartet die SAS Registry.

Statistische Datenanalyse (v.a. SAS/STAT)

SAS/STAT wurde um einige Prozeduren erweitert. Der Hinweis „(experimentell)" bezeichnet Prozeduren, die noch im Experimentalstatus sind:

PROC BOXPLOT zeichnet uni- und multivariate Boxplots.
PROC GAM (experimentell) passt generalisierte additive Modelle an.
PROC KDE berechnet uni- und bivariate nichtparam. Kerndichteschätzungen.
PROC KRIGE2D 2-dim. Kriging (Interpolationsmethode in der Geostatistik).
PROC LOESS berechnet nichtparametrische Regressionsflächen.
PROC NLMIXED passt nichtlineare gemischte Modelle an.
PROC MI (experimentell) führt multiple Berechnungen für Missings durch.
PROC MIANALYZE (experimentell) berechnet Daten mit Missings.
PROC PLS passt Modelle mittels linearer prädiktiver Methoden (incl. PLS) an.
PROC SURVEYMEANS schätzt Populations- und Stichprobenparameter.
PROC SURVEYREG berechnet Regressionsanalysen für Stichprobendaten.
PROC SURVEYSELECT bietet mehrere Verfahren zur Ziehung von Stichproben.
PROC TPSPLINE passt ein nichtparam. Regressionsmodell an.
PROC VARIOGRAM berechnet Maßzahlen für 2dim. Raumdaten.

In zahlreichen weiteren Prozeduren wurden Änderungen und Verbesserungen bekannt gegeben, in SAS/STAT u.a. für BOXPLOT, CATMOD, CORR, DATASETS, FACTOR, FORMAT, FREQ, GENMOD, LIFEREG, LOESS, MEANS, MODECLUS, MULTTEST, NLMIXED, NPAR1WAY, PHREG, PROBIT, RE-

PORT, SQL, STANDARD, SUMMARY, SURVEYMEANS, TABULATE und UNIVARIATE.

Darüber hinaus wurden Verbesserungen und Änderungen für weitere SAS Produkte mitgeteilt, u.a. SAS/CONNECT, SAS/SHARE, SAS/ACCESS, SAS/AF, SAS/ASSIST, SAS Component Language, SAS/EIS, SAS/ETS, SAS/GIS, SAS/GRAPH, und der SAS Makrosprache. SAS/INSIGHT wurde im Bereich multivariate Verfahren erweitert.

4. SAS Produkte für die grafische und statistische Analyse von Daten

Das SAS System bietet zahlreiche Produkte für die grafische und statistische Analyse von Daten an. Diese Produkte bestehen wieder aus einzelnen Prozeduren. Es gibt ca. 60 Prozeduren alleine in der SAS/STAT Software, dazu kommen unzählige viele weitere Prozeduren in den Softwaremodulen SAS/GRAPH, SAS/QC, SAS/OR, und SAS/IML etc. Die folgende Übersicht beschränkt sich auf die Produkte, die erfahrungsgemäß häufig bei der grafischen und statistischen Datenanalyse angewendet werden. Alle Produkte des SAS Systems darstellen zu wollen, würde den Rahmen bei weitem sprengen. Zur Veranschaulichung: Alleine die dreibändige Dokumentation von SAS/STAT Version 8 (der User's Guide alleine *ohne* die Changes and Enhancements Bände) kommt auf ca. 3.800 Seiten.

Die Unterschiede zwischen diesen Prozeduren beziehen sich u.a. auf Leistungsumfang, Funktionalität, Offenheit und User-Interface. SAS/ANALYST und SAS/LAB sind z.B. in sich geschlossen, der Research Analyst ist dagegen eine offene, erweiterbare Anwendung. Während z.B. SAS/LAB und SAS/ASSIST kommandogesteuert sind, besitzt SAS/INSIGHT ein echtes GUI (graphical user interface). Während SAS/ASSIST und SAS/ANALYST im Prinzip nur Benutzeroberflächen sind, sind SAS/LAB und SAS/INSIGHT genuine Analyseprogramme, die sich aber u.a. im Leistungsumfang unterscheiden. SAS/LAB und SAS/INSIGHT berechnen z.B. keine nichtparametrischen Tests, im Gegensatz zu SAS/ANALYST.

4.1. SAS/INSIGHT Software – Interaktive Datenanalyse

Die SAS/INSIGHT Software bietet einen leichten Einstieg in die Datenanalyse und Exploration für Fachanwender und Statistiker: interaktiv, ohne Programmierung.

Dabei können in verschiedenen Bildschirmfenstern mehrere Statistikanalysen gleichzeitig bearbeitet werden:

Häufigkeitsdiagramme, Box-Plots, Streudiagramme, 3D-Diagramme, Verteilungsanalysen mit Kernschätzungen, Datenanpassung für Ursache-Wirkungsbeziehungen, lineare Regressionsmodelle (auch verallgemeinert linear mit verschiedenen Linkfunktionen), Tests und Plots für multiple, logistische, Probit-, Poisson Regression, Kurvenanpassung, Konfidenzellipsoide mit Korrelationsmatrix, nichtlineare Modelle für Polynomialregression, Splines, Kernschätzer, Einzelverteilungsanalyse, multivariate Methoden wie z.B. Hauptkomponentenanalyse, Korrelationsanalyse, Diskriminanzanalyse und Maximumredundanzanalyse, sowie die interaktiven Arbeitsmöglichkeiten wie z.B. Markieren von auffälligen Beobachtungen, in Gruppen und einzeln durch verschiedene Symbole und Farben, Ausreißermarkierung, gleitendes Markieren, Rotieren von Plots, Transformation von Daten und gruppenweise Analyse.

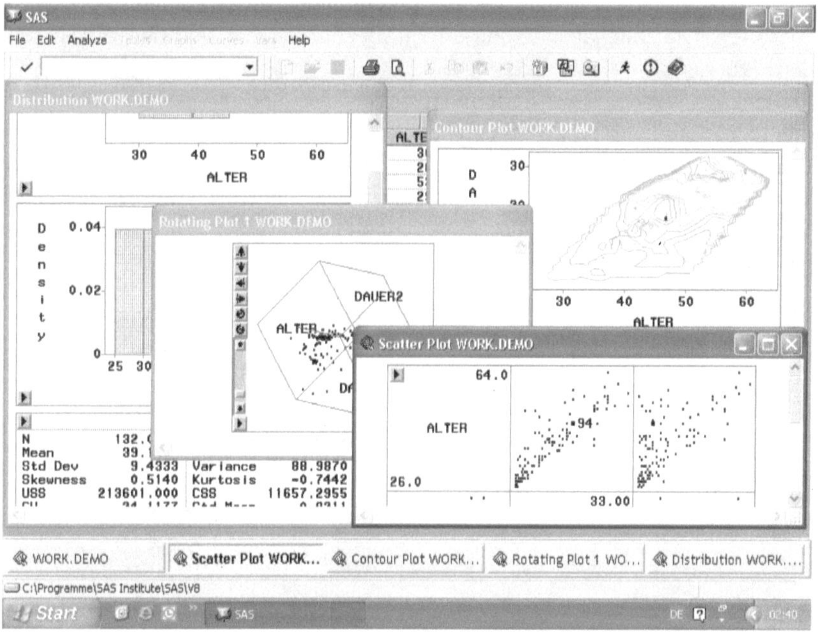

In der SAS/INSIGHT Software bleiben die Interpretationen der Ergebnisse und die Überlegungen zum weiteren Vorgehen in der Hand des Statistikers.

SAS/INSIGHT gilt als eigenständiges Modul das SAS Systems für die interaktive Datenanalyse, weil es außer SAS/BASE nicht die Lizenzierung und Installation weiterer Module voraussetzt (empfohlen ist jedoch SAS/GRAPH). Zum Vergleich: SAS/LAB benötigt außer SAS/BASE noch SAS/GRAPH (ggf. SAS/FSP). Im Vergleich zur im folgenden beschriebenen SAS/LAB Software weist SAS/INSIGHT Software folgende Gemeinsamkeiten auf: Man muss nur wenig SAS können, um diese Module bedienen zu können, man muss nicht viel einstellen (customization) und beide Module leiten die Anwender durch die Auswertungen. Die Unterschied liegt im Interface und im Schwerpunkt der Benutzerführung: SAS/INSIGHT wird über ein echtes GUI angesteuert, und betont die interaktive grafische Analyse, während SAS/LAB vorwiegend kommandobasiert gesteuert wird. Anwender werden von SAS/LAB stärker geführt als von SAS/INSIGHT.

4.2. SAS/LAB - Ursache-Wirkungsmodelle mit Interpretation

Mit der SAS/LAB Software werden erstmals Interpretationshilfen in natürlicher Sprache gegeben. In der Abbildung unten ist ein solcher vom System erzeugter Interpretationstext zu sehen.

Gegenstand der SAS/LAB Software sind die Modelle der ANOVA und Regression zur Modellierung von Ursache-Wirkungs-Beziehungen. Eingebunden im System sind Dateneingabe per Hand und Datenimport, sowie elementare statistische Analysen. Die Datenauswertung erfolgt menügestützt mit grafischer Darstellung der Ergebnisse.

Mögliche Anwender sind Techniker, Ingenieure und Wissenschaftler aller Fachrichtungen und Branchen, wenn sie auf Basis der üblichen statistischen Grundausbildung eine erste eigene Auswertung ihrer Messergebnisse vornehmen wollen. Darüber hinaus können auch professionelle Statistiker, die oft mit einer Vielzahl ähnlicher Datenauswertungen betraut sind, mit dieser Software von Routinearbeiten entlastet werden.

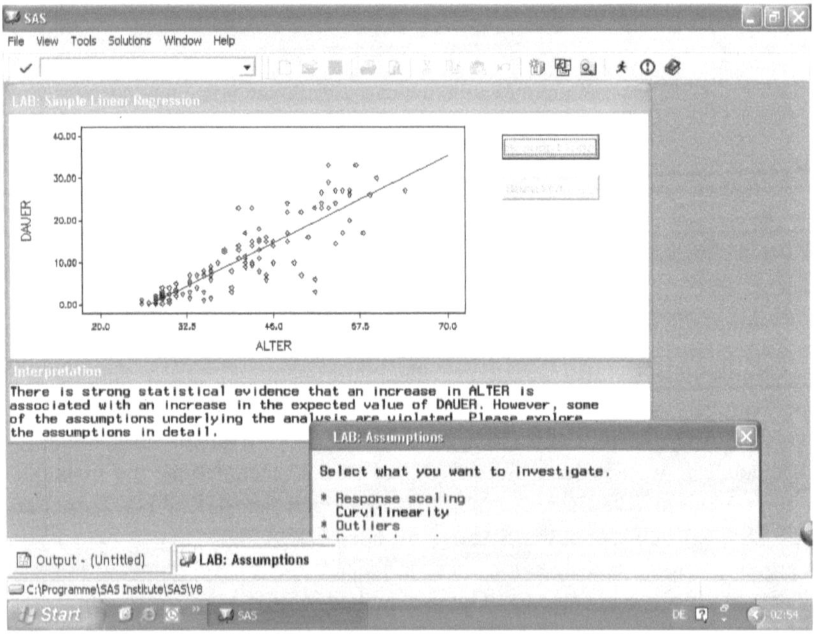

Schließlich kann die SAS/LAB Software auch für die statistische Grundausbildung mit Gewinn eingesetzt werden, da mit den vorgeschlagenen Interpretationen die komplexen Voraussetzungen, z.B. bei Regressionsanalysen, rechnergestützt erlernt, und in der Folge dieses Wissen routiniert werden kann.

4.3. Analyst Application - Interaktive Visualisierungen und statistische Analysen

Mit der Analyst Application steht eine Erweiterung des SAS Systems für interaktive grafische Visualisierungen und statistische Basisanalysen zur Verfügung. Neben der statistischen Analysefunktionalität werden auch Datenmanagement- und grafische Outputfunktionalität unterstützt.

Voraussetzung für die Nutzung der Applikation ist eine Installation der SAS Module SAS/BASE, SAS/STAT und SAS/GRAPH. SAS/ASSIST muss lizenziert sein. SAS/ACCESS to PC Files erlaubt den Import von Excel-, dBase- und Lotus-Files. Eine Installation von SAS/IML wird empfohlen, um die volle Funktionalität der Analyst Applikation nutzen zu können.

Die Analyseverfahren werden über Menüs, Toolleiste oder eine Indexliste ausgewählt, und übernehmen die Aufgabe der Datenaufbereitung und die Ansteuerung der entsprechenden SAS Prozeduren. Die Analyst Application generiert einen SAS Code, der gemeinsam mit Grafiken und Ausgabetexten in einem separaten Fenster in einer Hierarchiestruktur zur Verfügung gestellt wird. Die Ergebnisse können in SAS Katalogen oder externen Files gespeichert oder direkt gedruckt werden.

Neben den weiter unten aufgeführten Verfahren für die grafische und statistische Analyse von Daten bietet die Analyst Application auch Basisfunktionen für das Datenmanagement und Versuchsplanung an, u.a. die Kombination zweier Datensätze, Transformation von Variablen, Definition neuer Variablen und Stichprobenziehung.

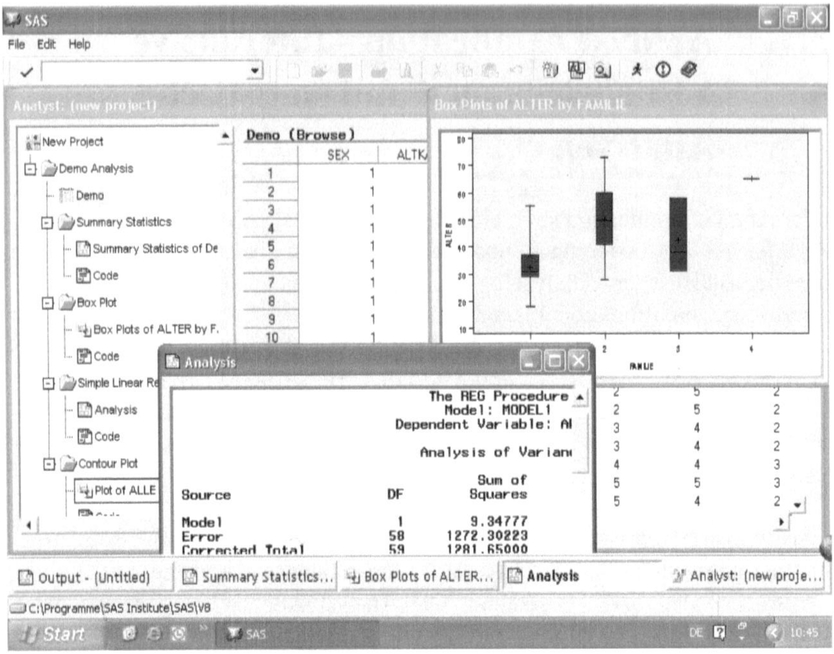

Tabellenanalyse

Grafische Analysen
Histogramme
Bar und Pie Charts
Box-and-Whisker Plots
Wahrscheinlichkeitsplots
Scatter Plots
Contour Plots
Surface Plots

Deskriptive Statistiken
Statistische Maßzahlen für numerische Merkmale
Verteilungsanalysen, Momente, Quantile
Korrelationen, nichtparametrische Assoziationsmaße
Häufigkeitstabellen

Statistische Testverfahren
Ein-Stichproben-Tests (u.a. Z-Test, t-Test)
Zwei-Stichproben-Tests (u.a. t-Test, Tests für Varianzen und Proportionen)

Varianzanalysen
Einfaktorielle (One-Way) ANOVA (Tests, Mittelwertsvergleiche, Plots)
Multifaktorielle (Factorial) ANOVA für mehrere Klassifikationsvariablen
Lineare Modelle für quantitative und klassifizierende Einflussgrößen

Regressionsanalysen
Einfache Regression
Lineare Regression inklusive Vorhersagen, Residuen und Einfluss-Statistiken
Logistische Regression mit Modellwahl
Wiederholte Messungen
Gemischte Modelle

Multivariate Analyseverfahren
Hauptkomponentenanalyse
Korrelationsanalysen

Überlebensanalyse
Überlebenstabelle
Proportional Hazards

Power-Analyse und Berechnung von Stichprobenumfängen:
t-Tests
Konfidenzintervalle
Äquivalenztests

Die Ergebnisse, die im Rahmen einer Analyse mit der Analyst Application erzeugt werden, werden in sog. Projekten strukturiert und gespeichert, wobei ein einzelnes Projekt Analysen mehrerer Datensätze enthalten kann.

Für die grafische Aufbereitung der Ergebnisse stehen sechs verschiedene Grafiken zur Verfügung, wobei das Layout aus sechs verschiedenen Basistemplates ausgewählt werden kann, u.a. auch die Ausgabe der Ergebnisse im HTML-Format.

Die Analyst Application ist nicht zu verwechseln mit dem Research Analyst. Die Analyst Application ist kein eigenständiges Softwaremodul, sondern im Prinzip nur ein Teilelement des SAS/ASSIST. Für seine Funktionalität müssen daher neben dem SAS/ASSIST und BASE/SAS weitere Module wie z.B. SAS/STAT und SAS/GRAPH installiert sein. Der Research Analyst ist dagegen ein zusätzlich zu lizenzierendes Softwaremodul.

Von der Oberfläche, und vom Leistungsumfang her sind beide Anwendungen ähnlich. Die Analyst Application ist dabei eine sog. geschlossene Anwendung, der Research Analyst ist dagegen über Module und eigene programmierbare Entwicklungen (SAS/AF) erweiterbar.

4.4. SAS Research Analyst für professionelle Statistik im Labor

Im Vergleich zu den bisher aufgeführten SAS Modulen INSIGHT, LAB und SPECTRAVIEW liefert die SAS Research Application auch Zugang zu weiteren Verfahren der professionellen Statistik, wie zum Beispiel nichtparametrische Tests.

Der Unterschied dieser Applikation zu den bisher vorgestellten Modulen besteht darin, dass hier kein abgeschlossenes Modul vorliegt, sondern eine *erweiterbare* Oberfläche. Für den Einsatz des SAS Research Analyst sind folgende Softwaremodule erforderlich: SAS/BASE, SAS/STAT, SAS/GRAPH, SAS/FSP, empfohlen werden außerdem SAS/INSIGHT und SAS/EIS. Wenn Erweiterungen programmiert werden sollen, ist zusätzlich SAS/AF erforderlich.

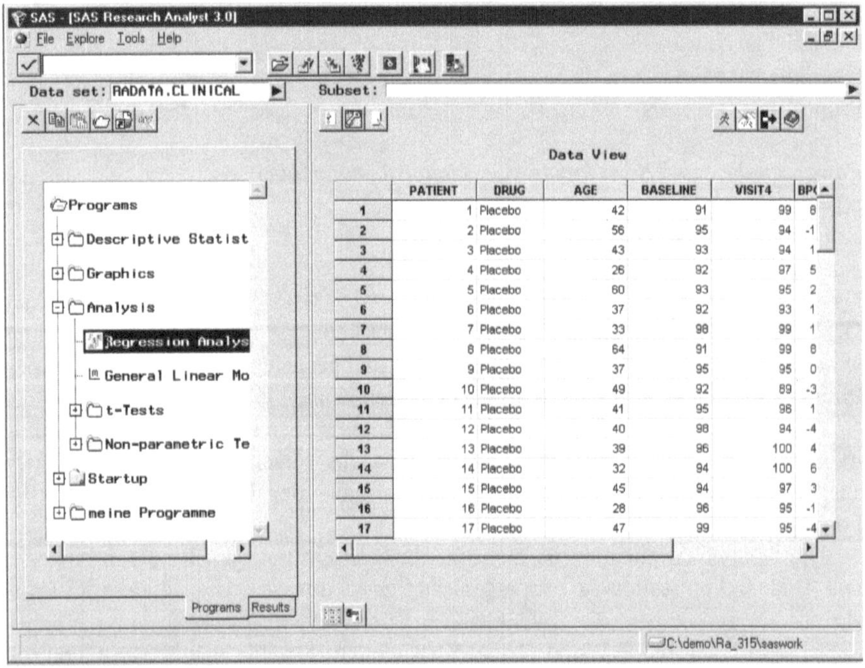

Abbildung: Copyright SAS.

Das Haupteinsatzgebiet des SAS Research Analyst befindet sich überall dort, wo statistische Analysen im laufenden Arbeitsprozess routinemäßig und oft wiederholt eingesetzt werden.

Der SAS Research Analyst ist vor allem eine Software zur Steigerung der Produktivität bei umfangreichem Einsatz in Labors der präklinischen Forschung, im Qualitätsmanagement und der Fertigungskontrolle, bei Datenanalysen in Labors der Lebensmittel- oder der Chemischen Industrie, z.B. in folgenden Anwendungen:

- Präklinische Forschung: Sicherheit und Wirkung von Arzneimitteln
- Umweltbeobachtung: Schadstoffanalysen
- Luftfahrt: Stressanalyse bei Flugpersonal
- Universitäre Ausbildung in größeren Gruppen
- Chemische Industrie: Versuchsauswertung

Der SAS Research Analyst bietet hierbei einen einfachen Zugang zu den am häufigsten in der Praxis verwendeten statistischen Verfahren. Dies umfasst Datenimport und -zugriff, beschreibende Statistiken, 3D-Grafiken, Tests, sowie Regressions- und Varianzanalysen. Zur Erleichterung der Arbeit erfolgt eine ausführliche Dokumentation der Arbeitsschritte und Ergebnisse.

Im SAS Research Analyst sind u.a. folgende Funktionen eingebunden:

Datenzugriff und Datenbearbeitung
z.B. für ASCII-Dateien, MSEXCEL-Tabellen, SAS Dateien.
z.B. Editieren mit dem leistungsfähigen SAS FullScreenProduct SAS/FSP.

Deskriptive Analysen
z.B. Univariate Statistiken (von Mittelwert bis zu Shapiro-Wilk).

Grafische Analysen
z.B. Normalverteilungsdiagramme, Range-Plots (mit Min-Max-Plots und Standardfehlerdarstellungen), Streu- und Häufigkeitsdiagramme, Regressionsgrafiken (linear, quadratisch, kubisch), 3D-Wirkflächen & Isoliniendiagramme.

Professionelle Statistik
t-Test
Varianzanalyse (auch nichtbalanciert, mit Wechselwirkungen)
Nichtparametrische Tests (u.a. Vorzeichen, Wilcoxon, Mann-Whitney, Friedman, Kruskal-Wallis)
Regression (linear-multipel mit Modellwahl)

Systemadministration
Individuelle Methodenauswahl
Einbindung von und Rückgriff auf weitere Anwendungen, u.a. SAS/INSIGHT (GUI), SAS/LAB (Führung, Interpretation), und SAS/ASSIST (Power-Oberfläche)
Langzeit-Dokumentation, Hilfe

4.5. SAS/ETS Software für Zeitreihen und Mehrgleichungsmodelle SAS Time Series Forecasting System für Trendprognosen

4.5.1. SAS/ETS Software für Zeitreihen und Mehrgleichungsmodelle

Trendberechungen bieten in vielen Anwendungsbereichen die Möglichkeit, Prozessabläufe aus der Vergangenheit in die nähere Zukunft zu extrapolieren, und damit die Grundlage für fundierte Entscheidungen zu schaffen. Die Modellierung und Simulation von Prozessen sind wichtige Anwendungsgebiete der SAS/ETS Software. Die SAS/ETS Software (ETS, Econometrics and Time Series) enthält die am häufigsten verwendeten Verfahren für ein- und mehrdimensionale Zeitreihenanalysen, sowie die Methoden für Mehrgleichungsmodelle mit Einbeziehung von Wechsel-, Rück- und Folgewirkungen.

Obwohl diese Modelle oft in der Ökonometrie angewendet werden, sind Mehrgleichungsmodelle mit diskreten Messzeitpunkten für alle komplexen Modellierungsprozesse von Bedeutung.

Univariate Zeitreihen

Die SAS Forecast Application (siehe unten im Detail) als Bestandteil der SAS/ETS Software ist für den Endanwender gedacht, und liefert eine einfache menügesteuerte Berechnung von Trendfunktionen und zeitbasierten Prognosen für univariate Zeitreihen. Univariate Zeitreihen sind in einer Vielzahl praktischer Anwendungen anzutreffen:
* Analyse von Aktien- oder Absatzcharts
* Trendanalyse von Konzentrationsgrößen in Wasser, Luft oder Boden
* Prozessbegleitende Messung von Produktionstoleranzen
* Analyse und Prognose von biometrischer Messreihen, z.B. Bestandsanalysen bestimmter Tierarten

Mit der SAS/ETS Software steht die ganze Skala moderner Verfahren zur Analyse univariater Zeitreihen zur Verfügung. Von den folgenden Prozeduren werden v.a. FORECAST und X11 bzw. X12 wegen ihrer leichten und unkomplizierten Handhabung eingesetzt. Für die anderen Prozeduren sind genaue Vorkenntnisse für die nicht unkomplizierte Modelldefinition und damit zusammenhängende Fragen erforderlich. Dies trifft umso mehr für die Prozeduren für mehrdimensionale Zeitreihen zu.

PROC ARIMA
Autoregressive Integrated Moving Average Models

PROC AUTOREG
Multipe Regressionen mit autoregressivem Fehlerterm

PROC FORECAST
Schnelle und unkomplizierte Vorhersage von exponentiellen Glättungsmodellen, u.a. Trendfunktionen

PROC PDLREG
Polynomische Zeitverzögerungsmodelle

PROC SPECTRA
Stationäre Zeitreihen

PROC X11, PROC X12
Saisonbereinigungen von Wirtschaftszeitreihen

PROC TSCREG
Kombination von Time-Series-Regression mit Kovariablen

Mehrdimensionale Zeitreihen

Die folgenden Prozeduren haben eine enorme Bedeutung in Anwendungen zur Systemanalyse und –simulation, v.a. MODEL wird in einer Vielzahl von Anwendungszusammenhängen eingesetzt. Ein weiteres Hauptanwendungsgebiet ist die Berechnung und Simulation Neuronaler Netze. Diese Prozeduren sind eher kompliziert zu handhaben. Für die Modelldefinition und damit zusammenhängende Fragen sind genaue Kenntnisse erforderlich.

PROC STATESPACE
Für die Analyse stationärer Vektorprozesse

PROC SYSLIN, PROC SIMLIN, PROC MODEL
Prozeduren zur Schätzung und Szenariosimulation von linearen und nicht-linearen Mehrgleichungsmodellen einschließlich Full-Information-Maximum-Likelihood-Schätzung.

Weitere Prozeduren unterstützen das Datenmanagement zur Berechnung univariater und mehrdimensionaler Zeitreihen:

PROC EXPAND
Transformation von Zeitreihendaten in verschiedene Intervallskalierungen und Interpolation fehlender Werte bei Ausdehnung auf kürzere Zeitperioden.

PROC DATASOURCE
Zugriff auf Datenbanken im Finanzbereich

PROC CITIBASE
Schnittstelle zu CITIBASE Daten

4.5.2. SAS Time Series Forecasting System für Trendprognosen

Das SAS Time Series Forecasting System ist Bestandteil der SAS/ETS Software, und ein spezielles Modul für die Analyse und die Vorausberechnung von Zeitreihen. Menügeführt können Visualisierung, Analyse und Prognose für eindimensionale Zeitreihen durchgeführt werden.

Wichtigste Merkmale des Prognosesystems SAS Time Series Forecasting Systems sind folgende Möglichkeiten:

- automatische Modellwahl zur bestmöglichen Vorausberechnung der einzelnen Zeitreihen
- individuelle Modellwahl und Modellvergleiche

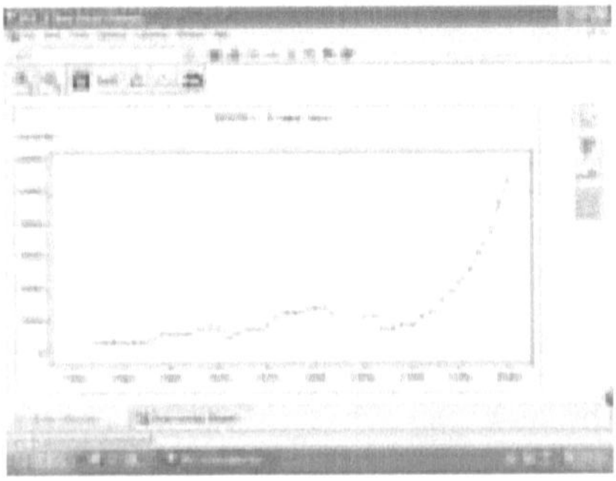

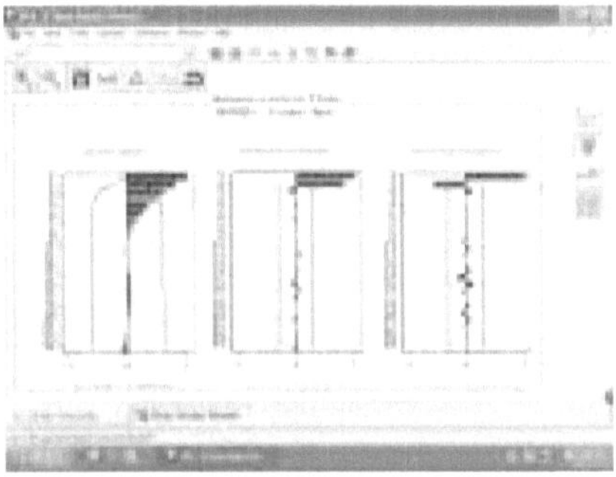

Im einzelnen enthält das System darüber hinaus folgende Arbeitsmöglichkeiten:

- Automatische Modellwahl mit über 30 angebotenen Funktionstypen und individueller Erweiterungsmöglichkeit
- Funktionstypen: Exponentielle Glättung, Winters- und ARIMA-Modelle

- Einbindung durch äußere Einwirkung entstandener (exogener) Variablen für die Analyse und Prognose, einschließlich von Zeittrends, Sprungvariablen und dynamischer Regressionstransferfunktionen
- Visualisierung der Zeitreihen, der Vorausberechnung, der Residualplots mit Vertrauensintervallen
- Möglichkeiten der menügeführten Datentransformation mit Standardfunktionen
- Grafische Darstellung verschiedener Autokorrelationen
- Tests auf Weißes Rauschen und Stationarität
- Nutzung von Stichproben zur automatischen Modellwahl
- Vergleich von alternativen Maßzahlen der Modellgüte
- Visualisierung der Prognosen und der Anpassungsfehler
- Ausgabe der Parameterschätzungen und der statistischen Signifikanz
- volle Kontrolle über den Modellwahlprozess durch Vorgabe der jeweils als sachgerecht erachteten Gütemasse
- Abspeicherung der Arbeitsergebnisse in Katalogen
- Ausgabemöglichkeit für ein Protokoll des Analyseprozesses
- Abspeicherung aller Ausgabeergebnisse, Grafiken und Modelle

4.6. SAS/GIS Software - Geografisches Informations- und Analysesystem

SAS/GIS ist das interaktive geografische Analyse- und Informationssystem (GIS) des SAS Systems. SAS/GIS organisiert, analysiert und präsentiert Analyse- oder Rohdaten in einem räumlichen Kontext. Fragen können z.B. sein: Wie ist die regionale Verteilung von Kaufkraftdaten? In welchen Gebieten besteht ein guter/schlechter Empfang mit Mobiltelefonen? Halten sich ausgewählte Vogelarten immer nur an bestimmten Orten auf? Dies sind nur einige der Fragestellungen, die nach einer grafischen Umsetzung mit SAS/GIS schnell antwortet werden können.

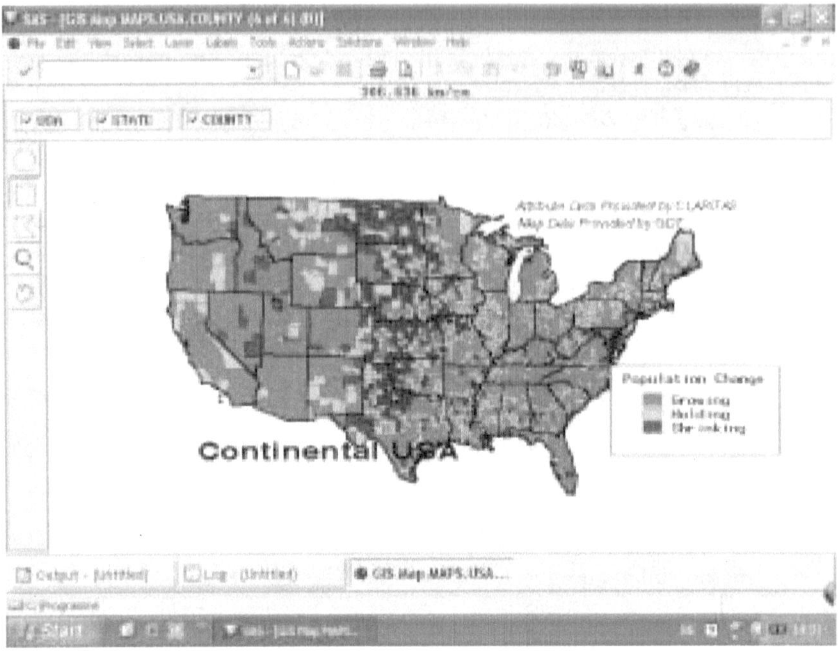

Räumlich visualisierte Auswertungen zeigen auf einfache Art und Weise regionale Unterschiede in den Daten. Als Produkt mit interaktiver Oberfläche ist die Anwendung von SAS/GIS schnell und einfach zu erlernen. Spezielle GIS-Kenntnisse sind nicht erforderlich.

Für eine geografische Visualisierung im GIS werden zwei Arten von Daten benötigt:

Geografische Daten (=Geometriedaten: spatial data)

Geografische Daten lassen sich prinzipiell in drei Kategorien einteilen und einstellen:

- Flächendaten, z.B. Postleitzahlgebiete, Gemeinden
- Liniendaten, z.B. Straßen, FlüssePunktdaten, z.B. Mittelpunkte von Gemeinden, Hauskoordinaten, Points of Interest

Die geografischen Daten werden menügesteuert durch Importieren der geometrischen Werte erstellt. Die geometrischen Daten können hierzu in verschiedenen Formaten vorliegen, z.B. im DXF-Format- oder MIF-Format. Generische Formate werden für Punkte, Linien und Flächen unterstützt.

Attributive Daten (=Sachdaten, beschreibende Daten: attribute data)

Attributive Daten sind z.B. Analyseergebnisse oder Sachdaten von Drittanbietern, aufbereitet mit einer geografischen Kenngröße, also mit einer Postleitzahl, einem Gemeindeschlüssel oder einer anderen eindeutigen geografischen Kennung.

Geografische und attributive Daten werden im GIS miteinander verknüpft und können mit verschiedenen Linienarten, Vollfarben, Schraffuren usw. dargestellt werden.

Um die räumlichen Daten einlesen zu können, stehen im GIS Schnittstellen zu verschiedenen Datenformaten, wie z.B. dem DXF- (Autocad) oder dem MIF-Format, zur Verfügung. Beim Zugriff auf die attributiven (beschreibenden) Daten greift die GIS-Software auf die Funktionalität und Möglichkeiten des gesamten SAS Systems zurück: In SAS/GIS sind andere Programme aufrufbar, SAS/GIS Funktionalitäten lassen sich in andere SAS Applikationen integrieren. In SAS/BASE können Karten mit der Prozedur PROC GIS auch im Hintergrund aufgebaut werden.

SAS/GIS wird in folgenden Anwendungsgebieten eingesetzt:

- Umweltschutz, Umweltforschung und –planung (z.B. Klimaforschung, Arten-, Boden- und Gewässerschutz, Topografie von Naturräumen, Anbaugebieten oder Ballungsräumen).
- Gesundheitswesen (z.B. epidemiologische Studien, Studien zu Lebensqualität, Krankheiten durch Umweltbelastung).
- Bevölkerungsstatistik: z.B. Einwohner pro km², Zusammensetzung (z.B. nach Kulturen, Religion, Einkommen).
- Geomarketing und -planung (z.B. Umsatz- Kaufkraft-, Absatzanalysen, Haushaltseinkommen, Beschäftigungsquoten).
- Angebots- und Ergebnispräsentation uvam.

Mit der SAS Software werden auch Karten ausgeliefert. Zum Lieferumfang der SAS Software gehört die Library Maps, die geografische Daten als Weltkarte, Europakarte, und Karten der einzelnen Nationen enthält. Für Deutschland liegen die administrativen Grenzen auf Kreisebene vor. Darüber hinausgehende geografische Daten können über Datenprovider, die Landesvermessungsämter, oder das Bundesamt für Kartografie bezogen werden. Datenprovider haben den Vorteil, dass sie neben geografischen Daten u.a. viele weitere Daten anbieten wie z.B. Marktdaten, (sozio)demografische Daten, oder Mikrotypen; z.T. sind die Informationen sehr detailliert.

4.7. SAS/SPECTARVIEW - Analyse und Visualisierung sehr großer Datenmengen

Bei großen Datenmengen verliert die einzelne Beobachtung ihre Bedeutung, wie sie z.B. bei SAS/INSIGHT im Vordergrund steht. Bei SAS/SPECTRAVIEW steht dagegen die Erkennung von Konzentrationsmustern im Vordergrund: Häufungen, Ausreißer, Zeitliche Visualisierung und Animation. Die SAS/SPECTRAVIEW Software dient der interaktiven 3D-Visualisierung multivariater Daten und ist für große Datenmengen konzipiert. Dabei können zwei- und dreidimensionale Datenschnitte in Form volumenorientierter Grafiken oder von Isoliniengrafiken mehrfach kombiniert werden. Gleichzeitig ist eine Visualisierung von Schnittebenen, sowie die Darstellung von Volumenelementen und Isolinien möglich. Sinnvolle Anwendungen beginnen dabei erst mit tausenden von Beobachtungen - im Bild mit ca. 250.000 Beobachtungen auf einem PC.

Diese Analyse multidimensionaler Daten basiert auf einem 3dim. Raum, wobei die Struktur des SAS Datensatzes für SAS/SPECTRAVIEW mind. vier Variablen enthalten muss: Eine Responsevariable, und drei Variablen für die X-, Y-, und Z-Achse. Weitere Variablen, z.B. für eine weitere Klassifikation sind optional. SAS/SPECTRAVIEW erzeugt aus den X-, Y-, und Z-Werten des Datensatzes einen dreidimensionalen Raum. SAS/SPECTRAVIEW färbt die Responsewerte an bestimmten Punkten von X-, Y-, und Z-Koordinaten.

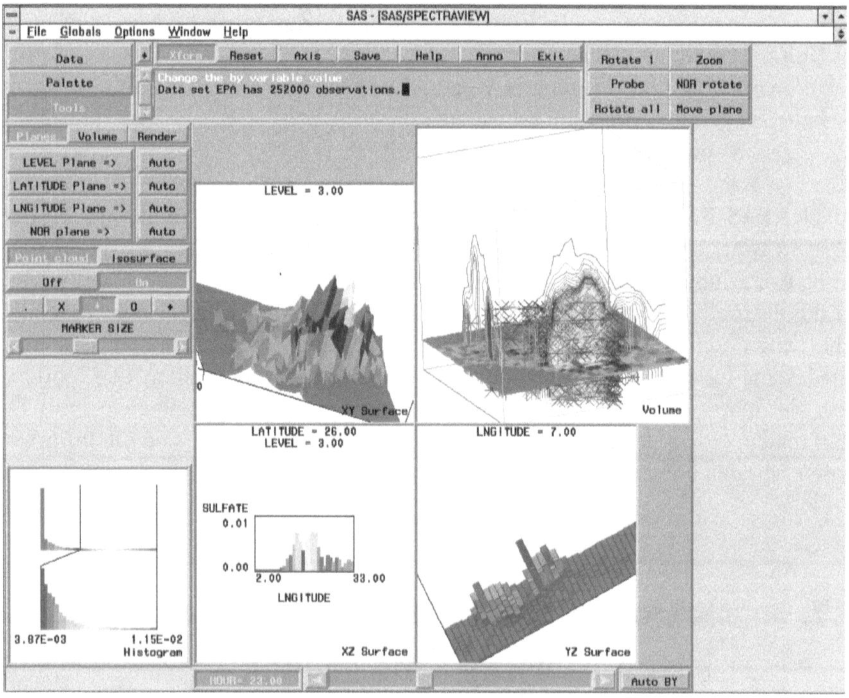

Abbildung: Copyright SAS.

Je nach gemessener Response können z.B. Wasserdichten, Schadstoffbelastungen, oder Fließgeschwindigkeiten verschiedenfarbig dargestellt. Zahlreiche Visualisierungstechniken stehen zur Verfügung, u.a. 3dimensionale Datenkuben, Schnittebenen, Volumenelemente, Streudiagramme und Isolinien. Zur Nachbearbeitung, Transformation, und für die Ausgabe von Histogrammen sind weitere Optionen vorhanden.

Anwendungsgebiete sind:

- Medizin: Schnittbilder von Computer- oder Kernspinresonanztomografien
- Ökologie, Klimaforschung: Dynamische Visualisierung von Schadstoffeinträgen
- Rohölgewinnung: Geologische Schichtenexploration
- Technik: Visualisierung von Verbrennungs- und Diffusionsprozessen
- Database Marketing: Direktmarketing und Kundenanalysen

4.8. SAS Market Research Application für Marktforschung

Die SAS Market Research Application ist kostenloser Bestandteil der SAS/STAT Software. In der SAS Market Research Application finden sich Analyseverfahren, die besonders häufig in der Marktforschung und bei Kundenanalysen angewendet werden:

- Conjoint Analyse (siehe Abbildung unten)
- Korrespondenz-Analyse
- Discrete Choice Analyse
- Multidimensionale Skalierung (MDS)
- Multidimensional Preference Analyse (MDPREF)

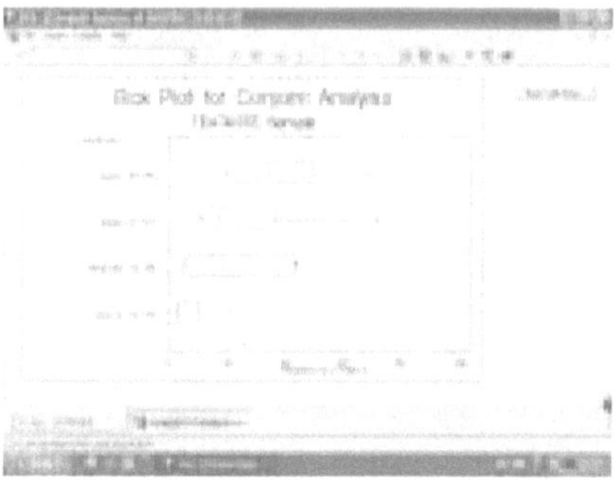

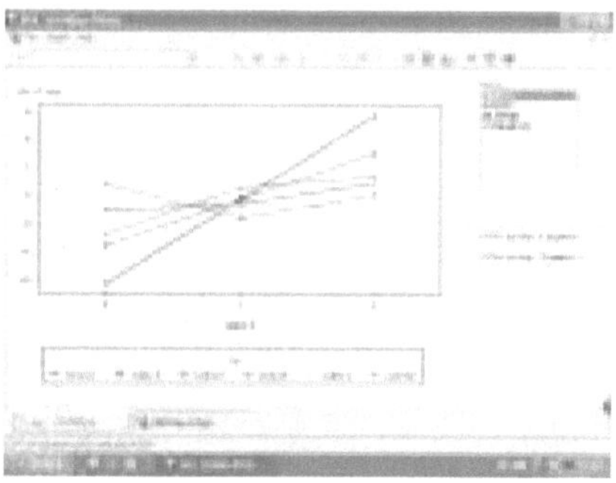

Je nach gewähltem Verfahren besteht die Möglichkeit der Anwendung weitergehender anspruchsvoller Verfahren, u.a. Market Share Simulationen, Choice Probabilities, Utility Plots, ANOVA Tabellen, und Analysis Summary uvam. Sämtliche Verfahren werden ausführlich im Hilfemenü erklärt. SAS stellt Beispieldateien zum Ausprobieren bereit. Marktforscher und Statistiker können direkt und ohne weitere Programmierkenntnisse die professionellen Analyseverfahren der Market Research Application nutzen.

4.9. Enterprise Guide – Analyse und Reporting Anwendung für Windows

Der Enterprise Guide ist, neben dem Enterprise Reporter 3.0, eine speziell für Windows Plattformen entwickelte Thin Client-Anwendung. Der Enterprise Guide zeichnet sich durch eine intuitiv und einfach zu bedienende grafische (z.T. animierte) Oberfläche aus, wobei über zahlreiche interaktive Anwendungsroutinefenster per Mausklick die Mächtigkeit der SAS Anwendungsroutinen initialisiert wird. Die Enterprise Clients Technologie sorgt für den transparenten Zugriff auf Daten in den verschiedenen Tabellen-, Datensatz-, oder Datenbankformaten.

Enterprise Guide Anwendungsroutinen umfassen SAS Prozeduren von einfachen Reportinglisten bis zu höchst komplexen, analytischen Prozeduren aus SAS/STAT, SAS/ETS, und SAS/QC, und geben formatierte Ergebnisse und den jeweils dazugehörigen SAS Code aus. Enterprise Guide verwendet ähnlich der Analyst Application Projekte, um zusammengehörende Daten, Anwendungsroutinen, Ergebnisse und SAS Code zu verwalten.

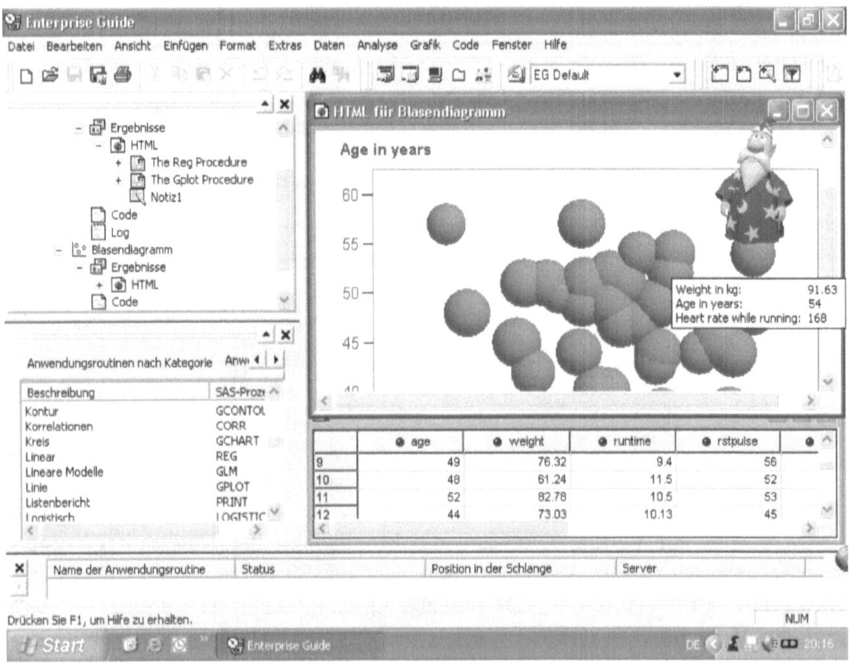

Der Enterprise Guide ist Einsteigern wegen der intuitiven und klaren Benutzerführung zu empfehlen. Die Benutzerführung kann auf deutsch eingestellt werden. Profis werden den Enterprise Guide wegen dem anspruchsvollen Möglichkeiten der Migration, Analyse und Präsentation zahlreicher Datenformate schätzen lernen. Neben dem Enterprise Guide sollten mind. folgende SAS Produkte lizenziert sein: Base SAS Software, SAS Integration Technologies, SAS/GRAPH, und SAS/STAT (je nach gewünschtem Leistungsumfang kann der Enterprise Guide auch um SAS/ETS und SAS/QC erweitert werden).

Der Enterprise Guide bietet für die Analyse von Daten u.a. folgende Möglichkeiten:

- Beschreibend
- Tabellenanalyse
- ANOVA (t-Test, ANOVA, nichtparametrisch)
- Regression (linear, nichtlinear, logistisch)
- Multivariat (Kanonische Korrelation, Hauptkomponenten-, Faktoren-, Clusteranalyse, Diskriminanzfunktion)
- Überlebensanalyse
- Prozessfähigkeitsanalyse (Histogramme, Wahrscheinlichkeitsplots uvam.)
- Kontrolldiagramme
- Pareto-Diagramm
- Zeitreihen (Basisprognosen, ARIMA, Regressionsvarianten)

Folgende Grafiktypen sind im Enterprise Guide verfügbar:
Balken, Kreis, Fläche, Linie, Streuung, Oberfläche, Karte, Blase, Finanz, Ring, Kontur, Radar.

Neben den gewohnt anspruchsvollen Reports, Analysen und Grafiken bietet der Enterprise Guide darüber hinaus:

- Navigieren und Drillen durch MDDB-Daten mit mehreren Hierarchien, wie z.B. SAP-Daten.
- Mit dem Import-Assistenten können MSEXCEL- und Textdateien importiert werden, und als SAS Version 6 oder 7 Datei zu speichern.
- Mit dem MDDB-Viewer können Daten exploriert werden, die in einem multidimensionalen Datenbank-Würfel (MDDB) gespeichert sind. Ein MDDB-Würfel ist eine spezielle Datenspeicherfunktionalität, die verdichtete Daten in einem matrixähnlichen Format speichert und einen schnellen und einfachen Zugriff ermöglicht. Benutzer können schnell große Mengen vorverdichteter Daten in beliebigen Kombinationen von Aspekten einsehen.
- Der Enterprise Guide unterstützt mehrere Aspekte des Daten-Managements auf Variablen- bzw. Datensatzebene, z.B. das Erstellen einer SQL Abfrage, oder das Zusammenführen mehrerer Datensätze (Joinen).
- Zur Navigation in Fenstern, beim Importassistenten und u.a. bei den Menüs können Tastenkombinationen (Schnelltasten, Shortcuts) eingesetzt werden.

- Ergebnisse können in den Formaten HTML, PDF, RTF und Text ausgegeben werden. PDF und RTF sind experimentell in Enterprise Guide Release 1.3 (SAS Version 8.2 muss installiert sein). Die Ergebnisse können in andere Windows-Anwendungen und das Web exportiert werden.
- Veröffentlichen von Daten und Ergebnissen über vordefinierte Channels: Anstelle des Versenders der Information sind die Empfänger dafür verantwortlich, die richtigen Channels zu abonnieren.

4.10. Management größter Projekte - PROJMAN Application

PROJMAN Version 7 ist Bestandteil der SAS/OR Software, und wird zur Planung, Kontrolle, und zum Monitoring eines Projektes beliebiger Größe eingesetzt. Im PROJMAN-Fenster lassen sich Veränderungen im Ablauf, der Struktur oder dem Zeitplan eines Projektes direkt nachverfolgen. Hier sind jetzt bis zu vier verschiedene Versionen eines Projektplanes gleichzeitig darstellbar.

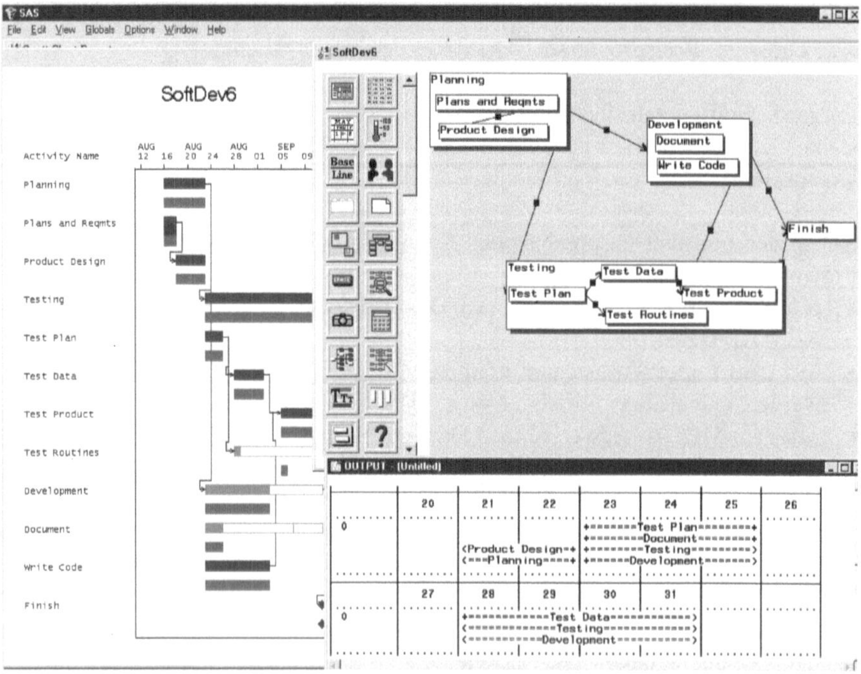

Abbildung: Copyright SAS

Mit einfachen Mausaktionen können Projektaktivitäten definiert und transformiert werden. Hierarchische Projekte und Teilprojekte sind einschließbar und in beliebig zusammengefasster Form darstellbar.
PROJMAN schließt das gesamte Instrumentarium der klassischen Projektplanung ein:

- Ressourcen- und Kostenverwaltung
- GANNT-Diagramme
- kritische Pfade und Netzplanerstellung
- Kalender und Tabellen
- Berichte

Berichte lassen sich leicht entsprechend den individuellen Anforderungen modifizieren. Da alle Projekte und ihre Metadaten durch SAS Dateien definiert sind, besteht auch hier wieder eine direkte Verbindung zu den zugehörigen SAS Prozeduren. Die neue interaktive SAS/OR Prozedur PROC PM (nicht zu verwechseln mit PROC CPM) erweitert die bestehenden Möglichkeiten zum Aufbau, der Modifikation einzelner oder mehrerer Projekte, und ihre Integration in die PROJMAN Application. In SAS Version 8 ersetzt die neue benutzerfreundliche grafische Oberfläche eine bis dahin durch Menüs gesteuerte Oberfläche.

4.11. JMP - Interaktive Datenanalyse und Versuchsplanung

Als weiteres, eigenständiges Produkt bietet SAS die Analysesoftware JMP an. Ursprünglich nur für den Apple Macintosh („Mac") entwickelt, steht seit JMP Version 3.1 auch für den Power Macintosh und Microsoft Windows zur Verfügung.

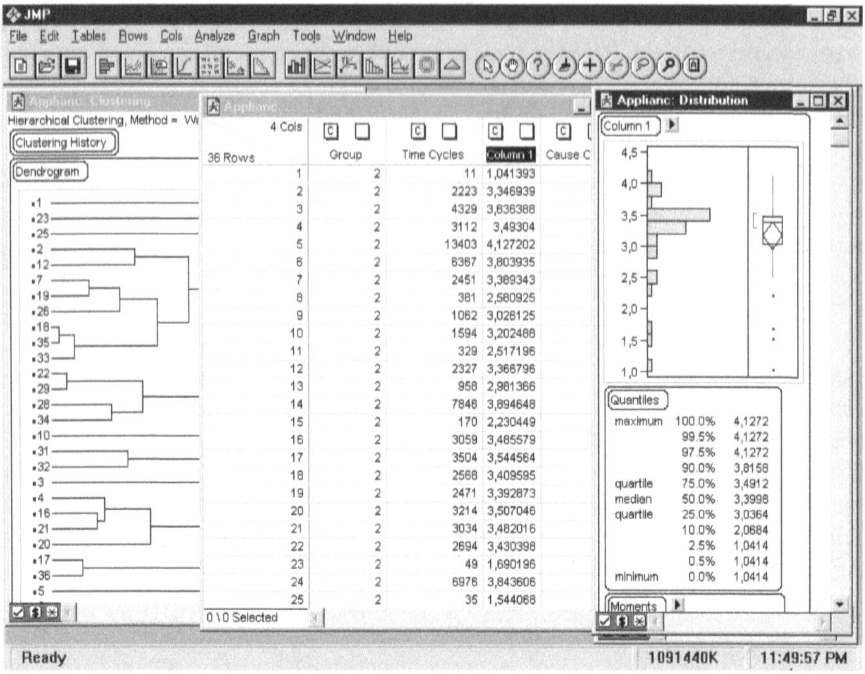

Abbildung: Copyright SAS

JMP gilt als großes Vorbild der interaktiven Datenanalyse. Viele der JMP-Funktionen stehen mit der SAS/INSIGHT Software auch in der „großen" SAS Welt zur Verfügung. Damit besteht die Möglichkeit, auf dem PC zwischen verschiedenen Plattformen (Macintosh, Windows) für die Datenanalyse auszuwählen. JMP enthält die folgenden Teilmenüs:

Einfache Datenanalyse
Beschreibende Statistiken, Boxplots, Häufigkeitsdiagramme, Rangstatistiken, Normalverteilungstest, Capability Analysen für QC.
Kurvenanpassung mit zwei Variablen (lineare Regression, Polynome, Splines) und den dazugehörigen Tests

Ein-Weg-Klassifikation
Quantil-Box-Plots u.v.a., ANOVA,
Nichtparametrische Tests: Wilcoxon, Median (Brown-Mood), Van der Waerden, Kontingenz-Tafeln, Korrespondenz-Analyse, Mosaikplots
Logistische Regression für nominale und ordinale Daten,
Multivariate Regression und ANOVA, feste und zufällige Effekte mit Wechselwirkungen, Kovarianzanalyse, schrittweise Modellwahl, Wirkflächenmodelle (Response-surface models), D-optimale Versuchsplanung

Zweidimensionale Nichtlineare Regression
Multivariate Analyse: Kanonische Korrelation, Diskriminanzanalyse, Wiederholte Messungen, MANOVA

Clusteranalysen

Survivalanalysen
Lebensdaueranalyse insbesondere logistisch, Proportional Hazards, Exponential, Weibull, Lognormal, Log-Logistisch, Tobit

Grafiken
Häufigkeitsdiagramme: Balken-, Kreis-, Liniendiagramm u.a.
Mehrfach-Liniendiagramm
3D-Rotationsplots
QC-Paretodiagramme
QC-Regelkarten
Konturgrafiken
Eine Konturgrafik ist ein sog. ternärer Grafiktyp für die Visualisierung von 3-Variablen-Konfigurationen. Unter ternär werden Signale oder Codes verstanden, die auf drei diskreten Werten basieren.

Versuchsplanung
Zweistufige Versuchsanlagen: Fraktional, Placket-Burmann, Cotter.
Wirkflächen: Central-Composite, Box-Behnken
Dreistufige Versuchsanlagen: gemischt, orthogonal, Taguchi.
Mischungsversuche: Simplex-Centroid und -Gitter, Extreme Vertices
D-optimale Versuchsplanung.

Dateneingabe und -verwaltung
Import und Export von JMP-Dateien, Standard-Text-Dateien, SAS Dateien, MSACCESS und MSEXCEL, dBASE, FoxPro und andere Formate, außerdem Handeingabe
Datenverwaltung: Gruppieren, Sortieren, Transformieren, Vereinigen.

Einsatzmöglichkeiten von JMP
JMP ist eine sehr gute, interaktive Statistiksoftware für Einzelarbeitsplätze. Die mächtigen Programmier- und Erweiterungsmöglichkeiten aus SAS Base stehen nicht zur Verfügung. Neben dem skizzierten umfangreichen Leistungsspektrum kann in JMP nur wenig programmiert werden (von Ausnahmen abgesehen, wie z.B. Funktionsformeln). Die Dateneingabemöglichkeiten umfassen nur 3 einfache Standards.

Im Hinblick auf die Datenanalyse gesehen, enthält JMP keine Prozedur, die zu MIXED vergleichbar ist, und einige Datenanalysen und mathematische Algorithmen stehen nicht zur Verfügung, z.B. aus SAS/OR oder SAS/ETS.

4.12. SAS/ASSIST - Der Power-Zugang zum SAS System

SAS/ASSIST kommt am Schluss dieser Auswahl an SAS Produkten zur grafischen und statistischen Analyse von Daten, weil es im Prinzip nur eine grafische Benutzeroberfläche ist, aber eben die grafische Benutzeroberfläche für eines der mächtigsten Statistikprogramme der Gegenwart.

Über SAS/ASSIST können per Maussteuerung nicht nur alle (außer den Thin Client Anwendungen) der oben vorgestellten Produkte und Module angesteuert werden, sondern im Prinzip ca. 70-80% des gesamten Leistungspotentials des SAS Systems. SAS/ASSIST ist eine eigens zu lizenzierende Benutzerschnittstelle, die im Gegensatz zu SAS/LAB oder SAS/INSIGHT im Zusammenhang mit der Analyse und Beschreibung von Daten keine eigenen Funktionen enthält, sondern als reine Menüoberfläche zu verstehen ist.

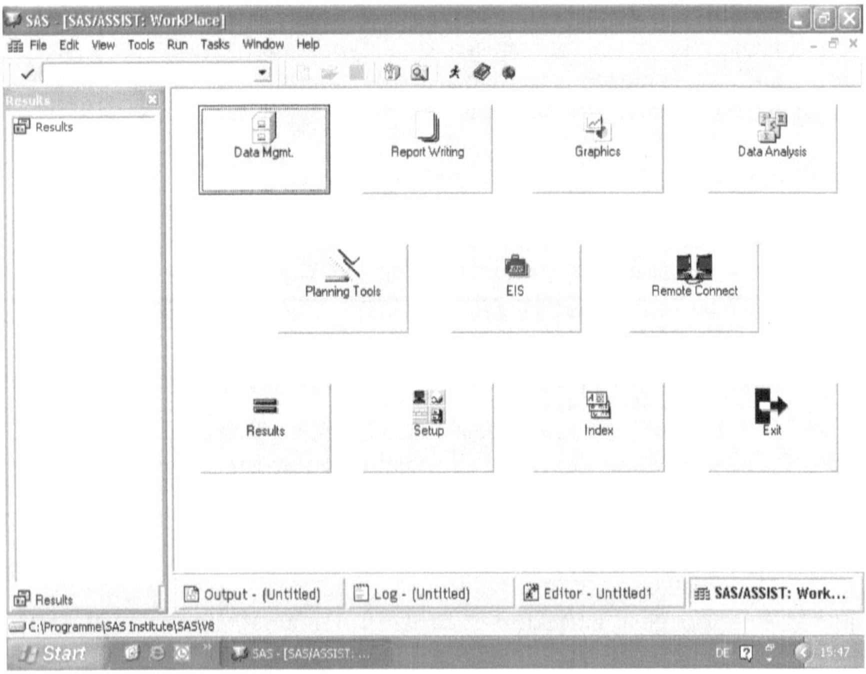

Ähnlich wie SAS/LAB wird SAS/ASSIST kommandogesteuert. SAS/LAB bietet eine stärkere Benutzerführung und –unterstützung, während SAS/INSIGHT sich durch ein GUI und damit eine interaktive grafische Analyse auszeichnet. Da die Anwendung SAS/ANALYST im Prinzip nur einen Ausschnitt der ASSIST Oberfläche darstellt, unter der sie nur eine Teilmenge der SAS/ASSIST Funktionalität bündelt, gelten alle ASSIST Merkmale auch für SAS/ANALYST, außer dem

Merkmal der für die Datenanalysen thematisch eingegrenzten Funktionsumfang. ASSIST, SAS/ANALYST, INSIGHT, und LAB sind in die MVA integriert, während der Enterprise Guide eine spezielle Anwendung für Windows Plattformen ist.

4.13. Weitere SAS Produkte

Das SAS System bietet noch viele weitere Produkte (Module, Anwendungen) für die verschiedensten Einsatzbereiche (Stand: 06/2003):

SAS Enterprise Miner für innovative Data Mining Technologien mit benutzerfreundlichem Zugang

SAS Enterprise Reporter als ein benutzerfreundliches Werkzeug, um einfach und intuitiv Berichte, Grafiken, und Tabellen zu erstellen.
SAS/IntrNet und *AppDev Studio* für die online-Datenanalyse und –visualisierung u.a. für OLAP, e-Intelligence, Balance Scorecard oder Online Scoring.

SAS/CALC Software für die Entwicklung und den Einsatz elektronischer Spreadsheets.

SAS/FSP Software für das effiziente Eingeben, Editieren, und Abfragen von Daten.

SAS/IML Software für interaktive Matrizenmathematik und –grafik incl. über 120 Grundfunktionen.

SAS/OR Software für Projektmanagement, Simulation von Bedienungssystemen und Optimierung.

SAS/QC Software für die statistische Qualitäts- und Prozesskontrolle im Bereich des Qualitätsmanagements von Produktionsprozessen.

SAS/PH-Clinical Software für die schnelle Analyse klinischer Versuchsreihen.

QSIM Application für die Simulation von Bedienungssystemen als Bestandteil der SAS/OR Software.

5. SAS Prozeduren für die grafische und statistische Analyse von Daten

In diesem Abschnitt werden Prozeduren aus den Modulen SAS/STAT, SAS/BASE und SAS/GRAPH vorgestellt, die am häufigsten in der grafischen und statistischen Datenanalyse zur Anwendung kommen.

Da sich das SAS System rasant weiterentwickelt, kann und wird diese Auswahl (Stand: 06/2003) keinen Anspruch auf Vollständigkeit haben. Diese Zusammenstellung leistet allenfalls eine erste Übersicht und Orientierung im Bereich der statistischen und grafischen Datenanalyse und -auswertung mit der SAS Software.

Die Unterteilung in grafische und statistische Prozeduren ist in zweierlei Hinsicht nicht ganz trennscharf. Die auf die Ausgabe von Grafiken orientierten Prozeduren BOXPLOT und TREE (TREE wird nicht weiter dargestellt) sind z.B. Prozeduren der SAS/STAT Software, und nicht der SAS/GRAPH Software, wie man meinen könnte. Einige statistische Prozeduren geben u.a. zugleich Grafiken aus, u.a. PROC UNIVARIATE oder PROC REG, während umgekehrt grafische Prozeduren z.T. statistische Kennziffern ausgeben, z.B. die Prozeduren PROC GCHART oder PROC PLOT. Daher werden zumind. im Abschnitt zu den Grundverfahren grafische und statistische Prozeduren zusammen vorgestellt.

5.1. Basisverfahren

Die häufigsten Anwendungen der Statistik sind beschreibende Statistiken und Grafiken. Dazu stehen in SAS/GRAPH und SAS/STAT folgende grundlegenden Prozeduren zur Verfügung:

PROC MEANS
Mittelwertbildung und zahlreiche weitere beschreibende Statistiken, ggf. Zusammenfassung nach Klassifikationsvariablen.

PROC SUMMARY
Identisch zu PROC MEANS mit dem Unterschied, dass SUMMARY Ergebnisse nicht direkt anzeigt, oft verwendet mit SAS/AF Software.

PROC UNIVARIATE
Umfangreiche Zusammenstellung beschreibender Statistiken, u.a. Quantile und Normalitätstest nach Shapiro-Wilk und Kolmogorov.

PROC FREQ
Mächtige Prozedur für die uni- und multivariate Tabellenanalyse, ermittelt Assoziationen für jedes Skalenniveau, und führt zahlreiche Tests durch, u.a. auf Abhängigkeiten.

PROC CORR
Ermittelt bivariate parametrische (Pearson) und nichtparametrische Korrelationen bzw. Assoziationen (Spearman, Kendall usw.) auch für mehrere Variablen einschl. Angabe des Signifikanzniveaus.

PROC RANK
Berechnet Rangzahlen, Normal-Scores (Blohm, Tukey u.a.).

PROC STANDARD
Standardisierung auf gegebenen Mittelwert und Varianz.

PROC BOXPLOT (SAS/STAT Software!)
Erzeugt uni- oder multivariate Boxplots. U.a. Referenzlinien, Layoutdesign und Legenden möglich.

PROC GCHART
Erzeugt z.B. Balken-, Kreis-, Stern-, Kuchen-, und Doughnut-Diagramme, z.T. Anzeige statistischer Parameter (z.B. Summen, Häufigkeiten, oder Prozente), wahlweise gruppiert bzw. mehrdimensional.

PROC GPLOT
Erzeugt z.B. bi- oder multivariate Streu-, Linien-, Nadel-, High Low-, oder Zeitreihendiagramme, z.T. Anzeige statistischer Parameter. Wahlweise gruppiert bzw. mehrdimensional. Datenanpassung mit Regressionslinie bis 3.Grad einschließlich Konfidenzbereich, verschiedene Spline-Interpolationen (Standard, Kubisch und bis 5.Lagrangepolynom u.a.), Bubble-Plots u.v.a.

5.2. Grafische Analyse (SAS/GRAPH Software)

Die SAS/GRAPH Software bietet mit GCHART und GPLOT Grafikprozeduren, in denen auch statistische Auswertungen enthalten sind. GCHART erzeugt z.B.

hochauflösungsfähige Balken-, Kreis-, Stern-, Kuchen-, und Doughnut-Diagramme, GPLOT erzeugt z.B. bi- oder multivariate Streu-, Linien-, Nadel-, High Low-, oder Zeitreihendiagramme (jew. z.T. Berechnung und Angabe statistischer Parameter). Mit den Prozeduren CHART und PLOT können einfach und schnell Grafiken in Zeilendruckerqualität erzeugt werden, z.T. einschließlich statistischer Verfahren und Kennziffern.

Weitere Prozeduren der SAS/GRAPH Software:

PROC GMAP
Erstellen von zweidimensionalen thematischen Karten (Chloroplethenkarten), die die Ausprägungen einer Variablen in Abhängigkeit eines (geografischen) Gebietes (Unit Area; u.a. Staat, Kreis) darstellen, wahlweise mit einer dritten Dimension als Block-, Nadel- oder Umringsdarstellung, u.a. als summarische Darstellung von Informationen in Abhängigkeit eines Gebiets, Trends und Unterschiede zwischen geografischen Regionen, oder Hervorhebung regionaler Unterschiede und Extreme. SAS/GRAPH sind die Landkarten-Koordinaten vieler Länder beigefügt; es können eigene Landkarten erzeugt werden. Für GMAP werden immer eine Karte und ein Datensatz benötigt:

Landkarten-Datei (Map Data Sets)
Die Landkarten-Dateien bestehen aus den Variablen X und Y für die x- und y-Koordinaten, und einer oder mehrerer Variablen, die die Gebiete der Karte eindeutig zuordnen (alpha/numerisch, z.B. ID, STATE oder COUNTY).

Response-Datensatz (Data Sets)
Der Response-Datensatz enthält die Response-Variablen für die jeweiligen Gebiete. Zu jedem Gebiet kann pro (alpha/numerischer) Response-Variable nur ein Response-Wert angegeben werden. Die Gebiete müssen im Response-Datensatz mit der gleichen Variablen wie in der Landkarten-Datei bezeichnet werden (ID-Anweisung).

PROC GANNO
Erstellt ein sog. Annotate Data Set, eine spezielle Datei zum Erstellen von Grafiken, die neben den darzustellenden Elementen auch Zeichenkommandos enthält.

PROC GCONTOUR
Darstellung dreidimensionaler Zusammenhänge als Höhenlinien-Grafik in zwei Dimensionen, insbesondere auch für Kriging-Schätzer zusammen mit PROC MIXED. Interpolationen möglich.

PROC GPROJECT
Umwandeln (projizieren) von Daten in sphärischen Koordinaten (Längen- und Breitengraden) in Kartesische Koordinaten (Rechts- und Hochwerte) für die Prozedur GMAP.

PROC GRADAR
GRADAR erzeugt sog. Radar-Diagramme (auch sog. Windrosen- bzw. Kompassdiagramme). Radardiagramme zeigen dabei deskriptive Statistiken entlang von Strahlen bzw. Speichen an, die von einem gemeinsamen Mittelpunkt ausgehen. Radargrafiken sind nützlich für das Vergleichen von Messwerten verschiedener Gruppen.

PROC GREPLAY
Verwalten bzw. Zusammenfassen von einzelnen (Teil)Grafiken in eine Gesamtgrafik bzw. Schablonen (sog. templates).

PROC G3D
Generiert dreidimensionale Grafiken (Streu-, Nadel- Oberflächenform u.a.).

...und viele andere mehr, z.B.
PROC GFONT ermöglicht user-definierte Fonts.
PROC GPRINT wandelt Textdokumente in eine Grafikausgabe um.
PROC G3GRID erstellt Gitterdaten für G3D; passt dabei unregelmäßige Beobachtungen („noisy data“) über Interpolation oder Glättung an Grids an.
PROC GIMPORT importiert Grafiken, die mit anderen Softwareprogrammen generiert wurde.

Mit der neuen Graph-N-Go Anwendung können per Mausklick einfache und komplexe Grafiken erzeugt werden, z.T. kann der SAS/GRAPH Syntaxcode abgefragt werden.

Über die Annotate Facility kann das Design jeder mit GHART, GCONTOUR, GMAP, und GPLOT (u.a.m.) erzeugten SAS Grafik pixelgenau angesteuert, und den eigenen Wünschen entsprechend angepasst werden.

5.3. Statistische Analyse (SAS/STAT Software)

In diesem Abschnitt werden alle Prozeduren der SAS/STAT Software der Version 8 bis einschl. 8.2 vorgestellt.

5.3.1. Grundverfahren

Im diesem Abschnitt werden Prozeduren der SAS Software aufgeführt, die in fast jeder Fragestellung, und in fast jedem Fachbereich zur Anwendung kommen.

Der Ausdruck „Grundverfahren“ soll nicht als „einfache Verfahren“ verstanden werden. Die aufgeführten Verfahren sind grundlegend für statistische Analysen. Damit soll keinesfalls vermittelt werden, dass die Analysen in der Praxis, methodisch–statistisch gesehen, immer einfach und unkompliziert sind.

An dieser Stelle sei noch einmal auf die Grundverfahren der weiteren SAS Software (z.B. SAS/GRAPH und SAS/INSIGHT) hingewiesen, da sie ebenfalls verschiedene Möglichkeiten der professionellen Statistik enthalten. Die Prozeduren CORR, MEANS, RANK, STANDARD, und UNIVARIATE sind z.B. keine Prozeduren der SAS/STAT Software, sondern sind SAS Base Prozeduren. PROC SYSLIN ist eine Prozedur der SAS/ETS Software.

PROC ANOVA
Varianzanalyse (uni- und multivariate) für balancierte Versuchspläne.

PROC CORR
Bivariate (nicht) parametrische Korrelationen bzw. Assoziationen (Pearson, Spearman, Kendall usw.), auch für mehrere Variablen einschl. Angabe des Signifikanzniveaus.

PROC FREQ
Prozedur für die uni- und multivariate Tabellenanalyse, ermittelt Assoziationen für jedes Skalenniveau, und führt zahlreiche Tests durch.

PROC GLM
Allgemeines Lineares Modell einschließlich Varianzanalyse für nichtbalancierte Versuchspläne, MANOVA, Regressionsanalyse für lineare Modelle, Kovarianzanalyse.

PROC MEANS
Mittelwertbildung und zahlreiche weitere beschreibende Statistiken, ggf. Zusammenfassung nach einer oder mehreren Klassifikationsvariablen.

PROC NPAR1WAY
Test von Mittelwertunterschieden ohne Voraussetzung der Normalverteilung (Nichtparametrische Verfahren), neu: exakte Methoden.

PROC RANK
Berechnet Rangzahlen, Normal-Scores (Blohm, Tukey u.a.).

PROC REG
Analyse linearer Regressionsmodelle, Schätzung mit Kleinster-Quadrate-Methode, mit Verfahren zur Auswahl optimaler Regressionsmodelle.

PROC SCORE
Rangzahlenberechnung mit verschiedenen Gewichtungen.

PROC STANDARD
Standardisierung auf gegebenen Mittelwert und Varianz.

PROC SUMMARY
Vergleichbar zur Prozedur MEANS mit dem Unterschied, dass SUMMARY Ergebnisse nicht direkt anzeigt.

PROC TTEST
Test von Mittelwertunterschieden mit der T-Statistik unter Voraussetzung der Normalverteilung.

PROC UNIVARIATE
Umfangreiche Zusammenstellung beschreibender Statistiken, u.a. Quantile und Normalitätstest nach Shapiro-Wilk und Kolmogorov. PROC UNIVARIATE ist keine Prozedur der SAS/STAT Software.

5.3.2. Professionelle Statistik

Dieser Abschnitt führt SAS/STAT Prozeduren für besondere Anwendungen bzw. Datenkonstellationen auf, und sind im wesentlichen für professionelle Statistiker oder erfahrene Endnutzer entwickelt. Dies trifft natürlich auch auf einige der schon vorher aufgeführten Prozeduren zu, wenn dort spezielle Optionen und Parameter verwendet werden. Diese recht umfangreiche Liste besteht aus Verfahrens*gruppen*. Begriffe wie z.B. 'Regression', 'Varianzanalyse', 'Faktorenanalyse' oder 'Clusteranalyse' sind dabei nicht als Bezeichnungen für einzelne Verfahren, sondern als Oberbegriffe für Verfahrens*gruppen* zu verstehen. Alle wichtigen statistischen Verfahren können nicht im einzelnen erschöpfend dargestellt werden. Sind bestimmte Verfahren im folgenden Abschnitt bzw. im Buch insgesamt nicht zu finden, lässt sich daraus sicher nicht der Schluss ableiten, dass SAS dieses Verfahren nicht enthält oder zu jener Analyse nicht in der Lage wäre.

Im folgenden werden die einzelnen Verfahren bzw. Verfahrensgruppen aus SAS/STAT geordnet dargestellt. Zwecks Übersichtlichkeit und aufgrund ihres besonderen statistischen Hintergrund können einzelne Verfahren mehrfach vorkommen. Die fettgedruckten Anwendungsbereiche sind alphabetisch geordnet.

Analyse von Kategorialdaten

PROC CATMOD
Passt lineare Modelle an Funktionen von Kategorialdaten an, und ermöglicht daher die Berechnung der linearen, log-linearen und logistischen Regression.

PROC CORRESP
Führt einfache und multiple Korrespondenz-Analysen aus.

PROC FREQ
Uni- und multivariate Tabellenanalysen, Assoziationen und Tests für jedes Skalenniveau, einschl. der nichtparametrischen Kovarianzanalyse.

PROC GENMOD
Passt verallgemeinerte lineare Modelle mit Maximum Likelihood (ML) - Methoden an, und ermöglicht u.a. für binäre Daten logistische, Probit, und die komplementäre Log-Log-Regression, für Auszählungen das Poisson Regressionsmodell, und für ordinale Ereignisvariablen multinomiale Modelle.

PROC LOGISTIC
Passt mittels ML-Schätzung lineare logistische Regressionsmodelle an binäre und ordinale Ereignisvariablen an, und berechnet u.a. schrittweise Regression.

PROC PROBIT
Berechnet ML-Schätzer für Regressionsparameter und Schwellenparameter für binäre oder ordinale Ereignisvariablen.

Clusteranalyse

PROC CLUSTER
Berechnung hierarchisch-agglomerativer Standardverfahren der Clusteranalyse: u.a. Ward, Mittelwert-Linkage, Centroid- und Dichte-Linkage, K-nächste-Nachbarn, und spezielle weitere Kovarianzstrukturen

PROC FASTCLUS
Partitionierendes Clusterverfahren, für große Datenmengen entwickelt.

PROC MODECLUS
Findet partitionierte Cluster für Koordinaten- oder Distanzdaten mittels nichtparametrischer Dichteschätzung (sog. nichtparametrische Clusteranalyse).

PROC TREE
Ausgabe der Baumstruktur von Clustern

PROC VARCLUS
Findet sowohl hierarchische wie auch partitionierte Variablencluster. Clusterung zur Maximierung der Hauptkomponenten

Im Zusammenhang mit Clusteranalysen werden auch die Prozeduren ACECLUS, PRINCOMP, und STDIZE eingesetzt.

Diskriminanzanalyse

PROC CANDISC
Führt eine kanonische Analyse aus, um Linearkombinationen der quantitativen Variablen zu finden, die am besten die Unterschiede der Klassen untereinander zusammenfassen.

PROC DISCRIM
Berechnet verschiedene Diskriminanzfunktionen zur Klassifikation von Beobachtungen. Neben multivariat-normal parametrischen linearen und quadratischen Diskriminanzfunktionen sind auch nichtparametrische Methoden verfügbar.

PROC STEPDISC
Führt mehrere Diskriminanzfunktionen aus, um ein Subset an quantitativen Variablen zu finden, das am besten die Unterschiede der Klassen untereinander verdeutlicht.

Lebensdaueranalyse (Survivalanalyse)

PROC LIFEREG
Passt parametrische beschleunigte Ausfallzeitmodelle an Überlebensdaten an, die links-, rechts-, oder auch intervallzensiert sein können. Verteilungsannahmen für den Störterm können u.a. Log normal, log logistisch, Weibull, u.a.

PROC LIFETEST
Nichtparametrische Schätzung der Überlebensverteilung einschl. Tests für den Zusammenhang zwischen Überlebenszeit und anderen Einflussvariablen.

PROC PHREG
Passt das semi-parametrische proportionale Hazards Modell nach Cox an (auch rechts-zensierte) Überlebensdaten an.

Missinganalyse

PROC MI (experimentell)
Führt komplexe Verfahren des multiplen Ersetzens fehlender Daten (Missings) durch. Jeder fehlende Wert wird mit einem Set an plausiblen Werten einschl. ihrer jeweiligen Unbestimmtheit ersetzt.

PROC MIANALYZE (experimentell)
Liest die Parameterschätzungen und dazugehörige Kovarianzmatrix der statistischen Standardverfahren für den Datensatz ein, der der Prozedur MI unterzogen worden war, und gibt valide uni- und multivariate Inferenzen für diese Parameter aus.

Multivariate Analyse

PROC CANCORR
Berechnet eine kanonische Korrelationsanalyse, und gibt kanonische Variablenwerte aus.

PROC CORRESP
Berechnet einfache und multiple Korrespondenz-Analysen.

PROC FACTOR
Umfasst mehrere Methoden der Faktorenanalyse, u.a. Hauptachsen- und Hauptkomponentenanalyse einschl. zahlreicher Rotationsvarianten.

PROC PRINCOMP
Berechnet eine Hauptkomponentenanalyse, und gibt (nicht)standardisierte Hauptkomponentenscores aus.

PROC PRINQUAL
Ermöglicht neben einer Hauptkomponentenanalyse für qualitative Daten, auch eine multidimensionale Präferenzanalyse.

Nichtlineare Modelle und Verfahren

PROC NLIN
Erlaubt die Schätzung nichtlinearer Regressionsmodelle über die (gewichtete) Least-Square Methode.

PROC NLMIXED
Passt nichtlineare gemischte Modelle an, also Modelle mit nichtlinearen festen und nichtlinearen zufälligen Effekten.

PROC RSREG
Verwendet die LS-Methode, um quadratische Responseflächen-Regressionsmodelle anzupassen. Einschl. Test auf unzureichende bzw. fehlende Anpassung, und Bestimmung der optimalen Wirkkombination.

PROC TRANSREG
Passt lineare Modelle an, u.a. Regression, ANOVA, Conjoint Analysen, Redundanz Analysen uvam. Optional mit Spline und anderen nichtlinearen Transformationen.

Nichtparametrische Verfahren

PROC CORR
Bivariate nichtparametrische Korrelationen bzw. Assoziationen (u.a. Spearman, Kendall) einschl. Angabe des Signifikanzniveaus.

PROC FREQ
Prozedur für die uni- und multivariate Tabellenanalyse, berechnet Assoziationen und Tests für jedes Skalenniveau, einschl. nichtparametr. Kovarianzanalyse.

PROC GAM (experimentell)
Stellt nichtparametrische Schätzer für generalisierte additive Modelle zur Verfügung. GAM basiert auf Techniken der nichtparametrischen Regression und Glättung. GAM ist u.a. dann geeignet, wenn die abhängige Variable nicht normal verteilt ist.

PROC KDE
Nichtparametrische Technik der univariaten bzw. bivariaten Kerndichteschätzung. Eine bekannte Dichtefunktion (Kern, kernel) wird über die beobachteten Datenpunkte bis hin zu einer glatten Anpassung gemittelt.

PROC LOESS
Robuste nichtparametrische Methode zur Schätzung von Regressionsflächen. Bei einer nichtlinearen Regression spricht man von einer Regressionskurve, im Fall der multiplen Regression von einer Regressionsfläche.

PROC NPAR1WAY
Für den Vergleich von zwei oder mehreren unabhängigen Gruppen bei Rangdaten, oder wenn Voraussetzung der Normalverteilung nicht gegeben ist, incl. exakter Methoden. Für eine Stichprobe bzw. zwei abhängige Stichproben wird auf die Tests der Prozedur UNIVARIATE verwiesen.

PROC TPSPLINE
Verwendet die LS-Methode (Methode der kleinsten Quadrate) mit Straffunktion, um ein nichtparametrisches Regressionsmodell anzupassen. TPSPLINE unterstützt u.a. multidimensionale Daten, große Datensätze, und mehrere abhängige Variablen.

Raumbezogene Statistik

PROC KRIGE2D
Berechnet 2-dimensionales Kriging nach verschiedenen Semivariogrammen (u.a. Gauss, exponentiell). Ein Nugget-Effekt wird unterstützt. Kriging ist eine Interpolationsmethode in der Geostatistik.

PROC SIM2D
Erzeugt eine räumliche 2-dimensionale Simulation für ein Gaußsches Zufallsfeld auf der Grundlage einer LU Dekompositionsmethode.

PROC VARIOGRAM
Berechnet u.a. Stetigkeitsmaße (regelmäßiges Semivariogramm, ein robustes Semivariogramm, und die Kovarianz) für zweidimensionale Raumdaten.

Regression

PROC CATMOD
Passt lineare Modelle an Funktionen von Daten aus Kreuztabellen an, und ermöglicht u.a. die Berechnung der linearen, log-linearen und logistischen Regression.

PROC GENMOD
Verallgemeinerte lineare Modelle für diskrete Ereignisvariablen nach Nelder und Wedderburn, u.a. für logistische Regression und Poisson Regression, einschl. Generalized Estimating Equations für Messwiederholungen.

PROC GLM
Allgemeines Lineares Modell mit LS-Methode für u.a. einfache, multiple, polynomiale und gewichtete Regressionsanalysen.

PROC LIFEREG
Passt parametrische Modelle an rechtszensierte Überlebenszeitdaten an.

PROC LOGISTIC
Passt logistische Regressionsmodelle an binomiale und ordinale Ereignisvariablen an.

PROC NLIN
Entwickelt auf der Basis iterativer Methoden nichtlineare Regressionsmodelle.

PROC ORTHOREG
Berechnet eine Regression auf der Basis der Gentleman-Givens Rechenmethode. Erzielt für schlecht konditionierte Daten („X'X not full rank"-Situation) bessere Ergebnisse als GLM oder REG.

PROC PLS
Berechnet u.a. die PLS (Partial Least Squares) Regression, die Hauptkomponentenregression, und die Reduced Rank Regression.

PROC PROBIT
Berechnet die Probit Regression, die logistische Regression, wie auch die ordinale logistische Regression.

PROC REG
Analyse linearer Regressionsmodelle, einschl. Verfahren zur Auswahl optimaler Regressionsmodelle, und zahlreicher statistischer und grafischer Techniken zur Regressionsdiagnostik.

PROC RSREG
Entwickelt quadratische Responseflächen-Regressionsmodelle.

PROC TRANSREG
Passt uni- und multivariate lineare Regressionsmodelle an, optional mit Spline- oder anderen nichtlinearen Transformationen, u.a. normale Regression, multiple und multivariate Regression, und Responseflächen-Regression.

Die SAS/ETS Prozeduren AUTOREG, MODEL, PDLREG, und SYSLIN berechnen ebenfalls eine Regression.

Strukturgleichungsmodelle

PROC CALIS
Prozedur für die Analyse von Kovarianzstrukturen, das Anpassen von Systemen linearer Strukturgleichungen, und das Verfahren der Pfadanalyse, einschl. der Berücksichtigung latenter Variablen.

PROC SYSLIN
Schätzung von Parametern in einem interdependenten System linearer Regressionsgleichungen. SYSLIN stellt neben OLS (ordinary least squares) Schätzern zahlreiche Techniken für die Berücksichtigung des Falles korrelierender Fehler

bereit (u.a. 2SLS (two-stage least squares), 3SLS (three-stage least squares), LIML (limited information maximum likelihood), K-class, uvam.).

Umfrageanalyse

PROC SURVEYMEANS
Schätzung von Populationsparametern (u.a. Total, Mittelwert, Standardfehler) auf der Basis von Stichproben aus finiten Populationen und komplexen Ziehungsverfahren (u.a. Stratifizierung, Clusterung, und ungleiche Gewichtung). MEANS und GLM basieren im Unterschied zu SURVEYMEANS und SURVEYREG auf der einfachen Zufallsziehung aus infiniten Populationen.

PROC SURVEYREG
Passt lineare Modelle an Daten aus finiten Populationen und komplexen Ziehungsverfahren an (siehe SURVEYMEANS), und berechnet Regressionskoeffizienten und ihre Varianz-Kovarianz-Matrix (einschl. Signifikanztests und Kontraste). Führt auch eine Untergruppenanalyse (domain analysis) durch.

PROC SURVEYSELECT
Stellt zahlreiche wahrscheinlichkeitsbasierte Ziehungsverfahren für Zufallsstichproben einschl. PPS (probability proportional to size) mit bzw. ohne Ersetzen zur Verfügung.

Varianzanalyse

PROC ANOVA
Berechnet einfache, multivariate, und wiederholte Varianzanalysen für balancierte Versuchspläne einschl. multipler Testungen.

PROC CATMOD
Passt lineare Modelle an Funktionen von Kategorialdaten an, und ermöglicht u.a. die Berechnung der Varianzanalyse für kategoriale Ereignisvariablen.

PROC GENMOD
Passt verallgemeinerte lineare Modelle mit Maximum Likelihood (ML) - Methoden an. V.a. für die Berechnung der Varianzanalyse für diskrete Ereignisvariablen geeignet.

PROC GLM
Berechnet u.a. Varianzanalyse für nichtbalancierte Versuchspläne, Kovarianzanalyse, Regressionsanalyse, Messwiederholung und multivariate Varianzanalyse (MANOVA). Stellt u.a. zahlreiche diagnostische Maße, Tests auf Zufallseffekte, multiple Testungen, und Tests für um den Mittelwert adjustierte Kovariablen bereit.

PROC MIXED
Berechnet für gemischte Modelle (feste plus zufällige Effekte) über Kovarianzstrukturmodelle Varianzanalysen und Varianzanalysen für Messwiederholungen einschl. mehrerer Tests, Kontraste und Intervalle.

PROC NESTED
Berechnet Varianzanalysen und Kovarianzanalysen für vollständig hierarchische (genestete) Zufallsmodelle.

PROC NPAR1WAY
Berechnet eine nichtparametrische einfaktorielle Ranganalyse.

PROC TTEST
Vergleicht die Mittelwerte zweier Gruppen unter der Voraussetzung der Normalverteilung.

PROC TRANSREG
Passt uni- und multivariate lineare Modelle an, einschl. Spline- und anderen nichtlinearen Transformationen.

PROC VARCOMP
Schätzt Varianzkomponenten für zufällige oder gemischte Modelle.

Weitere SAS/STAT Prozeduren

PROC GLMMOD
Konstruiert die Designmatrix für ein allgemeines lineares Modell, z.B. Versuchsplanmatrizen einschl. Wechselwirkungen.

PROC INBREED
Berechnet den Vererbungskoeffizient in Stammbäumen. Auch für sehr große Populationen geeignet.

PROC LATTICE
Berechnet die Varianzanalyse und die einfache Kovarianzanalyse für mehrere Varianten gitterförmiger Versuchspläne (balanciert, teilbalanciert, und rechteckig).

PROC MDS
Stellt eine Klasse an Methoden für die multidimensionale Skalierung zur Verfügung. MDS-Methoden schätzen die Lage von Objekten in einem Raum, der über die Distanzen zwischen Objektpaaren definiert ist, einschl. nichtmetrischer multidimensionaler Skalierungsmethoden.

PROC MULTTEST
Prozedur für das Problem multipler Testungen im Prinzip auf jedem Skalenniveau. Stellt mehrere Korrekturverfahren bereit, u.a. Bonferroni, Sidak, Permutation, und Bootstrapping.

PROC PLAN
Konstruiert Designs und randomisierte Pläne für zahlreiche faktorielle Experimente, u.a. hierarchische Experimente, Kreuzexperimente, und Blockdesigns (u.a. mit bzw. ohne Randomisierung). Die SAS/QC Prozeduren FACTEX und OPTEX konstruieren weitere experimentelle Designs.

...und viele andere mehr:

Weitere SAS Prozeduren

z.B. SAS/BASE
Basisprozeduren (z.B. MEANS, TABULATE, UNIVARIATE).

z.B. SAS/OR
Prozeduren für Projektmanagement (z.B. CPM, NETDRAW).
Prozeduren für mathematische Optimierung (z.B. LP, NETFLOW).

z.B. SAS/QC
Prozeduren für die Versuchsplanung (z.B. FACTEX, OPTEX).
Prozeduren für die statistische Qualitätskontrolle (z.B. CAPABILITY, SHEWHART).

5.4. Berichte, Grafiken und Präsentation

Berichte und Präsentationen können u.a. als Tabellen und Listen, Grafiken (v.a. SAS/GRAPH) und komplette Dokumente (SAS Enterprise Reporter) erstellt werden.

Tabellen und Listen können u.a. über PROC REPORT, PROC TABULATE, PROC SQL, die Prozeduren PRINT, MEANS, UNIVARIATE, FREQ, und dem Data Step (v.a. DATA_NULL) erzeugt werden. Die einzelnen Prozeduren unterscheiden sich in ihrem Leistungsumfang (u.a. Art und Anzahl der Statistiken), Bedienerfreundlichkeit, ökonomischer Handhabung bzw. Wartung, und ästhetischem Ergebnis.

5.4.1. Tabellen und Listen (PROC TABULATE, PROC REPORT, Data Step)

Für die Erstellung von Tabellen und Listen stellt das SAS System mit den Prozeduren TABULATE und REPORT zwei mächtige Berichtgeneratoren zur Verfügung. Über PROC SQL und dem Data Step können ebenfalls Tabellen und Listen erzeugt werden.

Mit PROC REPORT als eher einfacher Listengenerator können u.a. interaktiv verschiedenfarbig unterlegte komplexe Listen erstellt werden, Rechenvariablen und Zwischen- und Endsummen gebildet werden. Der Standard von PROC REPORT gibt dabei die Tabellengestaltung vor. Wenn die Anwender nicht auf ihre gewohnten Tabellenformen verzichten möchten, ist jederzeit ein Rückgriff auf die Tabellenerzeugung mit dem Data Step (siehe unten) möglich.

PROC TABULATE ist als Tabellengenerator mehr statistisch orientiert. Der Funktionsumfang entspricht in etwa PROC FREQ. Dabei können Summen, Prozente, Anzahlen, Minimum, Maximum und andere Statistiken in den einzelnen Tabellenzellen im geeigneten Format dargestellt werden. Darüber hinaus können aggregierte Werte (z.B. Summen, Prozente, usw.) in den Randfeldern der Tabelle, oder auch an geeigneter anderer Position als Zusatzspalte oder Zusatzzeile ausgegeben werden.
Berichte und Listen können auch über PROC SQL erzeugt werden. Der ästhetische Auftritt kann nicht in dem Ausmaß wie in REPORT bzw. TABULATE kontrolliert werden. Vorzüge sind jedoch die Möglichkeiten der fortgeschrittenen Analyse und Managements von Daten, schnelle Ergebnisse durch relativ einfache Programmierung, und ökonomische Handhabung bzw. Wartung.

Mit dem Data Step steht ein mächtiges Werkzeug für die Erzeugung individuell gestalteter Drucklisten zur Verfügung. Mit den entsprechenden Techniken des Data Step (u.a. DATA_NULL, _NULL_) können Listen und Auswertungen praktisch beliebiger Art generiert werden. Je nach gewünschter Komplexität des Outputs ist auch ein entsprechender Aufwand bei der Erstellung und Wartung von Präsentationen und Listen zu erwarten.
Als stand-alone Prozeduren sind PRINT, MEANS, UNIVARIATE, und FREQ relativ eingeschränkt in den Möglichkeiten der ästhetischen Optimierung (siehe auch SAS's „Reporting from the Field: SAS Software Experts Present Real-World Report-Writing"). Das Output Delivery System kann jedoch die über diese Prozeduren ermittelten Daten für eine Präsentation nachhaltig positiv beeinflussen.

5.4.2. Grafiken (SAS/GRAPH)

Grafiken sagen mehr als tausend Worte. Das SAS System gibt daher mit der hochleistungsfähigen SAS/GRAPH Software ein Werkzeug an die Hand, das im Prinzip für eine nachhaltige Präsentation keine grafischen und ästhetischen Wünsche offen lässt.

Neben den Möglichkeiten für die generellen Inhalte der Graphen (u.a. Diagramme, Karten, Daten, Texte), stellt die SAS SAS/GRAPH Software jeweils weitere Möglichkeiten für die ganz individuelle Präsentation zur Verfügung:

Die Auswahl zwischen mehreren Diagrammvarianten gewährleistet, dass für die Daten die optimale Darstellungsform gewählt wird, u.a. zwei- bzw. dreidimensionale Balken-, Kreis-, Radar-, Stern-, Kuchen-, und Doughnut-Diagramme, Streu-, Linien-, Nadel-, High Low-, oder Zeitreihendiagramme, Bubble-Plots uvam.

Das Design der einzelnen Grafik kann mit verschiedensten Anweisungen für stufenlose Auflösung, Farben, Fonts, Fußnoten, Grids, Legenden, Rahmen, Symbolgestaltung, Überschriften uvam. ganz den individuellen Vorstellungen angepasst werden. Für das professionelle Finishing steht die Annotate Facility der SAS/GRAPH Software zur Verfügung. Mit Annotate können pixelgenau datengesteuerte Grafiken erzeugt werden.

Mehrere Möglichkeiten für Grafiken sollten besonders erwähnt werden: PROC GREPLAY erlaubt das Zusammenführen mehrerer Grafiken über eine Art Raster (sogenannte Templates) in ein einziges Bild. Über das ODS können Grafiken in HTML-Dokumente integriert, oder in zahlreichen Formaten auch in jeweils eigenen Verzeichnisse getrennt abgelegt werden. Auch die Animation von Grafiken ist möglich. Unterstützt werden die gängigsten Grafikformate und Grafiksprachen: CGM, HPGL, EPS, GKS, GDDM. Hunderte Gerätetreiber sind in der SAS/GRAPH Software eingebunden.

5.4.3. Der SAS Enterprise Reporter

Der SAS Enterprise Reporter wird benutzt, um unkompliziert auf umfangreiche Datenbestände zuzugreifen, und daraus in kurzer Zeit und ohne Programmierkenntnisse professionelle Berichtshefte zu erstellen zu können.
Der SAS Enterprise Reporter ist ein benutzerfreundliches Werkzeug, das sich durch eine einfache und intuitive Bedienbarkeit wie bspw. Toolbars oder automatische Formatierung auszeichnet. Die integrierte Berichtsgalerie, eine Auswahl vorgefertigter Listen und Berichte, stellt das Gerüst für das Erstellen auch komplexer Berichte dar. Diese Vorlagen reichen von einfachen Listen, über Diagrammberichte, Hauptobjektberichte, bis hin zu Berichten mit mehreren Diagrammen. Diese Berichtsvorlagen können mühelos an die individuellen Bedürf-

nisse angepasst werden. Die fertigen Berichte können z.B. in HTML- oder PDF-Format abgespeichert bzw. in Papierform gedruckt und verteilt werden.

Die Berichtsgalerie ist nur eine der zahlreichen Funktionen des Enterprise Reporters, die das Erstellen eines Berichtsheftes unterstützen. Über das InfoCenter kann z.B. auf Daten zugegriffen werden, die in verschiedenen Datenbanken abgelegt sind, und die Auswahl und Filterung der Daten festgelegt werden. Der Enterprise Reporter lädt beinahe jede Standard-Datendatei (z.B. dBase oder MSEXCEL). Der Enterprise Reporter wird als Front-End von Data Warehouse Lösungen eingesetzt. Die intelligente Client-Server-Technik gewährleistet einen optimalen Zugriff auf verteilte Datenbanksysteme im MS Office Look-and-Feel.

II. Der Einstieg SAS per Maussteuerung

Übersicht

Der Schwerpunkt dieser Einheit liegt vorwiegend auf Erläuterungen zur Orientierung in diesen SAS Modulen bzw. Anwendungen, wie auch zu ihrer Bedienung. Es werden also vorrangig Besonderheiten der jeweiligen Programme, ihr Aufbau, Leistungsumfang und Ansteuerung erklärt.

Um inhaltliche Überschneidungen zu vermeiden, werden nicht immer dieselben Features, z.B. nicht wiederholt die Berechnung eines t-Tests vorgestellt, sondern falls möglich die jeweiligen Besonderheiten dieser Module bzw. Oberflächen. Vertiefende Beispiele, kommentierte Ergebnisse, und weitere Hinweise zu Methoden und Statistik finden interessierte Leser in der Einheit zur Syntaxsteuerung dieses Buches, bzw. in den jeweiligen SAS Online-Hilfen.

Vorgestellt werden...	und zu finden unter....
SAS/ANALYST	*Solutions → Analysis → Analyst*
SAS/INSIGHT	*Solutions → Analysis → Interactive Data Analysis*
SAS/ASSIST	*Solutions → ASSIST*
Enterprise Guide	*Desktop (stand alone Produkt)*

Wie unterscheiden sich die einzelnen Anwendungen untereinander?

Die Analyst Application (ab hier: SAS/ANALYST) ist eine Menüoberfläche für den benutzerfreundlichen Zugang zu grundlegenden und auch anspruchsvolleren statistischen Analysen. Über SAS/ANALYST können zahlreiche uni- und multivariate Methoden zur Exploration, Analyse, und Präsentation von Daten angefordert werden. Im Prinzip ist die Analyst Application eine spezielle, thematisch gebündelte Oberfläche innerhalb von SAS/ASSIST, und kann nur voll funktionieren, wenn möglichst viele andere Module installiert sind, u.a. SAS/ASSIST und SAS/STAT.
SAS/ASSIST ist eine weit umfangreichere und mächtigere Menüoberfläche als SAS/ANALYST, und ermöglicht einen benutzerfreundlichen Zugang zur Leistungsvielfalt des SAS Systems über Maus- oder auch Syntaxsteuerung. SAS/ASSIST ist im wesentlichen ohne eigene Funktionalität, SAS/ANALYST basiert im wesentlichen auf SAS/STAT, und enthält z.T. eigene spezielle Makros. SAS/ANALYST bietet darüber hinaus einige Verfahren, die nicht in anderen Modulen enthalten sind, u.a. nichtparametrische Hypothesentests, oder zur Berechnung der Stichprobengröße und Power.

Während SAS/ASSIST und SAS/ANALYST vorrangig Benutzeroberflächen sind, sind der Enterprise Guide, SAS/LAB und SAS/INSIGHT genuine Produkte für die grafische und statistische Analyse von Daten. Die Unterschiede zwischen diesen Produkten liegen u.a. im Leistungsumfang, Funktionalität, Ansteuerung (User-Interface), und jeweiligen Besonderheiten.

Leistungsumfang

Der Enterprise Guide stellt die meisten Grafiktypen (u.a. Radar), und Analysemöglichkeiten (u.a. Zeitreihenanalysen) bereit. Darüber hinaus besitzt er neben dem unkomplizierten Zugriff auf multidimensionale Datenbanken und viele andere spezielle Datenformate, u.a. einen Document Builder, einen Query Builder, und eine Möglichkeit zum webbasierten Aktualisieren bzw. Veröffentlichen von Daten und Informationen. Der Enterprise Guide kann als das mächtigste dieser per Maus ansteuerbaren Produkte bezeichnet werden. Im Gegensatz zu Enterprise Guide und SAS/ANALYST berechnen SAS/LAB und SAS/INSIGHT z.B. keine nichtparametrische Tests. SAS/ANALYST ermöglicht dagegen als einzige Anwendung, u.a. Power und Stichprobengröße zu berechnen. Mit dem Enterprise Guide können Grafiken u.a. ActiveX, GIF und Java Applets erzeugt werden. Ähnlich wie SAS/ASSIST und SAS/ANALYST ist der Enterprise Guide ein mächtiger Syntaxgenerator; der entwickelte Code ist in manchen Anwendungsbereichen stark SQL orientiert.

Funktionalität

Enterprise Guide, SAS/INSIGHT und SAS/LAB sind dabei jeweils Anwendungen, während SAS/ANALYST eine im wesentlichen thematisch gebündelte Benutzeroberfläche innerhalb der Mächtigkeit von SAS/ASSIST ist. SAS/INSIGHT ist die einzige selbständige Anwendung dieser Module; sie benötigt außer SAS BASE keine weitere Software, um zu funktionieren. Die Benutzeroberflächen SAS/ASSIST und SAS/ANALYST setzen so viele Software- und Anwendungsmodule wie möglich voraus, um die entsprechende SAS Leistung überhaupt zugänglich machen zu können (u.a. SAS/ETS, SAS/GIS, SAS/GRAPH, SAS/QC, SAS/STAT usw.). Der Leistungsumfang von Enterprise Guide und SAS/LAB kann durch die Lizenzierung weiterer Software nach Wunsch erweitert werden. Einen animierten Hilfe-Assistenten gibt es nur im Enterprise Guide. Der Enterprise Guide nimmt auch insofern eine Sonderstellung ein, weil er das einzige SAS Produkt für die grafische und statistische Analyse von Daten ist, das ausschließlich für Windows-Plattformen entwickelt wurde.

User-Interface

Während z.B. SAS/LAB und SAS/ASSIST kommandogesteuert sind, besitzt SAS/INSIGHT ein echtes GUI. SAS/ANALYST und Enterprise Guide können sowohl per Maus, als auch per Code gesteuert werden.

Die Bedienungsfreundlichkeit dieser Module bzw. Oberflächen sollte nicht mit der Komplexität von Daten-Management und Statistik verwechselt werden, und ersetzt keinesfalls notwendige Kenntnisse u.a. aus der Forschungsmethodik und

Inferenzstatistik. Nicht für die Bedienung dieser Module bzw. Oberflächen, sondern für die Einschätzung dessen, was man da eigentlich macht, sind mindestens Grundkenntnisse in Statistik und Forschungsmethoden erforderlich (z.B. Elpelt & Hartung, 1992[2], Hartung & Elpelt, 1999[6], Heinze, 2001, Roth et al., 1999[5], Schnell et al., 1999[6]), für die Interpretation der Analysen u.U. Spezialkenntnisse.

Diese Einführung wird grundsätzliche Hinweise geben, aber das notwendige Hintergrundwissen zu Statistik und Forschungsmethoden nicht vertiefen können. Es ist angeraten, die Komplexität von z.B. statistischen Analysen von Anfang an angemessen einzuschätzen, und vor einer Erhebung, spätestens vor der Dateneingabe alle in Betracht kommenden methodologisch-methodischen Probleme zu klären.

Zur Beantwortung der Frage, „Welches Verfahren ist das richtige?" wurden im folgenden einige Kriterien stichwortartig zusammengestellt, deren Klärung und Kombination es *vor der Eingabe bzw. Erhebung der Daten* leichter machen wird, aus den vielen Möglichkeiten das geeignete Verfahren einzugrenzen.

Übersicht 3: „Welches Verfahren ist das richtige?"

Ziele	Ziel des Vorgehens I:	Beschreibung, Exploration (EDA), oder Inferenzstatistik ?
	Ziel des Vorgehens II:	(Punkt- bzw. Intervall-)Schätzen oder (Hypothesen-) Testen ?
	Ziel des Vorgehens III:	Vergleich (z.B. Varianzanalyse), Klassifikation (z.B. Cluster), Dimensionsreduktion (z.B. Faktorextraktion), oder Analyse auf Assoziation bzw. Zusammenhang ?
Stichprobe	Ziehung:	Zufällige Stichprobe ≠/= repräsentative Stichprobe (Schichtenstichprobe, anfallende Stichprobe, verbundene Stichprobe etc.) ?
	Repräsentativität:	Stichprobe ≠/= Grundgesamtheit (Randomisierung vs. Matching) ?
	Größe (N):	Kleine vs. große Stichprobe (siehe Zentrales Grenzwerttheorem) ?
Modelle	Wahrscheinlichkeit:	Vorher bekannt (z.B. Binomialverteilung vs. hypergeometrische Verteilung), oder erst aus Untersuchungsdaten erschließbar (z.B. Normalverteilung)?
	Faktoren:	Modelle mit einer Faktorebene oder mehreren?
	Effekte:	Gemischt, zufällig oder fest?
Variablen	Relevanz der Variablen	z.B. Primär-/Sekundärvariablen ?
	Anzahl der Variablen	z.B. uni-, bi-, oder multivariat ?
	Anzahl der AV	z.B. Regression vs. Pfadanalyse ?
	Anzahl der UV	z.B. Haupt-, Interaktions-, Reihenfolgeeffekte ?
	Skalenniveau	z.B. Nominal-, Ordinal-, Intervall-, Verhältnisskala ?
	Verhältnisse I:	AV-AV: Unabhängige vs. verbundene Messungen ?
	Verhältnisse II:	UV-AV: Kausalverhältnisse (z.B. Faktoren, Regressoren, Gruppierungsvariablen) ?
	Verhältnisse III:	UV-UV: Feste vs. zufällige Effekte, Störeffekte, Interaktionen ?
	Art der AV (Zielparameter)	z.B. Median, Mittelwert, Varianz, Intervall ?

Viele Kriterien aus den Bereichen „Ziele", „Stichprobe", „Modelle" und „Variablen" können anhand der Methoden- oder Forschungsliteratur geklärt werden, und erfordern oft zunächst keine statistische Tests.

Wurde ein Verfahren (vorläufig) ausgewählt, ist u.a. anhand sog. Voraussetzungstests und weiterer (theoriegeleiteter) Kriterien zu prüfen, ob die vorliegenden Daten die u.U. recht speziellen Voraussetzungen des gewählten Verfahrens erfüllen (z.B. Homoskedastizität, Normalverteilung, erwartetes Mindest-N pro Zelle, keine Ausreißer uvam).

Erfahrungsgemäß erspart man sich viele Probleme, u.a. der Erhebung, Kodierung oder auch des Daten-Managements, wenn die o.a. Kriterien und die damit verbundenen Analyseschritte rechtzeitig geklärt werden konnten.

Vergegenwärtigen Sie sich noch eines: Sie lernen nicht "nur" Daten-Management und Datenanalyse mit SAS, sondern auch, wie Sie Ihre Arbeit leichter machen. Jede Minute, die Sie jetzt investieren, wird auf Dauer Stunden, Tage, oder Wochen eingesparter Zeit sein.
Viel Vergnügen beim Einstieg in das SAS System!

6. Die Analyst Application

Diese Einführung zu SAS/ANALYST ist gedacht für Benutzer mit wenig oder keiner Erfahrung mit dem SAS System, für Benutzer mit wenig oder keiner Programmiererfahrung, und für Benutzer, die sich eine Übersicht über die Möglichkeiten von SAS/ANALYST verschaffen möchten.

Diese Einführung geht vorwiegend auf die Bedienung und Steuerung von SAS/ANALYST ein, erleichtert eine erste Orientierung in SAS/ANALYST und ist auf die unmittelbare Umsetzung der am häufigsten anfallenden Vorgänge des Managements und der Analyse von Daten ausgerichtet. Programmierkenntnisse sind nicht erforderlich.

6.1. Einführung

Die Analyst Application ist ein Werkzeug zur Datenanalyse, entwickelt für einen leichten Zugang zu den grundlegenden statistischen Analysen. Diese Anwendung ist gedacht für Studierende und neue SAS Anwender, aber auch für Forscher und Datenanalysten, die schon mit dem SAS System vertraut sind.

Das Analyst Interface umfasst ein breites Spektrum an analytischen und grafischen Aufgaben. SAS/ANALYST gibt deskriptive Statistiken aus, führt einfache Hypothesentests durch, und berechnet Varianz- und Regressionsanalysen. Es gibt darüber hinaus Aufgaben für Survivalanalysen, Gemischte Modelle (Mixed Models), Analyse von Messwiederholungen (repeated measurements analysis), und einige multivariate Analysetechniken.

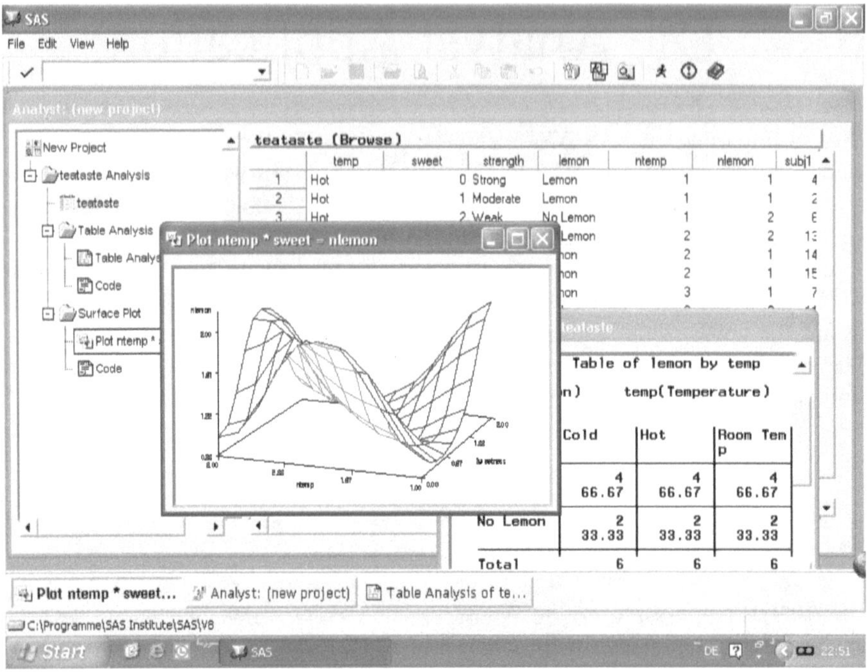

Die Analyst Application stellt einige Aufgaben bereit, die nicht durch andere SAS Prozeduren abgedeckt sind, so z.B. einige Hypothesentests und einfache Berechnungen für Stichprobengröße (sample size) und Power. In den meisten Aufgaben sind Grafiken eingeschlossen. Viele Grafiken können direkt angefordert werden.

Daten können auf die unterschiedlichste Art eingelesen werden, um mit SAS/ANALYST ausgewertet zu werden. Man kann bestehende SAS Datasets einlesen, Daten aus SAS fremden Quellen öffnen, oder die Werte selbst eingeben. Die Daten werden in einer Tabelle angezeigt, in der die Spalten den Variablen entsprechen, und die Zeilen den Beobachtungen bzw. Fällen.

Einzelne Elemente der Tabelle können editiert werden, und Sie können neue Variablen erzeugen. Sie können auf die Aufgaben über Pulldownmenüs, individuell einstellbare Toolbars, oder einem Index gebräuchlicher Begriffe zugreifen.

Der Output wird in einem sog. Ergebnis- bzw. Projektbaum strukturiert und dargestellt. Die Ergebnisse werden als Zweige in diesem Baum dargestellt; die Zweige können ein-, ausgeblendet, und gelöscht werden. Ergebnisse unter Zweigen können ausgedruckt werden. Ein Projekt ist die Zusammenstellung von Ergebnissen zu Auswertungen eines oder mehrerer Datasets. Projekte können abgespeichert werden (unter der Voraussetzung, dass sie eine benannte Datentabelle enthalten, und unter diesem Namen wieder geöffnet werden.

Ergebnisse und Plots der Analysen werden in getrennten Fenstern bzw. Zweigen dargestellt. Um Texte oder Grafiken zu speichern, doppelklicken Sie auf einen Zweig, und wählen Sie anschließend File → Save As... Grafiken können Sie exportieren, indem Sie unter File → Save As... Ihr gewünschtes Ausgabeformat festlegen. Für die Arbeit mit MSWORD-Dokumenten können u.a. die Formate GIF, CGM, oder PNG, und für HTML-Seiten das JPEG-Format empfohlen werden.

Um Code, Texte oder Grafiken zu drucken, öffnen Sie den jeweiligen Code, Text oder Grafik, wählen anschließend File → Print As..., und legen dort Ihren Drucker und weitere Optionen fest.

Das Explorer- und Results-Fenster des SAS Systems benötigen Sie nicht für die Arbeit mit SAS/ANALYST. Wenn Sie diese Fenster schließen, haben Sie eine größere Bildschirmarbeitsfläche.

Die Aufgaben werden ausgeführt in einer Kombination aus SAS Prozeduren und Datastep-Programmierung. Der tatsächlich abgeschickte Code ist über einen Zweig im Projektbaum zugänglich.

6.1. Start

Start von SAS/ANALYST

Starten Sie SAS. Gehen Sie den Pfad *Solutions* → *Analysis* → *Analyst* entlang und doppelklicken Sie auf Analyst.

Laden eines SAS Datensatzes

Wählen Sie über File → Open den Speicherort eines Datensatzes Ihrer Wahl. Sind Sie SAS Pfade gewohnt, wählen Sie File → Open by SAS Name.

Laden anderer Datensätze

Wählen Sie über File → Open den Speicherort eines Datensatzes Ihrer Wahl. Wählen Sie unter Dateityp das Datenformat des einzulesenden Datensatzes, z.B. SPSS (portable file format), EXCEL, ACCESS, dBase, Lotus uvam.

Queries: Laden von Teilen aus Datensätzen

Wählen Sie über File → Open With New Query den Datensatz Ihrer Wahl. Markieren Sie zunächst den Speicherort (Table Sources), und dann den Namen des Datensatzes (Available Table). Klicken Sie den gewählten Datensatz über den Rechtspfeil in das rechte Query Fenster, und bestätigen Sie mit OK. Markieren Sie aus dem sich aufbauenden Variablenfenster die Variablen (Available Columns)

Ihrer Wahl, klicken Sie diese wie oben in das rechte Query Fenster, und schließen Sie über File → Close.

Tipp: Über eine niedergedrückte Umschalttaste können Sie mehrere Variablen per Maus- oder Pfeilsteuerung gleichzeitig markieren. In der nun sich aufbauenden Datentabelle sind nur die Werte der ausgewählten Variablenfenster enthalten.

Einmal angelegte Queries können über File → Save Query gespeichert, und später immer wieder verwendet werden. Bereits angelegte Queries sind über File → Open With Existing Query zu öffnen.

Die Datentabelle kann u.a. im Edit und im Browse Mode betrachtet werden. Der Browse Mode schützt vor zufälligen Änderungen des Datensatzes; der Edit Mode lässt dagegen Änderungen zu.

Speichern

Wählen Sie File → Save, um Änderungen im aktuellen Datensatz zu speichern. Wählen Sie File → Save As By SAS Name..., um den geöffneten Datensatz als Datensatz im Rahmen von SAS Konventionen zu speichern (u.a. Libraries, Member Names und Member Types).

Speichern in anderen Formaten

Wählen Sie über File → Save As... den Speicherort eines Datensatzes Ihrer Wahl. Wählen Sie unter Dateityp das Datenformat des zu speichernden Datensatzes, z.B. EXCEL, ACCESS, dBase, Lotus uvam. Für das Abspeichern in SPSS (portable file format) steht keine Option zur Verfügung.

Weitere Hinweise zur Bearbeitung von Datentabellen finden Sie im Abschnitt Datenmanagement.

Hilfe und Orientierung

Hilfe finden Sie unter den Help Buttons in den jeweiligen Tasks bzw. der Menüleiste.

Für die statistische Datenanalyse kann sich unter Statistics → Index ein Stichwortindex als nützlich erweisen. In diesem Index sind die Auswertungsmöglichkeiten aufgeführt, die in SAS/ANALYST implementiert sind. Anhand dieses Index kann schnell überprüft werden, ob die benötigten Verfahren in SAS/ANALYST verfügbar sind. Falls verfügbar, gelangt man durch das Anklicken des jeweiligen Stichwortes direkt in den jeweiligen Task-Dialog. Der Index setzt die Kenntnis englischer Fachbegriffe voraus.

6.2. Daten-Management

Daten-Management ist im Prinzip auf zwei Ebenen möglich, der Ebene des Datensatzes insgesamt, und auf der Ebene seiner Teile, der Variablen.

Das Daten-Management auf der Ebene des Datensatzes hat zuallererst eine gezielte Operation am Datensatz selbst zum Gegenstand; ob einzelne Variablen in irgendeiner Form von der Operation am Datensatz selbst betroffen sind, ist erst mal von nachgeordneter Bedeutung.

Beispiel: Transponieren:
Das Drehen (Transponieren) eines Datensatzes wandelt die Werte mehrerer Variablen (in nur einer Datenzeile) zu einer einzigen Variable mit mehreren Zeilen.

Daten-Management auf der Ebene einer oder mehrere Variablen hat vorrangig die gezielte Operationen an Variable/n zum Gegenstand; ob der Datensatz selbst in irgendeiner Form von der Operation an einer Variablen betroffen ist, ist ebenfalls zunächst von nachgeordneter Bedeutung.

Beispiel: Sortieren:
Das Sortieren der Fälle einer Variablen sortiert gleichzeitig den ganzen Datensatz nach dieser Variable, falls dieser weitere Variablen enthält.
Wie anhand dieser Beispiele die Teil-Ganzes-Beziehung von Variablen und Datensatz zu erkennen ist, ist eine trennscharfe Unterscheidung zwischen Operationen auf Datensatz- und Variablenebene nicht immer möglich. Zuallerletzt gilt jedoch immer, an welcher Entität eine Operation ansetzen soll.

6.2.1. Modifikationen auf Variablen-Ebene

Spalten

Markieren Sie die gewünschte/n Spalte/n, und rechtsklicken Sie mit der Maus.

I. Allgemeine Operationen

Move: Verschieben im Move Columns Fenster (Voraussetzung: Edit Mode).
Hide: Ausschließen aus Ansicht (falls auch aus Analysen, muss das zstzl. explizit angegeben werden).
Hold: "Festhalten" während des Scrollens durch andere Variablen.
Insert: Die neue Spalte wird links neben der ausgewählten Variable eingefügt (Voraussetzung: Edit Mode).
Sort: Auswahl einer oder mehrerer Variablen, nach denen der Datensatz sortiert wird (Voraussetzung: Edit Mode).

Duplicate: Kopieren der Werte einer bereits vorhandenen Variablen in eine neue Spalte (Voraussetzung: Edit Mode).
Delete: Löschen einer Variable (Voraussetzung: Edit Mode).
Properties: Einsehen und Verändern der Variableneigenschaften, z.B. Name, Label und Format (Voraussetzung: Edit Mode).

II. Berechnen neuer Variablen (Data→Transform):

Compute: Wenden Sie u.a. arithmetische, statistische, oder probabilistische Funktionen oder Transformationen (siehe Category) auf Variablen Ihrer Wahl an, die Sie in die sog. Expression Box klicken.
Rank: Den empirischen Werten werden Rangwerte zugewiesen. Für tied values ist average (Durchschnitt) voreingestellt. Voreingestellter Ranktyp ist simple ranks. Möglich sind u.a. auch Perzentilränge oder Quartile (siehe Options).
Standardize: Die gewünschte Variable kann u.a. auf den Mittelwert 0 und die Standardabweichung 1 standardisiert werden, in diesem Falle, z-transformiert werden.
Recode Values: Bilden einer neuer Variablen mit den umkodierten Werten einer Ausgangsvariable. Zunächst wird die umzukodierende Variable ausgewählt, anschließend der Name und die Kodierung für die neue Variable definiert.
Recode Ranges: Bilden einer Klassifikationsvariable für eine numerische Variable. Zunächst wird die zu klassifizierende Variable ausgewählt. Anschließend wird der Name, die Anzahl der gewünschten Stufen und das Format der neuen Variable festgelegt, und abschließend die oberen und unteren Grenzen der jew. Kategorien.
Convert Type: Der Variablentyp kann von numerisch in alphanumerisch (String), oder von String (alphanumerisch) in numerisch konvertiert werden.
Log(Y): Der natürliche Logarithmus der ausgewählten Variable wird berechnet. Unter Data → Transform sind weitere Transformationen möglich, u.a. Quadratwurzel- und Exponentialtransformationen.

III. Zufallsvariablen (Data → Random):

Random: Name, Verteilungsform (z.B. Normal, Poisson, oder Geometric) und Parameter (Mean, StdDev) der gewünschten Zufallsvariablen können angefordert werden.

Zeilen

Markieren Sie die gewünschte/n Reihe/n, und rechtsklicken Sie mit der Maus.
Mögliche Operationen:
Add: Hinzufügen einer neuen Zeile (Voraussetzung: Shared/Edit Mode).

Duplicate: Kopieren der Werte einer bereits vorhandenen Datenzeile (Voraussetzung: Shared/Edit Mode).
Delete: Löschen einer Datenzeile (Voraussetzung: Shared/Edit Mode).

Werte

Mögliche Operationen:
Eingeben/Ändern: Auswahl der gewünschten Zelle und Eingeben des neuen Wertes. In die Nachbarzelle gelangt man durch Betätigen der TAB-, aber nicht der ENTER-Taste. Die Daten können erst nach einer Speicherung bearbeitet werden.
Tipp: Zunächst nur eine Zeile für alle Variablen anlegen, und dann unter Data → ... die gewünschten Typen und Eigenschaften einstellen. Wurde in einer ersten Datenzeile ein Komma versehentlich eingegebenen, interpretiert SAS/ANALYST die betreffende Spalte als Stringvariable. SAS/ANALYST kann an dieser Stelle auch noch keine speziellen Formate, wie z.B. ein Datum, direkt als Datumsvariable annehmen.

6.2.2. Modifikationen auf Datensatz-Ebene

Zusammenfügen von Datensätzen

Data → Combine Tables → Concatenating by Rows
Datensätze werden zeilenweise aneinander gehängt (vertikal). Bei Angabe einer gemeinsamen (common) Variable können die Datensätze geordnet zusammengefügt (interleaved) werden.

Data → Combine Tables → Merge by Columns
Datensätze werden zeilenweise untereinander gehängt (horizontal). Bei Angabe ausschließlich gemeinsamer Variablen findet ein match-merge statt; es entstehen durch das Merging keine leeren Zellen. Sind nicht in allen Datensätzen gemeinsame Variablen enthalten, entstehen im resultierenden Gesamtdatensatz merging-bedingt leere Zellen.

Aufteilen von Datensätzen

Data → Filter → Subset Data
Ein Filter (WHERE) wird definiert. Der aktuelle Datensatz wird über diesen gefiltert. Der neue gefilterte Datensatz kann anschließend über Save As... (nicht über Save!) abgespeichert werden.

6.2.3. Übungen

1. Fahren Sie das SAS System herunter und wieder hoch. Starten Sie SAS/ANALYST. Legen Sie einen kleinen eigenen Datensatz an, incl. numerischen und Stringvariablen. Speichern Sie Ihren Datensatz.
2. Öffnen Sie einen vorhandenen Datensatz und probieren Sie dabei an den Pulldown- und Popupmenüs die verschiedenen Möglichkeiten der Steuerung von SAS/ANALYST aus, u.a. Menüs, Maus oder einer Kombination von beidem.
3. Stellen Sie SAS/ANALYST individuell ein.
4. Öffnen Sie einen vorhandenen Datensatz über eine Query.
5. Üben Sie das Daten-Management auf Variablen-Ebene an einem Datensatz Ihrer Wahl. Probieren Sie u.a. aus *spaltenweise*: Move, Hide, Hold, Insert, Sort, Duplicate, Delete, Properties, *zeilenweise*: Add, Duplicate, Delete, Compute, Rank, Standardize, und Recode Values bzw. Ranges.
6. Üben Sie das Daten-Management auf Datensatz-Ebene an Datensätzen Ihrer Wahl. Probieren Sie u.a. das Concatenating by Rows, das Merge by Columns, und das Subsetten von Datensätzen aus. Speichern Sie die neuen Datensätze ab. Überprüfen Sie die erfolgreiche Speicherung.

6.3. Grafiken und Berichte

6.3.1. Grafiken

Graphs → ....

Mit SAS/ANALYST können zahlreiche Diagrammtypen erzeugt werden, u.a.: Histogramme (histogram), Boxplots (box plot), Wahrscheinlichkeitsplots (probability plot), Balkendiagramme (bar chart), Kreisdiagramme (pie chart), Streudiagramme (Scatter Plots), und Konturen- und Oberflächenplots (Contour Plots, Surface Plots).

Tipp: SAS kann in Grafiken Umlaute darstellen, wenn der Datei autoexec.sas die Zeile goptions keymap=WINANSI; hinzugefügt, oder unter dem Namen autoexec.sas (im Format *.txt) unter C:\...\SAS Institute\SAS\V8 abgespeichert wird.

Ergebnispräsentation (Balken-, Kreisdiagramme)

Balkendiagramme
Balkendiagramme können horizontal oder vertikal, gruppiert (grouped by), gestapelt (stacked), 2- oder 3dimensional dargestellt werden; als Statistiken können u.a. Häufigkeit, Prozent, Summe und Durchschnitt angefordert werden. Unter Options stehen weitere Möglichkeiten zur individuellen Gestaltung des Balkendiagramms

zur Verfügung, u.a. Überschriften, Statistiken, Anzahl der Balken, Farben, Rahmen, Referenzlinien, Fonts und Schriftgrößen.

Kreisdiagramme
Kreisdiagramme können 2- oder 3dimensional dargestellt werden; als Statistiken können u.a. Häufigkeit und Prozent angefordert werden. Falls bei der Darstellung der ersten (chart) Variable als Kreis der mögliche Effekt einer zweiten (analysis) Variable untersucht werden soll, besteht die Möglichkeit, sich für die zweite Variable Summe und Durchschnitt zu berechnen und anzuzeigen.

Unter Options stehen weitere Möglichkeiten zur individuellen Gestaltung des Kreisdiagramms zur Verfügung, u.a. Überschriften, Statistiken, Anzahl und Labels der Kreisanteile, Pfeile, Hervorheben eines Kreissegments (explode one slice), Farben, Missings, Fonts und Schriftgrößen.

Kreisdiagramme dienen vorwiegend zur grafischen Darstellung von Teil-Ganzes-Beziehungen.

Grafische Datenexploration (Histogramm, Box-, Wahrscheinlichkeitsplot)

Histogramme, Boxplots, und Wahrscheinlichkeitsplots werden bei der grafischen Datenexploration eingesetzt, um Variablen und ihre Verteilung auf Besonderheiten zu untersuchen.

Histogramme
Histogramme (histogram) unterscheiden sich von Balkendiagrammen (bar charts) im Messniveau der wiederzugebenden Variablen, und darin, dass in der Grafik aufeinander folgende Klassen ohne Abstand abgetragen werden. Die Identifikation von Lücken in der Verteilung wird dadurch erschwert. Die Variablen in Balkendiagrammen weisen hier max. Ordinalniveau auf, während Variablen für Histogramme intervall- oder verhältnisskaliert sind. Die Balkenbreite (Klassierung) in Histogrammen wird von SAS/ANALST automatisch vorgenommen, kann aber unter Optionen (axis) nachträglich eingestellt werden.

Die Histogramme können univariat oder gruppiert erzeugt werden. In die Balkenverteilung kann eine Kurve eingetragen werden.

SAS/ANALYST stellt weitere Möglichkeiten zur individuellen Gestaltung des Histogramms zur Verfügung, u.a. Überschriften, Methoden (Variance Divisor), Kurvenanpassungen (Fit), und Anzeige (u.a. Balkenfarbe, Füllmuster, Achsen, Teilstriche (Ticks), Kurven).

Boxplots
Boxplots werden zur Analyse von Verteilungen eingesetzt, v.a. auf die Überprüfung von Ausreißern hin. Bei Boxplots handelt es sich um einen "Kasten", der durch das erste und dritte Quartil (25 bzw. 75%-Perzentil) begrenzt ist: Im Inneren ist eine Linie eingetragen: der Median. Das Kreuz gibt den Mittelwert an. Die Boxplots können univariat oder gruppiert erzeugt werden.

Achtung: Im SAS/ANALYST hängt die Länge der Whisker von der Darstellungsart ab. Im skeletal style werden die Whisker zu Minimum und Maximum der Beobachtungen gezogen, während im schematic style die Whisker nach dem 1.5fachen des Interquartilrange (IQR) des Boxplot enden.

Unter Display kann v.a. das Aussehen der Box-Plots eingestellt werden, u.a. Boxplotstil, Breite, Verengung zum Median hin (notch), Farbe, Rahmen, und Whiskerstil.

Wahrscheinlichkeitsplots

Mit den Wahrscheinlichkeitsplots wird v.a. geprüft, ob die untersuchten Variablen normalverteilt sind. Ein Wahrscheinlichkeitsplot ist eine Art Streudiagramm, in dem die geordneten empirischen Werte einer Variablen mit Perzentilen einer zu wählenden theoretischen Referenzverteilung (z.B. Normalverteilung) verglichen werden. Wenn die Datenverteilung zur theoretischen Verteilung passt, werden die Punkte im Plot einem linearen Muster folgen. Eine der gewählten theoretischen Verteilung entsprechende Referenzlinie wird im Plot mit eingetragen.

SAS/ANALYST stellt weitere Möglichkeiten zur individuellen Gestaltung des Wahrscheinlichkeitsplots zur Verfügung, u.a. Überschriften, Methoden (Variance Divisor), Anzeige (Punkte, Referenzlinie, Achsen), Überschriften und optionale Parameter für die gewählten Verteilungen.

Für die Normalverteilung kann z.B. der Mittelwert (Mu) und die Standardabweichung (Sigma) angegeben werden. Sigma muss größer als Null sein. Falls für die gewählte Verteilung keine Parameter angegeben werden, werden diese geschätzt.

Zwei-, dreidimensionale Datenexploration (Scatter, Contour und Surface Plots)

Mit Streudiagrammen (Scatter Plots), Konturen- (Contour Plots) und Oberflächenplots (Surface Plots) können Beziehungen zwischen zwei oder mehr Variablen grafisch untersucht werden.

Streudiagramme

Streudiagramme bilden Messwertpaare in einem Koordinatensystem ab (‚Punkteschwarm'). Streudiagramme sind geeignet, um die Beziehung zwischen mindestens zwei intervallskalierten, metrischen Variablen grafisch abzubilden.

Oft werden in Streudiagramme (Regressions)Geraden eingebettet, die einen (kurvi)linearen Zusammenhang beider Variablen repräsentieren.

SAS/ANALYST kann zweidimensionale (für zwei Variablen, X und Y) und dreidimensionale (für drei Variablen, X, Y, und Z) Streudiagramme erzeugen.
Zweidimensionale Streudiagramme können (unter Display) mit einer die Punkte verbindenden Gerade versehen und nach Gruppen ausgegeben werden; diese Optionen stehen für dreidimensionale Streudiagramme nicht zur Verfügung.

Dreidimensionale Streudiagramme werden in einem dreidimensionalen Matrix dargestellt, die (unter Display) über Schieberegler stufenlos rotiert werden kann; diese Option steht für zweidimensionale Streudiagramme nicht zur Verfügung.

Unter Display bzw. Titles können, abgesehen von den Optionen, die von der jeweils spezifischen Diagrammart herrühren, im wesentlichen für zwei- und dreidimensionale Streudiagramme dieselben Einstellungen vorgenommen werden, u.a. Überschriften, Farbe und Symbol der Punkte, Art (Stil) und Markierung (Ticks) der Achsen, und ob ggf. Referenzlinien angezeigt werden sollen.

Oberflächenplots
Oberflächenplots ermöglichen die Darstellung von Informationen in drei Dimensionen. Die Faktorvariablen sind dabei die X- und Y-Achse; die Responsevariable bildet die Z-Achse. Für jedes X/Y-Wertepaar (Faktoren) kann es nur eine Response (Z-Wert) geben; die Abbildung mehrerer Responses ist nicht möglich. Die Werte der X- und Y-Variablen sollten dabei ein gleichmäßiges Raster horizontaler Werte bilden können. Falls die X- und Y-Variablen nicht dazu in der Lage sind, werden sie automatisch aufbereitet, um das benötigte Raster bilden zu können. Falls für bestimmte Rasterpunkte keine Werte der Z-Variablen vorhanden sind, werden die benötigten Werte interpoliert. Ein Oberflächenplot ist eine dreidimensionale Wiedergabe eines Responseverhalten in Abhängigkeit zweier Variablen. Für jede angegebene Z-Variable wird ein separater Oberflächenplot ausgegeben.

Wenn der Plot zu viele Hügel und Täler enthält, um mit einem Oberflächenplot untersucht werden zu können, können Daten mit dem Konturenplot immer noch auf Trends exploriert werden.

SAS/ANALYST stellt weitere Möglichkeiten zur individuellen Gestaltung der Oberflächenplots zur Verfügung: Unter Display u.a. Optionen für die Oberfläche, Rotations- und Neigungswinkel und Achsen, und unter Interpolate u.a. Interpolations- und Skalierungsmethoden.

Konturenplots
Ein Konturenplot ist die zweidimensionale Darstellung von Konturenlinien, wobei zwei Variablen (X, Y) die Achsen bilden (und dabei die Level anderer Variablen konstant halten), und die, dritte, Z-Variable, die konstante Response repräsentiert. Für jedes X/Y-Wertepaar (Faktoren) kann es nur einen Z-Wert (Responsewert) geben; die Abbildung mehrerer Responses ist nicht möglich.

Linien oder Gebiete in einem Konturenplot repräsentieren Größenunterschiede (levels of magnitude) der Variable Z gemäß einer Koordinatenposition (X, Y) auf einer Ebene.

Ein Konturenplot ist geeignet, um das Responseverhalten in Abhängigkeit zweier Variablen zu untersuchen. Wenn Daten zu viele Hügel und Täler enthalten, um mit in einem Oberflächenplot angemessen untersucht werden zu können, können Daten mit dem Konturenplot immer noch auf Trends hin exploriert werden.

SAS/ANALYST stellt weitere Möglichkeiten zur individuellen Gestaltung des Konturenplots zur Verfügung: Unter Display u.a. Optionen für die Level, Linien und Füllmuster der Konturen, und unter Interpolate u.a. Interpolations- und Skalierungsmethoden.

6.3.2. Berichte

Reports → ....

Mit SAS/ANALYST können zwei verschiedene Berichtarten erstellt werden, in Form von Listen (list data) und als Tabellen (tables).

Listen
Listen sind geeignet für übersichtliche Datensätze bzw. einfache Berichte. Bei Listen werden die Variablenwerte nicht weiter aufbereitet. Die Werte einer oder mehrere Variablen im Datensatz werden in Listenform ausgedruckt. Um die Daten fallweise (zeilenweise) auszugeben, wird eine ID Variable angegeben. Listen können gruppiert (unter Variables) ausgegeben werden.

Unter Options stellt SAS/ANALYST weitere Möglichkeiten zur individuellen Gestaltung der Listen zur Verfügung, u.a. für welche Variablen abschließende Listensummen gebildet werden sollen, Spaltenüberschriften (Labels oder Variablenname), Zeilenabstand, und Fallnummer.

Tabellen
Tabellen sind geeignet für große Datensätze bzw. anspruchsvolle Berichte. Bei Tabellen werden die Variablenwerte weiterverarbeitet. Nach der Anwahl des Menüpunktes Tables kann man zwischen fünf verschiedenen Tabellenarten wählen, die sich im Wesentlichen darin unterscheiden, ob die Analysevariablen in den Zeilen oder Spalten stehen, und inwieweit spalten- und/oder zeilenweise weitere Untergruppen (Schichten) bei der Analyse der Variablen, also auch der Ausgabe der Statistiken, gebildet werden sollen.

Tipp: Wird in der Vorlage 5 nur eine Variable für die Row Classes angegeben, werden auch eindimensionale Häufigkeitstabellen ausgegeben.

Für die weitere Gestaltung der Tabellen werden die Anwender von SAS/ANALYST sehr elegant durch das Menü geleitet. In den jeweiligen Auswahlfenstern für die Zeilen, Spalten und Statistiken (u.a. N, Mean, Sum) werden immer Schematabellen gezeigt, an denen farblich hervorgehoben ist, was gerade angegeben werden soll. Beim Definieren der Tabelle bekommt man immer eine Vorstellung davon vermittelt, wie das Ergebnis aussehen wird. Nach Abschluss der Eingaben wird vor der Ausgabe der Tabelle als eine Art grafische Zusammenfassung eine Vorschau angezeigt.

Unter Options stellt SAS/ANALYST weitere Möglichkeiten zur individuellen Gestaltung der Tabellen zur Verfügung, an denen, abgesehen von den Optionen, die von der jeweils spezifischen Tabellenart herrühren, im wesentlichen dieselben Einstellungen vorgenommen werden:

Allgemeine (Registerkarte General) Einstellungsmöglichkeiten sind u.a. die Erzeugung einer zusammenfassenden Randspalte oder -zeile, Zellengröße und -format, und die Reihenfolge der Werte der Klassifikationsvariable. Die Labels

(Registerkarte Labels) und Formate (Registerkarte Formats) für die Variablen in der Tabelle können für die Ausgabe gezielt festgelegt werden. Die Ausgabe von Missings (Registerkarte Missing values) kann u.a. unterdrückt oder als eigene Wertekategorie festgelegt werden.

6.3.3. Übungen

1. Erstellen Sie Balken-, und Kreisdiagramme.
2. Probieren Sie die Möglichkeiten der grafischen Datenexploration aus (u.a. Histogramm, Box-, Wahrscheinlichkeitsplot).
3. Probieren Sie die Möglichkeiten der zwei- und, dreidimensionalen Datenexploration aus, u.a. Scatter, Contour und Surface Plots.
4. Probieren Sie alle fünf Tabellenarten aus; probieren Sie auch die Erzeugung einer eindimensionalen Häufigkeitstabelle aus.

6.4. Statistik

6.4.1. Deskriptive Statistik

Statistics → Descriptive

Deskriptive Analysen werden immer vor der eigentlichen inferenzstatistischen Auswertung vorgenommen, um sich einen ersten Eindruck von den empirischen Merkmalen der Variablen (z.B. Verteilungsform) und möglichen Zusammenhänge der Variablen untereinander zu verschaffen.

Im SAS/ANALYST müssen Sie deskriptive Statistiken immer und systematisch berechnen, weil manche inferenzstatistischen Analysen keine deskriptiven Statistiken mit ausgeben. Sie müssen deskriptive Statistiken also rechnen, um überhaupt beurteilen zu können, wie Ihre inferenzstatistischen Ergebnisse zustande gekommen sind.

SAS/ANALYST bietet zahlreiche deskriptive Statistiken und Möglichkeiten der grafischen Aufbereitung:

Summary Statistics:
Unter Summary Statistics werden ausgegeben: Mittelwert (mean), Median, Standardfehler und -abweichung (standard error, standard deviation), Varianz, Minimum, Maximum, Range, Summe, Schiefe (skewness), Kurtosis (auch: Wölbung,

Exzess), Student's t, p-Wert, Variationskoeffizient, (un)korrigierte Quadratsummen, und die Anzahl der Beobachtungen bzw. Missings. Unter Summary Statistics sind Histogramme und Boxplots als grafische Ausgabe verfügbar.

Distribution:
Unter Distribution können angefordert werden: Momente (u.a. N, mean, standard deviation), Quantile (u.a. Q1, median, Q3), Maße der Lokation (Lage; mean, median, mode) und Variabilität (u.a. variance, standard deviation, range), und angepasste Verteilungen von der Normal-, Lognormal, Weibull-, und Exponentialverteilung incl. goodness of fit-Tests (u.a. Kolmogorov-Smirnov).
Unter Distribution sind Histogramme, Boxplots, Wahrscheinlichkeits- und Q-Q Plots als grafische Ausgabe verfügbar. In die Histogramme können Kurven eingezeichnet werden.

Correlations:
Unter Correlations können angewählt werden: Pearson, Spearman, Cronbach's Alpha, Kendall's tau-b, und Hoeffding's D.

Unter Correlations sind Streudiagramme als grafische Ausgabe verfügbar mit der Möglichkeit, Konfidenzellipsen einzuzeichnen.

Frequency Counts:
Mit Frequency Counts können One-way-Tabellen erzeugt werden, einschließlich Häufigkeiten, Prozente und kumulativer Häufigkeiten und Prozente.

Unter Frequency Counts sind horizontale und vertikale Balkendiagramme als grafische Ausgabe verfügbar.

Die Ausgaben können jeweils mit Überschriften versehen bzw. zusätzlich für Gruppen ausgegeben werden. Je nach deskriptiver Statistik und grafischer Aufbereitung bestehen weitere spezielle Einstellungsmöglichkeiten, z.B. bei der Definition von Formaten, Matrizen und Missings.

6.4.2. Hypothesentests

Statistics → Hypothesis Tests

Unter Hypothesis Tests sind die gebräuchlichsten Hypothesentests für eine oder zwei Stichproben aufgeführt. Bei einem Einstichproben-Test wird der empirische Wert der Stichprobe mit einem Referenzwert verglichen. Bei einem Zweistichproben-Test werden die empirischen Werte zweier Stichproben miteinander verglichen. Bei abhängigen (verbundenen) Daten kann geprüft werden, ob der Unterschied gleich Null ist oder nicht.

Abgesehen von der (Un)Abhängigkeit der Stichproben unterscheiden sich die Hypothesentexts je nach Messniveau bzw. Verteilung der verwendeten Variablen, und den Größen, auf denen diese basieren, u.a. Mittelwert, Proportion, oder Varianz.

Die Bedienung von SAS/ANALYST ist bei allen Hypothesentests im wesentlichen dieselbe. Zusätzlich zu den Hypothesentests können u.a. Konfidenzintervalle, Plots, Überschriften oder Tabellen auch für Gruppen erzeugt werden. Besonderheiten sind hervorgehoben.

One-Sample Z-Test for a Mean

Messniveau: Metrisch.
Fragestellung: Unterscheidet sich ein empirischer Durchschnittswert von einem Referenzwert (Standardabweichung oder Varianz ist bekannt, und die Daten sind entweder normalverteilt oder N > 30).
Vorgehen: Angabe des Vergleichswertes, der zu vergleichenden Variable, und der Vergleichsrichtung (<,≠, >).
Besonderheit: Es können retrospektive Power-Analysen durchgeführt werden.
Die Power eines Testes ist die Wahrscheinlichkeit, die Nullhypothese keines Unterschiedes korrekt zurückzuweisen.

Üblicherweise werden Power-Analysen vor einer Untersuchung durchgeführt, um sicherzugehen, dass genug Daten vorliegen, um überhaupt einen Unterschied entdecken zu können. Nach der Datenerhebung kann jedoch, nachdem ein Unterschied beobachtet wurde, über eine retrospektive Power-Analyse berechnet werden, wie viele Daten benötigt werden, um diesen beobachteten Unterschied entdecken zu können.

One-Sample t-Test for a Mean

Messniveau: Metrisch.
Fragestellung: Unterscheidet sich ein empirischer Durchschnittswert von einem Referenzwert (Standardabweichung unbekannt).
Vorgehen: Angabe des Vergleichswertes, der zu vergleichenden Variable, und der Vergleichsrichtung (<,≠, >).
Besonderheit: Es können retrospektive Power-Analysen durchgeführt werden.

One-Sample Test for a Proportion
Messniveau: Ordinal-Dichotom.
Fragestellung: Unterscheidet sich ein empirischer Stichprobenanteil, der eine bestimmte Response angibt, von einem Referenzanteil, v.a. im Kontext von Erfolg-Misserfolg-, bzw. richtig-falsch-Fragestellungen.

Vorgehen: Angabe des Vergleichswertes, des Levels der zu vergleichenden Variable, und der Vergleichsrichtung (<,≠, >).

One-Sample Test for a Variance
Messniveau: Metrisch.
Fragestellung: Unterscheidet sich eine empirische Varianz von einer Referenzvarianz.
Vorgehen: Angabe des Vergleichswertes, der zu vergleichenden Variable, und der Vergleichsrichtung (<,≠, >).

Two-Sample t-Test for Means

Messniveau: Metrisch.
Fragestellung: Unterscheiden sich die Mittelwerte zweier unabhängiger Stichproben.
Vorgehen: Angabe einer Variable, einer Gruppierungsvariable und der Vergleichsrichtung (<,≠, >).
Besonderheit: Im Zwei-Variablen-Fall entfällt die Angabe der Gruppierungsvariable. Es können retrospektive Power-Analysen durchgeführt werden.

Two-Sample Paired t-Test for Means

Messniveau: Metrisch.
Fragestellung: Unterscheiden sich die Mittelwerte zweier abhängiger Stichproben.
Vorgehen: Angabe zweier miteinander zu vergleichender Variablen und der Vergleichsrichtung (<,≠, >).
Besonderheit: Es können retrospektive Power-Analysen durchgeführt werden.

Two-Sample Test for Proportions

Messniveau: Ordinal-Dichotom.
Fragestellung: Unterscheiden sich die Anteile zweier unabhängiger Stichproben, v.a. im Kontext von Erfolg-Misserfolg-, bzw. richtig-falsch-Fragestellungen.
Vorgehen: Angabe der Variable und ihres zu untersuchenden Levels, der Gruppierungsvariable, und der Vergleichsrichtung (<,≠, >).
Besonderheit: Im Zwei-Variablen-Fall entfällt die Angabe der Gruppierungsvariable.

Two-Sample Test for Variances

Messniveau: Metrisch.
Fragestellung: Unterscheiden sich die Varianzen zweier unabhängiger Stichproben.
Vorgehen: Angabe der Variable, der Gruppierungsvariable, und der Vergleichsrichtung (<,≠, >).
Besonderheit: Im Zwei-Variablen-Fall entfällt die Angabe der Gruppierungsvariable.

SAS/ANALYST bietet, neben den Tests auf Proportions, weitere nichtparametrische Verfahren u.a. zur Auswertung von Tabellen (6.4.3.) und Varianzanalysen (6.4.4.) an.

6.4.3. Auswertung von Tabellen

Statistics → Table Analysis

Unter Table Analysis sind die gebräuchlichsten Analysen für die Auswertung von Tabellen aufgeführt. Unter Table Analysis können Sie 2-Weg- bis n-Weg-Tabellen erzeugen und analysieren. Die Mindestspezifikation ist die Angabe einer Spalten- und einer Reihenvariable. Die Angabe von Variablen für weitere Schichten (strata) ist optional.

Bei einem Test auf Assoziation zwischen Zielen- und Spaltenvariable werden die folgenden Statistiken und *p*-Werte ausgegeben. Kleine *p*-Werte sind ein Hinweis darauf, dass das Vorliegen keiner Assoziation wenig wahrscheinlich ist.
Daumenregel: Die *erwartete* Mindestanzahl von Beobachtungen pro Zelle (expected number of observations) sollte N=5 sein bzw. für eine 2×2 Tabelle sollten ca. 20-25 Beobachtungen vorliegen, wobei 80% der Zellen ein N> 5 aufweisen sollten. Bei kleineren Stichproben sollte Fisher's Exakt Test (üblicherweise zweiseitig) verwendet werden.

Die Bedienung von SAS/ANALYST ist bei allen Tabellenanalysen im wesentlichen dieselbe. Zusätzlich zu den Tabellenanalysen können u.a. Konfidenzintervalle, Plots, Überschriften oder Tabellen auch für Gruppen erzeugt werden. Besonderheiten sind hervorgehoben.

Chi² Statistik
Die Chi² Statistik ist das Ergebnis eines Tests daraufhin, ob überhaupt eine Assoziation zwischen den Zeilen- und Spaltenvariablen einer Tabelle vorliegt.
SAS/ANALYST berechnet mehrere Chi² Statistik Varianten: Pearson Chi², Likelihood Ratio Chi², Continuity Adjusted Chi², Mantel-Haenszel Chi², Phi Coefficient, und Contingency Coefficient.

Assozationsmaße (innerhalb einer Tabelle)
Assozationsmaße erfassen die Stärke der Assoziation (Zusammenhang) zwischen den Zeilen- und Spaltenvariablen einer Tabelle. Je nach Messniveau sind verschiedene Assozationsmaße verfügbar:
Ordinal: Gamma, Kendall's tau-b, Stuart's tau-c, und Somer's D.
Intervall: Pearson, Spearman.
Nominal (mind. eine von beiden Variablen): Lambda, Uncertainty Coefficient.
Wenn die Stichprobe groß genug ist (jede Zelle sollte mind. N=5 aufweisen), können mittels des asymptotischen Standardfehlers (asymptotic standard error, ASE) Konfidenzintervalle um die Korrelationsparameter herum berechnet werden, etwa in der Art: r +/- 1.96*ASE.

Mantel-Haenszel Statistiken (Assozationsmaße zwischen mehreren Tabellen)
Die Mantel-Haenszel Statistik ist das $(n\text{-}1)/n$ Vielfache der Pearson Chi² Statistik. In SAS/ANALYST sind erweiterte Mantel-Haenszel Statistiken (Cochran-Mantel-Haenszel, CMH) verfügbar, um auf Assoziation in Teiltabellen (table sets) zu testen. Die CMH Methoden adjustieren auf die Stratifikationsvariable/n hin, und erfassen dann das Ausmaß der Assoziation zwischen Zeilen und Spalten. CMH Methoden zielen darauf hin ab, Durchschnittseffekte über Strata hinweg zu erfassen.

Die Nullhypothese lautet, dass es keine Assoziation über Strata hinweg besteht. Die Anforderung an die Stichprobengröße basiert auf den totalen Häufigkeiten, nicht den einzelnen Zellgrößen. CMH Methoden eine geringe Power, Assoziationen zu entdecken, wenn Strata Assoziationen aufweisen, die denen anderer Strata entgegengesetzt sind. Je nach Messniveau von Zeile (Row, R) oder Spalte (Column, C) sind verschiedene CMH Maße verfügbar:

- Nonzero Correlation Statistic: R: ordinal, C: ordinal.
- Row Mean Scores Differ Statistic: C: ordinal.
- General Association Statistic: unabhängig vom Messniveau: R: +nominal, C: +nominal.

Für 2×2 Tabellen wird eine Schätzung des relativen Risikos (relative risk) ausgegeben. Mantel-Haenszel- und Logitschätzer des relativen Risikos werden sowohl für retrospektive, wie auch prospektive Studien berechnet.

Übereinstimmungsmaße (measures of agreement)
Übereinstimmungsmaße erfassen das Ausmaß, inwieweit Beurteiler (sog. Rater) bei einer Evaluation übereinstimmen bzw. inwieweit Subjekte von Ratern in dieselben Kategorien geordnet werden. Je nach Anzahl der Schichten (strata) sind verschiedene Übereinstimmungsmaße verfügbar:
2×2 Tabellen mit nur einer Schicht: McNemar's Test, einfaches Kappa (Ausmaß der Kappa-Übereinstimmung: 0=zufällig, 0.4=gering, 0.8=sehr hoch, 1=völlig).
2×2 Tabellen mit multiplen Schichten: McNemar's Test, einfaches Kappa für die einzelnen Schichten; zusätzlich: Overall Kappa, Test auf gleiche Kappas, und u.a. Cochran's Q Statistic und Bowker's Symmetrietest (test of symmetry).

Exakte Tests
Für eine 2×2 Tabelle sollten ca. 20-25 Beobachtungen vorliegen und 80% der Zellen ein N> 5 aufweisen. Im Falle einer zu kleinen Stichprobe können Chi^2 Verfahren unzuverlässig sein, und sollten nur vorsichtig interpretiert werden. Für diesen Fall ist Fisher's Exakter Test ein geeigneteres Testverfahren. Die in SAS/ANALYST verfügbare Option berechnet exakte Tests für Tabellen größer als 2×2. Je nach Tabellen- und Stichprobengröße kann das Ausführen eines exakten Tests sehr rechenintensiv sein, bis hin zu Stunden.

6.4.4. Varianzanalysen

Statistics → ANOVA

Unter ANOVA (analysis of variance) sind die gebräuchlichsten Varianzanalysen aufgeführt. Eine Varianzanalyse ist eine Methode, die Variation einer stetig bzw. kontinuierlich gestuften abhängigen (Response)Variable in Abhängigkeit der jeweiligen (diskreten) Stufen einer unabhängigen Klassifikationsvariable (class) zu untersuchen.

Anmerkung: Variablen sind dann stetig bzw. kontinuierlich, wenn zwischen den gemessenen Werten im Prinzip weitere Wertausprägungen möglich sind, wenn z.B. zwischen 1.2 und 1.3 noch 1.25 denkbar ist, z.B. Gewicht. Variablen sind dann diskret, wenn theoretisch zwischen den gemessenen Werten keine Zwischenwerte mehr möglich sind, z.B. bei Häufigkeiten.

SAS/ANALYST stellt mehrere Varianten der Berechnung einer Varianzanalyse bereit, die sich im wesentlichen darin unterscheiden, welches Messniveau die (un)abhängigen Variablen und welches Design die jeweiligen Messungen aufweisen: (Nonparametric) One-Way ANOVA, Factorial ANOVA, Linear Models, Repeated Measures, und Mixed Models.

Die Bedienung von SAS/ANALYST ist bei allen ANOVA Varianten im wesentlichen dieselbe: Es werden eine oder mehrere Dependent Variablen, eine oder mehrere Independent Variablen (ggf. Interaktionseffekte), und ein Vergleichstest festgelegt. Zusätzlich zu der jeweiligen ANOVA können u.a. deskriptive Statistiken, Boxplots, Balkendiagramme und Means plots angefordert werden. Besonderheiten sind hervorgehoben.

One-Way ANOVA:
Messniveau: AV: Kontinuierlich-unabhängig, UV: Diskret.
Fragestellung: Die Mittelwerte einer Responsevariable werden über die Gruppen miteinander verglichen, die durch eine einzelne Klassifikationsvariable definiert werden.
Vorgehen: Definition von Dependent bzw. Independent Variablen (ggf. Interaktionseffekte), und Vergleichstest. Unter Means → Comparison Methods sind u.a.

verfügbar: Bonferroni's t-test, Tukey's studentized range (HSD) test, Duncan's multiple range test, Dunnett's t-test, Fisher's least significant difference (LSD) test, Gabriel's multiple-comparison procedure, Student-Newman-Keuls multiple-range test, Waller-Duncan k-ratio t-test, Scheffe's multiple-comparison procedure und Ryan-Einot-Gabriel-Welsch multiple-range test). Als Voraussetzungstests sind unter Tests u.a. verfügbar: Bartlett's test, Brown-Forsythe test und Levene's test. Falls die Voraussetzung der gleichen Varianz nicht gegeben ist, kann auf Welch's ANOVA zurückgegriffen werden, die robust gegenüber der Verletzung der Varianzhomogenität ist.
Besonderheit: Es können retrospektive Power-Analysen durchgeführt werden.

Nonparametric One-Way ANOVA:
Messniveau: AV: Kontinuierlich-unabhängig, nicht normal verteilt, UV: Diskret.
Fragestellung: Die Mittelwerte einer Responsevariable werden über die Gruppen miteinander verglichen, die durch eine einzelne Klassifikationsvariable definiert werden. Die nichtparametrische einfaktorielle ANOVA basiert auf Rangsummen; die Responsevariable braucht nicht normalverteilt zu sein. Die Nullhypothese lautet, dass die Mittelwerte pro Stufe der Klassifikationsvariable dieselben sind.
Vorgehen: Definition von Dependent bzw. Independent Variablen (ggf. Interaktionseffekte), und Vergleichstest. Unter Means → Comparison Methods sind als Lagemaße (tests of location) Wilcoxon, median, Van der Waerden, und Savage, und als Verteilungsmaße u.a. Siegel-Tukey, Ansari-Bradley, Klotz, und Mood Tests.
Besonderheit: Exakte Wahrscheinlichkeiten können berechnet werden, sind jedoch sehr rechenintensiv.

Factorial ANOVA:
Messniveau: AV: Kontinuierlich-unabhängig, UV: Diskret.
Fragestellung: Die Mittelwerte einer Responsevariable werden über Gruppen miteinander verglichen, die durch mehrere Klassifikationsvariablen definiert werden. Die Gesamtvariation der Responsevariable wird erklärt als die Gesamtsumme der Variation, bedingt durch den Effekt der Klassifikationsvariablen und durch Zufallsfehler.
Vorgehen: Definition von Dependent bzw. Independent Variablen, ggf. Spezifikation von Modell- und Interaktionseffekten und Typ des Hypothesentests für den F-Test (I, II, III, oder IV), und Vergleichstest.
Unter Means → Comparison Methods sind u.a. verfügbar: Bonferroni's t-test, Tukey's studentized range (HSD) test, Duncan's multiple range test, Dunnett's t-test, Fisher's least significant difference (LSD) test, Gabriel's multiple-comparison procedure, Student-Newman-Keuls multiple-range test, Waller-Duncan k-ratio t-test, Scheffe's multiple-comparison procedure und Ryan-Einot-Gabriel-Welsch multiple-range test).
Besonderheit: Es können u.a. Hypothesentests, retrospektive Poweranalysen, oder eine gewichtete LS-Analyse (weighted least squares analysis) angefordert werden.

Linear Models:
Messniveau: AV: Kontinuierlich-unabhängig, UV: Diskret (class), und/oder quantitativ (quantitative).
Fragestellung: Im Gegensatz zu One-Way und Factorial ANOVA können in den Linear Models in ein Modell neben den diskreten Klassifikationsvariablen, auch quantitative Variablen, oder auch beide Variablenarten im Erklärungsmodell berücksichtigt werden. Die Gesamtvariation der Responsevariable wird erklärt als die Gesamtsumme der Variation, bedingt durch die Effekte des Modells und durch Zufallsfehler.
Vorgehen: Definition von Dependent bzw. Independent Variablen, ggf. Spezifikation von Modell- und Interaktionseffekten, Typ des Hypothesentests für den F-Test (I, II, III, oder IV), und Vergleichstest.
Unter Means → Comparison Methods sind u.a. verfügbar: Bonferroni's t-test, Tukey's studentized range (HSD) test, Duncan's multiple range test, Dunnett's t-test, Fisher's least significant difference (LSD) test, Gabriel's multiple-comparison procedure, Student-Newman-Keuls multiple-range test, Waller-Duncan k-ratio t-test, Scheffe's multiple-comparison procedure und Ryan-Einot-Gabriel-Welsch multiple-range test).
Besonderheit: Neben dem Berechnen und Plotten von Predictions, können u.a. Hypothesentests, retrospektive Power-Analysen, oder eine gewichtete LS-Analyse (weighted least squares analysis) angefordert werden.

Repeated Measures:
Messniveau: AV: Kontinuierlich-abhängig, UV: Diskret (class), und/oder quantitativ (quantitative).
Fragestellung: Die Varianzanalyse für Messwiederholungen (Repeated Measures) ist v.a. dann angezeigt, wenn an derselben Untersuchungseinheit mehrere Messungen vorgenommen wurden, z.B. bei Messungen zu verschiedenen Zeitpunkten, Bedingungen, oder wenn aus anderen Gründen von abhängigen (korrelierenden) Messungen ausgegangen werden kann, z.B. bei Messungen an Untergruppen („Ehemann", „Ehefrau") von Einheiten („Ehe") zu Fragestellungen, wie z.B. Ernährungsverhalten oder gemeinsame Interessen. Die Responsewerte in den jeweiligen Klassifikationskategorien (Zeit, Bedingung) sind daher nicht unabhängig, sondern (korrelativ) miteinander verbunden.
Voraussetzung: Die Responsewerte liegen pro Zeitpunkt bzw. Bedingung als eine eigene Datenzeile vor, z.B. TIME=1, 2, 3, ... plus RSP (und nicht als TIMERSP1, TIMERSP2, TIMERSP3,...). Liegen die Daten nicht in der erforderlichen univariaten Form vor, können diese über Data → Stack Columns entsprechend aufbereitet werden.
Vorgehen: Definition von Dependent bzw. Independent Variablen, ggf. Spezifikation von Subjekt-, Modell-, Interaktions-, und Wiederholungseffekten, und Festlegung des Kovarianzstrukturmodells (u.a. compound symmmetry, first-order autoregressive, unstructured, und viele andere mehr).

Besonderheit: Neben dem Schätzen von Parametern und Kovarianzen können u.a. Typ des Hypothesentests (I, II, oder III), adjustierte Paartests, oder eine LS-Means-Analyse berechnet werden.

Mixed Models:
Messniveau: AV: Kontinuierlich (ggf. abhängig), UV: Diskret (class), und/oder quantitativ (quantitative).
Fragestellung: Gemischte Modelle (Mixed Models) gehören zur Familie der linearen Modelle. Im Gegensatz zu den bislang beschriebenen Varianzanalysen können in einem Mixed Model sowohl feste, wie auch zufällige Effekte festgelegt werden. Faktoren werden dann als zufällig bzw. zufällige Effekte bezeichnet, wenn ihre Ausprägungen eine Zufallsauswahl aus vielen weiteren möglichen Ausprägungen darstellen.
Beispiel:
Ein Arzneimittelhersteller untersucht die Wirkbestandteile (Faktorstufen) A, B, C, D, und E eines bestimmten Medikaments (Faktors). Werden alle bekannten Wirkbestandteile als Faktorstufen untersucht, handelt es sich um einen festen Effekt (z.B. A, B, C, D, E). Wird nur eine zufällige Auswahl dieser Faktorstufen untersucht (z.B. Wirkbestandteile A, C, E), handelt es sich um einen zufälligen Effekt. Gemischte Modelle sind v.a. für multizentrische Studien (multilocation trials), Split-Plot-Experimente, und hierarchische Designs geeignet.
Vorgehen: Definition von Dependent bzw. Independent Variablen, Spezifikation von zufälligen (random) bzw. festen (fixed) Effekten, Modell-, und Interaktionseffekten, und Festlegung des Kovarianzstrukturmodells (u.a. compound symmmetry, first-order autoregressive, unstructured, und viele andere mehr). Es können u.a. Fixed Effects Tests (I, II, oder III), Schätzmethoden (u.a. RML, ML), und random bzw. fixed solutions angefordert werden.
Besonderheit: Für Fixed Effects können adjustierte Paartests, oder eine LS-Means-Analyse berechnet werden.

6.4.5. Stichproben- und Power-Berechnungen

Statistics → Sample Size

Unter Statistics → Sample Size sind prospektive Stichprobengröße- und Power-Analysen aufgeführt (retrospektive Analysen finden sich u.a. unter 6.4.2. und 6.4.4.). Die Power eines Testes ist die Wahrscheinlichkeit, die Nullhypothese (kein Unterschied) korrekt zurückzuweisen, wenn die Alternativhypothese zutrifft.

Power-Analysen können prospektiv (Statistics → Sample Size) vor einer Untersuchung durchgeführt werden, um festzustellen, wie viele Beobachtungen bei einer gegebenen Power (*mindestens* 0.80) vorliegen müssen, um überhaupt genügend Sensitivität zu besitzen, einen vorhandenen Unterschied auch tatsächlich nachweisen zu können. Power-Analysen können auch retrospektiv (siehe u.a. 6.4.2., 6.4.4.), nach einer Untersuchung, durchgeführt werden, um festzustellen, welche Power erreicht wurde bzw. welche Stichprobengröße für eine gegebene Power benötigt worden wäre.

Power-Analysen basieren u.a. auf der Art der angestrebten Hypothesentests und Parametern der jeweiligen Alternativhypothese. Ist/war der angestrebte Hypothesentest einseitig (zweiseitig), so sind auch die Power-Berechnungen einseitig (zweiseitig) durchzuführen.
Die errechnete Power variiert u.U. je nach angegebenem Parameter der Alternativhypothese; deshalb ist es empfehlenswert, für die Alternativhypothese verschiedene Werte einzusetzen, um auszuprobieren, ob und inwieweit die Power empfindlich auf Änderungen des Wertes der Alternativhypothese reagiert. Auch Powerkurven sind geeignet, um grafisch abzubilden, ob und inwieweit Stichprobengröße und Power einander gegenseitig beeinflussen.

Die prospektiven Stichprobengröße- und Power-Analysen unter Statistics → Sample Size können für folg. *Analysen*: t-Test, Konfidenzintervall, Äquivalenztest, und einfaktorielle ANOVA, und für folg. *Designs* (außer ANOVA): eine Stichprobe (one-sample), zwei Stichproben (two-sample), und verbundene Stichproben (paired-sample) angefordert werden.
Anmerkung: Für die prospektive Berechnung von Stichprobengrößen und Power sind keine Datensätze notwendig; es müssen nur bekannte bzw. geschätzte Parameter in die Dialogfenster eingetragen werden. In den Dialogfenstern können mehrere Werte angegeben werden.

Ein-Stichproben t-Test: Power-Berechung
Sample Size → Power (One-Sample t-Test)
Fragestellung: Ein wahrer Mittelwert (Alternate mean) und eine wahre Standardabweichung (Standard deviation) sind bekannt (Parameter der Alternativhypothese), und als Null mean wird ein geschätzter Mittelwert herangezogen. Das Alpha wird a priori auf 0.05 gesetzt. Es soll nun die Wahrscheinlichkeit ermittelt werden, bei welcher Stichprobengröße bzw. Power der geschätzte Mittelwert (Null mean) zurückgewiesen, und korrekt der wahre Mittelwert (Alternate mean) angenommen werden kann.
Vorgehen: Definition von Alternate bzw. Null mean, Standard deviation, Alpha, Power, und 2-Sided Test.
Besonderheit: Es kann die Power vs. Sample Size als Plot angefordert werden.
Interpretation: Der Output kann so interpretiert werden, bei welchem Alpha und N der Null mean zugunsten des Alternate mean korrekt zurückgewiesen werden kann. Je nach N werden entsprechend unterschiedliche Power ermittelt: Je kleiner das N, desto geringer die Power.

Zwei-Stichproben t-Test: Fallzahlen-Berechung

Sample Size → Power (Two-Sample t-Test)

Fragestellung: In zwei Gruppen werden zwei unterschiedliche Mittelwerte erwartet. Mit einem Zwei-Stichproben t-Test kann die Fallzahl ermittelt werden, bei der der Unterschied zwischen beiden Gruppen signifikant wird.

Vorgehen: Definition von N per group, Group 1 mean, Group 2 mean, Alpha, Standardabweichung, und Power.

Anmerkung: Diese Fallzahl-Berechnung geht davon aus, dass die Standardabweichungen für beide Gruppen bekannt sein sollte. Die Standardabweichung für unabhängige Gruppen ist die gepoolte Standardabweichung. Für verbundene (paired) Gruppen ist die benötigte Standardabweichung die Standardabweichung der Unterschiede zwischen beiden Gruppen.

Besonderheit: Power vs. N kann als Plot angefordert werden.

Interpretation: Dem Output kann entnommen werden, bei welchem N (und mit welcher Power) der Unterschied zwischen beiden Gruppen (bei gegebenem Alpha) signifikant ist.

Zwei-Stichproben Äquivalenztest

Sample Size → Power (Two-Sample Equivalence)

Fragestellung: Bei einem Äquivalenztest werden ein Treatmentmittelwert (Treatment mean) und ein Referenzwert (Reference mean) miteinander verglichen. Die Nullhypothese formuliert Nichtäquivalenz, die Alternativhypothese Äquivalenz. Power ist in diesem Zusammenhang die Wahrscheinlichkeit, korrekt Äquivalenz anzunehmen, wenn also die Treatments äquivalent sind, d.h. die Unterschiede im vorgegebenen Rahmen bleiben.

Vorgehen: Definition von N, Null difference(s), Coeff of variation, Alpha, Power, upper/lower equivalence bounds und Modell.

Additives Modell: Differenz von Treatment- und Referenzmittelwert ist nicht nahe Null; multiplikatives Modell: Verhältnis von Treatment- zu Referenzmittelwert ist nicht nahe Eins. Die Nulldifferenzen müssen innerhalb des Rahmens der upper/lower bounds liegen.

Besonderheit: Power vs. N kann als Plot angefordert werden.

Interpretation: Dem Output kann entnommen werden, welches N bei der voreingestellten Power (bei gegebenem Alpha) benötigt wird, um die gewünschten Null Differences (Äquivalenz) zu ermitteln.

6.4.6. Nicht vorgestellte Möglichkeiten von SAS/ANALYST

Es konnten nicht alle Möglichkeiten von SAS/ANALYST zur statistischen Datenanalyse vorgestellt werden. Nicht vorgestellt wurden

Statistics → Regression, u.a. Simple, Linear, Logistic
Statistics → Multivariate, u.a. Canonical Correlation, Principal Components
Statistics → Survival, u.a. Life Tables, Proportional Hazards
Probieren Sie diese Analyseverfahren doch einfach mal aus!

6.4.7. Übungen

1. Rechnen Sie erste deskriptive Analysen mit Variablen Ihrer Wahl.
2. Probieren Sie die Möglichkeiten der grafischen Datenexploration aus (u.a. Histogramm, Box-, Wahrscheinlichkeitsplot).
3. Werten Sie Tabellen aus. Berechnen Sie die Chi^2 und die Likelihood Ratio Chi^2. Berechnen Sie je nach Messniveau der Variablen in den Tabellen verschiedene Assozationsmaße (ordinal, intervall, nominal). Orientieren Sie sich dabei an diesem Kapitel.
4. Probieren Sie mehrere Möglichkeiten der Berechnung einer Varianzanalyse aus, u.a. (Nonparametric) One-Way ANOVA, Factorial ANOVA, Linear Models, Repeated Measures, oder Mixed Models. Orientieren Sie sich dabei an diesem Kapitel.
5. Probieren Sie einige Möglichkeiten der Stichproben- und Power-Berechnung aus. Orientieren Sie sich dabei an diesem Kapitel.

6.5. Einstellungen

SAS/ANALYST kann individuell konfiguriert werden, u.a. der Viewer, Grafiken und das Abspeichern von Optionen.

Viewer

Wählen Sie Tools → Viewer Settings.
Mögliche Operationen:
Registerkarte Viewer:
Über den Schieberegler können Sie die Größe des Projektbaumes und der Datentabelle verändern.
Registerkarte Table:
Sie können u.a. Fonts, Ansicht (Variablennamen oder Labels), Mode (Browse, Edit, Shared), und besondere Warnungen beim Öffnen von Datensätzen ab einer bestimmter Größe einstellen.
Registerkarte Variables:
Sie können die Ansicht (Variablenname oder Label) und die Reihenfolge (alphabetisch, wie im Datensatz) festlegen.
Registerkarte Output:

Sie können die Voreinstellung deaktivieren, dass der generierte Sourcecode ausgegeben wird. Sie können u.a. einstellen, in welcher Reihenfolge der Output gezeigt, und ob er im HTML-Format ausgegeben wird.

Je nach Rechnerleistung kann eine Ausgabe im HTML-Format die Arbeit mit SAS/ANALYST deutlich verlangsamen.

Grafiken

Wählen Sie Tools → Graph Settings...
Mögliche Optionen:
Einstellung u.a. von Farben, Füllmustern, Umrandungen und Achsen.
Einstellung u.a. von Symbolen und Symbolgrößen.
Einstellung von Fonts, Textfarben, und Schriftgröße.

Überschriften

1. Über Tools → Titles...
Registerkarte Global:
Sie legen die Überschriften fest, die in jedem Output ausgegeben werden sollen.
Registerkarte Settings:
Sie legen fest, ob u.a. Datum, Seitennummern, und Filter angegeben werden sollen.

2. Über den Button Titles innerhalb einer Aufgabe.
Während Sie eine Aufgabe bearbeiten, z.B. über Graphs → Histogram..., können Sie unter (z.B.) der Registerkarte Histogram Überschriften für das Histogramm eingeben, und unter der *dortigen* Registerkarte Global einstellen, dass die vorher festgelegten Standardüberschriften inaktiviert werden sollen. Mit der Registerkarte Settings legen Sie, ob u.a. Datum, Seitennummern, und Filter angegeben werden sollen.

Optionen abspeichern

Während Sie eine Aufgabe bearbeiten, z.B. über Graphs → Histogram..., können Sie alle möglichen vorgenommen Einstellungen und Änderungen unter Save Options abspeichern.

7. SAS/INSIGHT

7.1. Einführung, Übersicht und Steuerung

SAS/INSIGHT ist ein eigenständiges Modul (im Gegensatz zu den Oberflächen SAS/ANALYST und ASSIST, und der Anwendung Enterprise Guide), das über Maussteuerung ausgesprochen benutzerfreundlich zugänglich ist, und grundlegende sowie anspruchsvollere uni- bzw. multivariate statistischen und grafische Analysen ermöglicht.

Diese Einführung zu SAS/INSIGHT ist gedacht für Benutzer mit wenig oder keiner Erfahrung mit dem SAS System, für Benutzer mit wenig oder keiner Programmiererfahrung, und für Benutzer, die sich eine Übersicht über die Möglichkeiten von SAS/INSIGHT verschaffen möchten.

Diese Einführung geht vorwiegend auf die Bedienung und Steuerung von SAS/INSIGHT ein, erleichtert eine erste Orientierung in SAS/INSIGHT und ist auf die unmittelbare Umsetzung der am häufigsten anfallenden Vorgänge des Managements und der Analyse von Daten ausgerichtet. Programmierkenntnisse sind nicht erforderlich.

7.1.1. Einführung

SAS/INSIGHT ist eine interaktive, grafikgesteuerte Software für die Exploration und Analyse von Daten. In SAS/INSIGHT sind über eine multiple Fenstertechnik Grafiken und Analysen gekoppelt, d.h. Änderungen an den Daten in der einen Grafik oder Analyse werden auch in allen anderen effektiv und sichtbar. Dieses Data Linking ermöglicht darüber hinaus interaktive Analysetechniken wie z.B. "point identification" oder "scatterplot brushing".

Sie können mit der SAS/INSIGHT Software uni- und multivariate Verteilungen untersuchen und ihre Daten über interaktive Histogramme, Boxplots, Verteilungsplots, und 3D Rotating Plots genauer betrachten.

Sie können Zusammenhänge zwischen Variablen berechnen (Korrelation) und die Struktur ihrer Daten ermitteln (Hauptkomponentenanalyse, principal component analysis). Sie können Vorhersagemodelle konstruieren, die auf in ihren Daten vorgefundenen Zusammenhängen gründen.

SAS/INSIGHT unterstützt *General Linear Models* und *Generalized Linear Models*, die neben der multivariaten Regression und multivariate Varianzanalyse, viele weitere Verfahren wie z.B. Logistische Regression oder Poisson Regression umfasst.

7.1.2. Übersicht (Techniken)

SAS/INSIGHT stellt ein umfassendes Ensemble an Werkzeugen für die grafische und statistische Exploration und Analyse von Daten zur Verfügung.

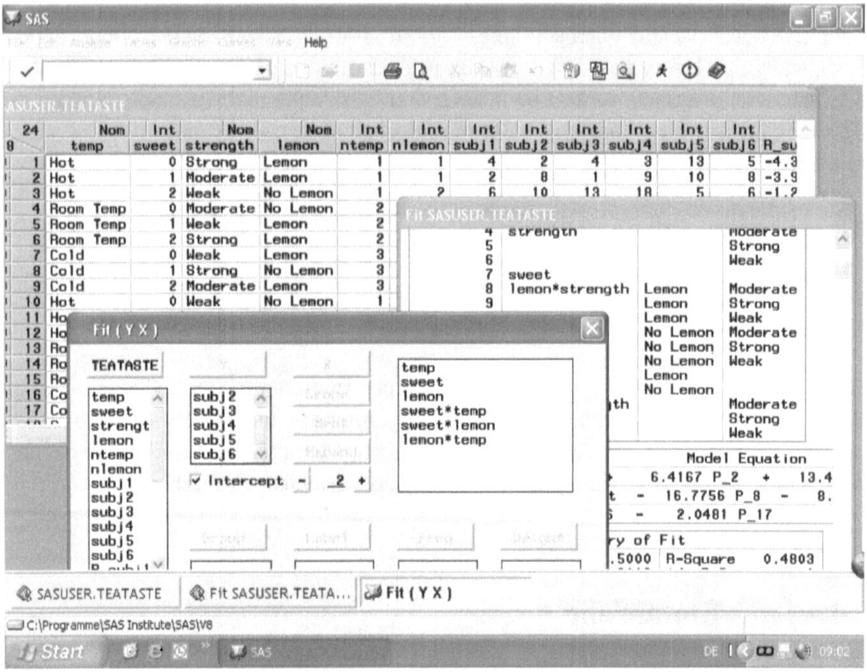

Techniken der Exploration von Daten

- Beobachtungen in Plots identifizieren.
- Beobachtungen mittels der Link-Technik in Scatter Plots, Histogrammen, Boxplots, Linien- und Konturendiagrammen (Contour Plots), und 3D Rotating Plots "brushen ".
- Beobachtungen aus Grafiken und Analysen ausschließen.
- Suchen, Sortieren, und Editieren von Daten.
- Variablen transformieren.
- Beobachtungen färben auf der Basis eines Variablenwerts.

In SAS/INSIGHT erstellte Grafiken können nachträglich animiert werden (über Edit → Windows → Animate). Ausgewählte Punkte in Punkteschwärmen oder Lineplotgeraden fangen dann in einer bestimmten Geschwindigkeit an zu blinken.

Techniken der statistischen und grafischen Analyse von Verteilungen

- Deskriptive Statistiken berechnen.
- QQ(Quantil-Quantil)Plots generieren.
- Mosaikplots kreuzklassifizierter Daten erzeugen.
- Parameter (normal, lognormal, exponential, Weibull) und Kerndichteschätzer an Verteilungen anpassen.
- Parametrische und empirische kumulative Verteilungsfunktionen anpassen.
- Hypothesen testen bei vollständig spezifizierten (bekannte Parameter) oder spezifischen (unbekannte Parameter) Verteilungen auf der Grundlage von Kolmogorov's D Statistik.

Um Beziehungen zwischen einer abhängigen Variable (AV, response, Ziel) und einem Set von unabhängigen (UV, erklärenden, Prädiktor, explanatory, Kriterien) Variablen zu analysieren, können Sie mit SAS/INSIGHT u.a.

- Kurven anpassen mit Polynomen, Kernen, und glättenden Splines.
- Kurven anpassen mit nichtparametrischen lokalen polynomischen Glättern mittels einer festgelegten Bandbreite (fixed bandwidth) oder einer loess-Glättung (loess smoothing).
- Konfidenzintervalle für mittlere und vorhergesagte Werte hinzufügen.
- Flächen anpassen mit Polynomen, Kernen, und glättenden Splinen.
- Residual- und Einfluss(leverage)plots erzeugen.
- Das Allgemeine Lineare Modell (GLM, general linear model) einschließlich Klassifikationseffekten an Varianz- und Kovarianzanalysen anpassen.
- Das Allgemeine Lineare Modell (GLM, general linear model) einschließlich an logistische Regression, Poisson Regression, und andere Modelle anpassen.

Techniken der Analyse von Beziehungen zwischen Variablen:

- Berechnung von Korrelationsmatrizen und Scatterplotmatrizen mit Konfidenzellipsen für Zusammenhänge zwischen Variablenpaaren.
- Die Dimensionalität von intervallskalierten Variablen mittels einer Hauptkomponentenanalyse reduzieren.
- Zusammenhänge zwischen zwei Sets von intervallskalierten Variablen mittels einer kanonischen Korrelationsanalyse und einer Maximumredundanzanalyse (maximum redundancy analysis) untersuchen.
- Zusammenhänge zwischen einer nominal skalierten Variable und einem Set von intervallskalierten Variablen mittels einer kanonischen Diskriminanzanalyse (canonical discriminant analysis) untersuchen.

Techniken des Datenmanagements auf der Ebene von Variablen, Datensätzen, und Arbeitsplatzumgebung

Variablenebene

- Suchen, Sortieren, und Editieren von Werten.
- Beobachtungen aus Grafiken und Analysen ausschließen.
- Variablen transformieren.

Datensatzebene

- Beobachtungen aus Grafiken und Analysen ausschließen.
- Suchen, Sortieren, und Editieren von Daten.
- Daten gruppenweise verarbeiten.
- Multiple Datasets verarbeiten.

Arbeitsplatzumgebung

- Speichern von optionalen Einstellungen.
- Individuelles Maßschneidern der SAS/INSIGHT Abläufe.
- Speichern von Ergebnissen als SAS Datasets, SAS/GRAPH Katalogen, und Textfiles.

7.1.3. Steuerung

Die Steuerung von SAS/INSIGHT ist fast ausschließlich maus- bzw. menügesteuert. Die Menüs können mit der Maus (Klicken, Ziehen, Markieren uvam.), Shortcuts (z.B. mit STRG oder SHIFT) oder einer Kombination oder Abfolge von beidem (z.B. Click und SHIFT) angesteuert werden. Die Belegung der Tastatur ist letztlich hostabhängig.

Die Steuerung über Menüs erfolgt über Pulldown- und Popupmenüs. Die Pulldownmenüs befinden sich in der Menüleiste, und werden wie aus der Windows-Technik bekannt angesteuert. Die Popupmenüs sind in allen möglichen Anzeigen enthalten, wie z.B. Tabellen, Grafiken oder Statistiken, und in allen möglichen Formen, z.B. als Buttons, Menüleiste, oder Elemente der grafischen Ausgabe. Aktiviert werden Sie über Anklicken oder die rechte Maustaste.

Die Anzeigen in den jew. Menüs zeigen über Häkchen an, ob der **Zustand** eines Features ein oder aus ist (*toggle by check marks*). Radio marks geben dagegen den aktuellen **Grad** einer Einstellung an (*state by radio marks*).

Schließen können Sie ein Fenster über die Esc-Taste oder über das Anklicken des X im Fenster rechts oben.

Die Einstellungen im Output und dem Method Button gelten immer nur für das Fenster, für die sie eingestellt wurden. Der Unterschied zwischen dem Output und dem Method Button ist der, dass Output den Umfang eines Outputs festlegt, als z.B. wie viele und welche Statistiken und Grafiken ausgegeben werden. Der Method Button legt dagegen fest, auf welche *statistische* Weise SAS/INSIGHT Berechnungen für bestimmte Analyse durchführt, z.B. ob Analysen mit oder ohne Missings durchgeführt werden, welche Verteilung (Response Dist.) die abhängige Variable hat u.v.a.m.

Bei aktiviertem SAS/INSIGHT kann über File → Save → Statements der im Hintergrund generierte Programmcode aufgezeichnet werden. Der Syntaxgenerator ist dabei bei weitem nicht so mächtig, wie man es z.B. von SAS/ASSIST kennt; es wird Code der Prozedur PROC INSIGHT aufgezeichnet. Zu beachten ist auch, dass nicht jede Aktion protokolliert wird (z.B. Transformation von Variablen), und dass somit das Wiederabschicken des Syntaxcode nicht immer zu denselben Analyseergebnissen führen wird.

Mit SAS/INSIGHT können Sie auch Output von beliebigen statistischen SAS Prozeduren analysieren, die nicht in SAS/INSIGHT selbst enthalten sind. Falls Sie z.B. eine Analyse benötigen, die nicht in SAS/INSIGHT enthalten ist, finden diese sicher in den vielen anderen Produkten des SAS Systems.
Die Daten, die in SAS/INSIGHT z.B. grafisch analysiert werden sollen, müssen vorher, z.B. in SAS/STAT, abgespeichert und anschließend besonders aufbereitet werden. Im Programm Editor werden sog. _OBSTAT_s definiert, eine besondere Variable, die u.a. Farben, Formen und weitere Eigenschaften einer Beobachtung z.B. für eine Grafik festlegt.

Beispiel:

```
data DEMO ;
   set sasuser.statistik ;
   if SCHULBIL='Abitur'    then _OBSTAT_=0110465535        0      0 ;
   if SCHULBIL='Realsch'   then _OBSTAT_=0110865535        0      0 ;
   if SCHULBIL='Hauptsch' then _OBSTAT_=0110565535          065535 ;
   run;
```

Sind die _OBSTAT_s definiert, können über den neuen Datensatz DEMO die Ergebnisse aus SAS/STAT auch in SAS/INSIGHT grafisch und statistisch analysiert werden.

7.2. Daten-Management

SAS/INSIGHT kann auf drei verschiedenen Wegen gestartet werden:

(1) In der command line im Program Editor mit dem Befehl "insight".

(2) Über die SAS Menüleiste unter Solutions → Analysis → Interactive Data Analysis. Die Auswahl eines bestehenden Datasets erfolgt über das sich öffnende Auswahlfenster.

(3) Durch Aufruf der Prozedur PROC INSIGHT im Program Editor mit einem PROC-step in der SAS Syntax gleich. Bei diesem Aufruf können bereits vorhandene SAS Datasets mit aufgerufen werden:

Beispiel:

```
libname IHRE 'C:\Eigene Daten' ;
proc insight data = IHRE.DATEN ;
run;
```

SAS/INSIGHT kann auch auf mehreren Wegen beendet werden:

(1) Über die SAS/INSIGHT-Menüleiste über File → End.

(2) Über das Schließen aller Datenfenster.

(3) Über das Beenden des SAS Systems.

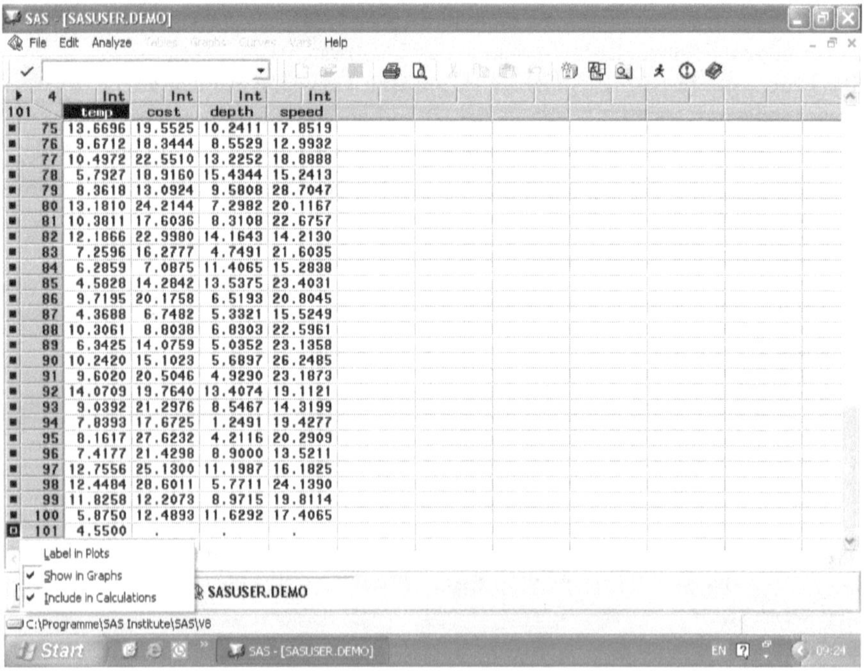

4	Int	Int	Int	Int
101	temp	cost	depth	speed
75	13.6696	19.5525	10.2411	17.8519
76	9.6712	18.3444	8.5529	12.9932
77	10.4972	22.5510	13.2252	18.8888
78	5.7927	18.9160	15.4344	15.2413
79	8.3618	13.0924	9.5808	28.7047
80	13.1810	24.2144	7.2982	20.1167
81	10.3811	17.6036	8.3108	22.6757
82	12.1866	22.9980	14.1643	14.2130
83	7.2596	16.2777	4.7491	21.6035
84	6.2859	7.0875	11.4065	15.2838
85	4.5828	14.2842	13.5375	23.4031
86	9.7195	20.1758	6.5193	20.8045
87	4.3688	6.7482	5.3321	15.5249
88	10.3061	8.8038	6.8303	22.5961
89	6.3425	14.0759	5.0352	23.1358
90	10.2420	15.1023	5.6897	26.2485
91	9.6020	20.5046	4.9290	23.1873
92	14.0709	19.7640	13.4074	19.1121
93	9.0392	21.2976	8.5467	14.3199
94	7.8393	17.6725	1.2491	19.4277
95	8.1617	27.6232	4.2116	20.2909
96	7.4177	21.4298	8.9000	13.5211
97	12.7556	25.1300	11.1987	16.1825
98	12.4484	28.6011	5.7711	24.1390
99	11.8258	12.2073	8.9715	19.8114
100	5.8750	12.4893	11.6292	17.4065
101	4.5500	.	.	.

7.2.1. Interaktive Dateneingabe

SAS/INSIGHT besitzt eine der einfachsten, elegantesten und schnellsten Möglichkeiten, eigene Daten direkt ins SAS System einzugeben, und damit permanente (oder temporäre) SAS Dateien zu erzeugen, die direkt oder mit Hilfe der Eingabe von SAS Prozeduren ausgewertet werden können. Voraussetzung ist natürlich, dass SAS/INSIGHT installiert und lizenziert ist.

Nach dem Aufruf von SAS/INSIGHT wird in der Menüleiste File → New angeklickt, und es erscheint ein leeres Tabellenblatt, wie man es aus z.B. aus dem Tabellenkalkulationsprogramm MSEXCEL kennen dürfte. In dieses Tabellenblatt können nun die Daten eingetragen werden, wobei gilt, dass in die Zeilen (rows) die Beobachtungen (Werte, Probanden), und in die Spalten (columns) die Variablen eingetragen werden.

Am besten bearbeiten Sie zuerst die Spalten des noch leeren Tabellenblattes für die einzugebenden Daten. Die Spalten können Sie dann erst als Variablen definieren, wenn Sie mind. eine Zeile an Daten (Datenreihe) in das Tabellenblatt eingegeben haben.

Die Daten können nach dem Anwählen einer Zelle direkt hineingeschrieben werden; in der Tabelle kann man sich dabei mit den TAB- oder Pfeiltasten einfach von Zelle zu Zelle bewegen.

Wenn nun das Eingeben einer ersten Datenreihe die Popupmenüs aktiviert hat, können Sie nun die Variablen definieren. Wenn Sie nun auf die Buchstaben (A, B, C, ...) über der Datenreihe klicken, können Sie jede einzelne Spalte zu einer Variable einschl. Variablennamen, Label, Messniveau, und spezielle Funktionen Die Namen und Eigenschaften (Gruppen-, Häufigkeits- oder Gewichtungsvariable) umdefinieren. Durch Anklicken des kleinen Pfeils links oben stehen noch zahlreiche weiter Funktionen zur Verfügung, u.a. neue Variablen oder neue Beobachtungen einfügen, oder auch bestimmte Aktionen wie z.B. das Suchen oder Finden.

Der Datensatz heißt noch WORK.A und sollte beim Abspeichern File → Save → Data → permanente (also nicht WORK!) Library (vor der Sitzung über LIBNAME definiert) zumindest in einen permanenten Datensatz verändert werden, weil sonst nach dem Beenden von SAS die Daten nicht mehr vorhanden sind.

7.2.2. Öffnen eines Datasets + Daten-Management

Öffnen Sie einen beliebigen vorhandenen Datensatz über File → SAS/INSIGHT Open → Library → Dataset. Falls es sich um einen sehr großen Datensatz handelt, können Sie den Datensatz hoch/runter, bzw. links/rechts scrollen, um ihn sich anzusehen.

File → Move to First

Sie können die Variablenabfolge z.B. über Markieren und File → Move to First verändern.

File → Sort

Sie können die Wertabfolge innerhalb einer Variablen ändern, z.B. über Markieren und File → Sort (weil Sie damit über eine Variable einer Beobachtung alle anderen Beobachtungen mitsortieren, ändern Sie über Sortieren die Abfolge der Beobachtungen den kompletten Datensatzes). Diese Option ist hilfreich bei der Identifikation von Ausreißern bzw. Extremwerten.

Edit → Observations → Find

Sie können Beobachtungen suchen lassen, die bestimmte Merkmale aufweisen, z.B. über Edit → Observations → Find. Nach dem Anklicken von Apply werden die Datenzeilen mit den Beobachtungen einschl. den gefundenen Merkmalen schwarz markiert. Diese Option ist hilfreich bei der gezielten Identifikation von fehlenden Werten (Missings), speziellen Wertebereichen oder Extremwerten.

Edit → Observations → Examine

Sie können Beobachtungen fallweise untersuchen, z.B. über Edit → Observations → Examine, indem Sie sich alle Werte der einzelnen Datenzeilen (Probanden, Beobachtungen) in einer fallweisen Abfolge ansehen; sie können auf diese Ausgabe auch zugreifen, indem Sie in einem Boxplot auf die einzelnen Punkte in der Grafik klicken.

7.2.3. Übungen

1. Fahren Sie das SAS System herunter und wieder hoch. Starten Sie SAS/INSIGHT. Legen Sie einen kleinen eigenen Datensatz incl. numerischen und Stringvariablen an. Speichern Sie Ihren Datensatz.
2. Öffnen Sie einen vorhandenen Datensatz und probieren Sie dabei an den Pulldown- und Popupmenüs die verschiedenen Möglichkeiten der Steuerung von SAS/INSIGHT aus, u.a. Menüs, Maus oder einer Kombination von beidem. Stellen Sie Anzeigen individuell ein.
3. Üben Sie an einem beliebigen Datensatz das Arbeiten mit einem Tabellenblatt, u.a. Scrollen, Ändern der Wert- und Variablenabfolge, Suchen von Beobachtungen, und das fallweise Untersuchen von Beobachtungen.

7.3. Datenexploration

Mit SAS/INSIGHT können Daten 1-, 2- und 3dimensional exploriert werden. In der Menüleiste wird dies durch Y, XY, und MULTIVARIATE ausgedrückt. Sie können im Verlaufe Ihrer Analyse mehrere Fenster zugleich öffnen und miteinander vergleichen. Öffnen Sie einen beliebigen vorhandenen Datensatz über File → SAS/INSIGHT Open → Library → Dataset.

7.3.1. 1 Dimensional (Y)

Mit SAS/INSIGHT können Sie Daten 1dimensional (Y) über Histogramme, Boxplots, Mosaikplots und univariate Verteilungsanalysen explorieren zusätzlich können Sie Dichteschätzungen und kumulative Verteilungsfunktionen an Ihre Daten anpassen.

Histogramme (über Analyze → Histogram/Bar Chart (Y)):
Ein Histogramm ist die Darstellung der Verteilung einer intervallskalierten Variable in einem Balkendiagramm. Der Abstand, der durch einen Balken dargestellt wird, wird *bin* genannt. Histogramme sind das Mittel der Wahl, Verteilungen zu untersuchen. Empfehlenswert ist, an einer Verteilung mehrere grafische Präsentation auszuprobieren, weil die Breite und Position von Balken stark die Form einer Verteilung und ihre Wahrnehmung beeinflussen kann.
Wählen Sie für Y eine intervallskalierte Variable Ihrer Wahl. Ein Klicken auf die Balken hat mehrere Folgen: Es gibt zstzl. Häufigkeitswerte aus, und wählt alle Beobachtungen eines Balken aus, und markiert diese Fälle im Datenblatt.

Boxplots (über Analyze → Box Plot/Mosaic Plot (Y)):
Wählen Sie für Y eine intervallskalierte Variable, wird ein Boxplot angezeigt; wählen Sie dagegen eine nominalskalierte Variable, wird ein Mosaikplot für die gewählte Variable ausgegeben. Ein Boxplot ist die schematische Wiedergabe einer Verteilung. Die vertikalen Linien in der Box geben das 25., 50.(Median) und 75. Perzentil der Daten an. Falls die Daten weit streuen, werden diese durch sog. Whisker (max. das 1.5fache des Interquartilsabstands), oder als Ausreißer einzeln angezeigt.

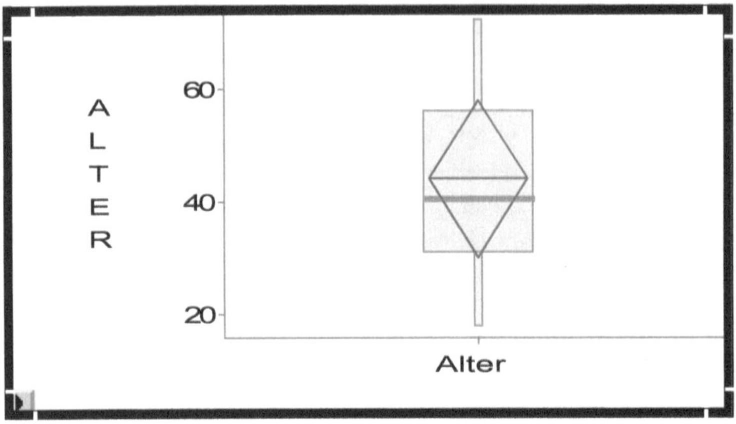

Für Boxplots und Mosaikplots können Sie außerdem weitere Variablen u.a. für Gruppierungen, Häufigkeiten, Labels und XY Plots einsetzen. Bei Labels ist die Beobachtungsnummer der Default (voreingestellt); Sie können jederzeit eine andere Variable für Label einstellen. Wenn Sie auf die Boxplots und Mosaikplots klicken, werden weitere Angaben angezeigt. Wenn Sie auf den Pfeil am Diagramm links unten klicken, können Sie weitere Optionen einstellen, z.B. Referenzlinien, Mittelwerte, Achsen usw.

Univariate Verteilungsanalysen (über Analyze → Distribution (Y))
Univariate Verteilungsanalysen sind in mehrerer Hinsicht ein Sonderfall: Zur Analyse der Verteilungsmuster einer numerischen Variable werden mehrere Grafiktypen (Boxplot, Histogramm; Erläuterung siehe oben) gleichzeitig erzeugt; außerdem werden Statistiktabellen incl. Moments und Quantiles ausgegeben. Histogramme in Verteilungsanalysen enthalten anstelle einer Häufigkeits- eine Dichteachse, um die Anteilshäufigkeit innerhalb gegebener Intervalle anzugeben.

Die Statistiktabellen enthalten in den Moments u.a. N, Mean, StdDev, Skewness und Kurtosis. Skewness (Schiefe) und Kurtosis (Wölbung) sind Maße für die Form der Verteilung. Die Quantiles geben Aufschluss über die Variabilität (v.a. über die Perzentile) und das Zentrum der Daten (v.a. über Q1, Med, Q3).

Dichteschätzungen
Dichteschätzungen können Histogrammen als Kurven (über Curves) hinzugefügt werden. Dichtekurven werden manchmal bevorzugt, weil sie nicht die "Brüche" der Balkendiagramme enthalten. Histogramme sind selbst eine Form der Dichteschätzung, wobei eine Dichteschätzung ein konstruierter Schätzwert der Dichtefunktion der beobachteten Daten ist, die wiederum ein Derivativ der kumulativen Verteilungsfunktion (CDF, cumulative distribution function) ist.

Über Y können aus parametrischen (parametric) und nichtparametrischen (Kernel)Ansätzen der Dichteschätzung gewählt werden, bei der parametrischen Dichteschätzung u.a. aus Normalverteilung und Lognormalverteilung. Die Kerndichteschätzung setzt dagegen wenig bzgl. der funktionalen Datenform voraus (und ist daher eine nichtparametrische Schätzung), und erzeugt eine Kurve, die den Daten dicht anliegt. Im Fenster erscheint zusätzlich eine Tabelle mit Statistiken zur gewählten Dichtefunktion (der Schieberegler des C-Werts kann stufenlos verstellt werden).

Die *kumulative Verteilungsfunktion (CDF)* kann in einer separaten Grafik ebenfalls dargestellt (Curves → Empirical CDF), mit Konfidenzintervallen (Curves → CDF Confidence Band) versehen und diese und andere Funktionen mit Kolmogorov's D Statistik (Curves → Test for...) getestet werden.

7.3.2. 2 Dimensional (YX)

Mit SAS/INSIGHT können Sie Daten 2dimensional (YX) über Mosaikplots, Scatter Plots (Streudiagramme), und Liniendiagramme explorieren; zusätzlich können Sie Kurven an Ihre Daten anpassen, z.B. Regressionskurven.

Mosaikplots (über Analyze → Box Plot/Mosaic Plot (Y))
Mosaikplots sind bildliche Darstellungen der Häufigkeiten zweier Nominalvariablen.

Scatter Plots (über Analyze → Scatter Plot (YX))
Scatter Plots geben die Beziehung zweier intervallskalierter Variablen grafisch wieder.

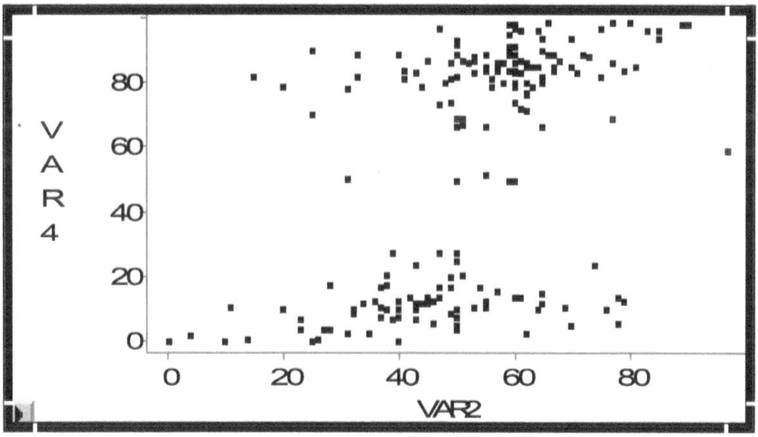

Scatter Plots sind ideal, um weitere Explorationstechniken hinzuweisen; u.a. das Verbergen/Zeigen (observations → hide/show in graphs) von Beobachtungen in Grafiken, das Ein-/Ausschließen in Berechnungen (observations → include/exclude in calculations), und das Bilden von Subsets durch Funktionen (z.B. Observations → Find), oder auch die Analysetechnik des "Brushing" und "Slicing". „Brushing" ist eine Technik, mehrere Beobachtungen in allen geöffneten Datenansichten gleichzeitig auszuwählen; „Slicing" ist eine Methode, die Daten auf der Basis bestimmter Variablenwerte in Subsets zu unterteilen. An Scatter Plots lassen sich die Techniken des "Brushing" schön demonstrieren:

Wählen Sie eine interessante Punktwolke aus einem der Plots aus, und ziehen Sie mit der Maus ein Rechteck um diese Daten. Beobachten Sie die Folgen in den anderen Plots und im Datensatz selbst. Um den brush rückgängig zu machen, klicken Sie einfach auf ein leeres Feld. "Slicing" ist, wenn Sie den gezogenen Rahmen hin und her bewegen, und damit die Punktewolke, und damit den Datensatz nach ihren Vorstellungen explorieren.

Scatter Plots sind auch in der Lage, mehrere bivariate Beziehungen in einer sog. Scatterplotmatrix gleichzeitig darzustellen. Man kann sich eine Scatterplotmatrix als Korrelationsmatrix in bildlicher Form vorstellen. Die Matrizen sind so zu lesen, dass alle Plots in den Spalten eine X-Achse gemeinsam haben, während alle Plots in einer Zeile eine gemeinsame Y-Achse teilen. Jedes Plot kommt deshalb zweimal vor, einmal über die X-, einmal über die Y-Achse. Um eine Scatterplotmatrix mit mehr als zwei Variablen zu erhalten, müssen Sie im *Datensatz* mind. zwei intervallskalierte Variablen markieren, und dann über Analyze Scatter Plot (YX) öffnen.

Lineplots (über Analyze → Lineplot (YX))

Lineplots geben die Beziehung einer intervallskalierten Variablen (Y) zu einer einzelnen Variable (X) wieder. Lineplots werden oft verwendet, um Trends über die Zeit hinweg darzustellen. Weisen Sie dabei X die Zeitvariable zu, z.B. Datum; Sie können mehrere Variablen als Y auswählen. Wenn Sie für Label ebenfalls die Zeitvariable verwenden, versehen Sie alle Beobachtungen in den Plots mit dem jew. Datum (erkennbar, sobald Sie auf die Grafik klicken).

Für Mosaik-, Scatter- Lineplots können Sie weitere Variablen für Gruppierungen und Label angeben. Wenn Sie auf die Plots klicken, werden weitere Angaben gezeigt; z.B. können Sie in den Scatter Plots Marker z.B. nach Größe, Farbe, und Typ gestalten. Wenn Sie auf den Pfeil am Plot-Diagramm links unten klicken, können Sie weitere Optionen einstellen, z.B. Achsen, Referenzlinien, Ticks, usw.

Kurven (über Analyze → Fit (YX))

Kurven können (über Analyze → Fit (YX)) Ihren Daten angepasst werden, um systematische Variationen, also Trends und Beziehungen, in zweidimensionalen Daten besser identifizieren zu können.

SAS/INSIGHT bietet dazu parametrische (Least-Squares, GLM) und nichtparametrische (Spline, Kern, Loess) Fit-Methoden an. Im Outputfenster erscheint neben der Tabelle mit Statistiken zur gewählten Fit-Methode ein Schieberegler für die Einstellung des Degree (Polynomial). Mit Betätigen des Schiebereglers ändern sich bei parametrischen Fits u.a. die Art der Anpassung (linear, quadratisch, kubisch), die Quadratsummen, R-Square (R^2), und die F-Statistik, und bei nichtparametrischen Methoden (z.B. Kern) u.a. der C-Value, Bandwidth und MSE. Nichtparametrische Methoden gelten als geeigneter, komplexes Kurvenverhalten zu erfassen als Polynommethoden.

SAS/INSIGHT kann, sobald eine erste Kurve angelegt wurde, den Daten gleichzeitig weitere Kurven auch anderer Fit-Methoden anpassen (Über Curves), sobald ein Fenster mit der ersten Kurvenanpassung angezeigt wird. Mit SAS/INSIGHT ist es also möglich, Daten in einem Fenster zugleich auf parametrischen und nichtparametrischen Methoden basierende Kurven zugleich anzulegen, und diese miteinander zu vergleichen.

Mit diesen Möglichkeiten von SAS/INSIGHT können Linien den Daten schnell, einfach und optimal angepasst werden. Darüber hinaus können die Farben, Muster und Breiten der Linien beliebig verändert werden, wenn die Kurven in der Legende markiert, und dann über Windows → Edit → Tools eingestellt werden.

7.3.3. 3 Dimensional (ZYX)

Mit SAS/INSIGHT können Sie Daten 3dimensional (ZYX) über Contour Plots und Rotating Plots explorieren.

Rotating Plots (über Analyze → Rotating Plot (ZYX)): Die Rotation von Plots hat den Vorteil, Datenstrukturen auf eine Weise erkennen zu können, die mit statischen Plots nicht sichtbar wären.

Wählen Sie dazu drei intervallskalierte Variablen (X, Y, Z) aus. Ein Rotating Plot wird angezeigt. Mit der Menüleiste am linken Rand können Sie die 3dimensionale Verteilung stufenlos drehen und wenden; mit der Scroll-Leiste links können Sie die Rotationsgeschwindigkeit einstellen. Wenn Sie auf den Pfeil am Plot-Diagramm links unten klicken, können Sie weitere Optionen einstellen, z.B. Würfel (cube), Strahlen (rays), Tiefe (depth), usw.

Contour Plots (über Analyze → Rotating Plot (ZYX)): Ein Konturenplot ist im Prinzip eine zweidimensionale Darstellung einer 3D Responsefläche in Gestalt von Konturenlinien ähnlich wie Hügel und Täler auf topografischen Karten als konzentrische Kreise und Linien, wobei zwei Variablen (X, Y) die Achsen bilden (und dabei die Level anderer Variablen konstant halten), und die, dritte, Z-Variable, die konstante Response repräsentiert. Für jedes X/Y-Wertepaar (Faktoren) kann es nur einen Z-Wert (Responsewert) geben; die Abbildung mehrerer Responses ist nicht möglich.

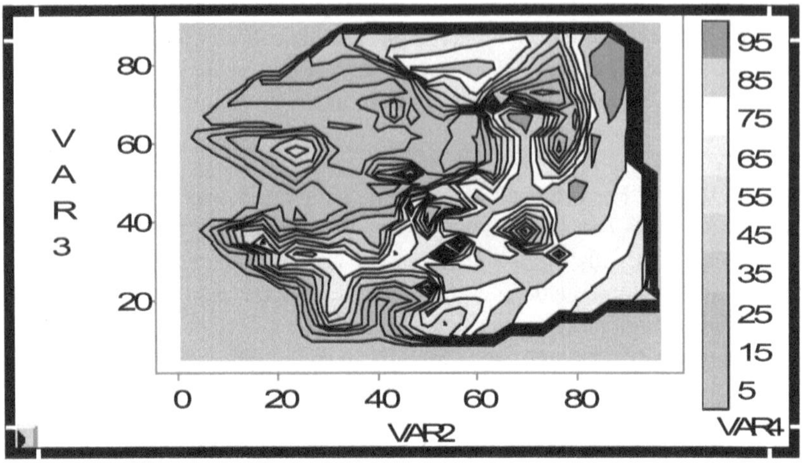

Linien oder Gebiete in einem Konturenplot repräsentieren Größenunterschiede (levels of magnitude) der Variable Z gemäß einer Koordinatenposition (X, Y) auf einer Ebene. In der Beispielgrafik entspricht Z der Variablen VAR4, und X und Y den Variablen VAR2 und VAR3.

Ein Konturenplot ist geeignet, um das Responseverhalten in Abhängigkeit zweier Variablen zu untersuchen. Wenn Daten zu viele Hügel und Täler enthalten, um mit in einem Oberflächenplot angemessen untersucht werden zu können, können Daten mit dem Konturenplot immer noch auf Trends hin exploriert werden.

Der Konturenplot ist eine geeignete grafische Technik, eine Responsefläche zu untersuchen, wenn nicht mehr als zwei Faktoren die Responsevariable zu beeinflussen scheinen, und wenn nicht mehr als eine Responsevariable untersucht wird.

Für Rotating Plots und Contour Plots können Sie weitere Variablen angeben, u.a. für u.a. Gruppierungen und Label. Wenn Sie auf die Plots klicken, werden weitere Angaben gezeigt.

7.3.4. Übungen

1. Üben Sie die 1dimensionale (Y) Datenexploration: Entwerfen Sie Histogramme, Boxplots, Mosaikplots und univariate Verteilungsanalysen. Passen Sie Dichteschätzungen und kumulative Verteilungsfunktionen an Daten Ihrer Wahl an.
2. Üben Sie die 2dimensionale (YX) Datenexploration: Entwerfen und explorieren Sie Scatter Plots, und Liniendiagramme. Passen Sie Kurven an Ihre Daten an.
3. Üben Sie die 3dimensionale (ZYX) Datenexploration: Entwerfen und explorieren Sie Konturendiagramme und Rotating Plots.

7.4. Multivariate Analysen: Analyse komplexer Variablenbeziehungen

Mit SAS/INSIGHT können Sie multivariate Datenbeziehungen mit zahlreichen Methoden analysieren, z.B. Korrelationen, ANOVAs und Regressionen.

Im folgenden Kapitel werden im einzelnen vorgestellt: Korrelation (7.4.1.), ANOVA (7.4.2.), Regressionen (7.4.3.), darunter: Einfache parametrische Regression (7.4.3.1.), Einfache nichtparametrische Regression (7.4.3.2.), Logistische Regression (7.4.3.3.), Poisson Regression (7.4.3.4.), Multiple Regression (7.4.3.5.), und abschließend unter 7.4.4. die Hauptkomponentenanalyse.

7.4.1. Korrelation

Wählen Sie über Analyze → Multivariate (Y X)) die zu korrelierenden Variablen und klicken Sie auf OK. Das Outputfenster enthält univariate Statistiken und die Korrelationsmatrix. Wird kein Scatter Plot angezeigt, können Sie sich über Graphs → Scatter Plot Matrix die Korrelationen auch grafisch anzeigen lassen. Den Scatter Plots können Sie mehrere Konfidenzellipsen hinzufügen (über Graphs → Scatter Plot Conf. Ellipse), und über Schieberegler individuell variieren.

Als Konfidenzintervall interpretiert zeigen die Ellipsen, wo der gewählte Prozentsatz der Daten liegen sollte. Eine bivariate Normalverteilung vorausgesetzt, sollte der Prozentsatz der Daten innerhalb der Ellipse mit dem gewählten Konfidenzintervall in etwa übereinstimmen. Als Korrelationsmaß interpretiert deuten die Ellipsen in kreisrunder Form an, dass die Daten unkorreliert sind, während die elliptische Form eine positive oder eher negative Korrelation der Variablen ausdrückt. Je verlängerter einer Ellipse ist, desto ausgeprägter ist die Korrelation. Werden Daten in Scatter Plots in etwa parallelen Linien abgebildet, ist dies ein Hinweis darauf, dass diese möglicherweise nicht kontinuierlich skaliert sind, was wiederum eine bivariate Normalverteilung ausschließt. In diesem Fall können Ellipsen als Konfidenzintervalle nicht angemessen interpretiert werden.

Wenn Sie auf den Pfeil am Plot-Diagramm links unten klicken, können Sie weitere Optionen einstellen, z.B. Achsen, Ticks und Referenzlinien.

7.4.2. ANOVA

Im Rahmen des Allgemeinen Linearen Modells (ALM, GLM) können Sie verschiedene Analyseverfahren auswählen, die jeweils auf der Least-Squares-(LS)-Anpassungsmethode für allgemeine lineare Modelle beruhen, u.a. die Varianzanalyse (ANOVA), Einfache Regression und die Kovarianzanalyse.

Wählen Sie Analyze → Fit (Y X)), um eine Varianzanalyse zu berechnen.
Wählen Sie im Auswahlfenster die entsprechenden Variablen und weisen Sie ihnen über X und Y den jew. Status der unabhängigen (X, Nominalniveau) bzw. der abhängigen Variable (Y, Intervallniveau) zu. Über Expand können Sie für die X-Variablen Interaktionen beliebiger Ordnung definieren (Expand ist komfortabler als X bzw. Cross). Klicken Sie auf Apply; dieses Auswahlfenster bleibt dann im Hintergrund geöffnet. Dies ist nützlich, falls Sie später Änderungen an ihrem Modell vornehmen und gleich untersuchen wollen.

Das Outputfenster enthält standardmäßig zahlreiche Statistiken; der Output kann vorher über den Button Output nach Belieben angereichert oder reduziert werden.
Das Outputfenster enthält als *Statistiken* zahlreiche Modellinformationen, u.a. die Informationen über die X-Variablen, ihre Interaktionen und ihre Parametrisierung (Nominal Variable Information, Parameter Information), Modellgleichung (Model Equation), Anpassungsgüte (Summary of Fit), Varianzquellen (Analysis of Variance), sowie neben Type III Tests, und Parameterschätzungen (Parameter Estimates), noch ein Residuen x Erwartungswert-Plot (Residuals-by-Predicted-Plot).

Das R-Square gibt z.B. an, wieviel Prozent der Variation der Y-Variablen durch das angepasste Modell erklärt werden. Je niedriger der p-Wert der Varianzanalyse ist, umso eher spricht dies gegen die Nullhypothese, dass die Mittelwerte aller X-Klassen gleich seien, und umgekehrt eher dafür, dass zumindest eine der Klassen der X-Variablen verschieden ist. An dieser >Stelle kann man noch keine Aussage darüber machen, welche der Klassen (signifikant) verschieden von den anderen ist. Die Besonderheit der Type III Tests ist, dass sie nicht von der Reihenfolge der Variablen in der Modellgleichung abhängen. Die Parameterschätzungen (Parameter Estimates) enthalten u.a. die Modellgleichung und Maßzahlen (Tolerance, Variance Inflation) für (Multi)Kollinearität. Tolerances gegen 0 bzw. sehr ausgeprägte Variance Inflation deuten auf das Vorliegen einer (Multi)Kollinearität hin (siehe auch Chatterjee & Price, 1995[2]). Parameter Estimates einer Varianzanalyse sind eine nicht-unique Lösung der Normalgleichungen; daher sind ihre einzelnen Elemente nicht so leicht bei einer Multiplen Regression zu interpretieren.

Das Outputfenster enthält als *Grafik* einen Residuen x Erwartungswert-Plot (Residuals-by-Predicted-Plot). Der Residuals-by-Predicted-Plot dient dazu, schlecht spezifizierte Modelle zu identifizieren oder Varianzheterogenität zu identifizieren. Sind Beobachtungen über und unter der Nulllinie nicht zufallsverteilt oder liegen Ausreißer vor, sind dies Hinweise auf schlecht spezifizierte Modelle oder Varianzheterogenität. Studentisierte Residuen sind ein wenig geeigneter als normale Residuen zur Überprüfung auf Normalität, v.a. beim Auftreten von Ausreißern.

Sie können dem Output nachträglich Boxplots hinzufügen, um die Ergebnisse der Type III Tests besser interpretieren zu können: Ziehen Sie im Outputfenster mit der Maus ein rechteckiges Feld, öffnen über Analyze → Box Plot/Mosaic Plot (Y)) das Auswahlfenster, wählen Sie für Y und X die interessierenden Variablen aus dem Modell, und wählen Sie abschließend unter dem Output Button die Ausgabe Means.

Ein Boxplot ist die schematische Wiedergabe einer Verteilung, wobei die vertikalen Linien in der Box das 25., 50. (Median), und 75. Perzentil der Daten angeben. Falls die Daten weit streuen, werden sie durch Whisker (max. das 1.5fache des Interquartilsabstands), oder als Extremwerte angezeigt. Means bewirkt die Einzeichnung des sog. Mean Diamond, wobei die Mittellinie den Mittelwert bezeichnet, und der Abstand zu den Diamantspitzen jeweils eine Standardabweichung beträgt.

Sie können auch nachträglich Multiple Mittelwertvergleiche durchführen lassen. Ziehen Sie im Outputfenster mit der Maus ein rechteckiges Feld, öffnen Sie über Analyze → Box Plot/Mosaic Plot (Y)) das Auswahlfenster für Boxplots, wählen Sie neben der Y-Variable eine geeignete mehrstufige X-Variable, und betätigen Sie abschließend unter dem Output Button die beiden Buttons für die Multiplen Mittelwertvergleiche, und den Schalter Ausgabe Means. Nehmen Sie die Einstellungen vor (z.B. Test und Konfidenzintervall), und bestätigen Sie die Änderungen mit OK.

SAS/INSIGHT ermöglicht es, Änderungen an den Modellen vorzunehmen, und das neu angepasste Modell unmittelbar auf eine bessere oder schlechtere Erklärungskraft zu untersuchen.

Wenn das Auswahlfenster im Hintergrund noch geöffnet ist (siehe Apply), alternativ re-aktivieren Sie es über (Edit → Windows → Renew), entfernen Sie einfach die gewünschten Variablen aus dem Modell über Remove, und klicken Sie auf Apply. Es sollten nun zwei Output Fenster gleichzeitig geöffnet sein, und Sie können am R-Square direkt die neue Erklärungskraft ablesen. Sie können eine Variable auch direkt im Outputfenster entfernen, indem Sie sie anklicken und über Edit → Delete löschen. Die Statistiken und Grafiken werden automatisch neu berechnet.

7.4.3. Regression

SAS/INSIGHT kann verschiedene Regressionsvarianten rechnen, u.a. Einfache, Logistische, und Multivariate Regression.

7.4.3.1. Einfache parametrische Regression

Einfache parametrische Regressionen können (über Analyze → Fit (YX)) berechnet und statistisch und grafisch analysiert werden. Regressionskurven erlauben systematische Variationen, also Trends und Beziehungen, von zweidimensionalen Daten besser identifizieren zu können.

Wählen Sie im Auswahlfenster die Variablen der Regressionsanalyse aus und weisen Sie ihnen über X und Y den jew. Status der unabhängigen (X) bzw. der abhängigen Variable (Y, jeweils Intervallniveau) zu. Klicken Sie auf den Output Button, deaktivieren Sie alle markierten Knöpfe, und bestätigen Sie mit OK.

Klicken Sie auf Apply (oder OK); dieses Auswahlfenster bleibt dann im Hintergrund geöffnet. Dies ist nützlich, falls Sie später Ihr Modell ändern und gleich untersuchen wollen.

Das Outputfenster enthält als Statistiken, u.a. die Informationen über die Parametrische Regressionsanpassung (Parametric Regression Fit). Der R-Square gibt an, wieviel Variation der Y-Variablen durch die X-Variable erklärt wird. Je niedriger der p-Wert ist, umso eher spricht dies gegen die Annahme (Nullhypothese), dass die X-Variable keinen Effekt hat, und umgekehrt eher dafür, dass sie einen Effekt auf die Y-Variable hat. Das Outputfenster enthält als Grafik ein Scatter Plot einschl. einfacher Regressionsgerade, die den linearen Trend der Daten angibt.

SAS/INSIGHT bietet die Möglichkeit, über die stufenlose Betätigung des Schiebereglers des Degree (Polynomial), die Regressionslinie den Daten kurvilinear anzupassen. Der gewählte Degree (Polynomial) legt die Komplexität der Kurvenanpassung fest. Ein Degree (Polynomial) von 1 erzeugt eine lineare Anpassung, 2 eine quadratische Anpassung, und 3 eine kubische polynomische Anpassung. Mit Betätigen des Schiebereglers ändern sich (bei parametrischen Fits u.a. der Polynomial Degree, die Quadratsummen, R-Square (R^2), und die F-Statistik (falls Kurvenparameter außerhalb des Bereichs des Schiebereglers liegen sollten, können sie für diesen seltenen Fall im Kurvendialog spezifiziert werden).

SAS/INSIGHT kann, sobald eine erste Kurve angelegt wurde, den Daten gleichzeitig weitere Kurven auch anderer Degrees anpassen (Über Curves → Polynomial), sobald ein Fenster mit der ersten Kurvenanpassung angezeigt wird. Mit SAS/INSIGHT ist es also möglich, in einem Fenster auf verschiedenen Anpassungsmethoden basierende Kurven den Daten zugleich anzulegen, und so direkt miteinander zu vergleichen. Mit diesen Möglichkeiten von SAS/INSIGHT können den Daten parametrische Anpassungskurven verschiedener Verfahren schnell, einfach und optimal angepasst werden. Darüber hinaus können die Farben, Muster und Breiten der Linien beliebig verändert werden, wenn die Kurven in der Legende markiert, und dann über Windows → Edit → Tools eingestellt werden.

7.4.3.2. Einfache nichtparametrische Regression

Einfache nichtparametrische Regressionen können (über Analyze → Fit (YX)) statistisch und grafisch analysiert werden. Regressionskurven erlauben systematische Variationen von zweidimensionalen Daten besser identifizieren zu können. Nichtparametrische Anpassungsmethoden gestatten mehr Flexibilität bzgl. der funktionalen Abhängigkeit des Y von X als parametrische, und sind v.a. dann geeignet, wenn wenig über den untersuchten Prozess bekannt ist, also nicht nur dann, wenn die Voraussetzungen für parametrische Verfahren nicht erfüllt sind.

Bei nichtparametrischen Methoden muss vorher der Glättungsfaktor (smoothness) festgelegt werden. Die Daten werden dadurch geglättet, um daraus die Regressionskurve zu schätzen. Bei den parametrischen Methoden legt der gewählte Degree (Polynomial) die Komplexität der Kurvenanpassung fest. Während nichtparametrische Anpassungsmethoden lokal zusätzliche Komplexität erlauben, kann dies bei den parametrischen Verfahren zu unangemessenem globalem Verhalten führen. Nichtparametrische Anpassungsmethoden sind für die Erfassung komplexen Kurvenverhaltens eher geeignet als parametrische Anpassungsverfahren.

Wählen Sie im Auswahlfenster die Variablen der Regressionsanalyse aus und weisen Sie ihnen über X und Y den jew. Status der unabhängigen (X) bzw. der abhängigen Variable (Y, jeweils Intervallniveau) zu. Klicken Sie auf den Output Button, deaktivieren Sie alle markierten Knöpfe, und bestätigen Sie mit OK.
Klicken Sie auf Apply (oder OK); dieses Auswahlfenster bleibt dann im Hintergrund geöffnet. Dies ist nützlich, falls Sie später Ihr Modell ändern und gleich untersuchen wollen.

Erzeugen Sie eine nichtparametrische Regression mit der Kern-Methode (Über Curves → Kernel). Als Voreinstellung wird die optimale Kernglättung auf der Basis des MSE (GCV) (Mean square error) mit dem GCV (Generalized Cross-Validation) Verfahren gerechnet. Stellen Sie im Kernel Fit Auswahlfenster die gewünschten Einstellungen ein, und bestätigen Sie mit OK.

Das Outputfenster enthält neben der ursprünglichen parametrischen Kurvenanpassung nun auch Statistiken zur Anpassung mittels der nichtparametrischen Kernel(Kern)-Methode, u.a. der C-Value, Bandwidth und MSE. Der Schieberegler des C-Werts kann analog zum Degree (Polynomial) stufenlos verstellt werden. Mit Verschieben des Reglers wird der Glättungsfaktor eingestellt, und kann die Kurve den Daten fast stufenlos angepasst werden; entsprechend verändern sich mit dem C-Value auch die Kernel Fit-Statistiken, z.B. Bandwidth, DF, R-Square, MSE bzw. MSE (GCV), und das angegebene Verfahren unter Method. Hohe C-Werte erzeugen eher linienartige Anpassungen, niedrige C-Werte eher dichte Anpassungen auch an sehr kurvenförmige Daten. Falls die Kurvendaten außerhalb des Schiebereglerbereichs liegen sollten, können sie für diesen seltenen Fall im Kurvendialog spezifiziert werden.

SAS/INSIGHT kann, sobald eine erste Kurvenanpassung erzeugt wurde, den Daten gleichzeitig weitere Kurven anderer nichtparametrischer Techniken anpassen (z.B. Über Curves → Loess). Mit SAS/INSIGHT ist es also möglich, in einem Fenster auf verschiedenen (nicht)parametrischen Anpassungsmethoden basierende Kurven den Daten zugleich anzulegen, und so direkt miteinander vergleichen zu können.

Wenn Sie z.B. an die Daten eine Kurve auf der Basis der Loess-Methode anpassen wollen, wird in die bereits vorhandene Grafik eine weitere Kurve für die Loess-Anpassungsmethode eingezeichnet. Die Loess-Methode basiert auf der Anpassungstechnik der lokalen Regression.

Das Outputfenster enthält jetzt auch Statistiken zur Anpassung mit der nichtparametrischen Loess-Methode, u.a. Alpha, K, DF und R-Square. Der Schieberegler des Alpha kann analog zum C-Wert und Degree (Polynomial) stufenlos verstellt werden. Mit Verschieben des Reglers wird der Glättungsfaktor eingestellt, und die Kurve kann den Daten fast stufenlos angepasst werden (falls die Kurvendaten außerhalb des Schiebereglers liegen sollten, können für diesen seltenen Fall die Parameter im Kurvendialog spezifiziert werden). Je höher das Alpha, umso glatter ist die Anpassung. Mit der Änderung des Alpha verändern sich entsprechend auch die Loess Fit-Statistiken, z.B. Alpha, K, DF, und neben R-Square und MSE(GCV) auch das Verfahren unter Method.

Mit SAS/INSIGHT können nichtparametrische Anpassungskurven den Daten mit mehreren Verfahren schnell, einfach und optimal angepasst werden. Darüber hinaus können die Farben, Muster und Breiten der Linien beliebig verändert werden, wenn die Kurven in der Legende markiert, und dann über Windows → Edit → Tools eingestellt werden.

7.4.3.3. Logistische Regression

Bei einer Logistischen Regression weist die Responsevariable (Y-Variable, AV) nur zwei Abstufungen auf, z.B. 1 oder 0; die Responsevariable ist eine sog. dichotome oder binäre Variable. Die unabhängigen bzw. erklärenden Variablen besitzen Intervallniveau.

Wählen Sie über Analyze → Fit (Y X)) die Variablen für die Logistische Regression, weisen Sie ihnen den jew. Status der unabhängigen (X) bzw. der binären abhängigen Variable (Y) zu, und aktivieren Sie unter dem Method Button Binomial als die vorliegende Verteilungsform (Response Dist.) der Y-Variable. Wenn Sie auf Apply klicken, bleibt dieses Auswahlfenster im Hintergrund geöffnet; dies ist nützlich, falls Sie gleich Änderungen am Regressionsmodell vornehmen und untersuchen wollen. Klicken Sie auf Apply. Das Outputfenster enthält mehrere Statistiken und Grafiken.

Das Outputfenster enthält u.a. als Statistiken als Modellinformation die Modellgleichung (Model Equation), Anpassungsgüte (Summary of Fit), Devianzquellen (Analysis of Deviance), Type III (Wald, LR) Tests, und Parameterschätzungen (Parameter Estimates).

In der Modellinformation werden u.a. das spezifizierte Modell, die Fehlerverteilung, und die unter dem Method Button gewählte Link Function angegeben. In Summary of Fit sind Maße der Modellanpassungsgüte enthalten. Schlüsse auf der Grundlage der Summary of Fit Statistiken sollten nur vorsichtig gezogen werden. Die Qualität der Summary of Fit Maße kann v.a. dann suboptimal sein, wenn die meisten der Beobachtungen ein anderes Set erklärender Variablen aufweisen.

Der Pr > Scaled Dev Wert der Analysis of Deviance ist ein Maß dafür, ob die Variation in der Responsevariablen rein zufällig zustande gekommen ist, oder ob es einen Hinweis auf zusätzliche Variation gibt, die durch das Modell erklärt werden kann. Je niedriger Pr > Scaled Dev ist, um so eher spricht dies gegen den Zufall, und umgekehrt umso eher für zusätzliche Variation in der Responsevariable, die durch das Modell erklärt werden kann. Die Type III (Wald, LR) Tests hängen nicht von der Reihenfolge der Variablen in der Modellgleichung ab, jedoch von der Stichprobengröße; je größer der Datensatz ist, desto genauer werden ihre Testresultate. Die Parameterschätzungen (Parameter Estimates) enthalten u.a. die Modellgleichung (in den Estimates), Standardfehler (Std Error) und Chi^2-Statistiken (Chi-Sq, Pr > Chi-Sq).

Das Outputfenster enthält einen Residuen x Erwartungswert-Plot (Residuals-by-Predicted-Plot). Das Besondere am Residuals-by-Predicted-Plot bei der Logistischen Regression ist, dass die Residuals vs. Predicted entlang zweier geraden Linien liegen müssen, weil die Response dichotom ist, und nur zwei Ausprägungen (z.B. 0, 1) annehmen kann. Plots der Residuen vs. unabhängiger oder anderen erklärender Variablen sind wahrscheinlich sinnvoller.

Mit SAS/INSIGHT können Sie ein neu angepasstes Modell unmittelbar auf eine bessere oder schlechtere Erklärungskraft untersuchen, nachdem Sie Änderungen am Modell vorgenommen haben. Wenn das Auswahlfenster im Hintergrund noch geöffnet ist (siehe Apply), alternativ re-aktivieren Sie es über (Edit → Windows → Renew), entfernen Sie einfach die gewünschten Variablen (z.B. mit Type III Chi^2-Statistiken > 0.05) aus dem alten Modell über Remove, und klicken Sie auf Apply. Es sollten nun zwei Output Fenster gleichzeitig geöffnet sein, und Sie können am Pr > Scaled Dev ablesen, ob mehr zusätzliche Variation in der Responsevariable durch das Modell erklärt werden kann. Sie können eine Variable auch direkt im Outputfenster entfernen, indem Sie sie anklicken und über Edit → Delete löschen. Die Statistiken und Grafiken werden automatisch neu berechnet.

7.4.3.4. Poisson Regression

Eine Poisson Regression wird dann berechnet, wenn die Responsevariable (Y-Variable, AV) Häufigkeiten (Counts, Zählungen) repräsentiert. Die unabhängigen bzw. erklärenden Variablen besitzen Intervallniveau, die Klassifikationsvariablen Nominalniveau.

Da die Grundannahme des ALM lautet (und damit der Poissonverteilung im Rahmen des ALM), dass die erklärende X-Variable in einem linearen Zusammenhang mit der Y-Variable steht (dieser Effekt wird als sog. Offset bezeichnet), muss die erklärende X-Variable entsprechend transformiert werden (z.B. über Edit → Variable log(Y) oder exp(Y). Erst wenn Sie diese Transformation hin zur Offset-Variable vorgenommen haben, können Sie mit der Durchführung der Poisson Regression fortfahren.

Wählen Sie nun erst über Analyze → Fit (Y X)) die Variablen für die Poisson Regression. Bestimmen Sie zunächst eine Variable als abhängige Count-Variable (Y). Als X-Variablen verwenden Sie nur die Klassifikationsvariablen, und ergänzen Sie diese ggf. um Interaktionen höherer Ordnung. Verwenden Sie an dieser Stelle weder die ursprüngliche noch die transformierte Erklärungsvariable als X-Variable.

Aktivieren Sie nun unter dem Method Button als vorliegende Verteilungsform (Response Dist.) Poisson, als Scale Pearson, und als Funktionen Quasi-Likelihood (kompensiert mögliche Overdispersion) und Exact Distribution. Unverträgliche Einstellungen aktivieren Hinweise seitens SAS/INSIGHT. Fügen Sie nun erst die transformierte Erklärungsvariable (erkennbar als L_Variablenname) als Offset zu, und bestätigen Sie alle Einstellungen mit OK. Klicken Sie auf Apply. Das Auswahlfenster bleibt im Hintergrund für spätere Änderungen am Modell geöffnet. Das Outputfenster enthält mehrere Statistiken und Grafiken.

Das Outputfenster enthält u.a. als Modellinformation die Modellgleichung (Model Equation), Anpassungsgüte (Summary of Fit), Devianzquellen (Analysis of Deviance), Type III (Wald, LR) Tests, und Parameterschätzungen (Parameter Estimates).

In der Modellinformation werden u.a. das spezifizierte Modell, die Responseverteilung, neben der gewählten Link Function die Offsetvariable angegeben. In Summary of Fit sind Maße der Modellanpassungsgüte enthalten.

Analysis of Deviance gibt die vorliegenden Variationsquellen an. Unter Model wird die Variation angegeben, die durch die erklärenden Variablen modelliert wird, und ist die Differenz zwischen C Total und Error.

Die Type III (Wald, LR) Tests zerlegen die Modellvariation in die spezifizierten Haupt- und Interaktionseffekte. Chi^2-Statistiken < 0.05 geben an, ob ein Effekt signifikant ist. Type III Test hängen nicht von der Reihenfolge der Variablen in der Modellgleichung ab, jedoch von der Stichprobengröße; je größer der Datensatz ist, desto genauer werden ihre Testresultate.

Die Parameterschätzungen (Parameter Estimates) enthalten u.a. die Modellgleichung (in den Estimates), Standardfehler (Std Error) und Chi^2-Statistiken (Chi-Sq, Pr > Chi-Sq). Die einzelnen Elemente der Parameter Estimates sind nicht so leicht zu interpretieren, weil die nominalskalierten Klassifikationsvariablen für jeden Stufenwert (oder ihre Kombination) einen anderen additiven Beitrag liefern. Laut SAS/INSIGHT User's Guide sollte man die Ergebnisse der Analyse nicht heranziehen, um an den Parameter Estimates und ihren Statistiken einzeln feststellen zu wollen, welche Parameter einen Effekt haben. Eine Interpretation analog der Parameter Estimates der Multiplen Regression ist nicht angemessen.

Das Outputfenster enthält als Grafik einen Residuen x Erwartungswert-Plot (Residuals-by-Predicted-Plot).

Mit SAS/INSIGHT können Sie ein neu angepasstes Modell unmittelbar auf eine bessere oder schlechtere Erklärungskraft untersuchen, nachdem Sie Änderungen am Modell vorgenommen haben. Wenn das Auswahlfenster im Hintergrund noch geöffnet ist (siehe Apply), alternativ re-aktivieren Sie es über (Edit → Windows → Renew), entfernen Sie einfach die gewünschten Variablen (z.B. mit Type III Chi²-Statistiken > 0.05) aus dem alten Modell über Remove, und klicken Sie auf Apply. Es sollten nun zwei Output Fenster gleichzeitig geöffnet sein, und Sie können an den Summary Statistics ablesen, ob das neue Modell besser die Variation der Responsevariable erklären kann. Sie können eine Variable auch direkt im Outputfenster entfernen, indem Sie sie anklicken und über Edit→Delete löschen. Die Statistiken und Grafiken werden automatisch neu berechnet.

7.4.3.5. Multiple Regression

Wählen Sie über Analyze → Fit (Y X)) die Variablen (Intervallniveau) für die Regressionsanalyse und weisen Sie ihnen über X und Y den jew. Status der unabhängigen (X) bzw. der abhängigen Variable (Y) zu. Wenn Sie auf Apply klicken, bleibt dieses Auswahlfenster im Hintergrund geöffnet; dies ist nützlich, falls Sie gleich Änderungen am Regressionsmodell vornehmen und untersuchen wollen. Klicken Sie auf Apply. Das Outputfenster enthält mehrere Statistiken und Grafiken.

Das Outputfenster enthält u.a. als Statistiken als Modellinformation die Modellgleichung (Model Equation), Anpassungsgüte (Summary of Fit), Varianzquellen (Analysis of Variance), Type III Tests, und Parameterschätzungen (Parameter Estimates).

R-Square gibt z.B. an, wieviel Prozent der Variation der Y-Variablen durch das Modell erklärt werden. Je niedriger der p-Wert der F-Statistik der Varianzanalyse ist, umso eher spricht dies gegen die Annahme (Nullhypothese), dass überhaupt keine der X-Variablen irgendeinen einen Effekt hat, und umgekehrt eher dafür, dass zumindest eine der X-Variablen einen Effekt auf die Y-Variablen hat. Die Besonderheit der Type III Tests ist, dass sie nicht von der Reihenfolge der Variablen in der Modellgleichung abhängen. Die Parameterschätzungen (Parameter Estimates) enthalten nicht nur die Modellgleichung, sondern Maßzahlen (Tolerance, Variance Inflation), die die Zusammenhänge unter den X-Variablen auf Probleme wie z.B. (Multi)Kollinearität analysieren. Tolerances gegen 0 bzw. sehr ausgeprägte Variance Inflation deuten auf das Vorliegen einer (Multi)Kollinearität hin.

Das Outputfenster enthält als Grafiken ein Scatter Plot incl. Regressionsgerade/n und ein Residuen x Erwartungswert-Plot (Residuals-by-Predicted-Plot). Der Residuals-by-Predicted-Plot dient dazu, schlecht spezifizierte Modelle oder Varianzheterogenität zu identifizieren, und ist das klassische Diagnoseinstrument der Regressionsanalyse. Sind Beobachtungen über und unter der Nulllinie nicht zufallsverteilt oder liegen Ausreißer vor, sind dies Hinweise auf schlecht spezifizierte Modelle oder Varianzheterogenität. Studentized Residuals sind ein wenig geeigneter als normale Residuen zur Überprüfung auf Normalität, v.a. beim Auftreten von Ausreißern.

Dem Outputfenster können weitere Ausgaben an Statistiken und Grafiken hinzugefügt werden, als Statistiken u.a. Kollinearitätsstatistiken (Collinearity Diagnostics) (über Tables → Collinearity Diagnostics), und als Grafiken u.a. Partial Leverage Plots (über Plots → Partial Leverage) oder auch Residual-by-Hat Diagonal Plots (über Output Variables → Hat Diag). Wählen Sie für das Scatter Plot die generierten Hat Diagonal-Variablen (ganz am Ende des Datensatzes aus), fügen Sie sie der X- oder Y-Liste zu, klicken Sie auf OK.

Geraden, die in Partial Leverage Plots fast parallel zur 0-Linie sind, repräsentieren X-Variablen (Prädiktoren) ohne oder nur mit geringem Einfluss.

Hat Diagonals messen den Einfluss (hier: Leverage) einer jeder Beobachtung auf den Erwartungswert (predicted value) für diese Beobachtung. Als Cutoff wurde die Formel 2p/n vorgeschlagen, wobei n die Anzahl der Beobachtungen angibt, die für die Modellanpassung verwendet wurden, und p die Anzahl der Modellparameter; enthält bspw. eine Modellgleichung einen Intercept und drei Variablen, und das n beträgt 300, liegt der Cutoff bei 0.027 (2(4/300)). Werte einer Variable über diesem Cutoff sollten genauer untersucht werden. Weitere Statistiken sind u.a. Cook's D, Dffits und Dfbetas.

SAS/INSIGHT ermöglicht es, Änderungen an den Regressionsmodellen vorzunehmen, und unmittelbar auf einen möglichen Gewinn oder Verlust an Erklärungskraft zu untersuchen. Wenn das Auswahlfenster im Hintergrund noch geöffnet ist (siehe oben zu Apply), alternativ re-aktivieren Sie es über (Edit → Windows → Renew), entfernen Sie einfach die gewünschten Variablen aus dem Modell über Remove, und klicken Sie auf Apply. Es sollten nun zwei Output Fenster gleichzeitig geöffnet sein, und Sie können den Gewinn oder Verlust an Erklärungskraft direkt am R-Square ablesen. Sie können eine Variable auch direkt im Outputfenster entfernen, indem Sie sie anklicken und über Edit → Delete löschen. Die Statistiken und Grafiken werden automatisch neu berechnet.

7.4.4. Hauptkomponentenanalyse

Die Hauptkomponentenanalyse (Principal Component Analysis, PCA) ist eine Technik zur Reduktion der Komplexität hochdimensionaler Daten.

Die Hauptkomponentenanalyse fasst hochdimensionale Daten in einige wenige Dimensionen zusammen. Jede dieser Dimensionen ist eine sog. Hauptkomponente (principal component) und stellt eine Linearkombination der Variablen dar. Die erste der Hauptkomponenten fasst von der Variation in den Daten so viel wie möglich zusammen. Jede der darauf folgenden Hauptkomponenten fasst so viel wie möglich Variation zusammen, die die jeweils vorausgehende Hauptkomponente nicht erfassen konnte.

Hochdimensionale Daten können auf diese Weise auf wenige Hauptkomponenten zusammengefasst werden, die dann leicht in Grafiken 2-, und 3dimensional untersucht werden können.

Wählen Sie über (Analyze → Multivariate (Y X) im Auswahlfenster die Variablen für die Hauptkomponentenanalyse, schieben Sie diese in das Y-Feld, und aktivieren Sie unter dem Output Button die Principal Component Analysis (ändern Sie ggf. die voreingestellte correlation matrix in eine covariance matrix). Bestätigen Sie alle Vorgänge mit OK.

Das Outputfenster enthält Statistiken und Grafiken.

Das Outputfenster enthält u.a. als *Statistiken* Eigenvalues Tables (CORR) und Eigenvectors (CORR). Jede der Eigenvalue-Zeilen entspricht einer Hauptkomponente und einer entsprechenden Aufteilung der Gesamtvariation im Sample. Die Eigenvalues Tables (CORR) geben dabei alle Eigenvalues der Korrelationsmatrix an, Unterschiede zwischen aufeinander folgenden Eigenvalues, den Anteil der Varianz, die durch jeden Eigenvalue erklärt wird, und den kumulativen Anteil der erklärten Varianz. Wenn Korrelationen verwendet werden, entspricht die Anzahl der Eigenvalues der Anzahl der Variablen.

Eigenvectors entsprechen dabei spaltenweise den Eigenvalues und assoziierten Hauptkomponenten, und werden als Koeffizienten verwendet, um eine Linearkombination der ursprünglichen Y-Variablen zu bilden. Die Eigenvectors (CORR) enthalten nicht alle, sondern nur die dominanten Eigenvectors der Korrelationsmatrix (das default-Kriterium hierfür kann unter dem Output Button bei Options verändert werden). An dieser Stelle ist erkennbar, wie eine Hauptkomponentenanalyse hochdimensionale Daten in einige wenige Dimensionen zusammenfassen kann: An der Größe der Koeffizienten, die die Eigenvectors bilden, kann nämlich abgelesen werden, was die errechneten Hauptkomponenten (PCR1, PCR2, usw.) inhaltlich und in welchem Ausmaß erfassen.

Das Outputfenster enthält als *Grafik* ein Scatter Plot. Jeder Punkt in dem Scotterplot steht für zwei Hauptkomponentenscores. Die ausgegebenen Hauptkomponentenscores sind dabei eine Linearkombination der standardisierten Y-Variablen mit Koeffizienten gleich der Eigenvektoren der Korrelationsmatrix. Sie können in die Scatter Plots klicken, z.B. in die Richtung der jeweiligen Hauptkomponenten, oder auch auf mögliche Ausreißer. Je nachdem, welches Label Sie den Variablen vorher (unter dem Auswahlfenster mit Label) zugewiesen hatten, erscheinen nun durch direktes Anklicken der Punkte im Scatter Plot weitere Aufschlüsse über die betreffenden Werte, v.a. in Bezug auf die originalen Ausgangswerte.

Ein Weg, die lineare Beziehung zwischen den originalen Y-Variablen und den ermittelten Hauptkomponenten als *Statistik* zu bestimmen, ist über die sog. Pattern Correlation Matrix (über Tables → Pattern Matrix → (z.B.) → 3). Die Pattern Correlation Matrix enthält die Korrelationen zwischen den Y-Variablen und den (hier: 3) Hauptkomponenten. In dieser Tabelle sind Eigenvektorkoeffizienten in relativ hoher Ausprägung in hohe Korrelationen umgewandelt, und umgekehrt.

Die Korrelationen der einzelnen Variablen mit den ermittelten Hauptkomponenten bleiben in ihrer relativen Ausprägung unverändert.

Ein zweiter Weg, die lineare Beziehung zwischen den originalen Y-Variablen und den ermittelten Hauptkomponenten über eine *Grafik* zu bestimmen, führt zu den Scatter Plots (über Analyze → Scatter Plot (Y X)). Wählen Sie PCR1 etc. als X-Variablen aus, und bestimmen Sie die Originalvariablen als Y-Variablen, und bestätigen Sie mit OK. Im Scatter Plot erhalten Sie durch direktes Anklicken der Punkte weitere Informationen über die jeweiligen Werte, z.B. bei Ausreißern.

7.4.5. Übungen

1. Berechnen und interpretieren Sie eine Korrelation Ihrer Wahl. Entwerfen und explorieren Sie dabei Plots. Folgen Sie bei Ihrer Analyse diesem Abschnitt.
2. Berechnen und interpretieren Sie eine ANOVA Ihrer Wahl. Entwerfen und explorieren Sie dabei Residuals-by-Predicted-Plots und Boxplots. Folgen Sie bei Ihrer Analyse diesem Abschnitt.
3. Berechnen und interpretieren Sie drei Regressionen Ihrer Wahl, z.B. Einfache parametrische Regression, Einfache nichtparametrische Regression, Logistische Regression, Poisson Regression, oder eine Multiple Regression. Entwerfen und explorieren Sie dabei Grafiken und Kurven. Folgen Sie bei Ihren Analysen diesem Abschnitt. Fangen Sie mit den einfachen Regressionen an; beachten Sie das Messniveau der UV und AV.
4. Berechnen und interpretieren Sie eine Hauptkomponentenanalyse. Entwerfen und explorieren Sie dabei Tabellen und Plots. Folgen Sie bei Ihrer Analyse diesem Kapitel.

8. SAS/ASSIST Software

8.0. Einführung

Die SAS/ASSIST Software ermöglicht einen benutzerfreundlichen Zugang zu einem der leistungsfähigsten Data Mining Systeme der Gegenwart. SAS/ASSIST ist aber nicht nur eine einfache Menüoberfläche, sondern auch ein leistungsfähiger Programmgenerator für SAS Programme der 4. Generations-Sprache.

Dieser Abschnitt ist darauf ausgerichtet, ohne große Umwege und unnötigen Ballast schnell und effektiv über SAS/ASSIST mit dem SAS System arbeiten zu können. Diese Einführung zu SAS/ASSIST ist gedacht für Benutzer mit wenig oder keiner Erfahrung mit dem SAS System, für Benutzer mit wenig oder keiner Programmiererfahrung, und für Benutzer, die sich eine Übersicht über die Möglichkeiten von SAS über den SAS/ASSIST Zugang verschaffen möchten.

Dieser Abschnitt möchte auch dazu anregen, das SAS System und SAS/ASSIST spielerisch selbständig auszuprobieren. Lassen Sie sich von der Leistungsvielfalt des SAS Systems und der SAS/ASSIST Software überraschen, und vor allem: *Nutzen* Sie die Power von SAS!

Diese Einführung geht vorwiegend auf die Bedienung und Steuerung von SAS/ASSIST ein, erleichtert eine erste Orientierung in SAS/ASSIST und ist auf die unmittelbare Umsetzung der am häufigsten anfallenden Vorgänge des Managements und Analysieren von Daten ausgerichtet. Programmierkenntnisse sind nicht erforderlich.

8.1. Überblick zu SAS/ASSIST

Die SAS/ASSIST Software ist der menügeführte Einstieg in die gesamte Welt der SAS Software. SAS/ASSIST Software bietet damit einen unkomplizierten mausgesteuerten Zugang zur Leistungsvielfalt des SAS Systems. Etwa 70-80% aller Standardaufgaben werden damit abgedeckt. Angesichts des enormen Umfangs des heutigen SAS Systems kann die Bedeutung von SAS/ASSIST kaum hoch genug eingeschätzt werden. Denn SAS/ASSIST ist nicht nur eine Menüoberfläche, sondern darüber hinaus gleichzeitig ein leistungsfähiger Programmgenerator für SAS

4GL Programme. Damit bietet der SAS/ASSIST selbst erfahrenen SAS Programmierern Hilfsmittel für den Erstentwurf komplexer Programmbausteine.

SAS/ASSIST Software ist ein menügesteuertes, task-orientiertes Interface zum SAS System. Als Menüoberfläche ermöglicht SAS/ASSIST Benutzern aller Erfahrungsebenen, auf die Leistungsfähigkeit des SAS Systems zuzugreifen, ohne die SAS Programmiersprache erlernen zu müssen. Die Arbeitsumgebung ist so gestaltet, dass sie z.B. durch weitgehend vordefinierte Auswahl- oder Eingabefenster Benutzerfehler verhindert. Benutzer mit der SAS/ASSIST Software werden schnell in der Lage sein

- Berichte und Präsentationsgrafiken zu erstellen.
- Abfragen und Berichte für Endanwender zu konzipieren.
- Daten einzugeben.
- Daten zu editieren, manipulieren, und analysieren.
- Datensätze zu einzulesen, konvertieren/manipulieren, speichern, und zu transferieren
- Und vieles andere mehr
- SAS/ASSIST Software ermöglicht das effiziente Lösen von Aufgaben, indem Sie Schablonen (templates) und Menüs benutzen. Da die Abfolgen der Lösungswege ähnlich sind, sind Folgeaufgaben leicht zu lösen, sobald Sie die erste Aufgabe bewältigt haben.

SAS/ASSIST Software unterstützt ein automatisiertes, programmatisches Arbeiten, indem es alle ausgeführten Aufgaben automatisch und parallel als SAS Code im Hintergrund generiert. Sie können diesen z.T. kommentierten SAS Code ansehen, speichern, editieren, und zur Lösung derselben Aufgabe im Batch-Modus verwenden, oder auch, um später zusammen mit der SAS Component Language (SCL) Anwendungen und vordefinierten Objekten zu entwickeln.

Weitere Features von SAS/ASSIST sind:

- Der Result Manager, der es Ihnen ermöglicht, gespeicherte Aufgaben und Code zu verwalten.
- Ein Online Tutorial, das Anleitungen für übliche SAS/ASSIST Aufgaben enthält.
- Remote Processing.

Die Einrichtung von Benutzerprofilen für die individuellen Präferenzen von Master, Group, und User. Und vieles andere mehr.

Diese Einführung kann und wird nicht auf alle Aufgaben und Möglichkeiten eingehen können, die Ihnen die SAS/ASSIST Software zur Verfügung stellt. SAS/ASSIST enthält nicht alle Features, die das SAS System zur Verfügung stellt. Die Windows-Technik der Menüsteuerung kann nicht die Adaptivität und Flexibilität wiedergeben, wie sie z.B. im SAS System im Batch-Modus möglich ist.

8.2. Start von SAS/ASSIST

Voraussetzungen

Das Base SAS Modul ist installiert und funktionsfähig. Das Modul SAS/ASSIST ist installiert und lizenziert. Je nach angewählter Aufgabe müssen die benötigten Module installiert und lizenziert sein. Als Standardkonfiguration wird SAS Base Software, und die Module SAS/STAT, und SAS/GRAPH empfohlen. Soll z.B. QUALITY CNTL unter Planning Tools funktionieren, muss das SAS/QC Softwaremodul installiert und lizenziert sein. Soll z.B. DBMSACCESS unter Planning Tools funktionieren, muss das SAS/ACCESS Softwaremodul installiert und lizenziert sein. Soll die Guide Data Analysis genutzt werden, muss z.B. SAS/LAB installiert sein

Start

1 Starten Sie Ihr SAS System.
2 Klicken Sie in der Menüleiste unter Solutions ASSIST an.
  Alternativ: Klicken Sie aus der Symbolleiste das Symbol für ASSIST an Vorausgesetzt, das Symbol ist in der Menüleiste eingerichtet.

Beim allerersten Start gelangen Sie zum SAS/ASSIST Welcome Window, in späteren Sitzungen erscheint nur noch das SAS/ASSIST Startup Window (falls Sie die Anzeige nicht unterdrücken). Den Anzeigemodus stellen Sie im Startup Mode ein. Workplace ist die neue Arbeitsplatzumgebung (während Sie im Block Menu das alte Menüsystem aus der Version 6 der SAS/ASSIST Software aufrufen). Sie können an dieser Stelle direkt zur letzten Aufgabe, oder zum Result Manager wechseln. Nach dem Unterdrücken des SAS/ASSIST Startup Window gelangen Sie direkt zum SAS/ASSIST Workplace Menu.

8.3. Das WorkPlace Menu und seine Buttons

Haben Sie die SAS/ASSIST Software erfolgreich gestartet, gelangen Sie über das Welcome Window, bzw. in späteren Sitzungen direkt über das SAS/ASSIST Startup Window zum SAS/ASSIST Workplace Menu. Das WorkPlace Menu sieht in SAS Version 8 auf Windows ungefähr so aus.

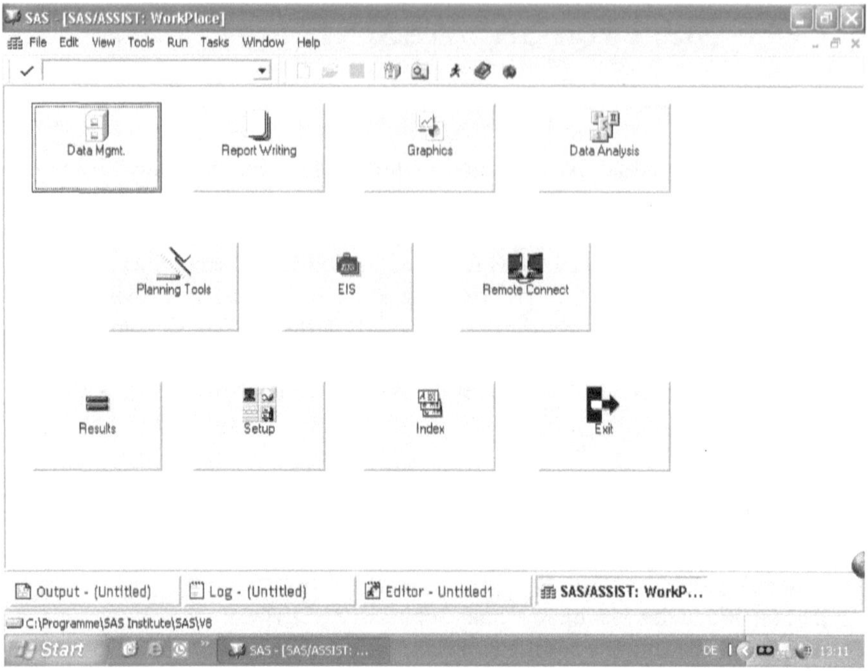

Während dieses Fenster geladen wird, verschafft sich SAS/ASSIST Software u.a. eine Übersicht über alle momentan verfügbaren Dateien.
Je nach Betriebssystem kann die ASSIST Oberfläche ein leicht anderes Aussehen haben. Die SAS Funktionalität ist jedoch dieselbe. Die folgenden Abschnitte werden die einzelnen Schaltflächen (Buttons) vorstellen.

8.3.1. *Data Management*

Unter dieser Schaltfläche (Button) können Sie Ihre Daten so aufbereiten, wie sie die jeweilige Anwendung voraussetzt (u.a.):

- Eingabe neuer Daten
- Ansehen und Ändern bereits vorhandener Daten
- Import von Daten aus externen Files
- Export von Daten in externe Files
- Zugriff auf externe Datenbanken
- Unterteilen (subset), kopieren (copy), zusammenfügen (combine), und sortieren (sort) von Daten
- Zuweisen von Formaten und Informaten

Da das Data Management bereits in den vorangegangenen Kapitel zu SAS/ANALYST und SAS/INSIGHT erläutert wurde, sollen hier Stichworte als Hinweise auf die Leistungsmöglichkeiten der SAS/ASSIST genügen.

8.3.2. *Report Writing* (Berichterstellung)

Über den Button Report Writing können Datenlisten, Tabellen, und Diagramme in den verschiedensten Formen und Varianten für Berichte entworfen und produziert werden. Ein Bericht kann interaktiv bearbeitet werden, alternativ kann das Report Engine Fenster eingesetzt werden. Das Generieren von Diagrammen für Berichte wird unter Graphics dargestellt.
Über Report Writing erstellen Sie u.a.

- Export von Daten in externe Files
- Einfache Datenlisten
- Tabellen, die Daten zusammenfassen
- Häufigkeitstabellen
- Säulendiagramme (bar charts), Pies (plot charts) und Plots (plots) für Zeilendrucker

Zusätzlich kann ein Bericht interaktiv geschaffen oder verändert werden. Alternativ kann das Report Engine Fenster verwendet werden, um verschiedene Berichtarten zu erstellen, die z.B. auf SAS Tabellen oder Table Views anderer Formate basieren.
Anmerkung: Alphanumerische Variablen (String-Variablen) können z.T. in Listenform dargestellt werden. Statistiken können jedoch nur von numerischen Variablen berechnet werden.

Ausgabe einer vollständigen Datenliste

Report Writing → Listing

Wählen Sie einen beliebigen, bereits vorhandenen Datensatz (table), wählen Sie beliebige Variablen (columns), und klicken Sie in der Menüleiste auf Run → Submit. Es wird der komplette Datensatz ausgegeben. Haben Sie über einen WHERE-Clause (Filter) einen Subset festgelegt, dann wählen Sie unter SUBSET DATA → WHERE clause "Verify where clause against data", wenn Sie das SAS System prüfen lassen wollen, ob es irgendwelche Datenzeilen gibt, auf die die festgelegte Bedingung zutrifft. Bei großen Datensätzen ist dieser Verifizierungsvorgang zeit- und rechenintensiv.

Ausgabe einer gefilterten Datenliste (Subset) incl. Überschrift

Report Writing → Listing

Wählen Sie einen beliebigen, bereits vorhandenen Datensatz (table) und die entsprechenden Variablen (columns). Ein gefilterter Datensatz ist ein sog. Subset. Legen Sie dazu eine beliebige Filtervariable fest, und geben Sie über WHERE eine beliebige Filter-Bedingung an (explizit anzugeben über z.B. "= 1"), und lassen Sie sich nur das Subset, die gefilterte Teilmenge des Datensatzes ausgeben. Geben Sie vorher unter Edit → Titles eine Überschrift Ihrer Wahl an. Klicken Sie erst dann in der Menüleiste auf Run → Submit!

Ausgabe eines Tabular Reports (Berichts in Tabellenform) mit Überschrift

Report Writing → Tabular Report → All Tabular Reports

Wählen Sie eine beliebige Tabellenform. Wählen Sie einen bereits vorhandenen Datensatz (table). Mit den entsprechend ausgewählten Variablen (columns) definieren Sie die darzustellenden Variablen, und über Statistics die tabellarisch auszugebenden Kennziffern. Mit Class geben Sie eine Klassifikationsvariable an, die nach ihren Abstufungen (Gruppen, Kategorien) die ausgewählten statistischen Kennziffern ausgibt. Geben Sie unter Edit → Titles eine Überschrift Ihrer Wahl an. Klicken Sie in der Menüleiste auf Run → Submit.

Ausgabe einer Häufigkeits- bzw. Kreuztabelle (Counts)

Report Writing → Counts

Wählen Sie für eine Kreuztabelle die Option Crosstabulation. Wählen Sie einen bereits vorhandenen Datensatz (table). Legen Sie die Variablen für Zeilen und Spalten (rows, columns) fest: Wählen Sie dazu Variablen, die abzählbare Abstufungen aufweisen. Klicken Sie in der Menüleiste auf Run → Submit.

Ausgabe von Häufigkeitslisten (Counts)

Report Writing → Counts

Wenn Sie den Inhalt einer Tabelle in Listenform vorziehen, dann wählen Sie die Option List (n-way). Wählen Sie einen bereits vorhandenen Datensatz (table). Legen Sie die Variablen mit abzählbaren Abstufungen fest. Klicken Sie in der Menüleiste auf Run → Submit.

Finden Sie einen Report besonders gelungen, dann speichern Sie ihn unter File → Save as... bzw. Save.

8.3.3. *Graphics*

Mit Graphics können Sie hoch- und niedrig auflösende Grafiken: Säulendiagramme (vertikal/horizontal, gestapelt), und gruppiert), Pies, X Y Plots, und Karten produzieren. Mit dem Menüpunkt Graphics können Berichte in Form von Grafiken erstellt werden.

Finden Sie eine Grafik besonders gelungen, dann speichern Sie sie unter File → Save as... bzw. Save. Mit der Modul SAS/GRAPH Software bzw. der Annotate Facility können Sie annähernd beliebige Grafiken pixelgenau programmieren, unter anderem auch animierte Grafiken.

Voraussetzungen

Das Modul SAS/GRAPH ist installiert und lizenziert, und für hochauflösungsfähige Grafikhardware und -treiber sind installiert und funktionsfähig.
Anmerkung: Für Klassifikationen und Gruppierungen werden üblicherweise Variablen mit abzählbaren Ausprägungen verwendet. je nach Auswertung können Variablen mit allen möglichen Ausprägungen eingesetzt werden.

Einfaches Säulendiagramm (vertikal, 2D, Häufigkeiten) incl. Überschrift

Graphics → Bar Charts

Wählen Sie einen beliebigen, bereits vorhandenen Datensatz (table), wählen Sie vertical und 2D, und legen Sie unter bar values die statistische Kennziffer cumulative frequency (cfreq). Legen Sie unter Chart Column eine beliebige Klassifikationsvariable zur Definition der Balken fest. Geben Sie unter Edit → Titles eine Überschrift Ihrer Wahl an. Klicken Sie in der Menüleiste auf Run → Submit.

Einfaches Säulendiagramm (vertikal, 3D, Mittelwerte) incl. Überschrift

Graphics → Bar Charts

Wählen Sie einen beliebigen, bereits vorhandenen Datensatz (table), wählen Sie vertical, 3D, und unter bar values die gewünschten statistischen Kennziffern. Falls Sie mean (oder sum) wählen, müssen Sie die auszuwertende Variable als analysis variable angeben. Legen Sie unter Chart Column eine beliebige Klassifikationsvariable zur Definition der Balken fest. Geben Sie unter Edit → Titles eine Überschrift Ihrer Wahl an. Klicken Sie in der Menüleiste auf Run → Submit.

Gruppiertes Säulendiagramm (vertikal, 3D, Mittelwerte) incl. Überschrift und Fußnoten

Graphics → Bar Charts

Wählen Sie einen beliebigen, bereits vorhandenen Datensatz (table), wählen Sie vertical, 3D, und unter bar values die Kennziffer mean. Legen Sie die auszuwertende Variable als analysis variable, unter Chart Column eine beliebige Klassifikationsvariable zur Definition der Balken, und unter Grouping column eine Variable zur Gruppierung der Balken fest. Geben Sie unter Edit → Titles und Edit → Footnotes Überschriften und Fußnoten Ihrer Wahl an. Klicken Sie in der Menüleiste auf Run → Submit.

Piediagramm (3D, Prozentanteile) incl. Überschrift und Fußnoten

Graphics → Pie Charts

Wählen Sie einen beliebigen, bereits vorhandenen Datensatz (table), wählen Sie 3D, und eine beliebige Klassifikationsvariable zur Definition der Tortenstücke unter Chart Column. Definieren Sie die Anzahl der Tortenstücke (number of slices) über discrete und legen Sie unter Slice Values als Statistik Prozent (pct) fest. Geben Sie unter Edit → Titles und Edit → Footnotes Überschriften und Fußnoten Ihrer Wahl an. Klicken Sie in der Menüleiste auf Run → Submit.
Anmerkung: Piediagramme (auch: Kreisdiagramme, Tortendiagramme) werden zur Darstellung von Teil-Ganzes-Verhältnissen verwendet. Die Anzahl der Untergruppen oder –kategorien der betreffenden Gesamtheit bestimmt die Übersichtlichkeit, und damit auch den Sinn einer Darstellung als Pie. Sind Tortenstücke zu klein, werden sie nicht grafisch wiedergegeben, und es erscheint eine Warnmeldung im Log.

Piediagramm (Stern, Mittelwerte) incl. Überschrift und Fußnoten

Graphics → Pie Charts

Wählen Sie einen beliebigen, bereits vorhandenen Datensatz (table), für die Sternform star, und unter Chart Column eine beliebige Klassifikationsvariable zur Definition der Tortenstücke. Definieren Sie die Anzahl der Tortenstücke (number of slices) über discrete. Da Sie als statistische Kennziffer Mittelwerte (mean) wünschen, legen Sie die auszuwertende Variable unter analysis variable fest. Geben Sie unter Edit → Titles und Edit → Footnotes Überschriften und Fußnoten Ihrer Wahl an. Klicken Sie in der Menüleiste auf Run → Submit.

Plot-Diagramme (einfacher X Y Plot) incl. Überschrift und Fußnoten

Graphics → Plots

Wählen Sie einen beliebigen, bereits vorhandenen Datensatz (table), und legen Sie die gewünschte Variablen jeweils für die x-Achse (horizontal axis) und für die y-Achse (vertical axis) fest. Bei zeitbezogenen Plots wählen Sie Datumsvariablen bzw. sonstige zeitbezogene Variablen für die x-Achse, und für die y-Achse die gewünschte Auswertungsvariable. Geben Sie unter Edit → Titles und Edit → Footnotes Überschriften und Fußnoten Ihrer Wahl an. Klicken Sie in der Menüleiste auf Run → Submit.
Anmerkung: Für Plots müssen Daten in Paarform und sortiert vorliegen.

Plot-Diagramme (gruppierter X Y Plot) incl. Überschrift und Fußnoten

Graphics → Plots

Wählen Sie einen beliebigen, bereits vorhandenen Datensatz (table), und legen Sie für die x-Achse (horizontal axis) und für die y-Achse (vertical axis) die gewünschten Variablen fest. Bei zeitbezogenen Plots wählen Sie Datumsvariablen bzw. sonstige zeitbezogene Variablen für die x-Achse, und für die y-Achse die gewünschte Auswertungsvariable. Legen Sie über Category fest, für welche Gruppen Sie die Plots in diesem Diagramm generieren möchten. Geben Sie unter Edit → Titles Überschriften und unter Edit → Footnotes Fußnoten Ihrer Wahl an. Klicken Sie in der Menüleiste auf Run → Submit.
Anmerkung: Für Plots müssen Daten paarig und sortiert vorliegen. Bei gruppierten X Y Plots werden die Geraden für verschiedene Untergruppen in ein Diagramm gezeichnet.

Karten (Maps) incl. Überschrift und Fußnoten

Graphics → Maps

Wählen Sie eine beliebige Karte (map, z.B. "North America") und wählen Sie anschließend unter Countries "United States (Counties)". Wählen Sie als Area Identifier "State". Legen Sie für Response Table einen beliebigen Datensatz fest, der jedoch die Variable "State" ebenfalls enthalten muss. Wählen Sie die für Column to map die Variable, die Sie in der Karte darstellen wollen. Definieren Sie mit "Prism" das Aussehen der Karte. Geben Sie unter Edit → Titles und Edit → Footnotes Überschriften und Fußnoten Ihrer Wahl an. Klicken Sie in der Menüleiste auf Run → Submit.
Anmerkungen: Karten (maps) werden vorzugsweise dann generiert, um Informationen nach geografischer Herkunft zu analysieren bzw. präsentieren. Für Maps müssen Karten installiert und referenziert sein. Die Generierung und der Druck

von Karten ist abhängig von Betriebssystem und Hardware, und setzt im Einzelfall spezielle Voreinstellungen voraus.

8.3.4. *Data Analysis*

Unter Data Analysis können Sie Daten in bedeutungsvolle Informationen und Modelle transformieren. Benutzen Sie den Index von SAS/ASSIST, falls Sie nicht auf Anhieb die Analyse finden, die Sie ausführen möchten. Ein besonders herauszuhebendes Feature ist die Guided Data Analysis unter ASSIST → Data Analysis → Interactive → Guided Data Analysis (kürzer über: Solutions → Analysis → Guided Data Analysis). Wenn Sie unsicher sind, wie Sie Ihre Daten auswerten sollen, hilft Ihnen die Guided Data Analysis weiter. Beginnen Sie einfach Ihre Analyse mit Analyze: Not sure.

Die Leistungsvielfalt von Data Analysis reicht von einfachen deskriptiven Analysen bis hin zu komplexen multivariaten Modellierungen:

- Einfache Datenlisten
- Erstellen von Häufigkeitstabellen, oder u.a. zusammenfassende Statistiken, Korrelationen, oder Konfidenzintervalle um den Mittelwert errechnen
- Perzentile berechnen, Daten standardisieren oder rangordnen, Daten für Zeitreihenanalysen aufbereiten
- Regressionen berechnen, u.a. Lineare Regression, Logistische Regression, oder eine um die Autokorrelation korrigierte Regression
- (Nicht)Parametrische Varianzanalysen, oder t-Tests berechnen
- Kanonische Korrelationen, adjustierte Zeitreihen, oder auch spezielle Analysen zur Qualitätskontrolle erstellen
- Spezielle Grafiken erstellen: Control Charts

Anmerkung: Die Originaldokumentation der SAS/ASSIST Software zur Datenanalyse hat knapp drei Seiten Umfang incl. großer Grafiken. Man sollte keinesfalls meinen, dies sei der ganze Leistungsumfang von SAS/ASSIST. Mit SAS/ASSIST greifen Sie u.a. auf die meisten Prozeduren aus SAS/STAT zu, und alleine die drei Bände des SAS/STAT User's Guides Version 8 kommen ohne die Changes and Enhancements Ergänzungsbände auf ca. 3.800 Seiten. Eine vollständige Vorstellung aller mit SAS/ASSIST möglichen Analysen, ihrer Annahmen und Voraussetzungen, und ihrer Spezialfälle ist nicht möglich. Die folgenden Beispiele und Aufgaben dienen v.a. der Einführung und Orientierung in die SAS/ASSIST Software. Auf einige Verfahren wird nicht eingegangen, weil sie an anderer Stelle ausführlich vorgestellt werden.

Zur besseren Übersicht werden im Folgenden die einzelnen Menüunterpunkte vollständig mit aufgeführt.

Elementary

Summary Statistics
Correlation
Confidence Intervals for Means
Frequency Tables

Beispiel: Correlation
Data Analysis → Elementary → Correlation
Wählen Sie die zu korrelierenden Variablen (Columns to be correlated) aus einem beliebigen Datensatz, legen Sie (nicht)parametrische Korrelationsmaße fest, geben Sie unter Edit → Titles und Edit → Footnotes Überschriften und Fußnoten Ihrer Wahl an. Klicken Sie in der Menüleiste auf Run → Submit.

Regression

Linear
Logistic
With Correction for Autocorrelation

Beispiel 1: Linear
Data Analysis → Regression → Linear
Für die Berechnung einer Linearen Regression sollten die Variablen idealerweise intervallskaliert und normalverteilt sein. Legen Sie ein Kausalmodell fest, und wählen Sie eine abhängige (dependent) und eine unabhängige (independent) Variable (column) aus einem beliebigen Datensatz. Lassen Sie sich diese Regression über Additional Options → Regression Plots grafisch beschreiben. Geben Sie Überschriften und Fußnoten Ihrer Wahl an. Klicken Sie in der Menüleiste auf Run → Submit.

Beispiel 2: Logistic

Data Analysis → Regression → Logistic
Ist bei einer Regression die abhängige Variable dichotom, wird üblicherweise eine Logistische Regression gerechnet, die dann die Wahrscheinlichkeit für das Eintreffen für *eine* der beiden Ausprägungen der abhängigen Variablen schätzt. Legen Sie ein Kausalmodell fest, wählen Sie die Response form One column, und wählen Sie eine dichotome abhängige (response) und eine unabhängige (independent) Variable (column) aus einem beliebigen Datensatz. Geben Sie Überschriften und Fußnoten Ihrer Wahl an. Klicken Sie in der Menüleiste auf Run → Submit.

ANOVA

Analysis of Variance
Nonparametric ANOVA
T-tests
Anmerkung: Für Klassifikationen und Gruppierungen werden üblicherweise Variablen mit abzählbaren Ausprägungen verwendet. Je nach Auswertung können Variablen mit allen möglichen Ausprägungen eingesetzt werden.

Beispiel 1: T-test (Mittelvergleich, 2 Gruppen)
Data Analysis → ANOVA → T-tests → Compare Two Group Means
Wählen Sie einen beliebigen Datensatz (table), daraus eine zweistufige Gruppierungsvariable (Classification), und die auszuwertende Variable (Dependent). Geben Sie Überschriften und Fußnoten Ihrer Wahl an. Klicken Sie in der Menüleiste auf Run → Submit.

Beispiel 2: Analysis of Variance (Mittelvergleich, 2+ Gruppen)
Data Analysis → ANOVA → Analysis of Variance
Wählen Sie einen beliebigen Datensatz (table), daraus eine mehrstufige Gruppierungsvariable (Classification), und die auszuwertende Variable (Dependent). Geben Sie Überschriften und Fußnoten Ihrer Wahl an. Klicken Sie in der Menüleiste auf Run → Submit.

Multivariate

Principal Components
Canonical Correlation
Anm.: Auf diese Verfahren wird nicht eingegangen.

Quality Control

Quality Control ist ein Gateway zur SAS/QC (Quality Control) Software, eines leistungsstarken menü- und syntaxgesteuerten Systems zur statistischen Qualitätskontrolle. Quality Control ist speziell für industrielle Prozess- oder Operationsdaten konzipiert mit dem Ziel, die Verbesserung der Qualität dieser Daten über gezielte Änderungen an Prozessen oder Operationen zu unterstützen. Die Anwendung von Prozeduren der SAS/QC Software auf Biodaten ist aufgrund anderer Verfahrensannahmen nicht in jedem Fall optimal.
Beispiel für SAS/QC: Control Chart
Data Analysis → Quality Control → Control Chart
Wählen Sie den SAS/QC Datensatz ISHPLANE, den Control Chart Type "Mean and standard deviation", als Process variable _LEVEL_, und als Subgroup variab-

le _SIDE_. Klicken Sie links unten auf Run. Auf das Modul SAS/QC, die enthaltenen Verfahren und ihre Voraussetzungen wird nicht weiter eingegangen.

Time Series

Seasonal Adjustment
Regression
Anm.: Auf diese Verfahren und ihre Voraussetzungen wird nicht eingegangen.

Interactive

Interactive ist ein Gateway zur SAS/LAB Software, eines rein menügesteuerten Systems innerhalb des SAS Software Systems für die grafische und statistische Analyse von Daten und zur Erstellung von Berichten.
SAS/LAB ist für statistische Laien und Anfänger in der SAS Software konzipiert. SAS/LAB ermöglicht ohne Programmierung schnell und einfach grafische Analysen (u.a. Scatter Plots, Histogramme, Box-and-Whiskers, Normalverteilungsplots), deskriptive Analysen, inferenzstatistische Standardanalysen wie z.B. Varianz- , Kovarianz- oder Regressionsanalysen, und die Erstellung von Berichten.
Ein besonderes Merkmal von SAS/LAB sind software-generierte Interpretationen der vorgenommenen Analysen. Auf Wunsch begleitet die SAS/LAB Software die Analyse Ihrer Daten. SAS/LAB gibt im Gegenteil zu SAS/ASSIST, SAS/ANALYST und SAS/INSIGHT keinen (kommentierten) Programmcode (SAS Syntax) aus.

Beispiel für SAS/LAB

Beispiel1: Deskriptive und grafische Analyse

Klicken Sie auf Dataset und aktivieren Sie einen Datensatz Ihrer Wahl. Klicken Sie auf eine angezeigte Variable, wechseln Sie dabei zwischen dem Plottyp hin und her, und lassen Sie sich über Statistics die deskriptiven Kennziffern für diese Variable ausgeben. Über New Variable wählen Sie eine neue Variable aus dem aktiven Datensatz.

Beispiel2: Systemgesteuerte Analyse und Interpretation

Klicken Sie auf Dataset und aktivieren Sie einen Datensatz Ihrer Wahl. Klicken Sie auf Analyze und lassen Sie sich in Interaktion mit dem SAS/LAB Software System durch die Analyse führen. Um die Analyse auszuführen, klicken Sie in der Menüleiste auf das Submit Symbol ("rennendes Männchen").

Utilities

Compute Percentiles
Compute Ranks
Standardize Columns
Convert Frequency of Time Series
Create Time Series Data

Beispiel 1: Standardisierung von Variablen bzw. Verteilungen

Data Analysis → Utilities → Standardize Columns
Wählen Sie Standardize Columns, wenn Sie Variablen bzw. Verteilungen denselben Mittelwert bzw. dieselbe Standardabweichung verleihen wollen, um sie direkt miteinander vergleichen zu können. Ist der Mittelwert = 0 und die Standardabweichung = 1, nehmen Sie eine z Transformation vor. Wählen Sie einen beliebigen Datensatz (table), die zu transformierenden Variablen, und tragen Sie den gewünschten Mittelwert und Standardabweichung ein. Klicken Sie in der Menüleiste auf Run → Submit.

Beispiel 2: Berechnung von Rängen

Data Analysis → Utilities → Compute Ranks
Wählen Sie Compute Ranks, wenn Sie einer Variablen (column) neue Werte (hier: Ränge) zuweisen wollen. In seiner einfachsten Form erhält dabei der kleinste Werte den Rang 1, der nächste 2, usw. bis hin zu N max nichtfehlender Ränge. Gleiche Werte erhalten gemittelte Ränge. Wählen Sie einen beliebigen Datensatz, die Variablen, denen die Ränge zugewiesen werden sollen, und das gewünschte Rangverfahren. Geben Sie unter Additional Options den neuen Rangwerten einen anderen Namen als den der Ausgangsvariablen. Tragen Sie einen temporären Namen für die Output Tabelle ein, und aktivieren Sie Print Output Table. Klicken Sie in der Menüleiste auf Run → Submit.

8.3.5. *Planning Tools* (Planwerkzeuge)

Mit den Planning Tools können Sie
Zahlungen berechnen, und Amortisierungen analysieren und vergleichen.
Versuche planen und analysieren (experiment design).
Projekte verwalten (project management).
Datenblätter (spreadsheets) entwerfen.
Zeitreihen voraussagen.

Voraussetzungen

Die Module SAS/ETS, SAS/QC, SAS/OR und SAS/CALC müssen installiert und lizenziert sein.

8.3.6. *EIS*

Der EIS Button ist ein Gateway von der SAS/ASSIST Software zur SAS/EIS (Executive Information System) Software, eines menügesteuerten Systems, das es Ihnen erlaubt, unternehmensbezogene Informationssysteme zu entwickeln und einzusetzen.

Voraussetzungen

Das Modul SAS/EIS muss installiert und lizenziert sein.

8.3.7 Remote Connect

Remote Connect ermöglicht es Ihnen, eine SAS Sitzung auf einem anderen Rechner laufen zu lassen, zwischen der lokalen und der entfernten (remote) SAS Session zu kommunizieren, gespeicherte Programme auf dem entfernten Rechner laufen zu lassen, und Daten zwischen den lokalen und den entfernten SAS Sitzungen zu transferieren.

Voraussetzungen

Das Modul SAS/CONNECT muss installiert und lizenziert sein.

8.3.8. *Results*

Unter Results verwalten Sie Ihre SAS/ASSIST Aufgaben, Outputs, und Syntaxprogramme, in dem Sie das Result Manager Fenster bedienen. Mittels Results können Sie Programme oder Outputs zurückholen (recall), löschen, oder auch umbenennen; mittels Results können Sie Programme editieren oder ausführen; eine Grafik nochmals anzeigen lassen (redisplay), und fast alle Einträge anzeigen lassen.

8.3.9. *Setup*

Unter Setup können Sie bestimmte Aspekte Ihrer SAS Sitzung einstellen und kontrollieren, u.a. die Verknüpfung von reference names zu data libraries, die Funktionalität von Gerätetreibern (v.a. Druckern), das Ausdrucken von Formularen, das Sortieren von Daten, und die aktuelle Belegung der Keys.

8.3.10. *Index*

Index dient der Übersicht und Orientierung. Index enthält eine alphabetische Liste an Aufgaben und Anwendungen, die mit der SAS/ASSIST Software ausgeführt werden können. Um auf eine der Aufgaben zuzugreifen, wählen Sie sie einfach aus der Liste aus. Die SAS/ASSIST Software führt Sie direkt zur ausgewählten Aufgabe. Wenn Sie die Aufgabe abgeschlossen haben, wird Sie die SAS/ASSIST Software wieder zurück zur Indexliste führen. Der Vorteil von Index ist, dass Sie damit als Shortcut die vielen Zwischenschritte der Pulldownmenüs abkürzen können. Index ist darüber hinaus eine praktische Orientierungshilfe, falls Sie nicht auf Anhieb die Aufgabe finden, die Sie ausführen möchten.

8.3.11. *Exit*

Über Exit verlassen Sie die SAS/ASSIST Software.

8.4. Übungen

1. Übungen zum Bedienen und Steuern

Fahren Sie das SAS System herunter und wieder hoch. Gehen Sie ins SAS/ASSIST Workplace Menu. Üben Sie das Navigieren zwischen den einzelnen Buttons und Untermenüs, z.B. mit TAB, BACKTAB oder mit der Maus.

2. Übungen zu SAS/ASSIST Workplace Menu

Gehen Sie in die einzelnen Unterpunkte der Buttons im SAS/ASSIST Workplace Menu. Schauen Sie mal nach, ob die o.a. Übersicht alle Features aufführt, oder ob in den Unterpunkten der einzelnen Buttons etwa noch mehr enthalten sind.

3. Übungen zu Hilfen

Probieren Sie die verschiedenen Online-Hilfen des SAS Systems aus.

4. Übungen zu Index

Gehen Sie über Index zu T-tests.
Gehen Sie über Index zu frequency table.
Gehen Sie über Index zu ANOVA.

5. Übungen zu Report Writing

1. Erstellen Sie eine gefilterte Datenliste (Subset) incl. Überschrift. Probieren Sie eine WHERE-Anweisung für alphanumerische Daten, und eine beliebige andere Anweisung aus.
2. Erstellen Sie eine Two-dimension-group-Tabelle, in der Sie sich zusätzlich zu den vorhandenen auch die fehlenden Daten (missings) angeben lassen.
3. Versuchen Sie mit der Tabellenform Multiple group eine akzeptable Darstellung von Daten.

6. Übungen zu Graphics

1. Entwerfen Sie ein Balkendiagramm incl. Überschrift und Fußnoten, das folgende Merkmale aufweist: Vertical, 3D, stacked, Statistik: cumulative frequency, Angabe der Statistik über den Balken in der Grafik, incl. Referenzlinie und ohne Rahmen. Viele Einstellungsmöglichkeiten finden Sie unter Additional Options.
2. Verwenden Sie das unter 1. entworfene Balkendiagramm und vertauschen Sie absichtlich die auszuwertende Variable mit der Klassifikations- oder der Gruppiervariable. Beachten Sie die Änderungen.
3. Entwerfen Sie ein beliebiges Piediagramm für beliebige Daten und Variablen, und im Anschluss daran dasselbe Piediagramm für ein Subset Ihrer Daten.
4. Entwerfen Sie einen beliebigen gruppierten X Y Plot, in den Sie die Plotlinien beliebig verändern, eine Referenzlinie einzeichnen, für den Text den Font und die Farbe ändern, den Rahmen (frame) farbig ausfüllen und, neben Überschrift und Fußnote, eine Legende unter dem Diagramm einfügen. Viele Einstellungsmöglichkeiten finden Sie unter Additional Options. Anmerkung: Für Plots müssen Daten in reiner Paarform und sortiert vorliegen.
5. Entwerfen Sie einen beliebigen X Y Plot für Daten, die nicht in Paarform vorliegen oder nicht sortierte Daten. Beachten Sie die Ausgabe.
6. Entwerfen Sie eine beliebige Karte mit Variablen und Daten Ihrer Wahl. Einstellungsmöglichkeiten finden Sie unter Additional Options (Map Options).

7. Übungen zu Data Analysis

Das Kursivgedruckte verweist auf die Unterpunkte von Data Analysis, zu denen die jeweilige Aufgabe gehört. Nicht für alle Unterpunkte sind Aufgaben formuliert. Komplexere Analysen werden von den Kapiteln zur syntaxgesteuerten Inferenzstatistik abgedeckt. Dort finden sich auch die Erläuterungen der notwendigen Voraussetzungen der jeweiligen Verfahren.

Elementary: Summary Statistics

Berechnen Sie zusammenfassende Statistiken für einen Datensatz Ihrer Wahl. Legen Sie die geeigneten statistischen Kennziffern fest (z.B. mean, sum, minimum, maximum, range), und klicken Sie in der Menüleiste auf Run→Submit. Wiederholen Sie diese Analyse für ein Subset Ihrer Wahl. Vergleichen Sie die Ergebnisse. Legen Sie vorher geeignete Titel oder Fußnoten fest, um die Ergebnisse der beiden Analysen besser auseinander halten zu können.

Regression: Logistic

Versuchen Sie herauszufinden, ob und wie Sie die Wahrscheinlichkeit für das Eintreffen der *einen,* und dann für die *andere* der beiden Ausprägungen der abhängigen Variable aus einem beliebigen Datensatz schätzen können.

ANOVA: Parametrische ANOVA / T-tests

Rechnen Sie eine parametrische ANOVA für eine Klassifikationsvariable mit zwei Abstufungen und einer beliebigen abhängigen Variable. Rechnen Sie anschließend einen t-Test für dieselben Variablen. Vergleichen Sie die Ergebnisse. Legen Sie vorher geeignete Titel oder Fußnoten fest, um die Ergebnisse der beiden Analysen besser auseinander halten zu können.

ANOVA: Analysis of Variance (Parametrische ANOVA)

Berechnen Sie eine einfache Kovarianzanalyse. Einstellungsmöglichkeiten finden Sie dazu unter Additional Options → Modell Effects.

Multivariate: Keine Aufgabe

Time Series: Keine Aufgabe

Utilities: Standardize Columns

Nehmen Sie eine z Transformation für beliebige Daten vor, und speichern Sie die neuen Daten in einem neuen, permanenten Datensatz ab (Additional Options).

Utilities: Standardize Columns

Überlegen Sie, was der Nachteil daran sein könnte, wenn man fehlende Werte (missings) durch den Mittelwert der vorhandenen Werte ersetzt.

Interactive: Summarize

Aktivieren Sie einen Datensatz und Variablen Ihrer Wahl und beginnen Sie Ihre Analyse mit Summarize. Wählen Sie bis zu fünf Variablen aus, und berechnen Sie Univariate Statistics, Bivariate Statistics, und 3D Plots. Fügen Sie in die Scatter Plots eine Regressionsgerade Ihrer Wahl ein (über Locals).

Interactive: Vergleich von SAS/ASSIST mit SAS/LAB

Berechnen Sie die o.a. parametrische ANOVA und die Kovarianzanalyse mit SAS/LAB. Fügen Sie Titel und Fußnoten ein (über Locals). Vergleichen Sie die Ergebnisse von SAS/ASSIST mit SAS/LAB.

Interactive: Systemgesteuerte Datenanalyse

Aktivieren Sie einen Datensatz und Variablen Ihrer Wahl und beginnen Sie eine beliebige Analyse mit Analyze: Not sure.

9. Enterprise Guide

Der Enterprise Guide ist eine speziell für Windows Plattformen (u.a. Windows 95 und 98, Windows 2000, Windows NT 4.0, und Windows XP) entwickelte Thin Client-Anwendung. Der Enterprise Guide zeichnet sich durch eine intuitiv und einfach zu bedienende grafische (z.T. animierte) Oberfläche aus, wobei über zahlreiche interaktive Fenster per Mausklick die Mächtigkeit der SAS Anwendungsroutinen initialisiert wird. Die Enterprise Clients Technologie sorgt für den transparenten Zugriff auf Daten in den verschiedenen Tabellen-, Datensatz-, oder Datenbankformaten.

Enterprise Guide Anwendungsroutinen umfassen SAS Prozeduren von einfachen Berichten in Listenform, bis hin zu Analyseprozeduren aus SAS/STAT, SAS/ETS, und SAS/QC, und geben formatierte Ergebnisse und den jeweils dazugehörigen SAS Code aus.

Der Enterprise Guide ist Einsteigern wegen der intuitiven und klaren Benutzerführung zu empfehlen. Profis werden den Enterprise Guide wegen dem anspruchsvollen Möglichkeiten des Zugriffs, der Analyse und Präsentation zahlreicher Datenformate schätzen lernen. Der Enterprise Guide ist eine einfach zu bedienende, projektbasierte grafische Schnittstelle, die Anwendern einen komfortablen Zugang zum SAS Business-Intelligence-Potenzial und den Analysefunktionen ermöglicht. Der Enterprise Guide unterstützt Microsofts Standard OLE DB für OLAP, und stellt damit sicher, dass von den SQL Server Analysis Services aus auf die Daten zugegriffen werden kann. Zudem lassen sich die Daten leicht in der SAS Drag and Drop-Umgebung bearbeiten. Mit dem Enterprise Guide wird das SAS System zu einer umfassenden Analyse-Lösung für OLE DB-kompatible Datenquellen.

Neben dem Enterprise Guide sollten mind. folgende SAS Software Produkte lizenziert sein: Base SAS Software, SAS Integration Technologies, SAS/GRAPH, und SAS/STAT. Je nach gewünschtem Leistungsumfang kann der Enterprise Guide u.a. um SAS/ETS und SAS/QC erweitert werden.

9.1. Leistungsmerkmale

Datenzugriff

Mit dem Enterprise Guide ist ein Zugriff möglich auf:

- SAS Datenformate, PC-Datenformate (z.B. MSEXCEL, MSACCESS, TAB, CSV), ODBC-Datenquellen
- Relationale Datenbanken (z.B. CA-OpenIngres, DB2, MS SQL Server, OLE DB, Oracle, Sybase, Teradata)
- Nicht-relationale Datenbanken (z.B. ADABAS, CA-DATACOM/DB, CA-IDMS, IMS-DL/I, SYSTEM 2000)
- Enterprise Resource Planning Systems (ERP) Systeme (z.B. Baan, Peoplesoft, R/3, SAP BW)
- Multidimensionale Datenwürfel von SAS und anderen Herstellern (z.B. SAP/BW)

Die Installation bestimmt die Mächtigkeit des Zugriffs:
Local Client SAS Installation oder SAS Server Access über Integration Technologies: SAS Datasets, SAS Views, SAS/MDDB Server, Zugriff über SAS/ACCESS auf Datenformate, wie z.B. DB2, Oracle, MS SQL Server, Teradata, Baan, Peoplesoft, SAP BW und viele andere.

Native Local Client Access: SAS Data, ODBC, OLE DB, OLE DB für OLAP, Microsoft Exchange Message Stores, MSWORD Dokumente, MSEXCEL, HTML, MSACCESS, dBASE, Lotus 123, Paradox, *.txt-Files, ASCII-Files (ASCII), TAB- oder Comma Delimited (CSV) Files.

Daten-Management

Neben den üblichen Möglichkeiten des Filterns, Sortierens, Transponierens, der Bildung von Rangfolgen über versch. Verfahren, der Standardisierung oder Formatierung (unter dem Menüpunkt „Daten"), ist im Enterprise Guide der mächtige Query Builder (unter dem Menüpunkt „Extras") hervorzuheben. Der Query Builder ist ein hochleistungsfähiger Generator von auch komplexen Abfragen. Mit dem Query Builder können Daten aus einer oder mehreren Tabellen kriteriengeleitet (d.h. über Bedingungsausdrücke oder logische Operatoren) extrahiert werden. Mit dem Query Builder können u.a. Daten von bis zu 32 Tabellen über Joinen zusammengefügt werden. Der Query Builder ist in der Lage, zusammenfassende Funktionen auf den Spalten durchführen, Spalten in der Ausgabe auszuschließen, und die Ausgabe nach Spalten zu gruppieren. Die Ergebnisdaten können sortiert und in der Vorschau angesehen werden. Der SQL-Code kann eingesehen, und die Abfragesyntax validiert werden.

Berichte/Zusammenfassung

Alle Ergebnisse können in HTML, RTF, Text, und/oder PDF ausgegeben, und in andere Windows-Anwendungen und das Web exportiert werden. Die meisten

Ergebnisse können als SAS Datensätze ausgegeben werden, um sie weiteren Analysen unterziehen zu können.
Einfache Listen - Gruppiert, Seiten gruppiert, und Spaltenzusammenfassungen
Zusammenfassende Statistiken - Möglichkeit der grafischen und deskriptiv-statistischen Zusammenfassung der Analysevariablen; einschl. Histogramme und Boxplots; die Statistiken schließen u.a. ein: Mittelwerte, Standardabweichung, Standardfehler, Varianz, Minimum/Maximum, Range, Summe, uvam.
Verteilungsanalysen – Daten können mit den üblichen Verteilungen verglichen werden: Normal, Lognormal, Weibull, Beta, Gamma, und Kern, einschl. Histogramme, Prob Plots, Q–Q Plots, und Boxplots.
Korrelationen - Zusammenhangsanalysen mittels Pearson, Spearman, Hoeffding, und Kendall Verfahren; Streudiagramme.
Zusammenfassungen für Kategorialdaten - Kategorialdaten können über Häufigkeit oder Prozent zusammengefasst werden; Tests: Chi^2 Anpassungstest und Binomialanteile; vertikale oder horizontale Balkendiagramme.
Zusammenfassende Tabellen – numerische Daten können in multiplen Kategorien tabelliert werden. Die Statistiken schließen u.a. ein: Mittelwerte, Standardabweichung, Standardfehler, Varianz, Minimum/Maximum, Range, Summe, uvam.

Mit dem Enterprise Guide OLAP Viewer kann in einem Projekt auf MDDB/OLAP Würfel zugegriffen und zahlreichen Funktionen angewendet werden: Unter anderem unterschiedliche Dimensionen und Hierarchien innerhalb des Würfels auswählen, im Würfel Daten sortieren, oder unterteilen, Navigieren und Drillen (up/down) innerhalb des Würfels, Hierarchieebenen erweitern bzw. zusammenzufassen, Ausnahmen hervorheben, Ansichten der Viewer (u.a. Grids) anpassen, und Einsatz der MDX Technologie (u.a. MDX Syntax Checker, Zugriff auf MDX Funktionen, MDX Queries).

Ein MDDB-Würfel ist eine spezielle Datenspeicherfunktionalität, die verdichtete Daten in einem matrixähnlichen Format speichert und einen schnellen und einfachen Zugriff ermöglicht. Benutzer können schnell große Mengen vorverdichteter Daten in beliebigen Kombinationen von Aspekten einsehen.

Die MDX (Multidimensional Expressions) Sprache wird verwendet, um multidimensionale Informationen in Microsoft SQL Server 2000 Analysis Services zu manipulieren. MDX wird in den OLAP Extensionen in OLE DB definiert. MDX ist SQL in vielerlei Hinsicht ähnlich, und stellt eine mächtige Syntax für den Abruf und die Manipulation multidimensionaler Daten zur Verfügung, u.a. für den Bau lokaler Würfel, und Abfrage von Würfeldaten mittels PivotTable Service mit OLE DB und Microsoft ActiveX Data Objects (ADO), und anwenderdefinierten Funktionen für Operationen an multidimensionalen Daten.

Microsofts SQL Server 2000 ist eine führende Lösung für das Verwalten von Daten aus operativen und transaktionsbezogenen Anwendungen. Ende 2001 ist SAS ist Microsofts Data Warehousing Alliance beigetreten: Die führenden Business-Intelligence-Lösungen von SAS sind jetzt auch mit Microsofts SQL Server 2000 Analysis Services kompatibel. Der Enterprise Guide, eine Komponente des

SAS Systems, unterstützt den Standard OLE DB für OLAP, so dass Anwender die umfassende Analyse-Lösung von SAS für den SQL-Server nutzen können. Ab der Version 1.2 ist der Enterprise Guide für das Business Warehouse (BW) von SAP zertifiziert. Als my-SAP.com-Software-Partner ist SAS auch BW Complementary Software Partner.

Grafiken und Visualisierungen (SAS/GRAPH)

Zu den im Enterprise Guide verfügbaren Grafiktypen zählen u.a. Balkendiagramme (vertikal, horizontal, gestapelt, gruppiert), Kreisdiagramme, Flächendiagramme (Linie, Spline, Stufen, gruppiert), Liniendiagramme (einfach, geglättet, Spline, Nadel, Stufe, Standardabweichungsdiagramm, Lagrange Interpolation, und gruppierte Linien,), Streu- und Blasendiagramme (bubble), 3D-Diagramme (Drahtrahmen, Glättung, Gradient), Karten, Finanzdiagramme (Hoch-Tief, Hoch-Tief-Schluss), Ringdiagramme (einfach, gruppiert), Konturen- und Radardiagramme.

Zu den von den Anwendern definierbaren Aspekten zählen u.a. Größe, Farben, 2D/3D, Layout, Formen, Überschriften, Fußnoten, Achsen, Teilstriche, und Referenzlinien. Grafiken können in ActiveX, Java Applets, GIF, PS oder JPEGs ausgegeben werden. ActiveX und Java Applets gestatten eine direkte Interaktion mit den Grafikobjekten. Alle Ergebnisse können in HTML, RTF, Text, und/oder PDF ausgegeben werden.

Über den Enterprise Guide OLAP Viewer können auf der Basis von OLAP Livedaten Tabellen und Grafiken gleichzeitig angesehen werden, interaktiv können u.a. drill down/drill up Funktionen auf Grafiken angewendet werden. Mehrere Grafiktypen können vom Anwender angepasst werden.

Analyse (SAS/STAT)

Der Enterprise Guide bietet für die Analyse von Daten u.a. folgende Möglichkeiten an:

- ANOVA - t-Test, 1faktorielle ANOVA, Nichtparametrische 1faktorielle ANOVA, Lineare Modelle, Gemischte Modelle
- Regression - Linear, Nichtlinear, Logistisch, GLM Modelle
- Multivariate Analysen - Kanonische Korrelation, Hauptkomponentenanalyse, Faktorenanalyse, Clusteranalyse, Diskriminanzanalyse
- Tabellenanalysen (u.a. Kreuztabellen, Kontingenztabellen)
- Survivalanalyse (Überlebensanalyse) - Sterbetafeln (Life Tables), Proportional Hazards
- Verteilungsanalysen – Abgleich von empirischen mit Referenzverteilungen: Normal, Lognormal, Weibull, Beta, Gamma, und Kern, einschl. Histogramme, Prob Plots, Q-Q Plots, und Boxplots.

Prozessfähigkeitsanalysen (SAS/QC)

Eine Prozessfähigkeitsanalyse vergleicht die Daten aus einem kontrollierten Prozess mit den Spezifikationsgrenzen, um zu überprüfen, ob die Spezifikationen eingehalten werden. Für die Kontrolle von Prozessdaten bietet der Enterprise Guide folgende grafische und statistische Möglichkeiten an:

- Prozessfähigkeitsanalyse: Histogramme, Probability Plots, Q-Q Plots, P-P Plots, CDF Plots
- Kontrolldiagramme: Mittelwert und Streuung, Mittelwert und Standardabweichung, Einzelmessungen, Box-, p-, np-, u-, und c-Diagramme,
- Pareto-Diagramme.

Zeitreihenanalysen (SAS/ETS)

- Zeitreihendaten vorbereiten: Anpassung von Häufigkeiten, Interpolation, Ausrichtung, und Transformation
- Analyse von Zeitreihendaten: Einfache Vorhersagen, ARIMA (Modellierung und Vorhersage), Regressionsanalyse mit autoregressiven Fehlern, Regressionsanalyse von Panel-Daten
- Über den Enterprise Guide OLAP Viewer (Zugriff über MS SQL Server Analysis Services) stehen weitere Funktionen zur Verfügung: u.a. Jahr, Monat, bzw. Woche zu Datum. Verfügbare Analysen: Korrelation, Kovarianz, Regression.

Verteilen und Teilen von Ergebnissen

Enterprise Guide Projekte können mittels der Enterprise Guide Technologie unkompliziert an andere verteilt werden. Alle Serverdatenlinks werden vom Enterprise Guide Repository verwaltet, so dass dazu nur eine minimale Konfiguration notwendig ist. Projekte fassen Daten, Transformationen, Analysen, Grafiken, Notizen, und MSWORD Dokumente in einer Weise zusammen, die es ermöglicht, ein Projekt in seiner komplexen Gesamtheit schnell zu verstehen.

Der Einsatz der SAS Integration Technologies ermöglicht es, u.a. mit den Veröffentlichungs- und Subskriptionsfunktionen über vordefinierte Channels Arbeitsergebnisse zu verteilen, Projekt(teil)e können auf jedem verfügbaren SAS Server „nach Fahrplan“ laufen zu lassen, und automatisch kontinuierlich aktualisierte Daten auf Webseiten zu veröffentlichen.

Im Enterprise Guide entwickelter Code kann über das SAS/IntrNet bzw. das SAS Information Delivery Portal leicht anderen innerhalb eines Firmennetzwerks zugänglich gemacht werden. Über den Document Builder können Ergebnisse zusammengefügt werden. Der Process Flow Builder kann in Projekten mit komplexem Datenfluss eingesetzt werden, um eine vereinfachende Reihenfolge der abzuarbeitenden Aufgaben festzulegen. Anwendungsergebnisse können professionell gestaltet, und über Drag and Drop unkompliziert in Microsoft Anwendungen, wie z.B. MSWORD oder MSPOWERPOINT, integriert werden.

SAS Code und Windows Makros

Jede Aktion im Enterprise Guide generiert im Hintergrund SAS Code, der abgespeichert, modifiziert, und anderen SAS Anwendungen zur Verfügung gestellt werden kann. Windows Makros können dabei eingesetzt werden, um schnelle Änderungen im Code vorzunehmen. Externer SAS Code kann Enterprise Guide Projekten hinzugefügt werden. Weiterer SAS Code kann vor oder nach jeder Enterprise Guide Task abgeschickt werden. Die Darstellung der Syntax in verschiedenen Farben und Fonts ermöglicht es, im Code Editor schnell spezifische Abschnitte oder Elemente des Codes, oder auch Syntaxfehler zu finden. Farben und Fonts können den eigenen Vorstellungen angepasst werden. Darüber hinaus kann eingestellt werden, ob SAS Code oder Logs für Anwender sichtbar sind.

Wiederholbarkeit und Automatisierbarkeit

Die generelle Stärke des SAS Systems, die Wiederholbarkeit und Automatisierbarkeit von Aufgaben, kann auch im Enterprise Guide in ihrer vollen Leistungsfähigkeit ausgespielt werden. Sobald ein Projekt im Enterprise Guide angelegt ist, kann das gesamte Projekt, oder auch Teile davon zeitversetzt im Syntax (batch) Modus ablaufen. Die Ergebnisse können z.B. automatisch per E-Mail verschickt, und kontinuierlich aktualisierte Daten automatisch auf Webseiten veröffentlicht werden.

Enterprise Guide Anwendungen können über Skripte automatisiert werden, wobei jede Skriptsprache funktioniert, die Automatisierung unterstützt, z.B. VB oder Java Skripte. Anwendungen, wie z.B. Wscript, Cscript, oder Microsoft Visual Basic können ebenfalls eingesetzt werden, um diese Skripte ablaufen zu lassen. Einsetzbare System Scheduler sind z.B. AT von Windows NT oder der Task Scheduler (Aufgabenplaner) des Internet Explorers.

Benutzerdefinierte Anpassung und Erweiterung

Die Enterprise Guide Anwendungsmenüs sind voll anpassungsfähig auf verschiedenen Ebenen (Anwender, Abteilung, Site). Die Anwendungsmenüs sind über Visual Basic erweiterungsfähig. Der Enterprise Guide kann über OLE Automation von anderen Programmen aus kontrolliert werden.

Das Layout des formatierten Outputs basiert auf dem Output Delivery System (ODS) des SAS Systems, und kann ebenfalls unkompliziert an die Bedürfnisse eines Anwenders angepasst werden.

9.2. Orientierung im Enterprise Guide

9.2.1. Starten und Beenden des Enterprise Guide

Starten des Enterprise Guide:

z.B. Start durch Klick auf Enterprise Guide Icon

Beenden des Enterprise Guide:

z.B. Datei → Beenden

Orientierung und Navigation

Die grafische Benutzeroberfläche und anderen Programmen parallele Menüsteuerung erleichtern die Orientierung im Enterprise Guide. Der Enterprise Guide kann komfortabel per Maus angesteuert werden. Die an MS Windows orientierte grafische Benutzeroberfläche erlaubt den Zugriff auf komplexe Daten, Analysen und Präsentationen über einfache Point und Click-, und Drag and Drop-Aktionen ohne komplexe Programmierungen. Zur Navigation in Fenstern, beim Importassistenten und u.a. bei den Menüs können aber auch Tastenkombinationen (Schnelltasten, Shortcuts) eingesetzt werden.

9.2.2. Erster Überblick zu den Fenstern und Listen

Auswahlfenster

Nach dem Start des Enterprise Guide öffnet sich das Projektfenster. Projekte sind dabei Daten, Tasks (Anwendungsroutinen), Programmcode und Ergebnisse. Im Enterprise Guide kann immer nur in einem Projekt gearbeitet werden. Bei jedem Aufruf von Enterprise Guide müssen Sie ein neues Projekt erstellen oder ein bestehendes öffnen. Um ein Projekt zu öffnen, das zu einem früheren Zeitpunkt gespeichert wurde, doppelklicken Sie auf „Bestehende". Um ein neues Projekt anzulegen, doppelklicken Sie auf „Neu", und geben im Feld „Name" einen Projektnamen Ihrer Wahl ein. Ob Sie im Feld „Server" etwas angeben müssen, hängt i.a. von der jew. Installation auf Ihrem PC ab.

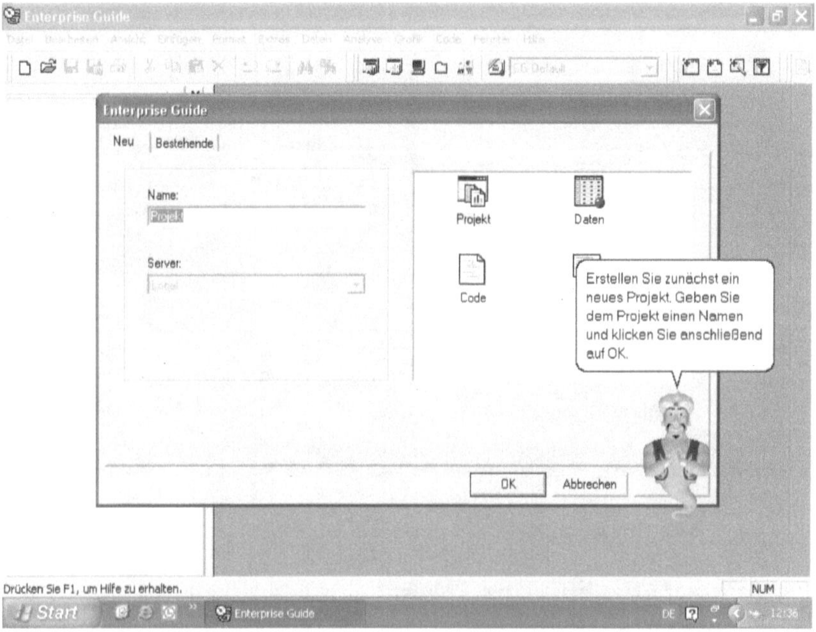

Falls ein SAS System auf Ihrem lokalen PC installiert ist, kann der Enterprise Guide automatisch damit verbinden, und ihn als den Default Server verwenden. Falls Sie eine Verbindung mit anderen SAS System Servern herstellen wollen, können Sie über dem Administrator dem Enterprise Guide sagen, wo sich die Server befinden, wie sie heißen, und unter welchen Bedingungen (z.B. Passwörter, Logins, Zugriffsrechte) Anwender(gruppen) auf Daten im SAS und nonSAS Format zugreifen können.

Arbeitsbereich

Sobald sich das Auswahlfenster geschlossen hat, sehen Sie den Arbeitsbereich des Enterprise Guide. Der Arbeitsbereich besteht aus mehreren Fenstern und Listen (z.B. Projektfenster, Datenblatt, Liste der Anwendungsroutinen, Status für Anwendungsroutinen, und Serverliste), Menüs und Symbolleisten. Der Arbeitsbereich und sein Layout lassen sich beliebig einstellen. Falls nicht alle Fenster oder Symbolleisten sichtbar sein, können Sie diese über das Menü „Ansicht" anzeigen lassen.

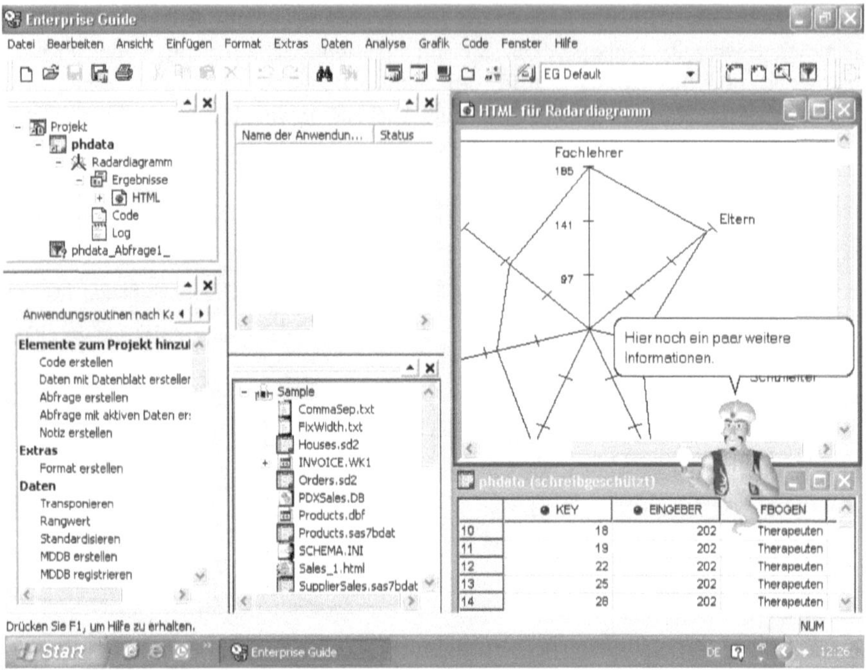

Projektfenster

Das Projektfenster zeigt das aktive Projekt und die zugehörigen Daten, Code, Notizen und Ergebnisse an. Das Projektfenster ist standardmäßig links oben im Arbeitsbereich verankert. Um das Fenster aus der Verankerung zu lösen, klicken Sie auf die Doppelleiste am oberen Fensterrand und ziehen Sie das Fenster. Sie können das Fenster wieder verankern, indem Sie es zurück nach links ziehen. Sie können die Elemente im Projektbaum per Drag and Drop neu anordnen. Sie können eine Anwendungsroutine nicht aus einem Datenknoten in einen anderen Datenknoten verschieben. Auch Code und Ergebnisse einer Anwendungsroutine lassen sich nicht in eine andere Anwendungsroutine verschieben.

Datenblatt

Wenn Sie eine bestehende Tabelle öffnen oder eine neue Tabelle in Enterprise Guide erstellen, verwenden Sie das Datenblatt. Um ein neues Datenblattfenster zu öffnen, wählen Sie Datei Neu, klicken auf das Datensymbol, geben einen Namen für die neue Tabelle an und klicken auf OK. Sie können auch auf Daten mit Datenblatt erstellen unter Elemente zu Projekt hinzufügen im Fenster Anwendungsroutine doppelklicken.

Liste der Anwendungsroutinen

Aus dieser Liste wählen Sie die Anwendungsroutinen für Analyse, Daten-Management und Berichterstellung, entweder nach Kategorie oder alphabetisch sortiert, die Sie auf Ihren Daten anwenden wollen. Anwendungsroutinen können u.a. sein: „Daten: Transponieren“, „Beschreibend: Zusammenfassungstabellen“, „Multivariat: Clusteranalyse“ uvam. Doppelklicken Sie auf eine Anwendungsroutine, um damit zu arbeiten.

Die meisten Menüoptionen unter „Daten“, „Grafik“ bzw. „Analysen“ sind meistens Anwendungsroutinen. Unabhängig vom Zugriff helfen in allen Anwendungsroutinen bunte Symbole, die Variablen den richtigen Analyserollen zuzuweisen.

Serverliste

Dieses Fenster enthält eine Liste aller verfügbaren SAS Server an, die in Enterprise Guide bekannt sind. Über diese Liste können Sie auf die Server zugreifen und durch ihre Dateistrukturen navigieren.

Binderyliste

Diese Liste zeigt eine Liste mit virtuellen Ordnern (Binderys) an, die Ordnern oder Verzeichnissen auf einem Server bzw. Ordnern auf Ihrem Windows-Dateisystem zugeordnet werden können. Binderys können Enterprise Guide-Projekte, Codedateien, SAS Datendateien und andere Arten von Datendateien enthalten. Dieses Fenster ist standardmäßig geschlossen.

Statusfenster

Dieses Fenster zeigt den Status, die Position in der Schlange und den Server der derzeit ausgeführten Anwendungsroutine. Das Fenster mit dem Status der Anwendungsroutinen listet die Anwendungsroutinen auf, die derzeit in Enterprise Guide ausgeführt werden oder anstehen. Dieses Fenster ist standardmäßig geöffnet.

Hilfe-Assistent

Der Hilfe-Assistent ist eine audiovisuell animierte Begleitung während eines Projekts, und wird automatisch geöffnet. Die Animation des Hilfe-Assistenten hängt davon ab, was Sie für Ihr System gespeichert haben. Standardmäßig wird Dschinni angezeigt. Um eine andere Figur zu verwenden, z.B. Merlin oder Peedy, wählen Sie „Figur auswählen“ aus dem Popup-Menü des Agenten. Um die Figur während einer Sitzung auszublenden, drücken Sie die rechte Maustaste und wählen Sie „Verbergen“. Um den Agenten komplett zu deaktivieren, wählen Sie Extras → Optionen → Allgemein → Agent anzeigen: Deaktivieren.

Andere Hilfen

Mehr über den Enterprise Guide erfahren Sie unter Hilfe → Enterprise Guide-Hilfe. Den Einstieg in die Arbeit mit dem Enterprise Guide erleichtert eine Online-Übung unter Hilfe → Der Einstieg - Online-Übung.

Ist ein Element markiert oder anderweitig aktiviert, z.B. eine Anwendungsroutine aus der Liste, z.B. „Beschreibend: Einfache Häufigkeiten“ so erhalten Sie auch umfangreiche und weiterführende Hilfen über die rechte Maustaste oder das Drücken der F1-Taste.

9.3. Das Auswahlfenster

Nach dem Start des Enterprise Guide öffnet sich das Projektfenster. Bei jedem Aufruf von Enterprise Guide müssen Sie ein neues Projekt erstellen oder ein bereits bestehendes öffnen.

9.3.1. Öffnen einer bestehenden Datei

1. Klicken Sie auf den Reiter „**Bestehende**“.
2. Wählen Sie aus der Liste im senkrechten Feld links den Speicherort der Datei aus.
   „**Verlauf**“: Dateien, die kürzlich gespeichert wurden
   „**Persönlich**“: Dateien, die in Ihrem persönlichen Verzeichnis gespeichert sind
   „**Desktop**“: Damit ist der Windows-Desktop gemeint
   „**Server**“: Enthält die Liste der Server, die dem Enterprise Guide bekannt sind
   „**Binderys**“: Binderys sind virtuelle Ordner, die allen Benutzern netzwerkweit zur Verfügung stehen, und die Datendateien aus SAS oder anderen Quellen enthalten. Binderys können Enterprise Guide-Projekte, Codedateien, SAS Datendateien und andere Arten von Datendateien enthalten.
   „**MDDB**“: Multidimensionale Datenbank-Dateien (MDDB)
   „**Exchange**“: Microsoft Exchange- oder Outlook-Ordner
   „**OLEDB**“: Verbindung zu OLE DB-Dateien
   „**ODBC**“: Schnittstelle zu einer Datenbankdatei
   Darüber hinaus können mit der Dropdownmenü „**Suchen in**“ abgelegte Dateien gezielt angesteuert werden.
3. Mit dem Dropdownmenü „Dateityp“ kann der gewünschte Dateityp eingestellt werden.
4. Mit „Öffnen als“ wählen Sie den Knotentyp, wie die Daten geöffnet werden sollen. Voreingestellt ist der Knotentyp „**Daten**.“
5. Nach dem Klicken auf OK wird das bestehende Projekt geöffnet.

9.3.2. Anlegen einer neuen Datei

1. Klicken Sie auf den Reiter „Neu".
2. Wählen Sie den Dateityp im rechten Feld aus (Daten, Projekt, Notiz, oder Code). Die Extension einer EG-Projektdatei ist „*.seg" und wird automatisch hinzugefügt.
3. Geben Sie unter „Name" den gewünschten Namen für die Datei an. Die Dateiendung wird automatisch hinzugefügt. Wählen Sie einen Server aus der Liste aus. Falls es mit dem Default „Local" nicht funktionieren sollte, helfen Ihnen Ihre SAS bzw. Netzwerkadministratoren gerne weiter.
4. Nach dem Klicken auf OK wird das neue Projekt geöffnet.

9.4. Die Menüleisten

Ist ein neues bzw. bestehendes Projekt geöffnet, kann der volle Leistungsumfang der Menüleisten eingesetzt werden. In den folgenden Abschnitten wird pro Kapitel ein Pulldownmenü beschrieben. Viele der auch als Anwendungsroutine bezeichneten Optionen finden sich u.a. unter den Menüs „Daten", „Analyse" und „Grafik".

9.4.1. „Datei"

Mit „Neu" kann das Auswahlfenster für ein neues Projekt geöffnet werden. Unter „Öffnen" kann das Auswahlfenster für ein bestehendes Projekt geöffnet werden. Daten verschiedenster Formate können hier in den Enterprise Guide eingelesen werden, u.a. *.xls, *.doc, *.mdb, *.csv, *.dbf, *.wk, oder *.html. Nicht SAS Formate werden mit einem nicht aufhebbaren Schreibschutz geöffnet. Änderungen können an diesen Daten erst dann vorgenommen werden, wenn sie im SAS Format gespeichert sind.

Über „Speichern" kann das aktuell geöffnete Datenblatt gespeichert werden. Über „Speichern unter/Exportieren" kann das aktuell geöffnete Datenblatt unter anderem Namen, an einem anderen Ort, und in ein anderes Datenformat (u.a. *.xls, *.mdb, *.dbf, oder *.html) gespeichert bzw. exportiert werden.

Ganze Projekte können unter „Projekt speichern" gespeichert werden. Um ein Projekt (erstmalig) zu speichern, und dabei ggf. den Namen und Speicherort zu ändern, wählen Sie „Projekt speichern unter". Mit „Projekt schließen" schließen Sie ein Projekt. Falls Sie am Projekt Änderungen vorgenommen haben, die noch nicht gespeichert worden waren, werden Sie dazu aufgefordert, das Projekt zu speichern.

Unter „Gesamten Code exportieren“ können Sie den gesamten Code in einem Projekt in eine einzige Codedatei exportieren. Das Exportieren des Codes in einem Projekt ist nicht dasselbe wie das Projekt selbst abzuspeichern. Sie können den exportierten Code nicht verwenden, um ein Projekt und seine Anwendungsroutinen wiederherzustellen. Um alle Anwendungsroutinen in einem Projekt zu speichern, müssen Sie das Projekt abzuspeichern.

Unter „Seite einrichten“ können Sie u.a. den Drucker einrichten. Unter „Seitenansicht“ ist eine Vorschau auf die Druckausgabe möglich. Über „Drucken“ wird das Drucken des aktuellen Dokuments abgeschickt.

Über „Senden“ an können Sie Projekte an E-Mail-Empfänger versenden. Wurde zuvor der Projektknoten im Projektbaum ausgewählt, wird das aktuelle Projekt der E-Mail als Anhang hinzugefügt. Um ein Dokument per E-Mail zu verschicken zu können, benötigen Sie eine E-Mail-Anwendung, die MAPI (Messaging Application Programming Interface) oder VIM (Vendor Independent Messaging) unterstützt.

Unter „Eigenschaften“ können die Eigenschaften des aktuell geöffneten Datenblattes eingesehen werden. Unter „Inhalt“ z.B. der Dateiname, Daten, an denen die Datei das letzte Mal geändert wurde bzw. erstellt wurde, die Anzahl der Spalten und Zeilen in der Datendatei, und ob die Datei kodiert wurde, um Speicherplatz und Übertragungszeit zu sparen. Unter „Spalten“ u.a. die Namen der Spalten, den Datentyp in der Spalte (Strings, Datum oder Zahlen sein), die Länge des Datentyps, und Ausgabe- und Einleseformate. Unter „Fortgeschritten“ u.a. der Ort des Servers, auf dem die Datendatei vorliegt, und der Libref oder Membername, die/der jeweils den Daten zugewiesen ist.
Der Membername bezeichnet dabei den jew. Member. Üblicherweise ist ein Member ein SAS Datensatz. Neben dem Typ ‚Data’ gibt es jedoch viele weitere Membertypen, u.a. ‚View’, ‚Catalog’, ‚MDDB’ usw.

9.4.2. „Bearbeiten“

Unter „Bearbeiten“ sind zunächst Optionen angeführt, die aus vielen anderen Programmen bekannt sein könnten. Mit den Unteroptionen in „Navigieren“ kann gezielt in einem MDDB-Viewer gearbeitet werden.

„Rückgängig“ macht vorgenommene Operationen, z.B. im Code oder Datenblatt, wieder rückgängig.
„Wiederherstellen“ stellt nach „Rückgängig“ wieder den Ausgangszustand her.

„Ausschneiden“ schneidet Werte oder Strings aus, und fügt sie in den Zwischenspeicher.
„Kopieren“ kopiert Werte oder Strings in den Zwischenspeicher.
„Einfügen“ fügt Werte aus dem Zwischenspeicher an die gewünschten Stellen ein.
„Löschen“ löscht markierte Werte, Zeilen und Spalten.
„Alles markieren“ markiert komplette Daten und Dokumente.

„Suchen“ sucht die Strings oder Zahlenfolgen *unter* bzw. *hinter* der Cursorposition. Über „Ersetzen“ wird ein „Suchen/Ersetzen“ Fenster geöffnet, mit dessen Hilfe Strings oder Zahlenfolgen gesucht und ersetzt werden können.

„Navigieren“ Ist ein MDDB-Würfel geöffnet, können Sie mit den Unteroptionen die Arbeit mit dem MDDB-Viewer steuern. Der MDDB-Viewer besteht aus dem Layout-Manager (links) und einer Gitter- wie einer Grafikansicht der Daten (rechts). Über „Drillup“ bzw. „Drilldown“ den Daten hoch- bzw. herunterdrillen. Über „Aufklappen“ sehen Sie eine detailliertere Stufe der Daten, über „Zusammenklappen“ sehen Sie eine verdichtetere Stufe der Daten. Über „Member isolieren“ können Sie ein oder mehrere Member in der Gitteransicht des MDDB-Viewers isolieren, so dass keine anderen Member angezeigt werden. Über „Member ausschließen“ können Sie bestimmte Member von der Anzeige ausschließen.

Über „Pivotieren“ werden Spaltenüberschriften werden zu Zeilenüberschriften und umgekehrt. Der „Layout-Manager“ ist in vier Bereiche unterteilt: einem Bereich mit Registerkarten für Dimensionen, und Abschnitte für Zeilen, Spalten und dem Hintergrund.

Mit „Lesezeichen“ können Sie in einem MDDB-Würfel ein ‚Lesezeichen’ setzen, um eine bestimmte Ansicht - ein Segment - des Würfels zu speichern. Anschließend kann direkt zu diesem Lesezeichen gewechselt werden, ohne erneut durch das Gitter navigieren zu müssen. Lesezeichen können im Enterprise Guide-Projekt abgespeichert, umbenannt und gelöscht werden.

Mit „Ausnahmen hervorheben“ können Sie in einem MDDB-Würfel Ausnahmen hervorheben, indem Sie auf die Werte, die bestimmte Bedingungen erfüllen, spezielle Formatierungen anwenden, z.B. Signalfarben. Mit dem Assistenten gezielt die Formatierung bestimmen, die angewendet werden soll, wenn die ebenfalls definierbare Bedingung erfüllt ist. Hervorhebungen von Ausnahmen können im Enterprise Guide-Projekt abgespeichert werden.

Mit dem SAS Spracheditor können Sie jeden SAS Schritt, der in einer Datei vorkommt, auf- bzw. zusammenklappen. „Alles aufklappen“ wird gewählt, um alle SAS Schritte im aktiven Fenster aufzuklappen. „Alles zusammenklappen“ wird gewählt, um alle SAS Schritte im aktiven Fenster zusammenzuklappen.

9.4.3. „Ansicht“

Unter „Ansicht“ sind Optionen für die Gestaltung des Arbeitsbereiches, u.a. Einstellung der Symbolleisten, und Aktivierung der Fenster, aufgeführt.

Im Enterprise Guide können mehrere Symbolleisten angezeigt werden. Standardmäßig werden die Symbolleisten ‚Standard’, ‚Ansicht’, ‚Projekt’ und ‚Editor’ angezeigt; möglich sind auch Symbolleisten ‚Fenster’, ‚MDDB’, und ‚Werkzeuge’.

Über „Mit Microsoft Internet Explorer öffnen“ werden die Ergebnisse einer Anwendungsroutine automatisch im Enterprise Guide angezeigt (Standardeinstellung). Wenn Sie den Microsoft Internet Explorer nicht installiert haben, können Sie die Ergebnisse standardmäßig in Ihrem eigenen Viewer ansehen, dazu müssen Sie zuvor den Standard-Viewer für Ihre Ergebnisse zu ändern.

Mit „Projekt“ wird das Fenster „Projekt“ geöffnet.

Mit „Liste der Anwendungsroutinen“ wird das Fenster „Liste der Anwendungsroutinen“ geöffnet.

Mit „Serverliste“ wird das Fenster „Serverliste“ geöffnet.
Mit „Binderyliste“ wird das Fenster „Binderyliste“ geöffnet.

Mit „Status der Anwendungsroutinen“ wird das Fenster „Status der Anwendungsroutinen“ geöffnet.

9.4.4. „Einfügen“

Unter „Einfügen“ sind vorrangig Optionen angeführt, mit denen Daten, Code oder Notizen zu Projekten, bzw. Spalten und Zeilen in geöffnete Datenblätter hinzugefügt werden können.

„Daten“: Daten werden dem Enterprise Guide-Projekt hinzugefügt. Werden Daten hinzugefügt, werden sie dem geöffneten Projekt automatisch hinzugefügt. Ist kein Projekt geöffnet, wird ein neues angelegt. Standardmäßig öffnet Enterprise Guide Daten, die Sie hinzugefügt haben, automatisch in einem Datenblatt.

„Code“: Code kann dem Enterprise Guide-Projekt hinzugefügt werden. Wenn Sie Code hinzufügen, wird er automatisch dem geöffneten Projekt hinzugefügt. Wenn Sie kein Projekt geöffnet haben, wird ein neues angelegt.

„Notiz“: Mit Notizen behalten Sie den Überblick und geben anderen nützliche Hinweise. Notizdateien werden als Textdateien (*.txt) gespeichert. Notizen können dem Enterprise Guide-Projekt ebenfalls hinzugefügt werden. Wählen Sie dazu das Element im Projekt (oder auch das Projekt selbst), für das Sie eine Notiz erstellen wollen. Wählen Sie „Einfügen“, ggf. „Neu“, geben Sie den Namen der Notiz im Feld „Name“ ein, und klicken Sie auf OK. Das Notizenfenster wird geöffnet, in das Sie Ihren Text eingeben können. Beim Schließen des Notizenfensters wird der Text gespeichert.

„Zeilen hinzufügen“: Diese Option funktioniert nur, sofern das Datenblatt nicht schreibgeschützt ist. Positionieren Sie dazu den Cursor in der Zeile des geöffneten Datenblatt, die sich oberhalb der gewünschten Einfügestelle für weitere Zeilen befindet. Wählen Sie „Einfügen Zeilen“, und geben Sie anschließend an, wie viele Zeilen Sie einfügen wollen. Klicken Sie auf OK, um die neue Zeile hinzuzufügen.

„Spalten hinzufügen“: Diese Option funktioniert nur, sofern das Datenblatt nicht schreibgeschützt ist. Positionieren Sie dazu den Cursor in der Spalte des geöffneten Datenblatt, die sich links neben der gewünschten Einfügestelle für die neue Spalte befindet. Sobald Sie „Einfügen Spalten“ anklicken, erscheint das Fenster „Spalteneigenschaften“. Geben Sie im Reiter allgemein u.a. Namen und Etikett der neuen Spalte (=Variable), Datentyp und Länge an. Unter weiteren Reitern können Sie Ausgabe- und Einleseformate festlegen. Klicken Sie auf OK, um die neue Spalte hinzuzufügen.

„Zeile anhängen“: Diese Option funktioniert nur, sofern das Datenblatt nicht schreibgeschützt ist. Im geöffneten Datenblatt wird oben eine neue Zeile angezeigt. Geben Sie die Daten ein, die Sie der Datei hinzufügen wollen, und drücken Sie die Enter-Taste. Die ausgefüllte Zeile wird an das Ende der Datei gehängt. Wenn Sie keine Daten eingeben oder das Datenblatt schließen, bevor Sie die Enter-Taste drücken, wird die neue Zeile nicht an die Datei angehängt.

9.4.5. „Format“

Unter „Format“ können Sie die Anzeige des Datenblattes einstellen, u.a. Anzahl der sichtbaren Zeilen und Spalten.

Zeilen

„Verbergen“: Mit dieser Option können Sie Zeilen verbergen, so dass diese nicht angezeigt werden. Wählen Sie dazu zunächst die Zeile/n, aus, die Sie verbergen wollen, und anschließend Format → Zeilen → Verbergen. Alle verborgenen Zeilen werden automatisch wieder hervorgeholt, wenn die Datendatei geschlossen wird.

„Hervorholen": Mit dieser Option können verborgene Zeilen wieder anzeigen lassen. Wählen Sie dazu Format → Zeilen → Hervorholen.

„Halten": Mit dieser Option werden Ihnen ausgewählte Zeilen auch während des Blätterns durch den Datensatz angezeigt. Wählen Sie dazu die Zeilen aus, die Sie immer sehen wollen, und wählen dann Format → Zeilen → Halten.

„Loslassen": Mit dieser Option lassen Sie alle gehaltene Zeilen los. Wählen Sie Format → Zeilen → Loslassen.

„Höhe": Mit dieser Option können Sie die Höhe der Zeilen des angezeigten Datenblattes bestimmen. Wählen Sie dazu die Zeilen aus, deren Höhe Sie verändern wollen, wählen dann Format → Zeilen → Höhe, und legen im Eingabefenster den Wert für die neue Zeilenhöhe fest.

Spalten

„Verbergen": Mit dieser Option können Sie Spalten verbergen, so dass sie nicht angezeigt werden. Wählen Sie dazu zunächst die Spalte/n, aus, die Sie verbergen wollen, und anschließend Format → Spalten → Verbergen. Alle verborgenen Spalten werden automatisch wieder hervorgeholt, wenn die Datendatei geschlossen wird.

„Hervorholen": Mit dieser Option können verborgene Spalten wieder anzeigen lassen. Wählen Sie dazu Format → Spalten → Hervorholen.

„Halten": Mit dieser Option werden Ihnen ausgewählte Spalten auch während des Blätterns durch den Datensatz angezeigt. Wählen Sie dazu die Spalten aus, die Sie immer sehen wollen, und wählen dann Format → Spalten → Halten.

„Loslassen": Mit dieser Option lassen Sie alle gehaltene Spalten los. Wählen Sie Format → Spalten → Loslassen.

„Breite": Mit dieser Option können Sie die Breite der Spalten des angezeigten Datenblattes bestimmen. Wählen Sie dazu die Spalten aus, deren Breite Sie verändern wollen, wählen dann Format → Spalten → Breite, und legen im Eingabefenster den Wert für die neue Spaltenbreite fest.

„Etiketten": Sobald Sie diese Option aktivieren (erkennbar an einem kleinen Häkchen links), werden Ihnen in der ersten Zeile des Datenblattes nicht die Variablennamen, sondern die Etikette (Labels) angezeigt.

9.4.6. „Extras“

Unter „Extras“ können Sie mächtige Anwendungen innerhalb des Enterprise Guides aktivieren, u.a. den Query Builder (unter „Abfrage“), Document Builder (unter „Dokument erstellen“), und Process Flow Builder (unter „Prozessfluss erstellen“). Unter „Optionen“ können zahlreiche Einstellungen vorgenommen werden.

„Abfrage“: Über „Abfrage“ greifen Sie auf den Query Builder zu. Mit dem Query Builder können Sie neue Abfragen erstellen, eine bestehende Abfrage verändern, oder auf der Basis einer bestehenden Abfrage eine neue Abfrage erstellen.

„Aus aktiven Daten erstellen“: Mit dieser Option erstellen Sie eine neue Abfrage auf der Basis der Daten einer aktiven Tabelle. Wählen Sie dazu die Tabelle für die Abfrage aus dem Projektbaum aus und wählen Sie anschließend Extras → Abfrage → Aus aktiven Daten erstellen. Dort können Sie zahlreiche weitere Einstellungen vornehmen (u.a. Parameter festlegen).

„Neu erstellen“: Mit dieser Option erstellen Sie eine neue Abfrage, die *nicht* auf der momentan ausgewählten (aktiven) Tabelle basiert. Wählen Sie Extras → Abfrage → Neu erstellen.

„Modifizieren“: Mit dieser Option ändern Sie eine bereits bestehende Abfrage. Klicken Sie auf der zu modifizierenden Abfrage im Projektbaum die rechte Maustaste, und wählen Sie anschließend Extras → Abfrage → Modifizieren. Um eine neue Abfrage auf der Basis einer bereits bestehenden Abfrage zu erstellen, klicken Sie im Projektbaum auf der markierten Ausgangsabfrage die rechte Maustaste, und wählen Extras → Abfrage → Erstellen.

„Parameter zurücksetzen“: Haben Sie für den Datenzugriff (z.B. unter Extras → Abfrage → Aus aktiven Daten erstellen) Parameter festgelegt (z.B. ob es sich um Strings, Zahlen, Datumsangaben oder nur Informationen handeln soll), so können Sie diese Einstellungen mittels ‚Parameter zurücksetzen' wieder deaktivieren.

„Daten importieren...“: Mit dieser Option wird der Import-Assistent aktiviert. Folgen Sie einfach den weiteren Anweisungen des Import-Assistenten. Mit dem Import-Assistenten können Microsoft Excel-Dateien (*.xls) und Textdateien (z.B. *.txt, *.csv, *.tab) in den Enterprise Guide importiert werden. Die importierte Datei wird dabei automatisch in eine SAS Datei konvertiert und im angegebenen Verzeichnis gespeichert. Wird eine Textdatei importiert, erstellt der Import-Assistent automatisch eine Schema.ini-Datei auf der Grundlage der im Assistenten ausgewählten Optionen. Die Datei Schema.ini enthält die Spezifika der Textdatenquelle, u.a. wie die Textdatei formatiert ist, wie sie beim Importieren gelesen wird, und das Standard-Exportformat für Dateien.

„Format erstellen": Unter dieser Option können Formate für Daten vergeben werden. Ein numerisches Format gibt dabei den Text an, der erscheint, wenn die gespeicherten Werte einer numerischen Variablen angezeigt oder gedruckt werden. Ein alphanumerisches Format verfährt analog bei alphanumerischen Variablen. Unter dem Reiter ‚Optionen' können Sie u.a. Namen, Typ, und Anlegedauer (permanent, temporär) der jew. Formate festlegen. Unter dem Reiter ‚Format definieren' können Sie u.a. Etikette, Bereiche, und Etikettdefinitionen. Haben Sie alle Eintragungen ordnungsgemäß vorgenommen, erscheinen in den Druck- und Ergebnisausgaben nicht mehr die (alpha)numerischen Kodierungen, sondern die ihnen zugeordneten Wertelabels.

Für die ordnungsgemäße Anzeige von Formaten ist ein korrekter Zugriff auf die Format-Bibliothek Voraussetzung. Standardmäßig sucht SAS über FMTSEARCH zunächst in der Bibliothek WORK nach Formaten und anschließend in der reservierten LIBRARY Bibliothek, sofern diese angelegt wurde. Wurden Formate im Batch-Modus über

```
proc format library=SASUSER ;
```

bzw.

```
proc format library=WORK ;
```

angelegt, kann der Enterprise Guide direkt darauf zugreifen.

„Dokument erstellen": Mit dieser Option aktivieren Sie den Document Builder. Mit dem Document Builder können Sie mehrere Ergebnisse im HTML-Format Ergebnisse (auch aus mehreren Anwendungsroutinen) in einem einzigen Dokument zusammenfassen. Mit dem Document Builder können derzeit keine Ergebnisse im RTF- oder PDF-Format kombiniert werden. Geben Sie dazu den Namen des Dokuments im Feld ‚Inhalt von' ein und wählen Sie einen Dokumentstil aus. Um dem Dokument die Ergebnisse hinzuzufügen, erscheint nach dem Anklicken von ‚Ergebnisse hinzufügen' im Browser-Fenster eine Liste aller Ergebnisse in Ihrem Projekt. Wählen Sie ein oder mehrere Ergebnisse aus der Liste aus und klicken Sie anschließend auf OK.

„Prozessfluss erstellen": Diese Option aktiviert den Process Flow Builder, der die Automatisierung Ihrer Projekte unterstützt. Mit Process Flow Builder können Sie ein Prozessflussdiagramm (PFD) in einem Projekt erstellen (zuvor müssen Sie ein Projekt erstellen, diesem Daten hinzufügen, und auf diesen Daten Anwendungsroutinen ausführen). Mittels eines PFD können Sie anstelle des gesamten Projekts, bestimmte Anwendungsroutinen oder auch eigene Batches auswählen, die dann im Projekt ausgeführt werden sollen. Um eine Anwendungsroutine zum PFD hinzuzufügen, wählen Sie sie einfach aus der Liste aus, und fügen Sie diese dann dem PFD hinzu. PFD können entweder interaktiv aus dem Projekt heraus ausgeführt werden (drücken Sie dazu auf dem PFD-Knoten im Projektbaum die rechte Maustaste und wählen Sie ‚ausführen'), oder im Batch-Modus ausgeführt werden (dazu müssen Sie in Ihrem Skriptprogramm angeben, dass Sie das PFD verwenden wollen).

„Veröffentlichen": Mit dieser Option können Sie Daten und Ergebnisse in vordefinierten Channels interessierten Benutzern schnell und unkompliziert zukommen lassen. Der Versender (Urheber) der Informationen muss sich dabei nicht darum kümmern, wer die Informationen erhält. Stattdessen müssen die interessierten Empfänger selbst die richtigen Channels abonnieren. Sämtliche Informationen gehen dabei immer an alle Abonnenten eines jeweiligen Channels.

Um Datentabellen zu veröffentlichen, klicken Sie im Projektbaum auf der Tabelle, die Sie veröffentlichen wollen, die rechte Maustaste und wählen Sie ‚Veröffentlichen'. Wenn Sie Analyseergebnisse veröffentlichen wollen, drücken Sie auf den Namen der jeweiligen Anwendungsroutine die rechte Maustaste, und wählen ‚Ergebnisse veröffentlichen'. Folgen Sie dann jeweils einfach den Anweisungen im erscheinenden Assistenten für die ‚Veröffentlichung in einem Channel'.

Anm.: Channel werden auf einem LDAP-Server (Lightweight Directory Access Protocol) erstellt. Sind keine Channels eingerichtet, setzen Sie sich mit Ihrem SAS oder LDAP-Serveradministrator in Verbindung.

„Stileditor": Mit dieser Option können Sie das Design der HTML-Ausgabe im Enterprise Guide durch die Modifikation bzw. den Entwurf von Stilen ändern. Sie können einen vordefinierten Stil für die Ausgabe auswählen, Sie können einen vordefinierten Stil ändern, und Sie können Ihren ganz individuellen Stil entwerfen. Neben Fonts, Schriftfarben, (Hintergrund)Bildern, Farben, und Rändern können Sie vieles andere mehr einstellen, und jede neue Änderung über ein Vorschaufenster mitverfolgen. Stile im Enterprise Guide basieren auf Cascading Style Sheets (CSS).

„Anpassen": Unter dieser Option können Sie u.a. Tastenkombinationen (sog. Shortcuts) erstellen, um häufig gebrauchte oder umständliche Kommandos für Anwendungsroutinen (z.B. 'Prozessfähigkeitsanalyse:Q-QPlots') durch eigens angelegte Tastenkombinationen oder Schnelltasten abzukürzen, und bei Bedarf schnell und unkompliziert ausführen zu können. In diesen Auswahlfenstern wählen Sie zunächst die Aktion, die Sie durch Tasten abkürzen wollen, und geben dann in einem zweiten Fenster die Tastenkombination an, die Sie stattdessen verwenden möchten.

Sie können unter der Option ‚Anpassen' auch Symbolleisten und Symbole anpassen.

„Optionen": Sie können unter den angezeigten Reitern für ‚Allgemein', ‚Code', ‚Daten', ‚Editor', ‚Ergebnisse', ‚Fortgeschritten', ‚Grafik', und ‚Würfel' sehr viele

Optionen einstellen; es kann im Folgenden nur eine stichwortartige Auswahl der Möglichkeiten vorgestellt werden.

‚Allgemein'

Anzeigen des Hilfe-Assistenten

Projektbaumoptionen: Code anzeigen, Log anzeigen

Optionen für Knotennamen: Per Doppelklick umbenennen, vollen Pfad der Daten anzeigen.

‚Code'

Code der Anwendungsroutine: Detaillierten SAS Code anzeigen, Eigenen Code beim Exportieren einschließen, Eigenen Code vor bzw. nach Code der Anwendungsroutine einfügen.

Code (von Anwendern im Codefenster eingegeben): Automatisch SAS Code erzeugen, Detaillierten SAS Code anzeigen, Eigenen Code beim Exportieren einschließen, Eigenen Code vor bzw. nach ausgeführtem Code einfügen.

‚Daten'

Einstellungen: Über Zellenwert Spaltentyp bestimmen, Spalten alphabetisch anzeigen, Etiketten als Spaltennamen verwenden, Dateien nicht geschützt öffnen, Daten beim Einfügen ins Projekt öffnen, Abfrageergebnisse beim Einfügen ins Projekt öffnen

Performance: U.a. Datenformat-Informationen in Cache halten, Gesamtdatensatzzahl für RDBMS-Tabelle (Oracle, DB2, etc) ermitteln, Performance-Warnungen einrichten und definieren.

Abfragecodeformat (Festlegung des SQL im Query Builder): Standard-SQL, oder SAS (Proc SQL)

Fortgeschritten: Schema-Informationen beim Speichern im Textformat einschließen, Zugriff auf Excel-Datentabellen, Ausführen von Anwendungsroutinen auf MDDB-Daten, und bei fehlenden Werten Segment erweitern.

‚Editor'

Allgemeine Editoroptionen: Cursorbewegung nach Zeilenende zulassen, Textbearbeitung per Drag and Drop, Zeilennummern anzeigen

Dateitypenoptionen: U.a. Dateityp, Darstellung, Tabulatoren, Einrückung, Zusammenklappbare Codeabschnitte, Benutzerdef. Schlüsselwörter.

‚Ergebnisse'

Ergebnisformate: HTML (darin: Viewer-Einstellungen: Enterprise Guide, Microsoft Internet Explorer, Bevorzugter Viewer), Textausgabe, PDF, RTF.

Einstellungen: Ergebnisse überschreiben, Bei Fehlern Log anzeigen, Ausgabedaten automatisch öffnen, Prompt vor dem Öffnen von Ergebnissen über: *nnn* Megabyte (MB) Umfang .

Stil: Auswählen eines Standardstils für HTML-Ergebnisse.

‚Fortgeschritten'

Fortgeschritten: Externe Dateien in Enterprise Guide öffnen, Bei Bedarf OLE DB verwenden, um auf SAS Datensätze zuzugreifen, Fehlerlog beim Modifizieren von Daten im Blatt anzeigen, Temporäre Datenknoten ohne Aufforderung speichern, Zeichensätze in HTML- und RTF-Ergebnissen verschlüsseln, Zugangsfunktionen aktivieren.

Enterprise Guide-Spracheinstellungen: Aktuell gewählte Sprache.

‚Grafik'

Ausgabeformat: ActiveX-Steuerelement, Java-Applet und GIF.

Ort der Strukturkarten.

‚Würfel'

Optionen für Würfel-Viewer: Layout-Manager anzeigen, Titel anzeigen, Ausrichtung der Gitterüberschriften.

Navigation: Summen und Zwischensummen anzeigen, Summen vor Member stellen, Fortgeschritten.

Grafik: Grafiken aktivieren, Standardtyp, Nach Spalten-Achsenwerten gruppieren, Gruppen auf dritter Achse platzieren, Standardstil.

„Administratoroptionen": Über die Option „Administratoroptionen" können Sie können das Metadaten-Repository im Enterprise Guide wechseln. Das Repository ist eine Datenbank, in der Informationen über Server, Bibliotheken und Benutzer, die in Enterprise Guide verwendet werden, gespeichert sind. Wenn Sie dieses Repository wechseln, so müssen Sie Enterprise Guide schließen und neu starten, damit die Änderungen wirksam werden.

Um das aktive Repository zu wechseln, geben Sie im Fenster ‚Repository öffnen' den Ort an, ob Sie Ihr lokales Repository oder ein gemeinsames Remote-Repository (Shared Remote) verwenden möchten. Geben Sie den Namen des Remoteserver an, und klicken Sie zweimal auf OK. Damit die Änderungen wirksam werden, müssen Sie den Enterprise Guide schließen und neu starten.

Um den standardmäßig eingerichteten SAS Server zu wechseln, wählen Sie den neuen Server aus der Dropdown-Liste ‚Standard-SAS-Server', oder geben Sie den Namen des neuen Servers ein. Nach OK sind die Änderungen sofort wirksam.

9.4.7. „Daten"

Unter „Daten" können Sie u.a. einen Filter an den Query Builder übergeben, MDDBs erstellen und registrieren, eine zufällige Stichprobe ziehen, und, neben dem Berechnen von Rangwerten und dem Standardisieren, mehrere Operationen des Daten-Managements vornehmen, u.a. Sortieren, Transponieren, und Tabellen (SAS Datensätze) untereinander hängen.

Alternativ können Sie die Anwendungsroutinen über einen direkten Klick auf das jeweilige Element in der Liste der Anwendungsroutinen aktivieren.

„Filter": Über diese Option können Sie dem Query Builder mitteilen, sofern ein Datensatz geöffnet ist, wie die vorliegenden Daten gefiltert werden sollen.

Um einen Filter hinzuzufügen, klicken Sie auf ‚Daten filtern'.

Ziehen Sie die Variable, über die Sie die Daten filtern wollen, aus der Variablenliste links und legen Sie diese auf dem Reiter ‚Daten filtern' ab. Das Fenster Filterbedingung bearbeiten erscheint. Die Variable, die auf den Reiter Daten filtern gezogen wurde, erscheint oben im Feld ‚Spalte'. Im Feld für den Operator darunter (Standardeinstellung: „=, gleich") ist ein Vergleichsoperator auszuwählen. Im Feld ‚Wert' darunter kann ein Wert oder Ausdruck angegeben werden, der im Filter verglichen werden soll. Sie können auch komplexere Filter konstruieren, indem Sie die gewählte Variable mit einem Parameterwert oder einer anderen Spalte zu vergleichen, oder auch den Vergleichsausdruck negieren. Klicken Sie auf OK, um den Filter zu setzen. Eine Art Trichterdiagramm erscheint im Reiterfenster ‚Daten filtern'

Um die „Beziehung zwischen Filtern ändern" zu können, setzt voraus, dass Sie mindestens zwei Filter gesetzt haben. Durch Anklicken der AND- oder OR-Beziehungen im Trichterdiagramm können Sie gleichzeitig logisch und grafisch die komplexe Filterung Ihrer Daten steuern und kontrollieren.

Über „Um einen Filter zu bearbeiten" klicken Sie im Trichterdiagramm auf den zu bearbeitenden Filter. Das dazugehörige Fenster für die Optionen öffnet sich.

Einen Filter löschen Sie, indem Sie den betreffenden Filter markieren, die rechte Maustaste klicken, und ‚Löschen' wählen.

„Sortieren": Daten können Sie nur sortieren, wenn die Daten geöffnet sind, und der Schreibschutz aufgehoben ist. Sie können die Daten nach einer oder mehreren Variablen (Spalten) sortieren, und Sie können für jede einzelne eine aufsteigende oder absteigende Reihenfolge auswählen (aufsteigend ist die Voreinstellung). Um die Sortierreihenfolge zu ändern, können Sie die Sortiervariablen per Mausklick in der Liste nach oben bzw. nach unten schieben. Die Zeilen des Datenblattes werden anhand der ausgewählten Sortiervariablen sortiert. Die Datenzeilen der Daten werden zuerst nach der ersten Variablen in der Liste sortiert, danach nach der zweiten usw. In jeder Ausprägung der ersten Variablen werden also anschließend die Zeilen darin nach der zweiten Sortiervariable sortiert usw.

„Transponieren": Über diese Option wandeln Sie alle oder ausgewählte Spalten einer Eingabedatei in die Zeilen einer Ausgabedatei um.

Werden keine Gruppierungsvariablen ausgewählt, so wird die gesamte Spalte in eine einzige Zeile umgewandelt. Werden dagegen eine oder mehrere Gruppierungsvariablen ausgewählt, werden die Spalten über die Gruppierungsvariablen in Unterspalten segmentiert, wobei jede in eine Zeile umgewandelt wird. In diesem Fall gehen aus einer Spalte so viele Zeilen hervor, wie durch die Gruppierungsvariablen Gruppen definiert werden. Der Enterprise Guide weist darauf hin, dass die Daten vor dem Fortfahren geschützt werden müssen.

Darüber hinaus besteht u.a. die Möglichkeit, Variablen auch direkt zu kopieren, also ohne sie transponieren. Da diese Variablen (=Spalten) direkt in die Ausgabedatei kopiert werden, entspricht die Anzahl der Zeilen der Ausgabedatei immer der Zeilenzahl der Eingabedatei. Der Enterprise Guide füllt die Ausgabedatei ggf. mit fehlenden Werten, falls die Zeilenanzahl in der Eingabedatei nicht der Anzahl der Variablen entspricht, die transponiert werden.

„Rangwert“: Über diese Option berechnen Sie Rangwerte die Werte einer oder mehrerer numerische Variablen einer SAS Datei. Weisen Sie die Variable (Spalte), für deren Werte Ränge berechnet werden sollen, dem Feld ‚Rang nach‘ zu. Wählen Sie anschließend die gewünschte Rangmethode bzw. das Verfahren für das Auflösen von Überlappungen (gleichen Werten), sog. ties.
Als Rangmethoden werden vom Enterprise Guide u.a. angeboten:
„Kleinster zum größten“: Weist den Rangwert 1 der kleinsten Zahl zu, 2 der nächstgrößten Zahl usw. bis Rangwert n (n=Zahl der nichtfehlenden Zeilen).
„Perzentilwerte“: Werte werden in 100 Gruppen eingeteilt. Die Gruppen haben gleiche oder fast gleiche Zeilenzahl. Die niedrigsten Werte stehen in der ersten Gruppe, die höchsten Werte stehen in der letzten Gruppe. Perzentilränge sind keine Prozentränge (s.u.).
„Dezilwerte“: Werte werden in 10 Gruppen eingeteilt. Die Gruppen haben gleiche oder fast gleiche Zeilenzahl. Die niedrigsten Werte stehen in der ersten Gruppe, die höchsten Werte stehen in der letzten Gruppe.
„Prozente“: Jeden Wert durch die Anzahl der Beobachtungen dividieren, die nichtfehlenden Werte haben. Das Ergebnis wird mit 100 multipliziert, um Prozente zu erhalten. Wie zu sehen, unterscheiden sich Ränge auf Prozentbasis von Perzentilrangwerten. Der Enterprise Guide stellt noch viele andere Methoden zur Rangwertberechnung zur Verfügung.
Zum Auflösen von Überlappungen (gleichen Werten, ties) werden die Methoden ‚Mittelwert‘, ‚Hoch‘, und ‚Niedrig‘ angeboten. Als Voreinstellung verwendet die Anwendungsroutine bei gleichen Werten die Methode ‚Mittelwert‘. ‚Mittelwert‘ bewirkt, dass überlappende Werte den Mittelwert der entsprechenden Rangwerte erhalten. ‚Hoch‘ bzw. ‚Niedrig‘ bewirken, dass der größte bzw. kleinste der entsprechenden Rangwerte verwendet wird.
Die ermittelten Rangwerte werden dabei in einer neuen SAS Datei abgelegt. Optional ist, ob die Originalvariablen dort mit abgelegt werden sollen.

„Standardisieren“: Mit dieser Option (Anwendungsroutine) können Variablen in einer SAS Datei auf einen gegebenen Mittelwert und eine gegebene Standardabweichung standardisiert werden. Standardmäßig werden die unter ‚Spalten‘ ausgewählten Variablen auf einen Mittelwert von 0.0 und eine Standardabweichung von 1.0 standardisiert. Unter ‚Standardisieren‘ können beliebige Werte für Mittelwert und Standardabweichung für die zu analysierende/n Variable/n angegeben werden. Bei mehreren Variablen werden dieses Parameter auf alle Variablen angewendet; wenn die Kontrollkästchen ‚Neuer Mittelwert‘ bzw. ‚Neue Standardabweichung‘ deaktiviert sind, können Mittelwert und Standardabweichung nicht verändert werden.

Standardmäßig werden fehlende Werte aus dem Standardisierungsprozess ausgeschlossen, können jedoch durch den Mittelwert der Nichtfehlenden Werten dieser Variable ersetzt werden, wenn das Kontrollkästchen ‚Fehlende Werte mit dem Variablenmittelwert ersetzen' aktiviert ist. Je nach unter „Ergebnisse" gewählter „Ausgabedatenoptionen" werden die neuen standardisierten Werte dem Datensatz hinzugefügt ohne die Originalvariablen zu löschen, oder die neuen Werte ersetzen die Originalwerte.

„MDDB erstellen": Diese Option (Anwendungsroutine) ermöglicht es, multidimensionale Datenbanken (MDDBs) zu erstellen. Eine MDDB ist keine SAS Datei, sondern eine besondere Speicherform, in der Daten aus einem Data Warehouse oder aus anderen Datenquellen abgelegt sind. MDDBs bieten dem Benutzer schnelle, unbegrenzte Ansichten mehrerer Beziehungen in großen Mengen verdichteter Daten.
Zuweisen von Variablen zu Rollen:

„Analysevariable": Sie müssen mind. einer numerische Variable die Rolle der Analysevariable zuweisen. Die Variablen, die Sie dieser Rolle zuweisen, enthalten die Informationen, die in der MDDB zusammengefasst sind. Sobald Sie dieser Rolle eine Variable zuweisen, erscheint das Feld ‚Statistiken'. Darin können Sie die Statistiken auswählen, die über die jew. Variable berechnet und in der MDDB gespeichert werden sollen. Standardmäßig werden Summe oder gewichtete Summe ermittelt und gespeichert.

„NWAY-Würfel": Sie müssen mind. einer Variable die Rolle der Kategorievariablen (auch: Gruppierungsvariable, NWAY-Würfel) zuweisen. Die Variablen, die Sie dieser Rolle zuweisen, sollten kategorial sein; d.h. es können numerische, alphanumerische oder Datumsvariablen sein, sie sollten jedoch alle diskret skaliert sein. Der NWAY-Würfel ist die Gesamtheit der Kategorievariablen, mit denen die Gruppen oder Dimensionen, definiert werden, in welche die Analysevariablen klassifiziert werden sollen. Vordefinierte Variablenkombinationen, die der Rolle ‚NWAY-Würfel' zugewiesen wurden, werden auch als ‚Unterwürfel' bezeichnet.

Fortgeschritten: Unter „Fortgeschritten" können Sie u.a. Etikett für die MDDB angeben, für die optimale Performance die Speichergröße und die Paketgröße einstellen, und die Ausgabebibliothek (Standardbibliothek: SASUSER) bzw. den Namen der Ausgabedatei ändern.

Das Erstellen neuer MDDBs mit dem Enterprise Guide sollte je nach Installationsumgebung erfahrenen SAS bzw. Netzwerkadministratoren überlassen bleiben. Diese können anhand der Technischen Dokumentation u.a. beurteilten, ob auf demselben Rechner MDDBs erstellt werden können, oder ob ein Server eingerichtet werden sollte.

„MDDB registrieren": Eine MDDB muss registriert sein, um darauf mit Hilfe eines MDDB-Viewers oder einer anderen Anwendung zugreifen zu können. Wählen Sie dazu ein Repository aus der auf Ihrem Server verfügbaren Repository, und geben Sie einen Namen für die MDDB an. Falls Sie eine bestehende MDDB aktualisieren, müssen Sie abschließend angeben, was mit den vom System erzeugten MDDB-Metadaten geschehen soll (MDDB-Meta-Daten sind Informationen über die MDDB, die mit der MDDB im Repository gespeichert werden). Auch diese Einstellungen sollten erfahrenen SAS bzw. Netzwerkadministratoren überlassen bleiben.

„Zufällige Stichprobe" : Mit dieser Option (Anwendungsroutine) wird aus einer Eingabedatei eine zufällige Stichprobe gezogen, die in eine Ausgabedatei abgelegt wird. Voraussetzung ist, dass eine Datendatei aktiv ist. Unter dem Reiter ‚Zufällige Stichprobe' können u.a. die Stichprobenmethode (einfache zufällige Stichprobe ohne Ersetzung, unbeschränkte zufällige Stichprobe mit Ersetzung), die Stichprobengröße (Anzahl oder Prozent der Zeilen) und ein Zufallszahlenstartwert (‚Seed') festgelegt werden. Wird kein ‚Seed' angegeben, basiert der verwendete Zufallszahlenstartwert auf der Systemuhr.

Werden im Reiter ‚Schichtvariablen' Schichtvariablen angegeben ist zu beachten, dass die angegebenen Parameter, z.B. Stichprobengröße, nicht für die gesamte Eingangsdatei, sondern *pro Schicht* der Eingangsdatei gelten. Werden z.B. eine zweistufige Variable als Schichtvariable festgelegt, und als Größe der zufällig gezogenen Stichprobe 10% vorgegeben, so werden *pro Schicht* jew. 10% gezogen. Ohne Schichtvariable würden *insgesamt* 10% gezogen werden. Aufgrund der Zufälligkeit der Ziehung ist ohne Angabe einer Schichtvariablen nicht gewährleistet, dass in der entstehenden Stichprobe die Schichten proportional berücksichtigt werden.
Unter dem Reiter ‚Ergebnisse' kann eine Zusammenfassungstabelle angefordert werden, die den Ausgangswert, die Stichprobenmethode und -größe, und die Schichtvariablen angibt, wie auch die Ausgabeoptionen für unbeschränkte Stichproben genauer definiert werden.

„Tabelle anhängen": Mit dieser Option (Anwendungsroutine) können zwei oder mehr Tabellen (SAS Datensätze) zu einer einzigen Datei verkettet (appended), und abgespeichert werden. Im Prinzip muss man es sich so vorstellen, dass Datensätze so untereinander gehängt werden, dass Variablen mit demselben Namen (gleicher Typ vorausgesetzt) automatisch untereinander gehängt werden. Jede Variable, die nicht in jeder Tabelle enthalten ist, führt dazu, dass in die Ausgabedatei an der Stelle, wo den anderen Eingabedateien diese Variable fehlte, einen fehlenden Wert aufweist. Die Ausgabedatei enthält jede Zeile und jede Variable aus allen Eingabedateien. Das Fenster ‚Anzuhängende Tabellen' listet die Dateien in der Reihenfolge auf, in der sie verkettet werden. Um eine Datei nach oben bzw. unten zu rücken, wählen Sie sie in der Liste aus und klicken auf ‚Nach oben' bzw. ‚Nach unten'.

Der Enterprise Guide gibt eine Warnmeldung aus, falls Joins nicht möglich sind. Automatische Joins sind z.B. dann nicht möglich, wenn die Variablen verschiedener Tabellen zwar gleich heißen, aber einmal numerisch und einmal alphanumerisch sind. Der Join kann dann manuell, oder, nach der Ursachenbehebung, wieder mit dem Enterprise Guide ausgeführt werden.

„Geschützt“: Über die Option „Geschützt“ können Sie den Modus ändern, mit dem eine Datendatei in Ihrem Projekt geöffnet wird. Im READONLY-Modus („Geschützt“) können Sie keine Änderungen vornehmen bzw. abspeichern. Nur im UPDATE-Modus können Sie Änderungen vornehmen bzw. abspeichern. Wählen Sie „Geschützt“ (READONLY-Modus), wenn Sie Ihre Daten vor (zufälligen) Änderungen schützen wollen. Deaktivieren Sie „Geschützt“ (UPDATE-Modus), wenn Sie an Ihren Daten gezielte Änderungen vornehmen wollen. Manche Anwendungen zwingen explizit zum Wechsel in den jeweiligen Modus (z.B. ‚Sortieren’ vs. ‚Transponieren’).

9.4.8. „Analyse“

Unter „Analyse“ können Sie u.a. grafische, deskriptive und statistische Analysen anfordern, z.B. Tabellen-, und Verteilungsanalysen, ANOVAs, Regressionen, multivariate Analysen (u.a. Hauptkomponenten-, Faktoren-, Clusteranalyse, und Diskriminanzfunktion), Prozessfähigkeits- und Zeitreihenanalysen (u.a. für Panel-Daten). Die Zuweisung der Variablen (Spalten) zu ihren Funktionen (Rollen) u.a. Analyse-, Klassifizierungs-, Häufigkeits-, BY-, und Gewichtungsvariable wird durch bunte Symbole unterstützt. Um die unter „Analyse“ aufgeführten Anwendungsroutinen einsetzen zu können, muss ein Projekt bzw. Datensatz geöffnet sein. Alternativ können die Anwendungsroutinen über einen direkten Klick auf das jeweilige Element in der Liste der Anwendungsroutinen aktiviert werden.

„Beschreibend“

‚Listenbericht...’

Beobachtungen einer SAS Datei werden in Listenform ausgegeben, von einfachen Listenberichten bis zu anspruchsvollen Berichten, die die Daten gruppieren, und u.a. (Zwischen)Summen für numerische Variablen berechnen.

‚Beschreibende Statistiken...’

Daten können mit beschreibenden Statistiken für Variablen über alle Beobachtungen hinweg und innerhalb von Beobachtungsgruppen verdichtet werden .

‚Verteilungsanalyse...’

Daten können mit Referenzverteilungen verglichen werden, z.B. Normal, Lognormal, Weibull, und Kern. Als Verteilungsdiagramme können u.a. Histogramme, Prob Plots, und Boxplots angefordert werden.

‚Korrelationen...’

Die Beziehung zwischen numerischen Variablen kann durch das Berechnen von Korrelationskoeffizienten beschrieben werden.

‚Einfache Häufigkeiten...’

Aus Daten können Häufigkeitstabellen erstellt, und binomiale und Chi-Quadrat-Tests berechnet werden.

‚Zusammenfassungstabellen...'
Beschreibende Statistiken können in tabellarischem Format angezeigt, von einfachen bis zu anspruchsvollen Tabellen.
„Tabellenanalyse..."
Aus den Daten können Kreuztabellen (Kontingenztabellen) definiert, und zahlreiche Zellen-, und Tabellenstatistiken (u.a. Assoziationstests, Assoziationsmaße) angefordert werden.

„ANOVA..."
‚t-Test...'
Der Enterprise Guide kann *t*-Tests für eine Stichprobe, zwei Stichproben und paarweise Beobachtungen berechnen.
‚Einfache ANOVA...'
Bei zwei oder mehreren unabhängigen Gruppen kann der Enterprise Guide auf Unterschiede zwischen den Gruppenmittelwerten testen.
‚Nichtparametrische einfache ANOVA...'
Sind die Voraussetzungen für eine parametrische ANOVA nicht gegeben, kann eine nichtparametrische einfache ANOVA einschl. nichtparametrischen Tests berechnet werden.
‚Lineare Modelle...'
Im Rahmen des ALM (Methode der kleinsten Quadrate) können Modelle mit einer oder mehreren stetigen abhängigen Variablen bzw. diskreten unabhängigen Variablen analysiert werden.

„Regression"
‚Linear...'
Der Enterprise Guide kann für mehrere abhängige und unabhängige Variablen eine lineare Regressionsfunktion berechnen.

‚Nichtlinear...'
Der Enterprise Guide kann die Parameter eines nichtlinearen Modells über die Methoden der (gewichteten) Kleinsten Quadrate schätzen.
‚Logistisch'
Mit einer logistischen Regressionsanalyse kann der Zusammenhang zwischen diesen diskreten (binären, ordinalen) abhängigen Werten und einer Reihe von erklärenden (unabhängigen) Variablen ermittelt werden.

„Multivariat"
‚Kanonische Korrelation...'

Mit einer kanonischen Korrelation kann die Beziehung zwischen zwei Sätzen von (mehreren) Variablen analysiert werden.
'Hauptkomponentenanalyse...'
Mit einer Hauptkomponentenanalyse können lineare Zusammenhänge zwischen mehreren quantitativen Variablen untersucht werden.
'Faktorenanalyse...'
Im Enterprise Guide können mehrere Faktor- und Komponentenanalysen und Rotationen berechnet werden.
'Clusteranalyse...'
Eine Clusteranalyse ermittelt hierarchische Cluster aus SAS Daten.
'Diskriminanzfunktion...'
Mit einer Diskriminanzfunktion kann ermittelt werden, mit der eine Beobachtung in eine Gruppe klassifiziert ist.
„Überlebensanalyse"
'Überlebenstabellen...'
Mit Überlebenstabellen können nichtparametrische Schätzer für die Überlebensverteilung von eventuell rechtszensierten Daten ermittelt werden.
'Proportionale Hazards...'
Basierend auf dem Cox-Modell können die Effekte erklärender Variablen auf Überlebensdaten regressionsanalytisch berechnet werden.

„Prozessfähigkeitsanalyse"
'Histogramme...'
Mit Histogrammen kann die Verteilung von Messwerten aus einem kontrollierten Prozess mit festgelegten Spezifikationsgrenzen verglichen werden.
'Wahrscheinlichkeitsplots...'
Mit einem Wahrscheinlichkeitsplot können die geordneten Werte einer Variable grafisch mit den Perzentilen einer theoretischen Verteilung, z.B. der Normalverteilung, verglichen werden.
'Q-Q-Plots...'
Mit einem Q-Q Plot können geordnete Werte einer Variablen mit den Quantilen einer angegebenen theoretischen Verteilung verglichen werden.
'P-P-Plots...'
Mit einem P-P Plot kann die empirische kumulative Verteilungsfunktion (ECDF) einer Variablen mit einer theoretischen kumulativen Referenzfunktion verglichen werden.
'CDF-Plots...'
Mit einem CDF-Plot kann die beobachtete kumulative Verteilungsfunktion (CDF) einer Variablen dargestellt werden.
„Kontrolldiagramm"
Mit einem Shewhart-Kontrolldiagramm kann grafisch und analytisch überprüft werden, ob ein Prozess in einem Zustand statistischer Kontrolle ist.

'Mittelwert- und Spannweitendiagramm...'

Mittelwert- und Spannweitendiagramme sind nützlich für die Analyse der zentralen Tendenz und der Variabilität eines Prozesses.
‚Mittelwert- und Std.diagramm...'
Mittelwert- und Standardabweichungsdiagramme sind nützlich für die Analyse der zentralen Tendenz und der Variabilität eines Prozesses.
‚Einzelmaßdiagramm...'
Kontrolldiagramme für Einzelmaße und gleitende Spannweiten. Nur geeignet, wenn die Maße unabhängig und normalverteilt sind.
‚Box-Diagramm...'
Gruppierte Box-Plots ermöglichen eine detaillierte Analyse der Verteilung für große Untergruppenstichproben (zehn oder mehr).
‚p-Diagramm...'
p-Diagramme geben das Verhältnis nichtkonformer Elemente (Defekte) in den Untergruppenstichproben wieder.
‚np-Diagramm...'
np-Diagramme geben die Anzahl von Nichtkonformitäten (Defekte) in den Untergruppenstichproben an.
‚u-Diagramm...'
u-Diagramme geben die Anzahl der Defekte pro Inspektionseinheit in Untergruppenstichproben mit einer willkürlichen Einheitenzahl an.
‚c-Diagramm...'
c-Diagramme geben die Anzahl der Nichtkonformitäten (Defekte) in den Untergruppenstichproben wieder.

„Pareto-Diagramm..."
Ein Pareto-Diagramm gibt die relative Häufigkeit von definierten Prozessproblemen als Balken an. Die Balken werden von links nach rechts in abnehmender Höhe angezeigt.

„Zeitreihen"
‚ Zeitreihendaten vorbereiten...'
Daten können für die Zeitreihenanalyse vorbereitet werden. Die gewählten Optionen können sich auf die Güte der später durchgeführten Analysen auswirken.
‚Basisprognosen...'
Mit dem Enterprise Guide kann die unkomplizierte Prognose zahlreicher Zeitreihen erstellt werden, u.a. mit der Methode Schrittweise autoregressiv (Voreinstellung).
‚ARIMA-Prognosen und Modellierung...'
Der Enterprise Guide analysiert und prognostiziert u.a. gleichmäßig verteilte, univariate Zeitreihendaten, Transferfunktionsdaten und Interventionsdaten auf der Basis des ARIMA (Auto Regressive Integrated Moving Average) -Modells.
‚Regressionsanalyse mit autoregressiven Fehlern...'

Der Enterprise Guide berechnet eine lineare Regressionsmodelle für Zeitreihendaten, wenn die Fehler autokorreliert sind oder Ungleichheiten bei den Varianzen aufweisen.

‚Regressionsanalyse der Paneldaten...'

Mit dem Enterprise Guide können auch komplexe Paneldaten analysiert werden, wenn also Zeitreihen- und Querschnittsdaten zugleich vorliegen.

9.4.9. „Grafik"

Unter „Grafik" können mit dem Enterprise Guide neben den Standarddiagrammen u.a. auch Oberflächendiagramme, Karten, Blasen (bubble)-, Finanz-, Ring-, und Radardiagramme erzeugt werden, und entweder in den Formaten ActiveX, Java-Applet oder GIF ausgegeben werden (Ausnahme: Radardiagramm). Um die unter „Grafik" aufgeführten Anwendungsroutinen einsetzen zu können, muss ein Projekt bzw. Datensatz geöffnet sein. Alternativ können die Anwendungsroutinen über einen direkten Klick auf das jeweilige Element in der Liste der Anwendungsroutinen aktiviert werden. Die Anwender brauchen ab der eingangs auftauchenden ‚Diagrammgalerie' nur noch den Reitern für die Variablenauswahl (‚Spalten'), der Darstellung (‚Darstellung'), und ggf. weiteren Optionen (‚Fortgeschritten') folgen. Die Zuweisung der Variablen (Spalten) zu ihren Funktionen (Rollen) u.a. Analyse-, Klassifizierungs-, Häufigkeits-, BY-, und Gewichtungsvariable wird durch bunte Symbole unterstützt.

„Balken..."

Balkendiagramme zeigen die relative Größe von Daten durch Balken unterschiedlicher Höhe. Balkendiagramme sind v.a. für den Vergleich von Werten (Balken) nützlich.
Varianten: Vertikale, horizontale oder 3D-Balkendiagramme, die numerische Werte oder Statistiken zwischen unterschiedlichen Werten einer Diagrammvariablen vergleichen.

„Kreis..."

Jedes Segment eines Kreises stellt dessen Anteil am Ganzen dar.
Varianten: Einfache, gruppierte oder gestapelte Diagramme.

„Fläche..."

Für die Darstellung des Zusammenhangs zwischen zwei Variablen.
Varianten: Flächen-, Spline-, Stufen- oder Überlagerungsdiagramme.

„Linie..."

Für den Zusammenhang zwischen numerischen Variablen.

Varianten: Linien-, Spline-, Nadel-, Stufen-, Regressions-, Glättungs-, STD-, Lagrange-Interpolations- oder Überlagerungsdiagramme, einschl. Trends oder Datenpunktmuster.

„Streuung..."
Für Zusammenhänge zwischen zwei oder drei Variablen.
Varianten: 2D-Streuungsdiagramme, 3D-Streuungsdiagramme oder 3D-Nadeldiagramme für Muster oder Datenpunktkonzentrationen.

„Oberfläche..."
Für Zusammenhänge zwischen drei numerischen Variablen.
Varianten: 3D-Drahtrahmen-, 3D-Glättungs- oder 3D-Gradientendiagramme.

„Karte"
Werte einer numerischen Variablen für verschiedene geografische Regionseinheiten darstellen, wie Länder, Provinzen und Bezirke.
Varianten: D-Draufsichts-, Erhebungs- oder 3D-Prismadiagramme.

„Blase..."
Für drei numerische Variablen.
Stellt den relativen Betrag einer Variablen in Abhängigkeit mit zwei anderen Variablen dar.

„Finanz..."
Diagramme für numerische Variablen über verschiedene Werte einer weiteren Variablen.
Varianten: Box-Plots, Hoch-Tief-Diagramme oder Hoch-Tief-Schluss-Diagramme.

„Ring..."
Ringdiagramme sind im Prinzip Kreisdiagramme mit einem Loch in der Mitte.
Die Ringsegmente stellen den relativen Anteil am Ganzen dar.
Varianten: Einfache oder Gruppendiagramme

„Kontur..."
Für Zusammenhänge zwischen drei numerischen Variablen.
Varianten: Linien-, gefüllte, Muster- oder Glättungskonturdiagramme.

„Radar..."
Darstellung der relativen Häufigkeit von Daten. Die Diagrammstatistiken werden auf Speichen angezeigt, die von einer gemeinsamen Mitte ausgehen.
Varianten: Korona-, Keil-, Strahlen-, Polygon- und Speichendarstellung. Für ein Radardiagramm muss das GIF-Format verwendet werden.

9.4.10. „Code“

Unter „Code“ können Sie Ihre Arbeit mit dem Enterprise Guide über Codes und Makros automatisieren. Um die aufgeführten Optionen einsetzen zu können, muss (z.B. über Einfügen → Code) ein SAS Programm (*.sas) in das Projekt eingefügt worden sein.

„Ausführen auf ...“
Wählen Sie den auszuführenden Code aus dem Projektbaum aus. Durch Klicken auf ‚Ausführen auf ...‘ wird der SAS Code vom Enterprise Guide abgearbeitet. Nach jeder Ausführung eines Codes wird, neben dem Output, dem Projektbaum ein sog. Log hinzugefügt. Dieses Log enthält die Meldungen des SAS System, u.a. Rechenzeiten, sonstige Hinweise, aber auch Fehlermeldungen. Das Log öffnen Sie durch Doppelklicken.

„Server auswählen ...“
Falls in Ihrer Rechnerumgebung (mind.) ein anderer Server installiert ist, können Sie Ihren Code auch auf dem anderen Server ausführen. Um diesen anderen Server anzusprechen, wählen Sie einfach den gewünschten Server aus der Dropdown-Liste aus. ‚Code jetzt ausführen‘ muss aktiviert sein. Klicken Sie auf OK. Der gewählte Server gilt nur für den jeweils aktiven Code.

„Editormakros“
Mit dem Enterprise Guide können Sie auch unkompliziert Makros generieren, entweder über die Aufzeichnung im Code- (I) oder im Tastaturfenster (II).

I Makro im Codefenster aufzuzeichnen
‚Makro im Codefenster aufzuzeichnen‘ / ‚Aufzeichnung anhalten‘

Sie können z.B. ein Makro erstellen, indem Sie sie im Codefenster aufzeichnen. Wählen Sie ‚Neues aufzeichnen‘, und führen Sie die dann einzelnen Aktionen der Reihe nach durch, in der sie dann später durch das Makro später abgearbeitet werden sollen. Beenden Sie die Aufzeichnung durch ‚Aufzeichnung anhalten‘. Geben Sie dem Makro abschließend einen Namen und eine Beschreibung. Sie können dem Makro eine abkürzende Tastenkombination zuweisen, mit der Sie dann das Makro ausführen können.

II Tastaturmakro erstellen

Um Tastaturmakros zu erstellen, geben Sie unter Code → Editormakros → Makros → Erstellen Name und Beschreibung des Tastaturmakros an. Fügen Sie dem Feld ‚Inhalt des Tastaturmakros‘ die Kommandos in der Reihenfolge hinzu, in der sie später ausgeführt werden sollen. Klicken Sie auf OK, wenn alle gewünschten Kommandos in der Liste in der richtigen Reihenfolge angezeigt werden.

‚Makro ausführen'

Positionieren Sie den Cursor im Codefenster an der Stelle, an der Sie das Makro ausführen wollen. Wählen Sie ‚Code' → ‚Editormakros' → ‚Makro ausführen', und klicken Sie auf ‚Ausführen'.

‚Makros'

Sie können an dieser Stelle ausgewählte Makros umbenennen, bearbeiten, löschen, importieren und exportieren.

„Abkürzung hinzufügen"
Sie können sich mit Abkürzungen das Tippen längerer Zeichenketten ersparen. Klicken Sie auf ‚Code' → ‚Abkürzung hinzufügen', geben Sie im Feld ‚Abkürzung' (z.B. TAB) die Abkürzung für die längere Zeichenkette ein (z.B. proc tabulate data=), und klicken Sie auf OK.

9.4.11. „Fenster"

Unter „Fenster" können Sie die Arbeitsfenster anordnen.

„Überlappen"
Alle Arbeitsfenster werden wie Karteikarten hintereinander angeordnet.

„Horizontal anordnen"
Alle Arbeitsfenster werden übereinander angeordnet.

„Vertikal anordnen"
Alle Arbeitsfenster werden nebeneinander angeordnet.

9.4.12. „Hilfe"

„Enterprise Guide-Hilfe"
Mehr über die Leistungsvielfalt des Enterprise Guide erfahren Sie u.a. mit Hilfe von ‚Index', ‚Themen', ‚Suchen' und ‚Favoriten'.

„Der Einstieg - Online-Übung"
Übungen stellen die Hauptfunktionen von Enterprise Guide vor.

„SAS im Internet"
Über Ihren installierten Browser führen Links direkt zur ‚Enterprise Guide-Homepage', zu ‚Technische Unterstützung', ‚Häufig gestellte Fragen', ‚Feedback', und zur ‚Homepage von SAS Institute'.

9.5. Übungen

1. Übungen zur ersten Orientierung

Starten und beenden Sie den Enterprise Guide. Probieren Sie die Navigation zwischen den verschiedenen Fenstern aus, und verschaffen Sie sich einen ersten Überblick über den Arbeitsbereich und dessen Fenster und Listen. Variieren Sie über den Menüpunkt „Ansicht“ die Gestaltung des Arbeitsbereiches.

2. Übungen zum Auswahlfenster

Erstellen Sie ein neues Projekt, speichern Sie es ab, und öffnen Sie dieses Projekt als bereits bestehendes Projekt.

3. Übungen zum Datenimport

Machen Sie sich mit den Optionen unter dem Menüpunkt „Datei“ vertraut. Öffnen Sie eine Datei im Nicht SAS Format, speichern Sie sie im SAS Format, und sehen Sie sich die Merkmale dieser neuen SAS Datei über „Eigenschaften“ an. Stellen Sie mit dem Menüpunkt „Format“ die Anzeige des geöffneten Datenblatts ein, u.a. die Anzahl der sichtbaren Zeilen und Spalten. Importieren Sie zum Vergleich Daten über Extras → Daten importieren... (Import-Assistent).

4. Übungen zur Einstellung von Optionen

Machen Sie sich mit den unter Extras → Optionen vorfindbaren Reitern ‚Allgemein‘, ‚Code‘, ‚Daten‘, ‚Editor‘, ‚Ergebnisse‘, ‚Fortgeschritten‘, ‚Grafik‘, und ‚Würfel‘, und den dort angebotenen Optionen vertraut. Nehmen Sie Einstellungen nach Ihren Vorstellungen vor.

5. Übungen zum Erzeugen von Grafiken

Probieren Sie mit beliebigen Daten die unter „Grafik“ angebotenen Standarddiagramme aus, aber auch Oberflächendiagramme, Karten, Blasen (bubble)-, Finanz-, Ring-, und Radardiagramme in verschiedenen Formaten. Machen Sie sich mit den Symbolen für Analyse-, Klassifizierungs-, Häufigkeits-, BY-, und Gewichtungsvariable vertraut.

6. Übungen zum Bearbeiten von Daten

Machen Sie sich spielerisch mit den Möglichkeiten unter dem Menüpunkt „Daten“ vertraut. Sortieren, transponieren, oder standardisieren Sie Ihre Daten. Berechnen Sie Rangwerte. Ziehen Sie eine zufällige Stichprobe.

7. Übungen zur Datenanalyse

Machen Sie sich mit dem Leistungsumfang des Enterprise Guide unter dem Menüpunkt „Analyse" vertraut. Fordern Sie spielerisch für beliebige Daten Tabellen- und Verteilungsanalysen, ANOVAs, Regressionen, multivariate Analysen (u.a. Hauptkomponenten-, Faktoren-, Clusteranalyse, und Diskriminanzfunktion), Prozessfähigkeits- und Zeitreihenanalysen (u.a. für Panel-Daten) an. Die Symbole für Analyse-, Klassifizierungs-, Häufigkeits-, BY-, und Gewichtungsvariable unterstützen Sie auch bei diesen Aufgaben.

8. Übungen zum Query Builder

Teilen Sie dem Query Builder unter dem Menüpunkt „Daten" mit, wie Ihre Daten gefiltert werden sollen. Machen Sie sich mit dem sich öffnenden Trichterdiagramm vertraut.

9. Übungen zur Hilfe im Enterprise Guide

Lernen Sie die verschiedenen Hilfemöglichkeiten im Enterprise Guide kennen, u.a. die „Enterprise Guide-Hilfe" und die „Der Einstieg - Online-Übung".

III. Syntaxsteuerung

Übersicht

Nachdem der unter 10.1.1. zu findende Abschnitt die Frage ‚Wieso Syntax?' mit dem Verweis auf die diversen Vorteile der Syntaxprogrammierung hoffentlich eindeutig beantwortet hat, werden die daran anschließenden Kapitel dieser Einheit in die verschiedenen Anwendungsbereiche und –möglichkeiten der Syntaxsteuerung einführen.

Kapitel 10 stellt das Daten-Management auf Variablen- und Datensatz-Ebene an einfachen bis ziemlich trickreichen Beispielen vor. Erfolgreiches Daten-Management ist oft vor der eigentlichen Analyse notwendig. Daten-Management kann u.a. das Hinzufügen neuer Variablen oder Werte, Korrigieren, Sortieren, Transponieren, sein, aber auch das Bilden von Subsets über Filter, das Bilden neuer Variablen oder Werte über Umkodierungen, Konvertieren und Umstrukturieren uvam. Am Ende dieses Kapitels wird in die Programmierung mit SQL eingeführt.

Kapitel 11 stellt die Deskriptive Statistik vor. Die deskriptive Statistik ist das Fundament jeder wissenschaftlichen Datenanalyse. Inhaltlich ist das Kapitel auf das Kennen lernen und die Ermittlung, Darstellung und Interpretation der gebräuchlichsten deskriptiven Maße ausgerichtet. Dieses Kapitel führt ein in die Grundbegriffe und Grundannahmen der deskriptiven Statistik (z.B. Grundgesamtheit/Stichprobe, Merkmal/Variable, Skalenniveaus, und Gütekriterien), Sinn und Grenzen der wichtigsten Kennziffern (sog. Lage- und Streumaße), und ihre Ermittlung mit den SAS Prozeduren UNIVARIATE, FREQ, MEANS, und TABULATE.

Kapitel 12 führt in die professionelle Tabellenanalyse mit PROC FREQ ein. Mit der SAS Prozedur PROC FREQ lassen sich relativ einfach und unkompliziert Tests und Maßzahlen für 1- bis mehrdimensionale Tabellen ermitteln. Eine Einführung stellt Grundlagen und Voraussetzungen für Tabellenanalysen vor, z.B. Anzahl der Variablen(stufen), Skalenniveau, Annahmen der Verfahren, Aussagen der Maße und Verfahren uvam. Für spezielle Screening Statistiken (Sensitivität und Spezifität) wird ein eigens entwickeltes SAS Programm vorgestellt.

Kapitel 13 ist eine Einführung in die Grundlagen der Inferenzstatistik, und beschreibt zunächst die Inferenzstatistik als ein System von Modellen und Regeln, stellt die Meßtheorie als Brücke zu anderen Wissenschaften, und geht über die Bedeutung von Skalenniveaus zu Sinn und Grenzen der Inferenzstatistik über. Die Grundlagen der Wahrscheinlichkeitsrechnung werden ebenso vorgestellt wie Hypothesenarten, Fehlerarten und Fragerichtungen. Ausführlich beschrieben werden Verteilungen als Modelle und zur Prüfung, und verschiedene Tests für die Punkt- und Intervallschätzung.

Kapitel 14 Korrelation und Regression
Kapitel 14 stellt die Berechnung von Korrelations- und Regressionsanalysen mit den Prozeduren CORR und REG als erste inferenzstatistische Verfahren per Syntaxprogrammierung vor. Die Syntaxprogrammierung ist einfach und übersichtlich gehalten, die Ergebnisse werden erklärt, und am Ende der jeweiligen Kapitel wird auf die statistischen Voraussetzungen der Berechnung von Korrelations- und Regressionsanalysen eingegangen.

Kapitel 15 stellt Verfahren zum varianzanalytischen Vergleich von mehr als zwei Gruppen vor, im Einzelnen die SAS Prozeduren ANOVA, GLM, NPAR1WAY (Kruskal-Wallis), und NESTED. Verfahren zum Vergleich von zwei Gruppen sind im Kapitel 13 zusammengestellt. Dieses Kapitel führt ein in varianzanalytische Verfahren, Grundkonzepte und wichtigsten Kennziffern, sowie ihre Ermittlung und Interpretation auf der Basis der SAS Prozeduren ANOVA, GLM, NPAR1WAY, und NESTED.

Kapitel 16 stellt partitionierende und hierarchisch-agglomerative Clusterverfahren vor, und ihre Berechnung und Interpretation mit den Prozeduren FASTCLUS und CLUSTER.

Kapitel 17 stellt ausführlich die Berechnung und Interpretation einer Kovarianzanalyse mit der PROC GLM vor. Die Überprüfungsmöglichkeiten der einzelnen (ko)varianzanalytischen Voraussetzungen (Voraussetzungstests) finden sich am Ende von Kapitel 17.

Kapitel 18 stellt die SAS Prozedur FACTOR, und mehrere Extraktions- und Rotationsverfahren für die Berechnung einer Faktorenanalyse vor. Die Berechnung einer iterativen Hauptfaktorenanalyse wird ausführlich und detailliert interpretiert.

Kapitel 19 erläutert das Verfahren der Pfadanalyse, und ihre Berechnung und Interpretation mit der Prozedur CALIS (RAM-Option).

Kapitel 20 stellt die nichtparametrische SAS Prozedur LIFETEST, und mehrere Verfahren für die Berechnung einer Survivalanalyse vor. Die grafische Aufbereitung von Überlebenszeitdaten wird ausführlich erläutert. Dieses Kapitel führt ein in zeitbezogene Verfahren, Grundkonzepte und wichtigste Kennziffern, und ihre Ermittlung und Interpretation auf der Basis der SAS Prozedur LIFETEST.

Kapitel 21 stellt die Berechnung und Interpretation einer Hauptkomponentenanalyse mit PROC PRINCOMP vor. Dieser Abschnitt führt ein in Verfahren, Grundkonzepte und wichtigste Kennziffern einer Hauptkomponentenanalyse, und ihre Ermittlung und Interpretation mit der SAS Prozedur PRINCOMP.

Kapitel 22 stellt das Trendverfahren der exponentiellen Glättung und die Berechnung einer Prognose mit PROC FORECAST vor. Dieses Kapitel führt ein in Zeitreihenanalysen und Vorhersagen, Grundkonzepte und wichtigste Kennziffern, und ihre Ermittlung und Interpretation auf der Basis der SAS Prozedur FORECAST.

Kapitel 23 stellt die grafische Analyse und Präsentation von Daten mit Prozeduren der SAS/GRAPH und SAS/QC Software vor. Nach einer Übersicht der Grafik-Grundformen wird anschließend ihre Programmierung mit SAS an zahlreichen Beispielen vorgestellt, u.a. Balken-, Kreisdiagramme, Histogramme, Streu- und Liniendiagramme, P-P Plots, Prob Plots und Q-Q Plots, aber auch Regelkarten, Stern-, Radar- und Pareto-Diagramme. Die unzähligen Syntaxbeispiele sind so geordnet, dass sie relativ einfach anfangen, und in ihrer Schwierigkeit langsam zunehmen. Die späteren Abschnitte führen in die anspruchsvollere Gestaltung ein, das ‚Tunen' von SAS Grafiken u.a. mit Annotate und anderen Tricks (u.a. mit Datumsformaten und Währungen), oder auch in die Programmierung eher ungewöhnlicher Diagramme, u.a. eines Bubbleplots im Portfolio-Design, eines mehrdimensionalen Balkendiagramms (Populationsbaum), oder auch von Karten mit der Prozedur GMAP. Abschließend wird auf eher technische Aspekte wie z.B. Import/Export von Grafiken und Tabellen (z.B. MSWORD), wie auch die Integration von Grafiken und Tabellen mit der Prozedur GREPLAY eingegangen.

10. Daten-Management

10.0. Einführung

Professionelles Daten-Management ist die Grundlage jeder Datenverarbeitung. Dieses Kapitel vermittelt eine Einführung und Übersicht in die zahlreichen Möglichkeiten des Daten-Managements auf Variablen- und Datensatzebene. Zunächst wird die Programmierumgebung des SAS Systems vorgestellt, danach grundsätzliche, und auch fortgeschrittene Möglichkeiten des Daten-Managements auf Variablen- und Datensatzebene.

Inhaltlich ist dieser Abschnitt auf die unmittelbare Umsetzung der am häufigsten anfallenden Vorgänge des Managements von Daten ausgerichtet. Mit zahlreichen Code-, Datensatz-, und Output-Beispielen und Erläuterungen erleichtert dieses Kapitel das Programmieren lernen. Nach dem Ende dieses Kapitels sollten Sie die wichtigsten Daten-Management-Funktionen von SAS kennen und per Syntax programmieren können.

Diese Einführung zum Data-Management mit dem SAS System ist gedacht für Benutzer mit wenig oder keiner Erfahrung mit SAS, für Benutzer mit wenig oder keiner Programmiererfahrung, und für Benutzer, die sich eine Übersicht über die Möglichkeiten des Data-Managements mit SAS verschaffen möchten.

Die Beispielsyntax ist geprüft, praktisch fehlerfrei, und kann zur Generierung eigener Programme einfach nachprogrammiert werden. Programmierkenntnisse in SAS Syntax oder anderen Sprachen werden nicht vorausgesetzt. Es werden keine Analysen vorgenommen. Kenntnisse in Statistik und Forschungsmethoden sind nicht erforderlich.

Auf das menügeführte Management von Daten mit SAS Modulen bzw. Anwendungen, wie z.B. SAS/ASSIST, SAS/INSIGHT oder der Analyst Application, wird nicht eingegangen. Falls ein ordnungsgemäß erstellter und funktionsfähiger SAS Datensatz zur Verfügung steht, ist dies hilfreich für das Üben einiger Operationen des Daten-Managements.

10.1. Was ist Daten-Management? Braucht man das? Wieso Syntax?

10.1.1. Wieso Syntax?

Wieso Syntax? ist die am häufigsten gestellte Frage, und soll daher auch zuallererst beantwortet werden. Wieso Syntax? Weil Sie per Syntaxsteuerung letztlich schneller, sorgfältiger und flexibler arbeiten können. Jemand, der oder die bereits einigermaßen gut mit Syntax programmieren kann, schlägt Maus-Lenker um Längen.

Syntax-Programmierung hat nur Vorteile:

- Automatisierbarkeit und Wiederverwendbarkeit: Einmal geschrieben oder gespeichert, können Sie ein Syntaxprogramm immer wieder verwenden.
- Geschwindigkeit: Die Abarbeitung eines Syntaxprogrammes ist um ein Vielfaches schneller als das (wiederholte) Anklicken von Menüs.
- Offenheit: Sie können ein Programm immer wieder durch direktes Hineinkopieren von Codezeilen oder auch von Hand aktualisieren.
- Erweiterbarkeit: Sie können Programmcode zu Makros umschreiben, die die Automatisierbarkeit und Effizienz von Prozessabläufen noch weiter erhöhen.
- Flexibilität: Syntaxsteuerung ist flexibler und bietet mehr Möglichkeiten des Daten-Managements als eine Menü-Steuerung; es gibt in SAS und anderen Statistikprogrammen sehr viele Funktionen, die Sie nicht über die Maus-, sondern nur über die Syntaxsteuerung ansprechen können.
- Übersichtlichkeit und Systematisierung: Syntax-Steuerung bietet Übersichtlichkeit bei der Auswertung auch von mehreren hundert Variablen.
- Einheitlichkeit: Syntax ist eine einheitliche und technisch klar definierte Sprache, und erklärt im Prinzip stets selbst. Der Austausch von prinzipiell selbsterklärender Syntax zwischen oder innerhalb international arbeitender Forschungsprojekte erleichtert die Kommunikation, Evaluation und Interaktion, und trägt zu ihrer Präzisierung bei. In den syntaxorientierten Kapiteln kann z.B. über die Erläuterung der dazugehörigen Syntax der Leistungsumfang der diversen Prozeduren differenzierter erläutert werden als über Abbildungen.
- Komprimierung: Mit zunehmender Professionalisierung sind Sie mit Syntax in der Lage, (u.a. über Makros) Programme zu schreiben, die z.B. mit nur einem Bruchteil an Codezeilen denselben Leistungsumfang erreichen, bzw. die durch das Berücksichtigen spezifischen Computerverhaltens mit weniger Rechenzeit auskommen.

- Validierung: Syntax-Steuerung birgt in sich den konstruktiv zu sehenden Zwang zur inhaltlichen Validierung einer Analyse; damit ist gemeint, dass Programmieren eher dazu zwingt nachzudenken, warum und wieso etwas von SAS ausgeführt werden soll als Maussteuerungen, die durchaus auch mal gedankenlos erfolgen können.
- Austausch: Syntaxprogramme können als Textdokumente in alle Welt verschickt werden; falls Sie z.B. Fragen zur Angemessenheit einer Analyse haben, kopieren Sie einfach die Syntax in eine E-Mail und ab dafür. Versuchen Sie das mal mit Mausklicks......
- Protokollierung und Dokumentation: Dieser Aspekt ist nicht unwichtig, und kann v.a. bei Peer-Reviews und Evaluationen peinliche Situationen verhindern helfen. Falls Sie z.B. eine langwierige Analyse per Maussteuerung vorgenommen haben, und jemand möchte sehen, *wie* Sie die Analyse gerechnet haben, und Sie haben dann kein Syntaxprogramm parat, dann sehen Sie in dieser Situation nicht unbedingt gut aus. Manche Institutionen fordern standardmäßig die Analysesyntax mit ein, um Arbeiten oder Projekte begutachten zu können.
- Permanenz: Jahrelanges Mausklicken können Sie nicht speichern. Aber jahrelanges Syntaxprogrammieren. Wenn Sie einmal ein Programm geschrieben haben, können Sie es auch Jahre später u.U. unverändert wieder verwenden.
- Aufwärtskompatibilität: SAS Syntax ist 100% aufwärtskompatibel. Ist einmal ein SAS Programm geschrieben, läuft es auf jeder höheren SAS Version (was auch bedeutet, dass einmal geschriebene Syntax automatisch auch ggf. optimierte Algorithmen anspricht). Schließt das SAS Programm keine hardwarebezogenen Spezifika mit ein, ist der SAS Code darüber hinaus plattformabhängig. Wenn Sie andere Betriebssysteme anschaffen, können Sie SAS Programme weiterverwenden.
- Automatik: SAS kann so eingestellt werden, dass es zu den Mausklicks und Eingaben den im Hintergrund generierten Befehlssyntax ausgibt, den Sie dann für eigene Zwecke abspeichern, kopieren, umschreiben und was auch immer können.

Was spricht dann eigentlich noch gegen die Syntaxprogrammierung? Nicht einmal mehr die Standardantwort, Syntax sei schwer. Das einzige, was jetzt zu tun ist, ist zu zeigen, dass mit Syntax programmieren ziemlich leicht ist, und Spaß machen kann.

10.1.2. Was ist Daten-Management? Braucht man das?

Daten-Management ist die Grundlage jeder Datenverarbeitung.

Daten-Management wird so selbstverständlich praktiziert, dass es als Management von Daten kaum bewusst wahrgenommen wird. Daten-Management kann z.B. sein: Hinzufügen neuer Variablen oder Werte, Korrigieren, Sortieren, Ergänzen, uvam. Viele statistische Verfahren führen zuerst Daten-Management-

Operationen durch, bevor sie die eigentliche Analyse vornehmen. Nichtparametrische Tests bilden vor dem eigentlichen Test z.B. Ränge. Die Bildung von Rängen ist nur eine der vielen Möglichkeiten des Daten-Managements.

Daten-Management kann noch viel mehr sein, z.B. Transponieren, Subsets bilden über Filter, Gruppenvariablen oder Zufallsfunktionen, Bilden neuer Variablen oder Werte über Umkodierungen oder arithmetische Operationen, Zusammenfügen, uvam.

Daten-Management ist wichtig. Professionelles Daten-Management ist die Voraussetzung für einen korrekten Datensatz, und ein Datensatz ist die Basis Ihrer wissenschaftlichen Arbeit. Erst wenn Sie 100% genau wissen, dass Ihre Datengrundlage völlig in Ordnung ist (und nicht mehr vermuten, dass sie wahrscheinlich in Ordnung ist), können und dürfen Sie mit Auswertungen fortfahren. Beherzigen Sie für Ihr weiteres wissenschaftliches Arbeiten u.a. folgende Ratschläge:

- Prüfen Sie *jede* Eingabe doppelt. Bei der Dateneingabe per Hand treten erfahrungsgemäß mind. 5% Fehler auf. 5% sind zuviel!
- Erstellen Sie Sicherheitskopien von *jeder* Datensatzversion.
- Protokollieren Sie sorgfältig *jede* Änderung an Ihrem Datensatz.
- Prüfen Sie *jede* unprotokollierte Änderung an Ihrem Datensatz daraufhin, ob diese gezielt und legitim, oder zufällig und unberechtigt ist, u.a. am Umfang des Datensatzes (Variablen, MB/KB-Größe), oder auch am Speicherdatum.
- Prüfen Sie immer *mehrmals* die Funktionalität Ihrer Syntax. Erläutern Sie mit Kommentaren in Ihrem Syntaxprogramm die Operationen, die dieses ausführen soll.

Daten-Management ist im Prinzip auf zwei Ebenen möglich, der Ebene des Datensatzes insgesamt, und auf der Ebene seiner Teile, der Variablen.

Das Daten-Management auf der Ebene des Datensatzes hat zuallererst eine gezielte Operation am Datensatz selbst zum Gegenstand; ob einzelne Variablen in irgendeiner Form von der Operation am Datensatz selbst betroffen sind, ist erstmal von nachgeordneter Bedeutung.

Beispiel: Transponieren:

Das Drehen (Transponieren) eines Datensatzes wandelt die Werte mehrerer Variablen (in nur einer Datenzeile) zu einer einzigen Variable mit mehreren Zeilen.

Daten-Management auf der Ebene einer oder mehrere Variablen hat vorrangig die gezielte Operationen an Variable/n zum Gegenstand; ob der Datensatz selbst in irgendeiner Form von der Operation an einer Variablen betroffen ist, ist ebenfalls zunächst von nachgeordneter Bedeutung.

Beispiel: Sortieren:

Das Sortieren der Fälle einer Variablen sortiert gleichzeitig den ganzen Datensatz nach dieser Variable, falls dieser weitere Variablen enthält.

Wie anhand dieser Beispiele der Teil-Ganzes-Beziehung von Variablen und Datensatz zu erkennen ist, ist eine trennscharfe Unterscheidung zwischen Operationen auf Datensatz- und Variablenebene nicht immer möglich. Zuallerletzt gilt jedoch immer, an welcher Entität eine Operation ansetzen soll.

SAS bietet in der Menüleiste des allgemeinen SAS Systems keine Menüpunkte, die sich speziell mit dem Daten-Management befassen. Allerdings finden Sie nach dem Starten diverser Anwendungen, z.B. ASSIST, SAS/ANALYST, Enterprise Guide, oder INSIGHT mehrere Menüpunkte, mit denen Sie Operationen des Daten-Management anfordern können. Die Terminologie ist dabei nicht einheitlich; die Menüpunkte können „File", „Edit", „Data" oder „Data Mgmt." heißen.

In diesem Abschnitt werden Sie die Programmierung von Operationen des Daten-Managements kennen und in SAS Syntax programmieren lernen, die über die bereits implementierten Optionen weit hinausgehen. Syntaxprogrammieren zu können bedeutet aber nicht, jede Kleinigkeit programmieren zu müssen. Im Gegenteil! Schlussendlich werden Sie sich am Ende dieses Kapitels eine effiziente Mischung aus flotten Mausklicks (auf z.B. das Diskettensymbol zum schnellen Abspeichern zwischendurch), und einfachen bis mittelschweren Syntaxcode für Ihre eigenen Auswertungen angeeignet haben.

10.2. Die Programmierumgebung

In diesem Abschnitt werden die einzelnen Arbeitsfenster u.a. (Enhanced) Program Editor, Log und Output vorgestellt. Unter Programmierumgebung wird hier der (Enhanced) Program Editor verstanden. Der Data Step als Programmierumgebung auf der Syntax-Ebene ist hier nicht gemeint.

10.2.1. Die Arbeitsfenster - Übersicht

Die Arbeitsumgebung in SAS Version 8 besteht aus den Fenstern (Enhanced) Program Editor, Log und Output, und dem Explorer Fenster, und dem Results Manager. Zum Programmieren in SAS werden der (Enhanced) Program Editor, Log, und Output Fenster verwendet. Der Enhanced Program Editor, das Explorer Fenster, und der Results Manager sind Neuerungen in SAS Version 8.

Sobald SAS gestartet ist, werden (je nach Voreinstellung), der (Enhanced) Editor, Log, und Results angezeigt.

(Enhanced) Program Editor

Der (Enhanced) Program Editor ermöglicht das Schreiben, Editieren, und Abschicken (Submittieren) von SAS Programmen. Der Unterschied zwischen dem Enhanced Program Editor und dem einfachen Program Editor ist u.a., dass der Enhanced Program Editor beim Editieren mehr Möglichkeiten bietet: Die geschriebene Syntax wird je nach Bedeutung des Syntaxelements verschiedenfarbig wiedergegeben (z.B. grün=Textkommentare, blau=SAS Syntax, schwarz=Variablennamen) und erlaubt je nach Programmgliederung verschiedene Ebenen ein- und auszublenden. In Bezug auf das Schreiben und Abschicken der Programme ist die Funktionalität von Enhanced Program Editor und Program Editor identisch. Wenn in diesem Buch vom "Program Editor" die Rede ist, sind im Prinzip immer beide Editorvarianten gemeint.

Anm.: Nach dem Abschicken eines Programmes immer zuerst im Log nachsehen, ob es fehlerfrei durchlief, und dann erst den Output öffnen.

Log

Das Log-Fenster zeigt Meldungen seitens des SAS Systems. Je nach Bedeutung haben die Meldungen verschiedene Farben. Schwarz erscheint die abgearbeitete Syntax, blau sind eher formale Rückmeldungen (z.B. über Rechenzeit, Namen von Datensätzen, Anzahl von Variablen), grün sind spezielle Rückmeldungen zu Analysen (z.T. sind Warnungen und Empfehlungen dabei), rot sind Fehlermeldungen (z.T. gibt SAS konstruktive Rückmeldungen, welchen Befehl es eigentlich erwartet hätte).

Anm.: Nach dem Abschicken eines Programmes immer zuerst im Log nachsehen, ob es fehlerfrei durchlief, und dann erst den Output öffnen.

Output

Output-Fenster zeigt den Output, wie er auf der Basis der Syntaxprogramme generiert wurde. Im Results Fenster kann man sich im Output schnell und einfach orientieren.

Anm.: Bei vielen Analysen ab und zu das Output-Fenster leeren, weil es sonst bytemäßig „überquillt“.

Explorer

Der Explorer Fenster erlaubt einfache Softwareaufgaben auszuführen.

Results Manager

Der Results Manager dient zur Orientierung und Navigation in umfangreichem Output.

10.2.2. (Enhanced) Program Editor

Zugriff incl. Alternativen

- Start von SAS. Der Program Editor wird automatisch geöffnet, alternativ
- View → Program Editor, alternativ
- Window → Editor, alternativ
- Doppelklick auf ein SAS Syntaxprogramm, sobald es im MSExplorer angezeigt wird. SAS wird gestartet, und der Program Editor automatisch geöffnet.

Beispiel:

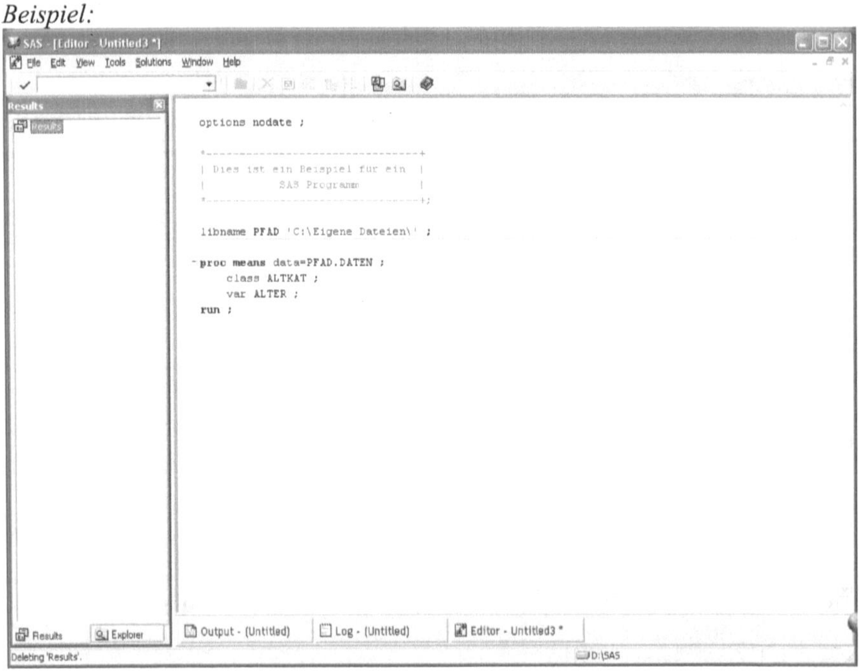

Erläuterungen

Unter Options können Sie bestimmte Einstellungswünsche an SAS übergeben. „nodate“ bewirkt hier die Unterdrückung der Angabe von Datum und Uhrzeit im Output. In ein Kästchen aus den Zeichen * , - , + und ; können Sie Erläuterungen direkt in ihr Programm schreiben. Die Abarbeitung des Programms wird nicht beeinträchtigt. Mit LIBNAME sagen Sie SAS, wo Sie Ihre Daten gespeichert haben. Ab der Prozedur MEANS sagen Sie SAS, was es mit diesen Daten machen soll. Das Programm schicken Sie mit der Taste „F8“ ab. Nur ausgewählte Programmzeilen schicken Sie dadurch ab, indem Sie sie markieren, und „F8“ drücken. „F9“ zeigt, wie Ihre Funktionstasten aktuell belegt sind. Indem Sie „F3“ drücken, kehren Sie zum (Enhanced) Editor Fenster zurück. Mit „F4“ holen Sie das zuletzt abgeschickte Programm zurück; es wird dabei in das aktuell geöffnete Editor Fenster hineinkopiert. Steht es dort bereits drin, ist es nach jedem Drücken der „F4“-Taste noch mal vorhanden.

Funktionen

- Öffnen von Programmen
- Schreiben von Programmen
- Editieren von Programmen

Der Program Editor ist außerdem in der Lage, den Programminhalt automatisch abzuspeichern (SETAUTOSAVE), den Programminhalt zu löschen (CLEAR), dem Programm Zeilennummern hinzuzufügen (oder auch auszuschalten). Die Befehle in den Klammern müssen in die Kommandozeile eingegeben, und bestätigt werden.

Eine autosave Datei enthält typischerweise eine host-spezifische Extension und wird im aktuellen Verzeichnis abgelegt. Die Voreinstellung ist AUTOSAVE ON. Die autosave Datei des Program Editors heißt z.B. 'pgm.asv'. Der Inhalt des PE wird in bestimmten Zeitabständen in diese Datei geschrieben. Darüber hinaus können die Kommandozeile (links oben), und die Menüs verwendet werden.

10.2.3. Log

Zugriff incl. Alternativen

- View → Log, alternativ
- Window → Log, alternativ
- Starten eines SAS Syntaxprogramms. Das Log wird automatisch geöffnet.

Beispiel:

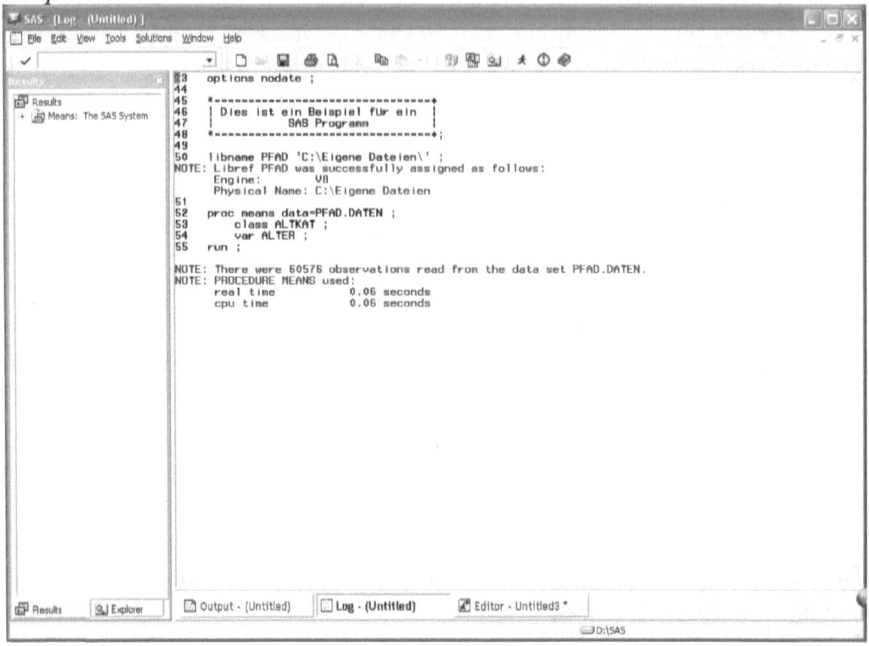

Erläuterungen

Das Log-Fenster enthält immer eine Kopie des abgeschickten SAS Programms und ein Feedback von SAS zum abgeschickten Programm. Dieses Feedback enthält u.a. Angaben über Rechenzeiten (real, CPU), Informationen zur angeforderten Analyse, und ggf. Hinweise auf Programm-, Logik- oder Analysefehler. Indem Sie „F6“ drücken, kehren Sie zum Log-Fenster zurück. Überprüfen Sie das Log-Fenster immer vor dem Output-Fenster.

Funktionen

- Protokollierung von Programmstatements, die an SAS übergeben (abgeschickt) werden.
- Protokollierung von Rückmeldungen und Fehlermeldungen von SAS.
- Protokollierung von Programmgeschwindigkeit und Kennzahlen des Ressourcenbedarfs.

Das Log ist außerdem in der Lage, den Inhalt automatisch abspeichern (AUTOSAVE) bzw. zu löschen (CLEAR). Die Voreinstellung ist AUTOSAVE ON. Eine autosave Datei enthält typischerweise eine host-spezifische Extension und wird im aktuellen Verzeichnis abgelegt. Die autosave Datei des Logs heißt z.B. 'log.asv.' Der Inhalt des Logs wird in bestimmten Zeitabständen in diese Datei geschrieben.

10.2.4. Output

Zugriff incl. Alternativen

- View → Output, alternativ
- Window → Output, alternativ

Starten eines SAS Syntaxprogramms. Output wird bei korrektem Programmablauf automatisch geöffnet.

Beispiel:

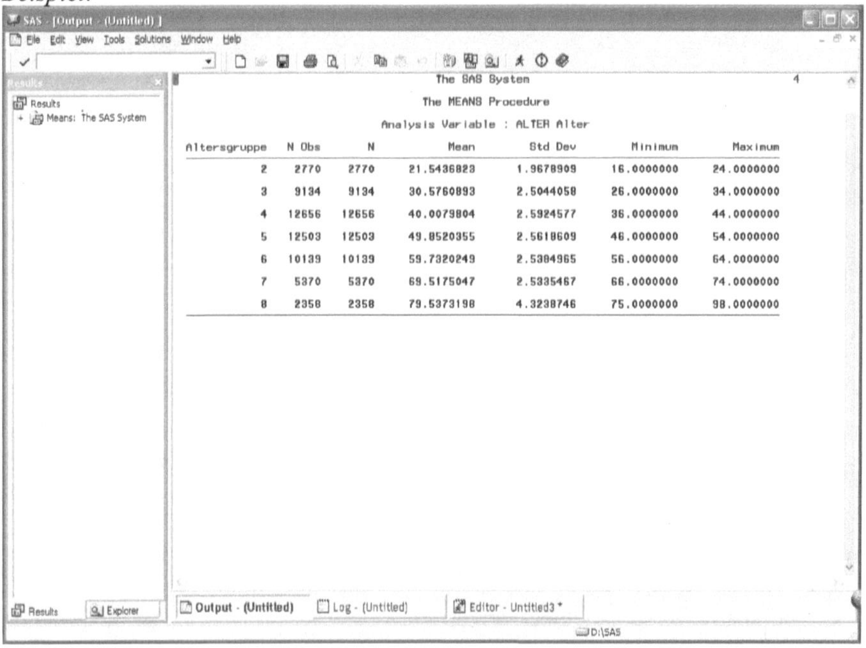

Erläuterungen

Das Output-Fenster enthält Ihre Ergebnisse, hier z.B. das Ergebnis einer Mittelwertanalyse mittels PROC MEANS. Mehrere Berechnungen werden üblicherweise hintereinander gehängt. Wenn das Output-Fenster leer bleibt, haben Sie nicht unbedingt einen Fehler begangen. Vor allem Operationen des Daten-Managements, wie z.B. Sortieren mit PROC SORT, erzeugen keinen Output. Indem Sie „F7" drücken, kehren Sie zum Output-Fenster zurück. Überprüfen Sie immer das Log-Fenster, bevor Sie sich an das Interpretieren Ihres Outputs machen.

Funktionen

- Zusammenstellung der Ergebnisse abgeschickter Programme
- Speichern (über Save bzw. Save As... im Menü, oder dem FILE Befehl)
- Editieren von Programmen

Das Output-Fenster kann außerdem den Inhalt automatisch abspeichern (SETAUTOSAVE), den Inhalt zu löschen (CLEAR), und über das Results Window navigiert werden.

10.2.5. Results

Zugriff incl. Alternativen

- Starten von SAS. Results wird automatisch geöffnet, alternativ
- View → Results, alternativ
- Window → Results

Funktionen

- Strukturierung der Ergebnisse
- Schnelle Navigation durch die Ergebnisse
- Gezielte Einsicht in Ergebnisse

Sobald SAS die Ergebnisse zum Syntaxcode ausgibt, werden im Results-Fenster sog. Pointer abgelegt, die zum jeweiligen Output zeigen. Um sich innerhalb eines Pointers das erste Item anzeigen zu lassen, wird zunächst der gewünschte Pointer, und danach View ausgewählt. Um den Output eines Pointers als File (alternativ: Object) abzuspeichern, wird zunächst der gewünschte Pointer, und danach Save As.... (alternativ: Save As Object) angewählt.

Optionen

Das Results-Fenster kann in drei Ansichten eingestellt werden. In der TREE-Ansicht wird nur ein Navigationsbaum bzw. -pfad angezeigt (Befehl TREE). In der CONTENTS ONLY-Ansicht wird nur der Inhalt der ausgewählten Ergebnis-Pointer angezeigt (Befehl CHILD). In der EXPLORER-Ansicht wird das Results-Fenster in zwei Ebenen angezeigt (Befehl EXPLORER): Der Ebene für den Baum, und der Ebene für den Inhalt.

Die Pointer können gelöscht werden, indem der Procedure Folder gelöscht wird, in dem sich der Pointer befindet (u.a. über Delete im Menü). Sobald ein Procedure Folder gelöscht wird, wird sein gesamter Inhalt gelöscht, und aus dem Output-Fenster entfernt. Pointers können auch umbenannt werden.

Das Results Fenster ist eine Neuerung in SAS Version 8.

Für weitere Möglichkeiten für die Arbeit mit dem Results-Fenster wird auf die SAS Dokumentation verwiesen.

10.2.6. Befehle

10.2.6.1. Program Editor, Log und Output Fenster

Mit den folgenden Befehlen können Program Editor, Log- Output über die Kommandozeile angesteuert werden.

SETAUTOSAVE ON schaltet den autosave-Modus ein.
SETAUTOSAVE OFF schaltet den autosave-Modus aus.
CLEAR löscht den Inhalt des jeweiligen Fensters bzw. Buffers:
CLEAR löscht den Inhalt des aktiven Fensters.
CLEAR LOG löscht den Inhalt des Log-Fensters.
CLEAR OUTPUT löscht den Inhalt des Output-Fensters.
CLEAR PGM löscht den Inhalt des Program Editor-Fensters.
CLEAR RECALL löscht den Inhalt des Buffers.
CLEAR TEXT löscht jeden Text im aktiven Fenster.

Weitere wichtige Befehle:

CATALOG öffnet ein contents-only Explorerfenster, das den Inhalt des jew. Katalogs anzeigt.
DIR öffnet ein contents-only Explorerfenster, das den Inhalt der jew. Library auflistet.
FILENAME öffnet ein contents-only Explorerfenster, das die jew. Active File Shortcuts auflistet.
LIBNAME öffnet ein contents-only Explorerfenster, das die jew. aktiven Libraries auflistet.
VAR öffnet ein Eigenschaftsfenster für den jew. aktive SAS dataset bzw. table.

Für weitere Möglichkeiten bei der Arbeit mit Befehlen für das Program Editor, Log- und Output-Fenster über die Kommandozeile wird auf die SAS Dokumentation verwiesen.

10.2.6.2. Results Fenster

In vielen Fällen sind die folgende Befehle für das Results-Fenster auch in Pulldownmenüs der Toolbar verfügbar.

AUTOEXPAND erweitert automatisch die Baumhierarchie.

CHILD schaltet die Contents-Ebene ein oder aus.
CLEAR löscht alle SAS Output Pointer.
DESELECT ALL hebt die Auswahl eines jeden Items.
DETAILS schaltet die Detailansicht ein bzw. aus, während die Contents-Ebene sichtbar ist.
EXPAND erweitert den gegenwärtig aktiven Output Pointer.
FIND sucht nach einem vorgegebenen String.
LARGEVIEW/SMALLVIEW zeigt große/kleine Symbole an, während die Contents-Ebene sichtbar ist.
PRINT druckt den gewünschten SAS Output.
REFRESH aktualisiert den Fensterinhalt.
SELECT ALL wählte alle Items aus, während die Contents-Ebene sichtbar ist.
TREE schaltet die Baum-Darstellung ein bzw. aus.
UPLEVEL bewegt den Fokus in der Hierarchie eine Ebene nach oben.

Für weitere Möglichkeiten bei der Arbeit mit Befehlen für das Results-Fenster über die Kommandozeile wird auf die SAS Dokumentation verwiesen.

10.3 Daten-Management Einführung und Grundoperationen

Dieses Kapitel stellt Grundoperationen für die Arbeit mit Programmen, Datensätzen und Variablen vor.

Daten-Management ist im Prinzip auf zwei Ebenen möglich, der Ebene des Datensatzes insgesamt, und auf der Ebene seiner Teile, der Variablen. Das Daten-Management auf der Ebene des Datensatzes hat zuallererst eine gezielte Operation am Datensatz selbst zum Gegenstand; ob einzelne Variablen in irgendeiner Form von der Operation am Datensatz selbst betroffen sind, ist erst mal von nachgeordneter Bedeutung.

Beispiel: Transponieren:

Das Drehen (Transponieren) eines Datensatzes wandelt die Werte mehrerer Variablen (in nur einer Datenzeile) zu einer einzigen Variable mit mehreren Zeilen.

Daten-Management auf der Ebene einer oder mehrerer Variablen hat vorrangig die gezielte Operationen an Variable/n zum Gegenstand; ob der Datensatz selbst in irgendeiner Form von der Operation an einer Variablen betroffen ist, ist ebenfalls zunächst von nachgeordneter Bedeutung.

Beispiel: Sortieren:

Das Sortieren der Fälle einer Variablen sortiert gleichzeitig den ganzen Datensatz nach dieser Variable, falls dieser weitere Variablen enthält.

Wie anhand dieser Beispiele der Teil-Ganzes-Beziehung von Variablen und Datensatz zu erkennen ist, ist eine trennscharfe Unterscheidung zwischen Operationen auf Datensatz- und Variablenebene nicht immer möglich. Zuallerletzt gilt jedoch immer, an welcher Entität eine Operation ansetzen soll.

10.3.1. Grundoperationen auf Programm-Ebene

Anlegen eines SAS Programmes

Wählen Sie ein unbenanntes und leeres Program Editor Fenster (alternativ über File → New), geben Sie ein paar beliebige Zeichen ein, und speichern Sie das "Programm" unter einem Speicherort Ihrer Wahl.

Die Grundoperationen und die komplexere Programmierung in SAS wird in den folgenden Abschnitten vorgestellt.

Finden und Öffnen eines SAS Programmes

Zum Öffnen und Finden eines SAS Programmes stehen viele Möglichkeiten zur Verfügung (eine Auswahl):

Öffnen Sie den Program Editor, und laden Sie ein beliebiges Programm Ihrer Wahl über File → Open von seinem Speicherort.

Sollten Sie nicht wissen, wo der Speicherort des benötigten Programmes ist, lassen Sie es über Windows-Menüabfolge START → Suchen → Dateien/Ordner suchen. Falls Sie SAS noch nicht geöffnet haben, können Sie über einen Doppelklick sowohl SAS als auch das gefundene Programm öffnen; ansonsten öffnen Sie SAS ein zweites Mal.

Sollte das Programm schon einmal geöffnet worden sein, können Sie es über View → My Favorite Folders oder auch über die Windows-Menüabfolge START → Dokumente suchen und öffnen.

Sie können ein Programm über eine kleine Programmierung öffnen, z.B. über den INCLUDE-Befehl in der Kommandozeile, in dem Sie den Namen und Speicherort des Programmes in Anführungszeichen angeben.

Beispiel:

```
INCLUDE 'C:\Eigene Dateien\SAS\Programm.sas'
```

10.3.2. Basisprogrammierungen für das Daten-Management auf Datensatz-Ebene

10.3.2.1. Laden und Speichern eines permanenten SAS Datensatzes

Während in SPSS ein Datensatz durch die Angabe eines Pfades geöffnet wird, z.B. GET FILE='C:\Programme\SPSS\Daten\DSATZ.SAV', wird in SAS ein Datensatz mit dem Namen für den Pfad geöffnet. Um dem Pfad einen Namen zu geben, z.B. MEINPFAD, wird das LIBNAME-Statement eingesetzt.

Beispiel:

```
LIBNAME MEINPFAD 'C:\Programme\SAS\Daten\';
```

Exkurs zu SAS Pfaden und Begriffen

In vielen Programmen wird der Speicherort einer Datei (Dokument, Datafile) über einen Pfad in folgender Form angegeben, wobei der Pfad selbst den Speicherort angibt, und die Bezeichnung am Pfadende den Namen der Datei selbst.
z.B. D:\EXCELData\Project.xls oder auch
z.B. C:\Eigene Dateien\Forschungsprojekt\Auswertungen\SPSSDaten\Factor.sav

Die Verbindung Pfad und Dateiname erlaubt jedem System, auf die benötigten Daten zuzugreifen. Greift ein System über eine solche Information nicht erfolgreich auf Daten zu, kann der Fehler im Prinzip an der Pfadangabe, am Pfad selbst, am angegeben Dateinamen, oder daran liegen, dass sich die Daten gar nicht am angegebenen Ort befinden.

Wie am zweiten Beispiel zu sehen ist, bringen lange Pfadnamen ziemlich viel Tipparbeit mit sich, v.a., wenn sich das Schreiben dieses Pfades i.L. eines Programmes mehrfach wiederholen sollte. Das SAS System bietet die Möglichkeit, sich lange Pfadangaben über eine Abkürzung zu ersparen.

Nehmen wir einfach mal an, der Speicherort „C:\Eigene Dateien\Forschungsprojekt\Auswertungen\SASDaten\" wird „PFAD" genannt, und am Ende dieser Speicherangabe befindet sich der SAS Datensatz „Factor". In SAS besteht der Zugriff auf einen *permanenten* Datensatz dann nur noch aus einer *Kombination* aus einem Namen (*libref*) für den *Pfad* (also nicht mehr dem Pfad selbst), und dem Namen des *Datensatzes* selbst, also z.B. „PFAD.FACTOR". Beide Angaben, Pfad und Dateiname, sind direkt durch einen Punkt verbunden. Im Beispiel ist PFAD.FACTOR die Abkürzung für den Zugriff auf den Datensatz ‚Factor' am

Ende des ziemlich langen Pfades „C:\Eigene Dateien\Forschungsprojekt\Auswertungen\SASDaten\“, abgekürzt durch „PFAD“. Damit SAS weiß, auf welchen Speicherort sich PFAD bezieht, muss es ihm gesagt werden. Die ‚Taufe‘ des Pfades mit einem Namen erfolgt über das LIBNAME-Statement (Alternativen siehe unten):

```
LIBNAME pfad
'C:\Eigene Dateien\Forschungsprojekt\Auswertungen\SASDaten\' ;
```

Auf diese Weise weiß SAS, wo sich die Daten finden, und kann entsprechend darauf zugreifen, z.B.

```
   proc contents data=PFAD.FACTOR ;
        run ;
```

Der Vorteil ist nicht nur, dass man sich das mehrfache Tippen langer Pfadnamen erspart. Das einmalige Vergeben eines Pfades genügt. Wenn dieselben Datensätze an wechselnden Speicherorten referenziert werden müssen, muss das Rechenprogramm nicht jedes Mal völlig verändert werden. Die einmalige Anpassung der Referenzierung genügt.

Auf *temporäre* Datensätze (z.B. „DATA123“) kann ganz ohne Pfadangabe, oder mit dem Standardpfad „WORK“ zugegriffen werden, z.B. über

```
proc contents data=DATA123 (alternativ: data=WORK.DATA123) ;
        run ;
```

Soll nun ein anderer permanenter Datensatz am selben Speicherort geöffnet werden, z.B. FACTOR2, so braucht seinem Namen nur der vorher definierte Pfad hinzugefügt werden, und schon kann SAS auf die gewünschte Datei zugreifen. Bei temporären Dateien genügt auch hier die Angabe des Dateinamens.

Anmerkung:

Vergebene LIBNAMEs sind sensitiv gegenüber der SAS Version des referenzierten Datensatzes. Sollten die SAS Versionen der referenzierten Datensätze nicht aktuell, oder verschiedene Versionen sein, kann es sein, dass ein oder mehrere Datensätze für SAS 'unsichtbar' sind. Die Optionen ALL, V8, V7 oder V6 gewährleisten jedoch eine ausgezeichnete Aufwärtskompatibilität.

Eine *library* (Bibliothek) ist eine SAS spezifische Bezeichnung für ein Verzeichnis. Standardmäßig legt SAS die Verzeichnisse SASUSER, WORK, SASHELP, und MAPS an. Ein *libref* (Pfad) ist eine Referenzierung eines solchen Verzeichnisses. Über die *libref* verknüpft das SAS System ein Verzeichnis mit dem tatsächlichen physikalischen Speicherort. Als *libref* kann beinahe jede beliebige Zeichenkette verwendet werden, sofern sie systematisch verwendet werden kann. *Librefs* können verschieden vergeben werden, u.a. über die LIBNAME-Anweisung (s.o.), das LIBRARY-Fenster (s.u.), die Toolbar, den Explorer, oder über SAS/ASSIST. In SAS/ASSIST können *librefs* z.B. über SETUP → File Management → SAS data libraries aufgelistet, vergeben, oder auch gelöscht werden.

Ein SAS Verzeichnis kann u.a. SAS Datensätze und Kataloge enthalten. Der Inhalt des jew. Verzeichnisses kann u.a. mit dem LIBRARIES-Fenster (Eingabe von „LIB" in die Kommandozeile), dem SAS Explorer (das Fenster nach dem Programmstart auf der linken Bildschirmseite), über diverse Anwendungen, z.B. den Table Editor, oder auch über die Prozeduren CONTENTS bzw. DATASETS eingesehen werden.

Ende Exkurs

Abschicken eines Programmes

Programme bzw. Syntax-Befehle können auf verschiedene Weisen an SAS zur Abarbeitung übergeben werden. Soll nur ein Programmausschnitt abgeschickt werden, wird dieser (z.B. schwarz) markiert (ansonsten wird das komplette Programm abgearbeitet), und kann dann entweder mit der F8-Taste, dem Submit-Symbol ("rennendes Männchen") in der Symbolleiste (falls eingerichtet), oder über Run → Submit zur Abarbeitung an SAS übergeben werden.
Nach dem Abschicken eines Programmes immer zuerst im Log prüfen, ob es fehlerfrei durchlief, und dann erst den Output ansehen.

Beispiel:

```
data ANALYSE ;
set ZUGRIFF.FACTOR ;
run ;
```

In diesem Code-Beispiel wird der permanente Datensatz `FACTOR` geöffnet, der hoffentlich auch unter C:\Eigene Dateien\Forschungsprojekt\Auswertungen\SASDaten gespeichert ist; ist er dort nicht gespeichert, kann er nicht geöffnet werden. FACTOR wird "unter anderem Namen" (`ANALYSE`) geöffnet; das hat den Vorteil, dass der Originaldatensatz erhalten bleibt, und nicht durch Auswertungsfehler oder Systemabstürze gelöscht oder beschädigt wird. Der Befehl wird mit run; abgeschlossen. Die Einrückungen dienen der Übersichtlichkeit.

Wird `ANALYSE` mit einem zweistelligen Dateinamen `angelegt`, z.B. über `data ZUGRIFF.ANALYSE ;` , so wird `ANALYSE` als ein permanenter Datensatz angelegt, der nach dem Herunterfahren des SAS Systems physikalisch weiter vorhanden ist. Temporäre Datensätze werden dagegen gelöscht .

Beispiel:

```
libname MEINPFAD 'C:\Programme\SAS\Daten\';
data MEINPFAD.ANALYSE ;
set MEINPFAD.MEINDATA ;
run ;
```

In diesem Beispiel wird für den Pfad hin zum Datensatz MEINDATA der Pfad MEINPFAD vergeben. Mit einem einstelligen Namen wäre ANALYSE nur ein temporärer Datensatz, und würde beim Herunterfahren des SAS Systems wieder gelöscht werden.

10.3.2.2. Ansehen eines Datensatzes

Zum Ansehen eines Datensatzes stehen drei Möglichkeiten zur Verfügung: Das Ansehen der Werte im Datensatz (PROC PRINT, PROC REPORT), und das Ansehen der Eigenschaften der Variablen im Datensatz (PROC CONTENTS).

Werte im Datensatz (PROC PRINT)

```
proc print data=ANALYSE ;
run ;
```

Über PROC PRINT werden alle Werte aller Variablen aus dem Datensatz ANALYSE auf dem Bildschirm ausgedruckt.

```
                  F B
          N       A I   R    I I I I I I I I I I I I I I I I I I I I I
        A A       M L E I    T T T T T T T T T T T T T T T T T T T T T
        L T       I D R S    E E E E E E E E E E E E E E E E E E E E E
O       T I S     L U N I    M M M M M M M M M M M M M M M M M M M M M
b   I   E O E     I N S K    1 1 1 1 1 1 1 1 1 1 2 2 2 2 2 2 2 2 2 2 3
s   D   R N X     E G T O    0 1 2 3 4 5 6 7 8 9 0 1 2 3 4 5 6 7 8 9 0

1   1  29 1 1     1 5 4 1    3 2 2 2 3 2 3 2 3 2 3 3 2 2 2 2 3 3 3 2 3
2   2  29 1 1     1 5 5 3    2 2 2 2 3 2 2 3 2 2 3 2 2 2 2 2 2 3 2 2 3
3   3  36 1 1     1 5 4 3    3 2 3 3 3 2 3 2 3 2 3 2 1 2 3 1 3 3 3 3 3
4   4  66 1 1     2 3 5 1    3 2 3 3 3 1 3 3 3 3 3 3 3 3 1 1 3 3 3 3 3
5   5  38 1 1     2 3 5 3    3 3 2 2 3 1 1 2 3 2 3 2 2 2 1 2 2 3 2 2 3
6   6  31 1 1     3 5 4 2    3 2 3 3 3 2 3 3 3 3 3 3 2 3 1 2 3 3 3 3 3
7   7  25 1 1     1 4 4 2    2 2 3 1 3 2 3 2 3 3 3 3 2 3 3 2 3 2 3 3 3
8   8  48 1 1     2 2 5 3    3 2 3 3 3 1 3 2 3 3 2 3..................
```

Enthält der Datensatz viele Werte und/oder viele Variablen, kann ein unkontrolliertes Ausdrucken u.U. zu einem Systemabsturz führen. Variablen können auch gezielt ausgedruckt werden:

```
proc print data=ANALYSE NOOBS;
var ALTER--FAMILIE ITEM10 ITEM13 ITEM15-ITEM20 ;
run ;
```

Mit "-" bzw. "--" können Variablenlisten definiert werden. Der Unterschied zwischen "-" und "--" liegt darin, dass bei "-" alle Variablen mit dem Namensanfang ITEM und der Endung 15 bis 20 (incl.) ausgedruckt werden, während bei "--" alle Variablen (incl.) ausgedruckt werden, die zwischen ALTER und FAMILIE liegen. Wenn beide Variablen jeweils am Anfang zw. Ende des Datensatzes liegen, wird der gesamte Datensatz ausgedruckt. „Noobs" unterdrückt die Ausgabe der internen Zählvariable `Obs` (siehe oben).

Eigenschaften der Variablen im Datensatz (PROC CONTENTS)

```
proc contents data=ANALYSE ;
run ;
```

Über PROC CONTENTS werden die Eigenschaften des Datensatz ANALYSE und der enthaltenen Variablen auf dem Bildschirm ausgedruckt.
Beispiel:

```
                              The CONTENTS Procedure

          Data Set Name: TEST                                   Observations:          60
          Member Type:   DATA                                   Variables:             39
          Engine:        V8                                     Indexes:               0
          Created:       11:51 Sunday, March 25, 2001           Observation Length:    312
          Last Modified: 11:51 Sunday, March 25, 2001           Deleted Observations:  0
          Protection:                                           Compressed:            NO
          Data Set Type:                                        Sorted:                NO
            Label:


                        -----Engine/Host Dependent Information-----

            Data Set Page Size:         16384
            Number of Data Set Pages:   2
            First Data Page:            1
            Max Obs per Page:           52
            Obs in First Data Page:     37
            Number of Data Set Repairs: 0
```

```
File Name:                    C:\Eigene Dateien\My SAS Files\V8\test.sas7bdat
Release Created:              8.0000M0
Host Created:                 WIN_98


              -----Alphabetic List of Variables and Attributes-----

                     #    Variable    Type    Len    Pos
                     ---------------------------------
                    38    ALLE        Num       8    296
                     2    ALTER       Num       8      8
                     5    ALTKAT      Num       8     32
                     7    BILDUNG     Num       8     48
                    ........
                     9    RISIKO      Num       8     64
                     4    SEX         Num       8     24
                    11    TOEDLCH     Num       8     80
```

Unter The CONTENTS Procedure sind Informationen über den Datensatz enthalten, z.B. Namen (z.B. TEST), wann er angelegt, und zuletzt verändert wurde, und wie viele Variablen und Fälle er enthält. Die Länge der Datensatz-Extension (hier: *.sas7bdat) hängt vom File System ab. Während FAT und ältere NOVELL Versionen nur kurze Extensionen zulassen, erlaubt NTFS lange Extensionen. Unter Engine/Host Dependent Information werden spezielle betriebssystemspezifische Informationen über den Datensatz aufgeführt.

Unter Alphabetic List of Variables and Attributes werden alle Variablen des jeweiligen Datensatz und ihre Eigenschaften aufgelistet. Pos gibt die Position der Variable in der Datensatz an, Len die Zeichenlänge (length), und Type, ob es sich z.B. um eine (alpha)numerische Variable (Num, Char) handelt.

Werte in Tabellenform (PROC REPORT, PROMPT-Option).

Geben Sie folgendes Programm ein und folgen Sie dann den initialisierten Anweisungen auf dem Bildschirm. Die Daten werden in Tabellenform ausgegeben.

```
proc report data=ANALYSE prompt;
run ;
```

PROC REPORT mit der PROMPT-Option unterscheidet sich v.a. in einer Hinsicht von PROC PRINT und PROC CONTENTS: Über ein Programm wird ein interaktives Menü initialisiert, das die weiteren Angaben systemgesteuert abfragt. Der Output ist interaktiv: Variablen können angeklickt werden, z.T. sind einfache Sortierungen bzw. Berechnungen möglich.

10.3.2.3. Filtern und Sortieren eines Datensatzes

Ein Datensatz kann z.B. gefiltert werden, indem beim Anlegen eines neuen Datensatzes die gewünschten Variablen behalten (KEEP), und/oder die unerwünschten Variablen ausgeklammert (DROP) werden. Beide Optionen sind völlig gleichwertig; der Unterschied ist nur der, welche effizienter zu programmieren ist.

Behalten einer Variable (keep Statement):

```
data ANALYSE2 ;
set ANALYSE ;
keep ALTER ;
run ;
```

Entfernen einer Variable (drop Statement):

```
data ANALYSE2 ;
set ANALYSE ;
drop ALTER ;
run ;
```

Entfernen Variable (drop als Data Set Statement):

```
data ANALYSE2 ;
set ANALYSE (drop=FAMILIE);
run ;
```

Anm.: Eine Data Set Option ist effizienter als ein Statement.

Definieren (Ändern) der Variablenreihenfolge:

```
data ANALYSE2 ;
retain FAMILIE ALTER;
set ANALYSE ;
run ;
```

Anm.: Welche Reihenfolge die Variablen vorher auch hatten, nach diesem RETAIN Statement kommt FAMILIE vor ALTER. Wichtig ist, dass das RETAIN Statement *vor* dem SET Statement kommt.

Sortieren eines Datensatzes (aufsteigend):

```
proc sort data=ANALYSE ;
by FAMILIE;
run ;
```

Anm.: Der Datensatz ANALYSE3 wird nach den Werten der Variable FAMILIE automatisch aufsteigend sortiert. Die Ausgangsdatei ANALYSE wird verändert.

Sortieren eines Datensatzes (absteigend):

```
proc sort data=ANALYSE ;
by descending FAMILIE;
run ;
```

Anm.: Der Datensatz ANALYSE wird nach den Werten der Variable FAMILIE absteigend sortiert. Die Ausgangsdatei ANALYSE wird verändert.

Sortieren eines Datensatzes nach zwei Variablen (aufsteigend):

```
proc sort data=ANALYSE ;
by FAMILIE ALTER;
run ;
```

Anm.: Es kann auch nach zwei Variablen gleichzeitig sortiert werden; z.B. wenn eine eindeutige Rangreihe vorliegen soll, z.B. wenn in FAMILIE identische Werte vorliegen. Die Ausgangsdatei ANALYSE wird verändert.

Erstellen eines nach zwei Variablen sortierten Datensatzes (absteigend):

```
proc sort data=ANALYSE out = SORTIERT ;
by descending FAMILIE ALTER ;
run ;
```

Anm.: In die (temporäre) Datei SORTIERT wird das Ergebnis der Sortierung ausgelesen. Die Ausgangsdatei ANALYSE bleibt unverändert.

10.3.2.4. Löschen eines SAS Datensatzes

In SAS Version 8 kann ein SAS Datensatz über PROC DATASETS gelöscht werden.

```
proc datasets;
delete ANALYSE ;
run ;
```

Anm.: In diesem Beispiel wird der temporäre Datensatz ANALYSE gelöscht.

In SAS Version 6 Umgebungen kann mit PROC DELETE ein Datensatz gelöscht werden.

```
proc delete data= SASUSER.ANALYSE ;
run ;
```

Anm.: In diesem Beispiel wird der permanente Datensatz ANALYSE gelöscht.

Für SAS Version 8 ist PROC DELETE nicht dokumentiert, aber zum Teil noch wirksam. Der Funktionsumfang von DELETE ist allerdings eingeschränkt. DELETE kann nicht mit allen aktuellen SAS Datensatzformaten umgehen. Im Zweifelsfalle sollte PROC DATASETS verwendet werden. PROC DATASETS ist wesentlich leistungsfähiger als DELETE.

Über das DROP Statement in PROC SQL können ebenfalls Datensätze gelöscht werden (siehe den Abschnitt zu PROC SQL).

10.3.2.5. Kombinieren von Grundbefehlen

Befehle können im Prinzip beliebig kombiniert werden, sofern sie logisch zulässig sind, und inhaltlich Sinn machen. Es entsteht ein erstes SAS Programm:

```
libname MEINPFAD 'C:\Programme\SAS\Daten\';
data ANALYSE ;
set MEINPFAD.MEINDATA (drop=ITEM15-ITEM20);
retain FAMILIE ALTER;
run ;

proc sort data=ANALYSE out = SORTIERT ;
by descending FAMILIE ALTER ;
run ;
proc print data=SORTIERT ;
run ;

proc contents data= MEINPFAD.MEINDATA ;
run ;

proc contents data=SORTIERT ;
run ;
```

Überlegen Sie, was dieses Programm an jeder Stelle macht. Dieses Programm kann noch professioneller geschrieben werden. Mit zunehmender Expertise werden Sie dazu in der Lage sein.

10.3.3. Basisprogrammierungen für das Daten-Management auf der Variablen-Ebene

10.3.3.1. Ändern von Variablennamen (RENAME)

Variablen können in einem Data Step bzw. einem Prozedurschritt umbenannt werden. Das Umbenennen von Variablen ist meist nach dem Einlesen von Fremddaten notwendig. Nach dem Einlesen von Fremddaten sind die Variablennamen nicht selten verändert.

In einem Datenschritt:

```
data ANALYSE2 ;
set ANALYSE ;
rename ALTER=ALTERNEU FAMILIE=FAMNEU ;
run ;
```

In einem Prozedurschritt:

```
proc print data=ANALYSE2 (rename=(ALTER=ALTERNEU FAMILIE=FAMNEU));
run ;
```

10.3.3.2. Labels für Variablennamen (LABEL)

Variablen können in einem Data Step oder Prozedurschritt mit Labels versehen werden. Das Definieren von Labels für Variablen ist meist nach dem Einlesen von Fremddaten notwendig. Nach dem Einlesen von Fremddaten gehen die Labels von Variablennamen nicht selten verloren.

In einem Datenschritt:

```
data ANALYSE3 ;
set ANALYSE2 ;
label ALTERNEU='Alter (in Jahren)' FAMNEU='Familienstand' ;
run ;
```

In einem Prozedurschritt:

```
proc print data=ANALYSE2 label ;
var ALTERNEU FAMNEU ;
label ALTERNEU='Alter (in Jahren)' FAMNEU='Familienstand' ;
run ;
```

Anm.: Dieses Programm bewirkt, dass anstelle der Variablennamen im Output die Variablenlabels ausgegeben werden. Die Vergabe von Labels in PROC PRINT ist ein Sonderfall. Im Gegensatz zu anderen Prozeduren muss hier die Option Label explizit angeben werden. Ohne diese Option würden Labels nicht ausgegeben werden, obwohl sie korrekt definiert wurden.

10.3.3.3. Labels für Variablenwerte (FORMAT) Vergabe und Aufruf

Werte von Variablen können, ähnlich zu den Namen von den Variablen, ebenfalls mit Labels versehen werden. Das Definieren von Labels für Variablenwerte ist meist für numerisch kodierte qualitative Variablen sinnvoll und notwendig. Labels für Variablenwerte gehen ebenfalls nicht selten nach dem Einlesen von Fremddaten verloren, und können entweder in einem Data Step oder als ein Prozedurschritt in SAS neu vergeben werden. Die Definition des Formats erfolgt zunächst unabhängig vom Datensatz. Die Vergabe für numerische und alphanumerische Variablen ist dabei leicht verschieden; gemeinsam ist beiden, dass die Bezeichnung max. sieben Zeichen lang sein darf:

Definition der Labels für die Werte einer numerischen Variablen:

```
proc format ;
value ALTERL
1='geringes Alter'
2='mittleres Alter'
3='hohes Alter'
4='keine Angabe'
;
run ;
```

Anm.: In diesem Beispiel wird angenommen, dass ALTERL eine numerische Variable mit nur vier (qualitativ zu verstehenden) Wertausprägungen ist.

Definition der Labels für die Werte einer alphanumerischen Variablen:

```
proc format ;
value $FAMILIE
a='ledig'
b='verheiratet'
c='geschieden'
d='verwitwet'
;
run ;
```

Anm.: In diesem Beispiel wird angenommen, dass FAMILIE eine alphanumerische Variable ist, die mit den vier Buchstaben a bis d im Datensatz vorkommt. Damit SAS erkennt, dass es sich hier um eine Stringvariable handelt, muss der Variablenname mit einem $-Zeichen beginnen. Für den Variablennamen selbst stehen dann nur noch sieben Zeichen zur Verfügung.

Aufruf der vergebenen Labels:

Vergebene Labels für (alpha)numerische Variablen werden explizit über das FORMAT Statement angefordert, wobei die zuvor angelegten und nun angeforderten Formatbezeichnungen (z.B. ALTERL.) jeweils mit einem Punkt abgeschlossen werden müssen. ALTERL (ohne Punkt) bezeichnet die Variable; ihren Werten werden über ALTERL. (mit Punkt) die Formate zugewiesen.

```
proc print data=analyse ;
var ALTERL FAMILIE ;
format ALTERL ALTERL. ;
format FAMILIE $FAMILIE. ;
run ;
```

Ohne FORMAT Statement werden die Variablenwerte ohne Labels ausgegeben.

Ändern bzw. Löschen vergebener Labels:

Neue Labels für (alpha)numerische Variablenwerte können einfach über eine neue FORMAT-Prozedur definiert werden; die alten Definitionen werden dabei überschrieben. Labels für (alpha)numerische Variablenwerte können gelöscht werden, indem einfach leere Etiketten definiert werden:

```
proc format ;
value ALTERL
1='      '
2='      '
3='      '
4='      '
;
run ;
bzw.
proc format ;
value $FAMILIE
a='      '
b='      '
c='      '
d='      '
```

```
;
run ;
```

Man kann Labels für (alpha)numerische Variablenwerte auch gezielt und effizient ändern; die alten Definitionen werden dabei überschrieben:

```
proc format ;
value ALTERL
1,3='sehr hohes u. niedriges Alter'
2='mittleres Alter'
4='    '
;
run ;

proc format ;
value $FAMILIE
a='ledig'
b='verheiratet'
c,d='sonstige'
;
run ;
```

10.3.3.4. Kombinieren von Grundbefehlen

Befehle können im Prinzip beliebig kombiniert werden, sofern sie logisch zulässig sind, und inhaltlich Sinn machen. Es entsteht ein erstes SAS Programm:

```
proc format ;
value ALTERNEU
1='geringes Alter'
2='mittleres Alter'
3='hohes Alter'
4='keine Angabe'
;
run ;

proc format ;
value $FAMILIE
a='ledig'
b='verheiratet'
c='geschieden'
d='verwitwet'
;
run ;

data ANALYSE ;
```

```
set MEINPFAD.MEINDATA ;
rename ALTER=ALTERNEU ;
run ;

proc print data=analyse label ;
var ALTERNEU FAMILIE ;
label ALTERNEU='Alter (in Jahren)' FAMILIE='Familienstand' ;
format ALTERNEU ALTERNEU. ;
format FAMILIE $FAMILIE. ;
run ;
```

Überlegen Sie, was dieses Programm an jeder Stelle macht. Dieses Programm kann noch professioneller geschrieben werden. Mit zunehmender Expertise werden Sie dazu in der Lage sein.

10.3.4. Übungen

Aufgaben für Basisprogrammierungen auf Datensatz-Ebene

1. Üben Sie das Laden und Speichern über DATA, SET und LIBNAME.
   Zusatzfrage: Wird mit diesem Befehl ein permanenter Datensatz angelegt?

```
data ANALYSE ;
set MEINPFAD.MEINDATA ;
run ;
```

2. Sehen Sie sich einen Datensatz an über PROC PRINT, PROC CONTENTS, und PROC REPORT (PROMPT-Option). Vergegenwärtigen Sie sich die Unterschiede zwischen diesen drei Zugangsweisen.
3. Filtern und Sortieren Sie einen Datensatz über DROP, KEEP, RETAIN, und SORT.
   Zusatzfrage: Unterscheidet sich der Output dieser beiden Programme? Probieren Sie es am besten aus.

```
data ANALYSE1 ;
set ALTER ;
keep ID ALTER ;
drop ALTER  ;
run ;
data ANALYSE2 ;
set ALTER ;
drop ALTER ;
keep ID ALTER ;
run ;
```

4. Üben Sie das Kombinieren von Grundbefehlen und das Schreiben erster Programme.

Aufgaben für Basisprogrammierungen auf Variablen-Ebene

1. Ändern Sie Variablennamen über RENAME im Datenschritt und Prozedurschritt.
2. Vergeben Sie Labels an Variablen mit LABEL im Data Step oder Prozedurschritt. Vergeben Sie Labels in PROC PRINT.
   Zusatzfrage: Was ist an diesem Programm falsch?

```
proc print data=ANALYSE2 ;
var ALTERNEU FAMNEU ;
label ALTERNEU='Alter (in Jahren)' FAMNEU='Familienstand' ;
run ;
```

3. Vergeben Sie Labels für Werte numerischer und alphanumerischer Variablen und rufen Sie diese auf (FORMAT). Ändern bzw. löschen Sie vergebene Labels.
   Zusatzfrage: Was ist an dieser FORMAT-Anweisung falsch?

```
proc format ;
value FAMILIE
a='ledig'
b='verheiratet'
c='geschieden'
d='verwitwet'
;
run ;
```

4. Üben Sie das Kombinieren von Grundbefehlen und das Schreiben erster Programme.

10.4. Professionelles Daten-Management I Variablenebene

In diesem Abschnitt werden weitere und komplexere Aktionen des Daten-Management auf Variablen-Ebene vorgestellt.

10.4.1. Möglichkeiten des Rekodierens von Variablenwerten

Zu den Möglichkeiten des Rekodierens von Variablen zählen u.a. das einfache Rekodieren innerhalb einer Variable, das Rekodieren von Werten oder Wertebereichen (range) in neue Variable, und das Zusammenstellen von Ausprägungen mehrerer Variablen in eine Klassifikations- bzw. Index-Variable, und das Löschen bestimmter Variablenwerte bzw. -bereiche. Abschließend werden Beispiele für Anfängerfehler vorgestellt, und wie man sie vermeidet.

10.4.1.1. Einfaches Rekodieren

Die Werte einer Variablen werden umkodiert, ohne dass eine neue Variable definiert wird.

Beispiel: Bei der Dateneingabe wurden die Werte für die Variable GRUPPE anstelle der (korrekten) Reihenfolge 1, 2, 3, 4, 5 in der (falschen) Reihenfolge 5, 4, 3, 2, 1 vergeben.

Nicht schlecht:

```
data NEU ;
set ALT ;
if GRUPPE = 1 then  GRUPPE  =5 ;
else if GRUPPE = 2 then  GRUPPE  =4 ;
else if GRUPPE = 3 then  GRUPPE  =3 ;
else if GRUPPE = 4 then  GRUPPE  =2 ;
else if GRUPPE = 5 then  GRUPPE  =1 ;
run ;
```

Anm.: Dieses Beispiel geht strikt davon aus, dass die Umkodierung ausschließlich der Logik 5=1, 4=2, 3=3, 2=4, 1=5 folgt, und keine Missings vorhanden sind.

Besser:

```
data NEU ;
set ALT ;
GRUPPE = 6 - GRUPPE  ;
run ;
```

Anm.: Dieses Beispiel geht strikt davon aus, dass die Umkodierung ausschließlich der Logik 5=1, 4=2, 3=3, 2=4, 1=5 folgt, und keine Missings vorhanden sind.

10.4.1.2. Rekodieren in eine neue Variable

Die Werte einer Variablen werden umkodiert, und gleichzeitig eine neue Variable definiert.

Beispiel: Bei der Dateneingabe wurden die Werte für die Variable GRUPPE in der Reihenfolge 5, 4, 3, 2, 1 vergeben. Bei der Datenanalyse soll überprüft werden, ob die vergebenen Werte einen Einfluss auf das Ergebnis haben. Zu diesem Zweck soll eine neue Variable NEUVAR mit Werten in der umgekehrten Reihenfolge 1, 2, 3, 4, 5 angelegt werden.

Nicht schlecht:

```
data NEU ;
set ALT ;
if GRUPPE = 1 then  NEUVAR  =5 ;
else if GRUPPE = 2 then  NEUVAR  =4 ;
else if GRUPPE = 3 then  NEUVAR  =3 ;
else if GRUPPE = 4 then  NEUVAR  =2 ;
else if GRUPPE = 5 then  NEUVAR  =1 ;
run ;
```

Anm.: Dieses Beispiel geht strikt davon aus, dass die Umkodierung ausschließlich der Logik 5=1, 4=2, 3=3, 2=4, 1=5 folgt, und keine Missings vorhanden sind.

Besser:

```
data NEU ;
set ALT ;
NEUVAR = 6 - GRUPPE  ;
run ;
```

Anm.: Dieses Beispiel geht strikt davon aus, dass die Umkodierung ausschließlich der Logik 5=1, 4=2, 3=3, 2=4, 1=5 folgt, und keine Missings vorhanden sind.

10.4.1.3. Rekodieren von Wertebereichen (ranges) in eine neue (Klassifikations)Variable

Die Werte einer Variablen werden nach Bereichen festgelegt, und gleichzeitig eine neue Variable definiert, die die Zugehörigkeit zu diesen Bereichen ausdrückt. Bei der Kategorienbildung muss bedacht werden, dass diese idealerweise inhaltlich und statistisch (z.B. gleiche Gruppengröße) sinnvoll ist.
Eine genaue Kenntnis der Verteilung der zu kategorisierenden Variable ist unverzichtbar. Dem inhaltlichen, wie statistischen Kriterium kann nicht immer gleich-

zeitig entsprochen worden. Zu beachten ist auch, dass bei der Kategorienbildung keine Lücken programmiert werden.

Beispiel: Bei der Dateneingabe sollen die Werte für die Variable ALTER in Bereiche für verschiedene Altersgruppen festgelegt werden. Zu diesem Zweck wird die neue Variable ALTKAT definiert, die die Zugehörigkeit zu diesen Wertbereichen ausdrückt.

Beispiel:

```
data NEU ;
set ALT ;
if 0 < ALTER < 20 then  ALTKAT  =1 ;
else if 21 < ALTER < 40 then  ALTKAT  =2 ;
else if 41 < ALTER < 60 then  ALTKAT  =3 ;
else if 61 < ALTER < 80 then  ALTKAT  =4 ;
run ;
```

Anm.: Dieses Beispiel geht davon aus, dass keine Werte über 80 und unter 0 vorkommen. Abschließend könnte das Programm könnte um ein PROC FORMAT ergänzt werden.

```
proc format ;
value ALTKAT
1='geringes Alter'
2='mittleres Alter'
3='hohes Alter'
4='sehr hohes Alter'
;
run ;
```

Alternative für den Fall, dass Missings vorhanden sind:

```
data NEU ;
set ALT ;
if 0 < ALTER < 20 then  ALTKAT  =1 ;
else if 21 < ALTER < 40 then  ALTKAT  =2 ;
else if 41 < ALTER < 60 then  ALTKAT  =3 ;
else if 61 < ALTER < 80 then  ALTKAT  =4 ;
else if ALTER eq . then  ALTKAT  =. ;
run ;
```

Anm.: Dieses Beispiel geht davon aus, dass keine Werte über 80 und unter 0 vorkommen.

Alternative, wenn unbekannte Extremwerte vorhanden sind:

```
proc format ;
value ALTKAT
LOW-20 ='unter 20'
21-40 ='21-40'
41-60 = '41-60'
61-HIGH = 'über61'
;
run ;
```

Anm.: Dieses Beispiel definiert keine neue Variable.

Alternative, wenn unbekannte Extremwerte und Missings vorhanden sind:

```
proc format ;
value ALTKAT
LOW-20 ='unter 20'
21-40 ='21-40'
41-60 = '41-60'
61-HIGH = 'über 61'
.= 'keine Angabe'
;
run ;
```

Anm.: Dieses Beispiel definiert keine neue Variable. In einem Programm könnte dies dann in etwa so aussehen:

```
proc print data=analyse ;
var ALTER ;
format ALTER ALTKAT. ;
run ;
```

10.4.1.4. Zusammenstellen von Ausprägungen mehrerer Variablen in eine neue Klassifikations- bzw. Index-Variable

Bei einer Auswertung kommt es oft vor, dass Variablen anhand mehrerer Merkmale zugleich kategorisiert werden sollen. Es wird dabei eine neue Variable definiert, die die Zugehörigkeit zu mehreren Bereichen gleichzeitig ausdrückt.
Bei der Zugehörigkeitsdefinition wird im Gegensatz zur Kategorienbildung vorrangig angestrebt, dass diese logisch stringent und inhaltlich erschöpfend ist, als dass sie ideale statistische Kenngrößen (z.B. gleiche Gruppengröße) erreicht.

Beispiel für die Umsetzung einer vorgegebenen Klassifikation (z.B. einer biologischen Taxonomie, z.B. der Ordnung der Waltiere)

```
   proc format ;
   value KLASSE
        1='Säugetiere'
        2='Reptilien'
        ..........
   value ORDNUNG
        1='Wale'
        2='Krokodile'
        ..........
        ;
   value MERKMAL
        1='Barten'
        2='Zähne'
        ;
   run ;


data NEU ;
   set ALT ;
   if ORDNUNG = 1 and MERKMAL = 1 then  UORDNUNG  = 1 ;
   else if ORDNUNG = 1 and MERKMAL = 2 then  UORDNUNG  = 2 ;
   else if ORDNUNG = 2 and MERKMAL = 3 then  ......  ;
   else if ORDNUNG = 3 and ..............
   else UORDNUNG  =. ;
   run ;

   proc format ;
       value UORDNUNG
               1='Bartenwale'
               2='Zahnwale'
               ;
   run ;
```

Anm.: Dieses Beispiel geht davon aus, dass alle Variablen numerisch kodiert sind.

Beispiel für die Konstruktion einer eigenen Klassifikation:

```
proc format ;
     value MMEINS
             1='1'
             2='2'
             ;
     value MMZWEI
             1='1'
             2='2'
             ;
     run ;


data NEU ;
     set ALT ;
     if MMEINS = 1 and MMZWEI = 1 then  MMDREI  =1 ;
     else if MMEINS = 1 and MMZWEI = 2 then  MMDREI  =2 ;
     else if MMEINS = 2 and MMZWEI = 1 then  MMDREI  =3 ;
     else if MMEINS = 2 and MMZWEI = 2 then  MMDREI  =4 ;
     else MMDREI  =. ;
     run ;

     proc format ;
     value MMDREI
             1='1+1'
             2='1+2'
             3='2+1'
             4='2+2'
             ;
     run ;
```

Anm.: Dieses Beispiel geht davon aus, dass alle Variablen numerisch kodiert sind.

Beispiel für eine mehrfache Klassifikation anhand von Stringvariablen:

```
proc format ;
     value $WHNORT
           a='Berlin'
           b='Hamburg'
           c='Stuttgart'
           d='Muenchen'
           ;
     value $LAND
           a='Berlin-Brandenburg'
           b='Hamburg'
           c='Baden-Wuerttemberg'
           d='Bayern'
           ;
     run ;
```

Variante a: Stringvariable als Zielvariable

```
data NEU ;
     set ALT ;
     if WHNORT = 'a' and LAND = 'b' then  KFZ  ='a' ;
     else if WHNORT = 'b' and LAND = 'b' then  KFZ  ='b' ;
     else if WHNORT = 'c' and LAND = 'c' then  KFZ  ='c' ;
     else if WHNORT = 'c' and ..............
     else KFZ  =. ;
     run ;

     proc format ;
     value $KFZ
           a='B'
           b='HH'
           c='S'
           ..........
           ;
     run ;
```

Anm.: In diesem Beispiel sind alle Variablen alphanumerisch kodiert.

Variante b: Numerische Variable als Zielvariable

```
data NEU ;
     set ALT ;
     if WHNORT = 'a' and LAND = 'b' then  KFZ  =1 ;
     else if WHNORT = 'b' and LAND = 'b' then  KFZ  =2 ;
     else if WHNORT = 'c' and LAND = 'c' then  KFZ  =3 ;
     else if WHNORT = 'c' and ...............
     else KFZ  =. ;
     run ;


     proc format ;
     value KFZ
             1='B'
             2='HH'
             3='S'
             ..........
             ;
     run ;
```

Anm.: Die Output-Variable ist numerisch kodiert; alle anderen Variablen sind alphanumerisch kodiert.

10.4.1.5. Löschen bestimmter Variablenwerte

Bei einer Auswertung kommt es oft vor, dass bestimmte Ausprägungen von Variablen gelöscht werden sollen.

```
data NEU ;
set ALT ;
if WHNORT = 'a' then delete ;
if ALTER gt 100 then delete ;
run ;
```

Anm.: In diesem Beispiel werden z.B. für WHNORT die a-Werte und für ALTER alle Werte größer als 100 gelöscht.

10.4.1.6. Fallstricke: Anfängerfehler, und wie sie vermieden werden können

Beispiel für falsches und ineffizientes einfaches Umkodieren:

Warum ist folgendes Programm falsch und ineffizient zugleich? Es sind zwei Probleme enthalten. Tipp: Es ist ein Logikfehler, das andere betrifft effiziente Programmierung.

```
data NEU ;
     set ALT ;
     if GRUPPE = 1 then  GRUPPE  =5 ;
     if GRUPPE = 2 then  GRUPPE  =4 ;
     if GRUPPE = 3 then  GRUPPE  =3 ;
     if GRUPPE = 4 then  GRUPPE  =2 ;
     if GRUPPE = 5 then  GRUPPE  =1 ;
run ;
```

Beispiel für falsches Kodieren eines Ranges:

```
data NEU ;
     set ALT ;
     if ALTER < 20 then  ALTKAT  =1 ;
     else if 21 < ALTER < 40 then  ALTKAT  =2 ;
     else if 41 < ALTER < 60 then  ALTKAT  =3 ;
     else if 61 < ALTER < 80 then  ALTKAT  =4 ;
run ;
```

Warum ist dieses Programm falsch? Tipp: Dieses mal ist es ein Programmierfehler, und hat mit Missings zu tun.

Beispiel für falsches Kodieren eines Ranges incl. Missings:

```
data NEU ;
     set ALT ;
     if 0 ≤ ALTER ≤ 20 then  ALTKAT  =1 ;
     else if 20 ≤ ALTER ≤ 40 then  ALTKAT  =2 ;
     else if 40 ≤ ALTER ≤ 60 then  ALTKAT  =3 ;
     else if 60 ≤ ALTER ≤ 80 then  ALTKAT  =4 ;
     else if ALTER eq . then  ALTKAT  =. ;
     run ;
```

Warum ist dieses Programm falsch? Tipp: Logikfehler.

10.4.1.7. Übungen

1. Rekodieren von Variablenwerten

Frage: Was ist an der folgenden Anweisung falsch und ineffizient zugleich? Falls Sie nicht draufkommen sollten: Die Lösung finden Sie im Text. Üben Sie das einfache Rekodieren.

```
data NEU ;
    set ALT ;
    if KLASSE = 1 then  KLASSE  =5 ;
    if KLASSE = 2 then  KLASSE  =4 ;
    if KLASSE = 3 then  KLASSE  =3 ;
    if KLASSE = 4 then  KLASSE  =2 ;
    if KLASSE = 5 then  KLASSE  =1 ;
    run ;
```

Frage: Was setzt die folgende Anweisung voraus, um korrekt abzulaufen?
Üben Sie das Rekodieren in eine neue Variable.

```
data NEU ;
    set ALT ;
    if GRUPPE = 1 then  NEUVAR  =5 ;
    else if GRUPPE = 2 then  NEUVAR  =4 ;
    else if GRUPPE = 3 then  NEUVAR  =3 ;
    else if GRUPPE = 4 then  NEUVAR  =2 ;
    else if GRUPPE = 5 then  NEUVAR  =1 ;
    run ;
```

Frage: In der nächsten Anweisung stecken drei Fehler. Finden Sie sie? Üben Sie das Rekodieren von Wertebereichen (ranges) in neue Variablen.

```
data NEU ;
    set ALT ;
    if ALTER ≤ 20 then  ALTKAT  =1 ;
    else if 20 ≤ ALTER ≤ 40 then  ALTKAT  =2 ;
    else if 40 ≤ ALTER ≤ 50 then  ALTKAT  =3 ;
    else if 60 ≤ ALTER ≤ 80 then  ALTKAT  =4 ;
    run ;
```

2. Üben Sie das Programmieren von (alpha)numerischen Klassifikations- bzw. Index-Variablen.
3. Üben Sie das gezielte Löschen bestimmter Variablenwerte, zur Sicherheit aber an temporären bzw. Übungsdatensätzen.
4. Sehen Sie sich nochmals die Fallstricke für Anfänger an. Diese stellen doch jetzt kein Problem mehr für Sie dar, oder?!

10.4.2. Möglichkeiten des Berechnens neuer Werten und Variablen

Zum Berechnen neuer Variablen stellt SAS zahlreiche Möglichkeiten zur Verfügung, u.a. arithmetische, statistische bzw. probabilistische Funktionen oder spezielle Transformationen. SAS stellt Dutzende von Funktionen zur Verfügung. Im Folgenden werden die gebräuchlichsten vorgestellt und kommentiert. Für spezielle Funktionen wird auf die SAS Dokumentation verwiesen.

10.4.2.1. Arithmetische Operationen und mathematische Funktionen

```
data NEU ;
   set ALT ;

       SUMME1 = ITEM11 + ITEM12 + ITEM13 + ITEM14 + ITEM15 ;

       MITTEL1 = (ITEM11 + ITEM12 + ITEM13 + ITEM14 +ITEM15)/5;

       SUBTRAKT = ITEM15 - ITEM14 ;

       DIVISION = ITEM15/ITEM14 ;

       ABSOLUT = ABS(ITEM11) ;

       EXPONENT = EXP(ITEM12) ;

       LOGITM15 = LOG(ITEM13) ;

       QWURZEL = SQRT(ITEM14) ;


       run ;
```

Erläuterungen:
SUMME1 ist die Summe aus den Werten der Variablen ITEM11 bis ITEM15 (zu Missings siehe die Anmerkungen im folgenden Abschnitt). MEAN1 ist das arithmetische Mittel aus den Werten der Variablen ITEM11 bis ITEM15 (zu Missings siehe die Anmerkungen im folgenden Abschnitt). SUBTRAKT ist die Differenz der Werte der Variablen ITEM14 und ITEM15. DIVISION ist der Quotient aus den Werten der Variablen ITEM14 und ITEM15. Wenn nicht bei jeder Variable Werte vorhanden sind, werden Missings als Ergebnis ausgegeben. Die Variable ABSOLUT enthält die absoluten Werte der Variable ITEM11. Die Variable EXPONENT enthält die Exponenten der Werte von ITEM12. Die Vari-

able LOGITM15 enthält den natürlichen Logarithmus der Werte von ITEM13. Die Variable QWURZEL enthält die Quadratwurzeln der Werte von ITEM14. Für einen fehlenden Ausgangswert geben die Funktionen ein Missing aus.

10.4.2.2. Statistische Funktionen

```
data NEU ;
   set ALT ;

        SUMME2 = sum (of ITEM11 ITEM12 ITEM13 ITEM14 ITEM15) ;

        SUMME3 = sum (of ITEM11- ITEM15) ;

        MITTEL2 = mean (of ITEM11 ITEM12 ITEM13 ITEM14 ITEM15) ;

        MITTEL3 = mean (of ITEM11- ITEM15) ;

        run ;
```

Erläuterungen:
SUMME2 ist die Summe aus den Werten der Variablen ITEM11 bis ITEM15. SUMME3 ist die Kurzschreibweise derselben Funktion. Im Gegensatz zu SUMME1 führen in den Anweisungen zu SUMME2 und SUMME3 fehlende Werte in den Variablen ITEM11 bis ITEM15 nicht zu Missings. Dasselbe gilt für die Berechnung des Mittelwerts: Bei MITTEL2 und MITTEL3 (Kurzschreibweise) führt fehlende Werte die Berechnung des Mittelwerts nicht zu Missings, im Gegensatz dazu führen bei MITTEL1 fehlende Werte in den Variablen ITEM11 bis ITEM15 zu Missings.

Bei den o.a. Anweisungen, z.B. MITTEL2 und MITTEL3 kann man im Nachhinein nicht ohne weiteres nachvollziehen, aus wie vielen Werten das Ergebnis, z.B. der Mittelwert, gebildet wurde.

10.4.2.3. Zufallszahlenfunktionen

Für bestimmte Auswertungen können mit SAS Verteilungen erzeugt werden, die auf Pseudozufallszahlen basieren. Die generierten Zahlen können auch dazu verwendet werden, einen Datensatz per Pseudozufallszahlen zu mischen (sortieren).

```
data ZUFALL1 ;
        do i=1 to 100 ;
        ZUFALUNI = RANUNI(0) ;
        UNI100 = 1 + 99 * RANUNI(0) ;
```

```
        output ;
        end;
run;
```

Im Datensatz ZUFALL1 werden die Variablen i und ZUFALUNI erzeugt. ZUFALUNI enthält N=i=100 pseudozufallsgenerierte Werte im Range von 0 bis 1. ZUFALUNI hat keine besondere Verteilungsform.

Über die Anweisung UNI100 werden pseudozufallsgenerierte Werte im Range von 1 bis 100 erzeugt.

```
data ZUFALL2 ;
        do i=1 to 100 ;
        ZUFALNV = RANNOR(-1) ;
        ZUFALFIX = 4.5+2.1*RANNOR(-1) ;
        output ;
        end;
run;
```

Im Datensatz ZUFALL2 werden die Variablen i und ZUFALNV erzeugt. ZUFALNV enthält N=i=100 pseudozufallsgenerierte Werte im Range von 0 bis 1. Das Seed (Ausgangswert für die Berechnung von Pseudozufallszahlen) ist negativ, damit SAS auf die Systemuhrzeit als Basis für die Generierung der Pseudozufallszahlen zurückgreift. ZUFALNV ist normalverteilt mit dem Mittelwert 0 und der Standardabweichung 1.

Über die Anweisung ZUFALFIX werden pseudozufallsgenerierte normalverteilte Werte mit dem Mittelwert 4.5 und der Standardabweichung 2.1 erzeugt.

```
data ZUFALL3 ;
        do i=1 to 100 ;
        ZUFALBV = RANBIN(-1,100,0.6) ;
        output ;
        end;
run;

proc sort ;
by ZUFALLBV ;
run;
```

Im Datensatz ZUFALL3 werden die Variablen i und ZUFALBV erzeugt. ZUFALBV enthält N=i=100 pseudozufallsgenerierte Werte im Range von 0 bis 1. ZUFALBV ist binomialverteilt. Das Seed in RANBIN besteht aus drei Parametern. Der erste Parameter (Startwert für Zufallszahlengenerator) ist negativ, damit SAS auf die Systemuhrzeit als Basis für die Generierung der Pseudozufallszahlen zurückgreift. Der zweite Parameter gibt die Anzahl der Bernoulli-Versuche (hier:

100) an. Der dritte Parameter gibt an, mit welcher Wahrscheinlichkeit das Ereignis (hier: 0.6 = 60%) eintritt.

Über die sort-Anweisung werden die Variablen im Datensatz ZUFALL3 nach den pseudozufallsgenerierten Werten gemischt, um z.B. Testsubjekte bestimmten Versuchssituationen per Pseudozufall zuweisen zu können. Es wird dabei angenommen, dass ZUFALL3 neben ZUFALLBV und i weitere Variablen enthält.

10.4.2.4. Wahrscheinlichkeits- und Quantilfunktionen

In SAS sind zahlreiche Funktionen implementiert, mit denen Wahrscheinlichkeiten und Quantile berechnet werden können.

```
data WAHR1 ;
        do data=-10 to 10 by 1 ;
        wahr=PROBNORM (data) ;
        output ;
        end;
run;

proc print;
run;
```

Die Funktion PROBNORM gibt die Wahrscheinlichkeit WAHR aus, mit der eine Zufallsvariable aus einer Standardnormalverteilung einen kleineren als den gegebenen Wert DATA aufweist.

```
wahr=PROBT (df, x) ;
```

Die Funktion PROBT gibt die Wahrscheinlichkeit WAHR aus, dass eine t-verteilte Zufallsvariable mit DF Freiheitsgraden einen kleineren als den gegebenen Wert X aufweist (einseitiger Test).

```
wahr=PROBCHI (df,x) ;
```

Die Funktion PROBCHI gibt die Wahrscheinlichkeit WAHR aus, dass eine Chi²-verteilte Zufallsvariable mit DF Freiheitsgraden einen kleineren als den gegebenen Wert X aufweist.

```
quantil = TINV (p, df) ;
```

Die Quantilfunktion TINV gibt zu vorgegebenen Wahrscheinlichkeiten P Freiheitsgraden DF die entsprechenden Quantile QUANTIL aus.

10.4.2.5. Zeit- und Datumsfunktionen

In SAS sind zahlreiche weitere Funktionen implementiert, mit denen Zeiten und Daten in den verschiedensten Schreibweisen berechnet werden können.

Im Folgenden ein Beispiel, an dem die Besonderheiten im Umgang mit Zeit- und Datumsvariablen und -funktionen beim Einlesen und der Ausgabe erläutert werden.

Einlesen von Zeit- und Datumsvariablen

Beispiel:

```
data MESSUNG ;
        input
                @1 ID $3.
                @5 MDATE1 DDMMYY10.
                @17 MDATE2 DDMMYY10.
                @27 MESSUNG 5.;
        label
                ID='Code des Erhebungsorts'
                MDATE1= 'Datum 1. Messung'
                MDATE2= 'Datum 2. Messung'
                MESSUNG= 'Messwert' ;
        format
                MDATE1 DDMMYY10.
                MDATE2 DDMMYY10. ;
        cards;
22  01/11/1999 05/11/1999  3546
23  02/11/1999 07/12/1999  3236
24  01/11/2000 05/11/2000  3567
25  01/10/1998 08/11/1998  1246
22  02/11/1999 04/11/1999  4586
23  02/11/1998 07/12/1998  5894
24  08/09/1997 01/01/1998  3347
25  01/10/1999 01/02/2000  2346
;
run;

proc print noobs;
run;
```

Erläuterungen:

Dieses Beispiel bezieht sich auf einen erst zu erstellenden Datensatz, MESSUNG. data MESSUNG definiert den Namen des zu erstellenden Datensatzes.

Ab input werden u.a. die Variablennamen der einzulesenden Rohdaten festgelegt. @1 ID $3. bedeutet z.B., dass in den folgenden Rohdaten an der ersten Spaltenstelle (@1) die Variable ID als numerische Variable mit der Zeichenlänge 3 ($3.) eingelesen wird. @5 MDATE1 bedeutet z.B., dass danach an der fünften Spaltenstelle (@1) die Variable MDATE1 als Datumsvariable (DDMMYY10.) mit der Zeichenlänge 10 eingelesen wird. Wenn die Ausrichtung der Variablen nicht exakt ist, gibt SAS Fehlermeldungen aus.

Ab label werden die Variablennamen mit Labels versehen. Die format-Anweisung ist notwendig, damit die eingelesenen Variablen MDATE1 und MDATE2 auch im Output als Datumsvariablen erscheinen. Cards ist ein Hinweis an SAS, dass nach dem Semikolon die Rohdaten folgen. Das wichtige Semikolon danach besagt, dass keine Rohdaten mehr folgen.

Dieses Beispiel ist getestet, und kann nachprogrammiert werden.

Anwenden von Zeit- und Datumsfunktionen

Inbezugsetzen auf das heutige Datum

Beispiel: Wie viele Jahre von heute an sind seit MDATE1 vergangen?

```
data ALTER ;
        set MESSUNG ;
        ALTER1=INT ((TODAY()-MDATE1)/356.25);
        ALTER2=ROUND ((TODAY()-MDATE1)/356.25,1) ;
run;
```

Anm.: ALTER1 gibt nur ganze Zahlen (integers) aus. ALTER2 wird auf die nächste ganze Zahl gerundet.

Beispiel: Wie viele Tage, Monate bzw. Jahre sind seit MDATE1 bis heute vergangen?

```
data ALTER ;
        set MESSUNG ;
        current=TODAY();
        ALTER3=INTCK ('day',MDATE1,current) ;
        ALTER4=INTCK ('month',MDATE1,current) ;
        ALTER5=INTCK ('year',MDATE1,current) ;
run;
```

Anm.: ALTER3 gibt den Zeitabstand in Tagen, ALTER4 in Monaten, und ALTER5 in Jahren an.

Differenz zwischen zwei Daten

Beispiel: Wieviel Zeit liegt zwischen den beiden Messungen MDATE1 und MDATE2?

```
data ALTER ;
        set MESSUNG ;
        ABSTANDT=MDATE2-MDATE1+1 ;
        ABSTANDJ=(MDATE2-MDATE1+1)/365.25 ;
run;
```

Anm.: ABSTANDT gibt den Zeitabstand in ganzen Tagen aus. ABSTANDJ gibt den Zeitabstand in Jahren aus. Das Vergessen der +1-Anweisung ist ein häufiger Anfängerfehler; ansonsten würden alle Ergebnisse mehrfacher Messungen am selben Tag als Differenz unsinnigerweise Null ergeben und aus der Berechnung fallen.

10.4.2.6. Konvertieren

Der Variablentyp kann von numerisch in alphanumerisch (String), oder von String (alphanumerisch) in numerisch konvertiert werden. Das Konvertieren wird z.B. dann notwendig, wenn Analyseprozeduren einen bestimmten Variablentyp erwarten, aber z.B. die vorliegenden Variablen numerisch, aber nicht wie gefordert alphanumerisch sind, oder auch umgekehrt.

numerisch → alphanumerisch

Im ersten Beispiel werden die vierstelligen numerischen Werte der Variablen NUMERIC in alphanumerische Zeichenketten (Strings) umgewandelt, ohne dass der Variablenname geändert wird. Im Datensatz sind zwar immer noch Zeichen in der Form 0123, 1234, etc. zu sehen, nur sind das keine Zahlen mehr, sondern Texte (Zeichenketten, Strings).

```
data NEUCHAR ;
set ALTNUM (rename=(NUMERIC=ID)) ;
        NUMERIC=put (ID,4.) ;
        drop ID ;
        run ;
```

Im zweiten Beispiel werden dieselben Werte in Strings mit einem Präfix umgewandelt. Werte der Form 0123, 1234, etc. werden in Strings der Form VAR0123, VAR1234 etc. einer neuen Variable NEWNUM umgewandelt.

```
data NEUCHAR ;
set ALTNUM ;
length NEWNUM $ 7;
NEWNUM = 'VAR'||put(NUMERIC,z4.);
run ;
```

In letzten Beispiel werden die Werte (genauer: Wertebereiche) der numerischen Variable ALTERNUM über den Umweg der Format-Zuweisung in (hier: andere) Werte der alphanumerischen Variable ALTRCHAR konvertiert. Die Werte der Variable ALTERNUM bleiben erhalten. Dieses Vorgehen wurde auch im Abschnitt des Zuweisens von Labels zu Variablenwerten vorgestellt.

```
proc format;
        value ALTGRUPP
                low-20='A'
                21-40='B'
                41-60='C'
                61-high='D'
                ;
        run;

data KONVERT1 ;
        input
        ALTERNUM @@ ;
        ALTRCHAR = put (ALTERNUM, ALTGRUPP.) ;
        cards;
5 10 15 20 25 30 35 40 45 50 55 60 65 70 75 80 85 90 95
;
run ;

proc print;
run ;
```

alphanumerisch → numerisch

Im Folgenden werden zunächst zwei relativ unkomplizierte Varianten zur Umwandlung von alphanumerisch zu numerischen Daten vorgestellt. Zuvor werden Ziffernfolgen als Strings in den Datensatz SDATA eingelesen (daher auch der Variablenname STRING). Die Werte sehen zwar wie Zahlen aus, werden vom SAS System aber als Zeichenfolgen (Strings) interpretiert. Damit es mit den *numerischen* Werten rechnen kann, müssen die *Strings* vom SAS System wieder als Zahlen erkannt werden. Beide Umwandlungsvarianten arbeiten mit DUMMY-Variablen.

```
data SDATA ;
input STRING $ ;
datalines;
1
11
111
;
run ;
```

Variante1:

Über INPUT werden die Werte der Variable STRING in die Variable DUMMY einlesen, und mit einem numerischen Format versehen. STRING wird gelöscht, und DUMMY wird in ZAHL umbenannt. ZAHL enthält die Werte von STRING im numerischen Format. Die Werte werden in den Datensatz NDATA1 abgelegt.

```
data NDATA1;
set SDATA;
DUMMY = input(STRING,4.0);
drop STRING;
rename DUMMY = ZAHL ;
run;
```

Variante2:

Während des Data Step wird STRING in DUMMY umbenannt. Über INPUT werden die Werte der Variable DUMMY in die Variable ZAHL einlesen, und mit einem numerischen Format versehen. Beim Anlegen des Datensatzes NDATA2 wird DUMMY gelöscht. ZAHL enthält die Werte von STRING im numerischen Format. Die Werte werden in den Datensatz NDATA2 abgelegt.

```
data NDATA2 (drop=DUMMY);
set SDATA(rename=(STRING = DUMMY));
ZAHL = input(DUMMY,4.0);
run;
```

Im letzten Beispiel bestehen die einzulesenden Daten aus numerischen Werten und String-Angaben. Die Buchstaben sollen beim Einlesen in Zahlen umgewandelt werden.

```
data KONVERT2;
       input
ABKUERZ $ @@ ;
if ABKUERZ ='A' then  KASSE = 1.99 ;
              else if ABKUERZ ='B' then  KASSE = 9.95 ;
       else KASSE = input (ABKUERZ, 5.) ;
```

```
        DROP ABKUERZ ;
cards;
A B 23.11 A 2.55 3.50 35 9.97 1.45 2.50 A A B B 2.75 0.80 A B B
;
run ;

proc print;
run ;
```

Anm.: Das Einlesen geht in zwei Schritten vor sich: Zunächst werden alle Werte als Strings gelesen. Sobald ein String den if-then Anweisungen entspricht, werden die Buchstaben durch KASSE-Werte (zunächst noch als Strings!) ersetzt. Liegen die vorher gemischten Daten einheitlich als alphanumerische Zahlen vor, werden diese über das 5.- Format als numerische Werte ausgegeben.

10.4.2.7. Weitere Funktionen

Als weitere Funktionen werden in das Kopieren von Variablenwerten, das Rangordnen und das Standardisieren von Variablenwerten vorgestellt.

Kopieren von Variablenwerten

```
data KOPIE ;
        set ALTER;
        VARNEU = MESSUNG ;
run ;
```

Die Werte der Variablen MESSUNG werden in die neue Variable VARNEU kopiert. Die Variable MESSUNG bleibt erhalten.

Rangordnen von Variablenwerten

Empirischen Werten können über die Prozedur PROC RANK Rangplätze zugewiesen werden. Weil PROC RANK keinen eigenen Printoutput erzeugt, muss dieser extra über PROC PRINT angefordert werden.

```
proc rank data=KONVERT2 out=KASSRANG ;
   var KASSE ;
   ranks EINNAHME ;
run;

proc print data=KASSRANG noobs;
run;
```

Den KASSE-Werten werden Rangwerte zugewiesen, indem über die RANKS-Anweisung die Variable (hier: EINNAHME) festgelegt wird, die die Rangplätze enthalten soll.

Anm.: PROC RANK ist weit leistungsfähiger, als hier dargestellt werden kann. PROC RANK kann u.a. mehrere Variablen zugleich rangordnen, auch in BY Gruppen, und mit tied values umgehen.

Standardisieren

Mit PROC STANDARD können verschieden skalierte Variablen u.a. auf gemeinsame Mittelwerte und Standardabweichungen standardisiert, im Falle von Mittelwert 0 und Standardabweichung 1 z-transformiert werden.

```
proc standard data=konvert2 mean=15 std=3
              out=kassestd;
run;

proc print data= kassestd;
run;
```

Über die Prozedur PROC STANDARD werden die KASSE-Werte auf eine Verteilung mit dem Mittelwert 15 und der Standardabweichung 3 standardisiert. Weil PROC STANDARD keinen eigenen Printoutput erzeugt, muss dieser extra über PROC PRINT angefordert werden.

10.4.2.8. Übungen

Berechnen neuer Werte und Variablen

1. Probieren Sie arithmetische Operationen und mathematische Funktionen aus.
2. Probieren Sie statistische Funktionen aus.
   Vergleichen Sie u.a. die verschiedenen Mittelwertbildungen über

```
MITTEL1 = (ITEM11 + ITEM12 + ITEM13 + ITEM14 + ITEM15) /5 ;
MITTEL2 = mean (of ITEM11 ITEM12 ITEM13 ITEM14 ITEM15) ;
MITTEL3 = mean (of ITEM11- ITEM15) ;
```

3. Probieren Sie verschiedene Zufallszahlenfunktionen aus.
4. Probieren Sie verschiedene Wahrscheinlichkeits- und Quantilfunktionen aus.
5. Probieren Sie verschiedene Zeit- und Datumsfunktionen aus.
6. Probieren Sie das Konvertieren von numerisch in alphanumerisch, und von alphanumerisch in numerisch aus.

Probieren Sie weitere Funktionen, wie z.B. das Kopieren von Variablenwerten, das Rangordnen, und Standardisieren von Variablenwerten aus.

10.4.3. Zaubern mit Zeichen

Der SAS Output kann mit hochgestellten Zeichen (z.B. 2^3) oder auch Sonderzeichen (z.B. €-Symbol) versehen werden, z.B. 2^3. Diese beiden Varianten können entweder über Hexadezimalzahlen oder auch die MOVE Option umgesetzt werden.

Hochgestellte Zeichen (Superskripte) in Variablennamen

Der SAS Output kann mit hochgestellten Zeichen versehen werden, z.B. 2^3, indem die hochzustellenden Zeichen (sog. Superskripte) in Hexadezimalschreibweise (z.B. b9) angegeben werden. Eine hochgestellte 1 wird z.B. über „'b9'x " angefordert, eine hochgestellte 2 wird über „'b2'x", und eine hochgestellte 3 wird über „'b3'x" angefordert. Im folgenden Beispielprogramm werden die Zahlen 1, 2, und 3 in der PRINT-Ausgabe als hochgestellte Zeichen ausgegeben.
Beispiel:

```
data SUPER ;
   Set DATEN ;
       WERT2=WERT*WERT;
       WERT3=WERT*WERT*WERT ;
   label WERT=Wert'b9'x;
   label WERT2=Wert'b2'x;
   label WERT3=Wert'b3'x;
     run ;

   Proc print label ;
              var WERT WERT2 WERT3 ;

   run;
```

Ausgabe:

```
Obs    Wert¹    Wert²    Wert³..............
```

Sub- und Superskripte in Überschriften

Super- und Subskripte können u.a. auch in Überschriften und Fußnoten von Grafiken verwendet werden.

```
goptions reset=all ;

/* Syntax für die Überschrift */
title1 f=swissb
```

```
        h=4 "These"
        h=2 move=(+0, -1.5) "1"
        h=4 move=(+0, +1.5) ": E=m c"
        h=2 move=(+0, +2) "2"
        h=2 move=(+0, -2) "  (A. Einstein)" ;


/* Syntax für die Fußnote */
footnote f=swissb
        h=2 "T"
        h=2 move=(+0, -1) "r"
        h=2 move=(+0, -1) "e"
        h=2 move=(+0, -1) "p"
        h=2 move=(+0, -1) "p"
        h=2 move=(+0, -1) "e"
        h=2 move=(+0, -1) "n"
        h=2 move=(+0, +1) "m"
        h=2 move=(+0, +1) "u"
        h=2 move=(+0, +1) "s"
        h=2 move=(+0, +1) "t"
        h=2 move=(+0, +1) "e"
        h=2 move=(+0, +1) "r" ;
   run;
proc gslide;
   run ;
   quit ;
```

Die Funktion dieses Programms kann man sich leicht vergegenwärtigen, indem man sich zunächst eine Linie vorstellt, über die der Text z.B. einer Überschrift verläuft. Der Anfangstext „These“ verläuft von links nach rechts auf der Ausgangshöhe in der Zeichengröße 4. Die nächste Programmzeile veranlasst, die in Anführungszeichen gesetzten Zeichen (hier: „1“) kleiner (also h=2), und nach unten verschoben (move=-1.5) abzubilden. Die nächste Programmzeile veranlasst, die in Anführungszeichen gesetzten Zeichen wieder in der Ausgangsgröße (also h=4), und wieder auf der Ausgangshöhe (also, wieder nach oben verschoben (move=+1.5) abzubilden. Und so weiter.

Das Programm für die Fußnote basiert auf derselben Logik und Syntax, verwendet jedoch für die Bildung des Treppenmusters mehrere Verschiebungen in derselben vertikalen Richtung. Das Ergebnis wird hier mittels der Prozedur GSLIDE angezeigt.

Ausgabe:

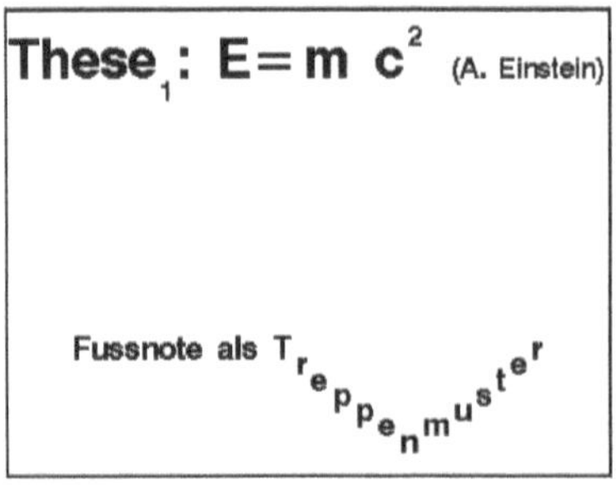

Wichtig für die Umsetzung von Sub- und Superskripten in Überschriften und Fußnoten sind „height" („h=...") für ihre relative Größe, und „move" für ihre vertikale Variation. Bei Leerstellen auf die richtige Positionierung achten. Im Ausgangsprogramm können die Fonts (einschl. Sonderzeichen), Zeichengrößen, und vertikale Verschiebungen fast beliebig variiert und grafisch umgesetzt werden.

€-Zeichen (Euro-Zeichen)

Die Ausgabe des europäischen Währungssymbols € („Euro") wird ebenfalls über Hexadezimale angefordert, ist aber wegen der jeweils installierten Zeichensätze im Einzelnen noch von der Computerplattform abhängig. Die meisten Computer verwenden ASCII-Zeichensätze, während auf IBM sehr oft die sog. EBCDIC-Zeichensätze installiert sind. Ob ein Programm funktioniert, hängt hier davon ab, welche Zeichensätze installiert sind. Das folgende Programm ist z.B. für ASCII-Plattformen geschrieben, und verwendet daher „ '80'x " in den Systemoptionen (options) DEBUG.

Beispiel:

```
options debug ='EURO=80';
        data EURO ;
        set DATEN;
        label EURO='80'x;
        label EURO2="Wert in "'80'x;
        run ;

        proc print label ;
   run;
```

Ausgabe:

```
                 Wert
   Obs     €     in €............
```

Plattform	Ausgabe in ODS
ASCII	`OPTIONS DEBUG='EURO=80';`
EBCDIC	`OPTIONS DEBUG='EURO=20';`
EBCDIC nach ASCII	`OPTIONS DEBUG='EURO=9F';`

Für weitere Informationen wird auf die SAS Notes 008321 und 007916 verwiesen.

10.5. Professionelles Datenmanagement II Datensatzebene

Dieser Abschnitt stellt das Management von Datensätzen vor.

10.5.1. Aufteilen von Datensätzen

Mit SAS können Datensätze auf beliebige Weise gefiltert, d.h. Subsets angelegt, werden, u.a. mit DROP und KEEP im Data Set Schritt auf der Variablenebene, und verfeinernd über WHERE auf der Werteebene gleichzeitig. Es ist auch möglich, einen Datensatz in mehrere Subdatensätze gleichzeitig aufzuteilen.

10.5.1.1. Filtern eines Datensatzes auf der Variablenebene

DROP und KEEP im Data Set Schritt

Ein Datensatz kann z.B. gefiltert werden, indem beim Anlegen eines neuen Datensatzes vom bereits geöffneten Datensatz die gewünschten Variablen behalten (KEEP), und/oder die unerwünschten Variablen ausgeklammert (DROP) werden. Beide Optionen sind völlig gleichwertig; der Unterschied ist nur der, welche effizienter zu programmieren ist (siehe Kap. 10.3.2.3. zu Filtern und Sortieren eines Datensatzes).

In diesen Beispielen wird nur ein Datensatz angelegt; im Abschnitt 3 wird gezeigt, wie ein Ausgangsdatensatz in mehrere Subdatensätze zugleich aufgeteilt werden kann.

10.5.1.2. Filtern eines Datensatzes auf der Variablen- und Werteebene gleichzeitig

WHERE als Ergänzung zu DROP und KEEP im Data Set Schritt

Ein Datensatz kann z.B. gefiltert werden, indem beim Anlegen eines neuen Datensatzes nicht nur die gewünschten Variablen behalten (KEEP), und/oder die unerwünschten Variablen ausgeklammert (DROP) werden, sondern auch, indem über WHERE aus dem bereits geöffneten Datensatz nur bestimmte Werte oder Wertebereiche übernommen bzw. ausgeschlossen werden.

Beispiel:

Datensatz DATEN

ID	ALTER	GROESSE	GEWICHT	JAHR	HAUSTIER
01	45	166	64	1978	Hund
02	35	182	83	1985	Katze
03	55	178	78	2001	Katze
04	29	172	68	1997	Katze
05	26	185	78	1975	Hamster

Numerische Variante:

```
data NEU1 (keep=ID ALTER GROESSE JAHR);
   set DATEN ;
   where ALTER > 30;
run;

proc print ;
run;
```

Anm.: Im Datensatz NEU1 verbleiben nur die Variablen ID, ALTER, GROESSE und JAHR ab dem Alter 30.

Alphanumerische Variante:

```
data NEU2 (keep=ID ALTER HAUSTIER);
   set DATEN ;
   where HAUSTIER ne 'Katze' ;
run;

proc print ;
run;
```

Anm.: Im Datensatz NEU2 verbleiben nur die Variablen ID, ALTER und HAUSTIER mit Einträgen ohne Katze (ne = not equal).

Gemischte Variante:

```
data NEU3 (keep=ID ALTER GROESSE HAUSTIER);
   set DATEN ;
   where HAUSTIER eq 'Katze' and ALTER > 20 and ALTER < 50 ;
run;

proc print ;
run;
```

Anm.: Im Datensatz NEU3 verbleiben nur die Variablen ID, ALTER und HAUSTIER mit allen Einträgen, die die zweifache Bedingung erfüllen, dass das HAUSTIER eine Katze (eq = equal) ist, und dass das ALTER zwischen 20 und 50 liegt.

Komplexere gemischte Variante:

Zum Überprüfen mehrerer Kriterien im WHERE-Statement ist die IN-Option sehr effizient.

```
Data NEU4 (keep=ID ALTER GROESSE HAUSTIER);
   set DATEN ;
   where HAUSTIER in ('Katze', 'Hamster', 'Goldfisch') and JAHR in
(2001, 1997, 1993, 1985) ;
run;

proc print ;
run;
```

Anm.: Im Datensatz NEU4 verbleiben nur die Variablen ID, ALTER und HAUSTIER mit allen Einträgen, bei denen HAUSTIER Katze, Hamster oder Goldfisch ist, und gleichzeitig JAHR den Wert 1985, 1993, 1997, oder 2001 besitzt.

Zum Filtern (Subsetten) von Datensätzen stellt SAS auch die if-Anweisung zur Verfügung. WHERE gilt jedoch als effizienter und vielseitiger. WHERE benötigt kein temporäres Zwischenspeichern im PDV wie IF, und kann im Gegensatz zu IF nicht nur im Data Set Schritt, sondern auch innerhalb von Prozeduren verwendet werden.

```
proc print data = DATEN ;
   where HAUSTIER in ('Katze', 'Hamster', 'Goldfisch') and JAHR in
2001, 1997, 1993, 1985) ;
run;
```

Anm.: Dieses Filtern innerhalb einer Prozedur ist mit IF nicht möglich.

Im folgenden Beispiel wird gezeigt, wie ein Ausgangsdatensatz in mehrere Subdatensätze zugleich aufgeteilt werden kann.

10.5.1.3. Aufteilen eines Datensatzes in mehrere Datensätze zugleich

Filtern auf der Variablenebene über if-then/else OUTPUT-Anweisung
Ein Datensatz auch so gefiltert werden, dass aus dem Ausgangsdatensatz mehrere Subdatensätze zugleich angelegt werden können. Im Gegensatz zu den Beispielen aus o.a. Abschnitt werden dabei mehrere Datensätze zugleich angelegt.

Code-Beispiel:

Datensatz EINS

ID	ALTER	GROESSE	GEWICHT
01	45	178	76
02	35	182	83
03	55	178	78
04	40	166	72
05	50	172	85

Datensatz ZWEI

ID	JAHR	KFZ	HAUSTIER
02	2001	1	1
03	1999	1	1

```
proc sort data = EINS ;
   by ID ;
run ;

proc sort data = ZWEI ;
   by ID ;
run ;

data DREI VIER (keep=ID ALTER);
   merge EINS ZWEI (in=HTIER);
   by ID ;
   if HTIER=1 then output DREI ;
   else output VIER ;
run;

title 'Datensatz DREI enthaelt alle Zeilen' ;
proc print data = DREI ;
run;
```

```
title 'Datensatz VIER enthaelt vollstaendige Zeilen fuer ID und AL-
TER' ;
proc print data = VIER ;
run;
```

Im Data Step werden zwei Datensätze, DREI und VIER, gleichzeitig angelegt. Die KEEP-Option legt fest, welche Variablen in beiden Datensätzen vorkommen sollen. Das Vorkommen weiterer Variablen ist nicht ausgeschlossen.

Die IN-Option HTIER kontrolliert die Vollständigkeit der Zeilen der Datensätze EINS und ZWEI beim Mergen, und für DREI und VIER beim Output-Vorgang. HTIER=1 veranlasst das System, die Beobachtungen, für die alle Zeilen vorliegen, neben ID und ALTER in DREI hineinzuschreiben. HTIER=0 veranlasst das System, nur ID und ALTER in VIER hineinzuschreiben, weil nur für diese Beobachtungen in allen Zeilen vorliegen.

10.5.2. Zusammenfügen von Datensätzen (u.a. SET, MERGE, UPDATE)

Mit SAS können Datensätze auf beliebige Weise zusammengefügt werden, u.a. mit SET, MERGE, UPDATE, und weiteren Optionen.

10.5.2.1. Zusammenfügen identisch strukturierter Datensätze: SET

Mit "identisch strukturiert" ist gemeint, dass zwei oder mehr Datensätze Fälle derselben Variablen in derselben Variablenreihenfolge enthalten.

Beispiel:

Datensatz EINS

ID	ALTER	GROESSE	GEWICHT
01	45	178	76
02	35	182	83
03	55	178	78

Datensatz ZWEI

ID	ALTER	GROESSE	GEWICHT
04	33	173	69
05	45	181	88
06	28	182	67

```
data ZUSAMMEN ;
   set EINS ZWEI ;
run;

proc print data = ZUSAMMEN ;
run;
```

Das Zusammenfügen mittels des SET-Statements kann man sich als einfaches Hintereinanderhängen bzw. Stapeln von identisch strukturierten Datensätzen vorstellen.

Ähnlich verläuft das Zusammenfügen mit der UPDATE-Prozedur. UPDATE setzt ebenfalls voraus, dass die zusammenfügenden Datensätze identisch strukturiert sind. Das folgende Beispiel geht davon aus, dass die Werte im Datensatz UPDATE aktueller sind als die Einträge aus MASTER.

Beispiel:

Datensatz MASTER0

ID	ALTER	GROESSE	GEWICHT
01	45	178	76
02	35	182	83
03	55	178	78

Datensatz UPDATE

ID	ALTER	GROESSE	GEWICHT
01	45	178	74
05	45	181	88
06	28	182	67

```
data MASTER ;
   update MASTER0 UPDATE ;
   by ID ;
run;

proc print data = MASTER ;
run;
```

Der wichtige Unterschied zu SET ist der, dass in Spalten mit derselben ID alte Werte mit den jeweils aktuellsten Einträgen überschrieben werden (siehe ID 01).

Beispiel:

Datensatz MASTER

ID	ALTER	GROESSE	GEWICHT
01	45	178	74
02	35	182	83
03	55	178	78
05	45	181	88
06	28	182	67

10.5.2.2. Zusammenfügen von Datensätzen nach Zeilen: MERGE

Mit dem "Zusammenfügen von Datensätzen nach Zeilen" ist gemeint, dass zwei oder mehr Datensätze die identische Anzahl von Zeilen bei ausschließlich verschiedenen Variablen enthalten.

Beispiel:

Datensatz DREI			Datensatz VIER		
ALTER	GROESSE	GEWICHT	JAHR	KFZ	HAUSTIER
45	178	76	1993	1	0
35	182	83	1978	2	0
55	178	78	2001	1	1

```
data ZUSAMMEN ;
   merge DREI VIER ;
run;

proc print data = ZUSAMMEN ;
run;
```

Das Zusammenfügen mittels des MERGE-Statements kann man sich als einfaches Nebeneinanderstellen von Datensätzen mit der identischen Anzahl von Zeilen vorstellen.

Anm.: Dieses Zusammenfügen ist nur dann sinnvoll, wenn die Zeilen aus DREI und VIER nach einem Sortieren einander entsprechen. Sicherer ist jedoch das Mergen nach einer ID-Variable (siehe 10.5.2.3.).

10.5.2.3. Zeilenweises Zusammenfügen von Datensätzen mit ID-Variable: MERGE

Mit dem "Zeilenweises Zusammenfügen von Datensätzen mit ID-Variable" ist gemeint, dass zwei oder mehr Datensätze zeilenweise, ausgerichtet an einer in allen Datensätzen identischen ID-Variable zusammengefügt werden. Die Datensätze müssen nicht notwendigerweise dieselbe Anzahl von Zeilen enthalten.

Beispiel:

Datensatz EINS				Datensatz FUENF			
ID	ALTER	GROESSE	GEWICHT	ID	JAHR	KFZ	HAUSTIER
01	45	178	76	01	1978	2	0
02	35	182	83	03	2001	1	1
03	55	178	78				

```
proc sort data = EINS ;
   by ID ;
run ;

proc sort data = FUENF ;
   by ID ;
run ;
```

```
data ZUSAMMEN ;
   merge EINS FUENF ;
   by ID ;
run;

proc print data = ZUSAMMEN ;
run;
```

Das Zusammenfügen mittels des MERGE-Statements kann man sich als an einer gemeinsamen Variable ausgerichtetes zeilenweises Nebeneinanderstellen von Datensätzen vorstellen. Die Datensätze müssen nicht dieselbe Anzahl an Zeilen enthalten.

10.5.2.4. Gezieltes zeilenweises Zusammenfügen von Datensätzen mit ID-Variable: MERGE (IN-Option)

Mit dem "Gezielten zeilenweises Zusammenfügen von Datensätzen mit ID-Variable" ist gemeint, dass über die IN-Option kontrolliert werden kann, dass aus zwei oder mehr Datensätzen nur Zeilen zusammengefügt werden, die in allen Datensätzen vollständig sind.

Beispiel:

Datensatz EINS

ID	ALTER	GROESSE	GEWICHT
01	45	178	76
02	35	182	83
03	55	178	78

Datensatz FUENF

ID	JAHR	KFZ	HAUSTIER
01	1978	2	0
03	2001	1	1

```
proc sort data = EINS ;
   by ID ;
run ;

proc sort data = FUENF ;
   by ID ;
run ;

data ZUSAMMEN ;
   merge EINS (in=EIN) FUENF (in=ZWEI);
   by ID ;
   if EIN=1 and ZWEI=1 ;
run;

proc print data = ZUSAMMEN ;
run;
```

Die IN-Optionen EIN und ZWEI kontrollieren, ob die zu mergenden Datensätze EINS und FUENF Zeilen beitragen. Enthalten EINS und/oder FUENF eine leere Zeile, wird eine logische 0 ausgegeben, aber über die if/and-Anweisung ausgefiltert. In ZUSAMMEN verbleiben nur Datenzeilen; leere Zeilen sind ausgefiltert. Das Zusammenfügen über das MERGE-Statement incl. IN-Option kann man sich als an einer gemeinsamen Variable ausgerichtetes Nebeneinanderstellen von Datensätzen vorstellen, wobei nur vollständige Zeilen zusammengefügt werden.

10.5.3. Umstrukturieren von Datensätzen

Mit SAS können auch komplexere Umstrukturierungen an Datensätzen vorgenommen werden.

Die Beispiele 10.5.3.1. und 10.5.3.2 ändern den Inhalt des Datensatzes über mehrere Zeilen und Spalten gleichzeitig, lassen aber seine Struktur unverändert. Das Beispiel 10.5.3.3 ändert die Struktur des Ausgangsdatensatzes, indem sie ihm neue Spalten hinzufügt.

10.5.3.1. Ersetzen von user-definierten Missings durch SAS kompatible Missings

Beispiel: Im Datensatz ERSETZEN sind Missings durch user-definierte Codes wie z.B. 997, 998 oder 999 definiert, und sollen standardmäßig durch . ersetzt werden.

Datensatz ERSETZEN

ID	ALTER	GROESSE	GEWICHT	JAHR
01	45	166	64	1978
02	997	182	999	1985
03	55	178	78	1997
04	29	998	68	997
05	26	185	78	1975

Nicht falsch, aber ineffizient:

```
data NEUINEFF ;
   set ERSETZEN ;
   if ALTER = 997 or ALTER = 998 or ALTER = 999 then ALTER = . ;
   if GROESSE = 997 or GROESSE = 998 or GROESSE = 999 then GROESSE = . ;
   if GEWICHT = 997 or GEWICHT = 998 or GEWICHT = 999 then GEWICHT = . ;
   if JAHR = 997 or JAHR = 998 or JAHR = 999 then JAHR = . ;
run;
```

```
proc print data = NEUINEFF;
run;
```

Effizient:

```
data NEUEFF ;
   set ERSETZEN ;
   array LISTE[4] ALTER GROESSE GEWICHT JAHR ;
   do I=1 to 4 ;
   if LISTE[I]= 997 then LISTE[I]= . ;
   else if LISTE[I]= 998 then LISTE[I]= . ;
   else if LISTE[I]= 999 then LISTE[I]= . ;
   end;
drop I;
run;

proc print data = NEUEFF;
run;
```

Erläuterungen:
In der Array-Zeile werden die Variablen aufgelistet, für die Änderungen vorgenommen werden sollen. LISTE[4] ist ein Platzhalter für diese Variablen, der in der Klammer ihre Anzahl angibt. Im DO-Abschnitt wird SAS angewiesen, einen Durchgang viermal vorzunehmen. Mit der IF-Anweisung wird präzisiert, was SAS machen soll: Für jede Variable aus der Liste soll der user-definierte Code durch ein . ersetzt werden. Anschließend wird die Hilfsvariable I fallengelassen.

Das Effiziente an dieser Programmierung kann man sich gut vorstellen, wenn in größeren Datensätzen Änderungen an viel mehr Variablen vorgenommen werden sollen. Dieses Programm ist nach kleineren Änderungen auch sehr gut geeignet; falsch eingegebene Daten durch korrekte Werte zu ersetzen.

10.5.3.2. Konvertieren von Werten (Überschreiben alter Werte)

Beispiel: Im Datensatz EURO sollen für Preise in DM durch Werte in Euro ersetzt werden.

Nicht falsch, aber ineffizient:

```
data EUROINEF ;
   set ALT ;
   PREIS1 = PREIS1*1.95583 ;
   PREIS2 = PREIS2*1.95583 ;
   PREIS3 = PREIS3*1.95583 ;
   PREIS4 = PREIS4*1.95583 ;
   PREIS5 = PREIS5*1.95583 ;
run;
```

```
proc print data = EUROINEF;
run;
```

Effizient:

```
data EURO ;
   set ALT ;
   array PREIS[5] PREIS1 PREIS2 PREIS3 PREIS4 PREIS5 ;
   do I=1 to 5 ;
   PREIS[I]= PREIS[I]*1.95583 ;
   end;
drop I;
run;

proc print data = EURO ;
run;
```

Erläuterungen:
In der Array-Zeile werden die Variablen aufgelistet, für die Änderungen vorgenommen werden sollen. PREIS[5] ist ein Platzhalter für diese Variablen, der in der Klammer ihre Anzahl angibt. Im DO-Abschnitt wird SAS angewiesen, einen Durchgang fünfmal vorzunehmen. Über den Befehl PREIS[I]=... wird präzisiert, was SAS machen soll: Für jede Variable aus der PREIS-Liste sollen die DM-Beträge in Euro-Preise konvertiert werden. Anschließend wird die Hilfsvariable I fallengelassen.

In diesem Beispiel überschreiben die neuen Euro-Werte die alten DM-Preise. Es ist jedoch auch möglich, die neuen Euro-Werte in neue Variablen auszulesen.

10.5.3.3. Konvertieren von Werten (Definition neuer Variablen)

Beispiel: Im Datensatz EURO sollen für Preise in DM durch Werte in Euro umgerechnet werden. Die neuen Euro-Preise sollen dabei in neue Variablen ausgelesen werden, und die alten DM-Preise unverändert bleiben.

```
data EURO ;
   set ALT ;
   array PREIS[5] PREIS1 PREIS2 PREIS3 PREIS4 PREIS5 ;
   array EURO[5] EURO1-EURO5 ;
   do I=1 to 5 ;
   EURO[I]= PREIS[I]*1.95583 ;
   end;
drop I;
run;
```

```
proc print data = EURO ;
run;
```

Erläuterungen:
Der Unterschied zum vorangegangen Beispiel ist v.a. der, dass SAS über den Befehl EURO[I]=... die konvertierten DM-Beträge in die Variablen EURO1-EURO5 auslesen soll. Damit SAS dazu in der Lage ist, müssen über eine zweite Array-Zeile diese Zielvariablen vorher eingeführt werden. Die weitere Programmlogik ist im Wesentlichen dieselbe.

Dieses Programm ist nach kleineren Änderungen auch sehr gut geeignet; bei der Korrektur falsch eingegebener Daten durch die richtigen Werte, die und die Korrekturen testweise in neue Variablen hineinzuschreiben, und die Originaldaten zunächst vorsichtshalber beizubehalten.

10.5.3.4. Umstrukturieren eines Datensatzes ("Aus 3 mach 1")

Vor speziellen Analysen, z.B. Zeitreihenanalysen, ist es oft notwendig, die Daten entsprechend aufzubereiten. Nicht selten ist z.B. der Fall, dass aus drei Variablen pro Vpn (DOSIS1 bis DOSIS3) in eine einzelne Variable DOSIS transformiert werden müssen. Der Datensatz wird dabei völlig umstrukturiert.

Beispiel: Die Struktur des Datensatz START soll in die Struktur des Datensatz ZIEL umgewandelt werden. Der Datensatz START enthält neben VPN drei Variablen DOSIS, die Messdaten zu verschiedenen Zeitpunkten 1, 2 und 3, aber zur selben Variable enthalten, z.B. die Dosis einer bestimmten Wirkstoffkonzentration.

Code-Beispiel:

Datensatz START

VPN	DOSIS1	DOSIS2	DOSIS3
01	45	78	76
02	35	82	83
03	55	78	78
04	40	66	72
05	50	72	85

Datensatz ZIEL

VPN	ZEIT	DOSIS
01	1	45
01	2	78
01	3	76
02	1	35
02	2	82
02	3	83
03	1	.....

Nicht falsch, aber ineffizient:

```
data ZIEL ;
   set START ;
       ZEIT=1 ;
```

```
        DOSIS=DOSIS1 ;
        output ;
   ZEIT=2 ;
        DOSIS=DOSIS2 ;
        output ;
   ZEIT=3 ;
        DOSIS=DOSIS3 ;
        output ;
drop DOSIS1-DOSIS3 ;
run;
proc print data = ZIEL;
run;
```

Effizient:

```
data ZIEL ;
   set START ;
   array LISTE[3] DOSIS1 DOSIS2 DOSIS3 ;
   do ZEIT=1 to 3 ;
   DOSIS=LISTE[ZEIT] ;
   output ;
   end ;
drop DOSIS1-DOSIS3 ;
run;

proc print data = ZIEL ;
run;
```

Erläuterungen:
In der Array-Zeile werden die Variablen aufgelistet, für die Änderungen vorgenommen werden sollen. LISTE[3] ist der Platzhalter für diese Variablen. Im DO-Abschnitt wird die Variable ZEIT definiert und gleichzeitig SAS angewiesen, einen Durchgang dreimal vorzunehmen. Über den Befehl DOSIS=LISTE[ZEIT] wird definiert, was SAS machen soll: Jeder Wert jeder Variable aus der LISTE wird dabei in die Variable DOSIS ausgelesen. Anstelle der Hilfsvariable ZEIT werden die Originalvariablen DOSIS1 bis DOSIS3 fallengelassen.

Man kann natürlich einen Datensatz in die umgekehrte Richtung transformieren.

10.5.3.5. Umstrukturieren eines Datensatzes ("Aus 1 mach 3")

Im vorangegangen Beispiel wurden mehrere identische Variablen pro Vpn in eine einzelne Variable transformiert. Mit SAS kann man einen Datensatz natürlich auch in die umgekehrte Richtung transformieren: Eine einzelne Variablen wird in mehrere identische Variablen pro Vpn transformiert. Der Datensatz wird auch in diesem Fall völlig umstrukturiert.

Beispiel: Die Struktur des Datensatz START soll in die Struktur des Datensatz ZIEL umgewandelt werden. Der Datensatz START enthält neben VPN und ZEIT die Variable DOSIS, die in getrennte Variablen zu Messdaten für verschiedene Zeitpunkte zerlegt werden soll.

Code-Beispiel:

Datensatz START

VPN	ZEIT	DOSIS
01	1	45
01	2	78
01	3	76
02	1	35
02	2	82
02	3	83
03	1	.....

Datensatz ZIEL

VPN	DOSIS1	DOSIS2	DOSIS3
01	45	78	76
02	35	82	83
03	55	78	78
04	40	66	72
05	50	....	

Beispiel:
Anm.: Voraussetzung ist, dass bekannt ist, wie viele Ausprägungen DOSIS maximal annehmen kann, und dass START nach VPN und ZEIT sortiert ist.

```
data ZIEL ;
   set START ;
   by VPN ZEIT ;
      array LISTE[*] DOSIS1-DOSIS3 ;
   retain DOSIS1-DOSIS3 ;
   if first.vpn then do I=1 to 3 ;
LISTE[I]=. ;
end ;
LISTE[ZEIT]=DOSIS ;
if last.vpn then output ;
keep VPN DOSIS1-DOSIS3 ;
run;

proc print data = ZIEL ;
run;
```

Mit SAS können analog mehrere Variablen gleichzeitig aufgeteilt werden.

Code-Beispiel:

Datensatz START

VPN	ZEIT	DOSISA	DOSISB	DOSISC
01	1	45	43	42
01	2	78	76	72
01	3	76	33	56
02	1	35	21	34
02	2	82	56	....
02	3	83	.....	

Datensatz ZIEL

VPN	DOSISA1	DOSISA2	DOSISA3	DOSISB1....
01	45	78	76	43
02	35	82	83	21
03	55	78	78	......
04	40	66	72	....
....				

Beispiel:

```
data ZIEL ;
   set START ;
by VPN ZEIT ;
array DOA[*] DOSISA1-DOSISA3 ;
array DOB[*] DOSISB1-DOSISB3 ;
array DOC[*] DOSISC1-DOSISC3 ;
retain DOSISA1-DOSISA3 DOSISB1-DOSISB3 DOSISC1-DOSISC3 ;
   if first.vpn then do I=1 to 3 ;
DOA[I]=. ;
DOB[I]=. ;
DOC[I]=. ;
end ;
DOA[ZEIT]=DOSISA ;
DOB[ZEIT]=DOSISB ;
DOC[ZEIT]=DOSISC ;
if last.vpn then output ;
keep VPN DOSISA1-DOSISA3 DOSISB1-DOSISB3 DOSISC1-DOSISC3 ;
run;

proc print data = ZIEL ;
run;
```

Mit Arrays sind noch viele weitere Transformationen eines Datensatzes möglich. Für die weiteren Möglichkeiten wird auf die SAS Dokumentation verwiesen.

10.5.3.6. Konvertieren von Strings

In allen vorangegangen Beispielen wurden numerische Variablen transformiert. In diesem Beispiel werden die Werte von Charaktervariablen transformiert.

Beispiel:

```
data STRINGS;
array x[*] $ A B C ;
input A $ 1-2 B $ 4-5 C $ 7-8 ;
do i = 1 to 3 ;
if X[i]='xx' then X[i]=' ' ;
end;
drop i ;
cards;
xx xx xx
xx xx yy
zz zz aa
;
run;

proc print;
run;
```

SAS Output

Obs	A	B	C
1			
2			yy
3	zz	zz	aa

Anm.: Die IF-Anweisung unterscheidet zwischen Groß- und Kleinschreibung.

10.5.4. Übungen

Aufgaben zum Aufteilen von Datensätzen

1. Üben Sie das Filtern eines Datensatzes mit DROP und KEEP.
2. Üben Sie das Filtern eines Datensatzes auf der Variablen- und Werteebene gleichzeitig (WHERE in Ergänzung zu DROP und KEEP). Üben Sie dieses Filtern für alphanumerische und numerische Variablen, und gemischte Variablengruppen. Zusatzfrage: Funktioniert das folgende Programm?

```
data NEU (keep=ID GROESSE JAHR);
   set ALT ;
   where ALTER > 30;
run;
```

3. Versuchen Sie das Aufteilen eines Datensatzes in mehrere Datensätze zugleich. Verwenden Sie die if-then/else OUTPUT-Anweisung. Folgen Sie dabei den Vorgaben dieses Kapitels.

Aufgaben zum Zusammenfügen von Datensätzen

1. Üben Sie das Zusammenfügen identisch strukturierter Datensätze mit SET und UPDATE.
2. Üben Sie das Zusammenfügen von Datensätzen nach Zeilen mittels MERGE. Zusatzfrage: Was ist die wichtigste Voraussetzung für das sinnvolle Mergen zweier Datensätze ohne ID?
3. Üben Sie das zeilenweise Zusammenfügen von Datensätzen mit ID-Variable und MERGE.
4. Üben Sie das gezielte zeilenweise Zusammenfügen von Datensätzen mit ID-Variable, MERGE und der IN-Option.

Aufgaben zum komplexen Umstrukturieren von Datensätzen

1. Schreiben Sie ein Programm, mit dem Sie user-definierte Missings durch SAS kompatible Missings ersetzen. Probieren Sie auch die ineffiziente Variante.
2. Schreiben Sie ein Programm, mit dem Sie Werte konvertieren. Versuchen Sie Varianten mit bzw. ohne Überschreiben alter Werte. Versuchen Sie auch die ineffizienten Varianten.
3. Schreiben Sie ein Programm, mit dem Sie einen Datensatz umstrukturieren. Versuchen Sie zunächst die Variante "aus 3 mach 1". Versuchen Sie auch die ineffiziente Variante.
4. Schreiben Sie ein Programm, mit dem Sie einen Datensatz umstrukturieren. Versuchen Sie nun die Variante "aus 1 mach 3", und dann die mehrdimensionale Variante. Was müssen Sie über Ihre Daten wissen, wenn Sie mit Arrays arbeiten?
5. Konvertieren Sie Werte von Charaktervariablen.

10.6. Datenmanagement III SQL Programmierung

Dieses Kapitel führt Sie in die Grundlagen der SQL-Programmierung ein.

SQL (Structured Query Language) ist eine Programmiersprache, speziell entwickelt für die Arbeit mit Datenbanken. Obwohl SQL im Wesentlichen mit Anweisungen für Zeilen und Spalten arbeitet, können damit auch ziemlich komplexe Programmierungen vorgenommen werden.

In SAS wird die Structured Query Language über die Prozedur SQL aufgerufen. Im Prinzip ist SQL auf diese Weise eine zweite Syntaxsprache in der Programmierumgebung der SAS Base Language. Beide Programmiersprachen sind für die Praxis gut geeignet. SQL ist v.a. für große bis sehr große Datensätze geeignet. SQL setzt auch bei seinen Operationen im Gegensatz zur SAS Base Language keine sortierten Daten voraus. SAS Base Language gilt im Allgemeinen als flexibler als SQL, mit Datensätzen in sehr komplizierten Strukturen zurechtzukommen.

Die Programmierung mit SQL unterscheidet sich bzgl. der Syntax in zwei wichtigen Aspekten. In der SQL Syntax werden weit weniger Semikola verwendet als in der gewohnten SAS Programmiersprache. Das abschließende run-Statement hat keinen Effekt.

Im folgenden Abschnitt werden die Basics der Programmierung mit SQL skizziert. Die Beispiele zu SQL beziehen sich auf einen bereits vorhandenen SAS Datensatz.

10.6.1. Anlegen und Löschen eines Datensatzes

Der Inhalt der im Folgenden angelegten Datensätze ist derselbe; sie unterscheiden sich aber in Namen und Permanenz.

Anlegen eines temporären Datensatzes

```
proc sql ;
       create table TEMPO as
       select MESSUNG
       from SASUSER.BODENSEE ;
quit ;

proc print data=TEMPO;
run;
```

Anm.: Der angelegte Datensatz TEMPO hat einen einstufigen Namen und ist daher temporär.

Anlegen eines permanenten Datensatzes

```
proc sql ;
       create table SASUSER.NEUDATA as
       select MESSUNG
       from SASUSER.BODENSEE ;
quit ;

proc print data=SASUSER.NEUDATA;
run;
```

Anm.: Der Datensatz NEUDATA hat einen zweistufigen Namen und ist daher permanent.

Löschen

```
proc sql ;
        drop table NEUDATA ;
quit ;
```

Anm.: Der Datensatz NEUDATA wird über den Befehl DROP gelöscht.

10.6.2. Arbeit mit Spalten (Variablen)

Abfrage einer bestimmten Spalte

```
proc sql;
        select MESSUNG
        from SASUSER.BODENSEE ;
quit ;
```

Abfrage aller Spalten aus einem Datensatz

```
proc sql;
        select *
        from SASUSER.BODENSEE ;
quit ;
```

Abfrage zweier Variablen und gleichzeitige Berechnung einer dritten Variable

```
proc sql;
        select MESSUNG1, MESSUNG2, MESSUNG2*0.10 as MESSUNG3
        from SASUSER.BODENSEE ;
quit ;
```

Gruppieren innerhalb einer Spalte

```
proc sql;
        select FISCHART, MESSUNG0, MESSUNG1, MESSUNG2
        from SASUSER.BODENSEE
        where MESSUNG2 < 5
        group by FISCHART ;
quit ;
```

10.6.3. Arbeit mit Zeilen (Fällen, Beobachtungen, Subjekten)

Abfrage aller Zeilen aus einem Datensatz

```
proc sql;
        select *
        from SASUSER.BODENSEE ;
quit ;
```

Abfrage der Missings einer Variable

```
proc sql;
        select MESSUNG
        from SASUSER.BODENSEE
        where MESSUNG is missing ;
quit ;
```

Abfrage einer numerischen Variable, die eine bestimmte Bedingung erfüllt

```
proc sql;
        select MESSUNG
        from SASUSER.BODENSEE
        where MESSUNG > 50 ;

proc sql;
        select MESSUNG
        from SASUSER.BODENSEE
        where MESSUNG in (10, 20, 30) ;
quit ;

proc sql;
        select ID, MESSUNG
        from SASUSER.BODENSEE
        where ID ne 123 ;
quit ;
```

Abfrage einer Stringvariable, die eine bestimmte Bedingung erfüllt

```
proc sql;
        select NATCODE, MESSUNG
        from SASUSER.BODENSEE
        where NATCODE ne 'CH' ;
quit ;
```

```
proc sql;
       select NATCODE
       from SASUSER.BODENSEE
       where NATCODE in ('CH', 'A', 'D') ;
quit ;

proc sql;
       select FISCHE, MESSUNG
       from SASUSER.BODENSEE
       where FISCHE contains 'Forelle' ;
quit ;

proc sql;
       select FISCHE, MESSUNG
       from SASUSER.BODENSEE
       where FISCHE contains 'Forel' ;
quit ;

proc sql;
       select FISCHE, MESSUNG
       from SASUSER.BODENSEE
       where FISCHE contains 'Fo' ;
quit ;
```

Abfrage über eine erst zu errechnende Bedingungsvariable

```
proc sql;
       select MESSUNG1, MESSUNG2, MESSUNG2*0.10 as MESSUNG3
       from SASUSER.BODENSEE
       where MESSUNG3 < 10 ;
quit ;
```

Zusammenfassen von Zeilen in einer Spalte mittels Summenfunktionen

```
proc sql;
       select avg(MESSUNG1) as MITWERT
       from SASUSER.BODENSEE
       where MESSUNG3 < 10 ;
quit ;
```

Anm.: Die neu definierte Variable MITWERT enthält den Durchschnittswert von MESSUNG1. Weitere Summenfunktionen sind u.a. N, NMISS, MAX, MIN, SUM, STD und VAR.

Sortieren über Zeilen

```
proc sql;
       select MESSUNG0, MESSUNG1, MESSUNG2
       from SASUSER.BODENSEE
       where MESSUNG2 < 5
       order by MESSUNG2 desc ;
quit ;
```

Anm.: DESC ist die Abkürzung für DESCENDING. Voreinstellung ist eine aufsteigende Sortierung.

Sortieren über mehrere Zeilenkriterien

```
proc sql;
       select MESSUNG0, MESSUNG1, MESSUNG2
       from SASUSER.BODENSEE
       where MESSUNG2 < 5
       order by 2, 3 ;
quit ;
```

Anm.: 2, 3 sind die Platzhalter für die Variablen in der SELECT-Liste; gemeint sind MESSUNG1 und MESSUNG2.

10.6.4. Erste Arbeit mit Zeilen und Spalten: Subsets und Subqueries

Subsets

```
proc sql;
       select ID FISCHART avg(MESSUNG1) as MITWERT
       from SASUSER.BODENSEE
       group by FISCHART
       having avg(MESSUNG1)> 10 ;
quit ;
```

Anm.: Über HAVING werden ID, FISCHART und MITWERT Werte ausgegeben, deren MITWERT über 10 liegt. Alternativ:

```
proc sql;
       select ID FISCHART avg(MESSUNG1) as MITWERT
       from SASUSER.BODENSEE
       group by FISCHART
```

```
        where calculated MITWERT > 10 ;
quit ;
```

Anm.: CALCULATED verweist auf eine in der select-Anweisung berechnete Spalte.

Subqueries

Subqueries sind sog. verschachtelte oder innere Queries. Bei Subqueries werden die inneren immer vor den äußeren Queries ausgeführt.

```
proc sql;
        select ID, FISCHART, avg(MESSUNG1) as MITWERT
        from SASUSER.BODENSEE
        group by FISCHART
        having avg(MESSUNG1)>
                (select avg(MESSUNG1)
                from SASUSER.BODENSEE) ;
        quit ;
```

Anm.: In diesem Beispiel werden ID, FISCHART und MITWERT Werte ausgegeben, deren MITWERT als FISCHART Gruppe über dem MITWERT aller liegt.

10.6.5. Übungen

1. Üben Sie das Anlegen und Löschen eines Datensatzes.
   Anlegen eines temporären bzw. eines permanenten Datensatzes
2. Üben Sie die Arbeit Sie mit Spalten (Variablen):
   Abfrage zweier Variablen
   Abfrage dreier Variablen incl. gleichzeitiger Berechnung einer vierten Variable.
3. Üben Sie die Arbeit mit Zeilen (Werten, Wertebereichen).
   Abfrage der Missings einer Variable
   Abfrage einer numerischen Variablen, die eine bestimmte Bedingung erfüllt
4. Versuchen Sie sich an Subsets und Subqueries.

11. Deskriptive Statistik

11.0. Einführung

Die deskriptive Statistik ist das Fundament jeder wissenschaftlichen Datenanalyse. Inhaltlich ist das Kapitel auf das Kennenlernen und die Ermittlung, Darstellung und Interpretation der gebräuchlichsten deskriptiven Maße ausgerichtet. Dieses Kapitel führt ein in die Grundbegriffe und Grundannahmen der deskriptiven Statistik (z.B. Grundgesamtheit/Stichprobe, Merkmal/Variable, Skalenniveaus, und Gütekriterien), Sinn und Grenzen der wichtigsten Kennziffern (sog. Lage- und Streumaße), und ihre Ermittlung mit den SAS Prozeduren UNIVARIATE, FREQ, MEANS, und TABULATE.

Mit zahlreichen Beispielen, Code- und Output-Beispielen erleichtert dieses Kapitel das Arbeiten mit der deskriptiven Statistik. Am Ende dieses Kapitels sollten Sie die gebräuchlichsten deskriptiven Maße kennen, mit SAS Syntax programmieren, und interpretieren können.

Diese Einführung in die deskriptive Statistik mit dem SAS System ist gedacht für Benutzer mit wenig oder keiner Erfahrung mit SAS, für Benutzer mit wenig oder keiner Programmiererfahrung, und für Benutzer, die sich eine Übersicht über die Möglichkeiten der deskriptiven Statistik mit dem SAS System verschaffen möchten. Kenntnisse in Statistik und Forschungsmethoden sind nicht erforderlich. Die Beispielsyntax ist geprüft, praktisch fehlerfrei, und kann zur Generierung eigener Programme einfach nachprogrammiert werden. Programmierkenntnisse in SAS Syntax oder anderen Sprachen werden nicht vorausgesetzt.

Dieses Kapitel ist eine einfache und verständliche Einführung in die deskriptive Statistik auf der Basis ausgewählter Maße und SAS Prozeduren. Der volle Leistungsumfang der ausgewählten Prozeduren kann nicht dargestellt werden, ebensowenig die vollständige Bedienung des SAS Systems. Auf die deskriptive Analyse mit SAS Modulen bzw. Anwendungen, wie z.B. Enterprise Guide, SAS/INSIGHT oder der Analyst Application wird an anderer Stelle eingegangen. Dieses Kapitel ersetzt nicht die notwendige Literatur zur Statistik, Mess- bzw. Testtheorie, und Wissenschaftstheorie. Als Einführungen werden u.a. empfohlen: Elpelt & Hartung, 1992[2], Groeben & Westmeyer, 1981[2], Hartung & Elpelt, 1999[6], Heinze, 2001, Orth, 1974, Roth et al., 1999[5], Schnell et al., 1999[6], Siegel, 1987[3], Wenturis et al. 1992. Für spezielle Fragestellungen ist die Verfahrensbibliothek von Rasch et al. (1996, 1998) unverzichtbar.

11.1. Was ist deskriptive Statistik? Sinn und Grenzen

Die deskriptive (auch: darstellende, beschreibende) Statistik ist eine notwendige Vorstufe der schließenden Statistik. Im Gegensatz zur Prüfstatistik verfolgt die deskriptive Statistik das Ziel, die Untersuchungsergebnisse in sinnvoll zusammengefasster Form zu beschreiben. Deskriptive Analysen werden immer vor der eigentlichen inferenzstatistischen Auswertung vorgenommen.

Die deskriptive Statistik hat drei wesentliche Funktionen: Sie beschäftigt sich damit, eine unübersehbare Fülle von Daten übersichtlich aufzubereiten (Beschreibung), ihre Strukturmerkmale (Strukturierung) deutlich zu machen, und das Wesentliche hervorzuheben (Verdeutlichung), ohne über notwendige Vereinfachungen ihren Aussagewert zu vermindern.

Die deskriptive Statistik ist die Grundlage, und in vielen Fällen die Voraussetzung für einen sinnvollen Einsatz der Inferenzstatistik. Beherzigen Sie von Anfang an den Grundsatz: Keine Inferenzstatistik ohne deskriptive Statistik!

Berechnen Sie bei der Auswertung von Projektdaten immer und systematisch deskriptive Statistiken. Alleine schon aus dem Grund, weil nicht alle SAS Prozeduren für inferenzstatistischen Analysen auch deskriptive Statistiken mit ausgeben. Sie benötigen deskriptive Statistiken, um z.B. sich einen ersten Eindruck von den empirischen Eigenschaften Ihrer Daten (z.B. Verteilungsform) verschaffen zu können, also um beurteilen zu können, auf welcher Grundlage Ihre inferenzstatistischen Ergebnisse zustande gekommen sind, oder um erste Hinweise für ein weiteres (exploratives) Vorgehen zu entdecken, z.B. bestimmte Zusammenhänge der Variablen untereinander.

Die deskriptive Statistik hat ihre Grenze dann erreicht, sobald es nicht mehr um das Beschreiben der Stichprobe, sondern um das Ziehen von Schlüssen über die Grundgesamtheit geht, z.B. in Gestalt von Hypothesentests, Punkt- oder Intervallschätzungen. Typische Beispiele sind folgende Aussagen (zur Vertiefung siehe 13.1.): „Der Unterschied zwischen zwei Gruppen ist statistisch bedeutsam" (Hypothesentest). „68% des deutschen Waldbestandes ist erkrankt" (Punktschätzung). „Der wahre Wert der Erkrankung des deutschen Waldes liegt mit 95%iger Sicherheit zwischen 65% und 70%" (Basis: Intervallschätzung). Sobald von solchen Wahrscheinlichkeitsaussagen die Rede ist, ist das Gebiet der rein beschreibenden Statistik verlassen, und das der Inferenzstatistik betreten.

Bei der Interpretation von deskriptiven Statistiken sollte man vorsichtig sein: Zum Beispiel sollte man beim Vergleich zwischen mehreren Gruppen (v.a., wenn diese unterschiedlich groß sind) keine Aussage ohne vorangehenden Signifikanztest treffen (z.B. mittels einer nicht/parametrischen Varianzanalyse). Nicht, weil die deskriptiven Statistiken weniger genau als inferenzstatistische sind, sondern weil erfahrungsgemäß Interpretierende dazu neigen, Unterschiede zwischen deskriptiven Statistiken falsch einzuschätzen, weil sie z.B. andere relevante Aspekte (z.B. unterschiedliche Größe der jeweiligen Gruppen) übersehen, oder geringe Unterschiede ihren eigenen Erwartungen gemäß überinterpretieren. Aussagen über die Grundgesamtheit, alleine auf der Grundlage der deskriptiven Daten der Stichprobe, ohne inferenzstatistische Überprüfung sind nicht zulässig.

Die statistische Beschreibung kann auf drei verschiedene Arten erfolgen: In Form charakteristischer Maßzahlen (den sog. Lage- und Streuparametern, z.B. Mittelwert und Standardabweichung), als Tabellen, oder als Grafiken. Die Kombination von Maßzahlen und Grafiken ist das aufschlussreichste Vorgehen.

Diese Einführung legt den Schwerpunkt auf die Ermittlung der Lage- und Streuparameter mit den Prozeduren UNIVARIATE, FREQ, und MEANS, und ihre Darstellung in Tabellenform mittels der Prozedur TABULATE. Die professionelle Tabellenanalyse mit PROC FREQ, und die Programmierung von Grafiken mit SAS sind jeweils Inhalt eigener Kapitel, und werden daher in diesem Abschnitt nur kurz gestreift.

11.2. Statistische Grundkonzepte Grundbegriffe und Grundannahmen

Dieses Kapitel führt in Grundkonzepte und Grundbegriffe der statistischen Statistik ein, wie z.B. die beiden Begriffspaare Grundgesamtheit und Stichprobe, und Merkmal und Variable.

Der Begriff der Variable ist grundlegend für die deskriptive Analyse von Daten. Die Variable repräsentiert inhaltlich (als Repräsentant des Merkmals) und numerisch (in Gestalt verschiedener Messwerte) das Beobachtete. Aber nicht nur das jeweilige Skalenniveau von Variablen (z.B. Intervallniveau) ist entscheidend für ihre Auswertung, sondern auch ihre Funktion (z.B. unabhängige Variable (Kausalität), Primärvariable (Relevanz)).

Schon bei der deskriptiven Statistik muss klar sein, mit welchen Daten, Begriffen und Modellen man zu tun hat: Das Mess- bzw. Skalenniveau der Daten ist für ihre Beschreibung von entscheidender Bedeutung. Die verschiedenen Skalenniveaus liefern aber nur formale Hinweise. Der jeweilige Gegenstand der Analyse stellt meist mehrere inhaltliche Modelle bereit. Eine erste Vorstellung vom Inhalt und Funktion der wichtigsten statistischen Begriffe und Modelle versucht dieses Kapitel zu vermitteln.

11.2.1. Theorie und Praxis einer Messung Grundgesamtheit und Stichprobe

11.2.1.1. Was sind eigentlich Messdaten?

Was sind eigentlich Messdaten? Um diese Frage beantworten zu können, wird grundsätzlich zwischen Theorie und Praxis einer Messung unterschieden. Dieser Unterschied ist fundamental für das Verständnis vieler Konzepte im Zusammenhang mit Datenanalyse und Statistik.

Grundsätzlich wird z.B. danach unterschieden, ob Messdaten aus einer realen Stichprobe stammen, oder für eine theoretische Grundgesamtheit gelten sollen. Der Hauptunterschied zwischen den beiden Begriffen Grundgesamtheit (population) und Stichprobe (sample) ist die ideal-theoretische bzw. praktisch tatsächliche Vollständigkeit der Daten. Die Grundgesamtheit beschreibt alle Elemente, über die eine Aussage getroffen werden soll.

Beispiele

- Anzahl der gebürtigen Bayern im Freistaat Bayern.
- Sauerstoffschwankungen im Chiemsee in den Jahren 1995 bis 2000.
- Meinungsumfragen vor Bundestagswahlen.
- Anzahl der Süßwasserfische in allen europäischen Seen.

Die Grundgesamtheit kann man sich als eine *theoretische* Erhebung vorstellen, bei der idealerweise zu jedem Element ein Messwert vorliegen *sollte. Theoretisch* sollte man jeden einzelnen gebürtigen Bayern im Freistaat Bayern suchen, finden und zählen, *theoretisch* die jährlichen Sauerstoffschwankungen an jeder Stelle im Chiemsee, *theoretisch* jeden vor Meinungsumfragen vor Bundestagswahlen befragen, bzw. *theoretisch* jeden einzelnen Süßwasserfisch aller europäischen Seen zählen (und vor allem, nicht doppelt!).

Weil dies aber *praktisch*, meist aus Gründen der begrenzten Ressourcen (Zeit, Geld, Personal), aber auch aus Gründen der Messung selbst (wie soll man z.B. einen bereits gezählten Süßwasserfisch unkompliziert von einem nicht gezählten unterscheiden?) kaum möglich ist, werden anstelle der kompletten Grundgesamtheiten (es gibt Ausnahmen, z.B. Totalerhebungen) Teilmengen gezogen, die sog. Stichproben (samples).

11.2.1.2. Begriffe der Grundgesamtheit

Bei der *Grundgesamtheit* handelt es sich um die Menge aller Merkmalsträger, die übereinstimmende sachliche, räumliche und/oder zeitliche Abgrenzungsmerkmale besitzen.

Beispiel:

- Alle Personen im Alter zwischen 40 – 50 in Niederösterreich.
- Alle lebenden *E. coli* Bakterien im September 2001.

Unter *Merkmal* versteht man die theoretische Eigenschaft des Merkmalsträger, der Gegenstand der Untersuchung ist.

Beispiel:

- Frühstücksgewohnheiten eines bestimmten Personenkreises.
- Kolonienbildungen auf Selektionsmedien.

Den Gegenstand einer Untersuchung nennt man auch *Merkmalsträger.*

Beispiel:

- Jede Einzelperson aus einer Grundgesamtheit.
- Keime (und ihre Konzentration in Abwässern).

Der *Merkmalswert* erfasst die theoretisch mögliche Beobachtung, Angabe oder Messung beim Merkmalsträger.

Beispiel:

- Eine Person gibt an, Müsli zu essen und dazu Kaffee zu trinken.
- Die beobachtbare Maximalzahl von Kolonien einer Agar-Platte einer speziellen Verdünnungsstufe.

11.2.1.3. Das besondere Verhältnis von Grundgesamtheit (Population) und Stichprobe (Sample)

An dieser Stelle nun einige Anmerkungen zum besonderen Verhältnis von Grundgesamtheit (Population) und Stichprobe (Sample): Die Untersuchungsfragestellung legt die Population fest, und grenzt diese anhand von sachlichen, zeitlichen und/oder räumlichen Kriterien ein (siehe dazu auch Mackay & Oldford, 2001). Ein Sample ist immer eine repräsentative Teilmenge einer Population. Eine repräsentative Zufallsauswahl ist eine Voraussetzung für die Verallgemeinerung der Ergebnisse und den Hypothesentest. Signifikanztests sind daher nur für repräsentativ erhobene Daten sinnvoll, und bei verzerrten (nicht-repräsentativen) Stichproben praktisch sinnfrei. Ebenso bei Vollerhebungen, weil die Befunde nicht mehr inferenzstatistisch auf eine (unbekannte) Grundgesamtheit verallgemeinert werden brauchen. Nur dann kann von den Ergebnissen auf der Basis eines Samples auf die Population geschlossen werden; und nur wenn die Randbedingungen erhoben werden, können überhaupt Ergebnisse auf eine *Population mit denselben Randbedingungen* rückübertragen werden.

Ein Sample sollte also *idealerweise* immer eine repräsentative Teilmenge einer Population sein. Kriterien für die Repräsentativität, also dafür, dass die Population möglichst gut durch ein Sample repräsentiert wird, beziehen sich u.a. auf inhaltliche Relevanz, Zufälligkeit der Messung, und Größe des Samples. Auf jeden Fall müssen die ausgewählten Merkmale oder Merkmalskombinationen für die Fragestellung der Untersuchung inhaltlich relevant sein (z.B. das Zählen von Preußen ist ebensowenig für o.a. Fragestellungen relevant wie das Zählen europäischer Salzwasserfische). Sehr wichtig ist, dass die Repräsentativität bei den Primärvariablen erfüllt ist, je nach Fragestellung auch bei Sekundär- oder demoskopischen Variablen. Statistisch betrachtet, muss die Zufälligkeit der Samples bzw. Messung gegeben sein (weil dies eine der Voraussetzungen vieler inferenzstatistischer Verfahren ist), und zuguterletzt muss das Sample auch über eine ausreichende Größe verfügen.

Der Unterschied zwischen Population und Sample wird auch in der Notation, im Sprachgebrauch und z.T. in der Berechnung der jeweiligen Kenngrößen ausgedrückt. Bei Populationen spricht man von *Parametern*, z.B. *Populationsmittelwert*, und beschreibt diese mit griechischen Buchstaben, z.B. μ (Mu). Bei Samples wird von *Statistiken*, z.B. der *Stichprobenvarianz* gesprochen, die in lateinischen Buchstaben notiert werden, z.B. s^2. Parameter und Statistiken werden nicht notwendigerweise auf der Basis derselben Formel berechnet (z.B. Varianz vs. Mittelwert).

11.2.2. Vom Merkmal zur Variable und zurück *Operationalisierung und Gütekriterien*

Mancher Leser mag sich an dieser Stelle fragen, warum das Verhältnis von (theoretischem) Merkmal und (empirischer) Variable für die Auswertung von Variablen wichtig ist. Nun, besonders wichtig wird die Theorie-Empirie-Verschränkung spätestens bei der Interpretation der Daten, nämlich beim Rückbezug der Ergebnisse auf die Annahmen und Überlegungen. Bei der explorativen Datenanalyse hat das Verhältnis von Merkmal und Variable ebenfalls einen entscheidenden Einfluss auf das weitere Fortschreiten der Analyse, nämlich in der weiterführenden gedanklichen Verarbeitung der Variablenrelationen, die immer auch vor dem Hintergrund eines (nicht immer vollständig bewussten) Modells abläuft, in anderen Worten: einer *Theorie über Merkmalsbeziehungen*.

11.2.2.1. Das besondere Verhältnis von Variablen zu Merkmalen

Wenn eine Population besondere Merkmale (z.B. „Sozialer Status") besitzt, die untersucht werden sollen, wird vor der Erhebung genau expliziert und definiert, was denn diese Begriffe bzw. Konstrukte „Sozial" und „Status" in diesem Kontext „eigentlich" bedeuten, und wie denn diese *theoretischen* Merkmale für die vorliegende Fragestellung am besten in der Forschungspraxis in *beobachtbare Variablen* umgesetzt (technisch: operationalisiert) werden.

Ein und derselbe Begriff kann, je nach theoretischer Einbettung des Konstrukts, unterschiedlich definiert, und (gleichzeitig) unterschiedlich operationalisiert, und letzten Endes in Form inhaltlich verschiedener Variablen gemessen werden (siehe unten die Beispiele). Dieser Vorgang kann bei latenten Konstrukten (z.B. „Intelligenz") schnell ausgesprochen komplex werden.

Während der Phase der Konzeptspezifikation werden *theoretische* Merkmale einem theoretischen Konstrukt und Merkmalsträgern aus einer bestimmten Population zugewiesen. Während der Phase der Operationalisierung wird festgelegt, auf welche Weise diesen (nicht)beobachtbaren Merkmalen eines theoretischen Konstrukts *beobachtbare* Sachverhalte für Elemente einer bestimmten Stichprobe zugewiesen werden können.

Die Abgrenzung zwischen Merkmal und Variable besteht im Allgemeinen darin, dass Merkmale theoretisch, nicht beobachtbar sind und für Populationen gelten, während Variablen empirisch, beobachtbar sind und realiter sich aus Stichprobendaten stammen. *Idealerweise sind Merkmal und Variable inhaltlich deckungsgleich.*

Beispiel 1: Theoretisches Konstrukt „Sozialer Status"
Typ: Latente Variable

Merkmal: Sozialer Status

- Definition 1: Das Einkommen entspricht dem sozialen Status.
  Messung der Variable: Haushaltsnettoeinkommen in Euro.
- Definition 2:
  Die Elaboriertheit des Sprachcodes entspricht dem sozialen Status.
  Variable: Sprachgewandtheit, z.B. Anzahl verschiedener Worte.
- Definition 3:
  Der momentan ausgeübte Beruf entspricht dem sozialen Status.
  Messung der Variable: Beruf.

Beispiel 2: Theoretisches Konstrukt „Angst (Menschen)"
Typ: Latente Variable

Merkmal: Angst.

- Definition 1: Angst drückt sich in erhöhter Körpertemperatur aus.
  Messung der Variable: Körpertemperatur in Grad Celsius.
- Definition: Angst drückt sich in erhöhter Pulsfrequenz aus.
  Messung der Variable: Pulsfrequenz.
- Definition: Angst drückt sich in erhöhter Hautleitfähigkeit aus.

Messung der Variable: Fähigkeit der Haut zur Leitung elektrischer Impulse.

Beispiel 3: Theoretisches Konstrukt „Belastung durch Schadstoffe bei Fischen"
Typ: Manifeste Variable (1., 2.), Latente Variable (3.)
Merkmal: Schadstoffbelastung

- Definition 1: Äußerlich: Die Belastung durch Schadstoffe greift die Fischhaut an.
  Messung der Variable: Beobachtung und Klassifikation von Hautwucherungen.
- Definition 2: Innerlich: Die Belastung durch Schadstoffe greift innere Organe an.
  Messung der Variable: Beobachtung und Klassifikation von angegriffenen Organen.
- Definition 3: Schadstoffbelastung führt zu abnormem Verhalten.
  Messung der Variable: Beobachtung und Klassifikation des Verhaltens von Fischen.

Anm.: Wie an diesen Beispielen ebenfalls zu erkennen ist, muss man beim Vergleich und der Diskussion besonders von latenten Konstrukten (wie z.B. „Sozialer Status") immer auch wissen, wie diese konkret definiert wurden. Während z.B. das Konstrukt „Sozialer Status" dasselbe zu sein scheint, unterscheiden sich die operationalen Definitionen (Haushaltsnettoeinkommen, Sprachgewandtheit, Beruf).

Sobald die Merkmale einer Population an einem Sample gemessen werden, liegen sie in Form von Variablen vor. Im Folgenden wird von Variablen gesprochen, sobald an ihnen stellvertretend in einem Sample die Merkmale einer Population erhoben wurden, und von Merkmalen (einer Population), sofern von ihnen nur auf einer theoretischen Ebene die Rede ist.

Variablen aus einer Stichprobe sind *abgebildete* Merkmale einer Population. Die Hinweise auf *empirisch* vorliegende Eigenschaften einer Variable sind immer auch als Hinweise auf *theoretisch mögliche* Eigenschaften des Merkmals zu verstehen. Es ist dabei vorrangig sicherzustellen, dass das Merkmal konzeptionell durch die Variable repräsentiert ist, und dass letztere nicht bloß ihre eigene Messung abbildet.

11.2.2.2. Die Kriterien Präzision, Objektivität, Zuverlässigkeit und Gültigkeit

Erfahrungsgemäß werden Auswerter oft genug in die Situation kommen, in gestalt von Messwerten den Bezug von beobachteten Variablen auf das repräsentierte Konstrukt, das theoretische Merkmal, oder ganz allgemein: die Ausgangsfrage, überprüfen zu müssen. Um beurteilen zu können, ob Messdaten tatsächlich die Eigenschaften abbilden, die sie auch bilden sollen, werden neben der Präzision die drei Kriterien Objektivität, Zuverlässigkeit, und Gültigkeit herangezogen. Für die Interpretation ist es notwendig sicherzustellen, dass die vorliegenden Daten diese sog. Gütekriterien erfüllen, als eine unabdingbare Voraussetzung der weiteren Datenverarbeitung. Wichtig zu wissen ist, dass diese Kriterien zum Teil quantitativ bestimmt werden können.

Liegen Messwerte vor, dürfen diese nicht ohne weiteres als „wahre" Werte interpretiert werden. Im Gegenteil sollte eher davon ausgegangen werden, dass sich in ihre Verteilung auch sog. „Fehler" eingeschlichen haben könnten. Die Fehlerarten (Bias) werden üblicherweise in zufällige und systematische Fehler unterschieden. Für einen einzelnen Messwert kann daher gelten:

Messwert = Wahrer Wert + Zufälliger Fehler + Systematischer Fehler.

Quellen für solche Fehler können u.a. die Stichprobe, die Erhebung (Versuchsanlage, Design), und der Messvorgang selbst sein.

Die folgende Übersicht zu Fehlerarten und –quellen ist keinesfalls vollständig, sondern möchte vielmehr dazu anregen, die Erhebung der eigenen Messwerte so zu planen, dass möglichst viele (v.a. systematische) Fehlerquellen ausgeschlossen werden können. Je geringer der Anteil an zufälligen und systematischen Fehlern an den Daten ist, umso genauer sind die Ergebnisse, umso mehr nähern sich die Messwerte dem Wahren Wert an.

Übersicht 4: Beispiele für zufällige und systematische Fehler

	Zufälliger Fehler	Systematischer Fehler
Stichprobe	Natürliche Variation eines Merkmals aus einer repräsentativ gezogenen Stichprobe oder Grundgesamtheit, z.B. Körpergröße (es werden nun mal alle Menschen nicht gleich groß)	Ergebnisse, die z.B. an einer nichtrepräsentativ gezogenen Stichprobe erzielt wurden, z.B. Untersuchung der Zufriedenheit ausschl. beim eigenen, natürlich zufriedenen Kundenstamm
Erhebung (Design)	z.B. zufälliges Ansprechen von Testpersonen auf der Straße schließt nicht alle möglichen Fehlerquellen aus; zufällige Fehler können verbleiben z.B. bei der Vergabe von Testmengen können leichtere Variationen um Limits oder ein Optimum vorkommen (z.B. Vergabe von Dünger, Präparaten, oder Getränken)	z.B. Beeinflussung durch suggestive Fragen in Interviews z.B. Fragebogen-Effekte, z.B. Halo- oder Reihenfolgeeffekte z.B. keine Kontrolle von Störeffekten (Drittvariablen) in Versuchsanordnungen z.B. Messergebnis als Artefakt der Methodenwahl, oft bei Cluster- oder Faktorenanalyse
Messung	Einzelner Schreibfehler bei der Protokollierung eines Messergebnisses	z.B. konstant nachgehende Stoppuhr

Neben der Präzision gibt es im Zusammenhang mit der Erhebung, Analyse und Interpretation von Daten weitere Gütekriterien, deren Verständnis und Umsetzung eine nutzbringende Ausschöpfung der erzielten Ergebnisse ermöglicht.

Objektivität

Objektivität ist ein Gütekriterium der Qualität des Mess- und Auswertungsvorgangs, und fordert den Ausschluss aller subjektiv-interpretatorischen Einflüsse auf das Zustandekommen des Ergebnisses bei Durchführung, Auswertung, und Interpretation.

Beispiel

Objektivität ist z.B. bei computer-, oder maschinengesteuerten Datenaufzeichnungen gegeben. Im Gegensatz ist z.B. die Beurteilung von Deutschaufsätzen nicht objektiv, sondern wird von der Subjektivität der jeweiligen Urteiler mit beeinflusst.

Überprüfung

Überprüfung des Grades der Standardisierung bzw. Automatisierung des Designs; z.T. Überprüfung auch über die durchschnittliche Korrelation von Messwerten möglich, wenn z.B. verschiedene Tester beim Testen derselben Person (z.B. mit projektiven oder qualitativen Tests) zu denselben Ergebnissen kommen.

Zuverlässigkeit (Reliabilität)

Reliabilität ist ein Gütekriterium der Qualität des Messinstruments, und fordert Messgenauigkeit bzw. Reproduzierbarkeit der Messergebnisse unter denselben Bedingungen. Andere Forscher müssen bei Anwendung desselben Erhebungsinstrumentariums auf denselben Untersuchungsgegenstand zum selben Ergebnis kommen können.

Beispiel

Zuverlässigkeit ist z.B. vielen technisch-physikalischen Messungen gegeben. Bei der Messung der Körpertemperatur eines Gesunden (= Untersuchungsgegenstand) mittels eines Thermometers (Erhebungsinstrument) gelangt man immer zum selben Ergebnis. Die Ergebnisse sind reproduzierbar, weil das Messinstrument genau misst.

Bei psychometrischen Messungen, z.B. zur Intelligenz, ist die Bestimmung der Reliabilität erheblich komplizierter. Ein sehr reliables Messinstrument ist keineswegs automatisch auch valide; ein Thermometer misst z.B. nur unzuverlässig den Blutdruck.

Überprüfung

Es kann auf mehrere Prüfverfahren, wie z.B. Retest-Reliabilität (Testwiederholungsmethode), Paralleltest-Reliabilität (Paralleltestmethode), Split-Half-Reliabilität (Testhalbierungsmethode), und Interne Konsistenz (Cronbach's Alpha) zurückgegriffen werden (die Gültigkeit der Annahmen der Klassischen Testtheorie vorausgesetzt).

Validität (Eindeutigkeit, Verallgemeinerbarkeit, und Gültigkeit)

Interne und externe Validität sind Gütekriterien des Untersuchungsdesigns. Gültigkeit ist ein Gütekriterium der Qualität des Messinstruments.

Interne Validität: Die interne Validität betrifft die Eindeutigkeit der Ergebnisse einer Untersuchung i.S.e. Verhältnisses zwischen beobachtetem Ergebnis und theoretischen Sachverhalt. Eine Untersuchung ist dann intern valide, wenn die Ergebnisse eindeutig sind, also eindeutig für oder gegen eine Hypothese sprechen. Externe Validität: Die externe Validität betrifft die Verallgemeinerbarkeit der Ergebnisse einer Untersuchung. Eine Untersuchung ist dann extern valide, wenn die Ergebnisse verallgemeinert werden können.

Beispiel

Eine bio-chemische Theorie sagt vorher, dass Kolibris nach dem Versprühen eines bestimmten Duftstoffs angelockt werden. Eine Untersuchung seitens Forscher A bestätigt diese Vermutung: Das Versprühen des Duftstoffs, z.B. aus einer Plastiksprühflasche, lockt Kolibris an. Es besteht eine Übereinstimmung zwischen theoretischer Wirkweise und tatsächlich eintretendem Messergebnis.

Forscher B stellt die Untersuchung von Forscher A in Frage. Forscher B versprüht den Duftstoff aus einer Glasflasche. Ergebnis: Die Kolibris werden nicht angelockt. Das Messergebnis von B stimmt nicht mit den Vorhersagen des Forschers A überein. Gemäß diesem Befund ist die Studie von A nicht valide. Eine mögliche Erklärung könnte sein, dass z.B. nicht der Duftstoff die Kolibris angelockt hat, sondern dass sich aus der Plastiksprühflasche Partikel lösten und mit dem Duftstoff vermischten, und dass anschließend diese gelösten Partikel, und nicht der Duftstoff selbst die Kolibris anlockten.

Eine sog. Konfundierung liegt immer dann vor, wenn nicht eindeutig entschieden werden kann, welche Variable tats. einen Einfluss auf die abhängige Variable ausgeübt hat (v.a. bei quasiexperimentellen Versuchanlagen).

Bei Fragebögen bzw. Tests ist die Validität ein sog. Gütekriterium der Qualität des Messinstruments. Bei psychometrischen Messungen (z.B. der Messung von Intelligenz) fordert die Validität, dass das Messinstrument tatsächlich das misst, was es zu messen vorgibt. Ein Intelligenztest, der Durchsetzungsvermögen anstelle von Intelligenz misst, ist z.B. nicht valide.

Überprüfung

Interne Validität: Eine Untersuchung ist dann intern valide, wenn die Ergebnisse eindeutig sind, also eindeutig für oder gegen eine Hypothese sprechen. Um Untersuchungsergebnisse beurteilen zu können, müssen diese eindeutig für oder gegen eine Hypothese sprechen. Zu prüfende Einflussfaktoren können u.a. sein: Statistische Effekte (z.B. Regression zur Mitte), Mortalität/Ausfälle (v.a. bei Panel-Studien), und Reliabilität des Messinstruments.

Externe Validität: Eine Untersuchung ist dann extern valide, wenn die Ergebnisse verallgemeinert werden können. Um also ein Untersuchungsergebnis verallgemeinern zu können, müssen die relevanten Randbedingungen bekannt und vergleichbar sein, z.B. soziohistorischer Kontext der Untersuchung, Repräsentativität der Stichprobe, Testeffekte, und die Validität des Messinstruments.

Gültigkeit: Die Bestimmung der Validität i.S.v. Gültigkeit ist relativ aufwendig. Zur Absicherung können mehrere quantitative oder qualitative Prüfverfahren eingesetzt werden, u.a. Inhalts-, Kriteriums- (Korrelationsansatz), Konstrukt-, (Multitrait-Multimethod-Ansatz) oder auch Prognosevalidität.

Zur Differenzierung und Vertiefung wird dieses theoretisch und methodisch außerordentlich komplexen Sachverhalts wird auf die einschlägige Literatur zu Wissenschaftstheorie und Forschungsmethoden verwiesen.

11.2.3. Variablen Definitionen und Funktionen

Der Begriff der Variable ist einer der gebräuchlichsten, bedeutsamsten und mehrdeutigsten im Kontext von Datenanalyse und Statistik.

Die Grunddefinition ist, dass eine Variable eine veränderliche Größe ist, die jeden beliebigen Wert aus einer festgelegten Menge von Werten annehmen kann. Das Gegenteil einer Variable ist die sog. Konstante.

Das Besondere an einer Variable ist nicht nur, das Inhaltliche eines Merkmals einer Population möglichst inhaltlich ideal, reliabel und valide abzubilden, sondern darüber hinaus viele weitere Informationen für ihre Auswertung mitzutragen. Es sind gerade diese Mitinformationen, mit deren Bedeutung sich Anfängerinnen und Anfänger vertraut machen sollten. Nicht gerade erleichternd kommt hinzu, dass es zu vielen Grundbegriffen zahlreiche echte, aber manchmal auch nur scheinbare Synonyme gibt.

Die wichtigsten Unterscheidungen von Variablen hinsichtlich ihrer Funktion hängen mit ihrem zugewiesenen bzw. tatsächlichen Messniveau, und ihrer Rolle in Kausalmodellen zusammen. Im folgenden eine Zusammenstellung der vielen Funktionen und Bedeutungen.

In den Klammern sind Synonyme bzw. ähnliche Begriffe aufgeführt. Auf eine differenzierte Darstellung wird verzichtet. Im Einzelfall unterscheiden sich die Begriffe in Nuancen, die für die Analyse bzw. Darstellung einer Untersuchung ausschlaggebend sein können. In jedem Falle sind die verwendeten Termini möglichst frühzeitig, und möglichst mit Hilfe mehrerer Methodenhandbücher zu klären, da erfahrungsgemäß einzelne Handbücher einen notwendigen Bedeutungsunterschied nur suboptimal vermitteln.

Bedeutung

z.B. Primärvariable, Sekundärvariable.

Kausalmodelle

z.B. Unabhängige Variable (UV, endogene Variable, Prädiktorvariable, Faktor), auch: experimentelle Variable, Treatmentvariable, organismische Variable, Personenvariable); abhängige Variable (AV, exogene Variable, Kriteriumvariable, Outcomevariable, Outcome); je nach statistischem Verfahren u.a. auch Regressor, Regressand, usw.

Messniveau

z.B. binäre, dichotome/polytome, diskrete (=diskontinuierliche), stetige (=kontinuierliche) Variable, intervallskalierte Variable, kategoriale Variable, metrische Variable, Verhältnisvariable; qualitative Variable, qualitative Variable (siehe anschließende Erläuterungen).

Gruppenbildung

z.B. Zuweisungsvariable, Klassifikationsvariable, Gruppierungsvariable.

Umfragen

z.B. Demografische, soziodemografische, biografische oder auch psychografische Variable.

Inferenzstatistik

z.B. computergenerierte Zufallsvariable, Pseudozufallsvariable; empirisch zufällig gezogene Variable.

Daten-Management

z.B. ID-Variable, Zähler-Variable (counter, Seed), Dummy-Variable und Filter-Variable.

Multivariate Statistik

z.B. Kontrollvariable, Störvariable, intervenierende (vermittelnde) Variable, Suppressor-Variable, Moderator-Variable.

Zugänglichkeit

z.B. manifeste Variable, latente Variable.
Es sei abschließend darauf hingewiesen, dass man v.a. im Kontext des kommerziellen Anwendungsbereiches der Statistik, z.B. Markt- und Meinungsforschung, auf ziemlich viele Neologismen stoßen wird, die, abgesehen von ihrer sprachlich-innovativen Anmutung, keine konzeptionelle Neuerung aufweisen.

Für die Analyse von Variablen wird vorausgesetzt und unterstellt, dass diese auch die Messeigenschaften von Merkmalen ideal abbilden.
Vor einer Analyse sollte diese Annahme auf jeden Fall in Frage gestellt werden, und sorgfältig überprüft werden, z.B. anhand eigener Forschungserfahrung bzw. theoretischer Überlegungen, ob die Eigenschaften von Variablen gemäß dieser Voraussetzung immer auch den theoretischen Eigenschaften von Merkmalen entsprechen (i.S.e. messtheoretischen Repräsentativität).

In anderen Worten: Von Forscherinnen und Forschern entwickelte Messniveaus sind immer nur Konstruktionen aus ihrer Sicht, und müssen nicht notwendigerweise mit aktuellen Kriterien für die Konstruktion eines psychologischen Tests oder der Realität des in Frage stehenden Phänomens überhaupt übereinstimmen. Es ist z.B. mitunter nicht völlig auszuschließen, dass ein Testkonstrukteur alle Prinzipien der Testkonstruktion elegant über Bord wirft, und eigene Verfahren (und damit auch Variableneigenschaften) nach Gutdünken erfindet.

Variablen können u.a. nach ihrem Messniveau, oder nach den theoretisch möglichen Ausprägungen unterschieden werden (siehe am Schluss auch andere Aufteilungen). Die genaue Kenntnis der Skaleneigenschaften ist entscheidend, weil viele Verfahren für die Exploration bzw. Analyse von Daten von einem bestimmten Messniveau abhängen.

Jedes höhere Skalenniveau erfüllt auch die Anforderungen der niedrigeren Niveaus (in der u.a. Abbildung steigt das Skalenniveau von links nach rechts an). Jedes Skalenniveau macht erst bestimmte statistische Verfahren sinnvoll. Je höher das Skalenniveau, desto mehr Informationen lassen sich mit dem jeweiligen statistischen Verfahren daraus ableiten. Ein Ziel kann es also auch sein, möglichst viele Variablen auf einem möglichst hohen Skalenniveau messen zu können.

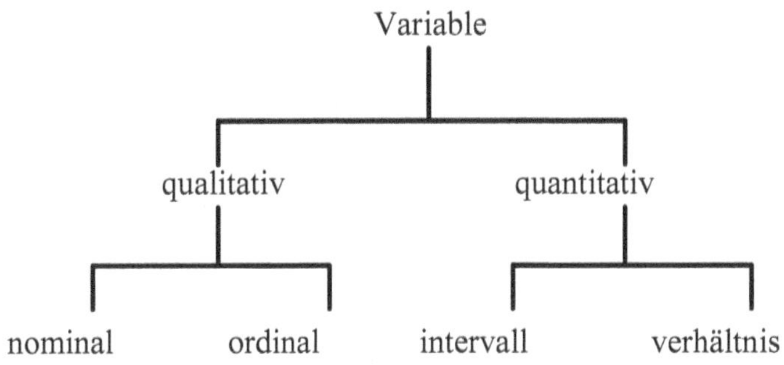

Abb.: Eine erste Systematisierung einiger Variablenbegriffe

11.2.3.1. Nominalskala

Messungen auf einer Nominalskala liegen dann vor, wenn Unterschiede feststellbar sind. Ein Merkmal kann anhand der beiden Urteile „gleich" bzw. „verschieden" diskreten, exklusiv-disjunkten Klassen zugeteilt werden. Ein Wert kann in eine und nur in eine Kategorie fallen.

Beispiele

- Haarfarben: Braun, schwarz, blond.
- Signalfarben einer Ampel: Rot, gelb, grün.

Nominalskalierte Variablen werden auch als qualitative Variablen bezeichnet, weil sich die Werte nur in einer Qualität (z.B. „rot") unterscheiden können. Keine Kategorie einer nominal gestuften Variable kann als größer, höher, oder kleiner als eine andere bezeichnet werden.

Für die Kategorien einer nominal skalierten Variablen werden oft Namen oder Zahlen vergeben, diese dienen jedoch nur zu ihrer Identifikation, und drücken keine quantitativen (Größen)Unterschiede zwischen diesen Kategorien aus. Die Kategorien sind gleichberechtigt. Die einzige zulässige Form der Quantifizierung ist das Feststellen der Häufigkeit der Werte in jeder Kategorie. Einen Mittelwert oder eine Differenz aus den Ausprägungen „männlich" und „weiblich" zu bilden ist und bleibt sinnfrei, auch wenn diese numerisch kodiert sein sollten.

Die typische Kenngröße für Nominaldaten ist der Modus, wobei der Modus in diesem Fall nur die Häufigkeiten in der jew. Klasse, aber nicht ihre Lage angibt. Bei vielen gleich oder ähnlich besetzten Klassen ist der Modus u.U. sinnfrei.

11.2.3.2. Ordinalskala

Messungen auf einer Ordinalskala liegen dann vor, wenn neben Unterschieden (Eigenschaft der Nominalskala) zusätzlich größer/kleiner-Relationen feststellbar sind. Sobald Werte einer Variable in einer Rangfolge angeordnet werden können, z.B. nach Größe, Stärke, Qualität oder Intensität, handelt es sich um eine ordinalskalierte Variable. Der absolute Abstand zwischen den Rängen ist unerheblich. Bei Ordinalskalen wird zwischen den Varianten Rating Scales und Ranking Scales unterschieden (Lorenz, 1992, 12ff.). Eine kleine Frage vorneweg: Basiert die Medaillenvergabe („Gold", „Silber", „Bronze") bei den Olympischen Spielen auf einer Ranking oder einer Rating Scale?

Rating Scales: Beispiele

Anhand einer Skala wird eine bewertende Prüfung vorgenommen und ein Punktwert („score") vergeben.

- Schulnoten („sehr gut", gut", etc.).
- Gefährdungsgrad von Gewässern („extrem", „ausgeprägt", „mittel", etc.
- Antwortmodus vieler psycho- und soziometrischer Skalen („stimme zu" ... „unentschieden" ... „lehne ab")

Ranking Scales: Beispiele

Eine diskrete Anzahl von Objekten wird anhand eines Kriteriums bzw. der Intensität eines Merkmals in eine Rangfolge gebracht.

- Ranking von Bewerbern
- Ranking von Hochschulen
- Ranking von Fußballmannschaften

Bei der Ordinalskala sind nur mathematische Transformationen zulässig, die nicht die Abfolge der Zahlen ändern. Die Bildung von Summen, Differenzen oder gar Mittelwerten ist methodisch gesehen wenig sinnvoll und u.U. sogar irreführend. Für die Kodierung der Ausprägungen von ordinal skalierten Variablen werden oft Zahlen vergeben (z.B. 1, 2, 3 etc. oder auch 10, 20, 30, etc.). Die jeweilige Kodierung hat einen Einfluss auf die erzielten Statistiken, und kann quantitative Verhältnisse nicht numerisch präzise ausdrücken. Wenn Mittelwerte unbedingt mit Ordinaldaten gebildet werden müssen (was z.B. Auswertungsmanuale psychometrischer Skalen manchmal verlangen, obwohl dies eigentlich erst ab dem Intervallskalenniveau zulässig ist), sollte zumindest der Effekt verschiedener Kodierungen überprüft und ausgeschlossen werden.

Ordinalskalierte Variablen erlauben im Gegensatz zu nominal skalierten Variablen schon Aussagen i.S.v. größer bzw. kleiner, aber das um wie viel größer, stärker oder intensiver – also quantitativ - kann erst ab dem Intervallskalenniveau numerisch ausgedrückt werden.

Die typischen Kenngrößen für Ordinaldaten sind neben dem Modus der Median und alle anderen Quantile.

11.2.3.3. Intervallskala

Messungen auf einer Intervallskala liegen dann vor, wenn neben Unterschieden (Eigenschaft der Nominalskala), größer/kleiner-Relationen (Eigenschaft der Ordinalskala), auch die Größe von Unterschieden feststellbar ist.

Beispiele

- Temperatur mit Ausprägungen in Grad Celsius. Eine Temperaturschwankung von 4 bis 8 °C ist gleich groß wie von 20 bis 24 °C.
- Uhrzeiten sind intervallskaliert, weil ihre Nullpunkte willkürlich festgesetzt sind. Das verhindert auch unsinnige Aussagen wie z.B., dass 8 Uhr doppelt so spät sei wie 4 Uhr.

Es sind nur mathematische Transformationen zulässig, die die Intervalle im selben Maß (oder nicht) ändern. Im Gegensatz zur Ordinalvariable sind bei intervallskalierten Variablen auch numerische Differenzen sinnvoll. Es wird also neben der Information „besser" auch ausgesagt, um wie viel besser ein Wert ist.

Die Intervallskala ist nicht mehr diskret, sondern kontinuierlich. Ab intervallskalierten Variablen spricht man auch von quantitativen Variablen.

Die typische Kenngröße für intervall- und höher skalierte Daten ist neben Modus, Quantilen (einschl. Median) der Mittelwert.

11.2.3.4. Verhältnisskala

Messungen auf einer Verhältnisskala liegen dann vor, wenn neben Unterschieden (Eigenschaft der Nominalskala), größer/kleiner-Relationen (Eigenschaft der Ordinalskala), und der Größe von Unterschieden (Eigenschaft der Intervallskala) ein absoluter Nullpunkt vorliegt. Die Verhältnisskala unterschiedet sich also von der Intervallskala darin, dass sie zusätzlich einen eindeutigen Nullpunkt hat.

Beispiele

- Gewässertiefe ab NN (Normalnull) in der Ausprägung Meter: 40 m ist doppelt so tief wie 20 m.
- Nährwert in der Ausprägung kJoule: Ein Gericht mit 2400 kJ hat doppelt so viele kJoule wie ein Gericht mit 1200kJ.
- Zeitdauer: Eine Uferpflanze, die in 66 Tage zur vollen Blüte heranwächst, wächst doppelt so schnell wie eine Pflanze, die dazu 132 Tage benötigt.

Erst mit verhältnisskalierten Variablen kann, neben der Differenzbildung, das Verhältnis aus zwei erhaltenen Werten gebildet werden. Nun erst gelangt man zu der Aussage, dass ein Wert doppelt so groß ist wie ein anderer Wert. Als mathematische Transformationen sind u.a. Multiplikationen mit einer Konstanten ungleich Null zulässig.

Anmerkung: Der eindeutige Nullpunkt wird vom willkürlich festgesetzten Nullpunkt dadurch abgegrenzt, dass keine Werte existieren können, die unter diesem Nullpunkt liegen.

Beispiele

- Ein Mittagessen kann nicht minus kJ aufweisen.
- Eine Wachstumszeit, z.B. bei Pflanzen, kann nicht negativ sein.
- Weil Temperaturen in Celsius unter Null vorkommen können, ist die Celsius-Skala eine Intervallskala. Die Aussage: „24 °C ist doppelt so warm wie 12 °C" ist nicht sinnvoll; andererseits ist die Aussage „400 Kelvin ist doppelt so warm wie 200 Kelvin" sinnvoll, da keine Werte unter 0 Kelvin vorkommen können, weil dieser Nullpunkt allen Substanzen gemeinsam ist.

Intervall- und verhältnisskalierte Variablen bilden zusammen die höchste Variablengruppe, die der metrischen Variablen.

11.2.3.5. Weitere Variablenbegriffe

Qualitative und quantitative Variablen: Art der Ausprägungen

Qualitative Variablen

Qualitative Variablen lassen sich in ihren Ausprägungen nur durch ihre Art oder ihren Rang unterscheiden. Qualitative Variablen sind nominal- oder ordinalskalierte Variablen, da diese nur in einer Qualität oder ihrem Rang unterschieden werden können.

Beispiele

- Familienstand mit den Ausprägungen „ledig", „verheiratet", „geschieden", usw.
- Schulnoten „sehr gut", „gut", etc.

Quantitative Variablen

Quantitative Variablen sind Variablen ab dem Intervallniveau, die auf der Basis einer numerischen Skala mit einem einheitlichen Abstandsmaß geordnet werden können.

Beispiele

- Alter.
- Temperaturen.
- Wasserverdunstung in Litern pro Jahr.

Diskrete und stetige Variablen: Anzahl theoretisch möglicher Ausprägungen

Diskrete Variablen

Diskrete Variablen sind Variablen, die nur eine überschaubare, begrenzte Anzahl von Werten aufweisen. Diskrete Variablen können nur bestimmte Werte annehmen, aber nicht jeden beliebigen. Es handelt sich damit um abzählbar viele Variablen.

Beispiele

- Anzahl von Kätzchen pro Wurf: Die Anzahl der Kätzchen ist begrenzt und kann als diskret gelten.
- Apfel-Einkauf: Man bekommt im Laden für 1 kg Äpfel immer nur diskrete Stückzahlen, z.B. 5 oder 6 Stück, aber z.B. niemals 5,43 Äpfel.
- Lottoschein: Es können maximal 6 Kreuze gemacht werden (selbst 49 Kreuze gelten als überschaubar). Antwortwerte von 0 bis (hier) max. 49 können als diskret gelten.

Stetige Variablen

Stetige Variablen sind Variablen, die im Prinzip eine unübersehbare, unbegrenzte Anzahl von Werten aufweisen können, auch in einem begrenzten Wertebereich.

Beispiele

- Körpertemperatur: Der Bereich der normalen Körpertemperatur ist auf einen bestimmten Bereich begrenzt. Innerhalb dieses begrenzten Bereiches können die Temperaturmessungen aber theoretisch unendlich fein gemessen werden (z.B. 39.2, 39.23, 39.236, usw.). Körpertemperatur ist daher eine stetige Variable.

- Gewicht eines kleinen Fisches: Obwohl der Gewichtsbereich begrenzt ist, kann er theoretisch unendlich genau gemessen werden. Das Gewicht eines kleinen Fisches ist eine stetige Variable.
- Wassertiefe: Die Tiefe eines Gewässers ist begrenzt. Die Werte bis zum tiefsten Punkt sind aber nicht überschaubar, da die Ausprägungen theoretisch unendlich genau sein können. Wassertiefe ist eine stetige Variable.

Diskrete Skalen werden auch als topologische Skalen bezeichnet; stetige Skalen werden auch als kontinuierliche bzw. Kardinalsskalen bezeichnet.

11.2.3.6. Das Verhältnis der Skalenniveaus untereinander

Nominal- und Ordinalvariablen werden üblicherweise mittels einer diskreten Skala erfasst. Intervall- und Verhältnisvariablen können sowohl diskret, wie auch stetig skaliert gemessen werden. Diskrete Skalen werden oft als Klassifikationsvariablen verwendet. In der Praxis werden stetige Variablen oftmals wie diskrete Variablen behandelt, so ist z.B. eine Altersangabe in Jahren.

Je höher das Skalenniveau, umso mehr Information lässt sich mit dem jeweiligen statistischen Verfahren daraus ableiten. Allerdings können für „niedrige" Variablen konzipierte Verfahren auch auf höhere skalierte Variablen angewendet werden (weil diese auch die Eigenschaft der niedrigeren Variablenniveaus mit enthalten). Allerdings ist dies mit einem Informationsverlust verbunden.

Für Ordinalvariablen konzipierte Verfahren können z.B. auf verhältnisskalierte Variablen angewendet werden (weil diese eben diese u.a. die größer/kleiner- Eigenschaft mit enthalten bzw. erfassen). Der Informationsverlust besteht darin, dass man mit einem Ordinalverfahren für intervallskalierte Variablen nur größer/kleiner Relationen erfasst, aber nicht mehr das Ausmaß der Unterschiede. Man sollte unbedingt und v.a. rechtzeitig vor einer Auswertung die Skalenniveaus der vorliegenden Variablen klären.

Beispiel

Es ist ein Experiment zur Untersuchung der Wirksamkeit des Duftstoffes einer Pflanze auf verschiedene Arten von Kolibris geplant. Folgende Variablen werden erhoben: Anziehung, Saugverhalten, und Saugdauer. Jede dieser Variablen hat ein anderes Skalenniveau.

Verbleib

Es wird beobachtet, ob Kolibris in einem bestimmten Umkreis von der Pflanze angezogen werden, oder nicht. Die Variable Anziehung, definiert über die notierte Anzahl angezogener bzw. nicht angezogener Kolibris, bildet eine Nominalskala.

Saugverhalten

Es wird beobachtet, ob die Kolibris an der Pflanze kurz probesaugen, normal lange saugen, oder überhaupt nicht zu saugen versuchen. Beim Saugverhalten handelt es sich um eine Ordinalskala.

Saugdauer

Mit der Zeitdauer des Saugens (z.B. in Sekunden) erhält man Variablen auf dem Niveau einer Verhältnisskala.

Die im Folgenden verwendete Terminologie wird sich soweit möglich auf die Variablenseite beschränken, weil in der Phase der deskriptiven Statistik (nach der Datenpflege die nächste Phase der Datenanalyse) die Daten für die Auswerter ausschließlich als Variablen vorliegen.

11.2.3.7. Die erste Arbeit mit Daten

Dieser Abschnitt beschäftigt sich mit dem ersten Umgehen mit Daten, dem ersten Ordnen, Sortieren, und Kategorisieren von Zahlenmaterial. An Daten mit Flügellängen (N=25) einer (fiktiven) Insektenart wird die Entwicklung von einer unübersichtlichen Urliste hin zu einer übersichtlichen Liste veranschaulicht.

Die ungeordnete Form von Messwerten, die zumeist in der Reihe ihres Auftretens protokolliert werden, wird als *Urliste* bezeichnet. Inwieweit sich die Daten weiter ordnen lassen, hängt von ihrer Skalierung ab. Ungeordnete Daten könnte man sich in SAS z.B. durch PROC PRINT ausgeben lassen.

Tab. 1: Urliste Flügellängen

Urliste (Flügellängen in mm)

3,8	3,6	4,3	3,5	4,1
4,4	4,5	3,6	3,8	3,3
4,3	3,9	4,3	4,4	4,1
3,6	4,2	3,9	3,8	4,4
3,8	4,8	3,8	3,6	4,3

Die Ordnung der Messwerte nach ihrer Größe führt zu einer *geordneten Liste*. In SAS wird das Sortieren einer Variable normalerweise mit PROC SORT durchgeführt. Die folgende Tabelle (Tab. 2) enthält die Daten aus dem Flügellängen-Beispiel in geordneter Form.

Tab. 2: Geordnete Liste

Primäre Liste (Flügellängen in mm)

3,3	3,5	3,6	3,6	3,6
3,6	3,8	3,8	3,8	3,8
3,8	3,9	3,9	4,1	4,1
4,2	4,3	4,3	4,3	4,3
4,4	4,4	4,4	4,5	4,8

Werden gleiche Messwerte zusammenfasst, und dazu jeweils die Anzahl ihres Auftretens angegeben, gelangt man zu einer *Häufigkeitstabelle*. In SAS werden Häufigkeitstabellen v.a. mit PROC FREQ erzeugt; aber auch PROC TABULATE ist dazu in der Lage. In der u.a. Tabelle sind die Daten der Flügellängen in Form einer Häufigkeitstabelle dargestellt.

Häufigkeitstabelle (Flügellängen in mm)

Messwert	Häufigkeit
3,3	1
3,5	1
3,6	4
3,8	5
3,9	2
4,1	2
4,2	1
4,3	4
4,4	3
4,5	1
4,8	1

Bei sehr vielen verschieden Messwerten (z.B. einer Variablen auf Intervallskalenniveau), kann eine Häufigkeitstabelle ziemlich unübersichtlich sein. Ein sinnvoller Schritt wäre dann eine Klassierung (Gruppenbildungen), also mehrere Werte zu einer *Klasse* (Gruppe, Kategorie) zusammenfassen. Klassen können auf verschiedene Weise definiert werden. Die Bildung von Klassen kann dabei rein formalen Kriterien (z.B. gleiche Anzahl der enthaltenen Elemente, gleiche Klassenbreite, gleiche Verteilungen, Anzahl der Klassen), oder auch ausschließlich inhaltlichen Vorgaben folgen (z.B. aufgrund bestimmter qualitativer Merkmale, z.B. Vorgaben seitens klinischer Tests). In der Praxis sollte man beiden Kriterien gerecht werden; im Zweifelsfall hat immer das inhaltliche Kriterium Vorrang. Die Befolgung rein formaler Kriterien zeigt ihre Tücken spätestens bei der inhaltlichen Interpretation.

Eine Klassen kann z.B. rein formal über folgende **Formel** für ihre Breite festgelegt werden, wobei *n* die Größe der Stichprobe (Anzahl der Messwerte), und V die Variationsbreite (range) angeben.

$$b = \frac{V}{1 + 3{,}32 \cdot \lg(n)}$$

Die Breite einer Klasse für die Daten der Flügellängen beträgt nach $b = \frac{1{,}5 \text{ mm}}{1 + 3{,}32 \cdot \lg(25)}$ jeweils 0,2659 mm.

Klassen können auch über eine **DIN-Norm** festgelegt werden, die als eine Art Daumenregel die Anzahl der Klassen eher formal über das Verhältnis zwischen maximaler Anzahl der Merkmalsträger und Mindestanzahl der Klassen festlegt.

Maximaler Anzahl der Merkmalsträger	Mindestanzahl der Klassen
100	10
1.000	13
10.000	16
100.000	20

Bei der Definition von Gruppen oder Klassen spielen meist auch inhaltliche Kriterien eine Rolle. Klassen oder Gruppen sollten daher nicht über eine Formel völlig atheoretisch, sondern theoriegeleitet-kontrolliert definiert werden. In SAS können Kategorien gezielt über if-then-else-Bedingungen definiert werden.

Für formal, wie auch theoriegeleitet definierte Kategorien gilt gleichermaßen ein Ermessensspielraum der Risikoabwägung: Zu breite Klassen bergen das Risiko, wichtige Verteilungseigenschaften zu kaschieren (z.B. Multimodalität), während zu schmale bzw. zu kleine Klassen zufällige Einflüsse überbetonen.

Wie nun weiter mit den (nicht) gruppierten Daten gearbeitet wird, hängt von den inhaltlichen Fragestellungen, wie auch den Eigenschaften der Daten und ihrer Verteilung ab. Mit inhaltlich angemessenen Klassen kann mit einem Minimum an Klassen ein Maximum an statistisch-inhaltlicher Information aus den Daten herausgeholt werden. Über Lage- und Streuparameter lassen sich Datenverteilungen ungruppiert, wie auch gruppiert, erschöpfend beschreiben.

11.2.4. Übungen

1. Erklären Sie den Unterschied zwischen Grundgesamtheit und Stichprobe, bzw. Population und Sample.

2. Erklären Sie den Unterschied bzw. die Beziehung zwischen Merkmal und Variable.
3. Worum handelt es sich bei einer befragten Person und den Angaben, die diese Person macht?
4. Handelt es sich bei der Artenangabe Larix decidua (Lärche) um ein qualitatives oder quantitatives Merkmal?
5. Der „Lärchenbestand pro Bundesland“ wird untersucht. Ist die Angabe qualitativ oder quantitativ?
6. Erklären Sie die Unterschiede zwischen nominal-, ordinal-, intervall-, und verhältnisskalierten Variablen. Erklären Sie den Unterschied zwischen einer diskreten Variable, und einer stetigen Variable. Erklären Sie den Unterschied zwischen einer qualitativen und einer quantitativen Variable.
7. Mit welchen Skalen werden folgende Merkmale gemessen? Gewicht, Körpergröße, Haarfarbe, Preis, Qualität, Volumen, Tagesumsatz, Steuerklasse, Staatsangehörigkeit, Erwerbsstatus, Lagerbestand, Rebsorte, Schulnote, Uhrzeit, Intelligenzquotient, Geschlecht, Geschicklichkeit. Nennen Sie dabei jeweils, ob es sich dabei um eine nominal-, ordinal-, intervall-, oder verhältnisskalierte Variable, und eine diskrete oder stetige Variable handelt.
8. Mit welchen Skalen werden folgende Merkmale gemessen? Alter (Jahre), Altersgruppen (z.B. 10 – 15 Jährige), Alter (ohne Einschränkung). Nennen Sie dabei jeweils, ob es sich dabei um eine nominal-, ordinal-, intervall-, oder verhältnisskalierte Variable, und eine diskrete oder stetige Variable handelt.
9. Was ist bei der Bildung von Kategorien besonders zu beachten?
10. Die folgende Frage ist nicht einfach. Nachdem Daten klassifiziert wurden: Handelt es sich dann um eine diskrete oder eine stetige Verteilung?

Hinweise

1. Siehe Text
2. Siehe Text
3. Bei der Person handelt es sich um einen Merkmalsträger (vorausgesetzt, sie ist Element der Grundgesamtheit). Wenn ihre Angaben gültig sind, handelt es sich um Merkmalswerte.
4. Eine Artennennung ist qualitativ; man kann sie nur zählen.
5. Im Gegensatz zum Merkmal Baumart mit der Merkmalsausprägung „Lärche“ ist das Merkmal Lärche mit der Merkmalsausprägung Anzahl pro Bundesland zählbar und daher quantitativ.
6. Siehe Text
7. Bei Gewicht, Preis, Volumen, Tagesumsatz, und Lagerbestand existiert ein absoluter Nullpunkt und es lassen sich Differenzen bilden; daher handelt es sich um verhältnisskalierte Variablen.

   Uhrzeit und Intelligenzquotient sind intervallskaliert, da ihre Nullpunkte willkürlich festgesetzt sind.

Bei Qualität, Schulnote und Geschicklichkeit liegen ordinalskalierte Merkmalsausprägungen vor.
Haarfarbe, Erwerbsstatus, Rebsorte, Geschlecht sind nominalskaliert. Wenn allerdings die Merkmalsausprägungen unterschiedlich gewertet wären, würde eine Ordinalskala vorliegen; z.B. Statusunterschied bei der Variable „Erwerbsstatus" mit den Ausprägungen ‚Langzeitarbeitsloser', ‚Kurzzeitarbeitsloser', ‚einfacher Arbeitnehmer', ‚qualifizierter Arbeitnehmer'.

8. Das Alter in Jahren ist zählbar und daher diskret; außerdem kann man sinnvoll Differenzen oder Quotienten bilden, daher verhältnisskaliert.
   Die Altersgruppen sind ebenfalls diskret, aber es lässt sich nicht mit Gruppenbezeichnungen rechnen. Es handelt sich um qualitative, also nominalskalierte Daten.
   Allgemein ist die Altersangabe aber stetig (da theoretisch unendlich kleine Einheiten gebildet werden können), und verhältnisskaliert.
9. Siehe Text
10. Obwohl die Werte *vor* der Klassifizierung theoretisch unzählbar viele Werte annehmen können, ist die Anzahl der Klassen *nach* einer Klassifizierung zählbar, und damit ist die *klassierte* Verteilung diskret.

11.3. Deskriptive Statistiken (Lage-, Streuungs- und Formmaße)

Die Information großer Datenmengen lässt sich oft in wenigen statistischen Kenngrößen gut komprimieren und beschreiben.

Die deskriptiven Kennwerte lassen sich in drei Gruppen unterteilen, in die Lage- Streuungs- und Formmaße. Die *Lage*maße beschreiben die Lage (auch: Lokation) der vorliegenden Datenmenge. Die *Streuungs*maße sagen etwas über die Verteilung der Daten um einen zentralen Wert herum aus. Die Schiefe und der Exzess beschreiben die Form einer Verteilung und werden daher als Formmaße bezeichnet. Die zulässigen Lage- und Streuungsmaße hängen dabei vom jeweiligen Skalenniveau der Variablen ab (siehe Tabelle). Übersicht 5 enthält die am häufigsten verwendeteten deskriptiven Parameter. Die Parameter werden in den folgenden Kapiteln einzeln erläutert.

Übersicht 5: Deskriptive Parameter (Lage- und Streuungsmaße)

Skalenniveau	**Lagemaß**	**Streuungsmaß**
nominal	Modus	–
ordinal	Modus Quantile	Spannweite Interquartilsabstand Quantildifferenzen
intervall, stetig	Modus Quantile Mittelwert	Spannweite R Interquartilsabstand Quantilsdifferenzen Standardabweichung, Varianz Variationskoeffizient

Wann welche Lage- oder Streumaße verwendet werden können, hängt bei höherskalierten Daten (also ab Ordinalniveau) u.a. von der Frage ab, was diese Werte repräsentieren sollen (welche Interpretationen bzw. Aussagen dürfen zulässig sein), der Form der vorliegenden Verteilung (symmetrisch, bi-, oder multimodal), und den besonderen Eigenschaften der einzelnen Maße selbst (z.B. sensitiv gegenüber Ausreißern, Errechnen vs. Ablesen, etc.). Die Wahl der jeweiligen Lage- und Streuungsmaße hängt somit immer von den jeweiligen Daten und der untersuchten Fragestellung ab.

Neben den deskriptiven Statistiken sollten parallel immer auch grafische Analysen vorgenommen werden. Idealerweise ergänzen der deskriptiv-statistische, wie auch der grafisch-beschreibende Zugang einander in Richtung hoher Zuverlässigkeit. Bei übereinstimmenden Datenbeschreibungen ist sichergestellt, dass man den jeweils gewählten Zugang nicht überinterpretiert, was als Möglichkeit niemals völlig ausgeschlossen werden kann. Bestimmte Parameter können eine komplexe Datenlage nicht immer angemessen beschrieben (z.B. bei Multimodalen Verteilungen), ergänzende grafische Verfahren helfen Fehlschlüsse zu verhindern.

Das Verhältnis zwischen Lagemaßen und Streuungsmaßen

Das Verhältnis zwischen Lageparameter und Streuungsparameter lässt sich über das Gemeinsame und das Unterscheidende beschreiben.

Das Gemeinsame von Lage- und Streuungsparametern sind die zu beschreibenden Daten. Daten besitzen immer Lage- *und* Streuungseigenschaften gleichzeitig. Man kann es sich am besten so vorstellen, dass Lage- und Streuungsparametern denselben Gegenstand, also dieselben Daten, aus verschiedenen Blickwinkeln darstellen. Die Informationen seitens Lage- *und* Streuungseigenschaften ergänzen einander. Einseitige Informationen, also auf der Grundlage von ausschließlich Lage-, oder Streuungsparametern sind nur mit äußerster Vorsicht zu handhaben. Der Unterschied zwischen Lage- und Streuungsparametern ist ihre jeweilige Perspektive, nämlich die der Lage (Zentrum) im Gegensatz zur Streuung (Abweichung). Lagemaße beschreiben im Wesentlichen das Zentrum einer Verteilung, Streuungsmaße beschreiben dagegen die Abweichung vom Zentrum einer Verteilung.

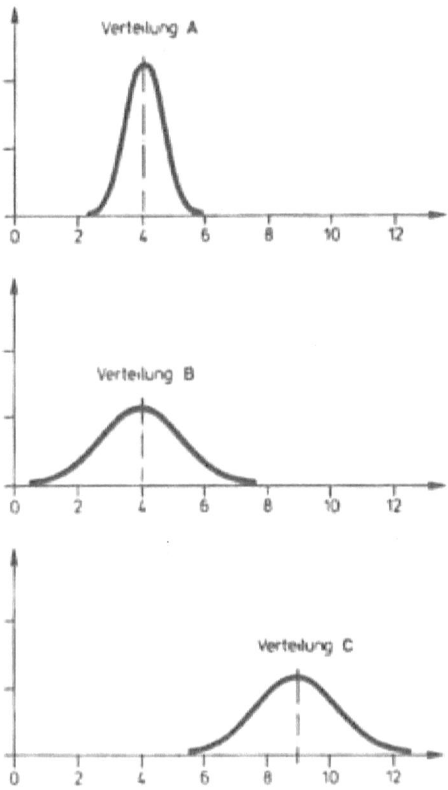

In der vorangehenden Abbildung zeigen bei fiktiven Daten die senkrechten Linien die Lagen an, während die Kurven die Streuungen repräsentieren. Man kann schön erkennen, dass die Daten gleichzeitig durch eine Line, und eine Kurve (also Lage- *und* Streuungsparameter) repräsentiert werden, und dass diese jeweils einen völlig anderen Informationsgehalt haben, der sich in Ergänzung angemessen die Verteilung der Daten wiedergibt.

Die Verteilung A zeigt z.B. einen Lageparameter (z.B. Mittelwert) mit der gestrichelten Linie bei 4 an. Verteilung B besitzt den gleichen Lageparameter (4), aber eine andere, deutlich breitere Verteilung. Ein Urteil nur auf den Lageparameter zu stützen, weil er gleich ist, hätte einen Fehlschluss über die beiden verschiedenen Verteilungen zur Folge gehabt. Verteilung C besitzt die gleiche Streuung wie B, aber in Gestalt eines anderen Lageparameters einen höheren Mittelwert (hier hätte die ausschließliche Beurteilung der gleichen Streuungen fatale Folgen). Gegenüber Verteilung A unterscheidet sich C sowohl im Mittelwert wie auch in der Streuung.

Für Lage- und Streuungsparameter gelten darüber hinaus unterschiedliche Axiome, die hier der Vollständigkeit halber angeführt werden:

Axiome für Lageparameter
Identität: Haben bei einem Datensatz alle Beobachtungen denselben Wert, so soll auch der Lageparameter diesen Wert annehmen.
Inklusion: Der Lageparameter soll zwischen der kleinsten und größten Beobachtung liegen.
Translation: Eine Verschiebung des Datensatzes auf der Merkmalsachse um einen bestimmten Wert muss den Lageparameter um denselben Wert verschieben.
Homogenität: Eine Veränderung aller absoluten Häufigkeiten um einen bestimmten Faktor darf sich nicht auf den Lageparameter auswirken (die ganze Kurve wird nur angehoben).

Axiome für Streuungsparameter
Identität: Haben in einem Datensatz alle Beobachtungen dieselbe Ausprägung, so streuen die Daten nicht.
Inklusion: Sind in einem Datensatz mindestens zwei Beobachtungen verschieden, so soll der Streuungsparameter eine Streuung anzeigen. Da nur der Abstand und nicht die Richtung relevant ist soll das Ergebnis immer einen positiven Wert annehmen.
Translation: Eine Verschiebung des gesamten Datensatzes auf der Merkmalsachse verändert die Streuung nicht.
Homogenität: Eine Veränderung aller absoluten Häufigkeiten um einen bestimmten Faktor beeinflusst die Streuung nicht.

11.3.1. Lagemaße

Lagemaße beschreiben im Wesentlichen das Zentrum einer Verteilung. Im Folgenden werden die gebräuchlichsten Lageparameter vorgestellt: Das Arithmetische Mittel, das Harmonische und das Geometrische Mittel, der Modus und der Median, das Gewichtete arithmetische Mittel, und die Varianten der Quantile. Welche dieser deskriptiven Statistiken zur Beschreibung der Daten im Einzelnen herangezogen werden, hängt zuallererst von den formalen Voraussetzungen, also dem Skalenniveau und dem Verteilungstyp, und erst zuletzt von der inhaltlichen Fragestellung ab.

11.3.1.1. Arithmetisches Mittel

Die Summe aller Messwerte geteilt durch die Anzahl dieser Messwerte ergibt das arithmetische Mittel $\overline{X}$, und ist ein Maß für die ‚zentrale Tendenz' einer Verteilung:

$$\overline{x} = \frac{\sum_{i=1}^{n} x_i}{n}$$

Bei klassifizierten Daten bzw. wenn gleiche Messwerte mehrfach auftreten, berechnet man $\overline{X}_k$ wie folgt:

$$\overline{x}_k = \frac{\sum_{i=1}^{m} h_i \cdot k_i}{n}$$

k_i bezeichnet den Repräsentanten der Klasse (meist die Klassenmitte), h_i die Häufigkeit der Werte in der Klasse k_i, und m bezeichnet die Klassenanzahl.

Das arithmetische Mittel (auch als „Durchschnitt" oder „Mittelwert" bezeichnet) dient zuallererst zur schnellen Orientierung über die quantitativen Wertausprägungen einer Variable. Dem Vorzug des Mittelwerts, jede beliebige Werteverteilung in einem einzigen Wert ausdrücken zu können, stehen mehrere (oft übersehene) Nachteile gegenüber.

Ein errechneter Mittelwert (z.B. 2,43 Kinder pro Familie) hat manchmal keine Entsprechung in der Wirklichkeit (z.B. es gibt nun mal keine „Komma-Kinder"). Errechnete Durchschnittswerte, z.B. „€ 30.000 „Jährliches Pro-Kopf-Einkommen" können von jedem (wenn z.B. alle dasselbe verdienen), aber auch von keinem angegeben worden sein (wenn z.B. jemand sehr viel, alle anderen aber nur sehr wenig verdienen). Die wahre Verteilung kann kaschiert sein. Mittelwerte geben z.B. bi- oder multimodale Verteilungen nicht angemessen wieder. Technisch gesehen folgt daraus, dass Mittelwerte (vor allem bei kleinen Stichproben) für Ausreißer bzw. Extremwerte anfällig sind, bzw. schiefe Verteilungen nicht angemessen repräsentieren.

Bei der Interpretation einer bloßen Mittelwertangabe ist Vorsicht angebracht. Jedem Mittelwert muss daher auch ein Abweichungsmaß (Streuung) beigefügt werden. Weil der Mittelwert sensitiv ist für die Abstände der Messungen (im Gegensatz zum Median), und damit mehr Information als der Median repräsentiert, ist er bedeutsam für viele inferenzstatistische Verfahren. Die Berechnung des arithmetischen Mittels setzt mindestens eine Intervallskalierung des Merkmal voraus.

Beispiel:

Bei der Berechnung des arithmetischen Mittels für die unklassifizierten Flügellängen ergibt sich ein Mittelwert von 4,004.

Ein Mittelwert sollte dann *nicht* berechnet werden, wenn die Verteilung intervallskalierter Daten mehrgipflig, asymmetrisch oder an einem Ende offen ist, bei bestimmten Zeitreihendaten, wenn die Daten ordinalskaliert sind, oder wenn eine extrem kleine Stichprobe vorliegt. Auch der Variationskoeffizient gibt Auskunft darüber, ob ein Mittelwert noch verwendet werden kann, oder nicht (siehe den Abschnitt zum Variationskoeffizienten).

Bei der Berechnung eines Mittelwerts muss darauf geachtet werden, dass sie die vorgegebene Problemstellung genau umsetzt; allzu leicht kann es passieren, dass das arithmetische anstelle des harmonischen Mittels berechnet wird.

11.3.1.2. Harmonisches Mittel

Wenn z.B. die Ausprägungen von Variablen als Quotienten (z.B. Geschwindigkeits-, Dichte-, Wachstums-, oder Leistungsquotienten) vorliegen, so ist das harmonische Mittel H (auch: HM) ein geeigneteres Lagemaß als das arithmetische Mittel.

Aufmerksamkeit ist allerdings bei der Kehrwertbildung angebracht: Das harmonische Mittel von Messwerten ist ihre Anzahl, *geteilt durch die Summe ihrer Kehrwerte*. Der Unterschied zum arithmetische Mittel ist also der Nenner (Teiler, divisor). Da zur Berechnung die Quotienten aus den Merkmalswerten gebildet werden, muss das Merkmal verhältnisskaliert sein. Das harmonische Mittel kann für positive und negative Werte berechnet werden.
Die Quelle des Missverständnisses wird im folgenden Beispiel ausführlich erklärt.

$$\bar{x}_H = \frac{n}{\sum_{i=1}^{n} \frac{1}{x_i}}$$

Beispiele:

Fall1: Das Gewicht der Quotienten ist verschieden (Harmonisches Mittel):
Ein Radrennfahrer fährt eine 10 km lange Strecke zwei Mal. Bergauf wird konstant 30 $\frac{\text{km}}{\text{h}}$ gefahren, bergab aber 60 $\frac{\text{km}}{\text{h}}$. Wie groß ist seine Durchschnittsgeschwindigkeit?

Wer jetzt annimmt, seine Durchschnittsgeschwindigkeit liege bei 45 $\frac{\text{km}}{\text{h}}$, hat beide Geschwindigkeiten gleich gewichtet, und ist damit in eine beliebte Falle getappt. Die beiden Geschwindigkeiten sind *unterschiedlich gewichtet:* Für den

Hinweg braucht der Radfahrer 20 min und für den Rückweg 10 min. Insgesamt schaffte der Radfahrer die 20 km in 30 min.; dies ergibt eine Durchschnittsgeschwindigkeit von 40 $\frac{km}{h}$:

$$\bar{x}_H = \frac{2}{\frac{1}{30\frac{km}{h}} + \frac{1}{60\frac{km}{h}}} = 40\tfrac{km}{h}.$$

Fall2: Das Gewicht der Quotienten ist identisch (Arithm. Mittel):
Anders liegt der Fall, wenn der Nenner bei beiden Werten derselbe ist, wenn eine Radfahrerin z.B. 30 min lang mit 30 $\frac{km}{h}$ und weitere 30 min mit 60 $\frac{km}{h}$ fährt. Weil diese beiden Quotienten gleich gewichtet sind (jeweils 30 min.), kann einfach das arithmetische Mittel berechnet werden: Der Mittelwert aus einer 30 minütigen Fahrt bei 30 $\frac{km}{h}$, und einer 30 minütigen Fahrt zu 60 $\frac{km}{h}$ ist eine (30 minütige) Durchschnittsgeschwindigkeit von 45 $\frac{km}{h}$.

Wie sehr die Anwendung der Mittelwertsbildung von der genauen Umsetzung der vorgegebenen Problemstellung abhängt, wird im Aufgabenteil nochmals an einem Beispiel gezeigt.

11.3.1.3. Geometrisches Mittel

Das geometrische Mittel G (auch: GM) ist das einzige Lagemaß, mit dem man die durchschnittliche prozentuale (relative) Entwicklung einer Größe im Zeitablauf beschreiben kann. Das geometrische Mittel wird z.B. verwendet, um den durchschnittlichen Betrag einer Veränderung zu ermitteln (vorausgesetzt, diese Veränderungen erfolgen mit einer relativen Konstanz, und ohne extreme Sprünge). Das geometrische Mittel spielt v.a. bei Wachstums-, Entwicklungs,- bzw. Zinssteigerungsvariablen eine Rolle und errechnet aus den aufeinander folgenden Ausprägungen einer Variable die durchschnittliche Wachstums-, Entwicklungs-, bzw. Zinssteigerungsrate.

Zur Berechnung des geometrischen Mittels müssen die Werte verhältnisskaliert, und dürfen nur positiv sein. Das geometrische Mittel basiert auf der n-ten Wurzel aus dem Produkt der n Messergebnisse.

$$\bar{x}_G = \sqrt[n]{\prod_{i=1}^{n} x_i}$$

Beispiel 1: Einkommensentwicklung

Das Jahreseinkommen der letzten Jahre einer Person wird betrachtet. Sie verdient im ersten Jahr 40.000 DM, dann das 1,2fache (48.000 DM), davon das 1,25fache

(60.000 DM) und schließlich das 0,95fache (57.000 DM). Wie lautet die durchschnittliche relative Vervielfachung des Einkommens? Nach o.a. Formel ergibt sich als geometrisches Mittel $\bar{x}_G = \sqrt[3]{1,20 \cdot 1,25 \cdot 0,95} = 1,1253 \approx 1,13$.

Multipliziert man die 40.000 DM mit diesem Faktor, das Ergebnis nochmals mit diesem Faktor und schließlich nochmals (also insgesamt 3-mal), so gelangt man zu dem bekannten Endwert von 57.000 DM. Bei 1,13 handelt sich also um den durchschnittlichen Faktor.

Beispiel 2: Kontinuität einer Fermentation (*L. mesenteroides*)

Die optische Dichte einer kontinuierlichen Fermentation von *L. mesenteroides* wurde protokolliert. Der Fermenter wurde im Batchverfahren betrieben, bis eine optische Dichte von 0,56 erreicht wurde. Danach wurde auf kontinuierlichen Betrieb umgestellt. Das Regelsystem variiert die Durchflussrate anhand der gemessenen optischen Dichte. Es ergibt sich folgendes Messprotokoll:

Zeitverlauf [min]	0	10	20	30	40	50	60	70	80	90	100	110	120
optische Dichte (1:4 verdünnt)	0,56	0,58	0,6	0,55	0,53	0,51	0,48	0,51	0,53	0,57	0,56	0,63	0,56

Auf der Basis dieser Messwerte lassen sich folgende Faktoren ermitteln:

Faktoren:	1,036	1,034	0,917	0,964	0,962	0,941	1,063	1,039	1,075	0,982	1,125	0,889

Es ergibt sich folgendes geometrische Mittel (zunächst ohne den Wert für 120 min.):

$$\bar{x}_G = \sqrt[11]{1,036 \cdot 1,034 \cdot 0,917 \cdot 0,964 \cdot 0,962 \cdot 0,941 \cdot 1,063 \cdot 1,039 \cdot 1,075 \cdot 0,982 \cdot 1,125}$$
$$= 1,011$$

Der durchschnittliche Faktor, der alle 10 min. betrachtet wird, beträgt 1,011.

Wenn man also den Ausgangswert mit dem Faktor $1,011^{11}$ multipliziert, gelangt man zum Endwert. $1,011^{11}$ ergibt 1,128, was bedeutet, dass der Gesamtfaktor über 110 Minuten 1,128 beträgt, was man auch als Wachstumsrate (innerhalb des Zeitraumes dieser Fermentation) bezeichnen könnte. Wenn alle Werte (einschließlich für 120 min.) mit einbezogen werden, beträgt das geometrische Mittel:

$$\bar{x}_G = \sqrt[12]{1,036 \cdot 1,034 \cdot 0,917 \cdot 0,964 \cdot 0,962 \cdot 0,941 \cdot 1,063 \cdot 1,039 \cdot 1,075 \cdot 0,982 \cdot 1,125 \cdot 0,889}$$
$$= 1,000$$

Der Wert 1,00 drückt aus, dass der Wert letztendlich konstant geblieben ist. Das ist auch Ziel einer kontinuierlichen Fermentation.

11.3.1.4. Gewichtetes arithmetisches Mittel

Das gewichtete (auch: gewogenes) arithmetische Mittel unterscheidet sich vom „normalen" arithmetischen Mittel, dass die Einzelwerte bei der Mittelwertberechnung nicht gleich behandelt, sondern dass diesen Werten ein jeweils unterschiedliches *Gewicht* beigemessen wird. Diese Gewichtung kann die *inhaltlich* unterschiedliche Bedeutung oder auch die *statistische* unterschiedliche Häufigkeit der Messwerte ausdrücken, die in einem gewogenen
Mittelwert zusammengefasst werden sollen.

$$\overline{\overline{x}} = \frac{1}{n} \cdot \sum_{i=1}^{m} h_i \cdot \overline{x}_i$$

n beschreibt den Umfang aller Messwerte aus allen Stichproben. h_i beschreibt den Umfang der i-ten Stichprobe. *m* bezeichnet die Anzahl aller Messwerte aus allen Stichproben. Wird statt $\overline{x}_i$ k_i als Symbol verwendet, so gelangt man zur Schätzung des arithmetischen Mittels für klassifizierte Daten.

Die Daten und Gewichte zur Berechnung eines gewichteten Mittelwerts müssen mindestens intervallskaliert sein. Die Messwerte werden dabei mit den Gewichten multipliziert, und anschließend durch die Summe aller Gewichte dividiert. Werden Mittelwerte aus verschieden großen Stichproben zusammengeführt, müssen diese immer mit ihrem jeweiligen Umfang gewichtet werden.

Beispiel
Für die drei Kornsorten A, B und C ist der jeweilige Durchschnittsertrag bekannt (A = 2,5, B = 1,7 und C = 1,8). Der Stichprobenumfang N der Kornsorten ist jeweils verschieden. Für Sorte A beträgt N=3, für B N=4, und für C ist N=3. Aus dem jeweiligen Ertrag der drei Kornsorten soll nun das gewichtete arithmetische Mittel berechnet werden.

Das *gewichtete arithmetische* Mittel (mit Berücksichtigung der jeweiligen Stichprobengröße) ergibt $\overline{\overline{x}} = \frac{1}{10}(3 \cdot 2,5 + 4 \cdot 1,7 + 3 \cdot 1,8) = 1,97$.
Das *arithmetische* Mittel (ohne Berücksichtigung der unterschiedlichen Stichprobengröße) beträgt im Vergleich $\frac{2,5 + 1,7 + 1,8}{3} = 2,0$.

11.3.1.5. Modus

Der Modus (auch als „Modalwert" oder „Dichtester Wert" bezeichnet) gibt den Wert an, der in einer Reihe von Messwerten am häufigsten, und u.U. repräsentativ bzw. typisch ist. Im Gegensatz zum Mittelwert (s.o.) ist der Modus nicht errechnet, sondern real vorhanden und konkret gemessen. Der Modus als „häufigster

Wert" sagt aber nichts über die Verteilung und Richtung der anderen Werte aus. Der Modus wird verwendet, wenn die Berücksichtigung von Extremwerten nicht erforderlich ist, wenn z.B. nur die häufigsten, nicht aber die kleinsten oder größten Flügellängen interessieren.

Da für die Bestimmung des Modus allein die Häufigkeit der Werte maßgeblich ist, kann der Modalwert bei allen Skalierungsniveaus eingesetzt werden. Voraussetzung ist aber, dass mind. ein Wert tatsächlich mehrfach in einer Verteilung vorkommt. Eine Betrachtung der Verteilung vor Anwendung des Modalwertes ist daher angebracht.

Ein Modus sollte sich in der Verteilung deutlich abheben, und in seiner Umgebung sollte sich eine erkennbare Konzentration finden und auf diesen Wert zuspitzen. Eine Verteilung kann (im Gegensatz zu Mittelwert und Median) *zwei* (oder mehr) solcher Parameter aufweisen, z.B. wenn es sich um eine zweigipflige Verteilung handelt, die sich in zwei (annähernd gleich großen) *Modi* ausdrückt (siehe Beispiel zu den Flügellängen). Eine *Bimodalität* kann als Hinweis daraufhin interpretiert werden, dass in der Stichprobe nicht eine, sondern zwei verschiedene Grundgesamtheiten enthalten sind.

Im Flügel-Beispiel könnten dies z.B. männliche oder weibliche Insekten derselben Art sein, oder auch zwei verschiedene Insektenarten. Falls eine Bimodalität vorliegt, sind die Daten genauer zu prüfen. Bei mehrgipfligen Verteilungen kann es sinnvoll sein, für alle lokalen Maxima einen Modalwert anzugeben.

Beispiel 1: Regenwasser (unklassierte, unimodale Daten):

1989 wurde in 35 Regenwasserproben aus den Stadtgebieten Sydney, Newcastle und Wollongong der pH-Wert gemessen (Daten siehe *Tabelle*).

Urliste	-	pH von Regenproben				
4,38	4,52	4,60	4,09	4,55	4,42	4,69
4,21	4,57	5,62	4,13	5,30	4,13	4,30
4,38	4,45	5,67	4,39	4,26	4,26	4,40
5,78	4,74	5,09	4,13	5,56	4,85	4,66
4,29	4,61	3,98	4,46	4,52	4,42	5,95

Der Modus betragt 4,13, da dieser Wert mit N=3 am häufigsten vorkommt.

Auch für klassierte Daten lässt sich der Modus bestimmen. Der (jew.) Modus befindet sich logischerweise in der Klasse, in der die meisten Werte vorkommen.

Beispiel 2: Flügellängen (klassierte, bimodale Daten):

Aufgrund der Zweigipfligkeit kann man die Modalwerte 3,7 und 4,3 angeben. Die feinere Berechnung ergibt für den ersten Modalwert $D = 3,55 + \frac{9-2}{2 \cdot 9 - (2+4)} \cdot 0,3 = 3,725 \approx 3,7$.

Also etwas höher als die Klassenmitte, was aber nach der Rundung keine Rolle mehr spielt. Für eine feinere Berechnung wird die obere und untere Klasse mit einbezogen.

$$D = x_{uK} + \frac{h_K - h_{K-1}}{2h_K - (h_{K-1} + h_{K+1})} \cdot b$$

K ist die am häufigsten besetzte Klasse. h_K bezeichnet die Häufigkeit der K-ten Klasse. *b* ist die Klassenbreite, und x_{uK} der Wert der unteren Klassengrenze der K-ten Klasse.

Ein großer Nachteil des Modus ist, dass er kein errechneter Lageparameter ist. Ein Modus ist ziemlich unzuverlässig; er kann nämlich auch die Häufigkeit eines Extremwerts beschreiben (die Bezeichnung ‚zentrale Tendenz' einer Verteilung könnte ebenfalls irreführend sein), und daher von Stichprobe zu Stichprobe erheblich schwanken.

11.3.1.6. Median

Der Median (auch als „Zentralwert", „50. Zentil", oder, ein bisschen irreführend, „mittelster Wert" bezeichnet) hat über sich und unter sich gleich viele (nach der Größe geordnete) Einzelmesswerte (zentrale Position).

Die Daten zur Bestimmung des Medians müssen mindesten ordinalskaliert sein. Ist die Menge der Einzelwerte ungerade, halbiert ein vorgefundener Wert die Größenrangreihe der Werte. Ist die Menge dieser Werte gerade, wird aus den beiden mittleren Werten der Durchschnitt errechnet.

Der Median ist auch für Skalen geeignet, die nach oben bzw. unten nicht begrenzt sind (z.B. die nach oben offene Richter-Skala für die Intensität von Erdbeben).

Da der Median nur von der Anzahl der Merkmalswerte abhängt, erfolgt selbst bei sehr wenigen Werten keine Verzerrung durch extreme Werte (Ausreißer), so dass der Median einen besseren Eindruck von der Mitte vermittelt. Der Median eignet sich besser für schiefe (asymmetrische) Verteilungen als das arithmetische Mittel.

Bei klassifizierten Daten errechnet sich der Median wie folgt:

$$Z_k = x_{uk} + \frac{\frac{n}{2} - H_{k-1}}{h_k} \cdot b$$

H_k bezeichnet die kumulative Häufigkeit, die genau bei n/2 oder direkt danach liegt. x_{uk} bezeichnet die untere Grenze der zu H_k gehörenden K-ten Klasse. Bei der Berechnung wird davon ausgegangen, dass in der Medianklasse eine Gleichverteilung vorliegt.

Beispiel: Flügellängen

Nicht klassierte Daten: Der Wert 3,9 ist der Median für die Werte in *Tabelle 2*.

$$Z_k = 3{,}85 + \frac{\frac{25}{2} - 11}{4} \cdot 0{,}3 = 3{,}96 \approx 4{,}0\,.$$

11.3.1.7.Quantile (Quartile, Dezentile, Perzentile)

Um eine Verteilung von Messwerten in Abschnitte zu unterteilen (ähnlich dem Median), werden Quantile eingesetzt. Je nach gewünschter Feinheit bzw. Breite der Abschnitte können unterschiedliche Quantile eingesetzt werden: Quartile, Dezentile, und Perzentile. Während der Median die Messwertverteilung in zwei Hälften zerlegt, zerlegen die Quartile die Messwertverteilung in Viertel, die Dezentile in Zehntel, und die Perzentile in Hundertstel.

Quantile geben keine Bereiche, sondern ihre Grenzen an. In den beiden Hälften links und neben des Medians liegen je 50% der Werte (s.o.). In den vier Abschnitten der drei Quartile (Q1: 25%, Q3: 50%, Q3: 75%) liegen je 25% der Messwerte (Boxplots basieren u.a. auf dem sog. Interquartilsabstand). In den zehn Bereichen der neun Dezentile (10% bis 90%) befinden sich je 10% der Werte, und um die 99 Perzentile verteilen sich die Werte in Hundertstel-Anteilen.

Quantile sind geeignet, Verteilungen in bestimmten Bereichen gezielt zu untersuchen (z.B. 1%, 5%, 25 %, 50%, 75%, 95%, 99%). Quantile können nur unter der Voraussetzung valide interpretiert werden, dass sich in den Verteilungen dieselben Messwerte nicht allzu oft wiederholen. Enthält eine Variable z.B. ausschließlich denselben Wert, dann ist die Anwendung und Interpretation von Quantilen wenig hilfreich.

Beispiel: Berechnung von Quartilen

Bei der Berechnung von Quantilen gilt die Näherungsformel $q = n\,\alpha$, wobei q den q-ten Wert der geordneten Datenreihe, n die Anzahl der Messwerte (hier N=25), und α das gewünschte Quantil repräsentiert (hier 0,25 bzw. 0,75). Falls *q* nicht ganzzahlig ist, wird zur nächsthöheren Zahl aufgerundet. Die Berechnung des Q25 (unteres Quartil) für die Flügellängen-Daten (N = 25) ergibt 25*0,25= 6,25, aufgerundet also 7. Der 7. Wert der geordneten Messwertreihe ist 3,8, also *q=3,8*. Die Berechnung des Q75 (oberes Quartil) ergibt 25*0,75= 18,75, aufgerundet 19; in der geordneten Messwertreihe entspricht 4,5 dem 19. Wert, *q=4,5*.

Exkurs: SAS und Quantile

SAS kennt 5 Methoden der Quantilsermittlung. SAS verwendet als Default Methode 5. Die oben beschriebene Methode entspricht in SAS Methode 3.

Im Allgemeinen wird das gesuchte Perzentil p (als Absolutbetrag; also eine Zahl zwischen 0 und 1) mit der Beobachtungszahl n multipliziert, was eine Quantilsbreite $n \cdot p$ ergibt (eine Ausnahme bildet Methode 4, bei der n+1 mit p multipliziert wird). Leider ist diese Position nicht immer ganzzahlig. Es gibt mehrere Methoden, wie in diesem Fall weiter verfahren wird. Für folgende Formeln gilt, dass von dem errechneten Wert der ganzzahlige Anteil *j* und der Rest nach dem Komma *g* ist. Die Beobachtungswerte werden $x_1, x_2, \ldots, x_n$ gekennzeichnet.

Fünf Methoden zur Quantilsermittlung:

- Gewichteter Mittelwert:
  $\rightarrow y = (1-g) \cdot x_j + g \cdot x_{j+1}$
  falls j = 0, wird statt x_0 x_1 verwendet.

- Naheliegenste Zahl der Beobachtung:
  Wenn $g \neq \frac{1}{2}$, dann ist i der ganzzahlige Anteil von $n \cdot p + \frac{1}{2}$
  $\rightarrow y = x_i$.
  Wenn $g = \frac{1}{2}$ und j eine gerade Zahl
  $\rightarrow y = x_j$.
  Wenn $g = \frac{1}{2}$ und j eine ungerade Zahl
  $\rightarrow y = x_{j+1}$.

- Empirische Verteilungsfunktion (Zahl der Beobachtung):
  Wenn g = 0 dann
  $\rightarrow y = x_j$.
  Wenn g > 0 dann
  $\rightarrow y = x_{j+1}$.

- *Gewichteter Mittelwert, wobei um einen Anteilsschritt (= p), auf die nächsthöhere Zahl der Beobachtung gezielt wird:*
  Als Grundlage für *j* und g gilt hier: $(n+1) \cdot p$
  $\rightarrow y = (1-g) \cdot x_j + g \cdot x_{j+1}$.
  falls j = n + 1, wird statt x_{n+1} x_n verwendet.

- *Empirische Verteilungsfunktion mit Mittelung*
  Wenn g = 0, dann
  $\rightarrow y = \frac{1}{2} \cdot (x_j + x_{j+1})$.
  Wenn g > 0 dann
  $\rightarrow$ y = x_{j+1}.

Beispiel 1:

Berechnung der Quartile für die Flügellängen-Daten mit Methode 2

Da N= 25, ergibt sich eine Quartilsbreite ($n \cdot p$) von $\frac{25}{4} = 6,25$ Werten.

Q_1: Position 6,25 → 3,6 ($g \neq \frac{1}{2}; n \cdot p + \frac{1}{2} = 6,75 \rightarrow i = 6$)
Q_2: Position 12,5 → 3,9 ($g = \frac{1}{2}$ und j gerade $\rightarrow j = 12$)
Q_3: Position 18,75 → 4,3 ($g \neq \frac{1}{2}; n \cdot p + \frac{1}{2} = 19,25 \rightarrow i = 19$)
Q_4: Position 25,00 → 4,8 ($g \neq \frac{1}{2}; n \cdot p + \frac{1}{2} = 25,5 \rightarrow i = 25$)

Beispiel 2:

Eine vergleichende Berechnung der untersten 5% der Flügellängen $n \cdot p = 25 \cdot 0,05 = 1,25$ *→ j = 1 und g = 0,25*

- Methode 1: $Z_{5\%} = 3,35$ Berechnung: $(1-0,25) \cdot 3,3 + 0,25 \cdot 3,5$
- Methode 2: $Z_{5\%} = 3,3$ ($g \neq \frac{1}{2}, n \cdot p + \frac{1}{2} = 1,75 \rightarrow i = 1$)
- Methode 3: $Z_{5\%} = 3,5$ (g > 0)
- Methode 5: $Z_{5\%} = 3,5$ (g > 0)
- Methode 4: $Z_{5\%} = 3,36$ Berechnung $(1-0,3) \cdot 3,3 + 0,3 \cdot 3,5$, denn $(n+1) \cdot p = 26 \cdot 0,05 = 1,3$ → j = 1 und g = 0,3.

Quantile bilden in gewisser Weise einen Übergang von den Lage-, zu den Streuungsmaßen, weil sie einerseits durch die Klassierung die Lage der Quantil-Werte bestimmen, andererseits kann durch die Breite der jeweilige Klassierung auch eine spezifische Streuung zwischen den jeweiligen Quantilen festgelegt werden.

11.3.2. Streuungsmaße

Die in Kapiteln 11.3.1. vorgestellten Lagemaße beschreiben im Wesentlichen das Zentrum einer Verteilung, geben aber nicht darüber Auskunft, wie weit ein Wert von diesem Zentrum abweicht. Maße, die diese Abweichung vom Zentrum einer Verteilung beschrieben, sind die sog. Streuungs- oder Dispersionsmaße.

Die folgenden Streuungsmaße sind für metrisch skalierte Variablen geeignet. Es werden die bekanntesten Streuungsmaße vorgestellt: Der Range, der Quartilsabstand, die Mittlere bzw. Mediane absolute Abweichung vom Median, die Varianz und die Standardabweichung, der Standardfehler des Mittelwertes, und der Variationskoeffizient.

11.3.2.1. Spannweite R (Range)

Die Spannweite R (auch: Variationsbreite V, Range R) wird durch die Breite des Streubereichs, genauer: durch den größten und kleinsten Wert einer Verteilung bestimmt.

$R = x_{max} - x_{min}$

R basiert auf allen Werten einer Verteilung.

Beispiel:

Tabelle 2 enthält die Daten aus dem Flügellängen-Beispiel in geordneter Form.

Tabelle 2: Geordnete Liste

Primäre Liste (Flügellängen in mm)

3,3	3,5	3,6	3,6	3,6
3,6	3,8	3,8	3,8	3,8
3,8	3,9	3,9	4,1	4,1
4,2	4,3	4,3	4,3	4,3
4,4	4,4	4,4	4,5	4,8

Der Range der Flügellängen-Daten aus *Tabelle 2* beträgt 4,8 - 3,3 = 1,5. Da unterschiedliche Messwertreihen oft auch unterschiedliche Streubreiten haben, ist ein

Range zum Vergleich von verschiedenen Beobachtungsreihen wenig geeignet. Ausreißer können dieses Streuungsmaß erheblich verzerren.

Für Ordinaldaten gibt es noch die „Spannweite ohne R“. Der Unterschied zur Spannweite R ist ihre Berechnung. Die Spannweite R wird für intervallskalierte Daten durch eine einfache Differenz gebildet. Die Spannweite für Ordinaldaten wird durch das Zählen der Skalenstufen zwischen den Quartilen ermittelt.

11.3.2.2. Quartilsabstand

Der Quartilsabstand (auch: Interquartilsabstand I_{50}) gibt die Größe des Bereichs zwischen dem oberen und unteren Quartil einer Messwertreihe an, und ist daher im Gegensatz zum Range nicht so sehr von Extremwerten abhängig (zu Quartilen siehe Abschnitt 11.3.1.7.).

$$I_{50} = Q_3 - Q_1$$

Q_1 gibt die Grenze des I. Quartals an (25%-Grenze). Q_3 gibt die Grenze des III. Quartals (75%-Grenze) an.

Innerhalb des oberen und unteren Quartils liegen mindestens 50 % der Merkmalswerte einer Beobachtungsreihe, so dass der Quartilsabstand die Breite des Bereichs liefert, innerhalb der in etwa die Hälfte aller Beobachtungen liegen.

Beispiel:

Die u.a. Tabelle enthält die Quartile der Daten aus dem Flügellängen-Beispiel. Zur Berechnung siehe Abschnitt 11.3.1.7.

Quartile der Flügellängen-Daten

Quartil	Wert
Q_0	0,0
Q_1	3,65
Q_2	3,95
Q_3	4,30
Q_4	4,80

Für die Daten der Flügellängen geben Q_1 und Q_3 als untere bzw. obere Grenze des Streubereichs 3,65 mm und 4,3 mm an. Der Quartilsabstand I_{50} beträgt daher 0,65 mm: 4,3 mm – 3,65 mm = 0,65 mm.

Der Quartilsabstand informiert aber nur über den Streu*bereich*, nicht aber über das *Ausmaß*, wie die Merkmalswerte streuen.

11.3.2.3. Mittlere bzw. Mediane absolute Abweichung vom Median

Die mittlere absolute Abweichung vom Median (sog. ‚MAD') misst die Streuung anhand der Entfernungen der einzelnen Merkmalswerte zum Median. Die Summe dieser Entfernungen wird durch die Anzahl der Merkmalswerte geteilt. Als Bezugsgröße wird der Median verwendet (es gibt auch eine Variante für das arithmetische Mittel, die sog. AD-Streuung). Bei gerader Messwertzahl ist der Median der Durchschnitt aus den beiden mittleren Werten. Bei Verwendung des Medians gilt:

$$\delta_Z = \frac{\sum_{i=1}^{n} |x_i - Z|}{n} \text{ und klassiert } \delta_{Zk} = \frac{\sum_{i=1}^{m} |k_i - Z_k| \cdot h_i}{n}$$

Die mittlere absolute Abweichung vom Median gilt als leicht nachvollziehbares Maß für die Streuung, das alle Werte der Verteilung berücksichtigt. Ausreißer können zu Verzerrungen führen.

Beispiel:

Mittlere absolute Abweichung vom Median der Flügellängen

$$\sum_{i=1}^{n} |x_i - Z| = |(3,3-3,9)| + |(3,5-3,9)| + 4 \cdot |(3,6-3,9)| + 5 \cdot |(3,8-3,9)| + 2 \cdot |(3,9-3,9)|$$

$$+2 \cdot |(4,1-3,9)| + |(4,2-3,9)| + 4 \cdot |(4,3-3,9)| + 3 \cdot |(4,4-3,9)| + |(4,5-3,9)| + |(4,8-3,9)|$$

$$= 8,0$$

$$\delta_z = \frac{8,0}{25} = 0,32$$

Der Median der Daten zu den Flügellängen beträgt 3,9. Die mittlere absolute Abweichung vom Median der Flügellängen beträgt 0.32.

Die Variante für das arithmetische Mittel (AD-Streuung) wird heutzutage kaum mehr verwendet und nicht weiter dargestellt. Die AD-Streuung wird u.a. kaum mehr verwendet, weil diese wenig stabil ist, und unzuverlässige Schätzwerte für die Streuung in der Grundgesamtheit liefert. Die Nichtberücksichtigung negativer Vorzeichen ist darüber hinaus rein deskriptiv und algebraisch nicht weiter manipulierbar.

SAS berechnet die *Mediane absolute Abweichung vom Median* (ebenfalls ‚MAD') über $MAD = med_i(|\, y_i - med_j(y_j)\,|)$, wobei der innere Median $med_j\,(y_j)$ den Median der n Beobachtungen darstellt, und der äußere Median, med_i, der Median der n absoluten Abweichungswerte vom Median ist.

Diese MAD-Variante gilt als sehr robuste Schätzung der Streuung um den Median. Für eine Normalverteilung können 1.4826 MAD verwendet werden, die Standardabweichung zu schätzen. Die *MAD*-Statistik kann in SAS z.B. in SAS/INSIGHT unter dem Menüpunkt „Robust Measures of Scale" angefordert werden. Der MAD hat geringe Effizienz für Normalverteilungen und könnte für symmetrische Verteilungen nicht geeignet sein.

Bis einschließlich der mittleren absoluten Abweichung vom Median basieren alle vorgestellten Streuparameter auf einer Häufigkeitsverteilung. Das Abstandsmaß ist die betragliche Differenz. Alle folgenden Streumaße basieren auf dem arithmetischen Mittel einer Beobachtungsreihe, und dem Abstandsmaß des quadratischen Abstands.

11.3.2.4. Varianz

In den Zeiten, als die Statistik noch der Vorstellung nachhing, wonach die Natur einen Idealtypus anstrebe (der Durchschnitt, der ‚homme moyen') und in unterschiedlichem Maße auch erreiche, galt die Varianz als „das Böse", die ‚Verfehlungen' der Natur.

Nüchtern betrachtet ist die Varianz ein konstruiertes Streumaß, das auf der Abweichung der Messung basiert, hier z.B. vom Mittelwert. Für jeden Messwert gibt es eine entsprechende Abweichung. Eine Abweichung ist positiv, falls die Abweichung über dem Stichprobenmittelwert liegt, und negativ, falls sie darunter liegt. Die Summe aller Abweichungen vom Mittelwert ergibt notwendigerweise Null.

Die Varianz s_x^2 ist also die Summe aller quadrierten Entfernungen der jeweiligen Messwerte vom Mittelwert, geteilt durch die um 1 verminderte Anzahl der Messwerte.

$$s_x^2 = \frac{SQ}{FG} = \frac{\sum_{i=1}^{n}(x_i - \overline{x})^2}{n-1} \qquad \left(= \frac{\sum_{i=1}^{n}(x_i)^2}{n-1} - \overline{x}^2 \right)$$

SQ bezeichnet die Summe der Abweichungsquadrate (sum of squares). *FG* bezeichnet die Freiheitsgrade (hier: *N-1*). Anmerkung: Die Varianz für eine Grundgesamtheit wird durch (N) dividiert. Die Varianz für eine Stichprobe wird üblicherweise durch (N-1) dividiert, weil sie kein erwartungstreuer Schätzer für die Varianz der Grundgesamtheit ist, sondern nur $s^2N/(N-1)$.

Diese und viele andere Definitionen der Varianz werden in der Praxis nicht stringent auseinander gehalten. Vor der Bedienung eines Rechners oder eines Statistikprogramms ist u.U. über die Handbücher oder Online-Hilfen zu prüfen, welche Definition verwendet wird. Bei großen Stichproben spielt die Frage „N oder N-1?“ keine Rolle; bei kleinen Stichproben können jedoch durchaus verschiedene Ergebnisse die Folge sein.

Beispiel

Varianz der Flügellängen-Daten

$$SQ = (3,3-4,0)^2 + (3,5-4,0)^2 + 4\cdot(3,6-4,0)^2 + 5\cdot(3,8-4,0)^2 + 2\cdot(3,9-4,0)^2 + 2\cdot(4,1-4,0)^2$$
$$+ (4,2-4,0)^2 + 4\cdot(4,3-4,0)^2 + 3\cdot(4,4-4,0)^2 + (4,5-4,0)^2 + (4,8-4,0)^2 = 3,39$$

$$s_x^2 = \frac{SQ}{n-1} = \frac{3,39}{25-1} = 0,1412$$

Die Stichprobenvarianz der Flügellängen-Daten beträgt 0,1412. Zur Interpretation bzw. zum Vergleich verschiedener Varianzen wird auf den Abschnitt 11.3.2.5. zu den Standardabweichungen verweisen.

Die Varianz kann auch für klassierte Daten näherungsweise ermittelt werden. An dieser Stelle kann weder auf die Terminologie (u.a. externe Varianz, interne Varianz, exakte Varianz), noch auf die Formeln der Berechnungsmöglichkeiten (z.B. Sheppard-Korrektur für annähernd normalverteilte Variablen) weiter eingegangen werden.

Die interne Varianz erfasst z.B. die Abweichung in den Klassen um die Klassenmitte und die externe Varianz die Abweichung der Klassenmitte um den Mittelwert. Mit Sheppard-korrigierten Varianzen dürfen übrigens keine statistischen Tests vorgenommen werden. Mittelwerte, Varianzen und andere Maße sollten immer aus nicht-klassierten Daten errechnet werden.

Je größer die Variabilität um den Mittelwert in der Datenmenge ist, umso größer ist auch die Varianz. Je weniger Extremwerte in einem Datensatz vorkommen, umso geringer wird die Varianz. Im extremen Falle keiner Variabilität ist die Varianz gleich Null. Jeder Messwert ist dabei gleich dem Mittelwert, und auch zugleich der Mittelwert.

Die Varianz ist eine algebraische Funktion aller Messwerte der Verteilung. Der eher formal zu sehende Vorzug der Varianz ist, dass sie aus allen Messwerten einer Verteilung errechnet wird (und nicht nur von Extremwerten, siehe z.B. Range), und daher von zufälligen Extremwerten in der Stichprobe kaum beeinflusst wird.

Dass die Varianz eine algebraische Funktion aller Messwerte der Verteilung ist, ist zugleich ihr statistisch und inhaltlich zu sehender Nachteil. Die Rechengrundlage der Varianz sind nämlich *nicht* die Originaldaten, sondern die *Quadrierungen* der Originaldaten (siehe auch Standardabweichung).

Die Quadrierung wird eigentlich nur vorgenommen, um die gegenseitige Aufhebung von positiven und negativen Zahlen zu verhindern. Wegen der Quadrierung werden aber Messwerte mit zunehmender Abweichung vom Mittelwert im Vergleich zu den anderen Werten unverhältnismäßig mehr gewichtet und üben so einen überproportional Einfluss auf das Streuungsmaß aus.

Gerade *wegen* der Gewichtung der Randwerte durch die Quadrierung können Extremwerte bzw. Ausreißer eine Varianz beeinflussen. Genau betrachtet liegt hier die Situation vor, dass an Zahlen des numerischen Relativs Transformationen auf eine Weise vorgenommen werden, die nicht nur die Abbildung des ursprünglichen empirischen Relativs ändern, und damit auch die Beziehung zu diesem Relativ, sondern darüber hinaus auch dessen Dimension. War die Dimension der Ausgangsdaten „ Minuten “, dann ist die Dimension der Varianz „ Minuten^2 “; zusätzlich werden die zunehmend abweichende Werte überproportional gewichtet. Im Vergleich zu ihren Ausgangsdaten ist eine Varianz nicht so einfach zu interpretieren.

Obwohl durch die Transformation der Ausgangsdaten die inhaltliche Interpretation einer Varianz erheblich erschwert ist, gilt die Varianz im allgemeinen als ein zuverlässiger Schätzwert für die Streuung in der Grundgesamtheit, und hat in der schließenden Statistik eine herausragende Bedeutung.

11.3.2.5. Standardabweichung

Die Standardabweichung (auch als Streuung bezeichnet) wird üblicherweise aus der Varianz abgeleitet. Ihre Definition lautet: Die Standardabweichung ist die positive Wurzel der Varianz, und hat damit im Gegensatz zur Varianz wieder dieselbe Dimension der Daten, aus denen sie errechnet wird.

Anmerkung: Die Standardabweichung einer ‚Stichprobenverteilung' (also der Verteilung *mehrerer* Stichproben*mittelwerte*) wird als Standard*fehler* bezeichnet. Die besondere Bedeutung der Standardabweichung für die Inferenzstatistik wird nicht weiter behandelt (siehe auch nächster Abschnitt).

Die Standardabweichung weist folgende Eigenschaften auf: Über die Wurzelziehung wird die problematische Quadrierung der Werte (siehe Varianz) wieder rückgängig gemacht. Je größer die Variabilität um den Mittelwert ist, umso größer ist die Standardabweichung. Je weniger Extremwerte in einem Datensatz vorkommen, umso geringer wird die Standardabweichung. Die Standardabweichung ist gleich Null, falls alle Werte identisch sind.

$$s_x = \sqrt{s_x^2} = \sqrt{\frac{\sum_{i=1}^{n}(x_i - \bar{x})^2}{n-1}}$$

Beispiel 1

Berechnung der Standardabweichung der Flügellängen-Daten

$s_x = \sqrt{0,1412} = 0,38$
Die Standardabweichung der Flügellängen beträgt 0, 38. Nur: *Ist das viel?*

Zur angemessenen Einschätzung des *Ausmaßes* einer Standardabweichung (und einer Varianz) sind weitere Informationen bzw. Transformationen erforderlich.

Die wichtigste Zusatzinformation liefert der Mittelwert; daneben ist der empirische bzw. theoretisch mögliche Range der vorliegenden Messwerte informativ. Eine Standardabweichung von 0,38 (und eine Varianz von 0, 1412) kann man aufgrund der geringen Variabilität der Daten um den Mittelwert (der Flügellängen) von 4,004 als eher gering einstufen (konkret reicht der Range der Flügellängen-Daten von 3,3 bis 4,8).

Würde dagegen (als fiktives Beispiel) eine Standardabweichung von 2,56 (und eine Varianz von 6,55) bei einem Mittelwert von 4,004 vorliegen, wären diese Standardabweichung (und Varianz) als eher breit einzustufen. Der Vergleich mehrerer Standardabweichungen muss immer den Mittelwert mit einbeziehen.

Vergleich zweier Standardabweichungen

Standardabweichungen basieren nur ausnahmsweise auf identischen Mittelwerten, so dass sie nur in den seltensten Fällen direkt miteinander verglichen werden können. Wie können also *zwei* identische Standardabweichungen miteinander verglichen werden, wenn der Mittelwert verschieden ist?

Beispiel 2

Empirische Werte
Aus zwei Stichproben an Flügellängen liegen folgende Lage- und Streustatistiken vor:

- Stichprobe1: Mittelwert=2,94, Standardabweichung=2,56, Varianz=6,55.
- Stichprobe2: Mittelwert=5,17, Standardabweichung=2,56, Varianz=6,55.

Dieselben Standardabweichungen weisen trotz des augenscheinlich gleichen Ausmaßes (Betrag) offensichtlich Unterschiede hinsichtlich ihrer Bedeutung auf. Streuparameter sollten immer zusammen mit Lageparametern interpretiert werden, und umgekehrt (siehe dazu auch die Einführung zu Lage- und Streuparametern eingangs von Kap. 11.2.).

Sehr ausgeprägte Standardabweichungen können evtl. als ein Hinweis daraufhin verstanden werden, dass möglicherweise inhomogene Daten in eine gemeinsame Stichprobe gerieten, also Daten, die normalerweise hätten getrennt erfasst werden sollen, z.B. Daten unterschiedlicher Insektenarten oder Geschlechter innerhalb derselben Art (siehe dazu auch die Ausführungen im Abschnitt zum Variationskoeffizienten).

Für einen direkten Vergleich von verschiedenen Verteilungen (also Varianzen bzw. Standardabweichungen) sind Transformationen erforderlich, die jeweils den Mittelwert einbeziehen.

Eine einfache Maßzahl für den Vergleich zweier Verteilungen auf der Basis der Standardabweichung ist der Variationskoeffizient (zur Berechnung und Interpretation siehe den Abschnitt 11.3.2.7.).

Ein alternatives, und aufwendigeres Vorgehen ist, innerhalb jeder Verteilung die einzelnen Abweichungen durch die Standardabweichung der jeweiligen Stichprobe zu dividieren. $Z_i = \frac{x_i - \overline{x}}{s}$

Werden dieselben Einzelwerte an der Unterschiedlichkeit der Mittelwerts und der Standardabweichung ihrer jeweiligen Stichprobe relativiert (die sog. z-Transformation ist in SAS über PROC STANDARD möglich), kann das tatsächliche Ausmaß ihrer Abweichung festgestellt und miteinander vergleichen werden.

Beispiel 3

z-Werte für die Daten aus Beispiel 2

- In Stichprobe 1 erreicht ein Messwert von 3,0 einen z-Wert von 0,02.
- In Stichprobe 2 erreicht ein Messwert von 3,0 einen z-Wert von 0,45.

Derselbe Messwert kann in verschiedenen Stichproben ein völlig unterschiedliches Ausmaß an Abweichung repräsentieren. Der Wert 3,0 weist für die Stichprobe 2 eine weit größere Abweichung auf als für die Stichprobe 1. Die entstehenden Werte werden als sog. z-Werte und ihre Verteilung als z-Verteilung bezeichnet. Eine z-transformierte Verteilung hat einen Mittelwert von 0 und eine Streuung von 1.

Die Standardabweichung ist ein Maß für die *absolute* Variabilität innerhalb eines Datenbereiches. Die *relative* Variabilität ist jedoch ein bedeutsameres Maß, und wird allgemein durch den Variationskoeffizienten angegeben. Die Standardabweichung ist auch bedeutsam bei der Interpretation der Normalverteilung; auch ist sie das Fundament der Empirischen Regel, wonach in Bereiche bestimmter Standardabweichungen (z.B. eine Standardabweichungseinheit) bestimmte Prozentanteile von Fällen fallen (z.B. 68%). Bei asymmetrischen Kurven trifft die Empirische Regel nicht mehr zu; es können dann z.B. im Bereich einer Standardabweichungseinheit durchaus auch 85% der Fälle liegen. In der Einführung in die Inferenzstatistik wird auf die Anwendung und Interpretation der Empirischen Regel bei Normalverteilungen eingegangen.

11.3.2.6. Standardfehler des Mittelwerts

Nach mehrfachen Messungen unter denselben Bedingungen bilden mehrere Stichproben*mittelwerte* selbst wiederum eine Verteilung (die sog. ‚Stichprobenverteilung'). Diese einzelnen Stichproben*mittelwerte* sind selbst jeweils einzelne Schätzer eines unbekannten Parameters der Grundgesamtheit. Jeder einzelne dieser Werte ist dabei mit einem Stichprobenfehler behaftet. Je kleiner die Streuung der sog. ‚Stichprobenverteilung' ist (je größer die Stichproben selbst sind), desto genauer bilden sie den unbekannten Parameter ab; je größer diese Streuung ist (je kleiner also die Stichproben sind), desto unzuverlässiger ist die auf ihrer Grundlage vorgenommene Parameterschätzung.

Das Zentrale Grenzwerttheorem baut auf genau diesen Beobachtungen auf: Unter der (mathematischen) Voraussetzung, dass die Zahl der Stichproben*mittelwerte* gegen Unendlich geht, und jede zugrunde liegende Stichprobe ausreichend groß ist (z.B. $N \geq 30$), behauptet das Zentrale Grenzwerttheorem, dass die Stichproben*mittelwerte* *immer* eine Normalverteilung bilden (auch dann, wenn die Stichproben*mittelwerte* selbst nicht aus Normalverteilungen stammen). Die Standardabweichung (Streuung) dieser ‚Stichprobenverteilung' wird als der sog. Standardfehler des Mittelwerts $s_{\bar{x}}$ bezeichnet. Weil nun aber die Standardabweichung der Grundgesamtheit nicht zur Verfügung steht, wird der Standardfehler des Mittelwerts *näherungsweise* berechnet über die Standardabweichung der Stichprobe dividiert durch die Quadratwurzel ihres Umfangs.

$$s_{\bar{x}} = s_x / \sqrt{n}$$

Der Standardfehler des Mittelwerts $s_{\bar{x}}$ gibt also *näherungsweise* die Streuung in der Grundgesamtheit an, und stellt im Prinzip einen vorwiegend *mathematisch-statistisch begründeten Schluss von bekannten Stichprobenkennwerten auf unbekannte Parameter der Grundgesamtheit* dar.

Diese Argumentation und ihre Berechtigung, v.a. das Zentrale Grenzwerttheorem, wird im Folgenden etwas genauer betrachtet.

Auf der Basis des Zentrale Grenzwerttheorems wird vereinfachend angenommen, ab Stichprobengrößen um $N \geq 30$, umso mehr bei $N \geq 50$ bzw. $N \geq 100$, immer mit parametrischen Verfahren rechnen zu dürfen, und nichtparametrische Verfahren vorwiegend kleinen Stichproben vorzubehalten. Sofern Merkmalsverteilungen für die genannten Stichprobengrößen normalverteilt sind, bestehen keine Probleme bei der Auswahl und Anwendung der geeigneten Analyseverfahren. Verunsicherung tritt jedoch dann auf, sobald eine Merkmalsverteilung nicht normalverteilt ist. Wie ist damit umzugehen?

Grundsätzlich sollte man sich vor Augen halten, dass das Zentrale Grenzwerttheorem eine *Theorie* ist, sogar eine relativ einfache. Diese Theorie muss nicht in jedem Fall zutreffen. Dazu ist die empirische Realität viel zu reichhaltig und komplex. Das Anliegen von Data Analysten ist an dieser Stelle zuallererst auch nicht, das Zentrale Grenzwerttheorem zu bestätigen bzw. zu falsifizieren, sondern ihre Daten angemessen zu beurteilen, um ein geeignetes Analyseverfahren wählen zu können.

Zuallererst sollte von einem *Zutreffen* des Zentralen Grenzwerttheorems ausgegangen werden, und zunächst die Ursachen für das Zustandekommen einer nicht-normalen Verteilung untersucht werden. Neben zufälligen, aber besonders systematischen Fehlern können auch bislang unbekannte Faktoren eine Rolle spielen; falls Fehler ex post identifiziert und behoben werden können, ist nicht auszuschließen, dass die korrigierte Verteilung einer Normalverteilung entspricht. Eine nicht-normale Verteilung kann z.B. das Ergebnis mehrerer zusammengesetzter Normalverteilungen sein. Bei dieser Möglichkeit besteht die Aufgabe darin, ex post ihre jeweiligen Ursachen zu identifizieren und zu überprüfen, was jedoch je nach Datensituation nicht immer möglich ist.

Wichtig ist jedoch auch, sich *nicht in jedem Falle* auf das Zutreffen des Zentralen Grenzwerttheorems zu verlassen. Bei extrem schiefen Ausgangsverteilungen können u.U. auch Stichprobenumfänge um z.B. N=100 keine Normalverteilung erreichen. Darüber hinaus besteht die Möglichkeit, dass sich das untersuchte Merkmal gar nicht normal verteilt. Ob sich ein Merkmal normalverteilt oder nicht, kann u.U. in der empirischen Literatur des jew. Forschungsbereiches eingesehen werden. Bei der erstmaligen Untersuchung eines Merkmals kann man jedoch gar nicht wissen, wie es sich verteilen wird; in diesem Falle ist die gründliche Untersuchung der Lage und Streuung der Verteilung der betreffenden Variable umso wichtiger. Die Realität ist zu komplex und dynamisch, um die Möglichkeit extremer oder ungewöhnlicher Verteilungen (z.B. Cauchy-Verteilung, Verteilung ohne finite Varianz) völlig ausschließen zu können.

Auf die Robustheit von statistischen Verfahren gegenüber Verstößen gegen die (multivariate) Normalverteilung sollte man sich nicht verlassen (multivariate Normalität bedeutet, dass alle Variablen und jede ihrer Linearkombinationen jeweils normalverteilt sind). Die Literatur bezieht zur (Nicht)Robustheit statistischer Verfahren keinesfalls einheitlich Stellung. Einige Verfahren sind allerdings als eindeutig empfindlich zu bezeichnen, z.B. die Pfadanalyse.

Data Analysten sollten in jedem Falle geeignete Analyseverfahren kennen und anwenden können, z.B. auch nichtparametrische Verfahren. Je nach Datensituation sind nichtparametrische Verfahren ihren parametrischen Pendants sogar überlegen (Siegel, 1987).

11.3.2.7. Variationskoeffizient

Der Variationskoeffizient (CV, coefficient of variation; z.T. auch als Variabilitätskoeffizient V bezeichnet) ist eine einfache Maßzahl für den direkten Vergleich zweier Verteilungen. Der CV basiert auf der Relativierung der Standardabweichung einer Stichprobe am jeweiligen Mittelwert. Beim Variationskoeffizienten werden die Standardabweichung in den Zähler, das arithmetische Mittel in den Nenner eingesetzt, und mit 100 multipliziert (manche CV-Formeln enthalten nicht die Multiplikation).

$$cv = \frac{s}{|\bar{x}|} \qquad \text{bzw.} \qquad cv_{\%} = \frac{s}{|\bar{x}|} \cdot 100\ \%$$

Je höher CV ist, umso größer ist die Streuung. Im Gegensatz zur Standardabweichung als ein Maß für die *absolute* Variabilität gibt CV die *relative* Variabilität innerhalb eines Datenbereiches an.

Beispiel:

Es liegen aus zwei Stichproben folgende Maßzahlen vor (vgl. 11.2.2.5.):

- Stichprobe1: Mittelwert=2,94, Standardabweichung=2,56: CV = 0,87.
- Stichprobe2: Mittelwert=5,17, Standardabweichung=2,56: CV = 0,49.

Wird nur die Standardabweichung betrachtet, so scheint die Variabilität innerhalb beider Gruppen dieselbe zu sein. Der Vergleich der Variationskoeffizienten CV zeigt jedoch, dass in Stichprobe 1 die Streuung in Wirklichkeit erheblich größer ist.

Für den Variationskoeffizienten gibt es eine Faustregel, die versucht, ein *statistisches Ausmaß* mit einem *Inhalt von Daten* in Beziehung zu setzten. Unbeachtet der Problematik dieser Verknüpfung sind Hinweise seitens des Variationskoeffizienten durchaus als Heuristik geeignet, das *mögliche* Vorliegen inhomogener Stichproben zu entdecken.
Diese Faustregel besagt, dass ein Variationskoeffizient von mehr als 50% eine „starke Inhomogenität der statistischen Masse“ anzeige, und zwar in einem Ausmaß, dass die Verwendung des arithmetischen Mittels kaum noch als gerechtfertigt erscheinen ließe. Mit „Inhomogenität der Masse“ ist gemeint, dass Stichproben nicht homogen sind, also eben *nicht* die angezielte Grundgesamtheit gleichmäßig erfassen, sondern dass sich die vorliegende Stichprobe aus *unterschiedlichen* Teilgruppen zusammensetzt, die eben die vorgefundene ausgeprägte Variation verursachen könnten.

Im Beispiel könnte der ausgeprägte Variationskoeffizient ein Hinweis darauf sein, dass die ausgeprägte Variabilität der Daten durch unterschiedliche Insektenarten oder Geschlechter innerhalb derselben Art bedingt sein könnten.

Der Variationskoeffizient sollte nur für Variablen verwendet werden, die ausschließlich positive Werte enthalten. Der CV kann nicht bei einem Mittelwert gleich Null berechnet werden.

11.3.3. Formmaße

Die Maße der Schiefe und des Exzesses beschreiben die Form einer Verteilung und werden daher als Formmaße bezeichnet.

11.3.3.1. Schiefe

Die Schiefe (auch: skewness, Steilheit) einer Verteilung ist das Maß ihrer horizontalen Abweichung von einer Normalverteilung, und gibt an, wie symmetrisch oder links- bzw. rechtsschief eine Kurve ist. Die Schiefe-Statistik ist positiv bei linksgipfligen (auch: linkssteilen, rechtsschiefen) , und negativ bei rechtsgipfligen (auch: rechtssteilen, linksschiefen) Verteilungen.

Kurvenformen: Schiefe und andere

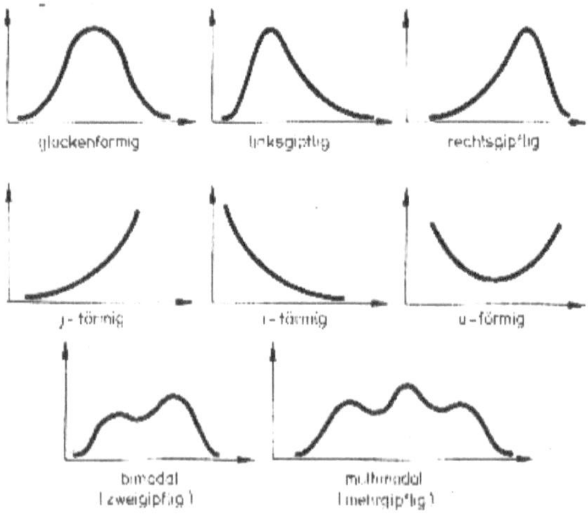

Hat die Schiefe den Wert Null, so ist sie total symmetrisch. Ist die Schiefe einer Häufigkeitsverteilung wesentlich von 0 verschieden, so ist das ein Hinweis darauf, dass die vorliegende Verteilung wesentlich von der symmetrischen Gestalt der Normalverteilung abweicht.

Die Schiefe gilt als nur für unimodale Verteilungen geeignet. Auf die Darstellung und Herleitung der Schiefe-Statistik wird verzichtet.

11.3.3.2. Exzess

Der Exzess (auch: curtosis, Kurtosis, Wölbung) einer Verteilung ist das Maß ihrer vertikalen Abweichung von einer Normalverteilung, und gibt an, ob eine Verteilung breit- oder schmalgipflig ist. Die Exzess-Statistik ist positiv bei breitgipfligen Verteilungen; in diesem Fall gruppieren sich die Beobachtungen dichter als bei der Normalverteilung. Die Exzess-Statistik ist negativ bei schmalgipfligen Verteilungen; in diesem Fall gruppieren sich die Beobachtungen weniger dicht zusammen.

Kurvenformen: Exzess

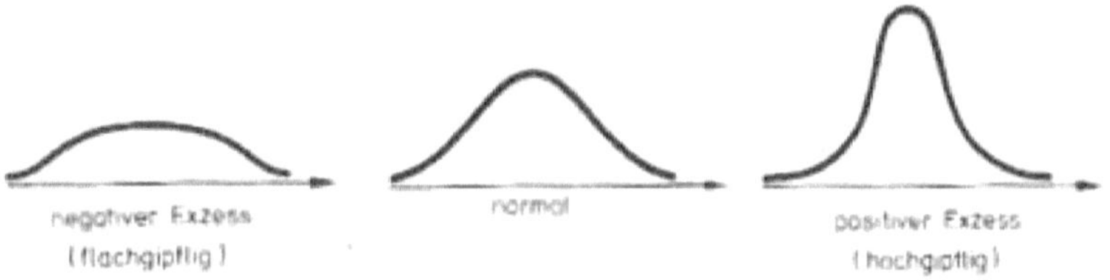

Hat der Exzess den Wert Null, so besitzt sie die Form der Normalverteilung. Ist die Exzess einer Häufigkeitsverteilung wesentlich von 0 verschieden, so ist das ein Hinweis darauf, dass die vorliegende Verteilung wesentlich von der Wölbung einer Normalverteilung abweicht.

Der Exzess gilt als nur für unimodale Verteilungen geeignet. Auf die Darstellung und Herleitung der Exzess-Statistik wird verzichtet.

11.3.3.3. Übungen

1. Erklären Sie die den Unterschied zwischen einem Lage- und einem Streumaß.
2. Beschreiben Sie in Stichworten die Unterschiede zwischen: Arithmetisches Mittel, Harmonisches Mittel, Geometrisches Mittel, Modalwert, Median, Gewogenes arithmetisches Mittel, und Quantile. Beschreiben Sie in Stichworten die Probleme bzw. Grenzen der einzelnen Lagemaße.
3. Beschreiben Sie in Stichworten die Unterschiede zwischen Range, Quartilsabstand, Mittlere bzw. Mediane absolute Abweichung vom Median, Varianz, Standardabweichung, Variationskoeffizient, Schiefe und Exzess. Beschreiben Sie in Stichworten die Probleme bzw. Grenzen der einzelnen Streu- und Formmaße.

4. Legen Sie einen Beispieldatensatz mit fünf Werten an, und berechnen und interpretieren Sie so viele Lage- und Streumaße wie nur möglich.
5. Geben Sie bei folgendem Beispiel an, wann das arithmetische, und wann das harmonische Mittel berechnet werden muss.

   Erste Teilaufgabe: Eine NaOH-Lösung (A) mit einer Konzentration von 30 $\frac{g}{L}$ soll mit einer NaOH-Lösung (B) mit einer Konzentration von 60 $\frac{g}{L}$ gemischt werden. Von jeder Lösung sollen jeweils genau 10 g eingesetzt werden. Wird das arithmetische, oder das harmonische Mittel berechnet?

   Zweite Teilaufgabe: Eine NaOH-Lösung (A) mit einer Konzentration von 30 $\frac{g}{L}$ soll mit einer NaOH-Lösung (B) mit einer Konzentration von 60 $\frac{g}{L}$ gemischt werden. Von jeder Lösung wird ein halber Liter (l) verwendet. Wird das arithmetische, oder das harmonische Mittel berechnet?

Lösungen:

Erste Teilaufgabe: Das harmonische Mittel wird berechnet. Von Lösung A werden 1/3 l und von Lösung B 1/6 l benötigt, was über 3/6 l = 0,5 l zu einer Konzentration von 40 $\frac{g}{L}$ führt. Zweite Teilaufgabe: Das arithmetische Mittel wird berechnet. Die Endkonzentration beträgt also 45 $\frac{g}{L}$.

11.4. Berechnung von Lage-, Streu- und Formmaßen mit SAS

Im Folgenden wird die Berechnung von Lage-, Streu- und Formparametern mit ausgewählten Prozeduren der SAS Software Version 8.2 vorgestellt.

11.4.1. SAS Prozeduren für die deskriptive Statistik: Eine Übersicht

In den folgenden Kapiteln werden die SAS Prozeduren PROC UNIVARIATE, FREQ und MEANS als Prozeduren zur Ermittlung von Lage- und Streuparametern die Programmierung und Interpretation vorgestellt. Der Leistungsumfang der verschiedenen Prozeduren überschneidet sich z.T. sehr stark (vgl. UNIVARIATE und MEANS). Die folgende Übersicht hat keinen Anspruch auf Vollständigkeit.

SAS stellt weitere Prozeduren zur Ermittlung von Lage-, Streu- und Formmaßen zur Verfügung, u.a. PROC TABULATE und PROC SUMMARY. In vielen weiteren Prozeduren (z.B. PROC CORR, PROC SURVEYMEANS) und Anwendungen (z.B. SAS/ANALYST, SAS/INSIGHT) werden deskriptive Statistiken standardmäßig ausgegeben.

Zur umfassenden und effizienten Ermittlung univariater oder klassierter Statistiken sind die Prozeduren FREQ, UNIVARIATE und MEANS unübertroffen.

Übersicht 6: Berechnung von Lage- und Streuungsmaßen

		SAS Prozedur		
	Deskriptive Statistik	**UNIVARIATE**	**FREQ**	**MEANS*[1]**
	(Kumulative) Häufigkeiten		X	
	(Kumulative) Prozente		X	
Lagemaße	Arithmetisches Mittel	X		**X**
	Harmonisches Mittel*[2]	-	-	-
	Geometrisches Mittel*[3]	-	-	-
	Modus	X		**X**
	Median	X		**X**
	Gewichtetes arithmetisches Mittel*[4]	-	-	-
	Quantile	X		**X**
Streumaße				
	Range	X		**X**
	Quartilsabstand	X		**X**
	Mittlere bzw. Mediane absolute Abweichung vom Median*[5]	-	-	-
	Varianz	X		**X**
	Standardabweichung	X		**X**
	Standardfehler des Mittelwerts	X		**X**
	Variationskoeffizient	X		**X**
Formmaße				
	Schiefe	X		**X**
	Exzess	X		**X**

*[1] PROC MEANS hat den gleichen Leistungsumfang wie PROC SUMMARY.

*[2] Das harmonische Mittel von Zellgrößen wird von den Prozeduren ANOVA und GLM (jeweils LINES Option) bei ungleichen Zellgrößen ermittelt. Die Berechnung des Harmonischen Mittels kann auch selbst programmiert werden. Das SAS Programm GEOMEAN (siehe unten), wie auch die folgenden Zeilen sollen dazu als Anregung dienen.

```
array a{&COUNT} X1-X&COUNT ;
          do _i = 1 to &COUNT ;
               a{_i} = 1/a{_i};
          end;
HARMONIC = 1/MEAN(X1-X&COUNT );
```

Die Berechnung des Harmonischen Mittels als SAS Makro wird in einem bereits in Vorbereitung befindlichen SAS Buch (Schendera & Hiller, o.J.) demonstriert.

*[3] Das Geometrische Mittel kann entsprechend dem SAS Beispielprogramm GEOMEAN (SAS Sample Library) errechnet werden.

*[4] Die eigene Berechnung des Gewichteten Arithm. Mittels ist einfach, daher hier kein Code-Beispiel.

*[5] Die Mediane absolute Abweichung vom Median (MAD) wird z.B. durch SAS/INSIGHT berechnet.

Die Gliederung der folgenden Abschnitte folgt durchgängig der Struktur „Kurzeinführung", „Beispiel", „Beispiel-Output", und „Erläuterung" der einzelnen Statistiken. Für die ausführliche Dokumentation der Statistik und Syntax wird auf die SAS Online-Hilfe und die einschlägigen Handbücher verwiesen.

11.4.2. Univariate deskriptive Statistiken: PROC UNIVARIATE

Kurzeinführung

Die Prozedur UNIVARIATE kann auf alle Skalierungsniveaus ab dem Nominalniveau angewendet werden. Die jeweiligen Parameter müssen für das spezifische Skalierungsniveau der berechneten Variable geeignet sein (siehe die Abschnitte 11.2.2. und 11.2.3.). PROC UNIVARIATE gibt bereits per Voreinstellung zahlreiche deskriptive Statistiken, Lage- und Streumaße aus, z.T. mehrfach. Bei PROC MEANS müssen die gewünschten Statistiken einzeln angegeben werden. PROC UNIVARIATE kann darüber hinaus besondere Prüfstatistiken, Grafiken und Tabellen ausgeben, sofern dies gewünscht ist.

Beispiel 1

Anforderung deskriptiver Statistiken

```
proc univariate data = AUFGABE ;
var FLUEGEL ;
run ;
```

Erläuterungen: PROC UNIVARIATE ruft die benötigte Prozedur auf. „Data=" gibt den benötigten Datensatz an, hier z.B. „AUFGABE". „var" benennt die Auswertungsvariable, hier z.B. „FLUEGEL". „run" ist der notwendige Ausführungsbefehl für das Programm.

Beispiel 2

Incl. Test auf Normalverteilung und Verteilungsgrafiken

```
proc univariate data = AUFGABE normal ;
var FLUEGEL ;
histogram FLUEGEL ;
probplot FLUEGEL ;
qqplot FLUEGEL ;
run ;
```

Erläuterungen: PROC UNIVARIATE ruft die benötigte Prozedur auf. „Data=" gibt den benötigten Datensatz an, hier z.B. „AUFGAGBE". „var" benennt die Auswertungsvariable, hier z.B. „FLUEGEL". „run" ist der notwendige Ausführungsbefehl für das Programm. „histogram", „probplot", und „qqplot" fordern jeweils für eine Auswertungsvariable, hier z.B. FLUEGEL, bestimmte Grafiken an. „normal" fordert für eine Auswertungsvariable, hier z.B. FLUEGEL, einen Test auf Normalverteilung an.

Beispiel-Output (Beispiel 1)

```
The UNIVARIATE Procedure
                        Variable:  FLUEGEL

                           Moments

        N                        25    Sum Weights             25
        Mean                  4.004    Sum Observations     100.1
        Std Deviation    0.37581024    Variance        0.14123333
        Skewness         0.11973596    Kurtosis        -0.7484968
        Uncorrected SS       404.19    Corrected SS        3.3896
        Coeff Variation  9.38587003    Std Error Mean  0.07516205
```

```
                    Basic Statistical Measures

        Location                    Variability

    Mean     4.004000     Std Deviation            0.37581
    Median   3.900000     Variance                 0.14123
    Mode     3.800000     Range                    1.50000
                          Interquartile Range      0.50000


                    Tests for Location: Mu0=0

       Test           -Statistic-    -----p Value------

       Student's t    t  53.27157    Pr > |t|    <.0001
       Sign           M      12.5    Pr >= |M|   <.0001

       Signed Rank    S     162.5    Pr >= |S|   <.0001


                    Quantiles (Definition 5)

                    Quantile        Estimate
                    100% Max             4.8
                    99%                  4.8
                    95%                  4.5
                    90%                  4.4
                    75% Q3               4.3
                    50% Median           3.9
                    25% Q1               3.8
                    10%                  3.6
                    5%                   3.5
                    1%                   3.3
                    0% Min               3.3
```

```
                    The UNIVARIATE Procedure
                      Variable:  FLUEGEL

                     Extreme Observations

           ----Lowest----          ----Highest---

           Value       Obs         Value      Obs

             3.3         1           4.4       21
             3.5         2           4.4       22
             3.6         6           4.4       23
             3.6         5           4.5       24
             3.6         4           4.8       25
```

Anm.: Der Datensatz enthält keine fehlende Werte. Dieser Output kann daher nicht den Abschnitt „Missing Values“ enthalten; siehe dazu jedoch die Erläuterungen am Ende des folgenden Abschnitts. Einzelne Unterschiede zu den Ergebnissen erklären sich u.a. durch andere Algorithmen (Formeln), Rundungen, und die unterschiedliche Genauigkeit der Programme bzw. Algorithmen.

Erläuterung der Statistiken

Abschnitt „Moments“

In diesem Abschnitt sind die zentralen Momente aufgelistet.
N: Anzahl der nichtfehlenden Beobachtungen.
Sum Weights: Summe der Gewichte (standardmäßig hat jede Beobachtung das Gewicht =1).
Mean: Arithmetisches Mittel auf der Basis der nichtfehlenden Werte.
Sum Observations: Summe der Messwerte.
Std Deviation: Standardabweichung.
Variance: Varianz.
Skewness: Schiefe.
Kurtosis: Exzess.
Uncorrected SS: Quadratsumme der Messwerte.
Corrected SS: Quadratsumme der Residuen.
Coeff Variation: Variationskoeffizient in Prozent.
Std Error Mean: Standardfehler des Mittelwertes.

Abschnitt „Basic Statistical Measures“

In diesem Abschnitt sind die Lage- und Streumaße aufgeführt.

Mean: Mittelwert
Median: Median
Mode: Modus
Std Deviation: Standardabweichung
Variance: Varianz
Range: Range
Interquartile Range: Quartilsabstand

Abschnitt „Tests for Location"

In diesem Abschnitt sind drei Tests für Lagemaße aufgelistet, jeweils für den Test einer Stichprobe gegen Null. Der parametrische t-Test (Student's t) prüft für eine Stichprobe zweiseitig, ob der Mittelwert der Beobachtungen gleich Null ist. Die beiden nichtparametrischen Tests (Wilcoxon-Rangsummentest, Wilcoxon-Vorzeichenrangtest) prüfen u.a. auf der Basis von Rängen bzw. erwarteten Werten jeweils, ob sich die Lage (Lokation) der vorliegenden Beobachtungen von Null unterscheidet.

Abschnitt „Quantiles (Definition 5)"

In diesem Abschnitt sind die verschiedenen Quantile aufgeführt. Definition 5 gibt die (voreingestellte) Definition an, die PROC UNIVARIATE benutzt, um Quantile zu berechnen. Dieser Abschnitt wird nicht weiter erläutert.

Abschnitt „Extreme Observations"

In diesem Abschnitt werden die fünf niedrigsten und fünf höchsten (Extrem)Werte der Variable FLUEGEL aufgelistet. Dieser Abschnitt wird nicht weiter erläutert.

Abschnitt „Missing Values"

Dieser Abschnitt wird nur in dem Fall von SAS ausgegeben, wenn in der auszuwertenden Variable fehlende Werte vorliegen.

Missing Value:

Angabe der jeweiligen Kodierung user- bzw. systemdefinierter Missings. Systemdefinierte Missings werden üblicherweise durch einen Punkt [.] symbolisiert.
Count: Anzahl der jeweils fehlenden Werte.
Percent of All Obs: Prozentualer Anteil der Missings an den Daten insgesamt.
Percent of Missing Obs: Prozentualer Anteil der Missings an den fehlenden Daten (immer 100%, außer im Falle verschiedener Missings).

Beispiel-Output (Beispiel 2)

Die Syntax im Beispiel fordert neben den deskriptiven Statistiken weitergehenden Output an, u.a. verschiedene Plots (Histogramm, prob Plot, und Q-Q Plot) und Parameter zur Normalverteilung (Shapiro-Wilk, Kolmogorov-Smirnov). Der Output zum Beispiel 2 wird nicht weiter vorgestellt.

11.4.3. Häufigkeitstabellen: PROC FREQ

Kurzeinführung

Die Prozedur FREQ kann auf alle Skalierungsniveaus ab einschließlich dem Nominalniveau angewendet werden. Die einzige Einschränkung ist die Anzahl der Merkmalsausprägungen. PROC FREQ ist v.a. geeignet, die Häufigkeit nominal- und ordinalskalierter Variablen auszugeben. Für intervallskalierte Wertausprägungen ist PROC FREQ nicht aus statistischen Gründen, sondern aus Gründen der möglichen Unübersichtlichkeit des Outputs nicht geeignet. Andere Prozeduren geben ebenfalls Häufigkeitszählungen aus, neben UNIVARIATE u.a. TABULATE und GCHART.

Die Leistungsfähigkeit der Prozedur FREQ geht über die Ausgabe von ein- oder mehrdimensionalen Häufigkeitstabellen weit hinaus, und wird daher in einem eigenen Kapitel vertieft (siehe Kap. 12 zur professionellen Tabellenanalyse). PROC FREQ berechnet neben Chi²-, Assozations-, und Übereinstimmungsmaßen viele weitere Statistiken und Tests. In diesem Kapitel werden diese Maße etc. nicht behandelt.

Beispiel

A. Eindimensionale Häufigkeitstabelle

```
proc freq data = AUFGABE ;
tables FLUEGEL ;
run ;
```

Erläuterungen: PROC FREQ ruft die benötigte Prozedur auf. „Data=" gibt den benötigten Datensatz an, hier z.B. „AUFGABE". „tables" benennt die Auswertungsvariable, hier z.B. „FLUEGEL". „run" ist der notwendige Ausführungsbefehl für das Programm.

B. Gruppierte (2 dim.) Häufigkeitstabelle

```
proc freq data = AUFGABE2 ;
tables INSECART*INSECSEX ;
run ;
```

Erläuterungen: PROC FREQ ruft die benötigte Prozedur auf. „Data=“ gibt den benötigten Datensatz an, hier z.B. „AUFGAGBE“. „tables“ benennt die beiden Variablen, die kreuzklassifiziert werden sollen, hier z.B. „INSECART“ und „INSECSEX“. Die Reihenfolge der Variablen in „tables“ bestimmt, ob eine Variable in der entstehenden Tabelle Spalten oder Zeilen bildet. „run“ ist der notwendige Ausführungsbefehl für das Programm.

Beispiel-Output

A. Eindimensionale Häufigkeitstabelle

```
The FREQ Procedure

                                          Cumulative    Cumulative
FLUEGEL    Frequency       Percent         Frequency       Percent
------------------------------------------------------------------
    3.3            1          4.00                 1          4.00
    3.5            1          4.00                 2          8.00
    3.6            4         16.00                 6         24.00
    3.8            5         20.00                11         44.00
    3.9            2          8.00                13         52.00
    4.1            2          8.00                15         60.00
    4.2            1          4.00                16         64.00
    4.3            4         16.00                20         80.00
    4.4            3         12.00                23         92.00
    4.5            1          4.00                24         96.00
    4.8            1          4.00                25        100.00
```

Anm.: Häufigkeitstabellen sind sehr geeignet, fehlerhaft eingetragene (alpha)numerische Werte oder Kodierungen zu entdecken. Der Datensatz enthält keine fehlende Werte. Dieser Output kann daher nicht den Hinweis „Frequency Missing“ enthalten; siehe dazu jedoch die Erläuterungen am Ende des folgenden Abschnitts. Einzelne Unterschiede zu den Ergebnissen erklären sich u.a. durch andere Algorithmen (Formeln), Rundungen, und die unterschiedliche Genauigkeit der Programme bzw. Algorithmen.

Erläuterung der eindimensionalen Statistiken

Die Ausprägungen der Variablen FLUEGEL werden in der Tabelle nach ihrer Größe aufsteigend angeordnet.
Frequency: Häufigkeit der einzelnen Messwertausprägung (Flügellänge).

Percent: Prozentanteil des Vorkommens des einzelnen Messwertausprägung in der Gesamtdatenmenge.
Cumulative Frequency: Kumulierte Häufigkeit mehrerer Messwerte. Die Häufigkeit einzelner Messwertausprägungen werden spaltenweise von oben nach unten aufaddiert.
Cumulative Percent: Kumulierte Prozentanteile mehrerer Messwerte. Die Prozentanteile einzelner Messwertausprägungen werden spaltenweise von oben nach unten aufaddiert. Für alle N ergibt *Cumulative Percent* 100%.
Frequency Missing: Anzahl der fehlenden Daten.

Die Flügellänge *3,6* kommt viermal vor (was einen Anteil von *16%* ausmacht). *Bis zur* Flügellänge 3,6 incl. gibt es *drei* verschiedene Wertausprägungen (3.3, 3.5, 3.6), die zusammen *N=6* ergeben, und zusammen *24%* des Datenumfangs ausmachen.

B. Gruppierte (2 dim.) Häufigkeitstabelle

Table of INSECART by INSECSEX			
INSECART	**INSECSEX**		**Total**
Frequency **Percent** **Row Pct** **Col Pct**	**1**	**2**	
1	10 40.00 100.00 83.33	0 0.00 0.00 0.00	10 40.00
2	2 8.00 13.33 16.67	13 52.00 86.67 100.00	15 60.00
Total	12 48.00	13 52.00	25 100.00

Anm.: Kreuztabellen sind sehr geeignet, fehlerhafte Beziehungen zwischen Daten zu identifizieren. Die Kreuztabelle wurde über ODS ausgegeben.

Erläuterung der zweidimensionalen Statistiken

Zweidimensionale Tabellen basieren auf denselben Statistiken wie eindimensionale Tabellen, nämlich *Frequency und Percent* (Erläuterung siehe A.). Jede einzelne Zelle gibt die Häufigkeit und den prozentualen Anteil eines kreuzklassifizierten Wertes an. Von der Merkmalskombination „INSECART=1“ und „INSECSEX=1“

gibt es z.B. insgesamt N=10 (was einen Anteil von 40% an einem Gesamt-N von N=25, 100% der Daten in der *Zeile (Row Pct)* „INSECART=1“, und 83.33% der Daten in der *Spalte (Col Pct)* „INSECSEX=1“ ausmacht).

Die Randsummen bzw. –prozente fassen als eine Art *Cumulative Frequency,* und *Cumulative Percent* (Erläuterung siehe A.) die zeilen- und spaltenweise angegebene Information wieder zusammen. Die Randsumme 12 gibt z.B. an, dass von den „INSECSEX=1“ (über alle „INSECART hinweg, also alle 1 oder 2) insgesamt N=12 vorliegen, was einem Anteil von 48% am Gesamt-N von N=25 entspricht. Die Ausprägungen der Variablen INSECSEX und INSECART werden in der Tabelle nach ihrer Größe bzw. numerischen Kodierung aufsteigend angeordnet.

11.4.4. Gruppierte Mittelwerte und mehr: PROC MEANS

Kurzeinführung

Die Prozedur MEANS kann auf allen Skalierungsniveaus ab einschließlich dem Nominalniveau angewendet werden. PROC MEANS gibt zahlreiche deskriptive Statistiken, Lage- und Streumaße aus. Bei PROC MEANS müssen die gewünschten Statistiken einzeln angegeben werden, im Gegensatz dazu ist bei UNIVARIATE die Berechnung der meisten dieser Statistiken voreingestellt.

PROC MEANS kann darüber hinaus besondere Prüfstatistiken, Grafiken und Tabellen ausgeben, sofern dies gewünscht ist.

In Bezug auf die Ermittlung von deskriptiven Daten unterscheidet sich der Leistungsumfang von PROC MEANS nicht im Wesentlichen von PROC UNIVARIATE. Der Vorzug von MEANS gegenüber UNIVARIATE ist u.a. die übersichtlichere Darstellung von Parametern für klassierte (gruppierte) Daten.

Beispiel

A. Unklassierte Daten

```
proc means data = AUFGABE2
                  N maxdec=3
                  mean std var
                  min max range
                  q1 median q3 ;
var FLUEGEL ;
run ;
```

Erläuterungen: PROC MEANS ruft die benötigte Prozedur auf. „Data=“ gibt den benötigten Datensatz an, hier z.B. „AUFGABE2“. Die Option „maxdec=“ bestimmt die maximale Anzahl der *ausgegebenen* Nachkommastellen. Die Optionen „N" bis „q3" fordern die gewünschten deskriptiven Statistiken an. Die Statistiken werden im Output in der Reihenfolge ausgegeben, wie sie im Befehlsprogramm stehen. „var" gibt die Auswertungsvariable an, hier z.B. „FLUEGEL". „run" ist der notwendige Ausführungsbefehl für das Programm.

B. Klassierte Daten

```
proc means data = AUFGABE2
                  maxdec=2
                  N mean std var ;
class INSECART ;
var FLUEGEL ;
run ;
```

Erläuterungen: PROC MEANS ruft die benötigte Prozedur auf. „Data=" gibt den benötigten Datensatz an, hier z.B. „AUFGABE2". Die Option „maxdec=" bestimmt über die maximale Anzahl der *ausgegebenen* Nachkommastellen. Die Optionen „N" bis „var" fordern die gewünschten deskriptiven Statistiken an (siehe auch die nachfolgende Tabelle für das Anfordern weiterer Statistiken). Die Statistiken werden im Output in der Reihenfolge ausgegeben, wie sie im Befehlsprogramm stehen. „class" gibt die Variable an, hier z.B. INSECART, nach der die Auswertungsvariable gruppiert werden soll. „var" gibt die Auswertungsvariable an, hier z.B. „FLUEGEL". „run" ist der notwendige Ausführungsbefehl für das Programm.

Beispiel-Output

A. Unklassierte Daten

```
The MEANS Procedure

                              Analysis Variable : FLUEGEL

N        Mean         Std Dev        Variance        Minimum        Maximum        Range
------------------------------------------------------------------------------------------
25       4.004          0.376           0.141          3.300          4.800        1.500
------------------------------------------------------------------------------------------

                              Analysis Variable : FLUEGEL

                            Lower                         Upper
                         Quartile         Median       Quartile
                     --------------------------------------------
                            3.800          3.900          4.300
                     --------------------------------------------
```

B. Klassierte Daten

```
The MEANS Procedure

                         Analysis Variable : FLUEGEL

                     N
       INSECART    Obs     N          Mean          Std Dev        Variance
  ---------------------------------------------------------------------------
              1     12    12          4.34             0.19            0.04

              2     13    13          3.69             0.18            0.03
  ---------------------------------------------------------------------------
```

Anm.: Die klassierten Daten (B.) sind dieselben Daten wie unter A., nur werden die deskriptiven Statistiken für die beiden Untergruppen „1“ und „2“ der Variable INSECART getrennt berechnet.

Erläuterung der Statistiken

Mean: Mittelwert
StdDev: Standardabweichung.
Variance: Varianz.
Minimum: Minimum.
Maximum: Maximum.
Range: Range.
Lower Quartile: Q25 (Q1).
Median: Median (Q50, Q2).
Upper Quartile: Q73 (Q3).

Zur Erläuterung der univariaten Statistiken wird auf den UNIVARIATE Output im vorangegangen Abschnitt verwiesen. Die Prozedur MEANS berechnet zahlreiche weitere Statistiken, die über Befehle gezielt abgefragt werden können. Die folgende Übersicht stellt die Statistiken und die zu ihrer Berechnung notwendigen Befehle zusammen.

Übersicht 7: Statistische Schlüsselwörter für die Prozedur MEANS

Befehl	**Statistik**	**Befehl**	Statistik
Mean	Mittelwert	**Range**	Spannweite
Min	Minimum	**Max**	Maximum
Std	Standardabweichung	**Var**	Varianz
N	Anzahl an Beobachtungen	**Nmiss**	Anzahl der fehlenden Werte
Stderr	Standardfehler	**CLM** [Alpha= Konfidenzbereich]	Konfidenzintervall

LCLM	Untere Konfidenzgrenze	**UCLM**	Obere Konfidenzgrenze
Sum	Summe	**Sumwgt**	Summe der Gewichtungen
USS	Summe der Quadrate	**CSS**	Summe der Abstandsquadrate vom Mittelwert
Skew	Schiefe	**Kurtosis**	Wölbung
CV	Variationskoeffizient	**P1**	1% Percentil
P5	5% Percentil	**P10**	10% Percentil
P25|Q1	Grenze des erstes Viertel von der Gesamtheit	**P50|Median**	Punkt, der die Anzahl der Beobachtungen halbiert
P75|Q3	Grenze des dritten Viertels von der Gesamtheit	**P90**	90% Percentil
P95	95% Percentil	**P99**	99% Percentil
QRange	Interquartilsabstand (Q_3-Q_1)		
T	Zweiseitiger Einstichproben t-Test für Nullhypothese	**ProbT**	p-Wert für den t-Test

11.4.5. Statistiken in Tabellenform: PROC TABULATE

Kurzeinführung

PROC TABULATE unterscheidet sich von den vorangehenden Prozeduren v.a. darin, dass die angeforderte Statistiken in Tabellenform dargestellt werden. Die Prozedur TABULATE kann auf allen Skalierungsniveaus ab einschließlich dem Nominalniveau angewendet werden. PROC TABULATE gibt zahlreiche deskriptive Statistiken, Lage- und Streumaße aus. Bei PROC TABULATE müssen die gewünschten Statistiken einzeln angegeben werden. TABULATE kann ebenfalls besondere Prüfstatistiken berechnen und ausgeben.

In Bezug auf die Ermittlung von deskriptiven Daten unterscheidet sich der Leistungsumfang von TABULATE nicht wesentlich von MEANS oder FREQ. Der Vorzug von TABULATE ist v.a. die flexiblere und elegantere Darstellung der Parameter auch höher klassifizierter (gruppierter) Daten. Der Nachteil von PROC TABULATE ist das zunehmend komplexere Programmieren höher verschachtelter Tabellen.

Die Anzahl der Variablen bzw. Variablenstufen, die miteinander in Beziehung gesetzt werden, bestimmt die Dimensionalität einer Tabelle. Normalerweise entspricht dies der Zahl der Variablen, die miteinander verknüpft werden. Tabellen, die nur Angaben zu Häufigkeiten der Beobachtungen einer Variable enthalten, werden als eindimensionale Tabellen bezeichnet. Mit jeder weiteren eingeführten Variable erhöht sich die Dimensionalität.

Die von PROC TABULATE ausgegebenen Statistiken werden nicht mehr im Einzelnen erläutert. Zur SAS Terminologie wird auf die Erläuterung des UNIVARIATE Outputs unter Abschnitt 11.4.2. verwiesen.

11.4.5.1. Eindimensionale Tabellen

Beispiel 1
Eine einzelne intervallskalierte Variable

```
proc tabulate data = FLUEGEL ;
   var FLUEGEL ;
   tables FLUEGEL="Flügellänge"*(N mean std range);
run ;
```

Erläuterungen: PROC TABULATE ruft die benötigte Prozedur auf. „Data=" gibt den benötigten Datensatz an, hier z.B. „FLUEGEL". „var" gibt die Auswertungsvariable an, hier z.B. „FLUEGEL". „tables" definiert die eigentliche Tabelle für die „FLUEGEL". Anstelle „FLUEGEL" wird eine andere Bezeichnung verwendet. Der gewünschte Text, z.B. „Flügellänge", wird in Anführungszeichen eingeschlossen und durch ein Gleichheitszeichen mit der entsprechenden Variable verbunden. Die gewünschten Maßzahlen werden einzelnen angegeben, und in eine Klammer gesetzt (was bewirkt, dass die Kennwerte in Spalten nebeneinander gesetzt werden). Durch den Stern werden die Kennwerte mit der Variablen „FLUEGEL" in Beziehung gesetzt. „run" ist der notwendige Ausführungsbefehl für das Programm.

Output zum Beispiel 1

Flügellänge			
N	Mean	Std	Range
25	4.00	0.38	1.50

Beispiel 2

Eine einzelne nominalskalierte Variable

```
proc format ;
value INSEKT
        1='Hautflügler'
        2='Schmetterlinge'
        3='Zweiflügler'
        4='Libellen'
        5='Schrecken'
        6='Fangschrecken'
        ;
run ;

proc tabulate data=INSEKTEN   ;
   class INSEKT ;
   table INSEKT, (N="Anzahl" PCTN="%")
               /rts=35 box=[label="Eine nominalskalierte Variable"];
   format INSEKT INSEKT. ;
run ;
```

Erläuterungen: PROC TABULATE ruft die benötigte Prozedur auf. „Data=" gibt den benötigten Datensatz an, hier z.B. „INSEKTEN". „class" gibt die Auswertungsvariable an, hier z.B. „INSEKT". „table" definiert die Tabelle für „INSEKT". Anstelle dem Variablennamen „INSEKT" wird das Format „INSEKT." ausgegeben. Anstelle der Standardparameter N und PCTN (Spaltenprozent) werden andere Bezeichnungen verwendet. PCTN addiert sich zu 100% auf. Der Text, z.B. „%", wird in Anführungszeichen gesetzt. Über „rts" wird die Breite der ersten linken Spalte definiert. Über „box" und „label" wird die Zelle links oben beschriftet. „run" ist der notwendige Ausführungsbefehl für das Programm.

Output zum Beispiel 2

Eine nominalskalierte Variable	Anzahl	%
Insektenarten		
Hautflügler	185	19.98
Schmetterlinge	179	19.33
Zweiflügler	97	10.48
Libellen	174	18.79
Schrecken	160	17.28
Fangschrecken	131	14.15

11.4.5.2 Zweidimensionale Tabellen

Bei zweidimensionalen Tabellen werden zwei Variablen miteinander in Beziehung gesetzt. Im folgenden Beispiel definieren FLUEGEL die erste, und INSECART die zweite Dimension.

Beispiel 1

Eine intervallskalierte Variable, gruppiert

```
proc format ;
value INSECART
      1='Libellen'
      2='Schmetterlinge'
      ;
run ;

proc tabulate data = FLUEGEL ;
   label INSECART='Insektenart' ;
      class INSECART ;
      var FLUEGEL ;
      tables INSECART All="Total",
             FLUEGEL="Flügellänge"*(N mean std*f=6.2 range)
      /rts=20;
      format INSECART INSECART. ;
run ;
```

Erläuterungen: PROC TABULATE ruft die benötigte Prozedur auf. „Data=" gibt den benötigten Datensatz an, hier z.B. „FLUEGEL". „class" gibt die Gruppierungsvariable an, hier z.B. „INSECART". „var" gibt die Auswertungsvariable an, hier z.B. „FLUEGEL". „tables" definiert die eigentliche Tabelle über die Variablen „INSECART" und „FLUEGEL". Beide Variablen werden durch ein Komma abgetrennt (Variablen, deren Merkmalswerte sich innerhalb von Reihen unterscheiden sollen, werden von Variablen durch ein Komma abgetrennt, deren Merkmalswerte sich innerhalb von Spalten unterscheiden sollen. Sollen Variablen oder statistische Werte nebeneinander erscheinen, so erfolgt eine Aufzählung ohne Komma. Auch die Festlegung, wo die einzelnen statistischen Werte angeordnet werden sollen, erfolgt auf diese Weise). Soll eine bestimmte statistische Maßzahl berechnet werden, muss sie angegeben (z.B. N, mean), und mit einer Variablen in Beziehung gesetzt werden. Eine solche Beziehung wird durch einen Stern hergestellt. Im Beispiel erfolgt die Aufzählung der zu berechnenden Maßzahlen in Klammern, was bewirkt, dass die Kennwerte in Spalten nebeneinander gesetzt und, durch den eingesetzten Stern, mit der Variablen „FLUEGEL" in Beziehung gesetzt werden. „All" ist ein spezielles Kennwort, mit dem die Werte der beiden Variablenausprägungen zusammenfasst werden. Anstelle von „All" und „FLUE-

GEL“ werden andere Bezeichnungen verwendet. Der gewünschte Text, z.B. „Total“, wird in Anführungszeichen eingeschlossen und durch ein Gleichheitszeichen mit der entsprechenden Variable verbunden. Die Option „rts=20“ erreicht, dass die Spalte mit den Reihenüberschriften eine Breite von 20 Zeichen erhält. Die Option „std“ erhält ein spezifisches Format mit einer Länge von 6 Zeichen und zwei Nachkommastellen (spezifische Formatzuweisungen werden durch „f=“ eingeleitet und auch durch einen Stern mit der entsprechenden Variable verknüpft; lokale Formatzuweisungen setzen globale Formatzuweisungen außer Kraft). „run“ ist der notwendige Ausführungsbefehl für das Programm.

Output zum Beispiel 1

	Flügellänge			
	N	Mean	Std	Range
Insektenart Libellen	13.00	3.69	0.18	0.60
Schmetterlinge	12.00	4.34	0.19	0.70
Total	25.00	4.00	0.38	1.50

Beispiel 2

Zwei (mind.) nominalskalierte Variablen

```
proc format ;
value INSECART
        1='Libellen'
        2='Schmetterlinge'
        ;
value INSECSEX
        1='männlich'
        2='weiblich'
        ;
run ;

proc tabulate data = FLUEGEL ;
   label INSECART='Insektenart'
              INSECSEX='Insektengeschlecht' ;
        class INSECART INSECSEX ;
        tables INSECART="Insektenart" All="Total",
              INSECSEX="Insektengeschlecht"*(N);
        format INSECART INSECART. ;
        format INSECSEX INSECSEX. ;
run ;
```

Output zum Beispiel 2

	Insektengeschlecht	
	männlich	weiblich
	N	N
Insektenart		
Libellen	7.00	6.00
Schmetterlinge	6.00	6.00
Total	13.00	12.00

Beispiel 3

Zwei (mind.) nominalskalierte Variablen

```
proc tabulate data = FLUEGEL ;
   class INSECSEX INSECART ;
   tables (INSECART="Insektenart" All="Insgesamt")*(N*f=3.
              RepPctN RowPctN ColPctN),
              (INSECSEX="Insektengeschlecht" All="Insgesamt")
   /rts=40;
   format INSECART INSECART. ;
   format INSECSEX INSECSEX. ;
run ;
```

Output zum Beispiel 3

		Insektengeschlecht		Insgesamt
		männlich	weiblich	
Insektenart				
Libellen	N	7	6	13
	RepPctN	28.00	24.00	52.00
	RowPctN	53.85	46.15	100.00
	ColPctN	53.85	50.00	52.00
Schmetterlinge	N	6	6	12
	RepPctN	24.00	24.00	48.00
	RowPctN	50.00	50.00	100.00
	ColPctN	46.15	50.00	48.00
Insgesamt	N	13	12	25
	RepPctN	52.00	48.00	100.00
	RowPctN	52.00	48.00	100.00
	ColPctN	100.00	100.00	100.00

11.4.5.3. Dreidimensionale Tabellen

Bei dreidimensionalen Tabellen werden drei Variablen miteinander in Beziehung gesetzt. Im folgenden Beispiel definieren die Variablen FLUEGEL, INSECART, und INSECSEX die drei Dimensionen.

Beispiel

```
proc tabulate data = FLUEGEL ;
   class INSECSEX INSECART ;
   var FLUEGEL ;
   tables INSECSEX="Geschlecht der Insekten" All="Insgesamt",
               (INSECART="Insektenart"
               All="Insgesamt")*FLUEGEL="Flügellänge"*
               (mean="Mittel" N="N")
   /rts=15 box=[label="Dreidim. Tabelle"];
   format INSECART INSECART. ;
   format INSECSEX INSECSEX. ;
run ;
```

Erläuterung: Die Option „box=[Label="Text"]" schreibt einen Text in die linke obere Zelle.

Output zum Beispiel

Dreidim. Tabelle	Insektenart					
	Libellen		Schmetterlinge		Insgesamt	
	Flügellänge		Flügellänge		Flügellänge	
	Mittel	N	Mittel	N	Mittel	N
Geschlecht der Insekten						
männlich	3.69	7.00	4.38	6.00	4.01	13.00
weiblich	3.70	6.00	4.30	6.00	4.00	12.00
Insgesamt	3.69	13.00	4.34	12.00	4.00	25.00

11.4.5.4. Vier- und höherdimensionale Tabellen

Bei vierdimensionalen Tabellen werden vier Variablen miteinander in Beziehung gesetzt. Im folgenden Beispiel definieren die Variablen FLUEGEL, INSECART, INSECSEX, und PROBE die vier Dimensionen. Die Programmierung wird rasch sehr komplex. Es bietet sich an, für jede weitere Klassifikationsvariable separate Tabellen zu erstellen.

Beispiel

```
proc format ;
value PROBE
        1='Probe 1'
        2='Probe 2'
        ;
run ;

proc tabulate data = FLUEGEL ;
   class INSECSEX INSECART PROBE ;
   var FLUEGEL ;
   tables INSECSEX="Geschlecht der Insekten" PROBE= "Probe"
               All="Insgesamt",
               INSECART="Insektenart"*FLUEGEL="Flügellänge"*(N*f=3.
                       Sum*f=4. MEAN*f=6.1)
   /rts=25 condense;
   format INSECART INSECART. ;
   format INSECSEX INSECSEX. ;
   format PROBE PROBE. ;
run ;
```

Erläuterung: Liegen für eine bestimmte Kombination überhaupt keine Beobachtungen vor, so werden sie gar nicht erst in die Tabelle aufgenommen (siehe PROBE). Die Option „Condense“ der Anweisung „Tables“ bewirkt, dass möglichst viele Tabellen auf einer Seite dargestellt werden, sofern genügend Platz vorhanden ist.

Output zum Beispiel

	Insektenart					
	Libellen			Schmetterlinge		
	Flügellänge			Flügellänge		
	N	Sum	Mean	N	Sum	Mean
Geschlecht der Insekten						
männlich	7	26	3.7	6	26	4.4
weiblich	6	22	3.7	6	26	4.3
Probe						
Probe 1	8	30	3.8	7	30	4.3
Probe 2	5	18	3.6	5	22	4.4
Insgesamt	13	48	3.7	12	52	4.3

11.4.6. Übungen

1. UNIVARIATE: Interpretieren Sie folgenden Output:

```
                       The UNIVARIATE Procedure
                          Variable:  REGEN

                              Moments

N                          35    Sum Weights                 35
Mean               4.63885714    Sum Observations        162.36
Std Deviation      0.52225626    Variance             0.2727516
Skewness           1.25625594    Kurtosis            0.61690757
Uncorrected SS       762.4384    Corrected SS        9.27355429
Coeff Variation    11.2582957    Std Error Mean      0.08827742


                    Basic Statistical Measures

          Location                    Variability

      Mean     4.638857     Std Deviation            0.52226
      Median   4.460000     Variance                 0.27275
      Mode     4.130000     Range                    1.97000
                            Interquartile Range      0.45000


                    Tests for Location.......


                     Quantiles (Definition 5)

                     Quantile      Estimate

                     100% Max          5.95
                     99%               5.95
                     95%               5.78
                     90%               5.62
                     75% Q3            4.74
                     50% Median        4.46
                     25% Q1            4.29
                     10%               4.13
                     5%                4.09
                     1%                3.98
                     0% Min            3.98


                     The UNIVARIATE Procedure
                        Variable:  REGEN

                      Extreme Observations

               ----Lowest----         ----Highest---

               Value      Obs         Value      Obs

                3.98        1          5.56       15
                4.09        6          5.62       20
                4.13       21          5.67       25
                4.13       16          5.78       30
                4.13       11          5.95       35
```

Anm.: Die Tests for Location wurden vom Verfasser aus dem Output entfernt. Einzelne Unterschiede zu den Ergebnissen erklären sich u.a. durch andere Algorithmen (Formeln), Rundungen, und die unterschiedliche Genauigkeit der Programme bzw. Algorithmen.

2. UNIVARIATE: Berechnen Sie beliebige deskriptive Statistiken für eine oder mehrere geeignete Variablen Ihrer Wahl.

3. FREQ: Interpretieren Sie folgenden Output:

The FREQ Procedure

REGEN	Frequency	Percent	Cumulative Frequency	Cumulative Percent
3.98	1	2.86	1	2.86
4.09	1	2.86	2	5.71
4.13	3	8.57	5	14.29
4.21	1	2.86	6	17.14
4.26	2	5.71	8	22.86
4.29	1	2.86	9	25.71
4.3	1	2.86	10	28.57
4.38	2	5.71	12	34.29
4.39	1	2.86	13	37.14
4.4	1	2.86	14	40.00
4.42	2	5.71	16	45.71
4.45	1	2.86	17	48.57
4.46	1	2.86	18	51.43
4.52	2	5.71	20	57.14
4.55	1	2.86	21	60.00
4.57	1	2.86	22	62.86
4.6	1	2.86	23	65.71
4.61	1	2.86	24	68.57
4.66	1	2.86	25	71.43
4.69	1	2.86	26	74.29
4.74	1	2.86	27	77.14
4.85	1	2.86	28	80.00
5.09	1	2.86	29	82.86
5.3	1	2.86	30	85.71
5.56	1	2.86	31	88.57
5.62	1	2.86	32	91.43
5.67	1	2.86	33	94.29
5.78	1	2.86	34	97.14
5.95	1	2.86	35	100.00

Anm.: Was sagt diese Tabelle über die Verteilung der Daten aus? Die Brauchbarkeit von PROC FREQ hängt direkt mit der Überschaubarkeit der Anzahl der verschiedenen Wertausprägungen ab. Je feiner eine Variable gestuft ist, umso unbrauchbarer, weil unübersichtlicher, kann PROC FREQ sein.

4. FREQ: Berechnen Sie beliebige ein- und zweidimensionale Tabellen für geeignete Variablen Ihrer Wahl.

5. MEANS: Interpretieren Sie folgende Outputs:

```
                          The MEANS Procedure

                      Analysis Variable : REGEN

                 N
     SAMPLE    Obs      N          Mean        Std Dev        Variance
----------------------------------------------------------------------
          1     17     17          5.02           0.51            0.26
          2     18     18          4.28           0.14            0.02
----------------------------------------------------------------------


                          The MEANS Procedure

Variable  N       Mean        Std Dev       Median       Minimum       Maximum       Range
-------------------------------------------------------------------------------------------
REGEN     35      4.64           0.52         4.46          3.98          5.95        1.97
FLUEGEL   25      4.00           0.38         3.90          3.30          4.80        1.50
-------------------------------------------------------------------------------------------
```

Anm.: Der erste Output stellt eine Variable in zwei Untergruppen dar. Der zweite Output stellt zwei Variablen dar. Vergleichen Sie die Outputs, und die Aufbereitung des Inhalts. Welche Statistiken können Sie direkt miteinander vergleichen, und welche nicht?

6. MEANS: Berechnen Sie beliebige deskriptive Statistiken für geeignete (un)gruppierte Variablen Ihrer Wahl.

Entwerfen und Programmieren Sie mit PROC TABULATE 1-, 2-, 3- und 4-dimensionale Tabellen für geeignete Variablen Ihrer Wahl.

12. Ein- und mehrdimensionale Tabellenanalysen mit PROC FREQ

12.0. Übersicht

Mit der SAS Prozedur PROC FREQ lassen sich relativ einfach und unkompliziert Tests und Maßzahlen für 1- bis mehrdimensionale Tabellenstrukturen ermitteln. Die Einführung im nächsten Abschnitt stellt Grundlagen und Voraussetzungen für die Tabellenanalysen vor, z.B. Anzahl der Variablen(stufen), Skalenniveau, Annahmen der Verfahren, Aussagen der Maße und Verfahren uvam. Die Programmierung der jeweiligen Maße wird an zahlreichen Beispielen demonstriert. Da die angeforderten Maße ausführlich erläutert werden, wird in diesem Kapitel auf die Interpretation von Beispieloutputs verzichtet. Für spezielle Screening Statistiken (Sensitivität und Spezifität) wird ein eigens entwickeltes SAS Programm erläutert. Abschließend wird die SAS Syntax zu PROC FREQ in einem Überblick dargestellt.

12.1. Einführung in die Analyse von Kreuztabellen

Eine Kreuztabelle (crossbreak, crosstab/ulation, contingency table) liegt üblicherweise dann vor, wenn die Ausprägungen zweier Variablen gemeinsam in einer Tabelle dargestellt werden. Die Ausprägungen aller Variablen (z.B. zweier Variablen mit je zwei Stufen) ergibt miteinander multipliziert die Anzahl der theoretisch möglichen Zellen (im Beispiel: vier). Theoretisch möglich heißt, dass nicht in jeder theoretisch möglichen Zelle in der empirischen Praxis auch Fälle vorkommen müssen. Jede (auch leere) Zelle der Tabelle berichtet dabei, (z.B.) wie viele Fälle für die betreffende Kombination von Zeilen- und Spaltenvariable vorliegen. Das N aller Zellen zusammen darf dabei im Allgemeinen die Anzahl der Fälle nie übersteigen, außer bei speziellen Tabellen, z.B. McNemar's Test für Messwiederholungen. Das Ziel einer Tabellenanalyse ist die Untersuchung und Identifikation der Beziehungsstruktur der miteinander verknüpften Ausprägungen der Variablen in der Tabelle in Gestalt der Zellen, und wird üblicherweise in drei Schritten durchgeführt:

I Beschreibung: Die Daten werden zur Beschreibung in Tabellenform dargestellt.
II Test: Ein Testergebnis liefert die Grundlage für die Entscheidung, ob eine Nullhypothese über einen Zusammenhang zurückgewiesen oder beibehalten werden kann. [1]
III Maß: Ein Zusammenhangsmaß drückt die Stärke des Zusammenhangs zwischen den Variablen(kategorien) aus.

Die Interpretation von Rohdaten in Gestalt von systematischen Tendenzen in Zellen-, Zeilen-, und Spaltenhäufigkeiten und –prozenten (incl. den Randverteilungen, sog. Marginals) ist ausschließlich auf die betreffende Tabelle bzw. Stichprobe beschränkt, und lässt keine Aussagen über die zugrunde liegende Population zu (siehe weiter unten die Anmerkungen zu historischen Daten). Sobald Aussagen über die Population getroffen werden sollen, aus der die gezogenen Stichproben stammen, werden die Tabellendaten einem statistischen Test unterzogen, dessen Ergebnis angibt, mit welcher Sicherheit von einem *gemessenen* Sample auf eine *ungemessene* Population geschlossen werden kann (aus der eben jenes Sample stammt).

Für die Auswertung von Variablen in Tabellenform wurden zahlreiche Tests und Maße entwickelt. Der Unterschied zwischen Tests und Maßen ist der, dass ein Ergebnis eines *Tests* angibt, ob ein statistisch signifikanter Zusammenhang vorliegt oder nicht. Ein Chi²-Verfahren ist ein Beispiel für einen Test auf keinen Zusammenhang. Das Ergebnis eines *Maßes* gibt dagegen an, wie stark dagegen dieser Zusammenhang ist. Der Phi Koeffizient (für 2 × 2 Tabellen), und Cramer's V (für Tabellen größer als 2 × 2) sind Beispiele für Maße.

Anm.: Beide Statistiken machen keine Aussagen darüber, ob und inwieweit das jeweilige Testergebnis von theoretischer oder praktischer Bedeutsamkeit ist.

Der folgende Abschnitt stellt die theoretischen Grundlagen, die Berechnung und die Interpretation der gebräuchlichsten Maße zur Analyse bivariater, univariater (sog. one-way table, eindimensionale Tabelle), und trivariater Tabellen (sog. multi-way table, n-way table, mehrdimensionale Tabelle) vor. Auf Verfahren, die diese (Kategorial)Daten alternativ zu analysieren erlauben, wie z.B. Logistische

[1] Auch für Tabellenanalysen gilt, daß das Vorliegen statistischer Signifikanz erst den Anfang einer Analyse bedeutet: Statistische Signifikanz alleine erklärt weder Art, Ort, Richtung oder Stärke eines Zusammenhangs. Statistische Signifikanz kann alleine aufgrund einer ausreichend großen Stichprobe zustande kommen und bedeutet nicht automatisch auch praktische oder theoretische Bedeutsamkeit. Statistische Signifikanz bedeutet, daß Verteilungsmuster und Beziehungen zwischen den Variablen nicht zufällig, sondern systematisch sind, und auf die zugrundeliegende Stichprobe verallgemeinert werden können, aus der das Sample zufällig gezogen worden war. Die Kontrolle des Fehlers I. Art ist auch für Tabellenanalysen notwendig, wird aber in den wenigsten Lehrbüchern angesprochen und konsequenterweise zu selten praktiziert (siehe die Diskussion im Abschnitt 1.1. zu den Multiplen Testungen).

Regression, Poisson Regression, Log-lineare Modelle, Messwiederholungsverfahren für Ordinaldaten, wie auch nichtparametrische Testverfahren im allgemeinen, z.B. Wilcoxon-Mann-Whitney Test, Kruskal-Wallis Test, oder Friedman's Chi² Test wird nicht eingegangen (siehe dazu auch Stokes et al., 2000, Tutz, 2000, Siegel, 1987, und Agresti, 1990).

12.1.1. Grundlagen

Die angemessene Analyse von Tabellen setzt die Kenntnis mehrerer Basisinformationen voraus. Unter anderem die Kenntnis in Bezug auf die Anzahl der Variablen, die Anzahl der Variablenstufen, das Skalenniveau der jeweiligen Variablen, Grundannahmen des Verfahrens und die zu überprüfende Hypothese. Spezielle Fragestellungen bzw. Spezialmaße erfordern weitere Angaben bzw. Parameter.

12.1.1.1. Die Anzahl der Variablen

Die Anzahl der Variablen bestimmt das zu wählende Verfahren: z.B. eine Variable (Test auf binomiale Proportion, Chi² Anpassungstest (goodness-of-fit test for equal proportions)), z.B. zwei Variablen (z.B. McNemar's Test, Kappa, und Maß des relativen Risikos), z.B. drei oder mehr Variablen (z.B. Cochran-Mantel-Haenszel Tests).

Verfahren für bis zu zwei Variablen sind dann geeignet, wenn der Einfluss weiterer Variablen ausgeschlossen werden kann. Verfahren für drei oder mehr Variablen sind v.a. dann geeignet, wenn der Einfluss weiterer Variablen auf zwei Variablen untersucht bzw. ausgeschlossen werden soll.

12.1.1.2. Die Anzahl der Variablenstufen

Das zu wählende Verfahren wird auch durch die Anzahl der (mindestens zwei) Ausprägungen der jeweiligen Variablen bestimmt: Bei einer Variable kann zwischen dem Binomialtest für Variablen mit nur zwei Ausprägungen oder dem Chi²-Anpassungstest für drei oder mehr Ausprägungen gewählt werden; bei mehr als zwei Variablen mit z.B. nur zwei Ausprägungen u.a. Risiko-Maße bzw. bei drei oder mehr Ausprägungen u.a. Chi²-Maße. Die Verfahren unterscheiden sich weiter danach, ob die Zeilen- und Spaltenvariablen dieselbe Anzahl an Variablenstufen enthalten müssen (z.B. McNemar's Test, Bowker's Symmetrietest, Kappa-Koeffizienten), oder eine unterschiedliche Anzahl an Variablenstufen enthalten können (z.B. Chi², Kontingenzkoeffizient, Cochran-Armitage Test).

Tests sollten nur für Variablen mit einer übersichtlichen (abzählbaren=diskreten) Anzahl von Abstufungen (Werten) berechnet werden. Bei einer größeren Anzahl von Abstufungen werden Kreuztabellen meist unübersichtlich;

außerdem steigt gleichzeitig die Wahrscheinlichkeit für suboptimal belegte Zellen. Sollten Variablen unübersichtlich (zu fein) gestuft sein, können sie vor einer Tabellenanalyse in gröbere Kategorien zusammengefasst werden. Das Zusammenfassen (collapse) von Kategorialdaten (z.B. um die *erwarteten* Häufigkeiten anzuheben) sollte dabei sehr sorgfältig vorgenommen werden, um die Integrität der Daten, so wie sie erhoben wurden, zu bewahren. Im Zweifelsfall sollten Tests sowohl über die nicht zusammengefasste, als auch über die zusammengefassten Daten berechnet und miteinander verglichen werden.
Anm.: Das Ausschließen von ganzen Zeilen oder Spalten sollte vermieden, oder zumindest explizit und nachvollziehbar begründet werden, um einen Willkürverdacht zu vermeiden.

12.1.1.3. Das Skalenniveau der jeweiligen Variablen

Das Skalenniveau der jeweiligen Variablen kann für Tests z.B. dichotom, ordinal, nominal, oder diskret sein; manche Maße auf Assoziation sind auch für Variablen auf Intervallniveau geeignet. Die Analyse gruppierter Überlebenszeiten ist ebenfalls möglich, wird im Folgenden aber nicht behandelt.

Das Skalenniveau der jeweiligen Zeilen- und Spaltenvariablen ist von entscheidender Bedeutung für die Wahl der angemessenen Tests und Maße (siehe die späteren Übersichtsdarstellungen). Das Maß Gamma wurde z.B. nur für jeweils ordinalskalierte Zeilen- und Spaltenvariablen entwickelt, während dagegen der Chi^2 Test nach Pearson für Zeilen- bzw. Spaltenvariablen ab Nominalniveau zulässig ist. Der CMH-Test auf „Allgemeinen Zusammenhang" (General Association) ist z.B. unabhängig vom Skalenniveau der Zeilen- und Spaltenvariablen bei multivariaten Analysen.

Für Maße kann es ein Problem sein, wenn das Skalenniveau der Zeilen- und Spaltenvariablen verschieden ist. Liegt eine solche Situation vor, kann auf zwei Arten vorgegangen werden. Es kann erstens das Verfahren für die Variable mit dem niedrigsten Skalenniveau gewählt werden; alternativ kann eine höherskalierte Variable ranggeordnet oder dichotomisiert werden. Beide Vorgehensweisen sind zulässig, allerdings mit einem gewissen Informationsverlust verbunden. Würde dagegen unzulässigerweise eine Variable mit einem Verfahren berechnet, das für Variablen auf einem höheren Skalenniveau entwickelt worden war, wären die Ergebnisse unbrauchbar.

Zweitens kann auf ein Maß zurückgegriffen werden, das für „gemischte" Skalenniveaus entwickelt worden ist. Die deskriptive Statistik Eta^2 beschreibt z.B. die Stärke des Zusammenhangs zwischen einer diskret skalierten UV und einer intervallskalierten AV *in der vorliegenden Stichprobe.* Im Kontext einer ANOVA ist Eta^2 äquivalent zum R^2.

12.1.1.4. Das Vorliegen einer Forschungsstrategie

Die jeweilige Forschungsstrategie bestimmt die Auswahl des Prüfverfahrens. Die folgenden Erläuterungen beschränken sich auf den Hypothesentest. Die Strategie der Modellbildung, die das Ziel hat, die Variation der AV mittels eines statistischen Modells und geeigneter Schätzmethoden optimal zu beschreiben, z.B. mittels einer Logistischen Regression, wird nicht erläutert. Unter dem Vorliegen einer Forschungsstrategie wird hier also verstanden, dass eine eindeutige, und statistisch überprüfbare Hypothese vorliegt. Statistisch überprüfbare Hypothesen können folgende Aussagen untersuchen (eine Auswahl):

z.B. eine Variable: Es kann z.B. überprüft werden, ob die (prozentualen) Anteile der verschiedenen Stufen gleich groß sind (Verfahren für binomiale Proportion, bzw. Chi²-Goodness-of-fit Test), oder ob z.B. zwei oder mehr Ratergruppen in einer Variable übereinstimmen (Kappa, Jonckheere-Terpstra).

z.B. zwei Variablen: Es kann z.B. unabhängig von Kausalverhältnissen zwischen den Zeilen- und Spaltenvariablen überprüft werden, ob zwischen den beiden Variablen ein allgemeiner Zusammenhang, ein linearer Zusammenhang, oder (Un)Abhängigkeit vorliegt, wie stark dieser Zusammenhang ist, und welche Richtung er z.B. annimmt. Falls die Zeilen- bzw. Spaltenvariable jeweils als unabhängige bzw. abhängige Variablen definiert werden, könnte überprüft werden, ob bei den Anteilen der abhängigen Variable, über die Stufen der UV hinweg betrachtet, Homogenität vorliegt. Ob zwischen den Anteilen (proportions) der Ausprägungen von Zeilen- und Spaltenvariablen ein Unterschied besteht (z.B. Risikodifferenz bei 2 x 2 Tabellen), oder ob die Verteilungen in den Zeilen- und Spaltenvariablen dieselben sind (Jonckheere-Terpstra Test), könnten ebenfalls interessante Hypothesen sein; auch, ob zwischen zwei oder mehr Beurteilern Übereinstimmung herrscht oder nicht.

Wenn eine zweidimensionale Tabelle keinen Zusammenhang zeigt, kann die Einführung einer dritten Variable (sog. Kontrollvariable) zum Aufdecken von Zusammenhängen in den Teiltabellen, und damit zur Entdeckung der Wirkweise einer dritten Variable führen (s.u.):

z.B. drei Variablen: Wird der Zusammenhang zwischen zwei Variablen evtl. durch eine dritte (intervenierende) Variable verursacht? Zwei Variablen können z.B. auf Assoziation überprüft werden, während der mögliche Einfluss einer dritten Variable kontrolliert wird.

12.1.1.5. Aussagen der Maße und Verfahren

Im Zusammenhang mit der Forschungsstrategie (12.1.1.4, s.o.), und den Annahmen der jew. Verfahren (12.1.1.1.-12.1.1.3, s.o.) steht die Interpretation, die Aussage, die auf ihrer Basis getroffen werden kann. Tests erlauben natürlich andere Aussagen als Maße, aber auch innerhalb der Tests sind Unterschiede zu beachten. Bei allen Chi²-Statistiken für 2 × 2 Tabellen gilt z.B. im Falle des Beibehaltens der

Nullhypothese, dass keine Assoziation zwischen der Zeilen-, und der Spaltenvariable vorliegt. Bei signifikanten Tests erlaubt der Pearson Chi² Test für 2 × 2 Tabellen die Aussage, dass ein allgemeiner Zusammenhang vorliege, der Mantel-Haenszel-Test im Vergleich dazu, dass ein linearer Zusammenhang besteht.

Maße lassen ebenfalls, auch wenn sie auf dasselbe Skalenniveau angewendet werden, wegen verschiedenen Berechnungskonzepten nicht immer dieselbe Interpretation zu. Spearman's R drückt z.B. eine Korrelation zwischen ranggeordneten Daten aus, während dagegen Kendall's tau-b genau genommen den Unterschied zwischen zwei Wahrscheinlichkeiten ausdrückt: Der Wahrscheinlichkeit, dass die beobachteten Daten in denselben Reihenfolgen vorliegen, und der Wahrscheinlichkeit, dass die beobachteten Daten in verschiedenen Reihenfolgen vorliegen.

Zu berücksichtigen ist auch, dass die jeweiligen Maße einen unterschiedlichen theoretischen Range haben können. Die Koeffizienten von Pearson und Spearman können z.B. Werte von -1 bis 1 annehmen, während z.B. die Lambda und Unsicherheitskoeffizienten Werte von 0 bis 1 annehmen.

12.1.1.6. Das Problem der multiplen Testungen

Das Problem der multiplen Testungen bei Tabellenanalysen unterscheidet sich weder in Theorie noch Praxis im Wesentlichen von der Kontrolle des Fehlers I. Art z.B. bei der ANOVA. Die Kontrolle des Fehlers I. Art ist im Prinzip eine Beurteilung und Vermeidung eines potentiellen Schadens, entstanden durch zufällig signifikante Ergebnisse, in Gestalt einer formalen Anpassung des vorgegebenen Signifikanzniveaus. Auch bei der Analyse von Kreuztabellen wird empfohlen, den Fehler I. Art dann zu kontrollieren,

a) wenn das Begehen des Fehlers I. Art zu unbedingt vermeidbaren Schäden führt,
b) wenn das Begehen des Fehlers I. Art zu größeren Schäden als der Fehler II. Art führt,
c) die Nullhypothese wahrscheinlich ist, oder wenn
d) die Analyse eher explorativer Natur ist.

Über den Sinn einer Kontrolle des Fehlers I. Art herrscht zwar weitestgehend Einigkeit. Die Notwendigkeit in bestimmten Analysesituationen, z.B. bei Datenexplorationen, ist oft von Ermessenserwägungen abhängig und nicht unumstritten.

Bei einer theoriegeleiteten Exploration, wo es eher um die Natur von Zusammenhänge und nicht notwendigerweise um ihre Existenz geht, kann z.B. jeder neue Test gleichzeitig auch eine neue Explorationsperspektive bedeuten; eine Alpha-Korrektur wäre demnach nicht notwendig. Der feine Unterschied zu einem post hoc „fishing for significance" könnte darin zu sehen sein, dass sich bei der Exploration der Gegenstand ändert, während er beim „fishing for significance" gleich bleibt und dabei mehrfach getestet wird.

Multiplizitätskorrekturen sollten auch bei der sog. explorativen Datenanalyse auf der Basis von Tabellen angelegt werden, um sich gegen ein unrealistisches und gegenstandsunangemessenes "fishing for significance" zu schützen (siehe dazu z.B. auch Stelzl, 1982). Die einzelnen Verfahren „family wise" vs. „experiment wise" haben alle ihre Vorzüge und Nachteile. Die Anwender werden dazu auf die statistische Spezialliteratur verwiesen (siehe z.B. Westfall et al., 1999).

Dem „fishing for significance" ähnelt die nicht seltene Praxis, aus vielen signifikanten Tabellen die (z.B.) 2 x 2 Kreuztabelle mit den am meisten beeindruckenden Werten zu wählen. Das ausschließliche Verwenden von extremen oder hochselegierten Ergebnissen verzerrt notwendigerweise die Darstellung der Gesamtsituation. Multiplizitätskorrekturen stellen für diesen Fall eine gewisse Vorsichtsmaße dar.

Das Anlegen *keiner* Multiplizitätskorrektur hat den Vorzug, die Power des Test nicht zu senken (mit dem Verringern des Fehlers I. Art erhöht sich der Fehler II. Art). Als Nachteil dieses Vorgehens steht dem natürlich das Risiko zufällig signifikanter Ergebnisse gegenüber. Ob und inwieweit bei der Analyse von Tabellen das Problem der Multiplen Testungen korrigiert werden muss, hängt von vielen Faktoren ab, die der Anwender bei der jeweiligen Analyse konkret beurteilen müsste, wobei Schadenserwägungen, Power, a priori-Wahrscheinlichkeit und zufällige Signifikanz erste Kriterien sein sollten.

Wieviel Beachtung dem Multiplizitätsproblem geschenkt wird, sollte direkt von der a priori Wahrscheinlichkeit der Nullhypothesen und den Kosten des Fehlers I. Art abhängig gemacht werden: Sind eine a priori Wahrscheinlichkeit und/oder hohe Kosten des Fehlers zu erwarten, sollte man sich um das Begehen von Fehlern I. Art mehr Sorge machen.

Auch das Beurteilen korrigierter, aber nicht signifikanter Ergebnisse ist nicht immer einfach. Die allgemeine Dynamik der Datenlage (z.B. Effektgrößen, Beta, oder auch Konfidenzintervalle) ist wichtiger als die bloße Konzentration auf das Alpha. Wenn etwas real ist, macht sich dies auch in Gestalt der anderen Kennwerte bemerkbar. Eine Ablehnung dieses Phänomens alleine aufgrund eines einzelnen, nicht signifikanten weil korrigierten Alphas wäre übereilt.

12.1.1.7. Annahmen der Verfahren

Die Verfahren zur Analyse von Kreuztabellen basieren, neben dem Skalenniveau, auf weiteren Annahmen. Nachdem das Verfahren anhand o.a. formaler Kriterien festgelegt wurde, sollte anhand der Projektdokumentation bzw. mittels erster Explorationen an den Daten geprüft werden, ob diese die Annahmen für das jeweilige Verfahren auch wirklich erfüllen. Ob z.B. von einer Randomisierung ausgegangen werden kann, kann nicht den Daten, aber der Projektdokumentation entnommen werden. Zu den Annahmen gehören im Allgemeinen die Randomisierung der Daten, eine ausreichend große Datengrundlage, und mögliche Kausalverhältnisse zwischen den Variablen.

Ziehungsverfahren

Daten unterscheiden sich nach der Art ihrer Ziehung bzw. Zuweisung zu Treatments: Bei *Zufallsstichproben* (sample survey studies) werden die Fälle zufällig aus der Grundgesamtheit oder größeren Untersuchungsstichproben gezogen. Aufgrund dieses zufälligen Ziehens kann von einer Repräsentativität für die jeweils größere Einheit ausgegangen werden (wobei aber im Prinzip selbst nach dem Grenzwerttheorem auch mit einzelnen „schlechten" Stichproben, also mit einem ausgeprägten Stichprobenfehler behaftet, gerechnet werden muss). Bei *Daten aus Experimenten* (experimental data) werden die Fälle per Zufall in verschiedene Bedingungen aufgeteilt. Die Randomisierung, also das zufällige Zuweisung von Fällen zu verschiedenen Treatments, erfolgt durch das experimentelle Design, z.B. durch Zufallszahlenpläne oder Zufallszahlen-Generatoren. Bei *Beobachtungsdaten* (historical data, anfallende Stichprobe, quasi-experimentelle Daten) besitzt die untersuchte Population eine geografische oder andere, situationsbedingte Definition, aber keine genuinen Prozesse der Zufallsziehung oder Randomisierung. Wegen der nie ganz auszuschließenden Möglichkeit systematischer Fehler bei der Zusammenstellung dieser Beobachtungsdaten ist es oft schwierig, von ihrer Repräsentativität für eine bestimmte Grundgesamtheit ausgehen zu können; allerdings erlauben bestimmte Kreuztabellenstatistiken, den möglichen Einfluss anderer, erklärender Variablen zu überprüfen.

Ausreichende große Datengrundlage

Die Verfahren unterscheiden sich in der Definition der erforderlichen Datengrundlage. Im Allgemeinen basieren die Maße und ihre ASEs (asymptotic standard error, asymptotische Standardfehler) auf der Annahme, dass der Datenumfang groß ist. Asymptotische Signifikanz bedeutet, dass der ermittelte p-Wert sich mit einer zunehmenden Stichprobengröße dem wahren Wert annähert. Bei kleinen Stichproben sind diese Maße entsprechend grob. Je größer die Datengrundlage, desto valider ist der ASE-Wert (ASE werden verwendet, um Konfidenzintervalle um die Korrelationsparameter herum zu berechnen, z.B. r +/- 1.96*ASE).

Je nach Verfahren können u.a. dazu gehören: Ausreichende große N pro Tabellen, mind. erwartete (expected) N=5 (idealerweise 10) pro Zelle, keine leeren Zellen (zero cells), oder nur ein bestimmter Anteil an leeren oder suboptimal besetzten Zellen.

Bei suboptimal kleinen Stichproben sollte auf exakte Verfahren zurückgegriffen werden, z.B. Fisher's Exakter Test. Exakte Verfahren sind auch für große Stichproben angemessen, jedoch extrem rechenintensiv. „Rechenintensiv" bedeutet, dass die Berechnung einer Tabellenstatistik je nach Rechnerkapazität durchaus einige Stunden dauern kann.

Kausalverhältnisse

Die Wahl des angemessenen Verfahrens hängt u.a. auch davon ab, ob die Fragestellung eine Berücksichtigung eines Kausalverhältnisses zwischen zwei Variablen, also die Unterscheidung in unabhängige Variable (UV, Prädiktor, explanatory variable) und AV (abhängige Variable, Kriterium, response variable, outcome) erforderlich macht. Üblicherweise wird zur *Beschreibung* von Daten die UV im Kopf (Spalten), und die AV als Zeilen (Rand) angegeben (siehe z.B. zahlreiche Beispiele in Hartung, 1999[12]; Bortz & Döring, 1995[2]; Bortz, 1993[4]; Schnell et al., 1999[6]). Bei der *Berechnung* von Tabellenanalysen ist jedoch unbedingt zu beachten, dass SAS konsequent der Konvention folgt, dass die UV in der Zeile, und die AV in der Spalte einer Tabelle steht, also genau umgekehrt (siehe z.B. die Darstellung in der Dokumentation zu SAS/STAT Version 8, oder auch Stokes et al., 2000). Im TABLES Statement stehen (nach der/den Kovariaten) also immer zuerst die Zeilen (UV) und dann erst die Spalten (AV) einer Tabelle. Bei der Berechnung von Tests bzw. Assoziationsmaßen ist also besonders zu beachten, welche Variable im Kopf einer Tabelle, und welche links am Rand steht.

Bei vielen Tests und Maßen führt das Vertauschen von Zeilen und Spaltenvariablen zu falschen Ergebnissen (siehe z.B. Risikomaß bzw. asymmetrische Maße im Besonderen). Schön illustrieren lässt sich das am Lambda, einem Maß für nominale Assoziation: Bei ‚Lambda Asymmetric C|R' ist die Spaltenvariable (‚C', column) die AV, bei ‚Lambda Asymmetric R|C' ist die Zeilenvariable (‚R', row) die AV, während bei ‚Lambda Coefficient Symmetric' die Berechnung der Statistik symmetrisch erfolgt, also unabhängig eines Kausalverhältnisses.

Die meisten Verfahren nehmen an, dass die Daten unabhängig voneinander erhoben wurden. Wird jedoch eine Vorher-Nachher-Messung an denselben Personen durchgeführt (es liegt also eine verbundene Stichprobe vor), wären z.B. Risiko-Verfahren, oder auch der McNemar-Test geeignet.

Spezielle Fragestellungen bzw. Spezialmaße erfordern weitere Angaben bzw. Parameter. Bei der Interpretation von Ergebnissen sind auch verfahrensspezifische Annahmen zu berücksichtigen. CMH-Verfahren gehen bei mehreren Strata z.B. implizit davon aus, dass die Assoziationen in eine Richtung gehen. Gehen jedoch die Assoziationen der verschiedenen Strata in entgegengesetzte Richtungen, besitzen die CMH-Verfahren eine geringe Power, eine Assoziation zu entdecken. Auf jeden Fall sollten die einzelnen Tabellen sorgfältig auf entgegengesetzte Trends untersucht werden.

12.1.2. Übersicht: Tabellenstrukturen und Tests

Einführendes Beispiel für die Verwendung der Übersicht

Für zwei (von einander unabhängige) Variablen (z.B. "Gezeiten" und "Windstärke") soll eine Tabellenanalyse durchgeführt werden. Die unabhängige Variable "Gezeiten" hat zwei Ausprägungen (z.B. „Ebbe" und „Flut"). Die abhängige Variable "Windstärke" ist ordinalskaliert (z.B. von 1 bis 12). Die Tabellenstruktur entspricht demnach "2 x r", die dazugehörige Rechenanweisung ist "tables UV * AV / chisq". Im SAS Output steht unter „Mantel-Haenszel Chi² Test" die gesuchte Teststatistik.

Der Inhalt der folgenden Tabelle basiert auf der SAS/STAT Dokumentation zur Prozedur PROC FREQ, und Stokes et al. (2000). Trotz ihres Umfangs ist diese Übersicht unvollständig; es gibt noch viele weitere Verfahren, z.B. Likelihood Ratio-Chi² Test und (Gewichtetes) Kappa, für die Analyse von Tabellen. Neben eigentlichen Tabellenmaßen, z.B. den McNemar's Test, enthält die Tabelle auch wichtige nichtparametrische Verfahren, z.B. die Rangvarianzanalyse nach Jonckheere-Terpstra.

Übersicht 8: Tabellenstrukturen, Tests und PROC FREQ

Tabellen struktur	**Unab- hängig keit der Stichpro- ben**	**Messniveau**	**Empfohlener Test**	**Anmerkungen & Berechnung mit SAS**
2	*Ja*	*VAR: Nominal*	*Binomialtest*	*Vergleich von empirischen mit* erwarteten *Häufigkeiten* **SAS: tables VAR / binomial ;**
n	*Ja*	*VAR: Nominal*	*Chi²-Anpassungstest*	*Vergleich von empirischen mit* erwarteten *Häufigkeiten* **SAS: tables VAR / chisq ;**
2 x 2	*Ja*	*UV: Nominal, AV: Nominal*	*Pearson Chi²-Test*	*Vergleich mit* erwarteten *Werten bei Unabhängigkeit; konvergiert mit Mantel-Haenszel Chi²* **tables UV * AV / chisq ;**
2 x 2	*Ja*	*UV: Nominal, AV: Nominal*	*Mantel-Haenszel Chi²-Test*	*Basiert auf* Tabellenwerten; *konvergiert mit Pearson's Chi²* **Tables UV * AV / chisq ;**
2 x 2	*Nein*	*UV: Nominal, AV: Nominal*	*McNemar's Test*	*Homogenitäts-Test für verbundene bzw. Vorher-Nachher-Messungen (matched pairs, paired data)* **tables UV * AV / mcnem ;**

2 x 2	*Ja*	*UV: Nominal, AV: Nominal*	*Continuity Adj Chi²-Test (Yates)*	*Annäherung über Formel an exakte Tests; u.U. sehr konservativ, besser exakte Tests verwenden* **tables UV * AV / chisq ;**
2 x 2	*Ja*	*UV: Nominal, AV: Nominal*	*Fisher's Exakter Test*	*Besser als Chi² Statistiken zu interpretieren, da genauer und auf Tabelle basierend; geeignet für* kleine *und* große *Stichproben* **tables UV * AV / chisq ;**
2 x 2	*Design*	*UV: Nominal, AV: Nominal*	*Risikodifferenz (biomed. Schätzverfahren)*	*Differenz in Proportionen (nur für 2 x 2 Tabellen)* **tables UV * AV / riskdiff ;**
2 x 2	*Design*	*UV: Nominal, AV: Nominal*	*Chancen-/Quotenverhältnis (Odds Ratio), Relatives Risiko (jew. biomed. Schätzverfahren)*	*Besondere Annahmen bei der Interpretation beachten (nur für 2 x 2 Tabellen); Tests: Pearson Chi², Mantel-Haenszel Chi²* **tables UV * AV / relrisk ;**
2 x 2	*Design*	*UV: Nominal, AV: Nominal*	*Sensitivität, Spezifität (biomed. Schätzverfahren)*	*Maß für das Erkennen von positiven bzw. negativen Prävalenzraten (Bayes-Logik) (nur für 2 x 2 Tabellen)* **Keine SAS Prozedur verfügbar (siehe Programm im Abschnitt 12.2.2.4.)**
2 x r	Ja	UV: Nominal, AV: Ordinal	Mantel-Haenszel Chi²	**tables UV * AV / chisq ;** ggf. incl. Order=data Befehl
s x 2	Ja	UV:Ordinal, AV: Nominal	Mantel-Haenszel Chi²	**tables UV * AV / chisq ;** ggf. incl. Order=data Befehl
s x r	Ja	UV: Nominal, AV: Nominal	Pearson Chi², Mantel-Haenszel Chi², General Association	**tables UV * AV / chm chisq ;**
s x r	Ja	UV: Nominal, AV: Ordinal	Row Means Score Differ, General Association ist bei zahlreichen Zellen < 5 kein zuverlässiger Test)	**tables UV * AV / chm ;** ggf. incl. Order=data Befehl

s x r	Ja	UV: Ordinal, AV: Ordinal	Mantel-Haenszel Chi² (äquivalent: Nonzero Correlation)	**tables UV * AV / chm chisq ;** ggf. incl. Order=data Befehl Für Ränge mit gleichen oder ungleichen Abständen jew. geeignete Option verwenden (ungleich: MODRIDIT); führt oft zu ähnlichen Ergebnissen
s x r	Ja	UV: Nominal, AV: Ordinal	Jonckheere-Terpstra Test	**tables UV * AV / jt ;** ggf. incl. Order=data Befehl Leistungsfähiger als z.B. Kruskal-Wallis oder Mediantest, falls apriori geordnete Differenzen zwischen Klassen vorliegen
n x 2 x 2	Ja	KV: Nominal, UV: Nominal, AV: Nominal	Overall Association (KV x UV x AV): Cochran-Mantel-Haenszel Statistiken; Assoziation in den Einzeltabellen (UV x AV): Pearson Chi², Mantel-Haenszel Chi²	**tables KV * UV * AV / chm ;** Nichtparam. Kovarianzanalyse; CMH schwach bei der Entdeckung entgegengesetzter Assoziationen (Einzeltabellen ansehen!)
n x 2 x r	Ja	KV: Nominal, UV: Nominal, AV: Ordinal,	Overall Association (KV x UV x AV): Row Means Score Differ; Assoziation in den Einzeltabellen (UV x AV): Mantel-Haenszel Chi²	**tables KV * UV * AV / chm ;** ggf. incl. Order=data Befehl Für Ränge mit gleichen oder ungleichen Abständen jew. geeignete Option verwenden (ungleich: MODRIDIT); führt oft zu ähnlichen Ergebnissen
n x s x 2	Ja	KV: Nominal, UV: Ordinal, AV: Nominal	Overall Association (KV x UV x AV): Nonzero Correlation; Assoziation in den Einzeltabellen (UV x AV): Mantel-Haenszel Chi²	**tables KV * UV * AV / chm ;** ggf. incl. Order=data Befehl Syntaxanweisung beachten: CMH mit bzw. ohne SCORES=MODRIDIT Option; führt oft zu ähnlichen Ergebnissen

n x s x r	Ja	KV: Nominal, UV: Nominal, AV: Nominal	Overall Association (KV x UV x AV): General Association; Assoziation in den Einzeltabellen (UV x AV): Pearson Chi², Mantel-Haenszel Chi²	**tables KV * UV * AV / chm ;**
n x s x r	Ja	KV: Nominal, UV: Ordinal, AV: Nominal	Overall Association (KV x UV x AV): Row Means Score Differ; Assoziation in den Einzeltabellen (UV x AV): Mantel-Haenszel Chi²	**tables KV * UV * AV / chm ;** ggf. incl. Order=data Befehl (s.o.), ggf. mit MODRIT Option; nichtparam. Äquivalent: Kruskal-Wallis Test, Friedman Test
n x s x r	Ja	KV: Nominal, UV: Ordinal, AV: Ordinal	Overall Association (KV x UV x AV): Nonzero Correlation; Assoziation in den Einzeltabellen (UV x AV): Mantel-Haenszel Chi²	**tables KV * UV * AV / chm ;** ggf. incl. Order=data Befehl (s.o.), ggf. mit MODRIT Option; nichtparam. Äquivalent: Spearman's R

Symbole: *VAR=Variable, KV=Kovariable, UV=unabhängige Variable (üblicherweise Zeilen), AV=abhängige Variable (üblicherweise Spalten), 2=dichotome Variable, s=Strata, r=Ränge (ordinal; gleiche oder ungleiche Abstände), n=Anzahl weiterer Variablen (für mehrdimensionale Tabellenanalysen) bzw. Anzahl der Stufen einer Variablen bei eindimensionalen Tabellenanalysen.*

Legende:

Tabellenstruktur*: Die Anzahl der Symbole (n, s, etc.) gibt an, ob es sich um uni-, bi-, oder trivariate Tabellenanalysen handelt. Die Abkürzungen sind immer in der Abfolge KV, UV und AV zu lesen.*

Unabhängigkeit der Stichproben*: Dieser Spalte kann entnommen werden, ob die Gruppen unabhängig oder verbunden sein können. Bei biomedizin. Schätzverfahren entscheidet das Design über (un)verbundene Gruppen.*

Messniveau der Verfahren*: Hier kann das für die Berechnung in SAS erforderliche Messniveau für die Zeilen- (üblicherweise UV), und die Spaltenvariable (übli-*

cherweise AV) abgelesen werden. Mit KV wird bei (mind.) trivariaten Analysen die Kontrollvariable bezeichnet.
Empfohlenes Verfahren: *In dieser Spalte wird das Verfahren aufgeführt, das die betreffende Fragestellung nach dem gegenwärtigen Kenntnisstand am geeignetsten zu berechnen erlaubt.*
Anmerkungen und Berechnung mit SAS: *Die Berechnung der empfohlenen Statistiken kann den exemplarischen TABLES Statements entnommen werden. Wie zu sehen ist, ist die Abfolge der Variablen im TABLES Statement immer (KV,) UV und AV.*

Wie dieser Übersichtstabelle entnommen werden kann, kann ein und dieselbe Tabellenstruktur (z.B. 2 x 2) völlig verschieden analysiert und interpretiert werden. Das Ergebnis einer Tabellenanalyse wird eindeutig dadurch bestimmt, wie die Eigenschaften der Zeilen- und Spaltenvariablen für die Berechnung (z.B. mit SAS) definiert sind. Die meisten Verfahren sind in der Lage, Kausalverhältnisse zwischen UV und AV abzubilden; zu den Ausnahmen dürften z.B. Übereinstimmungsmaße (nicht dargestellt) gezählt werden.

Die biomedizinischen Schätzverfahren (Risikodifferenz, Chancen-/Quotenverhältnis (Odds Ratio), Relatives Risiko, Sensitivität und Spezifität) sind eine Besonderheit in zweierlei Hinsicht: Das Design entscheidet hierbei, ob die Gruppen unabhängig oder abhängig sind. Werden Konfidenzintervalle konstruiert, können sie auch als Unabhängigkeitstests eingesetzt werden.

Alle Tests, unabhängig davon, ob sie auf der Chi^2-, Bayes- oder der Permutationslogik beruhen, geben im Ergebnis an, ob eine Nullhypothese zurückgewiesen oder beibehalten wird; weil dabei von den meisten Tests die gesamte Verteilung geprüft wird, sagt ein signifikantes Ergebnis nicht immer etwas darüber aus, an welcher Stelle der Verteilung die bedeutsamen Abweichungen auftreten. Dazu sind weitere Tests nötig. Tests machen auch keine Aussage darüber, wie stark dieser Zusammenhang ist. Für die Ermittlung dieses Effekts werden Maße der Assoziation berechnet (siehe anschließende Übersicht).

12.2. Tabellenstrukturen und Tests

Die Auswahl und Erläuterung der Tests orientiert sich zuerst an der Struktur der Tabelle. Wie an den vorausgegangenen Ausführungen zur 2 x 2 Tabelle („Kreuztabelle") zu sehen war, stehen für dieselbe Tabellenstruktur verschiedene Maße zur Verfügung.

Die Orientierung an der Tabellenstruktur hilft die Auswahl der Maße für die Analyse einer Tabelle einzugrenzen. Die endgültige Auswahl des Tabellenmaßes hängt u.a. von weiteren Informationen, wie z.B. Messniveau, Verbundenheit der Messungen der Daten, und der Forschungshypothese ab. Für eine 2 x 2 Tabelle, also einer bivariater Tabelle, deren Variablen jeweils zwei Ausprägungen aufweisen, können z.B. je nach Hypothese Chi²-Maße, Fisher's Exakter Test, Chancen-/Quotenverhältnis (Odds Ratio), Relatives Risiko (Relative Risk), oder auch McNemar's Test berechnet werden.

12.2.1. Tests für 1 dimensionale Tabellen

Basisstruktur (Beispiel) in TABLES Schreibweise:

```
proc freq;
     tables Variable / binomial chisq;
  run;
```

Binomialtest

PROC FREQ (BINOMIAL Option) ermittelt für 1dimensionale Tabellen mit nur zwei Ausprägungen den Test und die Statistik für die binomiale Proportion. Die binomiale Proportion ist dabei der Anteil (Proportion) der Beobachtungen für die erste im Output erscheinende Variablenausprägung, im Vergleich zur Gesamthäufigkeit in dieser Tabelle.

Die voreingestellte Nullhypothese lautet, dass der Anteil der fraglichen Variablenausprägung 0.5 an der Gesamthäufigkeit 1 beträgt. PROC FREQ berechnet asymptotische bzw. exakte ein- und zweiseitige p-Werte für diesen Test.

Chi²- Test für 1dimensionale Tabellen

Für 1dimensionale Tabellen mit mehr als zwei Ausprägungen berechnet PROC FREQ (CHISQ Option) einen Chi²-Anpassungstest (goodness-of-fit test). Die CHISQ Option erlaubt drei Varianten zu berechnen, den Test auf gleiche Verhältnisse (test for equal proportions, Default), den Test auf vorgegebene Häufigkeiten (TESTF Option), und den Test auf Proportionen (TESTP Option). Die Nullhypothese für den voreingestellten Goodness of fit-Test geht von gleichen Verhältnissen der Gesamtstichprobe in jeder Klasse (Zelle) aus, d.h. die erwartete Häufigkeit pro Klasse (Zelle) entspricht der Gesamtstichprobe geteilt durch die Anzahl der Klassen (Zellen).

Adere Chi²-Tests werden für 1dimensionale Tabellen nicht berechnet.

12.2.2. Tests für 2 dimensionale Tabellen

Basisstruktur (Beispiel) in TABLES Schreibweise:

```
proc freq;
     tables Zeile(UV)*Spalte(AV) / chisq fisher riskdiff relrisk ;
  run;
```

Über die CHISQ Option werden für 2 dimensionale Tabellen folgende Chi²-Tests ermittelt: Pearson's Chi², kontinuitätsadjustierter Chi² (für 2 × 2 Tabellen, Likelihood-Ratio Chi², Mantel-Haenszel Chi², und Fisher's Exakter Test (für 2 × 2 Tabellen). Über FISHER wird der Freeman-Halton Test ermittelt, ein exakter Test für R x C Tabellen. Über die RISKDIFF Option werden für 2 × 2 Tabellen Risiko-Schätzer und Risikodifferenzen ausgegeben. Die Option RELRISK ermittelt das Odds Ratio für Fall-Kontrollstudien (retrospektive Studien), und für Kohortenstudien (prospektive Studien) das Relative Risiko (relative risk).

12.2.2.1. Chi²-Statistiken

Folgende Chi²-Tests werden für 2 dimensionale Tabellen ermittelt: Pearson's Chi², kontinuitätsadjustierter Chi² (für 2 × 2 Tabellen, Likelihood-Ratio Chi², Mantel-Haenszel Chi², und Fisher's Exakter Test (für 2 × 2 Tabellen). Alle Chi²-Statistiken prüfen die Nullhypothese, dass keine Assoziation zwischen der Zeilen-, und der Spaltenvariable vorliegt. Kleinere *p*-Werte deuten eine *geringere* Wahrscheinlichkeit dafür an, dass *keine* Assoziation vorliegt. Im Falle kleiner Stichproben sind Chi²-Maße keine zuverlässigen Tests, stattdessen sollte das exakte Verfahren nach Fisher, oder die exakte Testvariante berechnet werden. Exakte Berechnungen sind für alle Verfahren mit Ausnahme des kontinuitätsadjustierten Chi² (für 2 × 2 Tabellen) entweder über die Optionen EXACT oder FISHER verfügbar.

Pearson Chi² Test

Der Pearson Chi² Test für 2dimensionale Tabellen basiert auf dem *Unterschied* zwischen erwarteten und beobachteten Werten, wobei die erwarteten Werte unter der Nullhypothese der Unabhängigkeit zwischen der Zeilen- und Spaltenvariable ermittelt werden (Alternativhypothese: allgemeine Assoziation). Das Chi²-Maß drückt das Ausmaß der Abweichung zwischen der beobachteten von der erwarteten Verteilung in einer Kreuztabelle aus.

Die Erwartungswerte der einzelnen Tabellenzellen beim Chi²-Test werden einfach wie folgt berechnet: Anzahl aller Fälle der betreffenden Spalte, multipliziert mit der Anzahl aller Fälle der betreffenden Reihe, dividiert durch die Anzahl der Fälle in der Tabelle insgesamt. Die Differenz zwischen beobachtetem (empirischen) Wert und (errechnetem) Erwartungswert wird als Residuum bezeichnet.

Die Anzahl der Freiheitsgrade (df, degrees of freedom) werden wie folgt errechnet: df = (Anzahl der Spalten -1) * (Anzahl der Reihen - 1).

Bei nicht signifikanten Differenzen zwischen beobachteten und erwarteten Werten wird auf Unabhängigkeit der beiden Variablen (UV, AV) geschlossen; bei signifikanten Differenzen zwischen beobachteten und erwarteten Werten wird auf Abhängigkeit der AV von der UV bzw. einen allgemeinen Zusammenhang geschlossen. Die Pearson Chi²-Statistik wird im Output der Prozedur PROC FREQ unter ‚Statistic' als ‚Chi-Square' ausgegeben.

Voraussetzungen des Chi²-Tests: Zufallsstichprobe, Daten liegen als Häufigkeiten vor, die Variablen sind unabhängig, und die Kategorien der unabhängigen und der abhängigen Variablen müssen gegenseitig exklusiv disjunkt und erschöpfend sein. Die erwarteten Häufigkeiten sollten nicht zu klein sein (für 1 X 2 oder 2 X 2 Tabellen: N/Zelle =5, für eine 2 X 3 Tabelle N/Zelle=2, und für 2 x 4, 3 x 3 oder größere Tabellen N/Zelle=5 (max. eine Zelle darf zumind. 1 klein sein).

Andere Anwendungen des Pearson Chi²-Test:
2 ×2 Tabellen: Test auf Gleichheit (equality) zweier Binomialproportionen.
R ×2 und 2 ×*C* Tabellen: Test auf Homogenität von Proportionen.

Mantel-Haenszel Chi² Test

Die Mantel-Haenszel Chi² leitet sich über den Pearson Korrelationskoeffizienten zwischen Zeilen- und Spaltenvariable her. Die Mantel-Haenszel Statistik ist $(n-1)/n$ mal die Pearson Chi² Statistik. Die Alternativhypothese der Mantel-Haenszel Chi² Tests lautet, dass zwischen den beiden Variablen eine *lineare* Assoziation besteht. Der Mantel-Haenszel Chi² Test wurde eigentlich ausschließlich für ordinalskalierte Variablen entwickelt, kann jedoch auch in Tabellenanalysen eingesetzt werden, falls eine der beiden Variablen ordinal und die jeweils andere dichotom ist, oder falls eine 2 x 2 Tabellenstruktur vorliegt.

Der Mantel-Haenszel-Test wird im Prinzip wie Pearson's Chi²-Test interpretiert, basiert aber im Gegensatz zum Chi²-Test nicht auf *erwarteten* Werten, sondern den *konkreten* Werten einer Tabelle. Der Mantel-Haenszel-Test hat nicht nur den Vorteil, leichter interpretierbar zu sein, weil er auf den konkreten Tabellenwerten beruht, er ist auch robuster gegenüber Verstößen der Mindestzahl pro Zelle. Bei zunehmend großen Stichproben konvergieren beide Testverfahren im Ergebnis. Mit zunehmend großen Randsummen nähern sich Pearson Chi²-Statistik und Mantel-Haenszel Chi²-Statistik einander an. Bei diesen beiden Chi²-Statistiken ist die Anordnung der Zeilen- und Spaltenvariablen egal; ein Vertauschen der beiden Variablen führt zu denselben Testergebnissen. Die Mantel-Haenszel Chi²-Statistik wird als ‚Mantel-Haenszel Chi-Square' ausgegeben.

Likelihood-Ratio Chi² Test

Eine ebenfalls ausgegebene Statistik ist die Likelihood Ratio-Chi² Statistik (‚Likelihood Ratio Chi Square', auch: Likelihood-Quotienten Chi²). Der Likelihood-Ratio Chi² Test basiert auf den *Verhältnissen* zwischen den beobachteten und erwarteten Häufigkeiten. Die Likelihood-Ratio Chi² Statistik kann in interpretierbare Teile aufgeteilt werden, die sich wieder zur Gesamtstatistik aufaddieren. Die Likelihood Ratio-Chi² Statistik ist zur Pearson bzw. Mantel-Haenszel Chi²-Statistik asymptotisch (für große Stichproben) äquivalent, wird aber bei der Analyse von 2 x 2 Tabellen nicht häufig verwendet.

Kontinuitätsadjustierter Chi² Test (Continuity-Adjusted Chi-Square Test)

Der kontinuitätsadjustierte Chi² Test für 2 × 2 Tabellen ähnelt dem Pearson Chi² Test, vor allem bei zunehmender Stichprobengröße nähert sich die adjustierte Chi² Statistik der Pearson Chi² Statistik immer mehr an. Bei kleinen Stichproben ähnelt die adjustierte Chi² Statistik eher dem Exakten Test nach Fisher. Der Nutzen von Korrekturverfahren, z.B. der Kontinuitätskorrektur nach Yates, ist nicht unumstritten. Die Kontinuitätskorrektur nach Yates versucht die Chi²-Statistik so zu korrigieren, dass sie sich der des Exakten Tests annähert. Allgemein wird von der Yates-Korrektur eher abgeraten. Das Verfahren ist äußerst konservativ, v.a. wenn Zeilen- und Spaltenvariablen nicht symmetrisch, sondern verschieden sind. Exakte Tests sollten Korrekturverfahren im Allgemeinen vorgezogen werden.

Für den kontinuitätsadjustierten Chi² Test für 2 x 2 Tabellen wird keine Exakte Signifikanz ausgegeben.

Im Gegensatz zu den bis hier vorgestellten Tests basiert Fisher's Exakter Test nicht auf einer approximativen Chi²-Verteilung, sondern auf einer hypergeometrischen Verteilung.

Fisher's Exakter Test

Fisher's Exakter Test erlaubt auch bei kleinen Stichproben bzw. leeren Zellen zuverlässig die Nullhypothese zu prüfen, ob zwischen Zeilen- und Spaltenvariablen keine Assoziation vorliegt. Fisher's Exakter Test wird vorzugsweise für schwach besetzte 2 x 2 Tabellen verwendet, wenn also z.B. Erwartungswerte < 5 auftreten. Für (schwach besetzte) Tabellen größer als 2 x 2 (R x C) wird eine Erweiterung des Fisher-Tests, der exakte Freeman-Halton-Test berechnet. Je nach Tabellengröße und Stichprobengröße kann die Berechnung sehr rechenintensiv sein.

Das Grundprinzip des Exakten Tests nach Fisher basiert darauf, dass für eine gegebene 2 x 2 Tabelle alle möglichen Tabellenvarianten mit identischen Randhäufigkeiten ermittelt werden. Da darüber hinaus die Wahrscheinlichkeit des Auftretens der jew. Tabellenvariante berechnet wird (immer unter der Bedingung der Nullhypothese der Unabhängigkeit), benötigt man für die Entscheidung nur noch die Wahrscheinlichkeit der tatsächlich vorliegenden Tabelle und der aufsummierten Wahrscheinlichkeiten aller anderen Tabellen (einschl. der vorliegenden Tabelle). Nun liegt die Wahrscheinlichkeit dafür vor, eine weitere Tabelle zu erhalten, die eine genauso starke Assoziation aufweist wie die vorliegende Tabelle; ist diese Wahrscheinlichkeit zu gering, so ist die Nullhypothese abzulehnen.

2× 2 Tabellen:

Fisher's Exakter Test für 2 x 2 Tabellen wird über die Option CHISQ aufgerufen. Die Alternativhypothese lautet, dass zwischen Zeilen- und Spaltenvariable ein Zusammenhang besteht.

R × C Tabellen (Freeman-Halton Test):

Fisher's Exakter Test für R x C Tabellen wird über die Option FISHER aufgerufen. Die Berechnung erfolgt analog zu Fisher's Exaktem Test. Da die Alternativhypothese auf eine allgemeine, aber keine lineare Assoziation abzielt, werden für $R \times C$ Tabellen keine einseitigen Tests durchgeführt.

12.2.2.2. Risiko-Schätzer und Risikodifferenzen

Über die RISKDIFF Option werden für 2 dimensionale Tabellen Risikoschätzungen (‚risk estimates') und Risikodifferenzen (‚risk difference') angefordert. Wurde in einem vorangehenden Analyseschritt festgestellt, dass sich die Zeilen- und Spaltenverhältnisse innerhalb einer 2 x 2 Tabelle unterscheiden, erlauben Risikoschätzungen und Risikodifferenzen zu schätzen, wie sehr sich die unterschiedlichen Proportionen unterscheiden.

Im Unterschied zu anderen Analysen werden bei Berechnungen mit der RISKDIFF Option im TABLES Statement die Gruppen in die Zeilen, und die Merkmale bzw. abhängigen Variablen in die Spalten geordnet.

Beispiel:

Im folgenden Beispiel wurden zwei Treatments eingesetzt („Test“ vs. „Placebo“). Es interessiert nun, wie sehr sich das Verhältnis der beiden möglichen Testergebnisse („positiv“/“negativ“) voneinander unterscheidet. Die Zeilen geben die Häufigkeiten für ein Treatment an. Die Spalten geben die Ergebnisse der jew. abhängigen Variable an.

	Ergebnis			
Treatment	**Positiv**	**Negativ**	*Total*	*Proportionen Positiv (Risks)*
Test	*45*	*15*	60	.75
Placebo	*10*	*45*	55	.18
Total	55	60	115	.48

Die Proportionen (risks) werden zeilenweise über den Anteil der (üblicherweise) zutreffenden (z.B. „ja“) bzw. günstigen Häufigkeiten an der Zeilenhäufigkeit ermittelt. Die Risikodifferenz *d* wird über die Differenz zwischen den beiden Zeilenproportionen (Test, Placebo) ermittelt: $d = 0.75 - 0.18 = 0.53$. Der *Totalwert* für die Proportionen Positiv (sog. Overall risk) wird über einen gewichteten Mittelwert berechnet: *Total* = ((60 x 0.75) + (55 x 0.18)) / 115 = 0.48. Das Vorzeichen und der Betrag von *d* geben an, dass die Ergebnisverhältnisse für den Test weitaus günstiger sind als für das Placebo.

FREQ ermittelt sowohl für die beiden Proportionen, ihre Differenz wie auch um das overall risk (*total*) Standardfehler und asymptotische und exakte Konfidenzintervalle; für das overall risk werden jedoch keine exakten Konfidenzintervalle berechnet.

12.2.2.3. Risiko Statistiken (Odds Statistics: Chancen-/Quotenverhältnis, Relatives Risiko)

Über die RELRISK Option werden für 2 dimensionale Tabellen die Risiko Statistiken ‚Chancen-/Quotenverhältnis‘ (‚Odds Ratio‘) und ‚Relatives Risiko‘ (‚relative risk‘) angefordert: Risikostatistiken werden vorrangig, aber nicht nur, in der Epidemiologie eingesetzt, und zielen darauf ab, die Wirkung bestimmter Risikofaktoren zu ermitteln. Die Wahl des richtigen Verfahrens hängt vom Design der Studie ab, hier wird zwischen Kohortenstudien und Fall-Kontrollstudien unterschieden. Beide Verfahren sind jeweils 2 x 2 Gruppenvergleiche, unterscheiden sich jedoch grundsätzlich im Faktor „Zeit“ (s.u.). Für Fall-Kontrollstudien (retrospektive Studien) ist das Odds Ratio angemessen. For Kohortenstudien (prospektive Studien) ist das Relative Risiko (relative risk) angemessen; Maße des Relativen Risikos können auch in Querschnittstudien eingesetzt werden (siehe Stokes, Davis, & Koch (2000). Risiko-Maße sind designabhängig: Maße für prospektive Studien sind nicht für retrospektive Studien geeignet, und umgekehrt.

Eine Kohorte ist eine Gruppe gesunder Personen, die einem bestimmten Risiko ausgesetzt sind, und in prospektiven Studien über einen längeren Zeitraum beobachtet werden. Eine Fall-Kontrollstudie dient der retrospektiven Klärung ätiologischer Faktoren, bei denen Probanden über die matched-pairs-Technik im nachhinein so zusammengestellt werden, dass es für jeden Probanden aus der Fallgruppe einen Probanden aus der Kontrollgruppe gibt, der in möglichst vielen erklärenden Faktoren vergleichbar ist

Risikostatistiken für 2 × 2 Tabellen werden unter folgenden Annahmen berechnet: Die Zeilenvariable (Risiko) gibt das Ausgesetztsein gegenüber einem Risikofaktor an. Die Spaltenvariable repräsentiert das Eintreten einer Erkrankung (Erk). Bei retrospektiven Studien (Fall-Kontrollstudien) sollten (Risiko=ja, Erk=ja) auf der Hauptdiagonalen liegen. Bei prospektiven Studien sollte die erste Zeile (Risiko=ja) sein; falls (Erk=ja) die erste Spalte ist, ist "Col1 Risk" zu verwenden (ansonsten "Col2 Risk").

Prospektiv: Kohortenstudien (Relatives Risiko, relative risk)

Eine prospektive Studie ist eine *vorausschauende* Untersuchung, bei der mit der Datenerhebung begonnen wird, *bevor* die interessierenden Ereignisse eintreten. Ein Beispiel aus dem medizinischen Bereich ist die Befragung von Patienten zu bestimmten Ernährungsgewohnheiten zu einem Zeitpunkt *vor* dem (Nicht)Eintreten einer Erkrankung. Das Relative Risiko (relative risk) ist für Kohortenstudien (prospektive Studien) angemessen. Bei einer Kohortenstudie wird an zwei Stichproben durch eine dichotome unabhängige Variable das (Nicht)Vorhandensein eines erklärenden Faktors festgestellt. Diese beiden Gruppen werden *in der Zukunft* (prospektiv) auf das (Nicht)Eintreten der abhängigen Variable (ja/nein) untersucht.

Beispiel

Für zwei verschiedene Stichproben (UV: Raucher, Nichtraucher) wird eine langjährige Studie durchgeführt. Am Beginn der Studie weisen beide Gruppen keine Herzerkrankungen auf. Erst am Ende dieser Studie ist der jeweilige Prozentanteil der Fälle mit Herzerkrankungen (AV) bekannt, bei den Rauchern beträgt dieser 75%, und bei den Nichtrauchern 25%. Der einfachste Weg, beide Kennwerte miteinander zu vergleichen, ist der Quotient aus den beiden Prozentwerten. Für Raucher beträgt das Relative Risiko (relative risk) 3:1. Das (relative) Risiko für Raucher am Herzen zu erkranken ist also dreimal so groß wie bei Nichtrauchern; für Nichtraucher gilt die umgekehrte Interpretation. Liegen in beiden Gruppen dieselben Prozentanteile vor, beträgt das Relative Risiko 1:1.

Das Relative Risiko ist in zweierlei Hinsicht nicht leicht zu interpretieren. Ein Relatives Risiko kaschiert das Ausmaß der wahren Unterschiede zwischen den absoluten Verhältnissen verschiedener Samples. 1.2 kann z.B. für 60/50, aber auch für 6000/5000 stehen. Ein Relatives Risiko reduziert Unterschiede: Das Verhältnis 6000/5000 produziert das Relative Risiko 1.2, das Verhältnis 6900/5200 produziert das Relative Risiko ca. 1.3. Die absolute Differenz der Häufigkeiten beträgt 700, die Differenz der Risikomaße nur ca. 0.1. Was groß oder klein die Unterschiede sind, kann evtl. auf der Ebene der Häufigkeiten differenzierter beurteilt werden, als auf der Ebene des Relativen Risikos.

Ist ein Relatives Risiko > 1, so ist die Wahrscheinlichkeit für eine positive Reaktion in Zeile 1 größer als in Zeile 2. Ist ein Odds Ratio < 1, so ist die Wahrscheinlichkeit für eine positive Reaktion in Zeile 1 kleiner als in Zeile 2. Die Stärke der Assoziation nimmt mit zunehmender Abweichung von 1 zu.

Retrospektiv:Fall-Kontrollstudien (Chancen-/Quotenverhältnis, Odds Ratio)

Eine retrospektive Studie ist eine *rückblickende* Untersuchung, bei der mit der Datenerhebung erst begonnen wird, *nachdem* die interessierenden Ereignisse eintraten. Im medizinischen Bereich ist die nachträgliche Auswertung von Krankengeschichten ein gutes Beispiel. In der sog. *Fall-Kontrollstudie*, kann das Odds Ratio (Chancen-/Quotenverhältnis) dazu verwendet werden, das relative Risiko zu schätzen, wenn angenommen werden kann, dass die Wahrscheinlichkeit für ein positives Ergebnis gering ist (Agresti, 1990). In der Fall-Kontrollstudie werden zwei unabhängige Gruppen durch eine dichotome abhängige Variable identifiziert, und die Verteilung einer dichotomen unabhängigen Variable innerhalb der festen Abstufungen der abhängigen Variable im nachhinein (*retrospektiv*) untersucht.

Beispiel

Nach Abschluss einer Studie wird erst im nachhinein (ex post) bekannt, dass in der Gruppe der Gesunden der Anteil der Nichtraucher bei 75% (Raucher): 25%) beträgt, während in der Gruppe der Erkrankten der Anteil der Nichtraucher bei 20% (Raucher, 80%) liegt.

Der Unterschied dieser Fragestellung zu Beispiel des Relativen Risikos ist der, dass bei Analysebeginn hier die Raucher bereits erkrankt waren; diese Studie ist daher retrospektiv. Die Raucher bilden die „Fälle" und die Nichtraucher die „Kontrolle". Beim „Odds Ratio" werden für die beiden Gruppen der (Nicht)Erkrankten jeweils eine ‚Chance' (Odds) gebildet: Die Chance, in der Gruppe der Erkrankten ein Raucher zu sein, ist gleich 4 (80:20). Die Chance, in der Gruppe der Gesunden ein Raucher zu sein, beträgt 0.33 (25:75). Diese beiden Chancen werden miteinander ins Verhältnis gesetzt, und bilden das ‚Odds Ratio' (Chancen-/Quotenverhältnis): 4 : 0.33 = 12 : 1. Diese Kennziffer kann z.B. so interpretiert werden: Auf zwölf erkrankte Raucher kommt ein gesunder Raucher. Aber auch: Eine Person mit Herzerkrankungen ist mit einer Chance von 12:1 ein Raucher.

Das ‚Odds Ratio' ist im Prinzip eine komparative Statistik, weil sie auf dem Vergleich zweier Gruppen aufbaut. Ein bestimmtes Chancen-/Quotenverhältnis gilt immer in zwei Richtungen und kann daher auch nie nur mit gut oder schlecht bewertet werden. Was für die erste Gruppe gut ist, kann für die zweite Gruppe schlecht sein, und umgekehrt.

Odds Ratio können nur nicht negative Werte annehmen. Wenn die Zeilen und Spaltenvariablen unabhängig sind, entspricht der wahre Wert des Odds Ratio gleich 1. Ist ein Odds Ratio > 1, sind die Chancen für eine positive Reaktion in Zeile 1 größer als in Zeile 2. Ist ein Odds Ratio < 1, sind die Chancen für eine positive Reaktion in Zeile 2 größer als in Zeile 1. Die Stärke der Assoziation nimmt mit zunehmender Abweichung von 1 zu.

FREQ berechnet asymptotische bzw. exakte Konfidenzbereiche für die Odds Limits. Bei ihrer Berechnung sind einige Besonderheiten zu beachten (u.a. leere Zellen).

Ob der Zusammenhang zwischen einem Risikofaktor) und einer Krankheit als kausal angesehen werden kann, wird im allgemeinen nicht mit dem Ergebnis einer einzelnen Studie überprüft, sondern durch eine Zusammenschau der gesamten verfügbaren Evidenz mit Hilfe sog. Kausalitätskriterien abgesichert: Stärke der Assoziation, Spezifität der Assoziation, Dosis-Wirkungs-Beziehung, zeitliche Beziehung, biologische Plausibilität, experimentelle Evidenz, und Konsistenz mit anderen Studien.

12.2.2.4. Screening Statistiken (Sensitivität und Spezifität)

Die beiden Screeningmaße Sensitivität und Spezifität stammen wie die Risikomaße aus dem Bereich der biostatistischen Diagnostik (beide Maße beruhen auf der Bayes-Logik, zur Bayes-Statistik siehe Marinell & Steckel-Berger, 2001). Unter der *Sensitivität* eines Tests oder Symptoms versteht man im Allgemeinen den richtig erkannten Anteil der Kranken bzw. die *bedingte* Wahrscheinlichkeit, mit der ein Kranker als krank erkannt wird. Unter der *Spezifität* eines Tests oder Symptoms versteht man dagegen den richtig erkannten Anteil der Gesunden bzw. die *bedingte* Wahrscheinlichkeit, mit der ein Gesunder als gesund erkannt wird (zu weiteren epidemiologischen und medizinstatistischen Maßzahlen und Modellen siehe Rothman & Greenland, 1998; Böhning, 1998; Harms, 1998).

Im Ernstfall weiß man ja nicht, ob eine Erkrankung vorliegt - dies will man gerade durch einen diagnostischen Test erfahren. Der Sinn eines solchen Vorgehens liegt also darin, über die Anwendung auf die relativen Häufigkeiten in einer bekannten Stichprobe zu einer Schätzung der charakteristischen Kenngrößen Sensitivität und Spezifität des betreffenden diagnostischen Verfahrens zu gelangen. Der positive Vorhersagewert (sog. „prädiktive Wert des positiven Befundes", predictive value positive, PVP) gibt den Anteil von Personen einer Stichprobe an, bei denen die untersuchte Krankheit vorliegt. Der negative Vorhersagewert (sog. „prädiktive Wert des negativen Befundes", predictive value negative, PVN) gibt den Anteil von Personen einer Stichprobe an, bei denen die untersuchte Krankheit *nicht* vorliegt. Diese beiden Maße hängen von der Zusammensetzung (Prävalenz) der Stichprobe ab. Der PVP hängt ausschließlich von der Anzahl der Testpositiven ab. Der PVN hängt dagegen von der Anzahl der Prävalenz unter den Testnegativen ab, und gibt somit eine Maßzahl für die falschen Negativen an. Sensitivität und Spezifität dürfen nicht als Wahrscheinlichkeiten interpretiert werden, nach denen eine Erkrankung (nicht) vorliegt. Diese Aussage treffen die prädiktiven Werte, die wiederum von der Prävalenz (Häufigkeit) bestimmter Erkrankungen abhängen.

Beispiel:

In einer ersten Studie leiden von 100 Probanden 50 an einer bestimmten Krankheit, die anderen 50 Patienten sind gesund. In einer zweiten Studie sind nur 5 von 100 Probanden erkrankt.

	Fall I: 50% Kranke		
	Tatsächlich krank	**Tatsächlich gesund**	
Testergebnis positiv	Richtige Entscheidung: *A = 40*	Falsche Entscheidung: positiv *B = 5*	**Positiver Vorhersagewert** A / (A+B) = **0.89**
Testergebnis negativ	Falsche Entscheidung: negativ *C = 10*	Richtige Entscheidung: *D = 45*	**Negativer Vorhersagewert** D / (D+C) = **0.82**
	Sensitivität: .80 (A / A+C)	**Spezifität: .90** (D / D+B)	

Legende:
Ein **positives** Testergebnis bedeutet, dass der Test jemanden als krank erkennt. Sind die Patienten tats. krank, handelt es sich hierbei um eine richtige Entscheidung (Feld A). Sind die Patienten dagegen gesund, handelt es sich hierbei um eine *falsche positive* Entscheidung (Feld B). Für das **negative** Testergebnis gilt die umgekehrte Interpretation: Ein **negatives** Testergebnis bedeutet, dass der Test jemanden als gesund erkennt. Sind die Patienten tats. gesund, handelt es sich hierbei um eine richtige Entscheidung (Feld D). Sind die Patienten dagegen krank, handelt es sich hierbei um eine *falsche negative* Entscheidung (Feld C). Die Vorhersagewerte geben an, mit welcher Wahrscheinlichkeit eine bzw. keine Krankheit vorliegt.

	Fall II: 5% Kranke		
	Krank	**Gesund**	
Testergebnis positiv	Richtige Entscheidung: *A = 4*	Falsche Entscheidung: positiv *B = 10*	**Positiver Vorhersagewert** A / (A+B) = **0.29**
Testergebnis negativ	Falsche Entscheidung: negativ *C = 1*	Richtige Entscheidung: *D = 85*	**Negativer Vorhersagewert** D / (D+C) = **0.99**
	Sensitivität: .80 A / (A+C)	**Spezifität: .89** D / (D+B)	

Legende:
Ein **positives** Testergebnis bedeutet, dass der Test Kranke als krank erkennt. Sind die Patienten tats. krank, handelt es sich hierbei um eine richtige Entscheidung. Sind die Patienten dagegen gesund, handelt es sich hierbei um eine falsche positive Entscheidung. Für das **negative** Testergebnis gilt die umgekehrte Interpretation. Die Vorhersagewerte geben an, mit welcher Wahrscheinlichkeit eine bzw. keine Krankheit vorliegt.

Die Zusammensetzung der Stichprobe hat keinen Einfluss auf die beiden Screeningmaße, ihre Aussagen bleiben in etwa dieselben. Die Aussagen der beiden Vorhersagewerte unterscheiden sich jedoch erheblich zwischen den Stichproben. Die beiden prädiktiven Wahrscheinlichkeiten hängen von der Zusammensetzung des Kollektivs, genauer: der Prävalenz der Erkrankung ab. Es ist zu beachten, dass Empfehlungen und Maßnahmen auf der Basis von Testgütekriterien (Screeningmaßen) streng genommen nur für bestimmte Kollektive einschl. ihrer besonderen Prävalenzraten Gültigkeit haben können.

Das folgende Programm berechnet unkompliziert Vorhersagewerte, Sensitivität und Spezifität, und gibt darüber hinaus die eingegebenen Parameter zur Kontrolle aus. Nach der Zeile „cards" müssen die zu berechnenden Werte nur noch den entsprechenden Abkürzungen angegebenen werden. Die Abfolge der Abkürzung-Wert-Paare ist unerheblich. Wichtig ist nur, dass der Wert immer hinter der Abkürzung steht, zu der er gehört. Die Abkürzungen im Einzelnen: *KP* bedeutet krank und Testergebnis positiv, *KN* krank und Testergebnis negativ, *GP* gesund und Testergebnis positiv, und zuguterletzt *GN* für gesund und Testergebnis negativ. Das Programm berechnet als Beispieldaten die fiktiven Angaben des Falles I (s.o.). SAS enthält keine entsprechende Prozedur zur Berechnung von Sensitivität und Spezifität; zur Berechnung und Darstellung von ROC-Kurven kann jedoch auf die Prozedur LOGISTIC und ihre Option OUTROC verwiesen werden.

Programm

```
data STUDIE ;
input BEFUND $ Anzahl @@ ;
call symput(Befund, Anzahl) ;
cards ;
KP 40 KN 10 GP 5 GN 45
;
run ;
proc Format ;
    value $Befund
"KP"="Tatsächlich krank und Testergebnis positiv  - Richtige Entscheidung:"
"KN"="Tatsächlich krank und Testergebnis negativ  - Falsche Entscheidung:"
"GP"="Tatsächlich gesund und Testergebnis positiv - Falsche Entscheidung:"
"GN"="Tatsächlich gesund und Testergebnis negativ - Richtige Entscheidung:";
run;

proc print noobs;
format Befund $Befund.;
run;

data CALC;
   PV=&KP/(&KP+&GP);
   NV=&GN/(&GN+&KN);
   Sens=&KP/(&KP+&KN);
   Spez=&GN/(&GN+&GP);
label PV="Positiver Vorhersagewert"
      NV="Negativer Vorhersagewert"
      Sens="Sensitivität"
      Spez="Spezifität";
run;

options Formdlim=-;
proc print noobs label;
run;
options Formdlim='';
```

Output

```
                                   Befund                                    Anzahl

        Tatsächlich krank und Testergebnis positiv  - Richtige Entscheidung:     40
        Tatsächlich krank und Testergebnis negativ  - Falsche Entscheidung:      10
        Tatsächlich gesund und Testergebnis positiv - Falsche Entscheidung:       5
        Tatsächlich gesund und Testergebnis negativ - Richtige Entscheidung:     45

-------------------------------------------------------------------------------------

                  Positiver          Negativer
               Vorhersagewert     Vorhersagewert     Sensitivität     Spezifität

                  0.88889            0.81818             0.8              0.9
```

12.2.3. Tests für mehrdimensionale Tabellen

Basisstruktur (Beispiel) in TABLES Schreibweise:

```
proc freq;
     tables Stratum(Kovariate)*Zeile(UV)*Spalte(AV) / cmh;
  run;
```

Die CMH Option im TABLES Statement fordert eine stratifizierte statistische Analyse der Beziehung zwischen den Variablen "Zeile" und "Spalte" an, nachdem um den möglichen Einfluss der Kovariablen "Stratum" kontrolliert wurde. Bei diesem Vorgehen der Berücksichtigung einer sog. Kontrollvariable (‚Störfaktor') handelt es sich im Prinzip um eine nichtparametrische Kovarianzanalyse (Stokes et al., 2000), die hilft, Fehlinterpretationen alleine auf der Basis bivariater Tabellen auszuschließen.

Das Einführen einer Kontrollvariablen kann dazu führen, dass sich in einer bivariaten Tabelle ein Zusammenhang zeigt, wo vorher keiner war (Ausschluss einer Non-Korrelation), aber auch, dass ein vorher aufgetretener Zusammenhang verschwindet (Ausschluss von Scheinkorrelationen). Weisen nach dem Einführen einer Kontrollvariablen die Teiltabellen in etwa dieselben Zusammenhänge auf, spricht man von "Bestätigung"; zeigen die Zusammenhänge in allen Teiltabellen in dieselbe Richtung, liegt "Multikausalität" vor (Kovariable und unabhängige Variable haben eine unabhängige Wirkung), weist der Zusammenhang in allen Teiltabellen in verschiedene Richtungen, liegt "Interaktion" vor (Wechselwirkung zwischen den Kategorien der Kovariablen und der unabhängigen Variable).
Für mehrdimensionale Tabellen berechnet PROC FREQ über die Option CMH drei CMH Statistiken (siehe A.), und mehrere Schätzer für 2 x 2 Tabellen (siehe B.):

12.2.3.1. Cochran Mantel Haenszel Statistiken

PROC FREQ berechnet drei CMH Statistiken: Die Korrelationsstatistik, Row Means Score, und die General Association Statistik. Das Skalenniveau der Zeilen- und Spaltenvariable entscheidet dabei über die Angemessenheit der Verfahren. Die Nullhypothese, H_0, lautet allgemein, dass in keiner der Strata ein Zusammenhang zwischen der Zeilenvariable X und der Spaltenvariable Y besteht. Die Nullhypothesen werden dabei jedoch gegen verschiedene Alternativhypothesen (s.u.) getestet.

Achtung:
CMH-Verfahren gehen bei mehreren Strata z.B. implizit davon aus, dass die Assoziationen in eine Richtung gehen. Gehen jedoch die Assoziationen der verschiedenen Strata in entgegengesetzte Richtungen, besitzen die CMH-Verfahren eine

geringe Power, eine Assoziation zu entdecken. Eine nicht signifikante CMH bedeutet daher entweder, dass keine Assoziation vorliegt, oder dass kein Assoziationsmuster ausgeprägt oder konsistent genug ist, um sich gegen andere Muster durchzusetzen. Auf jeden Fall sollten die einzelnen Tabellen sorgfältig auf entgegengesetzte Trends untersucht werden.

Mantel-Haenszel Statistik

Die Mantel-Haenszel Statistik (auch: Correlation Statistic), besitzt *immer* nur einen Freiheitsgrad.

Voraussetzungen:
Spalten- und Zeilenvariablen müssen mindestens Ordinalniveau aufweisen.

Fragestellung:
Die Alternativhypothese lautet, dass es zumindest in einem Stratum eine lineare Assoziation zwischen der Spalten- und Zeilenvariable gibt.

Andere Tabellenstrukturen:
Liegen mehrere Strata vor, geht diese CMH Statistik in eine stratum-adjustierte Korrelationsstatistik über. Liegt nur ein Stratum vor, reduziert sich diese CMH Statistik auf $(n\text{-}1)r^2$ bzw. $(n\text{-}1)r_s^2$, wobei r^2 dem Korrelationskoeffizienten nach Pearson, und r_s^2 dem Korrelationskoeffizienten nach Spearman entspricht.

Row Mean Scores (ANOVA Statistik)

Voraussetzungen:
Die Spalten (column) variable besitzt mind. Ordinalniveau.

Fragestellung:
Die Alternativhypothese für diese Statistik lautet, dass zumindest in einem Stratum die Mittelwerte der Zeilen verschieden sind.
Vorteil:
Die Row Mean Scores Statistik ist sensitiv gegenüber Lokationsunterschieden zwischen den Zeilenverteilungen *der Spaltenvariable.*

Andere Tabellenstrukturen:
Liegen mehrere Strata vor, ist diese CMH im Prinzip eine stratum-adjustierte parametrische Varianzanalyse bzw. ein nichtparametrischer Kruskal-Wallis Test (H-Test). Liegt in jeder Tabelle pro Stratum ein Fall in jeder Zeile und ein Fall in jeder Reihe vor, entspricht die Row Means Score Statistik Friedman's Chi² Test.

General Association Statistic

Voraussetzungen:
Weder die Spalten-, noch die Zeilenvariable müssen Ordinalniveau aufweisen. Erforderlich ist nur eine allgemein große Stichprobe, da sie nur (R-1)(C-1) Freiheitsgrade besitzt.

Fragestellung:
Die Alternativhypothese für diese Statistik lautet, dass irgendein Zusammenhang zwischen den Zeilen- und Spaltenvariable zumindest in einem Stratum vorliegt.

Vorteil:
Diese Statistik ist immer interpretierbar, weil sie in Spalten-, und Zeilenvariable mind. Nominalniveau voraussetzt.
Andere Tabellenstrukturen:
Bei nur einem Stratum reduziert sich die General Association CMH Statistik auf die Pearson Chi² Statistik; bei mehr als einem Stratum wandelt sich die CMH Statistik in eine stratum-adjustierte Pearson Chi² Statistik.

12.2.3.2. Schätzer für 2 x 2 Tabellen

Für n x 2 x 2 Tabellen gibt PROC FREQ zusammen mit der CMH Option (neben den Cochran-Mantel-Haenszel Statistiken, siehe oben) eine adjustierte Schätzung des gemeinsamen Odds Ratios, des gemeinsamen relativen Risikos (common relative risk), und den Breslow-Day Test auf Homogenität der Odds Ratios aus. Wenn in mehrdimensionalen Tabellen die Zeilen- und Spaltenvariablen nur zwei Stufen aufweisen, berechnet PROC FREQ für jedes dieser Maße den Mantel-Haenszel- und den Logit Schätzer.

Schätzer für adjustierte Odds Ratios und Relative Risikos

Die Wahl des richtigen Verfahrens hängt vom Design der Studie ab. For Kohortenstudien (prospektive Studien) ist das Relative Risiko (relative risk) angemessen. Für Fall-Kontrollstudien (retrospektive Studien) ist das Odds Ratio angemessen.

1 Fall-Kontrollstudien: Odds Ratios

Für Fall-Kontrollstudien wird der Mantel-Haenszel Schätzer des gemeinsamen Odds Ratios (common odds ratio) berechnet (außer wenn der Nenner gleich Null ist). Der Mantel-Haenszel Schätzer des Odds Ratios reagiert weniger empfindlich auf kleine N als der Logitschätzer nach Woolf (nicht dargestellt, siehe SAS/STAT Dokumentation).

2 Kohortenstudien: Relative Risikos

Für Kohortenstudien wird der Mantel-Haenszel Schätzer des gemeinsamen relativen Risikos (common relative risk) für Spalte 1 berechnet, außer wenn der Nenner gleich Null ist. Der Logit Schätzer wird nicht dargestellt (siehe SAS/STAT Dokumentation).

Breslow-Day Test auf Homogenität der Odds Ratios

PROC FREQ (CMH Option) berechnet den Breslow-Day Test für eine stratifizierte Analyse von 2 ×2 Tabellen. Der Breslow-Day Test überprüft die Nullhypothese, dass die Odds Ratios für alle Strata gleich sind. Die Breslow-Day Statistik wird nicht berechnet, wenn eine Tabelle eine leere Zeile oder Spalte enthält.

Achtung:
Die CMH Statistiken sind dem Breslow-Day Test vorzuziehen: Im Gegensatz zu den Cochran-Mantel-Haenszel Statistiken (s.o.) ist für den Breslow-Day Test eine große Stichprobe innerhalb jedes Stratums erforderlich. Darüber hinaus hängt die Validität der CMH Tests nicht von irgendwelchen Homogenitätsannahmen der Odds Ratio ab. Der Breslow-Day Test sollte daher niemals als ein solcher Validitätsindikator eingesetzt werden.

12.3. Skalenniveaus und Maße für die Stärke des Zusammenhangs

Für die Bestimmung der Stärke des Zusammenhangs zwischen zwei Variablen wurden zahlreiche Tests und Maße entwickelt. Im Gegensatz zu einem Test (siehe 12.2.) kann ein *Maß* die Stärke dieses Zusammenhangs angeben. Die Berechnung von Maßen hängt u.a. vom Skalenniveau der jew. Variablen ab (siehe Übersicht).

Die Interpretation von Maßen ist jedoch nicht einheitlich, sondern hängt u.a. von Rechenkonzept bzw. Skalenniveau ab. Die meisten der Maße drücken mit Werten um 0 aus, dass kein Zusammenhang besteht. Worin jedoch ein (positiver, negativer) perfekter Zusammenhang besteht (und somit auch ein gradueller Zusammenhang), drücken die Maße im Allgemeinen verschieden aus: Sind alle Variablen intervallskaliert (oder weisen zumindest gleiche Abstände auf), ist der Korrelationskoeffizient nach Pearson als Zusammenhangsmaß geeignet. Pearson's r nimmt Werte von -1 zwischen und 1 an.Sind alle Variablen ordinalskaliert, und es interessiert, wie stark der Zusammenhang ist, dann wären neben Gamma Spearman's R, Kendall's tau-*b*, Stuart's tau-*c* oder Somer's D als Zusammenhangsmaß geeignet. Diese Maße (außer Spearman) basieren auf der Anzahl konkordanter und nicht konkordanter Paare, und nehmen Werte von -1 zwischen und 1 an. Sind beide Variablen nominalskaliert, dann wären z.B. die Varianten von Lambda oder des Unsicherheitskoeffizienten (Uncertainty Coefficient) als Assoziationsmaße geeignet. Diese Maße nehmen Werte zwischen 0 und 1 an. Die Ermittlung und Interpretation der meisten Maßzahlen wird in den folgenden Kapiteln erläutert.

Übersicht 9: Maße der Assoziation und Korrelation

	X		
Y	Intervall	**Ordinal**	**Nominal**
Intervall	*Pearson's r*		*Eta²(R²)*
Ordinal		*Pearson's r (falls gleiche Abstände), Spearman's R* *Gamma, Kendall's* tau-*b*, *Stuart's* tau-*c*, *Somer's D*	
Nominal			*Phi Koeffizient* *Cramer's V* *Kontingenzkoeffizient* *Lambda* *Unsicherheitskoeffizient* *Kontingenzkoeffizient* *Cochran's Q,* *für 2 x 2 Tabellen: Chancen-/Quotenverhältnis (Odds Ratio), Relatives Risiko (Relative Risk); für n x 2 x 2 Tabellen: Breslow-Day Test (Test auf Homogenität der Odds Ratios)*

Anm.: „X“ symbolisiert die unabhängige Variable (UV), „Y“ die abhängige Variable (AV). Das Maß Eta^2 kann z.B. in dem Fall angewendet werden, wenn die UV intervallskaliert, und die AV nominalskaliert ist. Die Terminologie für Zusammenhangsmaße ist in der Literatur leider nicht immer einheitlich (siehe auch Lorenz, 1992, 58ff.). Wird z.B. die Stärke eines (linearen) Zusammenhang zwischen Reihen von Wertepaaren untersucht, spricht man bei intervall- bzw. ordinalskalierten Daten von Korrelation (Maß, Rang). Bei Vierfeldertafeln (nominal) wird von Assoziation gesprochen, bei Kontingenztafeln nominal- oder ordinalskalierter Variablen von Kontingenz. Bortz (1993, Kap. 6.3) spricht sogar bei dichotomen Variablen von Korrelation. Bei ordinalskalierten Variablen wird die Stärke eines Zusammenhangs nach Spearman als Korrelation bezeichnet, nach Kendall oder Somer dagegen als Kontingenz oder Assoziation. Wie bei der Korrelation gilt auch für die Assoziation: Korrelation bzw. Assoziation ist nicht gleich Kausation!

Besonderheit von Zusammenhangsmaßen

Für die Berechnung von Maßen kann es ein Problem sein, wenn das Skalenniveau der Zeilen- und Spaltenvariablen verschieden ist. Liegt eine solche Situation vor, kann auf verschiedene Weise damit umgegangen werden. Es kann z.B. das Verfahren für die Variable mit dem niedrigsten Skalenniveau gewählt werden; alternativ kann eine höher skalierte (z.B. intervallskalierte) Variable ranggeordnet, polytom kategorisiert, oder sogar dichotomisiert werden. All diese Vorgehensweisen sind zulässig, jedoch mit einem gewissen Informationsverlust verbunden. Würde dagegen unzulässigerweise eine Variable mit einem Verfahren berechnet, das für Variablen auf einem höheren Skalenniveau entwickelt worden war, wären die Ergebnisse unbrauchbar.

Das Zusammenfassen (zu) fein abgestufter Variablen in gröbere Kategorien sollte sehr sorgfältig geschehen, um die Integrität der erhobenen Daten zu bewahren. Im Zweifelsfall sollten Tests über nicht zusammengefasste und zusammengefasste Daten berechnet und miteinander verglichen werden. Das Ausschließen von ganzen Zeilen oder Spalten sollte explizit und nachvollziehbar begründet werden, um einen Willkürverdacht zu vermeiden.

Darüber hinaus können Verfahren auch für ungleiche Skalenniveaus angewendet werden. Eta^2 beschreibt z.B. die Stärke des Zusammenhangs zwischen einer diskret skalierten UV und einer intervallskalierten AV *in der vorliegenden Stichprobe*, und ist äquivalent zum R^2 einer ANOVA. Eta^2 kann nur Werte zwischen 0 und 1 annehmen.

Maße auf Ordinal- und Nominalniveau sind immer valide. Eine (eher konservative) Voraussetzung für die valide Berechnung von Standardfehlern jedoch ist, dass die erwartete Zellhäufigkeit 5 beträgt bzw. die Stichprobe angemessen groß ist. Eine 2 x 2 Tabelle sollte z.B. pro Zelle mind. N=5 enthalten. Im Folgenden werden die wichtigsten Zusammenhangsmaße vorgestellt, werden die wichtigsten Zusammenhangsmaße vorgestellt, strukturiert nach Intervall-, Ordinal-, und Nominalniveau.

12.3.1. Maße für Intervallniveau

Pearson's r
Besonderheit:
Pearson's r ist von den Einheiten der Variablen unabhängig; auch für Variablen mit gleichen Abständen (Ordinalniveau) einsetzbar. Gibt Richtung des Zusammenhangs an.
Voraussetzungen:
Intervallniveau bzw. gleiche Abstände; zweidimensionale Normalverteilung.
Wertebereich:
-1 bis +1.
Interpretation:
Je weiter Werte von 0 entfernt sind, desto größer ist der lineare Zusammenhang. (+,-) 1 drückt einen perfekten Zusammenhang aus. Werte um 0 deuten auf Unabhängigkeit hin.

12.3.2. Maße für Ordinalniveau

Bei den Maßen für Ordinalniveau treten erstmals asymmetrische Maße auf. Wegen dem inhärenten Kausalmodell gelten asymmetrische Richtungsmaße als leichter interpretierbar als symmetrische Zusammenhangsmaße.

Spearman's R
Besonderheit:
Basiert auf Rängen. Gleichen Werten (Verbundwerten, Ties) werden mittlere Ränge verliehen. Gibt Richtung des Zusammenhangs an.
Voraussetzungen:
Ordinalniveau.
Wertebereich:
-1 bis +1.
Interpretation:
Je weiter Werte von 0 entfernt sind, desto größer ist der lineare Zusammenhang. Werte um 0 deuten auf Unabhängigkeit hin. (+,-) 1 drückt einen perfekten Zusammenhang aus.

Gamma
Besonderheit:
Basiert auf der Anzahl konkordanter und nicht konkordanter Paare. Gleiche Werte (Verbundwerte, ties) werden ignoriert. Gibt Richtung des Zusammenhangs an.

Gamma drückt i.a. einen stärkeren Zusammenhang als Kendall's tau-b, Stuart's tau-c, und Somer's D aus. Für 2 x 2 Tabellen entspricht Gamma Yule's *Q*.
Voraussetzungen:
Ordinalniveau.
Wertebereich:
-1 bis +1.
Interpretation:
Je weiter Werte von 0 entfernt sind, desto größer ist der Zusammenhang. Werte um 0 deuten auf Unabhängigkeit hin. (+,-) 1 drückt einen perfekten Zusammenhang aus.

Kendall's tau-b
Besonderheit:
Ähnelt Gamma. Basiert auf der Anzahl konkordanter und nicht konkordanter Paare. Wird um gleiche Werte (Verbundwerte, ties) korrigiert. Gibt Richtung des Zusammenhangs an.
Voraussetzungen:
Ordinalniveau.
Wertebereich:
-1 bis +1.
Interpretation:
Je weiter Werte von 0 entfernt sind, desto größer ist der Zusammenhang. Werte um 0 deuten auf Unabhängigkeit hin. (+,-) 1 drückt einen perfekten Zusammenhang aus.

Somer's D
Besonderheit:
Asymmetrische Variante von Kendall's tau-b. Basiert auf der Anzahl konkordanter und nicht konkordanter Paare. Wird nur um gleiche Werte (Verbundwerte, ties) auf der Seite der unabhängigen Variable korrigiert. Bei C|R ist die Zeilenvariable (row, R) die UV, bei R|C ist die Spaltenvariable (column, C) die UV. Gibt Richtung des Zusammenhangs an.
Voraussetzungen:
Ordinalniveau.
Wertebereich:
-1 bis +1.
Interpretation:
Je weiter Werte von 0 entfernt sind, desto größer ist der Zusammenhang. Werte um 0 deuten auf Unabhängigkeit hin. (+,-) 1 drückt einen perfekten Zusammenhang aus.

Stuart's tau-c
Besonderheit:
Ähnelt Kendall's tau-b. Basiert auf der Anzahl konkordanter und nicht konkordanter Paare. Wird um gleiche Werte (Verbundwerte, ties) und die Größe der Tabelle (table size) korrigiert. Gibt Richtung des Zusammenhangs an.
Voraussetzungen:
Ordinalniveau.
Wertebereich:
-1 bis +1.
Interpretation:
Je weiter Werte von 0 entfernt sind, desto größer ist der Zusammenhang. Werte um 0 deuten auf Unabhängigkeit hin. (+,-) 1 drückt einen perfekten Zusammenhang aus.

12.3.3. Maße für Nominalniveau

Zusammenhangsmaße für Variablen auf Nominalniveau können auf der Basis der Chi²-Statistik (12.3.3.1.) oder der proportionalen Reduktion des Fehlers (12.3.3.2.) ermittelt werden.

12.3.3.1. Maße auf der Basis der Chi²-Statistik

Die Chi²-Statistik selbst ist als Zusammenhangsmaß ungeeignet; sie hängt u.a. von der Stichprobengröße und den Freiheitsgraden ab. Die Zusammenhangsmaße auf der Basis der Chi²-Statistik relativieren verfahrensspezifisch den Einfluss von Stichprobengröße und Freiheitsgraden.

Cramer's V
Besonderheit:
Basiert auf der Chi²-Statistik. Der maximal erreichbare Wert ist immer 1. Kann auf Tabellen mit beliebiger Zeilen- und Spaltenzahl angewendet werden.
Voraussetzungen:
Nominalniveau.
Wertebereich:
2 x 2 Tabelle: -1 bis +1, alle anderen Tabellen: 0 bis +1.
Interpretation:
Je weiter Werte von 0 entfernt sind, desto größer ist der Zusammenhang. Werte um 0 deuten auf Unabhängigkeit hin. (+,-) 1 drückt einen perfekten Zusammenhang aus.

Kontingenzkoeffizient (Contingency Coefficient)
Besonderheit:
Basiert auf der Chi²-Statistik. Kann auf Tabellen mit beliebiger Zeilen- und Spaltenzahl angewendet werden. Der maximal erreichbare Wert ist nicht immer 1, und hängt von der Zahl der Zeilen und Spalten ab.
Voraussetzungen:
Nominalniveau.
Wertebereich:
0 bis ∞.
Interpretation:
Je weiter Werte von 0 entfernt sind, desto größer ist der Zusammenhang. Werte um 0 deuten auf Unabhängigkeit hin. Der Wert hängt von der Anzahl der Zeilen und Spalten ab; es können nur Werte gleich großer Tabellen direkt miteinander vergleichen werden.

Phi Koeffizient (Phi Coefficient)
Besonderheit:
Basiert auf der Chi²-Statistik. Kann auf Tabellen mit beliebiger Zeilen- und Spaltenzahl angewendet werden. Je nach Tabellengröße ist der maximal erreichbare Wert nicht immer 1. Berechnung abhängig von Randsummen.
Voraussetzungen:
Nominalniveau.
Wertebereich:
2 x 2 Tabelle: -1 bis +1, alle anderen Tabellen: 0 bis ∞.
Interpretation:
Je weiter Werte von 0 entfernt sind, desto größer ist der Zusammenhang. Werte um 0 deuten auf Unabhängigkeit hin. Der Wert hängt von der Zahl der Zeilen und Spalten ab; Werte verschiedener Tabellen können nicht direkt miteinander verglichen werden.

12.3.3.2. Maße auf der Basis der proportionalen Reduktion des Fehlers

Die Logik der proportionalen Reduktion des Fehlers setzt zwei Fehlergrößen miteinander in Beziehung, nämlich die Größe des Fehlers bei einer Voraussage, wenn man die Kenntnis der unabhängigen Variable nutzt, und die Größe des Fehlers, wenn diese Kenntnis nicht genutzt wird.

Lambda
Besonderheit:
Basiert auf der Logik der proportionalen Reduktion des Fehlers, und dient der Vorhersage von Y (AV) durch X (UV). Es gibt asymmetrische und symmetrische Varianten dieses Maßes. Die asymmetrischen Varianten (z.B. C|R) geben an, ob und inwieweit die Zeilenvariable X (R, row) die Vorhersage der Spaltenvariable Y

(C, column) verbessert (zu weiteren Details siehe die SAS/STAT Dokumentation). Für Lambda R|C gilt die umgekehrte Verfahrensweise. Das symmetrische Lambda basiert auf dem Durchschnitt beider asymmetrischen Lambdas.
Voraussetzungen:
Nominalniveau.
Wertebereich:
0 bis +1 (asymmetrisch, symmetrisch).
Interpretation:
Werte um 0 bedeuten, dass die unabhängige Variable die Vorhersage der abhängigen Variable nicht unterstützt. Der Wert 1 bedeutet, dass die unabhängige Variable die abhängige Variable perfekt vorhersagt.

Unsicherheitskoeffizient (Uncertainty Coefficient)
Besonderheit:
Basiert auf der Logik der proportionalen Reduktion des Fehlers, und dient der Vorhersage von Y (AV) durch X (UV). Es gibt asymmetrische und symmetrische Varianten dieses Maßes. Der Unsicherheitskoeffizient (z.B. C|R) gibt den Anteil der Unsicherheit (Entropie) an, den die Zeilenvariable X an der Spaltenvariable Y aufklärt. Für den Unsicherheitskoeffizienten R|C gilt die umgekehrte Verfahrensweise (zu weiteren Details siehe die SAS/STAT Dokumentation).
Voraussetzungen:
Nominalniveau.
Wertebereich:
0 bis +1 (asymmetrisch, symmetrisch).
Interpretation:
Je größer der Unsicherheitskoeffizient ist, desto größer ist der Anteil der Unsicherheit (Entropie), den die Zeilenvariable X an der Spaltenvariable Y aufklärt. Der Unsicherheitskoeffizient kann als Prozentwert ausgedrückt werden. Ein Unsicherheitskoeffizient U = 0,92 gibt z. B. an, dass die Kenntnis einer unabhängigen Variablen den Fehler bei der Vorhersage der Werte der abhängigen Variablen um 92% reduziert.

12.4. Beispiele für die Berechnung von Tabellenstatistiken

Dieser Abschnitt stellt die Syntax der Berechnung von Tabellenstatistiken (Tests, Maße) vor. Optionen für die Gestaltung der Tabelle und Werte, Output-Datensätze, und die Berechnung weitere Parameter (z.B. Konfidenzintervalle) werden im anschließenden Abschnitt zusammengefasst.

Syntaxstruktur

```
proc freq data=DATEN order=data ;
   tables VAR   / Optionen;
                        Analyse der Ausprägungen einer Variablen, z.B.
                        VAR.
   tables Zeile(UV)*Spalte(AV) / Optionen;
                        Analyse zweier Variablen, die in einem Kau-
                        salverhältnis zueinander stehen; im tables
                        Statement kommt die UV allgemein vor der AV.
   tables KV* Zeile(UV)*Spalte(AV) / Optionen;
                        Analyse dreier Variablen; hier wird z.B. über-
                        prüft, ob die Kovariable KV einen Einfluss auf
                        das Verhältnis zwischen UV und AV hat.
         run ;
```

In einer FREQ Prozedur können immer mehrere *tables* Statements angegeben werden. Es ist hilfreich, diese von uni- bis zu multivariaten Anweisungen anzuordnen. Bei der Programmierung der *tables* Statements sollte man sich an die allgemeine Abfolge ‚Kovariate', ‚Zeile', und ‚Spalte' gewöhnen. Die *letzte* Variable definiert die Spalten in einer Variable (=abhängige Variable), die vorletzte die Zeilen (=unabhängige Variable), und die Kovariate die Berechnung separater Tabellen bzw. Overall Zusammenhangsmaße. Ein Vertauschen der Variablen in für die Definition von Zeilen und Spalten kann je nach Statistik zu anderen Kennwerte führen (z.B. Row Means Differ, im Gegensatz z.B. zu General Association). Die Option *order=data* sollte immer dann berücksichtigt werden, wenn die Abfolge der Ränge ordinalskalierter Variablen berichtigt werden muss.

Beispiel (Daten)

Bei einer Umfrage in einer Fußgängerzone wurden dreißig zufällig ausgewählte Passanten nach ihrer Zugehörigkeit zu einer Altergruppe (Variable ALTER), gefragt, ob sie bestimmte Filmgenres bevorzugen (Variable GENRE), und ob sie Kinofans (Variable KINOFAN) sind. Die Daten sind als nominalskaliert (also auch ALTER) definiert und werden zur Illustration mit PROC FREQ 1dimensional, 2dimensional, und 3dimensional ausgewertet. Das folgende Programm liest zunächst die Beispieldaten ein.

```
data KINO ;
   input Alter $ Kinofan $ Genre $ @@;
   datalines;
36-55  nein Comedy   15-35  ja   Comedy
36-55  ja   SF       36-55  ja   SF
36-55  nein Eastern  36-55  nein Liebe
36-55  nein Liebe    15-35  ja   SF
```

```
   36-55  nein SF       15-35  ja   Comedy
   15-35  ja   SF       15-35  nein Liebe
   15-35  ja   Liebe    36-55  nein Eastern
   15-35  ja   Comedy   15-35  ja   Krimi
   15-35  ja   Krimi    15-35  nein SF
   15-35  nein Liebe    15-35  ja   SF
   36-55  nein Eastern  36-55  ja   Eastern
   36-55  nein Eastern  15-35  nein Liebe
   15-35  ja   Liebe    15-35  nein Krimi
   36-55  nein Liebe    36-55  ja   Liebe
   36-55  nein Comedy   15-35  ja   SF
   ;
run ;
```

1 dimensionales Beispiel

Dieses Beispiel überprüft, ob zwischen den Anteilen der jew. Genrepräferenzen gleiche Verhältnisse bestehen.

Syntax

```
proc freq data=KINO ;
   tables Genre / chisq ;
run;
```

Output

The FREQ Procedure

Genre	Frequency	Percent	Cumulative Frequency	Cumulative Percent
Comedy	5	16.67	5	16.67
Eastern	5	16.67	10	33.33
Krimi	3	10.00	13	43.33
Liebe	9	30.00	22	73.33
SF	8	26.67	30	100.00

Chi-Square Test for Equal Proportions

Chi-Square	4.0000
DF	4
Pr > ChiSq	0.4060

Sample Size = 30

Erläuterung

Das nichtsignifikante Ergebnis des Chi-Square Test for Equal Proportions Pr > ChiSq = 0.4060 besagt, dass zwischen den beobachteten Anteilen (Verhältnissen) der einzelnen Genre-Kategorien (SF, Eastern, etc.) und den erwarteten Anteilen (N=6 bzw. 20% pro Kategorie) kein statistisch bedeutsamer Unterschied vorliegt.

2 dimensionales Beispiel

Dieses Beispiel überprüft, ob zwischen der Angabe, ein Kinofan zu sein, und der Zugehörigkeit zu einer bestimmten Alterskategorie ein Zusammenhang besteht. Die Tabelle wurde über ODS RTF designed.

Syntax

```
proc freq data=KINO ;
   tables Kinofan*Alter / chisq;
run;
```

Output

Table of Kinofan by Alter			
Kinofan	**Alter**		
Frequency **Percent** **Row Pct** **Col Pct**	**15-35**	**36-55**	**Total**
ja	11 36.67 73.33 68.75	4 13.33 26.67 28.57	15 50.00
nein	5 16.67 33.33 31.25	10 33.33 66.67 71.43	15 50.00
Total	16 53.33	14 46.67	30 100.00

```
          Statistics for Table of Kinofan by Alter

 Statistic                     DF       Value      Prob
 ------------------------------------------------------
 Chi-Square                     1      4.8214    0.0281
 Likelihood Ratio Chi-Square    1      4.9625    0.0259
 Continuity Adj. Chi-Square     1      3.3482    0.0673
 Mantel-Haenszel Chi-Square     1      4.6607    0.0309
 Phi Coefficient           0.4009
 Contingency Coefficient               0.3721
 Cramer's V                0.4009


                      Fisher's Exact Test
           ----------------------------------
           Cell (1,1) Frequency (F)        11
           Left-sided Pr <= F          0.9954
           Right-sided Pr >= F         0.0328

           Table Probability (P)       0.0282
           Two-sided Pr <= P           0.0656

           Sample Size = 30
```

Erläuterung

Das Ergebnis des Chi-Square Tests (Prob = 0.0281) besagt, dass zwischen der Angabe, ob jemand ein Kinofan ist, und der Zugehörigkeit zu einer bestimmten Alterskategorie ein statistisch signifikanter Zusammenhang besteht. Der automatisch mit ausgegebene exakte Test nach Fisher gelangt zur selben Aussage (Prob = 0.0282). Die Differenz ist durch die verschiedenen Rechenverfahren bedingt. Das *Ausmaß* des Zusammenhangs (Assoziation, Korrelation) könnte (z.B.) über die Option MEASURES ermittelt werden.

3 dimensionales Beispiel

Dieses Beispiel untersucht, ob die Angabe, ein Kinofan zu sein, einen Einfluss auf den Zusammenhang zwischen der Zugehörigkeit zu einer bestimmten Alterskategorie und der Präferenz eines bestimmten Filmgenres hat. Die Tabellen wurden über ODS RTF designed.

Syntax

```
proc freq data=KINO ;
   tables Kinofan*Alter*Genre / chisq cmh ;
run;
```

Output

Table 1 of Alter by Genre						
Controlling for Kinofan=ja						
Alter	**Genre**					
Frequency **Percent** **Row Pct** **Col Pct**	**Comedy**	**Eastern**	**Krimi**	**Liebe**	**SF**	**Total**
15-35	3 20.00 27.27 100.00	0 0.00 0.00 0.00	2 13.33 18.18 100.00	2 13.33 18.18 66.67	4 26.67 36.36 66.67	11 73.33
36-55	0 0.00 0.00 0.00	1 6.67 25.00 100.00	0 0.00 0.00 0.00	1 6.67 25.00 33.33	2 13.33 50.00 33.33	4 26.67
Total	3 20.00	1 6.67	2 13.33	3 20.00	6 40.00	15 100.00

```
Statistics for Table 1 of Alter by Genre
                        Controlling for Kinofan=ja

          Statistic             DF        Value        Prob
          ------------------------------------------------------
          Chi-Square                          4       4.7727     0.3114
          Likelihood Ratio Chi-Square         4       5.9402     0.2037
          Mantel-Haenszel Chi-Square          1       0.4654     0.4951
          Phi Coefficient                0.5641
          Contingency Coefficient                     0.4913
          Cramer's V                     0.5641

          WARNING: 100% of the cells have expected counts less
                   than 5. Chi-Square may not be a valid test.

                              Sample Size = 15
```

Table 2 of Alter by Genre Controlling for Kinofan=nein						
Alter	**Genre**					
Frequency Percent Row Pct Col Pct	**Comedy**	**Eastern**	**Krimi**	**Liebe**	**SF**	**Total**
15-35	0 0.00 0.00 0.00	0 0.00 0.00 0.00	1 6.67 20.00 100.00	3 20.00 60.00 50.00	1 6.67 20.00 50.00	5 33.33
36-55	2 13.33 20.00 100.00	4 26.67 40.00 100.00	0 0.00 0.00 0.00	3 20.00 30.00 50.00	1 6.67 10.00 50.00	10 66.67
Total	2 13.33	4 26.67	1 6.67	6 40.00	2 13.33	15 100.00

Statistics for Table 2 of Alter by Genre
Controlling for Kinofan=nein

Statistic	DF	Value	Prob
Chi-Square	4	6.0000	0.1991
Likelihood Ratio Chi-Square	4	8.0051	0.0914
Mantel-Haenszel Chi-Square	1	3.0648	0.0800
Phi Coefficient		0.6325	
Contingency Coefficient		0.5345	
Cramer's V		0.6325	

WARNING: 100% of the cells have expected counts less than 5. Chi-Square may not be a valid test.

Sample Size = 15

The FREQ Procedure

Summary Statistics for Alter by Genre
Controlling for Kinofan

Cochran-Mantel-Haenszel Statistics (Based on Table Scores)

Statistic	Alternative Hypothesis	DF	Value	Prob
1	Nonzero Correlation	1	0.4469	0.5038
2	Row Mean Scores Differ	1	0.4469	0.5038
3	General Association	4	6.5178	0.1637

Total Sample Size = 30

Erläuterung

Der Output zur dimensionalen Tabellenanalyse besteht aus drei Abschnitten, deren Anfang der Übersicht halber jeweils schwarz markiert wurde.

Der erste Block untersucht für die Kinofans („ja") den Zusammenhang zwischen der Zugehörigkeit zu einer bestimmten Alterskategorie und der Präferenz eines bestimmten Filmgenres. Die Interpretation entspricht völlig dem obigen 2dimensionsalen Beispiel. Bei diesem vorliegenden Datenbeispiel ist zu beachten, dass die Voraussetzungen für das Chi²-Verfahren nicht erfüllt sind („`WARNING: 100% of the cells have expected counts less than 5. Chi-Square may not be a valid test.`").

Der zweite Block untersucht dieselbe Fragestellung für die Passanten, die angaben, keine Kinofans („nein") zu sein. Auch hier entspricht die Interpretation dem vorangegangenen 2dimensionalen Beispiel, und auch hier werden vom Datenmaterial die Voraussetzungen für das Chi²-Verfahren nicht erfüllt. Wären bei beiden 2dimensionalen Tabellenanalysen die Verfahrensvoraussetzungen erfüllt, und nur dann, könnte aus unterschiedlichen Ergebnissen auf einen Effekt der Variable Kinofan geschlossen werden.

Der dritte Abschnitt berechnet die eigentliche Fragestellung, nämlich eine Art nichtparametrische Kovarianzanalyse, bei der der Effekt der Kovariable KINOFAN aus dem Zusammenhang zwischen Alterskategorie und Genrepräferenz herausgerechnet wird. Da alle Variablen als nominalskaliert definiert sind, ist im Output die General Association Statistik zu wählen. Mit Prob = 0.1637 besteht kein Zusammenhang zwischen dem angegebenen Alter und dem bevorzugten Film-Genre.

Zusammenfassendes Beispiel

Syntax

```
proc freq data=KINO ;
   tables Genre / chisq ;
   tables Kinofan*Genre / chisq ;
   tables Kinofan*Alter*Genre / chisq cmh ;
run;
```

Output

Der Output ist exakt derselbe wie in den separaten Analyseschritten. Auf eine Wiederholung des Outputs wird verzichtet.

Erläuterung

Drei Analyseschritte können in einem PROC FREQ Programm zusammengefasst werden. Da SAS den Output nacheinander ausgibt, ist Sorgfalt angebracht, die Ergebnisse den jeweiligen Fragestellungen korrekt zuzuordnen.

12.5. Voraussetzungen zur Durchführung einer Tabellenanalyse

Obwohl die Verfahren (Tests, Maße) der Tabellenanalyse zur Gruppe der nichtparametrischen Verfahren gehören, zeigen die vorausgegangenen Abschnitte (v.a. 12.1.), dass die Wahl des angemessenen Verfahrens von der genauen Kenntnis mehrerer Voraussetzungen abhängt.

(1) Die Anzahl der Variablen: Es gibt Verfahren von 1- bis (zumindest theoretisch) n-dimensionaler Tabellen.
(2) Die Anzahl der Variablenstufen. Tests sollten nur für Variablen mit einer übersichtlichen Anzahl von Abstufungen bzw. Tabellenzellen berechnet werden.
(3) Kausalverhältnisse: Berücksichtigt die Fragestellung ein Kausalverhältnis zwischen mind. zwei Variablen, so ist die Unterscheidung in UV und AV sowohl bei der Programmierung, wie auch bei der Interpretation der Teststatistiken zu berücksichtigen. Bei den biomedizinischen Verfahren ist auch die zeitbezogene Kausalität (pro- vs. retrospektiv) zu beachten.
(4) Das Skalenniveau der jeweiligen Variablen: Je nach Anwendung (Test, Maß) sind Skalenniveaus bis hin zum Intervallniveau zulässig.
(5) Eine Forschungsstrategie liegt vor: Die jeweilige Hypothese bestimmt die Auswahl des Prüfverfahrens, z.B. in Bezug auf Unterschied, Zusammenhang, oder Übereinstimmung.
(6) Bei notwendigen Multiplizitätskorrekturen sollte beachtet werden, dass die einzelnen Verfahren ihre jeweiligen Besonderheiten aufweisen.
(7) Ausreichend große Datengrundlage: Zuviele unterbesetzte oder leere Zellen bewirken, dass die *erwarteten* Häufigkeiten zu gering sind (z.B. mehr als 20% sind kleiner als N=5), und dass die erzielten Tests und Maße unzuverlässig sind. Eine Daumenregel besagt, dass eine Analyse *mindestens* fünf Fälle multipliziert mit der Anzahl der Tabellenzellen enthalten sollte. Enthält das Design z.B. 10 Zellen, so sollten mind. 50 Fälle in die Analyse eingehen, unabhängig davon, ob es sich um eine 1-, 2- oder 3-dimensionale Analyse handelt.
(8) Ziehungsverfahren: Die Art der Ziehung bzw. Zuweisung zu Treatments ist bekannt. Spezielle Fragestellungen bzw. Spezialmaße erfordern evtl. weitere Angaben bzw. Parameter.

12.6. Syntax der Prozedur PROC FREQ

12.6.1. Statistik

Dieser Abschnitt stellt vorwiegend die Syntax für die Berechnungen von Tests und Maßen. Kap. 12.6.2. enthält vorrangig die Syntax für die Gestaltung von Tabellen und Werten, Output-Datensätzen, und die Berechnung weitere Parameter (z.B. Konfidenzintervalle).

Übersicht 10: Syntax der Prozedur FREQ: Statistik

SAS Befehl	Statistik	*Ausgabe im SAS Output*
AGREE	*Übereinstimmungsmaße:* AGREE statistics are computed only for tables where the number of rows equals the number of columns.	
	McNemar's Test für 2 ×2 Tabellen	McNemar's Test
	Bowker's Symmetrietest für zwei Tabellen mit mehr als zwei Antwort (response) kategorien.	Test of Symmetry
	Kappa (einfach, gewichtet), die asymptotischen Standardfehler (ASEs) für das einfache und gewichtete Kappa, und die dazugehörigen Konfidenzgrenzen.	z.B. Simple Kappa Coefficient
	Bei multiplen Strata: einfache und gewichtete Overall Kappas, und Tests auf gleiche Kappas über die Strata hinweg. Bei multiplen Strata und zwei Antwortkategorien: Cochran's *Q* Test. Als Default werden Cicchetti-Allison Gewichte zur Berechnung der gewichteten Kappas verwendet. Über den Zusatzbefehl (WT=FC) werden Fleiss-Cohen Gewichte verwendet. Die Kappa-Gewichte werden über PRINTKWT angezeigt.	z.B. Overall Kappa Coefficient Test for Equal Kappa Coefficients Cochran's Q
ALL	Fordert alle Statistiken und Maße der Befehle CHISQ, MEASURES, und CMH an. Über CMH1 bzw. CHM2 kann die Anzahl der berechneten CMH Statistiken kontrolliert werden.	Siehe CHISQ, MEASURES, CMH, CMH1 und CHM2.
BINOMIAL	Fordert die binomiale Proportion für eindimensionale Tabellen an (Anteil von Beobachtungen für das erste Level (Ausprägung) der Variable, das im Output erscheint), einschl. asymptotischem Standardfehler, asymptotischen und exakten Konfidenzintervallen, und dem asymptotischen Test für die binomiale Proportion. Für den Test ist 0.5	z.B. Binomial Proportion for (z.B.) GEZEITEN = Ebbe

	binomiale Proportion. Für den Test ist 0.5 voreingestellt, und kann über p= verändert werden.	
CHISQ	Fordert Chi²-Tests auf Homogenität oder Unabhängigkeit, und auf der Chi² Statistik basierende Assoziationsmaße an. Tests: Pearson Chi², Likelihood-Ratio Chi², und Mantel-Haenszel Chi². Assoziationsmaße: Phi Coefficient, Kontingenzkoeffizient (Contingency Coefficient), und Cramer's *V*. Für eindimensionale (one-way) Tabellen: Chi²-Test auf Güte der Anpassung für gleiche Proportionen (chi-square goodness-of-fit test for equal proportions). Für 2 ×2 Tabellen schließt die CHISQ Option die Berechnung Fisher's exakter Tests, und eines kontinuitätsadjustierter Chi² (continuity-adjusted chi-square) ein. Über TESTP und TESTF können Chi² Goodness-of-fit Test für angegebene Proportionen bzw. Häufigkeiten angefordert werden.	z.B. Chi-Square Likelihood Ratio Chi-Square Mantel-Haenszel Chi-Square Phi Coefficient Contingency Coefficient Cramer's V Kendall's Tau-b
CMH	Fordert Cochran-Mantel-Haenszel Statistiken an. CMH Statistiken basieren auf Tabellenwerten. In 2 ×2 Tabellen werden angepasste (adjustierte) Mantel-Haenszel- und Logit-Schätzer des Chancen-/Quotenverhältnisses (Odds Ratio), Relativen Risikos, und der entsprechenden Konfidenzgrenzen berechnet. Für stratifizierte 2 ×2 Tabellen wird der Breslow-Day Test auf Homogenität des Quotenverhältnisses (Odds Ratio) berechnet. In höherdimensionalen Tabellen (mehr als zwei Variablen) testen CMH Statistiken auf Assoziation zwischen den beiden Zeilen- und Spaltenvariablen, indem sie diese um den Effekt der übrigen Variablen anpassen. Die Berechnung großer Tabellen kann extrem rechenintensiv sein. Bei großen Tabellen wird die Verwendung der Optionen CHM1 bzw. CHM2 empfohlen. Über CMH1 bzw. CHM2 kann die Anzahl der zu berechnenden CMH Statistiken eingegrenzt werden (s.u.).	z.B. Nonzero Correlation Row Mean Scores Differ General Association
CMH1	Die Berechnung großer Tabellen kann extrem rechenintensiv sein. Bei großen Tabellen wird anstelle	z.B. Nonzero Correlation

	von CHM die Option CHM1 empfohlen. Außer für die Berechnung von 2 ×2 Tabellen, erfordert CMH1 weniger Speicher als CMH. Über CMH1 wird nur ein Teil aller möglichen CMH Statistiken angefordert: Cochran-Mantel-Haenszel Korrelationsstatistik. Für 2 ×2 Tabellen: Angepasste (adjustierte) Mantel-Haenszel- und Logit-Schätzer der Chancen- /Quotenverhältnisse (Odds Ratio), des Relativen Risikos, und der entsprechenden Konfidenzgrenzen. Für stratifizierte 2 ×2 Tabellen: Breslow-Day Test auf Homogenität der Odds Ratios (Chancen-/Quotenverhältnisse).	z.B. Estimates of the Common Relative Risk (Row1/Row2) Case-Control (Odds Ratio) Cohort (Col1 Risk) Cohort (Col2 Risk)
CMH2	Die Berechnung großer Tabellen kann extrem rechenintensiv sein. Bei großen Tabellen wird anstelle von CHM die Option CHM2 empfohlen. Außer für die Berechnung von Tabellen mit zwei Spalten (columns), erfordert CMH2 weniger Speicher als CMH. Über CMH2 wird nur ein Teil aller möglichen CMH Statistiken angefordert: Cochran-Mantel-Haenszel Korrelationsstatistik. Statistik der Zeilenmittelwerte (ANOVA). Für 2 ×2 Tabellen: Angepasste (adjustierte) Mantel-Haenszel- und Logit-Schätzer der Odds Ratios (Chancen-/Quotenverhältnisse), Relativen Risikos, und der entsprechenden Konfidenzgrenzen. Für stratifizierte 2 ×2 Tabellen: Breslow-Day Test auf Homogenität der Odds Ratios (Chancen-/Quotenverhältnisse).	z.B. Nonzero Correlation Row Mean Scores Differ z.B. Estimates of the Common Relative Risk (Row1/Row2) Case-Control (Odds Ratio) Cohort (Col1 Risk) Cohort (Col2 Risk)
EXACT	Fordert Fisher's exakten Test für Tabellen größer als 2 ×2 an (auch über FISHER, s.u.). Dieser Test wird auch als Freeman-Halton Test bezeichnet. Die Berechnung exakter Test für Tabellen mit vielen Zeilen, Spalten, oder großen Gesamthäufigkeit kann extrem rechenintensiv sein.	z.B. Fisher's Exact Test
FISHER	Fordert Fisher's exakten Test für Tabellen größer als 2 ×2 an (auch über EXACT, s.o.). Dieser Test wird auch als Freeman-Halton Test bezeichnet. Die Berechnung exakter Test für Tabellen mit vielen Zeilen, Spalten, oder großen Gesamthäufigkeit kann extrem rechenintensiv sein.	z.B. Fisher's Exact Test
JT	Fordert den Jonckheere-Terpstra Test an.	z.B. Jonckheere-Terpstra Test

MEASURES	Fordert mehrere Zusammenhangsmaße und ASEs für nominal-, ordinal- und intervallskalierte Variablen zugleich an: Gamma, Kendall's tau-*b*, Stuart's tau-*c*, Somers' *D* (*C*|*R*), Somer's *D* (*R*|*C*), Pearson's r, Spearman's R, Lambda (symmetrisch, asymmetrisch), Unsicherheitskoeffizient (symmetrisch, asymmetrisch). Für 2 ×2 Tabellen: Odds Ratio, Relatives Risiko (1. bzw. 2. Spalte), incl. Konfidenzintervallen.	z.B. Gamma Stuart's Tau-c Somers' D C|R Somers' D R|C Pearson Correlation Spearman Correlation Lambda Asymmetric C|R Lambda Asymmetric R|C Lambda Symmetric Uncertainty Coefficient C|R Uncertainty Coefficient R|C Uncertainty Coefficient Symmetric
PLCORR	Fordert den polychorischen Korrelationskoeffizienten an. Die polychorische Korrelation für 2 x 2 Tabellen wird auch als tetrachorische Korrelation bezeichnet, und erscheint entsprechend bezeichnet im Output.	z.B. Statistic .... Polychoric Correlation bzw. für (2 x 2) Tabellen: Tetrachoric Correlation.
RELRISK	Für 2 ×2 Tabellen: Berechnet Maße des relativen Risikos (relative risk) einschl. Konfidenzintervallen, Odds Ratio und das Relative Risiko (1. und 2. Spalte). Diese Maße werden auch über MEASURES angefordert.	z.B. Estimates of the Relative Risk (Row1/Row2) Case-Control (Odds Ratio) Cohort (Col1 Risk) Cohort (Col2 Risk)
RISKDIFF	Für 2 ×2 Tabellen: Berechnet Risiko-Maße für die 1. Und 2. Spalte (oder binomiale Proportionen), Risikodifferenzen (risk difference), einschl. Konfidenzintervallen.	z.B. Column 1 Risk Estimates .... Difference is (Row1-Row2)
TREND	Berechnet den Cochran-Armitage Trend Test. Die Tabellenstruktur muss 2 ×*C* oder *R* ×2 sein.	z.B. Cochran-Armitage Trend Test

12.6.2. Einstellung weiterer Parameter und Optionen

Dieser Abschnitt stellt die Syntax für die Gestaltung von Tabellen und Werten, Output-Datensätze, und die Berechnung weitere Parameter (z.B. Konfidenzintervalle) vor. Kap. 12.6.1. enthält die Syntax für die Berechnung von Tabellenstatistiken (Tests, Maße).

Übersicht 11: Syntax der Prozedur FREQ: Weitere Parameter und Optionen

Option	Funktion
ALPHA	*Über die ALPHA= werden die Werte für die Konfidenzgrenzen eingestellt. ALPHA= muss zwischen 0.0001 und 0.9999 liegen; voreingestellt ist 0.05.*
CELLCHI2	Zeigt den Beitrag jeder Zelle zur Pearson Chi² Statistik insgesamt an. Option hat keine Auswirkung auf Tabellen , die mit der LIST Option erstellt wurden.
CL	Fordert Konfidenzintervalle für die MEASURES Statistiken an. PROC FREQ bestimmt den Konfidenzkoeffizienten auf der Basis der ALPHA= Option. Die Voreinstellung: ALHA=0.05 produziert 95% Konfidenzintervalle.
CONTENTS=	Gibt den Text des HTML Links für den Inhaltsdatensatz (contents file) zu Kreuztabellen an. Voreingestellt ist "Cross-Tabular Freq Table."
CONVERGE=	Für PLCORR: Legt das Konvergenzkriterium für die Berechnung der polychorischen Korrelation fest. Voreingestellt ist CONVERGE=0.0001. CONVERGE= muss eine positive Zahl sein.
CUMCOL	Zeigt die kumulative Spaltenprozente in den Zellen einer Kreuztabelle an.
DEVIATION	Gibt für jede Zelle einer Kreuztabelle die Abweichung der Zellhäufigkeit von der erwarteten Zellhäufigkeit. Option hat keine Auswirkung auf Tabellen , die mit der LIST Option erstellt wurden.
EXPECTED	Gibt die erwarteten Zellhäufigkeiten unter der Hypothese der Unabhängigkeit (oder Homogenität) an. Option hat keine Auswirkung auf Tabellen , die mit der LIST Option erstellt wurden.
FORMAT=	Mit dieser Option kann für die folgenden Kreuztabellenzellenwerte ein Format festgelegt werden: Häufigkeit, erwartete Häufigkeit, und Abweichung. PROC FREQ verwendet dieses Format außerdem, um für Tabellen die Summenzeilen und Spaltenhäufigkeiten anzuzeigen.
LIST	2- bis *n*-dimensionale Tabellen werden in einer Liste anstelle einer Tabelle ausgegeben. Werden statistische Tests oder Assoziationsmaße angefordert, wird die LIST Option ignoriert.
MAXITER=	Für PLCORR: Legt die maximale Anzahl an Iterationen für die Berechnung der polychorischen Korrelation fest. Voreingestellt ist MAXITER=20; MAXITER= muss eine positive Zahl sein.
MISSING	Fehlende Werte (missing values) werden als nicht fehlend (nonmissing) betrachtet, und in die Berechnung von Prozenten und anderen Statistiken einbezogen.

MISSPRINT	Zeigt die Häufigkeiten der fehlenden Werte (missings) für alle Tabellen an, auch wenn diese gar nicht in die Berechnung der Statistiken einbezieht.
NOCOL	Unterdrückt die Anzeige von Spaltenprozenten in den Zellen einer Tabelle.
NOCUM	Unterdrückt die Anzeige von kumulativen Häufigkeiten und kumulativen Prozenten für 1 dimensionale Tabellen und Häufigkeiten im Listenformat.
NOFREQ	Unterdrückt die Anzeige von Zellhäufigkeiten für eine Tabelle. Unterdrückt außerdem die Häufigkeiten für die Zeilensummen.
NOPERCENT	Unterdrückt die Anzeige von Zellprozenten, Zeilengesamtprozenten, und Spaltengesamtprozenten für eine Tabelle. Für 1 dimensionale Häufigkeitstabellen und Häufigkeiten im Listenformat wird die Anzeige von Prozenten und kumulativen Prozenten unterdrückt.
NOPRINT	Unterdrückt die Anzeige von Häufigkeits- und Kreuztabellen. Angeforderte Tests und Statistiken werden angezeigt.
NOROW	Unterdrückt die Anzeige von Zeilenprozenten in den Zellen von Kreuztabellen.
OUT= *SAS Datensatz*	Legt einen Namen für den Outputdatensatz fest, der Variablenwerte und Häufigkeitswerte enthält.
OUTCUM	Bei OUT= : Schließt für 1 dimensionale Tabellen kumulative Häufigkeiten als Variable CUM_FREQ, und kumulative Prozente als Variable CUM_PCT in den Outputdatensatz ein. Option hat keine Auswirkung auf 2 - oder mehrdimensionale Tabellen.
OUTEXPECT	Bei OUT= : Schließt die erwartete Häufigkeit als Variable EXPECTED in den Output-Datensatz ein. EXPECTED enthält die erwartete Häufigkeit für jede Tabellenzelle.
OUTPCT	Bei OUT= : Gibt drei Variablen in den Output-Datensatz aus: PCT_COL (percentage of column frequency, Prozentanteil der Spaltenhäufigkeit), PCT_ROW (percentage of row frequency, Prozentanteil der Zeilenhäufigkeit), und PCT_TABL (percentage of stratum frequency, Prozentanteil der Schichtenhäufigkeit für *n*-dimensionale Tabellen bei $n > 2$).
PRINTKWT	Zeigt die Gewichte an, die zur Berechnung des gewichteten Kappa-Koeffizienten verwendet werden (Anforderung über AGREE).
SCORES=Typ	Legt den Typ der Zeilen- und Spaltenwerte fest, die PROC FREQ bei der Mantel-Haenszel Chi², Pearson Korrelation, Cochran-Armitage Trend Test, gewichteter Kappa-Koeffizient, und Cochran-Mantel-Haenszel Statistiken verwendet. Typ kann einer der folgenden sein: MODRIDIT, RANK, RIDIT, oder TABLE (voreingestellt ist SCORE=TABLE; Zeilen- oder Spaltenwerte sind die Zahlen 1, 2, ... für Stringvariablen und die tatsächlichen Variablenwerte für numerische Variablen. Andere SCORES Typen ergeben nichtparametrische Analysen.

SCOROUT	Bei SCORES= : Zeigt Zeilen- und Spaltenwerte an (nur für die Berechnung von Statistiken für 2 dimensionale Tabellen). Um die Werte in einem Outputdatensatz zu speichern, kann das Output Delivery System verwendet werden.
SPARSE	Bei LIST oder OUT= : Listet alle möglichen Kombinationen von Variablenwerten für eine *n*-dimensionale (bei *n*>1) Tabelle auf, auch wenn eine Kombination gar nicht in den Daten vorkommt. Bei OUT= , schließt SPARSE leere Kreuztabellenzellen in den Outputdatensatz ein. Bei LIST listet SPARSE jede Wertekombination mit einer Häufigkeit von Null auf.
TESTF=	Legt die Häufigkeiten für die Nullhypothese eines 1 dimensionalen Chi^2 Tests für bestimmte Häufigkeiten fest. Angegebene Werte können mit Leerzeichen oder Kommas getrennt werden. Die Summe der Häufigkeitswerte muss gleich der Gesamthäufigkeit der 1 dimensionalen Tabelle sein. Die Anzahl der TESTF= Werte muss gleich der Anzahl der Variablenstufen der 1 dimensionalen Tabelle sein. Diese Werte sind in der Abfolge aufzulisten, in der die korrespondierenden Variablenausprägungen im Output erscheinen.
TESTP=	Legt die Anteile (Proportionen) für die Nullhypothese eines 1 dimensionalen Chi^2 Tests für bestimmte Anteile (Proportionen) fest. Angegebene Werte können mit Leerzeichen oder Kommas getrennt werden. Werte können in Form von Wahrscheinlichkeiten (0 bis 1), oder Prozenten (0 bis 100) angegeben werden. Die Gesamtwahrscheinlichkeit bzw. –summe muss 1 bis 100 ergeben. Die Anzahl der TESTP= Werte muss gleich der Anzahl der Variablenstufen der 1 dimensionalen Tabelle sein. Diese Werte sind in der Abfolge aufzulisten, in der die korrespondierenden Variablenausprägungen im Output erscheinen.
TOTPCT	Zeigt den Prozentanteil der Gesamthäufigkeit von Kreuztabellen für *n*-dimensionale Tabellen bei $n > 2$. Diese Statistik ist ebenfalls als PERCENT Variable im OUT= Outputdatensatz bzw. mit der LIST Option verfügbar.

13. Einführung in die Inferenzstatistik

13.1. Was ist Inferenzstatistik? Sinn und Grenzen

Die Inferenzstatistik (auch: Prüf-, analytische, oder schließende Statistik) ist ein Methodensystem, das für die Verallgemeinerung zufallsbehafteter Ergebnisse von einer (bekannten) Stichprobe auf die jeweilige (unbekannte) Grundgesamtheit die damit verbundene Unsicherheit bzw. Wahrscheinlichkeit zu ermitteln erlaubt, und ermöglicht somit Wahrscheinlichkeitsaussagen. Beim Hypothesen- bzw. Signifikanztest versucht die Inferenzstatistik den (prinzipiell immer möglichen) Zufall auszuschließen, und die Wahrscheinlichkeit dafür anzugeben, inwieweit das vorliegende Ergebnis (nicht) durch Zufall entstanden ist, z.B. auch bei der Präzision von Schätzungen unbekannter Größen.

In der Inferenzstatistik lassen sich zwei grundsätzliche Verfahrensgruppen unterscheiden: *Test*verfahren prüfen Hypothesen daraufhin, ob bestimmte Sachverhalte (un)abhängig vom Zufall zustande gekommen sein könnten. Ein typisches Beispiel für einen Hypothesentest ist z.B. die Frage, ob z.B. der Unterschied zwischen zwei Gruppen statistisch bedeutsam oder evtl. zufällig zustande gekommen sein könnte. *Schätz*verfahren geben eine Schätzung und ihre Präzision an. Die Schätzverfahren werden weiter in Punkt- und Intervallschätzungen unterteilt. Wenn z.B. eine Studie darüber informiert, dass 68% des deutschen Waldbestandes erkrankt ist, dann ist dies eine *Punktschätzung* auf der Basis zufälliger Stichproben (z.B. zufällig gezogener Bäume) für die Grundgesamtheit, also den ganzen deutschen Wald. Der geschätzte Wert kann jedoch vom wahren Wert mehr oder weniger weit abweichen. Soll noch eine Sicherheit für die Punktschätzung ermittelt werden (z.B. eine 95%ige Sicherheit), dann werden um den Schätzwert (z.B. 68%) sog. obere und untere Vertrauensgrenzen angegeben (z.B. 65% und 70%), die den Schätzwert für den unbekannten wahren Wert mit einer bestimmten Sicherheit einschließen. Das so gezogene Intervall wird als Konfidenzintervall bzw. Vertrauensbereich bezeichnet, und gibt mit den Vertrauensgrenzen an, das sich der wahre Wert mit 95%iger Sicherheit innerhalb des Bereiches zwischen 65% und 70% liegt. Eine solche Schätzung auf der Basis von Wertebereichen wird als Intervallschätzung bezeichnet, und ist als informativer als eine Punktschätzung, weil sie ihre eigene Präzision mit angibt.

Signifikanztests und Punkt- und Intervallschätzungen hängen eng miteinander zusammen. Auf der Basis von geeigneten Konfidenzintervallen können z.B. Signifikanztests für Erwartungswerte konstruiert werden. Einseitige Tests entsprechen dabei einseitigen Intervallen; zweiseitige Tests entsprechen zweiseitigen Intervallen. Liegt dabei ein Wert innerhalb eines Intervalls, entspricht dies dem Beibehalten der H_0; liegt ein Wert außerhalb des Intervalls, entspricht dies dem Annehmen der H_1. Liegt z.B. der Wert Null im Konfidenzintervall für den wahren Unterschied, wird die Nullhypothese beibehalten. Aussagen auf der Basis von Konfidenzintervallen und Signifikanztests können insofern äquivalent sein. Intervallschätzungen sind Signifikanztests bei manchen Fragestellungen (z.B. nach dem *Ausmaß einer Änderung* im Gegensatz zur *Signifikanz eines Unterschieds*) und bei sehr großen Stichproben sogar überlegen. Bei sehr kleinen Stichproben (N<10) und unbekannten Verteilungstypen sind Punktschätzungen den Konfidenzschätzungen vorzuziehen.

13.1.1. Inferenzstatistik als ein System von Modellen und Regeln

Die Inferenzstatistik ist *auch* ein System von Modellen und daran gekoppelten Methoden (Verfahrensweisen) mit deren Hilfe man die angefallenen Befunde systematisch zusammenstellen, analysieren, und auf wesentliche Informationen verdichten kann.

Zu den Modellen gehören u.a. Vorstellungen über Raum, Zeit, Organismen, dem Verhältnis zwischen Grundgesamtheit und Stichprobe, komplexe physikalische, soziale, oder stochastische Prozesse usw. Zu diesen Phänomenen gehört z.B. die Normalverteilung. Die Statistiker glauben an die Normalverteilung (und bauten auf ihrer Grundlage zahlreiche Theorien und Verfahren auf), weil sie annehmen, dass die Normalverteilung eine experimentell nachgewiesene Tatsache sei (siehe dazu auch Mackay & Oldford, 2001). Viele empirisch arbeitende Wissenschaftler glauben an die Normalverteilung, weil sie annehmen, dass sie ein mathematisches Theorem sei.

Die Inferenzstatistik als Regelsystem weist mehrere Vorzüge auf: Symbole und Operationen lassen sich innerhalb des inferenzstatistischen Axiomensystems völlig eindeutig definieren. Inferenzstatistische Operationen sind objektiv und nachvollziehbar. Die Symbole der Inferenzstatistik sind eindeutig kommunizierbar (aufgrund ihrer weitestgehend kontextunabhängigen Definition) und daher auch kritisierbar. Inferenzstatistische Operationen sind optimierbar (z.B. Schätzungen, Fehlerminimierungen).

Zur Inferenzstatistik gehören auch formalisierte Vorgehensweisen beim Entscheiden zwischen alternativen Hypothesen, bei Vorhersagen von (z.B. zeitlichen)

Trends, sowie beim Schätzen von bestimmten Kennwerten in den Grundgesamtheiten (z.B. Standardfehler), die den Daten zugrunde liegen.
Die Inferenzstatistik geht neben ihren eigenen Axiomen auch von der Ebene der Zahlen aus. Die Zahlen als solche weisen jeweils besondere Eigenschaften auf, die auch ihr Verhältnis zueinander bestimmen. Über diese Eigenschaften der Zahlen selbst werden auch die Relationen zwischen den Zahlen definiert, die darüber bestimmen, welche Operationen mit diesen Zahlen durchgeführt werden dürfen, und welche nicht. Abfolgen solcher kriterienorientierter Operationen bilden die Grundlage komplexer Methoden bzw. Verfahren.

Sofern Zahlen innerhalb der Inferenzstatistik definiert, also mit bestimmten Bedeutungen und Funktionen versehen werden und auch innerhalb der Inferenzstatistik analysiert, also systematischen Transformationen unterzogen werden, ist dies eine völlig konsequente und logische Vorgehensweise, weil sich die *Inferenzstatistik mit ihrem eigenen Gegenstand* beschäftigt. Interessant wird es, wenn die Inferenzstatistik als angewandte Wissenschaft sich mit den Gegenstand anderer Disziplinen beschäftigt.

Die Inferenzstatistik setzt die Messbarkeit der Eigenschaften dieser Gegenstände voraus, die genaue Erfassung der Ausprägungen der interessierenden Merkmale, und die Übertragung der zugeordneten Zahlen (Messdaten) in ihr Regel- und Verfahrenssystem. Die Voraussetzungen eines Messvorgangs zur Erfassung von Eigenschaften sind Gegenstand der Messtheorie.

13.1.2. Die Messtheorie als Brücke zu anderen Wissenschaften

Die Messtheorie bildet an der Schnittstelle zwischen Inferenzstatistik und den Daten anderer Wissenschaften durch die Formulierung der Probleme der Repräsentation bzw. Eindeutigkeit (und Kriterien zu ihrer Lösung) eine Art „Datenbrücke". Diese „Datenbrücke" basiert auf einer Anzahl komplexer Argumente, und gestattet es, Daten aus den empirischen Relativen jeder bio- und sozialwissenschaftlicher Disziplin in das numerische Relativ innerhalb des inferenzstatistischen Axiomen- und Verfahrenssystem zu überführen.

Die Grundvoraussetzung für einen Messvorgang ist das Vorhandenseins eines empirischen Relativs, also eine Menge empirisch beobachtbarer Gegenstände, die aufgrund einer ihnen gemeinsamen Eigenschaft (z.B. „Temperatur", „Länge", „Intelligenz") in verschiedenen Ausprägungen, in beobachtbaren Beziehungen zueinander stehen. Was nicht vorhanden ist, kann auch nicht gemessen werden.

Der Messvorgang ist dabei das Zuweisen von Zahlen zu Gegenständen, die die empirisch beobachtbare Eigenschaft aufweisen. Eine gemessene Temperatur erhält einen bestimmte Gradzahl, ein einzelnes Brett erhält eine bestimmte Längenzahl, und eine besondere „Intelligenz" einen bestimmten IQ-Wert. Jedem Element aus dem empirischen Relativ wird jeweils ein Element aus der Menge aller Zahlen (*numerisches Relativ*) zugeordnet, und ein *empirisches Relativ wird durch ein numerisches Relativ strukturgetreu abgebildet.* Jedem Element des empirischen Relativs wird ein und nur ein Element des numerischen Relativs zugeordnet. Derselben Ausprägung eines Gegenstandes, also z.B. derselben Temperatur kann z.B. nicht einmal der Wert „10 C“, und ein anderes Mal der Wert „21 C“ zugewiesen werden. Sobald ein empirisches System auf ein numerisches System in der Weise eindeutig abgebildet wird, dass die empirischen Relationen innerhalb des empirischen Systems in den numerischen Relationen des numerischen Systems erhalten bleiben, liegt eine Skala bzw. eine homomorphe Abbildung vor (Homomorphismus).

Messen ist also die Bestimmung der Ausprägung einer Eigenschaft eines (Mess)Objekts und die regelgeleitete Zuordnung von Zahlen zu Messobjekten.

Bei dieser Argumentation wird stillschweigend unterstellt, dass der Vorgang des Messens den Gegenstand selbst nicht verändert; dieser Fall kann aber nicht ausgeschlossen werden, siehe z.B. das Phänomen der Unschärferelation aus der Physik (s.u.). Die wenigsten (auch physikalischen) Größen sind *direkt* messbar (*fundamentale* Messung), der am häufigsten auftretende Fall ist der der *abgeleiteten* Messung.

Die Frage ist natürlich, anhand welcher Kriterien sich die Frage beantworten lässt, inwieweit das empirische Relativ überhaupt durch das numerische Relativ abgebildet werden kann? Das empirische Relativ muss fünf Eigenschaften aufweisen, u.a. Transitivität, Konnexität, Assoziativität, Monotonie, und Positivität (siehe z.B. Orth, 1974).

Beispiele:

Transitivität für Temperatur:

Wird folgende Bedingung erfüllt, liegt Transitivität vor: Wenn z.B. Temperatur A $\geq$ Temperatur B, und Temperatur B $\geq$ Temperatur C, dann Temperatur A $\geq$ Temperatur C.

Assoziativität für Länge:

Wird folgende Bedingung erfüllt, liegt Assoziativität vor: Wenn A+B+C= D, dann auch A+(B+C)=D bzw. B+(A+C)=D, bzw. C+(A+B)=D. Wenn z.B. drei Fische mit den Längen A, B und C bzw. der Gesamtlänge D vorliegen.

Bei vielen bio- und sozialwissenschaftlichen Konstrukten ist der Nachweis der Erfüllung einzelner Axiome weit komplizierter bzw. weniger eindeutig als bei diesen Beispielen.

Sind diese sog. ‚Axiome des Messmodells‘ erfüllt, kann man von einer homomorphen Abbildung ausgehen. Allerdings setzt die Beurteilung dieser Kriterien voraus, dass die Zahlen tatsächlich dem Relativ des interessierenden Konstrukts zugewiesen wurden. Diese Voraussetzung kann bei manifesten (v.a. physikalischen) Phänomenen (z.B. „Temperatur", „Länge") meist relativ problemlos überprüft werden. Bei latenten Konstrukten (z.B. „Intelligenz") kann sich der Nachweis schon schwieriger gestalten, und es wird daher bei latenten Konstrukten üblicherweise von ‚per fiat Messungen' ausgegangen.

In der Physik ist z.B. das Phänomen der Unschärferelation (Heisenbergsche Unbestimmtheitsrelation) bekannt, wonach der Vorgang der Beobachtung (Messung) den Gegenstand und seine Eigenschaften selbst verändern kann. Je genauer man entweder Ort oder Impuls eines Teilchens bestimmt, umso ungenauer bestimmbar ist die jeweils andere Größe. Daraus folgt, dass das Verhältnis zwischen Objektivität und Präzision (der Inferenzstatistik) und semantischer Eindeutigkeit der Zahlen (der Messung) auch bei physikalischen Messungen nicht immer perfekt ist.

Liegt nun eine Skala vor, kann sie verschiedenen Niveaus (Skalentypen) zugeordnet werden. Das sog. ‚Eindeutigkeitsproblem' beschreibt dabei das Problem des Bestimmen des Typs einer ermittelten Skala, und die Zuordnung der Art und Menge der zulässigen Transformationen. Zahlen, die z.B. „nur" die Eigenschaften gleich-ungleich bzw. größer-kleiner, aber nicht die des gleichen Abstands repräsentieren, besitzen eine Skala der Definition „Ordinalniveau". Aus ordinalskalierten Daten dürfen z.B. keine Mittelwerte gebildet werden; erst Zahlen, die zusätzlich das Merkmal der Äquidistanz besitzen (sog. „Intervallniveau"), dürfen zur Mittelwertberechnung verwendet werden.

Als die am wenigsten eindeutige Skala gilt die Nominalskala (nur die eindeutige Zuordnung von Zahlen bzw. Namen zu Dingen ist zulässig: z.B. Artenklassifikationen); als die eindeutigste Skala gilt die Absolutskala (z.B. Häufigkeiten oder Wahrscheinlichkeiten), weil Transformationen im Prinzip nichts transformieren, sondern alles invariant lassen. Weitere Skalen sind die Ordinalskala (zstzl. größer-kleiner-Relationen: z.B. Schulnoten), Intervallskala (zstzl. Äquidistanz der Intervalle ohne Nullpunkt: z.B. Celsius-Skalen), Verhältnisskala (zstzl. Äquidistanz der Intervalle mit fixem Nullpunkt, z.B. elektrischer Widerstand). Weitere wichtige Skalen sind die Hyperordinalskalen (Rangordnung der Objektdifferenz), und logarithmische Intervallskalen. Es gibt prinzipiell unendlich viele Klassen zulässiger Transformationen; die Möglichkeiten, weitere Skalenniveaus zu definieren, sind unbegrenzt. Je spezieller die zulässigen Transformationen sind, desto kleiner ist die Klasse gleichwertiger Skalen und desto größer ist die Eindeutigkeit einer Skala (siehe Orth 1974).

Für viele bio- und sozialwissenschaftliche Messverfahren liegen keine Repräsentations- bzw. Eindeutigkeitsbeweise vor, da die Messung nur auf der Grundlage von Annahmen erfolgt (sog. ‚measurement per fiat'), die von einem direkten Zusammenhang zwischen manifestem Indikator und latentem Konstrukt ausgeht.

Während sich die Probleme der Repräsentation bzw. Eindeutigkeit beim der Entwicklung von Messstrukturen bzw. dem Vorgang des Messens stellen, ergibt sich das Bedeutsamkeitsproblem erst bei der Analyse der schlussendlich vorliegenden Messdaten.

Das Bedeutsamkeitsproblem beschäftigt sich mit der Frage der zulässigen statistischen Verfahren, und der damit zusammenhängenden bzw. abhängigen Bedeutsamkeit der auf ihrer Grundlage getroffenen numerischen bzw. statistischen Aussagen. Da Messen immer auch ein Messen auf einem bestimmten Skalenniveau ist, besitzen Daten ein jeweils eigenes Skalenniveau. Für Aussagen auf der Basis von Messwerten ist die Kenntnis dieses Skalenniveaus entscheidend. Als zulässig gilt ein statistisches Verfahren dann, wenn die Wahrheit/Falschheit einer statistischen Aussage unter allen zulässigen Transformationen der Skalenwerte unverändert bleibt. Im Prinzip ist jede numerische Aussage auf ihre Bedeutsamkeit zu prüfen. Eine numerische Aussage ist dann bedeutsam, wenn sich ihr Wahrheitswert unter allen zulässigen Transformationen seitens der angewendeten Verfahren nicht ändert.

Beispiel: Die (un)zulässige Berechnung von Schulnoten:

Mittelwertbildung: Schüler A: 2, 2, 2, 3, 3 (2.4) > Schülerin B: 1, 1, 1, 4, 4 (2.2).
Quadrierung: Schüler A: 4, 4, 4, 9, 9 (6.0) < Schülerin B: 1, 1, 1, 16, 16 (7.0).
Das jeweilige Verfahren (Mittelwertbildung, Quadrierung) beeinflusst die Rangreihe von A und B. Das jeweilige Verfahren (und die angewendeten Transformationen) hat einen Einfluss auf den Wahrheitswert der Aussage.

Dieses einfache Beispiel möchte auch dafür sensibilisieren, dass eine Transformation (z.B. Logarithmus, Quadratwurzel) von Daten nicht in jedem Fall empfehlenswert ist. Datentransformation sollten daher nur dann durchgeführt werden, wenn sie die Interpretierbarkeit der Analyse verbessern helfen.

Dieser kleine Exkurs über die Messtheorie sollte vor allem verdeutlichen, dass die (Theorie der) Messung und (Theoriebildung über) die Inferenzstatistik in einer engen Beziehung zueinander stehen. Die Theoriebildung verläuft zwar über die Entscheidung zwischen (inhaltlichen, statistischen) konkurrierenden Theorie- bzw. Hypothesenalternativen, wozu nun einerseits die formalisierten Vorgehensweisen der Inferenzstatistik beitragen; andererseits setzen die inferenzstatistischen Vorgehensweisen bestimmte Messniveaus (Skalentypen), d.h. im einzelnen die Erfüllung besonderer messtheoretischer Axiome als gegeben voraus.

13.1.3. Die Bedeutung von Skalenniveaus

Die Feststellung, die Inferenzstatistik geht von bestimmten Skalenniveaus aus, hat im weitreichende Implikationen: Die Inferenzstatistik setzt voraus, dass im Messvorgang tatsächlich das gemessen wird, was gemessen werden soll, und damit ist nicht nur die Präzision der Messung selbst, sondern vor allem das Verhältnis manifester Indikator - latentes Konstrukt gemeint. In anderen Worten: Die Inferenzstatistik setzt voraus, dass die *Bedeutung* der vorliegenden Zahlen als Repräsentationen des Gegenstands und seiner Ausprägungen eindeutig definiert und bekannt ist. Die Inferenzstatistik setzt voraus, dass zumindest das Skalenniveau des gemessenen Gegenstands (aus dem empirischen Relativ) in Gestalt seiner abbildenden Variable (im numerischen Relativ) bekannt ist. Die Inferenzstatistik geht vom Erfülltsein all dieser Voraussetzungen und ausschließlich von der Ebene der Daten aus; sie kann sie nicht selbst überprüfen. Diese Rolle kommt dabei den jeweiligen Verantwortlichen in den einzelnen Phasen des Forschungsprozesses zu, von der ersten Theoriebildung über den Gegenstand, dem Messvorgang selbst, der Kodierung, bis hin zur Analyse und Interpretation des Datenmaterials; weiterhin geht die Inferenzstatistik davon aus, dass die Voraussetzungen der jeweiligen statistischen Verfahren bekannt sind. Diese Verantwortung übernimmt der jeweilige Data Analyst spätestens zum Zeitpunkt der Auswertung. Versäumnisse Dritter bei der Erhebung bzw. Kodierung der Daten kann er im Prinzip nicht verantworten, und nur in seltensten Fällen „retten".

Anm.: Unter einem Data Analysten wird an dieser Stelle jemand verstanden, der/die ein relativ breites Wissen verfügt, das u.a. Forschungsmethoden, Datenverarbeitung bzw. Programmierung und Statistik umschließt, während andere Tätigkeitsbezeichnungen sich auf einzelne Bereiche beschränken. Im Prinzip bestehen in der Praxis eher Überschneidungen als Unterschiede zwischen den Tätigkeiten einzelner Gruppen (z.B. Statistiker). Die Tätigkeit des Data Analysten wird als umfassender, als über Annahmen, Modelle und Methoden der Mathematik hinausgehend verstanden (siehe Mackay & Oldford, 2001, aber auch Kolosova & Berestizhevsky, 1998). Kenntnisse eines Data Analysten schließen daher auch für eine Analyse notwendige Aspekte ein, in denen per se keine statistischen Parameter vorkommen, u.a. grafische Datenanalyse und -präsentation, Stichprobenziehung, Versuchsplanung, und Ableitung nicht-mathematischer Schlussfolgerungen, aber auch inhaltliche Kenntnisse über den untersuchten Gegenstand, u.a. Variabilität, Einflussfaktoren usw.

Inferenzstatistische Verfahren helfen, die Wahrscheinlichkeit für Schätzungen und Signifikanztests für mittlerweile fast schon beliebig zu nennende Varianten an Fragestellungen und Hypothesen zu berechnen. Dieser Bereich der Statistik (im engeren Sinne) umfasst ein riesiges Spektrum an quantitativen Analysemethoden. Begriffe wie z.B. 'Regression', 'Varianzanalyse', 'Faktorenanalyse' oder 'Clusteranalyse' sind dabei nicht als Bezeichnungen für einzelne Verfahren, sondern als Oberbegriffe für Verfahrens*gruppen* zu verstehen. Jedes einzelne dieser Verfahren setzt bestimmte (zum Teil miteinander konkurrierende bzw. in Widerspruch stehende) Voraussetzungen voraus, die von professionellen Data Analysten auf jeden Fall überprüft und bewertet werden müssen.

Beispiele:

Der t-Test und die ANOVA gehen z.B. von Zufallsstichproben, von der Normalverteilung der Daten in den Populationen, balancierten (ausgeglichenen) Stichproben, und Varianzhomogenität aus; sind u.a. diese Voraussetzungen nicht erfüllt, dürfen diese Verfahren nicht angewendet werden. Bei wiederholten Tests an denselben Daten muss das Alphaniveau korrigiert werden; ebenfalls nicht zulässig ist z.B. die Anwendung von Produkt-Moment-Korrelationen auf ordinalskalierte Daten, usw.

13.1.4. Sinn und Grenzen der Inferenzstatistik

In der Kapitelüberschrift war von 'Sinn und Grenzen' der Inferenzstatistik die Rede. Damit ist gemeint, dass die eigentlich sinnvolle computerbasierte Berechnung von Statistiken ihre Grenzen in ihren Anwendern und auch den Daten haben kann.

Statistikprogramme rechnen Ihnen nahezu alles, ob und inwieweit dies sinnvoll ist, können die Computerprogramme nicht beurteilen, sondern liegt alleine in der Verantwortung des Anwenders. Die computerisierte Inferenzstatistik warnt in den wenigsten Fällen bzw. überhaupt nicht (und das auch nur bei bestimmten *formalen* Parametern!), wenn erforderliche *formale* Voraussetzungen, wie z.B. Skalenniveaus, Verteilungen, Gleichheit der Größe der Vergleichsgruppen, ausreichende Anzahl an Fällen etc. für ihren jeweiligen Einsatz nicht erfüllt sind.

Ob eine untersuchte Frage auch *inhaltlich* Sinn macht, dafür wird es nicht so schnell einen Prüfalgorithmus geben; auch die bloße Anwendbarkeit eines inferenzstatistischen Verfahrens macht nicht automatisch immer auch inhaltlich Sinn. Die relativ leichte Bedienbarkeit und Effizienz von Statistikprogrammen ersetzt keinesfalls notwendige und vorauszusetzende Kenntnisse in Forschungsmethoden und Statistik. Auch nicht unerfahrene Anwender setzen oft genug ungeeignete Analyseverfahren ihre Fragestellungen ein, weil die besonderen Voraussetzungen des jeweiligen Verfahren bzw. der konkreten Problemstellung unzureichend oder gar nicht berücksichtigt worden waren. Beherzigen Sie daher auch von Anfang an den Grundsatz:

Keine Inferenzstatistik ohne systematische und erschöpfende deskriptive Statistik!

Die deskriptive Statistik ist die Grundlage, und in vielen Fällen die Voraussetzung für einen sinnvollen Einsatz der Inferenzstatistik. Bei der Auswertung von Projektdaten berechnen Sie deskriptive Statistiken immer und systematisch. Alleine schon aus dem Grund, weil nicht alle inferenzstatistischen Analysen deskriptive Statistiken mit ausgeben. Sie benötigen deskriptive Statistiken, um z.B. sich einen ersten Eindruck von den empirischen Eigenschaften Ihrer Daten (z.B. Verteilungsform) verschaffen zu können, um beurteilen zu können, auf welcher Grundlage Ihre inferenzstatistischen Ergebnisse zustande gekommen sind, oder um erste Hinweise für ein weiteres (exploratives) Vorgehen zu entdecken, z.B. bestimmte Zusammenhänge der Variablen untereinander.

Unterschätzen Sie daher von Anfang nicht die Komplexität der Inferenzstatistik. Die Komplexität der Inferenzstatistik erschöpft sich nicht mit den zahlreichen statistisch-mathematischen Annahmen, sondern implementiert auch Annahmen der Mess-, Wahrscheinlichkeits- und Testtheorie, der Wissenschafts- und Stichprobentheorie, usw. Jedes Wissen und jede Erkenntnis sind methodenabhängig. Um vorhandenes Wissen überprüfen zu können, muss man wissen, mit welchen Methoden dieses Wissen zustande gekommen ist, und man muss beurteilen können, ob mit den eingesetzten Methoden tatsächlich das vorhandene Wissen begründet und erklärt werden kann. Ohne grundlegende Methodenkenntnis ist keine Forschung und keine Erkenntnis möglich.

Die folgenden Kapitel werden die in der Praxis am häufigsten auftretenden Anwendungsfälle der verschiedensten Verfahrensgruppen und ihre notwendig zu erfüllenden Voraussetzungen vorstellen. Wie Voraussetzungen z.B. bei der Stichprobenziehung und Versuchsanlage erfüllt werden, kann dieses Kapitel nicht vertiefen.

13.2. Einführung in die Theorie des Hypothesentests

Dieses Kapitel führt in die *Theorie* des Hypothesentests ein (u.a. Fehlerarten Fehler I. Art und II. Art). Im anschließenden Kapitel 13.3. werden grundlegende Verteilungen vorgestellt. Das abschließende Kapitel 13.4. führt in die *Praxis* des Hypothesentests ein.

Die deskriptive Statistik liefert Maßzahlen zur Charakterisierung von Verteilungen, wie zum Beispiel den Mittelwert, die Standardabweichung und den Korrelationskoeffizienten. Die Wahrscheinlichkeitsrechnung liefert weitere Parameter, um eine Verteilung zu beschreiben. Die Grundgesamtheiten, deren Eigenschaften erfasst werden sollen, sind oft so umfangreich, dass man sich mit sinnvollen Stichproben zufrieden geben muss. Auf der Basis dieser Stichproben werden Schätzwerte ermittelt, die die wahren Werte der Grundgesamtheit möglichst genau wiedergeben sollen. Damit sollen Aussagen über die wahren Werte gemacht und Entscheidungen getroffen werden.

Auf der Basis dieser Schätzwerte wird eine wichtige Schlussfolgerung gezogen, nämlich, ob nun ein realer oder bloß ein zufälliger Unterschied zu einem vorher in einer Hypothese festgelegten Vergleichs- oder Schwellenwert vorliegt. Anm.: Um wahre Werte von Schätzwerten zu unterscheiden, werden Schätzwerte mit lateinischen Buchstaben ($\bar{x}$, s, r) oder durch ein Dach ($\hat{p}$), und Maßzahlen der Grundgesamtheit (Parameter) mit griechischen Buchstaben (μ, σ, δ) gekennzeichnet.

13.2.1. Hypothesenarten, Sicherheiten, Fehlerarten und Fragerichtungen

Vor der Testentscheidung werden zwei Hypothesen formuliert, hier am Beispiel einer sog. Differenzhypothese.
Nullhypothese: Die Nullhypothese (abgekürzt: H_0) behauptet, dass es keinen Unterschied gibt:

$H_0(\mu = \bar{x})$.

Alternativhypothese: Die Alternativhypothese (abgekürzt: H_1) behauptet, dass es einen Unterschied gibt:

$H_1(\mu \neq \bar{x})$.

Die Wahrscheinlichkeiten für richtige bzw. falsche Testentscheidungen werden über die theoretischen Verteilungen der Population ermittelt. Die statistische Sicherheit des Tests, also die Absicherung gegen fälschlich signifikante Ergebnisse, wird durch die beiden Wahrscheinlichkeiten für Fehlentscheidungen (sog. ‚Risiken') α (Alpha) und β (Beta) beeinflusst. α wird konventionell auf 0.05 eingestellt, und ist unabhängig vom Stichprobenumfang; für besondere Fragestellungen werden für α strengere oder auch weniger restriktive Werte gewählt. β ist abhängig vom Stichprobenumfang. Die Folgen für die sog. Power (Güte) werden weiter unten beschrieben.

Bei einem ‚positiven' Ausgang wird die Nullhypothese zurückgewiesen, und die Alternativhypothese angenommen. Der wahre Wert ist z.B. nicht gleich dem aus der Stichprobe ermittelten Wert. Die Abweichung ist signifikant.

Bei einem ‚negativen' Ausgang wird die Nullhypothese beibehalten, und die Alternativhypothese zurückgewiesen. Der wahre Wert (z.B. μ) ist z.B. gleich dem aus der Stichprobe ermittelten Wert (zu μ wäre dies $\bar{x}$). Die Abweichung (falls überhaupt eine vorliegt) ist so gering, dass sie nicht als signifikant angesehen werden kann. Man geht dann davon aus, dass die gefundene Abweichung zufälliger Natur ist.

Eine Hypothese wird durch Stichprobenergebnisse übrigens nur widerlegt oder nicht widerlegt. Eine Hypothese wird durch Stichprobenergebnisse aber nicht bewiesen. Eine Hypothese annehmen heißt lediglich, diese Hypothese der anderen vorziehen. Eine wissenschaftlich gültige Verallgemeinerung empirischer Befunde ist erst zulässig, wenn die beobachteten Messwerte aus *verschiedenen* Stichproben auf Signifikanz geprüft werden.

Was Signifikanz eigentlich bedeutet, und welche Fehler als I. bzw. II. Art bezeichnet werden, hängt v.a. von der untersuchten Hypothese ab, neben Differenzhypothesen gibt es z.B. auch Äquivalenz- und Zusammenhangshypothesen.

Fehler I. Art und 2. Art

Da die Realität unbekannt ist bzw. bei der Prüfung von Hypothesen mit Schätzwerten gearbeitet wird, besteht immer die Möglichkeit von Fehlentscheidungen. Ein vorher festgelegtes Risiko $\alpha = 0.05$ bedeutet, in 95% (1-α) der Fälle die richtige Entscheidung zu treffen, *aber auch,* in 5% (α) der Fälle falsch zu entscheiden. Es werden dabei zwei Fehler unterschieden:
Fehler I. Art (α-Fehler)*:*
Wenn man eine Nullhypothese verwirft, obwohl sie in Wirklichkeit wahr ist.
Fehler II. Art (β-Fehler)*:*
Das Beibehalten einer Nullhypothese, obwohl sie in Wirklichkeit falsch ist.

Unbekannte Realität von H_0 *bzw.* H_1	*Testentscheidung*	
	H_0 *wird nicht abgelehnt* H_1 *wird abgelehnt*	H_0 *wird abgelehnt* H_1 *wird nicht abgelehnt*
H_0 *ist richtig*	Kein Fehler Testsicherheit: 1-α	Fehler I. Art
H_1 *ist richtig*	Fehler II. Art	Kein Fehler Testgüte (Power): 1-β

Man kann nun bei den Testrisiken α und β Prioritäten setzen. Üblicherweise wird das α-Risiko mit 0.05 festgelegt. Wäre es jedoch folgenschwer, eine bestimmte Nullhypothese fälschlicherweise abzulehnen (Fehler I. Art), z.B. in der Arzneimittelforschung, wird das α–Risiko möglichst gering gehalten und somit eine hohe Entscheidungssicherheit erhalten. Wäre es aber problematischer, eine Nullhypothese fälschlicherweise anzunehmen (Fehler II. Art), wird das β–Risiko möglichst gering gehalten. Das β-Risiko hängt vom Stichprobenumfang ab, und kann somit nicht so einfach ‚vorgeschrieben' werden wie das α-Risiko. Da sich aber β mit wachsendem Stichprobenumfang verringert, kann es durch eine angemessene Bestimmung des Stichprobenumfangs auf eine akzeptable Güte (Power) eingestellt werden (zum Verhältnis zwischen α, β und Stichprobenumfang siehe auch 13.2.3.).

Einseitige und zweiseitige Fragestellung

Beim Vergleich zwischen zwei Parametern (z.B. Mittelwerte für zwei Gruppen ist die Richtung der Fragestellung wichtig.

Grundsätzlich werden dabei zweiseitige (ungerichtete) Fragestellungen, und einseitige (gerichtete) Fragestellungen unterschieden. Diese Unterscheidung muss vorab getroffen werden, da sie für die Interpretation des ermittelten Signifikanzniveaus bedeutsam ist, und man bei Nichtbeachtung riskiert, für einseitige Fragestellungen die Signifikanzen in Gestalt der ermittelten p-Werte zu unterschätzen.

Angenommen, es sollen zwei Gruppen A bzw. B ganz allgemein daraufhin untersucht werden, ob sie sich unterscheiden. Es ist macht also von der Fragerichtung her keinen Unterschied, ob A größer als B ist, oder B größer als A ist. Es zählt alleine der Unterschied. Die Richtung des Unterschieds ist unerheblich. Dieser Variante einer Fragestellung wird als ungerichtete, bzw. zweiseitige Hypothese bezeichnet.

Die zweiseitige Fragestellung wird folgendermaßen formuliert:

Nullhypothese: H_0: $A = B$ *Alternativhypothese:* H_1: $A \neq B$

Die zweiseitige Fragestellung ist v.a. bei innovativen Untersuchungen dann angebracht, wenn z.B. überhaupt keine Daten vorliegen, und damit auch keine gerichteten Hypothesen formuliert werden können.

Ist aber für die Untersuchung nur eine Fragestellung wichtig, z.B. nur, ob A größer als B ist, dann liegt eine einseitige bzw. gerichtete Fragestellung vor. Die einseitige Fragestellung (für A > B) wird folgendermaßen formuliert:

Nullhypothese: H_0: $A \leq B$ *Alternativhypothese:* H_1: $A > B$

Ist nur die Fragestellung in der anderen Richtung interessant, z.B. ob A kleiner als B ist, dann wird diese einseitige bzw. gerichtete Fragestellung folgendermaßen formuliert:

Nullhypothese: H_0: $A \geq B$ *Alternativhypothese:* H_1: $A < B$

Einseitige bzw. gerichtete Fragestellungen werden v.a. dann formuliert, wenn die Richtung der Veränderung bekannt ist, und nur eine Veränderung in dieser Richtung interessiert. Ein Anwendungsfeld sind z.B. Arzneimittelstudien, in denen z.B. das neue Medikament einfach besser als das alte Medikament sein muss. Ein ähnliches Anwendungsfeld sind sog. Ertragsstudien, in denen neue Düngemethoden ertragreicher als die bekannten Methoden sein sollten.

Die Unterscheidung zwischen ein- und zweiseitiger Fragestellung wird spätestens zum Zeitpunkt der Interpretation der p-Werte wichtig. An dieser Stelle muss man sich über mehrere Dinge im Klaren sein: Selbst ein Statistikpaket wie das SAS System unterscheidet nicht immer zwischen ungerichteter bzw. gerichteter Fragestellung.

Falls SAS die Signifikanzen für die ein- und zweiseitige Fragestellung separat ausgeben sollte, müssen Sie spätestens zu diesem Zeitpunkt wissen, ob Ihre Hypothese ungerichtet oder gerichtet ist, um den richtigen p-Wert wählen zu können.

Falls SAS nur die p-Werte für die zweiseitige bzw. ungerichtete Fragestellung ausgeben sollte, Sie aber definitiv wissen, dass Ihre Fragestellung einseitig bzw. gerichtet ist, dann gehen Sie folgendermaßen vor:

Zunächst prüfen Sie, ob die Testgrößen tatsächlich in die erwartete Richtung weisen. Nur dann, wenn Sie erwarten, dass z.B. A größer als B ist, und die erzielten Mittelwerte dies bestätigen, macht der folgende Schritt Sinn. Wenn Sie dagegen erwarten, dass A größer als B ist, die erzielten Mittelwerte aber eindeutig aufzeigen, dass B größer als A ist, dann können Sie sich den folgenden Schritt ersparen.

Weisen die erzielten Testwerte in die erwartete Richtung, dann dividieren Sie einfach den p-Wert für die zweiseitige Fragestellung (2 tailed p) durch 2, und erhalten so den p-Wert für die einseitige Fragestellung. Liegt der ermittelte p-Wert unter 0,05 (Alpha), dann können Sie korrekt schließen, dass A größer als B ist. Nochmals abschließend das korrekte Vorgehen, und die beiden möglichen Fallen:

*Vergleich zwischen zwei Gruppen (Alpha=0,05)**	*Angenommene Fragestellung: Ungerichtet/zweiseitig*	*Angenommene Fragestellung: Gerichtet/einseitig (z.B. A > B)*
A=4.23, B=3.16, p=0,092	0,05 < 0,092 Kein sign. Unterschied: Korrekt	0,05 > 0,046 Sign. Unterschied: Korrekt
		0,05 < 0,092 Falsche Interpretation
A=3.16, B=4.23, p=0,092	0,05 < 0,092 Kein sign. Unterschied: Korrekt	0,05 > 0,046 Falsche Interpretation

* Die Daten geben fiktive Mittelwerte und Signifikanzen an.

Das Schema des Hypothesentests

Das folgende Schema gilt immer für einen Hypothesentest, unabhängig von der Berechnungsmethode. Die Risiken α und β müssen *vor* der Testdurchführung explizit festgelegt sein. Der wichtigste Grund ist, dass der Stichprobenumfang ausreichend groß ist (und damit das β-Risiko bekannt und akzeptabel gering), wie auch, dass das Alpha nicht im Nachhinein an das erzielte Ergebnis angepasst wird, um z.B. doch noch zu einem signifikanten Befund zu gelangen. Wie eingangs erläutert, hängt das β-Risiko vom Stichprobenumfang ab, während sich das α-Risiko aus der gewünschten Entscheidungssicherheit ergibt.

Beim Hypothesentest gilt folgendes Schema:

- Festlegung, ob ein- oder zweiseitige Fragestellung
- Festlegung des α-Risikos (Entscheidungssicherheit)
- Festlegung des β-Risikos (Güte, Power)
- Durchführung des Signifikanztests
- Ablesen des p-Wertes (p)
- Entscheidung zwischen Alternativ (H_1)- und Nullhypothese (H_0):
  $p \leq \alpha$: Entscheidung für H_1, $p > \alpha$: Beibehalten/Nichtablehnung von H_0

13.2.2. Beispiel: Ein Käfer im Labyrinth

In einem (vereinfachten) Beispiel nach Lorenz (1992, 151ff.) wird untersucht, ob ein Aaskäfer von einer bestimmten chemischen Substanz angelockt wird. In der Versuchsanlage wird der Käfer in einen Gang vor eine Abzweigung gesetzt, ab der er die Möglichkeit hat, gleichwahrscheinlich (50:50 bzw. p=0.5, Binomialverteilung) links oder rechts weiterzulaufen. Am Ende eines der beiden Gänge befindet sich die Substanz. Läuft der Käfer überwiegend in den Gang mit der Substanz, kann daraus geschlossen werden, dass der Käfer durch die Substanz angelockt wird. Der Einfachheit halber wird ausgeschlossen, dass der Käfer auf mögliche andere Reize reagiert (u.a. auf sog. Seitenstetigkeit).

Nachdem der Käfer 20-mal eindeutig in einen der beiden Gänge gelaufen ist, wird gezählt, wie oft er die jeweiligen Gänge gewählt hat (hier z.B. 15x in den Gang mit der Substanz, und 5x in den anderen Gang), und ob dieses Ergebnis vom Zufall abweicht. Bei rein zufälliger Gangwahl (der Käfer reagiert z.B. überhaupt nicht auf die Substanz), können Ergebnisse um 10:10, aber auch 11:9 oder 9:11 erwartet werden. Die Frage ist natürlich nun, ob das beobachtete Ergebnis der Gangwahl ‚signifikant' vom Zufall abweicht.

Bevor ein Test diese und ähnliche Fragen klärt, werden üblicherweise inhaltliche Fragestellungen (z.B. „die Substanz X lockt den Käfer Y an“) immer in Gestalt präziser (un/gerichteter) statistischer Hypothesen formuliert. Diese Formulierung bietet die Möglichkeit, die Fragestellung vor dem Test nochmals zu überdenken und ggf. zu präzisieren. Eine Anpassung der statistischen Hypothese an das Testergebnis im Nachhinein ist nicht zulässig. Mehrere Varianten sind möglich. Die Beispiele unten stimmen z.B. darin überein, dass sie jeweils präzise sind und genau dieselbe Fragestellung erfassen.

H$_0$: Der Käfer wird von der Substanz nicht angelockt.
H$_1$: Der Käfer wird von der Substanz angelockt.

H$_0$: Der Käfer wählt zufällig einen Gang.
H$_1$: Der Käfer wählt einen Gang überzufällig häufig.

Die folgende Abbildung zeigt, wie sich unter der Annahme einer zufälligen Gangwahl (p=0.5) bei k Versuchen (hier: 20) die dazugehörigen Wahrscheinlichkeiten p(k) verteilen, und ab wie vielen N der Käfer den Gang mit der chemischen Substanz überzufällig häufig wählt. Auf der Grundlage der Binomialverteilung (an anderer Stelle erläutert) wurden in die Grafik sog. Ablehnungs (synonym: Verwerfungs)- und Nichtablehnungs (synonym: Indifferenz)bereiche für die Nullhypothese eingetragen. Die Bereichsgrenzen basieren auf dem sog. Alpha (α), das *vor* dem Signifikanztest festzulegen ist. In der Grafik beträgt Alpha=0.05, und wird nach links bzw. rechts jeweils als $\alpha/2$ (0.025) auf der y-Achse abgelesen. P(k) für N=6 bzw. N=14 liegen noch jeweils *über* $\alpha/2$ und drücken damit an, dass bei N zwischen 6 und 14 *keine* Abweichung vom Zufall vorliegt.

Anzahl k für Gangwahl mit chemischer Substanz	Wahrschein-lichkeit P(k)
0	0,000
1	0,000
2	0,000
3	0,001
4	0,005
5	0,015
6	0,037
7	0,074
8	0,120
9	0,160
10	0,176
11	0,160
12	0,120
13	0,074
14	0,037
15	0,015
16	0,005
17	0,001
18	0,000
19	0,000
20	0,000

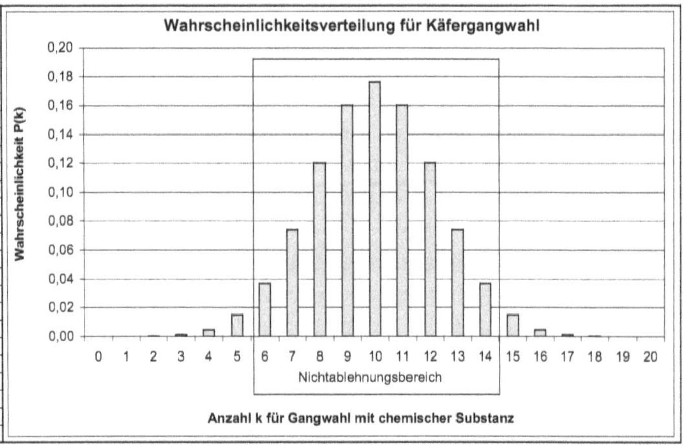

Abb.: Ablehnungs- und Nichtablehnungsbereich beim Binomialtest

Dieser Abbildung kann entnommen werden, dass ab Gangwahlen im Verhältnis 15:5 bzw. 5:15 das Ergebnis überzufällig ist. Läuft also der Käfer 15x in den Gang *ohne* den Duftstoff, oder in den Gang *mit* dem Duftstoff, ist das Ergebnis jeweils gleichwertig überzufällig bzw. ‚signifikant'. Die statistische Hypothese fragte jedoch danach, ob der Käfer den Gang *mit* dem Duftstoff wählt. Auf der Grundlage der vorliegenden Ergebnisse kann die eingangs formulierte Nullhypothese, dass der Käfer von der Substanz nicht angelockt wird, erfolgreich zugunsten der Alternativehypothese zurückgewiesen werden. Wäre ein Käfer 15x in den

Gang *ohne* den Duftstoff gelaufen, hätte sich diese Gangwahl ebenfalls signifikant vom Zufall unterschieden. Allerdings ist der Käfer, inhaltlich besehen, eindeutig *nicht* vom Duftstoff angelockt worden; in diesem Fall muss trotz ‚signifikantem' Befund die Nullhypothese beibehalten werden.

13.2.3. Einfluss des Stichprobenumfangs auf α- und β-Fehler

Wird der Stichprobenumfang bei gleich bleibendem α-Risiko erhöht, verringert sich der β-Fehler. Was bedeutet das im Einzelnen?

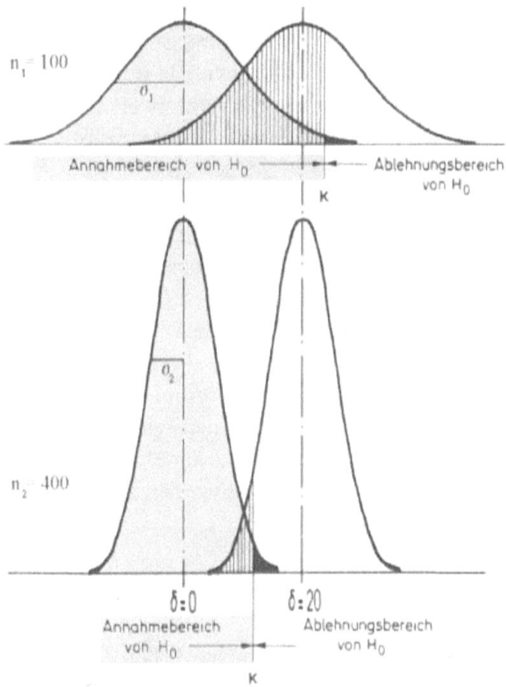

Abb.: Auswirkung des Stichprobenumfangs auf den β-Fehler

Die Abbildung zeigt, wie sich durch Vervierfachung des Stichprobenumfangs die geschätzte Standardabweichung (σ) halbiert. Dadurch verringert sich bei gleichem α-Fehler (schwarze Fläche) die Chance eines β-Fehlers (schraffierte Fläche) erheblich. Der kritische Punkt zwischen Annahmebereich (berechtigt oder nicht, β-Fehler) und Ablehnungsbereich (ebenfalls: berechtigt oder nicht, α-Fehler) wird mit K bezeichnet.

Die linke Kurve ergibt sich, wenn der wahre Mittelwert bei 0 liegt. Die rechte Kurve geht von einem wahren Mittelwert von 20 aus.

Es wird nun vermutet, dass der wahre Mittelwert bei 0 liegt. Ergibt sich nun aus einer Stichprobe ein Mittelwert von 2, so kann dies hier im oberen Bild (N=100) zu einem β-Fehler führen: Man würde dabei keinen signifikanten Unterschied von 0 feststellen, obwohl der wahre Wert bei 20 liegt, und daher nicht ablehnen, dass der wahre Mittelwert bei 0 liegt. Im unteren Fall (höherer Stichprobenumfang: N=400) wäre bei demselben Ergebnis die Sache hingegen nahezu klar. Der Unterschied ist nicht signifikant und somit kann nicht abgelehnt werden, dass der wahre Mittelwert bei 0 liegt (und sicherlich nicht bei 20 liegt).

Aber Vorsicht mit verallgemeinernden Schlussfolgerungen! Dieses Ergebnis besagt *nicht*, dass der wahre Mittelwert *tatsächlich* bei 0 liegen muss. Wenn inhaltliche Gründe dies nicht ausschließen, kann der wahre Mittelwert ja durchaus auch bei 2 liegen. Mit anderen Worten: Je näher ein ermittelter Mittelwert bei einem vermuteten Mittelwert liegt, desto größer muss der darauf basierende Stichprobenumfang sein, um einen signifikanten Unterschied feststellen zu können.

Da aber zur Verringerung der Standardabweichung um die Hälfte ein vierfacher Stichprobenumfang nötig ist (wie im folgenden Abschnitt gezeigt werden wird), kann der Versuchsaufwand dem Genauigkeitsstreben eine Grenze setzen (und die Möglichkeit eines α-Fehlers bleibt dabei immer noch bestehen). Ganz sicher kann man sich also niemals sein, solange man nicht alle Werte der Grundgesamtheit kennt. Dann geht aber der Schätzwert in den wahren Wert über. Insofern kann man die schließende Statistik auch als eine Optimierungshilfe betrachten, die bei einem gegebenen Versuchsaufwand das Risiko einer Fehlentscheidung minimiert und auch darüber informiert, wie hoch das Risiko einer Fehlentscheidung ist, so dass der Stichprobenumfang eventuell angepasst werden kann.

13.2.4. Ermittlung des Stichprobenumfangs

Die Größe einer Stichprobe beeinflusst die wissenschaftliche Arbeit: Liegen zu wenig Daten vor, ist die Power eines Testes u.U. zu gering, und es können keine zuverlässigen Schlussfolgerungen gezogen werden, weil u.U. die Sensitivität zu gering ist, um eigentlich vorhandene Unterschiede auch tatsächlich nachweisen zu können. Liegen zu viele Daten vor, sind eine angemessene Power und zuverlässige Schlussfolgerungen wegen einer genügend hohen Sensitivität gegeben, jedoch zum Preis eines Mehraufwands, den man sich hätte ersparen können, wenn die Größe der benötigten Stichprobe vorher ermittelt worden wäre, von ethischen Gründen ganz zu schweigen.

Zur Theorie und Praxis der Bestimmung des Stichprobenumfangs mit SAS auch für u.a. Korrelations-, Regressions- und Überlebenszeitanalysen wird auf Bock (1998) verwiesen. Auch der Hinweis auf die komfortable Berechnung von Sample Sizes mit der Analyst Application darf an dieser Stelle nicht fehlen.

Die Komplexität der Ermittlung des benötigen Stichprobenumfangs sollte jedoch keinesfalls mit der Bedienungsfreundlichkeit rein formal arbeitender Ansätze (Formeln, Statistikprogramme) gleichgesetzt werden. Der benötige (‚wahre') Stichprobenumfang kann letztlich nur über möglichst exakte Vorinformationen abgeleitet werden (Bock, 1998).

Eine erste Daumenregel für die Bestimmung des benötigten Stichprobenumfangs ist folgende Formel auf der Basis eines vorher anzugebenden Fehlerausmaßes:

$$N = \frac{1}{Fehler^2}$$

Wird als Fehler z.B. 0.05 (5 Prozent) als das Fehlerausmaß angegeben, das man einzugehen bereit ist, dann lässt sich daraus unkompliziert ein erster Stichprobenumfang ermitteln.

$$N = \frac{1}{Fehler^2} \qquad N = \frac{1}{(0.05)^2} = \frac{1}{0.0025} = 400$$

Für ein Fehlerausmaß von 0.05 wird also ein N von 400 benötigt, für ein Fehlerausmaß von 0.025 bereits ein N von 1600. Zur Halbierung der Standardabweichung wird ein vierfacher Stichprobenumfang benötigt.

Das folgende, etwas kompliziertere Beispiel zeigt auf der Grundlage der Binomialverteilung eine weitere Möglichkeit, eine Mindeststichprobengröße auf der Basis beliebiger Wahrscheinlichkeiten ermitteln zu können. Beliebige Wahrscheinlichkeiten lassen sich wie folgt näherungsweise ermitteln:

$$P\left(\left|N_{Erfolg} - n \cdot p\right|\right) \approx 2 \cdot Z\left(z + \frac{1}{2\sigma}\right) - 1 \xrightarrow{wenn\ \sigma\ groß\ ist} 2 \cdot Z(z) - 1 \quad \leq z \cdot \sigma$$

$$P\left(\left|N_{Erfolg} - n \cdot p\right|\right) \approx 2 - 2 \cdot Z\left(z - \frac{1}{2\sigma}\right) \xrightarrow{wenn\ \sigma\ groß\ ist} 2 - 2 \cdot Z(z) \quad \geq z \cdot \sigma$$

N_{Erfolg} ist die Anzahl der Erfolge aus n Versuchen. Z steht für Z-Verteilung (Standardnormalverteilung), wobei in Klammern angegeben wird, welche Fläche der Wahrscheinlichkeitskurve links und rechts vom Erwartungswert eingeschlossen werden soll. z ist der transformierte Punkt, der in der Binomialverteilung dem Wert entspricht, zu dem die zugehörige Wahrscheinlichkeit untersucht werden soll, also der Abstand vom Standardmittelwert 0.

Beispiel:

Es soll der Anteil der Berliner mit der Blutgruppe 0 geschätzt werden. Weil das Eintreten eines binären Ereignisses, nämlich „eine untersuchte Person besitzt Blutgruppe 0", interessiert, gilt die Binomialverteilung.

Die maximale Abweichung soll 2 % nicht überschreiten. Wie groß muss die Stichprobe sein? Soll die Wahrscheinlichkeit p mit 100 % Sicherheit auf 0,02 genau bestimmt werden, müssten fast alle Berliner untersucht werden. Erlaubt man sich eine Irrtumswahrscheinlichkeit von 5 %, dann genügt eine Stichprobe von weitaus geringerer Größe.

Eine Stichprobe von Umfang n enthalte N_0 Personen mit der Blutgruppe 0. Die Wahrscheinlichkeit p wird geschätzt durch $\hat{p} = \frac{N_0}{n}$. Für 2σ (was 95,45%iger Sicherheit entspricht), gilt $|N_0 - n \cdot p| \leq 2\sigma$ bzw. $|N_0 - n \cdot p| \leq 2\sqrt{n \cdot p \cdot q}$ bzw. $\left|\frac{N_0}{n} - p\right| \leq 2\sqrt{\frac{p \cdot q}{n}}$. Nun soll $\left|\frac{N_0}{n} - p\right| \leq 0{,}02$ gelten, was bedeutet, dass über $2\sqrt{\frac{p \cdot q}{n}} \leq 0{,}02 \rightarrow \sqrt{\frac{p \cdot q}{n}} \leq 0{,}01$ bzw. $\frac{p \cdot q}{n} \leq 0{,}0001 \rightarrow \frac{p \cdot q}{0{,}0001} \leq n$ nun $n \geq 10.000 \cdot p \cdot q$ folgt. p und q sind aber leider unbekannt. Aber da $p \cdot q = p(1-p)$ gilt, was sich umformen lässt zu $pq = p - p^2$, folgt daraus $pq = \frac{1}{4} - \left(p^2 - p + \frac{1}{4}\right)$ bzw. $pq = \frac{1}{4} - \left(p - \frac{1}{2}\right)^2$. Aus diesem Ergebnis folgt, dass pq maximal $\frac{1}{4}$ groß werden kann, nämlich im Falle von p = q $= \frac{1}{2}$. Eine Stichprobe von (mindestens) $10.000 \cdot \frac{1}{4} = 2.500$ genügt also für die vorliegende Fragestellung. Der ermittelte Wert lässt sich jedoch noch weiter senken; vorausgesetzt, es wurde schon eine gewisse Anzahl an Personen untersucht.

p kann geschätzt werden, sofern schon eine gewisse Anzahl an Personen untersucht worden waren. Haben z.B. unter den ersten 300 Personen 105 Personen die Blutgruppe 0, so ergibt sich aus $\hat{p} = \frac{105}{300} = 0{,}35$ bzw. $q = 1 - 0{,}35 = 0{,}65$, und daher $p \cdot q = 0{,}2275$. Auf der Basis der ersten Untersuchung liegt die ermittelte Stichprobengröße nun bei n ≥ 2275. Die Ersparnis um N=225 liegt bei 10%, und ist für die Praxis nicht gering. Vor allem wenn p in der Nähe von 0 oder 1 liegt, kann die Ersparnis beträchtlich sein.

13.3. Verteilungen als Modelle und zur Prüfung

Hinter inhaltlich völlig verschiedenen Vorgängen verbergen sich oft dieselben formalen Zufallsprozesse. Darum ist es möglich, von der ursprünglichen Versuchssituation die interessierende Wahrscheinlichkeitsstruktur beizubehalten und auf Zufallsvariablen zurückzuführen.

Beispiel:

Der Heilungserfolg eines Medikamentes hat auf dem ersten Blick nichts mit dem Würfeln gemeinsam. Liegt die Erfolgsrate aber bei 83 % (ca. 5/6), so ist die *Wahrscheinlichkeit*, dass von 10 Patienten 10 geheilt werden, genauso hoch, wie die Wahrscheinlichkeit innerhalb von 10 Würfen keine einzige 6 zu werfen.

Schon wenige Wahrscheinlichkeitsverteilungsarten decken die meisten in der Praxis vorkommenden Situationen ab. Die Wahrscheinlichkeitsverteilungen, die als theoretisch hergeleitete Modelle für empirische Phänomene und darin gewonnene Daten dienen (z. B. Binomialverteilung, Poissonverteilung, Normalverteilung) werden von Prüfverteilungen unterschieden, die hauptsächlich kritische Werte für statistische Hypothesenprüfungen liefern (z.B. t-Verteilung, χ^2-Verteilung, F-Verteilung).

Wahrscheinlichkeitsverteilungen beschreiben empirische Phänomene als Zufallsprozesse. Den Daten werden dabei Wahrscheinlichkeiten zugeordnet. Prüfverteilungen sind dagegen in der schließenden Statistik von Bedeutung, wo nicht die Daten selbst, sondern bestimmte aus ihnen abgeleitete Maßzahlen (Mittelwert, Standardabweichung usw.) relevant sind.

13.3.1. Verteilungen als Modelle für Daten

13.3.1.1. Binomialverteilung

Begegnet man einem Phänomen, das nur zwei Realisationsmöglichkeiten besitzt, bei dem also nur zwei mögliche Ereignisse eintreten können, z.B. „Kopf“ oder „Zahl“ beim Münzwurf, dann handelt es sich um eine Binomialverteilung.

Die Binomialverteilung ist eine Wahrscheinlichkeitsverteilung für Datenmaterial mit nur zwei Merkmalsausprägungen (z.B. „ja“/„nein“, „Kopf“/„Zahl“, „gesund“/„krank“, „stop“/„go“, usw.), und setzt voraus, dass sich die beiden Ereignisse (oft auch als „Success“ (S) bzw. „Failure“ (F) bezeichnet) gegenseitig ausschließen, und per definitionem keine dritte Möglichkeit zulassen (z.B. „vielleicht“, „auf der Kippe stehend“, „auf dem Wege der Besserung“). Die Wahrscheinlichkeiten für das Auftreten der beiden Ereignisse werden p = P(**S**) bzw. q = P(**F**) = (1-p) bezeichnet. Folgende Bedingungen müssen im Einzelnen erfüllt sein (im anschließenden Beispiel werden die Bedingungen nochmals erläutert):

- die Ereignisse haben nur zwei Ausprägungen und sind disjunkt
- die Einzelversuche sind voneinander unabhängig
- die Wahrscheinlichkeiten p und q bleiben für jeden Einzelversuch unverändert, sind also unabhängig vom vorangehenden Ereignis
- die Anzahl X der eingetroffenen Erfolge ist bekannt
- die Anzahl k der Einzelversuche ist bekannt und kann nicht größer als X werden. In diesem Fall gilt:

a) $P(X = x) = \binom{n}{x} \cdot p \cdot q^{(n-x)}$ für x = 0, 1, 2, ...,n

b) $E(X) = n \cdot p$

c) $Var(X) = n \cdot p \cdot q$

d) $0 < \frac{Var(X)}{E(X)} < 1$ (Unterdispersion)

Aus experimentellen Daten schätzt man p durch $\hat{p} = \frac{\overline{x}}{n}$

Einfaches Beispiel

Als einfaches Beispiel wird das Käfer-Beispiel nach Lorenz (1992, 151ff.) aus Abschnitt 13.2.2. mit SAS berechnet. In der Versuchsanlage wird ein Käfer in einen Gang vor eine Abzweigung gesetzt, ab der er die Möglichkeit hat, gleichwahrscheinlich links oder rechts weiterzulaufen. Am Ende eines der beiden Gänge befindet sich jedoch eine chemische Substanz, die den Käfer möglicherweise anlockt. Der Einfachheit halber wird ausgeschlossen, dass der Käfer auf mögliche andere Reize reagiert (u.a. auf sog. Seitenstetigkeit). Am Ende des Versuchs wurde gezählt, dass der Käfer 15x in den Gang mit der Substanz, und 5x in den anderen Gang gelaufen ist. Die Frage ist nun, ob die Gangwahl des Käfers signifikant vom Duftstoff beeinflusst wird.

Berechnung einer Binomialverteilung für das Käfer-Beispiel

```
    data KAEFER ;
       input GANG $ ANZAHL @@;
          label GANG="Gewählter Gang" ;
          datalines;
    MitDuft 15
    OhneDuft 5
     ;
run ;
```

```
proc freq data=KAEFER ;
    weight ANZAHL ;
    tables GANG / binomial ;
  run;
```

Ergebnis:

```
                              Gewählter Gang

                                               Cumulative    Cumulative
Gang         Frequency     Percent     Frequency       Percent
---------------------------------------------------------------------
MitDuft             15       75.00            15         75.00
OhneDuft             5       25.00            20        100.00


                          Binomial Proportion
                           for Gang = MitDuft
                      --------------------------------
                      Proportion                0.7500
                      ASE                       0.0968
                      95% Lower Conf Limit      0.5602
                      95% Upper Conf Limit      0.9398

                      Exact Conf Limits
                      95% Lower Conf Limit      0.5090
                      95% Upper Conf Limit      0.9134

                        Test of H0: Proportion = 0.5

                      ASE under H0              0.1118
                      Z                         2.2361
                      One-sided Pr >  Z         0.0127
                      Two-sided Pr > |Z|        0.0253

                            Sample Size = 20
```

Im (temporären) Datensatz KAEFER werden die Häufigkeiten (Variable ANZAHL) für die jeweiligen Gangwahlen (GANG) angelegt. PROC FREQ greift auf diesen Datensatz zu, und interpretiert die unter weight angegeben Werte als Häufigkeiten der jeweils gewählten Gänge, und gibt wegen der TABLES-Anweisung eine Häufigkeitstabelle aus. Die BINOMIAL Option berechnet die Proportionalanteile, den asymptotischen Standardfehler (asymptotic standard error, ASE), asymptotische und exakte Konfidenzintervalle (voreingestellt: 95%), und testet die Hypothese („Test of H0: Proportion = 0.5"), ob der Anteil der Gänge jeweils gleich groß ist. Dem Ergebnis für die Gangwahl „MitDuft" ist zu entnehmen, dass ihr Anteil („Proportion") 0.75 (=75%) beträgt und der Z-Wert 2.2361erreicht. Der zweiseitige p-Wert (0.0253) ist so zu interpretieren, dass die beobachteten Proportionen signifikant von gleichgroßen Proportionen abweichen, und dass somit das vorliegende Ergebnis von einer nur durch den Zufall verursachten Binomialverteilung signifikant abweicht. Hinweise zu Besonderheiten bei der Interpretation finden sich im Abschnitt 13.2.2.

Komplexes Beispiel

Für den deutschen Rehbestand sei angenommen, dass 90% der Rehe gesund sind. Werden nun 6 Rehe zufällig ausgewählt, wie groß ist die Wahrscheinlichkeit, dass von diesen genau 5 gesund sind? Die Rehauswahl erfolgt in ganz Deutschland völlig zufällig. Für jedes einzelne Rehauswahl gilt p = p(S) = 0.90 und somit q = p(F) = 0,10 (Bedingung 1 erfüllt). Da die Zahl der Rehe als sehr groß angesehen werden kann, ändert sich die Ziehungswahrscheinlichkeit durch die Entnahme eines einzelnen Rehs nicht. Formal wäre es aber korrekt, wenn man vor Entnahme des nächsten Rehs, das erste Reh wieder der Population hinzufügt, wodurch es bei der Zufallsziehung ein Reh theoretisch auch mehrfach treffen kann (Bedingungen 2 und 3 erfüllt). Es interessiert die Anzahl X der Erfolge (Bedingung 4 erfüllt) und die Stichprobengröße (Einzelversuche) k ist vorher fixiert worden (Bedingung 5 erfüllt).

$$P(X=5)=\binom{6}{5}\cdot 0,9^5\cdot 0,1^{6-5}=\frac{6!}{(6-5)!\cdot 5!}\cdot 0,9^5\cdot 0,1=0,6\cdot 0,9^5=0,354$$

Mit einer 35,4 %igen Wahrscheinlichkeit wählt man 5 gesunde und 1 krankes Reh.

Interessiert aber die Wahrscheinlichkeit, dass höchstens ein Reh krank ist, muss die Wahrscheinlichkeit für die Auswahl von 6 gesunden Rehen hinzu addiert werden:

$$P(X=5)=\binom{6}{6}\cdot 0,9^6\cdot 0,1^{6-6}=\frac{6!}{(6-6)!\cdot 6!}\cdot 0,9^6=0,9^6=0,531$$

Die Gesamtwahrscheinlichkeit für mindestens 5 gesunde Rehe aus einer Stichprobe von 6 Rehen beträgt damit 88,5 % (also ein Bereich von 5,0 bis 6,0).

Berechnung einer Binomialverteilung für das Reh-Beispiel

Das Rehbeispiel lässt sich auch mit SAS berechnen. Die `Probnml`-Funktion liefert die Gesamtwahrscheinlichkeit bis zum angegeben Punkt x. Um die Wahrscheinlichkeit für einen bestimmten Punkt zu berechnen wird die Gesamtwahrscheinlichkeit bis zum vorhergehenden Punkt subtrahiert.

```
data Rehe;
x=0;
Px=Probbnml(0.9,6,0);
output;
do x = 1 to 6;
  Px=Probbnml(0.9,6,x)-Probbnml(0.9,6,x-1);
  output;
end;
run;
proc print noobs;
run;
```

Ergebnis:

x	Px
0	0.00000
1	0.00005
2	0.00121
3	0.01458
4	0.09841
5	0.35429
6	0.53144

Erläuterung:

Der Erwartungswert ergibt sich über $E(5) = 6 \cdot 0,9 = 5,4$ und die Varianz über $Var(5) = 6 \cdot 0,9 \cdot 0,1 = 0,54$. Daraus folgt eine Standardabweichung von $\sqrt{0,54} = 0,7348$. Dies bedeutet, dass von 6 ausgewählten Rehen im Mittel 5,4 gesund sind, wobei sich eine Varianz von 0,54 einstellt. Werte im Bereich von 4,7 bis 6,1 werden sich demnach in ungefähr 68 % aller einzelnen Untersuchungen von je 6 Rehen einstellen.

13.3.1.2. Poissonverteilung

Die Poissonverteilung ist eine Verteilung für sehr seltene Ereignisse, die unabhängig voneinander auftreten, z.B. für das Eintreten einer bestimmten Zahlenfolge in Lotto oder Roulett, das Eintreten eines einzelnen Defekts bei bereits qualitätsgeprüften Produkten, oder auch die Wahrscheinlichkeit, an einer seltenen Infektion zu erkranken.

Der Unterschied zur Binomialverteilung ist, dass in der Binomialverteilung die beiden Realisationsmöglichkeiten Ereignis-Nichtereignis und ihre konstante Wahrscheinlichkeit immer den vollständigen Ereignisraum bzw. die vollständige Wahrscheinlichkeit bilden. In der Poissonverteilung liegen dagegen sehr wenige Ereignisse vor, das jeweils ergänzende Gegenstück zu einer vorhandenen Wahrscheinlichkeit ist nicht bekannt, und damit auch nicht die Gesamtwahrscheinlichkeit. Die Poissonverteilung ist eine approximative Lösung der Binomialverteilung für sehr kleine N (siehe den Ergebnisvergleich am Ende des Kapitels), beschreibt aber auch als eigenständiges Modell viele reale Zufallsprozesse (siehe oben). Die Poissonverteilung zeichnet sich der Binomialverteilung gegenüber durch eine einfachere Berechnung aus. Vor allem für kleines p ($0 < p < 0,1$) ist sie gut brauchbar.

Beispiel

Innerhalb einer bestimmten Anzahl von Proben wird das Auftreten des Ereignisses A registriert, wobei folgende Bedingungen gelten:

- Die Ereignisse (A) sind zufällig über die Proben verteilt.
- Die Anzahl der auftretenden Ereignisse (A) pro Probe sei $\lambda > 0$ (wobei gilt: $\lambda = n \cdot p$).

Es interessiert die Anzahl X der auftretenden Ereignisse pro Probe. Für die Anzahl der auftretenden Ereignisse pro Probe gibt es nach oben hin keine Beschränkung, X kann also beliebig groß werden. Treffen diese Punkte zu, so lässt sich die Näherung von Poisson anwenden.

a) $P(X = x) = \frac{\lambda^x}{x!} \cdot e^{-\lambda}$ für $x = 0,1,2,\ldots,\infty$

b) $E(X) = \lambda$

c) $Var(X) = \lambda$

d) $\frac{Var(X)}{E(X)} = 1$ (Normdispersion)

In 100 cm^3 einer Flüssigkeit befinden sich 100 Viren. Damit werden 100 Versuchstiere geimpft, indem jedes Tier 1 cm^3 Flüssigkeit eingespritzt wird. Die Wahrscheinlichkeit (p) für das Einspritzen eines Viruses in ein Tier beträgt 1/100. Ein Virus führt mit Sicherheit zur Erkrankung.

Die zu untersuchende Frage lautet:
Wieviel Tiere werden *nicht* erkranken? Es wird die Wahrscheinlichkeit (P) von 0 Erfolgen (Success) in 100 Versuchen gesucht. Da p sehr klein ist, wird die Poisson-Näherung angewendet, es gilt $\lambda = n \cdot p = 100 \cdot \frac{1}{100} = 1$.

Die Wahrscheinlichkeit P(X=0), dass ein Tier 0 Viren erhält, beträgt: $P(X = 0) = \frac{1^0}{0!} \cdot e^{-1} = 0{,}3679$.

Von 100 Tieren werden also ungefähr 37 nicht erkranken. Die folgende Tabelle zeigt die Wahrscheinlichkeiten in Abhängigkeit der Virenanzahl (x):

Tabelle: Poissonverteilung für Vireninfektion

X	*0*	*1*	*2*	*3*	*>3*
P(x)	0,3679	0,3679	0,1839	0,0613	0,0190

Berechnung einer Poissonverteilung für das Virenbeispiel

Die Poisson-Funktion liefert die Gesamtwahrscheinlichkeit bis zum angegeben Punkt. Um die Wahrscheinlichkeit für einen bestimmten Punkt zu berechnen, wird die Gesamtwahrscheinlichkeit bis zum vorhergehenden Punkt subtrahiert.

```
data VIREN;
   format x $2.;
   x=Left(0);
   Px=Poisson(1,0);
   output;
do i = 1 to 3 ;
   Px=Poisson(1,i)-Poisson(1,i-1) ;
   x = left(i) ;
   output ;
end ;
   drop i ;
   x = ">3" ; *Diese Zeichenkette ist der Grund für den Formatie-
rungsaufwand;
   Px=1-Poisson(1,3) ;
   output ;
run ;

proc print noobs;
run;
```

Ergebnis:

```
x         Px

0      0.36788
1      0.36788
2      0.18394
3      0.06131
>3     0.01899
```

Die Liste zeigt die Wahrscheinlichkeit (Px) zu erkranken in Abhängigkeit der Virenanzahl (x). Von 100 Tieren werden also ungefähr 37 nicht erkranken (kein Virus), 63 werden erkranken (ein Virus oder mehr).

Vergleich von Poissonverteilung und Binomialverteilung

Im Folgenden soll für nicht allzu große n und kleinem p gezeigt werden, inwieweit sich die Ergebnisse einer Poissonverteilung denen der Binomialverteilung annähern kann. Folgende Parameter sind gegeben: Bin(n = 10, p = 0,05) und Poi($\lambda = n \cdot p = 10 \cdot 0,05 = 0,5$).

Für x = 0 ergeben sich folgende Werte:

$$Bin(0)=\binom{10}{0}\cdot 0{,}05^{0}\cdot 0{,}95^{10-0}=\frac{10!}{(10-0)!\cdot 0!}\cdot 1\cdot 0{,}95^{10}=0{,}95^{10}=0{,}5987$$

$$Poi(0)=\frac{0{,}5^{0}}{0!}\cdot e^{-0,5}=e^{-0,5}=0{,}6065$$

Die folgende Tabelle vergleicht die Ergebnisse, für das Nichteintreffen von 0 bis 3 Ereignissen.

Tabelle: Vergleich von Poissonverteilung und Binomialverteilung

X	0	1	2	3
Bin(x)	0,5987	0,3151	0,0746	0,0105
Poi(x)	0,6065	0,3033	0,0758	0,0126

Die Ergebnisse sind annähernd identisch, und veranschaulichen damit, dass die Poissonverteilung eine Näherung der Binomialverteilung ist.

13.3.1.3. Normalverteilung

Die Normalverteilung (auch: Gaußverteilung, Fehlerkurve, de Moivre-Stochastik) beschreibt die Streuung stetiger Werte um einen Mittelwert. Bei der Normalverteilung handelt es sich also um eine stetige Verteilung, die zum Modellieren von Größen wie z.B. Temperatur, Geschwindigkeit oder Gewicht geeignet ist. Eine Normalverteilung entsteht z.B. dann, wenn die Streuung dadurch bedingt ist, dass sehr viele, von einander unabhängige Einzeleffekte (Abweichungskomponenten) additiv aufeinander einwirken.

Beispiel:

Der jährliche Ertrag eines Kornfeldes hängt von zahlreichen Einflussfaktoren ab. Einerseits lässt sich der Gesamtertrag als Folge der individuellen Fruchtbarkeit aller Pflanzen vorstellen; andererseits kann man annehmen, dass auch Faktoren wie z.B. punktuelle Bodenqualität, Düngung, Temperatur, Bestandsdichte usw. hinzukommen, die sowohl den jährlichen Ertrag (Wert), wie die Gesamtvariation der Erträge (Mittelwert, Streuung) über die Jahre hinweg erklären.

Jeder Einflussfaktor gilt als eigenständige Zufallsvariable. Laut dem Zentralen Grenzwertsatz ist die Anpassung an die Normalverteilung umso besser, je größer die Zahl der Zufallsvariablen (Einzeleffekte, Abweichungskomponenten) ist. Eine Normalverteilung ist eingipflig, symmetrisch (Mittelwert = Median = Modus), und nähert sich asymptotisch (also mit zunehmender Zahl an Zufallsvariablen zunehmend besser) an die x-Achse an.

Sind diese Bedingungen erfüllt sind, dann gilt für X ~ Nor(μ, σ):

$$a)\ P(a \leq X \leq b) = \frac{1}{\sigma \cdot \sqrt{2\pi}} \cdot \int_a^b e^{-\frac{1}{2}\left(\frac{x-\mu}{\sigma}\right)^2} dx \qquad \text{mit } b \geq a, \sigma > 0$$

b) E(X) $= \mu$

c) Var(X) $= \sigma^2$

$\hat{\mu}$ und $\hat{\sigma}$ werden aus $\bar{x}$ und geschätzt.

Wichtig für die Praxis ist die Fläche unter der Kurvenlinie. Die jeweils Anteile dieser Fläche links und rechts vom Mittelwert wird in σ-Einheiten angegeben.

Die Anteile dieser Flächen links und rechts vom Mittelwert sind immer genau gleich groß. Von Bedeutung sind die 1-, 2- und 3-Sigma-Abstände von μ, die 68,3 %, 95,4 % bzw. 99,7 % der Fläche unter der Kurve angeben.

Beispiel:

Das Durchschnittsgewicht für eine bestimmte Katzenart in einem Alter von 2 Jahren betrage μ = 3 kg. Die zugehörige Streuung sei mit einer Sigma-Einheit, nämlich σ = 1 angegeben. Dies bedeutet nach den vorangegangen Ausführungen zur Normalverteilung, dass 68,3 % dieser Katzen zwischen 2 kg und 4 kg wiegen.

Mit zunehmender Entfernung von μ nimmt die zugehörige Fläche bzw. Wahrscheinlichkeit ab. Theoretisch erstreckt sich die Normalverteilungskurve von $-\infty$ bis $+\infty$, wodurch sich die Normalverteilung und die Kontinuität der Kurve selbst von der Binomialverteilung unterscheidet.

Exkurs: z-Transformation

Oft spricht man von *der* Normalverteilung. Es gibt aber nicht die Normalverteilung, sondern unendlich viele, nämlich zu jeder (μ, σ)-Kombination eine andere. Je größer σ ist, desto flacher verläuft die Glockenkurve, und desto weiter sind die X-Werte verstreut. Der Parameter μ verschiebt die Glockenkurve auf der x-Achse. Eine Normalverteilung mit den Parametern (μ = 0, σ = 1) hat aus Berechnungsgründen eine besondere Bedeutung und wird als sog. Standardnormalverteilung definiert. Alle anderen Normalverteilungen lassen sich in diese durch einfache z-Transformation überführen. Die zugehörige Zufallsvariable wird Z genannt, es gilt Z ~ N(0, 1).

Die z-Transformation wird wie folgt vorgenommen: $Z = \frac{X - \mu}{\sigma}$

X dient zur Bezeichnung beliebiger Verteilungen. Bei der Verwendung von Z wird stillschweigend die Bedingung Z ~ N(0, 1) vorausgesetzt.

$$a)\ P(a \leq Z \leq b) = \frac{1}{\sqrt{2\pi}} \cdot \int_a^b e^{-\frac{1}{2}x^2} dx \qquad \text{mit b} \geq \text{a}$$

$$b)\ E(Z) = 0$$

$$c)\ Var(Z) = 1$$

Berechnung von Intervallgrenzen bei einer z-Verteilung (Hunde-Beispiel)
Das Durchschnittsgewicht für eine bestimmte Hundeart betrage $\mu = 7$ kg, und die dazugehörige Streuung wird mit $\sigma = 2$ angegeben. Es soll die Wahrscheinlichkeit für das Auftreten des Gewichtsbereiches von 4 kg bis 6 kg berechnet werden wird. Diese Werte sollen zuvor z-standardisiert werden. Die beiden Flächen können folgendermaßen berechnet werden:

```
data Hunde ;
Mue = 7 ;
Sigma = 2 ;
X = 6 ;
Px=Probnorm((X-Mue)/Sigma);
* Es hätte auch gereicht, Probnorm(-0.5) anzugeben.
  Dieses Programm führt die z-Transformation gleich mit aus;
Output ;
X = 4 ;
Px=Probnorm((X-Mue)/Sigma) ;
Output ;
run ;

proc print noobs ;
run ;
```

Ergebnis:

Mue	Sigma	X	Px
7	2	6	0.30854
7	2	4	0.06681

Erläuterung:

Die Differenz der beiden Px-Werte ergibt ca. 24,17%, die Breite des gesuchten Intervalls. Ca. 24 % der Hunde liegen demnach in diesem Gewichtsbereich.

13.3.2. Prüfverteilungen

Prüfverteilungen, die vorwiegend kritische Werte für statistische Hypothesenprüfungen liefern, sind von Wahrscheinlichkeitsverteilungen zu unterscheiden, die als Modelle für empirische Phänomene und darin gewonnene Daten dienen.

Prüfverteilungen sind von besonderer Bedeutung in der schließenden Statistik von Bedeutung, weil abgeleitete Maßzahlen (Mittelwert, Standardabweichung usw.) für Hypothesentests relevant sind. Eine Statistik ist eine Größe, die sich durch eine Funktion aus einer Stichprobe ergibt (Stichprobenfunktion). Unter der Voraussetzung, dass empirische Daten Realisationen von diskreten oder stetigen Zufallsvariablen sind, so sind die Statistiken Funktionen dieser Zufallsvariablen und somit auch selbst Zufallsvariablen. Ihre Verteilung wird Prüfverteilung genannt, zu den Prüfverteilungen zählen u.a. die z.B. t-Verteilung, χ^2-Verteilung, und F-Verteilung.

13.3.2.1. Normalverteilung als Prüfverteilung

Aus dem Zentralen Grenzwertsatz folgt, dass die Stichprobenfunktion $\overline{X} = \frac{\sum_{i=1}^{n} X_i}{n}$ für ein großes n annähernd normalverteilt ist, wenn dessen Standardabweichung $\sigma < \infty$ ist. Es gilt dann für $\overline{X}$ annähernd $Nor\left(\mu; \frac{\sigma}{\sqrt{n}}\right)$, wobei $\mu = \overline{\overline{X}}$, und $\frac{\sigma}{\sqrt{n}}$ der Standardfehler ist. Daraus folgt dann auch, dass mit zunehmenden n die Streuung für den Gesamtmittelwert kleiner wird.

In der folgenden Tabelle erkennt man, wie die Streuung der Mittelwerte zufällig gezogener Samples mit zunehmender Stichprobengröße immer kleiner wird.

Am Anfang des Streuungsbeispiels wird von Einer-Stichproben (N=1) mit einem (Stichproben)Mittelwert $\bar{x} = 6{,}4$ kg und einer Streuung von $\sigma = 2$ ausgegangen. Je größer die Stichprobengröße, desto besser nähert sich die Streuung einem bestimmten „wahren" Wert (Standardfehler) an.

Tabelle: Streuung des Mittelwertes in Abhängigkeit der Stichprobengröße

Stichprobengröße *n*	$\bar{x}_1$	$\bar{x}_2$	$\bar{x}_3$	$\bar{x}_4$	$\bar{x}_5$	$\bar{x}_6$	$\bar{x}_7$	$\bar{\bar{x}}$	S($\bar{x}$)	$\frac{2}{\sqrt{n}}$
Zweier-Stichprobe	6,40	8,34	6,37	7,80	5,01	5,66	8,18	6,82	1,30	1,41
Zehner-Stichprobe	6,43	7,05	8,19	7,12	7,45	8,27	5,80	7,19	0,89	0,63

Dreißiger-Stichprobe	7,64	6,88	7,11	6,76	6,86	6,84	7,41	7,07	0,33	0,37
Hunderter-Stichprobe	7,48	7,19	7,19	7,12	6,61	7,16	6,86	7,09	0,28	0,20

Anm.: Diese Tabelle enthält die Mittelwerte verschieden großer Stichproben. Darüber hinaus ist der Mittelwert der Mittelwerte, dessen Streuung, und der Standardfehler $\left(\frac{\sigma}{\sqrt{n}} = \frac{2}{\sqrt{n}}\right)$ aufgeführt.

Beispiel:

Das Gewicht fünf zufällig angetroffener Hunde wurde gemessen. Man erhielt als Gewichte x_1 = 6,0 kg, x_2 = 6,8 kg, x_3 = 6,2 kg, x_4 = 5,8 kg, und x_5 = 7,2 kg, also $\bar{x}$ = 6,4 kg. Die Werte $x_{1\text{-}5}$ sind Realisierungen der (hier: stetigen) Zufallsvariablen X (Hundegewicht). Der Stichprobenmittelwert $\bar{x}$ = 6,4 kg ist als Stichprobenfunktion eine Realisation der Zufallsvariablen $\bar{X}$. Mit Hilfe der Normalverteilung als Prüfverteilung könnte nun festgestellt werden, ob eine Abweichung von der Prüfverteilung vorliegt, und ob diese signifikant ist. Teststatistisch wird also nicht eine Normalverteilung nachgewiesen, sondern ob die empirische Verteilung signifikant von einer Normalverteilung abweicht. Wenn der Stichprobenumfang nicht groß genug ist, lässt sich oft die t-Verteilung anwenden.

13.3.2.2. t-Verteilung

Die t-Verteilung lässt sich v.a. dann anwenden, wenn die vorliegende Stichprobe nicht groß genug ist. Bei dem Hunde-Beispiel im vorangehenden Abschnitt ist z.B. der Umfang der Stichprobe nicht groß genug; es kann daher auf die t-Verteilung zurückgegriffen werden.

Voraussetzung ist allerdings, dass eine standardnormalverteilte Grundgesamtheit mit der Abweichung σ vorliegt. Diese Forderung wird bei der Anwendung des Zentralen Grenzwertsatzes nicht gestellt. Außerdem kann σ hier nicht einfach durch die Stichprobenstreuung s ersetzt werden, da bei kleinem Stichprobenumfang s als Schätzer für σ zu ungenau wird. Die t-Verteilung berücksichtigt aber die Ungenauigkeit von s: Der jeweilige Stichprobenumfang geht indirekt über den Freiheitsgrad in die Verteilung ein. Die t-Verteilung nährt sich mit wachsendem Freiheitsgrad der Standardnormalverteilung an. Die t-Verteilung ist glockenförmig, aber für kleine Freiheitsgrade flacher als die Normalverteilungskurve. Damit kann ein Stichprobenmittelwert $\bar{x}$ mit einem theoretisch vermuteten Mittelwert μ_{Th} verglichen werden. Gehört er zur gleichen Grundgesamtheit, dann hat die Prüfverteilung $\left(\bar{X} - \mu_{Th}\right)$ den Mittelwert Null. Unter der Voraussetzung der normalverteilten Grundgesamtheit gilt dann auch für ein kleines n $\left(\overline{X}-\mu_{Th}\right)\sim Nor\left(\mu_{Th};\ \frac{\sigma}{\sqrt{n}}\right)$ und daher $Z=\frac{\left(\overline{X}-\mu_{Th}\right)\cdot\sqrt{n}}{\sigma}$.

Exkurs: Der Begriff Freiheitsgrade

Da im Zusammenhang von Prüfverteilungen aus dem Datenmaterial ermittelte Parameter Bestandteil der Untersuchung sind, fließt n oft nur noch in Form des Freiheitsgrades (df, degrees of freedom) in die Berechnung ein. Der Mittelwert $\overline{x}$ wird z.B. aus n Stichproben ermittelt (siehe auch 13.3.2.1.). Werden nun $\overline{x}$ und n in der weiteren Berechnung verwendet, und $\overline{x}$ als unabhängiger Wert betrachtet, so gibt es nur noch n – 1 unabhängige Stichprobenwerte, weil sich über n – 1 Stichprobenwerte und der Kenntnis von $\overline{x}$ der letzte Stichprobenwert berechnen lässt.

13.3.2.3. x^2-Verteilung

Diese Verteilung ist für den Vergleich von Häufigkeiten wichtig, wobei zwischen beobachteten und berechneten Häufigkeiten verglichen wird. Es wird dabei überprüft, ob die beobachteten Werte innerhalb erlaubter Grenzen um die erwarteten Werte streuen, oder ob man davon ausgehen muss, dass beobachtete und erwartete Werte nicht übereinstimmen.

Wenn die beobachtete Häufigkeit B_i in einer Weise um die erwartete Häufigkeit E_i streut, so dass die Zufallsvariablen $Z_i=\frac{B_i-E_i}{\sqrt{E_i}}$ standardnormalverteilt sind, dann entspricht die Stichprobenfunktion $\sum\frac{(B_i-E_i)^2}{E_i}=\sum Z_i^2$ einer Zufallssumme.

Diese Zufallssumme folgt einer Verteilung, die mit χ^2 bezeichnet wird. Die χ^2-Verteilung hängt, wie die t-Verteilung, von Freiheitsgraden (df) ab, die die Anzahl unabhängig summierter Z_i berücksichtigen. Die Summe der erwarteten Häufigkeiten entspricht dabei dem Stichprobenumfang. Je größer die Abweichungen der beobachteten Häufigkeiten von den erwarteten Häufigkeiten ist, desto größer wird χ^2.

13.3.2.4. F-Verteilung

Die F-Verteilung ist für Stichprobenfunktionen entwickelt worden, die aus einem Bruch bestehen, der im Zähler und Nenner jeweils eine Quadratsumme standardnormalverteilter Zufallsvariablen enthält. Zähler und Nenner enthalten dann jeweils eine χ^2 verteilte Zufallsvariable. Sowohl die Freiheitsgrade des Zählers als auch des Nenners gehen in die F-Verteilung mit ein. Diese Verteilung ist besonders bei der Varianzanalyse von großer Bedeutung.

13.4. Einführung in die Praxis des Hypothesentests

13.4.1. Einführung: Punkt- und Intervallschätzung

Wenn man aus einer Stichprobe einen Mittelwert, Median, oder eine Standardabweichung berechnet, und diese Größe als Schätzwert für den wahren Parameter der Grundgesamtheit angibt, so bezeichnet man dies als Punktschätzung. Bei der Intervallschätzung wird nicht ein einziger Wert („Punkt") als Schätzer des wahren Wertes angegeben, sondern ein Intervall (auch „Vertrauensbereich", „Konfidenzintervall"). Einige solcher Parameter für eine Punkt- bzw. Intervallschätzung seien hier kurz der Übersicht halber vorgestellt.

Mittelwert

Der wahre Mittelwert wird durch den Buchstaben μ gekennzeichnet. Man benutzt diese Bezeichnung, wenn sich ein bestimmter Wert aus theoretischen Gründen ergibt oder wenn man alle einzelnen Datenpunkte der Grundgesamtheit kennt. Das Symbol $\bar{x}$ kennzeichnet den Schätzwert für μ. Man geht davon aus, dass die Genauigkeit von $\bar{x}$ mit der Stichprobengröße n zunimmt (als Faustregel gilt $n \geq 30$).

Die Formel für $\bar{x}$ lautet: $\bar{x} = \frac{\sum_{i=1}^{n} x_i}{n}$.

Oft möchte man überprüfen, wenn sich $\bar{x}$ von μ unterscheidet, ob man davon ausgehen kann, dass ein signifikanter Unterschied vorliegt (einige solcher Tests werden im Kapitel 13.4.2.3. vorgestellt).

Median

Der Median Z halbiert die nach Größe geordnete Folge der Merkmalswerte, so dass gleich viele Messwerte unterhalb und oberhalb von Z liegen. Es handelt sich damit um die zentrale Position. Da eine Rangordnung Voraussetzung ist, müssen die Daten mindesten ordinalskaliert sein. Bei der Ermittlung des Medians muss zwischen gerader und ungerader Anzahl von Werten unterschieden werden. Bei der ungeraden Zahl halbiert ein Wert die nach Größe angeordneten Werte. Bei einer geraden Zahl werden die beiden mittleren Werte der geordneten Liste gemittelt. Sind die Daten nur ordinalskaliert, lassen sich diese beiden Werte natürlich nicht mitteln.

Die Häufigkeit

Speziell bei nominalskalierten Daten vergleicht man die beobachteten Häufigkeiten (B_i) mit den erwarteten Häufigkeiten (E_i). Dazu wird der χ^2-Test angewendet.

Die Varianz

Die Varianz ist ein Streumaß, dessen Größe sich durch die Abweichungsquadrate des geschätzten Mittelwertes von den Stichprobenwerten, geteilt durch die Freiheitsgrade, ergibt.

$$s_x^2 = \frac{SQ}{FG} = \frac{\sum_{i=1}^{n}(x_i - \bar{x})^2}{n-1} \qquad \left(= \frac{\sum_{i=1}^{n}(x_i)^2}{n-1} - \bar{x}^2 \right)$$

SQ = Summe der Abweichungsquadrate

FG = Freiheitsgrade (hier n-1)

Da der Schätzer $\bar{x}$ in die Berechnung mit einfließt, erfolgt keine Division durch n, sondern durch n – 1 (siehe auch den Exkurs zum Begriff der Freiheitsgrade).

Die Standardabweichung

Die Standardabweichung resultiert aus der positiven Quadratwurzel der Varianz.

$$s_x = \sqrt{s_x^2} = \sqrt{\frac{\sum_{i=1}^{n}(x_i - \bar{x})^2}{n-1}}$$

Die Standardabweichung ist v.a. im Zusammenhang mit der Normalverteilung wichtig.

13.4.2. Hypothesentests für Punktschätzer

Der Abschnitt zu den Punktschätzern ist nach dem Skalenniveau der verwendeten Daten gegliedert. Der Abschnitt 13.4.2.1. behandelt Tests zu den nominalskalierten Daten. Der Abschnitt 13.4.2.2. stellt Verfahren für ordinalskalierte (bzw. nicht intervallskalierte normalverteilte) Daten (Rangtests) vor. Der Abschnitt 13.4.2.3.

stellt verschiedene Tests für intervallskalierte normalverteilte Grundgesamtheiten vor.

13.4.2.1. Tests zu nominalskalierten Daten

Tests zu nominalskalierten Daten basieren auf der Prüfgröße χ^2. Vorgestellt werden im folgenden der Vergleich von beobachteten mit erwarteten Häufigkeiten (1.), und ein Homogenitätstest, nämlich der Vergleich der Häufigkeitsverteilungen mehrerer Stichproben (2.).

1. Vergleich von beobachteten mit erwarteten Häufigkeiten

Es soll überprüft werden, ob die beobachteten Häufigkeiten B_i einer Stichprobe signifikant von erwarteten Häufigkeiten E_i einer vermuteten Verteilung abhängen.

$$\chi^2 = \sum_{i=1}^{n} \frac{(B_i - E_i)^2}{E_i}$$

Aus χ^2-Tabelle entnimmt man $\chi^2_{Tab}(FG;\alpha)$

$\chi^2 \leq \chi^2_{Tab} \Rightarrow H_0 \rightarrow$ Keine signifikante Abweichung zwischen Beobachtung und Erwartung.

$\chi^2 > \chi^2_{Tab} \Rightarrow H_1 \rightarrow$ Die Abweichung zwischen Beobachtung und Erwartung ist signifikant.

Beispiel:

Es soll die Auftretenshäufigkeit von 10 Zufallsziffern von 0 bis 9 getestet werden; es liegen insgesamt N=200 Werte vor. Tabelle 4 gibt die Ziffernhäufigkeit an, und die jeweils erwartete Häufigkeit. Es sind 10 – 1 = 9 Freiheitsgrade vorhanden.

Tabelle: Überprüfung von Zufallsziffern

Ziffer i	0	1	2	3	4	5	6	7	8	9
Beobachtete Häufigkeit X_i	25	18	20	19	22	24	14	19	16	23
Erwartete Häufigkeit $n \cdot p_i$	20	20	20	20	20	20	20	20	20	20
$\frac{(B_i - E_i)^2}{E_i}$	1,25	0,2	0,0	0,05	0,2	0,8	1,8	0,05	0,8	0,45

Das χ^2, also die Zufallssumme der Abweichungen beträgt somit $\sum \frac{(B_i - E_i)^2}{E_i} = 5,6$.

Wird ein Signifikanztest „per Hand" vorgenommen, wird man in einer χ^2-Tabelle feststellen, dass der nächstkleinere Wert 4,16816 bei einer Wahrscheinlichkeit von 0,90 ist. Der nächsthöhere Wert liefert ein χ^2_{Tab} von 14,6837 mit einer Wahrscheinlichkeit von 0,10. Über Interpolation ergibt sich eine Wahrscheinlichkeit für den o.a. χ^2-Wert von

$$\frac{5,6 - 4,16816}{14,6837 - 4,16816} \cdot (0,10 - 0,9) + 0,9 \approx 0,79 .$$

Dieser Befund besagt, dass die Zufallssumme der Abweichungen $\chi^2 = 5,6$ mit einer 79 %igen Wahrscheinlichkeit erreicht wird, was weit über dem (vorher) festgelegten Signifikanzniveau von 5%. Laut Tabelle werden erst bei einem χ^2 von $\geq$ 16,92 (bei 9 Freiheitsgraden) die voreingestellten 5% Irrtumswahrscheinlichkeit unterschritten.

Dieses Ergebnis besagt, dass keine statistisch signifikante Abweichung vorliegt, da davon auszugehen ist, dass die Zufallsziffern und ihre Streuung in Ordnung (d.h. im vorgegebenen Rahmen) sind.

Die jeweilige empirische Datenvariation kann extrem hohe, wie extrem niedrige χ^2-Werte verursachen. Wenn die üblichen Samples auffallend abweichend variieren, können extreme χ^2-Werte aber auch als Hinweise auf Ziehungsfehler bzw. Datenmanipulation interpretiert werden.

Überprüfung von Zufallszahlen gegen vorgegebene Erwartungswerte

Für einen besseren Vergleich werden die Daten aus o.a. Beispiel verwendet.

```
Data zufall;
Input ziffer anzahl @@;
Datalines;
0 25 1 18 2 20 3 19 4 22 5 24 6 14 7 19 8 16 9 23
Run;
Proc Freq;
  Tables ziffer /nopercent nocum norow nocol
                testf=(20 20 20 20 20 20 20 20 20 20);
  weight anzahl;
run;
```

Anm.: Mit der Option „testf=" in der Anweisung „tables" werden die jeweils erwarteten Häufigkeiten angegeben.

Es erfolgt u.a. die Angabe der Wahrscheinlichkeit, mit der der berechnete χ^2-Wert eintrifft:

```
ziffer     Frequency     Frequency
-----------------------------------
0              25            20
1              18            20
2              20            20
3              19            20
4              22            20
5              24            20
6              14            20
7              19            20
8              16            20
9              23            20


         Chi-Square Test
    for Specified Frequencies
    --------------------------
    Chi-Square          5.6000
    DF                       9
    Pr > ChiSq          0.7792

         Sample Size = 200
```

SAS liefert eine Wahrscheinlichkeit von 78 %. Die Ungenauigkeit durch das Interpolieren, bei der Verwendung von Tabellen, war also nur geringfügig.

2. Vergleich der Häufigkeitsverteilungen mehrerer Stichproben

Mit diesem Homogenitätstest wird überprüft, ob signifikante Unterschiede zwischen den Grundgesamtheiten von Verteilungen mehrerer Stichproben (k) bezüglich des untersuchten Merkmals vorliegen. Dieser Homogenitätstest muss durchgeführt werden, bevor die Ergebnisse einer Versuchsserie zu einer Stichprobe zusammengefasst werden können. Nehmen wir an, es liegen k Stichproben mit jeweils z Merkmalsausprägungen vor, und man stellt nun die Anzahl der einzelnen Beobachtungen (B_{ij}) dem jeweils untersuchten Merkmal gegenüber. Es ergibt sich eine zweidimensionale Tabelle, wobei die verschiedenen Stichproben nebeneinander, und die verschiedenen Merkmalsausprägungen untereinander angeordnet sind. Jede Reihe und jede Spalte wird summiert, so dass sich folgendes Bild ergibt:

Merkmalsausprägungen	Stichproben					
	1	2	3	$\dots j \dots$	k	Σ
1	B_{11}	B_{12}	B_{13}	$\dots B_{1j} \dots$	B_{1k}	Z_1
2	B_{21}	B_{22}	B_{23}	$\dots B_{2j} \dots$	B_{2k}	Z_2
3	B_{31}	B_{32}	B_{33}	$\dots B_{3j} \dots$	B_{3k}	Z_3
$\vdots$	$\vdots$	$\vdots$	$\vdots$	$\vdots$	$\vdots$	$\vdots$
i	B_{i1}	B_{i2}	B_{i3}	$\dots B_{ij} \dots$	B_{ik}	Z_i
$\vdots$	$\vdots$	$\vdots$	$\vdots$	$\vdots$	$\vdots$	$\vdots$
z	B_{z1}	B_{z2}	B_{z3}	$\dots B_{zj} \dots$	B_{zk}	Z_z
Σ	S_1	S_2	S_3	$\dots S_j \dots$	S_k	n

Abb.: Aufbau einer Matrix zur Überprüfung der Homogenität von Stichproben

$S_j = \sum_{i=1}^{z} B_{ij}$: Umfang der j-ten Stichprobe

$Z_i = \sum_{j=1}^{k} B_{ij}$: Gesamthäufigkeit der i-ten Merkmalsausprägung

$n = \sum_{j=1}^{k} S_j = \sum_{i=1}^{z} Z_i$: Gesamthäufigkeit

Die jeweils erwartete Häufigkeit berechnet sich nach $E_{ij} = \frac{Z_i \cdot S_j}{n}$ und die Zufallssumme χ^2 nach $\chi^2 = \sum_{j=1}^{k} \sum_{i=1}^{z} \frac{\left(B_{ij} - E_{ij}\right)^2}{E_{ij}}$.

Aus der χ^2-Tabelle entnimmt man $\chi^2_{Tab}\left(FG; \alpha\right)$, bei $FG = \left(z-1\right) \cdot \left(k-1\right)$.

$\chi^2 \leq \chi^2_{Tab} \quad \Rightarrow H_0 \quad \rightarrow$ Das Material ist homogen.

$\chi^2 > \chi^2_{Tab} \quad \Rightarrow H_1 \quad \rightarrow$ Mindestens eine Stichprobe weicht signifikant ab.

Beispiel:

Es liegen drei Stichproben vor, getrennt nach der Augenfarbe blau, grün und braun. Diese Stichproben wurden jeweils nach der Merkmalsausprägung Haarfarbe (blond, braun, schwarz, rot) eingeteilt. Es soll untersucht werden ob Haar- und Augenfarbe voneinander unabhängig sind. Laut u.a. Tabelle ergaben sich folgende Werte:

Tabelle: Häufigkeiten von Haar in Abhängigkeit von Augenfarben

	j	1			2			3			Σ		
	Augen / Haar	blau			braun			grün			Z_i		
i		B_{z1}	E_{z3}	$(B_{i1}-E_{i1})^2/E_{i1}$	B_{z2}	E_{z3}	$(B_{i2}-E_{i2})^2/E_{i2}$	B_{z3}	E_{z3}	$(B_{i3}-E_{i3})^2/E_{i3}$	B_z	E_z	$(B_i-E_i)^2/E_i$
1	blond	50	29	16	1	18	16	7	11	2	58	58	33,78
2	braun	13	20	2	7	12	2	20	8	19	40	40	23,24
3	schwarz	0	16	16	31	10	45	1	6	4	32	32	65,08
4	rot	7	6	0	5	4	0	0	2	2	12	12	3,01
Σ	S_j und $(B_j-E_j)^2/E_j$	70	70	34,29	44	44	63,65	28	28	27,16	142	142	**125,10**

Die Zufallssumme χ^2 beträgt 125,10. Aus einer χ^2-Tabelle wird $\chi^2_{Tab}(6;0,05;) = 12,59$ entnommen. Da 125,10 > 12, 59, kann daraus geschlossen werden: „Die Stichproben sind nicht homogen." Man darf sie nicht zu einer Stichprobe zusammenfassen.

Überprüfung der Homogenität mehrerer Stichproben

Die Berechnung der Homogenität erfolgt ebenfalls über die Prozedur „Freq", allerdings mit anderen Daten und Einstellungen. Das Schlüsselwort „ChiSq" sorgt für die Berechnung diverser χ^2-Werte, u.a. auch den interessierenden Homogenitätstest. Die Wahrscheinlichkeit für ein bestimmtes χ^2_{Tab} lässt sich mit der Funktion „Cinv" berechnen. Diese Berechnung wurde an die χ^2-Berechnung angehängt.

```
*Homogenität von Augenfarbe bezüglich Haarfarbe;

Data Getdata;
Input auge $ haar $ anzahl @@;
Datalines;
blau blond 50   blau braun 13   blau schwarz 0    blau rot 7
braun blond 1   braun braun 7   braun schwarz 31  braun rot 5
grün blond 7    grün braun 20   grün schwarz 1    grün rot 0
Run;

Proc Freq;
Weight Anzahl;
Tables haar*auge /Nocol Nopercent Norow
                  Expected Deviation cellchi2
                  ChiSq;
Run;

Data GetChTab;
ChiTab=Cinv(1-0.05,(3-1)*(4-1));
Run;

Proc Print;
Run;
```

Ergebnis des Beispielprogramms

Table of haar by auge				
haar	auge			
Frequency Expected Deviation Cell Chi-Square	blau	braun	grün	Total
blond	50 28.592 21.408 16.03	1 17.972 -16.97 16.027	7 11.437 -4.437 1.7211	58
braun	13 19.718 -6.718 2.289	7 12.394 -5.394 2.3478	20 7.8873 12.113 18.602	40
rot	7 5.9155 1.0845 0.1988	5 3.7183 1.2817 0.4418	0 2.3662 -2.366 2.3662	12
schwarz	0 15.775 -15.77 15.775	31 9.9155 21.085 44.835	1 6.3099 -5.31 4.4683	32
Total	70	44	28	142

```
Statistics for Table of haar by auge

                   Statistic                     DF       Value      Prob
                   ------------------------------------------------------
                   Chi-Square                     6    125.1013    <.0001
                   Likelihood Ratio Chi-Square    6    133.9369    <.0001
                   Mantel-Haenszel Chi-Square     1     15.8010    <.0001
                   Phi Coefficient                       0.9386
                   Contingency Coefficient               0.6844
                   Cramer's V                            0.6637

                                 Sample Size = 142
                                  Obs     ChiTab
                                   1      12.591
```

Erläuterungen:

Unter der Spalte „Prob" wird die Wahrscheinlichkeit einer Homogenität des Materials angegeben. Sie ist kleiner als 0,0001 % (bei einem χ^2-Wert von 125.1). Die Daten sind also nicht homogen. Zu beachten ist, dass auch der Kontingenzkoeffizient ausgegeben wird. Mit dem Kontingenzkoeffizienten beschreibt man die Stärke des Zusammenhanges. Ob der Zusammenhang signifikant ist, wird vorher durch den Homogenitätstest überprüft.

„Chi Tab" gibt die Wahrscheinlichkeit für ein bestimmtes χ^2_{Tab} wieder.

Viele weitere Tests und Maße für nominalskalierte Variablen können mit der Prozedur FREQ errechnet werden. Für Hinweise zu Statistiken und SAS Syntax wird auf das Kapitel 12 verwiesen. Die Tabelle wurde über ODS RTF designed.

13.4.2.2. Tests zu ordinalskalierten Daten (Rangtests)

Rangtests haben den Vorteil, dass sie keine Normalverteilung der Grundgesamtheit voraussetzen. Vorgestellt werden im Folgenden der Lagevergleich zweier unabhängiger Stichproben (1.) und die Prüfung des Rangkorrelationskoeffizienten (2.).

1. Vergleich zweier unabhängiger Stichproben

Um zu überprüfen, ob die Mittelwerte bzw. Verteilungen zweier unabhängiger, nicht normalverteilter intervallskalierter bzw. ordinalskalierter Stichproben sich signifikant voneinander unterscheiden, wird der Wilcoxon-Test für zwei unabhängige Stichproben herangezogen. Der Wilcoxon-Test ist das Pendant zum t-Test für zwei unabhängige Stichproben. Die Effizienz des U-Tests liegt im Vergleich zu einem t-Test um 95 %, sofern der *t-Test unter idealen Bedingungen* gilt. Ideale Bedingungen werden durch reale Daten häufig nur approximiert, oder auch gar nicht erfüllt; es sind auch Umstände bekannt, in denen der Wilcoxon-Test dem t-Test überlegen ist, und eine größere Teststärke aufweist (Siegel, 1987).

In der Analysepraxis ist der Wilcoxon-Test äquivalent zum Mann-Whitney-Test (U-Test, Mann-Whitney-U-Test), und wird auch als Wilcoxon-Mann-Whitney-Test oder Mann-Whitney-Wilcoxon-Test (z.B. in SAS) bezeichnet. Die Formeln des Mann-Whitney- bzw. des Wilcoxon-Verfahrens für unabhängige Stichproben unterscheiden sich leicht bei der Rangbildung. Die Mann-Whitney-Formel bildet zwei Rangreihen, und für beide Gruppen separate Summen der Rangwerte. Die Wilcoxon-Formel bildet eine Rangreihe, nämlich die der paarweisen Differenzen beider Gruppen, und verleiht den Rangwerten zusätzlich die Vorzeichen der paarweisen Differenzen. Für beide Varianten gilt, dass die Anzahl der ties im Verhältnis zur Anzahl der Einzelwerte klein sein sollte.

Beispiel 1: Ohne Bindungen (ties)

Medikamententest zu Reaktionszeiten unter Alkoholeinfluss

Es soll überprüft werden, ob die Beeinträchtigung der Reaktionszeit unter Alkoholeinfluss durch ein Medikament wieder aufgehoben wird. Da nicht davon ausgegangen werden kann, dass die Beeinträchtigung der Reaktionszeiten normalverteilt ist, wird der Wilcoxon-Test angewandt. Insgesamt sind 27 Personen an dem Versuch beteiligt, die alle eine bestimmte Alkoholmenge im Blut aufweisen. Ein Teil der Probanden erhält das Testpräparat (TREAT=AM), die andere Gruppe nicht (TREAT=A). Da hier nur eine Verringerung der Reaktionszeit interessiert, also ein Unterschied in nur *eine* Richtung, wird *einseitig* getestet.

Syntax:

```
data ALKOHOL ;
input Treat $ Reakt @@;
datalines;
A 85 A 106 A 118 A 81 A 138 A 90 A 112 A 119 A 107 A 95 A 88 A 103
AM 96 AM 105 AM 104 AM 108 AM 86 AM 84 AM 99 AM 101 AM 78 AM 124
AM 121 AM 97 AM 129 AM 87 AM 109
run;


proc npar1way data= ALKOHOL Wilcoxon Correct=No;
class Treat;
var Reakt;
run;
```

Die Prozedur NPAR1WAY berechnet Tests und Ränge. Mit dem Stichwort WILCOXON berechnet die Prozedur NPAR1WAY den Wilcoxon-Test. Für den Vergleich zweier Gruppen berechnet PROC NPAR1WAY einen asymptotischen Test (z Statistik, standardisiert) für einfache lineare Rangstatistiken, der eine asymptotische Standardnormalverteilung unter der Nullhypothese aufweist, dass kein Unterschied zwischen den beiden Gruppen besteht. CORRECT=NO unterdrückt die Kontinuitätskorrektur um 0.5, die üblicherweise bei der Berechnung des Zählers der z Statistik durchgeführt wird, um eine kontinuierliche Verteilung besser an eine diskrete Verteilung anpassen zu können. Für große Vergleichsgruppen und wenige ties kann die Korrektur ignoriert werden. Die vorliegenden Daten enthalten keine ties.

Ergebnis:

```
                          The NPAR1WAY Procedure

                 Wilcoxon Scores (Rank Sums) for Variable Reakt
                         Classified by Variable Treat
```

```
                       Sum of      Expected        Std Dev          Mean
Treat         N        Scores      Under H0       Under H0         Score
-------------------------------------------------------------------------
A            12         172.0         168.0      20.493902     14.333333
AM           15         206.0         210.0      20.493902     13.733333


                    Wilcoxon Two-Sample Test

                 Statistic              172.0000

                 Normal Approximation
                 Z                        0.1952
                 One-Sided Pr >  Z        0.4226
                 Two-Sided Pr > |Z|       0.8453

                 t Approximation
                 One-Sided Pr >  Z        0.4234
                 Two-Sided Pr > |Z|       0.8468


                      Kruskal-Wallis Test

                 Chi-Square               0.0381
                 DF                            1
                 Pr > Chi-Square          0.8453
```

Im Output werden zunächst allgemeine Informationen ausgegeben, u.a. auch die Summe der Rangzahlen. Dem Abschnitt „Wilcoxon Two-Sample Test" kann der p-Wert der *z* Teststatistik entnommen werden. Da die Fragestellung *einseitig* formuliert war, wird das Ergebnis unter „One-Sided Pr > Z" gewählt. Der ermittelte einseitige p-Wert von 0.4234 ist größer als Alpha=0.05; aus diesem Ergebnis kann geschlossen werden, dass kein signifikanter Unterschied zwischen den Gruppen mit bzw. ohne Testpräparat vorliegt. Zu den Voraussetzungen des Wilcoxon-Tests wird am Ende des folgenden Beispiels eingegangen.

Beispiel 2: Mit Bindungen (ties)

Untersuchung der Wirksamkeit eines Appetitzüglers

Die Wirksamkeit eines Appetitzüglers wird anhand der Gewichtsabnahme übergewichtiger Probanden untersucht. 24 Probanden wurden zufällig in zwei Gruppen aufgeteilt. Eine Normalverteilung der Daten wird nicht erwartet. Die Behandlungsgruppe (GRUPPE=1) erhielt den Appetitzügler, die Kontrollgruppe (GRUPPE=2) nicht. Am Ende wird die Gewichtsabnahme der Probanden bestimmt. Die Daten der Behandlungsgruppe (N=13) sind in der Datenzeile 1 enthalten, die der Kontrollgruppe (N=11) in der Datenzeile 2. Die Beispieldaten enthalten ties, hier z.B. die Werte 20 und 34; es wird eine Korrektur vorgenommen.

Syntax:

```
data APPETIT ;
input GRUPPE @ ;
do i=1 to 13 ;
 Input GEWICHT @ ;
 Output ;
end ;
datalines ;
1 27 20.5 20 20 22 34 19 34 29.5 28 26.5 24.5 35.5
2 18 13.5 23 21 18.5 14 14.5 12.5 24 17  9.5 . .
run ;
proc npar1way data=APPETIT wilcoxon ;
class GRUPPE ;
var GEWICHT ;
run ;
```

Ergebnis:

```
The NPAR1WAY Procedure

                    Wilcoxon Scores (Rank Sums) for Variable GEWICHT
                             Classified by Variable GRUPPE

                               Sum of      Expected       Std Dev          Mean
GRUPPE          N              Scores      Under H0      Under H0         Score
-------------------------------------------------------------------------------
1              13               220.0        162.50     17.252757     16.923077
2              11                80.0        137.50     17.252757      7.272727

                          Average scores were used for ties.


                              Wilcoxon Two-Sample Test

                             Statistic               80.0000

                             Normal Approximation
                             Z                       -3.3038
                             One-Sided Pr <  Z        0.0005
                             Two-Sided Pr > |Z|       0.0010

                             t Approximation
                             One-Sided Pr <  Z        0.0016
                             Two-Sided Pr > |Z|       0.0031

                       Z includes a continuity correction of 0.5.
```

Der Hinweis „Average scores were used for ties.“ besagt, dass in den Daten ties vorlagen, und dass diese mit durch einen gemittelten Rangplatz ersetzt wurden. Die kontinuitätskorrigierte *z* Statistik des Wilcoxon-Test erreicht einen einseitigen p-Wert von 0.0005, der für Alpha=0.05 signifikant ist. Aus diesem Ergebnis kann geschlossen werden, dass ein signifikanter Unterschied zwischen beiden Gruppen vorliegt, sofern die Voraussetzungen des Wilcoxon-Tests erfüllt sind, dass die

Verteilungen der beiden Gruppen voneinander unabhängig sind, in etwa dieselbe Form aufweisen, und nicht zu viele ties aufweisen. Ein Mann-Whitney-Test (U-Test) kann auch bei sehr kleinen Stichproben (N<5) eingesetzt werden (siehe Siegel, 1987).

2. Prüfung des Rangkorrelationskoeffizienten

Der Zusammenhang zwischen zwei ordinalskalierten bzw. nicht normalverteilten intervallskalierten Variablen (also zwei je univariaten Verteilungen) wird durch den Spearmanschen Rangkorrelationskoeffizienten R beschrieben.

Rechenprinzip:
Jeder Beobachtung wird zunächst ein Rangplatz zugeteilt. Bei gleichen Beobachtungen werden die aufeinander folgenden Rangplätze arithmetisch gemittelt und stattdessen der Mittelwert als Rangwert verwendet. Bei einem bivariat-ordinalskalierten Zusammenhang liegen zwei Rangordnungen vor, jeweils vom Umfang n. Aus den n *paarweisen* Differenzen zwischen den Rangplätzen (siehe d_i in Tabelle 8) wird der Rangkorrelationskoeffizient $R_{xy} = 1 - \frac{6 \cdot \sum_{i=1}^{n} d_i^2}{n \cdot (n^2 - 1)}$ bzw.

$t = \frac{|R_{xy}| \cdot \sqrt{n-2}}{\sqrt{1 - R_{xy}^2}}$ ermittelt.

t wird mit $t_{Tab}(FG;\alpha)$ verglichen (bei FG=n-2).
Gilt $t > t_{Tab} \Rightarrow H_1(\rho \neq 0)$ $\rightarrow$ R weicht signifikant von Null ab. Es besteht eine Korrelation.
Ist $t \leq t_{Tab} \Rightarrow H_0(\rho = 0)$ $\rightarrow$ R ist nicht signifikant von Null verschieden. Es besteht keine Korrelation.

Ein signifikantes Ergebnis des Tests auf signifikanten Unterschied gegen Null besagt nur, dass die Korrelation sehr wahrscheinlich nicht gleich Null ist, nicht jedoch, wie nahe sie bei 1 ist; darüber hinaus kann dieser Test von der Stichprobengröße beeinflusst sein. Mit der Signifikanz einer Korrelation ist noch nichts über ihre Bedeutsamkeit gesagt.

Beispiel:

Die beiden Tester A und B beurteilen 12 verschiedene Whiskys. Es soll nicht nur der Zusammenhang zwischen den Bewertungen der beiden Whiskytester beschrieben werden, sondern auch, ob dieser Zusammenhang signifikant von Null abweicht. In folg. Tabelle sind die Bewertungen der beiden Whiskytester und sich daraus ergebende Parameter aufgeführt.

Tabelle: Bewertung von 12 Whiskys durch 2 Tester

Whisky..	1	2	3	4	5	6	7	8	9	10	11	12	Summe
Tester A	2	7	10	1	4	12	11	3	8	6	5	9	78
Tester B	1	5	10	2	3	12	8	4	9	7	6	11	78
d_i	1	2	0	-1	1	0	3	-1	-1	-1	-1	-2	0
d_i^2	1	4	0	1	1	0	9	1	1	1	1	4	24

$$R_{xy} = 1 - \frac{6 \cdot \sum_{i=1}^{12} d_i^2}{12 \cdot \left(12^2 - 1\right)} = 1 - \frac{6 \cdot 24}{1716} = 0{,}916$$

$$t = \frac{0{,}916 \cdot \sqrt{12-2}}{\sqrt{1-0{,}916^2}} = 7{,}22$$

$t_{Tab}(10; 0{,}05; \text{zweiseitig}) = 2{,}228$

$7{,}22 > 2{,}23 \rightarrow H_1 \rightarrow$ Es besteht also eine signifikante Korrelation.

Einfache Berechnung mit SAS

```
Data Getpara;
Input A B @@;
Datalines;
2  1   7 5   10 10   1 2   4 3   12 12
11 8   3 4    8  9   6 7   5 6    9 11
Run;

Proc Corr data=getpara Spearman;
Var A B;
Run;
```

Für diese einfache Berechnungsvariante ergibt sich folgende Ausgabe (auf die Ausgabe der „Simple Statistics" wird verzichtet):

```
Spearman Correlation Coefficients, N = 12
          Prob > |r| under H0: Rho=0
                       A            B
     A           1.00000      0.91608
                               <.0001
     B           0.91608      1.00000
                  <.0001
```

Der Signifikanztest gegen Null besagt mit <0,001, dass eine signifikante Korrelation vorliegt. Der Korrelationskoeffizient nach Spearman besagt, dass die Korrelation mit 0,91 bedeutsam ist. In Kapitel 14.2. wird ausführlich auf die Berechnung nichtparametrischer Zusammenhänge mit der Prozedur CORR eingegangen.

Viele weitere Tests und Maße für ordinalskalierte Variablen können neben den Prozeduren NPAR1WAY, FREQ und CORR mit nichtparametrischen Verfahren (siehe die Übersicht unter 5.3.) berechnet werden. Für Hinweise zu Statistiken und SAS Syntax wird u.a. auf die Kapitel 11, 12 und 14 verwiesen.

13.4.2.3. Tests bei intervallskalierten normalverteilten Grundgesamtheiten

Vorgestellt werden im folgenden der Vergleich eines Mittelwertes mit einem theoretischen Wert (1.), der Vergleich zweier Mittelwerte unabhängiger Stichproben (2.), der Vergleich zweier Mittelwerte verbundener Stichproben (3.), der Vergleich zweier Varianzen unabhängiger Stichproben (4.), der Vergleich zweier Varianzen bei korrelierenden Stichproben (5.), und die Prüfung des Maßkorrelationskoeffizienten (6.).

Die folgenden Tests setzen u.a. voraus, dass die Beobachtungen Zufallsziehungen aus jeweils normalverteilten Grundgesamtheiten sind. Eine weitere Voraussetzung ist die der Varianzhomogenität und dass die Stichproben in etwa gleich groß sind. Je nach Fragestellung ist auch die (Un)Abhängigkeit der Beobachtungen zu beachten. Sind diese und andere Voraussetzungen nicht gegeben, sollte auf ordinalskalierte Verfahren zurückgegriffen werden. Beim Test von Differenzen gegen Referenzwerte bzw. gepaarten Vergleichen sind die ermittelten Differenzen ebenfalls auf Normalverteilung zu prüfen.

Bei *mehreren* abhängigen Variablen besteht bei wiederholten t-Tests mit je einer abhängigen Variable die Gefahr, dass der Fehler I. Art ansteigt. Als eine Gegenmaßnahme kann z.B. Hotelling's T^2 berechnet werden (siehe dazu Abschnitt 15.6.).

1. Vergleich eines Mittelwertes mit einem theoretischen Wert

Möchte man z.B. wissen, ob sich die Werte aus einer Stichprobe sich signifikant von einem bestimmten Vergleichswert unterscheiden, steht eine Variante des verbundenen t-Tests zu Verfügung. Die Grundgesamtheit, aus der die Stichprobe entnommen wird, muss normalverteilt sein, und besitze den unbekannten Mittelwert μ.

Ein erstes einfaches Beispiel:

Bei einer Wirtschaftskontrolle wird u.a. das durchschnittliche Gewicht der Ware gewogen. Auf der Packung ist jeweils „1000g" angegeben. Mit diesem aufgedruckten Wert soll nun das tatsächliche Gewicht der Ware verglichen werden. Eine Stichprobe von 100 Packungen wird gezogen, um zu testen, ob das aufgedruckte mit dem tatsächlichen Gewicht übereinstimmt.

Vergleich beobachteter Werte mit einem theoretischen Wert

```
* Dieser Abschnitt legt den Beispieldatensatz GEWICHT an ;
data GEWICHT ;
     do i=1 to 100 ;
     GEWICHT=1002.4+0.84*rannor(-1) ;
     output ;
     end;
     drop i ;
run;

* Bestimmt die Differenz zwischen GEWICHT und 1000 ;
data WARETEST ;
     set GEWICHT ;
     TEST=GEWICHT-1000 ;
run ;

* Test der Differenz TEST gegen Null ;
proc means data=WARETEST prt t ;
     var TEST ;
run;
```

Anm.: Das Unterprogramm zum Datensatz GEWICHT legt in der Variable GEWICHT die Beispieldaten an. Im Abschnitt WARETEST wird die Differenz zwischen GEWICHT und 1000 (TEST) bestimmt. Mit PROC MEANS wird die Differenz TEST gegen Null getestet.

Das Ergebnis des o.a. Programms:

```
                The MEANS Procedure

             Analysis Variable : TEST

                Pr > |t|     t Value
              ------------------------
                 <.0001        25.93
              ------------------------
```

Anm.: Pr > | t | besagt (bei t-Wert=25.93), dass sich die einzelnen Gewichte der Waren vom aufgedruckten Vergleichsgewicht signifikant unterscheiden. Die Halbierung von Pr > | t | (aufgrund der einseitigen Fragestellung) mit dem Ergebnis <.00005 verstärkt die Signifikanz der Abweichung vom Referenzwert. Die Waren sind schwerer, als das aufgedruckte Gewicht angibt.

Ein komplexes Beispiel aus der Mikrobiologie:

Das Bakterium *Corynebacterium Glutamicum* bildet intrazellulär Glutaminsäure. Um die Glutaminsäure auszuschleusen, kann man das Bakterium in einem penicil-

linhaltigen Medium züchten. Penicillin stört die Zellwandsynthese und begünstigt somit den Austritt von Glutaminsäure. Man möchte nun feststellen, welche Auswirkung die Penicillinkonzentration auf die extrazelluläre Glutaminsäurekonzentration hat. Da hier ausschließlich die Erhöhung der extrazellulären Glutaminsäurekonzentration interessiert, liegt eine einseitige Fragestellung vor. Nach einer ersten Versuchsreihe ohne Zugabe von Penicillin ist bekannt, dass sich nach Fermentation eine Glutaminsäurekonzentration von 0,005 g/l ergibt. Nach Zugabe von 1 mg/L Penicillin werden in einer ersten Versuchsreihe von 5 Fermentationen 0,004 g/l, 0,010 g/l, 0,006 g/l, 0,007 g/l, und 0,013 g/l gemessen. In einer zweiten Versuchsreihe mit 30 mg/l Penicillin werden 0,133 g/l, 0,142 g/l, 0,139 g/l, 0,147 g/l, und 0,144 g/l gemessen.
Die zu untersuchende Frage lautet:
Erfolgte in den beiden Versuchsreihen gegenüber dem Referenzwert jeweils ein signifikant erhöhter Glutaminsäureaustritt?

Zunächst die Berechnung „per Hand":
Für 1 mg/l Penicillin ergibt sich $\bar{x}$ = 0,008 g/l und s = 0,0035355.

$$t = \frac{|0,008 - 0,005|}{0,0035355} \cdot \sqrt{5} = 1,897$$

$$1,897 \leq 2,132 \Rightarrow H_0(\mu = \mu_0)$$

Die Glutaminsäuregewinnung ist nicht signifikant.

Für 30 mg/l Penicillin ergibt sich $\bar{x}$ = 0,141 g/l und s = 0,0053385, und daraus

$$t = \frac{|0,141 - 0,005|}{0,0053385} \cdot \sqrt{5} = 56,96 .$$ Wegen

$$56,96 > 2,132 \Rightarrow H_1(\mu \neq \mu_0) \quad ,$$

unterscheidet sich die Glutaminsäure signifikant.
t_{tab}(4; 0,05; einseitig) beträgt jeweils t_{tab}= 2,132.

Berechnung mit SAS

Für die beiden Versuchsreihen werden zur Veranschaulichung zwei verschiedene Prozeduren eingesetzt, deren Einstellungen aber bewirken, dass dieselbe statistische Fragestellung berechnet wird. Ohne weiteres kann die Prozedur für den ersten Versuchsdurchgang auch für die Berechnung der Daten aus dem zweiten Durchgang angewendet werden, und umgekehrt.
Im ersten Durchgang wird die PROC MEANS mit den „t" bzw. „prt" Optionen (siehe einfaches Beispiel) eingesetzt.

Erste Versuchsreihe: Vergleich eines Stichprobe mit einem Referenzwert: Einfaches Programm, PROC MEANS

Einseitiger Test, zweiseitige Konfidenzintervalle

```
data GETPARA ;
input penic1g @@ ;
datalines ;
0.004 0.010 0.006 0.007 0.013
;
run ;

data TEST ;
   set GETPARA ;
   DIFF=PENIC1G-0.005  ;
run ;

proc means data=TEST prt t;
   var DIFF ;
run;
```

Das Ergebnis für die Berechnung mit PROC MEANS (erste Versuchsreihe) lautet:

```
             The MEANS Procedure

          Analysis Variable : DIFF

             Pr > |t|     t Value
            ----------------------
              0.1306        1.90
            ----------------------
```

Mit Pr > | t | = 0.1306 wird kein signifikanter Unterschied zwischen DIFF und dem Referenzwert (hier: 0) festgestellt; damit liegt auch kein signifikanter Unterschied zwischen der Variable PENIC1G und dem Referenzwert (0.005) vor. Da hier das Ergebnis eines zweiseitigen Testens, aber eine einseitige Fragestellung vorliegt, muss der p-Wert halbiert werden. Aber auch mit dem p-Wert 0,0653 liegt kein signifikanter Unterschied zwischen DIFF und 0 bzw. PENIC1G und 0.005 vor.

Für den zweiten Durchgang wird PROC TTEST mit der „h0="-Option in einem anspruchsvolleren Programm eingesetzt. Mit der Option „h0=" testet die Prozedur gegen den angegebenen Referenzwert, ansonsten gegen 0. Die Prozedur TTEST ermittelt neben den Konfidenzintervallen den t-Wert und die Wahrscheinlichkeit, dass dieser Wert erreicht wird. Die Konfidenzintervalle basieren in PROC TTEST standardmäßig auf dem zweiseitigen Test. Um einseitige Konfidenzintervalle mit PROC TTEST zu ermitteln, kann folgendes Programm eingesetzt werden. Die dort angegebene Information „einseitig" beeinflusst nur die Option Alpha=, und damit die Berechnung der Konfidenzintervalle, nicht die Berechnung des t-Tests selbst. Einseitige Konfidenzintervalle können auch mit PROC MEANS und den LCLM- bzw. UCLM-Optionen ermittelt werden.

Zweite Versuchsreihe: Vergleich eines Stichprobe mit einem Referenzwert: Komplexes Programm, PROC TTEST
Einseitiger Test, einseitige Konfidenzintervalle

```
Data GETPARA;
h0=0.005;
test = "einseitig";
alpha = 0.05;
if test= "einseitig" then alpha=alpha*2;
input penic1g @@;
call symput ('alph', alpha); * Makrovariablen für Werte, die
;
call symput ('h0',h0);       * in späteren Prozeduren gebraucht wer-
den ;


datalines;
0.133 0.142 0.139 0.147 0.144
;
Run;

proc ttest data= GETPARA h0=&h0 alpha=&alph;
var penic1g;
run;
```

Das Ergebnis für die Berechnung mit PROC TTEST (zweite Versuchsreihe) lautet:

```
The TTEST Procedure

                                        Statistics

                       Lower CL               Upper CL   Lower CL              Upper CL
Variable        N         Mean        Mean        Mean    Std Dev    Std Dev    Std Dev    Std Err

penic1g         5       0.1359       0.141      0.1461     0.0035     0.0053     0.0127     0.0024


                                         T-Tests

                          Variable        DF     t Value    Pr > |t|

                          penic1g          4       56.96      <.0001
```

Mit Pr > | t | < 0.0001 wird eine signifikante Abweichung vom Referenzwert festgestellt. Die Halbierung von Pr > | t | aufgrund der einseitigen Fragestellung hin zu

<.00005 verstärkt die Signifikanz der Abweichung vom Referenzwert. Die Konfidenzintervalle sind einseitig berechnet.

2. Vergleich zweier Mittelwerte unabhängiger Stichproben

Möchte man wissen, ob sich die Stichprobenmittelwerte $\overline{x}$ und $\overline{y}$ unterscheiden, sollten für die Wahl des geeigneten statistischen Verfahrens die folgenden Voraussetzungen erfüllt sein:

Beide Grundgesamtheiten müssen normalverteilt sein. Die Stichproben sind unabhängig. Die beiden Strichproben sollten in etwa gleich groß sein. σ ist im Allgemeinen nicht bekannt, und muss aus s_1 sowie s_2 geschätzt werden. Auch unter der Voraussetzung, dass die Zufallsvariable in beiden Grundgesamtheiten dieselbe Streuung besitzt, können s_1 und s_2 verschieden sein. Je nachdem, ob ungleiche oder gleiche Varianzen muss das entsprechende Verfahren gewählt werden.

Zunächst wird die Streuung S_D berechnet

$$s_D = \sqrt{\frac{1}{n_x + n_y - 2} \cdot \left[\sum_{i=1}^{n_x} x_i^2 - \frac{\sum_{i=1}^{n_x} (x_i)^2}{n_x} + \sum_{j=1}^{n_y} y_j^2 - \frac{\sum_{j=1}^{n_y} (y_j)^2}{n_y} \right]} = \sqrt{\frac{(n_x - 1) \cdot s_x^2 + (n_y - 1) \cdot s_y^2}{n_x + n_y - 2}},$$

und anschließend der darauf aufbauende t-Wert $t = \frac{|\overline{x} - \overline{y}|}{s_D} \cdot \sqrt{\frac{n_x \cdot n_y}{n_x + n_y}}$.

Der t-Tabelle wird der Wert $t_{Tab}(FG; \alpha)$ entnommen, wobei für FG gilt: $FG = n_x + n_y - 2$. Der t-Wert wird mit t_{Tab} verglichen, und anschließend wird entweder H_0 oder H_1 angenommen.

Falls $t \leq t_{Tab} \Rightarrow H_0(\mu_x = \mu_y)$ $\rightarrow$ Es liegt kein signifikanter Unterschied vor.

Falls $t > t_{Tab} \Rightarrow H_1(\mu_x \neq \mu_y)$ $\rightarrow$ Es liegt ein signifikanter Unterschied vor.

Beispiel:

Das Bakterium *Corynebacterium Glutamicum* bildet intrazellulär Glutaminsäure. Es werden zwei Versuchsreihen durchgeführt. In der ersten Versuchsreihe mit Zugabe von 1 mg/L Penicillin ergeben sich nach der Fermentation zehn Messwerte (siehe Datensatz). In einer zweiten Versuchsreihe werden nach einer Gabe von 30 mg/l Penicillin ebenfalls zehn Werte erhoben (siehe Datensatz). Die (zweiseitige) Fragestellung ist, ob sich die beiden Versuchsreihen voneinander unterscheiden.

Vergleich zweier Mittelwerte unabhängiger Stichproben

Der Vergleich zweier unabhängiger Gruppen kann in SAS mit der Prozedur TTEST berechnet werden.

```
Data GLUTAMIN ;
Input VERSUCH MESSWERT ;
Datalines;
1 0.004
1 0.010
1 0.006
1 0.007
1 0.013
1 0.005
1 0.009
1 0.007
1 0.008
1 0.012
2 0.133
2 0.142
2 0.139
2 0.147
2 0.144
2 0.143
2 0.132
2 0.129
2 0.135
2 0.122
;
Run;
proc ttest data=GLUTAMIN ;
 class VERSUCH ;
 var MESSWERT ;
run ;
```

Ergebnis der TTEST-Prozedur

The TTEST Procedure

Statistics

Variable	VERSUCH	N	Lower CL Mean	Mean	Upper CL Mean	Lower CL Std Dev	Std Dev	Upper CL Std Dev	Std Err
MESSWERT	1	10	0.006	0.0081	0.0102	0.002	0.0029	0.0053	0.0009
MESSWERT	2	10	0.131	0.1366	0.1422	0.0054	0.0078	0.0142	0.0025
MESSWERT	Diff (1-2)		-0.134	-0.129	-0.123	0.0044	0.0059	0.0087	0.0026

T-Tests

Variable	Method	Variances	DF	t Value	Pr > |t|
MESSWERT	Pooled	Equal	18	-48.83	<.0001
MESSWERT	Satterthwaite	Unequal	11.5	-48.83	<.0001

```
                         Equality of Variances

Variable    Method      Num DF    Den DF    F Value    Pr > F

MESSWERT    Folded F         9         9       7.11    0.0074
```

Das Ergebnis wird folgendermaßen interpretiert: Zunächst wird unter „Equality of Variances" nachgesehen, ob gleiche oder ungleiche Varianzen vorliegen. Als Faustregel gilt: Liegt der Pr > F Wert über 0.1, kann der exakte Test für gleiche Varianzen verwendet werden. Wegen des erzielten Pr > F Wertes (0.0074) muss der t-Test für ungleiche (unequal) Varianzen gewählt werden.

Das Testergebnis für den t–Test für ungleiche Varianzen steht im Abschnitt „T-Tests" mit der Zeile „unequal"; es handelt sich dabei um die t-Test Variante nach Satterthwaite. Lägen gleiche (equal) Varianzen vor, müsste das Ergebnis aus der Zeile des gepoolten t-Tests gewählt werden. Das Ergebnis nach Satterthwaite besagt mit Pr > | t | <0.0001., dass sich beide Versuchsreihen statistisch signifikant unterscheiden.

Im Abschnitt „Statistics" sind weitere Parameter der beiden Versuchsreihen aufgeführt, u.a. Anzahl, Mittelwerte, und obere und untere Konfidenzintervalle.

Voraussetzungen für die Berechnung eines t-Tests:

(1) Es liegt eine abhängige Variable vor; diese ist intervallskaliert. Für *mehrere* intervallskalierte abhängige Variablen sollte Hotelling's T^2 berechnet werden. Es liegt nur eine unabhängige Variable vor; diese besitzt zwei Stufen (Ausprägungen). Für *mehrere* unabhängige (auch mehrstufige) Variablen könnten u.a. Varianzanalysen (ANOVA, GLM) berechnet werden.

(2) Die Daten stammen aus Zufallsstichproben.

(3) In beiden Populationen liegt eine Normalverteilung der Daten vor. Beim Test von Differenzen gegen Referenzwerte bzw. gepaarten Vergleichen sollten die ermittelten Differenzen ebenfalls einer Normalverteilung folgen.

(4) Balancierte (gleich große) oder zumindest nahezu balancierte (ausgeglichene) Populationen. Bei nicht ausgeglichenen Populationen kann auf GLM-Varianzanalysen zurückgegriffen werden. Sind die beiden Vergleichspopulationen exakt gleich groß/klein, können auch sehr kleine Populationen miteinander verglichen werden.

(5) Varianz(in)homogenität: Liegt Pr > F beim Test auf „Equality of Variances" über (mind.) 0.1, wird der exakte Test („Pooled") für gleiche Varianzen verwendet, ansonsten der t-Test nach Satterthwaite für ungleiche (unequal) Varianzen.

(6) Je nach Testvariante sollten verbundene oder unabhängige Messungen gewährleistet sein.

3. Vergleich zweier Mittelwerte verbundener Stichproben

Zwei Stichproben werden dann als „verbunden“ bezeichnet, wenn die Erhebung der Daten der ersten Stichprobe irgendeinen Einfluss auf die Ziehung der Daten für die zweite Stichprobe hat. Verbunde Stichproben liegen z.B. dann vor, wenn an ein und derselben Person mehrere Variablen erhoben wurden (diese sind über die Person miteinander verbunden), oder wenn Zeitreihen von Variablen erhoben werden. Zeitreihen sind über die Zeit miteinander verbunden.

Wenn nun die Mittelwerte verbundener Stichproben miteinander verglichen werden sollen, dann kann der Anteil der Verbundenheit eine signifikante Abweichung überdecken. Daher muss in diesem Fall die Verbundenheit herausgenommen werden, bevor man einen Test durchführt. Daher wird nicht mit den Stichproben selbst, sondern mit deren jeweiligen Differenzen (d_i) voneinander gearbeitet. Getestet wird dann, ob dann der Mittelwert $\bar{d}$ der Differenzen zufällig oder signifikant von Null abweicht. Weicht der Mittelwert $\bar{d}$ der Differenzen z.B. signifikant von Null ab, dann wird daraus geschlossen, dass sich auch die beiden (verbundenen) Stichproben voneinander signifikant unterscheiden, aus denen er als Produkt ermittelt wurde.

Die Differenzen der miteinander verbundenen Stichproben sind normal verteilt mit dem unbekannten Mittelwert δ. Zunächst werden die Differenzen der zusammengehörigen Stichproben berechnet: $d_i = x_i - y_i$

Die mittlere Differenz ist: $\bar{d} = \frac{1}{n} \cdot \sum_{i=1}^{n} d_i$

$$s_d = \sqrt{\frac{1}{n-1} \cdot \left[\left(\sum_{i=1}^{n} d_i^2 \right) - \frac{\left(\sum_{i=1}^{n} d_i \right)^2}{n} \right]}$$

Man berechnet dementsprechend $t = \frac{|\bar{d}|}{s_d} \cdot \sqrt{n}$

t wird mit $t_{Tab}(FG; \alpha)$ verglichen (FG = n-1)

Gilt $t \leq t_{Tab} \Rightarrow H_0(\delta = 0) \rightarrow$ und damit $\mu_x = \mu_y$

$t > t_{Tab} \Rightarrow H_1(\delta \neq 0) \rightarrow$ und damit $\mu_x \neq \mu_y$

Beispiel:

Es wird der Effekt eines Webdesigns auf das Klickverhalten von Internetsurfern untersucht. 8 Personen testen zunächst eine veraltete Version, und anschließend die technisch und ästhetisch neu konzipierte Webseite. Das abhängige Maß ist die jeweilige Verweildauer der Tester. Je länger diese Verweildauer ist, umso höher ist die Attraktivität der Webseite. Für jede Person liegen also zwei Messwerte vor, für die neue und die alte Webseite. Beide Werte sind sowohl über die Person verbunden, die sie angegeben hat, wie auch ihre zeitliche Reihenfolge im Experiment. Folgende Messwerte ergaben sich:

Tabelle: Verweildauer auf Webseiten in Minuten

Person	**Webseite 1**	**Webseite 2**		**d**	**d²**
1	18	20		2	4
2	36	40		4	16
3	30	30		0	0
4	46	45		-1	1
5	15	19		4	16
6	22	27		5	25
7	29	32		3	9
8	25	26		1	1
Σ:	221	239		18	72
Mittel:	27,625	29,875		2,25	9,00

Berechnung „per Hand“:

$$s_d = \sqrt{\frac{1}{8-1} \cdot \left[72,00 - \frac{18^2}{8} \right]} = \sqrt{\frac{72,00 - 40,5}{7}} = \sqrt{4,5} = 2,12$$

$$t = \frac{|2,25|}{2,12} \cdot \sqrt{8} = 3,00$$

t_{tab}(8; 0,05; zweiseitig) = 2,31

Da 3,00 (berechnet) > 2,31 (Tabelle), ist der Unterschied ist signifikant.

Mittelwertsvergleich zweier verbundener Stichproben (Vergleich von Webdesigns)

In SAS können Fragestellungen für verbundene Stichproben sowohl über MEANS, als auch über TTEST berechnet werden. Im Folgenden werden beide Berechnungsvarianten vorgestellt.

```
data Getpara;
   input OLDWEB NEWWEB @@;
   datalines;
   20 18  40 36  30 30  45 46
   19 15  27 22  32 29  26 25
run;


proc ttest data=getpara ;
  paired OLDWEB*NEWWEB;
run;
```

```
data DIFFTEST ;
set getpara ;
   TIMEDIFF=NEWWEB-OLDWEB ;
run ;

proc means data= DIFFTEST t prt ;
   var TIMEDIFF ;
run ;
```

Ergebnisse

Wie man unten sehen kann, stimmen die Ergebnisse (Pr > |t|) der beiden Berechnungsvarianten TTEST und MEANS überein.

TTEST-Output

The TTEST Procedure

Statistics

Difference	N	Lower CL Mean	Mean	Upper CL Mean	Lower CL Std Dev	Std Dev	Upper CL Std Dev	Std Err
OLDWEB - NEWWEB	8	0.4765	2.25	4.0235	1.4026	2.1213	4.3175	0.75

T-Tests

Difference	DF	t Value	Pr > |t|
OLDWEB - NEWWEB	7	3.00	0.0199

MEANS-Output

The MEANS Procedure

Analysis Variable : TIMEDIFF

t Value	Pr > |t|
-3.00	0.0199

Das ermittelte Pr > |t| ist kleiner als das voreingestellte Alpha von 0.05, und weist damit auf eine statistisch signifikant unterschiedliche Attraktivität der beiden Webseiten hin. Die neu designte Webseite führt zu einer statistisch signifikant höheren Verweildauer, und scheint somit für Surfer attraktiver zu sein.

4. Vergleich zweier nicht balancierter (ausgeglichener) unabhängiger Stichproben

Der F-Test, der der Varianzanalyse zugrunde liegt, teilt die Gesamtvarianz in die Varianz auf, die durch die Unterschiede zwischen (hier) zwei Gruppen verursacht wird, und die verbleibende Varianz, die nicht durch das Modell, also den Gruppeneffekt, verursacht wird. Der F-Test vergleicht also das Verhältnis der Varianzen zwischen bzw. innerhalb der Gruppen. Je größer der ermittelte F-Wert ist, umso wahrscheinlicher bzw. größer ist ein Gruppeneffekt. Beide Grundgesamtheiten müssen normalverteilt, ihre Stichproben unabhängig sein. Idealerweise sollten die Stichproben annähernd gleich groß sein. PROC GLM ist im Gegensatz zur Prozedur ANOVA in der Lage, mit größeren Unterschieden zwischen zwei Gruppen umzugehen.

Beispiel:

In zwei Städten wurden eine Stunde lang die Belastung durch Autoabgase gemessen. Beide Stichproben sollen nun miteinander vergleichen werden. Aufgrund technischer Pannen liegen keine gleich große Samples, sondern zwei Samples im Größenverhältnis 100: 30 vor.

Vergleich der Varianzen zweier unabhängiger Stichproben für Abgasbeispiel

```
Proc glm data = DATEN ;
  class STADT ;
  model ABGASE=STADT ;
  run ;
 quit ;
```

Ergebnis

```
The GLM Procedure

Dependent Variable: ABGASE

Sum of
Source                    DF         Squares      Mean Square    F Value    Pr > F

Model                      1      27.6522228       27.6522228       9.68    0.0023

Error                    128     365.8054020        2.8578547

Corrected Total          129     393.4576248

R-Square      Coeff ABGASE      Root MSE      ABGASE Mean

0.070280       22.85854        1.690519      7.395570
```

```
Source                   DF      Type I SS     Mean Square    F Value    Pr > F

STADT                     1    27.65222281     27.65222281       9.68    0.0023


Source                   DF    Type III SS     Mean Square    F Value    Pr > F

STADT                     1    27.65222281     27.65222281       9.68    0.0023
```

Dieses Ergebnis besagt, dass statistisch signifikante Unterschiede zwischen beiden Städten bzgl. der Abgaswerte bestehen. Die unterschiedliche Stichprobengröße hat keinen Einfluss auf das Ergebnis.

5. Berechnung des Pearson Korrelationskoeffizienten

Es soll überprüft werden, ob eine Korrelation zwischen zwei intervallskalierten Variablen A und B nachgewiesen werden kann. Dazu muss zunächst der Korrelationskoeffizient nach Pearson r_{xy} berechnet werden; es genügt zunächst der einfache Einsatz der Prozedur CORR.

```
SAS Programm

proc corr ;
  var A B ;
run ;

Ergebnis


           A              B
A      1.00000        0.98055
                      <.0001

B      0.98055        1.00000
                      <.0001
```

Es gilt dann: $t = \frac{|r_{xy}| \cdot \sqrt{n-2}}{\sqrt{1-r_{xy}^2}}$. t wird mit $t_{Tab}(FG; \alpha)$ verglichen (FG = n - 2)

Falls $t \leq t_{Tab} \Rightarrow H_0(\rho = 0)$ r ist nicht signifikant von 0 verschieden; es besteht keine Korrelation.

Falls $t > t_{Tab} \Rightarrow H_1(\rho \neq 0)$ r weicht signifikant von 0 ab; es besteht eine Korrelation.

Beispiel:

Im letzten Abschnitt wurden zwei Web-Designs bzgl. ihrer Attraktivität überprüft. Es soll nun überprüft werden, ob ein Zusammenhang zwischen beiden Messzeitpunkten besteht.

R_{xy} ist 0,981 und n = 8. Daher gilt $t = \frac{|0,981| \cdot \sqrt{6-2}}{\sqrt{1-0,981^2}} = 12,39$

$t_{Tab}(6; 0,05) = 2,45$. Aus 12,39 > 2,45 folgt, es besteht eine hohe Korrelation.

Berechnung der Korrelation beim Web-Design-Beispiel

```
*Nötige Daten;
data GETPARA ;
   test = "zweiseitig" ;
   alpha = 0.05 ;
   r = 0.981 ;
   n = 8 ;
run ;

*Korrelation auf Signifikanz überprüfen ;
data TESTKORR ;
set GETPARA ;
    t=Abs(r)/(SQRT(1-r**2))*SQRT(n-2) ;
    if test ne "zweiseitig" then alph=alpha/2 ;
    if test= "zweiseitig" then alph=alpha ;
    ttab=abs(tinv(alph,n-2)) ;
    if t < ttab
       then ergebnis = "***Übereinstimmung kann nicht abgelehnt wer-
den***" ;
    if t ge ttab
       then ergebnis = "***Die Abweichung ist signifikant***" ;
drop alph ;
run ;

proc print noobs ;
run ;
```

Ergebnis:

test	alpha	r	n	t	ttab	ergebnis
zweiseitig	0.05	0.981	8	12.3858	2.44691	***Die Abweichung ist signifikant***

6. Vergleich zweier Varianzen mehrerer verbundener Stichproben nach Ferguson

Möchte man wissen, ob bei miteinander verbundenen Stichproben neue Bedingungen zu einer Änderung der Streuung der Zufallsvariablen führen, kann eine Prüfgröße angelegt werden, die von Ferguson entwickelt wurde.

Diese Prüfgröße folgt einer t-Verteilung mit n –2 Freiheitsgraden. Zunächst werden die Varianzen berechnet, dann folgt die Berechnung der Korrelationskoeffizienten $r_{xy} = \frac{\sum_{i=1}^{n}(x_i - \bar{x})\cdot(y_i - \bar{y})}{(n-1)\cdot s_x \cdot s_y}$ und des t-Werts $t = \frac{\left|s_x^2 - s_y^2\right|\cdot\sqrt{n-2}}{\sqrt{4\cdot s_x^2\cdot s_y^2\cdot\left(1-r_{xy}^2\right)}}$.

t wird mit $t_{Tab}(FG; \alpha)$ verglichen (FG = n - 2)

Falls $t \le t_{Tab} \Rightarrow H_0(\sigma_x^2 = \sigma_y^2)$ die Varianzen änderten sich nicht signifikant.

Falls $t > t_{Tab} \Rightarrow H_1(\sigma_x^2 \ne \sigma_y^2)$ die Varianzen haben sich signifikant verändert.

Beispiel:

Für die Untersuchung der Webdesigns soll untersucht werden, ob die Varianzen beim neuen Webdesign (zweiter Messzeitpunkt) von den Varianzen zum ersten Messzeitpunkt (altes Webdesign) gleich oder ungleich sind. Hierzu müssen zunächst die Varianzen der beiden Stichproben getrennt berechnet werden. Die folg. Tabelle enthält die Berechnungen für einen Varianzentest bei verbundenen Stichproben:

Person	Mittel 1 x_i	Mittel 2 y_i	x_i - mean x	$(x_i$ - mean $x)^2$	y_i - mean y	$(y_i$ - mean $y)^2$
1	20	18	-9,88	97,516	-9,63	92,641
2	40	36	10,13	102,516	8,38	70,141
3	30	30	0,13	0,016	2,38	5,641
4	45	46	15,13	228,766	18,38	337,641
5	19	15	-10,88	118,266	-12,63	159,391
6	27	22	-2,88	8,266	-5,63	31,641
7	32	29	2,13	4,516	1,38	1,891
8	26	25	-3,88	15,016	-2,63	6,891
Summe:	239	221	0	574,875	0	705,875
Mean:	29,875	27,625				

$$s_x^2 = \frac{\sum_{i=1}^{8}(x_i - 29{,}875)^2}{8-1} = \frac{574{,}875}{7} = 82{,}125$$

$$s_y^2 = \frac{\sum_{i=1}^{8}(y_i - 27,625)^2}{8-1} = \frac{705,875}{7} = 100,839$$

$$r_{xy} = \frac{\sum_{i=1}^{n}(x_i - 29,875)\cdot(y_i - 27,625)}{(8-1)\cdot\sqrt{82,125}\cdot\sqrt{100,839}} = \frac{624,625}{637,015} = 0,981$$

$$t = \frac{|82,125 - 100,839|\cdot\sqrt{8-2}}{\sqrt{4\cdot 82,125\cdot 100,839\cdot(1-0,981^2)}} = \frac{45,840}{35,310} = 1,30$$

$t_{Tab}(6; 0,05) = 2,45$
Aus $1,30 < 2,45$ folgt, dass sich die Varianzen nicht signifikant verändert haben.

Berechnung mit SAS

Die Berechnung mit SAS ist etwas kompliziert und umständlich, da die Ferguson-Prüfgröße nicht in SAS vorliegt, und eigens ermittelt werden muss. Das Hauptproblem besteht darin, dass mit Hilfe von statistischen Kennwerten weiter gerechnet werden muss (u.a. Varianz), die zunächst über eine Prozedur berechnet, und dann in einem Datensatz abgelegt werden müssen. Da diese Werte als Konstanten benötigt werden, werden sie als Makrovariablen gespeichert. Die Programmstruktur zur Datenangabe und der zum Schluss durchgeführte t-Test entspricht der bisher verwendeten Struktur. Der Mittelteil berechnet die Parameter, die für den t-Test benötigt werden.

Varianzenvergleich bei verbundenen Stichproben nach Ferguson für Webdesigns

```
*Varianztest für verbundene Stichproben nach Ferguson;

Data Getpara; *Nötige Daten;
test = "zweiseitig";
alpha = 0.05;
If test= "einseitig" Then alpha=alpha/2;
Input A B @@;
Call symput ('alph', alpha);
Datalines;
20 18  40 36  30 30  45 46
19 15  27 22  32 29  26 25
Run;

Proc means Data=Getpara noprint; *Grundlegende statistische Parameter;
Var A B;
Output Out=Calcpara N= Mean= Var= /Autoname;
Run;

data calcpara; *Statistische Parameter in Makrovariablen ablegen;
Set calcpara ;
Call Symput ('AMit',A_mean);
Call Symput ('BMit',B_mean);
Call Symput ('AVar',trim(left(A_Var)));
Call Symput ('BVar',trim(left(B_Var)));
```

```
Call Symput ('N', trim(left(A_N)));
Run;

Data Getpara; *Weitere Parameter mit Hilfe der statistischen Parameter berech-
nen;
Set Getpara;
AMDiff = A - &AMit;
BMDiff = B - &BMit;
ABMult = AMDiff*BMDiff;
Run;

Proc Means noprint; *Zu einem neuen Parameter wird die Summe benötigt;
Var ABMult;
Output Out=Calcpara SUM= /Autoname;
Run;

Data Calcpara; *Diesen neuen statistischen Parameter in Makrovariable ablegen;
Set Calcpara;
Call Symput ('SABMult', trim(left(ABMult_Sum)));
Run;

Data Calcpara; *Kennwerte berechnen - t-test durchführen;
r=&SABMult/((&N-1)*SQRT(&AVar)*SQRT(&BVar));
t=(ABS(&AVar-&BVar)*SQRT(&N-2))/SQRT(4*&AVar*&Bvar*(1-r**2));
ttab=abs(tinv(&alph,&N-2));
If t < ttab Then ergebnis = "***Übereinstimmung kann nicht abgelehnt wer-
den***";
If t > ttab Then ergebnis = "***Die Abweichung ist signifikant***";
Run;

Proc Print noobs;
Run;
Ergebnis:

   r          t         ttab                          ergebnis

0.98055    1.28318    1.94318    ***Übereinstimmung kann nicht abgelehnt wer-
den***
```

Innerhalb gewisser Rundungsdifferenzen wurde die Programmierung des Ferguson-Tests mit Erfolg durchgeführt. Trotz dem umfangreichen Programms sind für die Interpretation des Outputs nur wenige Parameter notwendig.

13.4.3. Intervallschätzung

Bei der Intervallschätzung wird nicht ein einziger Wert („Punkt“) als Schätzer des wahren Wertes angegeben, sondern ein Intervall: (auch „Vertrauensbereich“, „Konfidenzintervall“). Obere und untere Vertrauensgrenzen (z.B. 65 und 70) umschließen den Schätzwert für den unbekannten wahren Wert, mit einer vorgegebenen sog. Konfidenzwahrscheinlichkeit ($1-\alpha$) für den unbekannten wahren Wert (z.B. 95%). Der so gezogene Vertrauensbereich gibt einen Werteintervall und eine Sicherheit an. Im Beispiel befindet sich der Schätzwert für den wahren Wert zwischen den beiden Vertrauensgrenzen 65 und 70, damit befindet sich der wahre Wert mit 95%iger Sicherheit innerhalb dieses Intervalls. 95% bedeutet, dass die Konfidenzgrenzen in 95 von 100 Fällen den wahren Wert umschließen.

Bei der (vergleichenden) Interpretation ist zu beachten, dass die *konkrete* Lage des Schätzwertes für den wahren Wert nicht mit der *vermutlichen* Lage des wahren Werts selbst verwechselt werden darf. Der Wertebereich hängt dabei vom Schätzwert für den wahren Wert ab, und ist somit eine variable Größe; der wahre Wert ist jedoch eine feste, aber unbekannte Größe. Der wahre Wert kann sich bei knappen Ergebnissen für den Schätzwert durchaus innerhalb bzw. außerhalb der Vertrauensgrenzen befinden. $1-\alpha$ bedeutet ja auch, dass ausdrücklich eine Irrtumswahrscheinlichkeit α für die Möglichkeit der irrtümlichen Klassifikation angegeben wird.

Ein Konfidenzintervall hat zwei gegenläufig zusammenhängende Eigenschaften. Die *Sicherheit* wird durch die vorgegebene Wahrscheinlichkeit definiert (je kleiner Alpha ist, desto größer ist die Wahrscheinlichkeit). Je größer die Sicherheit werden soll, dass sich ein Schätzwert in einem Vertrauensintervall befindet, desto breiter werden die Intervalle. Die *Genauigkeit* wird durch die Intervallbreite definiert. Je schmaler ein Intervall ist, umso genauer ist eine Aussage. Je genauer eine Aussage werden soll, desto schmaler wird ein Intervall, und womit wiederum die Wahrscheinlichkeit sinkt, dass sich ein Schätzwert darin befindet. Bei festem Stichprobenumfang muss zwischen Sicherheit und Genauigkeit gewählt werden; beide Parameter können nicht zugleich optimiert werden. Liegt ein variabler Stichprobenumfang vor, können Sicherheit und Genauigkeit gleichzeitig optimiert werden, indem die Stichprobe vergrößert wird. Mit der Größe einer Stichprobe nimmt im Allgemeinen auch die Genauigkeit von Schätzungen zu. Die Vergrößerung der Stichprobe kann u.U. beträchtliche Ausmaße annehmen; um z.B. eine doppelte Genauigkeit zu erreichen, muss die Anzahl der benötigten Messwerte vervierfacht werden.

Die Festlegung von Sicherheiten bzw. Intervallbreiten ist abhängig von Erfahrungswerten und Risikoabwägungen. Bei einem Referenzbereich (,Normalbereich') von 95% (Alpha= 0.05) beträgt das Risiko der irrtümlichen Klassifikation 5%. Bei einer klinischen Stichprobe von z.B. N=10.000 können somit immerhin 500 Probanden irrtümlich klassifiziert sein.

Beispiel: Konfidenzintervalle für μ bei Normalverteilung

Es soll geklärt werden, welches Intervall mit der Sicherheitswahrscheinlichkeit (1 – α) vermutlich den wahren Wert μ enthält. μ und σ werden aus der Stichprobe geschätzt. Die Standardabweichung s_x und der mittlere Fehler $s_{\bar{x}} = \frac{s_x}{\sqrt{n}}$ werden berechnet. Aus der t-Tabelle wird $t_{Tab}(FG; \alpha)$ entnommen. Das (1 – α) Konfidenzintervall ist dann $\left[\bar{x} - t_{tab}\left(FG;\alpha\right) \cdot s_{\bar{x}}; \bar{x} + t_{tab}\left(FG;\alpha\right) \cdot s_{\bar{x}}\right]$.

Für eine Liste 200 zufällig gezogener Ziffern in der Ausprägung von 0 bis 9 soll ein Konfidenzintervall bestimmt werden, das 95% aller Ziffern enthält. Aus $\bar{x} = 4,375$ folgt s_x = 2,9356 (Standardabweichung) bzw. $s_{\bar{x}} = \frac{2,9356}{\sqrt{200}} = 0,2076$ (Standardfehler). $t_{Tab}(199; 0,05) = 1,972$.

Das Konfidenzintervall besitzt die unteren bzw. oberen Grenzen [3,966; 4,784].

Berechnung der Konfidenzgrenzen für 200 Zufallszahlen

Die Berechnung von Konfidenzintervallen kann einfach über PROC MEANS bei Angabe der Option CLM angefordert werden. Über die Option „alpha=" wird das α-Risiko festgelegt. Die Datenzeile enthält abwechselnd die Werte zweier Variablen. Zunächst die betreffende Ziffer, und anschließend ihre jeweilige Häufigkeit.

```
Data zufall;
Input ziffer anzahl @@;
Datalines;
0 25 1 18 2 20 3 19 4 22 5 24 6 14 7 19 8 16 9 23
Run;
Proc Means N Mean STD Stderr CLM alpha=0.05;
  Var Ziffer;
  Freq anzahl;
Run;
```

Ergebnis:

```
The MEANS Procedure

                        Analysis Variable : ziffer

                                                    Lower 95%        Upper 95%
   N        Mean        Std Dev      Std Error     CL for Mean      CL for Mean
-------------------------------------------------------------------------------
 200    4.375000      2.9355514      0.2075748       3.9656714        4.7843286
-------------------------------------------------------------------------------
```

Das Vertrauensintervall besitzt die unteren (Lower CL) bzw. oberen (Upper CL) Grenzen [3,966; 4,784]. Aufgrund des voreingestellten Alphas von 5% basiert die Sicherheit auf einer 95%igen Wahrscheinlichkeit. Der Wert für die Genauigkeit beträgt ca. 0.82 (Differenz aus Lower und Upper CL for Mean). Würde ein niedrigeres Alpha gewählt werden, würde der Abstand zwischen Lower und Upper CL for Mean geringer werden, und somit die Genauigkeit zunehmen.

Viele weitere Tests und Maße für intervallskalierte Variablen können neben den Prozeduren CORR, FREQ, TTEST, MEANS und ANOVA mit parametrischen Verfahren (siehe die Übersicht unter 5.3.) berechnet werden. Für Hinweise zu Statistiken und SAS Syntax wird u.a. auf das Kapitel 14 verwiesen.

13.5. Übersicht der dargestellten inferenzstatistischen Verfahren

Die Inferenzstatistik ist das Kernstück der wissenschaftlichen Datenanalyse, und zugleich die Grundlage für Wahrscheinlichkeitsaussagen über das Zutreffen oder das Ablehnen von Hypothesen, und umfasst ein riesiges Spektrum an quantitativen Analysemethoden. Der Schwerpunkt von Kapitel 13 lag mit auf einer Einführung in die grundlegende Statistik mit hoffentlich nachvollziehbaren Beispielen. Die folgenden Kapitel streben eine einfache und verständliche Einführung in die Inferenzstatistik auf der Basis ausgewählter Verfahren und SAS Prozeduren an.

Die weitere Darstellung unterscheidet sich von Kapitel 13 in mehrerer Hinsicht. Ab Kapitel 14 werden die Verfahrensgruppen nach SAS Prozeduren gruppiert, und die Programmierung der einzelnen SAS Prozeduren hervorgehoben. Bei den Prüfverfahren wurden die Verfahren gemäß ihrem Skalenniveau dargestellt. Einzelne Verfahren z.B. CLUSTER, können durchaus mehrere Verfahrensvarianten, z.T. auch auf unterschiedlichen Skalenniveaus, umfassen. Während die vorangegangenen Beispiele noch Rechnungsbeispiele ‚von Hand' enthielten, wird im Folgenden, vor allem bei den multivariaten Verfahren, im Wesentlichen auf Rechnungen per Hand verzichtet. Als eine Ausnahme wäre die Zeitreihenanalyse zu nennen, bei denen ein konstanter bzw. linearer Trend zur Demonstration von Hand errechnet wurde. In manchen Kapiteln werden einzelne Verfahren bzw. Prozeduren evtl. mehrfach dargestellt.

Diese Einführung in die Inferenzstatistik ist gedacht für Benutzer mit wenig oder keiner Erfahrung mit SAS, für Benutzer mit wenig oder keiner Programmiererfahrung, und für Benutzer, die sich eine Übersicht über die Möglichkeiten der Inferenzstatistik mit dem SAS System verschaffen möchten. Kenntnisse in Statistik und Forschungsmethoden sind nicht erforderlich. Diese Kapitel können nicht die notwendige Literatur zur Statistik, Mess- bzw. Testtheorie, und Wissenschaftstheorie ersetzen.

Die Beispielsyntax ist geprüft, praktisch fehlerfrei, und kann zur Generierung eigener Programme einfach nachprogrammiert werden. Programmierkenntnisse in SAS Syntax oder anderen Programmiersprachen werden nicht vorausgesetzt. Der volle Leistungsumfang der ausgewählten Prozeduren kann nicht dargestellt werden, ebensowenig die vollständige Bedienung des SAS Systems. Auf andere SAS Module bzw. Anwendungen, wie z.B. SAS/ASSIST, Enterprise Guide, SAS/INSIGHT oder SAS/ANALYST wird an anderer Stelle eingegangen.

Kapitel 13 führte ein in die Grundlagen der Punkt- und Intervallschätzung, und ihre Ermittlung und Interpretation auf der Basis der SAS Prozeduren CORR, FREQ, GLM, MEANS, NPAR1WAY, und TTEST. Der Schwerpunkt von Kapitel 13 liegt mehr auf der Einführung in die Statistik, und enthält sehr viele Rechenbeispiele „von Hand“. Ab Kapitel 14 verlagert sich der Didaktikschwerpunkt von der

Statistik zur Syntaxprogrammierung. Anstelle der Statistikbeispiele ,von Hand' tritt nun die Demonstration der Leistungsvielfalt der SAS Syntax in Gestalt zahlreicher Syntaxbeispiele, Outputs, und ihrer Erläuterung. Manche Prozeduren, die im Kapitel 13 nur kurz angerissen werden konnten, werden nun ausführlich vorgestellt.

Kapitel 14 Korrelation und Regression

Kapitel 14 stellt die Berechnung von Korrelations- und Regressionsanalysen mit den Prozeduren CORR und REG als erste inferenzstatistische Verfahren per Syntaxprogrammierung vor. Die Syntaxprogrammierung ist einfach und übersichtlich gehalten, die Ergebnisse werden erklärt, und am Ende dieses Kapitels wird auf die statistischen Voraussetzungen der Berechnung von Korrelations- und Regressionsanalysen eingegangen.

Inhaltlich ist dieses Kapitel auf das Kennenlernen und die Ermittlung, Darstellung und Interpretation der gebräuchlichsten Varianten der Korrelations-(Pearson, Spearman) und Regressionsanalyse ausgerichtet. Mit zahlreichen Beispielen, Code-, und Output-Beispielen erleichtert dieser Abschnitt das Arbeiten mit der schließenden Statistik. Nach dem Ende dieses Kapitels sollten Sie die grundlegenden Verfahren der Korrelations- und Regressionsanalyse kennen, mit SAS Syntax programmieren, und interpretieren können.

Kapitel 15 Varianzanalyse

Kapitel 15 stellt Verfahren zum varianzanalytischen Vergleich von mehr als zwei Gruppen vor, im Einzelnen die SAS Prozeduren ANOVA, GLM, NPAR1WAY (Kruskal-Wallis), und NESTED. Verfahren zum Vergleich von zwei Gruppen sind im Kapitel 13 zusammengestellt. Dieses Kapitel führt ein in varianzanalytische Verfahren, Grundkonzepte und wichtigsten Kennziffern, sowie ihre Ermittlung und Interpretation auf der Basis der SAS Prozeduren ANOVA, GLM, NPAR1WAY, und NESTED

Inhaltlich ist dieses Kapitel auf das Kennenlernen und die Ermittlung, Darstellung und Interpretation der gebräuchlichsten Varianten der Varianzanalyse ausgerichtet. Mit zahlreichen Beispielen, Code-, und Output-Beispielen erleichtert dieser Abschnitt das Arbeiten mit der schließenden Statistik. Nach dem Ende dieses Kapitels sollten Sie die Verfahren der Varianzanalyse kennen, mit SAS Syntax programmieren, und interpretieren können.

Kapitel16 Clusteranalyse

Kapitel 16 stellt partitionierende und hierarchisch-agglomerative Clusterverfahren vor, und ihre Berechnung und Interpretation mit den Prozeduren FASTCLUS und CLUSTER. Dieses Kapitel führt ein in clusteranalytische Verfahren, Grundkonzepte und wichtigsten Kennziffern, sowie ihre Ermittlung und Interpretation auf der Basis der SAS Prozeduren FASTCLUS und CLUSTER. Inhaltlich ist dieser Abschnitt auf das Kennenlernen und die Ermittlung, Darstellung und Interpretation der gebräuchlichsten Varianten der Clusteranalyse ausgerichtet. Mit zahlreichen Beispielen, Code-, und Output-Beispielen erleichtert dieser Abschnitt das Arbeiten mit der schließenden Statistik. Nach dem Ende dieses Kapitels sollten Sie die Verfahren der Clusteranalyse kennen, mit SAS Syntax programmieren, und den Output interpretieren können.

Kapitel 17 GLM

Kapitel 17 stellt ausführlich die Berechnung und Interpretation einer Kovarianzanalyse mit der PROC GLM vor. Die Überprüfungsmöglichkeiten der einzelnen (ko)varianzanalytischen Voraussetzungen (Voraussetzungstests) finden sich am Ende dieses Abschnitts. Am Ende des Kapitel sollten Sie das Verfahren der Kovarianzanalyse kennen, mit SAS Syntax programmieren, und den Output interpretieren können.

Kapitel 18 Faktorenanalyse FACTOR

Kapitel 18 stellt die SAS Prozedur FACTOR, und mehrere Extraktions- und Rotationsverfahren für die Berechnung einer Faktorenanalyse vor. Die Berechnung einer iterativen Hauptfaktorenanalyse wird ausführlich und detailliert interpretiert. Inhaltlich ist der Abschnitt auf das Kennenlernen und die Ermittlung, Darstellung und Interpretation der gebräuchlichsten Varianten der Faktorenanalyse ausgerichtet. Mit Beispielfällen, Code-, und Output-Beispielen erleichtert dieses Abschnitt das Arbeiten mit der schließenden Statistik. Am Ende des Kapitel sollten Sie das Verfahren der Faktorenanalyse kennen, mit SAS Syntax programmieren, und den Output interpretieren können.

Kapitel 19 Pfadanalyse CALIS

Kapitel 19 erläutert das Verfahren der Pfadanalyse, und ihre Berechnung und Interpretation mit der Prozedur CALIS. Dieses Kapitel auf das Kennenlernen und die Ermittlung, Darstellung und Interpretation der Pfadanalyse ausgerichtet. Mit Beispielfällen, Code-, und Output-Beispielen erleichtert dieses Abschnitt das Arbeiten mit der schließenden Statistik. Am Ende des Kapitel sollten Sie das Verfahren der Pfadanalyse kennen, mit SAS Syntax programmieren, und den Output interpretieren können.

Kapitel 20 Überlebenszeitanalyse LIFETEST

Kapitel 20 stellt die nichtparametrische SAS Prozedur LIFETEST, und mehrere Verfahren für die Berechnung einer Survivalanalyse vor. Die grafische Aufbereitung von Überlebenszeitdaten wird ausführlich erläutert. Dieses Kapitel führt ein in zeitbezogene Verfahren, Grundkonzepte und wichtigste Kennziffern, und ihre Ermittlung und Interpretation auf der Basis der SAS Prozedur LIFETEST. Inhaltlich ist dieses Kapitel auf das Kennenlernen und die Ermittlung, Darstellung und Interpretation der gebräuchlichsten Varianten der Überlebenszeitanalyse (Survivalanalyse) ausgerichtet. Mit Beispielfällen, Code-, und Output-Beispielen erleichtert dieser Abschnitt das Arbeiten mit der schließenden Statistik. Nach dem Ende dieses Kapitels sollten Sie mehrere Verfahren der Survivalanalyse kennen, mit SAS Syntax programmieren, und den Output interpretieren können.

Kapitel 21 Hauptkomponentenanalyse PRINCOMP

Kapitel 21 stellt die Berechnung und Interpretation einer Hauptkomponentenanalyse mit PROC PRINCOMP vor. Dieser Abschnitt führt ein in das Verfahren, Grundkonzepte und wichtigste Kennziffern der einer Hauptkomponentenanalyse, und ihre Ermittlung und Interpretation mit der SAS Prozedur PRINCOMP. Inhaltlich ist dieses Kapitel auf das Kennenlernen und die Ermittlung, Darstellung und Interpretation der gebräuchlichsten Varianten der Hauptkomponentenanalyse ausgerichtet. Mit Beispielfällen, Code-, und Output-Beispielen erleichtert dieser Abschnitt das Arbeiten mit der schließenden Statistik. Nach dem Ende dieses Kapitels sollten Sie mehrere Verfahren der Hauptkomponentenanalysen kennen, mit SAS Syntax programmieren, und den Output interpretieren können.

Kapitel 22 Zeitreihenanalyse FORECAST

Kapitel 22 stellt das Trendverfahren der exponentiellen Glättung und die Berechnung einer Prognose mit PROC FORECAST vor. Dieses Kapitel führt ein in Zeitreihenanalysen und Vorhersagen, Grundkonzepte und wichtigste Kennziffern, und ihre Ermittlung und Interpretation auf der Basis der SAS Prozedur FORECAST. Inhaltlich ist dieses Kapitel auf das Kennenlernen und die Ermittlung, Darstellung und Interpretation der gebräuchlichsten Varianten einer Prognose bzw. Zeitreihenanalyse ausgerichtet. Mit Beispielfällen, Code-, und Output-Beispielen erleichtert dieser Abschnitt das Arbeiten mit der schließenden Statistik. Nach dem Ende dieses Kapitels sollten Sie mehrere Verfahren der Zeitreihenanalyse kennen, mit SAS Syntax programmieren, und den Output interpretieren können.

14. Korrelation und Regression CORR REG

Das Ziel einer wissenschaftlichen Untersuchung liegt oft in der Untersuchung von Zusammenhängen zwischen zwei Variablen. In der Statistik wurden viele Messverfahren entwickelt, um die Stärke des Zusammenhangs zwischen zwei Variablen zu messen. Die Entscheidung für das Verfahren der Wahl hängt letztlich von der Anzahl der Variablenausprägungen, ihrer Verteilung, und dem Skalierungsniveau (siehe dazu den Abschnitt zur Tabellenanalyse mit PROC FREQ) ab. Wichtig ist auch, ob ein Kausalmodell vorliegt (z.B. ‚X verursacht Y'), der Ursache der Beziehung, der Anzahl der Variablen und anderes mehr. Alle Verfahren folgen aber einem generellen Prinzip. Es erfolgt ein Vergleich zwischen den Variablen bezüglich dem empirisch beobachteten und dem theoretisch möglichen maximalen Zusammenhang. Mit anderen Worten: Es wird verglichen, was den Variablen gemeinsam ist, mit dem, was den Variablen hätte gemeinsam sein können, wenn deren Beziehung perfekt gewesen wäre.

14.1. Einführung in die Korrelationsanalyse mit PROC CORR

Mit einer Korrelationsanalyse wird üblicherweise untersucht, ob zwischen zwei Variablen ein Zusammenhang besteht. Der Korrelationskoeffizient nach Pearson (auch: Maßkorrelationskoeffizient, oder auch einfach nur: Korrelationskoeffizient) ist ein Maß für den linearen Zusammenhang zwischen zwei kontinuierlich skalierten Variablen. Neben dem Pearson-Korrelationskoeffizient gibt es noch weitere Zusammenhangsmaße. Der Korrelationskoeffizient kann Werte zwischen -1 und 1 annehmen. Das Vorzeichen des Koeffizienten gibt die Richtung des Zusammenhangs und sein Absolutwert die Stärke an. Eine positive Korrelation bedeutet, dass, sobald sich Werte der einen Variable erhöhen, sich auch Werte der anderen Variable erhöhen (grafisch: von links unten nach rechts oben ansteigende fallende Gerade: positives Vorzeichen). Eine negative Korrelation bedeutet, dass die Werte der einen Variable annehmen, während die Werte der anderen Variable ansteigen (grafisch: von links oben nach rechts unten fallende Gerade: negatives Vorzeichen). Ein niedriger Korrelationskoeffizient drückt aus, dass kein linearer Zusammenhang zwischen den beiden untersuchten Variablen vorliegt. Werte um +/– 1 drücken einen perfekten linearen Zusammenhang aus.

Wichtig zu wissen ist, dass der Signifikanztest zum Korrelationskoeffizienten auch von der Größe der zugrunde liegenden Stichprobe mit beeinflusst wird. Signifikanz bedeutet hier nicht immer auch Relevanz. Wichtiger als die Signifikanz des Hypothesentests ist die Größe des Koeffizienten. Die Bewertung des Koeffizienten hängt dabei stark von der jeweiligen Fragestellung ab. Bei manchen Fragestellungen gilt bereits eine Korrelation ab 0,6 als bedeutsam, in anderen erst ab 0,9. Oft wird folgende Interpretation für Korrelationsbeträge zwischen 0 und 1 verwendet:

Übersicht 12: Orientierungswerte zur Interpretation von Korrelationen

r	**Interpretation**
> 0,2	sehr gering
> 0,5	gering
> 0,7	mittel
≤ 0,9	hoch
> 0,9	sehr hoch

Von Anfang an sollte vielleicht auch darauf hingewiesen werden, dass aus einem *Korrelationskoeffizient um Null* nicht auf eine Unkorreliertheit der untersuchten Merkmale geschlossen werden kann. Die untersuchten Merkmale können durchaus nicht-linear miteinander zusammenhängen, z.B. in Gestalt von U-förmigen Kurven. Ein Korrelationskoeffizient sollte erst dann berechnet bzw. interpretiert werden, nachdem man sich mittels eines Streudiagramms ein genaues Bild von der konkreten Verteilung der Messwerte verschafft hat.

Multivariate Varianten der einfachen (bivariaten) Korrelation sind z.B. die partielle Korrelation, die multiple Korrelation, und die kanonische Korrelation. Eine partielle Korrelation (auch: Partialkorrelation) ist z.B. die Korrelation, die zwischen zwei Variablen verbleibt, nachdem die Korrelation rechnerisch entfernt wurde, die durch den Effekt anderer, korrelierender Variablen verursacht worden war.

Folgende Fragestellungen sind Anwendungsbeispiele für Korrelationsanalysen:
Hängen Schwangerschaftsdauer und Geburtsgewicht von Neugeborenen miteinander zusammen?

Hängen Gewicht (z.B. in Gramm) und Nährstoffgehalt (z.B. in Joule) von Lebensmitteln zusammen?

Hängen Motorleistung und Kraftstoffverbrauch eines Autos miteinander zusammen?

Bei der Zusammenhangsanalyse gilt es einen wichtigen Grundsatz zu beachten: Korrelation ist nicht gleich Kausation! Eine Korrelationsanalyse erlaubt nur die Aussage darüber, ob und in welchem *Ausmaß* zwei Variablen zusammenhängen, aber nicht über die *Art* ihres Zusammenhangs, also welche der beiden Variablen die Ursache, welche die Wirkung repräsentiert. Soll ein Kausalmodell überprüft werden, also ob eine Variable systematisch die Variation einer anderen Variable verursacht, dann ist statt der Korrelation das Verfahren der Regression (Abschnitt 14.2.) zu wählen.

14.1.1. Korrelationskoeffizient r nach Pearson: Maß für linearen Zusammenhang

Der Korrelationskoeffizient nach Pearson (auch: Maßkorrelationskoeffizient, oder auch einfach nur: Korrelationskoeffizient) ist ein Maß für den linearen Zusammenhang zwischen zwei kontinuierlich skalierten Variablen. Die Messungen x_i und y_i müssen dabei zum selben untersuchten Objekt gehören. Der Vorteil des Pearson Korrelationskoeffizienten r ist, dass er wegen der Einbeziehung der Standardabweichung im Gegensatz zur Kovarianz standardisiert ist, d.h. seine Größe keine Abhängigkeit von der ursprünglichen Skala aufweist. Für die Schätzung von r geht jedes Messwertpaar (x_i, y_i) in die Berechnung mit ein:

$$r_{xy} = \frac{s_{xy}}{s_x \cdot s_y} = \frac{\sum_{i=1}^{n}(x_i - \bar{x}) \cdot (y_i - \bar{y})}{\sqrt{\sum_{i=1}^{n}(x_i - \bar{x})^2 \cdot \sum_{i=1}^{n}(y_i - \bar{y})^2}}$$

Am Ende des Kapitels wird genauer auf die Voraussetzungen für die Berechnung eines Pearson Koeffizienten mit PROC CORR eingegangen.

Beispiel: Messungen an Hefezellen

Die Länge und Breite von Hefezellen einer bestimmten Art wurden unter dem Mikroskop ausgemessen. Die u.a. Abbildung zeigt in einer Tabelle die Messwerte, links daneben die Berechnung der Kovarianz, und rechts das zugehörige Streudiagramm. ‚S' kennzeichnet den Schwerpunkt, und die Ziffern die jeweiligen Quadranten.

Messung	Länge in µm	Breite in µm	$x-\bar{x}$	$y-\bar{y}$	$(x-\bar{x})(y-\bar{y})$
1	6	5	-1,5	-1,7	2,55
2	7	6	-0,5	-0,7	0,35
3	6	6	-1,5	-0,7	1,05
4	7	6	-0,5	-0,7	0,35
5	8	7	0,5	0,3	0,15
6	9	8	1,5	1,3	1,95
7	10	9	2,5	2,3	5,75
8	8	7	0,5	0,3	0,15
9	7	7	-0,5	0,3	-0,15
10	7	6	-0,5	-0,7	0,35
Mean:	7,5	6,7			1,25
			Kovarianz:		1,3889

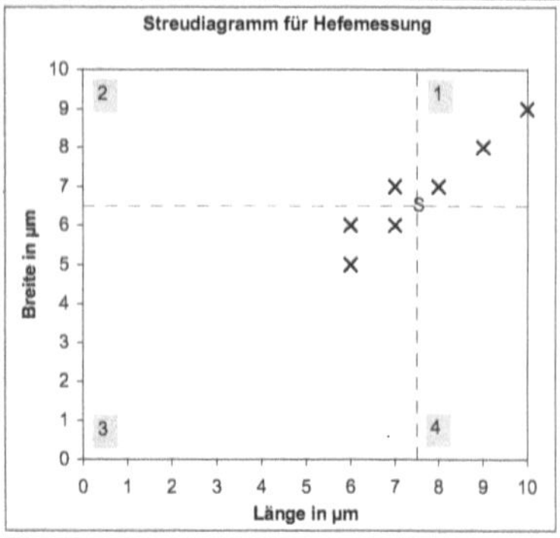

In der folgenden Beispielrechnung wird der Pearson Koeffizient für den Zusammenhang zwischen Länge und Breite der Hefezellen berechnet.

Messung	$(x-\bar{x})(y-\bar{y})$	$(x-\bar{x})^2$	$(y-\bar{y})^2$
1	2,55	2,25	2,89
2	0,35	0,25	0,49
3	1,05	2,25	0,49
4	0,35	0,25	0,49
5	0,15	0,25	0,09
6	1,95	2,25	1,69
7	5,75	6,25	5,29
8	0,15	0,25	0,09
9	-0,15	0,25	0,09
10	0,35	0,25	0,49
Summe:	12,5	14,5	12,1
r_{xy}:			0,9437

$$r_{xy} = \frac{s_{xy}}{s_x \cdot s_y} = \frac{\sum_{i=1}^{10}(x_i - 7{,}5)\cdot(y_i - 6{,}7)}{\sqrt{\sum_{i=1}^{10}(x_i - 7{,}5)^2 \cdot \sum_{i=1}^{10}(y_i - 6{,}7)^2}} = \frac{12{,}5}{\sqrt{14{,}5 \cdot 12{,}1}} = 0{,}9437$$

Die Korrelation zwischen der Länge und der Breite von Hefezellen kann als sehr hoch angesehen werden.

I Berechnung der Korrelation

Mit der Berechnung einer Pearson-Korrelation mit der SAS Prozedur CORR wird untersucht, ob zwischen der Länge und Breite von Hefezellen ein Zusammenhang besteht.

Syntax:

```
data HEFE ;
 input LANGE BREITE @@;
datalines;
6 5  7 6  6 6  7 6  8 7
9 8  10 9  8 7  7 7  7 6
;
run ;


proc corr data = HEFE cov ;
var LANGE BREITE ;
run ;
```

Erläuterungen:

PROC CORR fordert die SAS Prozedur für die Berechnung für Korrelationsanalysen an. DATA= fordert den Datensatz an (hier: HEFE), in dem sich die Analysevariablen befinden. Der Pearson Korrelationskoeffizient wird von der Prozedur CORR standardmäßig ermittelt; es braucht dazu keine weitere Option angegeben werden. Die Option COV liefert die Ausgabe der Kovarianz. Durch die Option NOSIMPLE kann die Ausgabe der deskriptiven Statistik unterdrückt werden. In der Zeile mit VAR werden die Variablen aufgeführt, deren Zusammenhänge untereinander ermittelt werden sollen. Möchte man die Zusammenhänge aller numerischen Variablen eines Datensatzes berechnen, wird die VAR-Zeile einfach weggelassen. SAS berechnet alle Korrelationen zwischen allen numerischen Variablen dann automatisch, sofern der Datensatz keine Stringvariablen enthält. Möchte man nicht alle angegebenen Variablen miteinander vergleichen, sondern nur bestimmte Beziehungen zwischen ausgewählten Variablen gezielte untersuchen, dann die Berechnung durch die Anweisung WITH, gefolgt von einer Variablenliste, eingeschränkt werden. Ein entsprechendes SAS Programm könnte beispielsweise so aussehen:

```
proc corr data=HEFE2 nosimple;
 var LANGE BREITE;
 with ALTER ;
run ;
```

Die Anweisungen FREQ und WEIGHT (hier nicht verwendet) werden in der Prozedur CORR dann eingesetzt, wenn eine Variable Häufigkeiten bzw. Gewichtungen enthält. Grundsätzlich werden von PROC CORR auch einige deskriptive Statistiken wie z.B. Mittelwert, Summe usw. mit ausgegeben. Neben der Pearson Korrelation wird auch ihre Wahrscheinlichkeit angegeben.

Output:

```
                         The CORR Procedure

                  2  Variables:     LANGE    BREITE


                      Covariance Matrix, DF = 9

                                 LANGE              BREITE

              LANGE        1.611111111         1.388888889
              BREITE       1.388888889         1.344444444


                          Simple Statistics

Variable N    Mean        Std Dev          Sum       Minimum        Maximum

LANGE    10 7.50000       1.26930     75.00000       6.00000       10.00000
BREITE   10 6.70000       1.15950     67.00000       5.00000        9.00000



              Pearson Correlation Coefficients, N = 10
                      Prob > |r| under H0: Rho=0

                                 LANGE         BREITE

                  LANGE        1.00000        0.94370
                                               <.0001

                  BREITE       0.94370        1.00000
                                <.0001
```

Das Ergebnis bestätigt die vorangegangene Beispielrechnung (auch der Kovarianz: s.o.). Die Korrelation zwischen der Länge und der Breite von Hefezellen beträgt .94 und kann als sehr hoch angesehen werden. Die Korrelation einer Variable mit sich selbst beträgt immer 1.00. N=10 gibt dabei die Anzahl der Messwertpaare an, die in die Berechnung eingegangen sind. Der p-Wert <.0001 für den Hypothesentest `Prob > |r| under H0: Rho=0` gibt an, dass es nur mit sehr geringer Wahrscheinlichkeit ein zufälliges Ergebnis ist, dass ein mind. so großer Korrelationskoeffizient zufällig zustande kommt, wenn aus der Grundgesamtheit eine Stichprobe mit N=10 Beobachtungen gezogen wird, bei denen tats. eine Nullkorrelation vorliegt.

II Berechnung des Bestimmtheitsmaßes

Das Bestimmtheitsmaß (auch: Determinationskoeffizient, coefficient of determination) gibt an, welcher Varianzanteil des Merkmals X durch Y erklärt wird (und umgekehrt). Das Bestimmtheitsmaß wird über den quadrierten Korrelationskoeffizienten ermittelt. Das Bestimmtheitsmaß kann mit SAS über einen kleinen Umweg ermittelt werden.

```
data HEFE;
 input LANGE BREITE @@;
datalines;
6 5   7 6  6 6  7 6  8 7
9 8  10 9  8 7  7 7  7 6
;
run ;

proc corr data=HEFE cov
     outp=COEFDET ;
run;

data COEFDET2;
 set COEFDET;
 where _Type_ = "CORR" and _Name_ = "LANGE";
 r=BREITE ;
 B= r**2;
 keep r B;
run;

proc print data=COEFDET2 noobs;
run;
```

Erläuterungen:

PROC CORR fordert die SAS Prozedur für die Berechnung für Korrelationsanalysen an. DATA= fordert den Datensatz an (hier: HEFE), in dem sich die Analysevariablen befinden. Der Pearson Korrelationskoeffizient wird von der Prozedur CORR standardmäßig ermittelt; es braucht dazu keine weitere Option angegeben werden. Die Option COV liefert die Ausgabe der Kovarianz. Weil in PROC CORR nur zwei numerische Variablen enthalten sind, wurde hier die VAR-Zeile weggelassen. Das Ergebnis bleibt dasselbe. Durch die Option OUTP= wird ein Ausgabedatensatz (hier: COEFDET) angelegt, der u.a. unter _TYPE_=CORR die Pearson Korrelationskoeffizienten für die Variablen (_NAME_=) LANGE und BREITE enthält. Im DATAT SETP von COEFDAT zu COEFDAT2 wird mit der Anweisung `where _Type_ = "CORR" and _Name_ = "LANGE";` die Korrelationskoeffizienten für die Variable LANGE angefordert. LANGE kann jedoch nicht nur mit

BREITE, sondern auch mit sich selbst korrelieren. Die gesuchte Korrelation zwischen LANGE und BREITE ist im Datensatz COEFDAT2 in der Spalte BREITE enthalten. Über `r=BREITE ;` wird BREITE in die neue Variable „r" kopiert. Über die Quadrierung des Korrelationskoeffizienten (`B= r**2;`) wird das Bestimmtheitsmaß ermittelt. Die Anweisung KEEP bewirkt, dass nur diese beiden Variablen beim Anlegen des Datensatzes COEFDAT2 behalten werden. Über PROC PRINT werden die ermittelten Parameter „r" (Pearson Korrelation) und „B" (Bestimmtheitsmaß) ausgegeben.

Output (Ausschnitt):

```
      r          B

0.94370    0.89057
```

Das Bestimmtheitsmaß B gibt an, dass 89% der Varianz der Variable LANGE (Länge von Hefezellen) durch die Variable BREITE (Breite von Hefezellen) erklärt wird (und umgekehrt).

Für die Berechnung einer Pearson Korrelation sind einige Voraussetzungen zu beachten, die im Folgenden zusammengestellt wurden:

Voraussetzungen für die Berechnung des Korrelationskoeffizienten r nach Pearson

(1) Zwischen beiden Variablen besteht ein linearer Zusammenhang. Der Pearson Korrelationskoeffizient ist nicht zur Berechnung des Ausmaß des Zusammenhangs geeignet, wenn der Zusammenhang zwischen beiden Zufallsvariablen nichtlinear oder kurvilinear ist.
(2) Die Variablen sind jeweils intervallskaliert.
(3) Die Daten beider Variablen folgen jeweils einer Normalverteilung; liegt keine sog. zweidimensionale Normalverteilung vor, sollte ein Zusammenhangsmaß auf einen niedrigeren Skalenniveau berechnet werden.
(4) Ausreißer liegen nicht vor. Ausreißer sind zu entfernen, da sie zu irreführenden Korrelationen führen.
(5) Die paarweisen Messungen x_i und y_i müssen zum selben Objekt gehören. In anderen Worten: Die untersuchten Merkmale werden dem gleichen Element einer Stichprobe entnommen.
(6) Es sollten mind. 6 Messwertpaare vorliegen.
(7) Nonsenskorrelationen, z.B. zwischen der Anzahl nistender Störche und der Anzahl neugeborener Kinder, sind von vorneherein sachlogisch auszuschließen.

(8) Scheinkorrelationen, also Korrelationen, die nicht durch die beiden untersuchten Variablen, sondern eigentlich durch andere Variablen verursacht werden, sind über die Berechnung von Semi- bzw. Partialkorrelationen auszuschließen.
(9) Die Variablen sind in derselben Richtung gepolt (v.a. bei der Interpretation interkorrelierter psychometrischer Skalen wichtig).

14.1.2. Rangkorrelationskoeffizient R nach Spearman: Maß für monotonen Zusammenhang

Der Korrelationskoeffizient nach Spearman (auch: Rangkorrelationskoeffizient, oder auch einfach nur: Spearman's Rho) ist ein Maß für den monotonen Zusammenhang zwischen zwei ordinal skalierten bzw. nicht normalverteilten intervallskalierten Variablen. Die Messungen x_i und y_i müssen dabei zum selben untersuchten Objekt gehören. Monoton bedeutet, dass die Daten stetig ansteigen oder fallen. Ein linearer Zusammenhang ist keine Voraussetzung von Spearman's Rho; ein hoher und signifikanter Rho-Wert kann daher auch ein Hinweis auf einen *nichtlinearen* Zusammenhang sein. Die Berechnung des Rangkorrelationskoeffizienten fasst dabei Rangskalen als Kardinalskalen auf, und behandelt die vergebenen Ränge wie Messwerte. Das Konzept setzt dabei implizit voraus, dass die Intervalle aufeinander folgender Rangwerte gleich sind, was in Bezug auf die vergebenen Rangwerte selbst trivial ist, nicht aber in Bezug auf die repräsentierten Messwerte. Im Prinzip ist der Rangkorrelationskoeffizient nichts anderes als der auf Rangwerte angewendete Pearson Korrelationskoeffizient.

Spearman's Rho ist im Fall kleiner Stichproben ohne Bindungen *und* ohne ‚Ausreißer-Differenzen' der tau-Korrelation nach Kendall vorzuziehen; ansonsten gilt Kendall's tau als überlegen. Am Ende des Kapitels wird genauer auf die Voraussetzungen für die Berechnung eines Spearman Koeffizienten mit PROC CORR eingegangen.

Der Wertebereich des Spearman Koeffizienten ist analog zum Pearson Koeffizienten zu interpretieren. Ein Spearman Koeffizient liegt zwischen -1 und +1, wobei das Vorzeichen die Richtung der Beziehung angibt, und der Betrag die Stärke des Zusammenhangs zwischen den Variablen.

Vor der eigentlichen Berechnung des Rangkorrelationskoeffizienten wird zunächst den Daten ein Rangplatz entsprechend ihres Wertes zugeordnet. Der kleinste Wert erhält Rang 1, der größte Wert Rang n. Liegen mehrere gleiche Werte (sog. Bindungen, ties) vor, so werden die zugehörigen, noch verschiedenen Rangplätze z.B. durch eine Mittelwertbildung vereinheitlicht. Somit kann jedem gleichen Wert auch derselbe Rangwert (z.B. Mittelwert aus Rängen) zugeordnet werden. Mit der Prozedur PROC RANK stellt SAS für die Berechnung von Rängen bzw. Auflösung von Bindungen mehrere Rechenvarianten zur Verfügung. Aus den vergebenen Rangdaten werden die n *paarweisen* Differenzen (d_i) zwischen den Rangplätzen ermittelt, die die eigentliche Datengrundlage für die Ermittlung des Rangkorrelationskoeffizient darstellen:

$$R_{xy} = 1 - \frac{6 \cdot \sum_{i=1}^{n} d_i^2}{n \cdot (n^2 - 1)}.$$

Beispiel: Whisky-Test

Die beiden Tester A und B beurteilen 12 verschiedene Whiskys. Die Whiskys werden von den Testern entsprechend ihres geschmacksästhetischen Empfindens jeweils in eine Rangordnung gebracht (siehe folg. Tabelle, die Tabelle beschreibt auch die notwendigen Parameter zur Berechnung von Spearman's Rho).

Whisky	1	2	3	4	5	6	7	8	9	10	11	12	Summe
Tester A	2	7	10	1	4	12	11	3	8	6	5	9	78
Tester B	1	5	10	2	3	12	8	4	9	7	6	11	78
d_i	1	2	0	-1	1	0	3	-1	-1	-1	-1	-2	0
d_i^2	1	4	0	1	1	0	9	1	1	1	1	4	24

Dieses Beispiel verdeutlicht, dass die realen Qualitäten der Whiskys (von Whiskey zu Whiskey) sich *nicht* analog zu den Rangplätzen (von Rangplatz zu Rangplatz) um das jeweils gleiche Ausmaß unterscheiden, und dass an die Vergabe von Rängen wegen dem damit verbundenen Informationsverlust auch eine gewisse Scheingenauigkeit gekoppelt ist. Auch können bei der Vergabe von Rängen verhältnismäßig große Rangdifferenzen mit entsprechendem Einfluss (sog. ‚Ausreißer-Differenzen') auftreten (siehe Whiskey 7).

$$R_{xy} = 1 - \frac{6 \cdot \sum_{i=1}^{12} d_i^2}{12 \cdot (12^2 - 1)} = 1 - \frac{6 \cdot 24}{1716} = 0{,}916$$

Berechnung der Spearman Rangkorrelation

Die Berechnung des Rangkorrelationskoeffizienten erfolgt ebenfalls mit der SAS Prozedur CORR, wobei nun aber explizit die Option SPEARMAN anzugeben ist.

Syntax:

```
data WHISKY;
 input A B @@;
datalines;
 2 1  7 5  10 10  1 2  4 3  12 12
11 8  3 4   8  9  6 7  5 6   9 11
run;
proc corr data=WHISKY nosimple
                      spearman;
 var A B;
run;
```

Erläuterungen:

PROC CORR fordert die SAS Prozedur für die Berechnung für Korrelationsanalysen an. DATA= fordert den Datensatz an (hier: WHISKY), in dem sich die Analysevariablen (hier: „A“ und „B“) befinden. Der Rangkorrelationskoeffizient wird von der Prozedur CORR nur über die explizit anzugebende Option SPEARMAN ermittelt. NOSIMPLE unterdrückt die Ausgabe der deskriptiven Statistiken. PROC CORR ermittelt automatisch die Rangplätze zur Berechnung des Spearman Koeffizienten. Möchte man den Rangkorrelationskoeffizienten in einen Datensatz ablegen, kann die Option OUTS= angegeben werden.

Output:

```
                    The CORR Procedure

              2  Variables:    A        B


         Spearman Correlation Coefficients, N = 12
                Prob > |r| under H0: Rho=0

                            A            B

           A          1.00000      0.91608
                                    <.0001

           B          0.91608      1.00000
                       <.0001
```

Das folgende fortgeschrittene SAS Programm zeigt, wie man sich mit SAS ein Standardprogramm soweit „tunen“ kann, dass es neben einem maßgeschneiderten Output auch zuverlässige Tests für eigentliche suboptimale Stichprobenumfänge ausgibt. Das fortgeschrittene SAS Programm wurde für dieselben Daten entworfen. Ein wesentlicher Unterschied zum o.a. SAS Standardoutput ist jedoch, dass ein eigens verfasster Kommentar anstelle der genauen Angabe der Signifikanz ausgegeben wird. Das Programm verwendet u.a. verschiedene Makroelemente, u.a. „Kommentare" im Output, die hier nicht weiter erläutert werden sollen.

Fortgeschrittene Berechnung von Spearman's Rho einschl. Signifikanztest

```
Data Getpara;
    Test = "zweiseitig";
    Alpha = 0.05;
    If test= "zweiseitig" Then alph=alpha/2;
    If test= "einseitig" Then alph=alpha;
    Call symput ('alph', alph);   *Informationen werden später benö-
tigt;
    Call symput ('alpha', alpha); *Daher Ablage in Makrovariablen;
    Input A B @@;
    Datalines;
    2  1  7 5  10 10  1 2  4 3  12 12
    11 8  3 4   8  9  6 7  5 6   9 11
Run;

*Rangkorrelation und Stichprobengröße ermitteln und in WEINKOR able-
gen;
Proc Corr Noprint Spearman OutS=WEINKOR ;
Var A B;
Run;

*Relevante Informationen aus Proc Corr in Makrovariablen ablegen;
data CALCPARA ;
    Set WEINKOR ;
    IF _N_ =3 Then CALL Symput('n', B); *Position 3 enthält Stichprobenumfang;
    If _N_ =4 Then Call Symput('R', B); *Position 4 enthält Rangkorrelation;
run;

data TESTKORR ;
alpha=&alpha ; *Alle relevanten Informationen in diesem Datensatz ablegen;
n=&n; R=&R ;
RTab=. ; t=. ; ttab=. ;
if &n <6 Then ergebnis ="***Stichprobenumfang ist zu klein***" ;
   Else If &n = 6 Then RTab=0.886 ;
   Else If &n = 7 Then RTab=0.786 ;
   Else IF &n = 8 Then RTab=0.738 ;
   Else IF &n = 9 Then RTab=0.700 ;
   Else IF &n = 10 Then RTab=0.648 ;
   Else IF &n = 11 Then RTab=0.618 ;
   Else If &n > 11 Then Do ;
    t=abs(&R)*SQRT(&n-2)/SQRT(1-&R**2) ;
     ttab=abs(tinv(&alph,n-2)) ;
     if t < ttab
```

```
          then ergebnis = "***Die Korrelation ist nicht signifikant***" ;
    if t ge ttab
          then ergebnis = "***Die Korrelation ist signifikant***" ;
  end ;
    if RTab NE . Then Do ;
    if R < RTab
         then ergebnis = "***Die Korrelation ist nicht signifikant***" ;
    if R ge RTab
         then ergebnis = "***Die Korrelation ist signifikant***" ;
  end;
run;

Proc Print noobs;
Run;
```

Es ergibt sich folgende Ausgabe zur anspruchsvollen Berechungsvariante:

```
alpha    n       R    RTab      t         ttab                ergebnis
0.05    12    0.91608   .     7.22446    2.22814    ***Die Korrelation ist signifikant**
```

Anm.: Diese Ausgabe wird vollständig durch o.a. Programm festgelegt, und ist keinesfalls ein standardmäßiger SAS Output. „Alpha“ gibt das voreingestellte Signifikanzniveau an. „N“ gibt die Anzahl der Messwertpaare an, und „R“ das Ausmaß des Zusammenhangs. Bei „Rtab“ steht kein Wert, da der Stichprobenumfang keinen Rückgriff auf die eigens eingelesenen Referenzwerte (s.u.) notwendig machte. Wäre N < 11 gewesen, wäre ein „Rtab“-Wert ausgegeben worden. „t“ ist der errechnete t-Wert des Tests gegen Null, „ttab“ ist der Vergleichswert aus der t-Tabelle. Unter „ergebnis“ wird der Befund kommentiert anstelle der genauen Angabe der Signifikanz.

Beim Test der Korrelation auf einen signifikanten Unterschied sollte der Stichprobenumfang größer als 11 sein. Für kleinere Werte kann der kritische Wert folgender Tabelle entnommen werden, wobei dieser Wert direkt mit R_{xy} verglichen wird, wie auch dem o.a. anspruchsvollen SAS Programm zu entnommen werden kann.

Tabelle: Kritische Werte für die Überprüfung des Rangkorrelationskoeffizienten

Stichprobenumfang *n*	6	7	8	9	10	11
R_{Tab}	0,886	0,786	0,738	0,700	0,648	0,618

Für die Berechnung einer Spearman Korrelation sind einige Voraussetzungen zu beachten, die im Folgenden zusammengestellt wurden:

Voraussetzungen für die Berechnung des Rangkorrelationskoeffizienten R nach Spearman

(1) Nonsenskorrelationen, z.B. zwischen der Anzahl von Störchen und Geburten, sind von vorneherein sachlogisch auszuschließen.

(2) Die paarweisen Messungen x_i und y_i gehören jeweils zum selben Objekt. In anderen Worten: Die untersuchten Merkmale werden dem gleichen Element einer Stichprobe entnommen.
(3) Die Variablen sind mind. ordinalskaliert.
(4) Es sollten mind. 6 Messwertpaare vorliegen. Bei zu kleinen Stichproben sind Verzerrung in Richtung positiver Korrelationen möglich.
(5) Scheinkorrelationen, also Korrelationen, die nicht durch die beiden untersuchten Variablen, sondern durch weitere Variablen verursacht werden, sind rechnerisch auszuschließen.
(6) Die Variablen sind in derselben Richtung gepolt (v.a. bei der Berechnung und Interpretation von psychometrischen Skalen wichtig).
(7) Liegen v.a. bei kleineren Stichproben ($N \leq 30$) Bindungen *oder* ‚Ausreißer-Differenzen' vor, sollte der Korrelationskoeffizient nach Kendall gewählt werden.

14.1.3. Die Syntax der Prozedur CORR

Die CORR Prozedur berechnet Pearson Korrelationskoeffizienten (gewichtet, ungewichtet), drei nichtparametrische Assoziationsmaße (Spearman, Kendall's tau-b, und Hoeffding's D) und die dazugehörigen Wahrscheinlichkeiten, Partialkorrelationen (Pearson, Spearman, und Kendall), und Cronbach's Alpha.

```
PROC CORR DATA=IhreDaten < Optionen > ;
   VAR Variablenliste ;
   FREQ Variable ;
   PARTIAL Variable ;
   WEIGHT Variable ;
   WITH Variablenliste ;
   BY Variablenliste ;
```

Als Minimalanweisung ist das PROC CORR Statement ausreichend. PROC CORR fordert die SAS Prozedur für die Berechnung für Korrelationsanalysen an. DATA= fordert den Datensatz an, in dem sich die Analysevariablen befinden.
Unter *Optionen* kann u.a. angegeben werden

ALPHA: Fordert die Berechnung von Cronbach's Alpha an.
COV: Fordert die Berechnung von Kovarianzen an.
HOEFFDING: Fordert die Berechnung von Hoeffding's D an.
OUTH=Definiert den Ausgabedatensatz für die Hoeffding's D Statistiken.
OUTK=Definiert den Ausgabedatensatz für die Kendall Korrelationen.
OUTP=Definiert den Ausgabedatensatz für die Pearson Korrelationen.
OUTS=Definiert den Ausgabedatensatz für die Spearman Korrelationen.
NOSIMPLE: Unterdrückt die Ausgabe der deskriptiven Statistiken.
PEARSON: Fordert die Berechnung der Pearson Produkt-Moment Korrelation ein.

SPEARMAN: Fordert die Berechnung der Spearman Rangkorrelation an.

Unter *var* werden die numerischen Variablen und ihre Reihenfolge angegeben, in der die Korrelationsanalyse berechnet, und als Matrix ausgegeben werden soll.

Unter *freq* kann eine Variable angegeben werden, die die Häufigkeiten anderer Variablen repräsentiert.

Ist ein *by* Statement angegeben, werden separate Korrelationsanalysen für die Ausprägungen der dort aufgeführten Gruppierungsvariablen berechnet.

Unter *partial* können die zu kontrollierenden Variablen angegeben werden, um Partialkorrelationskoeffizienten nach Pearson, Spearman, oder Kendall) zu berechnen.

Mit einer *with* Anweisung können Korrelationsanalysen für bestimmte Variablenkombinationen angefordert werden.

Falls eine *weight* Variable angegeben wird, können ihre Werte zur Berechnung einer gewichteten Pearson Produkt-Moment-Korrelation verwendet werden.

Für die detaillierte Dokumentation zahlreicher weiterer Parameter wird auf die SAS Dokumentation zu PROC CORR im SAS Procedures Guide verwiesen.

14.2. Einführung in die Regressionsanalyse mit PROC REG

Mit einer Regressionsanalyse wird ähnlich wie bei einer Korrelationsanalyse untersucht, ob zwischen Variablen ein Zusammenhang besteht. Es bestehen neben dem Rechenverfahren selbst mind. drei weitere grundsätzliche Unterschiede: Die Regressionsanalyse unterstellt ein Kausalmodell (z.B. ‚X verursacht Y'), und erlaubt somit nicht nur eine Aussage darüber, ob und in welchem Ausmaß zwei Variablen zusammenhängen, sondern auch die Überprüfung der Art des Zusammenhangs, also des Kausalmodells selbst, also inwieweit eine unabhängige Variable (UV, Regressor, Prädiktor, erklärende Variable, Einflussgröße) einen Einfluss auf eine abhängige Variable (AV, Regressand, Kriterium, Zielvariable bzw. -größe) ausübt. Im Gegensatz zur Fragestellung der Korrelationsanalyse, die lautet „Wie stark ist die eine Variable durch die andere Variable bestimmt, und umgekehrt?" lautet die Fragestellung der Regressionsanalyse „Wie ändert sich eine abhängige Variable, wenn die unabhängige Variable systematisch variiert wird?". Der zweite Unterschied betrifft in diesem Zusammenhang das Zustandekommen der (un)abhängigen Variable; beide Variablen müssen nicht notwendigerweise Zufallsvariablen sein. Die Werte der unabhängigen Variable werden z.B. oft systematisch variiert; entsprechend variieren die Werte der abhängigen Variable, womit auch diese keine Zufallsvariable ist. Der dritte Unterschied betrifft die Anzahl der Variablen. Eine Korrelation besteht immer nur aus Zusammenhängen zweier Variablen; auch eine Korrelationsmatrix setzt sich aus vielen bivariaten

Zusammenhängen zusammen. Eine Regressionsanalyse kann jedoch von einer einfachen bivariaten Regression bis hin zur multivariaten, sog. Multiplen Regression bzw. Mehrfachregression erweitert werden. Allerdings nur, was die Anzahl der unabhängigen Variablen betrifft; es kann derzeit immer nur der Einfluss auf eine einzelne Variable berechnet werden. Soll ein Modell überprüft werden, das den Einfluss auf mehrere abhängige Variablen zugleich beschreibt, wäre z.B. die Pfadanalyse ein Verfahren der Wahl.

Neben der einfachen (bivariat-linearen) Regression gibt es u.a. die schrittweise Regression (PROC REG, in Klammer ist jew. die SAS Prozedur angegeben), die Vorwärts- bzw. Rückwärtsregression (PROC REG), die nichtlineare Regression (PROC NLIN), die nichtparametrische Regression (SAS Prozeduren CATMOD, LIFEREG, LOGISTIC, und PROBIT), die Ridge-Regression (PROC REG), die Multiple Regression (PROC REG), Linear Least Squares-Regression (PROC ORTHOREG) Partial Least Squares-Regression (PROC PLS) und die Responseflächen-Regression (PROC RSREG).

Folgende Fragestellungen sind Anwendungsbeispiele für Regressionsanalysen:

- Hat die Schwangerschaftsdauer einen Einfluss auf das Geburtsgewicht von Neugeborenen?
- Hat die Motorleistung einen Einfluss auf den Kraftstoffverbrauch eines Autos?
- Hat die Zahl der benötigten Arbeitskräfte einen Einfluss auf ihre Löhne?

Vergleichen Sie die Formulierung dieser Fragenstellungen mit den Beispielen aus der Korrelationsanalyse.

Im Folgenden werden die Grundgedanken und Rechenschritte der einfachen linearen Regression erläutert. Die Berechnung komplexerer Regressionsmodelle mit dem SAS System wird in Schendera & Hiller (o.J.) vorgestellt, u.a. die Nichtlineare Regression am Beispiel der Exponentialfunktionen und der Regression einer Durchbruchskurve mit den Prozeduren PROC REG und PROC NLIN, die Linearisierung durch einfach logarithmische Transformation und weitere Funktionen (Log-log-Transformationen, Potenztransformationen), die Logistische Regression (PROC LOGISTIC) und vieles andere mehr.

Als einführende Literatur zur Regressionsanalyse wird Chatterjee & Price (1995[2]) empfohlen.

14.2.1. Der Grundgedanke der einfachen linearen Regression

Eine Regression zu berechnen ist nur dann sinnvoll, wenn eine (möglichst hohe) Korrelation zwischen den beiden Variablen X und Y besteht. Diese Messwertpaare bilden in einem Streudiagramm, das nichts anderes ist als ein X-Y-Koordinatensystem, eine idealerweise linien- bzw. bandförmige Punkteanordnung (siehe auch die Beispiele zu den Streudiagrammen in diesem Buch). Wenn die Punkte bandförmig um eine gedachte Linie streuen, dann ist die Annahme eines linearen Verlaufs gerechtfertigt, und die Punktwolke kann durch eine lineare Funktion beschreiben werden. *Lineare* Funktion deshalb, weil die grafische Form der Regressionsfunktion eine *gerade Linie* ist. Bei kurvenartigen Punkteschwärmen sind dagegen quadratische oder kubische Regressionsfunktionen angebracht. Einige Funktionen können auch durch Transformation linearisiert werden, was in Schendera & Hiller (o.J.) eingehend dargestellt wird.

14.2.1.1. Die Bestimmung der Regressionsgeraden

Rechnerisch bestimmt man die gerade Linie durch die Punktewolke durch die Methode der kleinsten Quadrate. Die Methode der kleinsten Quadrate minimiert dabei die Abstände der beobachteten zu den Werten auf der Regressionsgerade in Richtung der Variable Y, und zwar so, dass die Summe der Quadrate der Abstände aller Punkte von der gesuchten Geraden minimal wird. Die errechnete Gerade ist nach der Methode der kleinsten Quadrate somit immer auch die beste Schätzgerade zur Beschreibung eines linearen Zusammenhangs zwischen einer X- und Y-Variable.

Normalerweise versteht man unter Abstand den kürzesten Weg zwischen zwei Punkten. Dieser ergibt sich zwischen einen Punkt (xi;yi) und einer Linie aus der von der Linie rechtwinklig abgehenden Verbindungslinie (mittlere Abbildung). Bei der Regression wird der Abstand aber immer in Richtung der abhängigen Variablen gemessen. Ein Lineal wird also nicht rechtwinklig zur Linie angelegt, sondern immer parallel zur Y-Achse (linke Abbildung).

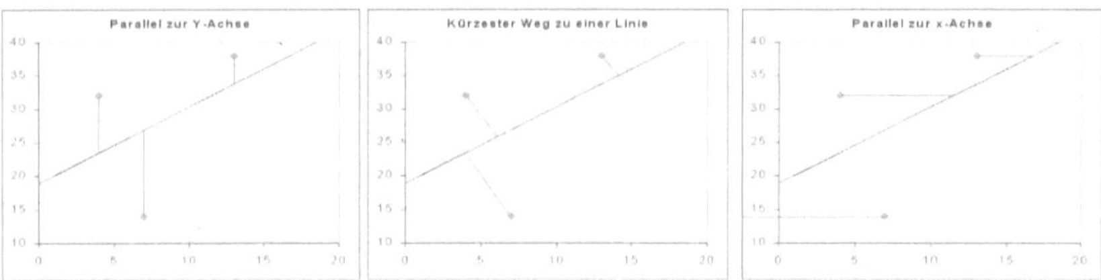

Abb.: Abstandsermittlung zu einer Linie: Links: Parallel zur Y-Achse, mitte: kürzester Weg zu einer Linie, rechts: Parallel zur x-Achse

14.2.1.2. Die Interpretation der Regressionsfunktion

Die Regressionsgerade basiert auf der Gleichung $y = a + b \cdot x$. Damit ist eine Regressionsgerade nicht nur eine Beschreibung, sondern anhand dieser Gleichung auch eine *statistische Interpretation* der vorliegenden Daten.

Die Regressionsgleichung kann somit u.a zur Deskription, Schätzung und Prognose, wie auch zur Simulation angewendet werden. Sind a (Intercept) und b (Steigung) bekannt, so kennt man die genaue Lage der zugehörigen Geraden. Die Regression beschreibt, schätzt und prognostiziert zugleich den Wert einer Zufallsvariablen Y auf Grund der Kenntnis einer anderen Zufallsvariablen X desselben Messwertpaares.

Wenn die Messwerte zu x_i mit y_i bezeichnet werden, dann werden die y-Werte auf der zugehörigen Regressionslinie mit $\hat{y}_i$ bezeichnet. Die sog. Minimumeigenschaft lautet: Die Summe der Abstandsquadrate der Punkte von der Geraden ist kleiner als bei jeder anderen Geraden; mathematisch ausgedrückt:

$$\sum_{i=1}^{n}\left(\hat{y}_i - y_i\right)^2 = \text{minimal.}$$

Die Regressionslinie soll eine Gerade sein. Daher gilt $\hat{y}_i = a_x + b_x \cdot x_i$. Eingesetzt in die erste Gleichung ergibt sich $\sum_{i=1}^{n}\left(a_x + b_x \cdot x_i - y_i\right)^2 = \text{minimal}$. Mit Hilfe der Differentialrechnung ergibt sich für die Regressionslinie von x auf y:

$$b_x = \frac{\sum_{i=1}^{n}\left(\left(x_i - \overline{x}\right)\cdot\left(y_i - \overline{y}\right)\right)}{\sum_{i=1}^{n}\left(x_i - \overline{x}\right)^2}$$

$$a_x = \overline{y} - b_x \cdot \overline{x}$$

Dementsprechend gilt:

$$b_y = \frac{\sum_{i=1}^{n}\left(\left(x_i - \overline{x}\right)\cdot\left(y_i - \overline{y}\right)\right)}{\sum_{i=1}^{n}\left(y_i - \overline{y}\right)^2}$$

$$a_x = \overline{x} - b_y \cdot \overline{y}$$

Für einen gegebenen x-Wert erhält man durch Einsetzen den erwarteten y-Wert (z.B. Modell1: UV: Lange → AV: Breite). Möchte man aus einem gegebenen y-Wert den erwarteten x-Wert berechnen (z.B. Modell2: UV: Breite → AV: Lange) so darf man die Geradengleichung von Modell 1 nicht einfach umstellen, vielmehr muss für Modell 2 eine eigene Regressionsfunktion errechnet werden.

Beispiel: Hefezellen

Für die mikroskopische Ausmessung von Hefezellen in Länge und Breite (siehe die Daten im Abschnitt zu den Korrelationsanalysen) soll eine Regressionsanalyse berechnet werden. Der Anschaulichkeit halber sollen zwei Kausalmodelle berechnet werden: Es soll der Einfluss der Länge einer Hefezelle auf die Breite ermittelt werden, und umgekehrt die Breite einer Hefezelle auf ihre Länge (zum Begriff der ‚Regression zweiter Art' siehe Lorenz, 1992, 72). Die Daten zu diesem Beispiel sind dem Abschnitt zur Korrelationsanalyse entnommen. Es ergeben sich folgende Regressionsfunktionen:

$$b_x = \frac{\sum_{i=1}^{10}\left((x_i - 7{,}5)\cdot(y_i - 6{,}7)\right)}{\sum_{i=1}^{10}(x_i - 7{,}5)^2} = \frac{12{,}5}{14{,}5} = 0{,}862$$

$$a_x = 6{,}7 - 0{,}862 \cdot 7{,}5 = 0{,}235$$

$$b_y = \frac{\sum_{i=1}^{10}\left((x_i - 7{,}5)\cdot(y_i - 6{,}7)\right)}{\sum_{i=1}^{10}(y_i - 6{,}7)^2} = \frac{12{,}5}{12{,}1} = 1{,}033$$

$$a_y = 7{,}5 - 1{,}033 \cdot 6{,}7 = 0{,}579$$

also:

$$\hat{y}_i = 0{,}235 + 0{,}862 \cdot x_i$$

$$\hat{x}_i = 0{,}579 + 1{,}033 \cdot y_i$$

Die beiden Regressionslinien sind in die folg. Abbildung eingetragen. Normalerweise sollte eine Regression nicht über den vorhandenen Messwertbereich hinaus geführt werden. Dies ist hier geschehen, um den Punkt deutlich zu machen, wo die Linie jeweils auf die x- bzw. y-Achse, den sog. Intercept, trifft. Außerdem ist das Bestimmtheitsmaß angegeben, das in beiden Fällen gleich sein muss, und auch ist.

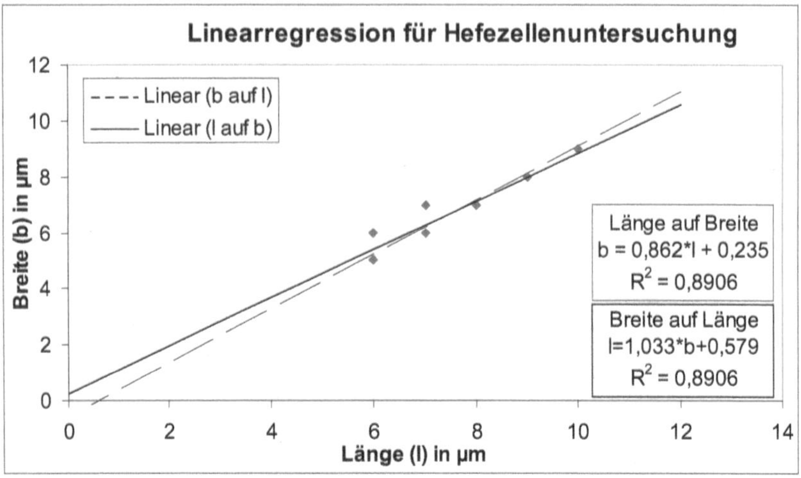

Diese speziell erstellte Grafik zeigt zwei Modelle: Mit einer durchgezogenen Regressionslinie das Modell UV:Länge mit AV:Breite, und mit der durchgezogenen Linie die Regressionsfunktion für das Modell UV:Breite bei AV:Länge. Die in der Legende angegebenen Modellparameter werden in den folgenden Abschnitten weiter erläutert.

14.2.2. Berechnung einer linearen Regression mit PROC REG

Auf der Basis der Hefebakterien-Daten (Länge bzw. Breite von Hefezellen) werden mit der SAS Prozedur REG für zwei Kausalmodelle separate lineare Regressionsfunktionen errechnet. Je nach Kausalmodell, wenn also aus der Länge einer Hefezelle die Breite geschätzt werden soll, oder umgekehrt die Breite einer Hefezelle aus der Länge geschätzt werden soll, werden die dazugehörigen, und wegen der unterschiedlichen Berechnungsrichtung (UV: Lange → AV: Breite vs. UV: Breite → AV: Länge) leicht verschiedene Regressionsfunktionen abgeleitet. Die REG Prozedur besitzt eine Vielzahl von Optionen und Anweisungen, die in einem separaten Abschnitt erläutert werden.

Syntax:

```
data HEFE ;
 input Lange Breite @@;
datalines;
6 5   7 6  6 6  7 6  8 7
9 8  10 9  8 7  7 7  7 6
;
run ;
```

```
proc reg data = HEFE ;
 model Breite=Lange ;
 model Lange=Breite ;
 run ;
quit ;
```

Erläuterungen:

PROC REG fordert die SAS Prozedur für die Berechnung von Regressionsanalysen an. DATA= fordert den Datensatz an (hier: HEFE), in dem sich die Analysevariablen befinden. Nach der Anweisung „Model“ wird zuerst die abhängige Variable und nach dem Gleichheitszeichen die unabhängige Variable angegeben. Innerhalb derselben Prozedur können mehrere „Model“-Anweisungen verwendet werden. Standardmäßig werden die dazugehörigen Ausgaben mit „Model1“, „Model2“,... bezeichnet. PROG REG ist eine interaktive Prozedur. Das Programm muss daher mit einem „Quit“ abgeschlossen werden.

Output:

```
                              The SAS System

                             The REG Procedure
                              Model: MODEL1
                        Dependent Variable: Breite

                           Analysis of Variance

                                    Sum of           Mean
Source                   DF        Squares         Square    F Value    Pr > F
Model                     1       10.77586       10.77586      65.10    <.0001
Error                     8        1.32414        0.16552
Corrected Total           9       12.10000


          Root MSE              0.40684    R-Square     0.8906
          Dependent Mean        6.70000    Adj R-Sq     0.8769
          Coeff Var             6.07221


                           Parameter Estimates

                        Parameter       Standard
    Variable     DF      Estimate          Error    t Value    Pr > |t|

    Intercept     1       0.23448        0.81157       0.29      0.7800
    Lange         1       0.86207        0.10684       8.07      <.0001
```

```
                              The SAS System

                             The REG Procedure
                               Model: MODEL2
                         Dependent Variable: Lange

                           Analysis of Variance

                                  Sum of            Mean
Source                  DF       Squares          Square    F Value    Pr > F

Model                    1      12.91322        12.91322      65.10    <.0001
Error                    8       1.58678         0.19835
Corrected Total          9      14.50000


             Root MSE              0.44536    R-Square     0.8906
             Dependent Mean        7.50000    Adj R-Sq     0.8769
             Coeff Var             5.93816


                           Parameter Estimates

                           Parameter       Standard
        Variable     DF     Estimate          Error    t Value    Pr > |t|

        Intercept     1      0.57851        0.86930       0.67      0.5245
        Breite        1      1.03306        0.12803       8.07      <.0001
```

Dieser Output enthält zwei Modelle, unter „Model 1“ das Modell mit „Breite“ als abhängige Variable (‚Dependent Variable'), und mit „Model 2“ das Modell mit „Lange“ als abhängiger Variable (‚Dependent Variable'). Da diese Outputs vom Aufbau her völlig identisch sind, werden die Parameter für beide gemeinsam erläutert.

Unter „Parameter Estimates“ stehen die Schätzer für die Parameter (Koeffizienten) der Regressionsgleichung. Die Zeile „Intercept“ liefert a, und die Zeilen mit der Angabe der unabhängigen Variablen (je nach Modell „Lange“ bzw. „Breite“) liefern b, die Steigung der Geraden. Die Regressionsgleichung für Modell 1 lautet somit BREITE = 0.23448 + 0.86207 * LANGE; die Regressionsgleichung für Modell 2 lautet entsprechend LANGE = 0.57851 + 1.03306 * BREITE. An diesen Gleichungen ist zunächst die Steigung b wichtig. Wird z.B. in Modell 2 die Variable BREITE um eine Maßeinheit vergrößert, vergrößert sich die Variable LANGE um 1.03306 Maßeinheiten. In Modell 1 verringert sich die Variable LANGE entsprechend um 0.86207 Maßeinheiten. Der Intercept a kann interpretiert werden, wenn X auf Null gesetzt wird (X=0), und die Gleichung nach Y aufgelöst wird. Das Ergebnis lautet für Modell 1 Y(Breite) =0.23448, und für Modell 2 Y(Lange) = 0.57851. Beide Werte unterscheiden sich darüber hinaus nicht signifikant von Null (zum Test siehe unten). Man könnte daher für Modell 1 etwas locker formulieren: Beträgt die Länge Null, ist auch die Breite Null. Für Modell 2 gilt umgekehrt: Beträgt die Breite Null, ist auch die Länge Null.

Neben diesen Werten wird der geschätzte Standardfehler (‚Standard Error') als Qualitätsmaß für die Genauigkeit der errechneten Koeffizienten ausgegeben; mit deren Hilfe können die Vertrauensbereiche der Parameterschätzer ermittelt werden. Unter `Pr > |t|` wird das Ergebnis des Einstichproben-t-Test zur Überprüfung der Hypothese angegeben, dass sich die Parameter vom Wert Null unterscheiden.

Die durchgeführte Varianzanalyse prüft die Hypothese „Zwischen der Variable ‚Breite' und der Variable ‚Lange' (bzw. ‚Lange' und ‚Breite') besteht kein linearer Zusammenhang". Unter dem Abschnitt „Analysis of Variance" wird unter "Source" die Aufteilung der Gesamtvarianz (‚Corrected Total') aufgeführt, und zwar in die Varianz, die durch das Modell erklärt werden kann (‚Model'), und die Varianz, die das Modell nicht erklären kann (‚Error'). „F Value" gibt die Teststatistik für die Güte der Anpassung der Regressionsgerade an die Datenpunkte an, und wird aus dem Quotienten Mean Squares Model / Mean Squares Error berechnet. Je kleiner die Abstände der beobachteten Werte von der Regressionsgerade sind, umso kleiner wird ‚Error', und umso größer wird im Endergebnis der F-Wert. Je größer der F-Wert, umso besser ist die Anpassung der Regressionsgerade an die Daten. „Pr > F" gibt den p-Wert für den F-Test an, und damit die Wahrscheinlichkeit für die Zufälligkeit des Ergebnisses an, und wird mit dem *vor der Analyse* festgelegten Alpha verglichen. Ist „Pr > F" *kleiner* als das vorgegebene Alpha, kann von einer guten Beschreibung der beiden Variablen durch die lineare Regressionsfunktion ausgegangen werden.

Als weitere Parameter werden angegeben: „Root MSE" ist eine Schätzung der Standardabweichung der Residuen. „R-Square" gibt als Bestimmtheitsmaß an, wie viel Variation der abhängigen Variable durch das Regressionsmodell erklärt werden (Quadrat des Korrelationskoeffizienten, R^2). Je mehr dieser Wert gegen 1.0 geht, desto besser ist das Modell. Da R^2 auch von der Anzahl der Regressoren abhängig ist, ist es sinnvoll, beim Vergleich mehrere Modelle auf das Bestimmtheitsmaß „Adj R-sq" zurückzugreifen. „Adj R-sq" wird um die Anzahl der unabhängigen Variablen korrigiert. „Dependent Mean" liefert den Mittelwert der abhängigen Variable. Unter „Var Coeff" wird der Variationskoeffizient angegeben.

14.2.3. Erste Regressionsgrafiken mit PROC REG

Mit Hilfe von PROC REG können auch Grafiken erzeugt werden.

Einfache Regressionsgrafik

Mit dem folgenden Programm soll eine einfache Regressionsgraphik für die Schätzung der Breite und Länge von Hefezellen erzeugt werden.

Syntax:

```
proc reg data=HEFE ;
 Untersuchung1: model Breite=Lange;
 plot Breite*Lange /ctext=blue cline=red;
 run ;
quit;
```

Erläuterungen:

Die Anweisung „Model“ wurde zusätzlich mit dem Etikett „Untersuchung1:“ versehen. Dies beeinflusst die Überschrift und kann von Interesse sein, wenn innerhalb derselben Prozedur mehrere „Model“-Anweisungen verwendet.

In der Anweisung „Plot“ wird zuerst die Variable der y-Achse und dann, nach dem Stern, die Variable der x-Achse angegeben. Durch die Option „ctext=Farbe“ wird die Beschriftungsfarbe festgelegt. Auch andere Elemente der Graphik können farblich umgestaltet werden, z.B. über „cline=“Farbe die Regressionslinie oder „cframe=“Farbe der Hintergrund. Mit weiteren Optionen können u.a. die Fonts der Achsen und die Ausgabe ermittelter Werte eingestellt werden.

Output:

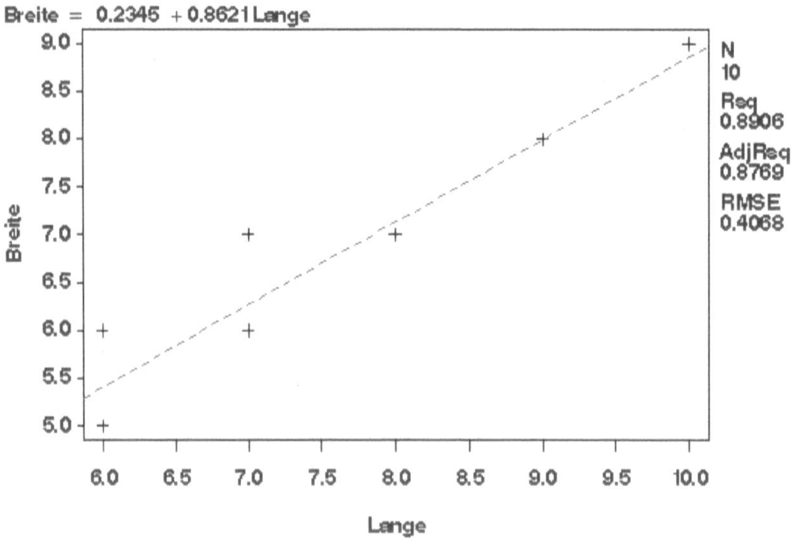

Grafik mit Symbolen für Beobachtungen und Residuen

Syntax:

```
goptions reset=all ;
symbol1 value=circle color=black h=1 ;
symbol2 value=dot color=black h=1 ;

proc reg data=HEFE ;
 model Breite=Lange;
 plot Breite*Lange
      PRED.*Lange
      /overlay ctext=blue ;
 run ;
quit;
```

Erläuterungen:

„Reset=all" unter GOPTIONS macht alle vorangehenden Einstellungen rückgängig, um zu verhindern, dass diese evtl. die Ausgabe dieser Grafik beeinflussen. „Über Symbol1" bzw. „Symbol2" werden Form, Farbe und Größe der Symbole für die Residuen bzw. Beobachtungen festgelegt. Damit sowohl die Beobachtungen für die Variable „Breite", als auch die Residuen für diese Variable (von SAS intern als PRED. bezeichnet) in ihrem Zusammenhang mit der Variable „Lange" angezeigt werden, werden unter „Plot" zwei Modelle („Breite*Lange" bzw. „PRED.*Lange") angegeben, und über die Anweisung „Overlay" angefordert. Die Option „ctext=blue" legt die Beschriftungsfarbe fest.

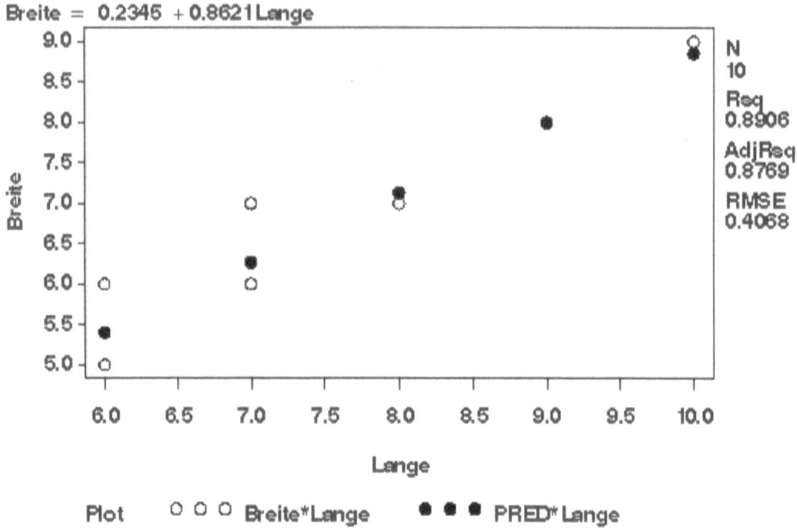

Die SAS/GRAPH stellt zahlreiche weitere Möglichkeiten zur Verfügung, professionell gestaltete Regressionsdiagramme zu erzeugen (siehe dazu das Kapitel 23 zu SAS/GRAPH, Annotate und vielen anderen Möglichkeiten mehr).

14.2.4. Voraussetzungen für die Berechnung einer einfachen linearen Regression

Für die Berechnung einer Regression sind einige Voraussetzungen zu beachten, die im Folgenden zusammengestellt wurden.

(1) Der Zweck der Regressionsanalyse ist festgelegt: Deskription, Schätzung und Prognose, wie auch Simulation haben unterschiedliche Anforderungen an Variablenzahl und Modellqualitäten (u.a. Vorhersageleistung vs. Modellgenauigkeit). Der Anwendungszweck legt die Kriterien fest, die bei der Konstruktion der Regressionsgleichung zu optimieren sind.
(2) Die Regressionsanalyse unterstellt ein Kausalmodell zwischen (mind.) einer unabhängigen Variablen (X) und einer abhängigen (Y) Variable. Nonsensregressionen, z.B. der Einfluss der Anzahl von Störchen auf die Anzahl der Geburten, sind von vorneherein sachlogisch auszuschließen.
(3) Die Variablen sind jeweils intervallskaliert.
(4) Die paarweisen Messungen x_i und y_i müssen zum selben Objekt gehören. In anderen Worten: Die untersuchten Merkmale werden dem gleichen Element einer Stichprobe entnommen.

(5) Die Anzahl der Beobachtungen ist größer als die Anzahl der unabhängigen Variablen bzw. der zu schätzenden Parameter. Es sollten mind. 6 Messwertpaare vorliegen. Je größer die Power bzw. je kleiner die Effektstärken sein sollen, umso mehr Fälle sollten vorliegen.
(6) Zwischen beiden Variablen besteht ein linearer Zusammenhang, beide Variablen sind idealerweise hoch korreliert.
(7) Ausreißer liegen nicht vor bzw. sind zu entfernen. Schon wenige Ausreißer reichen aus, um einen nachhaltigen Einfluss auf das Regressionsergebnis (Präzision der Schätzung des Regressionsgewichts) ausüben zu können.
(8) Die unabhängige Variable sollte hoch zuverlässig, also idealerweise ohne Fehler gemessen worden sein. Die unabhängige Variable sollte normalverteilt sein, muss es aber nicht.
(9) Die Vorhersagefehler (Residuen) sind normalverteilt (Normalitätsannahme), und streuen in Residuenplots zufällig um Null, vorausgesetzt, die Stichprobe ist groß genug.
(10) Der Zusammenhang zwischen den Vorhersagefehlern und den vorhergesagten Werten der abhängigen Variablen ist linear (Linearitätsannahme), und je nach Residuenplot als Diagonale oder als rechteckig-symmetrische Streuungsfläche erkennbar (vorausgesetzt, die Stichprobe ist groß genug).
(11) Die Standardabweichungen der Vorhersagefehler sind für alle vorhergesagten Werte der abhängigen Variable identisch, d.h. insgesamt konstant (Homoskedastizitätsannahme, auch: Homoskedastie). Heteroskedastizität ist in Residuenplots daran erkennbar, dass die Streuungsfläche z.B. nicht rechteckig-symmetrisch (wie im Falle von Homoskedastizität), sondern dreieckig aussieht (vorausgesetzt, die Stichprobe ist groß genug).
(12) Spezielle Regressionseffekte, die z.B. nicht durch die beiden untersuchten Variablen, sondern durch weitere Variablen verursacht werden, sind rechnerisch auszuschließen.
(13) Die Polung der Variablen ist bei der v.a. bei der Interpretation von Regressionsergebnissen zu psychometrischen Skalen zu beachten.
(14) Bei bestimmten Fragestellungen ist zu beachten, ob Regressionsgeraden durch einen beliebigen Abschnitt der y–Achse gehen können, oder im Nullpunkt beginnen sollten. Beim Vergleich von Modellen mit bzw. ohne Intercept in der Gleichung ist zu beachten, dass die R^2- Statistik aufgrund des unterschiedlichen Zustandekommens für einen direkten Modellvergleich nicht geeignet ist.

Für Regressionsanalysen, die mit zeitbezogenen Daten arbeiten oder mehrere unabhängige Variablen einbeziehen, sind noch weitere Voraussetzungen auf Einhaltung zu überprüfen (z.B. Autokorrelation, Orthogonalität bzw. Multikollinearität). In Schendera & Hiller (o.J.) wird an einer Mehrfachregression die Überprüfung und Optimierung dieser und anderer Kriterien mit SAS detailliert vorgestellt werden.

Für die Anwendung und Interpretation diverser Verfahren zur Selektion von Variablen (z.B. Varianzinflationsfaktoren), wichtiger Kriterien für die Beurteilung der Adäquanz verschiedener Gleichungsschätzungen (z.B. C_p), oder die Diskussion des Einhaltens bzw. Verletzens von Modellannahmen im allgemeinen wird auf Chatterjee & Price (1995²) verwiesen.

14.2.5. Die Syntax der Prozedur REG

PROC REG ist eine mächtige SAS Prozedur zur Berechnung verschiedener Regressionsverfahren. Die REG Prozedur kann u.a. mehrere Regressionsmodelle zugleich berechnen, und Grafiken, Kollinearitäts- und andere Einflussdiagnostiken ausgeben.

```
PROC REG DATA=IhreDaten < Optionen > ;
MODEL AV=UV / < Optionen > ;
FREQ Variable ;
PLOT Y-Variable*X-Variable=Symbol ;
WEIGHT Variable ;
BY Variablenliste ;
ID Variablenliste ;
VAR Variablenliste ;
OUTPUT OUT = Datensatz ;
```

PROC REG fordert die SAS Prozedur für die Berechnung von Regressionsanalysen an. DATA= fordert den Datensatz an, in dem sich die Analysevariablen befinden. Unter *Optionen* kann u.a. mit OUTEST= ein Ausgabedatensatz u.a. für Parameterschätzer, und mit OUTSSCP= ein Ausgabedatensatz für u.a. Quadratsummen angegeben werden. Die Parameter EDF, OUTSEB, PRESS, RSQUARE und TABLEOUT veranlassen PROC REG, in den OUTEST= Datensatz u.a. das Modell-R^2 (EDF, RSQUARE), Standardfehler der Parameterschätzungen (OUTSEB, TABLEOUT) und die PRESS Statistik (PRESS) abzulegen. PCOMIT führt eine unvollständige Hauptkomponentenanalyse durch und legt die Ergebnisse im OUTEST-Datensatz ab. RIDGE führt eine Ridge-Regression durch und legt die Ergebnisse im OUTEST-Datensatz ab. CORR zeigt die Korrelationsmatrix für jede Variable im MODEL- und VAR-Statement an. SIMPLE zeigt einfache Statistiken für jede Variable im MODEL- und VAR-Statement an. USCCP zeigt unkorrigierte Quadratsummen- und Kreuzproduktmatrizen an. NOPRINT unterdrückt jeden Output. ALL zeigt alle Statistiken an (CORR, SIMPLE und USCCP). Nicht erläutert sind u.a. die Optionen ALPHA, ANNOTATE, GOUT, LINEPRINTER, und SINGULAR.

Nach der Anweisung MODEL wird zuerst die abhängige Variable und nach dem Gleichheitszeichen die unabhängige(n) Variable(n) angegeben. Nach einem Backslash können zahlreiche Optionen angegeben werden (u.a.):

Modellauswahl: SELECTION=*Rechenmodell*. Als *Rechenmodelle* stehen zur Verfügung: FORWARD (F), BACKWARD (B), STEPWISE, MAXR, MINR, RSQUARE, ADJRSQ, CP, oder NONE. NONE ist die Voreinstellung und berechnet das volle Modell im MODEL Statement. FORWARD fordert die Vorwärtsauswahl an. Dieses Verfahren beginnt bei einem Modell ohne Variablen und fügt diesem nacheinander Variablen bis zur maximalen Anpassung hinzu. BACKWARD fordert die Rückwärtsauswahl an. Dieses Verfahren beginnt bei einem Modell mit allen Variablen und entfernt nacheinander die Variablen mit dem geringsten Beitrag. STEPWISE fordert das Verfahren der schrittweisen Regression (vorwärts/rückwärts) an. STEPWISE unterscheidet sich insofern von den Verfahren FORWARD bzw. BACKWARD, dass hier Variablen, die bereits im Modell enthalten sind, nicht notwendigerweise im Modell verbleiben. Die Verfahren MAXR bzw. MINR fordern die Modelle mit der jew. größten bzw. geringsten R^2 Verbesserung an. RSQUARE, CP und ADJRSQ finden eine vorgegebene Anzahl von Modellen mit dem höchsten R^2, niedrigsten C_p, bzw. höchsten adjustierten R^2. RIDGE= führt eine Ridge-Regression durch und legt die Ergebnisse im OUTEST-Datensatz ab (RIDGE= ist nicht zu verwechseln mit RIDGE ohne ‚='). PCOMIT= führt eine unvollständige Hauptkomponentenanalyse durch und legt die Ergebnisse im OUTEST-Datensatz ab (PCOMIT = ist nicht zu verwechseln mit PCOMIT ohne ‚='). NOINT unterdrückt den Intercept, der sonst im Modell eingeschlossen wird.

Fit Statistiken: Mittels der folgenden Optionen, anzugeben hinter dem MODEL Statement, können zahlreiche Statistiken angefordert werden: ADJRSQ (adjustiertes R^2), AIC (Akaike's Information Criterion), B (Parameterschätzer), BIC (Sawa's Bayesian Information Criterion), CP (Mallows' C_p Statistik), GMSEP (Geschätzte MSE der Vorhersage unter der Voraussetzung multivariater Normalverteilung), JP (J_p), MSE (Mittlerer quadrierter Fehler), PC (Amemiya's Prediction Criterion), RMSE (Wurzel aus dem MSE), SBC (SBC Statistik), SP (S_p Statistik), und SSE (Quadratsummen der Fehler).

Datensatz-Optionen: Die Optionen EDF, OUTSEB, PRESS, RSQUARE und TABLEOUT im MODEL-Statement veranlassen PROC REG, in den OUTEST= Datensatz u.a. das Modell-R^2 (EDF, RSQUARE), Standardfehler der Parameterschätzungen (OUTSEB, TABLEOUT) und die PRESS Statistik (PRESS) abzulegen. PCOMIT führt eine unvollständige Hauptkomponentenanalyse durch und legt die Ergebnisse im OUTEST-Datensatz ab. OUTVIF legt die Varianzinflationsfaktoren in den OUTEST-Datensatz ab (nur bei der RIDGE=- bzw. der PCOMIT=-Option).

Regressionsberechnung: XPX zeigt u.a. Quadratsummen an. I zeigt u.a. inverse Quadratsummen an. Nicht erläutert sind u.a. Details zu Schätzungen, Einfluss-Statistiken, vorhergesagten Werten und Residuen, und Anzeigeoptionen.

Unter *freq* kann eine Variable angegeben werden, die die Häufigkeiten anderer Variablen repräsentiert. Wird ein FREQ Statement angegeben, so wird angenommen, dass jede Beobachtung im Datensatz *n* Beobachtungen repräsentiert, wobei *n* der Wert der FREQ Variable ist. Falls der Wert der FREQ Variable „missing" oder kleiner als 1 ist, wird die betreffende Beobachtung nicht in der Regressionsanalyse verwendet.

Im *plot* Statement wird zuerst die Variable der y-Achse (vertikal), und nach dem verbindenden Stern die Variable der x-Achse (horizontal) angegeben. Nach dem ‚='-Zeichen können für Zeilendrucker (Option LINEPRINTER) Symbole für die Darstellung angegeben werden. Für hochauflösende Grafiken werden Symbole über SYMBOLn angegeben.

Wird eine *weight* Variable angegeben, können ihre Werte als relative Gewichte für einer gewichtete Least-Squares Anpassung verwendet werden. Werte einer *weight* Variable dürfen nicht negativ sein, ansonsten wird die Beobachtung aus der Analyse ausgeschlossen.

Ist ein *by* Statement angegeben, werden separate Regressionsanalysen für die Ausprägungen der dort aufgeführten Gruppierungsvariablen berechnet.

Falls im MODEL Statement eine der Optionen CLI, CLM, P, R, oder INFLUENCE angefordert wurde, werden die Variablen in der Liste im *ID*-Statement neben jeder Beobachtung angezeigt, um sie zu identifizieren. Ohne das ID Statement wird die Beobachtungsnummer verwendet, um die Beobachtung zu identifizieren.

Unter *var* können numerische Variablen für eine Kreuzproduktmatrix angegeben werden, die nicht im MODEL Statement angegeben sind.

OUTPUT OUT= legt nach der Modellanpassung berechnete Diagnostikstatistiken in einem hier spezifizierbaren Datensatz an. Das OUTPUT OUT=Statement bezieht sich immer auf das zuletzt berechnete Modell. Für die angeforderten SAS Parameter (z.B. COOKD) ist immer auch ein Name mit anzugeben (z.B. COOKD=VAR1, oder auch DFFITS=VAR2).

Von den vielen Statements wurden u.a. nicht dargestellt: ADD, DELETE, MTEST, PAINT, PRINT, REFIT, RESTRICT, REWEIGHT, und TEST.

Für die detaillierte Dokumentation dieser und zahlreicher weiterer Statements und Optionen wird auf die SAS/STAT Dokumentation zu PROC REG verwiesen.

15. Varianzanalysen ANOVA GLM NPAR1WAY NESTED

15.1. Einführung in die Varianzanalyse

Die Varianzanalyse (analysis of variance, ANOVA, VA) wurde entwickelt, um überprüfen zu können, ob ein oder mehrere Faktoren einen Einfluss auf die Mittelwerte einer oder mehrerer abhängiger Variablen haben. In anderen Worten, beantwortet die Varianzanalyse die Frage danach, ob es einen zufälligen oder signifikanten Unterschied zwischen den Mittelwerten verschiedener Gruppen gibt. Terminologische Varianten: Bei einem Faktor: Einfaktorielle VA, Unifaktorielle VA, EinwegsVA, oder auch OneWay-VA; bei zwei Faktoren: Zweifaktorielle VA, ZweiwegsVA, oder auch TwoWay-VA; bei mehreren Faktoren: Multifaktorielle VA; bei einer abhängigen Variable: Univariate VA, bei zwei abhängigen Variablen: bivariate VA, bei mehreren abhängigen Variablen: multivariate VA. Je nach Anzahl der Faktoren und abhängigen Variablen, und verwendeter Terminologie entstehen Bindestrichbegrifflichkeiten folgender Art: Einfaktorielle-multivariate VA, TwoWay-bivariate VA, usw.

Die Varianzanalyse wurde seit den zwanziger Jahren ständig weiterentwickelt. In ihrer Grundform weisen die Faktoren (auch: UV, Klassierungs-, oder Gruppierungsvariablen) diskretes Niveau auf; die abhängigen Variablen besitzen intervallskaliertes Messniveau. Inzwischen gibt es auch Varianzanalysen, für die diese und andere Voraussetzungen nicht zutreffen brauchen (siehe unten).

Folgende Fragestellungen sind Anwendungsbeispiele für Varianzanalysen:

Unterscheiden sich Männer und Frauen in ihrem Blutdruck? In anderen Worten: Hat der Faktor „Geschlecht" einen Einfluss auf den menschlichen Blutdruck?

Unterscheiden sich Psychologen, Psychiater, und Psychoanalytiker in ihrem Behandlungserfolg? In anderen Worten: Hat der Faktor „Beruf" einen Einfluss auf den Behandlungserfolg?

Unterscheiden sich Baden-Württemberg, Bayern, Bremen, Hessen, Sachsen-Anhalt und Thüringen im Pro-Kopf-Einkommen ihrer Bevölkerung? In anderen Worten: Hat der Faktor „Bundesland" einen Einfluss auf das jeweilige Pro-Kopf-Einkommen?

Inzwischen gibt es zahlreiche weitere VA-Varianten für spezielle Anwendungen und Voraussetzungen. Je nach Eigenschaft des Versuchsplans, der Verteilung der Daten und Effektarten unterscheidet man dabei u.a.

- Parametrische vs. nichtparametrische Varianzanalysen.
- Varianzanalysen für balancierte vs. nichtbalancierte Designs.
- Varianzanalysen für feste Effekte (alle Kategorien sind bekannt und liegen vor) .
- Varianzanalysen für zufällige Effekte (random effect models; nur eine zufällige Auswahl aller möglichen Faktor-Ausprägungen tritt auf).
- Varianzanalysen für bestimmte Versuchspläne, z.B. vollständig randomisierte (hierarchische) Versuchspläne, einfache oder zweifache Varianzanalyse, Vergleich von k unabhängigen Gruppen, Varianzanalyse mit Messwiederholung, Blockexperimente.

15.2. Die Berechnung von Varianzanalysen in SAS

Das SAS System bietet viele Prozeduren an, die für die verschiedensten Anwendungen, Voraussetzungen, und Designs Varianzanalysen berechnen können. Im folgenden Kapitel werden vier Prozeduren vorgestellt: PROC ANOVA, PROC GLM, PROC NPAR1WAY, und PROC NESTED. Neben diesen Prozeduren gibt es noch viele weitere Verfahren für Varianzanalysen, u.a. CATMOD, GENMOD, MIXED, TTEST, TRANSREG, und VARCOMP.

PROC ANOVA ist nur für balancierte Designs geeignet. SAS gibt im Log eine Warnmeldung aus, falls die Zellen nicht balanciert sind, und GLM geeigneter ist:

```
WARNING: PROC ANOVA has determined that the number of observations
in each cell is not equal.PROC GLM may be more appropriate.
```

PROC ANOVA gilt als schneller und komfortabler als PROC GLM.

PROC GLM wurde für allgemeine lineare Modelle entwickelt, und ist auch für nicht balancierte Designs geeignet. Das GLM Verfahren wendet die Methode der kleinsten Quadrate an (Method of Least Squares, MLS), um allgemeine lineare Modelle anzupassen.

PROC NPAR1WAY wurde für die Berechnung nichtparametrischer Varianzanalysen entwickelt, z.B. den Wilcoxon- oder den Kruskal-Wallis-Test (H-Test).

PROC NESTED wurde speziell für ausschließlich (hierarchisch) genestete Zufallsvariablen entwickelt.

Die folgenden Abschnitte behandeln mit einer Ausnahme Verfahren für Unterschiede zwischen mehr als zwei Gruppen. Um die einzelnen Verfahren besser vorstellen zu können, wird auf die Vertiefung der Syntax verzichtet, und dazu auf die SAS/STAT Dokumentation verwiesen. Das abschließende Beispiel zu Hotelling's T^2 untersucht zwei Gruppen auf Unterschiede zwischen mehreren abhängigen Variablen.

15.3. PROC ANOVA für balancierte Designs

Am Ende des Kapitels wird auf die Voraussetzungen für die Berechnung einer Varianzanalyse mit der Prozedur ANOVA eingegangen.

15.3.1. Syntax

```
PROC ANOVA < Optionen > ;
   CLASS Variablen ;
   MODEL AV=Faktoren < / Optionen > ;
   BY Variablen ;
   FREQ Variable ;
   MEANS effects < / Optionen > ;
```

Als Minimalanweisung ist das PROC ANOVA Statement zusammen mit den CLASS und MODEL Anweisungen ausreichend. Aus Gründen der Übersichtlichkeit wird nicht die vollständige Syntax vorgestellt, z.B. nicht die Anweisungen ABSORB, MANOVA, REPEATED, und TEST. Es wird auf die SAS/STAT Dokumentation verwiesen.

Bei PROC ANOVA ist auf die richtige *Abfolge* einiger Anweisungen zu achten: CLASS muss z.B. vor MODEL angegeben werden.

Unter *PROC ANOVA < Optionen >* kann u.a. angegeben werden:

DATA=SAS Datensatz: Expliziter Verweis auf den zu verwendenden SAS Datensatz; fehlt dieser Verweis, verwendet ANOVA den zuletzt angelegten Datensatz.

MULTIPASS: Eine Datenlesevorschrift für den Fall, dass der Plattenplatz nicht ausreicht.

NAMELEN=Zahl: Bestimmt die Länge von Effektnamen in Tabellen und Output-Datasets. Voreingestellt ist n= 20 Buchstaben, n kann zwischen 20 und 200 liegen.

NOPRINT: Unterdrückt die Anzeige jeglichen Outputs, blockiert zeitweise auch das ODS.

ORDER=: Legt die Sortierreihenfolge für die Stufen aller Variablen im CLASS Statement fest. Voreingestellt ist ORDER=FORMATTED (extern formatierter Wert). Weitere Optionen sind DATA (Reihenfolge des Auftretens im Input-Datensatz), FREQ (abnehmende Häufigkeitszählung; Levels mit den meisten Beobachtungen kommen zuerst), und INTERNAL (unformatierter Wert).
OUTSTAT= SAS Datensatz. Benennt und legt einen Datensatz an, der u.a. Quadratsummen (sums of squares), Freiheitsgrade (degrees of freedom), *F* Statistiken (*F* values), und Wahrscheinlichkeiten (probabilities) für jede Modell- oder Kontrastquadratsumme enthält.

Falls das varianzanalytische Modell Klassifikationseffekte enthält, so müssen die Klassifikationsvariablen unter *class* explizit angegeben werden. Klassifikationsvariablen sind i.a. unabhängige Variablen, und werden auch als kategoriale, qualitative, diskrete, oder nominale Variablen bezeichnet. Die Werte einer CLASS Variable werden als Level bezeichnet. CLASS Variablen können numerisch oder alphanumerisch sein. ANOVA interpretiert das Skalenniveau einer Variable, die *nicht* im CLASS Statement angegeben wird, automatisch als kontinuierlich. Das CLASS Statement muss vor dem MODEL Statement stehen.

Unter *model* wird das zu analysierende varianzanalytische Modell beschrieben; es kann immer nur ein Modell angegeben werden. Rechts vom *model*-Befehl werden eine oder mehrere abhängige Variablen angegeben; rechts vom = -Zeichen werden die unabhängigen Variablen (Klassifikationsvariable/n , Faktoren) angegeben. Neben einzelnen unabhängigen Variablen als sog. Haupteffekte [z.B. AV = UV1 UV2], können Effekte auch aus als Interaktionen mehrere unabhängigen Variablen gebildet werden [z.B. AV = UV1*UV2], oder [z.B. AV = UV1*(UV2 UV3)]. Falls das MODEL Statement mehr als eine abhängige Variable enthält, können mit dem MANOVA Statement multivariate Varianzanalysen berechnet werden.

Ist ein *by* Statement angegeben, werden separate Varianzanalysen für die Ausprägungen der dort aufgeführten Gruppierungsvariablen berechnet.
Unter *freq* kann eine Variable angegeben werden, die die Häufigkeiten jeder Beobachtung im verwendeten Datensatz repräsentiert.

Für jede Gruppe, die einem Effekt bzw. einer Klassifikation im *means* Statement entspricht, berechnet ANOVA den Mittelwert und die Standardabweichung jeder abhängigen Variable aus dem Modell.

15.3.2. Beispiel-Analyse: Einfaktorielle-univariate ANOVA

Beispiel

In einem See (Variable PHYDROGP) wurde an vier Stellen die Variable PO4_P (Phosphat-Wasser-Gemisch) gemessen. Die zu untersuchende Fragestellung lautet: Unterscheiden sich die vier Messstellen in Bezug auf die Variable PO4_P, oder in anderen Worten: Hat der Faktor „Messstelle“ einen Einfluss auf das dort feststellbare Phosphat-Wasser-Gemisch?

Syntax

```
title 'Balancierte Varianzanalyse mit PROC ANOVA' ;

   proc anova data = pfad.ifsdata2 ;
      class PHYDROGP ;
      model PO4_P     = PHYDROGP;
   run;
   quit;
```

Anm.: Die Gruppengrößen von PHYDROGP schwanken von 51 bis 55. Dieses Design gilt noch als balanced.

Output

```
                            The ANOVA Procedure

                         Class Level Information

                   Class          Levels    Values

                   PHYDROGP            4    1 2 3 4


                   Number of observations    212

NOTE: Due to missing values, only 205 observations can be used in this analy-
sis.

                            The ANOVA Procedure

Dependent Variable: PO4_P

                                            Sum of
Source               DF         Squares    Mean Square    F Value    Pr > F

Model                 3      7.43155931     2.47718644      26.83    <.0001

Error               201     18.56002834     0.09233845

Corrected Total     204     25.99158765


                 R-Square     Coeff Var      Root MSE    PO4_P Mean

                 0.285922      40.61760      0.303872      0.748130

Source               DF        Anova SS    Mean Square    F Value    Pr > F

PHYDROGP              3      7.43155931     2.47718644      26.83    <.0001
```

Erläuterung der Statistiken

Am Anfang des Outputs wird die CLASS Variable PHYDROGP, die Anzahl ihrer Stufen (hier: 4), und deren jew. Kodierung (hier: 1 bis 4) vorgestellt. Anschließend wird darüber informiert, wie viele Beobachtungen vorliegen, und wie viele davon ohne Missings in der Varianzanalyse verwendet werden konnten, hier z.B. N=205.

Unter "Dependent Variable" wird die gemessene Variable angeführt, hier z.B. PO4_P. Unter "Source" werden die Variationsquellen der Daten aufgeführt. In diesem Beispiel werden im ersten Abschnitt alle Variationsquellen aufgeführt, also Model und Error, und im zweiten Abschnitt nur die Variation des Models, also die Variation zwischen den Gruppen (hier: Messstellen).

Die varianzanalytische Prüfung mehrerer Gruppen daraufhin, ob ihre Populationsmittelwerte alle gleich sind, basiert auf einer Unterteilung der Gesamtvariation in eine Variation aufgrund der (gesuchten) Unterschiede zwischen den Gruppen („model"), und einer „Fehlervariation" (z.B. „error", Innergruppen-Variation oder andere Variationsquellen). Die Nullhypothese wird verworfen, wenn die Unterschiede bzw. Variation zwischen den Gruppen größer als die Variation innerhalb der Gruppen. Gerade weil dieses Verfahren auf der Analyse der Datenvariation (auch: Varianz) aufbaut, wird es als Varianzanalyse bezeichnet.

„DF" (degrees of freedom) enthält die Freiheitsgrade.

„Sum of Squares" bzw. „ANOVA SS" messen als Quadratsummen die Variation seitens einer bestimmten Einflussquelle. In einfachen einfaktoriellen Designs entsprechen sich beide Kennzahlen.

„Mean Squares (MS)" sind die Quadratsummen dividiert durch die Anzahl der Freiheitsgrade, und werden für den Test auf Unterschiede zwischen den (hier: vier) Gruppen benötigt.

„F Value" gibt die Teststatistik an, und wird aus der Division der Mean Squares für Model durch die Mean Squares für Error berechnet. In einfaktoriellen Designs entsprechen sich beide Kennzahlen.

„Pr > F" gibt den p-Wert für den F-Test an, und wird mit dem *vor der Analyse* festgelegten Alpha verglichen.

„PO4_P Mean" gibt den Mittelwert für PO4_P an.

„Root MSE" ist eine Schätzung der Standardabweichung der Residuen.

„C.V." gibt den Variationskoeffizienten („coefficient of variation") an.

„R-Square" gibt an, wie viel Variation der abhängigen Variablen durch das Modell erklärt werden. Je mehr dieser Wert gegen 1.0 geht, desto besser ist das Modell.

F Value = 26.83 und Pr > F <.0001 drücken aus, dass sich die Messstellen signifikant unterscheiden. Diese Werte sagen nichts darüber aus, welche Gruppen sich *im einzelnen* signifikant unterscheiden. Wäre der F-Wert *nicht* signifikant, dürfte man zwar daraus schließen, dass es keinen statistisch signifikanten Unterschied gibt, aber nicht, dass die Gruppen *gleich* sind.

Syntax-Beispiele ohne weitere Erläuterung:

Einfaktorielle-bivariate ANOVA

```
proc anova data = pfad.ifsdata2 ;
   class SIO2GRP ;
   model SIO2 PO4_P = SIO2GRP  ;
run;
quit;
```

Zweifaktorielle-univariate ANOVA mit Interaktionseffekten

```
proc anova data = pfad.ifsdata2 ;
      class SIO2GRP PHYDROGP;
      model SIO2 = SIO2GRP PHYDROGP SIO2GRP*PHYDROGP;
   run;
   quit;
```

Anm.: Voraussetzung für die Berechnung einer Varianzanalyse mit PROC ANOVA ist, dass die Anzahl der Beobachtungen pro Zelle auch für die Interaktionseffekte gleich groß ist. PROC ANOVA überprüft, ob die Anzahl der Beobachtungen pro Zelle gleich groß sind. Falls GLM für die Berechnung einer Varianzanalyse geeigneter ist, gibt SAS im Log eine Warnmeldung aus.

```
WARNING: PROC ANOVA has determined that the number of observations
in each cell is not equal.PROC GLM may be more appropriate.
```

Voraussetzungen für den Einsatz der Prozedur ANOVA:

(1) Die Daten sind normalverteilt.
(2) Die Vergleichsgruppen sind gleich groß (balanciertes Design).
(3) Die Beobachtungen sind unabhängig. Die Messung einer Beobachtung hat keinen Einfluss auf die Messung einer anderen Beobachtung.
(4) Die Gruppen besitzen gleiche Varianzen.
(5) Die unabhängigen Variablen (Faktoren) sind diskret skaliert; die abhängigen Variablen besitzen Intervallniveau.

Auf die konkrete Prüfung von Verfahrensvoraussetzungen (den sog. Voraussetzungs- bzw. Anpassungstests) wird im Abschnitt zur Berechnung einer Kovarianzanalyse ausführlich eingegangen.

15.4. Prozedur GLM für Allgemeine Lineare Modelle

Am Ende des Kapitels wird auf die Voraussetzungen für die Berechnung einer Varianzanalyse mit der Prozedur GLM eingegangen.

15.4.1. Syntax

```
PROC GLM < Optionen > ;
   CLASS Variablen ;
   MODEL AV=UV < / Optionen > ;
   BY Variablen ;
   MEANS Effekte < / Optionen > ;
   OUTPUT bzw. OUT=SAS Datensatz
   Keyword=Name < ... Keyword=Name > < / Option > ;
run;
```

Aus der umfangreichen und mächtigen GLM-Syntax wurden nur wenige Statements für die Berechnung einer einfachen Varianzanalyse ausgewählt. Für eine ausführlichere Darstellung wird auf den Abschnitt zur Kovarianzanalyse verwiesen.

Als Minimalanweisung sind das PROC GLM Statement, incl. MODEL und CLASS Anweisung möglich. Bei PROC GLM ist auf die richtige *Abfolge* einiger Anweisungen zu achten: CLASS muss z.B. vor MODEL angegeben werden.

Unter PROC GLM < Optionen > ; kann u.a. angegeben werden:
ALPHA=Signifikanz: Gibt die Signifikanz p für 100(1-p)% Konfidenzintervalle vor. p muss zwischen 0 und 1 liegen. Das voreingestellte p=0.05 führt zu 95% Intervallen.

DATA=SAS Datensatz: Expliziter Verweis auf den zu verwendenden SAS Datensatz; fehlt dieser Verweis, verwendet GLM den zuletzt angelegten Datensatz.
NOPRINT: Unterdrückt die Anzeige jeglichen Outputs, blockiert zeitweise auch das ODS.

OUTSTAT= SAS Datensatz. Benennt und legt einen Datensatz an, der u.a. Quadratsummen (sums of squares), Freiheitsgrade (degrees of freedom), *F* Statistiken (*F* Statistiken), und p-Level für Effekte aus dem Modell enthält.

Falls das varianzanalytische Modell Klassifikationseffekte enthält, so müssen diese Klassifikationsvariablen unter *class* explizit angegeben werden. Klassifikationsvariablen sind i.a. unabhängige Variablen, und werden auch als kategoriale, qualitative, diskrete, oder nominale Variablen bezeichnet. Die Werte einer CLASS Variable werden als Level bezeichnet. CLASS Variablen können numerisch oder alphanumerisch sein. GLM interpretiert das Skalenniveau einer Variable, die *nicht* im CLASS Statement angegeben wird, automatisch als kontinuierlich. Das CLASS Statement muss vor dem MODEL Statement stehen.

Unter *model* wird das zu analysierende Varianzanalyse-Modell beschrieben; es kann immer nur ein Modell angegeben werden. Rechts vom *model*-Befehl werden eine oder mehrere abhängige Variablen angegeben; rechts vom = -Zeichen werden die unabhängigen Variablen (Klassifikationsvariablen) angegeben (bei Angabe unabhängiger *quantitativer* Variablen berechnet GLM eine Kovarianzanalyse). Neben einzelnen unabhängigen Variablen als Effekten, können Effekte auch aus unterschiedlichsten Kombinationen von unabhängigen Variablen definiert werden. Weitere Unteroptionen können u.a. sein: SOLUTION: Gibt eine Lösung für die Normalgleichungen (Parameterschätzungen) aus. SS1 bis SS4: Zeigen für jeden Effekt die Quadratsummen im Zusammenhang mit den typ-spezifisch (Typ I bis Typ IV) schätzbaren Funktionen an. SS1 und SS3 sind Voreinstellungen.

Ist ein *by* Statement angegeben, werden separate Varianzanalysen für die Ausprägungen der dort aufgeführten Gruppierungsvariablen berechnet.

Für jede Gruppe, die einem Effekt bzw. einer Klassifikation im *MEANS* Statement entspricht, berechnet GLM den Mittelwert und die Standardabweichung jeder kontinuierlichen Variable aus dem Modell (abhängig, und unabhängig).

OUTPUT bzw. OUT=SAS Datensatz: Legt einen Zieldatensatz für besonders zu spezifizierende Kennziffern an, z.B. Residuen. Beispiel: output out=NEW p=YWERT r=RESIDUUM stdr=STDRESID;

15.4.2. Beispielanalyse: Zweifaktorielle ANOVA

Beispiel

In einem See wurde die Variable PO4_P (Phosphat-Wasser-Gemisch) in verschiedenen Umgebungskonzentrationen gemessen. Umgebungskonzentration bedeutet, dass an den verschiedenen Messstellen weitere Stoffe (z.B. Stickoxid) in jew. unterschiedlicher Konzentration vorkommen. Die Umgebungskonzentration SIO2GRP (Stickoxid) ist dabei vier- und die Umgebungskonzentration NO2_NGP dreistufig. Die zu analysierende Fragestellung lautet: Unterscheiden sich die PO4_P-Werte zwischen den verschiedenen SIO2GRP - bzw. NO2_NGP- Umgebungskonzentrationen, oder: Haben die Umgebungskonzentrationen einen Einfluss auf die Variable PO4_P?

Anm.: Die vor der Analyse durchgeführten deskriptiven Statistiken zeigen, dass die Gruppen von NO2_NGP und SIO2GRP jeweils nicht gleich groß sind. Für die Berechnung dieses unbalancierten Design wird PROC GLM eingesetzt.

Syntax

```
title 'Nicht-balancierte zwei-faktorielle Varianzanalyse mit PROC GLM' ;

   proc glm data = pfad.ifsdata2 ;
      class NO2_NGP SIO2GRP ;
      model PO4_P = NO2_NGP SIO2GRP ;
   run;
   quit;
```

Output

```
                          The GLM Procedure

                       Class Level Information

                    Class          Levels    Values

                    NO2_NGP             3    1 2 3

                    SIO2GRP             4    1 2 3 4


                     Number of observations    212

NOTE: Due to missing values, only 204 observations can be used in this analysis.
                          The GLM Procedure

Dependent Variable: PO4_P

                                           Sum of
   Source                      DF         Squares     Mean Square    F Value    Pr > F

   Model                        5      1.41761873      0.28352375       2.33    0.0437

   Error                      198     24.07265171      0.12157905

   Corrected Total            203     25.49027045

                R-Square     Coeff Var      Root MSE     PO4_P Mean

                0.055614      46.97024      0.348682       0.742346


   Source                      DF       Type I SS     Mean Square    F Value    Pr > F

   NO2_NGP                      2      0.20362533      0.10181267       0.84    0.4344
   SIO2GRP                      3      1.21399340      0.40466447       3.33    0.0207


   Source                      DF     Type III SS     Mean Square    F Value    Pr > F

   NO2_NGP                      2      0.44912195      0.22456097       1.85    0.1604
   SIO2GRP                      3      1.21399340      0.40466447       3.33    0.0207
```

Erläuterung der Statistiken

Der Output von GLM unterscheidet sich strukturell nicht sehr vom Output der Prozedur ANOVA.

Am Anfang des Outputs werden die CLASS Variablen, die Anzahl ihrer Stufen, und deren jew. Werte vorgestellt. Anschließend wird darüber informiert, wie viele Beobachtungen vorliegen, und wie viele davon ohne Missings in der Varianzanalyse verwendet werden konnten, hier z.B. N=204.

Unter "Dependent Variable" wird die gemessene Variable angeführt, hier z.B. PO4_P. Unter "Source" werden die Variationsquellen der Daten aufgeführt. Im ersten Abschnitt werden alle Variationsquellen aufgeführt (Model und Error). Im zweiten Abschnitt wird, im Gegensatz zur Ausgabe bei PROC ANOVA, die Variation des Models einmal nach Typ I, und einmal nach Typ III berechnet ausgegeben („Type I SS" bzw. „Type III SS"). Bei multifaktoriellen Varianzanalysen sollte „Source Type III" gewählt werden, außer wenn Reihenfolge-Effekte bei der Berechnung der Quadratsummen eine Rolle spielen könnten.

„DF" (degrees of freedom) enthält die Freiheitsgrade.

„Mean Squares (MS)" sind die durch die Anzahl der Freiheitsgrade dividierten Quadratsummen, und werden für den Test auf Unterschiede zwischen den Gruppen benötigt.

„F Value" gibt die Teststatistik an, und wird aus der Division der Mean Squares für Model durch die Mean Squares für Error berechnet. In einfaktoriellen Designs entsprechen sich beide Kennzahlen.

„Pr > F" gibt den p-Wert für den F-Test an, und wird mit dem *vor der Analyse* festgelegten Alpha verglichen.

„PO4_P Mean" gibt den Mittelwert für PO4_P an.

„Root MSE" ist eine Schätzung der Standardabweichung unter Berücksichtigung möglicher Gruppenunterschiede.

„C.V." gibt den Variationskoeffizienten an.

„R-Square" gibt an, wie viel Datenvariation durch das Modell erklärt werden; je eher der Wert gegen 1.0 geht, um so besser ist das Modell.

Die F-Werte 1.85 (bei Pr > F = 0.1604), und F=3.33 (bei Pr > F = 0.0207) geben an, dass sich die PO4_P-Werte signifikant zwischen den SIO2GRP-Kategorien unterscheiden, aber nicht zwischen den NO2_NGP-Gruppen.

Ein signifikanter F-Wert sagt nichts darüber aus, welche Gruppen sich *im einzelnen* signifikant unterscheiden. Aus einem *nicht* signifikanten F-Wert kann man ebenfalls nicht schließen, dass die Gruppen *gleich* sind.

Syntax-Beispiel ohne weitere Erläuterung:

```
title 'Nicht-balancierte zwei-faktorielle VA mit Interaktionen' ;

   proc glm data = pfad.ifsdata2 ;
      class NO2_NGP SIO2GRP ;
```

```
    model PO4_P = NO2_NGP SIO2GRP NO2_NGP*SIO2GRP  ;
run;
quit;
```

Anm.: Diese Analyse entdeckt einen interessanten Effekt.

Voraussetzungen für die Berechnung einer Varianzanalyse mit PROC GLM:

(1) Die Daten (Residuen) sind normalverteilt.
(2) Die Beobachtungen sind unabhängig. Die Messung einer Beobachtung hat keinen Einfluss auf die Messung einer anderen Beobachtung.
(3) Die Gruppen besitzen gleiche Varianzen.
(4) Die unabhängigen Variablen (Faktoren) sind diskret skaliert; die abhängigen Variablen besitzen Intervallniveau.

Auf die konkrete Prüfung dieser und weiterer Verfahrensvoraussetzungen wird ausführlich im Abschnitt zur Berechnung einer Kovarianzanalyse eingegangen.

15.5. PROC NPAR1WAY für nichtparametrische (Rang)Varianzanalysen

PROC NPAR1WAY unterscheidet sich von PROC ANOVA und PROC GLM dadurch, dass sie die Berechnung nichtparametrischer Varianzanalysen geeignet ist. Am Ende des Kapitels wird genauer auf die Voraussetzungen für die Berechnung einer nichtparametrischen Rang-Varianzanalyse mit NPAR1WAY eingegangen.

15.5.1. Syntax

```
PROC NPAR1WAY < Optionen > ;
   BY Variablen ;
   CLASS Variable ;
   EXACT Statistik-Optionen < / Berechnungsoptionen > ;
   VAR Variablen ;
   OUTPUT < OUT=Datensatz > < Optionen > ;
```

Es ist nicht die vollständige Syntax dargestellt. Als Minimalanweisung ist das PROC NPAR1WAY Statement zusammen mit den CLASS und VAR Anweisungen ausreichend.

Unter *PROC NPAR1WAY* < *Optionen* > kann u.a. angegeben werden:
DATA=SAS Datensatz: Expliziter Verweis auf den zu verwendenden SAS Datensatz; fehlt dieser Verweis, verwendet NPAR1WAY den zuletzt angelegten Datensatz.

NOPRINT: Unterdrückt die Anzeige jeglichen Outputs, blockiert zeitweise auch das ODS.

AB, MEDIAN, SAVAGE, WILCOXON, oder auch VW fordern bestimmte Tests an, u.a. Tests auf der Basis von Ansari-Bradley, Median, Savage, Wilcoxon oder Van der Waerden Scores. Die Option WILCOXON fordert gleichzeitig den Kruskal-Wallis-Test an.

Ist ein *by* Statement angegeben, werden separate Varianzanalysen für die Ausprägungen der dort aufgeführten Gruppierungsvariablen berechnet.

Unter *class* werden die unabhängigen Variablen bzw. die Klassifikationsvariablen angegeben. CLASS Variablen können numerisch oder alphanumerisch sein.

Über das *exact* Statement werden für die angeforderten Statistiken exakte Tests berechnet. Über die Statistik-Optionen werden die gewünschten Tests angefordert; über die Berechnungsoptionen wird ihre exakte Berechnung festgelegt. Die Berechnung exakter Test ist zeit- und speicherintensiv; asymptotische Tests sind u.U. besser geeignet.

Unter *var* können eine oder mehrere abhängige Variablen angegeben werden.
output bzw. *out*=SAS Datensatz: Legt einen Zieldatensatz für besonders zu spezifizierende Kennziffern an, z.B. Residuen. Beispiel: output out=NEW p=YWERT r=RESIDUUM stdr=STDRESID;

15.5.2. Beispiel-Analyse: Nichtparametrische Rangvarianzanalyse

Beispiel

Die beiden Variablen NO2_N und NO3_N wurden in vier verschiedenen Umgebungen gemessen, die sich durch jeweils unterschiedliche Stickoxid-Anteile auszeichnen (CLASS-Variable SIO2GRP). Die zu analysierende Fragestellung lautet: Unterscheiden sich die beiden Variablen NO2_N und NO3_N je nach SIO2GRP-Umgebung, oder in anderen Worten: Hat die SIO2GRP-Umgebung einen Einfluss auf die Variablen NO2_N und NO3_N?

Die vor der eigentlichen Analyse untersuchten Voraussetzungen zeigen, dass die SIO2GRP-Gruppen nicht gleich groß sind (=unbalanciertes Design), und dass die Variablen NO2_N und NO3_N jeweils nicht normal verteilt sind. Die Voraussetzungen für eine einfaktorielle Varianzanalyse für mehr als zwei unabhängige Gruppen sind nicht oder nur suboptimal erfüllt, und es können Verfahren nach Kruskal-Wallis oder Jonckheere-Terpstra gewählt werden. Für die Berechnung dieser Fragestellung mit der Ein-Weg-Rangvarianzanalyse nach Kruskal-Wallis (kurz: Kruskal-Wallis-Test, H-Test) wird PROC NPAR1WAY eingesetzt. Lägen nur zwei Faktorstufen vor, könnte der Wilcoxon-Test gerechnet werden.

Kruskal-Wallis Test (H-Test)

Der Kruskal-Wallis-Test ist das verteilungsfreie, also nichtparametrische Analogon zur einfaktoriellen ANOVA (also, ob mehrere unabhängige Stichproben aus der gleichen Grundgesamtheit stammen). Der Kruskal-Wallis Test prüft anhand von paarweisen Differenzen für k unabhängige Gruppen, ob zwischen Stichprobenmedianwerten signifikante Unterschiede nachweisbar sind. Über die Art (Richtung) des Unterschieds gibt ein signifikantes Testergebnis keine Auskunft (für diesen Zweck sollte der Jonckheere-Terpstra-Test eingesetzt werden). Lienert (1977, 280) vermutet, dass der Jonckheere-Terpstra-Test aufgrund seiner „gerichteten“ Testung sogar der parametrischen einfaktoriellen Varianzanalyse überlegen ist. Der Jonckheere-Terpstra-Test kann in SAS z.B. mit PROC FREQ ermittelt werden (siehe Kapitel 13).

Syntax

```
proc npar1way data = pfad.ifsdata2 wilcoxon ;
   class SIO2GRP ;
   var NO2_N NO3_N ;
run ;
quit;
```

Output

```
                    The NPAR1WAY Procedure

        Wilcoxon Scores (Rank Sums) for Variable NO2_N
               Classified by Variable SIO2GRP

                      Sum of      Expected       Std Dev          Mean
SIO2GRP       N       Scores      Under H0      Under H0         Score
----------------------------------------------------------------------
3            48      4585.50        4992.0    363.263883     95.531250
2            49      5936.50        5096.0    365.872378    121.153061
1            59      8602.00        6136.0    388.561622    145.796610
4            51      2404.00        5304.0    370.894529     47.137255

               Average scores were used for ties.

                   Kruskal-Wallis Test

                   Chi-Square          79.8610
                   DF                        3
                   Pr > Chi-Square      <.0001
                    The NPAR1WAY Procedure
```

Wilcoxon Scores (Rank Sums) for Variable NO3_N
Classified by Variable SIO2GRP

SIO2GRP	N	Sum of Scores	Expected Under H0	Std Dev Under H0	Mean Score
3	46	5390.00	4715.00	352.364444	117.173913
2	49	3976.50	5022.50	360.203981	81.153061
1	61	4646.00	6252.50	386.026888	76.163934
4	48	6897.50	4920.00	357.657665	143.697917

Average scores were used for ties.

Kruskal-Wallis Test

Chi-Square	44.7669
DF	3
Pr > Chi-Square	<.0001

Erläuterung der Statistiken

Der NPAR1WAY-Output unterscheidet sich grundsätzlich, inhaltlich und strukturell, von dem der Prozeduren ANOVA und GLM. Da der Output im vorliegenden Beispiel für die beiden abhängigen Variablen strukturgleich ist, wird er nur am Beispiel für NO2_N erläutert.

Im Abschnitt „Wilcoxon Scores (Rank Sums) for Variable NO2_N" wird darüber informiert, welches Rangverfahren eingesetzt wurde (hier: Wilcoxon), für welche abhängige Variable die Werte in Ränge geordnet wurden (hier: NO2_N), und nach welcher unabhängiger Variable diese Ränge geordnet wurden (hier SIO2GRP).

In der Tabelle werden unter „SIO2GRP" die Level dieser Variable aufgelistet; für jedes Level werden weitere Statistiken ausgegeben.

„N" gibt de Anzahl der Beobachtungen jeder SIO2GRP-Gruppe an.

„Sum of Scores" führt die Summe der Ränge (sog. ‚Rangsummen') jeder SIO2GRP-Gruppe an. Die Ränge werden dadurch ermittelt, indem die ursprünglichen NO2_N-Werte in ihrer Größe geordnet, und vom niedrigsten Wert („1") ab mit Rängen versehen werden.

„Expected Under H0" führt die *erwarteten* Wilcoxon Ränge auf, bei der Nullhypothese keines Unterschieds zwischen den einzelnen Gruppen.

„Std Dev Under H0" gibt die Standardabweichungen der Rangsummen bei der Nullhypothese an.

„Mean Score" ist der Mittelwert der *Rangsummen (*nicht der Originaldaten).

Der Hinweis „Average scores were used for ties." gibt an, welche Methode verwandt wurde, falls bei der Rangbildung gleiche Originalwerte („ties") vorlagen. Im Abschnitt „Kruskal-Wallis Test" ist das Ergebnis des Signifikanztests zu finden. Der Chi^2-Wert Chi-Square=79.86 (bei Pr > Chi-Square <.0001) gibt an, dass sich die NO2_N -Werte signifikant zwischen den SIO2GRP-Kategorien unterscheiden. „DF" (degrees of freedom) gibt die Freiheitsgrade an.

Ein signifikanter Pr > Chi^2-Wert sagt nichts darüber aus, welche Gruppen sich *im einzelnen* signifikant unterscheiden. Aus einem *nicht* signifikanten Wert kann nicht geschlossen werden, dass die Gruppen *gleich* sind.

Voraussetzungen für die Berechnung des Kruskal-Wallis-Tests mit NPAR1WAY:

(1) Die Beobachtungen sind unabhängig. Die Messung einer Beobachtung hat keinen Einfluss auf die Messung einer anderen Beobachtung.
(2) Die unabhängigen Variablen (Faktoren) sind diskret skaliert; die abhängigen Variablen besitzen Ordinalniveau, oder sind intervallskaliert (aber nicht normalverteilt).
(3) Die AV ist möglichst stetig verteilt.
(4) Die Formen der Verteilungen sind annähend gleich. Ein Kruskal-Wallis-Test kann auch bei sehr kleinen Stichproben (N<5) eingesetzt werden (siehe Siegel, 1987).
(5) Bei einer kombinierten Anwendung von Kruskal-Wallis und Jonckheere-Terpstra ist besondere Sorgfalt angebracht. Erzielt ein Jonckheere-Terpstra-Test bei einem Test auf Trend kein statistisch signifikantes Ergebnis (wonach keine Unterschiede zwischen den einzelnen Stichproben vorlägen), so könnte dieses Testergebnis in Konflikt mit einem *zuvor* durchgeführten (und Signifikanz erzielenden) Kruskal-Wallis-Test geraten (wonach nämlich Unterschiede zwischen den einzelnen Stichproben vorlägen, so Lienert, 1977, 280).

15.6. Prozedur NESTED für vollständig hierarchisch genestete Designs

Im Gegensatz zur bislang vorgestellten Designstruktur liegen jetzt innerhalb der Faktorstufen gruppierte, sog. „genestete“ Beobachtungen vor.

Beispiel: An mehreren Einkaufszentren wird der Einfluss von verschiedenen Werbemethoden auf das Kaufverhalten der Kundinnen und Kunden untersucht wird. Wichtig ist, dass dabei an *mehreren* Einkaufszentren dieselbe Werbemethode untersucht wird. Bei diesem Beispiel liegen die Einkaufszentren auch regional sehr weit auseinander, so dass davon ausgegangen werden kann, dass Kundinnen und Kunden nur in jeweils einem Center einkaufen gehen.

Die Kundinnen und Kunden werden dabei nicht als Einzelpersonen den jew. Faktoren zugewiesen, sondern über die Einkaufszentren gruppiert, also als Personengruppe pro Einkaufszentrum. Man sagt: Die Kundinnen und Kunden sind in den jeweiligen Einkaufszentren „genested“, und die Einkaufszentren wiederum in den Faktorstufen. Einer Faktorstufe (hier: Werbemethode) sind dabei immer mehrere „nestings“ (also Einkaufszentren) zugewiesen, und zwar zufällig. Die Werbemethoden bilden die UV-Stufen, und die Einkaufszentren dienen als Beobachtungen, für die jeweils ein Mittelwert für die dort einkaufenden Kundinnen und Kunden ermittelt wird. Abschließend wird über Mittelwerte als abhängigen Variablen eine einfaktorielle Varianzanalyse gerechnet. Der Fehleranteil des Einkaufszentrums liegt bei Fällen innerhalb von Einkaufszentren und Werbemethode, und der der Fehleranteil der Werbemethode innerhalb von Einkaufszentren und Werbemethode. Wird der Effekt der Einkaufszentren selbst untersucht, wird die Versuchsanlage als „nested" oder „hierarchisch" bezeichnet.

PROC NESTED berechnet Varianz- und Kovarianzanalysen für Zufallseffekte für Daten aus genesteten (hierarchischen) Designs. Obwohl die Prozeduren ANOVA, GLM, und VARCOMP in der Lage sind, ähnliche Analysen zu berechnen, gilt NESTED als leichter zu handhaben, und weniger rechenintensiv. Bei einer abhängigen Variable berechnet NESTED eine Varianzanalyse; bei mehr als einer abhängigen Variable berechnet NESTED eine Kovarianzanalyse. Die Voraussetzungen für den Einsatz der Prozedur NESTED lassen sich am besten am Beispiel der Struktur des Datensatzes SASUSER.PHOSPHOR erläutern.

Beispiel

In einem Experiment wird die Variabilität des Phosphorgehalts (Variable PHOSPHOR) an verschiedenen Stellen eines Sees untersucht. Dabei werden vier Messstellen (Variable MESSORT) in diesem See per Zufall ausgewählt. Von jeder Messstelle werden drei Proben (Variable PROBE) zufällig gezogen. Jede Probe wird von zwei verschiedenen Messgeräten (Variable MGERAET) untersucht.

Am Datensatz SASUSER.PHOSPHOR ist zu erkennen, dass PROBE in MESSORT genestet ist. MGERAET ist in PROBE genestet. MGERAET wird für den Residualterm verwendet und von PROC NESTED nicht explizit angefordert (s.u.).

Voraussetzungen: Jeder der Effekte in PROC NESTED ist ein Zufallseffekt (hier z.B. MESSORT, PROBE; nicht: MGERAET). Die Daten müssen gemäß der Reihenfolge der CLASS Variablen sortiert sein, die die Effekte definieren (hier z.B. MESSORT, PROBE). Für PROC NESTED sollten Daten aus balancierten Designs vorliegen; ansonsten berechnet NESTED zwar unbiased Schätzer für die Varianzkomponenten, aber keine F Tests für ihre Signifikanz. Bei Nicht-Vorliegen eines balancierten Designs wird im Log eine Warnmeldung ausgegeben.

Syntax

```
data sasuser.PHOSPHOR ;
input MESSORT PROBE MGERAET PHOSPHOR ;
cards ;
1  1  1  2.38
1  1  2  2.54
1  2  1  2.29
1  2  2  2.53
1  3  1  2.38
1  3  2  2.52
2  1  1  2.39
2  1  2  2.61
2  2  1  2.38
2  2  2  2.45
2  3  1  2.39
2  3  2  2.69
3  1  1  2.42
3  1  2  2.54
3  2  1  2.19
3  2  2  2.52
3  3  1  2.45
3  3  2  2.50
4  1  1  2.41
4  1  2  2.46
4  2  1  2.30
4  2  2  2.52
4  3  1  2.27
4  3  2  2.58
run ;

proc nested data = sasuser.PHOSPHOR;
   class MESSORT PROBE ;
   var PHOSPHOR ;
run ;
```

Output

```
                                 The NESTED Procedure

                           Coefficients of Expected Mean Squares

                         Source          MESSORT        PROBE        Error

                         MESSORT               6            2            1
                         PROBE                 0            2            1
                         Error                 0            0            1


              Nested Random Effects Analysis of Variance for Variable PHOSPHOR

Variance               Sum of                         Error                           Variance Percent
Source        DF       Squares    F Value   Pr > F    Term       Mean Square          Component    of
Total

Total         23       0.312162                                    0.013572        0.021621  100.0000
MESSORT        3       0.012946      0.87   0.4964    PROBE        0.004315       -0.000109    0.0000
PROBE          8       0.039767      0.23   0.9775    Error        0.004971       -0.008325    0.0000
Error         12       0.259450                                    0.021621        0.021621  100.0000

                      PHOSPHOR Mean                           2.44625000
                      Standard Error of PHOSPHOR Mean         0.01340907
```

Erläuterung der Statistiken

Die Ergebnisse deuten an, dass es keine signifikante Variation (p=0.4964) von Messstelle zu Messstelle gibt, und keine signifikante Variation zwischen den einzelnen Proben an der jeweiligen Messstelle (p=0.9775).

Der NESTED Output gibt für die abhängigen Variablen zunächst die *Coefficients of Expected Mean Squares* an. Die Koeffizienten der Zahl+1 Varianzanteile bilden den erwarteten quadrierten Mittelwert (mean square).

Für jede Variable wird darüber hinaus das Ergebnis der Varianzanalyse angegeben, u.a. jede Varianzquelle im Modell (*Variance Source*), und die gesamte Varianz, die Freiheitsgrade (degrees of freedom) für die entsprechenden Quadratsummen (*Sum of Squares*), und die *Sum of Squares* für jeden Klassifikationsfaktor. Zusammen mit den F-Werten (*F Value*) geben die *Pr > F* Werte für jeden Faktor das Ergebnis eines Hypothesentests an, der davon ausgeht, dass der Varianzanteil gleich Null ist.
Nach dem Fehleranteil (*Error Term*) des F-Tests wird der entsprechende *Mean Square* angegeben. In der Spalte *Variance Component* werden Schätzungen der jeweiligen Varianzanteile aufgeführt, und unter *Percent of Total* der prozentuale Anteil jeder Varianzquelle. *Mean* gibt den Mittelwert der abhängigen Variable an, und gilt als unbiased Schätzer des Populationsmittelwerts.

Voraussetzungen für die Berechnung eines genesteten Designs mit NESTED:

(1) Faktorstufen der UV setzen sich jeweils aus gruppierten, sog. „genesteten“ Beobachtungen (Fälle) zusammen.
(2) Pro Faktorstufe kommen immer mehrere „nestings“ vor. Die „nestings“ sind den Faktorstufen zufällig zugewiesen. Jeder Effekt ist ein Zufallseffekt.
(3) Ein Fall kommt (außer bei Messwiederholungsvarianten) nur einmal, und zwar nur in einem „nesting“ vor.
(4) Die abhängigen Variablen sind intervallskaliert.
(5) Die Daten müssen gemäß der Reihenfolge der CLASS Variablen sortiert sein, die die Effekte definieren.
(6) Die Daten sollten aus balancierten Designs vorliegen.

15.7. Hotelling's T^2: Ein „t-Test“ für mehrere abhängige Variablen

Hotelling's T^2 ist eine Varianzanalyse für die Analysesituation, wenn eine zweistufige unabhängige Variable und *mehrere* intervallskalierte (möglicherweise interkorrelierende) abhängige Variablen vorliegen. Die Berechnung wiederholter t-Tests mit je einer anderen abhängigen Variable könnte zu einer Inflation des

Alphafehlers führen. Hotelling's T^2 fasst die abhängigen Variablen zusammen und prüft, ob sich die beiden Gruppen über die zusammengefassten (gepoolten) Variablen unterscheiden. In SAS wird Hotelling's T^2 standardmäßig über die äquivalenten MANOVA Tests der Prozedur GLM ermittelt. Für das multiple Testen bei nichtparametrischen Verfahren könnte z.B. auf PROC MULTTEST für rangtransformierte Daten oder Bonferroni t-tests (z.B. ANOVA, GLM) für Ränge zurückgegriffen werden.

Beispiel

Bei einem Ökotest werden zwei Marken mehreren Tests unterzogen. Anschließend wird überprüft, ob sich die beiden Marken in den beiden (zusammengefassten) Testergebnissen („Leistung“: POWER , „Verbrauch“: SPRIT) unterscheiden.

```
data OEKOTEST ;
   input MARKE  POWER  SPRIT ;
   label POWER='Leistung'
         SPRIT='Verbrauch';
datalines ;
1 188 5.1
1 178 5.5
1 180 6.9
1 195 7.7
1 175 6.5
1 183 7.1
1 156 4.5
2 195 8.0
2 185 7.2
2 173 6.7
2 177 5.9
2 199 8.1
2 185 6.1
2 175 5.8
;
run ;


/* Variante1: GLM */
proc glm data=OEKOTEST;
   class MARKE;
   model POWER SPRIT = MARKE / nouni;
   MANOVA H=MARKE / printH printE;
run;
```

Output (Ausschnitt)

```
MANOVA Test Criteria and Exact F Statistics for the Hypothesis of No Overall
MARKE Effect
                              H = Type III SSCP Matrix for MARKE
                                     E = Error SSCP Matrix
```

```
                              S=1        M=0       N=4.5

    Statistic                      Value    F Value    Num DF    Den DF    Pr > F

    Wilks' Lambda             0.90525534       0.58         2        11    0.5784
    Pillai's Trace            0.09474466       0.58         2        11    0.5784
→  Hotelling-Lawley Trace    0.10466070       0.58         2        11    0.5784
    Roy's Greatest Root       0.10466070       0.58         2        11    0.5784
```

Den Ergebnissen kann („Statistic") kann in der Zeile „Hotelling-Lawley Trace" unter Pr > F entnommen werden, dass sich die beiden Marken statistisch in „Leistung" (POWER) und „Verbrauch" (SPRIT) nicht bedeutsam unterscheiden.

T^2 kann auch über die Kombination der Prozeduren DISCRIM und TTEST über Diskrimanzwerte ermittelt werden.

```
/* Variante2: DISCRIM und TTEST */

proc discrim data=OEKOTEST
     pool=test noclassify
     MANOVA canonical ncan=1 out=T2 ;
   class MARKE ;
   var POWER SPRIT ;
run ;


proc ttest data=T2 ;
   class MARKE ;
   var can1 ;
run;
```

Auf die Darstellung der Ergebnisse wird verzichtet. Die Ansätze GLM und DISCRIM/TTEST gelangen zu vergleichbaren Ergebnissen.

15.8. Übungen

Berechnen Sie Varianzanalysen für Daten-Modelle Ihrer Wahl:

1. Berechnen Sie Varianzanalysen mit der Prozedur ANOVA. Interpretieren Sie die Ergebnisse. Prüfen Sie vor der Analyse, ob die Voraussetzungen für eine Berechnung mit der Prozedur ANOVA erfüllt sind.
2. Berechnen Sie Varianzanalysen mit der Prozedur GLM. Interpretieren Sie die Ergebnisse. Prüfen Sie vor der Analyse, ob die Voraussetzungen für eine Berechnung mit PROC GLM erfüllt sind.
3. Berechnen Sie eine nichtparametrische Varianzanalyse mit der Prozedur NPAR1WAY. Interpretieren Sie die Ergebnisse.
4. Berechnen Sie eine Varianzanalyse für zufällige Effekte mit PROC NESTED, falls Daten mit den erforderlichen Eigenschaften vorliegen. Interpretieren Sie die Ergebnisse.
5. Berechnen Sie Hotelling's T^2 über beide Rechenvarianten und vergleichen Sie die Ergebnisse.

16. Clusteranalyse CLUSTER FASTCLUS

16.1. Einführung in die Clusteranalyse

Clusteranalyse ist der Oberbegriff für eine Gruppe von statistisch ausgesprochen heterogenen Verfahren, die es ermöglichen, Objekte anhand ihrer Merkmalsausprägungen zu Gruppen ('Clustern') so zusammenzufassen, dass sich einerseits die Unterschiede zwischen den Objekten *innerhalb* dieser Cluster möglichst gering sind, aber andererseits die Unterschiede *zwischen* den Clustern möglichst groß sind.

Für dieses Clustering werden zwei Grundverfahren unterschieden, die Gruppe der partitionierenden (direkten) Verfahren, und die Gruppe der hierarchischen Clusterverfahren. Der Hauptunterschied zwischen beiden Ansätzen ist der, dass bei partitionierenden (direkten) Verfahren die Anzahl der zu berechnenden Cluster *vor* der Berechnung festgelegt sein muss. Erst wenn die maximal mögliche Clusterzahl festliegt, kann mit partitionierenden Verfahren anhand eines Gütekriteriums die beste *Partition* berechnet werden.

Hierarchische Verfahren können in die Subverfahren der Fusionierung bzw. Division unterschieden werden: *Agglomerative* Verfahren fassen sukzessiv je zwei Objekte (bzw. später Cluster) in einen neuen Cluster zusammen, bis letztlich alle Objekte in einem Cluster befinden (∞ Objekte $\rightarrow$ 1 Cluster). *Divisive* Verfahren gehen umgekehrt davon aus, dass alle Objekte zunächst in einem einzigen Cluster verdichtet sind, und teilen diesen so lange auf, bis jeder Cluster nur noch ein Objekt enthält (1 Cluster $\rightarrow$ ∞ Objekte). ∞ steht für die maximale Anfangszahl der vorhandenen Objekte bzw. entstehenden Cluster.

Bei den hierarchischen Clusterverfahren muss die maximal mögliche Clusterzahl vor der rechnerischen Durchführung nicht bekannt sein bzw. braucht nicht vorher festgelegt sein. Allerdings sind die Kriterien, die man benötigt, um den Algorithmus vor der letzten Stufe stoppen zu können, weder eindeutig, objektiv, noch führen verschiedene Kriterien zum selben Ergebnis.

Nicht nur an dieser Stelle fließt eine gewisse Subjektivität in eine Clusteranalyse ein, hier z.B. konkret in Gestalt der Entscheidung, bei welcher Clusterzahl ein Anwender ein weitergehendes Clustering verhindern will (größer als 1 bei den Fusionierungsverfahren, kleiner als die Anzahl aller vorhandenen Objekte bei den Divisionsverfahren).

Vor allem die Auswahl der Variablen und Fälle ist entscheidend für das Ergebnis einer Clusteranalyse, und sollte vor ihrer Durchführung sorgfältig überlegt sein. Sind z.B. Objekteigenschaften über Variablen oder Fälle überrepräsentiert, so dominieren diese direkt die Cluster-Bildung, da diese sich ja über die Ähnlichkeit von Objekten herleitet.

Aber auch die Auswahl des jeweiligen Clusterverfahrens ist entscheidend. Verschiedene Verfahren führen nicht notwendigerweise zu identischen Ergebnissen. Ein komparativer Ansatz ist geeignet, um ergebnisentscheidende Subjektivität bei der Methodenwahl auszuschließen.

16.1.1. Partitionierende Verfahren

Die partitionierende (direkte) Clusteranalyse in SAS basiert auf dem Verfahren des Nearest-Centroid-Sorting.

Das Verfahren beginnt damit, dass ein Data Analyst die maximale Anzahl der Cluster, die FASTCLUS ermitteln soll, an den Algorithmus übergibt. Der Algorithmus verwendet diese Angabe, um aus den zu analysierenden Variablen Startwerte (sog. ‚Seeds') festzulegen. Die Anzahl der „Seeds" muss nicht der schließlich ermittelten Clusterzahl entsprechen; es können aber nicht mehr Cluster ermittelt werden, als in den Seeds vorgegeben wird.

Gibt z.B. ein Data Analyst „5" als die maximale Anzahl zu ermittelnder Cluster an, so sucht sich der Algorithmus erste fünf Beobachtungen, die in einem bestimmten Mindestabstand zueinander liegen, und überprüft sie darauf hin, ob sie überhaupt als Seeds geeignet sind. Ist eine Beobachtung z.B. besser geeignet, weil sie z.B. von den anderen Seeds weiter distant liegt, so wird diese anstelle der anfänglichen Seed übernommen, und zwar so lange, bis die Seeds untereinander die größtmöglichen Distanzen aufweisen.

Liegen die fünf Seeds fest, so werden ihnen von den verbleibenden Beobachtungen diejenigen zugeordnet, die zu ihnen die geringste Distanz aufweisen, und bilden somit erste Cluster. Von diesen ersten Clustern wird nun der jeweilige Mittelwertvektor (sog. ‚Zentroid') ermittelt. Der Zentroid tritt nun an die Stelle der Seeds. Die Beobachtungen werden jetzt nochmals zugeordnet, nicht mehr den Seeds, sondern den Zentroiden, und daraus wird wieder der neue Mittelwertvektor ermittelt (beim Drift-Verfahren wird der Zentroid bei jeder einzelnen Beobachtung neu ermittelt). Dieser ganze Vorgang wird so lange wiederholt (‚Iteration'), bis sich die Werte der Zentroiden nicht mehr verändern bzw. bis die maximale Anzahl der vom Data Analyst vorgegebenen Iterationen erreicht ist. Die quadrierte euklidische Distanz ist das Abstandsmaß dieses Algorithmus.

16.1.2. Hierarchische Verfahren

Im Folgenden werden die hierarchisch-agglomerative Verfahren vorgestellt.

Alle agglomerativen Verfahren stimmen darin überein, dass sie "ähnliche" Objekte oder Cluster zu einem neuen Cluster zusammenfassen. Die einzelnen agglomerativen Verfahren unterscheiden sich jedoch in ihrer Definition des Begriffes "ähnlich". Agglomerative Clusterverfahren lassen sich danach unterscheiden, ob sie diese "Ähnlichkeit" ('Proximität') als Ähnlichkeitsmaß (Ziel: Maximale Ähnlichkeit) oder als Distanzmaß (Ziel: Minimale Unähnlichkeit) definieren. Beide Verfahren sind letztlich äquivalent. Die Entscheidung, ob man Ähnlichkeits- bzw. Distanzmaße berechnet, wird letztlich auch vom Messniveau der vorliegenden Variablen bestimmt:

Verhältnis- bzw. Rationiveau:

Das SAS %DISTNEW Makro bietet mehrere Verfahren für verhältnisskalierte Daten an, u.a. Ähnlichkeitsverhältnis, 1- Ähnlichkeitsverhältnis, der nichtmetrische Lance-Williams Koeffizient, der metrische Canberra Koeffizient, und Kosinus. Daten auf Verhältnis- bzw. Rationiveau können auf niedrigere Skalenniveaus herunterkodiert werden.

Intervallniveau:

Das SAS %DISTNEW Makro bietet mehrere Verfahren an, die für intervallskalierte Variablen geeignet sind. Neben Gower, 1-Gower, Euklidische Distanz, quadrierte Euklid. Distanz, Größe- und Form-Distanz, u.a. auch Minkowski-, City- und Tschebycheff-Distanzen (Anm.: ‚Tschebycheff' wird im %DISTNEW Makro ‚Chebychev', Option: CHEBYCHE, geschrieben). Daten auf Intervallniveau können im Prinzip auch auf Ordinal- oder Nominalniveau herunterkodiert werden. Distanzmaße gelten als besonders geeignet für metrische Variablen.

Ordinalniveau:

Das SAS %DISTNEW Makro bietet mehrere Verfahren an, die auch für ordinalskalierte Variablen geeignet sind, u.a. Gower, 1-Gower, Euklidische Distanz, quadrierte Euklid. Distanz, Größe- und Form-Distanz. Daten auf Ordinalniveau können im Prinzip auch auf Nominalniveau herunterkodiert werden.

Nominalniveau:

Das SAS %DISTNEW Makro bietet zahlreiche Verfahren für Variablen auf Nominalniveau an, u.a. Matching-Koeffizient, Hamming Distanz, oder den Ähnlichkeitskoeffizienten nach Jaccard.

Bei der Berechnung eines Ähnlichkeits- oder Distanzmaßes sollte darauf geachtet werden, dass die Variablen auf möglichst hohem und einheitlichem Skalenniveau, und in derselben Einheit gemessen wurden. Bei der Clusteranalyse von Variablen mit unterschiedlich hohen Werteeinheiten werden sonst die Variablen mit allgemein höheren Werten (z.B. Lire vs. Euro) stärker gewichtet. Die Minkowski-Metrik gilt z.B. als nicht skaleninvariant, was bedeutet, dass sich die Distanzen ändern, sobald die Maßeinheit geändert wird, wenn z.B. bei Entfernungen von Metern auf Kilometern, oder bei Währungen von Lire auf Euro übergegangen wird. Die Ausprägungen der absolut größeren Skala, z.B. Meter bzw. Lire, werden dabei wegen der höheren Einheit stärker gewichtet. Sollten bei Minkowski- oder anderen Maßen verschiedene Einheiten vorliegen, sollten die Variablen vor der Berechnung einer Clusteranalyse in eine gemeinsame Skala umgerechnet werden (z.B. verschiedene Entfernungsmaße in Meter, verschiedene Währungen in Euro), sofern diese Vereinheitlichung ohne Informationsverlust verbunden ist.

Die zu clusternden Variablen sollten ein einheitliches Skalenniveau aufweisen. Liegen uneinheitlich skalierte Variablen vor, bietet das %DISTNEW Makro die Möglichkeit, auch Berechnungen anhand von Verfahren durchzuführen, die für unterschiedliche Skalenniveaus geeignet sind (z.B. Gower). Darüber hinaus können über Operationen des Daten-Managements die jeweils höheren Variablen auf ein einheitlich niedrigeres Niveau herunterkodiert werden, womit andererseits auch ein Verzicht auf Information einhergeht. Eine dritte Möglichkeit wäre, getrennte Clusteranalysen durchzuführen, indem man z.B. für die intervallskalierten, ordinalskalierten Variablen etc. je ein Distanzmaß errechnet, und daraus die gemeinsame Distanz ermittelt; bei diesem Vorgehen ist man jedoch mit dem Problem der Integration verschiedener Ergebnisse konfrontiert.

Eine unzulässige, aber weit verbreitete Praxis ist, qualitative Variablen einfach als quantitative Variablen zu behandeln, oder auch, Variablen auf niedrigem Skalenniveau mit Verfahren auszuwerten, die ausschließlich für hohe Skalenniveaus entwickelt worden sind.

Die verschiedenen Algorithmen der hierarchisch-agglomerativen Verfahren stimmen darin überein, dass sie anfangs jeweils eine Matrix aller Cluster berechnen. Jede Beobachtung bildet dabei selbst einen Cluster. Es wird so lange aus den jeweils ein sie ersetzender neuer Cluster errechnet, bis nur noch ein Cluster übrig bleibt.

Die Algorithmen unterscheiden sich jedoch darin, wie sie Ähnlichkeit der bzw. Distanz zwischen den Cluster berechnen. Die verfügbaren Clusteralgorithmen sind die Methoden Average Linkage [AVE], Centroid [CEN], Complete Linkage [COM], Density Linkage [DEN] (einschließlich Wong's hybrider und *k*th-nächster Nachbarn Methoden), Maximum Likelihood [EM], die flexible Beta-Methode [FLE], McQuitty's Similarity Analysis [MCQ], Median Methode [MED], Single Linkage [SIN], Two-Stage Density Linkage [TWO], und Ward's Varianz-Minimierungsverfahren [WARD]. In eckiger Klammer ist die Option für die Method=-

Anweisung angegeben. Diese Algorithmen sind für bestimmte Cluster-Merkmale, wie z.B. Größe, Form, oder Verteilung unterschiedlich geeignet; als relativ unbiased gilt DEN. Für Details wird auf die SAS/STAT Version 8 Dokumentation verwiesen.

Für die Bildung von Clustern für Variablen mit speziellen Skalierungs- bzw. Verteilungseigenschaften stellt SAS das SAS/STAT Sample Makro %DISTNEW zur Verfügung. Mit dem %DISTNEW Makro können für Variablen unterschiedlichster oder auch gemischter Messniveaus Distanz- bzw. Ähnlichkeitsmatrizen ermittelt werden (u.a. für asymmetrische oder symmetrische nominalskalierte Variablen, wie z.B. den Ähnlichkeitskoeffizienten nach Jaccard), die dann mit PROC CLUSTER weiter analysiert werden können.

16.2. Exkurs: Das %DISTNEW Makro

Das SAS/STAT Sample Makro %DISTNEW ist ein sehr leistungsfähiges Makro, das die Clusteranalyse für Variablen auf jedem Skalenniveau erlaubt, d.h. auch für Variablen, die nominal oder ordinal skaliert sind. Die Variablen brauchen nicht notwendigerweise numerisch, sondern können im Nominalfall auch alphanumerisch sein. Das %DISTNEW Makro enthält eine Liste, die zur Verfügung stehende Verfahren und das jeweils vorausgesetzte Skalenniveau aufführt: R=Ratio: verhältnisskaliert, I=Interval: intervallskaliert, O=Ordinal: ordinalskaliert, N=Nominal: nominalskaliert, A=Asymmetric Nominal: asymmetrisch nominalskaliert. An dieser Liste ist zu erkennen, dass manche Verfahren für mehrere Skalenniveaus, aber auch, dass manche Verfahren nur für ein spezielles Skalenniveau geeignet sind. Der Matching-Koeffizient ist z.B. nur für Daten auf Nominalniveau geeignet. Das Maß der euklidischen Distanz ist dagegen ab dem Ordinalniveau aufwärts geeignet.

Die Liste der notwendigen Skalenniveaus ist in zwei Spalten, (1) und (2), aufgeteilt, weil das im %DISTNEW Makro das Skalenniveau auf zweierlei Weise angegeben werden kann. Die Anweisung VAR= geht von einem einheitlichen Skalenniveau für alle dort angegebenen Variablen aus. Alternativ können mit den Anweisungen ANOMINAL=, NOMINAL=, ORDINAL=, INTERVAL= und RATIO=etc. explizit verschiedene Skalenniveaus angegeben werden.

Die Spalte (1) ist zu wählen, falls Variablen mit einem einheitlichen Skalenniveau im VAR=Statement angegeben werden bzw. wenn das unter (1) angegebene Standard-Skalenniveau für alle Variablen im VAR=-Statement gelten soll. Wird z.B. die Methode nach Gower gewählt, werden die unter VAR= angegebenen Variablen einheitlich auf dem Intervallskalenniveau berechnet; ist die Methode von Gower für alle Variablentypen geeignet, so ist dieses Vorgehen zulässig. Wird z.B. die Hamming-Methode gewählt, werden die unter VAR= angegebenen Variablen standardmäßig auf dem Nominalniveau berechnet; für Variablen auf einem anderen Skalenniveau ist dieses Vorgehen nicht zulässig.

Die Spalte (2) ist zu wählen, falls mehrere Variablen mit einem verschiedenen Skalenniveau vorliegen, und explizit auch als unterschiedlich definiert werden sollen. Wird z.B. als Methode Gower gewählt, können unter ANOMINAL=, NOMINAL=, ORDINAL=, INTERVAL= und RATIO= die jeweiligen Variablen entsprechend ihres Skalenniveaus angegeben und differentiell berechnet werden. Die Methoden VAR= und ANOMINAL=, NOMINAL=, etc. schließen einander aus.

Der Leistungsumfang des DISTNEW Makros ist sehr umfangreich. Die folgende Liste enthält daher nur Ausschnitte der angebotenen Verfahren.

Übersicht 13: Verfahren zur Berechnung von Distanz- und Ähnlichkeitsmatrizen (%DISTNEW Makro)

Methode	Anweisung (1)VAR=	Anweisung(2) ANOMINAL= etc.	Beschreibung
Methoden für mehrere Skalenniveaus			
GOWER	I	R I O N A	Gower's Ähnlichkeit
DGOWER	I	R I O N A	1-Gower
EUCLID	I	R I O	Euklidische Distanz
SQEUCLID	I	R I O	Quadrierte Euklid. Distanz
SIZE	I	R I O	Größe-Distanz
SHAPE	I	R I O	Form-Distanz
COV	I	R I O	Kovarianz
CORR	I	R I O	Korrelation
Methoden für verhältnisskalierte Variablen			
SIMRATIO	R	R	Ähnlichkeitsverhältnis (Jaccard Koeffizient, falls binär)
DISRATIO	R	R	1- Ähnlichkeitsverhältnis
NONMETRIC	R	R	Lance-Williams nichtmetri. Koeffizient
CANBERRA	R	R	Canberra metr. Koeffizient
COSINE	R	R	Kosinus
Methoden für nominalskalierte Variablen (symmetrisch)			
HAMMING	N	N	X: Hamming Distanz
MATCH	N	N	M / N: Einfacher Matching-Koeffizient
HAMANN	N	N	(M-X) / N
RT	N	N	M / (M+2X)
SS1	N	N	2M / (2M+X)
SS3	N	N	M / X
			Legende: M = nonmissing matches X = nonmiss. mismatches N = total nonmiss. Pairs

Für Methoden für asymmetrisch nominalskalierte Variablen wie z.B. JACCARD, DJACCARD oder SIMRATIO, und viele weitere Verfahren wird auf das

%DISTNEW Makro und Bacher (1994) verwiesen. Clusteranalysen mit dem %DISTNEW Makro werden in Schendera & Hiller (o.J.) vorgestellt.

16.3. Die Berechnung einer Clusteranalyse in SAS

In SAS werden die partitionierenden Verfahren mit der Prozedur FASTCLUS berechnet. Mit der Prozedur CLUSTER kann die Berechnung hierarchisch-agglomerativer Verfahren angefordert werden. Divisive Verfahren können in SAS Version 8 nicht berechnet werden. Die Prozedur VARCLUS wird nicht erläutert. CLUSTER und FASTCLUS unterscheiden sich in mehrfacher Hinsicht.

FASTCLUS ist für große Fallzahlen geeignet (N > 100), CLUSTER dagegen nur für geringe bis mittlere Fallzahlen. Bei N < 100 können die Ergebnisse von FASTCLUS sehr anfällig für die Reihenfolge der Beobachtungen im Datensatz sein. PROC FASTCLUS gibt schnell gute, aber nicht bestmögliche Lösungen aus. PROC CLUSTER sucht dagegen die möglichst beste Lösung. In CLUSTER bildet die Fusionsgeschichte eine (binäre) Baumstruktur, nicht so in FASTCLUS. In FASTCLUS kann die Anzahl der gesuchten Cluster voreingestellt werden, nicht so in CLUSTER. Die Methode der Voreinstellung macht FASTCLUS empfindlich für Ausreißer, und kann effektiv eingesetzt werden, um Ausreißer zu entdecken. Bei einer Analyse mit CLUSTER sollten Ausreißer entfernt werden. FASTCLUS, und CLUSTER ergänzen sich in ihrem Potential: Üblicherweise werden mit FASTCLUS die Anfangscluster bestimmt, um sie später in PROC CLUSTER weiter zu berechnen.

16.3.1. Die partitionierende Clusteranalyse

16.3.1.1. Beispiel-Analyse

Beispiel: Gruppieren von Werten einer Variable

In einer Studie wurden zahlreiche Phosphorwerte gemessen. Mittels einer partitionierenden Clusteranalyse werden die einzelnen Phosphorwerte (Variable PHOSPHOR) in Cluster gruppiert. Die Zugehörigkeit zu einem Cluster ist in diesem Anwendungsfall gleichbedeutend mit einer Klassifikation des jeweiligen Phosphorwertes. Die Variable PHOSPHOR wird also unterteilt, wobei die Klassifikation durch die Clusterzugehörigkeit definiert ist. Die Klassifikation der PHOS-

PHOR-Werte erfolgt so, dass einerseits die Unterschiede zwischen den Werten *innerhalb* der jeweiligen Cluster möglichst gering sind, und gleichzeitig die Unterschiede *zwischen* den Clustern möglichst groß sind.

Syntax

```
title 'Partitionierende Clusteranalyse mit der Prozedur FASTCLUS ' ;

   PROC FASTCLUS MAXCLUSTERS=6 data=SASUSER.PHOSPHOR
list maxiter=10 delete=2 ;
      VAR PHOSPHOR ;
   run ;
```

Output

Partitionierende Clusteranalyse mit der Prozedur FASTCLUS

The FASTCLUS Procedure

Replace=FULL Radius=0 Maxclusters=6 Delete=2 Maxiter=10 Converge=0.02

Initial Seeds

Cluster	PHOSPHOR
1	1.820000000
2	2.850000000
3	2.290000000
4	2.050000000
5	2.690000000
6	2.440000000

Minimum Distance Between Initial Seeds = 0.15

Iteration History

		Relative Change in Cluster Seeds					
Iteration	Criterion	1	2	3	4	5	6
1	0.0648	0.2667	0	0.0381	0.1714	0.5067	0.1487
2	0.0732	0.0619	0.2434	0.0733	0.0183	.	.
3	0.0707	0.1364	0	0.1889	0.1211	.	.
4	0.0671	0.0662	0	0	0.0585	.	.
5	0.0666	0.0355	0	0	0.0268	.	.
6	0.0664	0	0	0.1111	0.0265	.	.
7	0.0660	0	0	0.1500	0.0271	.	.
8	0.0657	0	0	0	0	.	.

Convergence criterion is satisfied.

Cluster Listing

Obs	Cluster	Distance from Seed
1	1	0.0393
2	4	0.0414
3	1	0.0507
4	4	0.0314
........*Output gekürzt*.........		
46	4	0.0214
47	1	0.0293
48	3	0.1575

Criterion Based on Final Seeds = 0.0657

Cluster Summary

Cluster	Frequency	RMS Std Deviation	Maximum Distance from Seed to Observation	Radius Exceeded	Nearest Cluster	Distance Between Cluster Centroids
1	14	0.0606	0.1507		4	0.1579
2	9	0.1003	0.1678		1	0.3529
3	4	0.1109	0.1575		4	0.1939
4	21	0.0457	0.0814		1	0.1579

Statistics for Variables

Variable	Total STD	Within STD	R-Square	RSQ/(1-RSQ)
PHOSPHOR	0.22105	0.06859	0.909875	10.095688
OVER-ALL	0.22105	0.06859	0.909875	10.095688

Pseudo F Statistic = 148.07

Approximate Expected Over-All R-Squared = 0.94748

Cubic Clustering Criterion = -2.819

Cluster Means

Cluster	PHOSPHOR
1	2.340714286
2	1.987777778
3	2.692500000
4	2.498571429

Cluster Standard Deviations

Cluster	PHOSPHOR
1	0.0605696402
2	0.1003466215
3	0.1108677891
4	0.0457477556

Erläuterung der Statistiken

Am Anfang des Outputs werden die explizit eingestellten bzw. Default-Optionen aufgeführt, mit denen FASTCLUS ausgeführt wurde, u.a. Replace=Full, Radius=0, Maxclusters=6, Delete=2, Maxiter=10, und Converge=0.02. FASTCLUS soll über max. 10 Iterationen max. 6 Cluster ermitteln, wobei Cluster mit 2 oder weniger Objekten gelöscht werden.

Im Abschnitt zu den „Initial Seeds" werden die Seeds (Startwerte) der einzelnen Cluster in Gestalt der jeweiligen Ausprägung der Variable PHOSPHOR aufgelistet. Cluster 3 hat z.B. den Seed 2.290000000. „Minimum Distance Between Initial Seeds" gibt die kleinste Distanz zwischen zwei Startwerten an. In diesem Beispiel beträgt die „Minimum Distance"=0.15 (siehe Cluster 3 und 6).

Im Abschnitt zur „Iteration History" wird für jede Iteration und jedes Cluster die Distanz des jeweils neu berechneten Zentroiden zu seinem Vorgänger sowie der Wert des Konvergenzkriteriums angegeben. Bei Erreichen des Konvergenzkriteriums werden keine weiteren Iterationen mehr ausgeführt.

Im Abschnitt „Cluster Listing" wird für jede Beobachtung aus dem Datensatz PHOSPHOR das Cluster angegeben, dem es durch FASTCLUS zugeordnet wurde. „Distance from Seed" gibt jeweils die Distanz der einzelnen Beobachtung vom Startwert bzw. Zentroiden an. Beobachtung 4 wurde z.B. zum Cluster 4 gruppiert, und ihre Distanz zum Seed beträgt (0.0314). Aus Gründen der Übersichtlichkeit wird dieser Output auf die größten bzw. kleinsten Beobachtungen in PHOSPHOR beschränkt. Das Kriterium „Criterion Based on Final Seeds" wird nicht weiter erläutert.

Als „Cluster Summary" wird eine Tabelle mit verschiedenen deskriptiven Kennziffern ausgegeben. „Cluster" bezeichnet dabei den jeweils ermittelten Cluster. „Frequency" gibt die Anzahl der Beobachtungen im jeweiligen Cluster an. „RMS Std Deviation" drückt die jeweilige durchschnittliche Standardabweichung (Wurzel der durchschnittlichen Varianz aller Variablen) im jeweiligen Cluster aus. „Maximum Distance from Seed to Observation" gibt die größte Distanz zwischen dem Seed bzw. Zentroiden des Clusters und seiner Beobachtungen an. „Radius exceeded" gibt die Abweichung von einer vorher spezifizierten Minimaldistanz zwischen den Clustern an (sog. ‚Radius'). „Nearest Cluster" gibt den Cluster an, dessen Zentroid die geringste Distanz zum jeweiligen Cluster aufweist. „Distance between Cluster Centroids" gibt den Wert dieser Distanz zwischen den beiden Zentroiden an. Cluster 4 enthält z.B. vom Phosphor-Datensatz 21 Beobachtungen. Die RMS Std Deviation beträgt 0,0457 und die maximale Distanz zwischen Seed und Beobachtung 0,0814. Der nächste Cluster ist 1, und der Abstand beträgt 0,1579.

Für die in die Berechnung einbezogenen Variablen gibt die Tabelle „Statistics for Variables" weitere deskriptive Kennziffern aus. „Variable" bezeichnet die analysierte Variable, hier z.B. PHOSPHOR. „Total STD" drückt die Gesamtstandardabweichung der jeweiligen Variable aus. „Within STD" gibt die gepoolte Innergruppen-Standardabweichung der jeweiligen Variable an (Wurzel aus dem gewichteten Durchschnitt der Cluster-Varianzen, gewichtet mit der jew. Anzahl an Freiheitsgeraden). Das Bestimmtheitsmaß „R-Square" drückt das Verhältnis der Varianz zwischen den Gruppen zur Gesamtvarianz aus, oder in anderen Worten, den Anteil der Abweichungsquadratsumme zwischen den Clustern an der gesamten Abweichungsquadratsumme. R^2 sollte > 0.5 sein. Das Bestimmtheitsmaß „RSQ/1-RSQ" drückt das Verhältnis der Varianz zwischen den Clustern zur Varianz innerhalb der Cluster aus. Unter „OVER-ALL" die Kennziffern über alle Variablen hinweg gepoolt angegeben. Weil in diesem Beispiel nur eine Variable vorliegt, sind die Daten unter „OVER-ALL" identisch mit PHOSPHOR".

Im Beispiel beträgt die Gesamtstandardabweichung der Variable PHOSPHOR „Total STD"=0,22 und die gepoolte Innergruppen-Standardabweichung „Within STD"=0,0686. „R-Square" erreicht 0,9099 (R^2 sollte über 0,5 liegen), und RSQ/1-RSQ" 10,096. Die Pseudo F Statistic beträgt 148.07 (Pseudo F sollte möglichst groß sein). Der „Approximate Expected Over-All R-Squared" beträgt 0.94748, und gibt das erwartete (approximative) R^2 an unter der Annahme, die Beobachtungen sind gleichverteilt bzw. unkorreliert. Das „Cubic Clustering Criterion" [auch: CCC] ist eine Schätzung der optimalen Clusterzahl.

In den Abschnitten „Cluster Means" und „Cluster Standard Deviations" sind die Mittelwerte bzw. Standardabweichungen der Variablen in pro Cluster angegeben, in diesem Beispiel die Werte der Variable PHOSPHOR in den Clustern 1 bis 4. In Cluster 3 beträgt z.B. der Mittelwert von PHOSPHOR 2,693, und die Standardabweichung 0,111.

16.3.1.2. Syntax der Prozedur FASTCLUS

```
PROC FASTCLUS MAXCLUSTERS = Zahl Radius=Zahl < Optionen > ;
   VAR Variablenliste ;
   ID Variable ;
   FREQ Variable ;
   WEIGHT Variable ;
   BY Variablenliste ;
```

Als Minimalanweisung ist das PROC FASTCLUS Statement zusammen mit der VAR Anweisung ausreichend.

Unter *maxclusters* kann die maximale Anzahl der Cluster angegeben werden (Voreinstellung: *Zahl*=100). Unter *radius* kann das Kriterium der minimalen Distanz angegeben werden (Voreinstellung: *r*=0). *N* bzw. *r* können gemeinsam oder einzeln spezifiziert werden.

Unter *Optionen* kann u.a. angegeben werden

BINS=*Zahl:* Gibt die Zahl der Bins im bin-sort Algorithmus an. Große Werte sind speicherintensiv, und verlangsamen Iterationen, senken aber die Anzahl der Iterationen.

CLUSTER=*Name*: Vergibt einen Namen für die Variable, die in den OUT-SEED= bzw. OUT= Datensätzen die Clusterzugehörigkeit anzeigt.

CONVERGE=*Kriterium*: Spezifiziert das Konvergenzkriterium. Jeder nicht-negative Wert ist zulässig.

DATA=*SAS Datensatz:* Verweis auf den Datensatz mit den zu clusternden Beobachtungen.

DELETE=*Zahl*: Löscht Clusterseeds, denen *n* oder weniger Beobachtungen zugewiesen werden.

DISTANCE bzw. DIST: Berechnet Distanzen zwischen den Clustermittelwerten.

DRIFT: Verwendet die Methode der driftenden Zentroide.

HC=*Kriterium:* Die HC-Option sollte nur spezifiziert werden, falls man bei den Standardeinstellungen auf Konvergenzprobleme stößt.

IMPUTE: Ersetzen von fehlenden Werten bei den Objekten.

INSTAT=*SAS Datensatz:* Liest einen Datensatz ein, der mittels der OUTSTAT-Option in FASTCLUS angelegt wurde.

IRLS: FASTCLUS soll die iteratively reweighted least-squares-Methode verwenden.

LEAST= *p* bzw. MAX. Veranlasst FASTCLUS ein L_p Kriterium zu to optimieren.

LIST: Listet alle Beobachtungen auf, u.a. ID, zugehörigem Cluster, und die Distanz zwischen der Beobachtung im schlussendlichen Startwert des Clusters.

MAXITER= *Zahl*: Legt die Anzahl der maximal durchzuführenden Iterationen fest.

MEAN= *SAS Datensatz:* Legt einen Datensatz mit den Mittelwerten und anderen Statistiken für jeden Cluster an.

NOMISS: Schließt Beobachtungen mit fehlenden Werten aus der Analyse aus.

NOPRINT: Unterdrückt die Anzeige jeglichen Outputs, blockiert zeitweise auch das ODS.

OUT= *SAS Datensatz:* Legt einen Datensatz mit den Originaldaten, und den neuen Variablen CLUSTER und DISTANCE an.

OUITTER: Legt Informationen über die Iterationsgeschichte im OUTSEED= Datensatz ab, u.a. die Clusterseeds bei jeder Iteration.

OUTSEED= *SAS Datensatz:* Ein anderer Name für die Option MEAN=.

OUTSTAT= *SAS Datensatz:* Legt einen Datensatz für verschiedene Statistiken an; nicht geeignet als SEED= Datensatz in einem darauf folgenden FASTCLUS Schritt.

RANDOM= *Zahl: Gibt* eine positive Ziffer als Startwert für den Pseudozufallszahlengenerator an, falls angefordert mittels REPLACE=RANDOM.

REPLACE: Legt fest, wie der Austausch der Startwerte (Seeds) stattfinden soll. Neben RANDOM sind FULL, PART und NONE mögliche Optionen.

SEED= *SAS Datensatz:* Legt einen Input-Datensatz fest, aus dem Clusterstartwerte ausgewählt werden.

SHORT: Unterdrückt die Anzeige der anfänglichen Startwerte, Mittelwerte und Standardabweichungen der Cluster.

STRICT: Verhindert, dass eine Beobachtung zu einem Cluster zugewiesen wird, falls der Abstand zum nächsten Clusterseed den Wert dieser Option übersteigt.

SUMMARY: Unterdrückt die Anzeige der anfänglichen Clusterseeds, Variablenstatistiken, Clustermittelwerte, und Standardabweichungen.

VARDEF: Legt den Divisor fest, der in die Berechnung von (Ko)Varianzen verwendet werden soll; zur Auswahl stehen DF, N, WDF und WEIGHT (WGT).

Unter *var* werden die numerischen Variablen angegeben, für die die Clusteranalyse berechnet werden soll.

Mit einer geeigneten *ID* Variable können Beobachtungen während des Clustervorgangs identifiziert werden.

Unter *freq* kann eine Variable angegeben werden, die die Häufigkeiten anderer Variablen repräsentiert.

Ist ein *by* Statement angegeben, werden separate Clusteranalysen für die Ausprägungen der dort aufgeführten Gruppierungsvariablen berechnet.

Falls eine *WEIGHT* Variable angegeben wird, werden ihre Werte dazu verwendet, gewichtete Clustermittelwerte zu berechnen. Eine Beobachtung geht nur dann in die Berechnung ein, wenn der Wert der WEIGHT Variable größer als Null ist.

16.3.2. Die hierarchische Clusteranalyse

Die folgenden Kapitel behandeln drei Anwendungsfälle. Das erste Kapitel behandelt zunächst eine rein grafische Clusteranalyse, die Beobachtungen auf der Basis zweier Variablen zu clustern versucht. Dieses Kapitel enthält anstelle eines statistischen Outputs mehrere Grafiken u.a. für ideale und nicht ideale Lösungen. Das zweite Kapitel demonstriert an mehreren Variablen, inwieweit die Wahl des Verfahrens die Clusterlösung beeinflussen kann, und dass das Ergebnis nicht immer ideal getrennte Cluster zu sein brauchen. Das Beispielprogramm in diesem Kapitel erzeugt zahlreiche Grafiken und einen statistischen Output. Der statistische Output wird nicht erläutert. Das dritte Kapitel zeigt am Gruppieren einer Variable anhand der Verfahren Ward und Average, wie Statistiken und Baumdiagramme der Fusionierungsgeschichte (‚cluster history') zu interpretieren sind.

16.3.2.1. Beispiel 1: Grafische Clusteranalyse ohne Statistik-Output

In einem Laborexperiment wurde die Länge und Breite von Hefezellen gemessen und im (temporären) Datensatz CLUSTER abgelegt. Mittels einer hierarchischen Clusteranalyse wird versucht, die Daten der Beobachtungen in Cluster zu gruppieren. Das folgende Programm erzeugt dabei zwei Grafiken. Weitere Statistiken werden nicht ausgegeben.

Syntax

```
proc cluster data=CLUSTER outtree=TREE
             method=single noprint;
var LAENGE BREITE ;

run;

proc tree data=TREE noprint out=TROUT n=3;
   copy LAENGE BREITE;
run;

title 'Clusteranalyse für Hefezellen';
title2 'CCC-Plot';
axis1 minor=none label=(angle=90 rotate=0);
axis2 minor=none order=(0 to 35 by 1) ;
proc gplot data= TREE ;
   plot _CCC_*_NCL_='*'
       /frame vaxis=axis1 haxis=axis2 legend=legend1;
run;
quit ;

title 'Clusteranalyse für Hefezellen';
title2 'Separate Cluster';
footnote 'Methode Single Linkage' ;
legend1 frame cborder=black
        position=center value=(justify=center);
axis1 minor=none label=(angle=90 rotate=0);
axis2 minor=none;
symbol1 color=BLACK v=dot h=1;
symbol2 color=GRAY v=dot h=1;
symbol3 color=LTGRAY v=dot h=1;
proc gplot data= TROUT;
   plot BREITE*LAENGE=cluster
        /frame vaxis=axis1 haxis=axis2 legend=legend1;
run;
quit ;
```

Der erste Programmabschnitt fordert die Prozedur CLUSTER und den (hier: temporären) Analysedatensatz CLUSTER an. Unter VAR werden die numerischen Variablen LAENGE und BREITE angegeben, für die die Clusteranalyse berechnet werden soll. Als Methode wird über SINGLE die Methode Single-Linkage eingestellt. Über NOPRINT wird die Anzeige jeglichen Outputs unterdrückt. Über OUTTREE= werden Daten in den Datensatz TREE abgelegt. Im zweiten Programmabschnitt fordert PROC TREE den im ersten Abschnitt angelegten temporären Datensatz TREE an. Über NOPRINT wird die Anzeige jeglichen Outputs unterdrückt. Über OUT= werden Daten in den Datensatz TROUT abgelegt. N=3 (hier: 3) bestimmt die Anzahl der Cluster, die in den OUT= Datensatz abgelegt werden soll. Die unter COPY angegebenen Variablen werden nach TROUT kopiert.

Im dritten Programmabschnitt werden die in den Datensatz TROUT abgelegten _CCC_- und _NCL_-Parameter mittels PROC GPLOT in einem Koordinatensys-

tem abgetragen. Im vierten Programmabschnitt werden die im Datensatz TROUT abgelegten Clusterdaten in einem Streudiagramm dargestellt.
Zu Details zu PROC GPLOT wird auf das Kapitel 23 verwiesen.

Output und Erläuterungen

Die erste Grafik bildet die CCC-Werte pro Anzahl der Cluster ab. CCC-Spitzenwerte weisen auf ideale Clusterzahlen hin. Der mit Abstand höchste CCC-Wert liegt bei Numbers of Clusters=3. Weitere Spitzenwerte treten in der Grafik nicht auf.

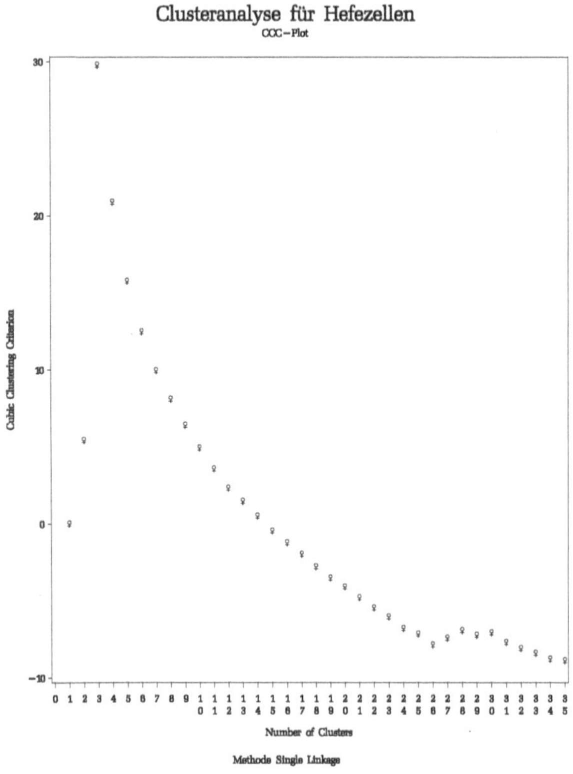

Die zweite Grafik gibt die erfolgreiche Clusterbildung wieder. Die erhobenen Längen- und Breitenwerte lassen sich in drei ideal getrennte Cluster bündeln. Überschneidungen der Cluster und Ausreißer liegen nicht vor. Alle folgenden Abbildungen sind im CGM-Format.

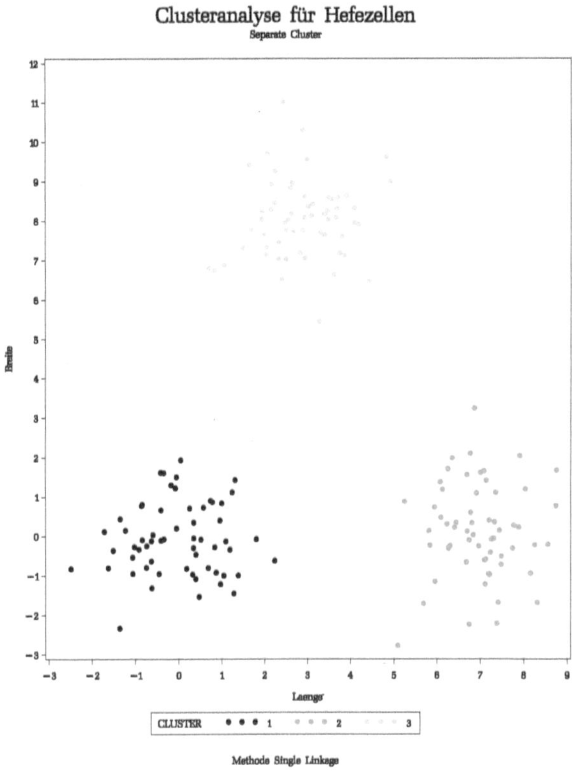

Die folgende dritte Grafik basiert auf anderen Daten und soll demonstrieren, wie eine nicht bzw. schlecht interpretierbare Cluster-Lösung aussehen kann, und wo die Ursachen zu finden sein könnten.

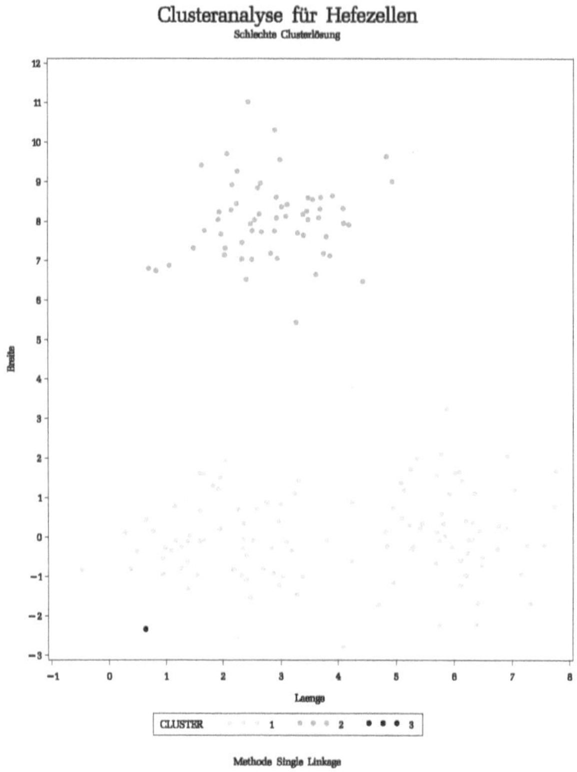

Diese dritte Grafik basiert auf denselben Punkteschwärmen. Der einzige Unterschied zur vorangegangenen Grafik besteht neben der Färbung allein darin, dass die beiden unteren Clusterlösungen näher zusammengeschoben wurden. Vom Bias des gewählten Verfahrens hängt es ab, ob dicht nebeneinander liegende Punkteschwärme als ein oder zwei Cluster identifiziert werden. Das gewählte Verfahren Single-Linkage ist nicht sehr trennscharf, und erkennt nur einen Cluster. Darüber hinaus definiert das Single-Linkage Verfahren einen einzelnen Ausreißer (links unten, schwarz) als selbständigen Cluster.

Probleme bei der Interpretation einer (grafischen) Clusterlösung können also u.a. sein: mangelnde Trennschärfe von Verfahren (hier demonstriert am Single-Linkage Verfahren), und Cluster auf der Basis einzelner Werte, Überlappung von Clustern (hier nicht dargestellt), und falsche Wiedergabe von ‚wahren Clustern' (hier nicht dargestellt).

16.3.2.2. Beispiel 2: Analyse derselben Daten mit versch. Clusterverfahren

Wie im vorangegangenen Abschnitt bereits angedeutet, kommen verschiedene Clusterverfahren an denselben Daten nicht notwendigerweise zum selben Ergebnis, sondern gelangen zu verfahrensabhängigen Lösungen.

Im folgenden Beispiel werden dieselben Daten mit den Verfahren Average, Single-Linkage, Two-Stage, und Ward analysiert. Jedes dieser Verfahren weist einen bestimmten Bias auf: Average gilt als relativ konservativ, strebt jedoch Cluster mit annähernd derselben Varianz an. Single-Linkage neigt zur Kettenbildung (chaining) und tendiert dazu, Ausläufer von langgezogenen oder unregelmäßigen Verteilungen abzuschneiden. Ward strebt Cluster mit annähernd gleichen N an, kann keine kleinen oder langgezogenen Gruppen erkennen, und ist anfällig für Ausreißer. Zum nichtparametrischen Two-Stage- Verfahren liegen bislang keine Informationen über mögliche Bias vor. Das Verfahren Complete Linkage neigt dazu, kleine Gruppen zu bilden (nicht vorgestellt).

Beispiel

Aus einem Gewässer wurden zahlreiche Proben entnommen, und auf Mischkonzentrationen ihrer jeweiligen chemischen Zusammensetzung hin analysiert. Die aus den Mischungen abgeleiteten Informationen über u.a. Phosphationen, Nitrationen, und Nitrogendioxid wurden in verschiedene Variablen (z.B. NO2_N, NO3_N) abgelegt. Mittels einer Clusteranalyse wird nun überprüft, ob es (1) grundsätzlich möglich ist, diese verschiedenen Informationen über Mischkonzentrationen in Clustern zu bündeln, und (2) ob das gewählte Clusterverfahren einen Einfluss auf die gewonnene Clusterlösung hat. Das folgende Programm erzeugt ausschließlich Grafiken. Statistiken werden ausgegeben, aber in diesem Abschnitt nicht erläutert.

Syntax

```
data CLUSTER ;
set DATA.IFSDATA ;
   keep NO2_N NO3_N
        PO4_P P_hydrol P_total Pgeloest ;
   run ;

title2 'Average' ;
   proc cluster data= CLUSTER outtree=TREE
        method=AVERAGE print=15 pseudo ccc ;
   run ;

   proc gplot data= TREE ;
```

```
      plot _CCC_*_NCL_='*'
            /frame vaxis=axis1 haxis=axis2 ;
   run ;
   quit ;

   proc gplot data= TREE ;
      plot _PSF_*_NCL_ _PST2_*_NCL_
           /overlay frame vaxis=axis1 haxis=axis2 ;
   run;
   quit ;

proc tree data=TREE noprint out=TROUT n=5 ;
   copy NO2_N NO3_N
        PO4_P P_hydrol P_total Pgeloest ;
   run ;

proc candisc data= TROUT noprint out=CANDISC  ;
        class CLUSTER ;
        var NO2_N NO3_N
         PO4_P P_hydrol P_total Pgeloest ;
   run ;

proc gplot data= CANDISC ;
      plot CAN2*CAN1=CLUSTER
            / frame vaxis=axis1 haxis=axis2 legend=legend1 ;
   run;
   quit ;
```

Über den Data Step wird der temporäre Analysedatensatz CLUSTER mit den zu clusternden Variablen angelegt.

Ab „title2 ‚Average'" wird die eigentliche Clusteranalyse berechnet. PROC CLUSTER fordert die Prozedur für die Berechnung einer Clusteranalyse an. PROC CLUSTER greift auf den temporären Analysedatensatz CLUSTER zu. Unter METHOD= wird das gewünschte Clusterverfahren angegeben, z.B. Average. Die Anzahl der gesuchten Cluster kann nicht voreingestellt werden (siehe dagegen PROC FASTCLUS). Mit PSEUDO und CCC werden die Pseudo- und CCC-Statistiken angefordert (nur bei den Methoden AVE, CEN oder WARD). Die berechneten Clusterlösungen werden zur grafischen Präsentation in den Datensatz TREE abgelegt. Die Anweisung PRINT= bewirkt, dass im Output nur die letzten 15 Cluster-Lösungen ausgegeben werden. In den beiden folgenden PROC GPLOT Abschnitten werden die im Datensatz TREE abgelegten Parameter _CCC_, _PSF_, _PST2_, und _NCL_ in Streudiagrammen abgelegt. Auf die Interpretation dieser Statistiken wird im nächsten Abschnitt eingegangen.

PROC TREE greift auf den temporären Datensatz TREE zu, und legt einen Outputdatensatz an, der neben den über COPY kopierten Variablen die Informationen der über N= festgelegten Clusterzahl enthält. NOPRINT unterdrückt die Ausgabe des Baumdiagramms.

Mit Hilfe von PROC CANDISC werden über den Zugriff auf den temporären Datensatz TROUT kanonische Variablen zur Unterscheidung zwischen den Clustern ermittelt. In CLASS wird die Gruppierungsvariable (hier: CLUSTER aus dem Datensatz TROUT) angegeben. In VAR werden die Variablen für die Diskriminanzanalyse angegeben. Die ermittelten Statistiken werden im temporären Outputdatensatz CANDISC abgelegt.

Im abschließenden PROC PLOT Schritt werden über den Zugriff auf den temporären Datensatz CANDISC die beiden ersten ermittelten kanonischen Variablen, CAN1 und CAN2 grafisch dargestellt, um die Clusterzugehörigkeit der Variablen deutlich zu machen. NOPRINT unterdrückt jeglichen Output. Zu Details zu PROC GPLOT und PROC GREPLAY wird auf Kapitel 23 verwiesen.

Für die Verfahren Single-Linkage und Ward werden alle Schritte ab „title2 ‚Average'" wiederholt. Die einzigen Anpassungen, die vorgenommen werden müssen, sind die Änderung der jew. Überschrift von „Average" in „Single-Linkage", „Ward" bzw. „Two-Stage", und die Angabe des Verfahrens unter METHOD=. Beim Verfahren „Two-Stage" muss unter K= zusätzlich ein Glättungsparameter angegeben werden.

Output und Erläuterungen

Das Programm erzeugt insgesamt zwölf Grafiken. Die CCC-Plots wurden bereits im vorangegangenen Beispiel erläutert. Je nach Verfahren und vorgenommenen Einstellungen deuten die CCC-Plots Lösungen mit 2, 3, oder 4 Clustern an. In den Pseudo-Plots werden die erzielten Pseudo-Statistiken (*pseudo F, pseudo* t^2) pro Cluster-Lösung abgetragen. *pseudo F*-Werte werden analog zu CCC-Plots interpretiert. Lokale Maxima weisen auf ideale Clusterzahlen hin. *pseudo* t^2 -Werte werden umgekehrt interpretiert: Hinweise auf optimale Clusterlösungen sind lokale Minima.

Für das Verfahren Single-Linkage sind CCC und *pseudo F*-Werte nicht geeignet; stattdessen können *hohe* pseudo t^2-Werte als ein Hinweis so interpretiert werden, dass die *um 1 größere Clusterlösung* eine akzeptables Ergebnis darstellt.

Die Pseudo-Statistiken werden im Folgenden am Beispiel des Plots zum Average-Verfahren interpretiert: Im Pseudo-Plot für das Average-Verfahren deuten die Maxima von *pseudo F* (‚F') gute Lösungen mit 3 bzw. 4 Clustern an. Die Minima von *pseudo* t^2 (‚T') weisen auf gute Lösungen mit 4 bzw. 5 Clustern hin. Der (nicht dargestellte) CCC-Plot weist auf eine gute Lösung mit 4 Clustern hin. Zusammengenommen deuten diese Statistiken auf gute Lösungen mit 3 bis 5 Clustern für die vorliegenden Daten hin.

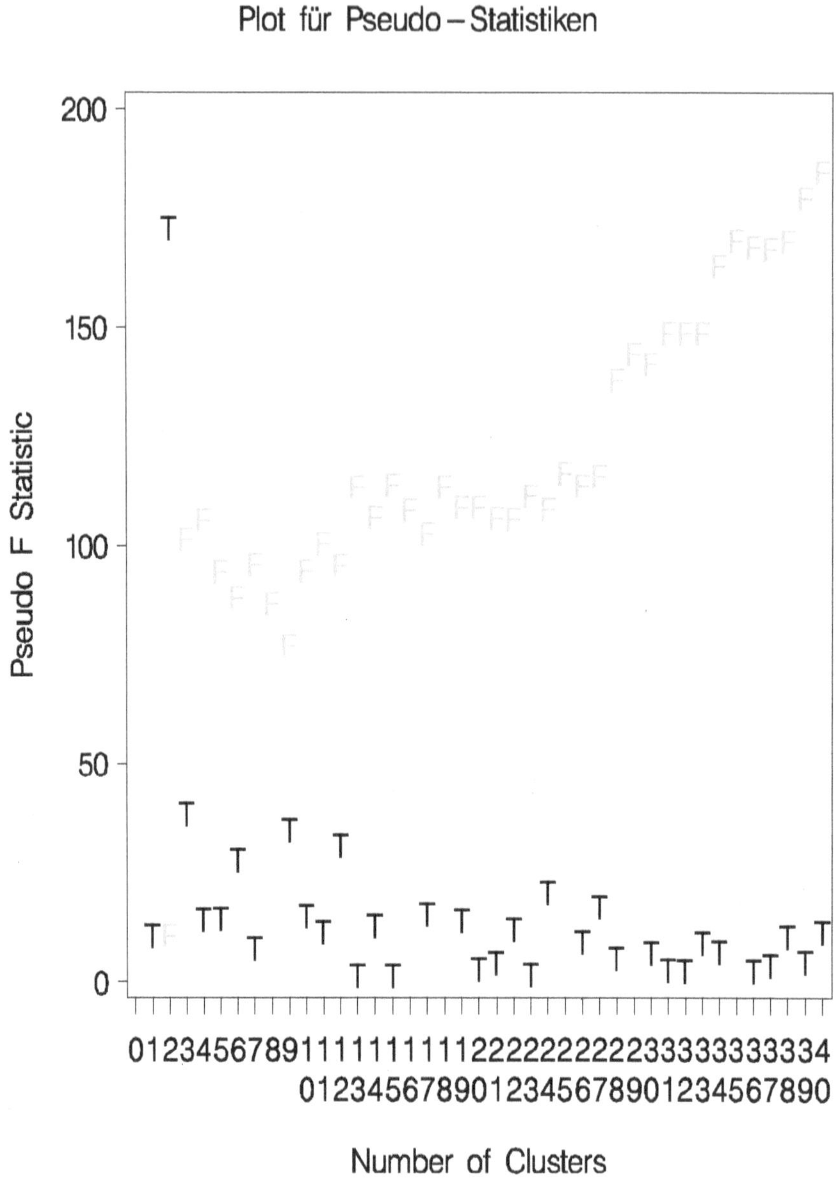

Diese Ergebnisse beantworten die eingangs gestellten Fragen. Es ist grundsätzlich möglich, die verschiedenen Informationen über Mischkonzentrationen in Clustern zu bündeln. Die folgende Grafik hilft, die zweite Frage zu beantworten. In dieser Grafik sind jeweils 5er-Clusterlösungen der vier Verfahren abgetragen.

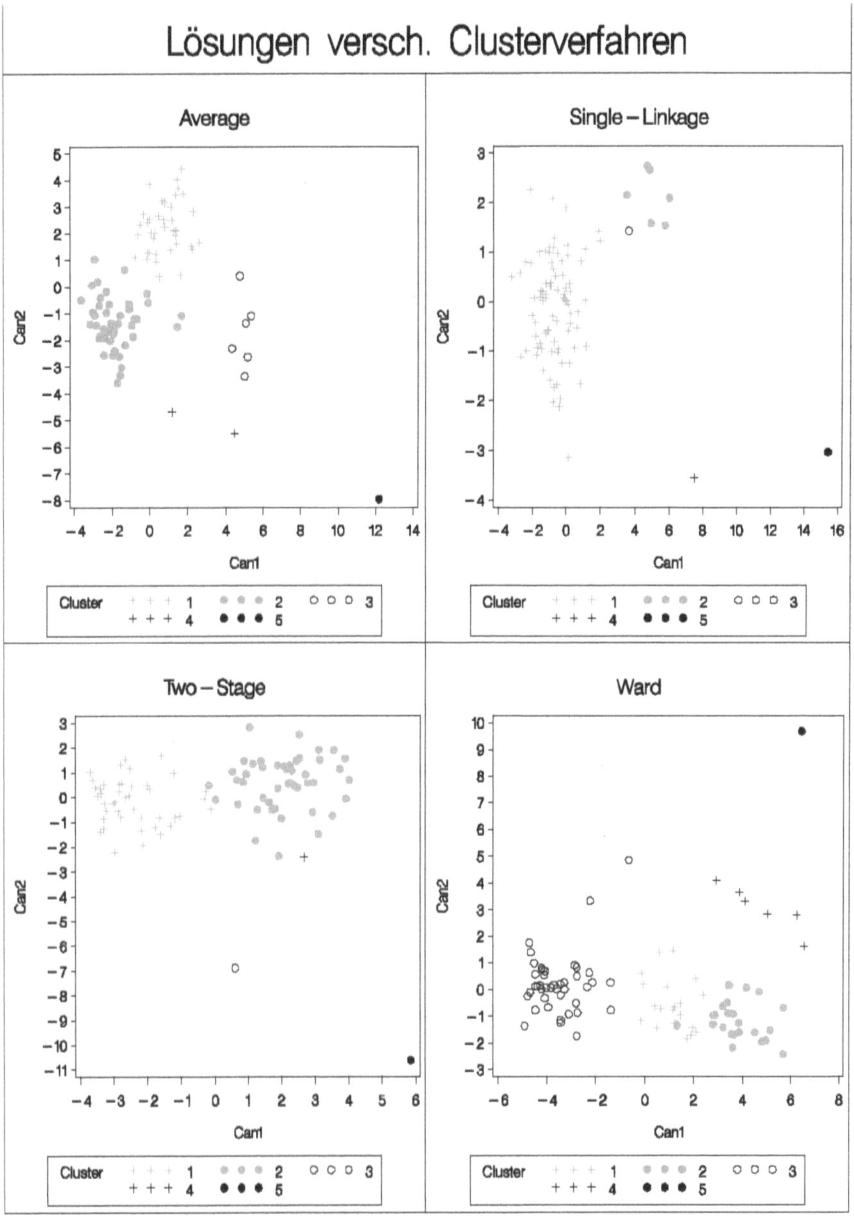

Wie man unschwer erkennen kann, hat das gewählte Verfahren einen Einfluss auf die erzielte Clusterlösung. Im Prinzip müssten zunächst die empfohlenen Lösungen z.B. für 3, 4, und 5 Cluster innerhalb des jeweiligen Clusterverfahrens untereinander verglichen werden, und anschließend pro Clusterzahl jede Lösung zwischen den Verfahren, um sie ggf. genauer auf ihre jeweilige Zusammensetzung bzw. weitere Besonderheiten, wie z.B. Ausreißer oder Verbundwerte (ties) überprüfen.

16.3.2.3. Beispiel 3: Interpretation einer Clusterfusionierung

Im Laufe einer Studie wurden zahlreiche Phosphor-Werte erhoben. Mit mehreren hierarchischen Clusterverfahren wird versucht, einzelne Phosphorwerte (Variable PHOSPHOR) zu Clustern zu bündeln. Analog zum FASTCLUS-Beispiel ist in diesem Anwendungsfall die Zugehörigkeit zu einem Cluster gleichbedeutend mit einer Klassifikation des jeweiligen Phosphorwertes auf eine solche Weise, dass einerseits die Unterschiede zwischen den Werten *innerhalb* der jeweiligen Cluster möglichst gering sind, und gleichzeitig die Unterschiede *zwischen* den Clustern möglichst groß sind. An den Clusterverfahren Average und Ward wird das Prinzip der Fusionierung, die ausgegeben Statistiken und die Baumdiagramme erläutert.

Syntax

```
title 'Clusteranalyse mit der Methode AVERAGE ' ;

   PROC CLUSTER METHOD = AVE data=SASUSER.PHOSPHOR
        NOTIE PSEUDO OUTTREE=ifsclus ;
        VAR PHOSPHOR   ;
   run ;

   proc tree data = IFSCLUS horizontal ;
        run ;

title 'Clusteranalyse mit der Methode WARD ' ;

   PROC CLUSTER METHOD = WARD data=SASUSER.PHOSPHOR
        NOTIE PSEUDO OUTTREE=ifsclus ;
        VAR PHOSPHOR   ;
   run ;

   proc tree data = IFSCLUS horizontal ;
        run ;
```

PROC CLUSTER fordert die Prozedur für die Berechnung einer hierarchischen Clusteranalyse an, und greift auf den permanenten Datensatz PHOSPHOR zu. Unter METHOD= wird das gewünschte Clusterverfahren angegeben, z.B. Average oder Ward. Die Anzahl der gesuchten Cluster kann nicht voreingestellt werden (siehe dagegen PROC FASTCLUS). Mit PSEUDO werden die Pseudo- Statistiken angefordert (nur bei den Methoden AVE, CEN oder WARD). Die berechneten Clusterlösungen werden zur grafischen Präsentation in den temporären Outputdatensatz IFSCLUS abgelegt. NOTIE unterdrückt das Überprüfen auf das Vorliegen von ties bei der Clusterermittlung.

PROC TREE greift auf den temporären Datensatz IFSCLUS zu. Die Option HORIZONTAL bewirkt, dass das Baumdiagramm horizontal ausgegeben wird.

Output

```
Clusteranalyse mit der Methode AVERAGE

                                   The CLUSTER Procedure
                              Average Linkage Cluster Analysis

                             Eigenvalues of the Covariance Matrix

          Eigenvalue     Difference     Proportion     Cumulative
     1    0.04886365                        1.0000         1.0000

     Root-Mean-Square Total-Sample Standard Deviation = 0.221051
     Root-Mean-Square Distance Between Observations   = 0.312614

                              Cluster History
                                                                     Norm
                                                                      RMS
          NCL    --Clusters Joined---        FREQ     PSF    PST2    Dist

           47    OB1          OB5              2       .       .        0
           46    CL47         OB9              3       .       .        0
           45    OB7          OB11             2       .       .        0
           44    OB2          OB14             2       .       .        0
           43    OB6          OB16             2       .       .        0
           42    OB10         OB17             2       .       .        0
           41    CL43         OB22             3       .       .        0
           40    OB4          OB28             2       .       .        0
  .....................Output stark gekürzt.....................
           10    CL13         CL17            17     222    49.1   0.2478
            9    CL16         CL15            16     179    45.7   0.2628
            8    CL11         OB29             6     186     6.0   0.3237
            7    CL10         CL19            20     147    20.7   0.3931
            6    CL8          OB35             7     150     7.5   0.5021
            5    CL9          OB12            17     161    14.1    0.505
            4    CL7          CL5             37    73.3    77.1   0.5712
            3    CL12         CL6             10    88.5    18.9   0.6769
            2    CL4          OB48            38     126    15.4   1.2897
            1    CL2          CL3             48       .     126   1.5582
```

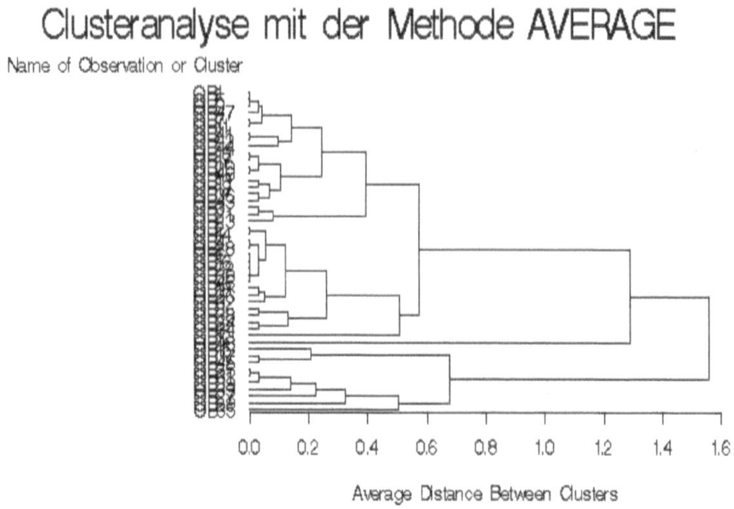

Clusteranalyse mit der Methode WARD

The CLUSTER Procedure
Ward's Minimum Variance Cluster Analysis

Eigenvalues of the Covariance Matrix

	Eigenvalue	Difference	Proportion	Cumulative
1	0.04886365		1.0000	1.0000

Root-Mean-Square Total-Sample Standard Deviation = 0.221051
Root-Mean-Square Distance Between Observations = 0.312614

Cluster History

NCL	--Clusters	Joined---	FREQ	SPRSQ	RSQ	PSF	PST2
47	OB1	OB5	2	0.0000	1.00	.	.
46	CL47	OB9	3	0.0000	1.00	.	.
45	OB7	OB11	2	0.0000	1.00	.	.
44	OB2	OB14	2	0.0000	1.00	.	.
43	OB6	OB16	2	0.0000	1.00	.	.
42	OB10	OB17	2	0.0000	1.00	.	.
41	CL43	OB22	3	0.0000	1.00	.	.
40	OB4	OB28	2	0.0000	1.00	.	.
....	Output stark gekürzt......................						
10	CL16	OB12	5	0.0031	.988	361	12.7
9	CL14	CL17	6	0.0040	.984	309	9.7
8	CL11	CL20	12	0.0064	.978	254	30.7
7	CL9	OB35	7	0.0084	.970	218	7.5
6	CL12	CL15	20	0.0126	.957	187	83.4
5	CL10	OB48	6	0.0202	.937	160	20.8
4	CL13	CL7	10	0.0359	.901	133	18.9
3	CL6	CL5	26	0.0559	.845	123	34.1
2	CL8	CL3	38	0.1126	.732	126	39.1
1	CL2	CL4	48	0.7324	.000	.	126

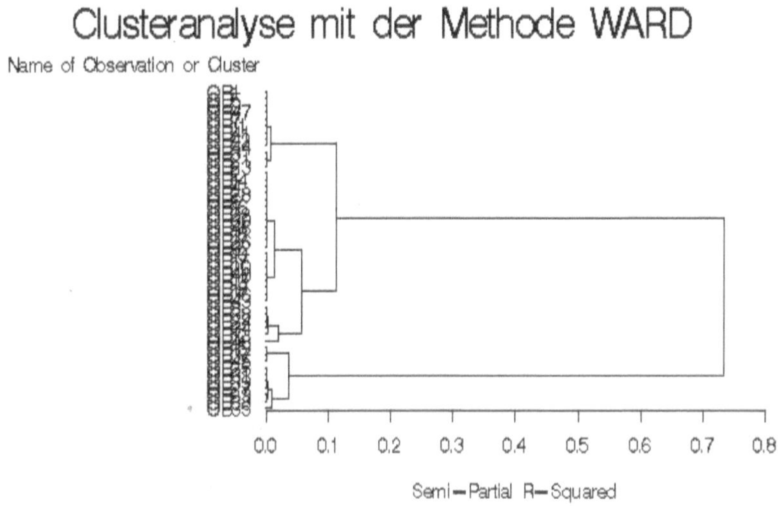

Erläuterung der Statistiken

Die Outputs der Verfahren Average und Ward haben im Wesentlichen denselben Aufbau. Zunächst wird das verwendete Verfahren genannt, als Kennziffern folgen jeweils die Eigenwerte der Kovarianzmatrix, die Differenz zwischen je zwei Eigenwerten, der Erklärungsanteil jedes Eigenwerts an der Gesamtvarianz (Proportion), und der kumulierte Erklärungsanteil. Danach wird die durchschnittliche Standardabweichung der Stichprobe (Root-Mean-Square Total-Sample Standard Deviation) aufgeführt. Bei Average und Ward folgt noch die durchschnittliche Abweichung zwischen allen Objekten (Root-Mean-Square Distance Between Observations).

Die Ausgabe der Cluster-Geschichte (Cluster History) sieht für die Verfahren Average und Ward ebenfalls im Wesentlichen gleich aus. Mit NCL (Number of Clusters) wird die Anzahl der Cluster auf der jeweiligen Stufe angegeben. Unter *Clusters Joined* wird angegeben, welche Objekte bzw. Cluster zusammengefasst werden. *Freq* gibt die Anzahl der Objekte bzw. Cluster im neuen Cluster an. Beim Verfahren Average enthält z.B. der Datensatz 48 Werte (=Beobachtungen). Im Cluster 47 werden dann die beiden Beobachtungen 1 und 5 zusammengefasst; Cluster 47 enthält 2 Beobachtungen. Im Cluster 1 werden zum Schluss die beiden Cluster 2 und 4 zusammengefasst, und enthält dann 48 Beobachtungen. Die Aufbereitung der Fusionierungsgeschichte ist für alle Verfahren im Wesentlichen gleich; im Folgenden werden einige verfahrensspezifische Kennziffern vorgestellt. Zunächst werden die Kennziffern für Average erläutert, und anschließend für Ward.

Average

PSF gibt den Wert des *Pseudo F*-Kriteriums an. Pseudo F sollte möglichst groß sein. PST2 gibt den Wert des *Pseudo* t^2-Kriteriums an. *Norm RMS Dist* gibt die mit der durchschnittlichen Distanz allen Objekten gewichtete Distanz der jeweils zusammengefassten Cluster an.

Beispiel:

Cluster 4 bündelt Cluster 7 und 5, und enthält insgesamt 37 Beobachtungen, bei PSF=73,3, und PST2=77,1. *Norm RMS Dist* erreicht 0,5712. Cluster 2 fasst das Cluster 4 noch mit der Beobachtung 48 zusammen (insgesamt 38 Beobachtungen), bei PSF=126, und PST2=15,4. *Norm RMS Dist* erreicht 1,2897. Die Aufnahme einer einzelnen Beobachtung verschlechtert die ursprüngliche Clusterlösung (siehe PSF und Norm RMS Dist).

Ward

SPRSQ gibt den Wert des *semipartiellen* R^2 an. RSQ gibt den Wert des R^2 an. PSF gibt den Wert des *Pseudo F*-Kriteriums an. Pseudo F sollte möglichst groß sein. PST2 gibt den Wert des *Pseudo* t^2-Kriteriums an.

Beispiel:

Cluster 3 bündelt Cluster 5 und 6, und enthält insgesamt 26 Beobachtungen, bei einem *semipartiellen* R^2 =0,0559, und R^2=0,845 (PSF=123, PST2=34,1). Cluster 2 bündelt Cluster 3 und 8, und enthält nun insgesamt 38 Beobachtungen, bei einem *semipartiellen* R^2 =0,1126, und R^2=0,732 (PSF=126, PST2=39,1). Die Bündelung mit einem weiteren Cluster verschlechtert die Kennwerte des ursprünglichen Clusters 3 (siehe *semipartielles* R^2, und R^2).

Erläuterung der Baumdiagramme

Die TREE Prozedur (nicht zu verwechseln mit DTREE) erzeugt ein Baumdiagramm (synonym: Dendrogramm oder Phenogramm) auf der Grundlage der Clusterergebnisse aus CLUSTER oder VARCLUS. Die Terminologie zur Beschreibung eines Baumdiagramms leitet sich aus der Biologie bzw. Genealogie ab: Die zu clusternden Objekte sind die sog. Blätter (leaves). Der Cluster, der alle Objekte enthält, ist die sog. Wurzel (root). Cluster mit mind. zwei, aber nicht allen, Objekten werden als Ast (branch) bezeichnet. Branch, leaves, und roots werden auch unter *node* zusammengefasst. Falls ein Cluster zwei andere Cluster zusammenfasst, dann wird dieser Cluster als *Eltern (parent)* der beiden anderen Cluster bezeichnet; diese sind wiederum die *Kinder* (*children*) dieses Clusters.

Die Cluster-Prozeduren unterscheiden sich in ihrem Baumdiagramm-Output: CLUSTER generiert immer binäre Bäume (weil immer zwei Cluster zusammengefügt werden. VARCLUS kann dagegen Dendrogramme mit Clustern erzeugen, die mehrere Kinder haben.

Horizontale Baumdiagramme können von links nach rechts, oder von rechts nach links gelesen werden. Von links nach rechts nimmt der Abstand zwischen den einzelnen Objekten immer mehr zu, weil zunächst Objekte bzw. Cluster gruppiert werden, die je nach Algorithmus zueinander am wenigsten distant bzw. am ähnlichsten sind. Zugleich nimmt von links nach rechts die Anzahl der Cluster ab, weil im Laufe der Fusionierung immer mehr Objekte bzw. Cluster gruppiert werden. In einem Baumdiagramm wird also von links nach rechts die Doppelinformation dargestellt, dass mit zunehmender Clusteranzahl auch der Abstand innerhalb der Cluster zunimmt, bzw. die Ähnlichkeit abnimmt.

Average:

Die Average-Methode deutet grafisch eine 3-Cluster-Lösung an: Denkt man sich bei Average Distance between Clusters = ca. 0.7, dann liegen an dieser Stelle zwei Cluster und eine einzelne Beobachtung vor. Würde man diese einzelne Beobachtung eliminieren, läge eine 2-Cluster-Lösung vor. Würde man als Average Distance Maß ca. 0.6 anlegen, würde man zu einer 4-Cluster-Lösung gelangen, in der ebenfalls ein einzelnes Objekt enthalten ist.

Ward:

Orientiert man sich beim Baumdiagramm zur Ward-Methode am semi-partiellen R^2 von 0.15, so deutet sich grafisch eine 2-Cluster-Lösung an: Auf Höhe eines semi-partiellen R^2 von 0.07 würde sich eine 3-Cluster-Lösung ergeben. Beide Cluster-Lösungen bilden sich im letzten Fusionierungsschritt ohne die Berücksichtigung eines Einzelwertes.

Ein Vergleich der beiden Baumdiagramme für die Clusterungen auf der Basis der Methoden Average und Ward ergibt, dass verschiedene Methoden in ihrer Cluster-Lösung übereinstimmen können. Die Betrachtung der Dendrogramme ergibt auch, dass sie je nach Algorithmus bzw. Datensituation nicht immer gleich gut interpretiert werden können. Sobald die Aussagekraft von Grafiken ihre Grenzen erreicht hat, sollte die Interpretation der einzelnen Cluster-Lösungen durch weitere statistische Kennziffern gestützt werden. Für multivariat-intervallskalierte Clusterverfahren werden üblicherweise die Statistiken CCC (Cubic Clustering Criterion) , pseudo F (PSF), und pseudo t^2 (PST2) empfohlen.

16.3.2.4. Syntax der Prozedur CLUSTER

```
PROC CLUSTER METHOD = Methode < Optionen > ;
BY Variablenliste ;
COPY Variablenliste ;
FREQ Variable ;
ID Variable ;
RMSSTD Variable ;
VAR Variablenliste ;
```

Als Minimalanweisung sind nur das PROC CLUSTER Statement einschließlich einer anzugebenden Methode möglich. Normalerweise sind jedoch VAR, ID, und COPY Statements zusätzlich erforderlich.

Unter Methode kann einer der 11 o.a. Clusteralgorithmen angegeben werden.

Unter Optionen kann u.a. angegeben werden

BETA=Zahl: Spezifiziert die Beta-Parameter für die Beta-Methode [FLE], normalerweise zwischen 0 und -1.

CCC: Zeigt u.a. das kubische Cluster-Kriterium (Cubic Clustering Criterion) an.

DATA=SAS Datensatz: Verweis auf den Datensatz mit den zu clusternden Beobachtungen.

DIM=Zahl: Spezifiziert die Dimensionalität für die TRIM-Option bzw. die Methoden [DEN, TWO], normalerweise größer oder gleich.

HYBRID: Fordert Wong's hybride Cluster-Methode an, nur bei den Methoden [DEN, TWO].

K=Zahl: Spezifiziert die Anzahl der Nachbarn für die k-nächste Nachbarn-Dichteschätzung, bei der TRIM-Option und den Methoden [DEN, TWO].

MODE=Zahl: Spezifiziert die Minimalanzahl der Beobachtungen, die zwei Cluster jeweils vor ihrer Zusammenfassung enthalten müssen.

NOEIGEN: Unterdrückt die Berechnung von Eigenwerten für das CCC; gilt nur für Koordinatendaten.

NOID: Unterdrückt die Anzeige von ID-Variablen für jeweils neu zusammengefasste Cluster.

NONORM: Verhindert die Normierung der Distanzen.

NOPRINT: Unterdrückt die Anzeige jeglichen Outputs, blockiert zeitweise auch das ODS.

NOSQUARE: Verhindert die Quadrierung von Distanzen.

NOTIE: Verhindert das Überprüfen auf das Vorliegen von ties bei der Distanzenberechnung zwischen Clustern.

OUTTREE=:SAS Datensatz. Zum Zeichnen von Dendrogrammen mit TREE werden die Daten benötigt, die in diese Datei ausgegeben werden.

PENALTY=p: Spezifiziert den Penalty-Koeffizienten, der für die Methode EML benötigt wird, normalerweise größer als 2.

PRINT=Zahl: (bzw. P=Zahl:): Bewirkt, dass im Output nur die letzten Zahl Stufen des Algorithmus ausgegeben werden. P darf nicht negativ sein. 0 unterdrückt den Output.

PSEUDO: Zeigt die Statistiken Pseudo F und Pseudo t^2 an, nur bei den Methoden AVE, CEN oder WARD, oder Koordinatendaten. Pseudo t^2 drückt die Zunahme der Abweichungsquadratsumme aus. Lokale Minima von Pseudo t^2 sind ein Hinweis auf gute Clusterlösungen.

R=Zahl: Spezifiziert den Radius der Supportsphäre für die uniforme Kerneldichteschätzung, muss größer als 0 sein.

RMSSTD: Zeigt die durchschnittliche Standardabweichung der Stichprobe (root-mean-square standard deviation, Wurzel der durchschnittlichen Varianz) an, nur bei den Methoden AVE, CEN oder WAR, oder Koordinatendaten.

RSQUARE (bzw. RSQ): Fordert für die Methoden AVE und CEN das Bestimmtheitsmaß R^2 an, und für WAR das semipartielle R^2. R^2 beschreibt den Anteil der Abweichungsquadratsumme zwischen den Clustern an der gesamten Abweichungsquadratsumme. Das semipartielle R^2 misst den Homogenitätsverlust auf jeder Stufe einer Clusterbildung

SIMPLE (bzw. S): Fordert für Koordinatendaten die Berechnung einfacher deskriptiver Statistiken an.

STANDARD (bzw. STD): Standardisiert die Merkmale vor der Berechnung auf den Mittelwert 0 und die Standardabweichung 1, nur für Koordinatendaten.

TRIM=p: Schließt Punkte mit niedrig geschätzten Wahrscheinlichkeitsdichten aus der Analyse aus, gültige Werte liegen zwischen $0 \leq p < 100$.

Ist ein by Statement angegeben, werden separate Clusteranalysen für die Ausprägungen der dort aufgeführten Gruppierungsvariablen berechnet.

Die unter copy aufgeführten Variablen werden vom Input- in den OUTTREE-Datensatz kopiert.

Unter freq kann eine Variable angegeben werden, die die Häufigkeiten anderer Variablen repräsentiert.

Mit einer geeigneten ID Variable können Beobachtungen während des Clustervorgangs und im OUTTREE-Datensatz identifiziert werden.

Unter rmsstd kann eine Variable angegeben werden, die die root-mean-square standard deviation (durchschnittliche Standardabweichung)enthält. Falls rmsstd spezifiziert wird, muss auch freq angegeben werden.

Unter var werden die numerischen Variablen angegeben, für die die Clusteranalyse berechnet werden soll.

Die Syntax der Prozedur TREE wird nicht weiter erläutert. Zur Interpretation von Baumdiagrammen wird auf das Kapitel 16.3.2.3. verwiesen.

16.4. Anmerkung zu den Voraussetzungen für die Berechnung einer Clusteranalyse

Die ‚Clusteranalyse' ist ein Oberbegriff für statistisch gesehen ausgesprochen heterogene Verfahren, Algorithmen, und Gütekriterien. Wie das %DISTNEW Makro zeigte, gibt es Clusterverfahren für im Prinzip alle Skalenniveaus und Datenverteilungen.

Aufgrund dieser Heterogenität ist eine Zusammenstellung und Diskussion der Voraussetzungen für alle möglichen Varianten der Clusterverfahren nicht möglich; es wird auf die ausführliche SAS/STAT Dokumentation Version 8 zu den Prozeduren CLUSTER und FASTCLUS und die einschlägige Spezialliteratur weiterverwiesen.

Nichtsdestotrotz soll an dieser Stelle auf grundsätzliche Überlegungen und bei der Planung und Durchführung einer Clusteranalyse eingegangen werden. Wichtig ist zunächst, dass das gewählte Verfahren überhaupt zur Fragestellung passt.

Grundsätzlich sollte ein Data Analyst am Anfang einer Analyse klären, ob und welche Variablen überhaupt einer Clusteranalyse unterzogen werden können und sollen (siehe dazu auch die Hinweise weiter unten).

Anschließend sollte das Skalenniveau der Daten geklärt werden, d.h. konkret, ob das Skalenniveau der Daten einheitlich oder gemischt ist. In einem zweiten Schritt sollte unbedingt und spätestens die Fragestellung der Analyse geklärt sein. Erst auf der Grundlage einer präzisen Fragestellung kann das geeignete Verfahren gewählt werden. Bei manchen Fragestellungen ist z.B. die Behandlung von Missings ein zentraler Aspekt der Analyse.
Auf der Grundlage dieser ersten Entscheidung bietet SAS für alle denkbaren Skalenniveaus die geeigneten Verfahren und Maße. In einem zweiten Teilschritt ist zu klären, ob das Verfahren grundsätzlich in der Lage ist, die zentralen Ziele der Analyse umzusetzen. Für die besondere Berücksichtigung von Missings bietet z.B. das %DISTNEW Makro mehrere Verfahrensvarianten auf Nominalniveau.

Weiter ist wichtig zu klären, ob die vorliegenden empirischen Daten (z.B. Verteilungseigenschaften etc.) überhaupt für das gewählte Verfahren geeignet sind. Zu den immer wieder auftretenden Fragen zu einer Clusteranalyse, u.a. zur Anzahl der Cluster, der darin enthaltenen Elemente, ihrer Gewichtung, und der Gesamtzahl der Elemente bzw. Variablen vor der Durchführung einer Clusteranalyse gibt es weder allgemeingültige, noch eindeutige Antworten. Die dem Clustervorgang unterzogenen Variablen werden i.a. immer gleich gewichtet; jede abweichende Gewichtung sollte theoretisch begründbar sein.

An dieser Stelle kann nur auf die ausführliche SAS/STAT Dokumentation Version 8 zu den Prozeduren CLUSTER und FASTCLUS und die einschlägige Spezialliteratur für das gewählte Verfahren weiterverwiesen werden.

Für bestimmte Datenkonstellationen wie z.B. Konstanten und Ausreißer gibt es jedoch besondere Hinweise. Konstanten bzw. Variablen mit überwiegend gleichen (invarianten) Werten sollten aus der Clusteranalyse ausgeschlossen werden. Weisen alle Elemente in einer bestimmten Variable immer denselben Wert auf, dann eignet sich diese Variable natürlich nicht, um zwischen diesen Elementen zu unterscheiden. Korrelieren Variablen sehr hoch (>0,9), können eine oder mehrere Variablen dann aus der Analyse ausgeschlossen werden, wenn durch den Ausschluss keine inhaltlich relevante Variable betroffen ist bzw. sichergestellt ist, dass ihre Information tats. in der bzw. den verbleibenden Variablen enthalten ist.

Ausreißer sind bei der Clusteranalyse Wertekombinationen der zu analysierenden Variablen, im Gegensatz z.B. zum Boxplot, bei dem ein Ausreißer nur ein Einzelwert ist. im Ausreißer führen bei der Clusteranalyse nicht nur zu Clustern, die nur mit dem jeweiligen Ausreißer-Fall besetzt sind. Der Fusionierungsvorgang einiger Clusterverfahren wird durch Ausreißer ebenfalls negativ beeinflusst (z.B. Ward). Das Verfahren Single-Linkage kann z.B. eingesetzt werden, um Ausreißer zu entdecken. Bei einer Analyse mit CLUSTER sollten Ausreißer entfernt bzw. alternativ auf die Prozedur FASTCLUS zurückgegriffen werden.

Das Grundproblem bei der Clusteranalyse ist, dass normalerweise die ‚wahren Cluster' nicht bekannt sind. Viele Clusterverfahren, z.B. für multivariat-intervallskalierte Variablen bzw. Ähnlichkeits- oder Distanzmatrizen, wurden andererseits für bestimmte Skalenniveaus und Verteilungsmerkmale, wie z.B. Größe, Form, oder Verteilung entwickelt, und weisen somit im allgemeinen einen Bias auf, der u.U. eine Clusterlösung auch negativ beeinflussen kann. In anderen Worten: Eine erzielte Clusterlösung entspricht nicht notwendigerweise den ‚wahren Clustern', besonders dann, wenn Eigenschaften von Clusterverfahren und Daten (z.B. Bias, Verteilungsformen, Ausreißer) nicht sorgfältig aufeinander abgestimmt wurden.

Beim oft empfohlenen Einsatz der Faktorenanalyse soll vorneweg auf die damit verbundenen Probleme hingewiesen werden. Die Faktorenanalyse wird bei einer Clusteranalyse v.a. dann eingesetzt, wenn hoch korrelierende, also intervallskalierte Daten auf wenige Faktoren verdichtet werden sollen, die nicht mehr miteinander korrelieren. Der Verzug dieses Vorgehens ist, dass für eine Clusteranalyse wenige und nicht korrelierende Faktoren tatsächlich brauchbarer sind als viele hoch korrelierende Einzelvariablen. Möchte man auf diese Weise vorgehen, sollte aber unbedingt beachtet werden, dass die Voraussetzungen der Faktorenanalyse optimal erfüllt sind, dass also die Faktoren sinnvoll sind, und ihre Ermittlung ohne Informationsverlust verbunden ist (zur Diskussion wird auf den Abschnitt zur Faktorenanalyse verwiesen). In jedem anderen Fall entsprechen die extrahierten Faktoren nicht mehr den Ausgangsdaten, weder inhaltlich, noch quantitativ. Der interpretative Rückbezug der Cluster-Lösungen (auf der Basis suboptimal ermittelter Faktoren) auf die gesamten Ausgangsdaten, bevor sie einer Faktoranalyse unterzogen wurden, ist im Prinzip unmöglich.

Bei der Wahl des Verfahrens, aber spätestens bei der Interpretation der Clusterlösung sollte der Bias des jeweils eingesetzten Clusterverfahrens bekannt sein. Das Verfahren Average gilt z.B. als relativ konservativ, strebt jedoch Cluster mit annähernd derselben Varianz an. Single-Linkage neigt zur Kettenbildung (chaining) und tendiert dazu, Ausläufer von langgezogenen oder unregelmäßigen Verteilungen abzuschneiden. Ward strebt Cluster mit einer annähernd gleichen Elementzahl an, kann keine kleinen oder langgezogenen Gruppen erkennen, und ist anfällig für Ausreißer. Complete Linkage neigt dazu, kleine Gruppen zu bilden. Density Linkage gilt als relativ unbiased.

Man sollte auch bedenken, dass Clusterverfahren rein formale Gruppierungsverfahren sind, und keine inhaltlich geleiteten Gruppierungen vornehmen. Clusterverfahren nehmen durchaus Fehlklassifikationen vor. Wenn z.B. Cluster-Algorithmen vorgegebene Gruppierungen (‚wahre Cluster') bestätigen sollten, nehmen sie oft genug auch bei (formal) dicht beieinander liegenden Clustern (ties) durchaus (inhaltliche) Fehlklassifikationen vor.

Verschiedene Clusterverfahren gelangen also an denselben Daten nicht immer zu denselben Cluster-Lösungen, nicht nur in Bezug auf ihre Form, sondern auch in Bezug auf ihre Anzahl. Man sollte daher bei der Interpretation von (grafischen) Clusteranalysen vorsichtig sein, und sicherstellen, dass es sich bei der Clusterlösung um ein verfahrensunabhängiges Ergebnis und kein methodisches Artefakt handelt. Eine nur scheinbar optimal-objektive Cluster-Lösung läuft sonst Gefahr, bei der Kaschierung subjektiver Willkür bei der Auswahl statistischer Kennziffern und Verfahren mitzuhelfen. Jeder befindet sich auf der sicheren Seite, wenn sich eine gefundene Cluster-Lösung durch andere Algorithmen bestätigen lässt.

16.5. Übungen

Berechnen Sie Clusteranalysen für Daten-Modelle Ihrer Wahl:

1. Berechnen Sie eine partitionierende Clusteranalyse mit der Prozedur FASTCLUS. Versuchen Sie die ermittelten Cluster und Statistiken zu interpretieren.
2. Berechnen Sie zunächst eine hierarchisch-agglomerative Clusteranalyse mit der Prozedur CLUSTER, und einem Cluster-Algorithmus Ihrer Wahl. Versuchen Sie die ermittelten Cluster und Statistiken zu interpretieren.
3. Berechnen Sie mehrere hierarchisch-agglomerative Clusteranalysenverfahren, und vergleichen Sie die ausgegebenen Cluster-Modelle über Statistiken und Dendrogramme.

17. Kovarianzanalyse GLM

17.1. Einführung in die Kovarianzanalyse

Eine Kovarianzanalyse (analysis of covariance, ANCOVA) liegt dann vor, sobald ein Modell gleichzeitig quantitative und qualitative unabhängige Variablen enthält, die in Beziehung mit einer quantitativen abhängigen Variablen stehen. In anderen Worten: Eine Kovarianzanalyse ist eine Varianzanalyse, die zusätzlich intervallskalierte Variablen als Faktorvariablen enthält (sog. Kovariablen, auch: Kovariaten). Eine Kovarianzanalyse vereint Merkmale der Regressions- und Varianzanalyse, wobei, während jeweils dem einen der Einflüsse das Interesse gilt, der jeweils andere Einfluss als Störeinfluss betrachtet wird. Entsprechend werden zwei grundsätzliche Anwendungen der Kovarianzanalyse unterschieden:

- Der Einfluss der Faktoren auf die abhängige Variable wird untersucht, während die Kovariablen ausgeschaltet werden (Mittelwertvergleich, Varianzkomponentenschätzung).
- Der Einfluss der Kovariablen auf die abhängige Variable wird untersucht, während die Faktoren ausgeschaltet werden (Regressionsanalyse).

Auf die Modelle der Kovarianzanalyse, die aus der Kombination der eingehenden Varianz- und Regressionsanalysetypen entstehen, wird nicht weiter eingegangen.

Die häufigsten Anwendungsfälle, für die eine Kovarianzanalyse eingesetzt wird, sind (z.B. Stelzl, 1982):

- Aufklärung der Treatmenteffekte über (nicht) signifikante Ergebnisse
- Reduktion der Fehlervarianz: Korrigierte Gruppenmittelwerte ermöglichen eine genauere Einschätzung von Treatmenteffekten
- Korrektur einer ungleichen Ausgangslage bei einer Messwiederholung

Eine Kovarianzanalyse wird vorrangig als Kontrollverfahren eingesetzt, mit dem überprüft wird, ob der Einfluss der quantitativen Variablen in diesem Modell tatsächlich irrelevant ist (auf das Risiko von Artefakten bei der Durchführung von Kovarianzanalysen verweist u.a. Stelzl, 1982). Die Kovarianzanalyse kontrolliert die irrelevante Variation der abhängigen Variable, während sie den Zusammenhang zwischen den qualitativen und den abhängigen Variablen untersucht. Diese Technik verringert die Fehlervarianz, und erhöht damit die Teststärke der Faktoren in Gestalt der qualitativen CLASS-Variablen. Die Effekte sind u.U. besser interpretierbar, wenn sie um den Kovariableneffekt adjustiert worden sind.

17.2. Berechnung einer Kovarianzanalyse mit der Prozedur GLM

Für die Berechnung von Kovarianzanalysen gibt es in SAS keine eigenständige Prozedur. Kovarianzanalysen werden von den meisten Prozeduren mit ausgegeben, die auf der Varianzanalyse basieren, u.a. GLM, INBREED, LATTICE, MIXED, oder NESTED. Im Folgenden wird die Prozedur GLM für die Berechnung einer Kovarianzanalyse vorgestellt. PROC GLM berechnet Daten im Rahmen des Allgemeinen Linearen Modells, und kann für viele verschiedene Analysearten eingesetzt werden, einschließlich der Regressions-, Varianz-, und der Kovarianzanalyse. Die GLM Prozedur benutzt die Methode der kleinsten Quadrate (MLS, method of least squares), um allgemeine lineare Modelle anzupassen.

Die Berechnung einer Kovarianzanalyse ist üblicherweise die Abfolge dreier Schritte. Diese Abfolge wird am Beispiel einer einfachen SAS Syntax für eine einfache Kovarianzanalyse mit je einer abhängigen Variable („AV"), einer unabhängigen Gruppiervariable („GRUPPIER"), und einer intervallskalierten Kovariablen („KOVARIATE") demonstriert. Die Angabe der Quadratsummen hängt von den Analyseerfordernissen ab. Typ III (SS3) ist für die Berechnung einer Kovarianzanalyse nicht zwingend; es können auch andere Quadratsummen angegeben werden, z.B. Typ I, wenn die Reihenfolge der Quadratsummen überprüft werden soll. In den MODEL-Statements mit Quadratsummen vom Typ I (SS1) wird im Gegensatz zu Quadratsummen vom Typ III (SS3) die letzte Variable(ngruppe) um alle vorangegangenen unabhängigen Variablen in diesem Statement adjustiert. Die statistische Signifikanz des F-Wertes dieser Quadratsummen testet damit zugleich gleiche Steigungen, gleiche Intercepts, und den Einfluss der Kovariable/n über alle Ausprägungen der Gruppierungsvariable/n hinweg.

Die erste Phase basiert auf einer Analyse einschließlich Klassifikationsvariable(n), Kovariable(n), und ihrer Interaktionen. Falls sich keine der Interaktionen (z.B. „`GRUPPIER*KOVARIATE`") statistisch signifikant von Null unterscheidet, dann kann die Beziehung zwischen der/den Kovariable/n und den abhängigen Variablen für jede Stufe der Gruppierungsvariable/n als parallele Linien mit gleichen Steigungen, aber möglicherweise unterschiedlichen Schnittpunkten der y-Achse (Intercepts) beschrieben werden. Falls sich *irgendeine* der Interaktionen statistisch signifikant von Null unterscheiden sollte, dann unterscheidet sich auch die Beziehung für jeweils andere Stufen der Gruppierungsvariable/n, und eine über die Beschreibung dieser Unterschiede hinausgehende weitere Analyse erübrigt sich. Die erste

Phase überprüft also die Modellannahme der Gleichheit (Parallelität) der Steigungen. Liegen keine konstanten Steigungen vor, ist eine zentrale Modellannahme der Kovarianzanalyse verletzt. Ihre Ursachen und die Zweckmäßigkeit der Fortführung der weiteren Analysephasen wären an dieser Stelle sorgfältig abzuklären.

SAS Syntax für Phase I (SS3):
```
MODEL AV = GRUPPIER KOVARIATE GRUPPIER*KOVARIATE
                         / SS3 SOLUTION ;
```

SAS Syntax für Phase I (SS1):
```
MODEL AV = KOVARIATE GRUPPIER GRUPPIER*KOVARIATE
                         / SS1 SOLUTION ;
```

Die zweite Phase basiert auf einer Analyse der Klassifikationsvariable(n) und Kovariable(n), wobei von der Annahme gleicher Steigungen, aber möglicherweise verschiedener Intercepts ausgegangen wird (siehe Phase I). In dieser Phase wird getestet, ob sich die Beziehung zwischen Kovariable(n) und abhängigen Variablen als eine Art einander überlagernde Linien beschreiben lässt, also mit gleichen Steigungen und gleichen Intercepts.

Falls sich alle Stufen der Gruppierungsvariable/n nicht statistisch signifikant von Null unterscheiden sollten, dann lassen sich ihre Beziehungen mit gleichen Steigungen und gleichen Intercepts beschreiben. Falls sich irgendeine Stufe der Gruppierungsvariable/n statistisch signifikant von Null unterscheiden sollte, dann unterscheiden sich die Intercepts, und die Linien überlagern einander nicht.

SAS Syntax für Phase II (SS3):
```
MODEL AV = GRUPPIER KOVARIATE
                         / SS3 SOLUTION;
```

SAS Syntax für Phase II (SS1):
```
MODEL AV = KOVARIATE GRUPPIER
                         / SS1 SOLUTION ;
```

Die dritte Phase kommt dann zur Anwendung, wenn die Linien in Intercept und Steigung zusammenfallen (siehe Phase II). GLM prüft auf einen linearen Zusammenhang zwischen Kovariable/n und abhängiger Variable als eine weitere Modellvoraussetzung der Kovarianzanalyse. Diese Regressionsanalyse wird ohne Gruppierungsvariable/n durchgeführt. Dieser sog. Linearitätstest sollte in der Praxis durch einen grafischen Modelltest ergänzt werden.

SAS Syntax für Phase III (SS3):
```
MODEL AV = KOVARIATE
             / SS3 SOLUTION ;
```

SAS Syntax für Phase III (SS1):

```
MODEL AV = KOVARIATE
            / SS1 SOLUTION ;
```

Wollen Anwender Modelle einschl. Kovariablen (Kovarianzanalysen) Modellen ohne Kovariablen (Varianzanalysen) gegenüberstellen, können sie die drei vorgestellten Schritte um eine Phase IV ergänzen:

SAS Syntax für Phase IV (SS3):

```
MODEL AV = GRUPPIER
         / SS3 SOLUTION ;
```

SAS Syntax für Phase IV (SS1):

```
MODEL AV = GRUPPIER
         / SS1 SOLUTION ;
```

Auf Phase IV wird nicht weiter eingegangen. Die Modellsyntax beschreibt die jeweils einfachste Struktur der (Ko)Varianz- bzw. Regressionsanalyse. Mit PROC GLM können auch Kovarianzanalysen mit mehreren Kovariablen berechnet werden. Programme auf der Basis der folgenden Grundform können fast beliebig komplex gestaltet werden:

```
title 'Beispiel für eine einfakt. Kovarianzanalyse mit zwei Kovari-
ablen' ;

proc glm data=Datensatz ;
       class CLASS ;
       model AV = CLASS KOVA1 KOVA2 / Quadratsummentyp ;
   run ;
   quit ;

title 'Beispiel für eine zweifakt. Kovarianzanalyse mit zwei Kovari-
ablen' ;

proc glm data=Datensatz ;
       class CLASS1 CLASS2 ;
       model AV = CLASS1 CLASS2 KOVA1 KOVA2 / Quadratsummentyp ;
   run ;
   quit ;
```

17.3. Zwei Beispiele: pH-Werte und Phosphorkonzentrationen

Die beiden folgenden Beispiele basieren jeweils auf einer einfachen Kovarianzanalyse mit je einer abhängigen Variable, einer unabhängigen Gruppiervariable, und einer intervallskalierten Kovariablen. Das erste Beispiel wird entlang der eingangs vorgestellten drei Phasen durchgeführt. Das zweite Beispiel geht differenzierend auf Phase 2 ein, dafür wird auf die Darstellung der beiden Modelltests (Phasen 1 und 3) verzichtet.

Beispiel pH-Werte: Erste Fragestellungen

In einer Gewässerstudie wurden an vier verschiedenen Stellen (die sich durch unterschiedliche NH4-Konzentrationen auszeichnen, Gruppiervariable „NH4_NGRP"), zwei Maße zum pH-Gehalt erhoben. Diese beiden pH-Maße werden in unterschiedlichen Messtiefen gemessen. Die Variable „pH_0m" (Kovariable) gibt den Phosphor-Gehalt des Wassers in 0 Metern Tiefe an. Die Variable „PH_250_M" gibt den Phosphor-Gehalt des Wassers in 250m Tiefe an (abhängige Variable). Die Frage ist u.a., ob die Phosphorkonzentration gemessen in 0 Meter Tiefe einen Effekt auf die in 250 Meter Tiefe gemessenen Phosphor-Konzentration hat. Die an diesem Beispiel überprüften ersten Fragestellungen lauten:

(1) Unterscheiden sich die vier NH4-Meßstellen?
(2) Wirken sich die vier NH4-Meßstellen auf die um den Kovariableneinfluss („PH_0m") bereinigten „PH_250_m"-Werte aus?
(3) Hat die Kovariable „PH_0m" einen Einfluss auf die abhängige Variable „PH_250_m"?

Beispiel Phosphor-Konzentrationen: Differenzierte Fragestellungen

Dieses Beispiel stammt ebenfalls aus der Seenforschung. In einer Gewässerstudie wurden an vier verschiedenen Messstellen (mit unterschiedlichen NH4-Konzentrationen auszeichnen, Gruppiervariable „NH4_NGRP"), zwei in unterschiedlichen Tiefen gemessenen Phosphor-Maße erhoben. Die Variable „PHOS_0M" (Kovariable) gibt den Phosphor-Gehalt des Wassers in 0 Metern Tiefe an. Die Variable „PHOS250M" gibt den Phosphor-Gehalt des Wassers in 250m Tiefe an (abhängige Variable). Die Frage ist u.a., ob die Phosphorkonzentration gemessen in 0 Meter Tiefe einen Effekt auf die in 250 Meter Tiefe gemessenen Phosphor-Konzentration hat. Die an diesem Beispiel überprüften differenzierten Fragestellungen lauten:

(1) Unterscheiden sich die vier NH4-Meßstellen, und welche im Einzelnen?

(2) Ob und wie wirken sich die vier NH4-Meßstellen auf die um den Kovariableneinfluss („PHOS_0M“) bereinigten „PHOS250M“-Werte aus?
(3) Hat die Kovariable „PHOS_0M“ einen Einfluss auf die abhängige Variable „PHOS250M“, und wie stark ist dieser Einfluss?

17.3.1. Zwei Syntaxbeispiele: pH-Werte (einfach), Phosphorkonzentrationen (differenzierend)

Zur Einführung in die Berechnung und Interpretation einer ANCOVA werden zwei verschieden differenzierende Beispiele vorgestellt. Das einfache Programm für die pH-Werte dient der Demonstration der Berechnung der eingangs vorgestellten drei Phasen. Bei der Syntax für das Phosphor-Beispiel wird auf die differenzierte Berechnung und Interpretation von kovarianzanalytischen Kennziffern eingegangen, dafür wird auf die Darstellung der drei Phasen 1 und 3 verzichtet.

Beispiel 1: pH-Werte (Einfache Syntax)

```
title1 'Eine erste Berechnung einer Kovarianzanalyse' ;

title2 'Phase 1' ;
proc glm data=pfad.ifsdata2 ;
        class NH4_NGRP ;
        model PHOS250M = NH4_NGRP PHOS_OM NH4_NGRP*PHOS_OM /SS3 ;
   run ;
   quit ;

title2 'Phase 2' ;
proc glm data=pfad.ifsdata2 ;
        class NH4_NGRP ;
        model PHOS250M = NH4_NGRP PHOS_OM /SS3 ;
   run ;
   quit ;

title2 'Phase 3' ;
proc glm data=pfad.ifsdata2 ;
        model PHOS250M = PHOS_OM /SS3 ;
   run ;
   quit ;
```

Anm.: Die Syntax der drei Phasen wird nicht weiter erläutert.

Beispiel 2: Phosphor-Konzentrationen (Komplexe Syntax)

```
title 'Fortgeschrittene Berechnung einer Kovarianzanalyse' ;

/* Phase 2 */
proc glm data=pfad.ifsdata2 ;
       class NH4_NGRP ;
       model PHOS250M = NH4_NGRP PHOS_OM /SOLUTION ;
       means NH4_NGRP ;
       lsmeans NH4_NGRP /pdiff stderr cov out=ADJMEANS;
       estimate 'N1-N2' NH4_NGRP 1 -1  0  0 ;
       estimate 'N1-N3' NH4_NGRP 1  0 -1  0 ;
       estimate 'N1-N4' NH4_NGRP 1  0  0 -1 ;
       estimate 'N2-N3' NH4_NGRP 0  1 -1  0 ;
       estimate 'N2-N4' NH4_NGRP 0  1  0 -1 ;
       estimate 'N3-N4' NH4_NGRP 0  0  1 -1 ;
       estimate 'm1' intercept 1 NH4_NGRP 1   ;
       estimate 'm2' intercept 1 NH4_NGRP 0  1   ;
       estimate 'm3' intercept 1 NH4_NGRP 0  0  1   ;
       estimate 'm4' intercept 1 NH4_NGRP 0  0  0  1 ;
       output out=RESIDATA residual=RESIDUEN ;
   run ;
   quit ;

   proc print data=adjmeans ;
   run ;
```

Anm.: Wenn im MODEL-Statement keine Quadratsummen spezifiziert werden, gibt der Output Ergebnisse für Quadratsummen vom Typ I und III aus.

Für im MEANS Statement angegebene Variablen (Gruppen, Effekte) werden die unbereinigten Mittelwerte (einschl. der Standardabweichung) aller unabhängigen und abhängigen kontinuierlichen Variablen im MODEL-Statement berechnet.

Für im LSMEANS-Statement angegebene Variablen werden die adjustierten Mittelwerte berechnet. Die sog. Least-squares means (LS-means) sind um den Einfluss der Kovariablen korrigierte Mittelwerte der abhängigen Variable. In einem LSMEANS Statement können mehrere Effekte angegeben werden. Über COV OUT= werden von PROC GLM u.a. die adjustierten Mittelwerte in den Output-Datensatz ADJMEANS geschrieben.

Mit dem ESTIMATE Statement können Linearfunktionen der Parameter geschätzt werden, im Beispiel die geschätzten Differenzen als Paarvergleiche (z.B. 'N1-N2') und Schätzungen der Modellparameter (z.B. 'm1').

Der Output-Datensatz RESIDATA wird zur Überprüfung der Modellannahme der Normalverteilung der Residuen der Kovarianzanalyse benötigt (siehe 17.5), und über das abschließende PROC PRINT auf dem Bildschirm angezeigt. Für Details zur Syntax wird auf den Abschnitt 17.4. verwiesen.

17.3.2. Output und Erläuterung des pH-Beispiels

Am Anfang des Outputs für die jeweiligen Phasen wird die CLASS Variable NH4_GRP, die Anzahl ihrer Stufen, und deren jew. Werte vorgestellt. Anschließend wird darüber informiert, wie viele Beobachtungen vorliegen, und wie viele davon ohne Missings in der Kovarianzanalyse verwendet werden konnten, hier z.B. N=141.

```
                    Eine erste Berechnung einer Kovarianzanalyse
                                     Phase 1

                                The GLM Procedure

                             Class Level Information

                          Class          Levels    Values

                          NH4_NGRP            4    1 2 3 4


                           Number of observations    212

NOTE: Due to missing values, only 141 observations can be used in this analy-
sis.


                    Eine erste Berechnung einer Kovarianzanalyse
                                     Phase 1

                                The GLM Procedure

Dependent Variable: pH_250_m

                                              Sum of
     Source                      DF          Squares     Mean Square    F Value    Pr > F

     Model                        7       0.52700284      0.07528612       4.75    <.0001

     Error                      133       2.10581560      0.01583320

     Corrected Total            140       2.63281844
                  R-Square     Coeff Var      Root MSE    pH_250_m Mean

                  0.200167      1.598410      0.125830         7.872199


     Source              DF      Type III SS     Mean Square    F Value       Pr > F

    NH4_NGR               3       0.08804227      0.02934742       1.85       0.1406
    pH_Om                 1       0.21099497      0.21099497      13.33       0.0004
 →  pH_Om*NH4_NGRP        3       0.08869481      0.02956494       1.87       0.1382
```

Anm.: Phase 1 zeigt, dass wegen mit F Value = 1.87 (bei Pr > F=0.1382) die Modellannahme der Gleichheit (Parallelität) der Steigungen (auch: Test auf konstante Steigungen) nicht abgelehnt werden kann. Die Durchführung der Phase 2 ist somit legitim.

```
                 Eine erste Berechnung einer Kovarianzanalyse
                                    Phase 2

                              The GLM Procedure

                           Class Level Information

                       Class           Levels    Values

                       NH4_NGRP             4    1 2 3 4


                        Number of observations    212

NOTE: Due to missing values, only 141 observations can be used in this analy-
sis.
                 Eine erste Berechnung einer Kovarianzanalyse
                                    Phase 2

                              The GLM Procedure

Dependent Variable: pH_250_m

                                          Sum of
   Source                      DF        Squares     Mean Square    F Value    Pr > F

   Model                        4     0.43830803      0.10957701       6.79    <.0001

   Error                      136     2.19451041      0.01613611

   Corrected Total            140     2.63281844


                 R-Square     Coeff Var      Root MSE    pH_250_m Mean

                 0.166479      1.613628      0.127028         7.872199


   Source                      DF    Type III SS     Mean Square    F Value    Pr > F

   NH4_NGRP                     3     0.34424875      0.11474958       7.11    0.0002
   pH_0m                        1     0.22445103      0.22445103      13.91    0.0003
```

Anm.: Phase 2 gibt im Abschnitt "Dependent Variable" unter „Model" die Signifikanz für das berechnete kovarianzanalytische Modell aus. F Value = 6.79 und Pr > F <.0001 drücken aus, dass die unabhängigen Variablen in diesem Modell einen statistisch signifikanten Einfluss auf die abhängige Variable „pH_250_m" ausüben. Unter „Source" werden die Type III-Quadratsummen der CLASS Variable und der Kovariablen aufgeführt. NH4_GRP ist mit Pr > F = 0.0002 signifikant. Die um den Einfluss der Kovariablen bereinigten NH4_GRP-Ausprägungen haben also einen statistisch bedeutsamen Einfluss auf die abhängige Variable „pH_250_m". Die Kovariable „pH_0m" ist mit Pr > F = 0.0003 (F Value=13.91) signifikant. Die Kovariable „pH_0m" hat einen signifikanten Einfluss auf die abhängige Variable „pH_250_m". Phase 2 beantwortet zwei der eingangs gestellten Fragen: Die NH4-Meßstellen unterscheiden sich statistisch bedeutsam in ihrem Einfluss, und die Kovariable „pH_0m" hat einen statistisch bedeutsamen Einfluss auf die Variable „pH_250_m". Wie die weiteren Fragen beantwortet werden, wird anhand des differenzierteren Phosphor-Beispiels demonstriert.

```
                    Eine erste Berechnung einer Kovarianzanalyse
                                      Phase 3

                                The GLM Procedure

                          Number of observations    212

NOTE: Due to missing values, only 141 observations can be used in this analy-
sis.

                    Eine erste Berechnung einer Kovarianzanalyse
                                      Phase 3

                                The GLM Procedure

Dependent Variable: pH_250_m

                                             Sum of
Source                      DF          Squares     Mean Square    F Value    Pr > F

Model                        1       0.09405928      0.09405928       5.15    0.0248

Error                      139       2.53875916      0.01826445

Corrected Total            140       2.63281844


               R-Square     Coeff Var      Root MSE    pH_250_m Mean

               0.035726      1.716751      0.135146         7.872199


Source                      DF      Type III SS     Mean Square    F Value    Pr > F

pH_0m                        1       0.09405928      0.09405928       5.15    0.0248


                                                 Standard
        Parameter           Estimate                Error    t Value    Pr > |t|

        Intercept        6.959208090           0.40247832      17.29      <.0001
        pH_0m            0.109360614           0.04819073       2.27      0.0248
```

Anm.: Phase 3 zeigt, dass zwischen der Kovariate pH_0m und der abhängigen Variable pH_250_m ein statistisch signifikanter *linearer* Zusammenhang vorliegt ($p > F = 0.0248$). Es wird empfohlen, diesen statistischen Test durch einen *grafischen* Modelltest zu stützen.

17.3.3. Output und Erläuterung des Phosphor-Beispiels

```
Fortgeschrittene Berechnung einer Kovarianzanalyse

                                The GLM Procedure

                             Class Level Information

                         Class          Levels    Values

                         NH4_NGRP            4    1 2 3 4
```

```
                        Number of observations    212

NOTE: Due to missing values, only 205 observations can be used in this analy-
sis.
```

Am Anfang des Outputs wird die CLASS Variable NH4_GRP, die Anzahl ihrer Stufen, und deren jew. Werte vorgestellt. Anschließend wird darüber informiert, wie viele Beobachtungen vorliegen, und wie viele davon ohne Missings in der Kovarianzanalyse verwendet werden konnten, hier z.B. N=205.

```
                            The GLM Procedure

Dependent Variable: Phos250m

                                               Sum of
  Source                 DF          Squares    Mean Square    F Value    Pr > F

  Model                   4      34.80836900     8.70209225    2658.11    <.0001

  Error                 200       0.65475782     0.00327379

  Corrected Total       204      35.46312682


              R-Square     Coeff Var      Root MSE    Phos250m Mean

              0.981537      5.648490      0.057217         1.012962


  Source                 DF        Type I SS    Mean Square    F Value    Pr > F

  NH4_NGRP               3       2.49296551     0.83098850     253.83    <.0001
  Phos_0m                1      32.31540349    32.31540349    9870.95    <.0001


  Source                 DF      Type III SS    Mean Square    F Value    Pr > F

  NH4_NGRP               3       0.01778055     0.00592685       1.81    0.1465
  Phos_0m                1      32.31540349    32.31540349    9870.95    <.0001
```

Im Abschnitt "Dependent Variable" wird unter „Model" die Signifikanz für das berechnete kovarianzanalytische Modell ausgegeben. F Value = 2658.11 und Pr > F <.0001 drücken aus, dass die Variablen in diesem Modell einen statistisch signifikanten Einfluss auf die abhängige Variable „Phos250m" ausüben.

Unter „Source" werden zunächst die Typ I, und dann die Typ III Quadratsummen aufgeführt. Die Typ I Quadratsummen liefern F-Tests für ein ANOVA-Modell ohne Kovariablen; demnach wäre der Einfluss der CLASS Variable NH4_GRP mit Pr > F < .0001 signifikant. Die Typ III Quadratsummen für ein ANCOVA-Modell geben dagegen an, dass NH4_GRP mit Pr > F = 0.1465 nicht signifikant ist. Sind also die Messstellen-Daten um den Einfluss der Kovariablen „Phos_0m" bereinigt, haben sie keinen Einfluss auf die abhängige Variable „Phos250m". Die Kovariable „Phos_0m" ist mit Pr > F < .0001 signifikant. Die Kovariable „Phos_0m" hat einen signifikanten Einfluss auf die abhängige Variable „Phos250m".

Parameter	Estimate	Standard Error	t Value	Pr > |t|
Intercept	0.126280461 B	0.01342629	9.41	<.0001
NH4_NGRP 1	-0.022431700 B	0.01148689	-1.95	0.0522
NH4_NGRP 2	0.000353744 B	0.01181043	0.03	0.9761
NH4_NGRP 3	-0.008063621 B	0.01154936	-0.70	0.4859
NH4_NGRP 4	0.000000000 B	.	.	.
Phos_0m	1.009027332	0.01015602	99.35	<.0001

```
NOTE: The X'X matrix has been found to be singular, and a generalized inverse
was used to solve the normal equations.  Terms whose estimates are followed by
the letter 'B' are not uniquely estimable.
```

Im Abschnitt zu den „Parameter Estimates“ zeigen die B’s im Output an, dass die Parameter eines überparametrisierten kovarianzanalytischen Models $Y_{ij} = \mu + \tau_i + \beta x_{ij} + \varepsilon_{ij}$ keine schätzbaren Funktionen sind, sondern von bestimmten Restriktionen abhängen (siehe auch Anmerkung im Output). Die Parameter des Modells $Y_{ij} = \mu_i + \beta x_{ij} + \varepsilon_{ij}$ können geschätzt werden über die einfache Addition von INTERCEPT-Wert und jeweiliger NH4_NGRP-Stufe, z.B. $\mu_1 = 0.1038$ (SAS berechnet diese Schätzungen, siehe weiter unten). Für „Phos_0m“ beträgt die Schätzung des globalen Regressionsparameters 1.009 (bei Pr > |t| < .0001). Damit wird angegeben, als wie stark der Einfluss von „Phos_0m“ auf „Phos250m“ geschätzt wird, und dass β signifikant von Null verschieden ist.

Damit sind alle eingangs gestellten Fragen beantwortet: Die NH4-Meßstellen unterscheiden sich nicht signifikant (siehe weiter unten eine Bestätigung dieses Befundes), die Kovariable „PHOS_0M“ hat einen statistisch bedeutsamen Einfluss auf die Variable „PHOS250M“, und auch das Ausmaß ihres Einflusses ist bekannt.

Im anschließenden Abschnitt werden für jede Ausprägung der CLASS Variable NH4_GRP die unbereinigten Gruppenmittelwerte für „Phos_0m“ und „Phos250m“ angegeben (incl. N und Standardabweichungen).

The GLM Procedure

Level of NH4_NGRP	N	Phos250m Mean	Phos250m Std Dev	Phos_0m Mean	Phos_0m Std Dev
1	53	0.97979472	0.42053682	0.86810925	0.40859415
2	52	0.87518365	0.32953623	0.74185250	0.32960048
3	51	1.02306843	0.43357601	0.89675627	0.43476988
4	49	1.18453000	0.42905394	1.04878184	0.40994680

The GLM Procedure
Least Squares Means

NH4_NGRP	Phos250m LSMEAN	Standard Error	Pr > |t|	LSMEAN Number
1	0.99824567	0.00786156	<.0001	1
2	1.02103111	0.00806923	<.0001	2
3	1.01261375	0.00801268	<.0001	3
4	1.02067737	0.00833858	<.0001	4

Der Abschnitt „Least Squares Means“ enthält u.a. die bereinigten (adjustierten) Mittelwerte (LSMEAN) für die abhängige Variable „Phos250m“ für jede Ausprägung der CLASS Variable NH4_NGRP. Die bereinigten Gruppenmittel liegen z.T. deutlich über den unbereinigten Mittelwerten. Bei NH4_GRP=2 beträgt Mean=0.87 (StdDev=0.33), LSMEAN dagegen 1.02 (StdDev=0.008).

```
                    Least Squares Means for effect NH4_NGRP
                     Pr > |t| for H0: LSMean(i)=LSMean(j)

                        Dependent Variable: Phos250m

      i/j              1              2              3              4

        1                        0.0440         0.2021         0.0522
        2         0.0440                        0.4606         0.9761
        3         0.2021         0.4606                        0.4859
        4         0.0522         0.9761         0.4859

NOTE: To ensure overall protection level, only probabilities associated with
pre-planned
      comparisons should be used.
```

Dieser Abschnitt enthält die Ergebnisse eines wiederholten paarweisen Vergleichs mit einem normalen *unkorrigierten* t-Test (siehe auch den Hinweis im Output). Dieser Abschnitt ist so zu verstehen, dass sich z.B. die Werte der Variable „Phos250m" in der Gruppe NH4_NGRP = 1 von denen aus der Gruppe NH4_NGRP = 2 bei Pr > |t| = 0.044 auf der Basis eines *unkorrigierten* t-Test signifikant unterscheiden. Es ist davon auszugehen, dass das notwendige Anbringen von Test-Korrekturen (z.B. Bonferroni, Sidak) die wenigen (knapp) signifikanten Unterschiede zum Verschwinden bringen werden.

```
                              The GLM Procedure

Dependent Variable: Phos250m

                                                          Standard
        Parameter                  Estimate          Error    t Value    Pr > |t|


        N1-N2                   -0.02278544     0.01124150      -2.03      0.0440
        N1-N3                   -0.01436808     0.01122703      -1.28      0.2021
        N1-N4                   -0.02243170     0.01148689      -1.95      0.0522
        N2-N3                    0.00841736     0.01138527       0.74      0.4606
        N2-N4                    0.00035374     0.01181043       0.03      0.9761
        N3-N4                   -0.00806362     0.01154936      -0.70      0.4859
        m1                       0.10384876     0.01181105       8.79      <.0001
        m2                       0.12663420     0.01094179      11.57      <.0001
        m3                       0.11821684     0.01213005       9.75      <.0001
        m4                       0.12628046     0.01342629       9.41      <.0001
```

Der vorangehende Abschnitt „Least Squares Means" enthält zunächst die geschätzten Differenzen der adjustierten Mittelwerte (LSMEAN) für die abhängige Variable „Phos250m", und einen paarweisen t-Test. Dieser Abschnitt ist so zu lesen, dass sich z.B. geschätzten Differenzen der adjustierten Mittelwerte der Variable „Phos250m" zwischen Gruppe N1 (=NH4_NGRP=1) und Gruppe N2 (=NH4_NGRP=2) sich auf der Basis eines normalen t-Tests bei Pr > |t| = 0.044 signifikant von Null unterscheiden.

Abschließend führt dieser Abschnitt die Parameterschätzungen für das Modell $Y_{ij} = \mu_i + \beta x_{ij} + \varepsilon_{ij}$ auf. M1 bis m4 repräsentieren dabei Schätzungen für die jeweiligen Modellparameter. M1 entspricht z.B. $\mu_1 = 0.1038$ (siehe oben), und wird über die Addition von INTERCEPT-Wert und jeweiliger CLASS-Stufe ermittelt.

Obs	_NAME_	NH4_NGRP	LSMEAN	STDERR	NUMBER	COV1	COV2	COV3	COV4
1	Phos250m	1	0.99825	.007861558	1	0.000061804	0.000000273	-.000000020	-.000000306
2	Phos250m	2	1.02103	.008069228	2	0.000000273	0.000065112	-.000000154	-.000002421
3	Phos250m	3	1.01261	.008012678	3	-.000000020	-.000000154	0.000064203	0.000000174
4	Phos250m	4	1.02068	.008338578	4	-.000000306	-.000002421	0.000000174	0.000069532

Der letzte Abschnitt wurde über die PRINT-Anweisung der Datei ADJMEANS angefordert, und gehört nicht mehr zum eigentlichen Output von PROC GLM. GLM legte in die Datei ADJMEANS für die abhängige Variable „Phos250m" (nach NH4_NGRP-Gruppenzugehörigkeit) u.a. die adjustierten Mittelwerte ab. COV1 bis COV4 bilden eine Kovarianzmatrix der gruppenweisen LSMEAN-Werte für „Phos250m".

17.4. Die Syntax der Prozedur GLM

Im folgenden Abschnitt wird die Syntax der Prozedur GLM für die Berechnung einer Kovarianzanalyse vorgestellt.

```
PROC GLM < Optionen > ;
CLASS Variablen ;
MODEL AV=UV [KoVa] < / Optionen > ;
BY Variablen ;
FREQ Variable ;
ID Variablen ;
WEIGHT Variable ;
CONTRAST 'Label' Effektwerte < ... Effektwerte > < / Optionen > ;
ESTIMATE 'Label' Effektwerte < ... Effektwerte > < / Optionen > ;
LSMEANS Effekte < / Optionen > ;
MANOVA < Test-Optionen >< / Detail-Optionen > ;
MEANS Effekte < / Optionen > ;
OUTPUT bzw. OUT=SAS Datensatz
Keyword=Name < ... Keyword=Name > < / Option > ;
TEST < H=Effekte > E=Effekt < / Optionen > ;
   run;
```

Aus der vielseitigen und umfangreichen GLM-Syntax wurden nur die wichtigsten Statements für die Berechnung einer Kovarianzanalyse ausgewählt, und z.B. auf die Statements ABSORB, RANDOM und REPEATED verzichtet. Als Minimalanweisung sind das PROC GLM Statement und ein MODEL Statement (incl.

CLASS Anweisung) möglich. Bei PROC GLM ist auf die richtige *Abfolge* einiger Anweisungen zu achten: CLASS muss z.B. vor MODEL, CONTRAST immer vor MANOVA, und die unabhängige Variable [UV] vor der/den Kovariablen angegeben werden.

Unter PROC GLM < Optionen > ; kann u.a. angegeben werden:

ALPHA=Signifikanz: Gibt die Signifikanz *p* für 100(1-*p*)% Konfidenzintervalle vor. *p* muss zwischen 0 und 1 liegen. Das voreingestellte *p*=0.05 führt zu 95% Intervallen.

DATA=SAS Datensatz: Expliziter Verweis auf den zu verwendenden SAS Datensatz; fehlt dieser Verweis, verwendet GLM den zuletzt angelegten Datensatz.

MANOVA: Fordert das multivariate Entfernen von Beobachtungen mit Missings an.

MULTIPASS: Eine Datenlesevorschrift für den Fall, dass der Plattenplatz nicht ausreicht.

NAMELEN=Zahl: Bestimmt die Länge von Effektnamen in Tabellen und Output-Datasets. Voreingestellt ist *n*= 20 Buchstaben, *n* kann zwischen 20 und 200 liegen.

NOPRINT: Unterdrückt die Anzeige jeglichen Outputs, blockiert zeitweise auch das ODS.

ORDER=: Legt die Sortierreihenfolge für die Stufen aller Variablen im CLASS Statement fest. Voreingestellt ist ORDER=FORMATTED (extern formatierter Wert). Weitere Optionen sind DATA (Reihenfolge des Auftretens im Input-Datensatz), FREQ (abnehmende Häufigkeitszählung; Levels mit den meisten Beobachtungen kommen zuerst), und INTERNAL (unformatierter Wert).

OUTSTAT= SAS Datensatz. Benennt und legt einen Datensatz an, der u.a. Quadratsummen (sums of squares), Freiheitsgrade (degrees of freedom), *F* Statistiken (*F* Statistiken), und p-Level für Effekt aus dem Modell enthält.

Falls das kovarianzanalytische Modell Klassifikationseffekte enthält, so müssen diese Klassifikationsvariablen unter *class* explizit angegeben werden. Klassifikationsvariablen sind i.a. unabhängige Variablen, und werden auch als kategoriale, qualitative, diskrete, oder nominale Variablen bezeichnet. Die Stufen (Werte) einer CLASS Variable werden als Level bezeichnet. CLASS Variablen können numerisch oder alphanumerisch sein. GLM interpretiert das Skalenniveau einer Variable, die *nicht* im CLASS Statement angegeben wird, automatisch als kontinuierlich. Das CLASS Statement muss vor dem MODEL Statement stehen.

Unter *model* wird das zu analysierende kovarianzanalytische Modell beschrieben; es kann immer nur ein Modell angegeben werden. Rechts vom *model*-Befehl werden eine oder mehrere abhängige Variablen angegeben; rechts vom Gleichheitszeichen werden die unabhängigen Variablen angegeben (Klassifikationsvariable/n vor Kovariable/n). Neben einzelnen unabhängigen Variablen als Effekten, können Effekte auch aus unterschiedlichsten Kombinationen von unabhängigen

Variablen definiert werden. Für die zahlreichen Möglichkeiten bei der Spezifikation der Effekte, und die weiteren Optionen des *model*-Statements wird auf die umfangreiche SAS/STAT Dokumentation verwiesen. Im Folgenden wird auf eine Auswahl stichwortartig eingegangen:

ALPHA=Signifikanz: Gibt die Signifikanz *p* für 100(1-*p*)% Konfidenzintervalle vor. *p* muss zwischen 0 und 1 liegen. Das voreingestellte *p*=0.05 führt zu 95% Intervallen.

CLI: Gibt Konfidenzgrenzen für einzelne vorhergesagte Werte jeder Beobachtung an.

CLM: Gibt Konfidenzgrenzen für einen mittleren vorhergesagten Wert jeder Beobachtung an.

CLPARM: Gibt u.a. Konfidenzgrenzen für Parameterschätzungen an (falls die SOLUTION Option spezifiziert wurde)

E bzw. E1 bis E4: Geben die allgemeine bzw. typ-spezifische (Typ I bis Typ IV) schätzbare Funktion für jeden Effekt im Modell an, und berechnen die entsprechenden Quadratsummen.

INTERCEPT: Berechnet einen Hypothesentest im Zusammenhang mit dem Intercept als ein Effekt des Modells.

NOINT: Schließt den Interceptparameter aus dem Modell aus.

NOUNI: Unterdrückt die Anzeige univariater Statistiken.

P: Gibt beobachtete, vorhergesagte und Residualwerte an für jede Beobachtung ohne Missings für unabhängige Variablen, und zstzl. Durbin-Watson Statistik.

SOLUTION: Gibt eine Lösung für die Normalgleichungen (Parameterschätzungen) aus.

SS1 bis SS4: Zeigen für jeden Effekt die Quadratsummen im Zusammenhang mit den typ-spezifisch (Typ I bis Typ IV) schätzbaren Funktionen an. SS1 und SS3 sind Voreinstellungen. Die Typ I SS liefern F-Tests für die CLASS-Variable ohne Adjustierung um den Effekt der Kovariable/n (weil diese im Modell erst *nach* der CLASS Variable kommen). Die Typ III SS geben für F-Tests für die um den Einfluss der Kovariable/n adjustierte CLASS-Variable/n aus.

Ist ein *by* Statement angegeben, werden separate Kovarianzanalysen für die Ausprägungen der dort aufgeführten Gruppierungsvariablen berechnet.

Unter *freq* kann eine Variable angegeben werden, die die Häufigkeiten jeder Beobachtung im verwendeten Datensatz repräsentiert.

Werte einer *ID* Variable werden zur Identifikation bei der Ausgabe von beobachteten, vorhergesagten und Residualwerten verwendet.

Falls eine *WEIGHT* Variable verwendet wird, wird die gewichtete Quadratsumme der Residuen minimiert. Eine Beobachtung geht nur dann in die Berechnung ein, wenn der Wert der WEIGHT Variable nicht missing, und größer als Null ist.

Unter dem CONTRAST Statement kann man eigene Hypothesentests berechnen, die allerdings in einer besonderen Parametrisierung angegeben werden müssen.
Mit dem ESTIMATE Statement können Linearfunktionen dieser Parameter geschätzt werden.

Für jeden *Effekt,* der im LSMEANS-Statement angegeben ist, werden sog. Least-squares means (LS-means) berechnet. LS-means sind um den Einfluss der Kovariablen korrigierte Mittelwerte der abhängigen Variable. In einem LSMEANS Statement können mehrere Effekte angegeben werden; es können auch mehrere LSMEANS Statements verwendet werden. Das MODEL Statement muss vor dem LSMEANS Statement stehen. Für die zahlreichen Optionen des LSMEANS-Statements, z.B. ADJUST=, ALPHA=, BYLEVEL, OBSMARGINS, TDIFF uvam. wird auf die SAS/STAT Dokumentation verwiesen.

Falls das MODEL Statement mehr als eine abhängige Variable enthält, können mit dem MANOVA Statement multivariate Varianzanalysen berechnet werden. Die *Test-Optionen* geben an, welche Effekte getestet werden sollen. Die *Detail-Optionen* legen fest, wie die Tests auszuführen, und welche Ergebnisse anzuzeigen sind.

Für jede Gruppe, die einem Effekt bzw. einer Klassifikation im MEANS Statement entspricht, berechnet GLM den Mittelwert und die Standardabweichung jeder kontinuierlichen Variable aus dem Modell (abhängig, und unabhängig).
OUTPUT bzw. OUT=SAS Datensatz: Legt einen Zieldatensatz für besonders zu spezifizierende Kennziffern an, z.B. Residuen. Beispiel: output out=NEW p=YWERT r=RESIDUUM stdr=STDRESID;

Falls eine nonstandard Fehlerstruktur (z.B. in Split-Plot-Designs) vorliegt, kann zur Berechnung des Fehleranteils (error term) auf das TEST Statement zurückgegriffen werden. Das TEST Statement ist für nicht balancierte Designs wenig geeignet.

17.5. Voraussetzungen einer Kovarianzanalyse und ihre Überprüfung

Die Validität einer Kovarianzanalyse hängt davon ab, ob die vorliegenden Daten bestimmte Voraussetzungen erfüllen. Diese Annahmen sollten immer vor der eigentlichen Analyse überprüft werden. Einige Voraussetzungen können durch Kontrolle des Messvorgangs, der deskriptiven Statistik und der Grafiken geprüft werden, andere müssen extra berechnet werden.

Voraussetzungen für eine Kovarianzanalyse:

(1) Ausreichend große Zufallsstichprobe v.a. bei fehlenden Daten. Im Falle von experimentellen Designs zufällige Zuweisung zu Treatments (Randomisierung, Additivität der Einflussgrößen).
(2) Die Fallzahlen der Gruppen sollten annähernd gleich sein.
(3) Metrische Skalierung der Responsevariablen und Kovariablen. Die Faktoren sind qualitativ bzw. diskret skaliert.
(4) Die Faktor(stuf)en erfassen verschiedenes.
(5) Kovariablen sind zuverlässig, invariant, und idealerweise fehlerfrei gemessen (v.a. für experimentelle Designs wichtig).
(6) Lineare Beziehungen zwischen AV und Kovariable, und, falls mehrere Kovariablen vorliegen, auch zwischen jedem Kovariablenpaar. Bei Nichtnormalität ist es evtl. vorzuziehen, die Variable auszuschließen, die die Nichtlinearität verursacht, als interpretationserschwerende Transformationen vorzunehmen. Erscheinen eine oder mehrere Kovariablen als problematisch, könnten sie z.B. über eine Blockbildung durch einen diskret gestuften Faktor ersetzt werden.
(7) In experimentellen Designs gelten Kovariablen im Prinzip als unabhängige Variablen (auch vom Treatment), und daher idealerweise *vor* dem Treatment erhoben werden. In nichtexperimentellen Designs können Kovariablen als abhängige Variablen gelten; die Anpassung der eigentlichen abhängigen Variablen um den Einfluss der Kovariablen ist dann legitim, sofern der adjustierte Einfluss nicht durch die unabhängige Variable/n, sondern andere Einflüsse verursacht ist.
(8) Die Anzahl der Kovariablen ist möglichst klein, da ansonsten die verminderte Fehlerquadratsumme zulasten der Freiheitsgrade geht. Hoch miteinander korrelierende Kovariablen sollten aus der Analyse ausgeschlossen werden. Im Zweifelsfall sollten die Kovariablen auf die mit der höchsten Zuverlässigkeit beschränkt werden.
(9) Normalverteilung der Residuen.
(10) Varianzengleichheit (Varianzhomogenität, Homoskedastizität) der Residuen.
(11) Regressionshomogenität (Test auf Gleichheit der Steigungen).
(12) Keine uni- und multivariate Ausreißer: Besonders multivariate Ausreißer können die Zurückweisung einer Kovarianzanalyse bewirken.

Überprüfung der Voraussetzungen im Einzelnen:

(1) Ausreichend große Stichprobe.
Methode: Prüfen des Messvorgangs daraufhin, ob Zufallsziehung vorliegt. Überprüfen der deskriptiven Statistiken, ggf. von Fallzahlberechnungen.
Ergebnis: Für o.a. Beispiele liegt eine ausreichend große, und zufällig gezogene Stichprobe vor.
(2) In etwa gleiche Fallzahlen der Gruppen.

Methode: Überprüfen der deskriptiven Statistiken.
Ergebnis: Für o.a. Beispiele liegen in etwa gleiche Fallzahlen vor.

(3) Metrische Skalierung der abhängigen Variable und der Kovariable.
Methode: Prüfen des Messvorgangs. Nicht rechnerisch möglich.
Ergebnis: Die metrische Skalierung ist für o.a. Beispiele gegeben.

(4) Die Faktor(stuf)en erfassen verschiedenes.
Methode: Prüfen des Messvorgangs. Nicht rechnerisch möglich.
Ergebnis: Die Faktor(stuf)en erfassen verschiedenes. Die Faktorstufen stellen tats. unterschiedliche Einflüsse auf die AV dar.

(5) Kovariablen sind zuverlässig, invariant, und idealerweise fehlerfrei gemessen:
Methode: Prüfen des Messvorgangs. Nicht rechnerisch möglich.
Ergebnis: Die Kovariablen sind zuverlässig und fehlerfrei gemessen.

(6) Lineare Beziehung zwischen AV und Kovariable.
Methode: Berechnung des Zusammenhangs zwischen AV und Kovariable mittels Korrelationsanalyse.
Ergebnis: Der lineare Zusammenhang ist für o.a. Beispiele gegeben.

(7)Design:
Methode: Prüfen des Messvorgangs. Nicht rechnerisch möglich.
Ergebnis: Es liegt kein experimentelles Design vor. Als nichtexperimentelles Design ist die Anpassung der eigentlichen abhängigen Variablen um den Einfluss der Kovariablen legitim.

(8) Anzahl der Kovariablen:
Methode: Prüfen der Anzahl und Zuverlässigkeit der Kovariablen.
Ergebnis: Es liegt eine zuverlässig gemessene Kovariable vor.

(9) Normalverteilung der Residuen:
Methode: Berechnung von statistischen Kennziffern und Überprüfung von grafischen Ausgaben mit PROC UNIVARIATE. Der Datensatz RESIDATA wurde durch die OUTPUT-Anweisung (siehe komplexes PROC GLM Programm) angelegt.

```
proc sort data = RESIDATA ;
by NH4_NGRP ;
run ;
proc univariate data = RESIDATA normal plot ;
by NH4_NGRP ;
var RESIDUEN ;
histogram RESIDUEN ;
probplot RESIDUEN ;
qqplot RESIDUEN ;
run ;
```

Ergebnis: Für den Anpassungstest sollte ein Alpha von 0.1 oder höher gewählt werden. Für jede NH4_NGRP-Gruppe ergibt der Normalitätstest Shapiro-Wilk jedoch einen p-Wert unter diesem Wert. Die Residuen weichen also in jeder NH4_NGRP-Gruppe statistisch bedeutsam von der Normalverteilung ab. Der statistische Befund sollte über das Einsehen der zusätzlich ausgegebenen Grafiken abgesichert werden. Auf die detaillierte Darstellung der Statistiken und Grafiken wird an dieser Stelle verzichtet.

(10) Varianzengleichheit (Varianzhomogenität) der Residuen:
Methode: Berechnung der Homoskedastizität der Residuen mit dem Levene-Test.
Für diesen Anpassungstest sollte ein Alpha von 0.1 oder höher gewählt werden.

```
  proc glm data= RESIDATA ;
     class NH4_NGRP;
     model RESIDUEN = NH4_NGRP;
     means NH4_NGRP / HOVTEST=LEVENE ;
  run;
quit ;
```

Ergebnis:

Levene's Test for Homogeneity of RESIDUEN Variance
ANOVA of Squared Deviations from Group Means

Source	DF	Sum of Squares	Mean Square	F Value	Pr > F
NH4_NGRP	3	0.000017	5.604E-6	0.12	0.9475
Error	201	0.00929	0.000046		

Die Varianzen der Residuen unterscheiden sich nicht signifikant zwischen den NH4_NGRP-Gruppen. Die Annahme der Varianzhomogenität kann nicht abgelehnt werden.

(11) Gleichheit der Steigungen (Regressionshomogenität):
Methode: Berechnung eines Tests auf der Gleichheit der Steigungen (auch: Test auf konstante Steigungen) über die Anweisung MODEL und der SOLUTION-Option. Für den Anpassungstest sollte ein Alpha von 0.1 oder höher gewählt werden.

```
proc glm data=pfad.ifsdata2 ;
      class NH4_NGRP ;
      model PHOS250M = NH4_NGRP PHOS_OM NH4_NGRP*PHOS_OM /SOLUTION
;
   run ;
   quit ;
```

Ergebnis:

	Source	DF	Type III SS	Mean Square	F Value	Pr > F
	NH4_NGRP	3	0.00967210	0.00322403	0.95	0.4162
	PHOS_OM	1	20.47667254	20.47667254	6056.24	<.0001
→	PHOS_OM*NH4_NGRP	3	0.00853985	0.00284662	0.84	0.4727

Der Test auf konstante Steigungen ergibt mit F Value = 0.84 (bei Pr > F=0.4727), dass die Annahme gleicher Steigungen nicht abgelehnt werden kann.

(12) Ausreißer:
Methode: Überprüfen der deskriptiven Statistiken (z.B. UNIVARIATE).
Ergebnis: Die Verteilungen der beiden Variablen „Phos_0m" und „Phos250m" zeichnen sich dadurch aus, jeweils linksschief zu sein, und nach rechts eine breite Streuung aufzuweisen, die bis in Ausreißer übergehen.

Zusammenfassung:

Für das Phosphor-Beispiel erfüllen die Daten viele, aber nicht alle Voraussetzungen für die Berechnung einer Kovarianzanalyse. Eine Bereinigung der Verteilung um die Ausreißer hätte vermutlich sowohl bei der Residuenanalyse auf Normalverteilung, als auch der eigentlichen Kovarianzanalyse zu anderen Befunden geführt.

17.6. Übungen

Berechnen Sie Kovarianzanalysen für Modelle Ihrer Wahl:

1. Berechnen Sie eine Kovarianzanalyse mit dem einfachen Syntax-Beispiel. Versuchen Sie die ermittelten Statistiken zu interpretieren.
2. Berechnen Sie die Voraussetzungstests für das einfache Syntax-Beispiel. Versuchen Sie die ermittelten Statistiken zu interpretieren. Optimieren Sie ggf. Ihre Datengrundlage, und berechnen Sie Ihre Kovarianzanalyse erneut. Vergleichen Sie die Änderungen im Ergebnis.
3. Berechnen Sie eine Kovarianzanalyse mit einem komplexeren Syntaxprogramm. Versuchen Sie die ermittelten Statistiken zu interpretieren.
4. Berechnen Sie eine Kovarianzanalyse mit einem komplexeren Syntaxprogramm. Versuchen Sie die ermittelten Statistiken zu interpretieren. Optimieren Sie ggf. Ihre Datengrundlage, und führen Sie Ihre Kovarianzanalyse erneut durch. Vergleichen Sie die Änderungen im Ergebnis.

18. Faktorenanalyse FACTOR

18.1. Einführung in die Faktorenanalyse

Die Faktorenanalyse (factor analysis, FA) ist ein Sammelbegriff für verschiedene Verfahren, die es ermöglichen, aus einer großen Zahl von Variablen eine möglichst geringe Anzahl von (nicht beobachteten) 'Faktoren' (auch: 'Typen', 'Dimensionen') zu erhalten ('extrahieren'). Die Faktorenanalyse geht nicht von unabhängigen oder abhängigen Variablen aus, sondern behandelt alle Analysevariablen unabhängig von einem Kausalitätsstatus.

Wie an dieser Einleitung schon festgestellt werden kann, wird im Folgenden nur die *R-Typ* Faktorenanalyse vorgestellt. Die *R-Typ* Faktorenanalyse untersucht Korrelationen zwischen Variablen, und ist eigentlich der am häufigsten gebrauchte Typ Faktorenanalyse. Bei der R-Typ Faktorenanalyse sind in der Matrix die Zeilen die Fälle, die Spalten die Variablen, und die Zellen die Werte der Fälle in den Variablen zu einem Zeitpunkt.

Es gibt darüber hinaus noch viele weitere Typen: Die *Q-Typ* Faktorenanalyse (sog. inverse Faktorenanalyse) untersucht Korrelationen zwischen Fällen. Bei der Q-Typ Faktorenanalyse sind in der Matrix die Zeilen die Variablen, die Spalten die Fälle, und die Zellen die Werte der Fälle in den Variablen zu einem Zeitpunkt. Die *O-Typ* Faktorenanalyse ist eine ältere Form der Zeitreihenanalyse. Die Spalten enthalten Zeitpunkte (z.B. Jahre), die Zeilen die Variablen, und die Zellen die Werte der Fälle. Bei der *T-Typ* Faktorenanalyse befinden sich ebenfalls die Zeitpunkte (z.B. Jahre) in den Spalten, die Zeilen enthalten jedoch die Fälle, und die Zellen, und die Zellen enthalten die Ausprägungen einer einzelnen Variablen. Bei der *S-Typ* Faktorenanalyse befinden sich die Fälle in den Spalten, die Zeitpunkte (z.B. Jahre) in den Zeilen, und die Zellen enthalten die Ausprägungen einer einzelnen Variablen. Die *P-Typ* Faktorenanalyse ist insofern eine Ausnahme dieser Typen, weil sie als einzige auf Einzelfälle anwendbar ist: Die *P-Typ* Faktorenanalyse enthält in den Spalten die Variablen einer Person (auch: Durchschnittswerte einer Gruppe), in den Zeilen die Zeitpunkte, und die Zellen die Werte.

Die korrelativen Zusammenhänge zwischen den einzelnen Variablen (auch: 'Items', 'Indikatoren') sind dabei grundlegend für die Ermittlung der im Hintergrund stehenden 'Faktoren'. Diese 'Faktoren' können idealerweise als voneinander unabhängige Gruppierungsvariablen zur Klassifikation der ursprünglichen Variablen dienen. Die Faktorenanalyse zeichnet sich dabei durch die Merkmale Mustererkennung, Faktorextraktion, und Datenreduktion aus.

Die folgenden Beispiele sollen das Prinzip der Faktorenanalyse veranschaulichen: Was sind (variablen-bündelnde) "Faktoren" folgender olympischer Sportarten: Fußball, Marathon, Delphinschwimmen, Volleyball, 100m Lauf, Handball, Turmspringen, Wasserball, Kunstturnen?

Man könnte bspw. die Faktoren "Mannschaftssport" vs. "Einzelsport" 'extrahieren'.

Faktor1("Mannschaftssport"): Fußball, Volleyball, Handball, Wasserball.

Faktor2 ("Einzelsport"): Marathon, Delphinschwimmen, 100m Lauf, Turmspringen, Kunstturnen.

Denkbar wären aber auch Faktoren wie z.B. "Laufsport", "Schwimmsport", und "Akrobatischer Sport" usw.

Was sind (variablen-bündelnde) "Faktoren" folgender Nahrungsmittel: Kiwi, Kopfsalat, Feigen, Gurken, Hamburger, Oliven, Äpfel, Currywurst, Birnen, Pizza, Orangen, Pommes Frites, Tomaten, Trauben, Döner?

Man könnte bspw. die Faktoren "Natürliche Ernährung" vs. "Junk Food" 'extrahieren'; denkbar wären aber auch Faktoren wie z.B. "Obst" vs. "Gemüse" usw.

Folgende Fragestellungen sind Beispiele für real-life-Anwendungen einer FA:

Lassen bestimmte Kaufgewohnheiten (Konsumvariablen wie z.B. Geldanlage, Hausbesitz, Anzahl und Marke der eigenen Autos, Anzahl und Marken der Kreditkarten, Einkommen, Marke und Alter der Hifi-Anlage) auf besondere Konsumtypen schließen? Lassen bestimmte Einstellungen (z.B. weltanschaulicher, sachlicher, sozialer, politischer, oder religiöser Natur) auf besondere Wählertypen schließen? Lassen bestimmte psychologische Einstellungen auf besondere Persönlichkeitstypen schließen?

Die Beispiele sollten zum einen helfen nachzuvollziehen, was unter einem "übergeordneten Faktor" zu verstehen ist. Natürlich sollen diese Beispiele auch problematisieren helfen: Denn die aus den Beispielen 'extrahierten' Faktoren werden vor allem deshalb als plausibel akzeptiert, weil sie in der Realität als Ober- bzw. Sammelbegriffe tatsächlich vorkommen. Oft genug aber sind die extrahierten Faktoren rein hypothetische Konstrukte, ohne direkt beobachtbaren, und damit schwer nachzuvollziehenden Bezug zur Realität. Nehmen wir an, nach einer Faktorenanalyse würden die olympischen Sportarten folgendermaßen gebündelt:

Faktor1: Fußball, Marathon, Delphinschwimmen

Faktor2: Volleyball, 100m Lauf, Turmspringen

Faktor3: Handball, Wasserball, Kunstturnen

Bei dieser Bündelung fällt es schwer, das inhaltlich Gemeinsame zu beschreiben und zu benennen. Man kann nicht ohne weiteres einen bereits verfügbaren Oberbegriff anwenden, sondern ist an ein hypothetisches Konstrukt geraten, das zu beschreiben und zu benennen genaue Kenntnisse der besonderen Merkmale der Variablen innerhalb jedes einzelnen Faktors erforderlich macht. Eine erste Orientierung bietet die Zusammenstellung der manifesten Variablen, die die jeweiligen Faktoren bewirken, und ihre Ausprägung innerhalb eines einzelnen Faktors.

Die Faktorenanalyse stellt auch Interpretations- und Benennungsregeln bereit (siehe unten); vor allen Dingen sollte jedoch dafür sensibilisiert werden, was das Potential, aber auch das Problematische der Faktorenanalyse ausmacht (siehe dazu auch die Anmerkungen zu den Voraussetzungen der Faktorenanalyse).

18.1.1. Grundprinzip

Die Berechnung einer Faktorenanalyse baut auf drei Schritten auf, Matrixbildung, Faktorextraktion und Lösungsrotation. Je nach FA-Variante kann es einzelne Unterschiede in II oder III geben (s.u.):

I Variablenmatrix

Für *n* Objekte werden Messungen auf *m* Variablen vorgenommen. Die Korrelationsmatrix (auch Kovarianzmatrix) der *m* Variablen gibt anhand der vorgefundenen Korrelationen bereits Hinweise, zwischen welchen Variablen Zusammenhänge bestehen, und das Vorhandensein eines dahinter stehenden Faktors vermuten lassen [*Eigenschaft der Mustererkennung*]. Hohe Korrelationen zwischen einzelnen Variablen lassen darauf schließen, dass diese jeweils etwas Gemeinsames messen, einen extrahierbaren Faktor. Niedrige Korrelationen zwischen Variablen(gruppen) lassen vermuten, dass diese *verschiedene* Faktoren repräsentieren. Die Korrelationsmatrix liefert auch Hinweise für das Vorliegen bestimmter Voraussetzungen (siehe dazu auch die Anmerkungen zu den Voraussetzungen der Faktorenanalyse).

II Faktorextraktion (Kommunalitätsschätzung, Anfangslösung)

In diesem Schritt fasst die Faktorenanalyse korrelierende Variablen zu Faktoren auf einer höheren Ebene zusammen [*Eigenschaft der Faktorextraktion*]. Die *Diagonale* der Korrelationsmatrix ist der Ausgangspunkt für die Faktorextraktion. Im Prinzip müssten die Korrelationen der Variablen mit sich selbst (eben die Diagonale) durch die Kommunalitäten ersetzt werden (Kommunalitäten sind die durch die Faktoren erklärte Varianz einer Variablen).

Die FA-Verfahren unterscheiden sich u.a. darin, welche Werte in die Matrixdiagonale eingetragen werden. Die Haupt*komponenten*variante geht z.B. davon aus, dass keine Einzelrestfaktoren übrig bleiben; standardmäßig werden daher die Diagonalwerte =1 gesetzt (weil davon ausgegangen wird, dass die Varianz vollständig durch die Faktoren aufgeklärt wird). Die (im Folgenden weiter beschriebene) Haupt*faktoren*analyse geht dagegen von Einzelrestfaktoren aus; die Kommunalitäten können daher nur kleiner als 1 sein, weil die Varianz *nicht* vollständig durch die Faktoren aufgeklärt wird). Die Faktorextraktion geht von einer sog. *reduzierten* Korrelationsmatrix aus.

Da die Kommunalitäten zu diesem Zeitpunkt noch gar nicht in die Diagonale eingetragen werden können, weil sie ja aus den Faktorladungen (Korrelationen zwischen Variablen und Faktoren) ermittelt werden sollen, die mit ihrer Hilfe eigentlich erst extrahiert werden sollen, werden zunächst *geschätzte* Kommunalitäten in die Diagonale eingetragen und so lange über den Vergleich zwischen geschätzten und berechneten Kommunalitäten verbessert, bis ein bestimmtes Toleranzkriterium erreicht ist.

Die Werte für die geschätzten Kommunalitäten liegen zwischen 0 und 1. R^2, die quadrierte multiple Korrelation der jeweils analysierten Variable mit jeweils allen anderen Variablen, wird sehr häufig bei der Anfangslösung als Schätzwert in die Diagonale eingetragen.

Aus einer etwas anderen Perspektive betrachtet, wird in der Korrelationsmatrix der Zusammenhang jeder einzelnen Variable mit allen anderen Variablen, also der Varianzanteil jeder einzelnen Variable an der gemeinsamen Varianz aller Variablen geschätzt (sog. 'Kommunalität'). Auf der Basis der jeweiligen (anfangs geschätzten) Kommunalitäten werden Faktoren so extrahiert, dass diese jeweils einen möglichst großen Anteil an der Gesamtvarianz (sog. 'Eigenwert') reproduzieren. Je größer die Eigenwerte, desto größer ist der Anteil an der Varianzaufklärung. Für die Schätzung der Ladungsmatrix gibt es verschiedene Verfahrens- und Rotationsvarianten; auf die Unterschiede zwischen den Verfahren wird weiter unten eingegangen.

Anm.: Die Begriffe "Faktorladung" und "Faktorwert" sind leicht miteinander zu verwechseln: Eine Faktorladung bezeichnet eine Korrelation zwischen Variable und Faktor; ein Faktorwert ist dagegen die standardisierte Ausprägung eines Faktors bei einer Beobachtung bzw. einem Fall.

III Lösungsrotation

Warum nun in einem dritten Schritt eine Rotation notwendig ist, kann man sich am besten an der Art und Weise vorstellen, wie die Faktoren (z.B. bei der Hauptachsenmethode) extrahiert wurden. Die Faktoren werden *nacheinander* hinweg extrahiert, d.h. ihre Varianz wird sukzessive über alle Variablen hinweg maximiert. Nur der erste Faktor lädt auf vielen Variablen hoch, alle nachfolgenden Faktoren laden dagegen zunehmend gemischt, also auf den einen Variablen positiv, und auf den anderen negativ. Aufgrund dieser gemischten Ladungen sind die meisten Faktoren schwierig zu interpretieren. Eine Rotation dient nun dazu, diese gemischten Ladungen durch einfachere, und leichter interpretierbare Ladungsstrukturen zu ersetzen.

Die Technik der Rotation dient v.a. dazu, möglichst gut differenzierende Faktoren extrahieren zu können, und Subjektivität bei der Interpretation der Faktoren weitestgehend auszuschließen.

Eine Rotation kann man sich statistisch als einfache Umrechnung der Anfangs- bzw. Ursprungslösung mit Hilfe einer sog. Transformationsmatrix vorstellen; bildlich gesprochen werden dabei in einem Achsenkreuz (die Achsen stellen die (nicht rotierten) Faktoren, die Punkte die ladenden Variablen dar) die Achsen in einem bestimmten Winkel um den Ursprung gedreht (ohne dass dabei die Abstände der Punkte (Variablen) zueinander verändert werden), und zwar so, dass sie durch die Punkteschwärme gehen, die ja eigentlich bzw. idealerweise auch auf ihnen laden (siehe auch unten die Plots vor und nach einer Rotation).

Eine Rotation beeinflusst nicht die statistische Erklärungskraft der jeweiligen Faktoren. Der Anteil der aufgeklärten Gesamtvarianz (sog. 'Eigenwert') bleibt erhalten; es ändert sich nur die Verteilung auf die einzelnen Faktoren entsprechend der gewählten Rotationsmethode. Jede Rotationsmethode (s.u.) strebt dabei eine bestimmte ‚Einfachstruktur' an, womit gemeint ist, dass vorgegeben werden kann, wie das Ergebnis einer Rotation idealerweise aussehen soll; bildlich gesprochen also, wie die Achsen gedreht werden, bzw. faktorenanalytisch, nach welchen Kriterien die Gesamtvarianz verteilt werden soll.

Das Rotationsverfahren läuft im Prinzip darauf hinaus, möglichst alle Ladungen einer Variablen auf Null bzw. (um) Eins zu setzen, so dass letztlich eine Variable nur noch mit einem oder zwei Faktoren hoch korreliert, womit wiederum umgekehrt der jeweilige Faktor als Repräsentation besonderer Variablengruppierungen leichter interpretiert werden kann. Die rotierten Faktoren sind in einer solchen Struktur einfach zu interpretieren, vorausgesetzt, dass sie auch möglichst viel Varianz erklären.

Die schließlich extrahierten Faktoren repräsentieren im Idealfall die gesamte Information der jeweils gebündelten Variablen, und erklären vollständig ihren Varianzanteil mit möglichst wenigen Faktoren [*Eigenschaft der Datenreduktion*]. Es stellt sich natürlich die Frage, wie viel Varianz eine Lösung erklären sollte, um als „gut" bezeichnet werden zu können; als Daumenregel gelten ca. 75% bei 2 Faktoren-, und ca. 85% bei 3-Faktorenlösungen.

Die vorgestellten Eigenschaften der Mustererkennung, Faktorextraktion und Datenreduktion machen die Faktorenanalyse interessant für viele Fragestellungen:

- Reduktion einer großen Anzahl von Variablen auf wenige *Faktoren* (z.B. zur Modellbildung).
- Auswahl eines *Subsets an Variablen* auf der Grundlage ihrer Korrelation (Ladung) auf Faktoren.
- Konstruktion von Faktoren, die bei *Multikollinearität*, z.B. in einer multiplen Regressionsanalyse, als unkorrelierte unabhängige Variablen eingesetzt werden können.

- *Validierung* eines Messinstruments (Skala), indem z.B. nachgewiesen wird, dass die einzelnen Items tats. auf einem bestimmten Faktor laden.
- Bei zahlreichen *multiplen Testungen* könnte z.B. nachgewiesen werden, dass diese denselben Faktor erheben, und dass u.U. weniger multiple Testungen ausreichend sein könnten.

18.1.2. Varianten der Faktorenanalyse

Die Faktorenanalyse umfasst zahlreiche Varianten. Je nach Eigenschaft der Extraktionsmethode (Verfahren der Schätzung der Faktoren), und Rotationsverfahren wird u.a. unterschieden zwischen:

Extraktionsmethode (siehe 18.1.2.1.):

Hauptfaktorenanalyse, Hauptkomponentenanalyse, iterative Hauptfaktorenanalyse, ungewichtete Leastsquare-Faktorenanalyse, ML- bzw. Kanonische Faktorenanalyse, Alpha-Faktorenanalyse, Imageanalyse bzw. Imagekomponentenanalyse, die Komponentenanalyse von Harris uvam.

Rotationsmethode (siehe 18.1.2.2.):

Orthogonale Rotation: Varimax, Quartimax, Biquartimax, Equamax, Parsimax, Factor Parsimax, Orthomax, Quartimin, Biquartimin, Covarimin, Crawford-Ferguson Methoden, uvam.
Schiefe (oblique) Rotation: Promax, Oblimin, Harris-Kaiser II, Prokrustes, oblique Crawford-Ferguson Methoden uvam.

18.1.2.1. Die wichtigsten Extraktionsmethoden

Hauptfaktorenanalyse

Das Ziel einer Hauptfaktorenanalyse (auch: Hauptachsenanalyse) ist die Reduktion komplexer Daten auf einfache Strukturen.

Das unter 18.1.1.1. beschriebene Grundprinzip entspricht im Wesentlichen den Rechenschritten der Hauptfaktorenanalyse. Im Folgenden dennoch eine Zusammenfassung des dort beschriebenen Vorgehens.

Die Hauptfaktorenanalyse geht von einer Ladungsmatrix aus, und extrahiert Faktoren mit dem Ziel maximaler Varianzaufklärung. Die extrahierten Faktoren werden bei der Hauptfaktorenanalyse rotiert. Die iterative Hauptfaktorenanalyse geht vom Vorliegen von Einzelrestfaktoren aus. Einzelrestfaktoren sind Faktoren, die speziell nur eine Variable beeinflussen und werden nicht von jedem Faktorenanalysetyp berücksichtigt. Iterativ bedeutet, dass die Faktoren so oft extrahiert werden, bis die geschätzten und die berechneten Kommunalitäten annähernd gleich sind. Die Faktoren können je nach Rotation voneinander unabhängig oder miteinander korreliert sein.

Die Haupt*faktoren*analyse (Berechnung nur in PROC FACTOR) ist dabei nicht zu verwechseln mit der Haupt*komponenten*analyse (Berechnung in PROC FACTOR und PROC PRINCOMP). Die Hauptfaktorenanalyse versucht wird im Unterschied zur Hauptkomponentenanalyse, nur den Teil der Varianz der Variablen zu erklären, der durch die anderen Variablen bestimmt wird (iterativ berechnete initiale Kommunalität). Neben der Programmierung (siehe dazu das Kapitel zur Prozedur PRINCOMP) gibt es darüber hinaus weitere Unterschiede, die aber nicht weiter vertieft werden sollen.

In der Faktorenanalyse gilt ein Faktor als *nichtbeobachtbares Konstrukt*, während bei der Komponentenanalyse eine Komponente eine *beobachtbare lineare Gleichung* darstellt.

Bei der Hauptkomponentenmethode werden Komponenten ermittelt, die die *gesamte* Variablenvarianz (common + unique) aufklären, während bei der Hauptfaktorenanalyse eine Mindestanzahl an Faktoren ermittelt wird, die nur die *gemeinsame* Varianz (common - unique) innerhalb eines Variablensets erklären.
Eine der Grundannahmen des Modells gemeinsamer Faktoren ist, dass die extrahierten Faktoren keine Linearkombination der beobachteten Variablen repräsentieren. Komponentenmodelle, die auf linearen Variablenkombinationen aufbauen, wie z.B. Image- oder Harris-Komponentenmodell rekonstruieren im allgemeinen eine Faktorenlösung nicht korrekt, und damit geben die ermittelten Linearгleichungen die Faktoren nicht korrekt wieder.

Hauptkomponentenanalyse

Das Ziel einer Hauptkomponentenanalyse ist ebenfalls die Reduktion komplexer Daten auf einfache Strukturen. Die Hauptkomponentenanalyse geht ebenfalls von einer Korrelationsmatrix aus, und führt viele beobachtete Merkmale durch Transformation in wenige, unabhängige Komponenten über, die sukzessiv und in ihrer Gesamtheit die Varianz der (standardisierten) beobachteten Variablen *vollständig* erklären. Der erste Faktor wird dabei über eine Linearkombination von Variablen bestimmt, die ein Maximum an Varianz erklärt. Der zweite Faktor erklärt ein Maximum der Restvarianz und ist zum ersten orthogonal (unkorreliert, unabhängig) usw. Die Hauptkomponentenanalyse unterscheidet sich von der Hauptfaktorenanalyse auch darin, dass sie nicht davon ausgeht, dass Einzelrestfaktoren übrig bleiben. Die Kommunalitäten in der Matrixdiagonale werden gleich 1 gesetzt. Bei der Hauptkomponentenanalyse werden im Allgemeinen die Komponenten, im Gegensatz zu den Faktoren einer Hauptfaktorenanalyse, keiner weiteren Rotation unterzogen.

Maximum-Likelihood Faktorenanalyse

Das Ziel einer Maximum-Likelihood Faktorenanalyse ist ebenfalls die Reduktion komplexer Datenstrukturen. Die Maximum-Likelihood Faktorenanalyse entwickelt eine Parameterschätzung, die am plausibelsten die empirisch beobachtete Korrelationsmatrix rekonstruiert. Die Maximum-Likelihood Faktorenanalyse schätzt die gesuchten Parameter gleichzeitig, die Hauptfaktorenanalyse schätzt dagegen Kommunalitäten und Ladungsmatrix nacheinander. Laut SAS Dokumentation ist eine multivariate Normalverteilung für die Maximum-Likelihood Faktorenanalyse nicht für die Phase der Extraktion, sondern nur für die der Tests (z.B. Bartlett) erforderlich.

Weitere Extraktionsverfahren

Die jeweiligen Faktorextraktionsmethoden unterscheiden sich in den Optimalitätskriterien für die Faktoren:

Die Alpha-Methode behandelt die Variablen als eine Stichprobe aus der Gesamtheit möglicher Variablen. Image gründet sich auf das Konzept des "Abbildes" einer Variablen, das heißt die multiple Regression hinsichtlich aller anderen Variablen.

Die Verfahren der ungewichteten bzw. verallgemeinerten Least Squares (LS)-Analyse basieren jeweils darauf, dass sie die Quadratdifferenzen zwischen den beobachteten und den reproduzierten Korrelationsmatrizen minimieren.

18.1.2.2. Rotationsmethoden und ihre Funktion

Eine Rotation dient vorwiegend dazu, subjektive Einflüsse bei der Interpretation von Faktoren auszuschließen. Eine Rotation hat selbst keinen Einfluss auf die statistische Erklärungskraft der jeweiligen Faktoren; sie beeinflusst nur die Verteilung der Gesamtvarianz auf die extrahierten Faktoren. Jede Rotationstechnik zielt dabei auf besondere Faktorladungen ab.

Varimax strebt z.B. nach einer Vereinfachung der Faktoren. Die Anzahl von Variablen mit hoher Ladung auf einem Faktor wird minimiert, d.h. pro Faktor sollen einige Variablen hoch, alle übrigen aber möglichst gering laden.

Quartimax strebt dagegen eine andere Einfachstruktur an, nämlich nach einer Vereinfachung der Variablen, d.h. die Anzahl von Faktoren zur Interpretation einer Variablen wird minimiert, indem die Varianz einer Variablen auf ein Minimum von Faktoren entfällt. Quartimax strebt die Erklärung der Gesamtvarianz durch einen Faktor an (sog. Ein-Faktor-Lösung), und wird deshalb selten benutzt.

Die anfangs extrahierten Faktoren korrelieren nicht miteinander. Der wichtigste Unterschied zwischen einer orthogonalen (rechtwinkligen) und einer obliquen (schiefen) Rotation ist daher der, dass nach einer obliquen (schiefen) Rotation die

Faktoren miteinander korrelieren, während sie nach einer orthogonalen (rechtwinkligen) Rotation weiterhin nicht miteinander korrelieren.
Oblique Rotation ist insofern selten, weil zwar auf der einen Seite die Variablen-Faktoren-Verknüpfung klarer ist, andererseits ist die Unterscheidung zwischen den ermittelten Faktoren schwerer (was eigentlich dem Hauptanliegen einer Faktorenanalyse eher widerspricht).

Eine oblique Rotation sollte dann durchgeführt werden, wenn vorher empirisch bekannt ist bzw. von der Theorie her angenommen wird, dass die Faktoren miteinander korrelieren (confirmatory factor analysis, CFA); eine orthogonale Rotation sollte dann vorgenommen werden, wenn noch keine Entscheidungsgrundlage vorhanden ist (explanatory factor analysis, EFA; auf weitere Unterschiede zwischen EFA und CFA, z.B. methodischer Zugang, wird nicht eingegangen).

Die bloße Wahl des Extraktions- und Rotationsverfahrens kann das Ergebnis beeinflussen: *Verschiedene* Rotationsverfahren können an denselben Daten zu verschiedenen Faktorenladungen führen. Verschiedene Faktorenladungen brauchen nicht notwendigerweise als konfligierend aufgefasst werden, sondern sind eher als eine Betrachtung derselben Daten aus verschiedenen Perspektiven zu verstehen. Eine Schlussfolgerung, die darauf hinausläuft, dass nur eine dieser Rotationen korrekt sei, ist nicht zulässig. Dasselbe Rotationsverfahren führt nach verschiedenen Extraktionsmethoden nicht notwendigerweise zu denselben Ergebnissen.

18.1.3. Kriterien zur Bestimmung der Faktoren: Anzahl und Interpretation

18.1.3.1. Bestimmung der Anzahl der Faktoren

Eine Faktorenanalyse hat zum Ziel, möglichst wenige Faktoren zu ermitteln; im Folgenden werden Kriterien angegeben zur Bestimmung der Anzahl der ermittelten Faktoren. Als Kriterien werden die Eigenwerte der Faktoren, ein Scree-Plot, und das Minimum-Prozent-Kriterium vorgestellt. Nicht weiter vorgestellte Möglichkeiten sind z.B. a priori theoretisch bzw. empirisch begründete Vorannahmen über die Zahl der Faktoren, ex post die Faktoren, die eine verständliche Dimension aufweisen, oder auch das Joliffe-Kriterium, Parallel-Analysen, bzw. der Signifikanztest über die Residualmatrix. Auf Überlegungen in der Literatur, ob und welche Kriterien die Anzahl der bedeutsamen Faktoren über- bzw. unterschätzen, wird nicht weiter eingegangen.

Widersprüchliche Empfehlungen auf der Basis verschiedener Kriterien sind nicht auszuschließen (siehe auch unten in der Beispielberechnung).

Kaiser's Eigenwert-Kriterium

Bei *n* standardisierten Variablen kann der Eigenwert eines Faktor maximal *n* * *1* erreichen, da jede der *n* Variablen bereits eine Varianz (Eigenwert) von 1 besitzt. Bei sechs standardisierten Variablen kann z.B. der Eigenwert eines Faktor den Wert 6 nicht übersteigen.

Gemäß Kaiser's Eigenwert-Kriterium sollte man nur die Faktoren mit einem Eigenwert ≥ 1 beibehalten (Kaiser-Kriterium), also größer oder gleich dem durchschnittlichen Eigenwert. Bei einem Eigenwert kleiner oder gleich 1 würden sie nicht mehr als den durchschnittlichen Eigenwert der Variablen erklären.

Negative Eigenwerte bzw. ‚Final Communality Estimates' größer als 1 sind datenbedingt. Mögliche Ursachen können u.a. sein: Zu wenig Daten, die Daten passen nicht perfekt zum Modell gemeinsamer Faktoren, oder es liegen zu wenige oder zu viele gemeinsame Faktoren vor (siehe die SAS/STAT Dokumentation zu PROC FACTOR über diese sog. Heywood- bzw. ultra-Heywood-Fälle und andere Anomalien).

Scree-Test

Der Scree-Test ist eine Art eine 'Kurve' der ermittelten Eigenwerte und der Anzahl der extrahierten Faktoren. Die Eigenwerte und die Faktorenzahl beginnen dabei (von *links* nach rechts gesehen) mit einer abfallenden Kurve, die dann meist nach einem auffälligen Knick in eine mehr oder weniger horizontale, zur x-Achse parallele Linie übergeht, wobei jeder weitere Faktor immer weniger Varianz erklärt. Die Scree-Regel besagt, so viele Faktoren zu extrahieren, bis die Linie (idealerweise an einem deutlichen Knick) in die Horizontale übergeht. Der letzte (von links nach rechts) *vor* dem Knick liegende (Eigen)Wert gibt dabei die Anzahl der zu behaltenden Faktoren an. Der Scree-Test ist ein rein grafischer, kein inferenzstatistischer 'Test', und je nach Kurvenverlauf nicht immer eindeutig zu interpretieren.

Falls der Scree-Plot keinen deutlichen Knick oder sogar mehrere aufweist, können zusätzlich die abgetragenen Eigenwerte (also das Kaiser-Kriterium) zur Beurteilung herangezogen werden; es werden alle Faktoren behalten, deren Eigenwerte in der Grafik über 1.0 liegen.
Der Scree-Plot basiert auf den Eigenwerten der Korrelationsmatrizen. Je nach Methode handelt es sich dabei um Eigenwerte anderer Korrelationsmatrizen (z.B. Hauptkomponentenmethode: non-reduced correlation matrix, andere ML-Methoden: reduced correlation matrix, ML-Methode: weighted reduced correlation matrix).

Minimum-Prozent-Kriterium

Das Minimum-Prozent-Kriterium ist ein subjektives Kriterium. Man legt *vor* einer Analyse fest, wieviel Prozent der Gesamtvarianz alle extrahierten Faktoren zusammen *mindestens* erklären sollen. Üblicherweise wird das Minimum-Prozent-

Kriterium auf 75% festgelegt (strengere Kriterien gehen von 90% aus), und schließlich so viele Faktoren beibehalten, bis diese mind. 75% der Gesamtvarianz erklären. Das Minimum-Prozent-Kriterium gilt als Kompromiss zwischen Kaiser- und Scree-Kriterium.

Die Faktoren sollten mindestens drei hohe interpretierbare Ladungen aufweisen, andernfalls wurden u.U. zuviele Faktoren angefordert. Auch wenn ein Faktor die o.a. Kriterien nicht erfüllt, sollten auf jeden Fall die Korrelation mit der abhängigen Variable überprüft werden, bevor er ausgeschlossen wird; auch ein sehr kleiner Faktor kann eine hohe Korrelation mit der abhängigen Variable besitzen. In diesem Falle sollte der Faktor beibehalten werden.

18.1.3.2. Interpretation und Benennung der Faktoren

Für eine generalisierende Interpretation sollten folgende Bedingungen erfüllt sein: Wenn auf jedem bedeutsamen Faktor mind. 4 Variablen mit jew. mind. 0.60 laden, kann eine Faktorenstruktur unabhängig vom Stichprobenumfang interpretiert werden. Die am höchsten ladenden Variablen werden als „Markier- bzw. Leitvariablen“ bezeichnet, und für die Benennung des Faktors verwendet.

Wenn auf jeden zu erwartenden Faktor mind. 10 Variablen entfallen, gilt ein Stichprobenumfang von N=150 als ausreichend.

Faktorenstrukturen, auf denen nur wenige Variablen (um N<10) geringfügig laden (< 0.40), sollten nur bei einem Stichprobenumfang von N > 300 interpretiert werden; bei N < 300 ist mit zufälligen Ladungsstrukturen zu rechnen, und man sollte die Interpretation von einer Replikation abhängig machen.

In der Faktorenanalyse wird je nach Ladungsart zwischen drei Faktorentypen unterschieden: Laden alle Variablen auf einem Faktor hoch, so laden sie auf einem Generalfaktor (allgemeiner Faktor, general factor; Spezialfall der common factors). Sind die Ladungen für mind. zwei Variablen hoch, laden sie auf einem gemeinsamen Faktor (common factor). Ist die Ladung nur für eine Variable hoch, so lädt diese auf einem Einzelrestfaktor (unique factor, siehe dazu auch die Anmerkung bei den Voraussetzungen); Einzelrestfaktoren reduzieren u.U. den Erklärungswert eines Faktorenanalysen-Modells.

Das Ausmaß einer Faktorladung wird je nach Kriterium völlig verschieden bewertet. Als untere Grenze gilt bei einem liberalen Kriterium bereits .3, bei einem anderen Kriterium dann .4. Ein drittes, strengeres Kriterium bezeichnet Ladungen unter .4 als "schwach", Ladungen über .6 als "stark", und Ladungen dazwischen als "bescheiden". Die o.a. Vorgehensweise ist ein Kompromiss zwischen dem zweiten und dritten Kriterium. Die Skalierung spielt bei der Interpretation des Ausmaßes einer Faktorladung ebenfalls eine Rolle; weisen z.B. dichotome und Likert-skalierte Items dieselbe Ladungswerte auf, so sind die der dichotomen Variablen als höher einzustufen.

18.2. Die Berechnung einer Faktorenanalyse in SAS

Faktorenanalysen werden in SAS mit der Prozedur FACTOR berechnet. Eine Hauptkomponentenanalyse kann auch mit PROC PRINCOMP durchgeführt werden, und wird im Kapitel 21 ausführlich vorgestellt.

18.2.1. Syntax der Prozedur FACTOR

```
PROC FACTOR < Optionen > ;
VAR Variablenliste ;
PRIORS Kommunalitäten ;
PARTIAL Variablenliste ;
FREQ Variable ;
WEIGHT Variable ;
BY Variablenliste ;
```

Als Minimalanweisung ist das PROC FACTOR Statement zusammen mit der VAR Anweisung ausreichend; empfehlenswert ist jedoch die zusätzliche Angabe von Optionen nach der FACTOR-Anweisung, z.B. METHOD, NFACTORS, ALL und SCREE.

Unter Optionen können sehr viele Rechen- und Ausgabeanweisungen angegeben werden. Im Folgenden nur eine Auswahl; nicht erläutert werden z.B. COVER, GAMMA, HKPOWER, NOBS, NOCORR, NOINT, POWER, PREROTATE, RECONVERGE, REORDER, SE, SINGULAR, und TARGET. Für die zahlreichen weiteren Möglichkeiten wird auf die SAS/STAT Dokumentation verwiesen.

ALL Fordert jeden optionalen Output außer Plots an.

ALPHA=Signifikanz: Gibt die Signifikanz p für 100(1-p)% Konfidenzintervalle vor. p muss zwischen 0 und 1 liegen. Das voreingestellte p=0.05 führt zu 95% Intervallen. Empfehlenswert ist eine Korrektur des Alphas mit geeigneten Verfahren.

CONVERGE=Kriterium: Nur für iterative Verfahren (ALPHA , ML, PRINIT, ULS): Spezifiziert die Konvergenzgenauigkeit. Jeder nichtnegative Wert ist zulässig. Das Iterationsverfahren stoppt, sobald die maximale Veränderung in den Kommunalitäten kleiner als der Kriteriumswert c ist (Default: c=0.001).

CORR bewirkt die Ausgabe der Korrelationsmatrix bzw. partiellen Korrelationsmatrix.

COVARIANCE fordert anstelle der (partiellen) Korrelationsmatrix die Faktorisierung der Kovarianzmatrix an (nur bei den Methoden PRINCIPAL, PRINIT, ULS, IMAGE).

DATA= SAS Datensatz: Expliziter Verweis auf den zu verwendenden SAS Datensatz; fehlt dieser Verweis, verwendet FACTOR den zuletzt angelegten Datensatz.

EIGENVECTORS: Bewirkt die Ausgabe der Eigenvektoren.

HEYWOOD: Nur für iterative Verfahren: Treten Kommunalitäten größer als 1 auf, so werden diese auf 1 gesetzt und der Iterationsprozess kann fortgesetzt werden.

MAXITER= Zahl: Nur für iterative Verfahren (ALPHA , ML, PRINIT, ULS): Legt die Anzahl der maximal durchzuführenden Iterationen fest. Default=30.

METHOD=Name: Bestimmt den Typ der Faktorenextraktion. PRINCIPAL berechnet die Hauptkomponentenanalyse (als Default bzw. PRIORS=ONE); in jedem anderen Fall berechnet PRINCIPAL eine nicht-iterative Hauptfaktorenanalyse, z.B. falls kein "PRIORS=ONE"-Statement angegeben wurde. ALPHA berechnet die Alpha-Faktorenanalyse (iteratives Verfahren). HARRIS berechnet die Harris Komponentenanalyse (nicht-iteratives Verfahren). IMAGE berechnet eine Hauptkomponentenanalyse der Imagekovarianzmatrix (nicht-iteratives Verfahren). PRINIT berechnet eine iterative Hauptfaktorenanalyse (iteratives Verfahren). ML berechnet die Maximum-Likelihood Faktorenanalyse (iteratives Verfahren). Werden METHOD=ML und ULTRAHEYWOOD gleichzeitig angegeben, und ist irgendeine der Kommunalitäten in der letzten Iteration größer als 1, so sind alle Ergebnisse dieser Faktorberechnung inkorrekt. ULS berechnet die LS-Faktorenanalyse (unweighted least squares, Methode der ungewichteten kleinsten Quadrate, iteratives Verfahren). Die METHOD-Optionen PATTERN und SCORE werden nicht erläutert.

MINEIGEN=Zahl. MINEIGEN legt fest, bis zu welchem Wert eines Eigenwerts Faktoren extrahiert werden können. Negative Werte sind nicht erlaubt. Der Default von MINEIGEN hängt von der verwendeten Methode ab. Der Default ist allgemein 0; außer im Fall, wenn die NFACTORS und PROPORTION Optionen nicht angegeben werden, und eine weitere Bedingung zutrifft. Ist z.B. die Methode ALPHA oder HARRIS, dann ist MINEIGEN=1. MINEIGEN kann nicht für die Methoden PATTERN und SCORE verwendet werden.

MSA: Fordert die negative Anti-Image Korrelation und Kaiser's MSA (measure of sampling adequacy) an.

NFACTORS=Zahl. Legt die Anzahl der zu extrahierenden Variablen fest. Default ist die Anzahl der Variablen. NFCTORS hat auch einen Einfluss auf die Speicherallokation.

NOPRINT: Unterdrückt die Anzeige jeglichen Outputs, blockiert zeitweise auch das ODS.

NORM=Option: Legt das Normalisierungsverfahren fest. Voreingestellt ist das Verfahren nach KAISER. Weitere Optionen sind WEIGHT (Gewichtung nach Cureton-Mulaik) und COV. Die Optionen NONE und RAW führen keine Normalisierung durch.

NPLOT=Zahl. Gibt die Zahl der zu plottenden Faktoren an. Die Voreinstellung ist, alle Faktoren zu plotten. Der kleinste zulässige Wert ist 2.

OUT= SAS Datensatz: Legt einen Datensatz mit den Originaldaten, und geschätzten Faktorwerten unter den Variablennamen FAKTOR1, FAKTOR2, usw.

OUTSTAT= SAS Datensatz: Legt einen Datensatz mit den meisten Ergebnissen der Faktorenanalyse an.

PLOT: Plottet die Faktorladungen (factor pattern) nach der Rotation.

PREPLOT: Plottet die Faktorladungen (factor pattern) vor der Rotation.

PRINT: Zeigt das Inputfaktormuster, Score-Koeffizienten und verwandte Statistiken.

PRIORS=Option (nicht zu verwechseln mit der gleichlautenden Anweisung PRIORS, s.u.): Die Einstellung von priors hängt von der gewünschten Extraktionsmethode ab: priors=ONE bei PRINCIPAL und PRINIT (als Anfangswerte werden alle Kommunalitäten gleich 1.0 gesetzt), und priors=SMC bei ALPHA, ML, und ULS (als Anfangsschätzung wird für jede Variable das Quadrat des multiplen Korrelationskoeffizienten verwendet). - Für HARRIS, IMAGE, PATTERN und SCORE sind keine prior-Optionen verfügbar. - Weitere priors-Optionen sind ASMC, INPUT, MAX und RANDOM. ASMC verwendet als Anfangsschätzung adjustierte proportionale quadrierte multiple Korrelationen (adjusted squared multiple correlations). INPUT liest Anfangswerte in einem besonders zu spezifizierenden Datensatz. MAX verwendet als Anfangsschätzung die absoluten maximalen Korrelationskoeffizienten der jew. Variablen zu den übrigen Variablen. RANDOM setzt die anfänglichen Kommunalitätsschätzung auf Pseudo-Zufallszahlen zwischen 0 und 1.

Anm.: ALPHA, ML, PRINIT und ULS, sind so voreingestellt, dass sie aufhören zu iterieren und die Anzahl aller Faktoren auf 0 setzen, falls eine geschätzte Kommunalität 1 übersteigt. Die Optionen HEYWOOD und ULTRAHEYWOOD veranlassen ein Fortsetzen des Iterationsprozesses.

PROPORTION bzw. PERCENT=Zahl. PROPORTION bzw. PERCENT legen das Minimum-Prozent-Kriterium fest. Falls der angegebene Wert größer als 1 ist, wird er als Prozentwert interpretiert. Default sind 1.0 bzw. 100%. PROPORTION bzw. PERCENT können nicht bei PATTERN oder SCORE angegeben werden.

RANDOM= Zahl: Gibt eine positive Ziffer als Startwert für den Pseudozufallszahlengenerator an, falls angefordert mittels REPLACE=RANDOM.

RESIDUALS: Fordert die Residual-Korrelationsmatrix und die Matrix der partiellen Residual-Korrelationen an.

RITER=Zahl. Legt die maximale Zyklenzahl für Faktorrotationen fest. Voreingestellt ist ein Wert zwischen 100 und N Variablen*10. Für alle Rotationsmethoden außer Promax und Prokrustes.

ROTATE=Methode. Angabe der Methode zur Rotation einer Ladungsmatrix. Keine Rotation: ROTATE=NONE. Gegenwärtig in SAS Version 8 verfügbar: Orthogonale Methoden: BIQUARTIMAX, EQUAMAX, FACTORPARSIMAX, ORTHCF(p1,p2), ORTHGENCF(p1,p2,p3,p4), ORTHOMAX, PARSIMAX, QUARTIMAX, VARIMAX. Oblique Rotationsmethoden: BIQUARTIMIN, COVARIMIN, HK, OBBIQUARTIMAX, OBEQUAMAX, OBFACTORPARSIMAX, OBLICF(p1,p2), OBLIGENCF(p1,p2,p3,p4), OBLIMIN, OBPARSIMAX,

OBQUARTIMAX, OBVARIMAX, PROCRUSTES, PROMAX, QUARTIMIN. Für weitere Details wird auf die statistische Spezialliteratur verwiesen.

SCORE: Fordert die standardisierten Scoring-Koeffizienten, und die quadrierten multiplen Korrelationskoeffizienten jedes Faktors mit jeder Variablen an, außer im Falle nicht rotierter Hauptkomponenten.

SCREE: Fordert die Ausgabe der Eigenwerte in einem Scree-Plot an.

SIMPLE: Gibt Mittelwerte, Standardabweichungen, und die Anzahl der Beobachtungen aus.

ULTRAHEYWOOD: Nur für iterative Verfahren: ULTRAHEYWOOD lässt Kommunalitäten größer als 1 zu, kann aber zu Konvergenzproblemen führen, weil z.B. Kommunalitäten extrem groß werden können. Werden ULTRAHEYWOOD und METHOD=ML gleichzeitig angegeben, und ist irgendeine der Kommunalitäten in der letzten Iteration größer als 1, so sind alle Ergebnisse dieser Faktorberechnung inkorrekt.

VARDEF: Legt den Divisor fest, der in die Berechnung von (Ko)Varianzen verwendet werden soll; zur Auswahl stehen DF, N, WDF und WEIGHT (WGT).

WEIGHT: Faktorisiert eine gewichtete Korrelations- oder Kovarianzmatrix; nur bei PRINCIPAL, PRINIT, ULS, oder IMAGE. Nicht zu verwechseln mit der Anweisung WEIGHT (s.u.).

Unter var werden die numerischen Variablen angegeben, für die die Faktorenanalyse berechnet werden soll.

Unter der Anweisung priors (nicht zu verwechseln mit der gleichlautenden Option PRIORS-Anweisung, s.o.) können für jede Variable individuelle Werte für die Anfangsschätzung der Kommunalitäten angegeben werden. Die Werte müssen zwischen 0 und 1.0 liegen. Ihre Reihenfolge muss der der Variablen entsprechen.
Falls eine Faktorenanalyse auf der Basis einer partiellen Korrelations- bzw. Kovarianzmatrix durchgeführt werden soll, können in partial die Variablen angegeben werden, die in den partiellen Korrelationen konstant gehalten, d.h. aus den anderen Variablen herauspartialisiert werden sollen.

Unter freq kann eine Variable angegeben werden, die die Häufigkeiten anderer Variablen repräsentiert.
Falls man relative Gewichte für jede Beobachtung verwenden möchte, können diese als WEIGHT Variable angegeben werden. Eine Beobachtung geht nur dann in die Berechnung ein, wenn der Wert der WEIGHT Variable größer als Null ist. Nicht zu verwechseln mit der Option WEIGHT (s.o.).
Ist ein by Statement angegeben, werden separate Faktorenanalysen für die Ausprägungen der dort aufgeführten Gruppierungsvariablen berechnet.

18.2.2. Beispiel-Analyse mit Syntax, Output und Interpretation

Beispiel

An einem See wurden zahlreiche Variablen erhoben. Die Daten erfassen zahlreiche Parameter der Gewässerbelastung und Messtiefe. Diese Daten möchte man auf Strukturen untersuchen, in wenige, einfach interpretierbare Faktoren zusammenfassen, und falls möglich, die Menge der Daten reduzieren. Als Methode wird eine iterative Hauptfaktorenanalyse einschließlich orthogonaler Varimax-Rotation eingesetzt.

Syntax

```
title ' Iterative Hauptfaktorenanalyse mit orthogonaler Varimax-Rotation';

   proc factor alpha=0.05 data = pfad.ifsdata2
        converge=0.001 corr eigenvectors
        maxiter=100 method=PRINIT mineigen=0 nfactors=5 norm=KAISER
         plot preplot print priors=ONE proportion=80 rotate=VARIMAX
        score scree simple
        heywood ;
   var  C_anorg C_an_250m C_an_0m Ca_0_m Ca_250_m
        NO2_N NO3_N NH4_N
             PO4_P P_hydrol pH_0m pH_250_m P_total Pgeloest ;
   run ;
```

Anm.: Die Anweisung HEYWOOD wurde nachträglich hinzugefügt, da es sich erst während des Rechenvorganges herausstellte, dass die Iterationen wegen Kommunalitäten über 1 abbrachen. Zu sog. Heywood-Fällen siehe den Abschnitt 18.1. Zur Erläuterung der zahlreichen Rechenanweisungen wird auf den Abschnitt zur Syntax von PROC FACTOR verwiesen.

Output

Anm.: Wichtige Hinweise werden z.T. in das Log ausgegeben, z.B.

```
WARNING: 83 of 212 observations in data set PFAD.IFSDATA2 omitted due to mis-
sing values.
NOTE: 5 factors will be retained by the PROPORTION criterion.
NOTE: Convergence criterion satisfied.
```

Der Output der Prozedur FACTOR ist umfangreich. Die Ergebnisse der Beispiel-Analyse werden nicht vollständig dargestellt. Von den jeweils zehn PLOT- bzw. PREPLOT-Plots wird nur die Variante „Plot of Factor Pattern for Factor1 and Factor4" vor und nach der Rotation wiedergegeben. Auch die Ergebnisse der MSA-Option werden nicht aufgeführt. Der Hinweis `NOTE: Correlation matrix is singular; some scoring coefficients will be zero.` wird häufig durch die mehrfache Angabe derselben Variable in der VAR-Anweisung verursacht. FACTOR produziert bei einem solchen Versehen keine Fehlermeldung.

```
Iterative Hauptfaktorenanalyse mit orthogonaler Varimax-Rotation

                              The FACTOR Procedure

              Means and Standard Deviations from 129 Observations

                     Variable           Mean        Std Dev

                     C_anorg        9.919177       0.658157
                     C_an_250m      2.563256       0.044899
                     C_an_0m        2.307442       0.159957
                     Ca_0_m         2.230310       0.188111
                     Ca_250_m       2.498062       0.070998
                     NO2_N         26.407191      19.038724
                     NO3_N         45.759811       1.898603
                     NH4_N         55.437037      36.761319
                     PO4_P          0.817596       0.372449
                     P_hydrol      15.526128      10.936502
                     pH_0m          8.350000       0.238868
                     pH_250_m       7.870388       0.138137
                     P_total        1.099415       0.436648
                     Pgeloest       0.969279       0.428917
```

Correlations

	C_anorg	C_an_250m	C_an_0m	Ca_0_m	Ca_250_m	NO2_N	NO3_N
C_anorg	1.00000	-0.27580	0.87144	0.74942	-0.32189	-0.58698	0.33706
C_an_250m	-0.27580	1.00000	-0.21335	-0.36513	0.05469	0.27198	0.06354
C_an_0m	0.87144	-0.21335	1.00000	0.90505	-0.16967	-0.63695	0.34266
Ca_0_m	0.74942	-0.36513	0.90505	1.00000	0.06463	-0.68020	0.32456
Ca_250_m	-0.32189	0.05469	-0.16967	0.06463	1.00000	-0.03813	-0.08546
NO2_N	-0.58698	0.27198	-0.63695	-0.68020	-0.03813	1.00000	-0.36265
NO3_N	0.33706	0.06354	0.34266	0.32456	-0.08546	-0.36265	1.00000
NH4_N	-0.26957	0.17390	-0.36774	-0.42022	-0.01185	0.57726	-0.24777
PO4_P	0.20217	0.10392	0.13386	0.04378	-0.19567	0.00973	-0.05500
P_hydrol	0.26004	-0.06572	0.18518	0.08769	-0.17635	0.22138	-0.32488
pH_0m	-0.19728	-0.03132	-0.34985	-0.40457	-0.03377	0.52576	-0.29692
pH_250_m	0.14936	-0.41362	0.12878	0.18078	0.01234	-0.25500	0.12256
P_total	0.22530	0.09692	0.14316	0.03317	-0.20989	0.06734	-0.10214
Pgeloest	0.20473	0.10721	0.13524	0.04210	-0.18671	0.02896	-0.08753

Correlations

	NH4_N	PO4_P	P_hydrol	pH_0m	pH_250_m	P_total	Pgeloest
C_anorg	-0.26957	0.20217	0.26004	-0.19728	0.14936	0.22530	0.20473
C_an_250m	0.17390	0.10392	-0.06572	-0.03132	-0.41362	0.09692	0.10721
C_an_0m	-0.36774	0.13386	0.18518	-0.34985	0.12878	0.14316	0.13524
Ca_0_m	-0.42022	0.04378	0.08769	-0.40457	0.18078	0.03317	0.04210
Ca_250_m	-0.01185	-0.19567	-0.17635	-0.03377	0.01234	-0.20989	-0.18671
NO2_N	0.57726	0.00973	0.22138	0.52576	-0.25500	0.06734	0.02896
NO3_N	-0.24777	-0.05500	-0.32488	-0.29692	0.12256	-0.10214	-0.08753
NH4_N	1.00000	0.24429	0.27322	0.25935	-0.27303	0.26865	0.26249
PO4_P	0.24429	1.00000	0.52832	-0.26049	-0.62175	0.97702	0.99144
P_hydrol	0.27322	0.52832	1.00000	0.20792	-0.31942	0.64987	0.59578
pH_0m	0.25935	-0.26049	0.20792	1.00000	0.20419	-0.15341	-0.23826
pH_250_m	-0.27303	-0.62175	-0.31942	0.20419	1.00000	-0.62224	-0.63197
P_total	0.26865	0.97702	0.64987	-0.15341	-0.62224	1.00000	0.98972
Pgeloest	0.26249	0.99144	0.59578	-0.23826	-0.63197	0.98972	1.00000

The FACTOR Procedure

Initial Factor Method: Iterated Principal Factor Analysis

Prior Communality Estimates: ONE

Preliminary Eigenvalues: Total = 14 Average = 1

	Eigenvalue	Difference	Proportion	Cumulative
1	4.14974090	0.06285943	0.2964	0.2964
2	4.08688147	2.47662043	0.2919	0.5883
3	1.61026104	0.51963193	0.1150	0.7033
4	1.09062911	0.27911688	0.0779	0.7813
5	0.81151223	0.13387722	0.0580	0.8392
6	0.67763501	0.14542501	0.0484	0.8876
7	0.53221000	0.15425820	0.0380	0.9256
8	0.37795180	0.08964902	0.0270	0.9526
9	0.28830278	0.07912119	0.0206	0.9732
10	0.20918159	0.09660644	0.0149	0.9882
11	0.11257515	0.07209468	0.0080	0.9962
12	0.04048047	0.03115539	0.0029	0.9991
13	0.00932508	0.00601171	0.0007	0.9998
14	0.00331337		0.0002	1.0000

5 factors will be retained by the PROPORTION criterion.

Scree Plot of Eigenvalues

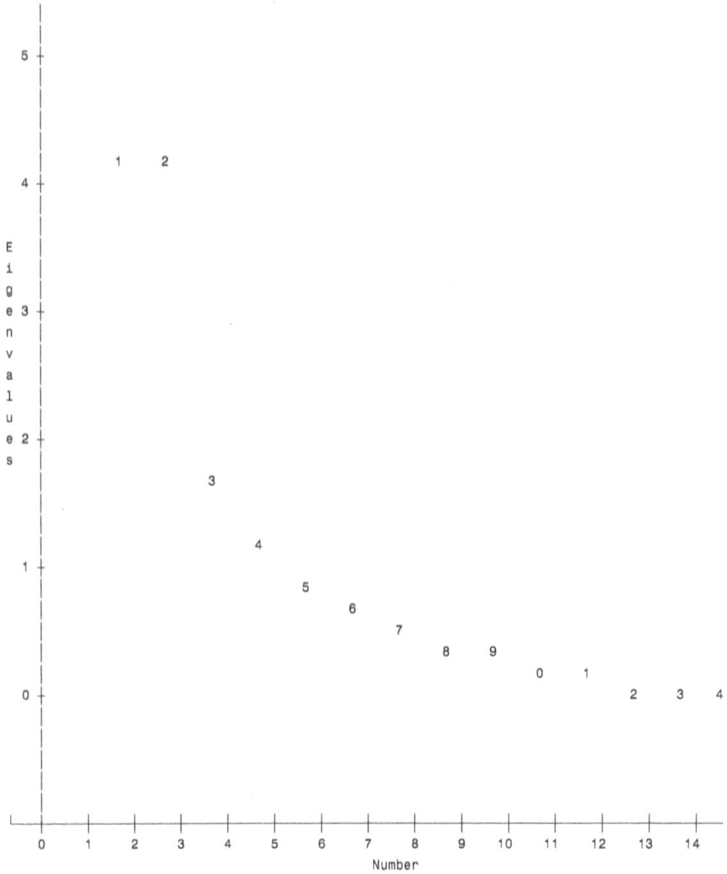

Iteration	Change	Communalities							
1	0.4550	0.90913	0.80222	0.93269	0.92009	0.92776	0.81502	0.67835	0.54503
		0.94853	0.82045	0.78285	0.73767	0.96140	0.96783		
2	0.2093	0.88368	0.74834	0.93155	0.90184	0.89495	0.77109	0.46902	0.39977
		0.95136	0.76579	0.68601	0.64908	0.96787	0.97894		
3	0.0975	0.87402	0.73043	0.94245	0.89935	0.87577	0.76526	0.37148	0.37243
		0.95898	0.74955	0.63481	0.62002	0.97610	0.99007		
4	0.0350	0.86870	0.72104	0.95253	0.89992	0.86065	0.76886	0.33646	0.36930
		0.96410	0.74550	0.60577	0.61049	0.98060	0.99652		
	....								
47	0.0015	0.94560	0.51019	0.94758	0.98717	0.31344	0.80439	0.37434	0.37184
		0.97743	0.76008	0.56579	0.67437	0.98629	1.00000		
48	0.0013	0.94603	0.50887	0.94729	0.98762	0.31272	0.80462	0.37453	0.37186
		0.97741	0.75998	0.56582	0.67486	0.98631	1.00000		
49	0.0012	0.94638	0.50769	0.94703	0.98802	0.31213	0.80482	0.37469	0.37189
		0.97740	0.75989	0.56583	0.67530	0.98632	1.00000		
50	0.0011	0.94668	0.50663	0.94681	0.98836	0.31164	0.80501	0.37483	0.37191
		0.97738	0.75981	0.56584	0.67569	0.98633	1.00000		
51	0.0010	0.94692	0.50568	0.94662	0.98866	0.31123	0.80519	0.37495	0.37193
		0.97737	0.75973	0.56584	0.67604	0.98634	1.00000		

Convergence criterion satisfied.

Eigenvalues of the Reduced Correlation Matrix: Total = 10.2169128 Average = 0.72977948

	Eigenvalue	Difference	Proportion	Cumulative
1	4.04496579	0.14190274	0.3959	0.3959
2	3.90306305	2.67170554	0.3820	0.7779
3	1.23135751	0.65423951	0.1205	0.8985
4	0.57711800	0.11555809	0.0565	0.9549
5	0.46155991	0.29883109	0.0452	1.0001
6	0.16272882	0.07236559	0.0159	1.0160
7	0.09036323	0.05838027	0.0088	1.0249
8	0.03198296	0.01971677	0.0031	1.0280
9	0.01226619	0.01727564	0.0012	1.0292
10	-.00500945	0.02007918	-0.0005	1.0287
11	-.02508863	0.01572435	-0.0025	1.0263
12	-.04081298	0.05335051	-0.0040	1.0223
13	-.09416348	0.03925466	-0.0092	1.0131
14	-.13341815		-0.0131	1.0000

Eigenvectors

	1	2	3	4	5
C_anorg	0.19823	0.39545	0.27253	0.38356	-0.05180
C_an_250m	0.03421	-0.18087	-0.35865	0.47030	0.43472
C_an_0m	0.17058	0.43665	0.12291	0.18095	0.31995
Ca_0_m	0.11189	0.45615	0.06300	-0.27783	0.40699
Ca_250_m	-0.11313	-0.02936	-0.18409	-0.49824	0.39249
NO2_N	-0.02990	-0.41811	0.22853	0.21155	0.25117
NO3_N	-0.01619	0.22006	-0.26260	0.40959	-0.08252
NH4_N	0.09218	-0.27846	0.13853	0.08732	0.12220
PO4_P	0.47336	-0.07895	-0.12456	-0.07187	-0.23088
P_hydrol	0.32085	-0.08295	0.47366	-0.11667	0.26472
pH_0m	-0.12478	-0.20593	0.51407	0.13751	0.04701
pH_250_m	-0.29418	0.19532	0.30453	-0.05841	-0.36330
P_total	0.48248	-0.09538	0.00008	-0.05002	-0.12966
Pgeloest	0.48327	-0.08805	-0.08298	-0.09889	-0.16452

Factor Pattern

	Factor1	Factor2	Factor3	Factor4	Factor5
C_anorg	0.39869	0.78126	0.30242	0.29139	-0.03519
C_an_250m	0.06879	-0.35733	-0.39798	0.35728	0.29534
C_an_0m	0.34308	0.86265	0.13638	0.13746	0.21737
Ca_0_m	0.22503	0.90118	0.06991	-0.21106	0.27650
Ca_250_m	-0.22752	-0.05801	-0.20428	-0.37851	0.26665
NO2_N	-0.06014	-0.82602	0.25359	0.16071	0.17064
NO3_N	-0.03257	0.43475	-0.29140	0.31116	-0.05606
NH4_N	0.18539	-0.55012	0.15372	0.06634	0.08302
PO4_P	0.95202	-0.15598	-0.13822	-0.05460	-0.15685
P_hydrol	0.64530	-0.16388	0.52561	-0.08863	0.17985
pH_0m	-0.25097	-0.40684	0.57044	0.10446	0.03194
pH_250_m	-0.59166	0.38587	0.33793	-0.04437	-0.24682
P_total	0.97038	-0.18844	0.00009	-0.03800	-0.08809
Pgeloest	0.97195	-0.17396	-0.09208	-0.07512	-0.11177

Variance Explained by Each Factor

Factor1	Factor2	Factor3	Factor4	Factor5
4.0449658	3.9030630	1.2313575	0.5771180	0.4615599

Final Communality Estimates: Total = 10.218064

C_anorg	C_an_250m	C_an_0m	Ca_0_m	Ca_250_m	NO2_N	NO3_N
0.9469237	0.5056772	0.9466202	0.9886598	0.3112286	0.8051868	0.3749493

NH4_N	PO4_P	P_hydrol	pH_0m	pH_250_m	P_total	Pgeloest
0.3719288	0.9773690	0.7597331	0.5658385	0.6760420	0.9863406	1.0015666

Plot of Factor Pattern for Factor1 and Factor2

```
                             Factor1
                                1
                          MI
                               .9

                               .8

                               .7
                           J
                               .6

                               .5

                               .4                      A
                                                         C
                               .3
                                                           D
               H               .2
                                                                F
                               .1                               a
                     B                                          c
-1 -.9-.8-.7-.6-.5-.4-.3-.2-.1  0 .1 .2 .3 .4 .5 .6 .7 .8 .9 1.0t
       F                                     G                  o
                              -.1                               r
                                                                2
                              -.2
                   K          E
                              -.3

                              -.4

                              -.5

                              -.6          L

                              -.7

                              -.8

                              -.9

                               -1
```

```
C_anorg=A     C_an_250m=B   C_an_0m=C     Ca_0_m=D      Ca_250_m=E    NO2_N=F       NO3_N=G
NH4_N=H       PO4_P=I       P_hydrol=J    pH_0m=K       pH_250_m=L    P_total=M     Pge-
loest=M
```

The FACTOR Procedure
Rotation Method: Varimax

Orthogonal Transformation Matrix

	1	2	3	4	5
1	0.94545	0.27669	0.04463	0.06828	-0.15137
2	-0.20255	0.79182	-0.49466	-0.28129	-0.09045
3	-0.12901	0.26413	0.78767	-0.45377	-0.29539
4	-0.18937	0.07598	-0.00074	0.60023	-0.77336
5	-0.11223	0.47002	0.36454	0.59164	0.53250

Rotated Factor Pattern

	Factor1	Factor2	Factor3	Factor4	Factor5
C_anorg	0.12845	0.81441	-0.14351	-0.17569	-0.46444
C_an_250m	0.08796	-0.20307	-0.02625	0.67498	0.02043
C_an_0m	0.08161	0.92663	-0.22485	-0.07000	-0.16081
Ca_0_m	0.03014	0.90823	-0.27972	-0.23294	0.17424
Ca_250_m	-0.13525	-0.06627	-0.04488	0.02405	0.53474
NO2_N	0.02815	-0.51131	0.66775	0.31059	-0.02451
NO3_N	-0.13389	0.25556	-0.46670	0.16131	-0.21881
NH4_N	0.24499	-0.29964	0.43170	0.18658	-0.03081
PO4_P	0.97746	0.02552	-0.04636	0.04602	-0.13047
P_hydrol	0.57209	0.26541	0.58950	-0.09514	-0.07381
pH_0m	-0.25183	-0.21796	0.65093	-0.07995	-0.15750
pH_250_m	-0.64503	0.11171	-0.04105	-0.47494	-0.14228
P_total	0.97268	0.07502	0.10451	0.04429	-0.14739
Pgeloest	0.99282	0.04862	0.01621	0.04586	-0.10561

Variance Explained by Each Factor

Factor1	Factor2	Factor3	Factor4	Factor5
3.8228223	2.9480257	1.7884048	0.9506994	0.7081121

Final Communality Estimates: Total = 10.218064

C_anorg	C_an_250m	C_an_0m	Ca_0_m	Ca_250_m	NO2_N	NO3_N
0.9469237	0.5056772	0.9466202	0.9886598	0.3112286	0.8051868	0.3749493

NH4_N	PO4_P	P_hydrol	pH_0m	pH_250_m	P_total	Pgeloest
0.3719288	0.9773690	0.7597331	0.5658385	0.6760420	0.9863406	1.0015666

Scoring Coefficients Estimated by Regression

Squared Multiple Correlations of the Variables with Each Factor

Factor1	Factor2	Factor3	Factor4	Factor5
1.0086511	0.9681814	0.8600394	0.6961374	1.0325307

Standardized Scoring Coefficients

	Factor1	Factor2	Factor3	Factor4	Factor5
C_anorg	-0.1173066	0.17932451	0.1046514	-0.0582855	-1.1853253
C_an_250m	-0.0161868	0.13116923	-0.0257058	0.31420476	0.24944831
C_an_0m	-0.1152401	0.24716725	-0.0624447	0.99266992	-0.9590409
Ca_0_m	0.18178152	0.72761174	0.13224227	-0.7005147	2.00716481
Ca_250_m	-0.0353698	-0.0303531	0.03629043	0.14724024	-0.1790984
NO2_N	-0.0294767	0.09459582	0.49683334	0.37683288	-0.3245457
NO3_N	-0.0255886	-0.0436699	-0.1480923	0.15591169	-0.1211375
NH4_N	-0.0310375	0.04506902	0.09515314	0.02747095	0.11869786
PO4_P	-0.7417427	-0.8446105	-1.0152631	-0.2439531	-1.490595
P_hydrol	-0.0718488	0.02619744	0.32614444	-0.1693538	0.05413976
pH_0m	0.06367992	0.01454812	0.08505655	-0.1091969	0.21434048
pH_250_m	-0.016994	-0.0663866	0.05802031	-0.4567881	-0.139769
P_total	-0.4235506	0.79629401	1.7105564	-0.0561255	-0.4561645
Pgeloest	2.22848369	-0.0950954	-0.8689068	0.02597889	1.94950294

Plot of Factor Pattern for Factor1 and Factor2

```
                             Factor1
                               IN
                                  M
                               .9

                               .8

                               .7

                               .6
                                       J
                               .5

                               .4

                               .3
                       H
                               .2
                                                        A       F
                         B     .1                          C    a
                F                                          D    c
-1 -.9-.8-.7-.6-.5-.4-.3-.2-.1  0 .1 .2 .3 .4 .5 .6 .7 .8 .9 1.0t
                                                                o
                              -.1                               r
                              E        G                        2
                              -.2
                         K
                              -.3

                              -.4

                              -.5

                              -.6
                                   L
                              -.7

                              -.8

                              -.9

                               -1

C_anorg=A      C_an_250m=B    C_an_0m=C      Ca_0_m=D       Ca_250_m=E     NO2_N=F        NO3_N=G
NH4_N=H        PO4_P=I        P_hydrol=J     pH_0m=K        pH_250_m=L     P_total=M      Pgeloest=N
```

Erläuterungen

Wichtige Hinweise werden von SAS z.T. ins LOG ausgegeben, z.B. über die Anzahl der Missings bzw. der in der Analyse verbleibenden Daten, und das Erfüllen bestimmter Kriterien, z.B. CONVERGE bzw. PROPORTION. Der weitere und eigentliche Output zur durchgeführten Faktorenanalyse dokumentiert detailliert jeden Schritt der Faktorenberechnung und –rotation.

Im ersten Abschnitt "Means and Standard Deviations..." finden sich erste deskriptive Statistiken: Die Anzahl der Beobachtungen ohne Missings (hier z.B. N=129), die berechneten Variablen selbst, und ihre jeweiligen Mittelwerte und Standardabweichungen. Die Variable "C_anorg" hat z.B. den Mittelwert 9.92 und die Standardabweichung 0.658. Unter "Correlations" ist die Korrelationsmatrix aller Variablen aufgeführt, hier z.B. von "C_anorg" bis "PGELOEST ". Wie anhand der einzelnen Koeffizienten zu erkennen ist, korrelieren einige Variablengruppen sehr hoch, andere gar nicht miteinander.

Mit dem Abschnitt "Initial Factor Method: Iterated Principal Factor Analysis" beginnt der Output zur eigentlichen Faktorenanalyse. Die Überschrift gibt an, welche Methode zur Faktorextraktion zum Einsatz kam, hier z.B. eine "Iterated Principal Factor Analysis", wobei die Einstellung "Prior Communality Estimates: ONE" die Ausgabe der anfänglichen Kommunalitätsschätzungen spezifiziert.

Die Tabelle "Preliminary Eigenvalues" gibt die anfänglichen Eigenwerte der Korrelationsmatrix wieder. "Total" gibt dabei die Summe der Eigenwerte an (hier z.B. 14). "Average" ist der Durchschnitt der Eigenwerte (hier z.B. 1), und "Eigenvalue" ist der eigentliche Eigenwert. "Difference" gibt den Unterschied zwischen dem jeweiligen und darauf folgenden Eigenwert an, "Proportion" den jeweiligen Anteil der Eigenwerte, und "Cumulative" den kumulierten relativen Anteil der Eigenwerte. Faktor 2 besitzt z.B. den Eigenwert 4.09, unterscheidet sich um 2.48 von Faktor 3, klärt ca. 29% an Varianz auf, und zusammen mit dem ersten Faktor ca. 59%. Der Hinweis am Ende der Tabelle besagt, dass aufgrund des voreingestellten Proportionskriteriums 5 Faktoren behalten wurden.

Der Scree-Plot ist nicht eindeutig interpretierbar: In der Grafik "Scree Plot of Eigenvalues" sind zwei Knicks zu erkennen, der erste Knick ab Faktor 4 (der nach der Grafik über Eigenwert=1 liegt), und dann ganz deutlich ab Faktor 2. Wählt man 5 Faktoren, so stimmt dieser Befund mit dem Ergebnis auf der Basis des Proportionskriteriums nicht perfekt überein.

In der Tabelle zu den "Communalities" für die einzelnen Variablen kann man erkennen, wie die maximale Änderung in den geschätzten Kommunalitäten mit jeder weiteren Iteration abnimmt, bis sie so geringfügig sind, dass sie unter dem voreingestellten Konvergenzkriterium bleiben (hierauf bezieht sich der Hinweis

"Convergence criterion satisfied"), und damit den Iterationsprozess abschließen. Iteration 51 erreicht z.B. mit 0.001 exakt das Konvergenzkriterium von 0.001, und beendet damit die Iterationen.

Unter dem Hinweis "Eigenvalues of the Reduced Correlation Matrix" ist zu verstehen, dass im Folgenden die Kennwerte von Eigenwerten für die Variablen aus einer sog. reduzierten Korrelationsmatrix angegeben werden, z.B. Summe (z.B. Total = 10.22) und der arithmetische Durchschnitt (z.B. Average = 0.73). Eine sog. reduzierte Korrelationsmatrix liegt vor, wenn bei den Anfangslösungen die quadrierte multiple Korrelation (R^2-Kriterium als Untergrenze) der jew. betrachteten Variable mit allen anderen Variablen als Schätzwert für die Kommunalität in die Matrixdiagonale eingetragen wird. Die Tabelle "Eigenvalues" gibt die Eigenwerte der reduzierten Korrelationsmatrix wieder. "Eigenvalue" ist der eigentliche Eigenwert. "Difference" gibt den Unterschied zwischen dem jeweiligen und darauf folgenden Eigenwert an, "Proportion" den jeweiligen Anteil der Eigenwerte, und "Cumulative" den kumulierten relativen Anteil der Eigenwerte. Faktor 2 besitzt z.B. den Eigenwert 3.90, unterscheidet sich um 2.67 von Faktor 3, klärt ca. 38% Varianz auf, und zusammen mit dem ersten Faktor ca. 78%. Diese Schätzung ist besser als die Anfangsschätzung (s.o.).

Unter "Eigenvectors" und "Factor patterns" werden die einzelnen Eigenvektoren und die Faktorladungen der Variablen auf den fünf Faktoren aufgeführt. Die Eigenvektoren geben für jede Variable das Verhältnis zwischen Eigenwert und Faktor an. Eine Faktorladung gibt die Korrelation zwischen Variable und Faktor an. Für "C_anorg" beträgt der Eigenvektor zwischen Eigenwert und "Factor2" 0.19823 (siehe "Eigenvectors"). "C_anorg" korreliert z.B. mit "Factor2" mit 0.39869 (siehe "Factor patterns").

Unter "Variance Explained by Each Factor" wird die von jedem Faktor erklärte Varianz aller ursprünglichen Variablen aufgeführt. Faktor 2 erklärt z.B. einen Varianzanteil von 3,90. In der Zeile "Final Communality Estimates" stehen die Kommunalitätsschätzungen nach der Faktorextraktion für die einzelnen Variablen als Elemente der Diagonalmatrix und als Gesamtsumme. "C_anorg 0.9068297" bedeutet z.B., dass die Faktoren gemeinsam ca. 95% Varianz an der Variable "C_anorg" aufklären. Total (z.B. Total = 10.22) gibt die Summe der Kommunalitätsschätzungen an.

Der Plot "Plot of Factor Pattern for Factor1 and Factor2" wurde mit PREPLOT angefordert, und zeigt die Faktorenstruktur für die beiden Faktoren vor der Rotation. Die beiden Faktoren 1 und 2 werden durch Linien durch den Ursprung dargestellt. Die einzelnen Variablen werden durch Buchstaben symbolisiert (die Legende zu den Buchstaben findet sich unterhalb des Plots).

Je näher eine Variable an einer Achse liegt, umso stärker wird sie durch den jeweiligen Faktor beeinflusst. M (PGELOEST) lädt z.B. sehr hoch auf Faktor 1 (0.97) und liegt entsprechend im Extrembereich seiner Achse. Je dichter Variablen zusammen liegen, umso höher korrelieren sie untereinander. Im "Plot of Factor Pattern for Factor1 and Factor2" vor der Rotation befinden sich die Variablen A, C, und D mitten im rechten oberen Quadranten. Nach der Rotation werden sich diese und andere Symbole anders verteilen (s.u.)

Die Wahl fiel auf diesen Plot aus rein anschaulichen, nicht inhaltlichen Überlegungen. PREPLOT gab noch weitere neun Plots aus; diese Plots werden aus Platzgründen nicht gezeigt.

Mit dem Abschnitt "Rotation Method: Varimax" beginnt der Output für die rotierten Faktoren. Weitergehend zur Überschrift "Orthogonal Transformation Matrix" kann dort das angewendete Rotationsverfahren entnommen werden, hier z.B. rechtwinklig (orthogonal) und vom Einfachstrukturtyp Varimax.

Unter "Orthogonal Transformation Matrix" wird die Faktor-Transformationsmatrix (auch: orthogonale Rotationsmatrix) angegeben, die die Umrechnungsfaktoren für die anfängliche Faktorladungsmatrix hin zur rotierten Faktorladungsmatrix enthält.

Die rotierte Faktorladungsmatrix wird unter "Rotated Factor Pattern" ausgegeben. "C_anorg" korreliert z.B. mit dem rotierten "Factor2" mit 0.8144 (vor der Rotation: 0.7813).

Unter "Variance Explained by Each Factor" wird nun die von jedem rotierten Faktor erklärte Varianz aufgeführt. Faktor 2 erklärt z.B. einen Varianzanteil von 2,95. In der Zeile "Final Communality Estimates" stehen die Kommunalitätsschätzungen nach der Faktorrotation für die einzelnen Variablen und als Gesamtsumme. Nach der Rotation klären die Faktoren gemeinsam ca. 95% Varianz an der Variable "C_anorg" auf. Total (z.B. Total = 10.22) gibt die Summe der Kommunalitätsschätzungen an. Die Rotation hat die Ausgangswerte also nicht beeinflusst.

In der Tabelle mit den "Scoring Coefficients Estimated by Regression" stehen die regressionsanalytisch geschätzten Faktorwerte. Unter "Squared Multiple Correlations of the Variables with Each Factor" sind zunächst die quadrierten multiplen Korrelationen der Variablen innerhalb jedes Faktors aufgeführt.

Aus den regressionsanalytisch ermittelten Scoring-Koeffizienten ("Standardized Scoring Coefficients") können im Prinzip die Werte der Fälle für Variablen, wie auch Faktoren approximativ ermittelt werden. Nur approximativ deshalb, weil die extrahierten Parameter selbst geschätzt sind, und bereits mit einer gewissen Unschärfe behaftet sind. Auf die weitere Darstellung der Ermittlung dieser Werte wird verzichtet.

Der abschließende Plot "Plot of Factor Pattern for Factor1 and Factor2" wurde mit PLOT angefordert, und zeigt die Faktorenstruktur der beiden rotierten Faktoren 1 und 2. In diesem rotierten Plot befinden sich z.B. die Variablen A, C, und D auf der Achse von Faktor 2, während sie sich vor der Rotation mitten im rechten oberen Quadranten befanden.

Abschließend sollen noch die ermittelten Faktoren interpretiert und benannt werden (auf der Basis der Ergebnisse im „Rotated Factor Pattern").
Faktor 1 („Factor1") ist ein bedeutsamer Faktor, und vier Variablen laden positiv von .99 bis .57 (PGELOEST, PO4_P, P_TOTAL, und P_HYDROL); negativ hoch lädt PH_250_M . „PGELOEST" ist dabei die Markiervariable und kann zur Benennung dieses Faktor verwendet werden, z.B. „P-Faktor". Diese Faktorenstruktur kann unabhängig vom Stichprobenumfang interpretiert werden.

Faktor 2 ist ein bedeutsamer Faktor, und drei Variablen laden positiv von .92 bis .81 (C_AN_0M, CA_0_M, und C_ANORG); negativ hoch lädt NO2_N. „C_AN_0M" ist dabei die Markiervariable und kann zur Benennung dieses Faktors verwendet werden, z.B. „C-Faktor".

Faktor 3 ist ein bedeutsamer Faktor, und vier Variablen laden positiv von .67 bis .43 (NO2_N, PH_0M, P_HYDROL, und NH4_N); negativ hoch lädt NO3_N. „NO2_N" ist dabei die Markiervariable und könnte zur Benennung dieses dritten Faktors verwendet werden. „P_HYDROL" lädt auf Faktor 3 ähnlich hoch wie auf Faktor 1.

Auf Faktor 4 lädt positiv ausschließlich die Variable „C_AN_250M" mit .67; negativ hoch lädt PH_250_M. Auf Faktor 5 lädt positiv ausschließlich CA_250_M mit .53; negativ hoch lädt C_ANORG.

Aus dreizehn Variablen konnten fünf Faktoren extrahiert werden, die insgesamt ca. 73 % Varianz (Durchschnittswert aus den Final Communality Estimates bzw. Verhältnis von „Total" zu 14) aufklären. Die Variablen „NO3_N" und „pH_250_m" werden von keinem der fünf Faktoren als positive Ladung erfasst.

Dieser erste explorative Befund lässt sich in einer Replikation mit einer größeren Stichprobe, und einer anderen Datengrundlage, z.B. Ausschluss von Variablen mit niedrigen „Final Communality Estimates" sicherlich verbessern.

18.2.3. Allgemeine Hinweise zur Interpretation

Bei einer Faktorenanalyse mit realen Daten sollten sowohl Matrizen, Plots, wie auch die Statistiken einer genaueren Betrachtung unterzogen werden. Viele Hinweise leiten sich aus den im folgenden Kapitel aufgeführten Voraussetzungen her.

Korrelationsmatrizen können auf hoch miteinander korrelierende Variablen überprüft werden. Diesen Variablen liegt u.U. ein gemeinsamer Faktor zugrunde.

Die quadrierten multiplen Korrelationen geben das Ausmaß an, ob sich die Variablen einer bestimmten Faktorlösung untereinander substantiell überschneiden. Die quadrierten multiplen Korrelationen können in SAS unter PRIORS mit der SMC Option angefordert werden.

In der gewichteten Korrelationsmatrix der betrachteten Faktorlösung sollte die Summe der Eigenwerte den größten Anteil an der vorläufigen Gesamtsumme der

Eigenwerte ‚Preliminary Eigenvalues Total' erklären können; die kumulativen Eigenwerte sollten bis ca. 1.0 in die Betrachtung miteinbezogen werden. Faktoren, die zu negativen Eigenwerten gehören, sollten aus der Interpretation ausgeschlossen werden.

Das Scree-Plot basiert auf diesen Eigenwerten, und verdeutlicht auch grafisch, ob und in welchen Ausmaß die verbleibenden Faktoren die gemeinsame Varianz der betrachteten Faktorlösung erklären.

Als weitere Entscheidungshilfe bietet PROC FACTOR den Likelihood Ratio-Test an. Dieser Test prüft die jeweiligen Nullhypothesen, dass kein gemeinsamer Faktor vorliegt, und dass die eingestellte Faktorzahl ausreichend war. Die erste Nullhypothese sollte signifikant zurückgewiesen werden, die zweite idealerweise nicht, ansonsten wäre dieses Ergebnis als Hinweis daraufhin zu interpretieren, dass mehr Faktoren eine bessere Faktorlösung ermöglichen.

Im Zweifelsfalle sollte probeweise eine Analyse mit mehr Faktoren gerechnet werden; eine Analyse derselben Daten mit PROC CALIS sollte die vorgefundene Lösung bestätigen können (Voraussetzung ist, dass jeweils dieselbe Methode, z.B. Maximum Likelihood gewählt wurde).

Liegt eine optimale Faktorenlösung vor, kann in der rotierten Faktormatrix (‚Rotated Factor Pattern') zunächst formal das Ausmaß abgelesen werden, mit dem eine oder mehrere Variablen auf einem Faktor laden (korrelieren). Idealerweise sollte jeweils eine Variable auf nur einem Faktor laden; es sollten keine substantiellen Ladungen auf bzw. Korrelationen mit anderen Faktoren vorliegen. Der formalen Interpretation folgt die inhaltliche Interpretation, wobei eine semantisch einheitliche Polung der Variablen hilfreich ist.

Analog zur Clusteranalyse sollte man bei der Interpretation von Faktorenlösungen vorsichtig sein, und sicherstellen, dass es sich um ein verfahrensunabhängiges Ergebnis und kein methodisches Artefakt handelt. Eine erzielte Faktorlösung sollte sich durch andere Faktormethoden bestätigen lassen können.

Im folgenden Abschnitt werden Kriterien angeführt, die zu überprüfen erlauben, ob die Voraussetzung für die durchgeführte Berechnung erfüllt sind. Ob die Voraussetzungen für das durchgeführte Beispiel-Verfahren erfüllt sind, wird allerdings nicht weiter diskutiert.

18.3. Voraussetzungen für das Berechnen einer Faktorenanalyse

(1) Variablenauswahl (Theorie vs. Bias): Auch wenn es widersprüchlich zu erscheinen scheint, sollten bereits vor der Durchführung einer Faktorenanalyse zumindest inhaltsorientierte Vermutungen über bündelnde Dimensionen (Faktoren)

vorliegen. Eine Faktorenanalyse kann keine validen Faktoren ermitteln, wenn diese nicht einmal von der Theorieseite her unterstellt werden können. Rein atheoretisch ermittelte Faktoren entsprechen dem inhaltsorientierten NINO-Prinzip: „Nonsense in, nonsense out".
Die Anzahl, das Zustandekommen (Erklärung, Interpretation), und die Bezeichnungen v.a. der relevanten Faktoren sollten aus einer Theorie abgeleitet sein, oder zumindest Augenscheinvalidität (face validity) aufweisen. Die vermuteten relevanten Faktoren sollten wiederum die Variablenauswahl dahingehend leiten, dass wichtige Variablen ein-, und irrelevante Variablen aus der Analyse ausgeschlossen werden. Idealerweise sollten die Vorüberlegungen so weit gehen, dass für jeden theoretisch möglichen relevanten Faktor auch die vermutlich darauf ladenden Variablen festgelegt werden. Manche Autoren empfehlen, für jeden relevanten Faktor fünf bis sechs Variablen festzulegen. Jede dieser später erhoben Variablen sollte, inhaltlich gesehen, ein relativ eindeutiges Maß des Faktors sein. Mehrfache vorhandene (aber eigentlich inhaltlich identische) Variablen, die eine ähnliche bzw. gleiche Definition, und damit entsprechende Daten repräsentieren, sollten aus dem Variablenpool entfernt werden, weil sie sonst zu tautologischen Ergebnissen führen.

Grundsätzlich sollte bereits bei der Planung einer Faktorenanalyse auch festgelegt werden, ob sich die abgeleiteten Aussagen auf Ergebnissen für gruppierte (z.B. nach Geschlecht oder Vorher/Nachher-Kriterien), oder nicht gruppierte Daten stützen sollen.

(2) Die Variablen haben Intervallniveau. Die Faktorisierung von Ordinal-, wie auch dichotomen Daten ist zwar technisch gesehen möglich, jedoch schließen sich Probleme der Berechnung, Interpretation und Generalisierung der gewonnenen Faktoren an. Bei dichotomen Daten ist z.B. der Korrelationskoeffizient (hier: Phi) als Grundlage des Faktorierungsvorgangs von den jeweiligen Randsummen abhängig und kann nicht in allen Fällen zwischen 0 und 1 variieren. Bei ordinalen (wie auch dichotomen) Daten können weitere Voraussetzungen der Faktorenanalyse nicht gewährleistet sein, z.B. Variation, multivariate Normalverteilung, und lineare paarweise Korrelation.

(3) Variation zwischen den Beobachtungen (Fällen): Mit dem Intervallniveau geht auch die Voraussetzung einher, dass die Daten eine gewisse Streuung aufweisen werden. Weisen nämlich die Beobachtungen mehr oder minder dieselben Ergebnisse in den untersuchten Variablen auf, können auf dieser Grundlage keine Korrelationen, und daraus keine Faktoren ermittelt werden.

(4) Stichprobengröße: Für das Verhältnis zwischen Stichprobe und Anzahl der Variablen (Items) gibt es verschiedene Kriterien, die aber alle auf dieselbe Voraussetzung hinauslaufen: Die Anzahl der Beobachtungen n muss deutlich größer sein als die Anzahl der Variablen m. Die liberalsten Kriterien fordern mind. 5 Fälle pro Variable (Item), und mindestens 100 Fälle insgesamt. Manche Empfehlungen reichen jedoch von 100 („schwach") bzw. 200 („befriedigend") bis 300 („gut"), 500 („sehr gut") und 1000 („exzellent").

(5) Interkorrelationen: Die Variablen sollten untereinander (gruppenweise) korrelieren, als Grundvoraussetzung für das Vorhandensein eines Faktors. Sehr hohe Korrelationen sind dabei ein Hinweis auf (unerwünschte) Multikollinearität; im Zweifelsfall ist ein Test auf Vorliegen von Multikollinearität durchzuführen. Sehr niedrige Korrelationen laufen dagegen auf Lösungen hinaus, bei denen im Extremfall die Zahl der Einzelfaktoren denen der Variablen (Items) entspricht. Liegen keine Korrelationen über .30 vor, gibt es für eine Faktorenanalyse vermutlich nichts zu faktoranalysieren.
(6) Linearität: Die Faktorenanalyse stützt sich auf Korrelationen, die wiederum *lineare* Zusammenhänge wiedergeben. Lineare Zusammenhänge zwischen den einzelnen Variablenpaaren müssen gegeben sein. Je kleiner die Stichprobe ist (v.a. durch den Ausschluss fehlender Werte), um wichtiger ist es, die Daten auf Linearität zu überprüfen (v.a. bei der linearen Hauptkomponentenanalyse).
(7) Normalverteilung: Ob eine Normalverteilung vorausgesetzt ist, hängt vom Anwendungszusammenhang ab, also ob damit die Beschreibung, Extraktion, oder weitergehende inferenzstatistische Tests nach der Extraktion gemeint sind.

Für die Beschreibung ist keine Normalverteilung der Daten erforderlich.

Ob für die Extraktion eine Normalverteilung erforderlich ist, hängt vom jeweiligen Extraktionsverfahren ab, und ist im Einzelfall anhand der jew. SAS Dokumentation abzuklären. Im Allgemeinen wird für die Phase der Extraktion keine Normalverteilung vorausgesetzt; für weitergehende inferenzstatistische Tests nach der Extraktion (z.B. Bartlett's Chi²-Test) wird eine multivariate Normalverteilung der Daten erwartet. Für große Stichproben wird von der Gültigkeit des Zentralen Grenzwerttheorems ausgegangen. Grundsätzlich sollten alle Variablen ähnliche Verteilungen aufweisen, da unterschiedliche Verteilungen (bimodal vs. normal) ausreichen, eine theoretisch perfekte Korrelation (Kovarianz) auszudünnen. Je kleiner die Stichprobe, umso wichtiger ist es, die Daten auf Normalverteilung zu überprüfen.
(8) Ausreißer: Bei Faktorenanalysen können Ausreißer als Beobachtungen und als Variablen die Faktorenlösung stören. *Beobachtungen* als Ausreißer können einfach identifiziert, überprüft und ggf. korrigiert oder entfernt werden. *Variablen* als Ausreißer sind Variablen, die mit allen bedeutsamen Faktoren nur gering korrelieren bzw. nur eine niedrige quadrierte Korrelation mit allen anderen Variablen aufweisen. Variablen als Ausreißer werden üblicherweise aus der Analyse ausgeschlossen.
(9) Orthogonalität: Die Einzelrestfaktoren (unique factors) sollten weder untereinander, noch mit den gemeinsamen Faktoren korrelieren. Dies gilt nur für die Hauptfaktorenanalyse, weil diese im Gegensatz zur Hauptkomponentenanalyse die Einzelrestvarianz ignoriert; während die Hauptkomponentenanalyse dahingegen die gesamte Varianz faktorisiert.
(10) Polung der Items: Vor allem bei sozialwissenschaftlichen Studien können in den verwendeten Fragebögen die Items in einer gemischten Polung vorliegen, also z.B. in einer negativen und einer positiven Formulierung gleichzeitig. Eine Vereinheitlichung der Polung in eine gemeinsame Richtung hat keinen Einfluss auf

die ermittelten Faktoren (nur die Vorzeichen der Ladungen werden geändert), erleichtert aber ihre Interpretation durch die semantische Vereinheitlichung der Vorzeichen.

(11) Faktorisierbarkeit: Ob die Korrelationsmatrix überhaupt einer Faktorenanalyse unterzogen werden kann, zeigen u.a. die Negative Anti-Image Korrelation und das MSA als Kriterien für die Faktorisierbarkeit.

Das Maß der negativen Anti-Image Korrelation (AIC) sind die Partialkorrelationen zwischen zwei Variablen, aus denen der Einfluss der übrigen Variablen herausgerechnet ist. In der AIC-Matrix geben die Diagonalelemente die MSA-Werte für die einzelnen Variablen an; aus ihnen wird ein Gesamt (overall) MSA ermittelt. Die Nicht-Diagonal-Elemente (Anti-Image-Korrelationen) müssen klein (um 0) sein; der Anteil der Nicht-Diagonal-Elemente, der größer als 0,09 ist, sollte unter 25% liegen.

Das MSA-Maß (measure of sampling adequacy, Kaiser-Meyer-Olkin-Maß, KMO) überprüft, ob die partiellen Korrelationen zwischen den Variablen klein sind, und gibt auf dieser Grundlage die Wahrscheinlichkeit an, mit der die Daten gut faktorisieren werden. Das MSA über alle Variablen hinweg sollte mind. .60 erreichen. Falls nicht, sollten versuchsweise so lange Items mit den niedrigsten MSA-Werten in der Diagonale ausgeschlossen werden, bis die allgemeine MSA-Statistik .60 übersteigt. Das MSA-Kriterium kann auch für den Ausschluss zu multikollinearer Variablen verwendet werden. Die Werte können nach Kaiser/Rice folgendermaßen bewertet werden:

Übersicht 14: Interpretation von MSA-Werten

MSA ≥	Interpretation
0,9	Erstaunlich (marvelous)
0,8	Verdienstvoll (meritorius)
0,7	Ziemlich gut (middling)
0,6	Mittelmäßig (mediocre)
0,5	Kläglich (miserable)
0	Untragbar (unacceptable)

Beide Maße werden über die MSA Option angefordert. Weitere Maße und Tests sind das Maß der anfänglichen Kommunalität, und Bartlett's Test auf Sphärizität. Die Ermittlung dieser Kriterien wird nicht weiter vorgestellt.

Die anfängliche Kommunalität ist ein Maß für die lineare Abhängigkeit der Variablen, und wird als Quadrat des multiplen Korrelationskoeffizienten einer Variablen mit allen anderen berechnet (vgl. R^2 bei der Schätzung der anfänglichen Kommunalität). Der Sphärizitätstest nach Bartlett prüft z.B., ob die Korrelationsmatrix eine Einheitsmatrix ist (Nullhypothese). Der Bartlett-Test auf Sphärizität hängt jedoch direkt von der Stichprobengröße ab, und gibt bei großen Stichproben auch für sehr niedrige Korrelationen ein signifikantes Ergebnis aus. Der Bartlett-Test auf Sphärizität ist, wenn überhaupt, nur für kleine Stichproben zu empfehlen. SAS ermittelt Bartlett's Sphärizitätstest derzeit nicht.

18.4. Übungen

Berechnen Sie Faktorenanalysen für Daten Ihrer Wahl:

1. Berechnen Sie zunächst eine einfache Faktorenanalyse für Daten Ihrer Wahl. Versuchen Sie die ermittelten Faktoren, Grafiken, und Statistiken zu interpretieren.
2. Prüfen Sie, ob die Voraussetzungen des unter 1. gerechneten Verfahrens erfüllt sind.
3. Berechnen Sie mehrere Faktorenanalysen, und vergleichen Sie statistisch und grafisch die ermittelten Faktoren.

19. Pfadanalyse CALIS

19.1. Einführung in die Pfadanalyse

Die Pfadanalyse (path analysis) gehört zu den Verfahren, die Beziehungen zwischen Variablen modellieren, die entweder direkt beobachtbare (manifeste) oder rein hypothetische (latente) Variablen sind. Eine Pfadanalyse ist im Prinzip ein Modelltest, mit dem die Güte der Anpassung eines auf Wissen und theoretischen Überlegungen gründenden Kausalmodells an eine Menge von Daten untersucht wird. Eine Pfadanalyse kann die behauptete Kausalität innerhalb des Modells selbst nicht beweisen, erlaubt aber zumindest zu prüfen, ob das geprüfte Modell *nicht* mit der Realität übereinstimmt, und über das Zutreffen der zugrunde liegenden Theorie, und damit die Gültigkeit der Pfadkoeffizienten, über die Mittel der Logik zu entscheiden, z.B. über den Vergleich und Diskussion der Plausibilität dieses Modells mit bislang in der Literatur vorgefundenen Befunden und (alternativen) Modellen.

Die Pfadanalyse erlaubt die explizite Überprüfung und Interpretation von kausalen Variablenbeziehungen auch mit mehreren abhängigen Variablen, und gehört zu den relativ komplizierten, multivariaten Methoden der Analyse und Beschreibung von Daten.

Im Prinzip basiert die Pfadanalyse auf einer Abfolge mehrerer multipler Regressionen, um spezifische Hypothesen über die Kausalverhältnisse mehrere Variablen(gruppen) zu überprüfen. Kausalität kann nicht in jedem Falle empirisch, sondern oft 'nur' sachlogisch im Rahmen einer Theorie begründet werden.

Eine Pfadanalyse baut auf expliziten multivariaten Ursache-Wirkungs-Verhältnissen auf, so wie sie bspw. durch eine präzise Theorie formuliert, und in Pfaddiagrammen grafisch dargestellt wird. Die Pfeile in Pfadmodellen entsprechen den gemäß dieser Theorie behaupteten, spezifischen kausalen Beziehungen zwischen verschiedenen Variablen, wobei die Richtung des Pfeils die angenommene kausale Abfolge angibt, und von der jeweiligen UV (Ursache) zu der jeweiligen AV (Wirkung) zielt. Ein Pfeil mit zwei Spitzen steht für einen unspezifischen Zusammenhang zwischen zwei Variablen, ohne also theoretisch explizit eine Kausalrichtung zu unterstellen.

Die Zahlen an den Pfeilen geben das Ausmaß des jeweiligen Zusammenhangs an. Die sog. Pfadkoeffizienten nehmen Werte zwischen -1 und +1 an, und sind im

Prinzip standardisierte Regressionskoeffizienten für die Regressionsgleichungen der jeweiligen UV und AV.

Die Pfadkoeffizienten geben dabei den Zusammenhang zwischen zwei Variablen v.a. dann wieder, wenn entweder alle anderen im Pfadmodell enthaltenen Variablen statistisch (durch eine spezielle Art der Drittvariablenkontrolle) konstant gehalten werden konnten, oder wenn eine Analyse auf Moderatoreneffekte den Einfluss von Drittvariablen empirisch ausschließen kann. Darüber hinaus erlaubt die Pfadanalyse die differenzierte Untersuchung direkter (A → B), oder indirekter, z.B. durch intervenierende Variablen vermittelte Effekte (A → B → C).

Multiple lineare Regressionen sind für die Untersuchung komplexer Kausalmodelle dann nicht geeignet, wenn das vorgelegte theoretische Modell *mehrere abhängige Variablen* formuliert, also der kausale Effekt mehrerer Variablen(gruppen) auf mehrere abhängige Variablen zu überprüfen wäre, oder wenn das zu prüfende Kausalmodell *mehrere hierarchisch angeordnete Ebenen* aufweist. Multiple lineare Regressionsmodelle untersuchen z.B. den Einfluss auf jeweils nur eine abhängige Variable, und sind nicht in der Lage, mehrere Einflussebenen zu berücksichtigen. Lineare Regressionen können jedoch zur Überprüfung einfacher bivariater Kausaleffekte und von Moderatoreneffekten eingesetzt werden.

19.2. Die Berechnung einer Pfadanalyse in SAS

PROC CALIS ist eine mächtige Prozedur zur Parameterschätzung und für den Hypothesentest in u.a. multiplen und multivariaten linearen Regressionen, linearen Messfehlermodellen, kanonischen Korrelationen, exploratorischen und konfirmatorischen Faktorenanalysen jeder Ordnung, weiteren (nicht)linearen Modellen für latente Variablen, und natürlich der Pfadanalyse und der Kausalmodellierung. Die Optionen für die Parameterschätzungen in PROC CALIS bestehen in ULS (unweighted least squares), GLS (generalized least squares), ML (maximum likelihood), WLS (weighted least squares), und DWLS (diagonally weighted least squares).

In CALIS können Strukturgleichungen auf der Grundlage der Kovarianzanalyse in vier verschiedenen Modellvarianten berechnet werden:

Die COSAN Option konstruiert z.B. das symmetrische Matrixmodell für die Kovarianzanalyse, als Grundlage u.a. der Berechnung nicht-linearer Gleichungsmodelle und Faktorenanalysen höherer Ordnung.

Mit der FACTOR Option kann eine exploratorische oder konfirmatorische Faktorenanalyse erster Ordnung einer gegebenen Kovarianz- oder Korrelationsmatrix berechnet werden.

Die LINEQS Option kann eingesetzt werden, um mit Strukturgleichungen ein Modell zu beschreiben.

Mit der RAM Option können Pfadmodelle auf der Basis einer vergleichsweise einfachen Listenschreibweise programmiert werden.

Im Folgenden wird die RAM Model Option zur Berechnung von Pfadanalysen vorgestellt.

19.2.1. RAM Model Option

Die Option des RAM Model kann gewählt werden, um in Pfadanalysen und Kausalmodellen auf relativ einfache Weise Parameter zu schätzen und Hypothesen zu testen. Im Prinzip werden bei der RAM Option die Pfeile aus einem Pfaddiagramm in eine besondere Listenschreibweise umgesetzt, wobei jedem Item aus dieser Liste einem Pfeil des Pfadmodells entspricht. Weil die Pfeile über die Variablen definiert werden, von denen sie ausgehen, bzw. zu denen sie hinzeigen, ist damit auch die Variablenstruktur eines Pfadmodells abgebildet.

Die Strukturgleichungen eines mit der RAM-Option programmierten Pfadmodells werden in einen Vergleich von Kovarianzstrukturen transformiert. - Eine Pfadanalyse basiert auf dem Formulieren eines Modells der Varianzen und Kovarianzen eines Variablensets und die Überprüfung der Passung dieses Modells auf eine beobachtete Kovarianzmatrix. - Die Strukturgleichung des symmetrischen RAM(*reticular action model*) -Matrixmodells lautet: $\mathbf{v} = \mathbf{A}\mathbf{v} + \mathbf{u}$, wobei **A** eine Koeffizientenmatrix ist, und **v** und **u** Vektoren von Zufallsvariablen sind. Die Variablen in **v** und **u** können manifeste oder latente Variablen sein. Die endogenen Variablen, die den Komponenten in **v** entsprechen, werden als eine Linearkombination der verbleibenden Variablen, und einer Residualkomponente in **u** mit der Kovarianzmatrix **P** ausgedrückt.

Im Vergleich zu den Optionen COSAN, FACTOR, und LINEQS ist das Grundprinzip des Programmierens einer Pfadanalyse mit der RAM Option verhältnismäßig einfach. Die Programmierung basiert u.a. auf dem Prinzip, dass Pfeile die Variablenstruktur eines Pfadmodells abbilden, und dass somit nur die Spitzen und Enden der Pfeile an SAS übergeben werden brauchen.

Die Pfeile werden konkret über die Nummern von Variablen bzw. ihrer Reihenfolge im vorliegenden Datensatz definiert. Hat eine Zielvariable die Nummer 3, und die Startvariable die Nummer zwei, so wird der Pfeil über die beiden Ziffern 2 und 3 definiert, und über den Pfeil auch die Kausalstruktur der Variablen, nämlich *Variable 2* $\rightarrow$ *Variable 3*.

In der Listenschreibweise werden nun hintereinander mehrere Ziffern angegeben, mit deren Hilfe CALIS ein Pfadmodell konstruieren kann.

Die erste Ziffer gibt die *Anzahl der Köpfe* an, die ein Pfeil haben kann. Die zweite Ziffer zeigt die *Nummer der Zielvariable* an. Die dritte Ziffer zeigt die

Nummer der Startvariable an. Die Angabe der vierten Ziffer ist optional; es kann ein (Anfangs)Wert für einen *Pfadkoeffizienten* angegeben werden. Falls kein Wert angegeben wird, ist der Default gleich 1. Die fünfte Angabe ist ein *Name* für den jeweils angegebenen Pfadkoeffizienten; auch falls kein Pfadkoeffizient angegeben wurde, ist die Angabe eines Namens zwecks Übersichtlichkeit empfehlenswert. Anm.: Die Kommentierungen sind keine CALIS-Konvention, sondern eine Konvention seitens des Verfassers, um das Programm übersichtlich zu gestalten.

Beispiel:

```
proc calis data = DATEN ;
   var A B C  ;
    RAM 1 2 1 X1,      /* Pfeil B <-  A  */
   2 3 1 X2,      /* Pfeil C <-> A  */
   1 3 2 X3,      /* Pfeil C <-  B  */
   2 2 2 B ,      /* Fehlervarianzterm B   */
   2 3 3 C ;      /* Fehlervarianzterm C   */
run;
```

Erläuterung:

Die *var* Anweisung legt eine eindeutige Variablenabfolge fest (was die eindeutige Zuweisung von Nummern zu Variablen erleichtert). Ab der Anweisung RAM werden die Pfeile, und ihre Bezeichnungen unter Beachtung der o.a. Listenschreibweise angegeben. Die letzte Angabe wird anstelle eines Kommas mit einem Semikolon abgeschlossen. Dieses Beispielmodell enthält *sechs* Parameter, nämlich drei Variablen und drei (Wechsel)Beziehungen (Pfeile); die Fehleranteile werden nicht zu den Parametern gezählt. Die Anzahl der Parameter ist wichtig für die Bestimmung des benötigten Mindeststichprobenumfangs. Simulationsstudien verweisen darauf, dass N 5- bis 20-mal so groß wie die Anzahl der geschätzten Parameter sein sollte (SAS Institute, 1999, 191-192). Der Stichprobenumfang das o.a. Beispiel sollte also *mindestens* zwischen 30 und 120 liegen. Das Beispiel-Modell besteht aus drei Variablen A, B, und C, wobei zwischen A und B ein einseitiger Einfluss, und A und C ein wechselseitiger Einfluss vermutet wird. Jede abhängige Variable in einem Pfadmodell enthält einen Pfeil für den Varianzanteil (Fehlervarianz, oder auch Residualpfad), der von der jeweiligen unabhängigen Variable nicht erklärt wird. Die Fehlervarianz wird üblicherweise durch einen von und zu der jew. Variable führenden Doppelpfeil beschrieben (siehe B und C).

Mit der RAM Option können, über das vorgestellte einfache Modell hinaus, entsprechend komfortabel auch hochkomplexe multivariate Modelle mit direkten und indirekten Effekten, und mehreren abhängigen Variablen programmiert, und u.a. auf Maß der Anpassungsgüte untersucht werden.

19.2.2. Die Anpassungsgüte

Bei einer Pfadanalyse hat das Maß der Anpassungsgüte Vorrang vor der Höhe der Pfadkoeffizienten, weil Pfadkoeffizienten nur dann Sinn machen, wenn das Modell auch gut den Daten angepasst ist. Im Folgenden werden mehrere Anpassungsmaße vorgestellt, die die Anpassungsgüte abzuschätzen erlauben.

PROC CALIS errechnet zu den Pfadkoeffizienten und dem Anpassungskriterium (Fit Criterion) eine Reihe von goodness-of-fit-Indizes für die Güte der Anpassung des Modells an die Daten, genauer: aus dem Vergleich der beobachteten Kovarianzmatrix mit der Matrix errechnet aus dem Modell und den geschätzten Parametern. Einige dieser Indizes sollen im Folgenden kurz vorgestellt werden. Goodness-of-fit-Indizes für maximum-likelihood-Kriterien sind u.a. GFI (Goodness-of-Fit Index), AGFI (Adjusted-Goodness-of-Fit Index), die Probability for Test of Close Fit, und Bollen's Delta2.

GFI (Goodness-of-Fit Index)

Der GFI (Goodness-of-Fit Index) sollte zwischen 0 und 1 liegen. Die Daten passen wahrscheinlich nicht zum Modell, wenn der GFI negativ oder viel größer als 1 ist. Je höher der GFI, desto besser die Passung (fit). Ein Wert um 0.95 gilt als Hinweis für eine gute Anpassung (fit).

AGFI (Adjusted-Goodness-of-Fit Index)

Der AGFI (Adjusted-Goodness-of-Fit Index) ist der GFI um die Freiheitsgrade (df) des Modells angepasst. Der AGFI sollte zwischen 0 und 1 liegen. Je höher der AGFI, desto besser der fit. Die Daten passen wahrscheinlich nicht zum Modell, wenn der GFI negativ oder viel größer als 1 ist. Der AGFI hängt u.a. von der Anzahl der Freiheitsgrade ab.

Probability for Test of Close Fit

Die Probability for Test of Close Fit prüft, ob Modell und Daten gut zueinander passen. Die Nullhypothese geht dabei von einem guten Fit aus. Je größer die exceedance probability p, desto besser ist der Close Fit. Bei einer exceedance probability $p < 0.05$ wird die Nullhypothese zurückgewiesen, und auf eine schlechte Passung von Modell und Daten geschlossen. Die Probability for Test of Close Fit gehört zu den X^2-Transformationen, hängt im allgemeinen von der Stichprobengröße N ab, und wird bei zunehmendem N größer.

Bollen's Nonnormed Index Delta2

Bollen's Nonnormed Index Delta2 ist ebenfalls ein Maß der Anpassungsgüte auf der Basis einer X^2-Transformation, schränkt jedoch die Abhängigkeit von N ein. Bollen's Nonnormed Index Delta2 sollte kleiner oder gleich 1 sein.

Bei gut angepassten Modellen sollten alle Indizes vergleichbar gute Werte liefern. Liefern die Indizes unterschiedlich gute Werte, sollte das Modell nochmals überprüft werden. Als die beiden am häufigsten berichteten Fit-Indizes gelten CFI und RMSEA. Für die detaillierte Diskussion dieser und zahlreicher weiterer Indizes wird auf die SAS Dokumentation zu PROC CALIS verwiesen.

19.2.3. Die Pfadkoeffizienten

Pfadkoeffizienten sind bei einer Pfadanalyse abhängig von der Anpassungsgüte des Modells an die Daten. Nur wenn ein Close Fit gegeben ist, kann von reliablen und validen Pfadkoeffizienten ausgegangen werden.

Die Pfadanalyse kann in PROC CALIS z.B. mit der maximum-likelihood-Methode berechnet werden (auch: unweighted least squares, generalized least squares, weighted least squares, und diagonally weighted). Die ML-Schätzmethode basiert darauf, Parameterschätzungen zu finden, die *badness of-fit*-Funktion zu verkleinern, die die Differenz ausdrückt zwischen der Kovarianzmatrix des beobachteten Samples, und der prognostizierten Kovarianzmatrix des gegebenen Modells und den Parameterschätzungen.

PROC CALIS setzt eine Reihe von nichtlinearen Optimierungsalgorithmen für die Parameterschätzungen ein, um möglichst optimale Schätzungen zu gewährleisten. Die nichtlineare Levenberg-Marquardt-Optimierungstechnik gilt als hochstabil, bei größeren Problemen allerdings als rechen- und zeitintensiv.

Für weitergehende Informationen zu Algorithmen, Formeln, und Optimierungstechniken wird auf die technische Dokumentation von SAS verwiesen.

19.2.4. Voraussetzungen für das Berechnen einer Pfadanalyse mit PROC CALIS

(1) Die Pfadanalyse ist eine *konfirmatorische* Technik, in anderen Worten ein Modelltest, mit dem die Güte der Anpassung *eines* auf Wissen und theoretischen Überlegungen gründenden Kausalmodells an eine Menge von Daten untersucht wird. Eine Pfadanalyse ist kein Hypothesentest, mit dem eine behauptete Kausalität bestätigt oder zurückgewiesen werden kann.

(2) Werden mittels einer Pfadanalyse *mehrere* Modellvarianten getestet in der Hoffnung, das beste Kausalmodell zu finden, wird eine Pfadanalyse als *explorative* Technik eingesetzt. Je nach Anzahl der durchgeführten Tests sollten

Vorsichtsmaßnahmen gegen zufällig signifikante Ergebnisse getroffen werden, z.B. Alpha-Korrekturen und Kreuzvalidierungen.

(3) Die (approximative) multivariate Normalverteilung der Daten ist sehr wichtig bei der ML- und der GLS-Schätzmethode. Nicht normale Verteilungen können auch bei großen Stichproben massiv falsche Schätzungen bewirken.

(4) Ausreißer liegen nicht vor oder werden entfernt.

(5) Die Stichprobe ist ausreichend groß. N hängt dabei von der Zahl der Modell-Parameter ab: Eine Faustregel besagt, dass N 5- bis 20-mal so groß wie die Anzahl der geschätzten Parameter sein sollte. Zu beachten ist, dass CALIS beim Versuch, symmetrische Matrizen zu gewährleisten, u.U. einen hohen Anteil fehlender Werte ausschließt, und dass deshalb der ursprüngliche Stichprobenumfang weit über den o.a. Empfehlungen liegen sollte (u.a. auch wegen dem nachträglichen Ausschluss von Ausreißern).

(6) Pfadanalysen basieren auf linearen Zusammenhängen zwischen Variablen. Lineare Zusammenhänge zwischen latenten Variablen sind schwierig nachzuweisen; lineare Zusammenhänge zwischen manifesten Variablen können u.a. über Scatterplots untersucht werden. Nichtlineare Zusammenhänge können u.a. über Transformation von Variablengeflechten aufgefangen werden.

(7) Alle Variablen sind Zufallsvariablen.

(8) Die Residuen sind klein, streuen um Null, und ihre Häufigkeitsverteilung sollte symmetrisch sein. Im Gegensatz zu anderen multivariaten Verfahren handelt es sich bei den Residuen der Pfadanalyse nicht um Werte, sondern um Kovarianzen.

(9) Die Wahl der verschiedenen Schätzmethoden (z.B. ML, GLS, DWLS etc.) sollte u.a. auf Parameter wie z.B. Stichprobengröße, Normalität der Fehlerverteilung, und Unabhängigkeit von Fehlern und Faktoren abgestimmt werden. ML und GLS gelten als geeignet für mittlere bis große Stichproben, falls Normalität und Unabhängigkeit vorausgesetzt werden können. Für Details wird auf die SAS Dokumentation verwiesen.

(10) Treten bei der Matrizeninvertierung Probleme wie z.B. Multikollinearität und Singularität auf, dann sind einige Variablen extrem hoch korreliert oder perfekte lineare Kombinationen voneinander. Die verursachende Variable sollte einfach aus der weiteren Analyse ausgeschlossen werden.

(11) Die RAM Option setzt speziell voraus, dass die ersten *n* Variablennummern im Pfaddiagramm und im Vector *v* den Nummern der *n* manifesten Variablen der vorliegenden Kovarianz- oder Korrelationsmatrix entsprechen.

(12) *df* darf keine negative Zahl sein; dies ist eine notwendige Voraussetzung, um überhaupt ein Modell identifizieren zu können.

19.3. Syntax

Die besonderen Statements zu den Modellen COSAN bzw. LINEQS, und zu FACTOR sind in dieser Übersicht nicht aufgeführt, und werden auch später nicht erläutert.

```
PROC CALIS < Optionen > ;
   RAM Modell in Listenschreibweise ;
   VARNAMES Variablen ;
   BOUNDS Grenzwert-Restriktionen ;
   BY Variablen ;
   FREQ Variable ;
   LINCON lineare Restriktionen ;
   NLINCON nichtlineare Restriktionen ;
   NLOPTIONS Optimierungsoptionen ;
   PARAMETERS Parameter ;
   PARTIAL Variablen ;
   STRUCTEQ Variablen ;
   VAR Variablen ;
   WEIGHT Variable ;
```

PROC CALIS kann nicht in Form einer Minimalanweisung abgeschickt werden. Grundsätzlich ist die Wahl zwischen den jeweiligen Berechnungsvarianten COSAN, FACTOR, LINEQS und RAM erforderlich, wobei jeweils nur eine Variante gewählt werden kann.

Unter Optionen können sehr viele Rechen- und Ausgabeanweisungen angegeben werden. Optionen kann unterteilt werden in Angaben für Datasets (Data Set Options), Datenverarbeitung (Data Processing Options), Schätzmethoden (Estimation Methods), Optimierungstechniken (Optimization Techniques), Output (Displayed Output Options):

Data Set Options (Auswahl):

DATA= SAS Datensatz: Expliziter Verweis auf den zu verwendenden SAS Datensatz; fehlt dieser Verweis, verwendet CALIS den zuletzt angelegten Datensatz.

OUTSTAT= SAS Datensatz: Legt einen Output-Datensatz mit den BY-Variablen, den analysierten Kovarianz- bzw. Korrelationsmatrizen, und den Prädiktor- bzw. Residualkovarianz- bzw. - korrelationsmatrizen der Analyse an.

OUTEST= SAS Datensatz: Legt einen Output-Datensatz mit u.a. Parameterschätzungen, Gradienten, und Hess'scher Matrix an.

Data Processing Options (Auswahl)

COV bzw. COVARIANCE fordert die Kovarianzmatrix anstelle der Korrelationsmatrix an.

UCORR analysiert die unkorrigierte Korrelationsmatrix anstelle der um den Mittelwert korrigierten Korrelationsmatrix.

VARDEF: Legt den Divisor fest, der bei der Berechnung von Kovarianzen und Standardabweichungen verwendet werden soll; zur Auswahl stehen DF, N, WDF und WEIGHT (WGT).

Estimation Methods (Auswahl)

ASYCOV: Gibt die Formel für asymptotische Kovarianzen in der Gewichtsmatrix **W** für WLS- und DWLS-Schätzungen (nur falls METHOD= WLS bzw. DWLS, bzw. kein INWGT= Inputdatensatz angegeben sind).

METHOD=Name: Die Maximum Likelihood Methode ist die voreingestellte Schätzmethode (METHOD=ML); andere Optionen sind neben NO (Angabe keiner Methode, falls z.B. nur die Validität der Inputdaten überprüft werden soll), DWLS, GLS, LSML, LSGLS, LSWLS, LSDWLS, ULS, und WLS. ML setzt eine multivariate Normalverteilung der Beobachtungen voraus.

NODIAG: Schließt die Elemente der Diagonalen der analysierten Korrelations- oder Kovarianzmatrix aus der Anpassungsfunktion aus. Nur geeignet für spezielle Modelle mit konstanten Fehlervariablen.

Optimization Techniques (Auswahl)

MAXITER=Zahl: Legt die Anzahl der maximal durchzuführenden Iterationen im jeweiligen Optimierungsablauf fest. Der Default hängt von der jeweils gewählten Optimierungstechnik ab: 50 bei LEVMAR, NEWRAP, NRRIDG, TRUREG, 200 bei DBLDOG und QUANEW, und 400 bei CONGRA.

TECHNIQUE spezifiziert die Optimierungstechnik. Die jeweils voreingestellte Optimierungstechnik ist abhängig von der Anzahl der Parameter t. Für $t < 40$ ist TECHNIQUE=LEVMAR voreingestellt, für $40 < t < 400$ TECHNIQUE=QUANEW, und für $t > 400$ TECHNIQUE=CONGRA. NONE führt keine Optimierung durch. Die wählbaren Techniken und ihre Besonderheiten sind im Einzelnen:

CONGRA: Fordert conjugate-Gradienttechniken an. CONGRA-Techniken sind deutlich langsamer als andere Optimierungsverfahren, und nur bei Speicherproblemen zu empfehlen.

DBLDOG: Fordert eine Variante der doppelten dogleg-Optimierung an.

LEVMAR: Fordert die Levenberg-Marquardt Optimierung an. Hochstabil, aber für größere Probleme u.U. speicher- und zeitintensiv.

NEWRAP: Fordert die Newton-Raphson Optimierung ohne Zeilensuche an. Normalerweise stabil, aber für größere Probleme u.U. speicher- und zeitintensiv.

NRRIDG: Fordert ebenfalls die Newton-Raphson Optimierung an, aber ohne eine Zeilensuche. Normalerweise stabil, aber für größere Probleme u.U. speicher- und zeitintensiv. Benötigt u.U. weniger Iterationen als NEWRAP, wird aber bei jeder Iteration langsamer.

QUANEW: Fordert einen von quasi-Newton Optimierungsalgorithmen an (mit anderen Optionen genauer zu spezifizieren). Konvergiert u.U. langsam.

TRUREG: Fordert eine trust region Optimierung an. Normalerweise sehr stabil, aber für größere Probleme u.U. speicher- und zeitintensiv.

LINESEARCH: Gibt die Zeilensuchmethode an (nur bei den Methoden CONGRA, QUANEW, und NEWRAP). Voreingestellt ist 2.

Displayed Output Options (Auswahl)

Die Optionen lassen sich zu Anweisungen zu Form, Inhalt, und Umfang unterteilen.

Form des Outputs:

PRIMAT: Zeigt Parameterschätzungen, approximierte Standardfehler, und t Werte in Matrixform (nur bei RAM oder LINEQS)

PRIVEC: Zeigt Parameterschätzungen, approximierte Standardfehler, den Gradienten, und t Werte in Vektorform.

Inhalt des Outputs

RESIDUAL: Fordert die absolute und normalisierte Residual-Kovarianzmatrix, die Rangordnung der größten Residuen, und ein Balkendiagramm der Residuen an. Drei weitere Unteroptionen verfügbar.

SIMPLE: Gibt Mittelwerte, Standardabweichungen, Schiefe (skewness) und univariate Kurtosis (Wölbung) aus, falls verfügbar.

Weitere Optionen sind KURTOSIS, MODIFICATION, NOMOD, PCORR, PCOVES, PDETERM, PESTIM, PINITIAL, PJACPAT, PLATCOV, PREDET, PWEIGHT, STDERR, und TOTEFF.

Umfang des Output:

ALL bzw. PALL: Zeigt den weitestgehend kompletten optional verfügbaren Output an (s.o., außer PCOVES, PDETERM, PJACPAT, und PRIVEC).

PRINT: Ergänzt den Default-Output um die Optionen KURTOSIS, RESIDUAL, PLATCOV, und TOTEFF.

PSHORT: Schließt die PINITIAL, SIMPLE, und STDERR Optionen aus dem Standardoutput aus.

PSUMMARY: Zeigt die Güteanpassungstabelle (fit assessment), und die ERROR, WARNING, und NOTE Hinweise.

Unter Optionen können noch viele weitere Rechenanweisungen angegeben werden. Für diese Optionen und weitere Details wird auf die SAS Dokumentation verwiesen.

In der RAM-Anweisung werden in einer besonderen Listenschreibweise (s.o.) mehrere Ziffern hintereinander angegeben, über die PROC CALIS das zu analysierende Pfadmodell konstruiert.

Die erste Ziffer gibt die Anzahl der Köpfe an, die ein Pfeil haben kann. Ein Pfeil kann maximal zwei Köpfe haben. Die zweite Ziffer zeigt die Nummer der Zielvariable an (die Variante für latente Variablen weicht grundsätzlich etwas ab, und wird daher hier nicht vorgestellt). Die dritte Ziffer zeigt die Nummer der Startvariable an. Die Angabe der vierten Ziffer ist optional; hier kann ein (Anfangs)Wert für einen Pfadkoeffizienten angegeben werden. Falls kein Wert angegeben wird, ist die Voreinstellung gleich 1. Die fünfte Angabe ist ein Name für den jeweils angegebenen Pfadkoeffizienten; auch falls kein Pfadkoeffizient angegeben wurde, ist die Angabe eines Namens für eine Übersichtlichkeit des Outputs empfehlenswert. Die letzte Zeile wird anstelle eines Kommas mit einem Semikolon abgeschlossen.

Mit der varnames-Anweisung werden latenten Variablen Namen zugewiesen (nicht für das LINEQS Modell).

Unter bounds können Grenzen für Parameter angegeben werden, z.B. in der Form 0. <= VAR1-VAR5 <= 1. . Es können mehrere bounds gleichzeitig angegeben werden.

Ist ein BY Statement angegeben, werden separate Pfadanalysen für die Ausprägungen der dort aufgeführten Gruppierungsvariablen berechnet.
Unter FREQ kann eine Variable angegeben werden, die die Häufigkeiten der anderen Werte in der jeweiligen Beobachtung repräsentiert.

Mit der LINCON-Anweisung können lineare Restriktionen (linear contraints) sehr einfach in Form von Gleichheit (=) bzw. Ungleichheit (<=, <=) angegeben werden, z.B. lincon var1 + 5 * var2 <= 1; .

Unter NLINCON können ähnlich einfach nicht lineare Restriktionen (nonlinear contraints) angegeben werden. NLINCON ähnelt sehr der bounds- Anweisung mit dem Unterschied, dass NLINCON nicht Variablen aus dem Datensatz enthält, sondern Variablen, die als kontinuierliche Funktionen der Modellparameter definiert sind, z.B. nlincon abc = 1; abc = var1 * var1 + var2; .

Optimierungstechniken und -subroutinen können unter NLOPTIONS feiner eingestellt werden. Es sind zahlreiche weitere Einstellungsmöglichkeiten verfügbar für Schätzmethoden, Optimierungstechniken (incl. zahlreiche weitere Optionen), für alle Techniken, für nicht restriktive, linear restringierte, und für nichtlinear restringierte Techniken, für die approximative Kovarianzmatrix der Parameterschätzer, zusätzlichen Output, und vieles andere mehr (z.B. Abbruchkriterien). NLOPTIONS Einstellungen führen zu einem umfangreicheren und detaillierteren Output des Optimierungsprozesses. Diese eher technischen Optionen brauchen in den meisten Fällen nicht angegeben werden.

Unter PARAMETERS können zusätzliche Parameter definiert werden, die nicht Elemente einer Modellmatrix sind, um sie z.B. für eigene Programmanweisungen zu verwenden. Die Angabe (auch mehrerer Parameter) erfolgt in einer besonderen Listenschreibweise, z.B. parameters para1 para2=.3 -.9; . para1 bzw. para2 definieren die Parameter, die jeweiligen Zahlen .3 bzw. -.9 nach dem =-Zeichen werden den Parametern als Werte zugewiesen.

Falls eine Pfadanalyse auf der Basis einer partiellen Korrelations- bzw. Kovarianzmatrix durchgeführt werden soll, können in partial die Variablen angegeben werden, die aus den anderen Variablen herauspartialisiert bzw. in den partiellen Korrelationen konstant gehalten werden sollen.

Die STRUCTEQ Anweisung wird verwendet, um zu definieren, welche Gleichungen Strukturgleichungen sind, bzw. genauer: um die abhängigen Variablen der Strukturgleichungen anzugeben. Falls die STRUCTEQ-Anweisung nicht verwendet wird, verwendet CALIS eine eigene Default-Definition, um Gleichungen zu identifizieren.

Bei RAM hängen die Angaben in STRUCTEQ von der Anweisung VARNAMES ab. Falls VARNAMES benutzt wird, müssen die Variablennamen in STRUCTEQ denen aus VARNAMES entsprechen; falls VARNAMES nicht benutzt wird, müssen die Variablennamen manifesten oder latenten Variablen entsprechen. STRUCTEQ wird übergangen, falls keine PDETERM Option angegeben wurde.

Mit der VAR Anweisung werden alle Variablen aufgelistet, die in die Pfadanalyse eingehen sollen. Die VAR-Anweisung ist nützlich, um die korrekte Reihenfolge der Variablen für die RAM Model Option zu gewährleisten.

In WEIGHT kann der Name der Gewichtungsvariable angegeben werden, falls gewichtete Kovarianzen oder Korrelationen berechnet werden sollen. Eine Beobachtung geht nur dann in die Berechnung ein, wenn der Wert der WEIGHT Variable größer als Null ist.

Unter program statements können weitere Rechenanweisungen angeführt werden. Besonders zu beachten sind dabei Unterschiede zwischen den Anweisungen in CALIS und den Anweisungen im Data Step, z.B. Array. Zu weiteren Informationen und Details wird auf die SAS Dokumentation verwiesen.

19.4. Beispiel-Berechnung

19.4.1. Modell

Auf der Basis theoretischer Überlegungen wurde ein Kausalmodell entworfen, das in folgendem Diagramm als Pfaddiagramm dargestellt wird.

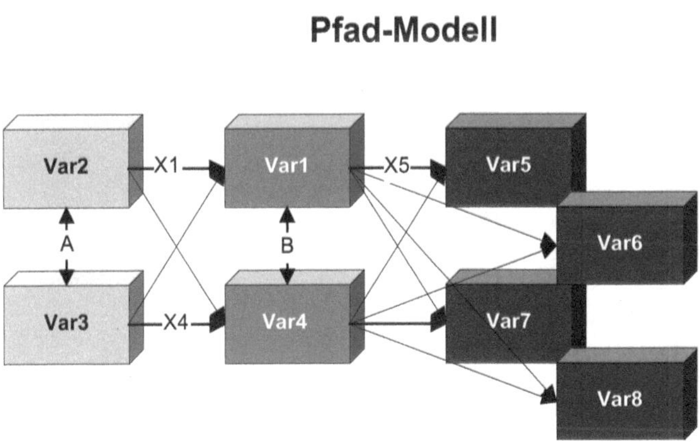

Anm.: Das Modell enthält 22 Parameter (8 Variablen, und 14 Pfeile, ohne die Fehlerterme der abhängigen Variablen). X1, X2, A, etc. sind Platzhalter für die zu ermittelnden Pfadkoeffizienten; aus Platzgründen sind nicht alle Pfadkoeffizienten eingetragen. Die leicht unterschiedlich starken Linien sind rein grafisch bedingt, und für das zu analysierende Kausalitätsmodell nicht von inhaltlicher Bedeutung.
Es soll die Anpassung dieses Pfadmodells an die vorliegenden Daten überprüft werden.

19.4.2. Programm

Mit dem folgenden Programm wird die Anpassung des o.a. Pfadmodells an die vorliegenden Daten überprüft.

```
title1 'Pfad-Analyse mit PROC CALIS und der RAM Model Option ';


proc calis data = DATEN cov stderr method=ml outram = PFADRAM ;
   var VAR1 VAR2 VAR3 VAR4
         VAR5 VAR6 VAR7 VAR8  ;
RAM      1 1 2 X1,    /* VAR1    <-  VAR2 */
   1 4 2 X2,    /* VAR4    <-  VAR2 */
1 1 3 X3,    /* VAR1    <-  VAR3 */
   1 4 3 X4,    /* VAR4    <-  VAR3 */
   1 5 1 X5,    /* VAR5    <-  VAR1 */
   1 6 1 X6,    /* VAR6    <-  VAR1 */
   1 7 1 X7,    /* VAR7    <-  VAR1 */
   1 8 1 X8,    /* VAR8    <-  VAR1 */
   1 5 4 X9,    /* VAR5    <-  VAR4 */
   1 6 4 X10,   /* VAR6    <-  VAR4 */
   1 7 4 X11,   /* VAR7    <-  VAR4 */
   1 8 4 X12,   /* VAR8    <-  VAR4 */
   2 3 2 A,     /* VAR3  <->   VAR2 */
   2 4 1 B,     /* VAR4  <->   VAR1 */
   2 1 1 C,     /* Fehlerterm VAR1  */
   2 2 2 D1,    /* Fehlerterm VAR2  */
   2 3 3 D2,    /* Fehlerterm VAR3  */
   2 4 4 E,     /* Fehlerterm VAR4  */
   2 5 5 F1,    /* Fehlerterm VAR5  */
   2 6 6 F2,    /* Fehlerterm VAR6  */
   2 7 7 F3,    /* Fehlerterm VAR7  */
   2 8 8 F4;    /* Fehlerterm VAR8  */
run;
```

Anm.: Jede Variable besitzt einen Fehlerterm, da jede von einer anderen abhängig ist.

19.4.3. Output

```
Pfad-Analyse mit PROC CALIS und der RAM Model Option

                                           The CALIS Procedure
                         Covariance Structure Analysis: Pattern and Initial Values

                                           RAM Model Statement


                         Matrix       Rows    Columns     ------Matrix Type-------

Term 1                   1   _IDE_     8           8    IDENTITY
                         2    _A_      8           8    GENERAL         IMINUSINV
                         3    _P_      8           8    SYMMETRIC


                              RAM Pattern and Initial Estimates

     Term    Matrix    ------Row------     ----Column-----    Parameter      Estimate

        1         2    VAR1          1     VAR2          2    X1                    .
        1         2    VAR1          1     VAR3          3    X3                    .
        1         2    VAR4          4     VAR2          2    X2                    .
        1         2    VAR4          4     VAR3          3    X4                    .
        1         2    VAR5          5     VAR1          1    X5                    .
        1         2    VAR5          5     VAR4          4    X9                    .
        1         2    VAR6          6     VAR1          1    X6                    .
        1         2    VAR6          6     VAR4          4    X10                   .
        1         2    VAR7          7     VAR1          1    X7                    .
        1         2    VAR7          7     VAR4          4    X11                   .
        1         2    VAR8          8     VAR1          1    X8                    .
        1         2    VAR8          8     VAR4          4    X12                   .
        1         3    E1            1     E1            1    C                     .
        1         3    E2            2     E2            2    D1                    .
        1         3    E3            3     E2            2    A                     .
        1         3    E3            3     E3            3    D2                    .
        1         3    E4            4     E1            1    B                     .
        1         3    E4            4     E4            4    E                     .
        1         3    E5            5     E5            5    F1                    .
        1         3    E6            6     E6            6    F2                    .
        1         3    E7            7     E7            7    F3                    .
        1         3    E8            8     E8            8    F4                    .


                                           The CALIS Procedure
                        Covariance Structure Analysis: Maximum Likelihood Estimation

                            Observations              41    Model Terms                1
                            Variables                  8    Model Matrices             3
                            Informations              36    Parameters                22
                        Variable                    Mean          Std Dev

                      VAR1         VAR1          3.21951          2.42397
                      VAR2         VAR2         75.73292         17.97873
                      VAR3         VAR3         83.59446         12.95714
                      VAR4         VAR4          1.06258          0.72516
                      VAR5         VAR5         70.82927         17.32614
                      VAR6         VAR6         72.68293         17.96168
                      VAR7         VAR7         53.41463         19.91981
                      VAR8         VAR8         77.80488         23.45338
```

```
                 Set Covariances of Exogenous Manifest Variables

                                  VAR2   VAR3

NOTE: Some initial estimates computed by two-stage LS method.
```

```
                              The CALIS Procedure
           Covariance Structure Analysis: Maximum Likelihood Estimation

                          Vector of Initial Estimates

                    Parameter        Estimate     Type

              1     X1               -0.00327     Matrix Entry: _A_[1:2]
              2     X3               -0.06711     Matrix Entry: _A_[1:3]
              3     X2               -0.01343     Matrix Entry: _A_[4:2]
              4     X4               -0.00855     Matrix Entry: _A_[4:3]
              5     X5               -6.40510     Matrix Entry: _A_[5:1]
              6     X9                5.32536     Matrix Entry: _A_[5:4]
              7     X6               -4.53499     Matrix Entry: _A_[6:1]
              8     X10              -4.48725     Matrix Entry: _A_[6:4]
              9     X7               -3.07948     Matrix Entry: _A_[7:1]
             10     X11             -12.21007     Matrix Entry: _A_[7:4]
             11     X8                1.86125     Matrix Entry: _A_[8:1]
             12     X12             -24.97284     Matrix Entry: _A_[8:4]
             13     C                 5.04075     Matrix Entry: _P_[1:1]
             14     D1              323.23485     Matrix Entry: _P_[2:2]
             15     A               171.43265     Matrix Entry: _P_[3:2]
             16     D2              167.88738     Matrix Entry: _P_[3:3]
             17     B                -0.08387     Matrix Entry: _P_[4:1]
             18     E                 0.41595     Matrix Entry: _P_[4:4]
             19     F1              234.58728     Matrix Entry: _P_[5:5]
             20     F2              199.39970     Matrix Entry: _P_[6:6]
             21     F3              243.64788     Matrix Entry: _P_[7:7]
             22     F4              996.92836     Matrix Entry: _P_[8:8]
```

```
                         Levenberg-Marquardt Optimization

                          Scaling Update of More (1978)

                      Parameter Estimates                 22
                      Functions (Observations)            36

                               Optimization Start

Active Constraints              0               Objective Function         2.1477983739
Max Abs Gradient Element        0.0836122512    Radius                        1


                                                                             Ratio
                                                                           Between
                                                                            Actual
                                                     Objective   Max Abs       and
            Function       Active    Objective    Function  Gradient     Predicted
Iter Restarts    Calls  Constraints     Function      Change   Element    Lambda     Change

1          0        2            0      1.28875      0.8591    0.0274    0.407      1.000
2          0        3            0      0.90345      0.3853  0.000221        0      1.534
3          0        4            0      0.89682     0.00663  7.21E-15        0      1.069
```

```
                         Optimization Results

Iterations                             3  Function Calls
5
Jacobian Calls                         4  Active Constraints
0
Objective Function          0.8968192994  Max Abs Gradient Element
7.214015E-15
Lambda                                 0  Actual Over Pred Change
1.0690699286
Radius                      0.2228091516

ABSGCONV convergence criterion satisfied.


                              The CALIS Procedure
                 Covariance Structure Analysis: Maximum Likelihood Estimation

                 Fit Function                                          0.8968
                 Goodness of Fit Index (GFI)                           0.8080
                 GFI Adjusted for Degrees of Freedom (AGFI)            0.5064
                 Root Mean Square Residual (RMR)                      40.7897
                 Parsimonious GFI (Mulaik, 1989)                       0.4040
                 Chi-Square                                           35.8728
                 Chi-Square DF                                             14
                 Pr > Chi-Square                                       0.0011
                 Independence Model Chi-Square                         157.59
                 Independence Model Chi-Square DF                          28
                 RMSEA Estimate                                        0.1976
                 RMSEA 90% Lower Confidence Limit                      0.1187
                 RMSEA 90% Upper Confidence Limit                      0.2788
                 ECVI Estimate                                         2.3162
                 ECVI 90% Lower Confidence Limit                       1.9525
                 ECVI 90% Upper Confidence Limit                       2.9302
                 Probability of Close Fit                              0.0031
                 Bentler's Comparative Fit Index                       0.8312
                 Normal Theory Reweighted LS Chi-Square               38.0102
                 Akaike's Information Criterion                        7.8728
                 Bozdogan's (1987) CAIC                              -30.1172
                 Schwarz's Bayesian Criterion                        -16.1172
                 McDonald's (1989) Centrality                          0.7659
                 Bentler & Bonett's (1980) Non-normed Index            0.6624
                 Bentler & Bonett's (1980) NFI                         0.7724
                 James, Mulaik, & Brett (1982) Parsimonious NFI        0.3862
                 Z-Test of Wilson & Hilferty (1931)                    3.0501
                 Bollen (1986) Normed Index Rho1                       0.5447
                 Bollen (1988) Non-normed Index Delta2                 0.8477
                 Hoelter's (1983) Critical N                               28
```

The CALIS Procedure
Covariance Structure Analysis: Maximum Likelihood Estimation

RAM Estimates

Term	Matrix	-----Row------		----Column----		Parameter	Estimate	Standard Error	t Value
1	2	VAR1	1	VAR2	2	X1	-0.00327	0.02916	-0.11
1	2	VAR1	1	VAR3	3	X3	-0.06711	0.04046	-1.66
1	2	VAR4	4	VAR2	2	X2	-0.01343	0.00838	-1.60
1	2	VAR4	4	VAR3	3	X4	-0.00855	0.01162	-0.74
1	2	VAR5	5	VAR1	1	X5	-4.41974	0.84590	-5.22
1	2	VAR5	5	VAR4	4	X9	-4.66799	2.82758	-1.65
1	2	VAR6	6	VAR1	1	X6	-4.61239	0.91441	-5.04
1	2	VAR6	6	VAR4	4	X10	-1.36098	3.05657	-0.45
1	2	VAR7	7	VAR1	1	X7	-4.66587	0.97702	-4.78
1	2	VAR7	7	VAR4	4	X11	-7.95181	3.26587	-2.43
1	2	VAR8	8	VAR1	1	X8	-4.05949	1.39722	-2.91
1	2	VAR8	8	VAR4	4	X12	2.53251	4.67045	0.54
1	3	E1	1	E1	1	C	5.04075	1.12715	4.47
1	3	E2	2	E2	2	D1	323.23485	72.27751	4.47
1	3	E3	3	E2	2	A	171.43265	45.73188	3.75
1	3	E3	3	E3	3	D2	167.88738	37.54076	4.47
1	3	E4	4	E1	1	B	-0.08387	0.22933	-0.37
1	3	E4	4	E4	4	E	0.41595	0.09301	4.47
1	3	E5	5	E5	5	F1	166.29005	37.18358	4.47
1	3	E6	6	E6	6	F2	194.31501	43.45016	4.47
1	3	E7	7	E7	7	F3	221.83784	49.60445	4.47
1	3	E8	8	E8	8	F4	453.68456	101.44695	4.47

Standardized Estimates

------Row------		----Column-----		Parameter	Estimate
VAR1	1	VAR2	2	X1	-0.02426
VAR1	1	VAR3	3	X3	-0.35873
VAR4	4	VAR2	2	X2	-0.33288
VAR4	4	VAR3	3	X4	-0.15278
VAR5	5	VAR1	1	X5	-0.61833
VAR5	5	VAR4	4	X9	-0.19537
VAR6	6	VAR1	1	X6	-0.62245
VAR6	6	VAR4	4	X10	-0.05495
VAR7	7	VAR1	1	X7	-0.56777
VAR7	7	VAR4	4	X11	-0.28948
VAR8	8	VAR1	1	X8	-0.41956
VAR8	8	VAR4	4	X12	0.07830

The CALIS Procedure
Covariance Structure Analysis: Maximum Likelihood Estimation

Squared Multiple Correlations

	Variable	Error Variance	Total Variance	R-Square
1	VAR1	5.04075	5.87561	0.1421
4	VAR4	0.41595	0.52585	0.2090
5	VAR5	166.29005	300.19512	0.4461
6	VAR6	194.31501	322.62195	0.3977
7	VAR7	221.83784	396.79878	0.4409
8	VAR8	453.68456	550.06098	0.1752

```
                    Correlations Among Exogenous Variables

------Row------     ----Column-----     Parameter      Estimate

E3            3     E2            2     A               0.73591
E4            4     E1            1     B              -0.05792
```

Erläuterungen

Wichtige Hinweise werden von SAS z.T. auch ins LOG ausgegeben, z.B. über die Anzahl der eingelesenen bzw. ausgeschriebenen Daten, und das Erfüllen bestimmter Kriterien, z.B. ABSGCONV.

```
NOTE: ABSGCONV convergence criterion satisfied.
NOTE: There were 59 observations read from the data set WORK.DATEN.
NOTE: The data set WORK.PFADRAM has 76 observations and 7 variables.
```

Unter der ersten Überschrift werden die angewendete Prozedur „The CALIS Procedure“, und das eingesetzte Verfahren „RAM Model Statement“ vorgestellt.

Im Abschnitt „Covariance Structure Analysis: Pattern and Initial Values“ werden Kennziffern des spezifizierten RAM-Modells („Matrix“, „Rows“, „Columns“, „Matrix Type“) einschl. Anfangswerte („Initial Estimates“) angeführt; dieser Abschnitt kann im Prinzip als RAM-spezifische Zusammenstellung der zu berechneten Strukturgleichungen interpretiert werden.

Unter „Covariance Structure Analysis: Maximum Likelihood Estimation“ finden sich einige eher allgemeine Informationen zum Schätzproblem, vorwiegend zur Datenbasis der Kovarianzstrukturanalyse und ML-Schätzung, z.B. Stichprobenumfang, und Anzahl der manifesten Variablen n und zu schätzenden Parameter t. Information berechnet sich über n(n+1)/2 (die Differenz zwischen Information und t ist gleich der Anzahl der Freiheitsgrade df). Df darf keine negative Zahl sein. Nach einigen univariaten deskriptiven Kennwerten (Mean, Std Dev) der vorliegenden Variablen, wird die zu analysierende Kovarianzmatrix selbst aufgeführt.

Unter „Set Covariances of Exogenous Manifest Variables“ sind die in den linearen Strukturgleichungen des Modells enthaltenen, als manifesten exogen (unabhängig) erkannten Variablen angegeben (hier z.B. VAR2 und VAR3).

Im Abschnitt „Vector of Initial Estimates“ werden die Vektoren der anfänglichen Parameterschätzungen angegeben, wobei über „Matrix Entry“ auch ihre Position in der Matrix angegeben wird. Für den Parameter „X1“ (von VAR2 zu VAR1) beträgt z.B. die anfängliche Schätzung –0.00327 auf der Basis der ML-Methode.

Unter „Levenberg-Marquardt Optimization“ werden zunächst das eingesetzte Optimierungsverfahren (hier: Levenberg-Marquardt), und ggf. weitere spezifische Einstellungen dokumentiert (hier z.B., dass keine Constraints angegeben worden waren). Ab „Optimization Start“ werden zumeist technische Detailinformationen über den Iterationsprozess angegeben, z.B. Anzahl der Iterationen, Restarts und der (abnehmenden) Veränderung der „Objective Function Change“. Unter „Optimization Results“ sind einige Ergebnisse der Iterationsgeschichte zusammengefasst: z.B. ist die Anzahl der Iterationen (Iterations=3), die zuletzt erreichte „Objective Function“ erreichte ca. 0.90, und das ABSGCONV- Kriterium wurde erfüllt.

Im folgenden Abschnitt sind „goodness-of-fit Indizes aufgeführt, die darüber Aufschluss geben, ob die Strukturgleichung des Pfadmodells den vorliegenden Daten angemessen ist. Die Spalte links enthält die Bezeichnungen der jeweiligen goodness-of-fit-Maße (z.B. GFI, AGFI, Probability for Test of Close Fit, und Bollen's etc.). Die Spalte rechts enthält die jeweils erreichten Kennwerte. Im Folgenden werden ausgewählte Parameter eingehender diskutiert, da die Anpassungsgüte Vorrang vor der bloßen Höhe der erzielten Pfadkoeffizienten hat.

Der GFI (Goodness-of-Fit Index) sollte zwischen 0 und 1 liegen. Das getestete Modell erreicht einen Wert von GFI=0.8080, und erreicht damit nicht das Kriterium für einen guten fit (GFI=0.95). Auf der Grundlage des GFI-Indexes passen die Daten wahrscheinlich nur suboptimal zum getesteten Modell. Der AGFI (Adjusted-Goodness-of-Fit Index) sollte zwischen 0 und 1 liegen. Das getestete Modell erreicht einen AGFI-Wert von 0.5064, relativiert an der Anzahl der Freiheitsgrade. Gemäß dem AGFI-Index passen die Daten wahrscheinlich ebenfalls nur suboptimal zum getesteten Modell. Laut der Probability for Test of Close Fit passen Modell und Daten nicht zueinander. Die exceedance probability p beträgt p= 0.0031, und liegt damit weit unter 0.05. Es kann auf keine gute Passung von Modell und Daten geschlossen werden. Bollen's Nonnormed Index Delta2 sollte kleiner oder gleich 1 sein. Das errechnete Delta2 erzielt 0.8477 und entspricht in etwa Bollen's Kriterium für eine gute Anpassung. Die goodness-of-fit-Indizes des getesteten Modells erfüllen überwiegend nicht die Kriterien für eine gute Anpassung. Es ist nicht ohne weiteres davon auszugehen, dass die erzielten Pfadkoeffizienten reliabel und valide sind.

Im Abschnitt „RAM Estimates“ sind die Lineargleichungen einschließlich der Parameterschätzungen aufgeführt; da die ML-Methode zusammen mit der Option STDERR angegeben wurde, werden auch approximative Standardfehler und t-Werte aufgelistet. Im anschließenden Abschnitt „Standardized Estimates“ sind die Lineargleichungen einschließlich der standardisierten Parameterschätzungen aufgeführt. Auf der Basis der ML-Methode beträgt z.B. für den Parameter „X1“ (von VAR2 zu VAR1) der standardisierte Schätzer (Pfadkoeffizient) –0.024 („Row“ bzw. „Column“ geben dabei die jew. Position in der Matrix an). Diese Schätzungen für die Einflüsse (Pfadkoeffizienten) bzw. Zusammenhänge (Korrelationen) werden nach Abschluss der Auswertungen in die anfangs rein theoretischen Pfaddiagramme eingetragen (siehe Abbildung unten).

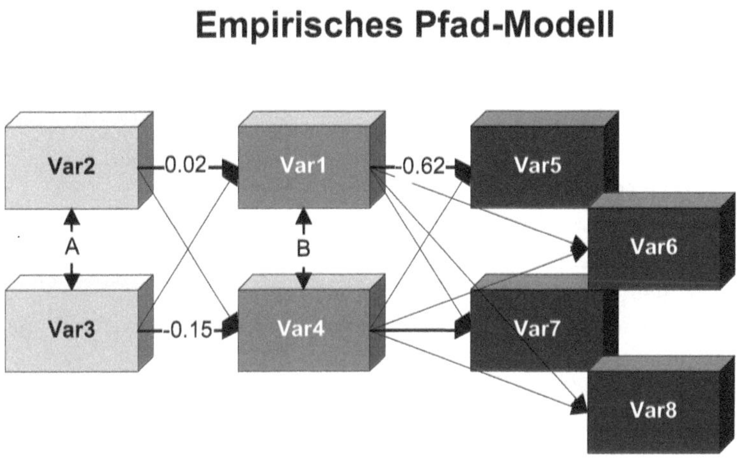

Anm.: Aus Platzgründen sind nicht alle Pfadkoeffizienten eingetragen. Zwecks Übersichtlichkeit wurden die Wechselwirkungen A (0.74) und B (-0.06) nicht durch die ermittelten Koeffizienten ersetzt. Die leicht unterschiedlich starken Linien sind rein grafisch bedingt, und für das zu analysierende Kausalitätsmodell nicht von inhaltlicher Bedeutung. Die Überschrift „Empirisches Pfad-Modell" soll keinesfalls suggerieren, dass dies das empirisch einzig mögliche Modell für diese Variablen und ihre Vernetzung sei, sondern nur im Gegensatz zum o.a. theoretischen Modell verdeutlichen, dass in diese Grafik die ermittelten Daten eingetragen sind. Dieses Pfadmodell kann selbstverständlich eines unter vielen Alternativen sein.

Unter „Squared Multiple Correlations" werden die multiplen Korrelationskoeffizienten (R^2) aller abhängigen Variablen aufgeführt (also zwischen allen außer VAR2 und VAR3), und unter „Correlations Among Exogenous Variables" sind die Korrelationen zwischen den unabhängigen Variablen angegeben, also A (die Variablen VAR2 und VAR3 sind exogen gegenüber allen anderen Variablen), und B (die Variablen VAR1 und VAR4 sind unabhängig gegenüber VAR5 bis VAR8, aber abhängig von VAR2 und VAR3).

Das geprüfte Modell stimmt nicht sonderlich gut mit der Realität der vorliegenden Daten überein. Die Kausalverhältnisse, wie sie das o.a. Modell beschrieb, konnten nicht bestätigt werden. Auf eine vertiefende Diskussion der behaupteten Kausalitätsverhältnisse innerhalb des Modells wird verzichtet. Man könnte annehmen, dass alternative Modelle mit denselben Variablen bessere Indizes erreichen.

Die Durchführung dieser Pfadanalyse (22 Parameter) wurde auch mit einer viel zu kleinen Stichprobe durchgeführt. Schließlich verblieben in der Stichprobe nur 41 Beobachtungen, während nach dem liberalsten Kriterium mindestens N=110, wenn nicht sogar N=440 für die Berechnung der Pfadanalyse erforderlich gewesen wären. Mit einer Replikation mittels einer größeren Stichprobe könnte geprüft werden, ob das in jedem Falle zu geringe N einen verzerrenden Einfluss auf die Schätzung der Parameter und goodness-of-fit-Kennziffern hatte. In diesem Falle scheinen Replikationen an einer größeren Stichprobe Erfolg versprechend.

19.5. Übungen

1. Berechnen Sie eine Pfadanalyse mit der RAM-Syntax-Beispiel. Versuchen Sie die ermittelten Statistiken zu interpretieren.
2. Ändern Sie Parameter im Modell aus 1., und vergleichen Sie die Maße für die Modellgüte.

20. Überlebenszeitanalyse LIFETEST

20.1. Einführung in die Überlebenszeitanalyse

Die Überlebenszeitanalyse (auch: Survivalanalyse, survival analysis, Lebenszeitanalyse, lifetime analysis, failure time analysis, Ereignisanalyse, etc.) gehört zur Gruppe der zeitbezogenen Analyseverfahren. Die Survivalanalyse untersucht den Verlauf bzw. die Verteilung der Zeiten zwischen zwei Ereignissen, also z.B. wie lange ein Element in einem Zeitintervall verbleibt, wann ein bestimmtes zweites Ereignis eintritt bzw. ein Element ganz ausfällt. Ziel der (Über)Lebenszeitanalysen ist, den zeitlichen Verlauf bzw. die Wahrscheinlichkeit des (Über)Lebens zu beschreiben.

Anm.: Die Bezeichnung "Überlebens(zeit)analyse" ist insofern etwas unglücklich, weil sie die Anwendung dieses Analysetyps in den Kontext des unausweichlichen Sterbens bzw. zumindest in die Nähe des negativ Besetzten rückt (siehe auch den Begriff der "Sterbetafel"). Viele Lehrbücher unterstützen diese Tendenz, weil sie als das Überleben von Operationen oder Krankheiten als Beispiele anführen. Genauer betrachtet untersucht eine Survivalanalyse nur ein definiertes Zielereignis, und dem muss nicht gleich ein letales oder finales Ereignis in der Realität entsprechen. Beispielsweise kann in der Botanik das Blühen von Blumenzwiebeln untersucht werden. Als Zielereignis könnte z.B. definiert sein, dass eine Sprosse die Erdoberfläche durchbricht. Diese Survivalanalyse würde z.B. abbrechen, sobald die letzte ausgesetzte Zwiebel das Zielereignis erreicht bzw. das gesetzte Zeit-Limit erreicht ist. Die englischsprachigen Begriffe sind etwas neutraler (siehe "life table"). Im Folgenden wird vorwiegend der Begriff Survivalanalyse verwendet.

Beispiele für eine Survivalanalyse sind folgende Fragestellungen:

- Wie lange hält eine Glühbirne?
- Wie lange bleibt eine Person arbeitslos?
- Wie lange wartet ein Kunde in der Warteschlange?
- Wie lange überlebt ein Patient eine Herztransplantation?
- Wie standorttreu sind einzelne Vertreter bestimmter Vogelarten?
- Wie schnell fingen Raucher nach ihrer „letzten" Zigarette wieder mit dem Rauchen an?

- Wie lange überleben Fische in einer nicht belasteten Umgebung im Vergleich zu einer kontaminierten Umgebung?
- Wie lange brauchen verschiedene Saatsorten unter verschiedenen (z.B. klimatischen) Bedingungen bis zur Blüte?

20.2. Das Grundprinzip der Survivalanalyse

Der erste Schritt in einer Survivalanalyse ist die Schätzung der Überlebenszeiten (survival times). Die Überlebensfunktion (survivor function, auch: survival distribution function, SDF, survival function) *S(t)* wird dazu benutzt, die Lebenszeiten (lifetime) der interessierenden Population zu schätzen. Die Überlebensfunktion (SDF), geschätzt an *t*, gibt dabei die Wahrscheinlichkeit an, mit der ein Element der Population eine Lebenszeit (life time) *T* länger bzw. größer als *t* haben wird:

$$S(t) = \Pr(T > t)$$

S(*t*) bezeichnet die Überlebensfunktion, *t* bezeichnet bestimmte Zeitpunkte, und *T* repräsentiert die Lebenszeit (lifetime) eines zufällig ausgewählten Elements. *T* ist somit eine Zufallsvariable.

In anderen Worten: S(t) gibt dabei die Wahrscheinlichkeit an, dass eine Überlebenszeit *T* vorliegt, die größer ist als der konkrete Zeitpunkt *t*. *S(t)* beschreibt also die Wahrscheinlichkeit, (mindestens) den Zeitpunkt *t* zu überleben. Da zu Beginn einer Analyse (*t*=0) alle interessierenden Elemente noch vorhanden sind, ist die Wahrscheinlichkeit, diesen "nullten" Zeitpunkt zu "üb/erleben" gleich *S(t)*=1. Mit zunehmender Zeit (also ansteigender Anzahl an Zeiteinheiten *t*) geht die Wahrscheinlichkeit, den jeweiligen Zeitpunkt zu überleben, gegen Null, *S(t)*=0; mit anderen Worten: *t* und *S(t)* sind gegenläufig. Je mehr die Zeit vergeht, umso wahrscheinlicher wird das Eintreten eines bestimmten Ereignisses. *S(t)* beginnt als Funktion bei *t*=0 mit dem Wert 1, und strebt mit der Zeit (*t*=max) dem Wert 0 zu.

Grafisch kann man sich *S(t)* als von 1 aus in Richtung 0 abwärts führende Treppe vorstellen, wobei die einzelnen Stufen unterschiedlich steil bzw. breit sein können (siehe auch Beispiele weiter unten). Die Steilheit der Treppenstufen wird im Allgemeinen verursacht durch die Anzahl der ausfallenden Elemente, und ihre Breite durch die Anzahl der vergangenen Zeitpunkte *t*. Je breiter und flacher solche Treppenstufen sind, desto höher ist die Überlebenswahrscheinlichkeit der Elemente.

S(t) ist v.a. bei vergleichenden Fragestellungen aufschlussreich, wenn z.B. bei einem Zweigruppenvergleich die Frage untersucht wird, wie langsam/schnell *S(t)* gegen 0 strebt.

Beispiel:

Liegen z.B. folgende Daten vor:

```
ID SEE   T
01   1   534
02   1   463
03   2   157
04   2    98,
```

wobei T die individuelle Überlebenszeit einer Fischart angibt, je nachdem, ob ein Individuum in einem unbelasteten, oder in einem wahrscheinlich kontaminierten See lebt. Der Fisch mit der ID 03 hat z.B. in See 2 157 Tage überlebt. Es ist deutlich zu erkennen, dass die Überlebenszeiten in See 1 ausgeprägter sind als in See 2. Für alle Fische ist die Überlebenswahrscheinlichkeit *S(t)* zu *t*=0 gleich 1; spätestens nach *t*=534 erreicht der letzte Fisch die Überlebenswahrscheinlichkeit *S(t)* gleich 0. Die Überlebenswahrscheinlichkeit *S(t)* für Fische ist daher in See 1 vermutlich größer als in See 2.

Die Bestimmung der Überlebensfunktion S(t)

Die Überlebensfunktion *S(t)* wird über die Formel *S(t)* = 1-d/n bestimmt. Der Wert 1 bezeichnet die Ausgangswahrscheinlichkeit, *d* die Anzahl der bis zum Zeitpunkt *t* ausfallenden Elemente, und *n* die Anzahl der verbliebenen Elemente.

Übertragen auf die Daten des Fische-Beispiels (wobei wir aber jetzt der inhaltlichen Vereinfachung halber so tun, als ob die Fische alle aus demselben See stammen), können anhand der eingangs angegebenen Formel folgende Überlebenswahrscheinlichkeiten ermittelt werden:

t	*d*	*n*	*S(t)*
0	0	4	1
99	1	4	0.75
158	2	4	0.5
464	3	4	0.25
535	4	4	0

Anm.: Um anfänglichen Missverständnissen vorzubeugen, wurde t um jeweils einen Wert erhöht, und kennzeichnet jeweils *einen Tag nach* dem Ausfall eines Elements aus der Ausgangsmenge.

Die ermittelten *S(t)*-Werte bilden eine bei 1 beginnende Treppe, die bei jedem Ereignis um eine Stufe in Richtung 0 absteigt. Würden mehrere Elemente gleichzeitig ausfallen, wäre die jeweilige abwärts führende Stufe steiler (Ausnahme:

letzte Stufe zu 0 hin). Mit dem letzten Wert (*t=535)* ist die Überlebenswahrscheinlichkeit 0 erreicht. Für die Überlebenszeit über diesen Wert hinaus kann keine Aussage gemacht werden. Eine Aussage ohne Datengrundlage zu treffen ist unzulässig.

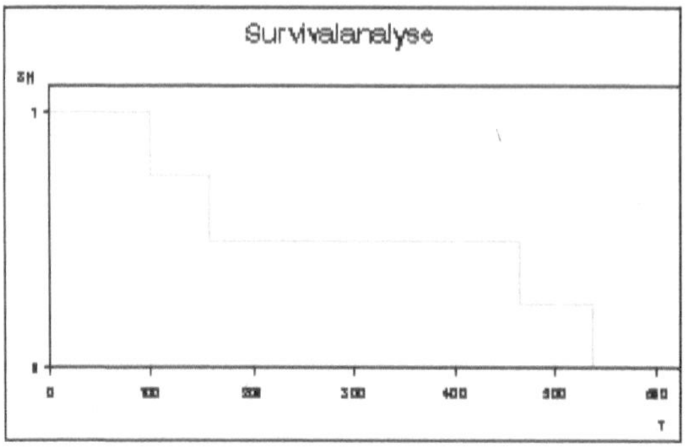

Erläuterung

Jede senkrechte Linie steht für einen Ausfallzeitpunkt. Da diese Grafik vier senkrechte Linien enthält, ist dies auch ein Hinweis darauf, dass sie auf den o.a. Beispieldaten basiert. Je breiter diese waagerechten Linien sind, umso länger vergeht die Zeit bis zum nächsten Ausfall. Dieser Grafik kann z.B. entnommen werden, dass zwischen dem zweiten und dritten Ausfall mehr Zeit vergeht als zwischen allen anderen Ausfällen. Wenn eine Überlebenskurve bei 0 endet, bedeutet dies nur, dass für das *letzte* Element der Ausgangsmenge das Zielereignis eingetreten ist, aber nicht, dass das Zielereignis für alle Elemente eingetreten ist.

Vor allem bei größeren Studien ist es nicht zuzumuten, zu jedem Zeitpunkt nachzusehen, wieviele Elemente noch in der Ausgangsmenge sind bzw. welche ausgefallen sind; es stellt sich auch die Frage, wie denn mit Werten zu verfahren ist, die nicht wie geplant "ausfallen". Gehen diese nun in die Auswertung ein, oder nicht? Und falls ja, wie?

20.3. Zensierte Daten

Einführung

In Survivalanalysen kommt es oft genug vor, dass das Zielereignis (nämlich der wahrscheinliche Ausfall eines Elements aus einer bestimmten Menge innerhalb eines bestimmten Zeitraumes) *nicht* eintritt. Mögliche Gründe können u.a. sein: zeitliche Begrenzung der Untersuchung, Abbruch der Teilnahme, Abwanderung oder Verlust der Untersuchungseinheit.

Auch ist es möglich, dass das Zielereignis eintritt, aber nicht aus den *untersuchten* Gründen. Wird z.B. die Überlebenszeit nach einer Operation untersucht, der Patient jedoch einen Verkehrsunfall erleidet, dann wird dieser Patient zu diesem Zeitpunkt zensiert, da sonst das Untersuchungsergebnis verzerrt wird.

Wenn nun das Zielereignis aus den beispielhaft angeführten Gründen überhaupt nicht bzw. nicht wie erwartet eintreten konnte, dann werden solche Beobachtungen als "zensierte Beobachtungen" bezeichnet. Von zensierten Daten ist nur bekannt, dass die (Über)Lebenszeit einen bestimmten Wert erreicht, aber nicht, ob damit ein Ausfall aus den interessierenden Gründen aus der Ausgangsmenge verbunden ist. Die exakte (Über)Lebenszeit, die eigentlich zur Bestimmung von *S(t)* benötigt wird, bleibt unbekannt, weil sie für die ausfallenden Elemente aus o.a. Gründen nicht genau bestimmt werden konnte.

"Zensieren" ist eine Art Markierung, mit der verdeutlicht wird, dass bei einem bestimmten Objekt das erwartete Zielereignis nicht aus den erwarteten bzw. studienrelevanten Gründen (s.o.) eingetreten ist. Unterschieden wird zwischen Links-, Rechts- und Intervallzensierung.

Rechtszensierung bedeutet, dass ein Element der Ausgangsmenge das Zielereignis in einem bestimmten Beobachtungszeitraum nicht hatte. Die Studie wurde entweder vor Eintritt des Zielereignisses abgeschlossen, oder das Element fiel aus der Ausgangsmenge aus nicht untersuchungsrelevanten Gründen aus (die oben angeführten Beispiele für Zensierungen waren ausnahmslos Beispiele für Rechtszensierungen). Wird z.B. ein zufällig ausgewähltes Probandenkollektiv ab einem bestimmten Zeitpunkt jährlich auf das Auftreten von Brustkrebs untersucht, dann sind Personen, die z.B. wegen Umzug nicht mehr an der Studie teilnehmen können, Beispiele für sog. Rechtszensierungen. Rechtszensierungen werden am häufigsten in Survivalanalysen einbezogen.

Linkszensierung bedeutet üblicherweise, dass ein Element der Ausgangsmenge das Zielereignis bereits vor dem Beginn des eigentlichen Beobachtungszeitraum hatte („üblicherweise“ deshalb, weil die Definition von Linkszensierung nicht ganz einheitlich ist). Wird z.B. ein zufällig ausgewähltes Probandenkollektiv ab einem bestimmten Zeitpunkt auf das Auftreten von Brustkrebs untersucht, dann sind Personen, die bereits zum Zeitpunkt des Studienbeginns (also vorher) Brustkrebs haben, Beispiele für sog. Linkszensierungen.

Sogenannte Intervallzensierungen sind eine Kombination beider Varianten. Eine Intervallzensierung liegt immer dann vor, wenn ein Intervall im Beobachtungszeitraum angegeben werden kann, in dem das Zielereignis eingetreten ist. Wird z.B. ein Probandenkollektiv jährlich auf das Auftreten von Brustkrebs untersucht, dann sind Personen, die im zweiten Beobachtungsjahr, aber noch nicht im ersten Jahr der Beobachtung Brustkrebs haben, Beispiele für sog. Intervallzensierungen.

Mit den SAS Prozeduren LIFETEST und PHREG können Rechtszensierung in die Analyse einbezogen werden, während die Prozedur LIFEREG auch mit Links- und Intervallzensierungen umgehen kann.

Zufällige Zensierungen müssen nichtinformativ sein (sog. random censoring, auch: independent-censoring). Vor allem, wenn Zensierungen aus Gründen vergeben werden, die nicht unter der Kontrolle des Forschers stehen (z.B. ein zufallsabhängiger Zeitpunkt der Aufnahme von Probanden in eine Studie), besteht das Risiko des Übersehens untersuchungsrelevanter systematischer Effekte (Bias), besonders dann, wenn Kovariablen die Beziehung zwischen Ausgangsmerkmal, Zeit und Zielereignis nicht angemessen erfassen. Zensierungen dürfen also in keinerlei Beziehung zu Ausprägungen der Schicht-, Faktor- oder Zeitvariablen stehen.

Beispiel

In einer Langzeitstudie wird an Studienanfängern untersucht, welche Faktoren (u.a. psychische Belastbarkeit) zur Dauer des Studiums bis zum erfolgreichen Abschluss beitragen. Weil der individuelle Abbruch des Studiums (und die Gründe dafür) nicht unter der Kontrolle des Forscher steht, werden alle Studienabbrecher als zufällig zensiert. Es ist aber nicht eindeutig, dass diese Zensierungen auch nichtinformativ sind: Mit einiger Plausibilität kann angenommen werden, dass gerade diejenigen ihr Studium abbrechen, die relativ lange bis zum erfolgreichen Abschluss brauchen würden (z.B. aufgrund geringerer psychischer Belastbarkeit). Aufgrund des systematischen Ausfalls würde die ermittelte Survivalfunktion eher unterschätzt werden. Diese zufälligen Zensierungen wären in diesem Fall informativ, und verstoßen somit gegen eine der Grundannahmen der Survivalanalyse. Anders wäre die Situation, wenn der Forscher die individuellen Gründe für den Studienabbruch kennen und feststellen würde, dass die Gründe in keinerlei systematischer Beziehung mit der Studiendauer stünden. In diesem Fall wären die zufälligen Zensierungen nichtinformativ, und eine der Grundannahmen der Survivalanalyse würde eingehalten.

Auf kontrollierte Zensierungen und die Unterscheidung in Zensierungen vom Typ I (Erreichen des Studienendes) und Typ II (Erreichen der benötigten Anzahl von Zielereignissen) wird nicht weiter eingegangen. Kontrollierte Zensierungen können unproblematisch als Rechtszensierungen behandelt werden.

Bei der Kodierung wird oft eine Zensur mit einer "0", und Daten ohne Zensur (Eintreten des Zielereignisses) mit einer "1" versehen, kann je nach Autor oder Data Analyst jedoch auch anders kodiert sein. Bei der Analyse von Fremddaten sollte also die Kodierung der Zensierung unbedingt überprüft werden, um unliebsame Überraschungen zu vermeiden.

Beispiel

Eine Studie hat ein Jahre (365 Tage) Zeit, die individuellen Überlebenszeiten einer Fischart zu untersuchen. Fisch (ID=02) lebte nach Abschluss der Studie immer noch. Fisch (ID=05) verschwand vom 265. auf den 266. Tag der Studie spurlos, und war nicht mehr aufzufinden.

```
ID    T  ZENSUR
01  214      1
02  365      0
03  183      1
04  257      1
05  265      0   .
```

Im Datensatz werden die beiden Fische (ID=02, bzw. ID=05) jeweils mit „0" zensiert. ID=02 erhält dabei den maximal möglichen T-Wert, weil dieser Fisch nach Abschluss der Studie immer noch lebte (hier z.B. 365). Da Fisch (ID=05) am 265. Tag noch gesehen worden war, aber nicht nachweisbar aus den erwarteten bzw. wahrscheinlichen Gründen aus der Studie ausfiel, erhält dieser Fisch als T-Wert 265.

Zensierungen werden deshalb vorgenommen, damit grundsätzlich beurteilt werden kann, ob die vorliegenden Daten mit den erwarteten Zielereignissen in Beziehung stehen oder nicht, wie dies eben bei nichtinformativen zensierten Daten der Fall sein sollte. Es gibt einige Gründe, zensierte Daten anders als nichtzensierte Daten zu behandeln. Der erste Grund ist, dass bei zensierten Daten die (Über)Lebenszeiten der jeweiligen Elemente in keiner (oder zumindest nicht eindeutigen) Kausalbeziehung zum erwarteten Zielereignis stehen.

Wenn z.B. nach der Behandlung einer allgemein aggressiven Schädlingspopulation mit einem neuen Ansatz der biologischen Schädlingsbekämpfung alle Testschädlinge in der erwarteten Zeit eingegangen sind, dann lässt dieses Ergebnis eindeutige Rückschlüsse auf die Effektivität dieses Ansatzes zu. Wenn jedoch jemand die Testschädlinge einige Tage nach ihrer Behandlung aus Versehen frei lässt, dann sind keine eindeutigen Rückschlüsse auf die Effektivität dieses Schädlingsbekämpfungsansatzes möglich; denn einerseits weiß man, dass die Testschädlinge zumindest bis zu diesem Tag gelebt haben (dies spricht nicht für das erwartete Zielereignis), aber andererseits die verbliebenen Testschädlinge nach dieser Zeit eingegangen sind (dies dagegen spricht für das erwartete Zielereignis). Man kann aber nicht sicher (genug) sein, ob nicht gerade diejenigen, die entflohen sind, diejenigen waren, die auch diesen Schädlingsbekämpfungsansatz überlebt hätten.

Ein weiterer wichtiger Grund wäre, je widerstandsfähiger ein Element ist, umso wahrscheinlicher fällt es durch Zensur als durch Ausfall aus der Ausgangsmenge heraus.

Ein Beispiel für artspezifische Empfindlichkeit aus der Umwelttoxikologie ist z.B., dass vor allem Aale an Disulfoton (einem Organophosphat) eingegangen sind, nachdem nach einem Brand eines Chemielagers pestizidhaltiges Löschwasser in den Rhein gelangt war. Auch für die anderen Fischarten war der Schaden verheerend, aber Aale reagierten besonders empfindlich auf Difulton.

Ein dritter Grund wäre z.B. die artspezifische Langlebigkeit eines Elements: Je langlebiger ein Element ist, umso wahrscheinlicher fällt es durch Zensur als durch Ausfall aus der Ausgangsmenge heraus.

Untersucht man verschiedene Arten in einem Biotop, so ist z.B. die unterschiedliche Langlebigkeit der verschiedenen Arten zu beachten: Ein Flussaal kann zum Beispiel bis zu 85 Jahre alt werden, ein Karpfen 50, eine Bachforelle 20, und ein Goldfisch 5 Jahre. Fällt also ein Element aus, ist die artspezifische Langlebigkeit zu beachten.

Diese (und andere) Gründe) führen zum Schluss, dass die Unterscheidung zwischen den erwarteten Zielereignissen und dem Ausfall von Daten aus studienirrelevanten Gründen zentral für die inhaltliche Schlüssigkeit von (Über)Lebenswahrscheinlichkeit ist.

Mit ausfallenden Daten bzw. Zensierungen kann auf verschiedene Weise umgegangen werden, wobei die meisten ad hoc-Ansätze (z.B. Ansätze I und II) im Gegensatz zu Survivalanalysen (z.B. Ansatz III, Kaplan-Meier-Verfahren) eine Verzerrung der Datenlage nach sich ziehen. Ausfallende, aber nicht adäquat zensierte Daten unterlaufen die sinnvolle Anwendung traditioneller Methoden wie z.B. t-Test, U-Test oder Regressionsanalyse. Gerade weil diese Verfahren zwischen Zensierungen und normalen Ausfällen (Missings) nicht unterscheiden, und damit auch nicht die Information berücksichtigen können, die durch die jeweilige Zensierung repräsentiert wird, geht mit ihrer Anwendung immer ein Informationsverlust einher.

Ansatz I: Ausfall = Ausschluss

Ausfallende Daten werden ohne Zensierung vollständig aus der Analyse ausgeschlossen.

Beispiel: Wird während der Untersuchung der artspezifischen Überlebenszeit von markierten Fischen am 157. Tag ein Fisch (unerlaubterweise) aus dem See geangelt bevor das Zielereignis eintritt, so wird dieser Fisch nach Ansatz I vollständig aus der Analyse ausgeschlossen, da nicht bekannt ist, wie lange dieser Fisch weiter überlebt hätte. Zufällige Ausfälle vorausgesetzt, gehen 157 Tage Information verloren, und die ermittelte Funktion ist verzerrt, weil die bis zum Ausfallzeitpunkt bekannte Überlebenszeit des Fisches nicht berücksichtigt wird.

Dieser Ansatz ist wäre brauchbar, wenn im Verhältnis zu den verbleibenden Daten nur wenige unerwartete Ausfälle vorkämen. Im Falle häufiger und darüber hinaus informativer, nicht zufälliger Ausfälle könnte jedoch zusätzlich ein massiver Bias eingeführt werden. Beim Insekten-Beispiel könnte es sich z.B. bei den entflogenen Exemplaren gerade um die robustesten gehandelt haben, und das Ergebnis der verbleibenden Testschädlinge stünde zu ihnen in keinem Vergleich. Die eingeführte Verzerrung (Bias) ist offensichtlich.

Ansatz II: Ausfall = Zielereignis

Die Überlebenszeit eines ausfallenden Elements wird so in die Analyse einbezogen, als ob das eigentlich erwartete Zielereignis eingetreten wäre.

Beispiel: Wird während der Untersuchung der artspezifischen Überlebenszeit von markierten Fischen am 157. Tag ein Fisch (unerlaubterweise) aus dem See geangelt bevor das Zielereignis eintritt, so wird das in Ansatz II so behandelt, als ob das Zielereignis wirklich eingetreten wäre. Diese Möglichkeit gilt nur dann, wenn die Wahrscheinlichkeit des Ausfallens aus der Ausgangsmenge für alle Elemente als gleich gelten kann, also z.B. die Möglichkeit des unerlaubt Geangeltwerdens für alle markierten Fische vergleichbar wahrscheinlich ist, und der Ausfall selbst völlig zufällig, und von keiner anderen Ursache abhängig war. Bei Ansatz II wären daher Ausfallursachen sorgfältig auf ihre Zufälligkeit zu untersuchen, um einen möglichen systematischen Einfluss anderer Ursachen ausschließen zu können. Bei biologischen Studien wären z.B. mögliche Ursachen für das Überleben bis zum Studienende individuelle Robustheit bzw. artspezifische Langlebigkeit; bei psychologischen bzw. soziologischen Studien könnten dies z.B. übereinstimmende Gründe (z.B. Verweigerung) für einen Ausfall sein.

Bei Ansatz II gehen keine 157 Tage Information verloren, weil der Ausfall als wie erwartet eingetreten in die Analyse aufgenommen wird. Dennoch wird die Überlebensfunktion verzerrt, weil das Element nach einem vorzeitigen Ausfall in die Funktion eingeht, obwohl dessen wahre Überlebenszeit unbekannt ist, und die Ausfallursache nichts mit dem Untersuchungsgegenstand zu tun hat.

Ansatz III: Ausfall = Zensierung

Die Überlebenszeit eines ausfallenden Elements wird so in die Analyse einbezogen, als ob das eigentlich erwartete Zielereignis eingetreten wäre. An diesem Zeitpunkt wird nun eine Zensierung gesetzt, danach wird das ausgefallene=zensierte Element für die Ermittlung der Überlebensfunktion nach dem Zensierungszeitpunkt ausgeschlossen.

Beispiel: Wird während der Untersuchung der artspezifischen Überlebenszeit von markierten Fischen am 157. Tag ein Fisch (unerlaubterweise) aus dem See geangelt bevor das Zielereignis eintritt, so berücksichtigt Ansatz III bei der Ermittlung der Überlebensfunktion die Überlebenszeit (157 Tage) nur bis zum Zeitpunkt der Zensierung, danach wird das ausfallende Element aus der weiteren Bestimmung der Überlebensfunktion ausgeschlossen. Die Beobachtung geht nach der Zensierung nicht als "wie erwartet ausgefallen" in die weitere Funktion ein. Die Funktion wird also nicht verzerrt. Ansatz III vermeidet somit die Nachteile der Ansätze I und II, random censoring vorausgesetzt.

Die eingangs vorgestellte Formel zur Überlebensfunktion *S(t)* basiert auf reinen Fall- bzw. Ausfallzahlen ohne zensierte Daten. Die Möglichkeit, zensierte Daten zu berücksichtigen, erlauben alle Methoden der Überlebenszeitanalyse, wie z.B. der sog. versicherungsmathematische Ansatz, das Kaplan-Meier-Verfahren, und die Cox-Regression.

20.4. Statistische Methoden zur Analyse zensierter Daten

Die gebräuchlichsten statistischen Analyseverfahren für zensierte Daten sind ein versicherungsmathematisches Verfahren (‚actuarial method'; auch: ‚life table'- bzw. ‚Sterbetafel'-Methode) bzw. das Verfahren von Kaplan-Meier (auch: Produkt-Limit-Methode). Andere Verfahren, wie z.B. die Varianten der Cox-Regression, die u.a. Kovariablen bzw. mit der Überlebenszeit verbundene Variablen zu berücksichtigen erlauben, werden in Schendera & Hiller (o.J.) vorgestellt. Allison (1995) ist für den Einstieg die Survivalanalyse mit dem SAS System unverzichtbar.

Das versicherungsmathematische Verfahren wurde anhand von großen Datenmengen entwickelt, und ist daher eher für große Stichproben mit auch groben Messungen der Zielereignisse geeignet. Der Vorzug des versicherungsmathematischen Ansatzes ist, dass er große Datenmengen in beliebig breite Intervalle zu ordnen erlaubt. Die Beliebigkeit der Intervallbreiten ist jedoch gerade auch der Nachteil dieses Ansatzes, der allzu leicht in willkürliche Ergebnisse, wie auch einen gewissen Informationsverlust münden kann. Der versicherungsmathematische Ansatz heißt übrigens so, weil er in diesem Kontext entwickelt wurde; er kann aber auch in anderen Kontexten mit Gewinn eingesetzt werden.

Das Verfahren von Kaplan-Meier ist demgegenüber eher für kleine Datenmengen mit genau erfassten Zielereignissen geeignet. Für große Datenmengen gilt das Kaplan-Meier-Verfahren als eher unhandlich. Das Kaplan-Meier-Verfahren weist u.a. zwei Bias auf: Die Kurvenermittlung hängt von Anzahl der vorliegenden Beobachtungen ab; je weniger Elemente mit zunehmend längerer Beobachtungsdauer verbleiben, umso ungenauer wird die ermittelte Überlebenskurve. Aus demselben Grund haben spätere Ausfälle ein stärkeres Gewicht als frühe Ausfälle (die Treppenstufen werden zunehmend steiler). Wenn nach dem letzten Zielereignis Zensierungen auftreten, unterliegt der abgeleitete Mittelwert außerdem einer Verzerrung nach unten.

20.4.1. Schätzung von S(t) mit der versicherungsmathematischen Methode

Die Grundidee des versicherungsmathematischen Verfahrens besteht in der Zerlegung des Beobachtungszeitraumes in kleinere *konstante* Zeitintervalle.

Alle Elemente, die mindestens über die Länge des jeweiligen Intervalls beobachtet wurden, werden mit einbezogen, um die Wahrscheinlichkeit des Zielereignisses im einzelnen Intervall zu schätzen. Aus den geschätzten Wahrscheinlichkeiten aller Intervalle wird dann die Gesamtwahrscheinlichkeit eines Ereignisses zu unterschiedlichen Zeitpunkten errechnet.

Wenn z.B. das Gesamtintervall $[0,t_{max}]$ in die kleineren Intervalle [0, t1], [t1, t2], [t2, t3] bis $[t_{n-1}, t_{max}]$ zerlegt wird (die eckigen Klammern geben jeweils einzelne Zeiteinheiten an, „t-Werte" jeweils ihre konkreten Grenzen), so lässt sich *S(t)* berechnen über die eingangs bereits vorgestellte Formel *S(t) = 1-d/n*, mit dem Unterschied, dass diese sich nicht mehr auf das Gesamtintervall, sondern auf Ermittlung der Wahrscheinlichkeiten innerhalb der einzelnen Intervalle bezieht.

Zensierte Werte werden folgendermaßen berücksichtigt: Bis zum Intervall, in dem sie zensiert werden, werden sie zu den überlebenden Elementen gezählt; darüber hinaus wird angenommen, dass sie darin bis zur *Mitte* des Intervalls überlebt haben, in dem sie zensiert wurden. Weil am Anfang jedes Intervalls nur die gezählt werden, die am *Ende* des vorangegangenen Intervalls in der Ausgangsmenge verblieben, tauchen die zensierten Werte im nächsten Intervall nicht mehr auf.

Beispiel

Die Wahrscheinlichkeit für das Gesamtintervall wird aus den Wahrscheinlichkeiten der Einzelintervalle errechnet. Bei der Berechnung der Wahrscheinlichkeiten der einzelnen Intervalle werden die vorhandenen Elemente am *Anfang* des Intervalls ins Verhältnis zu den verbliebenen Elementen am *Ende* des Intervalls gesetzt. Elemente, die in der *Mitte* des Intervalls zensiert wurden, zählen im Nenner als „halbe" Elemente:

119 Elemente befinden sich zu Beginn in einem Zeitintervall (z.B. Monat). Im Verlauf dieses Intervalls werden 5 Elemente zensiert und 1 Element fällt aus. Die geschätzte Überlebenswahrscheinlichkeit *S(t)* für dieses Zeitintervall beträgt:
S(t) = ((119-5-1) / (119-(5/2)) = 113/116.5 = 0.97
Die Wahrscheinlichkeit für das Gesamtintervall wird abschließend aus allen Einzelwahrscheinlichkeiten errechnet.

Unter der Voraussetzung, dass eine Zensierung rein zufällig und nicht systematisch erfolgt, können mit dem versicherungsmathematischen Ansatz gute Schätzungen für *S(t)* erreicht werden. Dieses Vorgehen ist v.a. bei umfangreichen Stichproben angemessen.

20.4.2. Schätzung von S(t) mit der Kaplan-Meier-Methode

Das Kaplan-Meier Methode (auch: Produkt-Limit Methode, Produktgrenzwert Methode bzw. Schätzung) ist eine Variante der Survivalanalyse für den Fall, wenn bei der Untersuchung der Verteilung der Zeiten zwischen zwei Ereignissen zensierte Daten vorliegen. Der Grundansatz des Verfahrens von Kaplan und Meier unterscheidet sich in zwei wesentlichen Punkten von der versicherungsmathematischen Methode. Das Kaplan-Meier-Verfahren zerlegt den Beobachtungszeitraum in kleinere Zeitintervalle unterschiedlicher, also *variabler* Länge, und zwar so, dass ein Ausfall am *Ende* eines Intervalls liegt (bzw. die Intervallgrenze definiert). In anderen Worten: Die Prozedur "Kaplan-Meier" legt eine Intervallgrenze fest, sobald ein Element ausfällt, und zwar genau zum jeweiligen Zeitpunkt des Ausfalls dieses Elements. Alle Elemente, die mindestens über die Länge dieses definierten Intervalls vorhanden sind, werden in die Schätzung der Wahrscheinlichkeit des Endereignisses des jeweiligen Intervalls einbezogen.

Mit Zensierungen geht der Kaplan-Meier Ansatz folgendermaßen um: Zensierungen innerhalb des jeweiligen Intervalls werden nicht berücksichtigt. Zensierungen, die genau auf den Zeitpunkt eines Ausfalls fallen, werden berücksichtigt, als ob sie das Intervall vollständig über- bzw. erlebt hätten (was sie de facto ja auch haben). Zensierungen innerhalb oder genau auf Intervallgrenzen werden von nachfolgenden Intervallen nicht mehr berücksichtigt. Die hintere Grenze des vorangehenden Intervalls wird dabei vom nächsten Intervall ausgeschlossen (und setzt damit seine erste Grenze). Die zweite Grenze wird über den Zeitpunkt des nächsten Ausfalls bestimmt.

Genauer besehen schätzt das Kaplan Meier Verfahren die Überlebenszeit, also die Zeit bis zum Eintreten des Zielereignisses, *in der Gegenwart zensierter Elemente*, und basiert somit auf der Schätzung bedingter Wahrscheinlichkeiten zu jedem Zeitpunkt eines eintretenden Zielereignisses, und der Bildung des Produktgrenzwerts dieser Wahrscheinlichkeiten, um die Überlebensrate zu jedem Zeitpunkt schätzen zu können (daher auch die alternative Bezeichnung Produkt-Limit Verfahren, uam.).

20.4.3. Beispiele ohne und mit Zensierungen

Die Wahrscheinlichkeit für das Gesamtintervall wird aus den Wahrscheinlichkeiten der Einzelintervalle errechnet. Die Einzelintervalle sind nicht fix vorgegeben, sondern werden durch die konkreten Ausfallzeitpunkte einzelner Elemente definiert.

Beispiel ohne Zensierungen

In einem Untersuchungszeitraum von 20 Tagen fallen mehrere Elemente aus, und zwar am 6., 11., 16. und 20. Tag. Zensierungen liegen nicht vor.

```
ID      T
01      6
02     11
03     16
04     20
```

Mit Ausnahme des ersten Intervalls werden alle Intervalle so dargestellt, dass die Klammern immer den jeweils vorangehenden Ausfallwert (als Grenzwert) ausschließen.

[0,6],]6,11],]11,16],]16,20]

Im Intervall z.B. „]11,16]" definiert „16" die hintere Grenze, und „11" gibt die hintere Grenze des vorangegangenen Intervalls an. In das Intervall „]11,16]" gehen also alle Werte nach 11 und bis einschl. 16 ein, also konkret von 12 bis 16.

Abb.: Berechnung von S(t) mit zensierten Werte (Ergebnisse von Kaplan-Meier zum Vergleich).

T	*S(t)*	*D S(t)*	*Zensur*	*D(KM)*	*Kaplan-Meier*
0	1	0	-	0	S(0) = 1
6	0.75	1	-	1	S(6) = 0.75
11	0.5	2	-	2	S(11) = 0.5
16	0.25	3	-	3	S(16) = 0.25
20	0	4	-	4	S(20) = 0

Erläuterung: Diese Tabelle enthält zur Veranschaulichung die Ergebnisse auf der Basis einer normalen *S(t)* (links) und Kaplan-Meier (rechts). Die Ergebnisse sind identisch, da Kaplan-Meier keine zensierten Werte zu berücksichtigen braucht.

Beispiel mit Zensierungen I

In einem Untersuchungszeitraum von 20 Tagen fallen mehrere Elemente aus, und zwar am 6., 11., 16. und 20. Tag. Zensierungen liegen für die Tage 8 und 18 vor (siehe ZENSUR=0). Die Zensierungen fallen *nicht* auf Tage echter Ausfälle.

```
ID      T   ZENSUR
01      6        1
02      8        0
03     11        1
04     16        1
05     18        0
06     20        1 .
```

Abb.: Berechnung von S(t) incl. zensierten Werten durch die Kaplan-Meier Methode (Beispiel I).

T	*S(t)**	*D*	*Zensur*	*D(KM)*	*Kaplan-Meier*
0	1	0	-	0	S(0) = 1
6	0.833	1	-	1	S(6) = 0.833
8	0.666	2	+	1	-
11	0.5	3	-	2	S(11) = 0.625
16	0.333	4	-	3	S(16) = 0.417
18	0.166	5	+	3	-
20	0	6	-	4	S(20) = 0

Erläuterungen: Diese Tabelle enthält zur Veranschaulichung die Ergebnisse auf der Basis einer normalen *S(t)* (links) und Kaplan-Meier (rechts). *S(t)* behandelt Ausfälle und Zensierungen gleich (N=6). Nicht so die Kaplan-Meier Methode (siehe rechts): Die *S(t)*-Berechnung durch KM erfolgt zwar auf der Basis des Quotienten *1-d/n*, berücksichtigt jedoch ein zwischen Ausfällen und Zensierungen differenzierendes N (siehe *D(KM)*).

In anderen Worten: Zensierte Fälle werden nicht in die Berechnung von *S(t)* einbezogen, D(KM) bleibt z.B. konstant (vgl. T=6 bzw. 8), werden jedoch bei den verbleibenden Fällen berücksichtigt "Number Left" nimmt um diesen einen Ausfall ab (in dieser Tabelle nicht erkennbar).

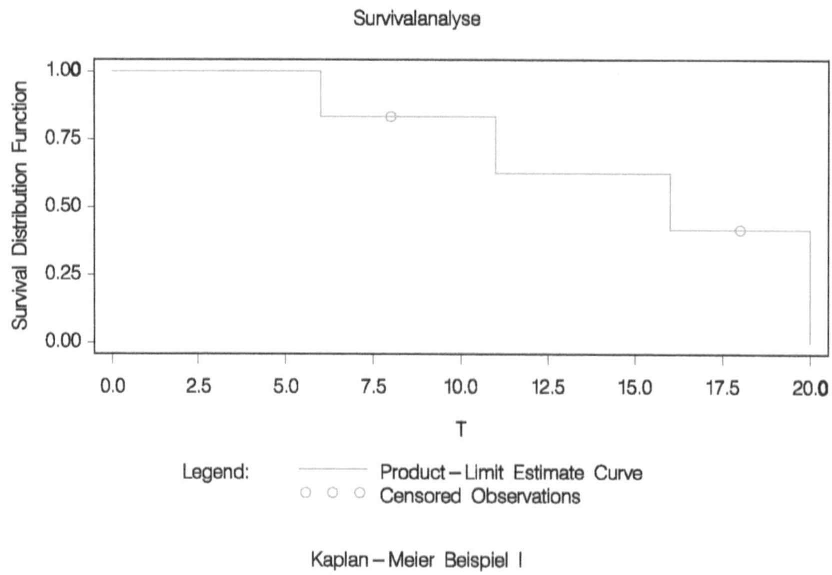

Anm.: Diese Tabelle enthält nur Ergebnisse des Kaplan-Meier Verfahrens. Die zugrunde liegende Stichprobe ist bei Beispiel I (N=4) um ein Element kleiner als bei Tabelle II. Die Ergebnisse können daher in keinem Fall identisch sein.

Den beiden Tabellen I (s.o.) und II (s.u.) kann entnommen werden, wie differenziert die Kaplan-Meier Methode Überlebenswahrscheinlichkeiten trotz Zensierungen berechnen kann.

Beispiel mit Zensierungen II

In einem Untersuchungszeitraum von 20 Tagen fallen mehrere Elemente aus, und zwar am 6., 8., 11., 16. und 20. Tag. Zensierungen liegen für die Tage 8 und 18 vor (siehe ZENSUR=0). Die Zensierung 8 (ID 19) fällt auf einen Tag eines echten Ausfalls (ID 02). Die Methode Kaplan-Meier verfährt mit dieser Situation anders, als wenn Ausfälle und Zensierungen immer auf verschiedene Tage fallen würden (siehe unten, im Vergleich mit *Beispiel I*).

```
ID        T      ZENSUR
01        6         1
02        8         1
19        8         0
03       11         1
04       16         1
05       18         0
06       20         1
```

Abb.: Berechnung von S(t) incl. zensierten Werten durch die Kaplan-Meier Methode II.

ID	*T*	*Zensur*	*D(KM)*	*Kaplan-Meier*
-	0	-	0	S(0) = 1
01	6	-	1	S(6) = 0.857
02	8	-	2	S(8) = 0.714
19	8	+	2	-
03	11	-	3	S(11) = 0.536
04	16	-	4	S(16) = 0.357
05	18	+	4	-
06	20	-	5	S(20) = 0

Anm.: Diese Tabelle enthält nur Ergebnisse auf der Basis des Kaplan-Meier Verfahrens. Die zugrunde liegende Stichprobe ist um ein Element größer als die der o.a. Tabelle I. Die Ergebnisse können daher in keinem Fall identisch sein mit dem Tabelleninhalt zum Beispiel I.

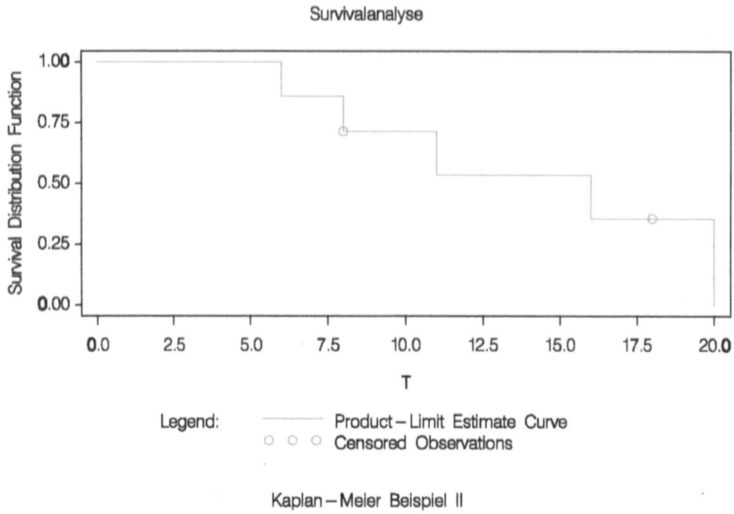

Bis einschließlich dieses Abschnitts wurde die Überlebenswahrscheinlichkeit innerhalb einer einzelnen Gruppe behandelt; der folgende Abschnitt wird den grafischen und statistischen Vergleich der Überlebenswahrscheinlichkeit mehrerer Gruppen vorstellen.

20.5. Der Vergleich der Überlebenswahrscheinlichkeit mehrerer Gruppen

Der Vergleich der Überlebenswahrscheinlichkeit von zwei oder Gruppen kann statistisch oder grafisch durchgeführt werden.

Der grafische Vergleich der Überlebenswahrscheinlichkeit erfolgt dadurch, dass für jede der Gruppen eine separate *S(t)*-Kurve in eine gemeinsame Grafik eingezeichnet wird. Die Verläufe der einzelnen Gruppen können so einfach miteinander verglichen werden.

Der Vergleich der Überlebenswahrscheinlichkeit zwischen verschiedenen Gruppen kann durch verschiedene nichtparametrische Tests abgesichert werden. Die gebräuchlichen Verfahren sind dabei ein modifizierter Wilcoxon-Test (auch: Gehan-Test), der Log Rank-Test (auch: Mantel-Haenszel-Test), und der Likelihood Ratio-Test (auch: -2Log(LR)-Test). Alle Tests prüfen die Nullhypothese, dass zwischen den Gruppen keine Unterschiede in Bezug auf ihre Überlebenszeit bestehen. Die einzelnen Testansätze unterscheiden sich in einigen Besonderheiten, die kurz dargestellt werden sollen.

Modifizierter Wilcoxon-Test:

Der modifizierte Wilcoxon-Test ist eine Weiterentwicklung des Wilcoxon-Rangsummen-Tests, und nicht mit diesem zu verwechseln. Im Gegensatz zum Rangsummen-Test ist der modifizierte Wilcoxon-Test in der Lage, zensierte Werte zu berücksichtigen. Der modifizierte Wilcoxon-Test ist approximativ Chi^2-verteilt, und auch unter der Bezeichnung Gehan-Test bekannt.

Der Wilcoxon-Test behandelt die t-Werte nicht gleich, sondern gewichtet die Werte am (Kurven)Anfang stärker. Die Folge ist, dass dieser Test dazu tendiert, Kurven als verschieden auszugeben, obwohl sie bis auf den Anfang gleich verlaufen. Liegt ein solcher Fall möglicherweise vor, sollte man vielleicht besser auf den Log Rank-Test zurückgreifen.

Log Rank-Test:

Der Log Rank-Test behandelt alle t-Werte gleich; dieser Test kann genauer Kurven miteinander zu vergleichen als der Gehan-Test. Der Log Rank-Test ist approximativ Chi^2-verteilt, und auch unter der Bezeichnung Mantel-Haenszel-Test bekannt. Der Wilcoxon-Test und der Log Rank-Test sind als Testverfahren nicht geeignet, wenn sich die Kurvenverläufe der miteinander zu vergleichenden Gruppen überschneiden.

Likelihood Ratio-Test:

Der Likelihood Ratio-Test ist als Testverfahren geeignet, wenn sich die Kurvenverläufe der miteinander zu vergleichenden Gruppen überschneiden. Dieser Test setzt jedoch voraus, dass die Überlebenszeiten in den einzelnen Gruppen jeweils exponential verteilt sind; diese Annahme muss vor der Anwendung dieses Tests überprüft werden. Der Likelihood Ratio-Test ist approximativ Chi^2-verteilt, und auch unter den Bezeichnungen Likelihood Quotienten-Test bzw. -2Log(LR)-Test bekannt.

20.6. Die Berechnung einer Survivalanalyse in SAS

Nichtparametrische Survivalanalysen werden in SAS mit der Prozedur LIFETEST berechnet. Parametrische Survivalanalysen werden mit PROC PHREG und LIFE-

REG durchgeführt. Die Berechnung parametrischer Survivalanalysen wird nicht weiter dargestellt.

20.6.1. Syntax

```
PROC LIFETEST < Optionen > ;
   TIME Variable < *Zensierung(Liste) > ;
   BY Variablen ;
   FREQ Variable ;
   ID Variablen ;
   STRATA Variable < (Liste) > < ... Variable < (Liste) > > ;
   TEST Variablen ;
run;
```

Als Minimalanweisung ist das PROC LIFETEST Statement zusammen mit der TIME Anweisung ausreichend. In diesem Falle werden nichtparametrische Schätzungen der (Über)Lebenszeitfunktion für eine gegebene Menge an Überlebenszeiten angefordert, es werden aber weder Gruppen (Strata) definiert, noch Homogenitätstests berechnet. Für die Statements nach LIFETEST sind im Gegensatz zu anderen Prozeduren keine besonderen Abfolgen zu beachten.

Unter Optionen können zahlreiche Rechen- und Ausgabeanweisungen angegeben werden. Falls keine Optionen angegeben werden, berechnet LIFETEST Kaplan-Meier (Produkt-Limit) Schätzer der Überlebensverteilung innerhalb jeder Gruppe, und prüft die Gleichheit der Überlebensfunktionen über die Strata hinweg (vorausgesetzt, eine Strata-Variable wurde angegeben).

Im Folgenden nur eine Auswahl; nicht erläutert werden Anweisungen im Zusammenhang mit der Ausgabe bzw. Bearbeitung von Grafiken, z.B. ANNOTATE, FORMCHAR, GOUT, LINEPRINTER, LANNOTATE und DESCRIPTION. Für diese Möglichkeiten und weitere Details wird auf die SAS/STAT Dokumentation verwiesen.

ALPHA=Wert: Gibt eine Zahl zwischen 0.0001 und 0.9999 für die Konfidenzintervalle der Überlebenszeitfunktion an. Das (voreingestellte) ALPHA=0.05 fordert z.B. ein 95% Konfidenzintervall zu jedem Zeitpunkt einer SDF an.

ALPHAQT=Wert: Gibt eine Zahl zwischen 0.0001 und 0.9999 für die Konfidenzintervalle der Quartile der Überlebenszeit an. Das (voreingestellte) ALPHAQT=0.05 fordert z.B. ein 95% Konfidenzintervall der Quartile der Lebenszeit an.

CENSOREDSYMBOL=Name: Spezifiziert für Grafiken das Symbol für zensurierte Fälle (Beobachtungen). Voreingestellt ist das Symbol 'Kreis' (CIRCLE). Über NONE werden zensierte Fälle nicht hervorgehoben. Die Optionen CENSOREDSYMBOL und LINEPRINTER können nicht gleichzeitig verwendet werden.

Data=SAS Datensatz: Expliziter Verweis auf den zu verwendenden SAS Datensatz; fehlt dieser Verweis, verwendet LIFETEST den zuletzt angelegten Datensatz.

EVENTSYMBOL=Name: Spezifiziert für Grafiken das Symbol für Zielereignisse. Voreingestellt ist NONE. Die Optionen EVENTSYMBOL und LINEPRINTER können nicht gleichzeitig verwendet werden.

INTERVALS=Werte: Über INTERVALS kann eine Liste von Intervallgrenzen (endpoints) für die Berechnung von Sterbetafeln angegeben werden. Die Intervallgrenzen müssen alle nichtnegative Zahlen sein. Den Anfangswert setzt SAS auf Null, auch wenn in der Liste ein anderer Wert als Null angegeben wurde. In jedem Intervall ist die untere, aber nicht die obere Grenze enthalten. Beispiel: INTERVALS=3,10 to 40 by 10 führt zu [0,3), [3,10), [10,20), [20,30), [30,40), [40,∞).

MAXTIME=Wert: Um zu vermeiden, dass Ausreißerpunkte die Skala der Zeitachse von Grafiken beeinflussen, wird über MAXTIME der Wert angegeben, den die TIME Variable maximal annehmen darf. Diese Einstellung beeinflusst nur die grafische Ausgabe, aber nicht ihre Berechnung.

METHOD=Name: Legt die Schätzmethode zur Berechnung der Überlebensfunktion.

PL bzw. KM fordern die Produkt-Limit bzw. Kaplan-Meier Schätzer an. ACT, LIFE bzw. LT fordern Sterbetafeln (life tables) bzw. die versicherungsmathematische Methode an. Voreingestellt ist METHOD=PL.

MISSING: LIFETEST ist voreingestellt, keine Beobachtungen mit fehlenden Werten für Levels von Stratumvariablen zu verwenden. Die Option MISSING lässt jedoch Missings für numerische Variablen und Blanks für alphanumerische Variablen als gültige Stratumlevel zu (diese Daten werden jedoch nicht für Rangtests verwendet).

Anm.: Falls eine im TEST Statement angegebene Variable einen fehlenden Wert aufweist, wird diese nicht zur Berechnung der Rangtests verwendet. In anderen Worten: Beobachtungen mit fehlenden Werten bei Ausfällen oder zensierten Werten werden in der Analyse nicht verwendet.

NINTERVAL=Wert: Gibt die Anzahl der Intervalle für die Berechnung der Sterbetafeln (life table estimates) der Überlebensfunktion an. LIFETEST sucht daraufhin Intervalle mit runden Grenzen (endpoints), d.h. die Anzahl der gefunden kann sich von der vorgegebener Intervalle unterscheiden. Der Default ist NINTERVAL=10. NINTERVAL wird durch die WIDTH oder INTERVALL Optionen aufgehoben.

NOCENSPLOT: Unterdrückt den Plot für zensierte Beobachtungen, wenn PLOT angegeben wurde. Nicht notwendig bei METHOD=LIFE.

NOPRINT: Unterdrückt die Anzeige jeglichen Outputs, nützlich falls nur ein Ausgabedatensatz angefordert wurde. Blockiert zeitweise auch das ODS.

NOTABLE: Unterdrückt die Anzeige der Schätzer für Überlebenszeitfunktionen. Nur die Anzahl der zensierten Fälle und der Zielereignisse, Plots, und Testergebnisse werden angezeigt.

OUTSURV=Datensatz: Legt einen Datensatz an, in dem neben den Überlebensschätzern zahlreiche weitere Informationen in Variablen angegeben sind: BY-Variablen (falls angegeben), STRATA-Variablen (falls angegeben), _STRTUM_ (eine numerische Variable, die die Strata zählt), die Zeitvariable (angegeben im TIME Statement). Für Kaplan-Meier (Produkt-Limit) Schätzer sind die beobachteten Ausfälle (Fehler) bzw. zensierten Werte enthalten; für die Sterbetafelschätzer sind die unteren Grenzen (endpoints) der Intervalle enthalten. SURVIVAL enthält die Schätzer der Überlebensfunktion. SDF_LCL bzw. SDF_UCL sind Variablen, die jeweils die untere bzw. obere Grenze des Überlebenszeitkonfidenzintervalls enthalten.

Für die jeweilige Schätzmethode werden noch weitere Variablen angelegt, die u.a. Informationen über Zensierungen (_CENSOR_, Kaplan-Meier); bzw. auch Schätzer einer Dichtefunktion (PDF, PDF_LCL, PDF_UCL) und die Hazard-Schätzer (HAZARD, HAZ_LCL, HAZ_UCL), gilt u.a. für die Sterbetafel-Methode (versicherungsmathematischer Ansatz).

Jede Überlebensfunktion enthält eine Anfangsbeobachtung mit dem Wert 0 für Zeit, und dem Wert 1 für die SDF. Der angelegte Datensatz enthält eine Beobachtung für jedes Zielereignis (Kaplan-Meier) oder eine Beobachtung für jedes Zeitintervall (Sterbetafel-Methode/versicherungsmathematischer Ansatz).

OUTTEST=Datensatz: Legt einen Datensatz an, der die Rangstatistiken für Test einer Assoziation zwischen Zielereignis (Ausfall, failure time) und Kovariaten enthält:

Der OUTTEST-Datensatz enthält u.a. BY-Variablen (falls angegeben), _TYPE_ (gibt die Bezeichnung des Rangtests an, ‚LOG-RANK' oder ‚WILCOXON'), _NAME_ (versieht die Zeilen der Kovarianzmatrix und die Teststatistiken mit Labels), die TIME-Variable, und alle Variablen, die im TEST Statement angegeben wurden. Für den Log-Rank Test und den Wilcoxon-Test wird ein jeweils kompletter Satz an Statistiken angelegt.

PLOTS=(Typ (NAME=Name), ..., Typ (NAME=Name)): Fordert Plots für Überlebenszeitschätzer (survival estimates) oder zensierte Beobachtungen an. Typ gibt dabei den Typ des Plots an, und Name ist die Bezeichnung für der Grafik für einen Katalogeintrag. Die Angabe der Klammern ist notwendig. Beispiele: plots = (survival) bzw. plots = (survival(name=Surv1), hazard(name=Hazard3)). Zulässige Angaben für Typ sind: CENSORED (Plot der zensierten Beobachtungen nach Strata), SURVIVAL (Plot der geschätzten Überlebensfunktion (SDF) versus Zeit), LOGSURV (Plot der -log(geschätzten SDF) versus Zeit, LOGLOGS (Plot der log(-log(geschätzten SDF) versus log(Zeit)), HAZARD (Plot der geschätzten Hazardfunktion versus Zeit), PDF (Plot der geschätzten Wahrscheinlichkeitsdichtefunktion (probability density function) versus Zeit).

REDUCEOUT: Legt fest, dass die Daten im OUTSURV=Datensatz nur die Beobachtungen enthalten, die in den Optionen INTERVALS bzw. TIMELIST eingeschlossen sind. REDUCEOUT ist nicht wirksam, wenn OUTSURV, INTERVALS bzw. TIMELIST gar nicht angegeben wurden.

SINGULAR=Wert: Legt die Toleranz für den Test auf Singularität der Kovarianzmatrix für die Rangteststatistiken fest. Der voreingestellte Toleranzwert ist 1E-12.

TIMELIM=Zeitlimit L. Die mittlere Überlebenszeit kann als Fläche unter der Kaplan-Meier Kurve dargestellt werden. Falls jedoch der größte beobachtete Zeitpunkt zensiert wurde, ist die Fläche unter der Überlebenskurve keine geschlossene Fläche. Um die Kurvenfläche geschlossen darzustellen, kann ein L angegeben werden. Gültige Werte für L sind: EVENT (L ist der größte Zeitpunkt eines Zielereignisses, voreingestellt), OBSERVED (L ist der größte beobachtete Zeitpunkt), oder auch die Angabe einer positiven Zahl (die mindestens so groß ist wie der Zeitpunkt des Ausfalls des letzten Zielereignisses. TIMELIM wird ignoriert, falls der größte beobachtete Zeitpunkt ein erwartetes Zielereignis (Ausfall) ist.

TIMELIST=Zahlenliste: TIMELIST erlaubt eine Reihe von Zeitpunkten anzugeben, zu denen die Kaplan-Meier Schätzer angezeigt werden sollen. Die angegebenen Zeitpunkte (time points) werden als Variable _TIME_ bezeichnet und ausgegeben.

WIDTH=Wert: Gibt die Breite der Intervalle für die Sterbetafel-Berechnung der Überlebenszeitfunktion vor. Die Angabe in INTERVALS hat Priorität vor der Angabe in WIDTH.

Im TIME Statement werden die Variablen für die Überlebenszeit bzw. den Platzhalter für die Zensierung (censoring indicator) in folgender Schreibweise angegeben (z.B.): `time ZEIT*ZENSUR(0) ;` , wobei ZEIT die Variable für die Zeitpunkte der Zielereignisse (Ausfälle) ist, und ZENSUR die Kodierungen für (mögliche) Zensierungen angibt (hier z.B. 0; es können mehrere Kodierungen angegeben werden). Wurde nur das TIME Statement angegeben, werden weder Strata definiert, noch Homogenitätstests berechnet. Das TIME Statement ist im Gegensatz zu allen anderen Statements nicht optional, sondern eine notwendige Anweisung.

Ist ein BY Statement angegeben, werden separate Survivalanalysen für die Ausprägungen der dort aufgeführten Gruppierungsvariablen berechnet. Um in großen Datensätzen Strata zu definieren, gilt by als effizienter als strata. Der Leistungsumfang beider Anweisungen unterscheidet sich. Bei by werden u.a. die Daten nicht gepoolt, um auf eine Assoziation zwischen der (Über)Lebenszeit und Kovariablen zu überprüfen, auch werden keine Homogenitätstests über verschiedene by-Gruppen hinweg berechnet; darüber hinaus müssen die Daten vorher sortiert sein.

Unter FREQ kann eine Variable spezifiziert werden, die die Auftretenshäufigkeit n jeder Beobachtung angibt. FREQ ist nützlich, wenn LIFETEST Sterbetafeln auf der Basis eines zusammenfassenden Datensatzes erstellen soll. Falls n keine ganze Zahl ist, wird sie nach dem Komma abgeschnitten. LIFETEST behandelt jede Variable, als ob sie n mal vorkomme. Im Falle n < 1 wird die betreffende Beobachtung nicht benutzt.

Unter ID können mehrere Variablen angegeben werden, wobei anhand ihrer Werte Beobachtungen in den (Über)Lebenszeit Schätzern (Methode Kaplan-Meier bzw. Produkt-Limit) bezeichnet bzw. identifiziert werden können.

Mit dem STRATA Statement können die Daten in mehrere Strata (Schichten, Gruppen) aufgeteilt werden (siehe auch MISSING, s.o.). Für jedes Stratum wird eine separate Überlebensfunktion geschätzt, und es werden Tests zur Überprüfung der Homogenität der Strata berechnet. Eine STRATA Variable kann alphanumerisch oder numerisch, formatiert oder unformatiert sein; falls keine Liste angegeben ist, werden Strata durch ihre (un)formatierten Werte definiert. Es können eine oder mehrere Variablen angegeben werden; die Anzahl der Strata nimmt mit zunehmender Variablenzahl exponentiell zu. Über eine besondere Listenschreibweise (siehe INTERVALS, s.o.) können Grenzen (endpoints) für eine numerische Variable angegeben werden (jedes Intervall enthält dabei die untere, aber nicht die obere Grenze). Falls eine numerische Variable von einer Liste gefolgt wird, entsprechen die Level dieser Variable den durch die Liste definierten Intervallen, wobei davon ausgegangen wird, dass das Anfangsintervall bei -∞ beginnt, und das letzte Intervall bei ∞ aufhört. Beispiel: `strata GROESSE (3,10 to 50 by 10) ;` führt zu [-∞,3), [3,10), [10,20), [20,30), [30,40), [40,50), [50,∞).

Im TEST Statement können numerische (kontinuierliche, stetige) Kovariablen angegeben werden, um sie darauf hin zu überprüfen, ob sie mit der AV Überlebens- bzw. Ausfallzeit assoziiert sind. LIFETEST berechnet lineare Rangstatistiken, um den Einfluss der Kovariablen auf die Überlebenszeit zu überprüfen. Jede Kovariable wird einzeln getestet (univariate Teststatistiken); eine sequentielle Teststatistik für einen gemeinsamen Effekt von Kovariablen wird ebenfalls ausgegeben.

Zu weiteren Informationen und Details wird auf die aktuelle SAS Dokumentation verwiesen.

20.6.2. Beispiel-Berechnung

In drei fiktiven Seen mit unterschiedlichen Belastungsgraden (belasteter See, normaler See, geschützter See) soll die jeweilige Überlebenswahrscheinlichkeit einer bestimmten Fischart statistisch und grafisch untersucht werden. Zensierte Daten sind durch "0" markiert. Die eingesetzte Survivalanalyse basiert auf der Methode Kaplan-Meier.

Syntax

```
data SURVIVAL ;
input T  SEE  ZENSUR ;
cards;
99      1               0
57          2           1
31      3               1
```

```
158   1        1
153     2      1
56    3        1
235     1      1
173     2      1
76    3        1
375     1      1
282     2      1
86    3        1
464   1        1
323   2        0
134   3        0
535   1        1
403   2        1
216   3        1
;
run ;
```

```
proc format ;
   value SEE
       1 = 'Geschützter See '
       2 = 'Normaler See'
       3 = 'Belasteter See '
       ;
   run ;

proc lifetest data=SURVIVAL method=km plots=(s) outsurv=SURVDATA;
   time T*ZENSUR(0) ;
   strata SEE ;
   format SEE SEE. ;
   run ;
```

Mit diesem LIFETEST Programm wird die eigentliche Survivalanalyse berechnet. method=km fordert die Kaplan-Meier (Product-Limit) Methode an. plots=(s) fordert das Zeichnen der Survival Distribution Function (Überlebenskurve) an. time T*ZENSUR(1) bedeutet, dass die Überlebenszeit in der T vorliegt, und dass mögliche zensierte Beobachtungen durch eine "0" gekennzeichnet sind. Wegen der Angabe strata SEE wird für jede Ausprägung der Variable SEE eine separate Analyse durchgeführt.

```
symbol1 color=grey i=steplj width=1.7 line=1 ;
symbol2 color=orange i=steplj width=1.7 line=1 ;
symbol3 color=red i=steplj width=1.7 line=1 ;

axis1 minor=none order=(0 to 600 by 100) value=(height=1)
      label=(height=1 j=r 'T') offset=(0,2) width=1.7 ;

axis2 minor=none order=(0 to 1) value=(height=1) label=(rotate=0
      angle=0 height=1 'S(t)') offset=(0,2) width=1.7 ;
legend1 value=(height=1) label=(height=1);

title 'Survivalanalyse' ;
proc gplot data=SURVDATA;
   plot survival*T=SEE
       /haxis=axis1 vaxis=axis2 legend=legend1
        name='Survival';
```

```
format SEE SEE. ;
run ;
  quit ;
```

Grafischer Output (GIF-Format)

Die Grafik links wurde durch PROC LIFETEST mit ausgegeben; die Grafik rechts wurde durch PROC GPLOT auf der Basis der Daten aus dem Datensatz SURV-DATA erzeugt. GPLOT stellt dabei mehr grafische Möglichkeiten zur Verfügung als LIFETEST. - Wäre der jeweils letzte Wert zensiert, würde die betreffende Kurve 0 nicht erreichen können. Auf die Generierung von Grafiken und die Bedeutung der einzelnen Abschnitte der GPLOT Syntax wird im Abschnitt zu den SAS Grafiken ausführlich eingegangen.

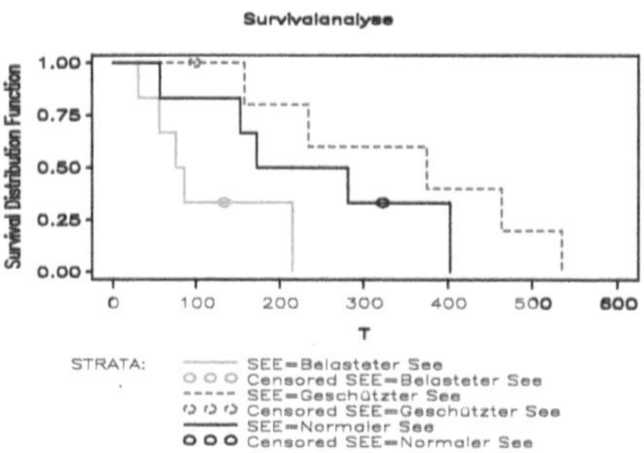

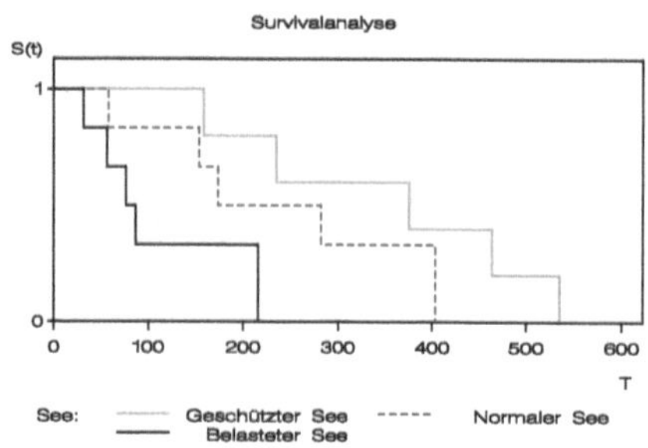

Statistischer Output

```
                    The LIFETEST Procedure

                 Stratum 1: SEE = Belasteter See

                 Product-Limit Survival Estimates

                                         Survival
                                         Standard      Number      Number
         T       Survival      Failure     Error        Failed       Left

     0.000        1.0000            0          0             0          6
    31.000        0.8333       0.1667     0.1521             1          5
    56.000        0.6667       0.3333     0.1925             2          4
    76.000        0.5000       0.5000     0.2041             3          3
    86.000        0.3333       0.6667     0.1925             4          2
   134.000*            .            .          .             4          1
   216.000             0       1.0000          0             5          0

      NOTE: The marked survival times are censored observations.
```

Summary Statistics for Time Variable T

Quartile Estimates

Percent	Point Estimate	95% Confidence Interval [Lower	Upper)
75	216.000	76.000	216.000
50	81.000	56.000	216.000
25	56.000	31.000	86.000

Mean	Standard Error
113.500	33.997

Stratum 2: SEE = Geschützter See

Product-Limit Survival Estimates

T	Survival	Failure	Survival Standard Error	Number Failed	Number Left
0.000	1.0000	0	0	0	6
99.000*	.	.	.	0	5
158.000	0.8000	0.2000	0.1789	1	4
235.000	0.6000	0.4000	0.2191	2	3
375.000	0.4000	0.6000	0.2191	3	2
464.000	0.2000	0.8000	0.1789	4	1
535.000	0	1.0000	0	5	0

NOTE: The marked survival times are censored observations.

Summary Statistics for Time Variable T

Quartile Estimates

Percent	Point Estimate	95% Confidence Interval [Lower	Upper)
75	464.000	235.000	535.000
50	375.000	158.000	535.000
25	235.000	158.000	464.000

Mean	Standard Error
353.400	69.956

Stratum 3: SEE = Normaler See

Product-Limit Survival Estimates

T	Survival	Failure	Survival Standard Error	Number Failed	Number Left
0.000	1.0000	0	0	0	6
57.000	0.8333	0.1667	0.1521	1	5
153.000	0.6667	0.3333	0.1925	2	4
173.000	0.5000	0.5000	0.2041	3	3
282.000	0.3333	0.6667	0.1925	4	2
323.000*	.	.	.	4	1
403.000	0	1.0000	0	5	0

NOTE: The marked survival times are censored observations.

Summary Statistics for Time Variable T

Quartile Estimates

Percent	Point Estimate	95% Confidence Interval [Lower	Upper)
75	403.000	173.000	403.000
50	227.500	153.000	403.000
25	153.000	57.000	282.000

Mean	Standard Error
245.167	59.011

Summary of the Number of Censored and Uncensored Values

Stratum	SEE	Total	Failed	Censored	Percent Censored
1	Belasteter See	6	5	1	16.67
2	Geschützter See	6	5	1	16.67
3	Normaler See	6	5	1	16.67
Total		18	15	3	16.67

Testing Homogeneity of Survival Curves for T over Strata

Rank Statistics

SEE	Log-Rank	Wilcoxon
Belasteter See	3.2146	46.000
Geschützter See	-3.2769	-39.000
Normaler See	0.0624	-7.000

Covariance Matrix for the Log-Rank Statistics

SEE	Belasteter See	Geschützter See	Normaler See
Belasteter See	1.36204	-0.71038	-0.65167
Geschützter See	-0.71038	3.06934	-2.35896
Normaler See	-0.65167	-2.35896	3.01063

Covariance Matrix for the Wilcoxon Statistics

SEE	Belasteter See	Geschützter See	Normaler See
Belasteter See	291.000	-150.000	-141.000
Geschützter See	-150.000	417.000	-267.000
Normaler See	-141.000	-267.000	408.000

Test of Equality over Strata

Test	Chi-Square	DF	Pr > Chi-Square
Log-Rank	8.5358	2	0.0140
Wilcoxon	7.9596	2	0.0187
-2Log(LR)	3.1173	2	0.2104

Erläuterungen

Die Überschrift "The LIFETEST Procedure" verweist auf die verwendete Prozedur. Für jedes Stratum (Level) der Variable SEE werden separate Schätzer der Überlebensfunktion, genauer: Kaplan-Meier (Produkt-Limit) Schätzungen angegeben.

Für das Stratum 1 (SEE='Belasteter See') werden in einer Tabelle unter 'Product-Limit Survival Estimates' mehrere Statistiken ausgegeben: Von links nach rechts: Zunächst die erhobenen Zeitpunkte (hier z.B. die Variable 'T'), und als Survival die Überlebensfunktion S(t) nach Kaplan-Meier. Failure gibt die Wahrscheinlichkeit an, zu einem Zeitpunkt nach dem jeweiligen T auszufallen (Failure= 1-S(t)). "Survival Standard Error" gibt den Standardfehler der Kaplan-Meier Schätzung an. "Number Failed" gibt die Anzahl der Ausfälle aus der Menge der Ausgangsmenge an; "Number Left" gibt die Anzahl der noch verbliebenen Fälle an. Falls zensierte Werte vorliegen, werden diese durch einen Stern gekennzeichnet (hier z.B. T=134). Die Zeile T=31 ist z.B. so zu lesen, dass am 31. Tag ein Element aus der Ausgangsmenge ausfiel, und dass bis zu diesem Zeitpunkt eine Überlebenswahrscheinlichkeit von .83 besteht bzw. eine Failure-Wahrscheinlichkeit von .17 verbleibt. Der Standardfehler der Kaplan-Meier Schätzung beträgt 0.15. Am 31. Tag fiel das erste Element aus, und es verbleiben 5 in der Ausgangsmenge; dieses Element ist kein zensierter Fall, da es nicht durch einen Stern markiert ist. An der Tabelle zu Stratum 1 ist z.B. zu erkennen, wie die Kaplan-Meier Methode zensierte Werte behandelt. Zensierte Fälle werden nicht in die Berechnung von S(t) einbezogen. D(KM) bleibt konstant (vgl. T=86 bzw. 134), jedoch nehmen die verbleibenden Fälle ("Number Left") um diesen einen Ausfall ab.

Im Abschnitt "Summary Statistics for Time Variable T" werden unter "Quartile Estimates" für das Stratum 1 (SEE='Belasteter See') zunächst die geschätzten Quartile der Zeitdaten (hier z.B. 'T') einschl. unteren und oberen Konfidenzintervallen angegeben. Dem Median entspricht die Punktschätzung 81 bei einem unteren bzw. oberen Konfidenzintervall von 56 bzw. 216, bei 95% Wahrscheinlichkeit. Abschließend werden noch Mittelwert und Standardfehler für das Stratum 1 angeben (hier z.B. Mean=113.5, und Standard Error=33.997).

Die Ausgabe für die beiden anderen Strata 2 und 3 ('Geschützter' bzw. 'Belasteter See') ist analog aufgebaut, und wird nicht weiter erläutert.

Ab dem Abschnitt "Summary of the Number of Censored and Uncensored Values" werden die Daten aller Strata zusammengefasst.

"Summary of the Number of Censored and Uncensored Values" enthält z.B. die Codes bzw. Anzahl der Strata. Für die jeweiligen Strata werden die Labels und die Anzahl der Gesamtwerte ('Total'), der Ausfallwerte ('Failed'), und der zensierten Fälle ('Censored') angegeben, letzteres auch in Prozent; diese Werte werden in der letzten Zeile 'Total' nochmals für alle Strata zusammengefasst.

Unter "Testing Homogeneity of Survival Curves for T over Strata" sind die Ergebnisse der Homogenitätstests für die Überlebenskurven für T über alle Strata hinweg zu finden. Zunächst werden die Rangstatistiken ("Rank Statistics)" für den Log-Rank und den Wilcoxon-Test pro Stratum ausgegeben; im Anschluss daran werden die Kovarianzmatrizen für den Log-Rank und den Wilcoxon-Test ausgegeben (unter "Covariance Matrix for the Log-Rank Statistics" bzw. "Covariance Matrix for the Wilcoxon Statistics"). Aus den Rangstatistiken und den Kovarianzmatrizen werden die eigentlichen Teststatistiken des Homogenitätstests ermittelt, die im letzten Abschnitt unter "Test of Equality over Strata" zu finden sind. Unter "Test" ist der jeweilige Test angegeben (z.B. Log-Rank), unter "Chi-Square" die jeweilige Chi²-Wert, unter DF die Freiheitsgrade (N Strata-1), und unter "p > Chi-Square" die eigentliche Chi²-Teststatistik.

Auf der Basis des Log-Rank Test kann mit einem Chi-Square-Wert von 8.53, und Pr>Chi-Square = 0.014 geschlossen werden, dass der Unterschied zwischen den drei Strata statistisch signifikant ist.

Dieses Ergebnis stützt diejenigen aus den separaten Analysen für die jeweiligen Strata. Die Überlebenswahrscheinlichkeit ist im geschützten See am höchsten, und im belasteten See am geringsten. Die Überlebenswahrscheinlichkeit des normalen Sees liegt zwischen diesen beiden Werten.

20.6.3. Voraussetzungen für die Berechnung einer Survivalanalyse

Die folgenden Hinweise gelten v.a. für den versicherungsmathematischen Ansatz und das Kaplan-Meier-Verfahren (PROC LIFETEST).

Das Verfahren von Kaplan-Meier ist eher für kleine Datenmengen mit genau erfassten Zielereignissen geeignet. Sobald Zensierungen nach dem letzten Zielereignis auftreten, unterliegt der Schätzer des Mittelwerts einer Verzerrung. SAS weist im Output explizit darauf hin. Das versicherungsmathematische Verfahren ist für große Stichproben mit auch groben Messungen der Zielereignisse geeignet, wobei mit ihrer Intervallgruppierung ein gewisser Informationsverlust verbunden ist. Die Intervallbreiten sind zu begründen, um nicht willkürlich anmutende Ergebnisse zu konstruieren. Weitere Hinweise finden sich im Text.

Sollen u.a. (zeitabhängige) Kovariablen, mehr als zwei Faktoren, die Hypothesen über die Form der Hazardfunktion, oder auch intervall- bzw. linkszensierte Daten berücksichtigt werden, dann sind u.a. das Accelerated Failure Time (AFT) Modell (PROC LIFEREG), und die Cox Regression bzw. das Proportional Hazard Modell (PROG PHREG) die Verfahren der Wahl. Alle genannten SAS Prozeduren einschl. PROC LIFETEST sind in der Lage, sog. „competing risks" zu berechnen.

(1) Die Wahl des Nullpunkts ist grundlegend für die Analyse zeitbezogener Daten. Als Nullpunkt wird im Allgemeinen der individuelle Beginn eines Einflusses eines Effekts (z.B. Datum des Beginns des Studiums oder einer Behandlung) empfohlen. Geeigneter wären der gleiche Zeitpunkt der randomisierten Zuwei-

sung zu einem Treatment (z.B. das Datum des Beginns einer Studie), oder der Zeitpunkt, der den größten Einfluss auf das Hazard (Risiko) hat (z.B. zum Zeitpunkt einer Diagnose).

(2) Im Untersuchungszeitraum treten zeitabhängige Ereignisse auf. In anderen Worten: Es muss mindestens eine Zeitvariable vorliegen, die das Auftreten eines Ereignisses und ggf. den Zeitpunkt einer Zensierung beschreibt.

(3) Sollen Zensierungen berücksichtigt werden, sollte eine Variable für das Unterscheiden zwischen Zensierung und Nichtzensierung vorhanden sein. Zur Kodierung wird für eine Zensur üblicherweise eine "0" und für Daten ohne Zensur eine "1" vergeben. Je nach Autor oder Data Analyst kann die Kodierung jedoch auch eine andere sein, und ist daher unbedingt zu prüfen.

(4) Es kann für ein Element nur ein Ausfallwert vorliegen; es kann für ein Element nur eine Zensierung vorliegen. Dasselbe Element kann nicht zweimal aus der Ausgangsmenge ausfallen; dasselbe Element kann nicht zweifach zensiert sein. Der Spezialfall der sogenannten „repeated events“ kann mit PROC PHREG analysiert werden.

(5) Die Zeitwerte für eine Survivalanalyse müssen positiv, verhältnisskaliert (Nullpunkt!), und alle in der gleichen Zeiteinheit (Jahre, Tage, Monate, Stunden, etc.) sein.

(6) Die Zeitvariable muss in ihrer Skalierung stetig sein, die Faktor- sowie Schichtenvariablen müssen kategorial sein. Die Statusvariable kann kategorial oder stetig sein.

(7) Wahrscheinlichkeiten für das Zielereignis dürfen nur vom Kausalfaktor (z.B. Therapiewirksamkeit) und dem Faktor Zeit abhängen. Es wird dabei davon ausgegangen, dass Kausal- und Umgebungsfaktoren während des Studienverlaufs invariant sind, und einen konstanten Effekt auf die Überlebensfunktion ausüben. Variierende Kausalfaktoren oder Umgebungsbedingungen verstoßen gegen diese implizite Grundannahme der Survivalanalyse. Zwischen zu unterschiedlichen Zeiten in die Ausgangsmenge aufgenommenen Elementen (wie z.B. Patienten mit unterschiedlichen Therapieanfängen) sollten z.B. mittels einer Sensitivitätsanalyse keine Unterschiede feststellbar sein.

(8) Zufällige Zensierungen müssen nichtinformativ sein (sog. random censoring). Zensierungen dürfen in keinerlei Beziehung zu Ausprägungen der Schicht-, Faktor-, oder Zeitvariablen stehen. Der Anteil zufälliger Zensierungen sollte so gering wie möglich sein, und ggf. durch geeignete Kovariaten kontrolliert werden. Zwischen zensierten und nichtzensierten Ereignissen sollten keine systematischen Unterschiede feststellbar sein, da diese sonst einen Bias in die Ergebnisse einführen würden.

(9) Bei Vergleichen von zwei oder mehr Gruppen ist eine gleiche Gruppengröße das Optimum, zumindest sollten die jeweiligen Gruppen zumindest annähernd gleich groß sein. Die Anzahl der Messwerte pro Gruppe beeinflusst die Schätzung der jeweiligen Überlebensfunktion. Unterschiedlich präzis geschätzte Überlebensfunktionen bzw. –kurven miteinander vergleichen zu wollen, macht wenig Sinn.

20.7. Übungen

1. Berechnen Sie eine einfache Survivalanalyse, zunächst ohne zensierte Werte, Strata und grafischen Output. Versuchen Sie die ermittelten Statistiken zu interpretieren. Überprüfen Sie, ob die Voraussetzungen für das Berechnen einer Survivalanalyse erfüllt sind.
2. Berechnen Sie eine Survivalanalyse einschließlich zensierter Werte, Strata und Grafiken. Überprüfen Sie anhand der Grafiken, ob Sie den korrekten Homogenitätstest gewählt haben. Versuchen Sie die ermittelten Statistiken zu interpretieren.

21. Hauptkomponentenanalyse PRINCOMP

21.1. Einführung in die Hauptkomponentenanalyse

Die Hauptkomponentenanalyse (HKA, Principal Component Analysis, PCA) ist ein multivariates Verfahren zur Analyse der Beziehungen zahlreicher quantitativer Variablen. Die Hauptkomponentenanalyse erlaubt, Daten zu explorieren, zusammenzufassen, und lineare Zusammenhänge zu entdecken; darüber hinaus kann die Hauptkomponentenanalyse eingesetzt werden, um polynomiale Zusammenhänge zu untersuchen und Ausreißer zu entdecken. Aufgrund ihrer Fähigkeit zur Komponentenbildung ist die Hauptkomponentenanalyse auch ein Verfahren zur Reduktion der Komplexität von Daten.

Eine Hauptkomponentenanalyse kann z.B. bei folgenden Fragestellungen mit Gewinn eingesetzt werden:

Variablen-Verdichtung: Liegen vor einer Analyse sehr zahlreiche Variablen vor, können diese zu wenigen Hauptkomponenten verdichtet, und so besser visualisiert und analysiert werden.

Beispiel: An verendeten Fischen wurden zahlreiche und völlig verschiedene Merkmale gemessen (z.B. Alter, Gewicht, Länge, Leberbelastung etc.), die nun zu wenigen, diese zahlreichen Merkmale bündelnden Komponenten verdichtet werden sollen.

Indikatoren-Verdichtung: Falls für verschiedene Fälle bzw. Gruppen mehrere Beurteilungen in derselben Dimension vorliegen, können diese zunächst auf Übereinstimmung überprüft, und anschließend zu einer einzigen Beurteilungsvariable verdichtet werden.

Beispiel: Mehrere Experten begutachten zahlreiche Gewässer anhand eines festen Kriterienkatalogs. Mit der Hauptkomponentenanalyse kann nun zunächst das Ausmaß ihrer Übereinstimmung festgestellt werden, und die Kriterien u.U. zu einem zusammengefasst werden.

Index-Bildung: Falls für verschiedene Fälle bzw. Gruppen verschiedene Indizes (in verschiedenen Dimensionen) vorliegen, können diese zu einem zuverlässigen Index zusammengefasst werden.

Beispiel: Es gibt für bestimmte Phänomene, z.B. Merkmale verendeter Fische (siehe obiges Beispiel), zahlreiche konkurrierende Indizes (z.B. Alter/Gewicht, Länge/Gewicht, Leberbelastung/Alter, etc.). Eine Hauptkomponentenanalyse ist in der Lage, diese Indizes aus ermittelten Hauptkomponenten sinnvoll abzuleiten.

21.1.1. Gemeinsamkeiten und Unterschiede zur Faktorenanalyse

Ähnlich wie die Faktorenanalyse geht die Hauptkomponentenanalyse von einer Korrelationsmatrix aus und erlaubt, zahlreiche Variablen zu wenigen Komponenten (Faktorenanalyse: ‚Faktoren') zusammenzufassen; die Hauptkomponentenanalyse versucht jedoch im Gegensatz zur Faktorenanalyse die Struktur der Daten zu erhalten, d.h. die ermittelten Komponenten sind eine Linearkombination der beobachteten Variablen.

Die Hauptkomponentenanalyse und die Faktorenanalyse werden wegen ihren ähnlichen Eigenschaften der Mustererkennung, Komponentenbildung (Faktorenanalyse: ‚Faktorextraktion'), und Datenreduktion oft gleichgesetzt. Erschwerend kommt hinzu, dass die Hauptkomponentenanalyse oft der Gruppe der faktorenanalytischen Verfahren zugeordnet wird. Eine Hauptkomponentenanalyse kann in SAS mit PRINCOMP, aber auch mit der Prozedur PROC FACTOR berechnet werden. Tatsächlich bestehen zwischen Hauptkomponentenanalyse und Faktorenanalyse mehrere Unterschiede, die es nahe legen, die beiden Verfahren grundsätzlich auseinander zu halten.

Die Entscheidung zwischen Hauptkomponenten- und Faktorenanalyse hängt von den Prioritäten der jeweiligen Fragestellung ab:

Mit der Hauptkomponentenanalyse werden neue Variablen aus beobachteten Werten, bei der Faktorenanalyse aus geschätzten Faktorwerten konstruiert. Bei der Komponentenanalyse stellt eine Hauptkomponente eine *beobachtbare lineare Gleichung* dar, während bei der Faktorenanalyse ein Faktor als *nichtbeobachtbares Konstrukt* gilt.

Im Gegensatz dazu repräsentieren die extrahierten Faktoren bei einer Faktorenanalyse keine Linearkombination der beobachteten Variablen. Auch Komponentenmodelle, die auf linearen Variablenkombinationen aufbauen, wie z.B. Image- oder Harris-Komponentenmodell rekonstruieren im allgemeinen eine Faktorenlösung nicht korrekt, und damit geben die ermittelten Lineargleichungen die Faktoren nicht korrekt wieder.

Verfahrenstechnisch gesehen bestehen zwischen Hauptkomponenten- und Faktorenanalyse noch Unterschiede in Berechnung, Kommunalität und Rotation. PROC PRINCOMP berechnet bei einer Hauptkomponentenanalyse Eigenwerte und Eigenvektoren. Die Varianz einer Komponente ist gleich dem Eigenwert; die Summe der quadrierten Elemente in einem Eigenvektor entspricht nicht notwendigerweise dem Eigenwert. Bei einer Hauptfaktorenanalyse basieren die Ladungen auf Korrelationen. Die Summe der quadrierten Elemente ergibt ein Varianzmaß. Die Hauptfaktorenanalyse errechnet z.B. eine anfängliche Kommunalität iterativ, während die Hauptkomponentenanalyse auf die Annahme merkmalseigener Varianzen verzichtet (die Kommunalitäten sind also hier gleich Eins gesetzt). Bei der Hauptkomponentenanalyse werden im Allgemeinen die Komponenten, im Gegensatz zu den Faktoren einer Hauptfaktorenanalyse, keiner weiteren Rotation unterzogen.

Für die Datenexploration gilt die Hauptkomponentenanalyse als geeigneter als die Faktorenanalyse. Sollen Daten zusammengefasst, und lineare Zusammenhänge untersucht werden, besonders wenn die ermittelten Komponenten durch die Lineargleichungen wiedergegeben werden sollen, ist die Hauptkomponentenanalyse anstelle der Faktorenanalyse das Verfahren der Wahl. Hauptkomponenten können z.B. verwendet werden, um die Anzahl von Variablen für Regressionen oder vor dem Clustern zu verringern. Eine Hauptkomponentenanalyse sollte niemals verwendet werden, wenn eigentlich eine faktorenanalytische Lösung benötigt wird.

Bei der Berechnung einer Hauptkomponentenanalyse mit PROC PRINCOMP treten darüber hinaus nicht die Probleme auf, wie sie bei der Berechnung einer Hauptfaktorenanalyse mit PROC FACTOR auftreten können (siehe z.B. die SAS/STAT Dokumentation in PROC FACTOR zu Heywood- bzw. ultra-Heywood-Fällen und anderen Anomalien).

21.1.2. Das Prinzip der Hauptkomponentenanalyse

Die Hauptkomponentenanalyse fasst hochdimensionale Daten in einige wenige Dimensionen auf folgende Weise zusammen:

Aus einem gegeben Datensatz mit *n* Variablen werden aus dessen Korrelationsmatrix (bzw. Kovarianzmatrix) *n* Eigenwerte und die dazugehörigen Eigenvektoren ermittelt. Die Eigenvektoren werden auf eine gemeinsame Einheit standardisiert. Die Hauptkomponenten (principal components) sind Linearkombinationen der *n* Variablen. Die ermittelten Eigenvektoren sind die Koeffizienten der Linearkombinationen.

Die erste Hauptkomponente ist die Linearkombinationen der *n* Variablen, die die größtmögliche Varianz aufklärt. Jede folgende Hauptkomponente ist eine Linearkombinationen an *n* Variablen, die soviel wie möglich von der Varianz erklären, die die jeweils vorausgehende Hauptkomponente nicht erfassen konnte, und zu den bereits definierten Hauptkomponenten orthogonal, also nicht korreliert ist.

Die erste Hauptkomponente besitzt die größtmögliche Varianz auf der Basis einer linearen Kombination der beobachteten Variablen; die letzte Hauptkomponente besitzt die geringste Varianz irgendeiner Linearkombination der beobachteten Variablen. Hochdimensionale Daten können auf diese Weise auf wenige

Hauptkomponenten zusammengefasst werden, die dann leicht in Grafiken zwei-, und dreidimensional untersucht werden können. Die Interpretation der Hauptkomponenten, also der Variablen, ihrer Anzahl und ihrer Ladungen, sind bei der Hauptkomponentenanalyse der Interpretation des Anwenders überlassen.

21.1.3. Bestimmung der Anzahl der Komponenten

Es gibt mehrere Kriterien zum Beibehalten der ermittelten Hauptkomponenten; als das einfachste Kriterium gilt dabei das Kaiser-Kriterium. Bei *n* standardisierten Variablen kann der Eigenwert einer Komponente maximal *n* * *1* erreichen; da jede der *n* Variablen bereits jeweils eine Varianz (Eigenwert) von 1 besitzt. Bei sechs standardisierten Variablen kann z.B. der Eigenwert einer Komponente den Wert 6 nicht übersteigen.

Gemäß Kaiser's Eigenwert-Kriterium sollte man nur die Komponenten mit einem Eigenwert größer 1 beibehalten (Kaiser-Kriterium), also größer als dem durchschnittlichen Eigenwert. Bei einem Eigenwert kleiner oder gleich 1 würden sie nicht mehr als den durchschnittlichen Eigenwert der Variablen erklären.

21.2. Die Berechnung einer Hauptkomponentenanalyse in SAS

Eine Hauptkomponentenanalyse kann in SAS sowohl mit PROC PRINCOMP, als auch mit PROC FACTOR berechnet werden. Im Folgenden wird ausschließlich die Berechnung einer Haupt*komponenten*analyse mit PROC PRINCOMP vorgestellt. Die Prozedur FACTOR und die Berechnung einer Haupt*faktoren*analyse wird in einem separaten Kapitel ausführlich vorgestellt.

PROC PRINCOM und PROC FACTOR unterscheiden sich in mehreren Aspekten: PRINCOMP gilt als etwas schneller als FACTOR, kann bei gleichem Speicher größere Probleme berechnen, und ist einfacher anzuwenden. FACTOR erzeugt im Vergleich zu PRINCOMP mehr Output (u.a. den Scree-Test), führt Rotationen durch, und druckt Matrizen in einer verständlicheren Form. Das Modul SAS/INSIGHT bzw. die Oberfläche SAS/ANALYST bieten komfortablere Berechnungsmöglichkeiten von Hauptkomponentenanalysen, v.a. hinsichtlich grafischer Ausgaben.

21.2.1. Syntax

```
PROC PRINCOMP <Optionen> ;
BY Variablen ;
```

```
FREQ Variable;
PARTIAL Variablen ;
VAR Variablen ;
       WEIGHT Variable ;
      run ;
```

Als Minimalanweisung ist das PROC PRINCOMP Statement bereits ausreichend (incl. einem Verweis auf den zu analysierenden Datensatz). *PRINCOMP erzeugt keine Grafiken*. Grafiken können über den Umweg von speziellen Datasets produziert werden (Beispiel unter 21.2.3.).

Unter *Optionen* können weitere Rechen- und Ausgabeanweisungen angegeben werden.

COVARIANCE (COV) berechnet die Hauptkomponenten aus der Kovarianzmatrix. Wird COVARIANCE verwendet, sollten die Variablen dieselbe Maßeinheit aufweisen bzw. standardisiert sein; werden inkommensurable Variablen berechnet, darf die Option COV nicht verwendet werden. COVARIANCE bewirkt, dass Variablen mit großen (kleinen) Varianzen stärker mit Komponenten mit großen (kleinen) Eigenwerten assoziiert sind. Wird COVARIANCE nicht angegeben, wird die Korrelationsmatrix berechnet.

DATA= *SAS Datensatz*: Expliziter Verweis auf den zu verwendenden SAS Datensatz; fehlt dieser Verweis, verwendet PRINCOMP den zuletzt angelegten Datensatz.

N=Zahl. Spezifiziert die Anzahl der zu berechnenden Hauptkomponenten. Als Zahl voreingestellt ist die Anzahl der zu berechnenden Variablen. Der Wert von N muss ganzzahlig und größer als Null sein.

NOINT: Schließt den Interceptparameter aus dem Modell aus. Mit anderen Worten: Die Kovarianz- oder Korrelationsmatrix wird nicht um den Mittelwert korrigiert, sondern auf den Mittelwert 0 bezogen (d.h. die Kovarianzmatrix und die Standardabweichungen sind nicht um den Mittelwert korrigiert). Nur empfehlenswert, wenn bekannt ist, dass $\mu=0$.

NOPRINT: Unterdrückt die Anzeige jeglichen Outputs, nützlich falls nur ein Ausgabedatensatz angefordert wurde. Blockiert zeitweise auch das ODS.

OUT=*SAS Datensatz:* Legt einen Zieldatensatz für die Originaldaten und die Kennwerte der ermittelten Hauptkomponenten an.

OUTSTAT= *SAS Datensatz:* Legt einen Output-Datensatz für Mittelwerte, Standardabweichungen, Anzahl der Beobachtungen (Fälle), Korrelationen oder Kovarianzen, Eigenwerte (values) und Eigenvektoren an (scores). Je nach weiteren Voreinstellungen (z.B. COV, NOINT, oder PARTIAL) ist der Datensatz vom Typ COV bzw. UCOV (bei NOINT) und enthält Kovarianzen, oder vom Typ CORR bzw. UCORR (bei NOINT) und enthält Korrelationen. Bei PARTIAL enthält der Datensatz auch R^2.

PREFIX= *Name:* Legt einen Namenspräfix für die ermittelten Hauptkomponenten fest. Voreingestellt ist „Prin", was Bezeichnungen von „Prin1" bis „Prin*n*" erzeugt. Achtung: Die Anzahl der Stellen von *n* und die Anzahl der Buchstaben für PREFIX sollten zusammen nicht die im System voreingestellte Maximallänge für Variablennamen übersteigen.

SINGULAR=Wert: Legt das Singularitätskriterium fest (0 < *Wert* < 1). Der voreingestellte Wert ist 1E-8.

STANDARD: Standardisiert die Werte der Hauptkomponenten im OUT=*Datensatz* auf eine Varianz=1 (*unit variance*). STANDARD beeinflusst nicht die Eigenwerte. Wird STANDARD nicht angegeben, haben die Werte der Hauptkomponenten eine Varianz gleich dem korrespondierenden Eigenwert.

VARDEF: Legt den Divisor fest, der bei der Berechnung von Varianzen und Standardabweichungen verwendet werden soll; zur Auswahl stehen DF, N, WDF und WEIGHT (WGT).

Ist ein *BY* Statement angegeben, werden separate Hauptkomponentenanalysen für die Ausprägungen der dort aufgeführten Gruppierungsvariablen berechnet. Wird ein *BY*-Statement angegeben, müssen die Input-Daten entsprechend der *BY*-Variablen sortiert sein (über PROC SORT).

Unter *FREQ* kann eine Variable angegeben werden, die die Häufigkeiten jeder Beobachtung im Datensatz angibt. Wenn z.B. FREQ *n* für eine bestimmte Beobachtung angibt, dann wird diese Beobachtung *n* mal verwendet; die Gesamtzahl der Beobachtungen entspricht dann der Summe der FREQ Variable. Fall *n* ein fehlender Wert oder kleiner als 1 ist, wird die betreffende Beobachtung nicht in der Analyse verwendet.

Falls eine Hauptkomponentenanalyse auf der Basis einer partiellen Korrelations- bzw. Kovarianzmatrix durchgeführt werden soll, können in *partial* die Variablen angegeben werden, die aus den anderen Variablen herauspartialisiert bzw. in den partiellen Korrelationen konstant gehalten werden sollen.

Mit der *VAR* Anweisung werden alle Variablen aufgelistet, die in die Pfadanalyse eingehen sollen. Die VAR-Anweisung ist nützlich, um zu gewährleisten, dass PRINCOMP nur die Variablen in die Analyse einbezieht, die analysiert werden sollen (beim Weglassen des VAR Statement werden alle Variablen analysiert). Besonderheiten im Zusammenhang mit dem Intercept sind der SAS Dokumentation zu entnehmen.

Falls für die Beobachtungen im Input-Datensatz relative Gewichte verwendet werden sollen, können die Gewichte als Variable angegeben, und der Name dieser Gewichtungsvariable unter *WEIGHT* spezifiziert werden. Eine Beobachtung geht nur dann in die Berechnung ein, wenn der Wert der WEIGHT Variable kein Missing und größer als Null ist.

21.2.2. Beispiel-Berechnung

Fragestellung

Aus einer Studie liegen im Datensatz FORELLE viele verschiedene Variablen vor, diese sollen zu wenigen Hauptkomponenten verdichtet werden (Variante der Variablen-Verdichtung). In diesem Fall wurden an verendeten Fischen zahlreiche und völlig verschiedene Merkmale gemessen (z.B. Alter, Gewicht, Länge, Leberbelastung, etc. (siehe die Variablen ALTER, GEWICHT, KONZLEBR etc.). Diese Variablen sollen nun zu zwei aussagekräftigen Komponenten zusammengefasst werden. Diese Hauptkomponentenanalyse soll für drei verschiedene Fischarten durchgeführt werden.

Programm

```
proc princomp data = PFAD.FORELLE N=2 prefix=hkompo;
   var  ALTER GEWICHT LAENGE HOEHE BREITE
            VFLOSSE HFLOSSE BFLOSSE KONZKIEM
            KONZLEBR KONZHAUT KONZGWBE KONZHIRN KONZMARK ;
by  FISCHART ;
run ;
```

Anm.: Über N wird festgelegt, dass zwei Hauptkomponenten ermittelt werden sollen. Das Präfix für die beiden Hauptkomponenten soll HKOMPO lauten. Da die Variablen *nicht* in einer einheitlichen Einheit vorliegen (z.B. ALTER, LAENGE), kann die Option COV *nicht* verwendet werden. By FISCHART bestimmt, dass diese Hauptkomponentenanalyse für drei verschiedene Fischarten durchgeführt wird.

Output

```
---------------------------------- Fischart=S-Forelle -----------------------------------

                                   The PRINCOMP Procedure

                                 Observations           26
                                 Variables              14


                                     Simple Statistics

        Alter     Gewicht          Laenge          Hoehe          Breite         Vflosse        Hflosse

Mean 72.54373538  1.536538462  17.50930435  6.323117538 2.762957346  1.850269231 46.54063846
StD   1.10575864  0.048903358   0.27181799  0.174435482 0.084752022  2.045292161  1.59817295

                                     Simple Statistics

       Bflosse       KonzKiem       KonzLebr      KonzHaut    KonzGwbe      KonzHirn       KonzMark

Mean  34.55157692 0.9135357692 13.53790577 8.181923077 7.903461538 1.173200385 1.075248077
StD   25.90213064 0.4448067433  7.46749229 0.201395516 0.163387694 0.498644957 0.498592868



                                     Correlation Matrix

                                       Alter    Gewicht     Laenge      Hoehe     Breite    Vflosse

Alter   Alter in Tagen                1.0000     0.2908     0.6490     0.3529     -.1406     -.2475
Gewicht Gewicht (in kg)               0.2908     1.0000     0.0704     -.4945     -.1363     0.2973
Laenge  Laenge (in cm)                0.6490     0.0704     1.0000     0.5350     -.1823     -.4713
Hoehe   Hoehe (in cm)                 0.3529     -.4945     0.5350     1.0000     0.2832     -.5047
                                       Alter    Gewicht     Laenge      Hoehe     Breite    Vflosse

Breite  Breite (in cm)                -.1406     -.1363     -.1823     0.2832     1.0000     -.0954
Vflosse Vorderflosse (in mm)          -.2475     0.2973     -.4713     -.5047     -.0954     1.0000
Hflosse Schwanzflosse (in mm)         0.4057     0.3164     0.4903     0.0699     -.0670     -.2742
Bflosse Bauchflosse (in mm)           -.2461     0.5733     -.3948     -.5217     0.3970     0.3368
KonzKiem Konzentration Kiemen (in mg)-.0054     0.1422     -.3369     -.3862     0.0124     0.3636
KonzLebr Konzentration Leber (in mg) 0.0834     0.1520     -.2449     -.1458     0.2817     0.2624

                                     Correlation Matrix

                                  Konz       Konz       Konz       Konz       Konz       Konz
        Hflosse     Bflosse       Kiem       Lebr       Haut       Gwbe       Hirn       Mark

Alter     0.4057     -.2461     -.0054     0.0834     -.0519     0.0818     0.0306     0.0229
Gewicht   0.3164     0.5733     0.1422     0.1520     -.1553     -.3704     0.1294     0.1463
Laenge    0.4903     -.3948     -.3369     -.2449     0.4281     0.3901     -.3329     -.3518
Hoehe     0.0699     -.5217     -.3862     -.1458     0.3508     0.5103     -.3436     -.3701
Breite    -.0670     0.3970     0.0124     0.2817     0.0717     -.0649     0.0675     0.0574
Vflosse   -.2742     0.3368     0.3636     0.2624     -.2265     -.4950     0.3876     0.3798
Hflosse   1.0000     -.0896     0.1169     -.0063     -.1822     0.0035     0.0869     0.0935
Bflosse   -.0896     1.0000     0.2204     0.2903     -.1582     -.4186     0.2180     0.2338
KonzKiem  0.1169     0.2204     1.0000     0.6963     -.5595     -.5892     0.9875     0.9897
KonzLebr  -.0063     0.2903     0.6963     1.0000     -.3984     -.5180     0.7801     0.7736
```

Correlation Matrix

		Alter	Gewicht	Laenge	Hoehe	Breite	Vflosse
KonzHaut	Konzentration Haut (in mg)	-.0519	-.1553	0.4281	0.3508	0.0717	-.2265
KonzGwbe	Konzentration Gewebe (in mg)	0.0818	-.3704	0.3901	0.5103	-.0649	-.4950
KonzHirn	Konzentration Gehirn (in mg)	0.0306	0.1294	-.3329	-.3436	0.0675	0.3876
KonzMark	Konzentration Mark (in mg)	0.0229	0.1463	-.3518	-.3701	0.0574	0.3798

Correlation Matrix

	Hflosse	Bflosse	Konz Kiem	Konz Lebr	Konz Haut	Konz Gwbe	Konz Hirn	Konz Mark
KonzHaut	-.1822	-.1582	-.5595	-.3984	1.0000	0.5956	-.5558	-.5876
KonzGwbe	0.0035	-.4186	-.5892	-.5180	0.5956	1.0000	-.6222	-.6182
KonzHirn	0.0869	0.2180	0.9875	0.7801	-.5558	-.6222	1.0000	0.9970
KonzMark	0.0935	0.2338	0.9897	0.7736	-.5876	-.6182	0.9970	1.0000

Eigenvalues of the Correlation Matrix

	Eigenvalue	Difference	Proportion	Cumulative
1	5.48833645	3.07575161	0.3920	0.3920
2	2.41258484		0.1723	0.5644

Eigenvectors

		hkompo1	hkompo2
Alter	Alter in Tagen	-.068276	0.521602
Gewicht	Gewicht (in kg)	0.147662	0.108611
Laenge	Laenge (in cm)	-.248077	0.437806
Hoehe	Hoehe (in cm)	-.267027	0.230272
Breite	Breite (in cm)	0.036539	-.095534
Vflosse	Vorderflosse (in mm)	0.251927	-.228643
Hflosse	Schwanzflosse (in mm)	-.011288	0.455398
Bflosse	Bauchflosse (in mm)	0.216899	-.224953
KonzKiem	Konzentration Kiemen (in mg)	0.374567	0.185889
KonzLebr	Konzentration Leber (in mg)	0.312275	0.170583
KonzHaut	Konzentration Haut (in mg)	-.285401	-.120812
KonzGwbe	Konzentration Gewebe (in mg)	-.342587	-.001570
KonzHirn	Konzentration Gehirn (in mg)	0.380108	0.194392
KonzMark	Konzentration Mark (in mg)	0.384183	0.189739

---------------------------------- Fischart=F-Forelle ------------------------------------

The PRINCOMP Procedure

Observations	33
Variables	14

Simple Statistics

	Alter	Gewicht	Laenge	Hoehe	Breite	Vflosse	Hflosse
Mean	72.02584242	1.558787879	17.43856530	6.211669236	2.749403424	12.87770909	46.25951515
StD	2.61710357	0.039191643	0.59816521	0.269964056	0.053367025	5.92181032	1.94653344

Simple Statistics

	Bflosse	KonzKiem	KonzLebr	KonzHaut	KonzGwbe	KonzHirn	KonzMark
Mean	39.11133636	0.8010636364	14.19028182	8.272121212	7.896666667	1.074518182	0.9459181818
StD	22.17838573	0.3869888348	7.29015375	0.250920276	0.134016479	0.433944519	0.4342613533

Correlation Matrix

		Alter	Gewicht	Laenge	Hoehe	Breite	Vflosse
Alter	Alter in Tagen	1.0000	-.0275	0.5225	0.2953	-.4037	-.4501
Gewicht	Gewicht (in kg)	-.0275	1.0000	0.1092	-.1505	-.1504	-.0566
Laenge	Laenge (in cm)	0.5225	0.1092	1.0000	0.7645	0.0181	-.5382
Hoehe	Hoehe (in cm)	0.2953	-.1505	0.7645	1.0000	0.2260	-.6431
Breite	Breite (in cm)	-.4037	-.1504	0.0181	0.2260	1.0000	0.1370
		Alter	Gewicht	Laenge	Hoehe	Breite	Vflosse
Vflosse	Vorderflosse (in mm)	-.4501	-.0566	-.5382	-.6431	0.1370	1.0000
Hflosse	Schwanzflosse (in mm)	0.2299	0.1082	0.3013	0.3673	-.3176	-.3657
Bflosse	Bauchflosse (in mm)	0.2333	-.0564	-.0763	-.1121	-.1393	0.0817
KonzKiem	Konzentration Kiemen (in mg)	0.2109	0.3271	-.0526	-.1305	-.1233	-.2336
KonzLebr	Konzentration Leber (in mg)	0.1959	0.0188	-.0504	-.3666	0.0727	0.2095

Correlation Matrix

	Hflosse	Bflosse	Konz Kiem	Konz Lebr	Konz Haut	Konz Gwbe	Konz Hirn	Konz Mark
Alter	0.2299	0.2333	0.2109	0.1959	0.3146	0.0983	0.2401	0.1976
Gewicht	0.1082	-.0564	0.3271	0.0188	-.3903	-.4839	0.3239	0.3354
Laenge	0.3013	-.0763	-.0526	-.0504	-.0282	0.0160	-.0451	-.0746
Hoehe	0.3673	-.1121	-.1305	-.3666	-.1996	0.0169	-.1881	-.1659
Breite	-.3176	-.1393	-.1233	0.0727	-.0219	-.0878	-.1592	-.1110
Vflosse	-.3657	0.0817	-.2336	0.2095	0.2540	0.0198	-.1559	-.1926
Hflosse	1.0000	-.0542	-.1837	-.6007	-.2004	0.1660	-.2152	-.2112
Bflosse	-.0542	1.0000	0.3549	0.4321	0.0295	-.2222	0.3770	0.3543
KonzKiem	-.1837	0.3549	1.0000	0.5516	-.3497	-.6931	0.9797	0.9969
KonzLebr	-.6007	0.4321	0.5516	1.0000	0.2398	-.3079	0.6399	0.5861

Correlation Matrix

		Alter	Gewicht	Laenge	Hoehe	Breite	Vflosse
KonzHaut	Konzentration Haut (in mg)	0.3146	-.3903	-.0282	-.1996	-.0219	0.2540
KonzGwbe	Konzentration Gewebe (in mg)	0.0983	-.4839	0.0160	0.0169	-.0878	0.0198
KonzHirn	Konzentration Gehirn (in mg)	0.2401	0.3239	-.0451	-.1881	-.1592	-.1559
KonzMark	Konzentration Mark (in mg)	0.1976	0.3354	-.0746	-.1659	-.1110	-.1926

Correlation Matrix

	Hflosse	Bflosse	Konz Kiem	Konz Lebr	Konz Haut	Konz Gwbe	Konz Hirn	Konz Mark
KonzHaut	-.2004	0.0295	-.3497	0.2398	1.0000	0.4889	-.2359	-.3242
KonzGwbe	0.1660	-.2222	-.6931	-.3079	0.4889	1.0000	-.6725	-.6972
KonzHirn	-.2152	0.3770	0.9797	0.6399	-.2359	-.6725	1.0000	0.9879
KonzMark	-.2112	0.3543	0.9969	0.5861	-.3242	-.6972	0.9879	1.0000

Eigenvalues of the Correlation Matrix

	Eigenvalue	Difference	Proportion	Cumulative
1	4.51618461	1.51547051	0.3226	0.3226
2	3.00071410		0.2143	0.5369

Eigenvectors

		hkompo1	hkompo2
Alter	Alter in Tagen	0.075369	0.325746
Gewicht	Gewicht (in kg)	0.193128	0.104494
Laenge	Laenge (in cm)	-.048007	0.453549
Hoehe	Hoehe (in cm)	-.120401	0.462003
Breite	Breite (in cm)	-.056277	-.119978
Vflosse	Vorderflosse (in mm)	-.034799	-.484535
Hflosse	Schwanzflosse (in mm)	-.142092	0.358358
Bflosse	Bauchflosse (in mm)	0.211288	-.034732
KonzKiem	Konzentration Kiemen (in mg)	0.452091	0.081447
KonzLebr	Konzentration Leber (in mg)	0.316929	-.193226
KonzHaut	Konzentration Haut (in mg)	-.145686	-.182185
KonzGwbe	Konzentration Gewebe (in mg)	-.358931	-.046997
KonzHirn	Konzentration Gehirn (in mg)	0.455756	0.048361
KonzMark	Konzentration Mark (in mg)	0.456519	0.057565

---------------------------------- Fischart=B-Forelle ----------------------------------

The PRINCOMP Procedure

Observations	35
Variables	14

Simple Statistics

	Alter	Gewicht	Laenge	Hoehe	Breite	Vflosse	Hflosse
Mean	66.51973400	1.573714286	15.88401671	5.539033509	2.749766086	49.70435143	45.01850571
StD	4.26396240	0.038201148	1.05524051	0.452885927	0.088035667	7.08668560	1.98473153

Simple Statistics

	Bflosse	KonzKiem	KonzLebr	KonzHaut	KonzGwbe	KonzHirn	KonzMark
Mean	83.15877143	0.9101820000	19.14688571	8.519428571	7.822857143	1.228313143	1.083367714
StD	45.51265453	0.3436278686	16.43715132	0.178670628	0.134810792	0.441274315	0.418780059

Correlation Matrix

		Alter	Gewicht	Laenge	Hoehe	Breite	Vflosse
Alter	Alter in Tagen	1.0000	-.3266	0.8608	0.6553	-.4951	-.0203
Gewicht	Gewicht (in kg)	-.3266	1.0000	-.2377	-.2889	0.4445	-.2519
Laeng	Laenge (in cm)	0.8608	-.2377	1.0000	0.8449	-.4057	-.0058
Hoehe	Hoehe (in cm)	0.6553	-.2889	0.8449	1.0000	-.1244	0.0236
Breite	Breite (in cm)	-.4951	0.4445	-.4057	-.1244	1.0000	-.1403
Vflosse	Vorderflosse (in mm)	-.0203	-.2519	-.0058	0.0236	-.1403	1.0000

		Alter	Gewicht	Laenge	Hoehe	Breite	Vflosse
Hflosse	Schwanzflosse (in mm)	-.1151	0.3046	-.1427	-.1471	-.0066	-.1403
Bflosse	Bauchflosse (in mm)	0.2046	-.2525	0.1760	0.1068	-.0931	0.4789
KonzKiem	Konzentration Kiemen (in mg)	0.2830	-.1268	0.2682	0.1031	-.3798	0.5139
KonzLebr	Konzentration Leber (in mg)	0.4952	-.4210	0.4853	0.4378	-.3112	0.2815

Correlation Matrix

	Hflosse	Bflosse	Konz Kiem	Konz Lebr	Konz Haut	Konz Gwbe	Konz Hirn	Konz Mark
Alter	-.1151	0.2046	0.2830	0.4952	0.1697	0.1023	0.3406	0.2929
Gewicht	0.3046	-.2525	-.1268	-.4210	0.0589	-.2203	-.1763	-.1758
Laenge	-.1427	0.1760	0.2682	0.4853	-.0325	0.0323	0.3246	0.2875
Hoehe	-.1471	0.1068	0.1031	0.4378	-.0288	0.0589	0.1524	0.1306
Breite	-.0066	-.0931	-.3798	-.3112	0.1838	0.1009	-.3621	-.3795
Vflosse	-.1403	0.4789	0.5139	0.2815	0.0367	-.3576	0.5062	0.5285
Hflosse	1.0000	-.0355	-.2118	-.5685	-.2941	-.0349	-.3163	-.2758
Bflosse	-.0355	1.0000	0.4840	0.2717	0.0233	-.1118	0.4518	0.4788
KonzKiem	-.2118	0.4840	1.0000	0.6194	-.0314	-.7048	0.9707	0.9886
KonzLebr	-.5685	0.2717	0.6194	1.0000	0.3157	-.3508	0.7411	0.7007

Correlation Matrix

		Alter	Gewicht	Laenge	Hoehe	Breite	Vflosse
KonzHaut	Konzentration Haut (in mg)	0.1697	0.0589	-.0325	-.0288	0.1838	0.0367
KonzGwbe	Konzentration Gewebe (in mg)	0.1023	-.2203	0.0323	0.0589	0.1009	-.3576
KonzHirn	Konzentration Gehirn (in mg)	0.3406	-.1763	0.3246	0.1524	-.3621	0.5062
KonzMark	Konzentration Mark (in mg)	0.2929	-.1758	0.2875	0.1306	-.3795	0.5285

Correlation Matrix

	Hflosse	Bflosse	Konz Kiem	Konz Lebr	Konz Haut	Konz Gwbe	Konz Hirn	Konz Mark
KonzHaut	-.2941	0.0233	-.0314	0.3157	1.0000	-.0439	0.1047	0.0218
KonzGwbe	-.0349	-.1118	-.7048	-.3508	-.0439	1.0000	-.6781	-.6981
KonzHirn	-.3163	0.4518	0.9707	0.7411	0.1047	-.6781	1.0000	0.9903
KonzMark	-.2758	0.4788	0.9886	0.7007	0.0218	-.6981	0.9903	1.0000

Eigenvalues of the Correlation Matrix

	Eigenvalue	Difference	Proportion	Cumulative
1	5.37442463	2.72496921	0.3839	0.3839
2	2.64945543		0.1892	0.5731

```
                              Eigenvectors

                                                      hkompo1       hkompo2

Alter         Alter in Tagen                         0.245093      0.427126
Gewicht       Gewicht (in kg)                        -.168177      -.242096
Laenge        Laenge (in cm)                         0.243213      0.437855
Hoehe         Hoehe (in cm)                          0.180512      0.433701
Breite        Breite (in cm)                         -.213976      -.158004
Vflosse       Vorderflosse (in mm)                   0.226794      -.235018
Hflosse       Schwanzflosse (in mm)                  -.161595      -.066431
Bflosse       Bauchflosse (in mm)                    0.221610      -.085796
KonzKiem      Konzentration Kiemen (in mg)           0.383043      -.231384
KonzLebr      Konzentration Leber (in mg)            0.360600      0.089666
KonzHaut      Konzentration Haut (in mg)             0.046313      0.003560
KonzGwbe      Konzentration Gewebe (in mg)           -.225866      0.379429
KonzHirn      Konzentration Gehirn (in mg)           0.400657      -.188433
KonzMark      Konzentration Mark (in mg)             0.396260      -.214713
```

Erläuterungen

Wichtige Hinweise werden von SAS z.T. auch ins LOG ausgegeben, z.B. über die Anzahl der Missings pro Datensatz bzw. Level der Gruppierungsvariable z.B. 28, 20 bzw. 18), und die Gesamtzahl der eingelesenen Daten (*N*=160-(28-20-18)=*94*).

```
WARNING: 28 of 54 observations in data set PFAD.FORELLE omitted due to missing
values.
NOTE: The above message was for the following by-group:
      Fischart=S-Forelle
WARNING: 20 of 53 observations in data set PFAD.FORELLE omitted due to missing
values.
NOTE: The above message was for the following by-group:
      Fischart=F-Forelle
WARNING: 18 of 53 observations in data set PFAD.FORELLE omitted due to missing
values.
NOTE: The above message was for the following by-group:
      Fischart=B-Forelle
NOTE: There were 160 observations read from the data set PFAD.FORELLE.
```

Mit den Überschriften wird auf separate Analysen für die jeweiligen Fischarten hingewiesen, z.B. zunächst für die FISCHART "S-Forelle", und auf die angewandte Prozedur „PRINCOMP“ hingewiesen. - Die Ausgabe für die beiden Fischarten "F-Forelle" und "B-Forelle" ist analog aufgebaut. Ladungen und Linearkombinationen werden am Beispiel der Daten für die Fischart „B-Forelle“ erläutert werden. - Anschließend wird für die Fischart „S-Forelle" die Anzahl der Beobachtungen *ohne* Missings (hier z.B. N=26), und die Anzahl der in die Berechnung eingehenden Variablen (hier z.B. N=14) angegeben.

In nächsten Abschnitt "Simple Statistics" wird für jede der vierzehn Variablen der jeweilige Mittelwert und die Standardabweichung angegeben. Bei der Fischart "S-Forelle" beträgt z.B. die durchschnittliche Länge 17.51 (StD=0.27).

Ab der ersten Überschrift "Correlation Matrix" werden die Korrelationen der Analysevariablen untereinander aufgelistet. Bei der Fischart "S-Forelle" korreliert "Alter" z.B. mit "Laenge" mit .65. Je nach Anzahl der analysierten Variablen kann die ausgegebene Korrelationsmatrix sehr umfangreich sein. Auf der Basis dieser Korrelationsmatrix wird die Eigenwertanalyse vorgenommen.

Unter "Eigenvalues of the Correlation Matrix" werden die Ergebnisse der Eigenwertanalyse für die Fischart "S-Forelle" aufgeführt. Der erste Eigenwert (Eigenvalue) beträgt 5.49, unterscheidet sich um 3.07 vom nächsten Eigenwert, und klärt ca. 39% Varianz auf (der theoretisch maximal mögliche Eigenwert ist 14, da 14 Variablen). Zusammen werden ca. 57 Prozent Varianz erklärt, ein eher niedriger Wert (von zwei guten Komponenten wären 75% oder mehr zu erwarten). Ab dem Abschnitt "Eigenvectors" werden die beiden ermittelten Hauptkomponenten (hier "hkompo1" und "hkompo2"), und ihre Ladungen aufgeführt. Wird eine Korrelationsmatrix verwendet, entspricht die Anzahl der Ladungen der Anzahl der Variablen bzw. entsprechen die Ladungen (Koeffizienten) den Eigenvektoren der Korrelationsmatrix. Die Komponenten sind eine Linearkombination der standardisierten Ladungen. An der Höhe der Ladungen auf den Eigenvektoren kann nun abgelesen werden, was die errechneten Hauptkomponenten (z.B. "hkompo1" und "hkompo2") inhaltlich und in welchem Ausmaß erfassen.

Bei der Fischart "B-Forelle" besitzt „hkompo1" z.B. hohe (>.20) positive Ladungen auf den Komponenten `Alter`, `Vflosse`, `Bflosse`, `KonzKiem`, `KonzLebr`, `KonzHirn` und `KonzMark` bzw. z.B. hohe (>-.20) negative Ladungen auf `Breite` und `KonzGwbe`. „hkompo2" besitzt z.B. hohe (>.20) Ladungen auf `Alter`, `Laenge`, `Hoehe`, und `Hflosse`, bzw. z.B. hohe (>-.20) negative Ladungen auf `Gewicht`, `Vflosse`, `KonzKiem`, und `KonzMark`.

Für die Fischart „B-Forelle" scheint „hkompo1" eine Hauptkomponente zu sein, die vorwiegend Belastungskonzentrationen und Flossenmerkmale erfasst. „hkompo2" scheint als Hauptkomponente vorwiegend morphologische Merkmale zu erfassen. Von Bio- bzw. Zoologen wird eine genauere inhaltliche Analyse vorgenommen werden. Der Befund kann auch als Linearkombination ausgedrückt werden (z.B. „hkompo1" für die Fischart "B-Forelle"):

```
hkompo1 = 0.24*Alter + 0.24*Laenge + 0.23*Vflosse + 0.22*Bflosse +
0.38*KonzKiem + 0.36*KonzLebr + 0.40*KonzHirn - 0.21*Breite - 0.23*KonzGwbe
```

Wären mehr Hauptkomponenten in der Analyse angefordert worden, ist durchaus anzunehmen, dass die verbleibenden vier Variablen ebenfalls in einer Komponente hätten gebündelt werden können. An dieser Stelle ist erkennbar, wie eine Hauptkomponentenanalyse hochdimensionale Daten in einige wenige Dimensionen zusammenzufassen erlaubt. In dieser Analyse am Beispiel der Fischart "B-Forelle" konnten vierzehn Variablen auf zwei Komponenten verdichtet werden, die zusammen ca. 57 Prozent der ursprünglichen Information repräsentieren.

21.2.3. Grafiken für PROC PRINCOMP

Grafiken

Um die Daten einer Hauptkomponentenanalyse grafisch darzustellen, wird oft ein Scree-Plot, eine sog. Pattern Correlation Matrix (auch: ‚Loading Matrix'), bzw. ein sog. Komponenten-Plot erzeugt.

Eine Pattern Correlation Matrix bildet dabei in einem Streudiagramm die Korrelationen zwischen den Variablen und den (einzelnen) Hauptkomponenten ab. Ein sog. Komponenten-Plot ist ein Streudiagramm der Ladungen zweier oder mehr Hauptkomponenten.

Da PRINCOMP jedoch auch per Voreinstellung nicht in der Lage ist, Grafiken auszugeben, wird an dieser Stelle ein Programm vorgestellt, das dennoch das Erzeugen von Grafiken für eine Hauptkomponentenanalyse ermöglicht. Das folgende Syntaxprogramm ist auf eine Analyse mit dem Ziel zweier Hauptkomponenten für mehrere Untergruppen ausgerichtet. Für andere Analysen muss das Syntax-Beispiel ggf. angepasst werden.

Der erste Teil des Codes legt einen speziellen Datensatz an (hier: EVALUES), darauf aufbauend werden Scree-Plots erzeugt. Ein vergleichbarer Schritt wird anschließend für die Erzeugung von Streudiagrammen vorgenommen (hier: ESCORES). Der Code und die damit erzeugten Ergebnisse werden nicht weiter erläutert.

```
proc format ;
        value FISCHART 1 = 'S-Forelle'
                       2 = 'F-Forelle'
                       3 = 'B-Forelle' ;
           run ;

 ods output Eigenvalues = EVALUES ;
    proc princomp data = PFAD.FORELLE N=2 prefix=hkompo;
         var ALTER GEWICHT LAENGE HOEHE BREITE
         VFLOSSE HFLOSSE BFLOSSE KONZKIEM KONZLEBR
  KONZHAUT KONZGWBE KONZHIRN KONZMARK ;
     by FISCHART ;
     format FISCHART FISCHART. ;
    run ;

  data EVALUES2 ;
     set EVALUES ;
     by FISCHART;
    if EIGENVALUE > 0;
    rename number=Hauptkomponenten ;
    drop difference proportion cumulative;
run;

goptions ftext=SWISS ctext=BLACK htext=1 cells;
axis1 minor=none major=(number=5) label=('Eigenwert');
     pattern1 value=solid color=orange;
     title 'Scree-Plot einer Hauptkomponentenanalyse (PROC PRINCOMP)' ;
     proc gchart data=EVALUES2 ;
        by FISCHART;
        format EIGENVALUE best8.;
        vbar Hauptkomponenten / type=sum sumvar=eigenvalue discrete
                  raxis=axis1 frame
                  cframe=grey caxis=BLACK coutline=BLACK
                  name='Scree-Plot'
```

```
                description='Scree-Plot';
   run;
   quit;
goptions reset=symbol reset=all ;


     proc princomp data = PFAD.FORELLE N=2 prefix=hkompo
out= ESCORES std noprint;
        var ALTER GEWICHT LAENGE HOEHE BREITE
                   VFLOSSE HFLOSSE BFLOSSE KONZKIEM KONZLEBR
   KONZHAUT KONZGWBE KONZHIRN KONZMARK ;
         by FISCHART ;
         format FISCHART FISCHART. ;
        run ;


goptions ftext=SWISS ctext=BLACK htext=1 cells ;
axis1 minor=none;
symbol1 value=diamond color=orange h=1 cells;
     title 'Plot der Hauptkomponenten 1 und 2' ;
     proc gplot data=ESCORES uniform ;
         by FISCHART;
        plot hkompo1 * hkompo2 = 1 /
             frame vaxis=axis1 haxis=axis1
     cframe=grey caxis=black
             name='Kompo-Plot'
             description='Plot der Hauptkomponenten 1 und 2';
        label hkompo1 = 'Hauptkomponente1';
              label hkompo2 = 'Hauptkomponente2';
     run;
     quit;
goptions reset=all  ;
```

21.2.4. Voraussetzungen für das Berechnen einer Hauptkomponentenanalyse

Die folgenden Voraussetzungen stimmen mit wenigen, aber wichtigen Ausnahmen mit denen der Faktorenanalyse überein:

(1) Variablenauswahl (Theorie vs. Bias): Auch wenn es widersprüchlich zu erscheinen scheint, sollten bereits vor der Durchführung einer Hauptkomponentenanalyse zumindest inhaltsorientierte Vermutungen über zu bündelnde Dimensionen (Komponenten) vorliegen. Eine Hauptkomponentenanalyse kann keine validen Komponenten ermitteln, wenn diese nicht einmal von der Theorieseite her unterstellt werden können. Rein atheoretisch ermittelte Komponenten entsprechen dem inhaltsorientierten NINO-Prinzip: „Nonsense in, nonsense out".

Die Anzahl, das Zustandekommen (Erklärung, Interpretation), und die Bezeichnungen v.a. der relevanten Komponenten sollten aus einer Theorie abgeleitet sein oder zumindest Augenscheinvalidität (face validity) aufweisen. Die vermuteten relevanten Komponenten sollten wiederum die Variablenauswahl dahingehend leiten, dass wichtige Variablen ein-, und irrelevante Variablen aus der Analyse ausgeschlossen werden. Idealerweise sollten die Vorüberlegungen so weit gehen, dass für jede theoretisch mögliche relevante Komponente auch die vermutlich zusammengehörigen Variablen festgelegt werden. Manche Autoren empfehlen, für jede relevante Komponente fünf bis sechs Variablen festzulegen. Jede dieser später erhoben Variablen sollte, inhaltlich gesehen, ein relativ eindeutiges Maß der Komponente sein. Mehrfache vorhandene (aber eigentlich inhaltlich identische) Variablen, die eine ähnliche bzw. gleiche Definition, und damit entsprechende Daten repräsentieren, sollten aus dem Variablenpool entfernt werden, weil sie sonst zu tautologischen Ergebnissen führen.

Grundsätzlich sollte bereits bei der Planung einer Hauptkomponentenanalyse auch festgelegt werden, ob sich die abgeleiteten Aussagen auf Ergebnissen für gruppierte (z.B. nach Geschlecht oder Vorher/Nachher-Kriterien), oder nicht gruppierte Daten stützen sollen.

(2) Die Variablen haben Intervallniveau. Die Berechnung von Ordinal-, wie auch dichotomen Daten ist zwar technisch gesehen möglich, jedoch schließen sich Probleme der Berechnung, Interpretation und Generalisierung der gewonnenen Faktoren an. Bei dichotomen Daten ist z.B. der Korrelationskoeffizient als Grundlage der Hauptkomponentenanalyse durch die Randverteilungen beschränkt und kann nicht in allen Fällen zwischen 0 und 1 variieren. Bei ordinalen Daten können weitere Voraussetzungen der Hauptkomponentenanalyse nicht gewährleistet werden, z.B. Streuung, lineare paarweise Korrelation und multivariate Normalverteilung.

(3) Alle Variablen sind kommensurabel, d.h. sie liegen in derselben Einheit vor. Falls die Daten nicht in derselben Maßeinheit vorliegen, müssen sie für die Option COV standardisiert werden; ansonsten sollte die Option CORR gewählt werden.

(4) Variation zwischen den Beobachtungen (Fällen): Mit dem Intervallniveau geht auch die Voraussetzung einher, dass die Daten eine gewisse Streuung aufweisen werden. Weisen nämlich die Beobachtungen mehr oder minder dieselben Ergebnisse in den untersuchten Variablen auf, können auf dieser Grundlage keine Korrelationen, und daraus keine Komponenten ermittelt werden.

(5) Stichprobengröße: Für das Verhältnis zwischen Stichprobe und Anzahl der Variablen (Items) gibt es verschiedene Kriterien, die aber alle auf dieselbe Voraussetzung hinauslaufen: Die Anzahl der Beobachtungen n muss deutlich größer sein als die Anzahl der Variablen m. Die liberalsten Kriterien fordern mind. 5 Fälle pro Variable (Item), und mindestens 100 Fälle insgesamt. Manche Empfehlungen reichen jedoch von 100 („schwach") bzw. 200 („befriedigend") bis 300 („gut"), 500 („sehr gut") und 1000 („exzellent").

(6) Interkorrelationen: Die Variablen sollten untereinander (gruppenweise) korrelieren, als Grundvoraussetzung für das Vorhandensein einer Komponente. Sehr hohe Korrelationen sind dabei ein Hinweis auf (unerwünschte) Multikollinearität; im Zweifelsfall ist ein Test auf Vorliegen von Multikollinearität durchzuführen. Sehr niedrige Korrelationen laufen dagegen auf Lösungen hinaus, bei denen im Extremfall die Zahl der Einzelkomponenten denen der Variablen (Items) entspricht. Liegen keine Korrelationen über .30 vor, gibt es für eine Hauptkomponentenanalyse vermutlich keine Komponenten zu analysieren.

(7) Linearität: Die Hauptkomponentenanalyse ist ein lineares Verfahren. Je kleiner die Stichprobe ist (v.a. durch den Ausschluss fehlender Werte), um wichtiger ist es, die Daten auf Linearität zu überprüfen.
(8) Normalverteilung: Ob eine Normalverteilung vorausgesetzt ist, hängt vom Anwendungszusammenhang ab, also ob damit die Beschreibung oder weitergehende inferenzstatistische Tests nach der Extraktion gemeint sind. Für die Beschreibung ist keine Normalverteilung der Daten erforderlich. Für weiterführende inferenzstatistische Tests wird üblicherweise eine multivariate Normalverteilung der Daten erwartet. Für große Stichproben wird im Allgemeinen von der Gültigkeit des Zentralen Grenzwerttheorems ausgegangen. Grundsätzlich sollten alle Variablen ähnliche Verteilungen aufweisen, da unterschiedliche Verteilungen (bimodal vs. normal) ausreichen, eine theoretisch perfekte Korrelation (Kovarianz) auszudünnen. Je kleiner die Stichprobe, umso wichtiger ist es, die Daten auf Normalverteilung zu überprüfen.
(9) Ausreißer: Bei Hauptkomponentenanalysen können Ausreißer als Beobachtungen und als Variablen die Komponentenlösung stören. *Beobachtungen* als Ausreißer können einfach identifiziert, überprüft und ggf. korrigiert oder entfernt werden. *Variablen* als Ausreißer sind Variablen, die mit allen bedeutsamen Komponenten nur gering korrelieren bzw. nur eine niedrige quadrierte Korrelation mit allen anderen Variablen aufweisen. Variablen als Ausreißer werden üblicherweise aus der Analyse ausgeschlossen.
(10) Polung der Items: Vor allem bei sozialwissenschaftlichen Studien können in den verwendeten Fragebögen die Items in einer gemischten Polung vorliegen, also z.B. in einer negativen und einer positiven Formulierung gleichzeitig. Eine Vereinheitlichung der Polung in eine gemeinsame Richtung hat keinen Einfluss auf die ermittelten Faktoren (nur die Vorzeichen der Ladungen werden geändert), erleichtert aber ihre Interpretation durch die semantische Vereinheitlichung der Vorzeichen.

21.3. Übungen

1. Berechnen Sie eine einfache Hauptkomponentenanalyse (ohne Untergruppen) mit PROC PRINCOMP. Versuchen Sie die ermittelten Statistiken und Komponenten zu interpretieren. Überprüfen Sie, ob Sie die Voraussetzungen erfüllt haben.
2. Berechnen Sie mit PROC PRINCOMP eine komplexe Hauptkomponentenanalyse. Versuchen Sie die ermittelten Statistiken und Komponenten zu interpretieren. Überprüfen Sie, ob Sie die Voraussetzungen erfüllt haben. Versuchen Sie, eine grafische Analyse Ihrer Hauptkomponenten durchzuführen.

22. Prognose FORECAST

22.1. Einführung in die Prognose

22.1.1. Fragestellungen und Funktionen

Die Prognose (forecasting, forecast) gehört zur Gruppe der zeitbezogenen Analyseverfahren. Die Beschreibung, Analyse, und Vorhersage des zeitlichen Verlaufs von Daten ist allgegenwärtig.
Anwendungen sind

- in der Medizin: z.B. der zeitliche Verlauf von Indikatoren, wie z.B. Fieberkurve, EKG, oder auch des Blutbildes.
- in der Umweltforschung: z.B. der zeitliche Verlauf der Belastung von Luft (z.B. Ozon) oder Gewässern (z.B. Schwermetalle).
- in der Biologie: z.B. der zeitliche Verlauf der Entwicklung bestimmter Arten (z.B. Zunahme durch konsequenten Schutz vs. weiterer Rückgang).
- Meteorologie: z.B. der (jahres)zeitliche Verlauf von Temperaturen, Niederschlagsmengen, oder auch Windstärken.
- Ökologie: z.B. der zeitlicher Verlauf von Leitwährungen (z.B. Dollar, Yen), Handelssignalen (z.B. Dow-Jones, DAX, oder NEMAX), Verkaufszahlen, Import- und Exportdaten, von Beschäftigten-, und Arbeitslosenzahlen, oder auch des Preises bestimmter Produkte.
- Psychologie: z.B. die zeitliche Entwicklung der Gedächtnisspanne, des IQ bzw. des Wortschatzes, bzw. der Abbau von Aggression, oder der Aufbau von Vertrauen über längere Zeiteinheiten, oder auch die Leistungs- und Konzentrationsfähigkeit von Probanden über kürzere Zeiteinheiten hinweg.
- Tourismus: z.B. der zeitliche Verlauf der Anzahl von Besuchern von Nationalparks, Vergnügungsparks, oder auch städtischer Sehenswürdigkeiten, der Buchung von Hotelzimmern und Flügen, oder auch der Beschäftigten im Hotel- und Gaststättengewerbe.

An diesen Beispielen ist zu erkennen, dass es lang- und kurzlebige Untersuchungsgegenstände gibt (z.B. "ewiges" Klima vs. kurzfristige Konzentrationsfähigkeit), unterschiedlich lange Einheiten (z.B. Jahre vs. Minuten), und relativ regelmäßige, und auch relativ unregelmäßige Verläufe gibt (z.B. jahreszeitlich bedingte Temperaturen vs. Börsenkurse); weiter gibt es noch Effekte wie z.B. Saisonen, Zyklen, oder sog. Kalendereffekte.

Das Interesse vieler Disziplinen am Gegenstand der zeitbezogenen Analyse von Daten im Allgemeinen, und der Trend- bzw. Zeitreihenanalyse und Prognose im Besonderen konzentriert sich auf vier wesentliche Aspekte:

- *Beschreibung* des zeitlichen Verlaufs eines Forschungsgegenstands
- *Erklärung* dieses Verlaufs
- *Kontrolle* des zeitlichen Verlaufs
- *Vorhersage* des zukünftigen Verlaufs des interessierenden Gegenstands

I. Beschreibung des zeitlichen Verlaufs eines Forschungsgegenstands

Die Beschreibung eines zeitlichen Verlaufs kann für bestimmte Anwendungen bereits ausreichend sein: Wenn man z.B. nur die Lufttemperatur für einen bestimmten Tag kennen möchte, und man wirklich nicht wissen möchte, *warum* es an diesem Tag diese Lufttemperatur haben wird.

Falls Gründe für bestimmte zeitbezogene Daten oder Verläufe gesucht werden, dann geht das Interesse an Zeitdaten über die reine Beschreibung hinaus, und man ist bei der *Erklärung* angelangt.

II. Erklärung dieses zeitlichen Verlaufs

Ein Beispiel soll das Besondere der „Erklärung" bei Zeitreihendaten erläutern helfen: Für eine Ärztin ist z.B. die bloße Beschreibung eines zeitlichen Verlaufs einer Fieberkurve nicht ausreichend. Sie möchte z.B. auch die Erklärung dafür kennen, warum z.B. eine Fieberkurve ansteigt.

Eine Fieberkurve ist eine Fieberkurve: Eine Kurve oder Linie erklärt den Verlauf von Daten ausschließlich über eine statistische Funktion. Selbst unter der Voraussetzung, dass diese Funktion an die Daten optimal angepasst ist, kann eine Kurve keine inhaltliche Erklärung liefern, weil innerhalb einer solchen Kurve alleine die Zeit für den systematischen Verlauf von Daten verantwortlich ist. Andere inhaltliche Faktoren außer Zeit (auch saisonale Parameter) spielen per definitionem *keine* Rolle, und werden in einer Zeitfunktion nicht abgebildet. Eine Zeitfunktion ist nicht mit der Identifikation eines unbekannten Faktors zu verwechseln.

Eine Fieberkurve ist mehr als eine Fieberkurve: Zeitreihendaten sind in einen Kontext eingebettet, und stehen mit diesem in einem Kausalzusammenhang. *Zeitdaten* werden im Allgemeinen als abhängige Variablen, als Folge bzw. Konsequenzen von weiteren Faktoren aus dem Umfeld, eben dem Kontext des Zeitverlaufs betrachtet. Um einen Zeitverlauf interpretieren zu können, muss der Kontext genau bekannt sein. Um z.B. eine Fieberkurve interpretieren zu können, muss der Kontext, z.B. die Krankheit des Patienten und seine Behandlung genau bekannt sein. Eine Ärztin kennt z.B. die Krankheit eines Patienten, den Tag und die Art der Behandlung, und kann aus dem Verlauf der Fieberkurve genau auf den Erfolg oder den Misserfolg einer Behandlung schließen. Die Kenntnis des Kontextes, und die Wahl der richtigen Variablen ist also entscheidend für die korrekte Erklärung von Verlaufskurven, z.B. bei der Interpretation von Kurveneffekten nach einer Behandlung im Hinblick auf mögliche Änderungen (und der Zeitpunkt ihres Einsetzens) einer Kurve in Oszillation, Richtung, oder Niveau.

Schwierig wird eine Erklärung dann, wenn unzureichende oder keine Informationen über den Kontext vorliegen. Es ist dabei weniger schwierig, *überhaupt* inhaltlich angemessene Erklärungen zu finden. Schwierig ist, einfache monokausal-monotone Variableneinflüsse von komplex-dynamischen Faktorengeflechten abzugrenzen. Bei monokausal-monotonen Variableneinflüssen gibt es neben der Zeit nur einen weiteren effektiven Faktor; z.B. entscheidet alleine die Art der Behandlung über die Höhe des Fiebers. Bei dynamischen Faktorengeflechten können mehrere Variablen in unterschiedlicher Kombination, Ausmaß, und Regelmäßigkeit einen Effekt auf eine zeitrelevante abhängige Variable ausüben; z.B. beeinflussen der vorgesehene Anlass des Tragens (Event), die Höhe des Kaufpreises (Marke), der aktuelle Zeitgeist (Trend), die Jahreszeit (Saison), und die individuelle Stimmung (Emotion) über die Summen, die über das Jahr hinweg für Kleidung ausgegeben werden.

Eine hinreichende Erklärung von Verläufen ist die Voraussetzung für eine erfolgreiche Kontrolle; ohne eine plausible Erklärung von Verläufen können geeignete Kontrollmaßnahmen nicht begründet eingesetzt werden.

III. Kontrolle des zeitlichen Verlaufs

Ein zeitlicher Verlauf dient der Kontrolle. Veränderungen im Verlauf sollen möglichst frühzeitig erkannt werden, um bei unerwünschten Verläufen rechtzeitig Gegenmaßnahmen ergreifen zu können, oder um an erwünschten Verläufen den Erfolg von Programmen oder Maßnahmen evaluieren zu können. Erfolgreiche Kontrolle setzt eine hinreichende Erklärung von Verläufen voraus; ohne Erklärung von Verläufen sind Kontrollmaßnahmen bloße Tests, die ohne weiteres scheitern können.

IV. Vorhersage des zukünftigen Verlaufs des interessierenden Gegenstands

Die Prognose der zukünftigen Entwicklung hängt nicht nur vom Umfang und der Qualität der vorliegenden Daten ab. Eine rein statistische Prognose, also dem Schluss alleine von den vergangenen Daten auf die zukünftigen Daten, geht von einer Konstanz des Kontextes aus. Ist diese Konstanz gegeben, kann ohne weiteres eine Prognose statistisch erstellt werden.

Schwierig wird eine Prognose dann, wenn der Kontext eben nicht stabil ist, sondern z.B. aus zahlreichen (unbekannten) Variablen besteht, die in unterschiedlicher Kombination, Wechselwirkung, und Unregelmäßigkeit einen Effekt ausüben. Unter diesen Umständen kann eine Vorhersage nicht, oder nur für kurze Zeiträume erstellt werden. Sobald weitere Daten vorliegen, sollte die erstellte Prognose unbedingt evaluiert und ggf. nachgebessert werden.

22.1.2. Modelle der Prognose: Trendmodelle

Als Hauptansätze der Modellierung von Zeitreihen und Vorhersagen werden Trendmodelle und Zeitreihenmodelle unterschieden.

Trendmodelle gehen davon aus, dass es ein deterministisches Muster über die Zeit hinweg gibt (z.B. konstant, linear, oder auch quadratisch). Trendmodelle sind insofern am besten für Daten geeignet, die keinen Zufallsschwankungen unterliegen. Trendmodelle (z.B. EXPO, WINTERS, ADDWINTERS) sind am besten für Langzeitmessungen geeignet.

Zeitreihenmodelle gehen im Gegensatz dazu nicht davon aus, dass sich Zeitreihen wie konstante, lineare, oder quadratische Trends verhalten, sondern dass der zukünftige Wert einer Variable eine lineare Funktion der vergangenen Werte über eine finite Anzahl von Zeitperioden hinweg ist (sog. autoregressiver Ansatz). Zeitreihenmodelle sind am besten für kurzzeitig fluktuierende Messungen geeignet.

Es gibt auch Kombinationen beider Ansätze (sog. autoregressive Trendmodelle, z.B. die schrittweise autoregressive Methode STEPAR). In diesem Kapitel wird ausschließlich die exponentielle Glättung als Trendmodell genauer behandelt, und als einzige Methode in den Beispielberechnungen berücksichtigt.

Trendmodelle sind einer der Hauptansätze zur Modellierung von Zeitreihen und Vorhersagen, wobei davon ausgegangen wird, dass sich ein deterministisches Muster als konstanter, linearer, oder auch quadratischer Trend über die Zeit hinweg beschreiben lässt. Entsprechend stehen drei Varianten an Trendmodellen zur Verfügung: Nach einem konstanten Modell würden die Werte für x_t mittels der Gleichung $x_t = b_0 + \varepsilon_t$ ermittelt werden, wobei davon ausgegangen wird, dass die Datenreihe einer Konstanten folgt einschließlich rein zufälliger Fluktuationen (die von einem Zeitpunkt zum nächsten unabhängig sind). x_t repräsentiert die Werte von der Variablen X als Funktion der Zeit t. b_0 ist der wahre Mittelwert der Datenreihe, ε_t ist ein unabhängiger zufälliger Fehler mit dem Mittelwert 0.

Ein lineares Modell würde z.B. davon ausgehen, dass die Werte für x_t auf der Basis der Gleichung $x_t = b_0 + b_1 t + \varepsilon_t$ ermittelt werden (und entspricht damit in etwa dem Modell der einfachen linearen Regression), und für ein quadratisches

Modell nach der Gleichung $x_t = b_0 + b_1 t + b_2 t^2 + \varepsilon_t$. Diese drei Varianten sind die Grundlage aller Trendmodelle. Die Trendverfahren unterscheiden sich weiter darin, ob sie Glättungsgewichte oder auch saisonale Faktoren berücksichtigen.

Über die Methode der exponentiellen Glättung (*exponential smoothing method*) kann über einen Glättungsalgorithmus eine Anpassung der Zeitdaten an das Trendmodell vorgenommen werden, d.h. während der Trendanpassung dürfen sich die Parameter allmählich über die Zeit ändern: Aktuellere Daten erhalten eine höhere Gewichtung als frühere Daten; zunehmend frühere Beobachtungen werden immer weniger gewichtet.

Die Vorhersage auf der Basis der *exponential smoothing method* ist ein (je nach Wahl: konstanter, linearer, oder quadratischer) Trend, der meist auf nur den letzten, aber nicht allen Beobachtungen beruht. Die Präzision der Vorhersage hängt insofern direkt von der Angemessenheit der Gewichte für die Glättung bzw. Trendschätzung der Messreihe ab. Je langsamer sich der Trend ändert, umso kleiner dürfen die Glättungswerte sein. Laut SAS/ETS-Dokumentation liegen gute Werte zwischen 0.5 und 3.0.

Die Winters-Methoden ähneln dem Verfahren der exponentiellen Glättung mit dem Unterschied, dass diese Saisonparameter zu berücksichtigen erlauben.
Die oben eingeführten Gleichungen können für saisonale Modelle um einen Saisonparameter *s(t)* ergänzt werden (vorausgesetzt, dieser ist regelmäßig): Als additives Modell (ADDWINTERS) in der Form $x_t = b_0 + b_1 t + s(t) + \varepsilon_t$, und als multiplikatives Modell (WINTERS) in Gestalt der Gleichung $x_t = (b_0 + b_1 t)s(t) + \varepsilon_t$.

Die Präzision der Vorhersage hängt auch bei den Winters-Methoden direkt von der Angemessenheit des Glättungsgewichtes für die Messreihe ab. Je langsamer sich der Trend ändert, umso kleiner dürfen die Glättungswerte sein. Für Richtwerte und weitere Hinweise zu Glättungsparametern wird auf die SAS/ETS-Dokumentation zu PROC FORECAST verwiesen.

Der Vorteil exponentieller Glättungsmethoden ist, dass sie leicht nachzuvollziehen, anzuwenden, und interpretieren sind. Exponentielle Glättungsmethoden sind für kurze monatliche Zeitreihendaten ohne Saisonen bzw. kurzen Prognosezeiträumen (Horizonten), sowohl den Holt und Winters Methoden, wie auch dem Box-Jenkins Ansatz überlegen. Für Jahresdaten, bei denen mit Trends oder Saisonalität zu rechnen ist, sind die Holt und Winters Methoden den exponentiellen Glättungsmethoden vorzuziehen.

Für weitere Analysemodelle (z.B. Dekomposition (u.a. X-12), Box-Jenkins Modelle), ihre Berechnung mit SAS (PROC ARIMA, PROC AUTOREG, PROC MODEL, PROC X11 uam.) und der vergleichenden Diskussion ihrer Angemessenheit für die jeweiligen Zeitreihen wird neben der aktuellen SAS/ETS Dokumentation auf Yaffee & McGee (2000), Schlittgen (2001), und Schlittgen & Streitberg (2001) verwiesen.

22.1.3. Die Methode der exponentiellen Glättung

In einer stationären Zeitreihe sind die zeitlich aufeinander folgenden Beobachtungen Y_1 bis Y_n Ausprägungen von Zufallsvariablen mit derselben Wahrscheinlichkeitsverteilung. Per definitionem besitzt eine stationäre Zeitreihe also einen Zufallsanteil, aber keine Trend- oder Saisonkomponente. Im Folgenden wird das Verfahren der exponentiellen Glättung zunächst ohne und dann mit Trendkomponente erläutert.

22.1.3.1. Beispiel: Exponentielle Glättung ohne Trendkomponente

Das Glättungsverfahren basiert auf zwei Schritten: Zunächst werden die Daten aus der Zeitreihe geglättet, und anschließend werden die geglätteten Daten in die Zukunft projektiert.

Das Verfahren der exponentiellen Glättung selbst basiert auf einer speziellen, nämlichen gewichteten Variante des gleitenden arithmetischen Mittels: $A_t = aY_t + (1-a)A_{t-1}$ (gilt nur für stationäre Zeitreihen, also ohne Trendkomponente).

A_t ist dabei die geglättete Schätzung für die aktuelle Zeiteinheit t. A_{t-1} ist die Schätzung für die vorausgegangene Zeiteinheit t. Y_t ist die Beobachtung für die aktuelle Zeiteinheit t, und a ist die Glättungskonstante ($0 < a < 1$). t gibt die aufeinander abfolgenden Beobachtungen an (1, 2, 3, ...).

Rechenbeispiel für Glättung:

Festlegungen:

A_0 Weil es für die erste Beobachtung Y_1 keine vorangehende Beobachtung Y_0 geben kann, wird ein Startwert A_0 festgelegt, damit Y_1 geglättet werden kann. A_0 kann in Programmpaketen von Hand eingestellt, aber auch per Zufall bestimmt werden. Der Startwert A_0 wird auf 250 festgelegt.
a Die Glättungskonstante a wird auf 0.1 festgelegt.

Zeitpunkt t_n	Beobachtung Y_n	Geglätteter Wert A_n	Berechnung
1	215	246.5	= 0.10*215 + 0.90*250
2	243	246.15	= 0.10*243 + 0.90*246.5
3	276	249.13	= 0.10*276 + 0.90*246.15

Anm.: An der Spalte ganz rechts ist zu sehen, wie das Gewicht für die Berechnung der Schätzwerte immer mehr abnimmt (von 250 zu 246.15). Genau genommen wird das Gewicht früherer Beobachtungen um den Faktor 1 – a verringert. Je weiter Beobachtungen in der Vergangenheit zurückliegen, umso weniger Gewicht (=Einfluss) haben sie auf die Schätzungen für die aktuellen Beobachtungen.

Nachdem die Daten aus der Zeitreihe geglättet wurden, werden sie in die Zukunft projektiert. Das Prinzip des Prognoseverfahrens gibt Schätzungen für Zeitpunkte, nicht für Intervalle aus, und basiert auf folgender Formel $F_{t+k} = A_t$ (gilt nur für stationäre Zeitreihen, also ohne Trendkomponente). A_t ist dabei die geglättete Schätzung für die aktuelle Zeiteinheit t. F_{t+k} ist die Vorhersage ab dem Zeitpunkt t um k Einheiten voraus. k gibt die Anzahl der zukünftig folgenden Einheiten an (1, 2, 3, ...).

Rechenbeispiel für Vorhersage (konstanter Trend):

Zeitpunkt t_n	Geglätteter Wert A_n	Zeitpunkt der Vorhersage	Vorgesagter Wert	Berechnung
1	246.5			
2	246.15			
3	249.13			
4	-	1	249.13	$F_{3+1} = A_3$
5	-	2	249.13	$F_{3+2} = A_3$

Anm.: In der Spalte zur Berechnung gibt die Formel $F_{3+2} = A_3$ den geglätteten Wert A_3 (Zeitpunkt t_3) als zweiten vorhergesagten Wert an (F_{3+2} = Zeitpunkt t_5). Außer dem konstanten Trend ($F_{3+1} = F_{3+2} = F_{3+3}$, etc.) berücksichtigt diese Berechnung keine weiteren Trend- oder Saisonkomponenten.

22.1.3.2. Beispiel: Exponentielle Glättung mit Trendkomponente

Wenn eine Zeitreihe eine Trendkomponente enthält, muss das Glättungsverfahren erweitert werden, um die Trendkomponente berücksichtigen zu können. Die Formel für ein Verfahren ohne Trendkomponente $A_t = aY_t + (1-a)A_{t-1}$ muss nur für jeden aufeinander folgenden Zeitpunkt aktualisiert werden, und ist insofern ein einstufiges Verfahren.

In einer Zeitreihe mit Trendkomponente muss dagegen sowohl die Glättung zu jedem aufeinander folgenden Zeitpunkt aktualisiert werden $A_t = aY_t + (1-a)(A_{t-1} + B_{t-1})$, als auch die Schätzung für den Trend zwischen den aufeinander folgenden Zeitpunkten $B_t = b(A_t - A_{t-1}) + b(1-b)B_{t-1}$.

Die exponentielle Schätzung mit Glättung für ein Verfahren mit Trendkomponente ist daher ein zweistufiges Verfahren, in dem die jeweils aktualisierte Trendschätzung für die Schätzung der Glättung der nächsten Zeiteinheit verwendet wird, usw.

Exkurs:

In der Formel für die geschätzte Glättung $A_t = aY_t + (1-a)(A_{t-1} + B_{t-1})$ ist A_t die geglättete Schätzung für die aktuelle Zeiteinheit t. A_{t-1} ist die Schätzung für die vorausgegangene Zeiteinheit t. B_{t-1} ist die Schätzung für die Änderung des Trends seit der vorangegangenen Zeiteinheit. Y_t ist die Beobachtung für die aktuelle Zeiteinheit t, und a ist die Glättungskonstante ($0 < a < 1$). t gibt die aufeinander abfolgenden Beobachtungen an (1, 2, 3, ...).

In der Formel für die Schätzung des Trends $B_t = b(A_t - A_{t-1}) + b(1-b)B_{t-1}$ ist b die sog. Konstante für die Anpassung des Trends (trend adjustment constant). Für die weiteren Parameter siehe die Formel für die geschätzte Glättung.

Bei einer Zeitreihe mit Trendkomponente basiert das exponentielle Verfahren ebenfalls auf zwei Schritten: Zunächst werden die Daten aus der Zeitreihe gleichzeitig geglättet, und um den Trend angepasst. Anschließend werden die geschätzten Daten um die Trendkomponente angepasst in die Zukunft projektiert.

Rechenbeispiel für Glättung:

Festlegungen:

A_0 Weil es für die erste Beobachtung Y_1 keine vorangehende Beobachtung Y_0 geben kann, wird ein Startwert A_0 festgelegt, damit Y_1 geglättet werden kann. A_0 wird auf 250 festgelegt.

B_0 Es wird ein Steigungskoeffizient der Trendkomponente für den nullten Zeitpunkt als Startwert B_0 festgelegt, um den Trend für Y_1 schätzen zu können. B_0 wird auf -0.05 festgelegt.

a Die Glättungskonstante a wird auf 0.1 festgelegt.

b Die Trendanpassungskonstante b wird auf 0.2 festgelegt.

Zeitpunkt t_n	Beobachtung Y_n	Geglätteter Wert A_n	Trend -schätzung	Berechnung
1	215	246.46	-0.668	Glättung: 0.10*215 + 0.90*(250-0.05) Trend: 0.20(246.46-250)+0.8(-0.05)
2	243	245.51	-0.23	Glättung:0.10*243+0.90*(246.46-0.668) Trend: 0.20(245.51-246.46)+0.8(-0.05)

Anm.: An den Berechnungsschritten kann die Zweistufigkeit der exponentiellen Schätzung mit Glättung für ein Verfahren mit Trendkomponente abgelesen werden. Die jeweils aktualisierte Trendschätzung wird für die Schätzung der Glättung der nächsten Zeiteinheit verwendet wird, usw.

Nachdem die Daten aus der Zeitreihe geglättet und um die Trendkomponente angepasst wurden, werden sie in die Zukunft projektiert. Das Prinzip des Prognoseverfahrens gibt auch hier Schätzungen für Zeitpunkte aus, und basiert auf der Formel $F_{t+k} = A_t + kB_t$ (gilt für Zeitreihen mit Trendkomponente). A_t ist dabei die geglättete Schätzung für die aktuelle Zeiteinheit t. B_t ist dabei die Trendschätzung für die aktuelle Zeiteinheit t. F_{t+k} ist die Vorhersage ab dem Zeitpunkt t um k Einheiten voraus. k gibt die Anzahl der zukünftig folgenden Einheiten an (1, 2, 3, ...).

Rechenbeispiel für Vorhersage (linearer Trend):

Zeitpunkt T_n	Geglätteter Wert A_n	Trend schätzung	Vorgesagter Wert	Berechnung
1	246.46	-0.668		
2	245.51	-0.23		
3	-	1	245.28	F_3=245.51+1(-.23)
4	-	2	245.05	F_4=245.51+2(-.23)

Anm.: In der Spalte zur Berechnung geben die F-Werte (F_3, F_4, etc.) die geglätteten und projektierten Werte an. Diese Berechnung berücksichtigt einen linearen Trend (1(-.23), 2(-.23), etc.), aber sonst keine weiteren Komponenten (z.B. Saisonkomponenten).

22.2. Die Berechnung einer Prognose in SAS

Vorhersagen können in SAS einfach und effizient mit der Prozedur FORECAST berechnet werden (siehe unten zu weiteren Prozeduren bzw. Anwendungen). FORECAST basiert auf extrapolierenden Vorhersagemethoden, wobei die Vorhersage für eine Serie nur eine Funktion der Zeit und der vergangenen Werte der jeweiligen Serie, und sonst keiner weiteren Faktoren bzw. Variablen ist.

PROC FORECAST erzeugt zunächst keinen grafischen oder statistischen Output. Berechnete Vorhersagen (forecasts), Konfidenzbereiche, Parameterschätzungen, und u.a. Anpassungswerte können in besondere Output-Datensätze geschrieben werden, die wiederum die Grundlage für einen Ausdruck oder eine Grafik bilden können.

PROC FORECAST basiert auf der Extrapolationsmethode, verwendet jedoch im Interesse höherer Geschwindigkeit einige Shortcuts, die bewirken, dass einige Statistiken (wie z.B. Konfidenzbereiche) nur approximativ sind. Für viele Zeitreihen berechnet FORECAST zufrieden stellende, effiziente und praxisrelevante Ergebnisse. Andere SAS/ETS Prozeduren bzw. Produkte berechnen bessere Vorhersagen, sind jedoch wesentlich rechenintensiver:

Mit der AUTOREG Prozedur kann die schrittweise autoregressive Prognosemethode (stepwise autoregressive forecasting method) durchgeführt werden. Mit der Prozedur ARIMA können exponentielle Glättungen (exponential smoothing) mit statistisch optimalen Gewichten als ein ARIMA Modell berechnet werden; saisonale ARIMA Modelle können für die Vorhersage saisonaler Zeitreihen verwendet werden, z.B. mit den Winters bzw. additiven Winters Methoden.

Mit dem Time Series Forecasting System können Vorhersagemodelle entwickelt, Modellparameter geschätzt, und die Vorhersagefähigkeit des jeweiligen Modells evaluiert werden; darüber hinaus können die Ergebnisse grafisch angezeigt werden.

In PROC FORECAST kann zwischen mehreren Trend- und Zeitreihenmethoden gewählt werden; für jede dieser Methoden kann ein linearer, quadratischer, oder kein Trend gewählt werden (auch bei dem Zeitreihenansatz).

Die Methode der exponentiellen Glättung (*exponential smoothing method*) ist eine *Trendmethode* und ermittelt eine Vorhersage des zeitlichen Trends. Während der Trendanpassung dürfen sich die Parameters allmählich über die Zeit ändern, wobei frühere Beobachtungen exponentiell abnehmende Gewichte erhalten. Abhängig davon, ob kein bzw. ein linearer oder quadratischer Trend angefordert wird, wird eine einfache, doppelte oder dreifache exponentielle Glättungen unterstützt. Holt's zweiparametrische lineare exponentielle Glättung (Holt two-parameter linear exponential smoothing) wird als Spezialfall der Holt-Winters Methode ohne Saison unterstützt.

Die Winters (auch: Holt-Winters) Methode ist eine *Trendmethode* und verbindet einen Zeittrend mit *multiplikativen* Saisonfaktoren, um in einer Serie regelmäßige saisonale Schwankungen berücksichtigen zu können. Wie bei der exponential smoothing method, dürfen sich die Parameter allmählich über die Zeit ändern, wobei frühere Beobachtungen exponentiell abnehmende Gewichte erhalten.

Die additive Version der Winters Methode ist eine *Trendmethode* und verwendet *additive* anstelle der multiplikativen Saisonfaktoren. Das Auslassen von Saisonfaktoren reduziert die Winters Methode zu Holt‘s Zweiparameterversion der doppelten exponentiellen Glättung (Holt two-parameter version of double exponential smoothing).

Die schrittweise autoregressive Methode (*stepwise autoregressive method*) ist eine Zeitreihenmethode, verbindet die Zeittrendregression mit einem autoregressiven Modell, und verwendet eine schrittweise Methode für die Auswahl der Zeitabstände (lags) für den autoregressiven Ablauf. Die stepwise autoregressive method ist der Default in FORECAST.

22.2.1. Syntax

```
PROC FORECAST Optionen ;
   BY Variablen ;
   ID Variablen ;
   VAR Variablen ;
run ;
```

Als Minimalanweisung ist das PROC FORECAST Statement zusammen mit der ID Anweisung ausreichend; die *VAR* Anweisung ist empfehlenswert, da FORECAST ansonsten Vorhersagen für alle numerische Variablen außer den ID (und BY Variablen) berechnet. Für die Statements nach FORECAST sind im Gegensatz zu anderen Prozeduren keine besonderen Abfolgen zu beachten.

FORECAST produziert weder Grafiken noch Statistiken. Statistiken und Grafiken können über den Umweg spezieller Datasets erzeugt werden (siehe auch das Beispiel zu PROC PRINCOMP unter 20.2.3.).

Unter *Optionen* können zahlreiche Rechen- und Ausgabeanweisungen angegeben werden. Zu weiteren Informationen und Details wird auf die Dokumentation zu SAS/ETS verwiesen.

ALIGN=Option: Kontrolliert die Ausrichtung (alignment) von SAS Daten, die zur Identifikation von Beobachtungen (Fällen) in Output verwendet werden. Voreingestellt ist BEGINNING.

ALPHA=Wert: Spezifiziert das Signifikanzniveau für die Berechnung der Konfidenzbereiche (confidence limits) der Vorhersage. Der Wert für ALPHA muss zwischen .01 and .99 liegen; es sollten nur zweistellige Werte angegeben werden (ansonsten rundet FORECAST). Voreingestellt ist ALPHA=.05, was 95% Konfidenzbereiche erzeugt.

AR=Anzahl: Nur gültig für die Methode STEPAR. Spezifiziert die längste Sequenz (maximum order) des autoregressiven Modells. Der voreingestellte Wert hängt u.a. von der Anzahl der Beobachtungen im Datensatz ab.

ASTART=Wert: Gibt Startwerte für den konstanten Term der Methoden Exponentielle Glättung, Winters, und additiver Winters vor. Nicht bei der Methode STEPAR.

BSTART=Wert: Gibt Startwerte für den linearen Trend der Methoden Exponentielle Glättung, Winters, und additiver Winters vor. Nicht bei der Methode STEPAR oder TREND=1.

CSTART=Wert: Gibt Startwerte für den quadratischen Trend der Methoden Exponentielle Glättung, Winters, und additiver Winters vor. Nicht bei der Methode STEPAR oder TREND=1 oder 2.

DATA=*SAS Datensatz*: Expliziter Verweis auf den SAS Datensatz, der die Zeitreihendaten enthält; fehlt dieser Verweis, verwendet FORECAST den zuletzt angelegten Datensatz.

INTERVAL=Intervall: Gibt die Häufigkeit bzw. Einheit der Zeitreihe an. Falls z.B. der Inputdatensatz aus vierteljährlichen Beobachtungen besteht, sollte INTERVAL=QTR angegeben werden.

INTPER=Zahl: Falls die INTERVAL Option nicht verwendet werden kann, legt INTPER einen Inkrement (ungleich 1) fest, um die Werte der ID Variable für die vorhergesagten Beobachtungen im Output-Datensatz zu erzeugen.

LEAD=Anzahl: Gibt vor, für wieviele Zeiteinheiten im Voraus eine Vorhersage berechnet werden soll. Voreingestellt LEAD=12. LEAD bezieht sich auf vorhandene Beobachtungen; hat eine Zeitreihe Missings am Ende, wird eine Vorhersage für mehr Zeiteinheiten berechnet, als im LEAD vorgegeben ist.

METHOD=Name: STEPAR fordert die schrittweise autoregressive Methode (stepwise autoregressive method), EXPO die exponentielle Glättungsmethode (exponential smoothing method), WINTERS die Holt-Winters exponentiell geglättete trend-saisonale Methode (Holt-Winters exponentially smoothed trend-seasonal method), und ADDWINTERS die additive saisonale Faktoren-Variante der Winters Methode (additive seasonal factors variant of the Winters method).

NSTART=Anzahl: Nicht bei der Methode STEPAR. Gibt die Anzahl der Anfangswerte der Serie/n vor, um Startwerte für die Trendparameter in der Exponentiellen Glättungsmethode, Winters Methode, und der additiven Winters Methoden berechnen zu können. Voreingestellt ist für EXPO NSTART=8, und für WINTERS bzw. ADDWINTERS NSTART=2. Bei NSTART=MAX werden alle Beobachtungen verwendet.

NSSTART=Anzahl: Nicht bei den Methoden STEPAR oder EXPO. Gibt die Anzahl der Anfangswerte der Serie/n vor, um Startwerte für die Saisonparameter in Winters Methode, bzw. den additiven Winters Methoden berechnen zu können. Falls weder NSTART oder NSSTART angegeben sind, ist der Default für NSSTART=2. Falls NSSTART nicht, aber angegeben ist, übernimmt NSSTART die Defaults aus NSTART. Bei NSSTART=MAX werden alle Beobachtungen verwendet.

OUT= *SAS Datensatz*: Datensatz, in den die Vorhersagewerte ausgegeben werden.

OUTACTUAL: Schreibt die tatsächlichen Werte in den OUT-Datensatz.

OUTALL: Fordert alle Outputoptionen an: OUTLIMIT, OUT1STEP, OUTACTUAL, OUTRESID, und OUTSTD.

OUTEST=*SAS Datensatz*: Datensatz, in den verschiedene Parameterschätzer und goodness-of-fit Statistiken ausgegeben werden.

OUTESTALL: Schreibt zusätzliche Statistiken in den OUTEST-Datensatz aus (gleiche Ausgabe wie OUTESTTHEIL und OUTFITSTATS zusammen, s.u.).

OUTESTTHEIL: Schreibt Theil's Statistiken der Vorhersagegenauigkeit in den OUTEST-Datensatz.

OUTFITSTATS: Schreibt verschiedene R^2-Statistiken der Vorhersagegenauigkeit in den OUTEST-Datensatz.

OUTFULL: Fordert zusätzlich zu den Vorhersagewerten die Outputoptionen OUTACTUAL, OUT1STEP, und OUTLIMIT an.

OUTLIMIT: Schreibt die Konfidenzbereiche der Vorhersagen in den OUT-Datensatz.

OUTRESID: Schreibt die Residuen (falls verfügbar) in den OUT-Datensatz.

OUTSTD: Schreibt die Standardfehler der Vorhersagen in den OUT-Datensatz.

OUT1STEP: Schreibt die ‚1-Schritt-voraus' vorhergesagten Werte (one-step-ahead predicted values) in den OUT-Datensatz.

SEASONS=Intervall: Spezifiziert die Saisonalität für saisonale Modelle. Als *Intervall* kann angegeben werden QTR, MONTH, DAY, oder HOUR, oder Mehrfache dieser Intervalle, z.B. QTR2, MONTH2, MONTH3, MONTH4, MONTH6, HOUR2, HOUR3, HOUR4, HOUR6, HOUR8, HOUR12. Alternativ kann Saisonalität über die Länge von Beobachtungsreihen (saisonale Zyklen, seasonal cycles) definiert werden. SEASONS=7 bedeutet z.B., dass jede Gruppe von sieben Beobachtungen einen saisonalen Zyklus bildet. Nur zulässig für die Methoden WINTERS oder ADDWINTERS.

SINGULAR=Wert: Das Schätzkriterium für die Singularität hängt von der Genauigkeit der jeweils verwendeten Computer ab.

SINTPER=Anzahl: Nur zulässig, wenn SEASONS verwendet wird. SINTPER gibt die Anzahl der Beobachtungsreihen an, die zu einer Saison zusammengefasst werden. Die Befehlskombination SEASONS=4 SINTPER=7 bedeutet z.B., dass sieben Beobachtungen jeweils eine Saison bilden, und dass der saisonale Zyklus sich alle 28 Beobachtungen wiederholt (SEASONS*SINTPER).

SLENTRY=Wert: Gibt in der STEPAR-Methode das Signifikanzniveau für die Hereinnahme von autoregressiven Parametern vor. Der Wert muss zwischen 0 und 1 liegen; voreingestellt ist 0.2.

SLSTAY=Wert: Gibt in der STEPAR-Methode das Signifikanzniveau für das Entfernen von autoregressiven Parametern vor. Der Wert muss zwischen 0 und 1 liegen; voreingestellt ist 0.05.

START=Anzahl: Verwendet die ersten *n* Beobachtungen, um das Modell anzupassen und beginnt mit der Vorhersage ab der *n*+1. Beobachtung. *TREND=Zahl.* Bestimmt den Grad des Zeitmodells. 1 fordert das konstante Trendmodell, 2 das lineare Trendmodell, und 3 das quadratische Trendmodell. Default ist 2 (Ausnahme: für die Methode EXPO ist 3 voreingestellt). *WEIGHT=Zahl.* Bestimmt die Glättungsgewichte für die Methoden EXPO (nur ein Gewicht möglich), WINTERS, und ADDWINTERS (jew. bis zu drei Gewichte möglich für die konstante, lineare bzw. quadratische, und saisonale Trendkomponente). Der Wert muss zwischen 0 und 1 liegen.

ZEROMISS: Behandelt Nullen am Anfang einer Serie als Missings; Option für den Fall, wenn die Datenerfassung (mit Nullen) bereits vor dem ersten eigentlichen Zielereignis einsetzt.

Ist ein *BY* Statement angegeben, werden separate Prognosen für die Ausprägungen der dort aufgeführten Gruppierungsvariablen berechnet. Wird ein *BY*-Statement angegeben, müssen die Input-Daten entsprechend der *BY*-Variablen sortiert sein (über PROC SORT).

Unter *ID* können mehrere Variablen angegeben werden, wobei jedoch nur die erste Variable zur Identifikation von Beobachtungen in Input- und Output-

Datensätzen verwendet wird (üblicherweise eine SAS Datums- bzw. Uhrzeitvariable). Die Werte der ersten ID werden entsprechend den Einstellungen in INTERVAL interpretiert und extrapoliert. Die übrigen ID werden nur in den OUT-Datensatz kopiert.

Mit der *VAR* Anweisung werden alle Variablen aufgelistet, für die eine Vorhersage berechnet werden soll. Ohne VAR-Anweisung berechnet FORECAST Vorhersagen für alle numerische Variablen außer den ID und BY Variablen.

22.2.2. Beispiel-Berechnung

Fragestellung

An einer stark befahrenen Straße wurden umweltschutzfördernde Maßnahmen eingesetzt. Im Zeitraum vom 30. November 1998 bis zum 08. Februar 1999 wurde an dieser Straße täglich eine Probe der Luftbelastung entnommen, um die Effektivität dieser Maßnahmen zu evaluieren.

Nach Abschluss der Studie liegt für jeden Kalendertag genau ein Messwert vor. Diese Messreihe soll zunächst in einer Grafik beschrieben werden, anschließend soll mit der Methode der exponentiellen Glättung (incl. quadratischem Trend) eine Prognose für einen Zeitraum von 12 Tagen ermittelt werden.

Programm

Das folgende Programm besteht aus sechs Segmenten: Mit proc gplot data = PFAD.TAGREIHE wird zunächst der Verlauf der Messungen im Zeitraum November 1998 bis Februar 1999 beschrieben. Mit proc forecast data = PFAD.TAGREIHE werden die Residuen und Prognosen ermittelt, die in die Datensätze OUTFORC und ESTFORC abgelegt werden. Über proc print wird der Inhalt dieser beiden Datensätze als Listen-Output ausgegeben. Das vorletzte Segment proc gplot data = OUTFORC beschreibt die Verteilung der Residuen in einer Grafik. Das letzte GPLOT-Programm beschreibt grafisch die ermittelte Prognose. Auf die Generierung von Grafiken, und die Bedeutung der einzelnen Programmelemente wird im Kapitel zu SAS/GRAPH weiter eingegangen.

```
title 'Verlauf täglicher Bio-Messungen ' ;
   symbol i=spline v=plus;
   proc gplot data = PFAD.TAGREIHE ;
        plot MESSUNG*MESSTAG = 1 ;
        format MESSTAG ddmmyy8. ;
   run ;
   quit;


title1 'Prognose' ;
    proc forecast data = PFAD.TAGREIHE interval=day
                method=expo trend=3 lead=12
                out=OUTFORC outfull outresid outest=ESTFORC ;
```

```
    where MESSTAG >= '30nov98'd ;
     id MESSTAG ;
     var MESSUNG ;
     run ;


title2 'Print des Out-Datensatzes' ;
     proc print data = OUTFORC ;
    run ;


title2 'Print des Outest-Datensatzes: Exponentielle Glättung' ;
     proc print data = ESTFORC ;
    run ;



title2 'Plot der Residuen: Exponentielle Glättung' ;
    symbol1 I=needle ;
    proc gplot data = OUTFORC ;
         where _TYPE_='RESIDUAL' ;
         plot MESSUNG*MESSTAG = 1
                   /vref=0 ;
         format MESSTAG ddmmyy8. ;
    run ;
    quit;


title 'Graphische Prognose' ;
    symbol1 c=black i=none v=x h=1 ;        /* fuer ACTUAL   */
    symbol2 c=red    i=spline v=plus h=1 ; /* fuer FORECAST*/
    symbol3 c=orange i=spline l=2 ;        /* fuer L95      */
    symbol4 c=orange i=spline l=2 ;        /* fuer U95      */
    axis1 order= (-3 to 9 by 3) label=('Messwert' rotate=0 angle=0 )  ;
    axis2 label=('Methode: Exponentielle Glättung');

    proc gplot data = OUTFORC ;
     plot MESSUNG*MESSTAG = _type_
                / vaxis=axis1 haxis=axis2 href='08feb99'd
             haxis='30nov98'd to '08mar99'd ;
     where _type_ ^= 'RESIDUAL' & MESSTAG >= '30nov98'd ;
         format MESSTAG ddmmyy8. ;
    run ;
    quit;
```

Grafischer Output

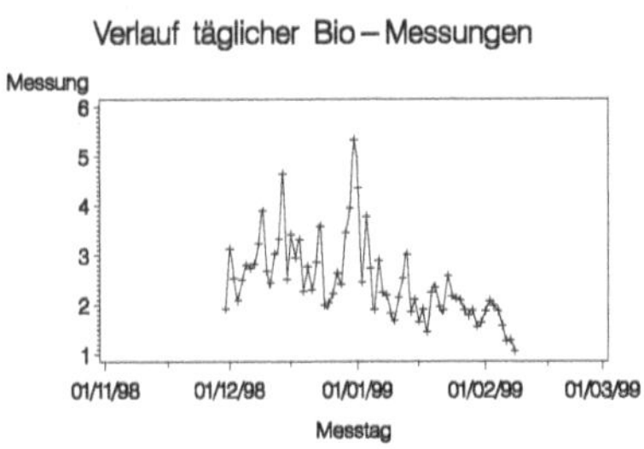

Abb.: Beschreibung der Zeitreihe

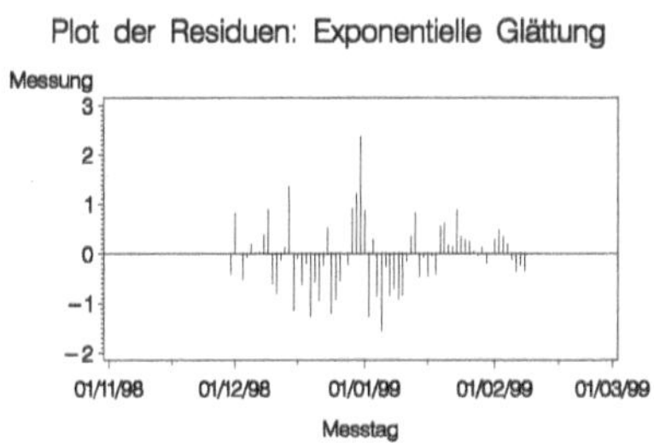

Abb.: Beschreibung der Residuen

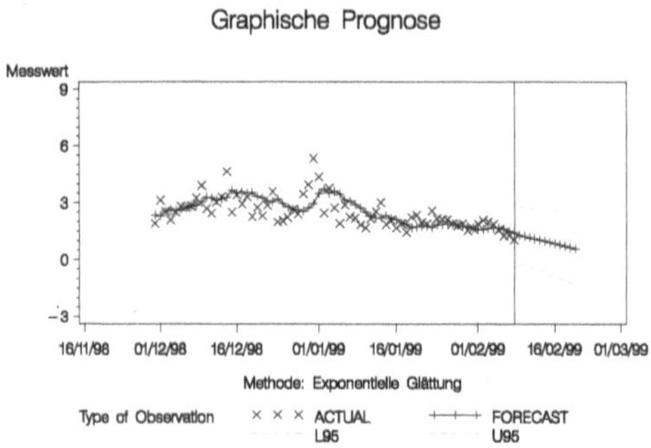

Abb.: Beschreibung der Prognose

Erläuterung der Grafik links
Die x-Zeichen repräsentieren die konkreten Messdaten (ACTUAL). Die interpolierte +-Linie stellt den exponentiell ermittelten Trend (FORECAST) dar. Ab der senkrechten Linie wird die Prognose in die Zukunft abgebildet (LEAD), und von (gestrichelten) oberen und unteren Konfidenzlinien (U95/L95) umgrenzt."

Statistischer Output

Prognose

Print des Out-Datensatzes

Obs	MESSTAG	_TYPE_	_LEAD_	MESSUNG
1	30/11/98	ACTUAL	0	1.92593
2	30/11/98	FORECAST	0	2.34126
3	30/11/98	RESIDUAL	0	-0.41534
4	01/12/98	ACTUAL	0	3.12329
5	01/12/98	FORECAST	0	2.31584
6	01/12/98	RESIDUAL	0	0.80745
7	02/12/98	ACTUAL	0	2.54651
8	02/12/98	FORECAST	0	2.54764
9	02/12/98	RESIDUAL	0	-0.00112
10	03/12/98	ACTUAL	0	2.08889
	...			
207	06/02/99	RESIDUAL	0	-0.35315
208	07/02/99	ACTUAL	0	1.28571
209	07/02/99	FORECAST	0	1.50282
210	07/02/99	RESIDUAL	0	-0.21710
211	08/02/99	ACTUAL	0	1.06667
212	08/02/99	FORECAST	0	1.40887
213	08/02/99	RESIDUAL	0	-0.34220
214	09/02/99	FORECAST	1	1.28378
215	09/02/99	L95	1	-0.21497
216	09/02/99	U95	1	2.78254
217	10/02/99	FORECAST	2	1.22604
218	10/02/99	L95	2	-0.29507
219	10/02/99	U95	2	2.74716
220	11/02/99	FORECAST	3	1.16721
221	11/02/99	L95	3	-0.37907
222	11/02/99	U95	3	2.71349
223	12/02/99	FORECAST	4	1.10728
224	12/02/99	L95	4	-0.46707
225	12/02/99	U95	4	2.68162
226	13/02/99	FORECAST	5	1.04625
227	13/02/99	L95	5	-0.55913
228	13/02/99	U95	5	2.65163
229	14/02/99	FORECAST	6	0.98412
230	14/02/99	L95	6	-0.65532
231	14/02/99	U95	6	2.62356
232	15/02/99	FORECAST	7	0.92090
233	15/02/99	L95	7	-0.75568

```
234    15/02/99    U95          7     2.59748
235    16/02/99    FORECAST     8     0.85659
236    16/02/99    L95          8    -0.86023
237    16/02/99    U95          8     2.57340
238    17/02/99    FORECAST     9     0.79117
239    17/02/99    L95          9    -0.96900
240    17/02/99    U95          9     2.55135
241    18/02/99    FORECAST    10     0.72466
242    18/02/99    L95         10    -1.08199
243    18/02/99    U95         10     2.53132
244    19/02/99    FORECAST    11     0.65706
245    19/02/99    L95         11    -1.19921
246    19/02/99    U95         11     2.51333
247    20/02/99    FORECAST    12     0.58836
248    20/02/99    L95         12    -1.32064
249    20/02/99    U95         12     2.49736

Print des Outest-Datensatzes: Exponentielle Glaettung

        Obs    _TYPE_       MESSTAG       MESSUNG

          1    N            08/02/99           71
          2    NRESID       08/02/99           71
          3    DF           08/02/99           68
          4    WEIGHT       08/02/99    0.0716822
          5    S1           08/02/99    1.8760067
          6    S2           08/02/99    2.2277783
          7    S3           08/02/99    2.3957446
          8    SIGMA        08/02/99    0.6889133
          9    CONSTANT     08/02/99    1.3404297
         10    LINEAR       08/02/99    -0.056097
         11    QUAD         08/02/99    -0.001096
         12    SST          08/02/99     45.03487
         13    SSE          08/02/99      32.2729
         14    MSE          08/02/99    0.4746015
         15    RMSE         08/02/99    0.6889133
         16    MAPE         08/02/99    20.650555
         17    MPE          08/02/99    -6.748801
         18    MAE          08/02/99    0.5066664
         19    ME           08/02/99    -0.067559
         20    RSQUARE      08/02/99    0.2833798
```

22.2.1. Erläuterung des grafischen Outputs

Beschreibung der Zeitreihe

Mit einer rein deskriptiven Grafik werden die Daten daraufhin untersucht, ob überhaupt ein zeitlicher Trend bzw. eine rein zufällige Fluktuation vorliegt. Die Grafik „Verlauf taeglicher Bio-Messungen“ bildet die täglichen Messdaten als „+“-Zeichen ab: Auf der x-Achse sind die jeweiligen Messtage angegeben. Auf der y-Achse sind die Messwerte abgetragen. Die Daten sind über eine Linie miteinander verbunden, um ihren Verlauf hervorzuheben. Anhand dieser Grafik kann die Möglichkeit einer rein zufälligen Fluktuation der Messdaten ausgeschlossen werden.

Beschreibung der Residuen

In der Grafik mit der Bezeichnung „Plot der Residuen: Exponentielle Glaettung" werden die Residuen pro Messzeitpunkt beschrieben. Anhand dieser Grafik wird die Verteilung der Residuen auf systematische Muster über die Zeit hinweg untersucht. Verteilen sich die Residuen zufällig um die 0-Linie, ist die Voraussetzung der statistischen Unabhängigkeit der Daten erfüllt. Sind systematische Trends der Residuen erkennbar (z.B. wellenförmige, lineare, oder zunehmende Verteilungen über die Zeit hinweg), dann kann dies ein Hinweis darauf sein, dass die Beobachtungen nicht unabhängig voneinander sind, sondern über einen Effekt zusammenhängen, der nicht von den unabhängigen Variablen im Modell erklärt wird. Deuten sich systematische Trends der Residuen an, ist zunächst die Möglichkeit eines Schätzfehlers („sampling error") auszuschließen. Ein Schätzfehler drückt die Differenz zwischen dem Ergebnis der Untersuchung einer Stichprobe und dem Ergebnis derselben Untersuchung an der vollständigen Grundgesamtheit aus. Ein Schätzfehler kann z.B. die Folge zu kleiner oder unvollständig gezogener Stichproben sein.

Die abgebildeten Residuen deuten einen systematischen wellenförmigen Trend über die Zeit hinweg an. Wenn in der Folge die Möglichkeit eines Schätzfehlers sicher ausgeschlossen werden kann, ist dies ein Hinweis darauf, dass die Voraussetzung der statistischen Unabhängigkeit der Beobachtungen verletzt wurde, und dass ein weiterer (noch unbekannter) Effekt bei der Messwertverteilung eine Rolle spielt.

Beschreibung der Prognose („Graphische Prognose")

In der Grafik „Graphische Prognose" repräsentieren die (schwarzen) „+"-Zeichen die täglichen Messdaten. Die (rote) Linie stellt den exponentiell ermittelten Trend dar (FORECAST). Ab der senkrechten Linie (angefordert über „href='08feb99'd") wird die Prognose in die Zukunft abgebildet (LEAD). Die (orangefarbenen) Linien sind die oberen und unteren Konfidenzgrenzen (95%). In der Grafik ist schön zu erkennen, wie mit zunehmender Extrapolation in die Zukunft die Konfidenzbereiche immer breiter werden. Die Prognose deutet eine stetige Abnahme der Höhe der Messwerte in der Zukunft an.

22.2.2. Erläuterung des statistischen Outputs

Im Gegensatz zu anderen Prozeduren weist bei diesem Output keine Überschrift auf das verwendete Verfahren hin. Dies ist nicht weiter verwunderlich, da dieser Output aus eigens angelegten Datensätzen stammt, und nicht aus dem SAS OUTPUT-Fenster. Auch alle anderen Überschriften werden von den Anwendern, und nicht vom System festgelegt.

Print des Out-Datensatzes

Unter wird der Inhalt des OUT-Datensatzes OUTFORC angezeigt. Die täglichen Messdaten werden in der Spalte _LEAD_ mit der Ausprägung 0 beschrieben. Ab _LEAD_ > 0 werden die Punkte der Prognose beschrieben.

Für jeden Messtag (_LEAD_=0) liegen immer drei Werte vor: ACTUAL beschreibt den konkreten Messwert eines bestimmten Tages aus dem Input-Datensatz. FORECAST gibt für diesen Wert einen prognostizierten Wert an. RESIDUAL gibt die Differenz zwischen dem konkret vorliegenden Messwert und dem prognostizierten Wert an. Der 08.02.1999 ist der letzte Tag, für den konkrete Messwerte vorliegen.

Am 30.11.1998 wurde z.B. der Wert 1.93 (ACTUAL) gemessen, für diesen Tag wurde aber 2.34 prognostiziert (FORECAST). Also beträgt die Differenz (RESIDUAL) zwischen beiden Werten –0.41.

Ab _LEAD_ > 0 wird die Prognose in die Zukunft beschrieben. Der 09.02.1999 ist der erste Tag, für den ein Wert prognostiziert werden kann. Die Anzahl der zu ermittelten Punkte wird unter PROC FORECAST unter LEAD eingestellt. Weil dort 12 Zeitpunkte angefordert wurden, enthält dieser Datensatz entsprechend zwölf Vorhersagen, von _LEAD_ =1 bis _LEAD_=12, also bis incl. dem 20.02.1999. Für jeden Prognosetag (_LEAD_>0) liegen immer drei Werte vor: FORECAST beschreibt den exponentiell extrapolierten Wert für jeweils einen LEAD an (hier die Einheit Tag). L*nn* gibt die untere Grenze des Konfidenzbereiches für den Prognosewert an. Weil in PROC FORECAST 95% angefordert wurde, lautet die Ausgabe „L95". U*nn* gibt die obere Grenze des Konfidenzbereiches für den vorhergesagten Wert an; weil 95% angefordert wurde, lautet die Ausgabe U95.

Für den dritten *LEAD* (11.02.1999) wurde der Wert 1.167 ermittelt. Die untere Grenze des Konfidenzbereiches beträgt –0.379; die obere Grenze des Konfidenzbereiches beträgt 2.713.

Print des Outest-Datensatzes

Der OUTEST-Datensatz ESTFORC enthält Parameterschätzungen und goodness-of-fit Statistiken. Die Ausgabe seitens SAS ist jedoch zunächst verwirrend: Unter „TYPE" werden die jeweiligen Parameter, und unter „MESSUNG" die ermittelten Statistiken aufgeführt. Die Spalten „Obs" und „MESSTAG" dürfen ignoriert werden.

N=71: Anzahl der nichtfehlenden Beobachtungen, die für die Modellanpassung verwendet wurden.

NRESID=71: Anzahl der nichtfehlenden Residuen, die für die Berechnung der goodness-of-fit Statistiken verwendet wurden.

DF=68: Anzahl der Freiheitsgrade.

WEIGHT=0.07: Gewicht, das für exponentielle Glättungen verwendet wurde (nur bei der Methode EXPO).

S1 bis *S3* (hier: 1.88, 2.23, 2.39): Der jeweils letzte geglättete Wert bei der einfachen (S1), zweifachen (S2), bzw. dreifachen (S3) exponentiellen Glättung (nur bei der Methode EXPO).

SIGMA=0.689: Die geschätzte Standardabweichung der Residuen der Messreihe.

CONSTANT=1.34: Enthält den Schätzwert der Konstanten bzw. des Interceptparameters des Zeittrendmodells für die vorliegende Messreihe.

LINEAR=-0.056: Enthält den Schätzwert des linearen bzw. Steigungsparameters des Zeittrendmodells für die vorliegende Messreihe (nur bei TREND=2 oder 3).

QUAD=-0.001: Enthält den Schätzwert des quadratischen Parameters des Zeittrendmodells für die vorliegende Messreihe (nur bei TREND=2 oder 3).

SST=45.03: Enthält die Total Sum of Squares der Messreihe, korrigiert um den Mittelwert.

SSE=32.27: Enthält die Summe der quadrierten Residuen, nicht korrigiert um den Mittelwert (SSE=MSE*DF).

MSE=0.47: Enthält den mittleren quadrierten Fehler (mean squared error).

RMSE=0.69: Enthält die Wurzel (root mean squared error) aus dem mittleren quadrierten Fehler (siehe MSE).

MAPE=20.65: Enthält den mittleren absoluten prozentualen Fehler (mean absolute percent error). Ein kleiner MAPE-Wert ist ein Hinweis für ein angemessenes Modell; bei einem großen MAPE-Wert sollte das Modell zurückgewiesen werden.

MPE=-6.75: Enthält den mittleren prozentualen Fehler (mean percent error).

MAE=0.51: Enthält den mittleren absoluten Fehler (mean absolute error).

ME=-0.07: Enthält den mittleren Fehler (mean error).

RSQUARE=0.28: Enthält die R^2-Statistik (R^2=1-SSE/SST). Falls das Modell schlecht an die Daten angepasst ist, wird SSE größer als SST, und R^2 damit negativ.

Anm.: Das Glättungsgewicht WEIGHT fällt zu niedrig aus. Auch die Statistiken unter SST, SSE und RSQUARE bzw. u.a. MAPE weisen darauf hin, dass die Modellanpassung durchaus optimiert verbessert werden kann.

Je nach angewandter Methode bzw. explizit angeforderten Statistiken kann der unter OUTEST angelegte Datensatz noch viele weitere Parameter enthalten, u.a. autoregressive oder saisonale Parameter, weitere Gewichte, oder auch Theils's U Statistiken. Für weitere Informationen und Details wird auf die Dokumentation zu PROC FORECAST in SAS/ETS verwiesen.

22.2.3. Voraussetzungen für das Berechnen einer Prognose

Die Voraussetzungen sind hier auf die Methode der exponentiellen Glättung beschränkt. Andere Analysemodelle sind in ihren Annahmen weit anspruchsvoller, wie z.B. unter (9) angedeutet wird. Grundsätzlich sollte vor jeder zeitbezogenen Analyse geklärt werden, welcher zeitbezogene Gegenstand (z.B. ‚Trends', ‚zeitpunktunspezifische Änderung', ‚zeitpunktspezifische Änderung') und welche konkreten Zeitintervalle (‚erster vs. letzter Messzeitpunkt', ‚jeder x-ter Messzeitpunkt', ‚von Messzeitpunkt zu Messzeitpunkt') untersucht werden sollen.

(1) Die gemessenen Werte erfassen zu jedem Zeitpunkt dasselbe Merkmal bzw. stammen aus derselben Dimension, d.h. sind inhaltlich vergleichbar (Messwiederholung am selben Gegenstand, u.a. Population, Territorium, Merkmal, Messzuverlässigkeit). Experimente sind für die Gewährleistung dieser Voraussetzung ideal, quasi-experimentelle Ansätze oder Feldexperimente gelten als weniger geeignet.
(2) Die Zeitwerte für eine Prognose sind in der gleichen Zeiteinheit (Jahre, Tage, Monate, Stunden, etc.) erhoben worden; idealerweise sollten sie in SAS kompatiblen Datums- oder Zeitformaten vorliegen. In der Praxis wird von einer Äquidistanz der Messungen ausgegangen. Die Abstände zwischen den Messungen sollten gleich und ohne (größere) Lücken (gaps) sein.
(3) Die gemessenen Werte selbst sind intervallskaliert.
(4) Es darf pro Basiszeitpunkt nur ein Messwert vorliegen; gegebenenfalls müssen mehrere Messwerte zu einem einzelnen Summen- oder Mittelwert verdichtet werden.
(5) Die Anzahl der Messwerte pro Zeiteinheit muss der zeitlichen Variabilität des Phänomens angemessen sein. Je stärker ein Kurvenverlauf oszilliert, umso mehr Messzeitpunkte sollten vorliegen. Die Nützlichkeit einer Zeitreihenanalyse wird eingeschränkt durch zuviele Beobachtungen in zu wenigen Zeiteinheiten, oder zu wenigen Beobachtungen in zu vielen Zeiteinheiten.
(6) Vor einer Vorhersage sollte zwischen der Anzahl der Zeitpunkte und der Qualität der Vorhersage entschieden werden, denn je weiter die Vorhersage über die Daten hinausgeht, umso unzuverlässiger wird die Vorhersage.
(7) Aus inhaltlichen und statistischen Erwägungen heraus sollten für eine Prognose so viele Basiszeitpunkte wie möglich vorhanden sein.
(8) Die Präzision einer Prognose hängt direkt von der Angemessenheit der Gewichte für die Glättung bzw. Trendschätzung der Messreihe ab. Sind die Konstanten zu groß, reagieren die Schätzungen übertrieben auf jede noch so geringfügige Zufallsfluktuation. Sind die Konstanten zu klein, reagieren die Schätzungen zu träge auf relevante Datenschwankungen.
(9) Die verfügbaren Analysemodelle, wie z.B. exponentielle Glättung, Dekomposition, und Box-Jenkins, sind für Zeitreihendaten unterschiedlich gut geeignet. Es ist sicherzustellen, dass für die zu analysierende Zeitreihe und ihre Besonderheiten (z.B. Einheit in Jahren oder Monaten, Länge in wenigen oder vielen Einheiten, Länge des benötigten Vorhersagehorizonts, und Merkmale wie z.B. Saisonalität und Trends) das optimale Analysemodell gewählt wurde. Die Qualität der Vorhersage hängt direkt von der Angemessenheit des Modells ab.

Je nach gewähltem Verfahren sind u.a. Eigenschaften der Residuen (Normalverteilung, Varianzhomogenität, Unabhängigkeit, Null als Mittelwert), Ausreißer, und weitere Parameter (u.a. RMS, R^2) zu beachten.

Sollten diese Voraussetzungen nicht erfüllt sein, v.a. (1) bis (4), können dennoch Prognosen mit FORECAST berechnet werden; es ist unter Umständen mit einigem Aufwand an Daten-Management zu rechnen. FORECAST reagiert auf nicht ordnungsgemäß bzw. suboptimal aufbereitete Zeit- bzw. Datumsvariablen ziemlich empfindlich. FORECAST basiert auf Methoden der extrapolierenden Vorhersage, und hängt damit von den Zeit- bzw. Datumsvariablen ab, da diese die Grundlage der Methode der extrapolierenden Vorhersage bilden.

22.3. Übungen

1. Erstellen Sie eine einfache Vorhersage für Daten Ihrer Wahl. Stellen Sie zunächst sicher, dass Ihre Daten für das Berechnen einer Vorhersage geeignet sind. Erzeugen Sie zunächst nur Grafiken (Beschreibung, Residuen), und versuchen Sie, diese zu interpretieren.
2. Erstellen Sie eine einfache Vorhersage für Daten Ihrer Wahl. Stellen Sie zunächst sicher, dass Ihre Daten für das Berechnen einer Vorhersage geeignet sind. Berechnen Sie mehrere Varianten einer Vorhersage (variieren Sie z.B. Ihre Angabe in der Option LEAD) und beachten Sie das Ergebnis. Überprüfen Sie die jeweiligen goodness-of-fit Statistiken.

23. Grafiken mit dem SAS System SAS/GRAPH

23.1. Einführung und Übersicht

Gute Grafiken sagen mehr als tausend Worte. Grafiken sind nicht nur für die Präsentation unerlässlich, sondern bereits bei der professionellen Analyse von Daten oft wichtiger als Signifikanztests. Für die Umsetzung von Daten in Grafiken ist es wichtig zu wissen, welcher Diagrammtyp für welche Anzahl und Skalierung der Variablen angemessen ist, und wie die grafisch wiedergegebene Datensituation zu interpretieren ist.

Zusammen mit der SAS/GRAPH Software bietet das SAS System mit seiner hochleistungsfähigen Programmierumgebung im Prinzip unbegrenzte Möglichkeiten, eindrucksvolle Grafiken pixelgenau nach den eigenen Vorstellungen zu erzeugen. Die SAS/GRAPH Software umfasst nicht nur das Angebot unterschiedlichster Diagrammtypen, z.B. zwei- bzw. dreidimensionale Balken-, Kreis-, Radar-, Stern-, Kuchen-, und Doughnut-Diagramme, Streu-, Linien-, Nadel-, High Low-, oder Zeitreihendiagramme, Konturen-, Oberflächen- und Bubble-Plots uvam., sondern auch die Möglichkeit, diese Grafiken über unzählige Optionen anzureichern (u.a. Auflösungen, Überschriften, Statistiken, Farben, Legenden, Rahmen, Muster, Referenzlinien, Fonts und Schriftgrößen). Aber selbst diese anspruchsvollen Grafiken können mit der Annotate Facility und weiteren Tricks im Prinzip unbegrenzt nach den eigenen Vorstellungen gestaltet werden.
Das Designen von Grafiken mit SAS/GRAPH Software grenzt an einen künstlerischen Vorgang.

Man sollte sich darüber im Klaren sein, dass die hochgradige Flexibilität und Leistungsfähigkeit der SAS/GRAPH Software es mit sich bringt, dass die Programmierung von SAS Grafiken mit zunehmendem Anspruch (v.a. bei der Kombination von Data Step und Annotate Facility) durchaus kompliziert werden kann. Dieser potentiellen Komplexität versucht dieses Kapitel zur Programmierung von SAS Grafiken dadurch gerecht zu werden, indem es die Abschnitte nach einem zunehmenden Schwierigkeitsgrad ordnet.

Ein Anliegen der folgenden Abschnitte ist auch, das Vorurteil auszuräumen, dass mit SAS keine ästhetisch ansprechenden Grafiken erzeugt werden könnten.

Das Gegenteil dürfte eher zutreffen. Mit ein bisschen Fleiß und Routine dürfte das Erzeugen von Grafiken einem kreativen Akt nahe kommen, dessen einzige Grenze die Vorstellungskraft des Künstlers ist.

Bei den im folgenden, mit noch einfachen Programmen erzeugten Grafiken, sollte man sich vergegenwärtigen, dass es sich hierbei nicht um das Endprodukt bzw. die Grenze der Leistungsfähigkeit von SAS/GRAPH handelt, sondern um ihren Anfang, um ihren Ausgang. Die ersten Programmbeispiele sind absichtlich auf einfache und wenige Zeilen beschränkt, um unkompliziert einen Überblick über die Grundstruktur der Programmierung und ihre grundsätzlichen Möglichkeiten zu ermöglichen. Diese ersten Programme sind als Grundgerüste zu verstehen, die der Leser in eigenen Programmierungen weiter ausbauen kann und soll.

Der Verfasser hielt es für sinnvoller, Ausgangsprogramme über die Aufnahme weiterer Optionen sukzessive anzureichern (sei es durch die Aufbreitung des Buches selbst, sei es durch das kreative Engagement des Lesers), als den unvorbereiteten Leser mit nicht durchschaubaren Programmen für (zwar) wunderschöne Grafiken völlig zu überfordern.

Mit anspruchsvollen Grafiken gehen oftmals anspruchsvolle Programmierungen einher. Der Leser sollte sich jedoch über zwei Vorzüge des SAS Systems im Klaren sein: Sobald eine anspruchsvolle Grafik entworfen wurde, kann sie beliebig oft als Vorlage für weitere Grafiken verwendet werden. So wie die Grafiken dieses Buches als Vorlagen für die Leser dienen, die daraus ihre eigenen anspruchsvollen Entwürfe entwickeln, so können diese Entwürfe in Gestalt professioneller Grafiken als eine Art Schablone für zukünftige grafische Ausgaben eingesetzt werden.

Der wichtigste Vorzug des SAS Systems bzw. der SAS/GRAPH Software ist jedoch so nahe liegend, dass er gerne übersehen wird: *SAS ist dazu in der Lage*! Die Möglichkeiten des SAS Systems sind derart umfassend, dass eine beliebig komplexe Grafik buchstäblich pixelgenau programmiert werden kann. Dies ist nicht selbstverständlich. Die Grafikausgabe vieler anderer Statistikprogramme stößt schnell an ihre Grenzen. Entweder ist deren Syntax oft genug von vorneherein nicht so leistungsfähig wie die SAS/GRAPH Software, und/oder falls Grafiken über eine Menüführung ausgegeben bzw. nachbearbeitet werden können, werden diese Arbeiten nur selten als Syntaxcode dokumentiert.

Die Konsequenz ist in beiden Fällen dieselbe: Anspruchsvolle Grafiken können nicht vollständig über Programmsyntax erzeugt werden. Nicht so in SAS. Anspruchsvolle Grafiken können vollständig über die SAS Syntax definiert werden.

Zunächst stellt diese Einführung unter Abschnitt 1 die Grundformen der in Wissenschaft und Forschung gebräuchlichsten Grafiktypen vor. Abschnitt 2 stellt zunächst die einfache Syntaxprogrammierung dieser Grundformen vor, z.B. Balkendiagramme, Kreisdiagramme, Boxplots, usw. (z.T. sind Programmierbeispiele aus der SAS/QC Software enthalten). Um jedoch zu demonstrieren, welche Möglichkeiten SAS bereits bei den Grundformen bereitstellt, werden für jede dieser Grundformen zunehmend komplexe Beispiele vorgestellt. Einfache Balkendiagramme werden z.B. zunächst in einer einfachen Grundform programmiert, anschließend mit einer Gruppenvariable unterteilt, dann mit einer zweiten Gruppe, bzw. zuerst einheitlich, dann unterschiedlich gefärbt, usw. Man könnte sich das als grafisches „Thema mit Variationen" vorstellen.

Abschnitt 3 erlaubt einen kleinen Einblick in die Trickkiste von SAS, und versucht mit zahlreichen Beispiele zu zeigen, welche weiteren Möglichkeiten im Zusammenspiel mit dem SAS System zur Verfügung stehen, um Grafiken individuell zu gestalten. Zunächst wird dabei das „Tunen" von Standardgrafiken vorgestellt, anschließend wird auf das individuelle Entwerfen eigener Grafiken übergegangen. Vorgestellt werden u.a. Tricks mit der Annotate Facility, dem Data Step, Formaten, speziellen Optionen, Makros und Karten.

Abschnitt 4 zeigt abschließend, wie Grafiken und Tabellen in den verschiedensten Formaten exportiert werden können.

Das Kapitel 23 enthält aus gutem Grund relativ wenige Beispielabbildungen. Der Grund ist weniger, dass unzählige Abbildungen den Rahmen dieses Buches vollends sprengen würden. Aus Platzmangel können nicht alle bekannten Grafiktypen in diesem Kapitel angesprochen werden. Nicht behandelt werden z.B. Konturen-, Oberflächen-, und Stem and Leaf-Plots.

Der Verfasser ist vielmehr der Überzeugung, dass die Leser die meisten Grafiktypen bereits kennen, und dass sie eher daran interessiert sind, wie diese mit dem SAS System erzeugt werden, als z.B. jede einzelne Variation von Standardgrafiken sehen zu wollen. Für zunehmend komplexe oder spezielle Grafiken werden jedoch Beispiele abgebildet, auch wenn diese den erhofften „aha"-Effekt nach einer erfolgreichen Programmierung ein bisschen verpuffen lassen. Zu jeder Grafik wird die Syntax erläutert. Für weitergehende Information wird auf die SAS Version 8 Dokumentation zur SAS/GRAPH Software bzw. SAS/QC Software verwiesen.

Diese Einführung zum Programmieren von Grafiken mit der SAS/GRAPH Software ist gedacht für Benutzer mit wenig oder keiner Erfahrung mit SAS, für Benutzer mit wenig oder keiner Programmiererfahrung, und für Benutzer, die sich eine Übersicht über die Möglichkeiten des Grafik-Programmierens mit SAS verschaffen möchten. Außer der Bedienung des (Enhanced) Editors sind keine Grundkenntnisse erforderlich. Für eine Einführung in die Programmierumgebung mit den (Enhanced) Editor, Log, Output, und Results Fenstern wird auf das Kapitel 10.2. verwiesen. In diesem Abschnitt werden keine Analysen vorgenommen; Kenntnisse in Statistik und Forschungsmethoden sind nicht erforderlich.

Dieses Kapitel ist auf die Erzeugung der am häufigsten anfallenden Grafiktypen mit der Syntaxsteuerung ausgerichtet. Auf die Produktion von Grafiken mit

SAS Modulen bzw. Anwendungen wie z.B. des neuen Graph-N-Go, des Enterprise Guide, SAS/INSIGHT oder der Analyst Application wird mit Ausnahme von Graph-N-Go an anderer Stelle eingegangen.

23.2. Grundformen der Grafiken

Zunächst werden die elementaren Grundformen der Grafiktypen, u.a. Balken-, Streu-, und Liniendiagramme, Kreisdiagramme, Boxplots und Histogramme vorgestellt. Als Literatur zu Grafiken wird u.a. auf Schnell (1994), Tufte (2001^2) und Harris (2000) verwiesen. Bei Harris (2000) der Schwerpunkt auf der Konstruktion aller möglicher Grafiktypen. Tufte (2001^2) stellt allgemeine Prinzipien des Designs von Grafiken vor. Bei Schnell (1994) liegt der Schwerpunkt auf der grafisch gestützten, vorrangig multivariaten Datenanalyse. Alle Grafiken in diesem Kapitel wurden mit dem SAS System entworfen. Mit SAS/GRAPH, SAS/QC und Annotate können Grafiken programmiert werden, die weit über die Standardformen hinausgehen.

Balkendiagramme

Balkendiagramme stellen deskriptive Kennwerte einer Verteilung (z.B. Häufigkeiten oder Mittelwerte) in Form von Balken mit der jeweiligen Länge dar.

Balkendiagramme unterscheiden sich von Histogrammen (in ihrer jew. Grundform) in mind. dreierlei Hinsicht: Histogramme bilden nur die (1) *Häufigkeiten* (2) *einer* Variable ab, die darüber hinaus mindestens (3) *stetig* skaliert sein muss. In Histogrammen wird die Analysevariable sozusagen in ihre eigenen Klassen zerlegt und dargestellt. Balkendiagramme können (1) *alle möglichen quant. Parameter* (z.B. Mittelwerte incl. Streuungen, Häufigkeiten) abbilden, sofern die mind. nominalskalierte (3) Analysevariable anhand einer (mind.) (2) *zweiten* Variable klassiert wird. Balkendiagramme basieren üblicherweise auf den Parametern mind. zweier Variablen.

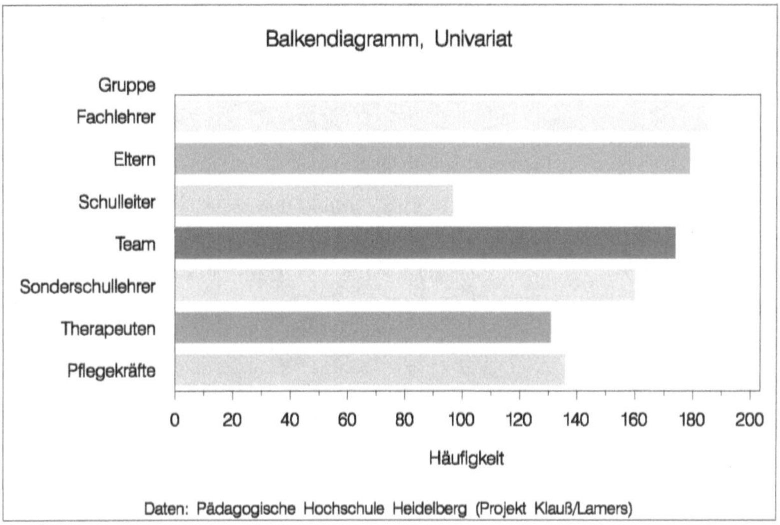

Mit SAS ist natürlich auch die Erzeugung von multivariaten Balkendiagrammen möglich:

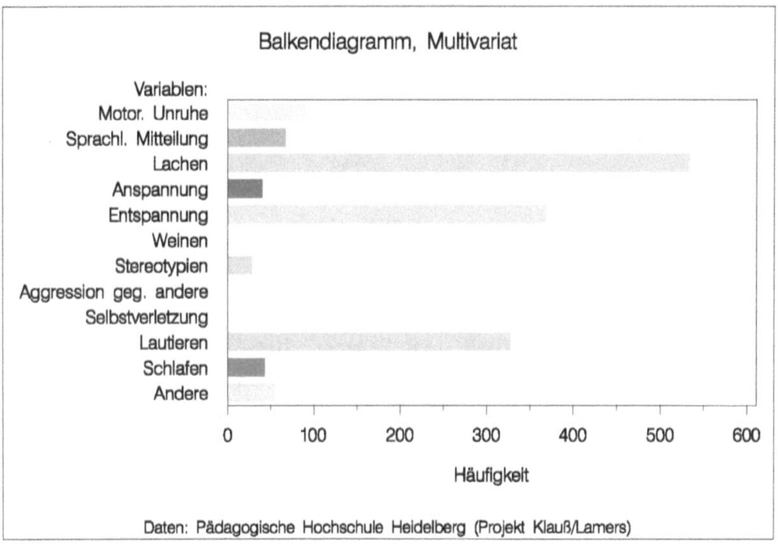

Klassierbare Parameter können auch als Liniendiagramm dargestellt werden. Bei einem univariaten Liniendiagramm werden die Werte, wie sie hier z.B. durch die Balkenspitzen repräsentiert werden, durch Linien miteinander verbunden, wobei die Verbindungslinie zwischen den diskreten Datenpunkten nicht als kontinuierliche Abstufung der Variablen missverstanden werden sollte, was v.a. bei versch.

Variablen einleuchtend sein sollte. Die Erzeugung von Liniendiagrammen für diskrete Variablen ist in SAS ebenfalls über einen Data Step möglich.

Kreisdiagramme

Ein Kreisdiagramm gibt immer die Teile eines Ganzen wieder. Die Häufigkeiten oder prozentuale Anteile werden durch eine Aufteilung eines Kreises in entsprechende Sektoren grafisch dargestellt, wobei der ganze Kreis der Gesamtheit (Gesamthäufigkeit bzw. 100%) entspricht.

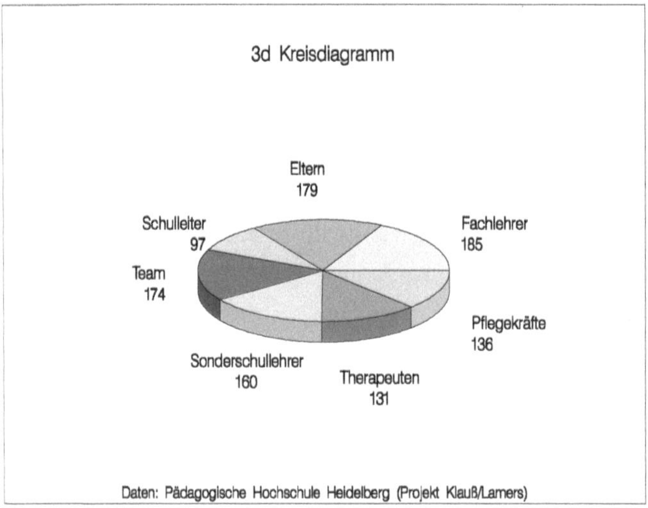

Kreisdiagramme gelten wahrnehmungspsychologisch als nicht unproblematisch. Nicht nur zu viele oder auch ähnlich große Segmente, auch 3D-Effekte können einen rationalen Vergleich erschweren. Bei dem o.a. Diagramm kann es z.B. passieren, dass Betrachter unabsichtlich dem Segment der Sonderschullehrer den dazugehörigen und ähnlich gefärbten Kreisrand „hinzudenken", mit der Folge, dass dieses Segment als etwa gleich groß wie das der Fachlehrer wahrgenommen wird, obwohl die Fachlehrer in Wirklichkeit die größere Gruppe sind. Für eine rationale Entscheidungsfindung sollten daher immer auch die zentralen Kennziffern angegeben werden.

Histogramme

Histogramme gelten als die Standarddarstellung für Häufigkeitsverteilungen. Ein Histogramm ist demnach die grafische Darstellung der Beobachtungen, die in die einzelnen Intervalle einer Klasseneinteilung einer Variable fallen. Die Häufigkeiten eines klassierten, quantitativen Merkmals werden dabei durch Balken dargestellt, wobei die Fläche der Balken der Anzahl der jeweils repräsentierten Häufigkeiten entspricht.

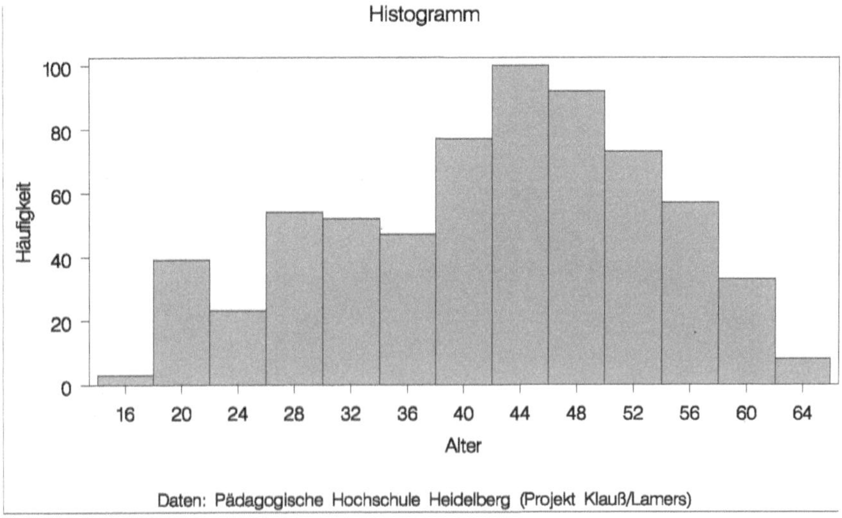

Histogramme bilden im Vergleich zu Balkendiagrammen nur die Häufigkeiten einer Variable ab, die darüber hinaus mindestens stetig skaliert sein muss. Beim Histogramm ist zu beachten, dass die Breite der Intervalle (Balken) einen maßgeblichen Einfluss auf die grafische Wiedergabe und damit u.U. auch statistikrelevante Interpretation einer Verteilung hat. Bei Ausgabe und Vergleich mehrerer Histogramme ist darüber hinaus auf den jew. Ursprung des Diagramms zu achten, der durchaus ein jeweils anderer sein kann. Mit SAS ist auch die Ausgabe vergleichender Histogramme möglich.

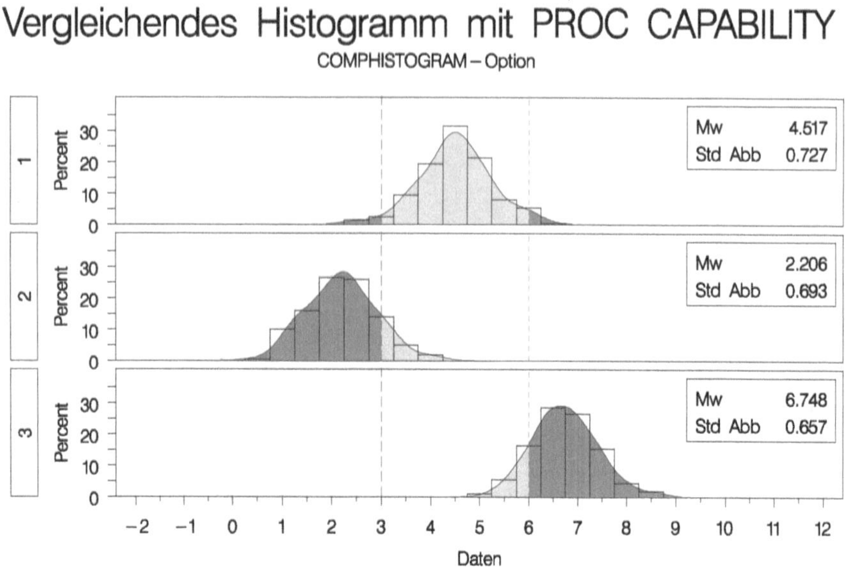

Boxplots

Gruppierte Boxplots eignen sich besonders für den schnellen Vergleich einer einzelnen Variablen zwischen verschiedenen Gruppen. Das Boxplot ist ein Streuungsdiagramm basierend auf dem Median und den Quartilen. Bei der Box selbst handelt es sich um einen "Kasten", der durch das erste und dritte Quartil (25 bzw. 75%-Perzentil) der Verteilung begrenzt ist. Dieser sog. Interquartilbereich umfasst somit 50% der Werte. Im Inneren der Box ist eine Querlinie eingetragen, die den Median (Q2, 50%-Perzentil) repräsentiert. Das „+"-Symbol innerhalb der Box in der u.a. Grafik repräsentiert den Mittelwert für die jew. Gruppe. Die von der Box nach oben bzw. unten ausgehenden Linien („whisker") führen jeweils zum *errechneten* höchsten bzw. niedrigsten Wert innerhalb des 1.5 fachen Interquartilbereiches. Außerhalb dieser Strahlen liegende *beobachtete* Werte werden als sog. Ausreißer bezeichnet (siehe z.B. das „X" bei den Fachlehrern).

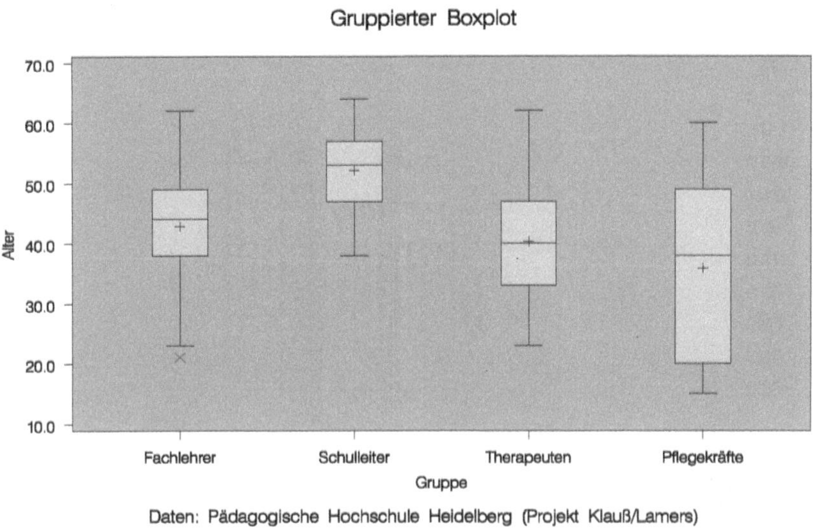

Die Fläche innerhalb der Box steht *nicht* in irgendeinem Verhältnis zur *Anzahl* der Fälle, sondern nur zur *Streuung* der Werte.

Streudiagramme

Streudiagramme (sog. Scatter Plots) sind besonders geeignet, um die Beziehung zwischen üblicherweise zwei intervallskalierten, metrischen Variablen grafisch abzubilden (es gibt jedoch auch zahlreiche Varianten uni- und multivariater Scatter Plots). Streudiagramme bilden dabei die Wertepaare zweier Variablen in einem gemeinsamen Koordinatensystem ab (‚Punkteschwarm'). Treppenartige Muster sind ein Hinweis darauf, dass mind. eine der beiden Variablen nicht intervallskaliert ist.

Scatterplot
Zusammenhang zwischen Körpergröße und Körpergewicht

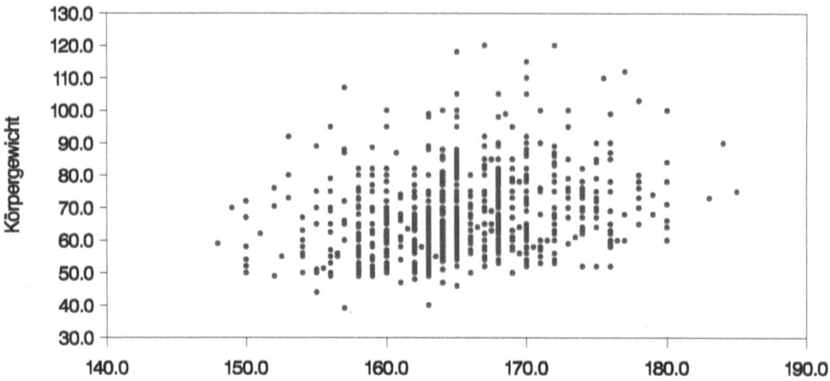

Daten: Heidelberger Brustkrebsstudie

Bei der Konstruktion von Streudiagrammen ist zu beachten, dass die Skalierung der Koordinatenachsen (Nullpunkt, Einheit) die Wahrnehmung des Zusammenhangs zwischen den beiden Variablen beeinflussen kann, im extremen Fall durch Ausfiltern von Werten, die dadurch außerhalb der Achsenbereiche geraten. Bei Punktewolken auf der Basis von Messwertpaaren ist die Form der Punktewolken entscheidend für die Interpretation eines Zusammenhangs. Runde Punktewolken (siehe oben) deuten einen geringen Zusammenhang an (Korrelation nach Pearson: r = 0.27), gestreckte Punktewolken dagegen einen eher hohen (positiven oder negativen) Zusammenhang (siehe unten, Korrelation nach Pearson: r = 0.81). Oft werden daher in Streudiagramme auch (Regressions)Geraden eingebettet, die nicht nur grafisch, sondern auch mathematisch den (kurvi)linearen Zusammenhang zwischen den beiden Variablen verdeutlichen.

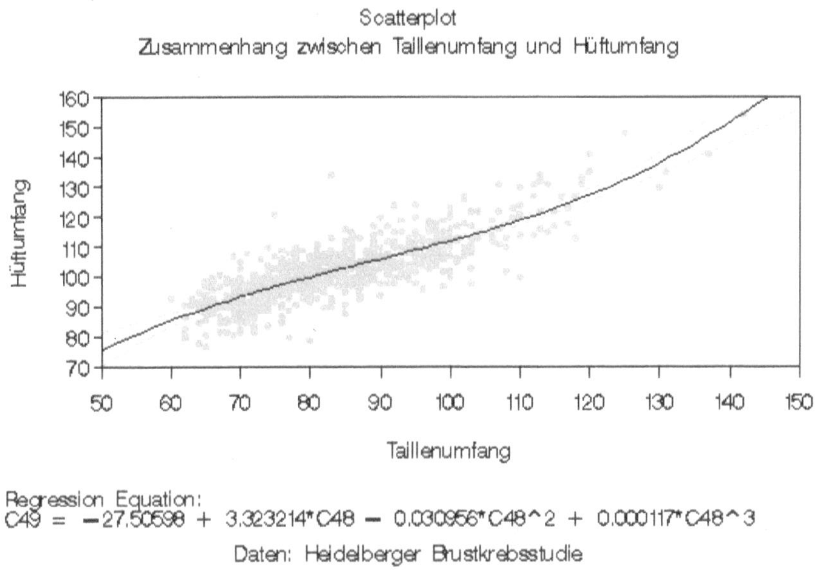

Ab einer bestimmten „Dichte“ der Punkteschwärme kann nicht mehr ohne weiteres beurteilt werden, wie viele Punkte auf derselben Koordinate liegen; es sollte daher auch der Grad und die Lage der auftretenden gegenseitigen Überlagerung der Punkte bei der Interpretation berücksichtigt werden.

Liniendiagramme

Analog zu einem Streudiagramm wird ein Liniendiagramm ebenfalls aus einem Koordinatensystem auf der Basis zweier Achsen definiert. Während bei einem Streudiagramm beide Variablen intervallskaliert sein sollten, können bei einem Liniendiagramm die Variablen auch ein darunter gelegenes Skalenniveau besitzen. Wie im Abschnitt zu den Balkendiagrammen bereits angedeutet, ist bei der Interpretation des Linienverlaufs das Skalenniveau der Variablen unbedingt zu beachten.

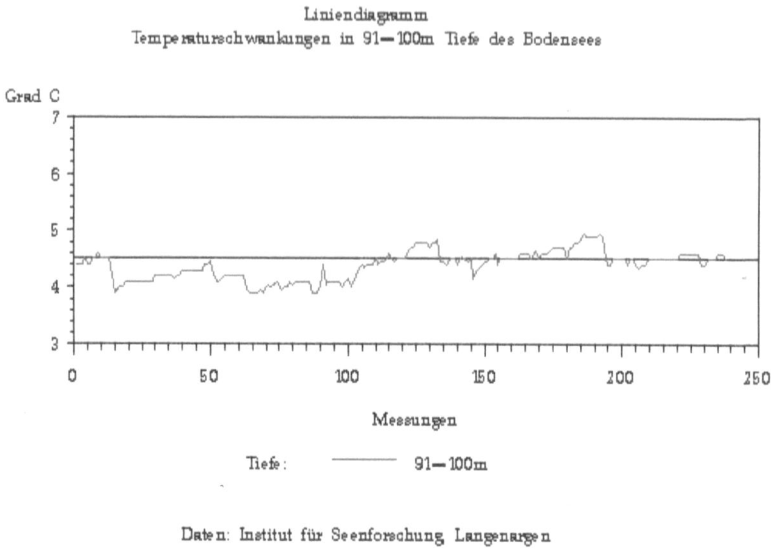

Werden Liniendiagramme „ausgemalt“, werden sie zu Flächendiagrammen.

Flächendiagramme

Flächendiagramme sind im Prinzip alle Diagramme, bei denen das Ausmaß der Fläche Auskunft über einen statistischen Parameter gibt. Kreisdiagramme, Histogramme, Konturendiagramme, aber auch „ausgemalte“ Liniendiagramme gehören zu den Flächendiagrammen.

Bei Liniendiagrammen kann eine ausgefüllte Fläche besondere Verteilungscharakteristiken hervorheben, aber auch davon ablenken. Die Fläche unter der Linie kann nur bei bekanntem Skalenniveau beider Achsenvariablen interpretiert werden.

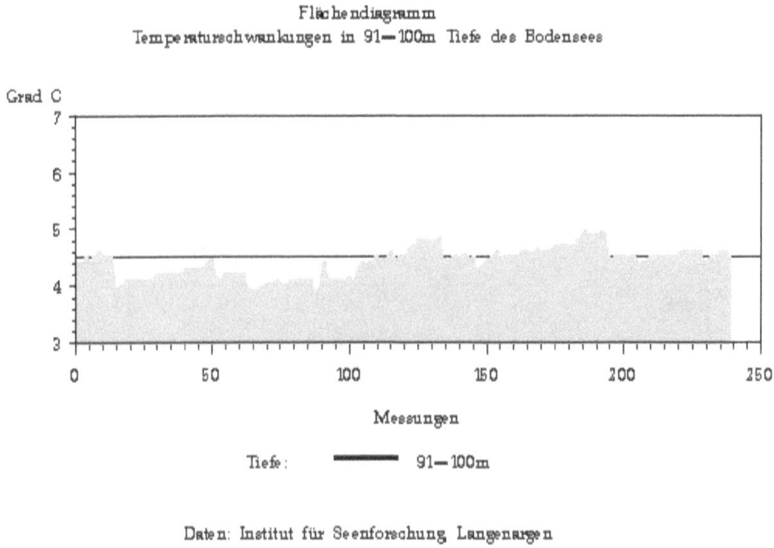

Bei bivariaten Liniendiagrammen kann auch die Fläche zwischen beiden Linien ausgefüllt werden.

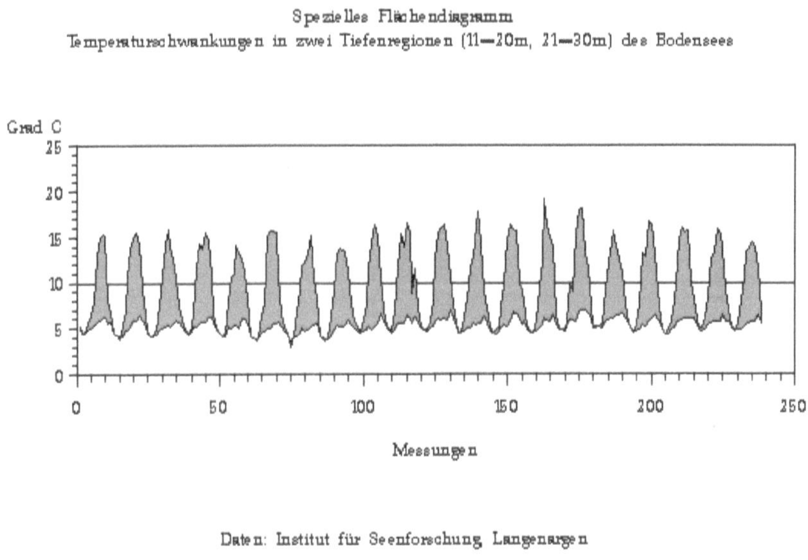

Zeitbezogene Diagramme

Bei Verlaufs-, Veränderungs- oder Prozessanalysen kann der Faktor „Zeit" grafisch differenziert dargestellt werden. Zeitbezogene Diagramme können grafisch entweder auf Linien-, Balken-, aber auch auf Box-Darstellung basieren.

Gemeinsam ist allen Darstellungsvarianten jedoch, dass eine der Variablen immer eine zeitbezogene Variable ist. Drei Varianten sind möglich: Zeiteinheiten (z.B. Sekunden, Minuten, Stunden, Tage, Jahre), Datumsangaben (z.B. 01.11.2001, 01.12.2001), oder sonstige Messungen in zeitbezogenen oder kausalen Abständen (z.B. „Aufnahme“, „Zwischenkontrolle“, „Entlassung“).

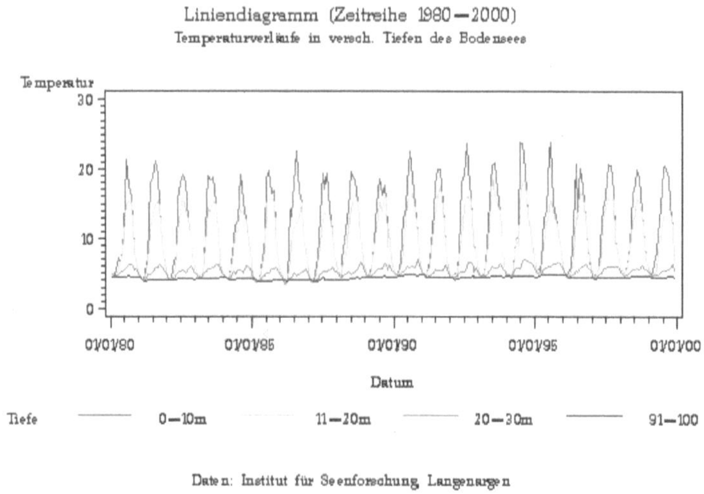

Bei der Darstellung von Verlaufs-, Veränderungs- oder Prozessanalysen ist der Ableitungskontext der Daten zu beachten. Regelkartendiagramme sind nicht in jedem Fall auch für die Wiedergabe biometrischer Daten geeignet.

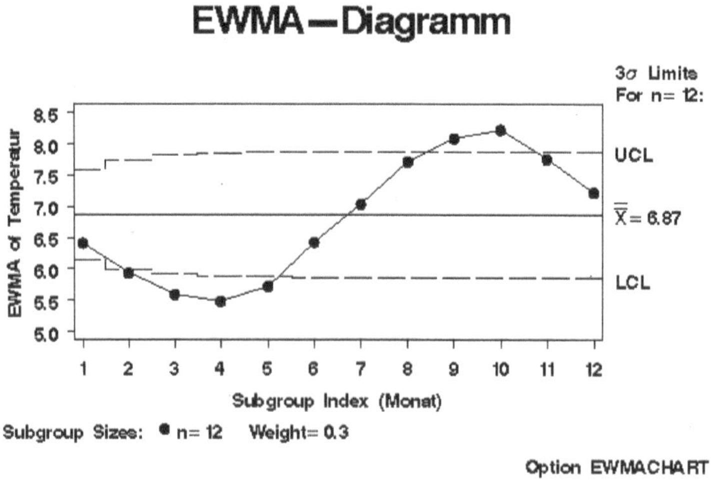

In den folgenden Abschnitten wird die Grundsyntax für alle hier gezeigten Diagramme, und viele weitere Varianten erläutert.

Der Leistungsumfang der SAS Software und die SAS Base Language Programmierumgebung ermöglichen es, im Prinzip nur jeden denkbaren Grafiktyp zu erzeugen.

Die folgende Grafik zeigt z.B. den Bestandsverlauf der Amsel über mehrere Jahre hinweg anhand einer boxplotartigen Darstellung, durch die zusätzlich eine Regressionsgerade eingezeichnet wurde (ein weiteres Beispiel findet sich im Abschnitt zu GREPLAY).

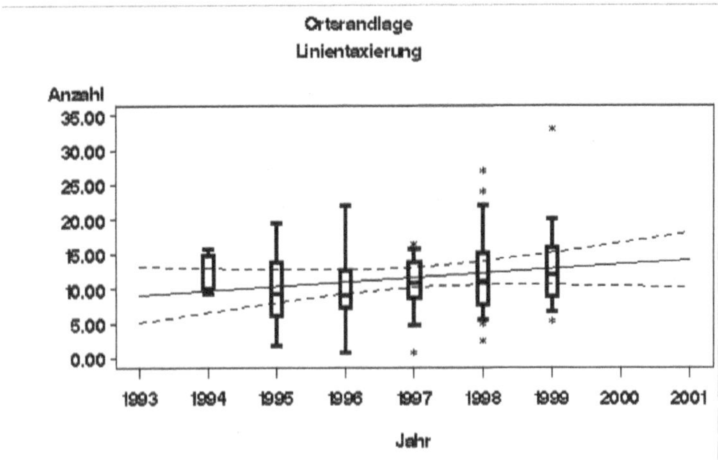

Quelle: Brutvogel-Monitoring Baden-Württemberg

Natürlich ist es in SAS auch möglich, mehrere Diagramme oder auch verschiedene Diagrammtypen in eine gemeinsame Grafik abzulegen. Für ein ausführliches Beispielprogramm mit der Prozedur PROC GREPLAY wird auf den Abschnitt 23.5.3. verwiesen.

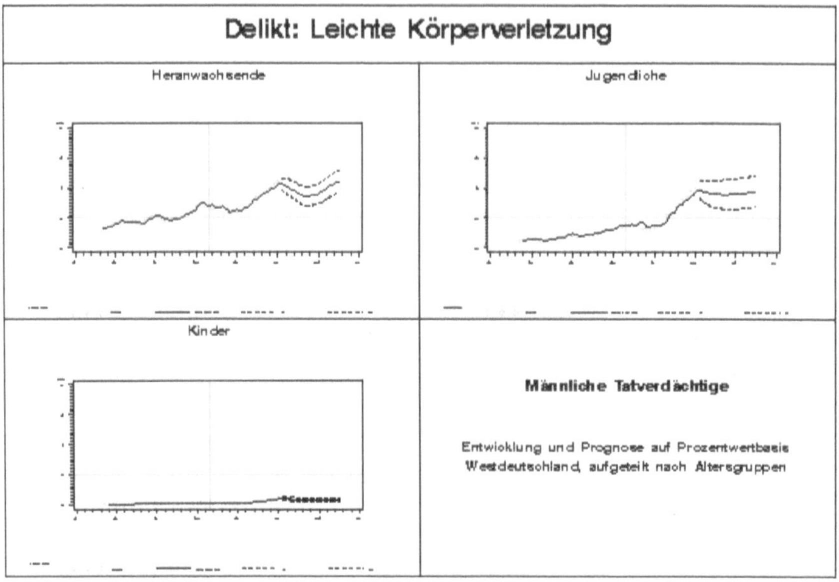

Datenquelle: Projekt "Die Entwicklung der Delinquenz von Kindern, Jugendlichen und Heranwachsenden in Deutschland"

23.3. Standardgrafiken mit der SAS/GRAPH Software

Vorteile programmierter Grafiken sind, abgesehen vom Aufwand, die gezielte Kontrolle des Ergebnisses, die Effizienz für wiederholte Generierungen, Abfragen oder Updates, und die erzwungene Sorgfalt beim Arbeiten. Der Sinn und Unsinn einer Grafik zeichnet sich dadurch aus, dass man inhaltlich sinnvolle Variablen wählt, ein angemessenes Skalenniveau, und sich auf eine *überschaubare* Anzahl an Stufen bzw. Kategorien beschränkt.

Die Syntax-Beispiele verwenden häufig den Datensatz TEMPRATUR. Mit dem folgenden Code kann dieser Demo-Datensatz problemlos angelegt werden. Die enthaltenen Variablen, Namen, und Werte sind fiktiv, und derart angelegt, dass die Grafiken u.a. Ausreißer, fehlende Werte, mehrere Messungen pro Gruppe, und andere Verteilungsphänomene wiedergeben können.

```
data TEMPRATUR ;
input Tiefe 1-2 GradC 4-6 Gruppe 8 See $ 10-17 ID 20-21 Bestand 23-
24;
cards;
 5  10 1 Ammersee  01 21
 5  11 1 Bodensee  02 22
```

```
 5   9 1 Chiemsee  03 20
 5  10 1 Darrnsee  04 21
10   7 1 Ammersee  05 18
10   8 1 Bodensee  06 19
10   9 1 Chiemsee  07 20
10  19 1 Darrnsee  08 30
15   6 1 Ammersee  09 21
15   5 1 Bodensee  10 16
15   6 1 Chiemsee  11 17
15   6 1 Darrnsee  12 17
20   5 1 Ammersee  13 24
20   4 1 Bodensee  14 16
20   5 2 Darrnsee  15 16
25   3 2 Ammersee  16 26
25   4 2 Bodensee  17 15
25   2 2 Chiemsee  18 14
25   3 2 Darrnsee  19 13
30   3 2 Ammersee  20 27
30   2 2 Bodensee  21 13
30   3 2 Chiemsee  22 13
30   2 2 Darrnsee  23 12
 ;
 run;
```

23.3.1. Balkendiagramme hoch/vertical (2D, 3D)

Einführende Anmerkung: Alle folgenden Beispiele sind für die Erzeugung 2dimensionaler vertikaler Balkendiagramme geschrieben. Ersetzen Sie jedoch den Befehl VBAR (für 2dimensionale Balkendiagramme) mit VBAR3D, so erhalten Sie 3dimensionale Balkendiagramme. Probieren Sie einfach mal den Effekt zweier zusätzlicher Buchstaben aus! Für 3dimensionale Balkendiagramme können Sie über SHAPE= die Form der Balken bestimmen. Möglich sind die Formen BLOCK (voreingestellt), CYLINDER, HEXAGON, PRISM, und STAR.

Einfach gruppiert: Mittelwert GradC nach Gruppe TIEFE

```
/* Festlegen der Grafik-Optionen */

goptions reset=all gunit=pct border ftext=swissb htext=3
htitle=6 ctext=black colors=(black) lfactor=2;

/* Definition der Balken */

pattern1 value=solid c=orange;

/* Beschriftungen */

title1 'Tiefen-Temperaturen';

/*  Grafik-Ausgabe   */

proc gchart data=TEMPRATUR;
   vbar Tiefe
      / type =mean sumvar=GradC discrete frame;
run;
quit;
```

Erläuterungen: Unter *goptions* werden Optionen speziell für Grafiken festgelegt. RESET setzt alle vorher gemachten Einstellungen außer Kraft. Damit wird sichergestellt, dass keine früheren Einstellungen die Erzeugung der neuen Grafik/en stören. GUNIT legt die Einheit für Angaben zur Höhe der Grafik fest (hier: PCT). Border zieht eine Grenze um das Grafikausgabefeld. FTEXT definiert den Font (hier SwissB) für den Text (das „B" in „SwissB" fordert ein fettgedrucktes (‚bold') Swiss an). HTEXT definiert die Höhe des Textes (z.B. Fußnoten, Legenden, Überschriften) in der Grafikausgabe. HTITLE definiert die Höhe des Textes für die erste Überschriftenzeile (=TITLE). Mit CTEXT wird die Farbe für Text und Rahmen (border) festgelegt (hier: schwarz). COLORS=legt Farben für den Vordergrund generell fest, z.B. für den Rahmen. Setzen Sie COLORS zur Abwechslung mal auf BLUE und beobachten Sie den Effekt. LFACTOR (*line-thickness-factor*, von 0 bis 9999*)* bestimmt die Stärke der Linien.

Unter *pattern* werden Muster (Art, Farbe) für Grafiken festgelegt. SOLID steht für ausgefüllt, C (color) fordert die Farbe Orange an. Die Balken werden also orange „ausgemalt" sein. Nach TITLE1 wird in Anführungszeichen der Text für die erste Zeile der Überschrift angegeben (siehe auch HTITLE).

Ab PROC GCHART wird das eigentliche Balkendiagramm für den Datensatz TEMPRATUR erzeugt. VBAR fordert vertikale Balken an, wobei TIEFE die Gruppenvariable ist. TYPE definiert den zu berechnenden Kennwert (hier: Mittelwert), und SUMVAR die Variable, die berechnet werden soll (GRADC). DISCRETE erzeugt einen Balken pro TIEFE-Kategorie, und FRAME legt einen

Rahmen darum. Programme für Grafiken mit der SAS/GRAPH Software müssen grundsätzlich mit QUIT abgeschlossen werden!

Einfach gruppiert: Summe GradC nach Gruppe TIEFE

```
proc gchart data=TEMPRATUR;
   vbar Tiefe
   / type =sum sumvar=GradC discrete frame;
run;
quit;
```

Erläuterungen: VBAR fordert vertikale Balken an, wobei TIEFE die Gruppenvariable ist. TYPE=SUM definiert als zu berechnenden Kennwert die Summe für GRADC.

Einfach gruppiert: Häufigkeit GradC nach Gruppe TIEFE

```
proc gchart data=TEMPRATUR;
   vbar Tiefe
   / type =freq freq discrete frame;
run;
quit;
```

Erläuterungen: TYPE=FREQ FREQ fordert Häufigkeiten für die jeweiligen TIEFE-Balken an., und gibt die ermittelte Anzahl über den Balken an.

Einfach nach TIEFE gruppiert: Mittelwert mit Fehlerbalken für GradC

```
proc gchart data=TEMPRATUR;
   vbar Tiefe
   / type =mean sumvar=GradC discrete frame
          errorbar=both clm=95 cerror=black;

run;
quit;
```

Erläuterungen: Die Anweisung ERRORBAR=BOTH zeichnet Konfidenzintervalle, hier für den Mittelwert der SUMVAR-Variable (GradC) pro TIEFE-Kategorie in Gestalt einer Linie mit zwei Querstrichen. Über CLM wird die Wahrscheinlichkeit angegeben, mit der der wahre Wert innerhalb des Vertrauensintervalls liegen wird (hier: 95%). CERROR färbt hier die Fehlerbalken schwarz.

Zweifach gruppiert (eine Grafik): Mittelwert GradC nach Gruppe TIEFE und GRUPPE. Ohne gruppenspezifische Färbung.

```
proc gchart data=TEMPRATUR;
   vbar Tiefe
   / type =mean sumvar=GradC discrete frame group=gruppe;
run;
quit;
```

Erläuterungen: Innerhalb eines Rahmens werden zwei Balkendiagramme (GradC nach Tiefe) für die Gruppen 1 und 2 nebeneinander abgebildet, veranlasst durch die Anweisung GROUP=Gruppe. Beide Balkendiagramme sind gleich gefärbt.

Zweifach gruppiert (zwei separate Grafiken): Mittelwert GradC nach Gruppe TIEFE und GRUPPE. Ohne gruppenspezifische Färbung.

```
proc gchart data=TEMPRATUR;
   vbar Tiefe
   / type =mean sumvar=GradC discrete frame;
   by Gruppe ;
run;
quit;
```

Erläuterungen: Über die Anweisung BY GRUPPE werden für GRUPPE=1 und GRUPPE=2 zwei separate Grafiken erzeugt. Beide Grafiken sind gleich gefärbt.

Zweifach gruppiert (eine Grafik): Mittelwert GradC nach TIEFE und SEE. Die Verteilungen sind einheitlich pro SEE gefärbt.

```
title 'Balkendiagramm (incl. Untergruppe)' ;
footnote j=r 'Testbild' ;

axis width=2 ;

pattern1 value=solid c=orange ;
pattern2 value=solid c=red ;
pattern3 value=solid c=yellow;
pattern4 value=solid c=beige ;

proc gchart data=TEMPRATUR;
   vbar Tiefe
   / type =mean sumvar=GradC nozero
     group=See patternid=group
```

```
discrete width=5 space=2 clipref gaxis=axis raxis=axis coutline=gray
frame ;
   label GradC='Grad in C' ;
run;
quit;
```

Erläuterungen: Das Programm erzeugt eine Grafik, in deren Rahmen vier Balkendiagramme, für jeden See eines, nebeneinander abgebildet werden. TITLE definiert die Überschrift für diese Grafik. FOOTNOTE legt eine Fußnote unten rechts fest. AXIS WIDTH definiert die Dicke der Achsen. Über PATTERN werden verschiedene Farbmuster definiert. Die Bezifferung legt die Abfolge (1, 2, ...) der Muster fest, wie sie SAS ausgeben wird.

GROUP legt die Gruppierungsvariable (hier: See) fest. NOZERO unterdrückt „leere" Balken (siehe „Chiemsee"). PATTERNID weist die Muster von PATTERN der Gruppenvariable (GROUP=See) zu; in der Folge werden die Seen entsprechend farbig ausgegeben. WIDTH definiert die Breite der Balken. SPACE bestimmt den Abstand zwischen den Balken. CLIPREF befestigt die Referenzlinie an den Balken. GAXIS=AXIS weist die Achsendefinition (siehe AXIS WIDTH=2) der Gruppenachse (group axis, GAXIS) zu. RAXIS=AXIS weist die Achsendefinition (siehe AXIS WIDTH=2) der AV-Achse (response axis, RAXIS) zu. COUTLINE umreißen u.a. Balken(segmente) und Legenden (falls angegeben) in der angegebenen Farbe (hier: grau). LABEL verleiht der Variable GradC das in Anführungszeichen gesetzte Label; bereits vorhandene Label werden durch das neue Label ersetzt.

Zweifach gruppiert (eine Grafik, umgekehrte Klassifikation): Mittelwert GradC nach Gruppe TIEFE und SEE. Die Balken sind nach TIEFE gruppiert und nach SEE gefärbt, incl. Label.

```
footnote j=r 'Balkendiagramm (incl. Untergruppe)' ;

axis1 ;
axis2 width=2 ;

pattern1 value=solid c=orange ;
pattern2 value=solid c=red ;
pattern3 value=solid c=yellow;
pattern4 value=solid c=grey ;
pattern5 value=solid c=beige ;
pattern6 value=solid c=brown ;

legend frame label=none;

proc gchart data=TEMPRATUR;
   vbar See
   / type =mean sumvar=GradC nozero
     group=Tiefe subgroup=See legend=legend
discrete width=5 space=2 clipref maxis=axis1 raxis=axis2 coutline=gray frame ;
   label GradC='Grad in C' ;
run;
quit;
```

Erläuterungen: Das Programm erzeugt eine Grafik, in deren Rahmen sechs Balkendiagramme, für jede Kategorie von TIEFE eines, nebeneinander abgebildet werden. Zwei Anweisungen LEGEND bzw. LEGEND=LEGEND veranlassen die Ausgabe einer Legende einschl. Rahmen. Würde dieses Programm die Option PATTERNID=GROUP enthalten, würden alle Tiefenkategorien einheitlich entsprechend den PATTERN1, 2,... gefärbt werden. Da aber PATTERNID fehlt, werden alle Seen einheitlich gefärbt. Probieren Sie dieses Programm mal mit der PATTERNID-Anweisung aus! Beachten Sie dabei auch den Effekt auf die Legende.

Zweifach gruppiert (eine Grafik): Mittelwert GradC nach Gruppe SEE und TIEFE. Die Balken sind nach SEE gruppiert und nach TIEFE gefärbt, incl. Label.

```
proc gchart data=TEMPRATUR;
   vbar Tiefe
   / type =mean sumvar=GradC nozero
     group=See subgroup=Tiefe legend=legend
  discrete width=7 space=2 clipref maxis=axis1 raxis=axis2
  coutline=gray frame ;
   label GradC='Grad in C' ;
run;
quit;
```

Erläuterungen: Das Programm erzeugt eine Grafik, in deren Rahmen vier Balkendiagramme, für jeden SEE eines, nebeneinander abgebildet werden. Die TIEFE-Kategorien sind innerhalb jedes Sees sind verschieden gefärbt, insgesamt jedoch einheitlich. Die beiden Anweisungen LEGEND bzw. LEGEND=LEGEND veranlassen die Ausgabe einer Legende einschl. Rahmen. MAXIS=AXIS weist die Achsendefinition (siehe AXIS WIDTH=2) der y-Achse (midpoint axis, MAXIS) zu.

23.3.2. Balkendiagramme quer/horizontal (2D, 3D)

Einführende Anmerkung: Alle folgenden Beispiele sind für die Erzeugung 2dimensionaler horizontaler Balkendiagramme geschrieben. Ersetzen Sie jedoch den Befehl HBAR (für 2dimensionale Balkendiagramme) mit HBAR3D, so erhalten Sie 3dimensionale Balkendiagramme. Probieren Sie einfach mal den Effekt zweier zusätzlicher Buchstaben aus! Für 3dimensionale Balkendiagramme können Sie über SHAPE= die Form der Balken bestimmen. Möglich sind die Formen BLOCK (voreingestellt), CYLINDER, HEXAGON, PRISM, und STAR.

Einfach gruppiert: Mittelwert GradC nach Gruppe TIEFE

```
goptions reset=all gunit=pct border ftext=swissb htext=3
htitle=6 ctext=black colors=(black) lfactor=2;

/* Definition der Balken */

pattern1 value=solid c=orange;


/* Beschriftungen */

title1 'Tiefen-Temperaturen';

/*  Grafik-Ausgabe   */

proc gchart data=TEMPRATUR;
   hbar Tiefe
   / type =mean sumvar=GradC discrete frame;
run;
quit;
```

Erläuterungen: Unter *goptions* werden Optionen speziell für Grafiken festgelegt. RESET setzt alle vorher gemachten Einstellungen außer Kraft. Damit wird sichergestellt, dass keine früheren Einstellungen die Erzeugung der neuen Grafik/en stören. GUNIT legt die Einheit für Angaben zur Höhe der Grafik fest (hier: PCT). Border zieht eine Grenze um das Grafikausgabefeld. FTEXT definiert den Font (hier SwissB) für den Text. HTEXT definiert die Höhe des Textes (z.B. Fußnoten, Legenden, Überschriften) in der Grafikausgabe. HTITLE definiert die Höhe des Textes für die erste Überschriftenzeile (=TITLE). Mit CTEXT wird die Farbe für Text und Rahmen (border) festgelegt (hier: schwarz). COLORS=legt Farben für den Vordergrund generell fest, z.B. für den Rahmen. Setzen Sie COLORS zur Abwechslung mal auf BLUE und beobachten Sie den Effekt. LFACTOR (*line-thickness-factor*, von 0 bis 9999) bestimmt die Stärke der Linien.

Unter *pattern* werden Muster (Art, Farbe) für Grafiken festgelegt. SOLID steht für ausgefüllt, C (color) fordert die Farbe Orange an. Die Balken werden also orange „ausgemalt" sein. Nach TITLE1 wird in Anführungszeichen der Text für die erste Zeile der Überschrift angegeben (siehe auch HTITLE).

Ab PROC GCHART wird das eigentliche Balkendiagramm für den Datensatz TEMPRATUR erzeugt. HBAR fordert horizontale Balken an, wobei TIEFE die Gruppenvariable ist. TYPE definiert den zu berechnenden Kennwert (hier: Mittelwert), und SUMVAR die Variable, die berechnet werden soll (hier: GradC). DISCRETE erzeugt einen Balken pro TIEFE-Kategorie, und FRAME legt einen Rahmen darum. Programme für Grafiken mit der SAS/GRAPH Software müssen grundsätzlich mit QUIT abgeschlossen werden!

Einfach gruppiert: Summe GradC nach Gruppe TIEFE

```
proc gchart data=TEMPRATUR;
   hbar Tiefe
   / type =sum sumvar=GradC discrete frame;
run;
quit;
```

Erläuterungen: HBAR fordert horizontale Balken an, wobei TIEFE die Gruppenvariable ist. TYPE=SUM definiert als zu berechnenden Kennwert die Summe für GRADC.

Einfach gruppiert: Häufigkeit GradC nach Gruppe TIEFE

```
proc gchart data=TEMPRATUR;
   hbar Tiefe
   / type=freq freq discrete frame;
run;
quit;
```

Erläuterungen: TYPE=FREQ FREQ fordert Häufigkeiten für die jeweiligen TIEFE-Balken an., und gibt die ermittelte Anzahl über den Balken an.

Einfach gruppiert: Mittelwert GradC incl. Fehlerbalken nach Gruppe TIEFE

```
/* Grafik-Ausgabe */

proc gchart data=TEMPRATUR;
   hbar Tiefe
   / type =mean sumvar=GradC discrete frame
           errorbar=both clm=95 cerror=black;

run;
quit;
```

Erläuterungen: Die Anweisung ERRORBAR=BOTH zeichnet Konfidenzintervalle, hier für den Mittelwert der SUMVAR-Variable (GradC) pro TIEFE-Kategorie in Gestalt einer Linie mit zwei Querstrichen. Über CLM wird die Wahrscheinlichkeit angegeben, mit der der wahre Wert innerhalb des Vertrauensintervalls liegen wird (hier: 95%). CERROR färbt hier die Fehlerbalken schwarz.

Zweifach gruppiert: Mittelwert GradC nach TIEFE und GRUPPE (eine Grafik)

```
proc gchart data=TEMPRATUR;
   hbar Tiefe
   / type =mean sumvar=GradC discrete frame group=gruppe;
run;
quit;
```

Erläuterungen: Innerhalb eines Rahmens werden zwei Balkendiagramme (GradC nach Tiefe) für die Gruppen 1 und 2 untereinander abgebildet, veranlasst durch die Anweisung GROUP=Gruppe. Beide Balkendiagramme sind gleich gefärbt. Rechts vom Rahmen werden für GradC außerdem deskriptive Kennwerte (Häufigkeiten, Mittelwerte) angezeigt.

Zweifach gruppiert: Mittelwert GradC nach TIEFE und GRUPPE (zwei Grafiken)

```
proc gchart data=TEMPRATUR;
   hbar Tiefe
   / type =mean sumvar=GradC discrete frame;
   by Gruppe ;
run;
quit;
```

Erläuterungen: Über die Anweisung BY GRUPPE werden für GRUPPE=1 und GRUPPE=2 zwei separate Grafiken erzeugt. Beide Grafiken sind gleich gefärbt. Rechts vom Rahmen werden für GradC außerdem deskriptive Kennwerte (Häufigkeiten, Mittelwerte) angezeigt.

Einfach gruppiert: Mittelwert GradC nach SEE (einheitliche Färbung)

```
title 'Einfaches Balkendiagramm quer ohne Farbe' ;

axis1 label=('See')width=2;
axis2 width=2 ;

proc gchart data=TEMPRATUR;
   hbar See
   / type =mean sumvar=GradC
     maxis=axis1 raxis=axis2 coutline=gray
     midpoints= 'Ammersee' 'Bodensee' 'Chiemsee' 'Darrnsee' frame  ;
    label GradC='Grad in C' ;
run;
quit;
```

Erläuterungen: Über die Anweisungen AXIS1 bzw. AXIS 2 werden zwei Achsen verschieden definiert. AXIS1 erhält das Label „See“. AXIS1 bleibt ohne Label. Die Achsenstärke ist dieselbe. MAXIS=AXIS weist die Achsendefinition (siehe AXIS1) der y-Achse (midpoint axis, MAXIS) zu; in der Folge erhält die y-Achse das Label „See“. RAXIS=AXIS weist die andere Achsendefinition (siehe AXIS2) der AV-Achse (response axis, RAXIS) zu. Über MIDPOINTS können über eine Label-Liste ('Ammersee' 'Bodensee' etc.) den Kategorien der MAXIS (y-Achse) gezielt Textlabels zugewiesen werden.

Einfach gruppiert: Mittelwert GradC nach SEE (mit Färbung pro SEE)

```
title 'Einfaches Balkendiagramm quer mit Farbe' ;

axis1 label=('See')width=2;
axis2 width=2 ;

pattern1 value=solid c=orange ;
pattern2 value=solid c=red ;
pattern3 value=solid c=yellow;
pattern4 value=solid c=grey ;

proc gchart data=TEMPRATUR;
   hbar See
   / type =mean sumvar=GradC
     maxis=axis1 raxis=axis2 coutline=gray
  midpoints= 'Ammersee' 'Bodensee' 'Chiemsee' 'Darrnsee' frame
  patternid=midpoint ;
   label GradC='Grad in C' ;
run;
quit;
```

Erläuterungen: Die PATTERN1, 2 etc. definieren die Abfolge und Art der Farben für die Balken. PATTERNID weist diese Vorgaben der MIDPOINT-Variable (SEE) zu. LABEL verleiht der Variable GradC das in Anführungszeichen gesetzte Label; bereits vorhandene Label werden durch das neue Label ersetzt.

Zweifach gruppiert: Mittelwert GradC nach SEE und TIEFE (TIEFE gefärbt, incl. Legende).

```
title 'Balkendiagramm quer mit Untergruppen in Farbe' ;

axis1 label=('See')width=2;
axis2 width=2 ;
pattern1 value=solid c=orange ;
pattern2 value=solid c=red ;
pattern3 value=solid c=yellow;
pattern4 value=solid c=grey ;
pattern5 value=solid c=green ;
pattern6 value=solid c=blue ;

proc gchart data=TEMPRATUR;
   hbar See
   / type =mean sumvar=GradC
     maxis=axis1 raxis=axis2 coutline=gray
     subgroup=Tiefe
     legend=legend
     ascending ;
   label GradC='Grad in C' ;
run;
quit;
```

Erläuterungen: ASCENDING führt in Verbindung mit SUBGROUP (hier: Tiefe) dazu, dass die Balken für die Seen entsprechend den TIEFE-Kategorien von links nach rechts von orange bis blau gefärbt werden. Je breiter der Farbabschnitt, desto wärmer ist es durchschnittlich im Tiefenabschnitt des jeweiligen Sees.

Zweifach gruppiert: Mittelwert GradC nach TIEFE und SEE (TIEFE gefärbt. Ohne Legende, ohne Statistiken.

```
title 'Balkendiagramm quer mit einer Untergruppe ohne Statistiken ' ;

axis1 label=('Tiefe')width=2 ;
axis2 label=none width=2 ;
axis3 label=none order=(0 to 12 by 1) ;
pattern1 value=solid c=orange ;
pattern2 value=solid c=red ;
pattern3 value=solid c=yellow;
pattern4 value=solid c=beige ;
pattern4 value=solid c=grey ;
pattern4 value=solid c=black ;

proc gchart data=TEMPRATUR;
   hbar Tiefe
    / type =mean sumvar=GradC
      maxis=axis1 gaxis=axis2 raxis=axis3
      coutline=gray
      group=See
      frame
      discrete
      patternid=midpoint
      nostats    ;
    label GradC='Grad in C' ;
run;
quit;
```

Erläuterungen: Von oben nach unten wird für jeden See ein Balkendiagramm ausgegeben, wobei die einzelnen Tiefen entsprechend den PATTERN1,2 etc. unterschiedlich gefärbt sind. Über die Anweisungen AXIS1 bis AXIS3 werden drei Achsen verschieden definiert. AXIS1 erhält das Label „Tiefe“. AXIS2 bleibt ohne Label. AXIS 3 erhält eine Skalierung von 0 bis 12. MAXIS=AXIS weist die Achsendefinition (siehe AXIS1) der y-Achse (midpoint axis, MAXIS) zu; in der Folge erhält die y-Achse das Label „Tiefe“. GAXIS=AXIS weist die Achsendefinition (siehe AXIS2) der Gruppenachse (group axis, GAXIS) zu. RAXIS=AXIS weist die andere Achsendefinition (siehe AXIS3) der AV-Achse (response axis, RAXIS) zu. NOSTATS unterdrückt die automatische Anzeige von Statistiken.

Dreifach gruppiert: Mittelwert GradC nach TIEFE, GRUPPE und SEE (TIEFE über Balken, GRUPPE als Klassifikation und SEE über Färbung). Mit Legende, ohne Statistiken.

```
title 'Balkendiagramm quer mit zwei Untergruppen ohne Statistiken ' ;
axis1 label=('Tiefe')width=2 ;
axis2 label=none width=2 ;
```

```
axis3 label=none order=(0 to 11 by 1) ;
pattern1 value=solid c=orange ;
pattern2 value=solid c=red ;
pattern3 value=solid c=yellow;
pattern4 value=solid c=grey ;

legend frame label=('Gruppe:');

proc gchart data=TEMPRATUR;
   hbar Tiefe
    / type =mean sumvar=GradC
      maxis=axis1 gaxis=axis2 raxis=axis3
      coutline=gray
      group=Gruppe
           subgroup=See
      legend=legend
      ascending
      frame
      ref=7
      discrete
      nostats ;
    label GradC='Grad in C' ;
run;
quit;
```

Erläuterungen: Von oben nach unten wird für jede Gruppe ein Balkendiagramm ausgegeben. Die einzelnen Balken repräsentieren die (erste) Gruppe TIEFE. Die Balken selbst sind außerdem für die (zweite) Gruppe SEE in farbliche Segmente unterteilt. Die beiden Anweisungen LEGEND bzw. LEGEND=LEGEND veranlassen die Ausgabe einer Legende einschl. Rahmen und dem Label „Gruppe“. NOSTATS unterdrückt die automatische Anzeige von Statistiken.
REF zieht eine senkrechte Referenzlinie durch den x-Wert 7.

Dreifach gruppiert: Mittelwert GradC nach TIEFE, GRUPPE und SEE (TIEFE über Balken, GRUPPE als Klassifikation und SEE über Färbung). Mit Legende, mit Statistiken.

```
title 'Balkendiagramm quer mit zwei Untergruppen und Statistiken' ;
axis1 label=('Tiefe')width=2 ;
axis2 label=none width=2 ;
axis3 label=none order=(0 to 11 by 1) ;
pattern1 value=solid c=orange ;
pattern2 value=solid c=red ;
pattern3 value=solid c=yellow;
pattern4 value=solid c=grey ;

legend frame label=('Gruppe:');

proc gchart data=TEMPRATUR;
   hbar Tiefe
    / type =mean sumvar=GradC
      maxis=axis1 gaxis=axis2 raxis=axis3
      coutline=gray
      group=Gruppe
       subgroup=See
      legend=legend
      ascending
      frame
      ref=7
```

```
      discrete ;
   label GradC='Grad in C' ;
run;
quit;
```

Erläuterungen: Im Prinzip dieselbe Grafik wie die vorangegangene, dieses mal jedoch mit Statistiken.

......eigentlich nichts Besonderes: Balkendiagramme mit Beschriftungen über 16 Zeichen Länge

```
data EIN;
input Fische $ 1-21 Anzahl  23-24;
cards;
Regenbogenforelle      95
Kabeljau               80
Alaska-Seelachs        85
Blauer Seehecht        78
Goldfisch              87
;
run;

/* Festlegen der Grafik-Optionen */
goptions reset=global border ftext=swiss colors=(black);

/* Definition der Balken */
pattern1 v=solid c=orange;

/* Grafik-Ausgabe    */
title 'Fischarten mit langen Namen';
proc gchart data=EIN ;
 hbar3d Fische
     / sumvar=Anzahl sum shape=hexagon;
run;
quit;
```

Erläuterungen: Dieses Programm demonstriert, dass SAS auch lange Labels unkompliziert in 3dimensionale Balkendiagramme ausgeben kann. HBAR3D definiert die 3Dimensioanlität der Balken, und SHAPE legt die konkrete Form HEXAGON fest. SHAPE funktioniert nur bei 3dimensionalen Balkendiagrammen.
23.3.3. Kreisdiagramme (2D, 3D)

Ein Kreisdiagramm gibt immer die Teile eines Ganzen wieder. Die Häufigkeiten oder prozentuale Anteile werden grafisch durch eine Aufteilung eines Kreises in entsprechende Sektoren dargestellt, wobei der ganze Kreis der Gesamthäufigkeit entspricht.

Nicht jede Variable ist für das Piediagramm geeignet, nicht nur im ästhetischen Sinne. Die Variablen sollten so gewählt sein, dass die Anzahl der Variablensektoren bzw. die Bedeutung der Werte einer Variablen erkennbar sind. Im anderen Fall sollte ggf. ein anderer Grafiktyp gewählt werden.

Alle Beispiele für 2dimensionale Kreisdiagramme (PIE) können auch als 3dimensionale Kreisdiagramme (PIE3D) dargestellt werden, und natürlich auch umgekehrt. Probieren Sie einfach mal den Effekt des Hinzufügens bzw. Weglassens zweier Buchstaben aus! Im Gegensatz zu den Balkendiagrammen kann die Form der einzelnen Segmente nicht weiter verändert werden.

Einfaches Kreisdiagramm: Mittelwert GradC nach TIEFE.

```
title 'Einfaches farbiges Kreisdiagramm ' ;
footnote j=r 'Kreisdiagramm incl. Mittelwerten' ;

pattern1 value=solid c=orange ;
pattern2 value=solid c=red ;
pattern3 value=solid c=yellow;
pattern4 value=solid c=beige ;
pattern5 value=solid c=green ;
pattern6 value=solid c=blue ;



proc gchart data=TEMPRATUR;
   pie Tiefe
   / sumvar=GradC
     type =mean
     coutline=gray
     value=inside
     slice=outside
     discrete
     noheading  ;
run;
quit;
```

Erläuterungen: Nach TITLE wird der Text für die Überschrift in Anführungszeichen angegeben. Nach FOOTNOTE wird der Text für die Fußnote in Anführungszeichen angegeben (R=right bewirkt, dass die Fußnote rechts in der Grafik platziert wird). Unter PATTERN1, 2, etc. werden die Muster (Abfolge, Art, Farbe,) für die Kreissegmente festgelegt. SOLID steht für ausgefüllt, C (color) fordert die angegebenen Farben an.

Ab PROC GCHART wird das eigentliche Kreisdiagramm für den Datensatz TEMPRATUR erzeugt. PIE fordert das 2dim. Kreisdiagramm an, wobei TIEFE die segmentierende (=Gruppen) Variable ist. SUMVAR definiert die Variable, die berechnet werden soll (hier: GradC), und TYPE, was berechnet werden soll (hier: Mittelwert). VALUE legt fest, dass die errechneten Werte innerhalb (INSIDE) der Segmente angezeigt werden sollen. SLICE bewirkt, dass die Labels der Segmente außerhalb (OUTSIDE) angezeigt werden. DISCRETE erzeugt ein Segment pro TIEFE-Kategorie. NOHEADING unterdrückt eine automatische Überschrift. Programme für Grafiken müssen grundsätzlich mit QUIT abgeschlossen werden!

Einfaches Kreisdiagramm: Mittelwert und Prozente GradC nach SEE.

Nicht jede Variable ist für das Piediagramm geeignet, z.B. im ästhetischen Sinne.

```
title 'Einfaches farbiges Kreisdiagramm' ;
footnote j=r 'Kreisdiagramm incl. Mittelwerten und Prozenten' ;

pattern1 value=solid c=orange ;
pattern2 value=solid c=red ;
pattern3 value=solid c=yellow;
pattern4 value=solid c=beige ;

proc gchart data=TEMPRATUR;
   pie See
   / sumvar=GradC
     type =mean
     coutline=gray
     percent=inside
     value=inside
     slice=outside
     discrete
     noheading   ;
run;
quit;
```

Erläuterungen: PIE fordert das 2dim. Kreisdiagramm an, wobei SEE die segmentierende (=Gruppen) Variable ist. SUMVAR definiert die Variable, die berechnet werden soll (hier: GradC), und TYPE, was berechnet werden soll (hier: Prozente). PERCENT=INSIDE legt fest, dass der Prozentanteil des Kreissegments innerhalb des Segments angezeigt wird.

Kreisdiagramm mit Hervorhebungen und Kaschierungen: Mittelwert GradC nach TIEFE.

```
title 'Kreisdiagramm mit Hervorhebungen' ;
footnote j=r 'Kreisdiagramm incl. Mittelwerten' ;
pattern1 value=solid c=orange ;
pattern2 value=solid c=red ;
pattern3 value=solid c=yellow;
pattern4 value=solid c=beige ;
pattern5 value=solid c=green ;
pattern6 value=solid c=blue ;

proc gchart data=TEMPRATUR;
   pie Tiefe
   / sumvar=GradC
     type =mean
     coutline=gray
     explode=10
     invisible=30
     value=inside
     slice=outside
     discrete
     noheading   ;
run;
quit;
```

Erläuterungen: PIE fordert das 2dim. Kreisdiagramm an, wobei TIEFE die segmentierende (=Gruppen) Variable ist. EXPLODE hebt TIEFE=10 durch Herausrücken des Segments grafisch hervor. INVISIBLE macht die Stufe 30 von TIEFE unsichtbar.

3D-Kreisdiagramm mit Hervorhebungen: Mittelwert GradC nach SEE.

```
title '3D Kreisdiagramm'  ;
footnote j=r 'Incl. Mittelwerten und Pfeilen' ;
goptions ftext=SWISS ctext=BLACK htext=1.0 cells;

pattern1 value=solid c=orange ;
pattern2 value=solid c=red ;
pattern3 value=solid c=yellow;
pattern4 value=solid c=beige ;

proc gchart data=TEMPRATUR ;
   pie3d See
    / coutline=BLACK
      percent=NONE
      slice=ARROW
      value=ARROW
      type=MEAN
      explode='Chiemsee'
      sumvar=GradC
      noheading  ;
run;
quit;
```

Erläuterungen: PIE3D fordert das 3dim. Kreisdiagramm an. SEE ist die segmentierende Variable. EXPLODE hebt den See ‚Chiemsee' durch Herausrücken des Segments hervor. VALUE=ARROW bzw. SLICE=ARROW bewirken, dass errechnete Werte bzw. Labels jeweils außerhalb der Segmente angegeben werden und mit Pfeilen auf die jew. Segmente zeigen.

Multiple Kreisdiagramme incl. Hervorhebungen: Mittelwert GradC nach SEE und TIEFE.

```
goptions reset=global gunit=pct border ftext=swissb htext=3
htitle=6 ;

title 'Drei Kreisdiagramme ' ;
footnote j=r 'Incl. Mittelwerten und explodierendem Segment' ;

pattern1 value=solid c=orange ;
pattern2 value=solid c=red ;
pattern3 value=solid c=yellow;
pattern4 value=solid c=beige ;
pattern5 value=solid c=green ;
pattern6 value=solid c=blue ;

proc gchart data=TEMPRATUR;
   label See='00'x;
   where See='Ammersee' or See='Bodensee' or See='Chiemsee';
   pie Tiefe
   / sumvar=GradC
     type =mean
     coutline=gray
     explode=10
     value=inside
     slice=outside
     group=See
     across=3
```

```
     discrete
     noheading   ;
run;
quit;
```

Erläuterungen: Dieses Programm bildet drei Kreisdiagramme nebeneinander ab. Voraussetzung dafür ist die Angabe einer GROUP-Variable (hier: SEE), und der Anzahl der gewünschten Abbildungen über ACROSS (hier: 3). PIE fordert das 2dim. Kreisdiagramm an. TIEFE ist die jeweils segmentierende Variable. EXPLODE hebt jeweils die Tiefe 10 durch Herausrücken des Segments hervor. Die Anweisung „label See='00'x; " unterdrückt die Ausgabe „See=" und ändert damit z.B. die Ausgabe von "See=Ammersee" in "Ammersee".

Kreisdiagramm mit formatierten Prozentanteilen

Das Besondere an dem folgenden Programm ist, dass es die Möglichkeiten demonstriert, die Prozentanzeige u.a. bei Kreisdiagrammen zu variieren. Das erste Pie-Programm gibt die Standardanzeige aus, das zweite Programm unformatierte Prozentwerte, und das dritte PIE-Programm speziell formatierte Prozentwerte.

```
goptions reset=global htext=4 pct ftext=swissb border;

data FISCHE ;
 input Fische $1-12 Anteil ;
 cards ;
Forelle      103
Hecht        486
Makrelen     395
Barsche      400
Sardellen    307
Lachs        177
;
run;

proc freq data=FISCHE ;
 tables Fische
   /out=FISCHOUT;
 weight Anteil ;
run;

proc format;
 picture pctfmt (round) 0-high='000%';
run;

/* Definition der Kreissegmente */
 pattern1 v=s c=blue;
 pattern2 v=s c=cyan;
 pattern3 v=s c=green;
 pattern4 v=s c=magenta;
 pattern5 v=s c=red;
 pattern6 v=s c=yellow;

/*  1. Grafik                                         */
title1 h=7 pct 'Grafik mit voreingestellter Prozentanzeige';
proc gchart data=FISCHE ;
   pie Fische
   / sumvar=Anteil type=mean percent=inside noheading coutline=gray ;
```

```
run;
quit;

/*  2. Grafik                                              */
title1 h=7 pct 'Grafik mit nicht formatierter Prozentanzeige';
proc gchart data=FISCHOUT ;
   pie Fische
   / sumvar=percent noheading coutline=gray ;
run;
quit;
/*  3. Grafik                                              */
title1 h=7 pct 'Grafik mit formatierter Prozentanzeige';
proc gchart data=FISCHOUT ;
   pie Fische
   / sumvar=percent noheading coutline=gray ;
         format percent pctfmt.;
run;
quit;
```

Erläuterungen: PROC FREQ ermittelt die Gewichte (=prozentualen Anteile) der jeweiligen Fischarten, und legt diese im Datensatz FISCHOUT ab. PROC FORMAT rundet mit dem PCTFMT. Format den Prozentwert auf, so dass er ohne Dezimalstellen angezeigt wird, und weist jedem Wert ein Prozentzeichen zu. Das erste PIE-Programm greift direkt auf den Datensatz FISCHE zu. Die beiden anderen Programme verwenden den Datensatz FISCHOUT, entweder ohne oder mit PCTFMT.-Formatierung.

23.3.4. Boxplots

Boxplots werden oft zur Analyse von Verteilungen eingesetzt, v.a. auf die Überprüfung von Ausreißern hin. Bei einem Boxplot handelt es sich um einen "Kasten", der durch das erste und dritte Quartil (25 bzw. 75%-Perzentil) begrenzt ist: Im Inneren ist eine Linie eingetragen: der Median. Ebenso sind der kleinste und größte Wert dargestellt, sofern es keine Ausreißer sind. Durch die Angabe einer ID-Variablen können Ausreißer und Extremwerte gekennzeichnet werden.

Univariater Boxplot

Univariate Boxplots geben die Streuung einer einzelnen Variable wieder.

```
title 'Ein einfacher Boxplot';
footnote j=r h=1 '...ist ein wenig umstaendlich';

proc sql;
   create table TESTDATA as
      select *,1 as DUMMY
      from TEMPRATUR
      ;

goptions ftext=SWISS ctext=BLACK htext=1 cells;
symbol1 c=BLACK h=1 ;
axis1 major=none value=none label=none;

proc boxplot data=TESTDATA ;
   plot (GRADC)*DUMMY
```

```
          / caxis = BLACK
            cframe = GREY
            ctext = BLACK
            cboxes = BLACK
            cboxfill = ORANGE
            idcolor = BLUE
            idsymbol = X
            boxstyle = SCHEMATIC
            waxis = 1
            haxis = axis1
   ;
run;
quit ;
```

Erläuterungen: Univariate Boxplots sind etwas umständlicher zu programmieren als multivariate Boxplots (s.u.). Im Prinzip benötigt die Darstellung für Boxplots immer eine Gruppierungsvariable. Der SQL-Schritt ist insofern ein kleiner Trick, weil er für die darzustellende Variable GradC aus dem Datensatz TEMPRATUR eine ein(!)stufige Gruppenvariable DUMMY erzeugt, und sie im Datensatz TESTDATA ablegt. PROC BOXPLOT stellt dann die Streuung von GradC über die einzelne Stufe von DUMMY „kategorisiert" dar.

Die Optionen für die Achse (AXIS1) bedeuten, dass weder größere Teilstriche, noch Werte oder Label angezeigt werden (MAJOR, VALUE, LABEL jew. NONE). Gegen später werden über HAXIS=AXIS diese Definitionen der HAXIS (horizontal axis) zugewiesen.

Für die Programmierung von Boxplots ist die Prozedur PROC BOXPLOT notwendig. Die Variable, deren Streuung dargestellt werden soll, wird in der PLOT-Zeile immer zusammen mit einer (Dummy)Kategorisierungsvariable angegeben. Optionen mit dem Anfang C definieren oft Farben: CAXIS für Achsen und Teilstriche (sog. Tickmarks), CFRAME für den Hintergrund innerhalb des Rahmens, CTEXT für Texte, CBOXES für die Boxes, und CBOXFILL die Farbe innerhalb der Boxes. Für (mögliche) Ausreißer definiert IDCOLOR die Farbe und IDSYMBOL (X) ihre Darstellung. Über BOXSTYLE kann die Darstellung der Boxen festgelegt werden. WAXIS definiert die Stärke der Achsen. Programme für Grafiken müssen grundsätzlich mit QUIT abgeschlossen werden!

Multivariater Boxplot (GradC gruppiert nach SEE)

```
title 'Ein gruppierter Boxplot';
footnote j=r h=3 '...ist einfacher';

proc sort data=TEMPRATUR out=T2 ;
   by SEE;
proc boxplot data=T2 ;
   plot GradC*SEE
            / caxis = BLACK
              cframe = GREY
              ctext = BLACK
              cboxes = BLACK
              cboxfill = ORANGE
              idcolor = RED
              idsymbol = X
              boxstyle = SCHEMATIC
```

```
            waxis = 1
        ;
     run;
  quit;
```

Erläuterungen: Multivariate Boxplots sind einfacher zu programmieren wie univariate Boxplots, weil sie ohne den SQL-Trick auskommen. Für die Programmierung von Boxplots ist die Prozedur PROC BOXPLOT notwendig. Die Variable, deren Streuung dargestellt werden soll (hier: GradC), wird in der PLOT-Zeile immer zusammen mit einer Kategorisierungsvariable angegeben. Die Daten müssen entsprechend der Kategorisierungsvariable (hier: SEE) sortiert sein.

23.3.5. Histogramme

Ein Histogramm zeigt üblicherweise die Verteilung einer einzelnen numerischen Variablen als Anzahl pro Fälle in jedem Intervall. Die Intervalle sind durch die quantitative Variable definiert. Die Häufigkeiten durch die Flächen über den Klassen in einem Koordinatensystem dargestellt, wobei die Größe der jeweiligen Fläche zu den Häufigkeiten proportional ist.

Histogramme können in SAS für eher rein deskriptive Zwecke mit der Prozedur UNIVARIATE (HISTOGRAM-Option), und für anspruchsvollere Analysen mit PROC CAPABILITY (HISTOGRAM bzw. COMPHISTOGRAM) der SAS/QC Software erzeugt werden. Im Folgenden werden Beispiele für alle drei Möglichkeiten vorgestellt.

Histogramm ohne Anpassungsgerade, incl. univariate Statistiken

```
goptions reset=all gunit=pct border ftext=swissb htext=3
         ftext=SWISS ctext=BLACK htext=3 htitle=6;
symbol value=SQUARE color=BLUE height=1 ;

title 'Univariates Histogramm ' ;
footnote j=l'Mit univariaten Statistiken, ohne Anpassungslinie';

proc univariate data=TEMPRATUR  ;
   var GRADC ;
   histogram
      / caxes=BLACK cframe=GREY
        cbarline=BLACK cfill=ORANGE pfill=SOLID
        waxis= 1 vscale=count hminor=0 vminor=0
        midpoints = 1 to 20 by 2
           ;
     run;
quit ;
```

Erläuterungen: Die Prozedur PROC UNIVARIATE ist notwendig für die Erzeugung von Histogrammen. Die darzustellende Variable GradC wird unter VAR angegeben. Ab der Zeile HISTOGRAM / kann eingestellt werden, wie das Histogramm wiedergegeben werden soll. Optionen mit dem Anfang C definieren oft Farben: CAXES für Achsen, CFRAME für den Hintergrund, CFILL die Farbe der Histogramm-Balken, und CBARLINE ihre Umrandung. PFILL gibt an, mit welchem Muster die Balken ausgefüllt werden sollen. WAXIS definiert die Stärke der Achsen. VSCALE legt die Skala für die vertikale Achse fest (hier: COUNT). Wegen HMINOR=0 und NMINOR=0 werden für die horizontale und vertikale Achse keine kleinen Achsenteilstriche angezeigt. Über die Angaben ab MIDPOINTS werden die Intervalle des Histogramms festgelegt. Die (ansteigend anzugebenden) Mittelpunkte *n TO n* gibt die Intervallbreite insgesamt an (hier: 1 bis 20); *BY n* (hier: 2) gibt die Breite der Intervalle an. Je höher *n* ist, desto breiter werden die Intervalle. Im OUTPUT-Fenster werden die deskriptiven Statistiken zur Variable GradC ausgegeben. Programme für Grafiken mit PROC UNIVARIATE brauchen nicht mit dem Befehl QUIT; abgeschlossen werden.

Ein anderes Histogramm zu denselben Daten

Das folgende Programm erzeugt ein Histogramm, das sich abgesehen von der eingezeichneten Anpassungskurve noch in einer anderen Hinsicht von dem Histogramm-Programm unterscheidet. Die eingezeichnete Anpassungslinie basiert auf der Normaldichtekurve.

```
title 'Univariates Histogramm, in dem getrickst wurde ' ;
footnote j=l'Mit Anpassungslinie';

goptions ftext=SWISS ctext=BLACK htext=1 cells;
symbol v=SQUARE c=BLUE h=1 ;
proc univariate data=TEMPRATUR noprint ;
   var GRADC;
   histogram
/ caxes=BLACK cframe=GREY
          cbarline=BLACK cfill=ORANGE
          waxis= 1 pfill=SOLID
          vscale=count hminor=0 vminor=0
          midpoints = 1 to 20 by 4
          normal( mu=est sigma=est width=2 color=black noprint )
   ;
   inset normal ;
run;
```

Erläuterungen: INSET mit NORMAL (ohne weitere Angabe) zeichnet eine Kurve ein, und gibt ihren Namen in einem Kästchen in der Grafik an. Mit NORMAL unter HISTOGRAM / werden Parameter für die einzuzeichnende Normaldichtekurve festgelegt. EST für MU und SIGMA legt fest, dass diese Werte über Maximum Likelihood geschätzt werden sollen. W bzw. COLOR definieren die Breite bzw. Farbe der Kurve. Im OUTPUT-Fenster werden die Parameter der eingezeichneten Kurve ausgegeben. Vergleichen Sie dieses Histogramm genau mit dem vorher erzeugten. Was fällt Ihnen auf? Es ist nicht die zusätzlich eingezeichnete Anpassungslinie.

Gruppierte Histogramme mit Anpassungslinien

```
title 'Gruppenweise univariate Histogramme' ;
footnote j=l'Mit Anpassungslinien';

goptions ftext=SWISS ctext=BLACK htext=1 ;
symbol v=SQUARE c=BLUE h=1 ;

proc univariate data=TEMPRATUR noprint ;
   class GRUPPE ;
   var GRADC ;
   histogram
/ caxes=BLACK cframe=GREY waxis=1
          cbarline=BLACK cfill=ORANGE pfill=SOLID
          vscale=percent hminor=0 vminor=0
          midpoints = 1 to 20 by 2
          normal( mu=est sigma=est w=1 color=CX000000 noprint )
        ;
      inset normal ;
   run ;
```

Erläuterungen: Histogramme für mehrere Gruppen können sehr einfach über die BY-Anweisung angefordert werden. VSCALE legt die Skala für die vertikale Achse fest (hier: PERCENT). NOPRINT unterdrückt die Ausgabe der Parameter der eingezeichneten Kurve. Die eingezeichnete Anpassungslinie basiert auf der Normalverteilung.

Histogramme mit der Prozedur CAPABILITY

Das Programm am Anfang erzeugt den Zufallsdatensatz SAMPLE, auf den dann die beiden folgenden Programme zugreifen werden.

```
data SAMPLE ;
       do i=1 to 100 ;
       DATEN = 4.5+2.1*RANNOR(-1) ;
    output ;
   end;
run;

proc univariate  ;
var DATEN ;
run ;

goptions reset=all htitle=1 htext=0.5 ;

title1 'Grafik 1: Einfaches Histogramm mit PROC CAPABILITY ' ;
proc capability data=SAMPLE noprint ;
     spec lsl=2.5 usl=7 llsl=3 lusl=2 ;
     histogram DATEN /
                midpoints = 0 to 10 by 1
                normal (mu=4.4 sigma=2 noprint)
                vscale=count cfill=orange
                nospeclegend ;
         inset lsl usl
                  / cfill=blank ;
         inset n mean (5.2) cpk (5.2)
                  / cfill=blank ;
        run ;
```

```
title 'Grafik 2: Komplexes Histogramm mit PROC CAPABILITY ' ;
proc capability data=SAMPLE noprint ;
     spec lsl=2.5 usl=7 llsl=3 lusl=2 ;
     histogram DATEN /
               midpoints = -2 to 12 by 0.5
               normal (l=2 sigma=1)
               lognormal (l=1 theta=EST)
               weibull (l=2 theta=-3)
               gamma (l=8 theta=-3)
               vscale=percent cfill=orange
               nospeclegend ;
          inset lsl usl
                   / cfill=blank ;
          inset n mean (5.3) cpk (5.3) skewness (5.3)
                   /header = 'Kurvenstatistiken'
                    pos=ne cfill = blank ;
          axis1 label=(a=90 r=0) ;
          run ;
```

Erläuterungen: Zunächst sollen gemeinsame Programmelemente erläutert werden, anschließend besondere Elemente der Syntax zu Grafik 2. Beide Histogramme werden über PROC CAPABILITY und der histogram-Option erzeugt, und greifen jeweils auf den Zufallsdatensatz SAMPLE und die Variable DATEN zu. NOPRINT unterdrückt die Ausgabe in das Output-Fenster. Unter SPEC können Werte für untere und obere Spezifikationsgrenzen (LSL, ULSL), und Linienarten für ihre Darstellung (LLSL, ULSL) angegeben werden. Unter HISTOGRAM werden außer der darzustellenden Variable (hier: DATEN) angegeben: Mit NORMAL wird eine Normalverteilung mit Mittelwert Mu=4.4 und Standardabweichung Sigma=2 angepasst (werden diese Parameter nicht spezifiziert, werden Mu und Sigma aus dem Sample geschätzt). NOPRINT (unterdrückt die Ausgabe der Parameter der angepassten Kurve/n). VACSALE gibt die Skala der y-Achse an (neben COUNT stehen PERCENT und PROPORTION zur Verfügung). Unter CFILL kann die Farbe angegeben werden, mit der die Histogrammbalken ausgefüllt werden sollen. NOSPECLEGEND unterdrückt die Legende für die Referenzlinien.

Mit dem INSET Statement werden Informationen über die angepasste Kurve in separaten Kästchen angezeigt. LSL bzw. USL geben die Punkte der Referenzlinien an. N, MEAN, bzw. CPK geben die nominale Größe der Untergruppe, das (z.B.) geschätzte Prozessmittel und den sog. Capability-Index C_{pk} an.

Im zweiten Histogramm werden neben einer Normalverteilungskurve gleichzeitig weitere Dichtekurven angepasster theoretischer Verteilungen angezeigt (hier: Gamma, Lognormal, Weibull). Wenn für diese (und andere) Verteilungen der Schwellenparameter THETA nicht über EST geschätzt werden soll, können auch explizit Kennwerte (z.B. -3) angegeben werden. Die INSET Kästchen können über HEADER mit einer Überschrift versehen werden. Für die vielen weiteren Parameter, die im INSET Statement angefordert und dargestellt werden können, wird auf die Dokumentation der SAS/QC Software, z.B. den SAS/QC User's Guide, Version 8 Vols. I-III verwiesen. Programme für Grafiken der SAS/QC Software brauchen nicht mit dem Befehl QUIT; abgeschlossen werden.

Vergleichende Histogramme (COMPHISTOGRAM-Option)

Die Option COMPISTOGRAM der Prozedur CAPABILITY erzeugt vergleichende Histogramme (siehe Grafik unten), die in einer Grafik die Verteilungen verschiedener Untergruppen derselben Variablen gleichzeitig anzeigen können.

```
title1 'Vergleichendes Histogramm mit PROC CAPABILITY ' ;
title2 'COMPHISTOGRAM-Option' ;
proc capability data=SAMPLE2 ;
     spec lsl=3 usl=6 llsl=3 lusl=2 cleft=dagr cright=dagr;
     comphistogram DATEN / class=GRUPPE
               nrows=3
               intertile=1
               midpoints=-2 to 12 by 0.5
               kernel (color=blue fill)
               cfill=ligr ;
     inset mean='Mw' std='Std Abb'
          / pos=ne format=6.3 ;
     run ;
```

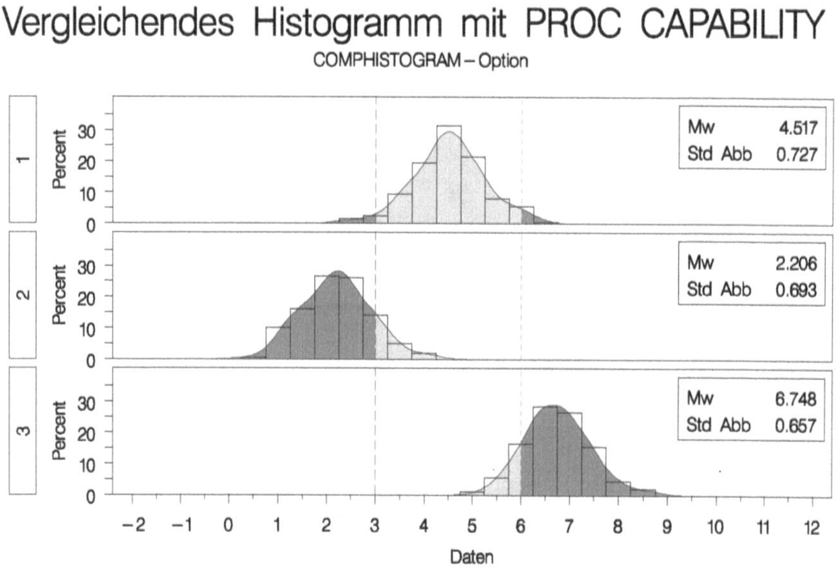

Erläuterungen: Vergleichende Histogramme werden mit der Prozedur CAPABILITY und der COMPHISTOGRAM-Option erzeugt. Der Datensatz (hier: DATASET) muss eine darzustellende Variable (hier: DATEN) und eine kategorisierende class-Variable (hier: GRUPPE) enthalten. Unter SPEC können Werte für untere und obere Spezifikationsgrenzen (LSL, ULSL), und Linienarten für ihre Darstellung (LLSL, ULSL) angegeben werden. CLEFT bzw. CRIGHT färben die Kurvenfläche links bzw. rechts von den Referenzlinien mit der angegeben Farbe. NROWS legt die Anzahl der Zeilen in einem komparativen Histogramm fest. INTERTILE bestimmt den Abstand zwischen den einzelnen Teilabbildungen. Mit der KERNEL-Option wird eine Kerneldichteschätzung für jede Zelle des komparativen Histogramms angefordert, die neben der Kurvenfarbe ebenso festlegt, dass die Fläche unter der Kurve gefärbt werden soll (die Farbe hierfür wird unter CFILL angegeben).

Mit dem INSET Statement werden Informationen über die angepasste Kurve in einem Kästchen angezeigt. Die angeforderten Standardparameter (MEAN etc.) werden dabei mit Labels versehen. Über POS (für POSITION) wird analog zu einem Kompass die Position des Kästchens festgelegt; mit NE (north east= nordost) wird das Kästchen rechts oben angezeigt.

23.3.6. P-P Plots mit PROC CAPABILITY (PPPLOT-Statement)

P-P Plots (auch: probability-probability plot, percent plot) sind Streudiagramme, in denen die vorhandene (empirische) kumulative Verteilungsfunktion in Gestalt größenmäßig geordneter Variablenwerte mit der einer vorgegebenen theoretischen kumulativen Verteilungsfunktion (z.B. Normalverteilung) verglichen wird. Ist die theoretische Referenzverteilung eine Normalverteilung, würden im Falle einer empirischen Normalverteilung die Werte auf der Referenzlinie liegen. Neben der Normalverteilung können u.a. folgende theoretische Verteilungen angegeben werden: Beta, Exponential, Gamma, Lognormal, und Weibull.

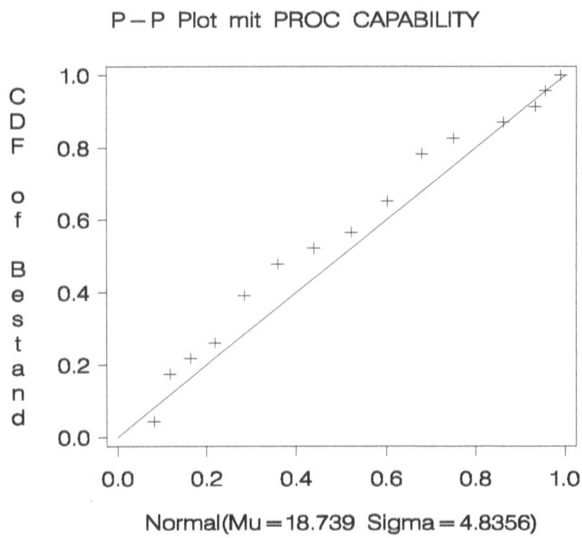

Grafische Analyse auf Normalverteilung der Daten

P-P Plots sind nicht zu verwechseln mit Prob Plots (siehe 23.3.7.) und Q-Q Plots (siehe 23.3.8.). Alle drei Plot-Typen unterscheiden sich grafisch und statistisch (siehe die Anmerkungen am Ende eines jeden Abschnitts). P-P Plots können mit PROC CAPABILITY (PPPLOT-Statement) erzeugt werden.

```
symbol value=plus c=BLACK h=1 cell;
title 'P-P Plot mit PROC CAPABILITY';
footnote 'Grafische Analyse auf Normalverteilung der Daten';
proc capability data=TEMPRATUR noprint ;
     ppplot BESTAND
         /normal (mu=EST sigma=EST color=blue)
          square ;
     run ;
```

Erläuterungen: Unter Symbol wird mit VALUE das Symbol, und mit C (color) die Farbe für die Abbildung der Datenwerte festgelegt. Mit CELL verwendet SAS die Methode der Zellausrichtung bei der Erzeugung der Grafik. Für die Ausgabe eines P-P Plots ist die Prozedur CAPABILITY mit der PPPLOT-Anweisung notwendig. NOPRINT unterdrückt jeglichen Output. Die darzustellende Variable (hier: BESTAND) wird nach PPPLOT angegeben. Ab dem /-Zeichen können weitere Einstellungen für das P-P Plot vorgenommen werden. Durch EST werden Mu und Sigma werden aus dem Sample geschätzt. SQUARE zieht einen quadratischen Rahmen um die Grafik, ansonsten wird das P-P Plot innerhalb eines rechtwinkligen Rahmens dargestellt. Programme für Grafiken der SAS/QC Software brauchen nicht mit dem Befehl QUIT; abgeschlossen werden.

Hinweise zur Interpretation eines P-P Plots:

Die x-Achse eines P-P Plots stellt standardmäßig die vorgegebene theoretische kumulativen Verteilungsfunktion (z.B. Normalverteilung); die ermittelten bzw. vorgegebenen Parameter (Mu, Sigma) werden in der Legende angegeben. Die y-Achse eines P-P Plots stellt standardmäßig die empirische kumulative Verteilungsfunktion in Gestalt größenmäßig geordneter Variablenwerte ohne Missings dar. Die Extremwerte beider Achsen sind standardmäßig 0 und 1.

P-P Plots unterscheiden sich von Prob Plots und Q-Q Plots v.a. darin, dass sie auf einer vollständig vorgegeben Verteilung aufbauen. Änderungen in Parametern für Lokation (z.B. Mu, Theta) und Skala (z.B. Sigma) haben daher einen massiven Einfluss auf die Anpassung der Daten an die Referenzverteilung. P-P Plots differenzieren besser in Regionen hoher Wahrscheinlichkeitsdichte als Q-Q Plots. Wenn z.B. eine Datenverteilung mit einer besonderen Normalverteilung verglichen werden soll, verdeutlichen P-P Plots eher als Q-Q Plots Unterschiede in der Mitte beider Verteilungen.

23.3.7. Prob Plots

Prob Plots (probability plots) sind Streudiagramme, in denen größenmäßig geordnete Variablenwerte mit den Perzentilen einer vorgegebenen theoretischen Verteilung (z.B. Normalverteilung) verglichen werden. Ist die Referenzverteilung eine Normalverteilung, würden die Daten im Falle einer empirischen Normalverteilung ein lineares Muster bilden, und idealerweise auf der Referenzlinie liegen. Neben der Normalverteilung können u.a. folgende theoretische Verteilungen angegeben werden: Beta, Exponential, Gamma, Lognormal, und Weibull. Prob Plots sind nicht zu verwechseln mit P-P Plots (siehe 23.3.6.) und Q-Q Plots (siehe 23.3.8.). Alle drei Plot-Typen unterscheiden sich grafisch und statistisch (siehe die Anmerkungen am Ende eines jeden Abschnitts).

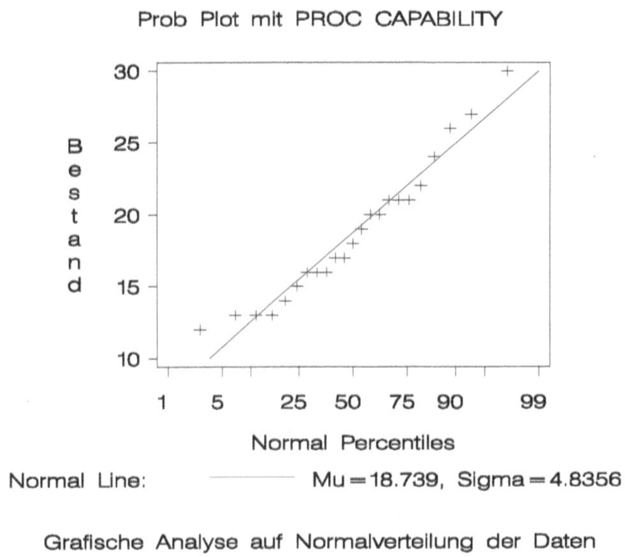

Prob Plots können mit PROC UNIVARIATE (PROBPLOT-Statement), und PROC CAPABILITY (PPPLOT-Statement) erzeugt werden. Im Folgenden werden zwei Programmvarianten vorgestellt, die im Wesentlichen zum selben grafischen Ergebnis führen.

Prob Plots mit PROC UNIVARIATE (PROBPLOT-Anweisung)

```
goptions ftext=SWISS ctext=BLACK htext=1 cell ;

title 'Prob Plot mit PROC UNIVARIATE';
footnote 'Grafische Analyse auf Normalverteilung der Daten';
symbol value=plus c=BLACK h=1 ;

proc univariate data=TEMPRATUR noprint ;
   var BESTAND ;
       probplot
    / caxes=BLACK cframe=WHITE waxis= 2
          hminor=0 vminor=0
          normal( mu=est sigma=est color=RED l=1 w=2);
run;
```

Erläuterungen: Mit CELL verwendet SAS/GRAPH die Methode der Zellausrichtung bei der Erzeugung von Grafiken. VALUE definiert das Symbol für die abgebildeten Daten (hier ‚+'). Für die Ausgabe eines Prob Plots ist in der die Prozedur UNIVARIATE die Anweisung PROBPLOT notwendig. NOPRINT unterdrückt jeglichen Output. Die darzustellende Variable BESTAND wird unter VAR angegeben. Ab dem /-Zeichen kann angegeben werden, wie das Prob Plot weiter dargestellt werden soll. Mit NORMAL werden Parameter für den Normalwahrscheinlichkeitsplot festgelegt. EST legt für MU und SIGMA fest, dass diese Werte über Maximum Likelihood geschätzt werden sollen. COLOR, L bzw. W bzw. definieren Farbe, Breite bzw. Typ der Linie. Programme für Grafiken mit PROC UNIVARIATE brauchen nicht mit dem Befehl QUIT; abgeschlossen werden.

Prob Plots mit PROC CAPABILITY (PROBPLOT-Anweisung)

```
title 'Prob Plot mit PROC CAPABILITY';
footnote 'Grafische Analyse auf Normalverteilung der Daten';
proc capability data=TEMPRATUR noprint ;
   var BESTAND ;
       probplot
   / caxes=BLACK cframe=WHITE
         hminor=0 vminor=0
         normal( mu=est sigma=est color=RED l=1 w=2) square ;
run;
```

Erläuterungen: Für das Anfordern eines Prob Plots mit der Prozedur CAPABILITY ist die Anweisung PROBPLOT notwendig. Die weiteren Befehle in den Beispielen ähneln im wesentlichen denen der Prozedur UNIVARIATE (siehe dort).

Hinweise zur Interpretation eines Prob Plots:

Die x-Achse eines Prob Plots stellt standardmäßig die Perzentile einer vorgegebenen theoretischen Verteilung (z.B. Normalverteilung) dar. Die x-Achse reicht von 0 bis 100. Die y-Achse eines Prob Plots stellt standardmäßig die empirische Verteilung der Daten in Gestalt größenmäßig geordneter Werte ohne Missings dar. Die Endpunkte der y-Skala hängen von der jeweils vorliegenden empirischen Verteilung ab, hier z.B. ca. 10 und 30.

Prob Plots sind gut geeignet für die grafische Schätzung von Perzentilen bzw. Wahrscheinlichkeiten; für die Schätzung von Lokations- und Skalenparametern gelten Q-Q Plots als geeigneter als P-P Plots. Prob Plots und Q-Q Plots bauen im Gegensatz zu P-P Plots auf einer *nicht* vollständig vorgegebenen Verteilung auf.

Weitere Hinweise zur Interpretation eines Prob Plot:

Leichte Abweichungen von der Linearität sind Folge zufälliger Streuungen. Wenn alle außer wenigen Punkten auf der Referenzlinie liegen, können die Ausnahmen als Ausreißer betrachtet werden. Steigt der Punkteschwarm von links nach rechts an, sind die Daten linksschief. Steigt der Punkteschwarm dagegen von rechts nach links an, sind die Daten rechtsschief. Liegen das linke und rechte Ende des Punkteschwarms unter und über der Linie, besitzt die Verteilung kurze Ausläufer an beiden Enden. Liegt das linke und rechte Ende des Punkteschwarms über und unter der Linie, besitzt die Verteilung lange Ausläufer an beiden Enden. Haben die Daten treppenartige Muster, sind die Daten diskret oder auch gerundet.

23.3.8. Q-Q Plots

Q-Q Plots (quantile-quantile plots) sind Streudiagramme, in denen größenmäßig geordnete Variablenwerte mit den Quantilen einer vorgegebenen theoretischen Verteilung (z.B. Normalverteilung) verglichen werden. Ist die Referenzverteilung eine Normalverteilung, würden die Daten im Falle einer empirischen Normalverteilung ein lineares Muster bilden, und idealerweise auf der Referenzlinie liegen. Neben der Normalverteilung können u.a. folgende theoretische Verteilungen angegeben werden: Beta, Exponential, Gamma, Lognormal, und Weibull. Q-Q Plots sind nicht zu verwechseln mit P-P Plots (siehe 23.3.6.) und Prob Plots (siehe 23.3.7.). Alle drei Plot-Typen unterscheiden sich grafisch und statistisch (siehe die Anmerkungen am Ende eines jeden Abschnitts).

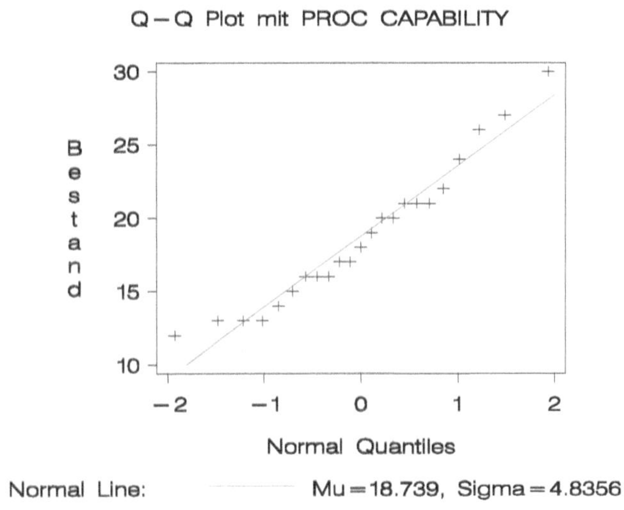

Grafische Analyse auf Normalverteilung der Daten

Q-Q Plots können mit den Prozeduren UNIVARIATE (QQPLOT-Statement), und CAPABILITY (QQPLOT-Statement) erzeugt werden. Im folgenden werden zwei Programmvarianten vorgestellt, die im wesentlichen zum selben grafischen Ergebnis führen.

```
title 'Q-Q Plot mit PROC UNIVARIATE';
footnote 'Grafische Analyse auf Normalverteilung der Daten';
proc univariate data=TEMPRATUR noprint ;
   var BESTAND ;
       qqplot
   / caxes=BLACK cframe=WHITE waxis= 1
         hminor=0 vminor=0
         normal( mu=est sigma=est color=GREEN l=1 w=2) square ;
run;

title 'Q-Q Plot mit PROC CAPABILITY';
footnote 'Grafische Analyse auf Normalverteilung der Daten';
proc capability data=TEMPRATUR noprint ;
   var BESTAND ;
       qqplot
   / caxes=BLACK cframe=WHITE
         hminor=0 vminor=0
         normal( mu=est sigma=est color=GREEN l=1 w=2) square ;
run;
```

Erläuterungen: Für das Anfordern eines Q-Q Plots mit den Prozeduren CAPABILITY und UNIVARIATE ist jeweils die Anweisung QQPLOT notwendig. Die weiteren Befehle ähneln im wesentlichen den Beispielen aus dem Abschnitt zu den Prob Plots (siehe 23.3.7.).

Hinweise zur Interpretation eines Q-Q Plots:

Die x-Achse eines Q-Q Plots stellt standardmäßig die Quantile einer vorgegebenen theoretischen Verteilung (z.B. Normalverteilung) dar. Der Quantil-Range der x-Achse hängt von der empirischen Verteilung ab; in der Abbildung erstrecken sich die Quantile von -2 bis +2. Die x-Achse des Q-Q Plots ist linear skaliert. Die y-Achse eines Q-Q Plots stellt standardmäßig die empirische Verteilung der Daten in Gestalt größenmäßig geordneter Werte ohne Missings dar. Die Endpunkte der y-Skala hängen von der jeweils vorliegenden empirischen Verteilung ab, hier z.B. ca. 10 und 30.

Q-Q Plots und Prob Plots bauen im Gegensatz zu P-P Plots auf einer *nicht* vollständig vorgegebenen Verteilung auf. Q-Q Plots sind gut geeignet für die grafische Schätzung von Verteilungsparametern und Capability Indizes; für die Schätzung von Lokations- und Skalenparametern gelten Q-Q Plots als geeigneter als P-P Plots.

Weitere Hinweise zur Interpretation eines Q-Q Plot:

Die Interpretation eines Q-Q Plots erfolgt analog zu einem Prob Plot: Leichte Abweichungen von der Linearität sind Folge zufälliger Streuungen. Wenn alle außer wenigen Punkten auf der Referenzlinie liegen, können die Ausnahmen als Ausreißer betrachtet werden. Steigt der Punkteschwarm von links nach rechts an, sind die Daten linksschief. Steigt der Punkteschwarm dagegen von rechts nach links an, sind die Daten rechtsschief. Liegen das linke und rechte Ende des Punkteschwarms unter und über der Linie, besitzt die Verteilung kurze Ausläufer an beiden Enden. Liegt das linke und rechte Ende des Punkteschwarms über und unter der Linie, besitzt die Verteilung lange Ausläufer an beiden Enden. Haben die Daten treppenartige Muster, sind die Daten diskret oder auch gerundet.

23.3.9. Streu- und Liniendiagramme

Streudiagramme bilden Messwertpaare in einem Koordinatensystem ab (‚Punkteschwarm'). Streudiagramme sind geeignet, um die Beziehung zwischen mindestens zwei intervallskalierten, metrischen Variablen grafisch abzubilden. Oft werden in Streudiagramme (Regressions)Geraden eingebettet, die den kurvilinearen Zusammenhang beider Variablen repräsentieren.

Bivariates (einfaches) Verteilungsdiagramm

```
  goptions reset=all ;

  symbol1 c=DEFAULT
     i=NONE
     v=TRIANGLE
     cv=ORANGE
     ;

  axis1
     color=black
     width=2.0
     ;
  axis2
     color=black
     width=2.0
     ;

 proc gplot data=TEMPRATUR;
     plot GradC * Bestand
      / haxis=axis1
        vaxis=axis2
        frame
        cframe=GRAYFF
       ;
  run;
quit;
```

Erläuterungen: Streudiagramme werden über die Prozedur PROC PLOT angefordert. Unter PLOT werden die mit einem *-Zeichen verbundenen Variablen angegeben. Die erste Variable wird auf der y-Achse, die Variable hinter dem *-Zeichen wird auf der x-Achse abgetragen. Ab dem /-Zeichen kann festgelegt werden, wie das Streudiagramm dargestellt werden soll. HAXIS bzw. VAXIS legen die Eigenschaften für die horizontale bzw. vertikale Achse fest. Unter SYMBOL kann die Darstellung der Symbole festgelegt werden. V definiert die Design der Symbole, und CV legt ihre Farbe fest. I steht (hier) für keine Interpolationsmethode.

Hinweis: Streuen die Daten in einem Diagramm weniger, sondern weisen sie treppenartige Muster auf, sind die Daten einer oder beider Variablen vermutlich diskret oder gerundet.

Gruppiertes Verteilungsdiagramm

```
goptions reset=all ctext=BLACK ;

symbol1 c=orange v=STAR ;
symbol2 c=cyan v== ;

axis1 color=black width=2.0 ;
axis2 color=black width=2.0 order=(0 to 35 by 5)
             label=("Messung")   ;

legend1
          position=(middle bottom outside)
          label=("Legende")    ;

title h=1 'Multiple Verteilungsplots' ;
footnote j=r 'Incl. angepassten Achsen und Legende' ;

  proc gplot data=TEMPRATUR;
     plot (Bestand GradC)*SEE
      / overlay
        haxis=axis1
        vaxis=axis2
        frame
        cframe=GRAY
        legend=legend1
        ;
  run;
quit;
```

Erläuterungen: In diesem Diagramm werden die Streuungen zweier Variablen (hier: BESTAND, GRADC) gleichzeitig nach einer Gruppenvariable dargestellt. Unter PLOT werden daher die in die Klammer gesetzten Variablen auf der y-Achse abgetragen, während die hinter dem *-Zeichen stehende Gruppenvariable (hier: SEE) auf der x-Achse dargestellt wird. Wenn wie hier im Prinzip mehrere Streudiagramme übereinander gelegt werden sollen, muss der Befehl OVERLAY angegeben werden.

Bivariates Verteilungsdiagramm mit quadratischen Regressionslinie

Im folgenden Streudiagramm wird zwischen zwei Variablen eine Regressionslinie mit Konfidenzintervallen eingezeichnet.

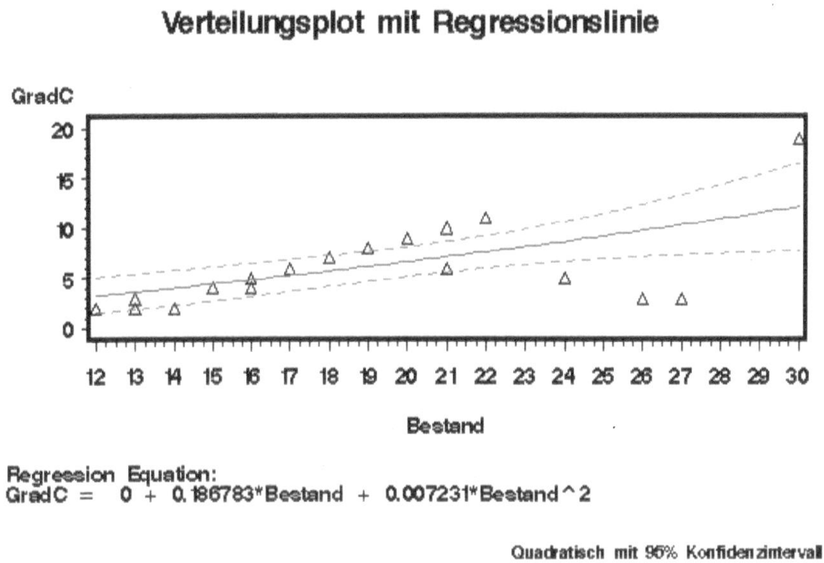

Die Verteilung enthält einen Ausreißer (siehe rechts oben), der einen maßgeblichen Einfluss auf die (im Beispiel: suboptimale) Ermittlung der Regressionslinie hat. Wäre dieser Ausreißer aus der Verteilung entfernt, würde eine eher kurvilineare Verteilung vorliegen. Eine nichtlineare Funktion würde diese Datenverteilung sicher besser abbilden.

```
goptions reset=all ;
goptions ctext=black;

  symbol1
     i=RQOCLM95
     v=TRIANGLE
     cv=BLACK
     ci=RED
     co=GREEN
     ;

  axis1
     color=black
     width=2.0
     ;
  axis2
     color=black
     width=2.0
     ;

title h=1.4 'Verteilungsplot mit Regressionslinie' ;
footnote1 ;
footnote2 h=0.8 j=r 'Quadratisch mit 95% Konfidenzintervall' ;


  proc gplot data=TEMPRATUR ;
     plot GradC * Bestand
/ haxis=axis1
  vaxis=axis2
  frame
```

```
  cframe=GRAYFF
  regeqn
     ;
  run ;
quit ;
```

Mit SYMBOL1 wird über I=R.... eine Regressionsanalyse angefordert. Der Befehl setzt sich aus einzelnen Anforderungen zusammen: Q fordert eine quadratische Regression an (L würde eine lineare Regression anfordern). Der Wert 0 veranlasst die Regressionslinie durch den Ursprung zu gehen. CLM ermittelt Vertrauensintervalle für mittlere vorhergesagte Werte. Die Angabe 99 legt den Bereich des Konfidenzintervalls fest. Die ermittelte (hier: quadratische) Regressionsgleichung wird über die Anweisung REGEQN in der Grafik selbst abgelegt, und automatisch im SAS LOG unter NOTE ausgegeben.

Unter SYMBOL1 wird außerdem unter V und CV die Art und Farbe der Symbole für die Daten festgelegt. Mit CI wird die Farbe der Regressionslinie, mit CO die Farbe der Linien der Konfidenzintervalle definiert.

Einfaches bivariates Liniendiagramm

Wenn in Verteilungsplots die Punkte miteinander verbunden werden, entstehen Liniendiagramme, die (gruppierte) Messwertpaare darstellen. Unterschiede zu univariaten Linienplots sind das Skalenniveau (metrisch), und die Paarigkeit der Daten.

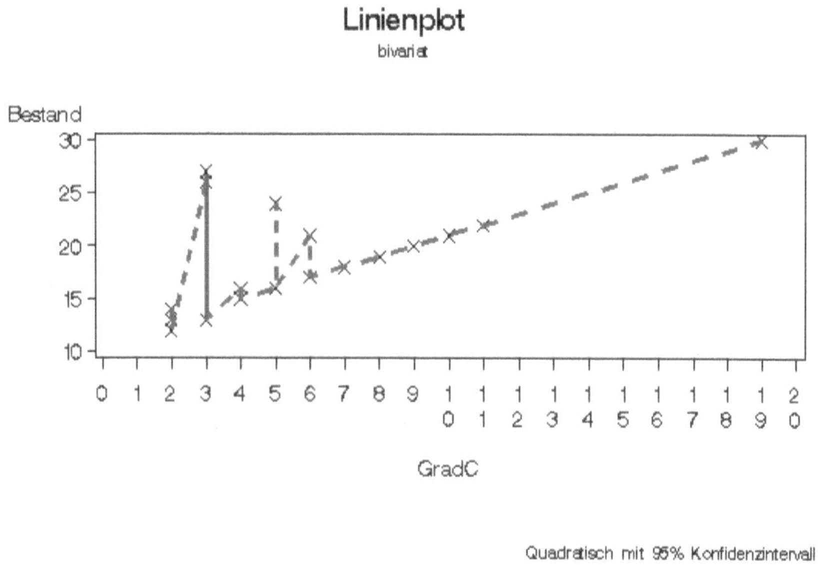

```
goptions ftext=SWISS ctext=BLACK ;

title1 h=1.4 'Linienplot';
title2 h=0.8 'bivariat';

proc sort data=TEMPRATUR out=T2 ;
   by GRADC;
run;

axis1 width=1 offset=(1 pct) label=(a=0);
axis2 width=1 offset=(1 pct) order=(0 to 20 by 1);
symbol1 c=BLACK ci=RED v=X h=1 interpol=JOIN l=2 w=2;

proc gplot data=T2 ;
   plot BESTAND*GRADC
    / caxis = BLACK
      ctext = BLACK
      hminor = 0
      vminor = 0
      vaxis = axis1
      haxis = axis2
      ;
      run;
quit;
```

Erläuterungen: Unter PLOT werden daher die mit dem *-Zeichen Variablen auf der y- bzw. x-Achse abgetragen. Unter SYMBOL1 werden über die Anweisung INTERPOL=JOIN die Werte mit einer Linie verbunden. Über V, CV und H wird das Symbol (incl. Farbe und Größe) für die Daten festgelegt. L, W und CI definieren Typ, Stärke und Farbe der Linie. Unter den Achsenanweisungen (AXIS1, AXIS2) bewirkt OFFSET, dass die Werte nicht im Ursprung, sondern in einem Prozent Abstand beginnen, was oft zu einer ansprechenderen grafischen Darstellung führt. Unter der LABEL-Anweisung führt der Befehl a=0 zu einer stufenlosen Drehung des Labels. Variieren Sie doch einmal den a-Wert mit 45 oder 315! Falls notwendig, sind die Daten vor der Erzeugung einer Grafik in ihrer Reihenfolge zu sortieren (siehe PROC SORT Schritt).

Liniendiagramm mit Schatteneffekt

Mit dem folgenden Beispielprogramm wird ein Liniendiagramm erzeugt, in dem die angezeigte Linie durch einen kleinen Trick mit einem Schatten versehen wird. Zu Demonstrationszwecken wird ein einfacherer Datensatz verwendet.

```
/* Daten des Demodatensatzes SCHATTEN */
data SCHATTEN ;
input TAG WERT ;
cards ;
1 43
2 37
3 23
4 46
5 57
6 43
7 37
8 48
9 63
```

```
10 66
;
run;
```

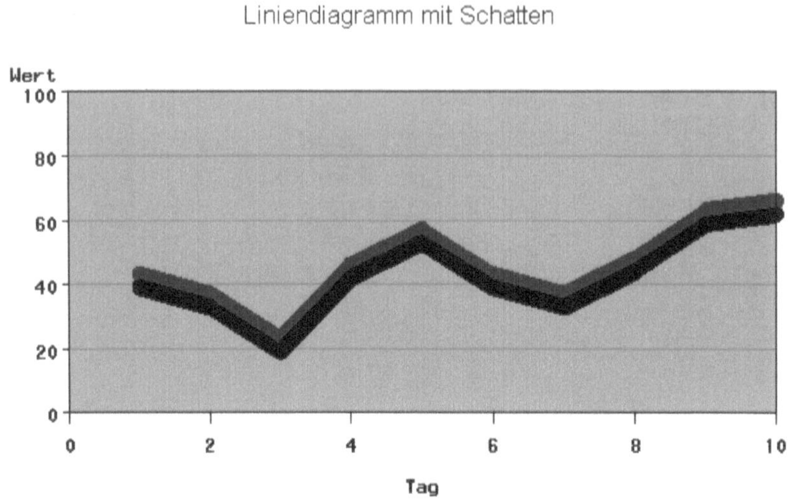


```
/* In diesem Abschnitt wird die 'Schatten'variable SWERT erzeugt. */
data SCHATTEN ;
set SCHATTEN ;
SWERT = WERT - 4;
run;

/* Grafik-Ausgabe */
axis1 order=(0 to 10 by 2) offset=(0,0) minor=none ;
axis2 order=(0 to 100 by 20) offset=(0,0) minor=none ;
symbol1 i=j v=none c=blue w=10 ;
symbol2 i=j v=none c=black  w=10 ;

title1 h=1.4 f=arial 'Liniendiagramm mit Schatten' ;
proc gplot data = SCHATTEN ;
plot (WERT SWERT) * TAG
        / autovref lvref=1 cvref=green haxis=axis1
                   vaxis=axis2 overlay cframe=gray;
run ;
quit ;
```

Erläuterungen: Das Geheimnis des „Schatten-Diagramms" besteht darin, dass einfach zwei Linien zugleich dargestellt werden, wobei die zweite (üblicherweise) schwarz ist. Um die zweite Linie der ersten Datenlinie (WERT) folgen zu lassen, wird über einfache Differenzbildung eine parallele Messwertreihe (WERT-4=SWERT) gebildet, deren paralleler Verlauf in Gestalt der Variable SWERT abgetragen werden. Je nach Messwertreihe muss durch Ausprobieren die Differenzbildung (z.B. der Abstandswert) den Ausprägungen der darzustellenden Datenreihe angepasst werden, um zu einem zufrieden stellenden „realistischen" Schatten zu gelangen.

Anschließend werden beide Messwertreihen (hier: WERT, SWERT) gleichzeitig über eine Gruppenvariable (hier: TAG) dargestellt. Wenn wie hier mehrere Diagramme übereinander gelegt werden, muss OVERLAY angegeben werden.

Mit den Angaben hinter dem /-Zeichen kann angegeben werden, wie das Liniendiagramm weiter dargestellt werden soll. AUTOVREF zieht durch die größeren Tickmarks automatisch waagerechte Referenzlinien. LVREF definiert den Typ für dieser Linien, und CVREF ihre Farbe.

Gruppiertes Liniendiagramm

```
goptions reset=all ctext=BLACK interpol=join ;

  symbol1
     v=DIAMOND
     height=1   ;

title h=1 'Gruppierte Linien in einem Diagramm' ;

proc gplot data=TEMPRATUR;
      plot Bestand*GradC=SEE
      / hminor=0
        frame
        cframe=GRAY  ;
    run;
quit;
```

Erläuterungen: In diesem Diagramm werden die Daten zweier Variablen (hier: BESTAND, GRADC) nach den Kategorien einer Gruppenvariable (hier: SEE) separat angezeigt, gefärbt und jeweils mit einer Linie verbunden. Unter PLOT werden vor und hinter dem *-Zeichen die y- und x-Achsenvariable, und hinter dem =-Zeichen die Gruppenvariable (hier: SEE) angegeben.

Gruppiertes Liniendiagramm mit zwei Einheiten auf der y-Achse

Mit dem folgenden Beispielprogramm wird ein Liniendiagramm erzeugt, deren y-Achse zwei verschiedene Einheiten abbildet. Zur Demonstration wird ein neuer Datensatz verwendet.

```
/* Daten für den Demodatensatz DATEN */
data DATEN;
input Tag Messung Reihe $;
cards;
1 5 niedrig
2 1 niedrig
3 3 niedrig
4 4 niedrig
5 1 niedrig
6 7 niedrig
7 8 niedrig
8 5 niedrig
9 2 niedrig
10 2 niedrig
1 1500 hoch
2 4000 hoch
3 3000 hoch
4 5200 hoch
5 2000 hoch
```

```
6 4500 hoch
7 3300 hoch
8 5300 hoch
9 7000 hoch
10 7500 hoch
;
run;
/* Definition der Achsen und Symbole */
axis1 order=(0 to 10 by 2, 1000 to 10000 by 2000)
      minor=none width=2 ;
axis2 order=(1 to 10 by 1) minor=none width=2 ;
symbol1 i=smooth v=none c=red w=2 ;
symbol2 i=smooth v=none c=blue w=2 ;


/* Beschriftungen */
title1 h=1.5 'Y-Achse mit zwei Einheiten';
proc gplot data = DATEN ;
     plot Messung*Tag=Reihe
     / vaxis=axis1 haxis=axis2 ;
     run ;
  quit ;
```

Erläuterungen: Durch die Achsendefinition (v.a. AXIS1) können Messwerte mit unterschiedlichen Wertebereichen in Diagrammen dargestellt werden. Der erste Teil des Klammerausdrucks gibt die Skalierung der ersten Variable (NIEDRIG) wieder, der zweite Teil des Klammerausdrucks die Skalierung der zweiten Variable (HOCH).

23.3.10. Ausblick: Weitere SAS Grafiken

Stern- und Radardiagramme (auch: Spinnweb-, Polar-, Windrosen- bzw. Kompassdiagramme) gehören zu den sog. Vergleichsdiagrammen. Durch die kreisähnliche Anordnung werden Unterschiede in den abgetragenen Merkmalen in Gestalt von Größe und Form jew. Einzelflächen schnell erfassbar. Stern- und Radardiagramme können in SAS mit der Prozedur GCHART (Option STAR) und auch der neuen Prozedur GRADAR erzeugt werden. Die folgenden Grafikbeispiele basieren auf dem oben eingeführten Datensatz TEMPRATUR. Wie an den Beispielgrafiken zu sehen ist, erlauben die spinnennetzähnlichen Referenzlinien mögliche Unterschiede zwischen den einzelnen Gruppierungsvariablen (hier: See) leicht zu erkennen. Stern- und Radardiagramme sind daher ausgesprochen nützlich für das Vergleichen von Parametern (Mittelwerte, Summen) verschiedener Gruppen.

Stern-Diagramme mit PROC GCHART (STAR-Option)

GCHART erzeugt mit der Option STAR sog. Sterndiagramme. Sterndiagramme zeigen dabei deskriptive Statistiken entlang von Strahlen bzw. Speichen an, die von einem gemeinsamen Mittelpunkt ausgehen. Das Zentrum repräsentiert im allgemeinen den Wert Null (bei negativen Werten das Minimum), und der Wert auf der Kreislinie das ermittelte Maximum.

```
pattern1 color=BLACK v=solid ;
pattern2 color=GRAY4C v=solid ;
pattern3 color=GRAY v=solid ;
pattern4 color=LTGRAY v=solid ;

title 'Stern- bzw. Radardiagramm' ;
footnote 'PROC GCHART, STAR Option (Mittelwert GRADC)' ;
proc gchart data=TEMPRATUR ;
   star SEE / sumvar=GRADC type=mean
              noheading coutline=black;
run ;
quit ;
title ;
footnote ;
```

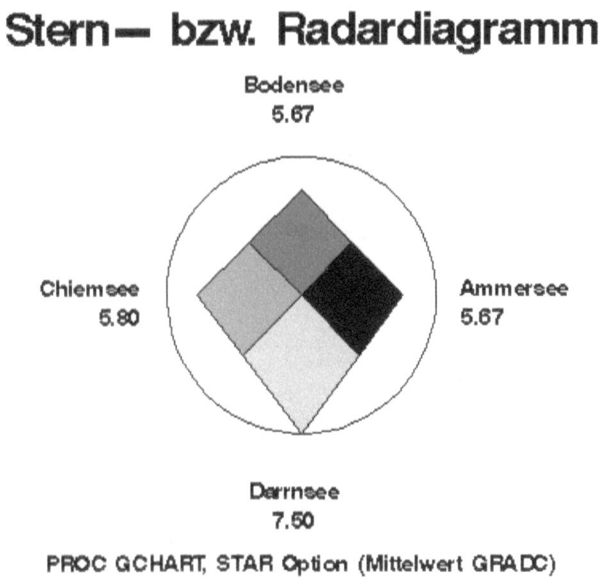


```
footnote 'PROC GCHART, STAR Option (Summe BESTAND)' ;
pattern1 color=BLACK v=solid ;
pattern2 color=GRAY4C v=solid ;
pattern3 color=GRAY v=solid ;
pattern4 color=GRAYFF v=solid ;

proc gchart data=TEMPRATUR ;
   star SEE / sumvar=BESTAND
              noheading coutline=black;
run ;
quit ;

title ;
footnote ;
```

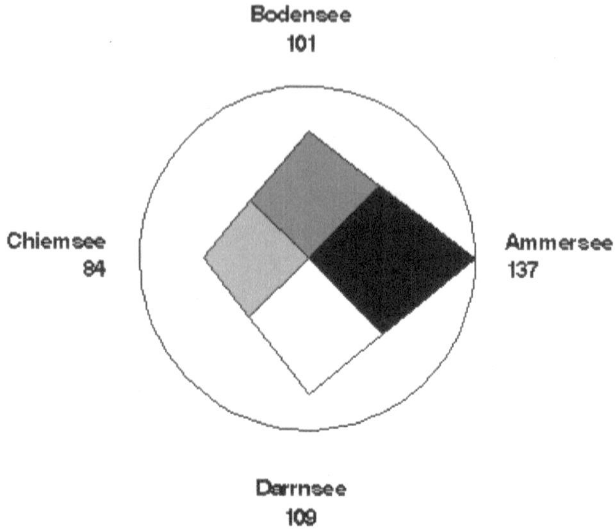

PROC GCHART, STAR Option (Summe BESTAND)

Radar-Diagramme (PROC GRADAR)

Die neue GRADAR Prozedur erzeugt sog. Radardiagramme, die Statistiken entlang von Strahlen bzw. Speichen angeben, die von einem gemeinsamen Mittelpunkt ausgehen. Um die visuelle Ähnlichkeit mit dem Ergebnis von GCHART (STAR Option) hervorzuheben, wurden für das Radardiagramm mit GRADAR dieselben Daten wie für das GCHART-Sterndiagramm mit der Summenfunktion verwendet.

```
title "Radar-Diagramm" ;

footnote j=r "Erstellt mit PROC GRADAR" ;
proc gradar data=TEMPRATUR;
    chart SEE /
    freq=BESTAND
    startype=wedge
    starfill=(solid)
    cstarfill=(gray)
    frame
   ;
   run ;
quit ;
```

Die Syntax der Prozedur PROC GRADAR ist erst seit SAS Version 8.1. dokumentiert. Unter CHART wird die Gruppierungsvariable angegeben (hier: SEE). Unter FREQ die Variable, deren gruppierte Summen verglichen werden sollen (hier: BESTAND). STARTYPE legt die Diagrammart fest. Mit STARFILL und

CSTARFILL wird das (Nicht)Ausfüllen der Flächen genauer festgelegt. FRAME zieht einen Rahmen um das Diagramm. Die Ticks auf den Strahlen" bzw. Speichen" basieren auf dem Maximum, dem Minimum, und ihrem Durchschnitt (hier: 110,5) daraus (hier: Maximum=137, Minimum=84). PROC GRADAR ist mit einem QUIT ; abzuschließen.

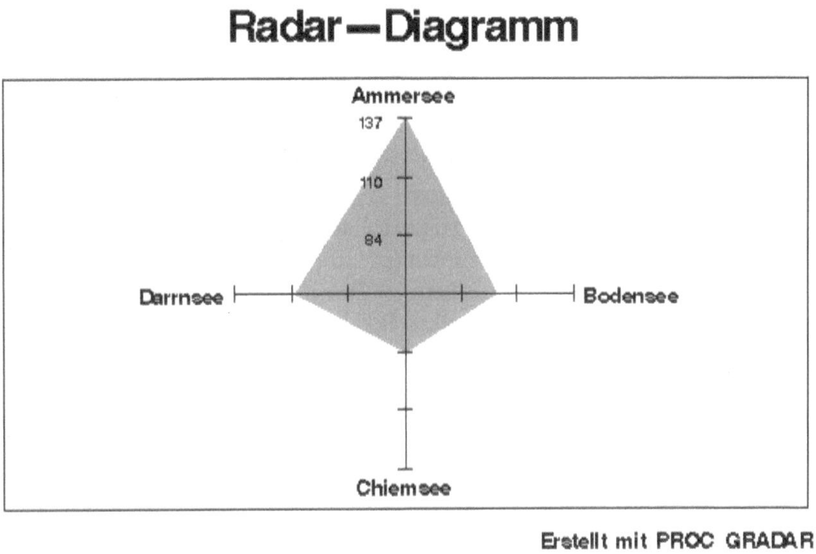

PARETO Diagramme

Pareto-Diagramme zeigen zwei Informationen zugleich an, Häufigkeiten (in Balkenform) und kumulative Prozente (als Kurve). Die Balken sind nach der Anzahl der Häufigkeiten geordnet. Von links nach rechts werden Balken nach Gruppen oder Kategorien mit zunehmend niedrigeren Fällen angezeigt. Ein Pareto-Diagramm eignet sich daher allgemein für Situationen, in denen es wichtig ist, die am meisten oder wenigsten besetzten Kategorien schnell erkennen zu können.

Üblicherweise (aber nicht immer) enthalten Pareto-Diagramme neben den Balkendiagrammen für die Häufigkeiten auch eine Kurve. Diese Kurve zeigt den jeweiligen kumulativen Prozentanteil der einzelnen Kategorien an der Gesamtzahl der Fälle an. In einem Pareto-Diagramm geht diese Prozentlinie immer gegen 100 Prozent. Balken und Kurvenlinie verlaufen in einem Pareto-Diagramm daher immer entgegengesetzt. Die Balken für die Häufigkeiten werden immer kleiner, während die Prozentlinie immer weiter ansteigt.

Pareto-Diagramme stammen eigentlich aus der Qualitätskontrolle, können jedoch auch in anderen Anwendungsbereichen mit Gewinn eingesetzt werden. Das Pareto-Diagramm dient in der Qualitätskontrolle häufig der Analyse der Häufigkeitsverteilung von identifizierten Fehlerursachen, wobei diese in abfallender Reihenfolge ihres Auftretens dargestellt werden. Bei der Interpretation von Pareto-Diagrammen sind jedoch die Definition der einzelnen Kategorien und ihre Anzahl entscheidend. Häufigkeit bedeutet nicht unmittelbar auch Wichtigkeit. Unterschiedliche Ursachen haben im Prozess der Qualitätskontrolle auch nicht immer dasselbe Gewicht, wohl aber jeder einzelne Balken im Diagramm. Bei Pareto-Diagrammen ist nicht die (quantitative) Anzahl von Fällen mit ihrer (qualitativen) Relevanz zu verwechseln, oder eine einfache Häufigkeitsverteilung mit der Reihenfolge, in der bestimmte Fehlerursachen zu beseitigen sind. Dies Gesagte gilt uneingeschränkt auch für die Interpretation der Kurve der Prozentwerte.

Ein Beispiel soll die zentralen Elemente eines Pareto-Diagrammes unverfänglich erläutern helfen. Die Daten dazu stammen aus dem BiSB-Projekt „Perspektiven der schulischen Bildungs- und Erziehungsrealität von Kindern und Jugendlichen mit schweren und mehrfachen Behinderungen" (Prof. W. Lamers, Prof. Th. Klauß, Pädagogische Hochschule Heidelberg). Forschungsziel war die multiperspektivische Evaluation der aktuellen Bildungs- und Erziehungswirklichkeit von Schülerinnen und Schülern mit schwersten Behinderungen in Baden-Württemberg. Das folgende Diagramm gibt die Anzahl der ausgefüllten Lehrer-, Eltern- usw. Fragebögen wieder, so wie sie letztlich in die Analysedaten eingingen. Von den 114 kontaktierten Schulen haben 96,5 % (N=109) teilgenommen. Der Rücklauf der versandten Fragebogenpakete betrug ca. 87%.

Die im Diagramm dargestellten Kategorien sind alle gleichgewichtig, eine Reihenfolge ist, abgesehen von der Häufigkeit der jew. Fälle, völlig irrelevant.

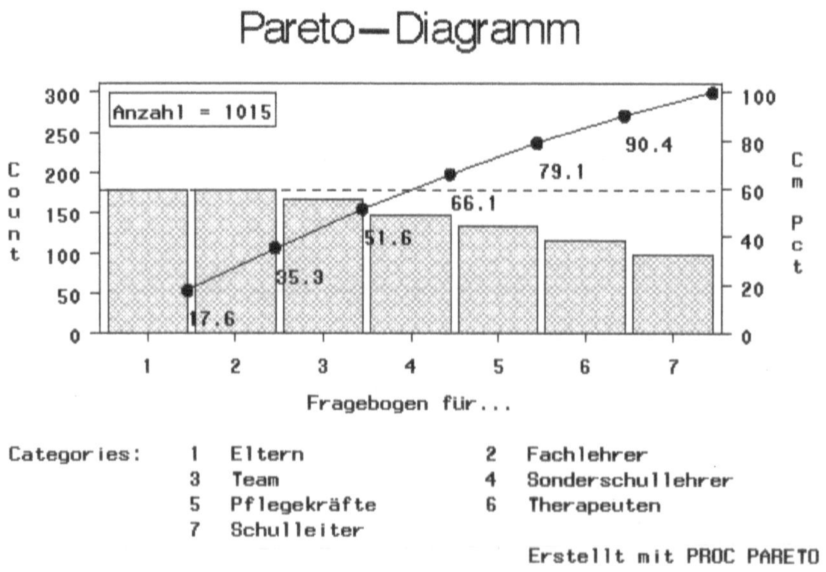

In dieser Grafik ist schön zu erkennen, wie die Prozentlinie gegen 100% strebt, während die Balken dazu entgegengesetzt immer kleiner werden.

Die Balken geben an, dass die Anzahl der Fragebögen für die Eltern (Categories=1) gleich groß ist wie die für die Fachlehrer (Categories=2), die nächstniedrige Kategorie ist die Anzahl der vorhandenen Team-Fragebögen usw. Die Prozentlinie gibt hier z.B. an, dass der Anteil der Eltern 17.6% beträgt, zusammen mit den Fachlehrern dann 35.3%, bis sie einschl. der Schulleiter (Categories=7) 100% erreicht.

Die quer verlaufende gestrichelte Linie ist eine ‚von Hand' eingetragene Referenzlinie, um die Balken besser miteinander vergleichen zu können.

```
title1 "Pareto-Diagramm" ;
footnote j=r "Erstellt mit PROC PARETO" ;

proc freq data=PFAD.PHDATA  ;
   tables FBOGEN /noprint out=FREQ ;
proc print ;
run ;

symbol v=dot ;
proc pareto data=FREQ;
 vbar FBOGEN /
           freq=count
           scale=count
           axisfactor=1.5
   anchor=tr
      pbars=m5x45
           interbar=1.0
           cmpctlabel
      vref=179
           nlegend='Anzahl'
           cframenleg=empty
           cbars=gray ;
 run ;
```

Pareto-Diagramme werden in SAS mit der Prozedur PROC PARETO erzeugt werden. PROC PARETO ist eine Prozedur der SAS/QC Software.

Dieses Beispielprogramm greift auf den Datensatz FREQ zu, in dem Häufigkeitswerte als Variable COUNT abgelegt sind. Unter VBAR wird die Gruppierungs- bzw. Klassifikationsvariable angegeben. Mit FREQ= bzw. SCALE= werden die abzubildenden Häufigkeiten angefordert. - Wird ein direkter Berechnungsschritt gewählt, entfallen der Zugriff auf den Datensatz FREQ und die Angabe der Optionen FREQ= und SCALE= (siehe dazu die Anmerkungen unten). – Unter AXISFACTOR wird ein Wert festgelegt, der das Längenverhältnis zwischen dem ersten/höchstem Balken und der y-Achse festlegt. ANCHOR bestimmt, wo die Prozentlinie am linken/ersten Balken ansetzt, hier bei TR (top right). Alternativen sind BL, BC, und TC, wobei B für bottom, C für Center, und L für left steht. Mit PBARS wird das Muster (pattern) für die Balken definiert. „M5x45" bewirkt eine Art kreuzweise Schraffur. INTERBAR legt den Abstand zwischen den Balken in sog. „percent screen units" fest. Die Option CMPCTLABEL bewirkt, dass auf der Kurvenlinie die ermittelten Prozentwerte abgetragen werden. VREF legt die Höhe der vertikalen Referenzlinie fest. Der Wert 179 ist im Beispiel ist die Anzahl der

Fragebogen für die ersten beiden Personengruppen. Im Prinzip kann unter VREF jeder beliebige Wert angegeben werden; er sollte zumindest Sinn machen. Über NLEGEND kann ein Label in die Grafik platziert werden (die SAS/QC Dokumentation verweist noch auf weitere Möglichkeiten bei NLEGEND). Wegen CFRAMENLEG=empty bleibt das über NLEGEND angeforderte Label leer; ansonsten können hier Farben angegeben werden. Über CBARS wird die Farbe für die Balken definiert, hier z.B. grau. PROC PARETO muss nicht mit einem QUIT ; abgeschlossen werden.

Wie oben bereits angedeutet, greift die dargestellte Syntax auf bereits errechnete Häufigkeitswerte zu (genauer: N=7 nichtfehlende Werte), die von der Prozedur FREQ ermittelt, und in den Datensatz FREQ abgelegt worden sind. Besonders bei sehr umfangreichen Datensätzen dauert die direkte Berechnung, ohne einen dazwischengeschalteten FREQ Step um ein Vielfaches länger. Ohne diesen Zwischenschritt müssten im Beispieldatensatz N=1015 nichtfehlende Werte verarbeitet werden, was natürlich etwas länger dauert. Bei kleinen Datensätzen kann natürlich ohne weiteres auch so vorgegangen werden:

```
title1 "Pareto-Diagramm" ;
footnote j=r "Ohne FREQ Schritt, erstellt mit PROC PARETO" ;
proc pareto data=PFAD.PHDATA ;
 vbar FBOGEN /
            axisfactor=1.5
   anchor=tr
            .......
run ;
```

Dieses Programm greift direkt auf den Analysedatensatz zu. Der FREQ-Zwischenschritt entfällt, ebenfalls wie die Angabe der Optionen FREQ= und SCALE=. Ab einschl. AXISFACTOR bleibt das Programm völlig gleich. Die Ausgabe ist absolut identisch, nur die Rechenzeiten unterscheiden sich. PROC PARETO muss nicht mit einem QUIT ; abgeschlossen werden.

Regelkarten für die Prozesskontrolle:

Diagramme mit der Prozedur MACONTROL

Die im folgenden dargestellten sog. ‚Regelkarten' beschreiben *dynamische Prozesse über die Zeit.* Unter dem Oberbegriff „Statistical Process Control" (SPC, Statistische Prozesskontrolle) werden mehrere statistische und grafische Verfahren zusammengefasst. SPC funktioniert nur unter der Voraussetzung, dass Prozesse statistisch unter Kontrolle gehalten werden, das bedeutet, dass der Prozess nur aufgrund von Zufälligkeiten streut, aber nicht aufgrund systematischer Fehler oder anderer Unregelmäßigkeiten.

Die Regelkarte ist das wichtigste Werkzeug der SPC um zu überprüfen, ob ein Prozess statistisch unter Kontrolle ist. Eine Regelkarte ist in der einfachsten Form eine grafische Darstellung einer zeitabhängigen Messwertreihe, um die obere und untere Intervallgrenzen eingezeichnet sind, die aus der Messwertreihe ermittelt wurden. Diese Intervallgrenzen werden in der Prozesskontrolle zunächst als Warn- und bei mehr als punktuellem Über- oder Unterschreiten als Interventionsschwellen verstanden.

Die Qualität eines Produkts oder eines Leistungsmerkmals wird z.B. anhand bestimmter Merkmale beurteilt. Jedes Maß muss dabei vorher festgelegte Toleranzen bzw. Toleranzbereiche (sog. Spezifikationsgrenzen) einhalten, innerhalb dessen noch Abweichungen vom Sollwert akzeptiert werden. Im industriellen Fertigungsprozess wird z.B. der Solldurchmesser von Werkstücke auf Millimeter genau festgelegt. Anhand von Regelkarten kann nun nachgeprüft werden, ob die Soll-Maße bei der Herstellung innerhalb genau spezifizierter Toleranzgrenzen eingehalten werden, oder ob davon abgewichen wird. Regelkarten sind unerlässlich für die Kontrolle des Einhaltens von Toleranzen, und damit für die Sicherung der Prozessqualität. Es gibt für die Prozesskontrolle verschiedene Regelkarten, im folgenden werden zwei sog. Mittelwertkarten vorgestellt. Im Gegensatz zum Shewhart-Kontrolldiagramm (nicht dargestellt), bei sich jeder Kurvenpunkt auf ein einziges Subgroup Sample beschränkt, beziehen Regelkarten (Diagramme) auf der Basis des gleitenden Mittelwerts Informationen auch der vorangegangenen Samples mit ein, und sind damit empfindlicher für kleine Veränderungen im Mittelwert der Prozessvariable, als z.B. die Shewhart-Regelkarte.

Die SAS Prozedur MACONTROL erlaubt, verschiedene Regelkarten-Diagramme für die Prozesskontrolle zu erzeugen. PROC MACONTROL ist eine mächtige Prozedur der SAS/QC Software. Diese Diagramme auf der Basis der Optionen MACHART (MA-Diagramm, s.u.) bzw. EWMACHART (EWMA-Diagramm, s.u.) erlauben zu beurteilen, ob ein Prozess noch in statistischer Kontrolle ist, und ermöglichen es, Verschiebungen im gleitenden Mittel (moving average, MA) zu entdecken. Um beide Diagramme miteinander vergleichen zu können, werden dieselben Daten verwendet.

Die Datengrundlage für diese (vereinfachten) Beispiele stammt aus der industriellen Materialkontrolle. Im Beispiel wird ein neuartiges Maschinenmaterial untersucht, hier die Temperatur (sog. Prozessvariable) der Eigenerwärmung, sobald dieses Material den normalen Produktionsbedingungen ausgesetzt ist. Zu zwölf Messzeitpunkten (von Januar bis Dezember, *Subgroup Index (Monat)*) wurden jeweils zwölf Messungen der Temperatur der Eigenwärme des Materials abgeleitet. Die zwölf Messungen pro Monat wurden arithmetisch gemittelt. Die gleitenden Mittelwerte werden je nach Regelkarte einheitlich (MA-Diagramm) oder exponentiell (EWMA-Diagramm) gewichtet.

Diagramm mit gewichtetem gleitendem Mittel Option *MACHART*

PROC MACONTROL mit der Option MACHART erzeugt ein einheitlich gewichtetes *moving average* (MA) Kontrolldiagramm Die MA-Regelkarte zeigt auf der x-Achse *(Subgroup Index (Monat))* zunächst die Anzahl der Messzeitpunkte, hier z.B. N=12 und ihre Einheit, nämlich Monat. Auf der y-Achse wird das gleitende Mittel der Temperaturwerte abgetragen. Für Subgroup=1 (hier: Januar) wird der arithmetische Mittelwert abgetragen, für alle folgenden Subgroups die gewichteten gleitenden Mittel. Da im Rechenbeispiel (s.u.) SPAN=3 vorgegeben ist, und damit die Anzahl der Werte festgelegt wird, die in die Berechnung der gleitenden Mittel eingehen dürfen, werden die Kurvenpunkte folgendermaßen ermittelt: Der Wert für Subgroup=2 wird als Durchschnitt aus den Mittelwerten der Subgroups 1 und 2 ermittelt. Der Wert für Subgroup=3 wird als Durchschnitt aus den Mittelwerten der Subgroups 1, 2 und 3 ermittelt. Der Wert für Subgroup=4 wird als Durchschnitt aus den Mittelwerten der Subgroups 2, 3 und 4 ermittelt usw. Die Intervallgrenzen werden aus den gleitend geglätteten Kurvenwerten geschätzt. Der Abstand +/-3 σ (siehe „3σ limits" im Diagramm oben rechts) drückt die festgelegte Toleranz aus; damit sollten 99.73 aller Werte innerhalb dieser Grenzen liegen. UCL bzw. LCL sind die jeweiligen oberen und unteren Konfidenzintervalle (upper/lower confidence limit). Der dazwischen angegebene Wert (sog. ‚Overall Mean') basiert im Beispiel auf dem Durchschnitt aller elf geglätteten Mittel, und dem arithmetischen Mittel für Subgroup=1.

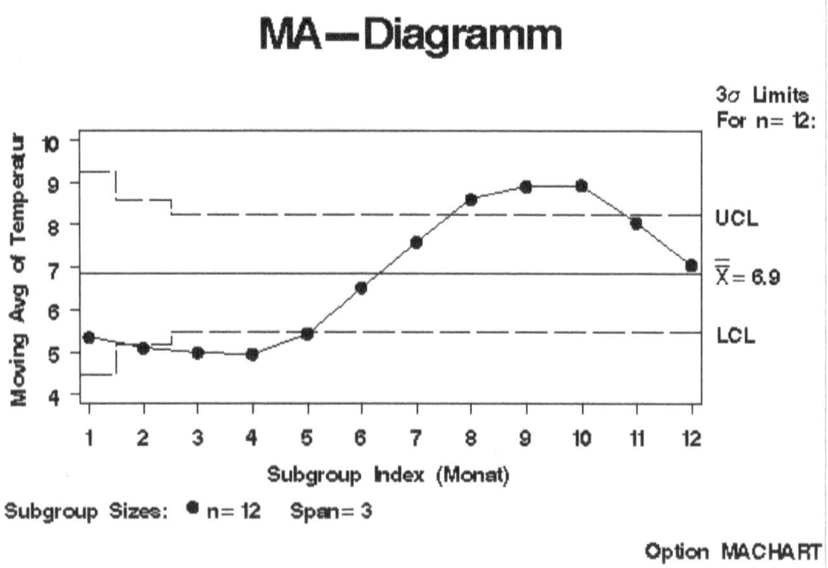

Wie in dieser Grafik zu erkennen ist, verlaufen die Werte der Subgroups 3, 4, 8, 9, 10 außerhalb der Toleranzintervalle, und verweisen somit darauf, dass die Wärmeentwicklung des Maschinenmaterials in den Produktionsmonaten März, April,

August, September, und Oktober außerhalb eines statistisch kontrollierten Bereichs verläuft.

```
title1 "MA-Diagramm" ;
footnote j=r "Option MACHART" ;
symbol v=dot ;
proc macontrol data=MATERIAL ;
    machart Temperatur*Monat /span=3;
 run ;
```

Unter data= wird der Analysedatensatz angegeben (hier: MATERIAL). Im MACHART Statement wird *nach* dem *-Zeichen die zeitbezogene Gruppierungsvariable für die y-Achse (hier: „Monat“), und *vor* dem *-Zeichen wird die sog. Prozessvariable (hier: „Temperatur“) für die x-Achse angegeben. Die Gruppierungsvariable kann maximal 20 Stufen annehmen. Nach dem „/“-Zeichen *muss* unter SPAN= angegeben werden, wie viele Mittelwerte jeweils in die Berechnung des gleitenden Mittels einbezogen werden sollen. Wie bereits eingangs erläutert, bewirkt im Beispiel die Anweisung SPAN=3, dass jew. drei Mittelwerte in die Berechnung eingehen. Je größer der angegebene Parameter ist, umso glatter, also weniger empfindlich ist die Kurve. Variieren Sie einmal mehrere SPAN-Parameter an denselben Daten!

Option *EWMACHART*

PROC MACONTROL erzeugt mit der Option EWMACHART ein *exponentially weighted moving average* (EWMA) Kontrolldiagramm. Grafisch unterscheidet sich die EWMA-Regelkarte nicht von der MA-Regelkarte. Zu detaillierten Erläuterungen wird daher auf die oben beschriebene MA-Regelkarte verwiesen. Auf der x-Achse wird die Anzahl der Messzeitpunkte, und auf der y-Achse das gleitende Mittel der Prozessvariable abgetragen. Die Intervallgrenzen (UCL, LCL) werden aus den exponentiell geglätteten Kurvenwerten geschätzt. „3σ limits“ geben die festgelegte Toleranz in Sigma-Einheiten an. Der Wert zwischen UCL und LCL gibt den Durchschnitt aller elf geglätteten Mittel, und dem arithmetischen Mittel für Subgroup=1 an.

Die EWMA-Regelkarte unterscheidet sich von der MA-Regelkarte jedoch hinsichtlich der Berechnung der Glättungen. Für Subgroup=1 (hier: Januar) wird der gewichtete Mittelwert aus Overall Mean und dem Wert der Subgroup=1 abgetragen. Für alle folgenden Subgroups wird das gewichtete Mittel der jew. Subgroup und der jeweils vorangegangenen Subgroup errechnet. Im Rechenbeispiel (s.u.) wird mit W=0.3 die Gewichtung festgelegt, mit der der gegenwärtige Subgroup-Mittelwert in die Berechung der Glättung eingehen soll. Der Abstand 3 σ gibt die festgelegte Toleranz in Sigma aus. UCL bzw. LCL sind die jeweiligen oberen und unteren Konfidenzintervalle. Der dazwischen angegebene Overall Mean basiert im Beispiel auf dem Durchschnitt aller zwölf gewichteten Mittel.

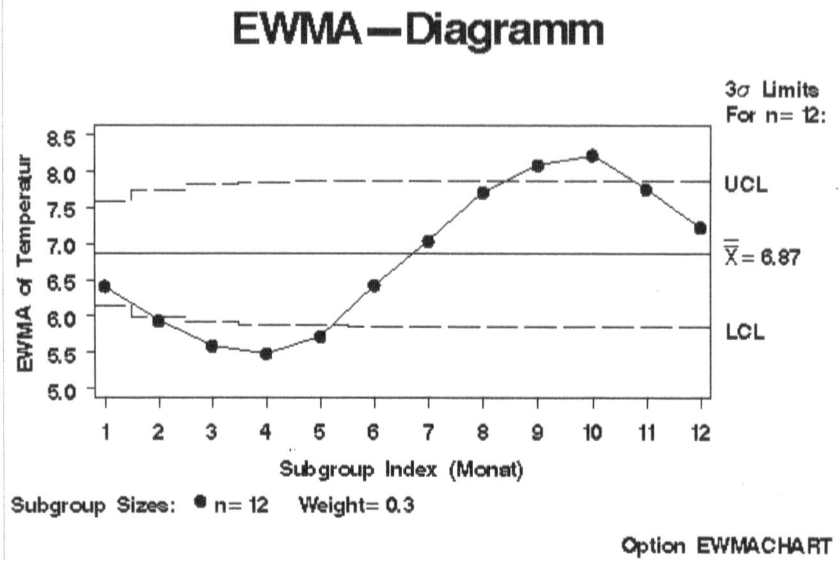

In dieser Grafik verlaufen die Werte der Subgroups 3, 4, 5, 9, und 10 außerhalb der Toleranzintervalle, und verweisen somit darauf, dass die Wärmeentwicklung des Maschinenmaterials in den Produktionsmonaten März, April, Mai, September, und Oktober außerhalb eines statistisch kontrollierten Bereichs verläuft. Die EWMA-Regelkarte unterscheidet sich von der MA-Regelkarte, dass (aufgrund des unterschiedlichen Glättungsvorganges) der Wert des Monats Mai (Subgorup=5) außerhalb des Toleranzbereichs liegt, während sich der Wert des Monats August (Subgorup=8) innerhalb des Toleranzbereichs befindet.

```
title1 "EWMA-Diagramm" ;
footnote j=r "Option EWMACHART" ;
symbol v=dot ;
proc macontrol data=MATERIAL ;
   ewmachart Temperatur*Monat / weight=0.3 ;
run ;
```

Unter data= wird der Analysedatensatz angegeben (hier: MATERIAL). Im MACHART Statement wird *nach* dem *-Zeichen die zeitbezogene Gruppierungsvariable für die y-Achse (hier: „Monat"), und *vor* dem *-Zeichen wird die sog. Prozessvariable (hier: „Temperatur") für die x-Achse angegeben. Die Gruppierungsvariable kann maximal 20 Stufen annehmen. Nach dem „/"-Zeichen *muss* unter WEIGHT der Parameter für die Gewichtung des jew. Subgroup Mittelwert angegeben werden ($0 \leq$ WEIGHT ≤ 1). Wie oben bereits beschrieben, bewirkt im Beispiel die Anweisung WEIGHT=0.3, dass der Mittelwert der jeweils aktuellen Subgroup nur mit 0.3 in die Berechnung eingeht. Je kleiner der Gewichtsparameter ist, umso größer ist der Einfluss der vergangenen Daten. Im Falle WEIGHT=1 wird die EWMA-Regelkarte zu einem Shewhart-Kontrolldiagramm. Probieren Sie einmal mehrere Gewichtungsparameter an Ihren Daten aus! PROC MACONTROL muss nicht mit QUIT ; abgeschlossen werden.

Die Interpretation von Regelkarten (Diagramme) auf der Basis des gleitenden Mittelwertes sollte u.a. wegen der möglicherweise hohen Korrelation aufeinander folgender Datenpunkte ausschl. erfahrenen Qualitätsanalysten mit Sachnähe überlassen bleiben. Für weitere Details wird auf die Dokumentation der SAS/QC Software verwiesen.

23.3.11. Übungen

Im folgenden sind Übungen für die am häufigsten verwendeten Variablentypen zusammengestellt. Verwenden Sie dazu die Syntaxbeispiele aus dem Kapitel. Nicht jede Aufgabe ist auf das Programmieren einer Grafik ausgerichtet: Manche Aufgaben produzieren statistische oder auch grafische Besonderheiten.

1. Programmieren Sie einfache vertikale und horizontale Balkendiagramme für Variablen Ihrer Wahl. Variieren Sie Beschriftungen, Farben, Statistiken (Mittelwerte, Summen, Häufigkeiten), und die Anzahl der Gruppierungen (siehe 23.3.1 und 23.3.2.).
2. Vertauschen Sie in dem folgenden Programm die beiden Gruppenvariablen SEE und TIEFE. Verwenden Sie den Testdatensatz TEMPRATUR aus 23.3.1. Was müssen Sie noch beachten, wenn Sie sichergehen wollen, dass die Grafik genau so ausgegeben wird, wie Sie es möchten?

```
title 'Ausgangsprogramm' ;
footnote j=r 'Zwei Variablen sollen vertauscht werden' ;

axis width=2 ;

pattern1 value=solid c=orange ;
pattern2 value=solid c=red ;
pattern3 value=solid c=yellow;
pattern4 value=solid c=beige ;


proc gchart data=TEMPRATUR;
   vbar Tiefe
   / type =mean sumvar=GradC nozero
     group=See patternid=group
          discrete width=5 space=2 clipref
          gaxis=axis raxis=axis coutline=gray frame ;
     label GradC='Grad in C' ;
run;
quit;
```

3. Programmieren Sie Kreisdiagramme für Variablen Ihrer Wahl. Variieren Sie Typen, Beschriftungen, Farben, und Hervorhebungen bzw. Kaschierungen. Variieren Sie Statistiken (Mittelwerte, Summen, Häufigkeiten), und die Anzahl der Gruppierungen (siehe 23.3.3.).

4. Programmieren Sie univariate und multivariate Boxplots für Variablen Ihrer Wahl. Variieren Sie u.a. Beschriftungen, Symbole, Farben, und ID-Variablen (siehe 23.3.4.). Interpretieren Sie Ihre Boxplots.
5. Programmieren Sie Histogramme für Variablen Ihrer Wahl. Variieren Sie u.a. Balkenbreite, Anpassungsgeraden, und Farben (siehe 23.3.6.). Interpretieren Sie ein Histogramm.
6. Programmieren Sie PP Plots, Prob Plots und Q-Q Plots für Variablen Ihrer Wahl. Variieren Sie u.a. Anpassungsgerade, Punktesymbole, und Farben (siehe 23.3.6.- 23.3.8.). Interpretieren und vergleichen Sie die Plots.
7. Programmieren Sie Streu- und Liniendiagramme für Variablen Ihrer Wahl. Variieren Sie in bivariaten, multiplen, bzw. gruppierten Diagrammtypen u.a. die eingetragenen Symbole, Linien und Beschriftungen (incl. Legenden). Probieren Sie den Schatteneffekt aus (siehe 23.3.9.).
8. Probieren Sie weitere Diagrammtypen aus, z.B. Pareto- und Kontrolldiagramme (siehe 23.3.10.). Beachten Sie dabei besonders ihre Berechnung und Interpretation.

23.4. Zaubern mit Annotate und andere Tricks ...

Das SAS System zeichnet sich durch eine hochgradige Flexibilität im Management von Daten und damit auch bei der Programmierung von grafischen Präsentationen aus. Durch Manipulationen auf der Daten-Ebene, durch geschicktes Zuweisen von Formaten, oder auch der leistungsfähigen Makro- oder Annotate-Programmierung können Grafiken im Prinzip beliebig programmiert werden, z.B. können mit SAS/GRAPH auch animierte Grafiken programmiert werden. Animationen werden im Rahmen dieses Kapitels nicht vorgestellt. Im Abschnitt 23.4.1. wird das Tunen von Standardgrafiken mit Annotate vorgestellt. Abschnitt 23.4.2. zeigt komplexere Möglichkeiten der Programmierung von Grafiken.

23.4.1. Tunen von SAS Grafiken mit Annotate

In diesem Abschnitt wird das Tunen von Standardgrafiken mit Annotate vorgestellt. Annotate ermöglicht es, einen speziellen Datensatz an Grafikbefehlen anzulegen, mit dem Grafiken erzeugt bzw. verändert werden können.

Dieser Datensatz wird als Annotate Data Set bezeichnet (die Annotate Data Sets der Beispiele in diesem Kapitel heißen zur Abgrenzung von anderen Datensätzen durchgängig ANNO). Im Gegensatz zu einem „üblichen" Datensatz, die „nur" Beobachtungen enthalten, repräsentiert in einem Annotate Data Set jede „Beobachtung" einen Befehl, ein Grafikelement zu zeichnen, oder eine andere

Aktion auszuführen. Die per Annotate gezeichneten bzw. ausgeführten Elemente werden der Grafik hinzugefügt.

Mit einem Annotate Data Set können Standardgrafiken erzeugt, aber auch bereits erzeugte Grafiken ganz nach den eigenen Vorstellungen optimiert werden. Annotate kann u.a. auf Grafiken aus den SAS/GRAPH Prozeduren GCHART, GCONTOUR, GMAP, GPLOT, GPRINT, GSLIDE, und G3D angewendet werden. Für weitere Informationen wird auf die Dokumentation der Annotate Facility unter SAS/GRAPH Software Reference, Version 8 (1999) Vol. I. (u.a. Kap. 10 und 11) verwiesen.

23.4.1.1. Linienplot: Verlauf mehrerer Linien

Mit dem folgenden Programm werden zwei Grafiken erzeugt. Die erste Grafik zeigt vier Datenlinien ohne Beschriftungen. Die zweite Grafik wird mit Hilfe der Annotate Facility um Labels pro Linie ergänzt.

```
data CONCENT ;
input mess frue somm herb wint ;
cards;
 1  384.3  554.15  838.45  242.54
 2  297.7  548.82  735.88  343.68
 3  526.9  555.48  839.50  249.30
 4  005.2  655.86  742.26  345.21
 5  380.8  552.91  938.55  244.35
 6  374.1  647.77  733.79  336.93
 7  332.7  539.40  924.37  226.75

 8  496.7  632.74  716.38  324.37
 9  357.3  532.08  918.38  226.46
10  811.9  635.31  923.52  328.37
11  225.9  630.65  717.14  220.57
12  476.1  517.43  896.97  300.11
13  414.4  604.30  787.46  201.83
14  376.1  600.49  883.66  289.08
;
run ;


/* Optionen */
goptions reset=all gunit=pct ctext=BLACK cback=white
         ftext=swissb htext=3
         devmap=WINANSI keymap=WINANSI;

 /* Titel und Fußnoten */
title1 height=4 'Konzentrationen nach Jahreszeit';
footnote2 height=2 angle=90 ' ';
axis1 minor=none value=(font=swiss) offset=(0,14)
      label=('Mess-Stellen') width=2;
axis2 order=(0 to 1000 by 100) minor=none value=(font=swiss) offset=(0,0)
      label=('Konzentration' justify=right '(in Hundert)') width=2;

 /* Zuweisen von Linienarten, Farben und Breiten */
symbol1 interpol=spline width=3 color=CXDADADA line=2 ;
symbol2 interpol=spline width=3 color=CX4397C9  ;
symbol3 interpol=spline width=3 color=CXD3C176 line=2 ;
symbol4 interpol=spline width=3 color=CX224885  ;
```

```
 /* Erste Grafik ohne Annotate */
proc gplot data=CONCENT ;
     plot (frue somm herb wint)*mess
   / overlay haxis=axis1 vaxis=axis2 frame;
run ;
quit ;

/* Erzeugen des Annotate Dataset, ANNO     */
 data ANNO (drop=mess frue somm herb wint);
   length function color $ 8 text $ 20;
   retain function 'label' xsys ysys '2' hsys '3' position '6'
   style 'swissb' size 3;
set CONCENT end=last;
   if last then do;
         x=mess;
         y=frue; text=' Frühling'; color='CXDADADA'; output;
         y=somm; text=' Sommer'; color='CX4397C9'; output;
         y=herb; text=' Herbst'; color='CXD3C176'; output;
         y=wint; text=' Winter'; color='CX224885'; output;
      end;
run;

/* Zweite Grafik mit Annotate */
proc gplot data=CONCENT ;
     plot (frue somm herb wint)*mess
   / overlay haxis=axis1 vaxis=axis2
     annotate=ANNO ;
run ;
quit ;
```

Erläuterungen: Unter GOPTIONS führen die beiden Anweisungen devmap=WINANSI und keymap=WINANSI zur Ausgabe von Umlauten, wie z.B. ä, ö, etc. Ohne diese beiden Befehle werden Umlaute als Sonderzeichen dargestellt. Das Programm ist so aufgebaut, dass die Anweisungen für Symbole, Achsen und Beschriftungen für die erste Grafik auch in der zweiten Grafik wirksam sind. Der einzige Unterschied zwischen den beiden PROC PLOT Programmen ist der, dass im zweiten Programm auf den eigens angelegten ANNO-Datensatz zugegriffen wird, der das Zeichnen und Färben der Labels veranlassen wird. Das konkrete Festlegen dieser Optionen geschieht über den Annotate-Schritt zwischen diesen beiden Programmen.

Die Hauptmerkmale des Annotate Schritt sind folgende: Unter LENGTH werden die einz. Annotate-Variablen und ihr Typ bzw. ihre Zeichenlänge festgelegt. Die RETAIN Zeile veranlasst über die explizite Angabe der Funktion LABEL, die Grafik mit Labels mit Positionen auf absoluten Koordinaten der y- und y-Achse zu versehen. Ab SET werden die einzelnen Labels mit den entsprechenden Einstellungen (u.a. Farben) nacheinander ausgegeben. All diese Aktionen werden im Datensatz ANNO abgelegt. Das sich anschließende PROC GPLOT Programm greift mit dem Befehl anno= auf diesen Datensatz zu, und löst damit die dort abgelegten Aktionen aus.

23.4.1.2. Vertikales Balkendiagramm mit zwei beschrifteten Referenzlinien

Das folgende Programm erzeugt ein vertikales Balkendiagramm, in dem zwei individuell beschriftete Referenzlinien über die Annotate Facility eingezeichnet werden. Der Annotate Datensatz ANNO legt Position, Farbe und Label der beiden Referenzlinien fest.

```
/* Festlegen der Grafik-Optionen */

goptions reset=all border;

/* Einlesen des Datensatzes EIN */

data EIN ;
input JAHR BESTAND;
cards;
1991 40
1992 85
1993 80
1994 50
1995 90
1996 80
1997 85
1998 75
;
run;


/* Anlegen des Annotate Datasets ANNO */

data ANNO;
length color function $8 text $14;
retain xsys '1' ysys '2' when 'a';
function='move'; x=0; y=65; output;
function='draw'; x=100; y=65; color='red'; size=2; output;
function='label'; x=50; y=65; size=1; position='2'; color='black';
text='Vorjahr=60'; output;
function='move'; x=0; y=75;  output;
function='draw'; x=100; y=75; color='green'; size=2; output;
function='label'; x=50; y=75; size=1; position='2'; color='black';
text='Dieses Jahr=75'; output;
run;


pattern v=s c=orange ;
axis1 order=(0 to 100 by 25) ;

title1 h=5 pct 'Jahresbericht Vogelbestand';
proc gchart data=EIN;
vbar JAHR
/ anno=ANNO sumvar=BESTAND
  raxis=axis1 discrete;
run;
quit;
```

Erläuterungen: Da in der RETAIN Zeile des Annotate Schritts keine Funktion explizit angegeben wurde, greift jede Beobachtung auf die voreingestellte Funktion LABEL zu. WHEN to A legt die Linien über die Balkengrafik. Die Funktionen MOVE, DRAW und LABEL bewirken das Zeichnen der Referenzlinien und ihrer

Labels an den angegebenen Koordinaten (es sind auch Text und Farbe festgelegt). Das PROC GCHART Programm löst durch Zugriff über den Befehl anno=ANNO die dort abgelegten Aktionen aus.

23.4.1.3. Liniendiagramm mit drei beschrifteten Referenzlinien

Mit demselben Annotate-Schritt können auch in ein Liniendiagramm zwei (oder mehr) individuell beschriftete Referenzlinien eingezeichnet werden.

```
goptions reset=all border ftext=swissb
        keymap=WINANSI htext=0.5 htitle=0.8 ;

data EIN ;
input JAHR $ INVEST ;
cards ;
1991 15
1992 27
1993 34
1994 43
1995 52
1996 62
1997 74
1998 85
1999 99
2000 110
2001 125
;
run ;


/* Erzeugen des Annotate Datasets ANNO */
data ANNO ;
length color function $8 text $14 ;
retain xsys '1' ysys '2' when 'a' ;
function='move'; x=0; y=50; output ;
function='draw'; x=100; y=50; color='red'; size=2; output ;
function='label'; x=50; y=50; size=.75; position='2'; color='black' ;
text='Input'; output ;
function='move'; x=0; y=75; output ;
function='draw'; x=100; y=75; color='orange'; size=2; output ;
function='label'; x=50; y=75; size=.75; position='2'; color='black' ;
text='Konsolidierung'; output ;
function='move'; x=0; y=85;  output ;
function='draw'; x=100; y=85; color='green'; size=2; output;
function='label'; x=50; y=85; size=.75; position='2'; color='black' ;
text='Wachstum'; output ;
run;

symbol i=j v=dot c=black ;
axis1 order=(0 to 130 by 10) minor=none label=('Investment') ;
title1 'Diagramm mit drei beschrifteten Linien' ;
proc gplot data=EIN ;
      plot INVEST*JAHR
    / vaxis=axis1 anno=ANNO frame ;
  run ;
quit ;
```

Der Annotate Schritt bzw. der Datensatz ANNO definiert Position, Farbe und Label der Referenzlinien. Die Erläuterungen zu dieser Grafik finden Sie u.a. bei der Grafik 23.4.1.2.

23.4.1.4. Balken- und Liniendiagramm in einem Achsensystem: Deutsche und europäische Datumsangaben

Das folgende Programm bietet die Möglichkeit, in ein Koordinatensystem gleichzeitig ein Balken- und ein Liniendiagramm abzutragen. Für den Anwender bieten sich dabei je nach Datenlage zwei Möglichkeiten: Bei nur einer Datenreihe kann das Balkendiagramm (ähnlich der Schattenlinie unter 23.3.7.) als ästhetischer Hintergrund für die visuelle Verstärkung der Linie eingesetzt werden (Design 1). Oder, beide Teildiagramme stellen zwei Datenreihen separat dar (Design 2). Im Design 2 werden deutsche, und im Design 1 werden europäische Datumsangaben vorgestellt.

```
goptions reset=all ftext=swissb keymap=WINANSI devmap=WINANSI htext=0.4;

/* Einlesen des Datensatzes EIN */
data EIN ;
input Datum mmddyy8. Linie Balken ;
cards;
01012001  8 10
02012001 15 20
03012001 23 30
04012001 36 40
05012001 42 50
;
run;


/* Annotate Schritt */

data ANNO ;
length function color $8 text $10 ;
retain xsys ysys '2' when 'a';
set EIN end=last;
if _n_ = 1 then function='move';
else function='draw'; xsys='2';ysys='2';
x=Datum; y=Linie; output;
function='symbol'; xsys='2';ysys='2'; x=Datum; y=Linie; text='='; size=3;
color='red'; output;
run;

pattern value=solid color=orange;
axis1 label=('Monat');
axis2 label=('Bestand');

title1 h=5 pct 'Design 1: Europäische Datumsangabe ' ;
proc gchart data=EIN;
vbar Datum
/ sumvar=Balken anno=ANNO
        midpoints='01jan2001'd to '01may2001'd by month
        maxis=axis1 raxis=axis2 ;
format Datum eurdfdd10. ;
run ;
quit ;
```

```
options dflang=german ;
title1 h=5 pct 'Design 2: Deutsche Datumsangabe' ;

data EIN ;
input Datum mmddyy8. Linie Balken ;
cards;
01012001  8 50
02012001 15 40
03012001 23 30
04012001 36 20
05012001 42 10
;
run;


/* Annotate Schritt */

data ANNO ;
length function color $8 text $10 ;
retain xsys ysys '2' when 'a';
set EIN end=last;
if _n_ = 1 then function='move';
else function='draw'; xsys='2';ysys='2';
x=Datum; y=Linie; output;
function='symbol'; xsys='2';ysys='2'; x=Datum; y=Linie; text='='; size=3;
color='red'; output;
run;

proc gchart data=EIN;
vbar Datum
/ sumvar=Balken anno=ANNO
        midpoints='01jan2001'd to '01may2001'd by month
        maxis=axis1 raxis=axis2 ;
format Datum eurdfmn10. ;
run ;
quit ;
```

Erläuterungen: Mit der Annotate Facility wird im Prinzip recht einfach eine Linie in ein normales Balkendiagramm eingetragen. Dabei wird für jeden Monat ein Wert der Variable LINIE abgetragen, die Position zum nächsten Monat bewegt, der nächste Wert abgetragen, usw. XSYS und YSYS sind dabei die Variablen des Koordinatensystems, um die x und y Werte zu positionieren. Die Punkte werden abschließend mit einer Linie verbunden.

Das Besondere an diesem Diagramm sind auch die verwendeten Datumsformate. Beim Einlesen der Daten im Data Step wird das englische Standardformat MMDDYY8. verwendet. Zur besseren Orientierung, welche Daten für die Linie, und welche für die Balken verwendet werden, werden diese auch so bezeichnet. Die Ziffernfolgen der Variable DATUM werden also als Monat-Tag-Jahr eingelesen, während dann in PROC PLOT das europäische Datumsformat EURDFDD10. in der Grafik die Abfolge Tag-Monat-Jahr wiedergibt. Die Option DFLANG=GERMAN weist SAS an, das Datum in der jew. Landessprache auszugeben, hier z.B. in deutsch. SAS stellt weit über hundert internationale Datumsformate zur Verfügung. Für Details wird auf die SAS Language Reference: Dictionary, Version 8 (1999) verwiesen.

Probieren Sie im PROC PLOT-Programm u.a. die Formate EURDFDD8. und MMDDYY8 aus. Mit der Annotate Facility kann auch ein gestapeltes Balkendiagramm mit einer Linie versehen werden (23.4.1.5.).

23.4.1.5. Zwei Varianten einer Linie in einem gestapelten Balkendiagramm

Die Annotate Facility bietet natürlich auch die Möglichkeit, eine Linie in ein gestapeltes Balkendiagramm einzutragen. Auch hier bietet sich für den Anwender v.a. die Möglichkeit, neben dem Darstellen von Datenreihen die Balken als ästhetischer Hintergrund für die visuelle Verstärkung der Linie einzusetzen. Die Balken in Design 1 definieren einen einfachen IST-SOLL-Bereich, während die dreifach unterteilten Balken im Design 2 um die jeweiligen Punkte der Linie einen exakt angepassten farbigen Hintergrund bilden. Um die Vorgehensweise besser demonstrieren zu können, wurden zwei besondere Datensatze DESIGN1 und DESIGN2 entworfen. Zur besseren Orientierung, welche Datenreihe als Linie, und welche als Balken angezeigt werden, werden diese darin auch so bezeichnet. Die Farbangaben im Datensatz DESIGN2 dienen nur der Orientierung, und sind keinesfalls für die Erzeugung der Grafik notwendig.

```
goptions reset=all ftext=swissb devmap=WINANSI keymap=WINANSI ;
 options dflang=german ;

data DESIGN1 ;
input Segmente $ Datum mmddyy8. Balken Linie ;
cards ;
segment1 01012001 20 8
segment1 02012001 20 12
segment1 03012001 20 35
segment1 04012001 20 50
segment1 05012001 20 55
segment2 01012001 10  8
segment2 02012001 20 12
segment2 03012001 30 35
segment2 04012001 40 50
segment2 05012001 50 55
;
run;


data ANNO ;
length function color  $8 text $10 ;
retain xsys ysys '2' color 'black' when 'a' size 4 ;
set DESIGN1 end=last ;
by Segmente ;
if first.Segmente then function='move' ; else function='draw' ;
x=Datum ; y=Linie ; output ;
function='symbol'; xsys='2'; ysys='2'; x=Datum; y=Linie; text='dot'; size=2;
color='black'; output;
run;


pattern1 value=solid color=red ;
pattern2 value=solid color=green ;
pattern3 value=solid color=yellow ;
axis1 label=('Monat');
```

```
axis2 label=('Effizienz');
legend1 label=('Effizienz') value=('Suboptimal' 'Optimal');
title1 h=5 pct 'Design 1 ' ;
proc gchart data=DESIGN1 ;
    vbar Datum
  / sumvar=Balken anno=ANNO
    midpoints='01jan2001'd to '01may2001'd by month
    subgroup=Segmente maxis=axis1 raxis=axis2 legend=legend1 ;
footnote ' ' ;
format Datum eurdfmy7. ;
run ;
quit ;



data DESIGN2 ;
input Segmente $ Datum mmddyy8. Linie Balken ;
cards ;
segment1 01012001  8  3 /* red */
segment1 02012001 12  7 /* red */
segment1 03012001 35 30 /* red */
segment1 04012001 50 45 /* red */
segment1 05012001 55 50 /* red */
segment2 01012001  8 10 /* yellow */
segment2 02012001 12 10 /* yellow */
segment2 03012001 35 10 /* yellow */
segment2 04012001 50 10 /* yellow */
segment2 05012001 55 10 /* yellow */
segment3 01012001  8 13 /* orange */
segment3 02012001 12 17 /* orange */
segment3 03012001 35 40 /* orange */
segment3 04012001 50 55 /* orange */
segment3 05012001 55 60 /* orange */
;
run;


pattern1 value=solid color=red ;
pattern2 value=solid color=yellow ;
pattern3 value=solid color=orange ;
axis1 label=('Monat');
axis2 label=('Effizienz');
legend1 label=('Effizienz') value=('Suboptimal' 'Ist' 'Optimal');
title1 h=5 pct 'Design 2 ' ;
proc gchart data=DESIGN2 ;
    vbar Datum
  / sumvar=Balken anno=ANNO
    midpoints='01jan2001'd to '01may2001'd by month
    subgroup=Segmente maxis=axis1 raxis=axis2 legend=legend1 ;
footnote ' ' ;
format Datum eurdfmy7. ;
run ;
quit ;
```

Erläuterungen: Mit der Annotate Facility wird im Prinzip wie in 23.4.1.4. eine Linie in ein Koordinatensystem eingetragen mit dem Unterschied, dass es sich hier nicht um einfache, sondern um gestapelte Balkendiagramme handelt.

Die beiden Programme DESIGN1 und DESIGN2 unterscheiden sich nicht im Abbilden der Linie von den Programmen unter 23.4.1.4., sondern wegen der Definition der Balken. Durch die völlig andere Darstellung der Balken könnte evtl. übersehen werden, dass die Werte für die Linie in beiden Grafiken absolut identisch sind.

Das Programm für die Daten aus DESIGN1 entwirft eine Balkenreihe, bei denen die erste Gruppe (SEGMENT1) immer einen konstanten Wert hat, und den „suboptimalen" „roten Bereich" symbolisiert. Die Gruppe SEGMENT2 definiert mit seinen Werten den „optimalen" grünen Bereich; alternativ könnte man sich vorstellen, dass die Werte aus SEGMENT2 keinen Hintergrund, sondern eine zweite (Referenz)Reihe abbilden. Wichtig ist, dass in beiden SEGMENT-Gruppen die Linienwerte identisch sein müssen.

Das Programm für die Daten aus DESIGN2 unterteilt die Balken in drei Segmente, wobei diese sich an den Werten für die Linie ausrichten. Da die oberen und unteren Balkendrittel SEGMENT1 und SEGMENT3 in exaktem Abstand um den Wert der Linie zum Liegen kommen sollen, werden ihre Werte einfach dadurch ermittelt, in dem eine konstante Differenz (hier: um 5) von den jew. Linienwerten gebildet wird. Das mittlere Segment SEGMENT2 (‚Ist') soll immer gleich breit werden, und erhält hier den Wert 10.

Die Option DFLANG=GERMAN weist SAS an, die Texte der Datumsformate (z.B. EURDFMY7.) in der jew. Landessprache auszugeben, hier z.B. in deutsch.

23.4.1.6. Balkendiagramm mit Währungen und Werten über den Balken

Mit der Annotate Facility können in Grafiken im Prinzip alle möglichen Währungen und Werte an beliebigen Stellen angezeigt werden. Eine Währung, z.B. Dollar, kann mit ausgegeben werden, wenn die betreffende Variable mit dem entsprechenden SAS Format versehen wird. Der Datensatz enthält Schätzwerte für Quadratmeterpreise (Variable QMFlaeche) für Eigentumswohnungen in ausgewählten deutschen Städten (Variable STADT).

```
goptions reset=all border ftext=swissb
         devmap=WINANSI keymap=WINANSI htext=0.4 htitle=0.7 ;

data EIN ;
   input Stadt $10. QMWFlaeche commax6.;
   cards;
Aurich     2000
Berlin     5500
Dresden    3600
Frankfurt  6500
Hamburg    5400
Heidelberg 5800
München    6200
Schwerin   2500
Stuttgart  5000
;
run;


data ANNO ;
   length function color style text $ 8 ;
   retain function 'label' color 'black' when 'a' style 'swiss'
          xsys ysys '2' position '2' size 3 hsys '3';

   set EIN ;
   midpoint=Stadt ;
```

```
   text=left(put(QMWFlaeche, commax6.)) ;
   y=QMWFlaeche ;
run ;


axis1 order=(0 to 8000 by 1000) minor=none label=('qm-Preis') ;
pattern1 value=solid color=orange ;
title 'Formate: Anzeige von Währungen und Werten in Grafiken';
proc gchart data=EIN ;
   vbar Stadt
 / sumvar=QMWFlaeche anno=ANNO raxis=axis ;
   format QMWFlaeche commax6. ;
run;
quit;
```

Erläuterungen: Im PUT-Step innerhalb des Annotate Schritts werden die Ziffernfolgen der Quadratmeterpreise in Zeichenfolgen einer Textvariable umgewandelt, und über die Koordinaten der x- und y-Achsen über die Balken in die Grafik eingetragen. Das Programm enthält an drei Stellen Formate für die Werte: Beim Einlesen der Daten nach INPUT (COMMAX6.), im PUT-Schritt, und als Formatanweisung in der Grafik selbst. Die beiden letzteren sind wichtig für die grafische Anzeige von Werten und Währungssymbolen. Währungssymbole und die Darstellung von Werten werden durch zahlreiche sog. Formate festgelegt; die erste Ziffer im Formatnamen legt jeweils die Länge des darzustellenden Wertes einschl. Symbol dar.

Einige ausgewählte Formate im einzelnen: COMMA6. stellt Werte mit Tausender-Komma und Dezimalpunkt dar, COMMAX6. stellt Werte dagegen mit Tausenderpunkt und Dezimalkomma dar. DOLLARX8. stellt Werte in europäischer Punktschreibweise und einem vorangestellten Dollarzeichen dar. DOLLAR8. stellt Werte in amerikanischer Schreibweise (Komma) dar. Der japanische Yen wird mit dem Fomat YEN8.2 angefordert; für die Anzeige des Yen-Symbols sind ggf. andere Systemeinstellungen erforderlich.

23.4.1.7. Gruppiertes Boxplot incl. eingezeichneten Verteilungsmaßen

In ein horizontales, gruppiertes Boxplot werden neben den Whiskers und Minimum und Maximum, auch ein Referenzraster eingetragen. Die abgetragenen Werte werden über PROC MEANS errechnet und über Annotate in die Grafik eingetragen. Im folgenden Programm wird neben ANNONATE auch auf Makros zurückgegriffen. Unter %let kann man std oder stderr eintragen bzw. zwischen 1, 2 oder 3 als die Anzahl von std oder stderr des Mittelwertes wählen.

```
/* Optionen für das Debuggen von Makros */
options symbolgen mlogic mprint;

/* Festlegen der Grafik-Optionen */
goptions reset=all border colors=(green) ctext=green ftext=swiss;

%let stat=stderr;
%let num=1;
```

```
/* Einlesen des Datensatzes EIN */
data EIN ;
input Fang $8. Anzahl ;
cards;
Hechte  15
Hechte  12
Hechte  24
Hechte  23
Hechte  22
Forelle 24
Forelle 15
Forelle 28
Forelle 33
Forelle 57
Barsch  12
Barsch  13
Barsch  17
Barsch  08
Barsch  13
Zander  10
Zander  12
Zander  17
Zander  13
Zander  10
Lachs   21
Lachs   19
Lachs   25
Lachs   30
Lachs   24
Makrele 40
Makrele 34
Makrele 38
Makrele 29
Makrele 34
;
run;

proc sort;
   by Fang;
run;

/* PROC MEANS erzeugt die Variablen  STD, STDERR, MIN und MAX in AUS. */
proc means mean std stderr min max data=EIN;
by Fang;
output out=AUS mean=MEAN std=STD stderr=STDERR min=MIN max=MAX ;
run;

/* Erzeugen des Annotate Datasets ANNO */
data ANNO;
length color function style $8;
retain xsys ysys '2' when 'a' ;
set AUS;

/* Zeichnen der std bzw. stderr Linie */
function='move'; xys='2'; ysys='2'; midpoint=Fang; x=mean; color='green';
output;
function='draw'; x=mean-(&num*&stat); color='green'; width=2; output;
function='draw'; x=mean+(&num*&stat);  color='green'; width=2; output;

/* Zeichnen der mean Linie */
function='move'; midpoint=Fang; x=mean; color='green'; output;
function='draw'; x=mean; ysys='9'; y=+2; width=2; output;
function='draw'; x=mean; y=-4; width=2; output;

/* Zeichnen der Enden der std bzw. stderr Balken */
function='move'; x=mean-(&num*&stat); ysys='2'; midpoint=Fang; color='green';
width=2; output;
```

```
function='draw'; ysys='9'; y=+1; width=2; output;
function='draw';           y=-2; width=2; output;

function='move'; x=mean+(&num*&stat); ysys='2'; midpoint=Fang; color='green';
width=2; output;
function='draw'; ysys='9'; y=+1; width=2; color='green'; output;
function='draw';           y=-2; width=2; color='green'; output;

/* Positionieren des Symbols Stern auf MIN bzw. MAX- Werte */
function='label'; xsys='2'; ysys='2'; x=min; style='marker'; size=.75;
text='V'; color='green'; output;
function='label'; xsys='2'; ysys='2'; x=max; style='marker'; size=.75;
text='V'; color='green'; output;

run;


/* Erzeugen des Annotate Datasets ANNO2 für das Referenzgitter */
data ANNO2;
length function style $8. text $45;
retain xsys '2' ysys '1' when 'a' line 2 function 'label' hsys '3';
do i=15 to 60 by 15;
  function='move'; x=i; y=0; color='green'; size=.5; output;
  function='draw'; x=i; y=100; color='green'; size=.5; output;
end;

run;

proc print data=ANNO2;
   run;

/* Definition der Balken */
pattern1 v=e c=white r=3;

/* Definition der Achse/n */
axis1 order=(0 to 70 by 10) length=70 pct origin=(20,30) pct value=(f=swiss)
label=(f=swiss);
axis2 value=(f=swiss) label=(f=swiss);

/* Beschriftungen */
title1 h=7 pct ' ';
title2 h=5 pct f=swissb 'Fangzusammensetzung';

/* Grafik-Ausgabe */
proc gchart data=EIN anno=ANNO2;
hbar Fang / raxis=axis1 nostats anno=ANNO frame maxis=axis2;
run;
     quit;
```

23.4.1.8. Übungen

Die Syntaxbeispiele in 23.4.1. gehören schon zu den fortgeschrittenen Annotate Programmierungen, und sollen v.a. die Leistungsvielfalt von SAS/GRAPH veranschaulichen. Es sollte für den Anfang ausreichend sein, die Beispiele erfolgreich nachzuprogrammieren. Bereits das Ändern der Grafikbeispiele nach eigenen Vorstellungen ohne Vertiefung in die Annotate-Programmierung ist nicht unkompliziert. Insofern hier nur Vorschläge zur weiteren Arbeit mit SAS/GRAPH, die nach zunehmender Schwierigkeit gestaffelt sind.

Vorschlag 1:

Programmieren Sie die Beispiele nach. Nehmen Sie keine Änderung vor. Beginnen Sie mit den Beispielen 1 bis 7, und bearbeiten Sie die Beispiele 8 und 9 erst am Schluss.

Vorschlag 2:

Versuchen Sie, die Programme 1 bis 7 zu verändern bzw. an eigene Daten anzupassen.

Vorschlag 3:

Versuchen Sie, die Programme 8 und 9 zu verändern bzw. an eigene Daten anzupassen.

23.4.2. Andere Möglichkeiten, andere Grafiken Spezielle Optionen, Makros, Annotate, GMAP und GREPLAY

Dieser Abschnitt zeigt eher komplexere Möglichkeiten der Programmierung von Grafiken, z.B. mit dem Anwenden von Tricks, Formaten, Optionen, und der Makro- und Annotate-Programmierung. Die vorgestellten Beispiele gehören zu den fortgeschrittenen Programmierungen, und sollen die Möglichkeiten des SAS Systems veranschaulichen.

23.4.2.1. Vier Variationen eines Themas: Balkendiagramme quer (mean, sum, freq, Konfidenzintervalle)

Durch kleine Änderungen am Code eines vertikalen Balkendiagramms können vier Varianten generiert werden, jeweils ein Balkendiagramm, das jeweils mean, sum, freq oder auch Konfidenzintervalle abträgt. TYPE= gibt die gewünschte Statistik aus. Die ERRORBAR Option zeichnet die Konfidenzintervalle. Der voreingestellte Wert für der CLM Option beträgt 95%.

```
goptions reset=all gunit=pct border ftext=swissb htext=3
htitle=6 ctext=black colors=(black) lfactor=2;

/* Einlesen des Datensatzes TEMPRATUR */
data TEMPRATUR ;
input Tiefe 1-2 GradC 4-6 ;
cards ;
 5  10
 5  11
 5   9
```

```
 5  10
10   7
10   8
10   9
10   9
15   6
15   5
15   6
15   6
20   5
20   4
20   5
25   3
25   4
25   2
25   3
30   3
30   2
30   3
30   2
 ;
 run;

/* Definition der Balken */
pattern1 value=solid c=orange;


/* Beschriftungen */
title1 'Tiefen-Temperaturen';

/*  Ausgabe der vier Grafik-Varianten   */
proc gchart data=TEMPRATUR;
   hbar Tiefe
    / type =mean sumvar=GradC discrete frame;
run;
quit;

proc gchart data=TEMPRATUR;
   hbar Tiefe
    / type =sum sumvar=GradC discrete frame;
run;
quit;

proc gchart data=TEMPRATUR;
   hbar Tiefe
    / type =freq freq discrete frame;
run;
quit;

data _null_;
c=1;
n=3;
level=100 * (1 - 2 * (1 - PROBT(C,N-1)));
call symput('level', put(level,best12.));
run;

proc gchart data=TEMPRATUR;
   hbar Tiefe
    / type =mean sumvar=GradC discrete frame
              errorbar=both clm=&level cerror=black;

run;
quit;
```

23.4.2.2. Flächendiagramm

Das Besondere an der folgenden Grafik ist, dass die Achsenlänge MAXIS durch eine Makrovariable definiert wird. PROC MEANS ermittelt Minimum und Maximum eines Datensatzes und weist diese dann Makrovariablen zu, die diese wiederum über die ORDER Option zur Definition der Achsenlänge einsetzen.

```
/* Festlegen der Grafik-Optionen */
goptions reset=all colors=(black) ctext=black border
ftext=arial ;

/* Einlesen des Datensatzes EIN */
data EIN ;
input MONAT date7. MESSUNG;
cards;
11jan99 1
03feb99 1
23mar99 3
14apr99 4
05may99 5
05jun99 7
12jul99 8
17aug99 9
21sep99 7
07oct99 6
01nov99 3
20dec99 1
15jan00 1
;
run;

/* PROC MEANS findet Minimum- und Maximumwerte aus EIN,  */
/* und legt diese in AUS als MINDATE und MAXDATE ab      */
proc means min max noprint;
var MONAT;
output out=AUS min=mindate max=maxdate;
run;


/* In EIN2 werden auf der Basis des Output AUS    */
/* die Makrovariablen MINDATE und MAXDATE erzeugt */

data EIN2 ;
set AUS;
call symput('mindate',put(mindate,date7.));
call symput('maxdate',put(maxdate,date7.));
run;

/* Definition der Achse/n */
/* In der ORDER Option werden Makrovariablen eingesetzt */

axis1 order=("&mindate"d to "&maxdate"d by month2);
axis2 order=(0 to 10 by 1) minor=none;

/* Definition der Symbole */
symbol1 i=spline c=black v=none;

/* Definition der Balken */
pattern1 v=s c=blue ;

/* Beschriftungen */
title1 f=arial h=8 pct 'Bestandsverlauf';
```

```
/* Grafik-Ausgabe */
proc gplot data=EIN ;
plot MESSUNG*MONAT
/ haxis=axis1 areas=1 vaxis=axis2 frame;
format MONAT monname3.;
run;
quit;
```

23.4.2.3. Bubblediagramme (Bubble-Plots) im Portfolio-Design

Bei einem Portfolio-Diagramm wird das zweidimensionale Koordinatensystem um ein Achsenkreuz ergänzt, wobei die entstehenden vier Quadranten mit unterschiedlichen Interpretationen (z.B. Handlungsempfehlungen) versehen werden. Als Grundlage wird ein Bubble-Diagramm verwendet; Messwertpaare werden in einem zweidimensionalen Koordinatensystem abgetragen, wobei die relative Größe der Bubbles die Werte einer dritten Variablen ausdrückt. Varianten von Portfolio-Diagrammen werden u.a. als Produkt-Markt-Portfolios oder Wettbewerbsvorteilsmatrix bezeichnet (siehe z.B. Hartung & Elpelt, 1999).

Üblicherweise ist der Quadrant rechts oben der „optimale" Quadrant, in dem sich die Daten idealerweise in der rechten oberen Ecke konzentrieren sollten. Der Quadrant links unten ist der „negative" Quadrant, in dem sich günstigerweise keine Daten befinden sollten. Die beiden übrigen Quadranten gelten sehr häufig als die jeweils „suboptimalen" Quadranten; ihre Daten sollten durch Umsetzung angemessener bzw. Unterlassung nicht adäquater Handlungen in Richtung des „optimalen" Quadranten bewegt werden.

Im folgenden Beispiel werden Vorzüge fiktiver Eismarken grafisch umgesetzt. Der Quadrant rechts oben repräsentiert eine „ideale" Kombination aus sahnigem und natürlichem Geschmack. Der Quadrant links unten vertritt eine möglichst zu vermeidende Kombination aus wässrigem und künstlichem Geschmack. Die beiden anderen Quadranten repräsentieren Geschmackkombinationen, in denen jew. ein Anteil dominiert bzw. der andere zu kurz kommt. Die Größe der Bubbles gibt im Beispiel den jew. prozentualen Marktanteil dieser Geschmacksrichtungen wieder.

Die folgende Grafik ist ein einfacher Bubble Plot, erstellt mit der Prozedur GPLOT und dem BUBBLE Statement.

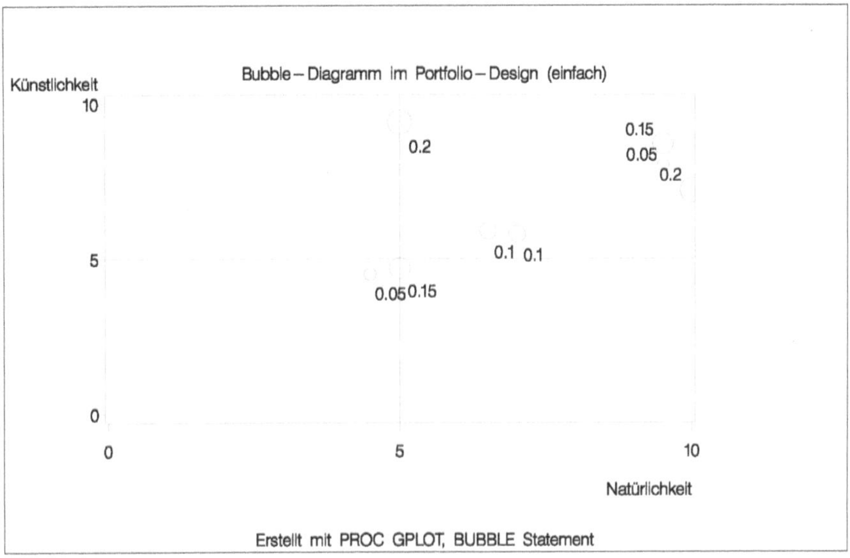

AXIS und BUBBLE Statements definieren dabei den Plot, der durch Referenzlinien (HREF, VREF) in Quadranten eingeteilt wird.

```
data EISBUBBLE;
   input EISMARKE $ 17. MANTEIL NATUR  SAHNIG ;
   datalines;
Das Haagen       .20   9.4  5
Schmoller        .10   5.9  6.5
Möwentrick       .20   7.2  10
Tom and Jerry's  .15   8.7  9.5
Lengnase         .10   5.8  7
Castellino       .05   8.0  9.5
Basket Robin     .15   4.7  5
Frosty           .05   4.5  4.5
;
run ;
```

Mit diesem Schritt wird der Datensatz EISBUBBLE eingelesen. EISBUBBLE enthält die Daten einer fiktiven Umfrage zur geschmacklichen Beurteilung von Eismarken. NATUR gibt die geschmackliche Natürlichkeit des Eises an (1=künstlich, 10=natürlich). SAHNIG gibt die Sahnigkeit auf einer Skala von 1 (=wässrig) bis 10 (=sahnig) an. MANTEIL gibt einen (fiktiven) Marktanteil der jeweiligen Marken in Prozent an.

```
axis1 length =60 pct order=(0 to 10 by 5) label=(h=3 j=r 'Künstlichkeit')
             minor=NONE   ;
axis2 length =70 pct order=(0 to 10 by 5) label=(h=3 j=r 'Natürlichkeit')
             minor=NONE ;

title1 ;
title2 h=3 "Bubble-Diagramm im Portfolio-Design (einfach)";
footnote "Erstellt mit PROC GPLOT, BUBBLE Statement";

proc gplot data=EISBUBBLE ;
   bubble NATUR*SAHNIG=MANTEIL /
   vaxis=axis1 haxis=axis2
        blabel frame href=5 vref=5
   ;
     run;
quit;
```

Die folgende Grafik ist ein etwas anspruchsvollerer Bubble Plot, in dem das Ergebnis auf der Basis von PROC GPLOT (einschl. BUBBLE Statement) durch Anweisungen im vorher angelegten Datensatz ANNO ergänzt wird. Die Labels, Referenzlinien und Bubbles werden in diesem Beispiel durch Annotate positioniert.

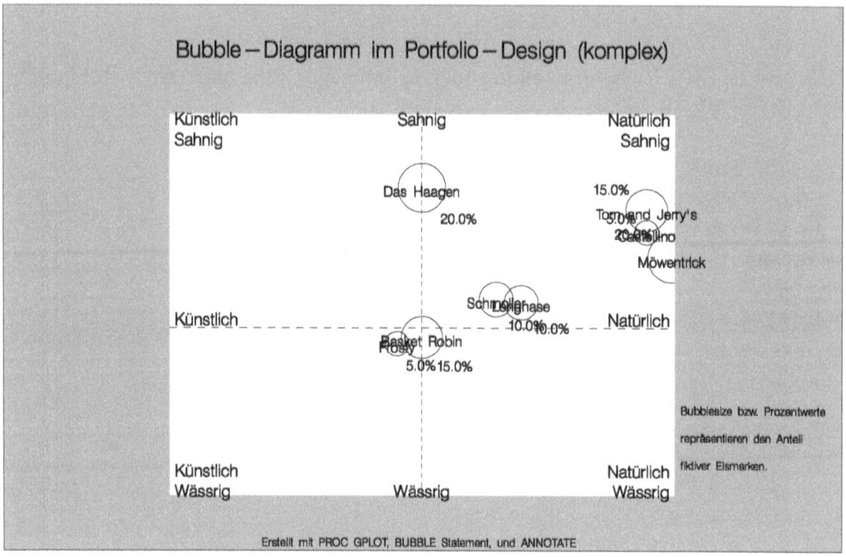


```
        /* Erzeugen des Annotate Datasets ANNO. ANNO ergänzt die Quadranten*/
        /* um die Ecklabels und beschriftet die Bubbles mit den jew.       */
        /* Eismarkenbezeichnungen.                                         */

data ANNO ;
   length color $ 8 text $ 17;
   retain function 'label' hsys '3' style 'SWISSB' when 'a';
```

```
   if _n_=1 then
      do;
         xsys='1'; ysys='1'; size=3; color='black';

       /* Die Labels werden auf der Basis des absoluten Prozenztwertes */
       /* der Datenregion positioniert, des Koordinationsystems 1.    */

         y=97;  /* Vertikale Position für Labels über Oberbereich Plot. */
         x=1; position='C'; text='Künstlich'; output;
              position='F'; text='Sahnig'; output;

         x=50; position='B'; output; /* Wert von TEXT bleibt 'Sahnig'. */

         x=99; position='A'; text='Natürlich'; output;
               position='D'; text='Sahnig'; output;
         y=50; /* Vert. Position für beide vertik. Referenzlinienlables. */
         x=1; position='F'; text='Künstlich'; output;
         x=99; position='D'; text='Natürlich'; output;

         y=5; /* Vertikale Position für Labels über Unterbereich Plot. */
         x=1; position='C'; text='Künstlich'; output;
              position='F'; text='Wässrig'; output;

         x=50; position='E'; output; /* Wert von TEXT bleibt 'Wässrig'.*/

         x=99; position='A'; text='Natürlich'; output;
               position='D'; text='Wässrig'; output;
      end;

       /* Werte von Plotvariablen aus EISBUBBLE liefern den Text und die  */
       /* Position der Bubble Labels.                                      */

set EISBUBBLE;
      drop MANTEIL NATUR SAHNIG EISMARKE ;
      text=Eismarke; x=SAHNIG; y=NATUR; xsys='2'; ysys='2'; position='5';
      style='SWISSB'; size=2.5; color='black'; output;
run;

       /* Beschriftungen und Achsen */
title1 ;
title2 h=4 'Bubble-Diagramm im Portfolio-Design (komplex)';
footnote h=2 j=c "Erstellt mit PROC GPLOT, BUBBLE Statement, und Annotate ";
axis1 order=(0 to 10) origin=( ,10) length=60 label=none value=none
      major=none minor=none;
axis2 order=(0 to 10) offset=( ,10) length=70 value=none label=none
      major=none minor=none ;
       /* OFFSET= verhindert ein Kollidieren zwischen Bubbles und Achsen.*/
       /* Andere Optionen unterdrücken Labels und Ticks.                */

       /* PROC PLOT, BUBBLE Statement     */
proc gplot data=EISBUBBLE ;
   format MANTEIL percent7.1;
   note height=2 move=(80,25) ' Bubblesize bzw. Prozentwerte'
                 move=(80,20) ' repräsentieren den Anteil'
                 move=(80,15) ' fiktiver Eismarken.';
   bubble NATUR*SAHNIG=MANTEIL
        /  bsize=10 bcolor=BLACK blabel ctext=black
                 href=5 chref=BLACK lhref=2 haxis=axis1
                 vref=5 cvref=BLACK lvref=2 vaxis=axis2
                 cframe=WHITE annotate=ANNO ;
        run ;
   quit ;
```

Über NOTE wird der Text rechts neben der Grafik positioniert. Optionen im BUBBLE Statement zeichnen und färben die Referenzlinien, die die Quadranten bilden. Optionen wie z.B. BCOLOR= legen die Farben für die Bubbles fest.

23.4.2.4. Multiple Range Plots als Verlaufsdiagramm

Die folgende Grafik sieht zwar aus wie gruppierte Boxplots (z.B. Grafik 8 unter Abschnitt 4.1), tatsächlich bildet sie mehrere Range Plots ab, genauer: ein Range Plot pro Tag.

Die Darstellung ist ähnlich, die Interpretation der „Kästen" jedoch eine andere: In diesem Range Plot geben die obere und untere Kante eines Kästchens den STARTWRT bzw. ENDWERT einer Messung (hier: pro Tag) an. Die Linien nach oben und unten geben das Minimum bzw. Maximum des jew. Tages an. Das Besondere an dieser Grafik: Liegt der ENDWERT unter dem STARTWRT, wird der Balken nicht ausgefüllt, sondern leer dargestellt.

```
data EIN;
input Datum ddmmyy8. STARTWRT ENDWERT MIN MAX  ;
cards;
01062000 23 29 22 32
02062000 24 31 21 34
03062000 25 24 24 29
04062000 26 32 23 35
05062000 27 35 26 38
06062000 28 33 20 40
07062000 29 32 22 40
;
run;

data GRAFIK;
length color function style $8;
retain xsys ysys '2' color 'orange' size 1;


set EIN;

if ENDWERT > STARTWRT then style='solid'; else style ='empty';

/* Zeichnen des STARTWRT/ENDWERT Kästchen */
function='move';      xsys='2'; ysys='2'; x=Datum; y=ENDWERT; output;
function='poly';      xsys='7'; ysys='2'; x=+1;    y=ENDWERT; output;
function='polycont';                               y=STARTWRT;  output;
function='polycont';                      x=-1;    y=STARTWRT;  output;
function='polycont';                               y=ENDWERT; output;
function='polycont';                      x=+.5;   y=ENDWERT; output;

      /* Zeichnen MAX bis ENDWERT und MIN bis STARTWRT */
if ENDWERT > STARTWRT then do;
  function='move'; xsys='2'; ysys='2'; x=Datum;   y=ENDWERT; output;
  function='draw'; xsys='2'; ysys='2'; x=Datum;   y=MAX;  output;

  function='move'; xsys='2'; ysys='2'; x=Datum;   y=STARTWRT;  output;
  function='draw'; xsys='2'; ysys='2'; x=Datum;   y=MIN;   output;
end;

/* Zeichnen von MAX bis STARTWRT und MIN bis ENDWERT */
if ENDWERT le STARTWRT then do;
```

```
  function='move'; xsys='2'; ysys='2'; x=Datum;    y=STARTWRT;  output;
  function='draw'; xsys='2'; ysys='2'; x=Datum;    y=MAX;  output;

  function='move'; xsys='2'; ysys='2'; x=Datum;    y=ENDWERT; output;
  function='draw'; xsys='2'; ysys='2'; x=Datum;    y=MIN;   output;
end;

run;

/* Definition der Achsen und Symbole */
symbol1 i=none v=none r=2;
axis1 minor=none offset=(5,5)pct;
axis2 label=('Anzahl') minor=none;
title1 'Multiple Range Plots als Verlaufsdiagramm';


/* Grafik-Ausgabe */
proc gplot data=EIN;
plot MAX*Datum MIN*Datum / overlay haxis=axis1 vaxis=axis2 anno=GRAFIK;
format Datum ddmmyy10.;
run;
quit;
```

23.4.2.5. Mehrdimensionales Balkendiagramm (Populationsbaum)

Balkendiagramme können auch zweidimensional abgetragen werden; sind Geschlecht und Alter jeweiligen Klassifikationsvariablen, werden solche Balkendiagramme auch als Populationsbäume bezeichnet. „Populationsbäume" sind sehr geeignet, die Werte (hier: „Anzahl") für mehrere Untergruppen (hier: „Tiefe") einer dichotomen Gruppe (hier: „Quartal") darzustellen.

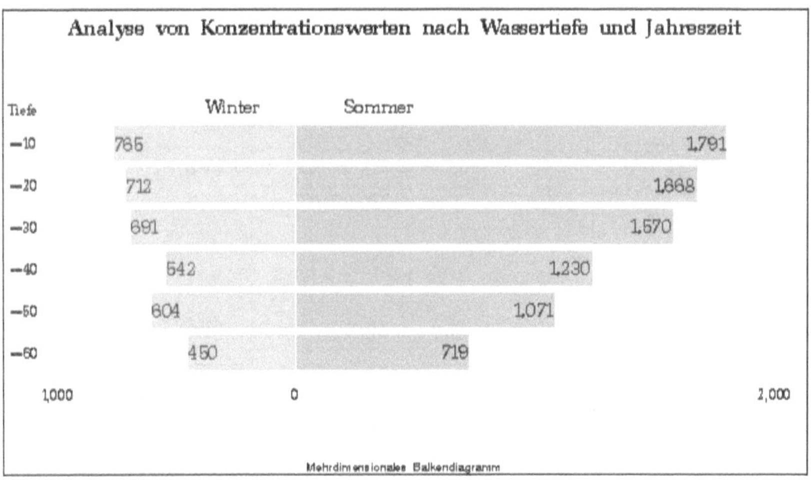

Anm.: Die Grafik ist im JPEG-Format.

Das Beispiel ist Ergebnis einer interessanten Mischung aus Tricks, Formaten, und Annotate Programmierung.

```
/* Festlegen der Grafik-Optionen */
goptions reset=global gunit=pct cback=white colors=(black)
        htext=3 ftext=zapf;



/* Einlesen des Datensatzes EIN. */
data EIN;
   input Tiefe $ QUARTAL $ ANZAHL;
   cards;
 -30 S 1570
 -30 W 691
 -10 S 1791
 -10 W 765
 -20 S 1668
 -20 W 712
 -40 S 1230
 -40 W 542
 -50 S 1071
 -50 W 604
 -60 S 719
 -60 W 450
;
run;


/* Um eine Null-Linie in die Grafik eintragen zu können, muss man zu     */
/* einem Trick greifen, und die Werte einer der beiden Quartalsgruppen */
/* mit einem negativen Vorzeichen versehen.                            */
data NEGATIV;
   set EIN;
   if QUARTAL='W' then ANZAHL=-ANZAHL;
run;


/* Das POSVAL. Format wiederum unterdrückt das negative Vorzeichen, so */
/* dass negative Werte als positive Werte ausgegeben werden.           */
proc format;
   picture posval low-high='000,009';
run;


/* Erzeugen des Annotate Datasets ANNO.                         */
/* Die Werte für TIEFE und QUARTAL aus NEGATIV positionieren die */
/* Labels. ANZAHL bestimmt den Text der Labels. Die Position     */
/* hängt davon ab, welche Gruppe gelabelt werden soll.           */
data ANNO(drop=Tiefe QUARTAL ANZAHL);
   length text $ 8;
   retain function 'label' when 'a' xsys ysys '2' hsys '3' size 4;



   set NEGATIV;
   midpoint=Tiefe;
subgroup=QUARTAL;
text=left(put(ANZAHL, posval.));
   if QUARTAL ='W' then position='>;';
else position='<';
output;
run;


/* Beschriftungen */
title1 font=zapfb height=4.5 'Analyse von Konzentrationswerten nach Wassertie-
fe und Jahreszeit';
```

```
footnote1 font=swissl height=2.5
          justify=center 'Mehrdimensionales Balkendiagramm';


/* Achsen-Definitionen */
axis1 label=(justify=left 'Tiefe') style=0;
axis2 label=none value=(tick=3 '') minor=none major=none
      width=3 order=(-1000 to 2000 by 1000);


/* Definition der Balken */
pattern1 value=solid color=orange;
pattern2 value=solid color=cyan;


/* Grafik-Ausgabe */
proc gchart data=NEGATIV;
   format ANZAHL posval.;
   note move=(25,78) height=4 'Winter' move=(+10,+0) 'Sommer';
   hbar Tiefe
    / sumvar=ANZAHL discrete nostat subgroup=QUARTAL
        maxis=axis1 raxis=axis2 nolegend annotate=ANNO;
 run;
 quit;
```

Im HBAR Statement bezeichnet SUBGROUP die Variable, die die Gruppen bildet (QUARTAL), und ANNOTATE= bezieht die Festlegungen aus dem Datensatz ANNO ein.

23.4.2.6. Karten mit GMAP

Mit SAS/GMAP können auch zwei- oder dreidimensionale Karten erzeugt werden, die die Ausprägungen einer Variablen in Abhängigkeit eines (geografischen) Gebietes darstellen, u.a. als summarische Darstellung von Informationen in Abhängigkeit eines Gebiets, Trends und Unterschieden zwischen geografischen Regionen, oder zur Hervorhebung regionaler Unterschiede und Extreme.

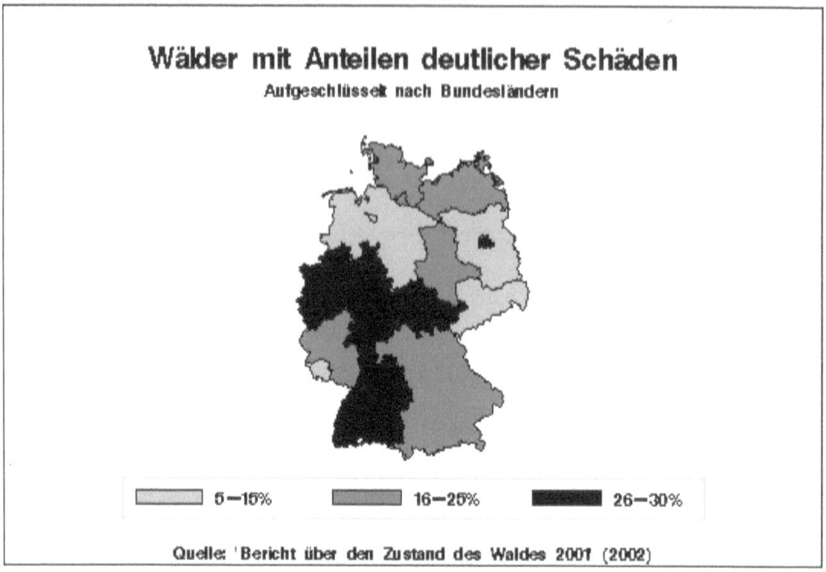

Datenquelle: Bundesministerium für Verbraucherschutz, Ernährung und Landwirtschaft (2002). „Bericht über den Zustand des Waldes 2001: Ergebnisse des forstlichen Umweltmonitorings". Anteile deutlicher Schäden (Schadstufen 2-4) insgesamt in % der Waldflächen. Die abgebildete Grafik ist im GIF-Format.

Für die Arbeit mit GMAP werden immer zwei Datensätze benötigt, eine Karte und ein Datensatz.

I Response-Datensatz (Data Sets)

Der Response-Datensatz enthält die Response-Variablen für die jeweiligen Gebiete. Zu jedem Gebiet kann pro (alpha/numerischer) Response-Variable (z.B. WAELDER) nur je ein Wert (z.B. für Schleswig-Holstein: 24) angegeben werden. Die Gebiete müssen im Response-Datensatz mit der gleichen Variablen wie in der Landkarten-Datei bezeichnet werden (ID-Anweisung).

```
data WALDDATA ;
input STATE WAELDER BUNDLAND $ ;
datalines;
 1  24  Schleswig-Holstein
 2  23  Hamburg
 3  13  Niedersachsen
 4   5  Bremen
 5  27  Nordrhein-Westfalen
```

```
 6  26  Hessen
 7  21  Rheinland-Pfalz
 8  29  Baden-Württemberg
 9  25  Bayern
10  11  Saarland
11  29  Berlin
12   8  Brandenburg
13  16  Mecklenburg-Vorpommern
14  15  Sachsen
15  17  Sachsen-Anhalt
16  28  Thüringen
;
run ;
```

Über den Formstierungsschritt PROC FORMAT werden die Werte bestimmten Bereichen zugeordnet.

```
proc format ;
   value WALD
   low-15="5-15%"
   16-25="16-25%"
   26-high="26-30%"
        ;
   run ;
```

II Landkarten-Datei (Map Data Sets)

Die Landkarten-Dateien bestehen aus den Variablen X und Y für die x- und y-Koordinaten, und einer oder mehrerer Variablen, die die Gebiete der Karte eindeutig zuordnen (alpha/numerisch, z.B. STATE, ID, oder COUNTY). Für Gebiete, die sich aus nicht zusammenhängenden Unit Areas zusammensetzen, ist die Angabe einer SEGMENT Variable notwendig. Seen oder Bereiche innerhalb eines Gebiets werden über Beobachtungen mit fehlenden x- und y-Koordinaten dargestellt. Im folgenden Beispiel soll die Darstellung auf Bundeslandebene (STATE) erfolgen. Die Kreisgrenzen (ID) werden aus der Ausgangskoordinatendatei MAPS.GERMANY mit GREMOVE entfernt über den Umweg des Mergens hin zum temporären Datensatz UMWEG. In DKARTE sind nur noch die Grenzen der Bundesländer enthalten.

```
data UMWEG ;
   merge MAPS.GERMANY MAPS.GERMANY2 ;
   by ID ;
run;

proc gremove data=UMWEG out=DKARTE ;
```

```
   by STATE ;
   id ID ;
run ;
```

Über GMAP werden die Koordinatendatei DKARTE und die Datendatei WALDDATA zusammengefügt. Der größte Anteil des Programms legt das Aussehen der Grafik fest.

```
title1 ;
title2 h=5 "Wälder mit Anteilen deutlicher Schäden" ;
title3 h=3 "Aufgeschlüsselt nach Bundesländern" ;
footnote "Quelle: 'Bericht über den Zustand des Waldes 2001'
(2002)";
  proc gmap map=DKARTE data=WALDDATA ;
       format WAELDER WALD. ;
       choro WAELDER
      / discrete legend=legend coutline=black ;
   id STATE ;
   run;
   quit ;
```

Alternativ lassen sich die Daten aus LUFTDATA z.B. auch in Blockform darstellen.

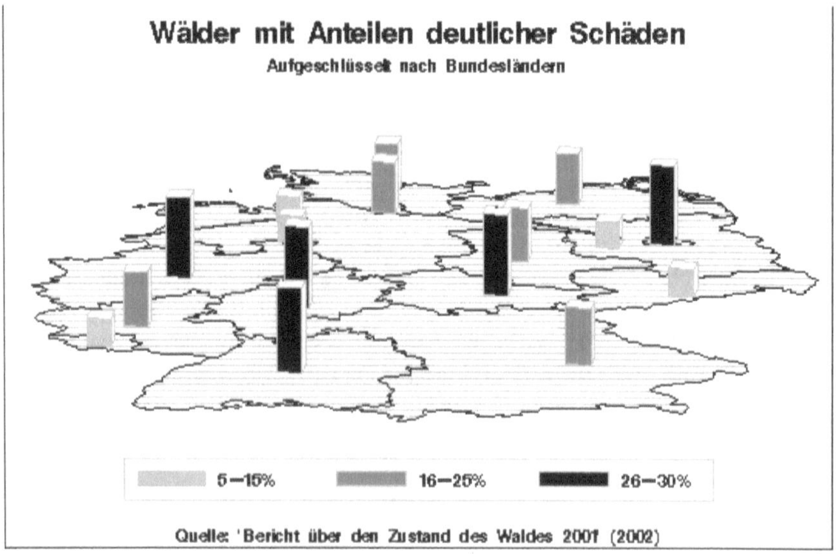


```
title1 ;
title2 h=5 "Wälder mit Anteilen deutlicher Schäden" ;
title3 h=3 "Aufgeschlüsselt nach Bundesländern" ;
```

```
footnote "Quelle: 'Bericht über den Zustand des Waldes 2001'
(2002)";
  proc gmap map=GERMANY data=LUFTDATA ;
       format WAELDER WALD. ;
       block WAELDER
      / discrete legend=legend coutline=black ;
   id STATE ;
   run;
   quit ;
```

SAS/GRAPH sind die Landkarten-Koordinaten vieler Länder beigefügt; es können auch eigene Landkarten erzeugt werden. Koordinaten in Längen- und Breitengrad müssen zunächst mit GPROJECT projiziert werden.

23.4.2.7. Integration von Grafiken und Tabellen mit PROC GREPLAY

Mit der Prozedur PROC GREPLAY ist es möglich, mehrere Diagramme (gleiche oder verschiedenen Typs), Datenlisten (Prozedur GPRINT, hier nicht dargestellt), oder Folien (Prozedur GSLIDE) in eine gemeinsame Grafik zusammenzuspielen.

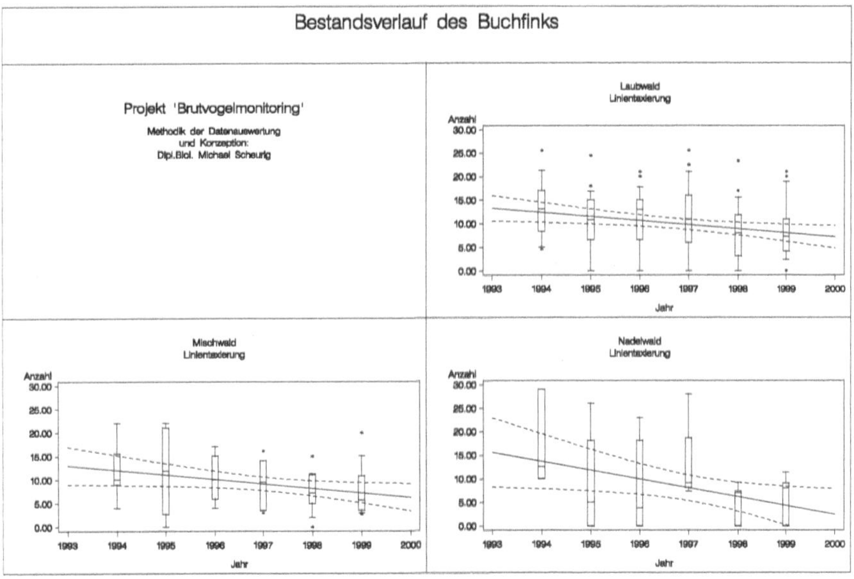

Quelle: Brutvogel-Monitoring Baden-Württemberg

In dieser Grafik sind z.B. Diagramme vom gleichen Typ zusammengespielt. Die Einzeldiagramme zeigen den Bestandsverlauf des Buchfinken an verschiedenen Standorten (Laub-, Misch- und Nadelwald) über die Jahre hinweg (Methode jeweils Linientaxierung).

Im folgenden Beispiel werden verschiedene Grafiken (GPLOT, GCHART) und Folien (GSLIDE) in einer Grafik (hier: GIF-Format) zusammengefügt.

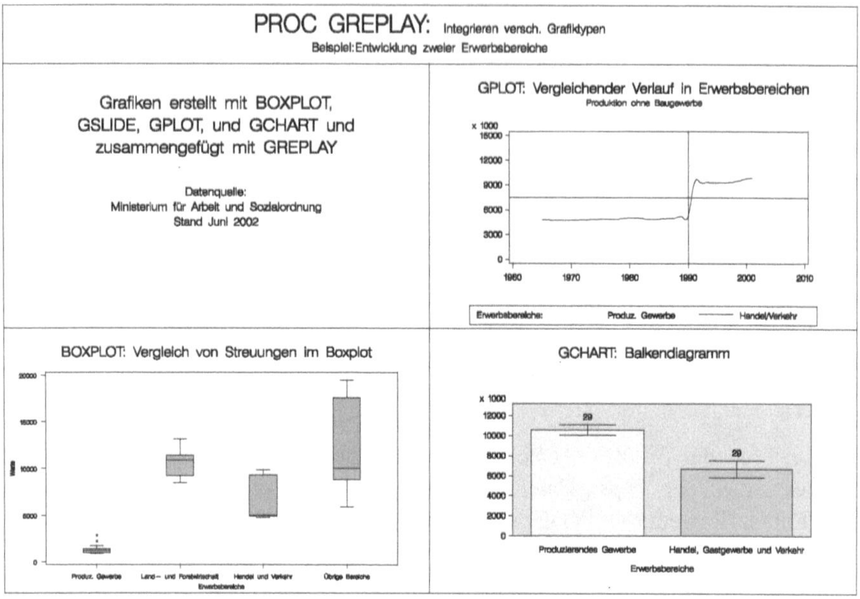

Datenquelle: Ministerium für Arbeit und Sozialordnung, Juni 2002

Die Syntax und Logik des Programms für diese Grafik wird in den folgenden Abschnitten erläutert. Die Prozeduren GPLOT (Statement PLOT), BOXPLOT, GCHART wurden im Abschnitt 23.3. ausführlich erläutert. Der Schwerpunkt wird daher auf den Prozeduren PROC GREPLAY und PROC GSLIDE liegen. Die einzelnen Abschnitte sind zur besseren Orientierung mit römischen Ziffern versehen. Zuvor ein kurzer Blick auf das Einlesen des Datensatzes:

```
libname PFAD 'C:\Eigene Dateien\' ;
data PFAD.ERWERB ;
input JAHR ALLE LANDWIRT PRODUKT HANDEL UEBRIGE ;
label JAHR='Jahr'
      ALLE='Erwerbstätige insgesamt'
      LANDWIRT='Land- und Forstwirtschaft, Fischerei'
      PRODUKT='Produzierendes Gewerbe'
      HANDEL='Handel, Gastgewerbe und Verkehr'
      UEBRIGE='Übrige Wirtschaftsbereiche' ;
datalines ;
  1965  26755    2876    13158    4791     5930
  1970  26560    2262    12987    4755     6556
  1975  26020    1749    11624    4872     7775
                  .......
  2001  38773     940     8522    9853    19458
;
run ;
```

```
/* (I) Festlegen der System- und Grafikoptionen (z.B.). */

filename GRAPHOUT 'C:\Eigene Dateien\';
goptions reset=all device=gif373 gsfname=GRAPHOUT gsfmode=replace
         devmap=WINANSI keymap=WINANSI ftext=SWISSB
         colors=(BLACK GRAY4C GRAY LTGRAY GRAYFF);


/* (II) Anordnung der Grafikelemente, PROC GREPLAY.     */

   proc greplay tc=PFAD.TEMPCAT nofs;
   tdef TEMPLAT des='GREPLAY-Grafik'
        1/llx=0   lly=0
          ulx=0   uly=100
          urx=100  ury=100
          lrx=100  lry=0
          color=black

        2/llx=0   lly=45
          ulx=0   uly=90
          urx=50  ury=90
          lrx=50  lry=45
          color=black

        3/llx=50   lly=45
          ulx=50   uly=90
          urx=100 ury=90
          lrx=100 lry=45
          color=black

        4/llx=0   lly=0
          ulx=0   uly=45
          urx=50  ury=45
          lrx=50  lry=0
          color=black

              5/llx=50   lly=0
          ulx=50   uly=45
          urx=100  ury=45
          lrx=100  lry=0
          color=black ;

   template TEMPLAT ;

          list template ;
          quit ;


/* (III) Design der Grafik oben rechts, Feld 3.         */

goptions nodisplay htext=1.7;
title1 ;
title2 h=5 "GPLOT: Vergleichender Verlauf in Erwerbsbereichen"  ;
title3 h=3 "Produktion ohne Baugewerbe" ;
        symbol1 c=LTGRAY i=spline l=1 v=point h=1 w=1 ;
                /* fuer Bereich "Produktion"  */
        symbol2 c=BLACK  i=spline l=1 v=point h=1 w=1 ;
                /* fuer Bereich "Handel"      */
        axis1 length =50 pct order= (0 to 15000 by 3000) label=("x 1000 "
        rotate=0 angle=0 ) minor=none;
        axis2 length =70 pct label=(h=0.7 ' ') minor=none ;
        legend frame label=('Erwerbsbereiche:') ;
        proc gplot data = ERWERB gout=PFAD.GRAPH ;
         label PRODUKT='Produz. Gewerbe'
              HANDEL='Handel/Verkehr' ;
              plot PRODUKT*JAHR HANDEL*JAHR / overlay
                          vaxis=axis1 haxis=axis2 haxis=1960 to 2010
```

```
                  caxis=black
                          href=1990 cvref=BLACK
                          vref=7500 cvref=BLACK
                          regeqn
                          ctext=black cframe=WHITE
                  legend=legend name='Feld3';
         run ;
  quit ;
title1 ;
title2 ;
title3 ;


/* (IV) Design der Grafik unten links, Feld 4.          */

proc format ;
     value BEREICHB
   1='Produz. Gewerbe'           /* Produzierendes Gewerbe                */
   2='Land- und Forstwirtschaft' /* Land- und Forstwirtschaft, Fischerei */
   3='Handel und Verkehr'        /* Handel, Gastgewerbe und Verkehr      */
   4='Übrige Bereiche'           /* Übrige Wirtschaftsbereiche           */
     ;
run ;


goptions nodisplay htext=1.7 ;
title1 ;
title2 h=5 'BOXPLOT: Vergleich von Streuungen im Boxplot' ;
proc sort data=PFAD.ERWERB3 out = ERWERB ;
   by BEREICHB ;
   run ;
proc boxplot data=ERWERB gout=PFAD.GRAPH ;
   plot WERTE*BEREICHB
             / caxis = BLACK
               cframe = WHITE
               ctext = BLACK
               cboxes = BLACK
               cboxfill = GRAY
               idcolor = BLACK
               idsymbol = X
               boxstyle = SCHEMATIC
               waxis = 1 name='Feld4'
        ;
   format BEREICHB BEREICHB. ;
      run;
   quit;



/* (V) Design der Grafik unten rechts: Feld 5.           */

goptions nodisplay htext=1.7 ;
title1 ;
title2 h=5 "GCHART: Balkendiagramm"  ;
   pattern1 color=CXE6E6E6;
   pattern2 color=CXA5A5A5;
   pattern3 color=CX575757;
   pattern4 color=CX000000;
   axis1 length= 50 pct order= (0 to 12000 by 2000) label=('x 1000')
minor=NONE ;
   axis2 length= 70 pct label=('Erwerbsbereiche') minor=NONE ;

proc gchart data = PFAD.ERWERB2 gout=PFAD.GRAPH ;
   vbar BEREICHA /
   sumvar=WERTE
   raxis=AXIS1 maxis=AXIS2
   discrete patternid=midpoint
```

```
   type=mean freq coutline=black clipref errorbar=both
   frame cframe=LTGRAY name='Feld5';
   format BEREICHA BEREICHA. ;
   run ;
     quit ;
title1 ;
title2 ;
title3 ;


/* (VI) Design der Kopfzeile mit GSLIDE, Feld 1.        */

   goptions nodisplay ;
   proc gslide gout=PFAD.GRAPH
   name='Feld1';
        title1 f=SWISSB h=4 'PROC GREPLAY: ' h=2 'Integrieren versch.
Grafiktypen' ;
   title2 f=SWISSB h=2 'Beispiel:' h=2 'Entwicklung zweier
Erwerbsbereiche' ;
   run ;
   title1 ;
   title2 ;
   title3 ;



/* (VII) Design des Feldes oben links, Feld 2.          */

   goptions display ;
   proc gslide gout=PFAD.GRAPH
         name='Feld2';
         note h=10 ;
         note h=6 j=c "Grafiken erstellt mit" ;
         note h=6 j=c "GSLIDE, GPLOT, und GCHART" ;
         note h=6 j=c "und zusammengefügt mit GREPLAY";
         note h=10 ;
         note h=4 j=c "Datenquelle:" ;
          note h=4 j=c "Ministerium für Arbeit und Sozialordnung" ;
         note h=4 j=c "Stand Juni 2002" ;
         run ;
   quit ;


/* (VIII) Zusammenspielen der Felder 1-5, PROC GREPLAY. */

   proc greplay nofs
        igout=PFAD.GRAPH
        tc=PFAD.TEMPCAT
        TEMPLATE=TEMPLAT ;
   treplay 1:Feld1
           2:Feld2
           3:Feld3
           4:Feld4
           5:Feld5 ;
   run ;
quit ;
```

Erläuterung der einzelnen Abschnitte:

(I) Festlegen der System- und Grafikoptionen.

Wie System- und Grafikoptionen festgelegt werden, wurde in den vorangegangenen Abschnitten an vielen Beispielen wiederholt erläutert, und soll daher an dieser Stelle übersprungen werden.

(II) Anordnung der Grafikelemente, PROC GREPLAY.

Die entstehende Grafik wird über die Koordinaten in fünf bezifferte Teilfelder und ihre Reihenfolge festgelegt. Als Beispiel wird jetzt das Rasterfeld „3“ erläutert. Die erste Zahl („3“) legt die Nummer des jew. Feldes fest, die folgenden Ziffernpaare die x- und y-Koordinaten (min=0, max=100) die Eckpunkte des Rasterfeldes (LL=lower left, UL=upper left, UR=upper right, LR=lower right). COLOR bestimmt die Rahmenfarbe. TDEF= definiert ein Raster, und TC= weist dem Raster ein Verzeichnis zu. Das TEMPLATE-Statement weist die Felder dem Raster zu. LIST veranlasst, die Koordinaten der einzelnen Felder ins LOG zu protokollieren. PROC GREPLAY wird mit QUIT ; abgeschlossen.

(III, IV, und V) Design der Grafiken(Felder 3, 4 und 5).

Zum Design der Grafiken bzw. Felder 3, 4, und 5 mit GCHART und GPLOT wird auf die zahlreichen Beispiele in den Abschnitten 22 und 23 verwiesen. Wichtig ist, dass die jew. Grafiken über GOUT= in das entsprechende Grafikverzeichnis ausgegeben werden. PROC GCHART bzw. GPLOT werden jeweils mit einem QUIT; abgeschlossen. Die notwendigen Daten müssen vor der grafischen Wiedergabe u.U. aufbereitet, formatiert, oder umstrukturiert werden. Die hierfür möglicherweise notwendigen Schritte sind im Beispielprogramm in Gestalt des Zugriffs auf *verschiedene Datensätze und Formate* angedeutet (siehe z.B. den Sortierschritt vor PROC BOXPLOT). Geben Sie also in jeder Grafik den konkret dazugehörigen Datensatz an.

(VI) Feld für Kopfzeile, Feld 1, PROC GSLIDE.

Die Kopfzeile FELD1 wird mit Hilfe der Prozedur GSLIDE konzipiert, und über GOUT im Verzeichnis GRAPH abgelegt. PROC GSLIDE wird mit einem QUIT; abgeschlossen.

(VII) Feld 2, PROC GSLIDE.

Das Feld unten rechts wird ebenfalls mit PROC GSLIDE konzipiert, und über GOUT unter dem Namen „Feld2“ im Verzeichnis GRAPH abgelegt. PROC GSLIDE wird mit einem QUIT; abgeschlossen.

(VIII) Zusammenspielen der Felder 1 bis 5, PROC GREPLAY.

Innerhalb der Prozedur GREPLAY legt IGOUT PFAD.GRAPH als den Katalog für den Grafik-Input fest. TEMPLATE legt TEMPLAT als das aktuelle Raster fest. Über TREPLAY werden die einzelnen Grafiken anhand ihrer Namen „Feld1", „Feld2" etc. den vorgesehenen Feldern im Raster zugewiesen.
PROC GREPLAY wird mit einem QUIT; abgeschlossen.

Beim mehrfachen Laufenlassen des Programms kann es passieren, dass SAS die Bezifferungen der Felder mit jedem Durchlauf hochzählt. Von den Programmvorgaben abweichende Feldziffern können jedoch nicht in eine gemeinsame Grafik zusammengespielt werden. Löschen Sie ggf. abweichende Felder, oder fügen Sie Ihrem Programm eine DELETE Anweisung hinzu.

23.4.2.8. Übungen

Die vorgestellten Syntaxbeispiele gehören schon zu den fortgeschrittenen Programmierungen, und sollen v.a. die Möglichkeiten des SAS Systems veranschaulichen. Es sollte für den Anfang ausreichend sein, die Beispiele erfolgreich nachzuprogrammieren. Bereits das Ändern der Grafikbeispiele nach eigenen Vorstellungen ist nicht unkompliziert und kann ohne Vertiefung in Makro- oder Annotate-Programmierung u.U. auch einen engagierten Programmierer überfordern. Insofern hier nur Vorschläge zur weiteren Arbeit mit SAS/GRAPH, die nach zunehmender Schwierigkeit gestaffelt sind.

Vorschlag 1:

Üben Sie an eigenen Daten das Programmieren verschiedener horizontaler Balkendiagramme (Beispiel 1). Variieren Sie dabei Farben, Beschriftungen und Statistiken (mean, sum, freq, Konfidenzintervalle).

Vorschlag 2:

Üben Sie an eigenen Daten das Programmieren eines Flächendiagramms.

Vorschlag 3:

Üben Sie an eigenen Daten das Programmieren von Karten.

Vorschlag 4:

Versuchen Sie, das Multiple Range Plot nachzuprogrammieren und zu ändern.

Vorschlag 5:

Versuchen Sie, andere Beispiele nachzuprogrammieren.

23.5. Export und Import von Grafiken und Tabellen (z.B. MSWORD)

Mit SAS können Grafiken in prinzipiell jedes denkbare Format für MSWORD, und vieler anderer Anwendungen von Aldus bis Zenographics Pixie exportiert werden. Für Schwierigkeiten beim *Import* von Grafiken ist oft das importierende Programm verantwortlich. Mögliche Schwierigkeiten können u.a. sein: Auflösungsverlust, Veränderung von Größen oder Farben. Anwender sollten daher an mehreren Testgrafiken ausprobieren, mit welchem Format ihre Anwendung, also z.B. Text- oder Grafikprogramm, am besten umgehen kann.
Beispiel: Grafiken von SAS Version 8.2 nach MSWORD9(Betriebssystem Windows XP)

JPEG: Bei hoher Auflösung sind streuende „Punkte“ u.a. um Achsen, Texte und Überschriften erkennbar. Die Punkte sind nach bzw. wie auch vor dem Einlesen nach MSWORD deutlich erkennbar. Die Grafiken im Kapitel zu den Baumdiagramm-Ausgaben bei den Clusteranalysen (PROC TREE) wurden z.B. im Format JPEG erzeugt.

GIF bzw. PNG: Nach dem Erzeugen beider Formate sind an Grafiken mit bloßem Auge keine Unterschiede erkennbar. In GIF- bzw. PNG-Grafiken sind keine streuenden Punkte erkennbar. Nach dem Import in WORD 9 bleiben die Grafiken im GIF-Format unverändert; die Grafiken im PNG-Format sind jedoch durch einem gewissen Auflösungsverlust beeinträchtigt (siehe auch die allgemeinen Anmerkungen unter GIF-Format).

Die Formate GIF bzw. CGM gelten als die geeignetsten Formate, um Grafiken ohne größeren Auflösungsverlust in MSWORD-Dokumente einfügen zu können. Im folgenden werden Beispiele für die Formate JPEG, GIF, BMP und CGM vorgestellt

23.5.1. Export von Grafiken

Der Export von Grafiken mit SAS ist unkompliziert. Der Programmaufbau ist im Grunde so, dass vor und nach dem Programm für die eigentliche Grafik immer auch Anweisungen für die Ausgabe der Grafik angegeben werden. Dabei ist zu beachten, dass die einzelnen Grafikformate wie z.B. BMP, GIF, etc. leicht verschiedene Anweisungen erwarten. Das Programm für die Grafik selbst bleibt jeweils gleich. Die folgenden Beispiele werden das kurz demonstrieren.

z.B. GIF-Format

```
goptions reset=all ;
filename GRAPHOUT 'c:\';
goptions device=gif373 gsfname=GRAPHOUT gsfmode=replace ;
symbol c=black v=STAR ;
proc gplot data=TEMPRATUR ;
    plot GradC*Tiefe ;
run;
quit ;
filename GRAPHOUT clear ;
```

z.B. JPEG-Format

```
goptions reset=all ;
filename GRAPHOUT 'C:\';
goptions device=jpeg gsfname=GRAPHOUT gsfmode=replace ;
symbol c=black v=STAR ;
proc gplot data=TEMPRATUR ;
    plot GradC*Tiefe ;
run;
quit ;
filename GRAPHOUT clear ;
```

z.B. Bitmap-Format

```
goptions reset=all ;
filename GRAPHOUT 'C:\';
goptions device=bmp gsfname=GRAPHOUT gsfmode=replace ;
symbol c=black v=STAR ;
proc gplot data=TEMPRATUR ;
    plot GradC*Tiefe ;
run;
quit ;
filename GRAPHOUT clear ;
```

z.B. CGM-Format

Der angegebene CGM-Treiber ist für Microsoft Office Produkte geeignet.

```
goptions reset=all ;
```

```
filename GRAPHOUT 'C:\';
goptions device=CGMOF97P gsfname=GRAPHOUT gsfmode=replace ;
symbol c=black v=STAR ;
proc gplot data=TEMPRATUR ;
    plot GradC*Tiefe ;
run;
quit ;

filename GRAPHOUT clear ;
```

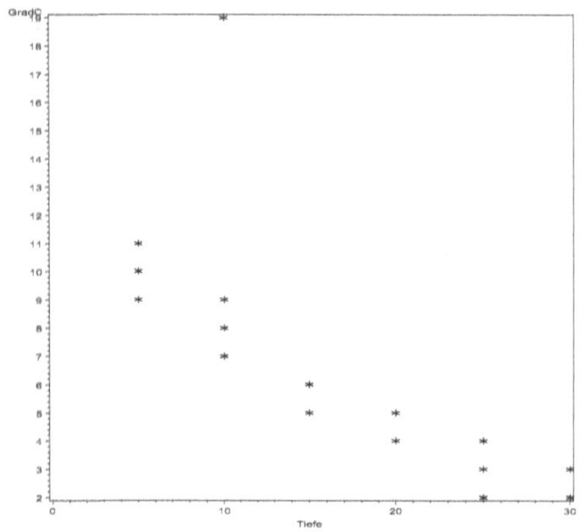

Das CGM- und das GIF-Format gelten als die geeignetsten Formate, um Grafiken in MSWORD-Dokumente einzufügen. Zu beachten ist jedoch, dass das Export-Format genau der MSWORD-Version entsprechen sollte, in das die exportierte Grafik eingefügt werden soll.

Allgemeine Anmerkungen zum Exportieren von Grafiken aus SAS in MSWORD-Produkte: SAS stellt z.B. in Version 8.2 für MSWORD for Windows 6.0 CGMMW6C und für Microsoft Office Produkte die Treiber CGMOFF97 und CGMOF97P zur Verfügung. Für andere MS-Anwendungen (z.B. Microsoft PowerPoint, Microsoft Office 97 und 2000) sind die Treiber z.T. selbst programmierbar.

Es ist darüber hinaus darauf achten, dass auf der Importseite (also MSWORD) ebenfalls die benötigten Treiber installiert sind. Ansonsten kann die korrekt erstellte Grafik gar nicht erst importiert werden. Beim Import von CGM-Grafiken in Microsoft Office-Produkte kommt erschwerend hinzu: Der CGM Importfilter wird bei der Installation von Office 97 und 2000 nicht standardmäßig eingerichtet, sondern muss extra installiert werden. Der Computer Graphics Metafile-Filter ist beschränkt: CGM 1992 Versionen 2, 3 und 4 werden z.B. von Office97 nicht unterstützt, z.T. müssen Bildoptionen festgelegt bzw. Konvertierungsmakros aktiviert werden. Microsoft Office hat u.U. Schwierigkeiten beim Import von SAS

Grafiken, wenn diese zu groß oder komplex sind, weil diese Karten (z.B. GMAP) oder mehrere Teilgrafiken (z.B. GREPLAY) enthalten.

Hinweis zu Druckertreibern: SAS/GRAPH Native Treiber liefern genauere Ergebnisse, wenn eine Grafik über Optionen wie z.B. HSIZE= or VSIZE= definiert wurde. Für TrueType Fonts sind WINPxxx Treiber geeigneter. In jedem Fall sind immer die neueste Treiberversion einzusetzen, v.a. diese neue Leistungsmerkmale aufweisen.

23.5.2. Export von Tabellen mit ODS

In SAS erzeugte Tabellen können über ODS (Output Delivery System) sehr einfach im HTML-Format ausgegeben werden. Im folgenden mehrere Beispiele für verschiedene Tabellenvarianten. Die Arbeit mit ODS wird in Schendera & Hiller (o.J.) ausführlich vorgestellt werden.

Eine Tabelle als einfacher TABULATE-Output

```
goptions reset=global gunit=pct border ftext=swissb htext=3
htitle=6 ;

title1 'Tabelle als TABULATE-Output ';
proc tabulate data=TEMPRATUR   ;
   var GRADC BESTAND;
   class TIEFE;
   table Tiefe, (GradC Bestand) * ('MEAN'='Mw')
         /  RTS=50
         ;
   label
         TIEFE='Tiefe in m'
         GRADC='Grad Celsius'
         BESTAND='Bestand in 100'
         ;
run;
```

Eine Tabelle als Output im HTML-Format

```
ods html file='C:\Tabelle1.html' ;

title1 'Eine Tabelle als HTML-Output ';
title2 'schön, nicht';
footnote j=r 'Testbild' ;
proc tabulate data=TEMPRATUR   ;
   var GradC Bestand ;
   class Tiefe;
```

```
   table Tiefe, (GradC Bestand) * ('MEAN'='Mw')
         /  RTS=50;
   label
         TIEFE='Tiefe in m'
         GRADC='Grad Celsius'
         BESTAND='Bestand in 100'
         ;
run;

ods html close ;
```

Mehrere Tabellen als HTML- Output

```
goptions reset=global gunit=pct border ftext=swissb htext=3
htitle=6 ;

ods html file='C:\Tabelle2.html' ;

title1 'Mehrere Tabellen als HTML-Output ';
title2 'schön, nicht';
footnote j=r 'Testbild' ;
proc tabulate data=TEMPRATUR    ;
   var GradC Bestand ;
   class Tiefe;
   table Tiefe, (GradC Bestand) * ('MEAN'='Mw')
         /  RTS=50;
   label
         TIEFE='Tiefe in m'
         GRADC='Grad Celsius'
         BESTAND='Bestand in 100'
         ;
run;


proc tabulate data=TEMPRATUR    ;
   var GradC;
   class See;
   table See ,(GradC) * ( 'N'='N' 'MEAN' = 'Mean')
         ;
   label
         GradC='Grad Celsius'
         ;
run;


proc tabulate data=TEMPRATUR    ;
   var GradC Bestand ;
```

```
   class Tiefe ;
   class See ;
   table Tiefe ALL="gesamt", (See ALL="gesamt") * (GradC Bestand) *
('MEAN'='Mean' 'N'='N')
      /  RTS=20
         ;
   label
         SEE='Untersuchtes Seengebiet'
         GRADC='Grad C'
         TIEFE='Tiefe in m'
         BESTAND='Bestand'
         ;
   format
          SEE
          ;
run;

ods html close ;
```

IV. Ausblick und mehr

24. „Mercury“ Ein Ausblick auf SAS Version 9

SAS kündigte bereits eine vielversprechende Version 9 an („Mercuy“). Die auf der SAS Intelligence Architecture basierende Version ruht auf vier Säulen: Benutzerfreundlichkeit (Usability), Administration und Management, Interoperabilität und Skalierbarkeit.

Die Benutzerfreundlichkeit wird auf verschiedenen Ebenen umgesetzt. Neben einheitlichen "Look and Feel" Java-Oberflächen bietet SAS zur optimalen Nutzung von Windows-Plattformen verschiedene Anwendungen und Lösungen mit Benutzerschnittstellen, die äußerst intuitiv zu bedienen sind. Die Programmbedienung wurde vereinfacht, außerdem wird die Visualisierung und Interpretation erleichtert. Die Palette der interaktiven Grafiken wurde erweitert, ebenfalls werden SAS Anwendungen zunehmend mehrsprachig.

In der SAS Version 9 sind Administration und Management zentralisiert und erleichtern unternehmensweit und automatisierbar die Installation und Verteilung der SAS Software für alle möglichen Anforderungen, die effiziente Erweiterung, und flexible Anpassung an ständig wechselnde IT Umgebungen. Über die SAS Management Console können die Ressourcen einer verteilten SAS Lösung (z.B. Metadaten, Daten, Benutzer und Server) können zentral verwaltet werden können, unabhängig davon, wo sie sich befinden.

Die Interoperabilität von SAS wurde auf die Bedürfnisse der Information Technology und von Anwendungsentwicklern abgestimmt, und ist erweiterbar, integrierbar, unterstützt offene Standards, und ist zukunftssicher. SAS 9 wird sich einer jeden bestehenden IT Infrastruktur eines Organisation leicht anpassen können. Entwickler können u.a. wählen, wie sie auf die SAS Plattform zugreifen wollen, von SAS Full Clients, über webbasierte Browser bis hin zu Full Clients anderer Anbieter.

Die Skalierbarkeit von SAS „Mercury“ gestattet die weit intensivere Nutzung von "Multi-Threading" in Parallelrechnerarchitekturen und 64-Bit-Systemen, und gewährleistet höchste Leistungsfähigkeit der Verarbeitung und Analyse auch exponentiell steigender Datenmengen über parallele Zugriffe und Verarbeitung. Neu entwickelte SAS Server zur Metadatenverwaltung oder für OLAP unterstützen die Skalierbarkeit und Performance auf I/O Durchfluss- und Plattformebene.

SAS Version 9 stellt zahlreiche neue SAS Anwendungen zur Verfügung. Viele SAS Anwendungen und SAS Prozeduren wurden um weitere Leistungsmerkmale ergänzt. SAS 9 enthält mehr als 60 neue Funktionen.

25. Verzeichnis der Übersichten

26. Literatur

Agresti, Alan (1990). Categorical data analysis. New York: John Wiley & Sons.

Allison, Paul (1995[5]). Survival analysis using the SAS System: A practical guide. SAS Institute: Cary, NJ.

Assenmacher, Walter (1996). Deskriptive Statistik. Heidelberg: Springer.

Bacher, Johann (1996). Clusteranalyse. München Wien: R.Oldenbourg Verlag.

Bock, Jürgen (1998). Bestimmung des Stichprobenumfangs. München Wien: R.Oldenbourg Verlag.

Böhning, Dankmar (1998). Allgemeine Epidemiologie und ihre methodischen Grundlagen. München Wien: R.Oldenbourg Verlag.

Bortz, Jürgen (1993[4]). Statistik für Sozialwissenschaftler. Heidelberg: Springer.

Bortz, Jürgen & Döring, Nicola (1995[2]). Forschungsmethoden und Evaluation für Sozialwissenschaftler. Heidelberg: Springer.

Bortz, Jürgen, Lienert, Gustav A. und Boehnke, Klaus (2000[2]). Verteilungsfreie Methoden in der Biostatistik. Heidelberg: Springer.

Bourier, Günther (1996). Beschreibende Statistik. Wiesbaden: Th.Gabler Verlag.

Chatterjee, Samprit & Price, Bertram (19952). Praxis der Regressionsanalyse. München Wien: R.Oldenbourg Verlag.

Elpelt, Bärbel & Hartung, Joachim (19922). Grundkurs Statistik. München Wien: R.Oldenbourg Verlag.

Groeben, Norbert & Westmeyer, Hans (1981[2]). Kriterien psychologischer Forschung. München: Juventa.

Harms, Volker (1998). Biomathematik, Statistik, und Dokumentation. Kiel-Mönkeberg: Harms Verlag.

Harris, Robert L. (2000). Information Graphics. Oxford University Press.

Hartung, Joachim (199912). Statistik. München Wien: R.Oldenbourg Verlag.

Hartung, Joachim & Elpelt, Bärbel (19996). Multivariate Statistik: Lehr- und Handbuch der angewandten Statistik. München Wien: R.Oldenbourg Verlag.

Heinze, Thomas (2001). Qualitative Sozialforschung. München Wien: R.Oldenbourg Verlag.

Kolosova, Tanya & Berestizhevsky, Samuel (1998). Programming techniques for object-based statistical analysis with SAS Software. SAS Institute: Cary, NJ.

Köhler, Wolfgang, Schachtel, Gabriel, Voleske, Peter (2002). Biostatistik. Eine Einführung für Biologen und Agrarwissenschaftler. Heidelberg: Springer.

Kromrey, Helmut (1999). Diskussion: Von den Problemen anwendungsorientierter Sozialforschung und den Gefahren methodischer Halbbildung. SuB 1/99: Anwendungsorientierte Sozialforschung - Bl.1-16.

Lorenz, Rolf J. (19923). Grundbegriffe der Biometrie. Stuttgart: Gustav Fischer Verlag.

Lienert, Gustav A. Verteilungsfreie Methoden in der Biostatistik, Band 1: Verlag Anton Hain, Meisenheim am Glan (1977).

Mackay, RJ & Oldford, RW (2001) Scientific method, statistical method and the speed of light. Statistical Science, 15, 254-278.

Marinell, Gerhard & Steckel-Berger, Gabriele (20013). Einführung in die Bayes-Statistik. München: Oldenbourg-Verlag.

Nuovo, Jim, Melnikow, Joy & Chang, Denise (2002). Reporting number needed to treat and absolute risk reduction in randomized controlled trials, JAMA, 287, 2813-2814.

Orth, Bernhard (1974). Einführung in die Theorie des Messens. Stuttgart: Kohlhammer.

Rasch, Dieter, Herrendörfer, Günter, Bock, Jürgen, Victor, Norbert und Guiard, Volker (Hsg.) (1996). Verfahrensbibliothek: Versuchsplanung und -auswertung. Band I. München Wien: R.Oldenbourg Verlag.

Rasch, Dieter, Herrendörfer, Günter, Bock, Jürgen, Victor, Norbert und Guiard, Volker (Hsg.) (1998). Verfahrensbibliothek: Versuchsplanung und -auswertung. Band II. München Wien: R.Oldenbourg Verlag.

Roth, Erwin, Heidenreich, Klaus, und Holling, Heinz (Hsg.) (19995). Sozialwissenschaftliche Methoden: Lehr und Handbuch für Forschung und Praxis. München Wien: R.Oldenbourg Verlag.

Rothman, Kenneth J. & Greenland, Sander (19982). Modern Epidemiology. Philadelphia: Lippincott Williams & Wilkins.

SAS Institute (2002): Annual Report 2001. SAS Institute: Cary, NJ.

SAS Institute (2001): Der Einstieg in die Enterprise Guide Software. SAS Institute: Cary, NJ.

SAS Institute (2001): Technical Report: SAS/STAT Software: Changes and Enhancements, Release 8.2. SAS Institute: Cary, NJ.

SAS Institute (2000): Technical Report: SAS/STAT Software: Changes and Enhancements, Release 8.1.

SAS Institute (2000): SAS White Paper: Datenanalyse und Data Mining mit dem SAS System Release 8. SAS Institute: Heidelberg.

SAS Institute (1999): What's new in SAS Software for Version 8. SAS Institute: Cary, NJ.

SAS Institute (1999): Datenanalyse und Data Mining mit dem SAS System Release 6.12: The Orlando II Release. SAS Institute: Heidelberg.

SAS Institute (1999): Getting Started with the SAS System using the SAS/ASSIST Software, Version 8. SAS Institute: Cary, NJ.

SAS Institute (1999): Doing More with SAS/ASSIST Software, Version 8. SAS Institute: Cary, NJ.

SAS Institute (1998): Der Einstieg in die Enterprise Reporter Software. SAS Institute: Cary, NJ.

SAS Institute (1999): Administrator for Enterprise Clients User's Guide. SAS Institute: Cary, NJ.

SAS Institute (1999): SAS/ETS Software: User's GuideVersion 8 (Vols. I-III). SAS Institute: Cary, NJ.

SAS Institute (1999): SAS/GRAPH Software: Reference Version 8 (Vols. I-II). SAS Institute: Cary, NJ.

SAS Institute (1999): SAS/INSIGHT, User's Guide, Version 8.

SAS Institute (1999): SAS Language Reference: Concepts, Version 8. SAS Institute: Cary, NJ.

SAS Institute (1999): SAS Language Reference: Dictionary, Version 8 (Vols. I-II). SAS Institute: Cary, NJ.

SAS Institute (1999): SAS/QC Software: User's Guide, Version 8 (Vols. I-III). SAS Institute: Cary, NJ.

SAS Institute (1999): SAS/STAT Software: User's GuideVersion 8 (Vols. I-III). SAS Institute: Cary, NJ.

SAS Institute (1995): SAS/LAB Software, User's Guide, Version 6.06, Third Edition.

SAS Institute (1994): Reporting from the Field: SAS Software Experts Present Real-World Report-Writing. SAS Institute: Cary, NJ.

Schendera, Christian & Hiller, Oliver (o.J.). SAS für Profis. Und alle, die es werden wollen (in Vorbereitung).

Schlittgen, Rainer (2001): Angewandte Zeitreihenanalyse. München Wien: R.Oldenbourg Verlag.

Schlittgen, Rainer & Streitberg, Bernd H.J. (20019). Zeitreihenanalyse. München Wien: R.Oldenbourg Verlag.

Schnell, Rainer (1994). Graphisch gestützte Datenanalyse. München Wien: R.Oldenbourg Verlag.

Schnell, Rainer, Hill, Paul B. und Esser, Elke (19996). Methoden der empirischen Sozialforschung. München Wien: R.Oldenbourg Verlag.

Siegel, Sidney (19873). Nichtparametrische statistische Methoden. Eschborn: Fachbuchhandlung für Psychologie Verlagsabteilung.

Stokes, Maura E., Davis, Charles S. & Koch, Gary G. (2000^2): Categorical data analysis using the SAS system. SAS Institute: Cary, NJ.

Stelzl, Ingeborg (1982). Fehler und Fallen der Statistik. Bern: Hans Huber.

Tufte, Edward R. (20012). The Visual Display of Quantitative Information. Cheshire, Conn.: Graphics Press.

Tutz, Gerhard (2000). Die Analyse kategorialer Daten. München Wien: R.Oldenbourg Verlag.

Wenturis, Nikolaus, Van hove, Walter & & Dreier, Volker (1992). Methodologie der Sozialwissenschaften. Tübingen: Francke.

Westfall, Peter, Tobias, Randall D., Rom, Dror, Wolfinger Russell D. & Hochberg, Yosef (1999). Multiple Comparisons and Multiple Tests Using the SAS System. SAS Institute: Cary, NJ.

Yaffee, Robert & McGee, Monnie (2000): Times Series Analysis and Forecasting. Orlando/Fl.: Academic Press.

Zuckerman, Laurie (1999): Dr. Jim Goodnight: Business Leader of the Decade. Business Leader, November.

27. Hinweise zu den Daten

Die Daten in den Grafik- und/oder Rechenbeispielen stammen aus verschiedenen Quellen. Zum Teil handelt es sich um allgemein öffentlich zugängliche Daten. Für eher einfache Übungs-, Analyse-, oder Darstellungsbeispiele sind die Daten oft fiktive ad hoc-Konstruktionen. Die meisten Daten stammen aus Projekten, die für das Abfassen dieses Buches freundlicherweise von verschiedenen Stellen zur Verfügung gestellt worden sind.

Nicht selten wurden die Daten und ihre Verteilungseigenschaften an bestimmte Demonstrationszwecke angepasst. Es kann daher von den Berechnungen oder Abbildungen in diesem Buch nicht in jedem Fall unmittelbar auf die in den jew. Projekten untersuchten empirischen Phänomene bzw. Ergebnisse geschlossen werden. Interessierte Leserinnen und Leser werden u.a. auf folgende Quellen verwiesen:

Daten stellten freundlicherweise zur Verfügung:

Heidelberger Brustkrebsstudie

Dr. med. Karl-Heinrich Adzersen
Veröffentlichung in: "Nutrition and Breast Cancer Risk: A Case-Control-Study in Heidelberg, Germany", Adzersen KH, Jess P, Freivogel KW, Bastert G. Abstract und Poster, 10th World Congress on the Menopause, Berlin, June 10-14, 2002.
„Ernährung und Brustkrebsrisiko - eine Fall-Kontroll-Studie in Heidelberg", Adzersen KH, Schendera C, Strowitzki T, Bastert G, 23. Jahrestagung der Deutschen Gesellschaft für Senologie, München, 19.-21. Juni 2003.

Brutvogel-Monitoring Baden-Württemberg

Langzeitstudie zur Bestandsentwicklung häufiger und weit verbreiteter Vogelarten
Veröffentlichung in: Scheurig, M.R., Mittmann, H.-W. & Havelka, P. (1999). "Brutvogel-Monitoring Baden-Württemberg 1992 – 1999." – Carolinea, Beiheft 14: 1-151, Karlsruhe.
Kontakt: Dipl.Biol. Michael Scheurig
Am Heuacker 8
D-74864 Fahrenbach-Robern

Institut für Seenforschung, Langenargen

Dr. Hans-Bernd Stich
Weitere Veröffentlichungen u.a. in den sog. „Grünen Berichten".

Forschungsprojekt BiSB „Perspektiven der schulischen Bildungs- und Erziehungsrealität von Kindern und Jugendlichen mit schweren und mehrfachen Behinderungen"

Prof. W. Lamers, Prof. Th. Klauß
Pädagogische Hochschule Heidelberg
Veröffentlichung u.a. in

Klauß, Theo & Lamers, Wolfgang (Hrsg.) (2003): Alle Kinder alles lehren ... Grundlagen der Pädagogik für Menschen mit schwerer und mehrfacher Behinderung. Heidelberg: Universitätsverlag Winter.
Lamers, Wolfgang & Klauß, Theo (Hrsg.) (2003): Alle Kinder alles lehren ... Beiträge zur Praxis der Pädagogik für Menschen mit schwerer und mehrfacher Behinderung. Düsseldorf: verlag selbstbestimmtes lernen.
Schendera, Christian FG, Janz, Frauke, Klauß, Theo und Wolfgang Lamers (2003). Die Umsetzung von Evaluationskriterien im Projekt „Perspektiven der schulischen Erziehungs- und Bildungsrealität von Kindern und Jugendlichen mit schwerer und mehrfacher Behinderung" (BiSB-Projekt). In: Zeitschrift für Evaluation (2/2003).

F. Schulz, „Die Entwicklung der Delinquenz von Kindern, Jugendlichen und Heranwachsenden in Deutschland", Institut für Kriminologie, noch unveröffentlichtes Dissertationsmanuskript.

Weitere Quellen (u.a.)

Bundesministerium für Arbeit und Sozialordnung (Juli 2002): „Statistisches Taschenbuch: Arbeits- und Sozialstatistik."
Bundesministerium für Verbraucherschutz, Ernährung und Landwirtschaft (2002). „Bericht über den Zustand des Waldes 2001: Ergebnisse des forstlichen Umweltmonitorings".

28. Kontakt zu SAS

SAS Deutschland
In der Neckarhelle 162
69118 Heidelberg
Deutschland

Zentrale: (49) 6221 415 0
Info-Telefon: (49) 6221 415 123
Telefax: (49) 6221 415 145

SAS Schweiz
SAS Institute AG
Ruchstuckstrasse 6
CH-8306 Brüttisellen
Schweiz

Telefon: (41) 1 805 74 74
Telefax: (41) 1 805 74 99

SAS Österreich
SAS Austria
Mariahilfer Strasse 116
A-1070 Wien
Österreich

Telefon: (43) 1 596 88 82 0
Telefax: (42) 1 596 88 82 90

SAS Europa
SAS Institute GmbH
Postfach 105340
Neuenheimer Landstr. 28-30
D-69043 Heidelberg
Deutschland

Telefon: (49) 6221-4160
Telefax: (49) 6221-474850

29. Ihre Meinung zu diesem Buch

Das Anliegen war, dieses Buch so umfassend, verständlich, fehlerfrei und aktuell wie möglich abzufassen, dennoch wird sich sicher die eine oder andere Ungenauigkeit oder Missverständlichkeit den zahlreichen Kontrollen entzogen haben. In vielleicht zukünftigen Auflagen sollen die entdeckten Fehler und Ungenauigkeiten idealerweise behoben sein. Auch das SAS System hat sicher technische oder statistisch-analytische Weiterentwicklungen durchgemacht, die vielleicht berücksichtigt werden sollten.

Ich möchte Ihnen an dieser Stelle die Möglichkeit anbieten mitzuhelfen, dieses Buch zu SAS noch besser zu machen. Sollten Sie Vorschläge zur Verbesserung oder Ergänzung dieses Buches haben, möchte ich Sie bitten, eine *E-Mail* an folgende Adresse zu senden:

SAS1@method-consult.de

im „Betreff“ das Stichwort „Feedback SAS-Buch“ anzugeben, und unbedingt mind. folgende Angaben zu machen:

1) Auflage
2) Seite
3) Stichwort (z.B. ‚Tippfehler')
4) Beschreibung (z.B. bei statistischen Analysen)
   Programmcode bitte kommentieren.

Herzlichen Dank!
Christian FG Schendera

30. Stichwortverzeichnis

Dieses Verzeichnis deckt die wichtigsten Stichwörter aus dem Bereich Forschungsmethoden und Statistik ab, und verweist auf die vorgestellten Menüleisten und Möglichkeiten der SAS Software und SAS Anwendungen. Die SAS Syntax ist mit wenigen Ausnahmen (z.B. LIBNAME) ausschl. in den Kapiteln zu Daten-Management und Datenanalyse aufgeführt und dort erläutert. Begriffe, die sowohl englisch als auch deutsch gebräuchlich sind, z.B. ‚Scatter Plots' und ‚Streudiagramme', wurden in beiden Begriffsvarianten verwendet und aufgenommen. Um eine optimale Orientierung innerhalb des SAS Systems, wie auch innerhalb dieses Buches zu gewährleisten, wurden Begriffe ebenfalls parallel aufgenommen, wenn der eine Begriff auf eine SAS Option hinweist (z.B. ‚Lineplots'), und der andere Begriff, z.B. ‚Liniendiagramme' gebräuchlicher ist. Passim vorkommende Begriffe wie z.B. Analyse, Daten oder Variable wurden durch genauere Verweise ersetzt. Die Schreibweise folgt dem SAS System und Standardwerken der Statistik.

31. Autor

Wissen und Erkenntnis sind methodenabhängig. Um Wissen und Erkenntnis beurteilen zu können, auch um die Folgen und Qualität darauf aufbauender Handlungen und Entscheidungen abschätzen zu können, muss man wissen, mit welchen (Forschungs)Methoden Wissen und Erkenntnis gewonnen wurden. CFG Schendera's Hauptinteresse gilt daher der rationalen (Re)Konstruktion von Wissen, also (nicht)wissenschaftlichen Methoden jeder Art, und versteht sich daher als Wissenskonstrukteur, als Wissensschaff(tl)er im wahrsten Sinne des Wortes.

Gegen Ende seines Psychologie-Studiums machte sich CFG Schendera als wissenschaftlicher Data Analyst mit „Method Consult" (www.method-consult.de) selbständig. „Method Consult" bietet wissenschaftliche Methodenberatung und Datenanalysen, Kurse in Forschungsmethoden und Statistik mit SAS oder SPSS u.a. für Forschungseinrichtungen, Hochschulen, Industrie und Wirtschaft, wie auch für interessierte Privatpersonen an. Persönliche wissenschaftliche Interessen von CFG Schendera sind die Verständlichkeit von (Rechts)Texten und ihre empirisch nachweisbare Verbesserung, und der Einfluss von (Forschungs)Methoden auf die Konstruktion und Rezeption von Wissen, wie auch die grafische Exploration und Analyse von Daten.

Mitarbeit in bzw. Betreuung ungezählter Forschungsprojekte, u.a. „Perspektiven der schulischen Erziehungs- und Bildungsrealität von Kindern und Jugendlichen mit schwerer und mehrfacher Behinderung" (Prof. Lamers, Prof. Klauß, PH Heidelberg), methodische Begleitung des Projektes "Angehörige von Personen mit Alkoholproblemen. Zur Messung der Partnerzentrierung." in Zusammenarbeit mit dem Schweizer Nationalfonds und der Uni Bern, Universitäts-Frauenklinik (Heidelberg), Projekt „Brutvogel-Monitoring Baden-Württemberg" (NABU Deutschland, Landesverband Baden-Württemberg) uvam.

Zahlreiche Veröffentlichungen zu Forschungsmethoden, Evaluation und Textlinguistik bzw. Textpsychologie. CFG Schendera ist u.a Mitglied in der Deutschen Gesellschaft für Evaluation e.V. und der Schweizerischen Gesellschaft für Gesetzgebung e.V.

www.ingramcontent.com/pod-product-compliance
Lightning Source LLC
LaVergne TN
LVHW092118300926
849161LV00002B/172
* 9 7 8 3 4 8 6 2 7 5 3 2 2 *